Ostasien im 21. Jahrhundert. Politik – Gesellschaft – Sicherheit – Regionale Integration in Ostasien

Herausgegeben von
V. Blechinger-Talcott, Berlin, Deutschland
T. Heberer, Duisburg, Deutschland
S. Heilmann, Trier, Deutschland
H. Holbig, Frankfurt, Deutschland
P. Köllner, Hamburg, Deutschland
H. W. Maull, Trier, Deutschland
G. Schubert, Tübingen, Deutschland

Patrick Ziltener

Regionale Integration in Ostasien

Eine Untersuchung der historischen
und gegenwärtigen Interaktionsweisen
einer Weltregion

 Springer VS

Patrick Ziltener
Universität Zürich, Schweiz

ISBN 978-3-531-17940-7   ISBN 978-3-531-93470-9 (eBook)
DOI 10.1007/978-3-531-93470-9

Die Deutsche Nationalbibliothek verzeichnet diese Publikation in der Deutschen Nationalbibliografie;
detaillierte bibliografische Daten sind im Internet über http://dnb.d-nb.de abrufbar.

Springer VS
© Springer Fachmedien Wiesbaden 2013

Gedruckt auf säurefreiem und chlorfrei gebleichtem Papier

Springer VS ist eine Marke von Springer DE. Springer DE ist Teil der Fachverlagsgruppe Springer
Science+Business Media
www.springer-vs.de

Inhaltsverzeichnis

Detaillierte Inhaltsverzeichnisse befinden sich am Anfang der jeweiligen Kapitel.

Vorwort

Inzwischen ist weitgehend akzeptiert, dass Globalisierung und Regionalisierung nicht grundsätzlich alternative, sondern zusammenhängende, komplementäre Prozesse sind, die das gegenwärtige Weltsystem prägen. Über diese Erkenntnis hinaus sind viele Fragen der diesbezüglichen Theoriebildung und Forschungspraxis in der Soziologie noch nicht schlüssig beantwortet. Die vorliegende Arbeit ist ein Beitrag zur Analyse und theoretischen Verarbeitung dieser Phänomene.

Wie ,beobachtet' man eine Region aus einer makrosoziologischen Perspektive? Neben der direkten Verfolgung von Prozessen aus größtmöglicher Nähe, der Teilnahme an wirtschaftlichen, sozialen, politischen und wissenschaftlichen Ereignissen ist dies vor allem die Arbeit mit statistischen Daten, deren Erhebung, Kombination und Auswertung, sowie die Beobachtung der massenmedial vermittelten Kommunikation. Diese Tatsachenbeobachtung kann, aber muss nicht in jedem Fall geographische Nähe und räumliche Anwesenheit des Forschers erfordern. Der Autor der vorliegenden Untersuchung war in der vorteilhaften Lage, während mehrerer Jahre Zugang zu Literatur und Datenbanken in einigen universitären Zentren Europas, Nordamerikas und Ostasiens mit empirischer Forschung *vor Ort*, d.h. in den Ländern der untersuchten Region, verbinden zu können. Eine erste Phase des Projektes, dessen Ergebnis die vorliegende Untersuchung ist, wurde unter dem Titel *Der Aufstieg Ostasiens als regionaler Integrationsprozess?* am *Max-Planck-Institut für Gesellschaftsforschung (MPIfG)*, Köln, durchgeführt (2001/02). Die *Stiftung Weltgesellschaft*, Zürich, ermöglichte dem Autor 2001 einen ersten mehrmonatigen Forschungsaufenthalt am *Research Institute of Economy, Trade and Industry (RIETI)* des *Ministry of Economy, Trade and Industry (METI)* in Tokyo, Japan. Dies verschaffte nicht nur Einblick in schwer zugängliche Literatur, sondern auch Kontakte zu japanischen Forschern auf diesem Gebiet und zu anderen Forschungsinstitutionen in Tokyo, insbesondere zum *Deutschen Institut für Japanstudien (DIJ)* und zum *Asian Development Bank Institute (ADBI)*. Darauf aufbauend führte der Autor 2003-05 im Rahmen eines vom Schweizerischen Nationalfonds zur Förderung der wissenschaftlichen Forschung (SNF) finanzierten Projektes *Regionale Integration in der Weltgesellschaft – Der Fall Ostasien*[1] Recherchen in Ostasien und Studienaufenthalte an der California Polytechnic State University (CALPOLY), San Luis Obispo, und am Institute for Research on World-Systems (IROWS) der University of California-Riverside durch. Ein zweiter Aufenthalt als Gastwissenschaftler am RIETI im Jahr 2004 diente vor allem der Untersuchung der japanischen Ostasien-Politik und der neuen außenwirtschaftspolitischen Strategie, wie sie sich ab 1998/99 herausgebildet hatte. In Südostasien führte der Autor über eine längere Zeit Forschungsaufenthalte durch am Asia Pacific Economic Cooperation (APEC)-Sekretariat und am Institute of Southeast Asian Studies (ISEAS), beide in Singapur, sowie am ASEAN-Sekretariat in Jakarta. Ergänzt wurde dies durch kürzere Besuche des Philippine Institute for Development Studies und des APEC Study Center, beide Manila, des Thai Institute for Development Studies, Bangkok, des Shanghai Institute for International Studies (SIIS) und der Asia-Pacific University (APU), Beppu, Oita,

---

[1] SNF Beitrag Nr. 8210-067674.

Japan. Von besonderem Stellenwert war die Verfolgung und Beobachtung vor Ort des *APEC 2003*-Gipfels in Bangkok (Dezember 2003) und des mit dem 9. ASEAN+3-Gipfel kombinierten ersten *Ostasien-Gipfels* (Dezember 2005) in Kuala Lumpur, Malaysia.

Forschungsergebnisse wurden präsentiert an den erwähnten Gastinstituten, an der International Convention of Asia Scholars (ICAS), im August 2003 an der National University Singapore[2] und im August 2005 an der Shanghai Academy of Social Sciences (SASS)[3]; vor der Japan Research Group der Society for the Advancement of Socio-Economics (SASE) an der Sophia University Tokyo im Februar 2005; sowie im Juli 2006 am *XVI. World Congress of Sociology* der International Sociological Association (ISA) in Durban, Südafrika, im Rahmen des ISA Research Committee 02 ,Economy and Society' (Session „Economy and Society Across and Beyond the Nation-state: Processes of Regional and Global Integration").

---

[2] Im Rahmen zweier vom Autor organisierter Panels zu „Regional Integration in East Asia: Theories, Trends and Perspectives".
[3] Im Rahmen eines vom Autor organisierten Panels zu „Regional Integration in East Asia – Assessing the Recent Dynamics in the Formation of an East Asian Community".

Danksagung

Der Dank des Autors geht zunächst vor allem an die die Forschung finanzierenden Institutionen, an Wolfgang Streeck, Direktor des MPIfG, an die Stiftung Weltgesellschaft und Schweizerischen Nationalfonds, sodann an die Gastinstitute und ihre Direktoren resp. Abteilungsleiter, insbesondere Harold Kerbo (CALPOLY), Christopher Chase-Dunn (IROWS) und Hidetaka Yoshimatsu (APU). Darüber hinaus ist den zahlreichen Interviewpartnern zu danken, die ihre Zeit zur Verfügung gestellt und ihr Wissen geteilt haben. Diese seien hier nicht aufgezählt, zumal sie an entsprechender Stelle genannt werden, wie auch die zahlreichen Fachkräfte an den Institutionen, die dem Autor die Ausübung seiner Tätigkeit ermöglicht haben. Besonders erfreulich für den Autor war die Erfahrung, dass die deutschsprachige wie die internationale ostasienwissenschaftliche Fachgemeinde offen und interessiert waren, Ergebnisse eines soziologischen Forschungsprojekts zu ‚ihrem Gegenstand' zur Kenntnis zu nehmen, zu diskutieren und zu veröffentlichen. Kritik und Kommentare zum Manuskript oder zu Teilen davon gaben Renate Mayntz, David Chiavacci, Erich Ziltener und Heinz Gabathuler sowie zahlreiche Gutacher, am MPIfG und der Zeitschriften, in der einzelne Teile dieser Untersuchung erschienen sind (siehe unten). Ihnen allen sei gedankt; die Verantwortung für die Schlussfassung liegt ausschließlich beim Verfasser.

Vorgängige Veröffentlichungen

Zu Kapitel II: Die Herausbildung der Weltregion Ostasien

Eine erste Synthese aus Kapitel II erhielt eine Auszeichnung im Rahmen des World Society Foundation's Award Program for Research Papers 2005/06 zum Thema „The Regional Shaping of World Society" und wurde 2007 veröffentlicht in einem von Mark Herkenrath im Auftrag der Stiftung Weltgesellschaft herausgegebenen Sammelband, *The Regional and Local Shaping of World Society*.

Zu Kapitel III: Die Reintegration Ostasiens (1945-2005)

Mehrere Teile (inbes. aus Kapitel III.1, III.2. und III.6) wurden 2003 in einer ersten Fassung veröffentlicht als Max-Planck-Institut für Gesellschaftsforschung (MPIfG) Discussion Paper Nr. 03/2 unter dem Titel *Gibt es einen regionalen Integrationsprozess in Ostasien?* Eine Kurzfassung davon wurde unter dem Titel *Region Ostasien – Zum Zusammenhang von wirtschaftlicher und politischer Integration* abgedruckt im Bochumer Jahrbuch zur Ostasienforschung (BJOAF, Bd. 27/2003). Kapitel III.3. ist unter dem identischen Titel 2002 erschienen als MPIfG Working Paper Nr. 02/9. Analysen der Asia Pacific Economic Cooperation (APEC; Kapitel III.4) sind 2004 erschienen in der an der Universität St.Gallen herausgegebenen *Aussenwirtschaft/Schweizerische Zeitschrift für internationale Wirtschaftsbeziehungen* (Nr. 59/2) und in den *Blättern für deutsche und internationale Politik* (Nr. 12/2). Die Untersuchung über die Rückwirkungen des APEC-Jahres auf das Gastland Thailand (Kapitel III.5.) ist veröffentlicht worden als *Trends East Asia (TEA) Studie* Nr. 6/2004 an der Fakultät für Ostasienwissenschaften, Sektion Politik Ostasiens, der Ruhr-Universität Bochum[1]; eine Kurzfassung davon auch in der vom Asienhaus, Essen, herausgegebenen Zeitschrift *Südostasien*, Nr. 1/2004 zum Schwerpunktthema „ASEM, APEC und andere Bündnisse". Eine ältere Version von Kapitel III.7 zu Japans neuer Außenwirtschaftsstrategie wurde abgedruckt in dem von M. Pohl und I. Wieczorek am Institut für Asienkunde (IfA), Hamburg, herausgegebenen Japan-Jahrbuch (*Japan 2005 – Politik und Wirtschaft*); eine Kurzfassung davon in *Japan aktuell* (Nr. 1/13, 2005). Den Bezug zur Schweiz stellte der Artikel *Japans neuer Bilateralismus – Prüfung eines Freihandelsabkommens mit der Schweiz* her, erschienen in der *Volkswirtschaft* (Nr. 7-8, 2005), in französisch unter *Le nouveau bilatéralisme japonais et les chances de la Suisse de conclure un accord de libre-échange* in *La Vie économique. Revue de politique économique*. Kapitel III.8 erschien unter dem Titel *Die Verhandlungen über bilaterale Wirtschaftsabkommen zwischen Japan und ASEAN-Ländern, 2000-2005* gekürzt in der *Aussenwirtschaft* (Nr. 60/3, 2005). Ebenfalls in der *Aussenwirtschaft* (Nr. 61/1, 2006) erschien eine Analyse der *neuen Aussenwirtschaftspolitiken der Staaten Ostasiens und ihre Bedeutung für die Schweiz*. Kapitel III.9 *Das regionale Migrationmuster Ostasiens* wurde veröffentlicht als

---

[1] Webseite www.ruhr-uni-bochum.de/oaw/poa/tea/.

Trends East Asia (TEA) Studie Nr. 15 im Mai 2006. Kapitel III.10 *Die maritime Integration Ostasiens* erschien 2007 in der vom Arnold-Bergstraesser-Institut (ABI), Freiburg im Breisgau herausgegebenen Zeitschrift *Internationales Asienforum* (Nr. 38/1-2). Die Untersuchung des *ASEAN plus 3*-Prozesses (Kapitel III.12) erschien als *Trends East Asia (TEA) Studie* Nr. 17, Juli 2006, und wurde gekürzt aufgenommen in das *Bochumer Jahrbuch zur Ostasienforschung* (BJOAF, Bd. 30/2006) Eine Analyse und Kommentar zum ersten Ostasien-Gipfel vom Dezember 2005 erschien unter dem Titel *Ostasien: Erweitern oder vertiefen?* in *Blätter für deutsche und internationale Politik* (Nr. 2/2006).

Anmerkung zur Interpunktion

Doppelte Anführungszeichen werden eingesetzt, um Zitate zu kennzeichnen, einfache Anführungszeichen, um Begriffe vom Text abzusetzen.

Romanisierung chinesischer Wörter

Die vorliegende Untersuchung folgt, mit Ausnahme der Bezeichnung für Hongkong, dem Hanyu Pinyin-System.[1]

Pinyin	andere Romanisierungen
Beijing	Pei-ching, Peking
Dalian	Dairen
Fujian	Fu-chien, Fukien, Foukien
Guangzhou	Kanton (Stadt)
Guangdong	Kanton (Provinz)
Han	— (Dynastie)
Hangzhou	Hangchow
Huangpu	Huang-p'u
Ming	— (Dynastie)
Ningbo	Ning-po
Pudong	—
Qinhuangdao	Ch'in Huang Tao, Chinwangta
Qin	Ch'in (Dynastie)
Qing	Ch'ing (Dynastie)
Qingdao	Tsing-tao
Shang	— (Dynastie)
Shanghai	—
Shenzhen	Sam jan
Song	Sung (Dynastie)
Suzhou	Su-Chou, Soo-Cho
Tang	T'ang (Dynastie)
Tianjin	Tjen-tsin, Tientsin
Xia	Hsia (Dynastie)
Xiamen	Hsia-men (Amoy)
Xianggang	Hsiang-Kang, Hong Kong
Yuan	Yüan (Dynastie)
Yunnan	Jünnan
Zhou	Chou (Dynastie)

---

[1] Hanyu Pinyin ist die offizielle chinesische Romanisierung des Hochchinesischen in der Volksrepublik China. Diese phonetische Umschrift auf der Basis des lateinischen Alphabets wurde vom Staatsrat der Volksrepublik 1956 beschlossen und Ende 1957 genehmigt. Pinyin ist bei der Internationale Organisation für Normung (ISO) als ISO 7098:1991 registriert und damit als internationaler Standard anerkannt.

Abkürzungsverzeichnis

Aufgeführt werden nur die in Europa weniger bekannten Abkürzungen. Für Presseagenturen und Zeitungen/Medien siehe V.1.

ADB	Asian Development Bank
AFTA	ASEAN Free Trade Zone
APEC	Asia Pacific Economic Cooperation
ARF	ASEAN Regional Forum (auch: Asia Regional Forum)
ASEAN	Association of Southeast Asian Nations
ASEM	Asia-Europe Meeting
ECAFE	Economic Commission for Asia and the Far East
EPA	Economic Partnership Agreement
ESCAP	Economic and Social Commission for Asia & the Pacific (früher ECAFE)
EVSL	Early Voluntary Sectoral Liberalization Program
FTA	Free Trade Agreement
FTAA	Free Trade Area of the Americas
IBRD	International Bank for Reconstruction & Development
IDE	Institute of Developing Economies (Japan)
IMB	International Maritime Bureau
JETRO	Japan External Trade Organization
KEIDANREN	Dachverband der japanischen Wirtschaft
KIEP	Korean Institute for International Economic Policy
LDP	Liberaldemokratische Partei (Japan)
MAFF	Ministry of Agriculture, Forestry and Fisheries (Japan)
METI	Ministry of Economy, Trade and Industry (früher MITI; Japan)
MIGA	Multilateral Investment Guarantee Agency
MITI	Ministry of International Trade and Industry (Japan)
MOF	Ministry of Finance (Japan)
MOFA	Ministry of Foreign Affairs (Japan)
MOFCOM	Ministry of Commerce (Volksrepublik China)
NAFTA	North American Free Trade Agreement
PBEC	Pacific Basin Economic Council
PECC	Pacific Economic Cooperation Council
ROC	Republic of China (Taiwan)
SEATO	Southeast Asia Treaty Organization
USD	US-Dollar
v.Z.	vor dem Beginn der westlichen Zeitrechnung
w.Z.	nach dem Beginn der westlichen Zeitrechnung

I Gegenstand und Methode

I.1 Übersicht

Die vorliegende Arbeit ist eine Synthese aus verschiedenen Untersuchungen des Autors zur Frage des Regionencharakters Ostasiens. Am Anfang stand eine *ex ante-Definition*[1] der Region Ostasien, die auf der Basis des Studiums zahlreicher soziologischer, historischer, ethnologischer und ökonomischer Untersuchungen anderer zustande kam. Sie bildet den Ausgangspunkt für die vorliegende Arbeit. **Leitfrage** war:

Gibt es Ostasien als Weltregion, und wenn ja, nach welchen Kriterien?

Zwei Wege zur Beantwortung dieser Frage wurden eingeschlagen:

eine Strukturanalyse, bei der die vorkoloniale gesellschaftliche Komplexität und Heterogenität Länder Ostasiens und ihr Zusammenhang mit der nachkolonialen wirtschaftlichen, sozialen und politischen Entwicklung im Vordergrund standen; eine Interaktionsanalyse in zwei Stufen: eine Rekonstruktion der interaktiven Herausbildung Ostasiens als Region (hier Kapitel II) und eine umfassend angelegte Beobachtung der gegenwärtigen transnationalen, grenzüberschreitenden Interaktionen in der Region (hier Kapitel III).

I.2 Strukturanalyse

Die Strukturanalyse stützte sich auf zahlreiche qualitativ-empirische Analysen der regionalen Entwicklung in verschiedenen Disziplinen sowie auf einen neu geschaffenen Datensatz, der verschiedene Quellen kombiniert und die Grundlage für statistikbasierte Ländervergleiche bildet. Damit wurden Charakteristika der Länder Ostasiens im Unterschied zu anderen Ländern Asiens und Afrikas sowie die Unterschiede zwischen den Ländern Ostasien beschrieben und erklärt (Ziltener 2005b, 2006c). Gezeigt wurde, dass die Länder Ostasiens zu den traditionell höchst entwickelten auf der Welt gehören, sowohl bezüglich Landwirtschaft und Technik als auch bezüglich Sozialorganisation. In den großen Reisanbau-Zentren Ostasiens entstanden bevölkerungsreiche, hochkomplexe Gesellschaften, die die Region maßgeblich bestimmten, allen voran das ‚Schwergewicht' China, aber auch Japan, Korea, (Nord-)Vietnam und Java. Heterogener sind die anderen Länder und Gebiete Ostasiens, in denen zwar auch die Ethnien der großen Flusstäler das demographische Übergewicht stellen, aber in Prozessen der historischen Reichsbildung andere Bevölkerungsgruppen mitinkorporiert wurden, die sich nur teilweise assimilierten. Im Ergebnis sind die Länder Südostasiens ethnisch-sprachlich und oft auch religiös deutlich heterogener als die Länder Nordostasiens.

Die Staats- und Reichsbildungsprozesse in Ostasien können hinsichtlich des dominanten zivilisatorisch-kulturellen Einflusses unterschieden werden: solche, die sich maßgeblich in Interaktion mit der chinesischen Zivilisation entwickelten (Sinisierung), und solche, die maßgeblich unter indischem Einfluss stattfanden (Indisierung). Im 8. Jh. war China bereits von einem Kranz sinisierter Staaten umgeben, während auf dem südostasiatischen Festland

---

[1] D.h. die Ländergruppe wird zu Beginn der Untersuchung festgelegt und dann die Frage, ob diese als Region charakterisiert werden kann, als Ergebnis der Untersuchung beantwortet. Die andere Methode ist die Bestimmung einer Region als Cluster aus einem größeren Sample (vgl. Burton et al. 1996).

und in der Inselwelt der indische Kultureinfluss überwog. Indien spielte dann aber – im Vergleich zu China – eine für die weitere politische und wirtschaftliche Entwicklung nachgeordnete, wenig bedeutende Rolle in der Region. Prägend blieb allerdings der Unterschied zwischen den stärker bürokratischen Herrschaftsformen im Norden der Region (plus Vietnam), und der weniger zentralisierten, stark von priesterlich-hierokratischen Institutionen bestimmten Staatlichkeit im Süden. Aus der Staatenkonkurrenz in Südostasien gingen drei Einheiten als stärkste hervor: Birma (Myanmar), Thailand und Vietnam, während die anderen Staaten entweder inkorporiert oder in ein Abhängigkeitsverhältnis gebracht wurden.

Im Ergebnis zeigte sich das historische Ostasien als überaus ‚ungleichgewichtige‘ Region. China war mit einer geschätzten Anteil von zwei Dritteln an der Gesamtbevölkerung Ostasiens sowohl demographisch wie wirtschaftlich sicherlich das Schwergewicht der Region. Zweitgrößtes Land war Japan mit etwa 10%, drittgrößtes Korea mit rund 8% der Bevölkerung der Region. Südostasien war im Vergleich dünn besiedelt; die Gesamtbevölkerung dürfte kaum mehr als ein Viertel Chinas und weniger als Japan und Korea zusammen betragen haben. Diese sozialevolutionären, demographischen, wirtschaftlichen und kulturellen Unterschiede prägen die Weltregion Ostasien bis heute. Es können vier Kategorien definiert werden:

- die Länder im chinesischen Zivilisationsraum (Nordostasien plus Vietnam) mit hoher Bevölkerungsdichte und höchst entwickelten politisch-administrativen Institutionen;
- Gebiete Südostasiens, in denen sich stabile, landbasierte Reiche mit relativ hoher Bevölkerungsdichte herausbildeten: die großen Flusstäler und Ebenen Thailands, Kambodschas und Birmas sowie Java und Bali im Archipel;
- die für den Handel zentralen Knotenpunkte des Archipels, in denen sich kleinräumige, netzwerkartige politische Strukturen entwickelten, die strukturell abhängig von den landwirtschaftlichen und militärischen bedeutenden Einheiten blieben;
- das ‚Hinterland‘ im bergigen Inneren des südostasiatischen Festlandes und auf den ‚äußeren Inseln‘ des Archipels.

Die Länder Ostasiens insgesamt unterscheiden sich klar von der Gruppe afrikanischer Länder südlich der Sahara, aber bezüglich der Merkmale ‚traditionelle Komplexität‘ und ‚gesellschaftliche Heterogenität‘ sind sie weniger eindeutig abzugrenzen von den Ländern Nordafrikas, West- und Südasiens. Die Länder Nordostasiens sind in struktureller Hinsicht ähnlich wie etwa Ägypten, Algerien, Tunesien und die Türkei, während zwischen Südostasien und Südasien (Indien und seine Nachbarländer) diesbezüglich keine Grenze zu ziehen ist.

Ostasien als Region weist bestimmte Merkmale auf. Gesellschaftliche Konstellationen, die Prozesse der Polarisierung nach sich ziehen können, sind in Ostasien mit sehr wenigen Ausnahmen nicht zu finden (Ziltener 2006c). Kennzeichnend für die meisten Länder der Region ist eine vergleichsweise erfolgreiche nachkoloniale Staatsbildung, wenn nicht immer mit dem Resultat hoher Staatsqualität und demokratischer Partizipation, so doch zumindest bezüglich der Stabilität der Herrschaftsform.

Darauf aufbauend wurde nachgewiesen, dass einige dieser Charakteristika signifikante Determinanten des wirtschaftlichen, sozialen und politischen Entwicklungsprozesses in der nachkolonialen Periode sind (Ziltener/Müller 2005/2007; Ziltener 2006a). Die Strukturähnlichkeit ostasiatischer Länder ist somit ein Faktor, der in der Kausalrekonstruktion des ‚ostasiatischen Wirtschaftswunders‘ berücksichtigt werden muss; andererseits tragen die fest-

gestellten Unterschiede zwischen den Ländern der Region mit zur Erklärung der sozioökonomischen Entwicklungs*divergenzen* bei.

Diese Untersuchungen bewegen sich im Paradigma des *methodologischen Nationalismus*, d.h. die Länder, Gesellschaften und (National-)Staaten, wie sie heute existieren, sind
der Hauptbezugspunkt. Diese Weltsicht dominiert die Soziologie und die meisten anderen
Sozialwissenschaften seit ihrer Begründung im 19. Jahrhundert. Die meisten bisherigen
komparativen Arbeiten verglichen eine, selten mehrere nicht-europäische Gesellschaft(en)
mit einer europäischen oder einem ‚Idealtyp' der westeuropäischen Entwicklung.[2] [3] Die
genannten Arbeiten unterscheiden sich von diesem Typ von Forschung, insofern sie nach
universellen Kriterien die Gesellschaften Ostasiens *untereinander* vergleicht und als *Gruppe* in einem Referenzsample aus nicht-europäischen Gesellschaften analysiert.

Die bisherige Forschung dieses Typs war überwiegend kulturwissenschaftlich geprägt.
(1) Generationen von Wissenschaftlern, die sich auf die Region oder eines der nordostasiatischen Länder spezialisierten, wurden geprägt von dem 1960 erschienenen *East Asia: The
Great Tradition* von E.O. Reischauer und J.K. Fairbank von der US-amerikanischen Har-
vard-Universität.[4] Danach wurde die Region gestaltet durch die von China ausgehende
„Welle ostasiatischer Zivilisation", die im Süden aber auf Gegenströmungen aus Indien und
aus dem Westen traf, wodurch diese Gegenden nie in die „ostasiatische Kulturzone" oder
ins chinesische Reich integriert wurden:

„The higher culture of much of Southeast Asia stemmed more from India rather than from
China, and Islam and Christianity later helped make this area still more distinctive from the
countries to the north. In recent centuries, however, this region too has become increasingly
linked with the rest of East Asia, economically, culturally, and strategically."

„Beyond Vietnam, the forward-rolling wave of East Asian civilization encountered crosscur-
rents from India and the West – which explains why the rest of Southeast Asia, although cli-
matically suited to rice culture and therefore readily adaptable to Chinese agricultural civilization, has never been absorbed into either the East Asia cultural zone or the Chinese empire."
(Reischauer/Fairbank 1960: 5, 395)

(2) Ein Forschungsprojekt an der Universität Princeton definierte um 1990 Ostasien als die
Region, die durch das gemeinsame kulturelle Erbe des Konfuzianismus als „basic world-
view" geprägt sei. Untersucht wurde das von nationalen Traditionen zu unterscheidende,

---

[2] Das Ergebnis waren v.a. lange Listen ‚fehlender' Entwicklungselemente in nicht-europäischen Ländern; so z.B.
Max Webers *Konfuzianismus und Taoismus*-Studie (Weber 1920b), die in China u.a. das Fehlen rationaler Verwaltung und Justiz, effizienter Bürokratie und des Fachbeamtentums, rationaler Geldwirtschaft und Steuerpolitik,
rationaler Technik und Wissenschaft, einer unabhängigen Bürgergesellschaft und eines Konzepts autonomer Indi-
viduen, des politischen Sondercharakters der Stadt und der städtischen Monopolisierung des Gewerbes, rationaler
Kriege unter konkurrierenden Staaten, von überseeischem Handel und Kolonialbesitz sowie einer Erlösungsreligi-
on konstatierte. Vgl. Metzger (1983).
[3] Laut Chaudhuri (1990: 11) gilt dies auch weitgehend für Historiker aus Asien: „The historians of Asia, whether
working on the Middle East, India, China, or Japan, seem to be much more interested in comparing the course of
their history with that of Western Europe rather than with other regions of Asia."
[4] Beide Autoren waren im 2. Weltkrieg für den Nachrichtendienst des US-Armee tätig; Reischauer wurde 1961
zum Botschafter der USA in Japan ernannt.

„gemeinsame regionale Erbe", das mit nationalen und interregionalen Kräften interagiere.[5] Die ‚Region' schließt neben Nordostasien mit China, Japan und Korea auch Teile Südostasiens, v.a. Vietnam und Singapur, mit ein.

(3) Huntington (1996) definiert ‚Kultur' als „subjective attitudes, beliefs, and values prevalent among the dominant groups in the society" und konzeptionalisiert sie als „zentrale unabhängige Variable" für die sozioökonomische Entwicklung. In Ostasien unterscheidet er drei ‚Kulturen':

- die *japanische* mit ihren Hauptelementen Konfuzianismus, Buddhismus und Shinto;
- die *sinitische* („sinic") mit ihrem Hauptelement Konfuzianismus (China, Taiwan, Korea, Singapur und Vietnam) und
- die *malaiische* mit ihren Hauptelementen Islam, Buddhismus und Katholizismus (Malaysia, Indonesien, Philippinen).

Solchen Einteilungen haftet immer Willkür an, und, auch wenn einige dieser kulturwissenschaftlichen Arbeiten großen Aufwand zur akribischen Identifizierung der Gehalte und Grenzen ihrer ‚Kulturen' betreiben, geraten nur wenige nicht in die Falle der Essentialisierung des ‚kulturellen Erbes', einer Kategorisierung von Phänomenen als überhistorischwesenhaft.

I.3   Interaktionsanalyse

Die Interaktionsanalyse beschreibt den Prozess der Integration der Region, zunächst aus einer historisch langfristigen Perspektive (Kapitel II). Hauptaufmerksamkeit aber gilt der Periode der Reintegration der Region seit dem Ende der Unabhängigkeitskämpfe und zwischenstaatlichen militärischen Konflikte sowie dem Einleiten der wirtschaftlichen Reformprozesse um 1980 herum. Beschrieben und eingeschätzt werden transnationale Interaktionen, von der illegalen Arbeitsmigration bis zur intergouvernementalen Kooperation auf regionalen Gipfeltreffen. Diese Analysen beziehen sich zum einen auf das Paradigma der *Weltsystemtheorie*, für die die Vorstellung methodologisch zentral ist, dass mit der Weltökonomie ein System entstand ist, das nicht mehr nur von einem Akteur gestaltet werden konnte und somit eine Eigenlogik hat, die als äußerer Zwang auf seine Elemente wirkt. In dieser Perspektive ist das Weltsystem die angemessene „analytische Bezugsgröße"; einzelne Elemente werden von der Evolution der Strukturen des gesamten Systems her betrachtet. Damit gibt sie das Verfahren auf, „als Analyseeinheit entweder den souveränen Staat oder den unschärferen Begriff ‚nationale Gesellschaft' zu nehmen". Einer ihrer Begründer, Immanuel Wallerstein, argumentiert vielmehr,

> „dass beide nicht als soziale Systeme gelten können, dass man aber nur angesichts von sozialen Systemen von sozialem Wandel sprechen kann. Das einzige soziale System [ist] in diesem Schema das Weltsystem." (Wallerstein 1986: 18).[6]

---

[5] Rozman (1991: vii) erläutert das Forschungsprogramm als die Suche nach „the common regional heritage as distinct from the specific national traditions", „examining the diffusion of the regional legacy over many centuries" und „analyzing a changing regional heritage interacting with national and interregional forces".
[6] Vgl. dazu Bornschier (1980, 1982), Chase-Dunn/Hall (1997, insbes. 11ff).

Ein *Weltsystem* ist eine wirtschaftliche Einheit mit einer internationalen Arbeitsteilung im Rahmen eines Weltreiches oder eines Staatensystems. Da dieses System die Entwicklung der einzelnen Teile (Länder, Regionen, Staaten) entscheidend beeinflusst, kann deren Entwicklung nicht auf endogene (‚innere‘) Faktoren reduziert werden. Vielmehr ist das Weltsystem und seine langfristige Entwicklung das angemessene Objekt der Analyse. Dies ist das Kernargument, das die Weltsystemtheorie in ihren verschiedenen Ausprägungen zusammenhält.[7]

Wurden diese beiden Hauptansätze in der Soziologie lange als alternativ diskutiert und unter dem Eindruck politischer (vor allem entwicklungspolitischer) Fragestellungen zu Konfessionsfragen unter Soziologen, so ist in den letzten Jahren eine stärkere Bezugnahme auf die jeweiligen Forschungsergebnisse, ja sogar eine gewisse Konvergenz der Paradigmen festzustellen, was eindeutig mit der Diskussion um ‚Globalisierung‘ zu tun hat. So hat einer der Begründer des Weltsystem-Paradigmas, Giovanni Arrighi, beschrieben, wie unter dem Eindruck der beschleunigten Globalisierungsprozesse sich die Positionen zwischen den Vertretern der historischen Makrosoziologie und der Weltsystemtheorie angenähert haben:

> „Tilly, whose historical macrosociology has been squarely based on national states as privileged units of analysis, takes the emerging institutions of world capitalism so seriously as to dismiss the continuing significance of national states as movers and shakers of the contemporary world. Wallerstein, whose historical macrosociology has been just as squarely based on the world capitalist system as privileged unit of analysis, upholds the continuing significance of national states to the point of dismissing the novelty of the emerging institutions of world capitalism." (Arrighi 2000: 125).

Osterhammel konzipierte (1989: 41) aus einer universalgeschichtlichen Perspektive die Welt aus mehreren „Zivilisationszonen", die sich im Verlaufe der Entwicklung an ihren Rändern immer häufiger berührten und in einen immer engeren Kontakt traten, um dann im 19. Jh. zu einer Weltwirtschaft und Weltpolitik dauerhaft miteinander verklammert zu werden.[8]

Die vorliegende Interaktionsanalyse bezieht sich zum anderen auf die neofunktionalistische *Integrationstheorie*, die bis in die 1970er Jahre der dominante wissenschaftliche Ansatz zur Analyse von Regionalisierungsprozessen war.[9] Sie zielte auf die Formulierung einer allgemeinen Integrationstheorie, anwendbar auf Prozesse in verschiedenen Weltgegenden. Die darauf basierende empirische Forschung konzentrierte sich auf Westeuropa und Lateinamerika, wo die Hegemonialmacht USA Regionalisierungsprozesse aktiv förderte. Im Gefolge der sich beschleunigenden Regionalisierungsprozesse Ende der 1980er und der 90er Jahre (Europäische Union, EU; North American Free Trade Agreement, NAFTA;

---

[7] Obwohl vom Anspruch her universalistisch angelegt, hatte das von Immanuel Wallerstein und anderen in den 1970 Jahren begründete, interdisziplinäre Forschungsprogramm der Weltsystemtheorie eindeutig einen eurozentrischen Bias. Die ‚Welt‘, deren Analyse sich die Theorie verschrieben hat, kam nur insofern in den Blick, als sie historisch schrittweise in das europäische „moderne Weltsystem" inkorporiert wurde. Die welt- und wirtschaftshistorische Forschung hat in den letzten Jahrzehnten bedeutende Fortschritte gemacht, und inzwischen ist weitgehend unbestritten, dass die Weltsystemtheorie auf einer erweiterten empirischen Basis auch theoretisch revidiert werden muss.
[8] Osterhammel (1989: 42): „Die großen Zivilisationszonen standen sich noch fern, wussten wenig voneinander und sahen sich gegenseitig als exotische Außenwelten."
[9] Siehe vor allem Haas (1958, 1964), Schmitter (1969), Lindberg (1963) sowie die Beiträge in Lindberg/Scheingold (Hg., 1971) und die kritische Diskussion bei Schmitter (1996) und Ziltener (2001c).

Asia Pacific Economic Cooperation, APEC) wuchs die sozialwissenschaftliche Regionalismus-Literatur rasant an; Hettne/Söderbaum (2000) sprechen von einer ‚neuen‘ oder ‚zweiten Welle‘ von Studien.[10] Im Vergleich zur älteren Integrationstheorie waren die Bemühungen um eine konsistente Theoriebildung deutlich weniger erfolgreich.[11]

Die Beantwortung der Leitfrage nach dem Regionencharakter Ostasiens hängt von den Definitionen von ‚Ostasien‘ und ‚Weltregion‘ sowie von einer Reihe methodischer Grundentscheidungen ab. Die folgenden Abschnitte legen diese dar und begründen sie.

I.4 Definition: Ostasien

„‚Asien‘ ist ein geographisches, ein Kartenkonzept. Irgend jemand hat es irgendwann verwendet. Die Bewohner der so benannten Region identifizieren sich jedoch nicht damit. (...) ‚Asien‘ ist eine Bezeichnung für nichts und niemanden. Gleichwohl wird sie benutzt, als sei das Gegenteil der Fall, als habe sie konkrete Verweiskraft. Dieser taube Beigeschmack haftet allen Diskussionen um Asien an. ‚Asien‘ ist ein Wort für Slogans.“ (Ôaku 1998: 28ff)

„Yet Asia has no strong and enduring history of unity and accepted commonality, whether in polity, culture, language, or religion. The antecedents of East Asian regionalism have been brief and contested. One such period was in the 15th century, when the Ming Empire of China ruled the waves and, in the pre-colonial period, extracted an acceptance of suzerainty from most of the kingdoms in East and Southeast Asia. A second incident was the Japanese co-prosperity sphere during WWII. Neither sets a happy precedent for East Asian regionalism.“ (Tay 2005: 15)

I.4.1 Ostasien als Fremdbeschreibung

Gegenstand der Analyse ist die Region *Ostasien*. Ostasien wird im Folgenden als Überbegriff für

- *Nordostasien*: Länder und Gebiete am Ostchinesischen Meer; die heutigen Staaten Japan, Süd- und Nordkorea, China sowie Taiwan und Hongkong, und
- *Südostasien*: Länder und Gebiete am Südchinesischen Meer und angrenzende; die heutigen Staaten Philippinen, Vietnam, Laos, Kambodscha, Thailand, Birma/Myanmar, Indonesien, Osttimor, Malaysia, Singapur und Brunei

verstanden, also Asien unter Ausschluss Südasiens (Indien und seine Nachbarstaaten[12]), Zentralasiens (Mongolei und Nachfolgestaaten der ehemaligen Sowjetrepubliken) und des westlichen Teils des Kontinents. Dies ist grundsätzlich übereinstimmend mit den Konventionen, bedarf allerdings einiger Erläuterungen und qualifizierender Bemerkungen.

---

[10] Siehe inbes. die Björn Hettne, András Inotai und Osvaldo Sunkel bei Macmillan/Palgrave herausgegebene Sammelbände *Globalism and the New Regionalism* (1999), *National Perspectives on the New Regionalism in the North* und *National Perspectives on the New Regionalism in the Third World* (beide 2000), *Comparing Regionalisms* (2001) und die Bilanzen von Hettne/Söderbaum (2000) und Hettne (2005).

[11] Hettne (2005: 543) kam kürzlich zum Schluss: „There has been little agreement about what we study when we study regionalism. This implies that there also is a lack of agreement about how we should study it; in other words, we are facing an epistemological problem as well.“

[12] Mit Ausnahme Birma/Myanmars, das zu Südostasien und damit zu Ostasien geschlagen wird.

Verschiedentlich ist darauf hingewiesen worden, dass Asien (und damit Ostasien) eine *Erfindung Europas* ist.[13] Der Begriff wird auf das assyrische *açu* zurückgeführt, welcher ‚Aufgang der Sonne' bedeutet (Zöllner 2002: 8). Es entspricht damit dem lateinischen *oriens* und drückt wie dieses den geographischen Standpunkt des Betrachters aus, nämlich eine Position westlich des bezeichneten Objekts, aus dessen Richtung die Sonne am Himmel erscheint. *Asia* und *Orient* (‚Morgenland') diente zunächst der Kennzeichnung von Gebieten am östlichen Mittelmeer und wurde im Verlaufe der europäischen Horizonterweiterungen auf die ganze gigantische Landmasse östlich von Europa übertragen. Der Begriff macht eigentlich aus keiner Perspektive Sinn, weder geographisch, klimatisch, historisch noch kulturell. K.N. Chaudhuri schrieb in seinem viel beachteten Buch über *Asia before Europe* unter dem Abschnittstitel *The deconstruction of the concept of Asia*:

> „For Europe, the notion of a continental unity is derived from that of the homogeneity of European people. But for Asian civilisations, their disunity or lack of apparent cohesion is not admitted as an argument against the use of the term Asia. On the contrary, the identity of people does not enter into the semantics at all. Geographical Asia is the inverse mirror image of geographical Europe. (...) The problem of discovering the actual dividing lines between Europe, Asia, and Africa or between the Indian Ocean and the Pacific consequently disappears at the level of physical space. The cartographic frontiers are either purely conventional or unimportant." (Chaudhuri 1990: 23)

Gefolgt wird hier der Konvention, die sich infolge der europäisch geprägten Kartographie und Geographie herausgebildet hat.[14] In eurozentrischer Perspektive wurde zwischen dem *Nahen, Mittleren* und dem *Fernen Osten* (verkürzt: Fernost, engl. *Far East*, franz. *Extrême-Orient*) unterschieden. Obwohl der Begriff Ferner Osten noch nicht ganz verschwunden ist, so hat sich doch das neutralere Ostasien (engl. *East Asia*, franz. *Asie orientale*) weitgehend durchgesetzt. Ostasien ist der östliche Teil Asiens. Immer noch umfasst der Begriff ein geographisches Gebiet von kontinentaler Größe, in dem rund ein Drittel der Menschheit lebt. Die Abgrenzung Ostasiens vom übrigen Asien wird unterschiedlich vorgenommen. Am verbreitetsten ist die Verwendung der Begriffes Ostasien als Überbegriff für Nord- und Südostasien, einem Verständnis, dem auch hier gefolgt wird. Andere verwenden Ostasien als Begriff auf gleicher Ebene wie Südostasien und Südasien, also identisch mit dem hier definierten Nordostasien. Diese definitorischen Festlegungen (wie auch anders lautende) ziehen unausweichlich eine Reihe von inhaltlichen Problemen nach sich.

Im deutschsprachigen Raum ist die Verwendung des Begriffes Südostasien bereits seit Beginn des 20. Jahrhunderts belegt. 1902 publizierte der österreichische Archäologe Franz Heger sein Buch *Alte Metalltrommeln aus Südostasien*. Zunächst ausschließlich von Ethnologen und Geographen verwendet, fand der Begriff dank Büchern wie *Buschaus Illustrierte Völkerkunde* (1923) allgemein Eingang in die wissenschaftliche, politische und auch schöngeistige Literatur (Dahm/Ptak 1999: 9). In den Sprachen der dominanten Kolonialmächte Südostasiens entwickelte sich der Begriff später, da weniger Bedarf an einem Regi-

---

[13] Etwa Osterhammel (1994: 9); vgl. Zöllner (2002: 8).

[14] Im 17. Jahrhundert findet sich der Begriff Asien für den ganzen Kontinent auf einer weit verbreiteten Karte, auf der in China vom italienischen Jesuiten Matteo Ricci verfertigten „Mappamondo". Auf einer im gleichen Jahrhundert in Japan entstandenen Karte der Welt (*bankoku ezu*) wird mit *Ajia* (Asien) einer der fünf Erdteile benannt (Ôaku 1998: 28).

onenbegriff bestand.[15] Dies änderte sich im Zweiten Weltkrieg: Im Rahmen des *Southeast Asia Command* wurden die militärischen Bemühungen der Alliierten zur Rückgewinnung der Kolonialgebiete koordiniert. Zur gleichen Zeit wurden an US-amerikanischen Universitäten erste Südostasien-Zentren eingerichtet. In der chinesischen Tradition gibt es den alten Begriff des ‚südlichen Ozeans‘ (*nanyang*). Bezeichnet wurde damit der maritime Bereich Südostasiens; weitere Unterteilungen folgten den traditionellen Schifffahrtsrouten chinesischer Kaufleute.

Verlässt man den Boden definitorischer Festlegungen, wird es auch im Fall Südostasiens kompliziert. Historisch-kulturell kaum zu begründen ist die Grenzziehung zwischen Nord- und Südostasien. Das nördliche Vietnam fällt in den direkten Einflussbereich der chinesischen Zivilisation. Im Gegensatz zum restlichen Festland dominiert in Vietnam – wie in Nordostasien – der Mahayana-Buddhismus. Die chinesische Immigration war eine der prägenden Kräfte der südostasiatischen Entwicklung, am augenfälligsten in Singapur. Das südchinesische Bergland (Provinz Yunnan) hingegen könnte aus ethnologischer Sicht genauso gut zu Südostasien gerechnet werden. Die Insel Taiwan war vor ihrer Sinisierung ethnisch-sprachlich dem maritimen Südostasien zuzurechnen. Birma hat aufgrund seiner geographischen Lage eine Vermittlerposition zwischen Südost- und Südasien. Sprachlich gehört das Birmanische in die sino-tibetische Sprachfamilie, und über 85% der Gesamtbevölkerung sind Theravada-Buddhisten. Auch der Übergang von Ostindonesien über Neuguinea in die pazifische Inselwelt ist fließend. Weniger problematisch ist die Abgrenzung gegen Süden. Australien wird übereinstimmend als ‚eigener Kontinent‘ wahrgenommen. Seit die ASEAN (*Association of Southeast Asian Nations*) alle Staaten Südostasiens umfasst (1999), hat sich der Begriff im hier verwendeten Sinne praktisch durchgesetzt, – obwohl die ASEAN-Mitgliedschaft, wie zu zeigen sein wird, keineswegs auch eine tatsächliche, nachhaltige politische und wirtschaftliche Integration in die (Sub-)Region bedeutete.

Zusammenfassend kann gesagt werden, dass – trotz fließender ‚Übergänge‘ und einer historischen Verknüpftheit der Subregionen untereinander – die Unterscheidung von Nordost- und Südostasien als den beiden Teilen Ostasiens als analytischer Ausgangspunkt Sinn macht. Ob und wie weit dies auch in *struktureller* Hinsicht zutrifft, als distinkte Konfiguration von historischem Erbe, moderner Entwicklung und regionaler Integration, wird im Verlaufe der Untersuchung zu zeigen sein.

I.4.2 Ostasien als Selbstbeschreibung

Historisch gesehen hat sich China nie als ein Land einer Weltregion oder als ‚regionales‘ Reich verstanden, sondern als Zentrum der zivilisierten Welt. Ein Politikwissenschaftler der Beijing Normal University hielt erst kürzlich fest:

> „[the] great-power psychology characterized with ‚China at the center and barbarians at the four directions‘ still remains in the subconscious of many Chinese people" (Lu 2004).

---

[15] Die Begriffsbildung folgte den Kolonialeinheiten: Man sprach von „Niederländisch-Indien" oder von *Indochine*.

Im Japan der Meiji-Periode spielte das Konzept des „Asien aufgeben und Europa folgen" (*datsu-A nyu-O*)[16] eine konstitutive Rolle in der Entwicklung einer japanischen Moderne. Für die Länder in der Nachbarschaft der zwei großen Mächte Ostasiens, wie Korea und Vietnam, entstand eine nationale Identität aus dem Amalgam tiefgreifender kultureller Prägung von außen verbunden mit jahrhundertelangen Abwehr- und Befreiungskämpfen.

In Südostasien entwickelten sich nationale Identitäten in antikolonialen Kriegen gegen in erster Linie westliche Kolonialmächte. Das Projekt einer regionalen Vereinigung als einer Sicherheitsgemeinschaft zum Schutze nationaler Souveränität fand Unterstützung bei den politischen Eliten der unabhängig gewordenen Staaten. Die 1967 gegründete ASEAN war sicherlich erfolgreich, gemessen an der Herausbildung eines transnationalen, v.a. au-ßen*politischen* Elitennetzwerks. Die Staaten verfügten auf dieser Basis proportional über mehr Gewicht im Weltsystem, als sie es einzeln gehabt hätten.

Erst in jüngerer Zeit ist Ostasien wie hier verwendet auch *Selbstbeschreibung*, nämlich Ostasien als Überbegriff für die Region mit zwei Subregionen, Nordostasien und Südost-asien. Das erste von den Ländern der Region gemeinsam verabschiedete Dokument ist das *Joint Statement on East Asia Cooperation* vom 28. November 1999 der ASEAN+3-Länder, das sind die zehn ASEAN-Länder Südostasiens plus China, Südkorea und Japan.[17] Darin heißt es, die Staats- und Regierungschefs

> „noted the bright prospects for enhanced interaction and closer linkages in East Asia and recog-nized the fact that this growing interaction has helped increase opportunities for cooperation and collaboration with each other, thereby strengthening the elements essential, for the promotion of peace, stability and prosperity in the region."

Und:

> „they agreed to strengthen regional cooperation in projecting an Asian point of view to the rest of the world".[18]

Deutlich wird die *zweistufige Selbstdefinition* der Ländergruppe als Ostasien

1. aufgrund von verstärkter Interaktion und engeren Verbindungen, die
2. die Möglichkeiten für eine vertiefte Zusammenarbeit mit sich bringen.

Im Folgenden wird dann diese Zusammenarbeit als offensives politisches Projekt in einem größeren Zusammenhang definiert, nämlich die „Projektion eines asiatischen Standpunkts in die Welt".

Im Anschluss daran erarbeiten zwei Studiengruppe von Experten (von ehemaligen Ministern und hohen Beamten bis zu Universitätsprofessoren) unter den Namen *East Asia Vision Group* und *East Asia Study Group* Dokumente, die Zielvorstellungen und Maßnah-men zur Vertiefung der Integration und Kooperation zwischen den Ländern enthält.

---

[16] Der Begriff geht zurück auf Yukichi Fukuzawa (1835-1901), einen Vertreter einer westlich orientierten Moder-nisierungspolitik (Lee 1999: 4).
[17] Zur Zusammenarbeit dieser Ländergruppe ausführlich in Kapitel III.12, „Emergenz des regionalen Multilatera-lismus".
[18] Quelle: ASEAN-Sekretariat (www.aseansec.org), Dokument ohne Seitenzahlen.

Die East Asia Vision Group legte im Oktober 2001 ein Dokument mit dem Titel Towards an East Asian Community: Region of Peace, Prosperity and Progress vor, in dem
festgestellt wird:

> „East Asia is quickly becoming a distinctive and crucial region of the world. (…) In the past,
> political rivalries, historical animosities, cultural differences and ideological confrontation posed
> barriers to cooperation among East Asian nations. (…) East Asian nations share geographical
> proximity, many common historical experiences, and similar cultural norms and values." (S. 6f)

> „The time for building an East Asian community is opportune. With strong geographical, his-
> torical, and cultural bonds, the nations in East Asia have been actively seeking common ground
> for regional cooperation." (S. 25)[19]

In diesem Dokument wird somit von einem interaktionstheoretischen Standpunkt aus festgehalten, dass Ostasien auf dem Weg sei, eine Weltregion zu werden. Die Geschichte
kommt dabei doppelt ins Spiel: Einerseits hätten Differenzen und Konflikte die regionale
Kooperation lange behindert, andererseits werden aber starke geographische, historische
und kulturelle Faktoren angerufen, die ihre Bindekraft nach wie vor ausübten. Die *East
Asia Study Group* ging in ihrem im Oktober 2002 abgelieferten Abschlussbericht noch
einen Schritt weiter:

> „ASEAN countries, China, Japan, and Korea share a common destiny. East Asia is our natural
> constituency, and Northeast Asia and Southeast Asia are inextricably intertwined economically,
> politically, and socially." (EASG 2002: 58).[20]

Demnach ist Ostasien für die Länder „natürlich" Weltregion und gemeinsames Schicksal.
Demgegenüber ist festzuhalten, dass Ostasien als Selbstbeschreibung in diesem Sinne
(nicht als „Kartenkonzept" – so der Begriff des Japaners Ôaku im Eingangszitat – oder als
statistische Kategorie) zum heutigen Zeitpunkt erst von einem Teil der politischen, wirtschaftlichen und kulturellen Eliten der Länder Ostasiens gebraucht wird. Das Konzept steht
in Konkurrenz mit partielleren (vor allem einer ,ASEAN-Identität' Südostasiens) und umfassenderen Konzepten (Gesamt-Asien als Teil der nicht-westlichen Welt; ,Asien-Pazifik'
oder auch ,Ostasien' unter Einschluss Indiens, Australiens und Neuseelands). In einer Umfrage über supranationale Identitäten bezeichneten sich nur 26% der Japaner und 30% der
Chinesen als „Asiaten", – aber 88% der Koreaner.[21] Würde man als Kriterium zur Beantwortung der Frage nach dem Regionencharakter Ostasiens die Selbstbeschreibung einer
Mehrheit der Elitenangehörigen oder der Gesamtbevölkerung als „Asiaten" (oder noch
spezifischer als „Ostasiaten") nehmen, dann könnte die Analyse hier bereits mit einem

---

[19] Quelle: ASEAN-Sekretariat (www.aseansec.org).

[20] Quelle: ASEAN-Sekretariat (www.aseansec.org).

[21] Die gestellte Frage war: „Do you consider yourself being part of a larger group that includes people from other
countries, for example, as European, Asian, Chinese, Islamic etc", Jahr: 2000, Sample: neun asiatische und neun
europäische Länder (Inoguchi 2003). Laut Inoguchi scheinen weitere 30% der Chinesen „chinesisch" als supranationale Identität zu verstehen („The Chinese cognitive map seems to be shaped by the single dimension: Chinese
versus the rest. Asia does not sit well with Chinese.", S. 2). zu Japan: „Traditionally Japanese Asian identity has
been weak. Japan is very much like Britain vis-à-vis their respective Continent. Keeping arm's length is the best
phrase to characterize their relationship with the Continent. To them, the Continent is a potentially troublesome
place; but from some distance you must keep engaged with them; you must discourage them from attempting
awful things etc." (ebd.). Vgl. zur Frage einer neuen ,asiatischen Identität' Duus (2001).

negativen Befund abgebrochen werden. So definieren Blechinger/Legewie (2000) in An-knüpfung an den Begriff der „imagined communities" von Benedict Anderson (1983):

> „Regions can only come into existence when there is a shared feeling of regional identity among the people(s) of the countries involved." (Blechinger/Legewie 2000: 300)

Ostasien ist unbestritten zum heutigen Zeitpunkt weit davon entfernt, eine „imaginierte Gemeinschaft" darzustellen.

Ziel der vorgelegten Arbeit ist es, über diese Fremd- und Selbstbeschreibungen hinaus ein methodisch komplexes Konzept von Weltregion zur Anwendung zu bringen. Ein solches soll im folgenden Abschnitt vorgestellt werden.

I.5   Definitionen: Regionale Integration

I.5.1   Regionale Integration, Regionalisierung

Unter *regionaler Integration* (oder *Regionalisierung*) soll im Anschluss an die neofunktio-nalistische Integrationstheorie ein empirisch beobachtbarer Prozess der Verdichtung grenz-überschreitender ökonomischer, politischer und (zivil-)gesellschaftlicher Aktivitäten in einer Weltregion verstanden werden. Diese Definition folgt Joseph Nye:

> „The concept of integration, verbally defined as forming parts into a whole or creating interde-pendence, can be broken down into economic integration (formation of a transnational econ-omy), social integration (formation of a transnational society), and political integration (forma-tion of transnational political interdependence)." (Nye 1968: 858)

In der Operationalisierung wird die Nähe der Neofunktionalisten zum Transaktionenansatz Karl W. Deutschs deutlich; vgl. dazu die Aussagen Puchalas:

> „Condensing an extensive body of theory into a relatively few words, it can be proposed that, descriptively at least, regional integration is a process of multidimensional merger." (Puchala 1970: 733) [22]

Es besteht kein Grund, Regionalisierung definitorisch auf ‚bewusst geplante' (im Gegen-satz zu ‚spontan entstandene') oder noch enger auf ‚durch Staaten gesteuerte Prozesse' zu beschränken. [23]

---

[22] Er bezieht sich explizit auf die Transaktionenanalyse: „Transactions are contacts or dealings. In international relation transactions have to do with contacts and dealings, both governmental and nongovernmental, between states." (Puchala 1970: 733)

[23] Vgl. Hettne (2005: 545): „Regionalisation refers to the more complex processes of forming regions; whether these are consciously planned or caused by spontaneous processes is not agreed upon by all authors. (...) More recently, the concept of region building (in analogy with nation building) has been employed to signify ‚the ideas, dynamics and means that contribute to changing a geographical area into a politically-constructed community'."

I.5.2 Regionalismus, politische Integration

Unter *Regionalismus* soll ein ideologisch-normativ, politisch gesteuertes Betreiben regionaler Integration verstanden werden, wobei die zugrundeliegenden Werte und Zielvorstellungen der beteiligten Akteure durchaus divergieren können. *Politische Integration* ist der Prozess der Herausbildung einer neuen politischen Ebene, auf die sich Akteure beziehen und auf der sie handeln, und zwar transnational, also über die Grenzen des Nationalstaates hinweg, aber ‚unterhalb' der Ebene der internationalen, globalen Institutionen. Damit unterscheidet sich der hier verwendete Begriff der politischen Integration von demjenigen Ernst Haas'. Seine bekannte Definition lautete:

> „Political integration is the process whereby political actors in several distinct national settings are persuaded to shift their loyalties, expectations and political activities toward a new centre, whose institutions possess or demand jurisdiction over the pre-existing national states. The end results of a process of political integration is a new political community, superimposed over the pre-existing ones." (Haas 1958: 16).

Diese hat er später revidiert:

> „The study of regional integration is concerned with explaining how and why states cease to be wholly sovereign, how and why they voluntarily mingle, merge, and mix with their neighbors so as to lose the factual attributes of sovereignty while acquiring new techniques for resolving conflict between themselves. Regional cooperation, organization, systems, and subsystems may help describe steps on the way; but they should not be confused with the resulting condition." (Haas 1970: 610).

Damit verschob sich der Akzent von der Herausbildung eines neuen politischen Zentrums mit bindender Rechtssprechung zu einem weniger konzisen „mingle, merge, and mix" von Staaten. Allerdings tendierte er dazu, Integration als Endzustand zu verstehen, gebunden an die Bedingung gelingender friedlicher Konfliktbeilegung. Weder bezüglich der Definition noch der Operationalisierung entwickelte sich in der neofunktionalistischen Integrationstheorie Einigkeit.[24] Politische Integration ist die Entwicklung eines transnationalen politischen Netzwerkes im Sinne einer Verdichtung der transnationalen Beziehungen in einer Region, im Verhältnis zum Außenraum. Die Definition für die vorliegende Arbeit stimmt mit derjenigen Hettnes überein:

> „Regionalism refers to a tendency and a political commitment to organise the world in terms of regions; more narrowly, the concept refers to a specific regional project." (Hettne 2005: 545).

I.5.3 Interregionalismus

Unter *Interregionalismus* werden die politischen, wirtschaftlichen und/oder (zivil-)gesellschaftlichen Bemühungen um eine Vermittlung zwischen verschiedenen Regionalisierungsprozessen verstanden. Diese Definition unterscheidet sich von derjenigen Hettnes, der

---

[24] Vgl. Nye (1968: 856, 864)"Political integration has been a particularly unclear term. (...) Of the three types of integration ... by far the most ambiguous and difficult for which to develop satisfactory indices."

dies als „Transregionalismus" bezeichnet und nur im Falle formalisierter Beziehungen (oder gar von rechtlich begründeten Institutionen) von „Interregionalismus" spricht:

> „Transregionalism refers to actors and structures mediating between regions. To the extent that this takes place in a formal way between the regions as legal personalities one can use the word interregionalism. (...) Like new regionalisms operating on the regional level, all transregional arrangements are voluntary and cooperative, but can become more or less institutionalised and formalised, thus forming the structure of a multiregional world order." (Hettne 2005: 558).[25]

In Bezug auf die *Beziehungen Europa-Ostasien* ist dies das *Asia-Europe Meeting (ASEM)*, an deren seit 1996 regelmäßigen Treffen 38 Länder sowie die EU-Kommission teilnehmen. Während ASEM den kulturellen Austausch und zivilgesellschaftliche Kontakte bis zu einem gewissen Grad gefördert hat, sind die politischen und wirtschaftlichen Ergebnisse bisher marginal geblieben.[26] Im Gegensatz zur interregionalen, transpazifischen *Asia Pacific Economic Cooperation (APEC)* (Kapitel III.4) wird die ASEM in der vorliegenden Arbeit nur insofern berücksichtigt, als sie konkrete Auswirkungen auf den ostasiatischen Regionalisierungsprozess hatte (Abschnitt III.12.2).

I.6 Methodologie der Weltregionenanalyse

Unter *Weltregion* wird (in Abgrenzung zu den Regionen eines Landes) ein bestimmbarer Teil der Welt verstanden, der zwei oder mehrere Länder, aber nicht alle Länder der Welt umfasst und durch sich durch eine im Verhältnis zum Gesamtsystem intensivierte Interaktion auszeichnet. Im Unterschied zu anderen integrationstheoretischen Definitionen wird damit kein Bezug auf ‚geographische Nähe' genommen; schon Thompson betonte, auf der Basis einer Meta-Analyse der älteren regionalismustheoretischen Arbeiten:

> „...regional subsystems need not to be geographical regions per se. Rather, the subsystems consist of the interactions of national elites, not physical entities of political units, of which interactions are observed to have more or less regional boundaries." (Thompson 1973: 96)

---

[25] Aus eurozentrischer Perspektive bezieht Hettne Interregionalismus vor allem auf die Außenpolitik der EU: „Interregionalism is the latest step in the theorising of regionalism. The phenomenon is very much a consequence of the EU policy of creating and relating to regions as preferred counterparts in the international system. From this perspective, interregionalism simply constitutes a part of the foreign policy of the EU, being the hub of a global pattern of interregional relations. On the other hand, if regionalism is a global phenomenon, and there are different regionalisms in different parts of the world, it is reasonable to expect that many of these emerging regions, to the extent that they develop actorship (with varying degrees of actorness), will establish some kind of links with each other. Thus interregionalism can also be explained in relation to the global system." (Hettne 2005: 558).

[26] Aus asiatischer Perspektive kritisiert Lim (2004: 19): „Die geringe Teilnahme der EU-Außenminister an den ASEM-Treffen, selbst wenn sie in europäischen Hauptstädten stattfinden, wirft nicht nur die Frage nach der Verpflichtung im Prozess auf. (...) Die Asiaten scheinen eine fundamentale Frage nach der europäischen Verpflichtung gegenüber ASEM zu stellen und nicht nur die Frage nach der europäischen Teilnahme an geplanten Meetings."; vgl. auch *Summit host says Asem needs to move from mere talk to substantive and more efficient cooperation*, Straits Times, 9. Oktober 2004. Zur ASEM siehe Dent (1997, 2003c), Hänggi (2003), Bersick (2004); zu den ASEAN-EU-Beziehungen Robles (2004).

Er kommt zu folgendem Definitionsvorschlag:

> „1. The actors' patterns of relations or interactions exhibit a particular degree of regularity and intensity to the extent that a change at one point in the subsystem affects other points.
> 2. The actors are generally proximate.
> 3. Internal and external observers and actors recognize the subsystem as a distinctive area or ,theatre of operation'.
> 4. The subsystem logically consists of at least two and quite probably more actors." (Thompson 1973: 101)

Björn Hettne hingegen stellt für die neuere Regionalismusforschung fest:

> „The minimum definition of a world region is typically a limited number of states linked together by a geographical relationship and a degree of mutual interdependence. According to a more comprehensive view, a region consists of ,states which have some common ethnic, linguistic, cultural, social, and historical bonds'. Even more comprehensively, regions can be differentiated in terms of social cohesiveness (ethnicity, race, language, religion, culture, history, consciousness of a common heritage), economic cohesiveness (trade patterns, economic complementarity), political cohesiveness (regime type, ideology) and organisational cohesiveness (existence of formal regional institutions)." (Hettne 2005: 544)

Regionale Integration wird in der vorliegenden Arbeit nicht primär geographisch, d.h. an räumliche Nähe gebunden, verstanden, obwohl dies eine wichtige Determinante regionaler Integrationsprozesse darstellt. Räumliche Nähe kann aber ,überdeterminiert' werden durch andere Einflussgrößen, vor allem politisch-militärischer Art. Länder können sich gegenüber benachbarten Gebieten ,abschließen', und Stützpunkte oder Enklavenökonomien sind oft mit einem relativ weit entfernten ,Mutterland' stärker verbunden als mit ihrer direkten Umgebung. Wichtig ist ,Nähe' im Sinne verstetigten Austausches.

Neuere regionalismustheoretische Arbeiten stellen den konstruktiven Aspekt der Regionenbildung in den Vordergrund; wie in der vorliegenden Untersuchung wird davon ausgegangen, dass keine ,natürlichen Regionen' aufgrund geographischer oder identitärer Merkmale gibt:

> „Such parsimonious attempts at definition seem to have come to an end. Today, researchers acknowledge the fact that there are no ,natural' regions: definitions of a ,region' vary according to the particular problem or question under investigation. Moreover, it is widely accepted that it is how political actors perceive and interpret the idea of a region and notions of ,regionness' that is critical: all regions are socially constructed and hence politically contested." (Hettne 2005: 544)

Aus *weltsystemtheoretischer Sicht* wird ein regionales „intersocietal network" als Interaktionseinheit („interactional entity") von einem Weltsystem unterschieden, insofern es nicht alle für die Selbstreproduktion relevanten Interaktionen umfasst, sondern eine offene Subagglomeration im Rahmen eines solchen darstellt; es kommen ihm somit nicht Systemeigenschaften zu (vgl. Chase-Dunn/Hall 1997: 4f). Gemessen werden kann damit Regionalisierung als relativer Verdichtungsprozess also nur in Bezug auf das ihn einschließende Weltsystem.

Weltregionen sind Bestandteil der *Zentrum-Semiperipherie-Peripherie-Struktur* des Weltsystems.[27] Wallerstein betont, dass es sich dabei um räumliche Metaphern handelt.[28] Weltsysteme sind gekennzeichnet durch

> „a single division of labor and multiple cultures. (...) world-systems are intersocietal networks in which the interaction (trade, warfare, intermarriage, etc.) is an important condition of the reproduction of the internal structures of the composite units and importantly affects changes which occur in these local structures." [29]

Für Wallerstein sind sie in erster Linie wirtschaftlich bestimmt, haben ‚Mitglieder' (Elemente des Systems), Legitimationsregeln und einen bestimmten Grad an Kohärenz. Typisch sind Austauschprozesse innerhalb des Weltsystems, in deren Rahmen die Peripherie Rohstoffe liefert und verarbeitete Produkte empfängt und wertmäßig ein Netto-Fluss von Gütern ins Zentrum erfolgt (Wallerstein 1986). Zur *Semiperipherie* gehören typischerweise Regionen oder Staaten, die institutionelle Formen und organisatorisch-technologische Praktiken aus Zentrum und Peripherie ‚mischen' und vermittelnde Funktionen im Weltsystem wahrnehmen. Häufig (aber nicht zwingend) befinden sich solche Regionen oder Staaten auch geographisch zwischen Zentrum und den peripheren Regionen im jeweiligen Weltsystem. In der Definition von Chase-Dunn und Hall:

> „1. A semiperipheral region may be one which mixes both core and peripheral forms of organization.
> 2. A semiperipheral region may be spatially located between core and peripheral regions.
> 3. Mediating activities between core and peripheral areas may be carried out in semiperipheral regions.
> 4. A semiperipheral area may be one in which institutional features are in some ways intermediate between those forms found in core and periphery. Sorting out these different types of semiperipheries remains an empirical as well as theoretical problem. Until more detailed comparisons among different kinds of world-systems are completed, it would be premature to define the semiperiphery concept more narrowly." (Chase-Dunn/Hall 1991: 21, 2000: 92)

Das *Hinterland* besteht aus denjenigen Gebieten, die zwar mit dem Weltsystem verknüpft sind, jedoch in geringem Masse und im Allgemeinen nur über einen Link.[30] Der Austausch konzentriert sich oft auf einen Markt im Grenzgebiet zu einer größeren und stärker eingebundenen Formation. Typischerweise handelt es sich um geographisch abgelegene Gebiete, abseits der großen Handels- und Verkehrswege und schwer zugänglich, mit geringer Bevölkerungsdichte und wenig komplexer Sozialorganisation.

---

[27] Dass jedes Weltsystem zwingend Ausbeutungsverhältnisse zwischen Zentrum und Peripherie („ungleicher Tausch") aufweisen muss, wie das die ältere Weltsystemtheorie postulierte, wird inzwischen kontrovers diskutiert; vgl. Chase-Dunn/Hall (1991a: 20): „The existence of exploitation, domination or equal exchange should not be a matter of assumption, but rather of investigation."

[28] Vgl. Wallerstein (1995: 239): „The basic metaphor of core/periphery is in origin and etymology a spatial metaphor."

[29] Chase-Dunn/Hall (1991: 6f); vgl. dazu die Rezension von Terry Boswell (1992) in der Zeitschrift *Contemporary Sociology*.

[30] Vgl. Gills/Frank (2002: 152): „A criterion for systemic participation in a single world system is that no part of this system would be as it is or was if other parts were not as they are or were. The interaction from one part of the system to another may be only indirectly, chain-linked."

Die neuere Forschung geht davon aus, dass die Zentrum-Semiperipherie-Peripherie-Struktur des jeweiligen historischen Weltsystems empirisch bestimmt werden muss, also nicht theoretisch abgeleitet werden kann. Während die ältere Theorie von einer klaren hierarchischen Strukturierung des Weltsystems ausging, geht die neuere Forschung von einer *multizentrischen* Struktur aus. So argumentieren z.B. Gills/Frank (2002):

> „...the world system, first in Eurasia before 1500 and globally after 1500, has always been multicentric in structure. (...) This approach to structuralist analysis allows greater flexibility, since distinct regional, imperial, or market-mediated center-periphery complexes are accepted and yet are all seen as a part of a single whole with systemic links to one another." (Gills/Frank 2002: 156f)

Weltregionen stehen gewöhnlich untereinander in einem hierarchischen Verhältnis:

> „Regions can thus be ordered in the world system hierarchy. Three structurally different types of regions can be distinguished: core regions, peripheral regions and, between them, intermediate regions. The regions are distinguished, first, by their relative degree of economic dynamism and, second, by their relative political stability, and the dividing line may run through existing states. The borderlines are impermanent. Rather, one could think of the hierarchical structure as consisting of zones which the regions enter or leave depending on their economic position and political stability, as well as their level of regionness. This means that the regions may be differently situated and defined at different occasions, or at different times in world history. The level of regionness can purposively be changed." (Hettne 2005: 549).

Darüber hinaus weisen Weltregionen auch *intern* eine Zentrum-Peripherie-Struktur auf. Bestimmte Länder haben eine zentrale Stellung in den Interaktionsnetzwerken als andere, haben wirtschaftlich größeres Gewicht und/oder mehr politisch-militärische Macht. Die diesbezügliche Strukturierung der Region Ostasien wird aus einer historisch langfristigen Perspektive in Kapitel II (inbes. Unterkapitel 11) rekonstruiert.

Die Begriffe Regionalisierung, regionale Integration und Weltregion werden in der vorliegenden Arbeit bewusst *allgemein* gehalten, um sie auf alle räumlichen Verdichtungsprozesse innerhalb eines Weltsystems anwenden zu können. Eine Weltregion konstituiert sich als transnationaler Integrationsprozess, der die Grenzen historisch entstandener ,Kulturräume' oder die geographisch-ökologischen Gegebenheiten überschreiten kann.

Es gibt keinen archimedischen Punkt, von der aus eine Region bestimmt werden kann. Es sind weder die ältesten zwischengesellschaftlichen Beziehungen, die die stärkste Prägekraft haben, noch vermögen wirtschaftliche Umwälzungsprozesse, wie sie in der derzeitigen Globalisierungsphase stattfinden, die traditionellen Faktoren wie historisch-kulturelle Gemeinsamkeiten auszulöschen. Es handelt sich um Determinanten im sozialwissenschaftlichen Sinne: Ein bestimmtes Strukturelement erhöht die Wahrscheinlichkeit einer intensiveren Interaktion um einen bestimmten Grad. Hilfreich sind Metaphern aus den Naturwissenschaften, wie *Gravitation*. Gravitationsähnlich ist die Wirkung des Faktors Geographie: Eine Wirkung von großer Konstanz, die benachbarte Länder zur Regionenbildung treibt, aber nicht ohne Gegenwirkung ist und überlagert werden kann. Wirtschaftliche Wachstumszonen gleichen *Tiefdrucksystemen*, die die Ressourcen umliegender Gebiete anziehen und Interaktionssysteme verändern. Regionenbildung ist ein dynamischer Prozess nichtlinearer Natur. Als solche weisen sie

„plötzliche Sprünge auf, ihre Wirkungsrichtung kann sich umkehren oder die Wirkung ist rekursiv mit ihrer Ursache verbunden, sei es durch positiven oder negativen Feedback. Abrupte Trendwenden, Oszillationen, zyklische Verläufe und Aufwärts- oder Abwärtsspiralen sind typische Formen nichtlinearer Prozesse." (Mayntz 2002: 25)

Es dürfte schon klar geworden sein, dass die vorliegende Arbeit die Position eines *Primats der Interaktionsanalyse* vertritt. Dies besagt, dass diejenigen Determinanten der Weltregionenbildung vorrangig sind, die die Interaktionen in der jeweiligen Periode am stärksten bestimmen. Dies kann variieren, z.B. kann es Phasen geben, in denen politisch-militärische Bündnisbeziehungen Interaktionen stärker bestimmen als traditionelle Wirtschaftsbeziehungen, politisch-kulturelle Gemeinsamkeiten zwischen Ländern und geographische Nähe. Diese Determinanten sind periodenspezifisch empirisch zu bestimmen. Weltregionen können nicht essentialistisch bestimmt werden, aufgrund eines historisch invariablen ‚Superkriteriums'.

Dies gilt auch für die *Grenzen* von Regionen. Diese sind notwendigerweise durchlässig, da miteinander verbundene Regionen das Weltsystem konstituieren. Grenzen von Weltregionen sind ebenfalls empirisch zu bestimmen, da Interaktionsdichte nicht unbedingt durch geographische Nähe determiniert wird. T.J. Pempel formulierte dies in Bezug auf Ostasien prägnant:

„no self-evident and essentialist East Asia forms a single logical and self-contained regional unit … different problems ‚create' different regions." (Pempel 2005a: 26).

II Die Herausbildung der Weltregion Ostasien

II.1 Einleitung

„Krieg, Handel und Piraterie,
Dreieinig sind sie, nicht zu trennen"
(Goethe, Faust, II, 5:3)

Dieses Kapitel widmet sich der historischen Herausbildung der Weltregion Ostasien als Interaktionseinheit. Während bisher endogene Faktoren im Vordergrund standen und sich die Untersuchung in einer Welt der mehr oder weniger unabhängigen „Parallelentwicklungen" bewegte, geht es in diesem wie auch im folgenden Kapitel III um den Kontakt zwischen den ethnischen Gruppen und ‚Nationen‘, den transnationalen wirtschaftlichen und kulturellen Austausch, diplomatische Beziehungen und militärische Konkurrenz (*Interaktionsanalyse*). Die Leitfrage ist diejenige nach dem Regionencharakter Ostasiens: Sprechen die Indikatoren für eine im Vergleich mit dem sich entwickelnden Weltsystem intensivere regionale Interaktion? Oder werden die innerregionalen Prozesse von äußeren Faktoren überlagert? Diese Fragen müssen und können nur historisch-phasenspezifisch beantwortet werden. Auch hier gilt, dass es nicht um eine möglichst vollständige ‚Geschichte Ostasiens‘ geht, sondern um die Herausarbeitung zentraler Faktoren und Mechanismen der Regionenbildung.

Die *zentralen Impulse* für die Herausbildung der Region Ostasien gingen von China aus, dem in jeder Hinsicht – Bevölkerungsgröße, Wirtschaft, Technologie und Militär – bis weit ins 19.Jh. am höchsten entwickelten Land Ostasiens. Besonders intensiv war die Interaktion Chinas mit den Nachbarstaaten Korea, Japan und Vietnam; die Bedeutung dieser Prozesse wurde auch von den älteren kulturwissenschaftlichen Arbeiten über Ostasien herausgestrichen.[1] In diesem Kapitel soll der Nachweis erbracht werden, dass es angesichts mehrerer historischer Phasen signifikant verdichteter Interaktion zwischen den Ländern Nord- und Südostasiens gerechtfertigt ist, von Ostasien im eingangs definierten Sinne als einer Weltregion zu sprechen. Aus einer langfristigen Perspektive können mehrere Stufen regionaler Integration unterschieden werden, nach den historisch jeweils dominanten Strukturierungen der innerregionalen Beziehungen:

1. Die Entwicklung des wirtschaftlichen Austausches in der Region, etwa vom Beginn der westlichen Zeitrechnung an,
2. die erste Periode des sinozentrischen Tribut-Handel-Systems, beginnend mit der chinesischen Reichseinigung der Sui (589) und beendet durch die vollständige Machtübernahme der Mongolen in China (1279),
3. das mongolische Weltreich (13./14.Jh.),
4. die zweite Periode des sinozentrischen Tribut-Handel-Systems, beginnend mit der neuen Ming-Außenpolitik in China (1372) und beendet durch den Opium-Krieg und die ‚ungleichen Verträge‘ unter den Qing (1840),

---

[1] Zu verweisen ist v.a. auf das bereits erwähnte einflussreiche Buch von Reischauer/Fairbank (1960), *East Asia: The Great Tradition*.

5. die Periode der westlichen Dominanz der innerregionalen Beziehungen, 1840 – 1942,
6. die Periode der Spaltung der Region in der Zeit der Blockkonfrontation, 1945 – 1980
7. die Periode der Reintegration der Region, ab 1980.

Dies impliziert, dass von politischen Herrschaftsverhältnissen strukturierende Wirkungen auf die Interaktionen in der Region ausgingen. Dies gilt natürlich für diplomatische Kontakte und kriegerische Auseinandersetzungen, aber auch für die Wirtschaftsbeziehungen. In wohl keiner anderen Weltregion waren vormoderne Staaten in einem solchen Ausmaße zugleich willens und fähig, eine Außenwirtschaftspolitik zu gestalten, die die realen Austauschbeziehungen faktisch maßgeblich beeinflusst (Abschnitte II.3, II.9). Dies darf aber auch nicht überschätzt werden; dies gilt für bestimmte Einheiten, v.a. für China und die sinisierten Staaten, und auch für diese nur in bestimmten Perioden (Abschnitt II.4). Es gab immer bedeutenden transnationalen Handel jenseits der offiziellen Kanäle, in ganz Ostasien, und es gelang nie einer Macht, die innerregionalen wirtschaftlichen Austauschprozesse effektiv zu kontrollieren.

Man könnte argumentieren, dass der hier genannten ersten Periode schon eine Phase regionaler Integration vorangegangen ist, nämlich die Wanderungsbewegungen aus dem chinesischen Raum ab dem 5 Jt. und die Verbreitung der Landwirtschaft chinesischen Ursprungs. Sowohl für die mesolithische wie die neolithische Phase lassen sich regionale Zusammenhänge nachweisen. Die bereits erwähnten, berühmten großen Bronze-Trommeln der *Dongson*-Kultur[2], zu finden in Südwestchina, auf dem südostasiatischen Festland mit dem Zentrum Nordvietnam und auch im Archipel (Sumatra, Java, Bali und Irian Jaya), deuten auf regionale Interaktion bereits in den Jahrhunderten vor dem Beginn der westlichen Zeitrechnung. Viele dieser Bronzetrommeln scheinen unter chinesischem Einfluss in Nordvietnam hergestellt und dann in verschiedenen Gegenden Südostasiens exportiert worden zu sein. Die Funktion dieser Trommeln, gegossen mit der Methode der ‚verlorenen Form‘, bis zu einem Meter hoch und bis zu 100 kg schwer, ist unklar; vermutlich wurden sie während Begräbnisriten oder anderen Zeremonien gebraucht. Wie in Kapitel I erwähnt, ist das Werk des österreichischen Archäologen Franz Heger *Alte Metalltrommeln aus Südostasien* (1902) eines der ersten deutschsprachigen Bücher, die den Begriff ‚Südostasien‘ verwenden. Nordvietnam war aber wie erwähnt seit Mitte des 3. Jh. v.Z. bereits stark von China beeinflusst, ab 111 v.Z. ein Protektorat und ab 43 w.Z. eine chinesische Provinz. Von einem beutenden Teil der Bronze-Trommeln in Südostasien kann deshalb gesagt werden, dass sie aus dem chinesischen Zivilisationsraum stammen. Es gibt aber keine Belege für einen regelmäßigen, verstetigten Kontakt und Austausch zwischen den ethnischen Gruppen Ostasiens in dieser frühgeschichtlichen Phase. Trotz des frühen chinesischen Einflusses kann deshalb gesagt werden, dass Ostasien in das ‚Gravitationsfeld‘ Chinas gerät in den ersten Jahrhunderten der westlichen Zeitrechnung und dieses nicht wieder verlässt, bis die Kolonialmächte die innerregionalen Beziehungen umstrukturieren und neu ausrichten.

Die Struktur dieses Kapitels folgt dieser Identifikation zentraler Strukturierungsprinzipien (sinozentrisches Tribut-Handel-System, mongolisches Weltreich, koloniales Ostasien), ergänzt durch historische ‚Querschnitte‘, die ein Schlaglicht auf die wirtschaftlichen Austauschprozesse in Ostasien werfen: Abschnitt II.5 zur Epoche vor der Mongolenherrschaft, Abschnitt II.8 zum 15.-18.Jh. Während in Nordostasien die Reichsbildungsprozesse im 17.Jh. zu einem Ende kommen und die Staatsgrenzen nicht mehr entscheidend verändert

---

[2] Dazu Pham (1990), Higham (1996b), Han (1998), Bellwood (1999: 121ff), Lockhart/Duiker (2006: 48f, 112f).

werden, haben diese kompetitiven Prozesse bedeutend länger einen dynamischen Charakter im südlichen Teil Ostasiens. Abschnitt II.9 diskutiert die Determinanten der Staat- und Reichsbildungen auf dem südlichen Kontinent und im Archipel. Wie ‚abgeschlossen' waren die Staaten Nordostasiens vor ihrer „Öffnung" durch westliche Kanonenboote? Kapitel II.10 präsentiert dazu einige historische Evidenzen.

Ein Ergebnis der historisch-langfristigen Analyse in diesem Kapitel ist eine Skizze der traditionellen Zentrum-Peripherie-Struktur Ostasiens (Abschnitt II.11). Der darauf folgende Abschnitt (II.12) zeigt, dass das koloniale Vordringen der westlichen Mächte weitgehend dieser Struktur folgte, von *außen* – der Eroberung von Inseln ohne Staatsbildung und von Handelsstützpunkten, die nicht effektiv von einem der landgestützten Reiche protegiert wurden – nach *innen*, der Unterwerfung der großen historischen Staaten und Reiche. Vielleicht überraschend ist der Befund, dass dies aber nur graduell resp. vorübergehend zu einer Verringerung des innerostasiatischen Integrationsniveaus führte, denn vom ‚Freihandels-Imperialismus' (Semmel 1970) wurde auch der Wirtschaftsaustausch zwischen den Ländern Ostasiens stimuliert.

Historisch konstituierte sich Ostasien als Region stärker über meer- als über landvermittelte Prozesse.[3] Schon die Migration in prähistorischer Zeit fand sowohl kontinental, vor allem in Nord-Süd-Richtung, als auch mittels Schiffen statt. Dass die maritime Mobilität bedeutend war, wird belegt durch die Tatsachen, dass Madagaskar vor der Küste Afrikas sprachlich vom Malaiischen und Japan zuerst aus dem insularen Südostasien beeinflusst worden ist. Während ganz Nordostasien (sowie Nordvietnam) vom chinesischen Zivilisationsmodell geprägt wurde, übernahm Südostasien brahmanisch-hinduistische kulturelle Elemente, die ihren Weg über den Indischen Ozean fanden.

II.2   Die chinesische ‚Weltordnung'

„Kein Land gibt es unterm Himmel, das nicht des Herrschers ist, und zwischen den Vier Meeren lebt niemand, der ihm nicht untertan ist." (*Shi ching*, Buch der Lieder, 10.-7.Jh.v.Z.)
„The tributary system was a natural expression of Chinese cultural egocentricity." J.K. Fairbank (1942: 129)

Landwirtschaft entwickelte sich in Ostasien zuerst in China, und auch fast alle frühen Technologien wurden zuerst dort erprobt. Staatsbildung setzte in China spätestens im 2. Jt. v.Z. ein, d.h. etwa zwei Jahrtausende früher als in allen anderen Gegenden Ostasiens. China war über Jahrtausende nie in Kontakt mit einer Gesellschaft, die komplexer als die eigene war.[4] Das große und hoch entwickelte Han-Reich (202 v.Z. – 220 w.Z.) hatte überhaupt keine Staaten als Nachbarn, sondern ausschließlich (halb-)nomadische und tribale Gruppen.[5] Erst unter chinesischem Einfluss entwickelte sich um China herum ein Kranz sinisierter Staaten mit sesshafter Bevölkerung und differenzierten politischen Institutionen. Sicherlich hatte die Verbreitung des Musters geographisch-ökologische Determinanten:

---

[3] Diese im Vergleich größere Bedeutung des maritimen Aspektes auch für den gegenwärtigen regionalen Integrationsprozess wird ein eigenes Unterkapitel gewidmet (III.10).
[4] Abhängig von der Wahl der Indikatoren für gesellschaftliche Komplexität könnte man argumentieren, dass dies sogar bis ins 20. Jh. der Fall gewesen ist. Allerdings war Han-China in Kontakt mit dem Römischen Reich, und es gibt Hinweise darauf, dass man dieses Gebilde als ähnlich bedeutend wie das eigene verstand (Yü 1986: 379).
[5] Vgl. Wang (1968: 38ff) zur ‚Weltbeschreibung' der Han.

„Separated from the West, the Chinese empire grew by the acculturation of its borders. Its expansion was an expansion of its way of life. Where the Chinese agrarian way of life could not be followed, as upon the arid pasture land of the Mongolian steppe, there the expansion of the empire usually stopped. Over the wet rice land toward the South it continued through many centuries." (Fairbank 1942: 129).

Erst Tang-China hatte Nachbarstaaten, mit denen es auf der Grundlage geteilter politisch-kultureller Interaktionsformen verkehren konnte. Alle diese Staaten waren jedoch deutlich kleiner als China und blieben Jahrhunderte lang fest in dessen kulturellem Bannkreis.[6] Die Chinesen machten etwa zwei Drittel der Bevölkerung Ostasiens aus. Um 1600 waren das etwa 120 Mio. Menschen[7], gefolgt von Japan mit 17 Mio.[8] und Korea mit 14 Mio. Menschen[9]. Im Süden der Region lebten zur gleichen Zeit etwa 24 Mio. Menschen.[10] Die Bevölkerung Südostasiens war sehr ungleich verteilt, auf wenige Zentren mit hoher Bevölkerungsdichte, nämlich in den Flussebenen mit Nassreisanbau und in den Haupt- und Handelsstädten. Die größten Bevölkerungsgruppen gab es um 1600 im nördlichen Vietnam und Java/Bali (4.7 Mio. resp. 4.6 Mio., das sind je rund 20% der Bevölkerung Südostasiens), gefolgt von Birma (13%), Sumatra (10%), Siam (8%) sowie Kambodscha/Champa, Laos und Sulawesi (je 5%). China war in jeder Hinsicht das ‚Gravitationszentrum' Ostasiens.

Nur vor diesem Hintergrund ist der Diskurs der chinesischen ‚Weltordnung' zu verstehen. Der erste Kaiser des vereinigten China ließ im Jahr 219 v.Z. Stelen entlang seiner Inspektionsreise errichten, auf denen er feierlich die Einheit der gesamten zivilisierten Welt erklärte. China war „alles unter dem Himmel" (*t'ien-hsia*) (Yü 1986: 377). Die Han-Chinesen waren sinozentrisch in einem politisch-kulturellen Sinn, weniger geographisch, trotz der Selbstbezeichnung Chinas als „Reich der Mitte". Die Chinesen wussten sehr wohl, dass es jenseits des Reiches Land gab. Es gab Spekulationen über Inseln im Ozean und Theorien über den Weltaufbau, die von neun Kontinenten mit je neun Regionen ausgingen, von denen China nur eine ausmachte. Auch wenn das Konzept „alles unter dem Himmel" aus politisch-legitimatorischen Gründen in Gebrauch blieb, gab es daneben das realistischere „innerhalb der Ozeane" (*hai-nei*). Weltordnung im Sinne einer Ordnung der ganzen Welt war nie Anliegen oder gar religiös motivierter „Auftrag" der Chinesen. Chinesische ‚Weltordnung' bedeutete die Stabilisierung einer hierarchischen Struktur mit China im Zentrum. Der chinesische Herrscher galt nicht als König unter Königen, sondern als „Sohn des Him-

---

[6] Vgl. Franke/Twitchett (1994: 4); Twitchett (1979: 33, 37f): „During the Sui and T'ang, China thus established a close cultural influence over a broad area of East Asia which was to form, until modern times, a region dominated by Chinese civilization. (...) The Chinese-dominated east Asian cultural sphere had taken shape."

[7] Zu den Kontroversen um die chinesische Bevölkerungsgeschichte siehe Hanley/Wolf (Hg., 1985), Kang (1986), Lavely/Lee/Feng (1990), Frank (1998), Maddison (2001: 117ff, 238) und (auf den offiziellen kaiserlichen Bevölkerungserhebungen beruhend) Deng (2004).

[8] Nach Farris (2006); vgl. dazu Maddison (2001: 237), Kurosu (2002: insbes. 11f) und Batten (2007). Das Tokugawa-Regime führte 22 Bevölkerungszählungen durch, von 1721 bis 1846, alle sechs Jahre (Hayami 1986: 75, Fn. 2). Zur Bevölkerungsgeschichte Japans siehe auch Hanley/Wolf (Hg., 1985), Hanley/Yamamura (1977), Hayami/Saito/Toby (Hg., 2004).

[9] Nach Jun/Lewis (2006: 5); andere Schätzungen gehen von rund 10 Mio. aus (Maddison 2001: 238; Seth 2006: 214); Zeitpunkt vor den japanischen Invasionen (1592-1598); durch die kriegerischen Ereignisse gab es eine Bevölkerungsabnahme auf der koreanischen Halbinsel, von der sich das Land erst in den 1660er oder 1670er Jahren wieder erholte. Um 1750 belief sich die Bevölkerung auf annähernd 19 Mio.; nach andere Schätzungen rund 13 Mio. (1732; Seth 2006: 214; vgl. D.K. Kim 2005: 95; Cha 2007).

[10] Basis sind die auf zahlreichen historischen Quellen beruhenden Schätzungen von Anthony Reid (1988: 14; 1999a: 119).

mels" (*t'ien tzu*) und war als solcher beauftragt, die Erde zu regieren. Durch die Emanation seiner Tugend schuf er Gerechtigkeit und Frieden unter den Menschen. Umgekehrt repräsentierte er auch die Menschheit gegenüber dem ‚Himmel‘ und war beauftragt, durch die Durchführung der richtigen Riten die kosmische Ordnung zu erhalten. Das zivilisierte China war in *diesem* Verständnis das Zentrum der Welt. Andere Länder/Ethnien wurden durch die Nähe resp. den Abstand zum Zentrum definiert.[11] Schon zur Zeit Han-Zeit gab es die ‚Theorie der fünf Zonen‘ (*wu-fu*).[12] Die zentrale Zone ist das Gebiet unter direkter Kontrolle des Herrschers, während die zweite aus den Staaten der ‚Fürsten‘ besteht. Die von der regierenden Dynastie eroberten Staaten bilden die dritte, ‚befriedete‘ Zone, während die beiden letzten Zonen von Barbaren bewohnt werden. Unterschieden wurden Barbaren, die innerhalb der kontrollierten Zonen leben (die Han-Chinesen beauftragten nicht-chinesische ethnische Gruppen mit der Sicherung von Grenzabschnitten), und solche, die in der „wilden Zone" jenseits chinesischer Kontrolle waren. Traditionell wurden den Namen anderer Völker abwertende Schriftzeichen (etwa dasjenige für ‚Sklaven‘, ‚Teufel‘ oder ‚Räuber‘) hinzugefügt; die Bezeichnung der Japaner beispielsweise setzte sich zusammen aus den Zeichen für ‚Zwerge‘ und ‚Sklaven‘ (*wo nu*).[13]

Chinas Selbstverständnis war universalistisch, monistisch und zentristisch (Osterhammel 1989: 95). Auf der Grundlage dieses Selbstverständnisses Chinas konnte sich nur eine hierarchische Ordnung entwickeln, nicht eine ‚Gemeinschaft gleichrangiger souveräner Staaten‘.

II.3 Das sinozentrische Tribut-Handel-System

Den institutionellen Rahmen der wirtschaftlichen und diplomatischen Beziehungen Chinas zu den ‚barbarischen‘ Völkern bildete seit der Han-Dynastie das so genannte *Tributsystem*.[14] [15] Es verpflichtete die Vasallen, in regelmäßigen Abständen durch die Entsendung von Missionen Geschenke an den Kaiser zu überbringen. Die Importe waren von sämtlichen Zöllen befreit. Sobald die Mission die chinesische Grenze erreicht hatte, übernahmen chinesischen Beamten die Organisation und begleiteten sie zur Hauptstadt. China übernahm sämtliche auf chinesischem Gebiet anfallenden Kosten, inklusive Transport, Unterkunft in Gastpalästen und Empfänge. In standardisierten (und vorher mit chinesischen Beamten eingeübten) Zeremonien vollzogen die Gesandten die Riten (insbesondere den Kotau, die Berührung der Erde mit der Stirn) und unterwarfen ihre Länder so symbolisch der Oberherrschaft des Kaisers. Anschließend rief sie die Kaiser zu sich zu einer kurzen Konversation. Der Tribut wurde übergeben, wofür sie Geschenke vom Kaiser erhielten. Die Gesandtschaft hatte dann die Gelegenheit, während drei bis fünf Tagen mit chinesischen Kaufleuten

---

[11] Vgl. Wilkinson (1998: 694): „From the very earliest centuries of Chinese history the in-group visualized its relations with out-groups in hierarchical terms with the in-group at the top and center. The number of hierarchies and their number changed in each historical period according to the circumstances."

[12] Wang (1968: 38ff), Yü (1986: 379ff).

[13] Vgl. Wilkinson (1998: 696-704, „Naming the Barbarians").

[14] Zwar gibt es Hinweise auf frühe Tributpraktiken in der Shang-Periode (2. Jt. v.Z.), aber die Institutionalisierung des Tributsystems muss dem Han-Reich zugeschrieben werden (Yü 1986: 381).

[15] Vgl. Reischauer/Fairbank (1960: 317): „‚Tribute‘ may seem indeed a misleading term to apply to the whole institution, for it embraced all aspects of interstate relations: the exchange of envoys and conduct of diplomatic relations, the repatriation and extradition of persons, the regulation of Sino-foreign trade, and special Chinese efforts at self-defense through intimidating, cajoling, or subsidizing foreign tribes and rulers."

Güter zu handeln. Die Chinesen kontrollierten diese Beziehungen vollumfänglich: Sie legten fest, wie häufig solche Missionen zu unternehmen waren, wie viele Personen daran teilnahmen, und wie lange der Aufenthalt dauerte. Beamte überwachten den Handel der Ausländer mit den Kaufleuten und regulierten Preise und Profite.

Die Chinesen wünschten bestimmte Produkte als Tribut. Dabei handelte es sich einerseits um natürlich rare Luxuswaren und andererseits um militärisch notwendige Güter, deren Bedarf China nicht selber decken konnte.[16] Offiziell wurde vertreten, dass China „nichts brauche", und dass der Austausch von Geschenken und der anschließende Handel ganz im Interesse der Vasallenländer sei. Das Tributsystem hatte so auch einen *indirekten* handelsstimulierenden Effekt: Die Vasallenländer mussten bestimmte Produkte, die nicht im eigenen Land (oder nicht in ausreichenden Mengen) produziert wurden, selber erwerben, um sie als Tribut nach China schicken zu können.

Die Tributmissionen erwiesen sich aufgrund der ‚Gegengeschenke' und der damit verbundenen Handelsmöglichkeiten als so attraktiv, dass sie auf freiwilliger Basis immer mehr zunahmen und neue (oder gar fiktive!) politische Einheiten im Hinblick auf die Möglichkeit der Sendung solcher Missionen gegründet wurden. Aus Japan ist bekannt, dass eine solche Mission den fünf- bis sechsfachen Profit einbrachte (Inoue 1995: 163). Der chinesische Kaiser sah sich gezwungen anzuordnen, dass einige Staaten nicht allzu häufig ‚Tribut' senden.

China erwartete, dass ein neuer Herrscher in die chinesische Hauptstadt reise, um dort offiziell vom Kaiser in seinem ‚Amt' bestätigt zu werden. Fast allen Herrschern wurden offizielle chinesische Titel verliehen.

Viele Prinzen, Mönche und Gelehrte aus diesen Ländern studierten im Anschluss an solche Missionen in der chinesischen Hauptstadt, einige blieben für immer und erreichten hohe Ränge im chinesischen Staat.[17] Es gab auch ethnische Chinesen, die im Auftrag der jeweiligen Staaten und Reiche an den China-Missionen teilnahmen. So führte ein chinesischer Mönch die japanische Mission von 1432; üblicher aber waren Funktionen im Schriftverkehr, bei Übersetzungen etc. (Chan 1968: 411).

Umgekehrt wurde in diesem System auch die jeweilige Herrschaftsform resp. die regierende Dynastie in diesen Ländern legitimiert und gestärkt, denn die Gesandten kehrten nicht nur mit exquisiten Geschenken zurück, sondern auch mit Herrschaftssymbolen wie Siegeln, Titeln, Briefen und Urkunden, die ihre Wirkung auf die einheimische Bevölkerung sicherlich nicht verfehlten. Dies gab wiederum China die Gelegenheit, die Herrschaftsverhältnisse in diesen Ländern in seinem Sinne zu beeinflussen.[18] China erwartete, dass sich die beteiligten Länder auch des chinesischen Kalenders bedienten; nur auf dieser Basis war offizielle Kommunikation möglich. Die Fähigkeit, diesen korrekt anzuwenden, wurde chinesischerseits als wichtiger Indikator für den ‚Zivilisierungsgrad' des jeweiligen Landes gesehen. China sandte auch zu bestimmten Zeitpunkten Gesandtschaften in die Vasallenländer. Diese standen unter der Leitung hoher Beamter, aber es beteiligten sich auch zahlreiche Chinesen in verschiedenen Funktionen, um selber Handel treiben zu können. Die Gesandtschaften umfassten bis zu 500 Personen, was die Gastländer zu einigem Aufwand zwang, zumal sie

---

[16] Vgl. Kawazoe (1990: 432): „Virtually all the tribute items were either luxury goods for China's upper class or military necessities." Z.B. wurde chinesischerseits von Ryukyu Pfeffer und in der späten Phase des Tributsystems aus bestimmten südostasiatischen Gegenden die Lieferung von Textilien europäischen Ursprungs erwartet

[17] So absolvierten in Tang-China insgesamt 88 ethnische Koreaner erfolgreich Beamtenprüfungen (Pratt 1980: 17).

[18] Vgl. Spence (1995: 152), der vom Versuch Chinas spricht, durch „die Befrachtung seiner internationalen Beziehungen mit dem Gewicht von Sitte und Symbol (...) diese Staaten ohne übertriebene militärische Ausgaben zu kontrollieren."

Wochen und Monate bleiben konnten.[19] Für die Staatskasse konnte die Bilanz dann insgesamt negativ sein, während sich die Beteiligten sicherlich bereichern konnten.[20]

Am längsten und intensivsten hielt China Tributbeziehungen aufrecht mit den Königreichen Korea, Champa (heute Zentralvietnam), Annam (heute Nordvietnam), Ryukyu (heute Okinawa) und Siam (Thailand). Dazu kamen über längere Zeiträume Japan, Brunei, Kambodscha, Laos und Birma sowie zahlreiche Kleinstaaten im Archipel von unterschiedlicher Lebensdauer. Es gibt fast keine Gegend in der hier als ,Ostasien' definierten Region, von der im Verlaufe der Geschichte nicht einmal eine Tributmission in die chinesische Hauptstadt geschickt worden wäre; als Ausnahmen sind wahrscheinlich Papua und einige andere weit südöstlich gelegene Inseln zu nennen. Die Frequenz von Missionen sei belegt am Beispiel Korea, dem „Modell eines Tributstaates schlechthin" (Osterhammel 1989: 96), für das für den Zeitraum vom späten 10. bis ins frühe 12.Jh. rund 100 offizielle Gesandtschaften belegt werden können (Tab. II.1).[21]

Kam ein Land den Wünschen des chinesischen Kaisers nicht nach, oder vermochte es die geforderten Formen nicht zu wahren, wurde ihm die Entsendung von Tributmissionen und der Handel mit dem Reich generell untersagt. So wurde der Austausch mit Japan zeitweise verboten, als sich dessen Zentralmacht als nicht imstande (oder nicht willens) erwies, das Problem der Piraterie in den Griff zu bekommen.

Hauptsächlich aber war China vom Selbstvertrauen beseelt, dass seine Zivilisation durch ihre Ausstrahlung wirkt:

> „As good Confucians, the Chinese ought, through their own example of creating an orderly society, to encourage foreigners to ,come and be transformed'. (...) [The emperor's] benevolence, compassion, and generosity would serve as a model for foreign rulers and would draw them and their people closer to China. They would naturally accept the superiority of the Chinese." (Rossabi 1983: 2).

Da China seine Beziehungen zur Außenwelt weitgehend über das Tributsystem regelte, stellte das für die Tribut-Angelegenheiten zuständige Ritenministerium (*li-pu*) auch eine Art Außenministerium dar (Opitz 1986: 13). In der Qing-Dynastie wurde dessen Zuständigkeitsbereich dann allerdings eingeschränkt: Während es für die traditionellen Tributstaaten im Osten und Westen weiterhin verantwortlich blieb, wurden die Beziehungen zu anderen Staaten (insbes. die mongolischen Verbände und Russland[22]) einem ,Amt für Außenländer' (*li-fan-yüan*) übertragen. Solange sich die westlichen Länder resp. ihre Gesandten an die zeremoniellen Vorschriften hielten, wurden auch sie zu den ,Tributstaaten' gezählt.[23]

---

[19] Oft wurden chinesische Händler mitgenommen, die mit dem Land und den Reisewegen bereits vertraut waren, und die sich verständlicherweise gerne bewarben. Dies ging soweit, dass sich Ming-Beamte über die zu hohe Zahl von Händlern in der Mission und das Fehlen von Seeleuten beklagten (Ch'en 1968: 140f).

[20] Vgl. Pratt (1980: 20, inkl. Fn. 39), der einen Kalkulationsversuch macht und für das 11.Jh. einen Netto-Profit für China im offiziellen Austausch mit Korea diagnostiziert.

[21] Für die koreanischen Missionen zur Zeit der Ming-Dynastie siehe Clark (1998).

[22] Russland war mit den Verträgen von Nertschinsk (1698) und Kiachat (1727) als erstes europäisches Land formelle Beziehungen mit China eingegangen.

[23] Vgl. Hamashita (2007:4): „.... the European countries did not constitute a separate category outside the tribute system. They were all included within the logic of tributary relations, and geographically speaking, were simply seen as being situated at some indeterminate distance beyond the frontiers of China. In Guangdong, for example, Great Britain was not even identified by Chinese officials as the same country that had earlier sent a diplomatic representation to Tibet. From an Asian perspective, Asian countries did not respond individually to western coun-

Die niederländische Ostindiengesellschaft (VOC) sandte 1655–1657 ihre erste Handelsmission nach Beijing und erfüllten die von ihnen verlangten Anforderungen (Rahusen-De Bruyn Kops 2002). Die britischen Gesandten, die 1793 und im frühen 19.Jh. nach China kamen, hielten sich nicht an die zeremoniellen Vorschriften des chinesischen Hofes, sondern wünschten auf der Ebene gleichrangiger Staaten zu verhandeln, – ein Anliegen, dem die chinesische Seite aus den genannten Gründen nicht entsprechen konnte.

Tabelle II.1: Offizielle Missionen zwischen Koryo und Song-China (960-1126)

Jahr	K⇒C	C⇒K	Jahr	K⇒C	C⇒K	Jahr	K⇒C	C⇒K
960			1003	*		1084		
961			1004			1085	**	
962	*	*	1005			1086		*
963	*	*	1006			1087		
964			1007			1088		
965	*		1008			1089	*	
966			1009			1090	**	
967			1010			1091	*	
968			1011			1092	*	
969			1012			1093	*	
970			1013			1094		
971			1014	*		1095		
972	*		1015	*		1096		
973			1016			1097		
974			1017	*		1098	*	
975			1018			1099	*	
976	*	*	1019	*		1100	**	
977	*		1020	*		1101		
978	*	*	1021	*		1102		
979		*	1022			1103		*
980	*	*	1023			1104	*	
981	*		1024			1105		
982	*	*	1025			1106		
983		*	1026			1107		
984	*		1027			1108	**	
985		**	1028			1109		
986	*	*	1029			1110		*
987			1030	*		1111	*	
988	*	*				1112	*	
989	**		1070			1113	*	
990	**	**	1071	**		1114	*	
991	*		1072		*	1115	*	
992	**	**	1073	*		1116	*	
993	**	**	1074		*	1117		*
994	*		1075			1118	*	*
995	*		1076	*		1119		
996			1077			1120		*
997	*		1078		*	1121		*
998			1079		*	1122	*	*
999	*		1080	**	*	1123	*	*
1000	*		1081	*		1124	*	
1001			1082			1125	*	
1002			1083		*	1126	*	*

Anmerkung: K⇒C Mission von Koryo nach China; C⇒K Mission von China nach Koryo
Quelle: verändert nach Pratt (1980: 25).

tries coming to Asia; rather they primarily interacted through the tribute trade system to which all of them belonged."

Das Tribut-Handel-System und seine starren, einseitig von der chinesischen Seite bestimmten Austauschregeln waren den Europäern ein Dorn im Auge. Nach dem Opium-Krieg (1840-42) wurde es unter westlicher Dominanz ersetzt durch das System der ‚ungleichen Verträge'.[24] 1853 traf die letzte Tributmission aus Siam in China ein, und nach chinesischen Ermahnungen erklärte Siam 1882 die Tributbeziehungen offiziell für beendet.[25] Während Osterhammel (1989) das Ende des Systems durch äußeren Einfluss verursacht sieht[26], betont Hamashita (2007), dass schon vor 1840 innerostasiatische Entwicklungen das Tribut-Handel-System erodieren ließen, nämlich:

„First, ‚tributary' states and ‚equal' trading partners asserted themselves as ‚middle kingdoms' in their own right to create a zone of autonomy and to resist China's hegemony, long before the Opium War of 1840. Second, the tributary trade, run on the governmental level, had become less and less profitable in the nineteenth century, because the Qing government pursued a policy of currency inflation. This policy, which invited growing discontent among tributary states, led to a flourishing private trade, and reduced tributary exchange to nominal levels. And finally, in the nineteenth century, former tributary states adopted Westphalian international principles and methods and turned them against China." (Hamashita 2007: 4)

II.4 Die Realität der politischen und wirtschaftlichen Außenbeziehungen Chinas

„China aber war vorwiegend ein Binnengebiet. So weit auch, rein nautisch betrachtet, der tatsächliche Aktionsradius der chinesischen Dschunken gelegentlich und so entwickelt die nautische Technik (Bussole und Kompass) war, so geringfügig war doch die relative Bedeutung des Seehandels, verglichen mit dem zugehörenden Binnenkörper." Max Weber (1920b: 152f)

Die ‚Theorie der fünf Zonen' war die Grundlage für die Strukturierung der Außenbeziehungen des Han-Reiches; das Tributsystem in der Praxis wurde ständig den wechselnden Erfordernissen angepasst.[27] Immer wieder wurde auch auf die Mittel der Heiratspolitik, inklusive der ‚Entsendung' (angeblich) chinesischer Prinzessinnen, und die Stellung von Geiseln, d.h. der ständige Aufenthalt von Mitgliedern ausländischer Herrscherfamilien am chinesischen Hof, zurück gegriffen. Dies wurden bedeutende Mechanismen der kulturellen Sinisierung.

Die Integrationskraft des sinozentrischen Systems korrelierte mit der Stärke des chinesischen Staates. Hohe Mobilisierungskapazität und militärische Expansion bedeuteten, dass der Zugang zu chinesischen Produkten und Märkten nur um den Preis symbolischer Unterordnung und in erster Linie über die institutionalisierten Kanäle des Warenaustausches zu haben war. In den langen Phasen, in denen es kein vereinigtes chinesisches Reich gab,

---

[24] Siehe Fairbank (1942, 1978); er fügte 1942 an: „.... but vestiges of the old Chinese way of dealing with barbarians suvived much longer and today still form a considerable though latent portion of the heritage of Chinese diplomats" (Fairbank 1942: 129); vgl. Schwarz (1968).
[25] Nach Osterhammel (1989: 99); bereits 1855 war auf britischen Druck hin das siamesische Staatshandelsmonopol gefallen.
[26] Osterhammel (1989: 99): „Das Ende des Systems wurde nicht durch seine innere Aushöhlung, sondern durch Erosion von außen bewirkt." Vgl. Zhao (1997: 21ff); Arrighi (1996:4), der das Ende dieses Systems durch eine Kombination der Auswirkungen des (endogenen) Nationalismus' und der (exogenen) Inkorporierung der Staaten in ein eurozentrisches System sieht.
[27] Yü (1986: 380ff); „.... in actual practice, the [tributary] system, as applied in the realm of foreign relations, was constantly altered to meet the needs of different situations as they arose" (ebd., 394).

etablierte sich ein Mehrstaatensystem, in dem es keine klaren Hierarchien gab und damit auch einen geringeren Verpflichtungsgrad hinsichtlich der formellen Prozedere in Diplomatie und Handel.[28]

Rossabi, der Herausgeber eines Sammelbandes über Außenbeziehungen Chinas vom 10. bis 14.Jh. unter dem Titel *China among Equals*, sieht die Zeit vom 10. bis ins 13. Jh. als Ausnahmeperiode:

> „... the so-called Chinese world order (...) did not persist for the entire period from the second century B.C. to the Opium War. From the tenth to the thirteenth centuries, China did not dogmatically enforce its system of foreign relations. (...) Its officials, recognizing the military weakness of the dynasty, genereally adopted a realistic foreign policy. They could not demand that foreigners adhere to a Chinese-imposed scheme of conducting foreign relations." (Rossabi 1983: 4)

Die chinesischen Teilstaaten, z.B. der chinesische Küstenstaat Wu Yüeh im 10. Jh., konnten dann eine eigene Außen- und Handelspolitik entwickeln. Sie standen untereinander in Konkurrenz um die Akkumulation von Edelmetallen und Währung(en) und damit auch um Anteile am Fernhandel.[29]

Wu Yüeh hatte Beziehungen zum Staat der Khitan nördlich der Großen Mauer, den drei koreanischen Staaten Silla, Koryo und Paekche sowie mit Japan. Anscheinend lag dem Küstenstaat südlich der Yangtse-Mündung vor allem am Verkehr mit Japan, denn es sandte mehrere offizielle Missionen (935-959) dorthin, ohne je eine japanische zu empfangen zu haben (Worthy 1983: 35). Mehrfach wurden diplomatische Noten ausgetauscht, auf japanischer Seite jedoch nicht vom Tenno unterzeichnet, sondern von einem seiner Minister, was darauf hindeutet, dass Japan der Beziehung zu Wu Yüeh eine andere Bedeutung als zu einem vereinigten China zumaß (ebd., 36). Der Warenaustausch geschah v.a. über chinesische Händler. Auch buddhistische Klöster und Gelehrte hatten Kontakt, und es gab gegenseitige Besuche und den Austausch von Schriften.

Aber auch in den Zeiten eines vereinigten China verdeckte der offizielle Sprachgebrauch faktisch sehr unterschiedliche Beziehungen zu den Nachbarstaaten. Als abtrünnige betrachtete Gebiete, die so bald wie möglich wieder in das Reich eingegliedert werden sollten, wurden anders behandelt als Protektorate. Am heikelsten waren natürlich die Beziehungen zu Staaten, deren militärische Kapazität eine ernst zu nehmende Bedrohung darstellte, und die mit großen Mengen an Geschenken und (angeblich) chinesischen Prinzessinnen besänftigt wurden. So zwang die militärische Bedrohung des Reiches im Norden durch verbündete Steppenvölker China im 11.-13. Jh. Verträge auf, die sich nicht mehr in die chinesische ‚Weltordnung' einfügten. China selber war es, das im Gegenzug für Frieden

---

[28] Vgl. Worthy (1983: 18): „Without a single, universally acknowledged central Chinese state (...) the sinocentric structure of foreign relations lost much of its compelling logic." Ähnlich Rossabi (1983: 5); im 10. Jh. „... there were numerous rulers who claimed to be the Son of Heaven. No single claimant gained the allegiance of the Chinese people, not to mention the respect of foreign potentates. The attendant confusion doubtless disrupted the traditional system of foreign relations."

[29] Vgl. Shiba (1983: 92): „... the question of how to acquire the largest share of ‚international' trade, and how then to manage the share so acquired in order to produce more wealth, were the main tasks to which most of the governments of the day addressed themselves."

faktisch Tribut leistete, auch wenn der Begriff so weit wie möglich vermieden wurde.[30] In diesen Verträgen wurden Grenzen und Grenzzonen definiert und die Modalitäten für Kontrollen und den Warenaustausch festgelegt. Anders als im Westen wurde nicht ein gemeinsames Dokument von beiden Seite unterzeichnet, sondern beide Seiten gaben feierliche Eideserklärungen gleichen Inhalts ab. Damit verbunden war eine markante Zunahme des diplomatischen Schriftverkehrs, was die Quellenlage für die Epoche außergewöhnlich gut macht. Franke/Twitchett (1994) gehen so weit, diese Phase in der Herausbildung Ostasiens als „age of treaties" zu bezeichnen.[31] Die Reiche im Norden waren so weit sinisiert, dass das Prozedere auf der Grundlage ‚klassischer' chinesischer diplomatischer Verfahren stattfinden und die Dokumente in chinesischer Schrift gehalten werden konnten. Auch mit diesen Staaten war Chinesisch die *lingua franca*. Sogar die Mongolen verkehrten mit den südlichen Song ausschließlich auf Chinesisch. Erst die Ming-Dynastie richtete ein kaiserliches Übersetzer-Büro ein, um mit entfernten Staaten und Reichen auch in deren Sprache verkehren zu können.

Für das Verständnis der Wirklichkeit des innerostasiatischen Beziehungen ist es wichtig, die offiziellen chinesischen Dokumente und Statistiken nicht für die ‚ganze Wahrheit' zu nehmen. Die Verbindung der Erfahrungen der frühen europäischen Händler, die in China und den sinisierten Staaten verschlossene Türen oder stark regulierte Systeme vorfanden, mit der textgläubigen traditionellen Sinologie, die den offiziellen staatlichen Erklärungen Wirklichkeitscharakter zuschrieb, hat diesbezüglich im Westen schwer zu überwindende Vorurteile verankert.[32]

Erstens war das Tributsystem tatsächlich ein Handelssystem. Yoo/Shim (1986) betonen zu Recht den wirtschaftlichen Charakter des Tribut-Handels:

> „L'échange de ces produits spéciaux de chaque pays était une forme courante du commerce étatique dans le monde asiatique. Aussi cette forme d'échange etait fréquente a l'époque précapitaliste de l'Orient. Le bénéfice qu'on tirait de cet échange étatique était tel que la cour lui a donné de l'importance bien plus qu'il fallait; en effect ce n'était plus un échange de produits ayant le caractère symbolique de l'amitié entre les deux pays amis, il s'agissait d'une véritable relation économique." (Yoo/Shim 1986: 45)

Auch Osterhammel (1989) betont, dass die chinesische Praxis der Wirtschaftsbeziehungen von der Theorie des Tributsystems abwich:

> „Der Handel war keineswegs immer nur die lästige und verachtete Begleiterscheinung aufwendiger Huldigungsformalismen, vielmehr war der tributäre ‚Überbau' in manchen Fällen geradezu die Bemäntelung höchst unideologischer und kulturell neutraler Interessenpolitik." (Osterhammel 1989: 100)

Die Dynamik im sinozentrischen Tribut-Handel-System ging von der gewaltigen chinesischen Nachfrage und den Preisunterschieden zwischen chinesischen und den ‚äußeren' Märkten aus. Die Preisstruktur Chinas dominierte das System, und auf dieser Basis wurde

---

[30] Vgl. Peterson (1983), Franke/Twitchett (1994: 18): „Such agreements were, however, always considered to be only a temporary and second-best solution in dealing with dangerous enemies, a solution to which a dynasty might resort when all-out victory and submission could not be achieved."
[31] Franke/Twitchett (1994: 18): „The political organization of the East Asian world before the reunification of China under the Yüan can be described as an age of treaties."
[32] Ähnlich argumentiert Osterhammel (1989: 11, 94f).

die Region, wie Hamashita (1994: 96) gezeigt hat, eine „integrierte Silber-Zone". China war und blieb während Jahrhunderten der wichtigste Markt für Güter aus der Region.

Zweitens waren die Chinesen nicht nur passive ,Empfänger', wie in älteren Untersuchungen dargestellt, sondern betrieben aktiv den wirtschaftlichen Austausch in der Region. Es wurde bedeutend mehr Handel getrieben als in den offiziellen chinesischen Quellen vermerkt; der Tribut-Handel war nur die Spitze des Eisbergs. Privater Handel übertraf diesen deutlich, sowohl in Volumen wie im Wert (Wang 1970). Es gab zahlreiche Möglichkeiten, die offiziellen handelspolitischen Regulierungen zu unterlaufen, wenn diese zu strikt angewendet wurden, in erster Linie über den Handel in den Häfen von ,Drittländern' (z.B. im vietnamesischen Hoi An, auf Ryukyu – dem heutigen Okinawa – oder in Manila).

Drittens entwickelte sich Chinas Wirtschaft und Gesellschaft, entgegen der offiziellen Ideologie der Binnen- und Landwirtschaftszentriertheit, in langen Phasen seiner Geschichte in Richtung Meer (vgl. Lo 1955). Chinesische Produkte waren die raffiniertesten der Welt, und viele von ihnen, wie etwa Seide und Porzellan, waren in dieser Qualität außerhalb Chinas nicht herzustellen. Aus den sinisierten Staaten kam eine anhaltend große Nachfrage nach Kulturprodukten wie Büchern und Kunstgegenständen. Von großer Bedeutung für die wirtschaftliche Entwicklung der Region war der Export von chinesischen Kupfermünzen, die in vielen Gegenden zur dominanten Währung avancierten.[33] Dies und die große Kaufkraft des vom 8. bis ins 12. Jh. prosperierenden China zogen Händler von weit her an. Baumwolltücher waren die einzigen verarbeiteten Produkte, die China in großen Mengen nachfragte; alle anderen Importe waren – wie erwähnt – in erster Linie Luxusgüter sowie einige militärisch notwendige Materialien.[34] Zur Zeit der späten Tang-Dynastie entstammte ein Fünftel der Einnahmen des chinesischen Staates aus dem maritimen Handel mit Südostasien (Chew 2000: 225). Die Song-Dynastie war während ihrer ganzen Herrschaft in ständige Abwehrkämpfe mit nördlichen Steppenvölkern verwickelt und verlor dabei nicht nur zahlreiche Gebiete, die unter den Tang Teil des Reiches gewesen waren, sondern auch die Kontrolle über das alte Kerngebiet der chinesischen Kultur am Gelben Fluss. Sie war gezwungen, die traditionelle chinesische Außenpolitik an die neuen Realitäten anzupassen und ging riskante militärische Bündnisse ein (Peterson 1983). Trotz der Abschneidung vom nördlichen China und von den westlichen Handelswegen prosperierte China in dieser Phase, da der Seehandel dies mehr als kompensierte. Das zum Zwecke effektiver Steuererhebung entwickelte System designierter Außenhandelshäfen hatte die südlichen Küstenstädte reich gemacht, was für die Mongolen ein großer Anreiz war, auch das südliche China unter ihre Kontrolle zu bringen (Rossabi 1994: 429). Im Verlaufe des 12. Jh. verdrängten die chinesischen Seehändler die west- und südasiatischen, die eine lange Zeit im Südhandel Chinas bedeutend gewesen waren[35], und auch im Norden begannen sie, den Seehandel mit Korea und Japan zu kontrollieren.[36] Ermöglicht worden war dies durch die großen Fortschritte im chinesischen Schiffsbau und in der Navigation. Die chinesischen Dschunken zur Song-Zeit dürften bereits die technisch fortgeschrittensten Schiffe ihrer Zeit gewesen sein,

---

[33] Vgl. Shiba (1983: 106s).

[34] Im Westen war der Austausch mit den Uiguren bedeutsam. Deren Reich im späten 8. und 9. Jh. war ein Bündnispartner der Chinesen gegen die tibetische Expansion. Sie lieferten dem Reich die für die militärischen Zwecke notwendigen Pferde und ließen sich diese durch große Mengen an Seide entgelten, was zu einer andauernden Belastung des Staatshaushaltes führte (Dalby 1979: 677).

[35] Vgl. Needham (1954: 180), Reischauer/Fairbank (1960: 216f), Shiba (1983: 104).

[36] Vgl. Reischauer/Fairbank (1960: 217): „...by late Sung times Chinese merchants had come to dominate the trade routes across the East China Sea to Japan and also through the South China Sea as far as Sumatra."

und auch Seefahrer anderer Länder begannen sich ihrer zu bedienen (Shiba 1983: 104). Große Mengen an Gütern konnten auf ihnen transportiert werden, Tonnen von Metall, Holz oder Reis und mehr als 10'000 Stück Keramik. Der Kompass war im Handel mit den südlichen Ländern mindestens seit 1126 im Gebrauch.[37] Das 12. und 13. Jh. waren das ‚goldene Zeitalter' der chinesischen Geographie und Kartographie (Shiba 1983: 89). Der hohe Intensität des Außenhandels der südlichen Song-Periode kontrastiert mit 150 Jahren weitgehenden Absenz offizieller zwischenstaatlicher Kontakte, mit Ausnahme derer mit Vietnam (Wang 1968: 47). Für Reischauer/Fairbank (1960: 214) ist die Song-Periode nicht nur „the first period of great oceanic commerce in the history of the world", sondern auch die Zeit, in der China eine Reorientierung in Richtung Meer durchläuft:

> „The spectacular rise of oceanic commerce completely changed the orientation of China to the outside world. (...) the eastern and southern coasts gradually became the chief areas of contact with the outside world, and the northwestern provinces started to sink to the status of a remote hinterland. This change naturally was an important part of the growing economic and cultural dominance of the southern coastal areas over the rest of the country." (Reischauer/Fairbank 1960: 215)

Unter der Mongolenherrschaft (Yuan-Dynastie) entwickelte sich der Fernhandel weiterhin sehr dynamisch, und zwar sowohl über die westlichen Landwege wie über die chinesischen Häfen. Die groß angelegten mongolisch-chinesischen maritimen Unternehmungen, vor allem die Invasionen Javas und Japans, waren nur möglich dank der unter den Song entwickelten Schiffsbau- und Navigationstechniken.[38]

Nach der Lockerung der Regulierungen des Seehandels 1567 und infolge der Schwäche der späten Ming-Regierungen entstand in den südchinesischen Küstenregionen ein „Raum von diffuser Staatsautorität", „in welchem sich Handel, Piraterie und Seekrieg auf das Engste miteinander verflochten, ohne dass Beijing seinen ordnenden Einfluss hätte geltend machen können" (Osterhammel 1989: 105). Das war die erste Chance für eine europäische Kolonialmacht, sich ohne Konzession der Zentralregierung auf chinesischem Gebiet festzusetzen: 1624 errichteten die Niederländer im Norden Taiwans eine Festung („Zeelandia") und dehnten von dort aus ihre Herrschaft für wenige Jahrzehnte über die ganze Insel aus (vgl. Andrade 2007). Schon in den frühen 1660er Jahren wurden sie von festland-chinesischen Truppen wieder vertrieben, und 1683 stellte die Qing-Regierung die Kontrolle der Zentralregierung über die Insel definitiv her. Während fast eines Jahrhunderts hatten jedoch Verhältnisse vor der südchinesischen Küste geherrscht, die nicht der chinesischen ‚Weltordnung' entsprachen, sondern zahlreichen nicht- oder para-staatlichen Akteuren großen handels-politischen Spielraum boten.

Anhand der wechselnden Verhältnisse zwischen China, Korea und der Mandschurei hat Ledyard (1983) einen auch für die weitere Periodisierung der Geschichte Ostasiens interessanten Ansatz präsentiert. Er unterscheidet expansive und kontraktive Phasen[39] Chinas anhand verschiedener Kriterien; die wichtigsten sind die Stärke des chinesischen Zent-

---

[37] Und damit mehrere Jahrzehnte bevor die Europäer ihn von Arabern erhielten (Reischauer/Fairbank 1960: 215).

[38] Anzumerken ist, dass im Falle Japans koreanische Schiffbauer einen bedeutenden Teil der Transportschiffe bauen mussten.

[39] Er nennt diese Phasen „Yin" und „Yang": „Yin and Yang are correlative forces, and not absolute forces. Each implies the other in correlative degree, as one waxes, the other wanes" (Ledyard 1983: 331).

ralstaates, d.h. seiner Dynastien, und der Zusammenhalt des Reiches, d.h. das Vorliegen von Nord-Süd-Spaltungen und Fremdherrschaft (Tab. II.2).

Tabelle II. 2: expansive und kontraktive Phasen Chinas (nach Ledyard 1983)

Kriterium *Stärke des chinesischen Staates*				
Zyklus	expansive Phase		kontraktive Phase		Total
I	221 (v.Z.)-220	441 Jahre	220-589	369 Jahre	810 Jahre
II	589-907	318 Jahre	907-1368	461 Jahre	779 Jahre
III	1368-1644	276 Jahre	1644-1911	267 Jahre	543 Jahre
Total	1'035 Jahre		1'097 Jahre		2'132 Jahre
Kriterium *Spaltung des Reiches/Fremdherrschaft*				
Zyklus	expansive Phase		kontraktive Phase		Total
I	221 (v.Z.)-317	538 Jahre	317-589	272 Jahre	810 Jahre
II	589-1127	538 Jahre	1127-1368	241 Jahre	779 Jahre
III	1368-1644	276 Jahre	1644-1911	267 Jahre	543 Jahre
Total	1'352 Jahre		780 Jahre		2'132 Jahre

Anmerkung: Jahreszahlen immer w.Z., außer wenn anders angegeben.
Quelle: verändert nach Ledyard (1983: 332).

Ledyard (1983) hält fest, dass die expansiven Phasen generell chinesische Armeen in der Mandschurei und kontraktive Armeen der Steppenvölker in China sahen. Die Tragik Koreas ist, dass es in *jeder* Phase eine Invasion erlebte, seitens der jeweiligen Hegemonialmacht:

„Thus, while China has suffered only three waves of alien assault from the north, Korea has suffered six waves, three from Chinese and three from non-Chinese invaders. Korea is not in either case the prime object of action, but only a secondary object. The primary battle is between Manchuria and the Central Plain." (Ledyard 1983: 339)

Er beobachtet auch, dass sich dominante Rhetorik und Orientierung in den diplomatischen Praktiken phasenspezifisch unterscheiden (ebd., 338). Die expansiven Phasen

„... are the heyday of the ‚tribute system'. China is dominant, demands and receives submission and tribute from newly subject peoples, and reclaims the allegiance of former tributaries. In the other direction, Chinese culture spreads far and wide and arguably exerts more influence and wins more respect for China than its armies do." (Ledyard 1983: 333)

Auch wenn wir die Versicherungen Ledyards (1983) berücksichtigen, dass er Beginn und Endpunkte der Phasen als relativ willkürlich einem über einen längeren Zeitpunkt stattfindenden Prozess aufgedrückt versteht, bleiben offene Fragen. Die Phasen der Fremdherrschaft (Mongolen, Mandschu) haben chinesische Armeen an Orten gesehen, die sie in ‚expansiven' Phasen nicht wieder erreicht haben. Während bezüglich der Yuan-Dynastie das Argument ‚Fremdherrschaft' mit einigem Recht aufrecht erhalten kann, ist dies insbesondere bei der mittleren Qing-Dynastie (18. Jh.) schwierig, da sich diese im Gegensatz zu den Mongolen praktisch des ganzen Instrumentariums chinesischer Staatlichkeit bediente (insbesondere strikte Kontrolle der Außenbeziehungen statt ‚Weltreich'), bei gleichzeitig weitgehender kultureller Sinisierung der Elite. Das Qing-Reich war nicht nur expansiv, sondern auch eine über lange Perioden stabile Einheit.

Zentral für das Argument dieses Abschnittes ist, dass Ledyards Periodisierung der Verhältnisse im chinesisch-mandschurisch-koreanischen Dreieck in bestimmter Weise für die Diskussion um die innerregionalen Beziehungen Ostasiens fruchtbar gemacht werden kann. Wie im nächsten Abschnitt gezeigt wird, beginnt die Integration der Region als Ganzes in den ersten Jahrhunderten der westlichen Zeitrechnung, im Zusammenhang mit relativen Südverlagerung des ‚Gravitationszentrums' Chinas und der Unterbrechung der landgestützten Handelsbeziehungen nach Westen. Der Einfachheit halber kann dies mit dem Niedergang des Han-Reiches zusammengelegt werden, also einer Phase, in der die Außenbeziehungen Chinas im abnehmenden Masse von der Zentrale beeinflusst werden konnten. Die Zeit bis ins späte 6. Jh. ist gekennzeichnet durch ein Mehrstaatensystem auf chinesischem Boden und damit unterschiedliche und wechselnde Beziehungen zwischen ‚China' und den anderen Regionen Ostasiens (entspricht Ledyards kontraktivem Zyklus I). Mit der Reichseinigung und den starken ‚Zentralen' der Sui und Tang (600-800 – in etwa Ledyards expansiver Zyklus II) erlebt Ostasien eine Vertiefung des sinozentrischen Tribut-Handel-Systems und einen tief greifenden kulturellen Sinisierungsschub. Ab ungefähr 800 konnten die Tang ihre Herrschaft nur noch durch Fremdarmeen stabilisieren, und im ganzen 9.Jh. wurden viele Regionen Chinas von lokalen Militärmachthabern oft nicht-chinesischer Herkunft beherrscht, weitgehend ohne Einmischung der Zentrale (Rossabi 1983: 5). Die wirtschaftliche Liberalisierung begann unter den Tang und verstärkte sich unter den Song. Unter den Mongolen erlebte China – obwohl nach wie vor das wirtschaftliche Schwergewicht Asiens – einen Dezentrierungsschub. Als Teil eines größeren Weltreichs war es offen für wirtschaftliche Einflüsse aus allen Teilen der Welt (Abschnitt II.6). Die Ming-Dynastie (1368-1644, Ledyards expansiver Zyklus III) stellte das traditionelle sinozentrische Tribut-Handel-System wieder her und erweiterte es mit eindrucksvollen See-Expeditionen (Abschnitt II.7). Mit der Qing-Dynastie (Herrschaft der Mandschu) endet die Parallele mit dem Periodisierungssystem Ledyards, denn die Qing setzten nach einer kurzen Phase des Außenhandelsverbots wieder auf das traditionelle System, nämlich kontrollierter Handel zu chinesischen Bedingungen.

Festzuhalten bleibt, dass aus chinesischer Sicht ‚expansive' Phasen mit einer verstärkten Kontrolle der Außenbeziehungen, einer höheren Integrationskraft des Tribut-Handel-Systems einhergehen, und dass ‚kontraktive' Phasen grundsätzlich eine Tendenz zu freierem Handel und zwischenstaatlichen Beziehungen auf eher gleichberechtigter Basis bedeuten. Berechnet man die Zeiträume nach dem Untergang des Han-Reiches bis zur faktischen Suspendierung des Tributsystems mit den ‚ungleichen Verträgen' von 1840 in groben Zügen, und nimmt man das Reich der Song (11./12.Jh.) aufgrund seines besonderen Status (Norden lange unter Fremdherrschaft, Süden wirtschaftlich offen) heraus, kommt man auf folgende Bilanz (Tab. II.3).

Tabelle II.3: Phasen des sinozentrischen Systems in Ostasien (220-1840 w.Z.)

Phase	Reich/Periode	Jahre (ca.)
hohe Integrationskraft des sinozentrischen Systems	Sui, Tang (581-800)	219
	Ming (1368-1644)	276
	Qing (1644-1840)	196
total		**691**
Dezentrierung/Öffnung	Reichsteilungen (220-581)	361
	faktische Reichsteilung (800-902)	102
	Reichsteilungen (902-960)	58
	Mongolen/Yüan (1200-1368)	168
Total		**689**

Anmerkung: Unter Ausschluss der frühen/mittleren Song-Dynastie. Quelle: Autor.

Die Bilanz mag überraschen: von den rund 1600 Jahren, um die es hier geht, waren weniger als die Hälfte, nämlich rund 700 Jahre, charakterisiert durch effektive und verbindliche chinesische ,Spielregeln'. Während den anderen 900 herrschten andere, nicht dem traditionellen sinozentrischen Tribut-Handel-System entsprechende Muster vor:

- subalterne Integration Chinas in ein umfassenderes Weltreich,
- „China among equals" – Gleichrangigkeit der Beziehungen zwischen China und Nachbarstaaten,
- Beziehungen zwischen mehreren chinesischen und nicht-chinesischen Staaten in Ostasien und/oder
- das Fehlen einer strikten Außenwirtschaftspolitik und damit einer effektiven Kontrolle des wirtschaftlichen Austausches des chinesischen Raums mit seiner Umwelt, der Region Ostasien.

Das chinesische Tribut-Handel-System war während Jahrhunderten eine äußerst machtvolle Strukturierung der innerregionalen Beziehungen, aber es gab auch lange Phasen in der Herausbildung der Region, in der andere Prinzipien dominierten.[40]

Abschließend ist festzuhalten, dass sich diese Schlussfolgerung auf die dominante *Strukturierung* bezieht und nicht auf den *Grad* wirtschaftlicher Integration der Region. Die Handelsvolumina können unabhängig davon bedeutend oder gering sein, sie können infolge der Dynamik des offiziellen Tribut-Handels oder des privaten Handels wachsen oder schrumpfen.

II.5   Die Entwicklung des wirtschaftlichen Austausches in Ostasien

II.5.1 Die frühe Entwicklung des Handels

Zunächst ist zu daran zu erinnern, dass das frühe Zentrum Chinas in der Nordhälfte des heutigen Landes lag, am Gelben Fluss. Zunächst schloss auch das Han-Reich nur wenige

---

[40] Auch Osterhammel (1989: 8) kommt zum Schluss, „dass sich Chinas Verhältnis zu seiner Umwelt in Zyklen von Öffnung und Abschließung bewegt. Phasen eines weithin unbehinderten Grenzverkehrs wechselten mit solchen, in denen besonders die maritimen Außenbeziehungen strikten Kontrollen unterlagen."

Gebiete südlich des Yang-tse ein; noch 163 v.Z. gehörten z.B. die heutigen Provinzen Guangdong und Fujian an der Südküste noch nicht zum Reich. Dies änderte sich im Zuge der Eroberungen des späten 2.Jhs. v.Z.; ab 111 v.Z. erstreckte sich das Herrschaftsgebiet Chinas bis ins heutige Nordvietnam hinein. Damit kam China in ständigen Kontakt mit dem ‚Süden'. Kaiser Wu-ti (reg. 141-87 v.Z.) sandte Gesandte zur Erkundung des „südlichen Ozeans" (chinesisch *nanyang*); diesen verdanken wir die frühesten Beschreibungen Südostasiens. Von größter Bedeutung war die ‚Entdeckung' der Monsun-Winde und ihre Nutzbarmachung für die Schifffahrt im 1. Jh. v.Z. (Matsuyama 2003: 116). Für das Jahr 166 w.Z. ist der Besuch eines Seefahrers in China überliefert, der von sich behauptete, ein Gesandter des römischen Kaisers Mark Aurel zu sein.[41] Der erste bedeutende Anstoß für den südlichen Seehandel kam dann mit dem Ende der Han-Dynastie in China im 3./4. Jh., als Steppenvölker die Nordgrenze überrannten und die landgestützten Transportwege (die kontinentale ‚Seidenstrasse') unterbrachen. Ein bedeutender Teil der chinesischen Bevölkerung, insbesondere die kaufkräftige Oberschicht, migrierte in die Gegend südlich des Yang-tse. Südchina erlebte in der Folge eine beschleunigte wirtschaftliche Entwicklung, und Handelsschiffe schwärmten aus, um die begehrten, nicht mehr auf dem Landweg erhältlichen Waren einzukaufen. Erste Emigranten ließen sich im Süden nieder. Gefragt waren v.a. Perlen, Jade, und Lapislazuli, während die Chinesen Keramik, Seide und Gold lieferten.[42] Gleichzeitig entwickelten Chinesen einen Geschmack für die Produkte des Südens, insbesondere für Gewürze wie Pfeffer, Gewürznelken, Muskat und Duftstoffe wie Sandelholz.[43] Die chinesische Medizin nahm zahlreiche tropische Produkte in ihr Arsenal auf, z.B. das hochgeschätzte Rhinozeros-Horn. Im Verlaufe der Sinisierung der an China grenzenden Regionen gelangten diese Produkte (und die mit ihnen verbundene Wertschätzung) weiter nach Norden, insbesondere nach Korea und Japan. Dieser frühe Nachfrageimpuls war von entscheidender Bedeutung für die Konstituierung Ostasiens als Region. Laut Needham (1954: 179) haben chinesische Seefahrer um 350 Penang (heute Malaysia), gegen Ende des 4.Jhs. Sri Lanka und im 5.Jh. Arabien und Mesopotamien erreicht. Es spricht aber vieles dafür, dass der größte Teil der Güter in dieser Zeit auf Schiffen südostasiatischer, indischer oder arabischer Provenienz transportiert wurde. Für 651 ist eine erste arabische Gesandtschaft in China belegt. Im 8. und 9. Jh. hatten arabische Händler Stützpunkte in Guangzhou und Hangzhou, und ihre Schiffe erreichten Korea und Japan.

Dass inner- und überregionaler Handel in die ersten Jahrhunderte der Zeitrechnung zurückreicht, belegen die Funde der Ausgrabungen im bereits erwähnten *Oc Eo*, im Mekong-Delta (Higham 2001: 25ff). Dort bildete ein Proto-Staat, von chinesischen Quellen *Funan* genannt, einen wichtigen Umschlagplatz auf der Ost-West-Route. Funan sandte zwischen vom 3. bis ins frühe 6. Jh. Tributmissionen an den chinesischen Hof. Archäologen fanden in Oc Eo Gegenstände nicht nur aus verschiedenen Gegenden Ostasiens, sondern auch aus

---

[41] Yü (1986: 460ff); Nishijima (1986: 580); vgl. auch Needham (1954: 11ff). Dies kann nicht als Indiz dafür genommen werden, dass es diplomatische Beziehungen oder verstetigten Handel zwischen Han-China und dem römischen Reich gegeben hat. Allerdings wurden bedeutende Mengen Seide über diese Distanz gehandelt; dies geschah aber nicht in direktem Kontakt, sondern über west-, zentral- und/oder südostasiatische Händler (Loewe 1986: 168).

[42] Ebenfalls wichtig wurde die landgestützte Handelsverbindung über Yunnan nach Birma (vgl. Needham 1954: 182).

[43] Sandelholz resp. das daraus gewonnene Öl spielt eine wichtige Rolle bei der Parfümproduktion; es wird auch für Räucherzwecke verwendet und für Holzeinlagen. Die Ausbeute ist sehr gering, da das hochwertigste ätherische Öl nur aus Bäumen gewonnen werden kann, die älter als 30 Jahre sind.

Indien, dem Nahen Osten, Afrika und sogar aus dem römischen Mittelmeerraum.[44] In dieser frühen Phase folgte die Schiffshandelsroute eng dem kontinentalen Küstenverlauf (China, Vietnam, Kambodscha, Thailand). Die Waren wurden dann im Süden des heutigen Thailand ausgeladen und über den Isthmus von Kra rund 65 km über Land transportiert, und dann an der Küste des Indischen Ozeans wieder verschifft (Karte II.1; Coedès 1968: 28).

II.5.2 Die Handelszentren an der Strasse von Malakka

Erst im 4.-5. Jh. etablierte sich eine Route durch die 800 km lange *Strasse von Malakka*. Diese bildet zwischen der malaiischen Halbinsel (heute Malaysia) und der lang gestreckten Insel Sumatra (heute Indonesien) ein natürliches Nadelöhr für die maritimen Austauschprozesse zwischen Ostasien auf der einen und Südasien/Westasien/Afrika/Europa auf der anderen Seite. Aus dieser geographischen Tatsache ergibt sich eine jahrhundertealte, doppelte Konkurrenz: diejenige zwischen Handelsplätzen um die zentrale Stellung im Warenumschlag und diejenige zwischen Staaten und Reichen um die militärische Kontrolle dieser Handelsstrasse. Abu-Lughod (1989) beschreibt die historische Situation in der Strasse von Malakka wie folgt:

> „… the ‚natural' role of the ports along the Strait was that of comprador (or ‚agent' for trade), a role that is both politically contingent and economically unstable. (…) Being the chief international port along a waterway all must frequent depends not only on geographic advantage but on the ability of that port to attract a variety of different foreign merchant firms by assuring security of person and goods and freedom of action. Most importantly, the entrepôt must ‚guarantee' that other traders will be using the same interchange. Clearly, not all of these variables are within the control of the port itself." (Abu-Lughod (1989: 310ff).

Oc Eo war der erste Verlierer in der wirtschaftlichen Konkurrenz zwischen Handelsplätzen in Südostasien, als sich die Handelsroute verlagerte, und viele andere auf der malaiischen Halbinsel und Sumatra folgten diesem Schicksal. Wenige Hafenstädte vermochten sich auf längere Zeit zu behaupten, wie das der Ost-West-Hauptverbindung den Namen gebende *Malakka*, das sich im Verlaufe des 14. Jhs. entwickelte und eine Sonderstellung einnahm, oder das zu Beginn des 19. Jhs. von den Briten ausgebaute *Singapur*, auf einer kleinen Insel am östlichen Eingang der Strasse von Malakka gelegen. Alle diese Handelsstädte blieben militärisch verletzlich, solange sie ohne Deckung durch eines der großen Reiche operierten. Ein Grund für die geringe Konstanz der meisten Handelsplätze an der Ost-West-Route war die Strategie, mittels hoher Mobilität militärischen Aggressionen auszuweichen – es ließ sich immer ein anderer geschützter Ankerplatz im inselreichen Archipel finden, und Häuser waren traditionell ohnehin nicht aus dauerhaften Materialien gebaut. Malakka hingegen wurde von den Portugiesen, die es trotz seiner offiziellen chinesischen Protektion 1511 eroberten, zu einer steinernen Festung ausgebaut.[45] 1641 wurde es den Portugiesen von den Niederländern abgenommen. Im 19. Jh. wurde es dann wie auch Penang ein Satellitenhafen des neuen südostasiatischen Handelszentrums, Britisch-Singapur. Finanziert wurde die

---

[44] Auch im Chaophraya-Tal (Zentralthailand), in U Thong, wurde eine römische Münze gefunden, und zwar eine, die unter dem Kaiser Victorinus 268-270 w.Z. in Köln geprägt wurde (Higham 2002: 254).
[45] Noch heute gibt es in und um Malakka rund 20'000 Nachkommen der portugiesischen Kolonisatoren, die einen malaiisch gefärbten alten portugiesischen Dialekt (*kristang*) sprechen und katholische Bräuche pflegen.

Kolonie Singapur durch ein staatliches Opiumhandelsmonopol, das an chinesische Syndikate vergeben wurde.

Karte II.1:   Historische Schiffsrouten und Handelsplätze in Ostasien

        ······   frühe Ost-West-Handelsroute

        ─────   Ost-West-Handelsroute ab 4./5. Jh.

        ────   weitere wichtige Handelsrouten

Quelle: eigene Darstellung.

Es gelang jedoch nie einer Macht, die Strasse von Malakka und damit den Ost-West-Handel dauerhaft unter Kontrolle zu bringen. Abgesehen von effektiven monopolistischen Praktiken im Falle bestimmter Gewürze durch die niederländische Kolonialmacht blieb auch der innerregionale Handel weitgehend frei.

Trotzdem wäre der Eindruck, es ginge im modernen marktwirtschaftlichen Sinn um ‚Frei-handel‘, falsch. Der wirtschaftliche Austausch basierte auf der Tradition des „negotiated trade", des ‚ausgehandelten Handels‘. Vertreter der ethnischen Handelsgemeinschaften (Malaien, Chinesen, Inder, Javaner etc.) verhandelten mit den lokalen Herrschern oder Königen resp. deren Handelsbeauftragten (die oft auch selber Handel betreiben), bis beid-seits befriedigende Konditionen gefunden werden konnten (Hall 1999b: 18). Die lokalen Herrscher oder Könige verlangten gewöhnlich, dass Händler zuerst von den von offiziellen Stellen zu überhöhten Preisen angebotenen Waren kaufen mussten, bevor sie Zugang zum Markt erhielten (Tarling 1999a: 140). Zudem gab es königliche Monopole auf viele der lukrativsten Exportgüter sowie Abgaben und Steuern auf Transaktionen.

Für die Regelmäßigkeit von Austauschprozessen innerhalb Südostasiens gibt es ar-chäologische und historische Belege. Hall (1999b) stellte eine entsprechende Übersicht für den Zeitraum 500 bis 1500 w.Z. zusammen (Tab. II.1). Die Tabelle belegt die Zentralität Javas, Sumatras und der malaiischen Halbinsel sowie Champas und Vietnams – und die eher periphere Stellung der östlichen Inseln des Archipels (Philippinen, östliches Indone-sien).

Tabelle II.4: regelmäßige subregionale Interaktion in Südostasien, 500-1500 w.Z.

	Java	Birma	Angkor	Champa	Vietnam	Philip. Inseln	Sumatra/ malaii-sche Halbinsel	östl. Archipel
Java	X	X	X	X	X	X	X	X
Birma	X	X	X	X	X	?	X	?
Angkor	X	X	X	X	X	?	X	?
Champa	X	X	X	X	X	X	X	?
Vietnam	X	X	X	X	X	X	X	?
Philip. Inseln	X	?	?	X	X	X	?	X
Sumatra/ malaii-sche Halbinsel	X	X	X	X	X	?	X	X
östl. Archipel	X	?	?	?	?	X	X	X

Quelle: Hall (1999b: 1a). Anmerkung: ‚X‘ steht für ‚Interaktion belegt‘, ein Fragezeichen für fehlende Beweise für eine regelmäßige Interaktion.

Südostasiatische Schiffsdarstellungen aus dem 8. Jh. (Photo II.1) belegen das hohe Niveau des maritimen Austausches in dieser Periode.

Photo II.1: historische Darstellung eines Hochseeschiffs im buddhistischen Tempel Borobudur (8. Jh.), Zentraljava, Indonesien

Quelle: Autor, Juli 2003.

Das Relief bildet ein komplexes Hochseeschiff mittlerer Größe ab, mit zwei Masten, verschiedenen Segeltypen, Außenruder und Ausleger. Größere Schiffe, bis zu 50 m Länge, hatten keine Ausleger. Sie verfügten über mehrere Schichten von Holzplanken, die nicht mit Metallnägeln, sondern mit Holzkomponenten und Pflanzenfasern zusammengehalten wurden. Laut chinesischen Quellen konnten sie bis zu 700 Personen und 250-1000 Tonnen Ladung transportieren. Die meisten südostasiatischen Schiffe wurden an der Nordküste Javas, an der Südküste Borneos oder in Birma gebaut, unweit großer Bestände von Teakholz.

Im 15. Jh. entwickelte sich aus dem südostasiatischen und dem chinesischen Schiffstyp eine neue Hybridform, die von den Portugiesen Dschunken („junco") genannt wurden, nach dem Malaiischen „jong". Die ersten europäischen Seefahrer begegneten in Südostasien im Durchschnitt größeren Schiffen als den eigenen, die üblicherweise 3-400 Tonnen Ladung trugen. Die Außenwände der Dschunken waren höher als die Brücke der europäischen Schiffe, und die Kanonenkugeln vermochten die Schichten von Holzplanken nicht zu durchdringen (Manguin 1980, 1994).

II.5.4 China im Zentrum

Die nördlichen Märkte für südliche Produkte entwickelten sich über Jahrhunderte kontinuierlich und erreichten mit der großen Nachfrage zur wirtschaftlich prosperierenden Zeit der Tang- und Song-Dynastie (7.-12. Jh. w.Z.) einen Höhepunkt. Im Zentrum des chinesischen

Interesses standen Gewürze und verschiedene Duftstoffe.[46] Es gab große Messen für Medizinalprodukte in China, auf denen eine große Bandbreite südlicher Waren gehandelt wurden. Diese teuren Güter wurden oft durch taoistische ‚Priester‘, die ihren Lebensunterhalt hauptsächlich mit dem Handel solcher Waren verdienten, weiter verbreitet (Shiba 1983: 109). Schon die Tang-Dynastie begann, den Außenhandel zu öffnen, und in der Song-Zeit standen die südlichen Küstenstädte Chinas ausländischen Handelsschiffen weitgehend offen. Die Volumina des privaten Handels wuchsen weit über diejenigen des offiziellen Handels hinaus. Die chinesischen Behörden achteten darauf, dass Importe möglichst mit chinesischen Gütern bezahlt wurden, damit kein Edelmetall aus dem Reich abfloss. In der Tang-Zeit wurde Keramik ein bedeutender Exportartikel, und für 1224 sind in einem chinesischen Bericht folgende Gebiete genannt, in die Keramikexporte gingen: Korea, Champa, Kambodscha, Srivijaya/Sumatra, mehrere Hafenstädte auf der malaiischen Halbinsel, die Philippinen, Borneo, Ceylon, Java und über Zwischenhandel auch nach Malabar, im Südwesten Indiens, und bis nach Sansibar (Kerr/Wood 2004: 724f). Produktionsbetriebe in der Provinz Fujian begannen sich auf die Herstellung von Massen-Keramik (in Millionen Stücken) für den Export zu spezialisieren; diese Stücke wurden in China selber nur wenig verwendet (ebd.). Neben Keramik wurde eine große Bandbreite anderer chinesischer Produkte ausgeführt; Tab. II.5 gibt eine Übersicht über die wichtigsten chinesischen Exporte nach Südostasien zur Zeit der Song-Dynastie.

Tabelle II.5: Chinesische Exporte in die südlichen Länder zur Zeit der Song-Dynastie

Produkt(e)	Export nach
Silber, Gold	Kambodscha, Srivijaya, Malaysia, Sumatra
Seide, Seidenbrokat	Srivijaya, Malaysia, Java, Malabar, Brunei, Philippinen
Porzellan	Champa, Kambodscha, Srivijaya, Malaysia, Java, Malabar, Brunei, Philippinen, Sansibar
Lackware	Champa, Java, Brunei
Schirme	Champa, Kambodscha, Brunei
Eisenwaren	Srivijaya, Malaysia
Matten	Champa, Brunei
Seidenfächer	Champa
Ledertrommeln	Kambodscha
Glas- und Perlenwaren	Brunei
Wein	Champa, Kambodscha, Srivijaya, Malaysia, Brunei, Philippinen
Reis	Srivijaya, Malaysia, Philippinen
Zucker	Champa, Kambodscha, Srivijaya, Malaysia
Salz	Brunei
Karminrot[47]	Brunei
Indischrot[48]	Java

Anmerkung: Es werden entweder die Namen historischer Reiche oder die heutige Gebiets- oder Staatennamen (Sumatra, Malaysia, Philippinen) aufgeführt. Quelle: verändert nach Shiba (1983: 107)

Trotz der wachsenden Bedeutung privaten Handels blieb der Tribut-Handel aber nach wie vor höchst attraktiv für die südlichen Königreiche, und die Zahl der Sender nahm weiter zu.

[46] Vgl. Wheatley (1959) zu den zur Song-Zeit aus dem Süden der Region importierten Gütern.
[47] Ein aus Schildläusen gewonnener Farbstoff.
[48] Ein aus natürlich vorkommendem Eisenoxyd gewonnener Farbstoff.

Die wahrscheinlich erste Tributmission aus dem Raum der heutigen Philippinen fand zu Beginn des 11.Jhs statt und kam von dem in chinesischen Quellen erwähnten Kleinstaat oder Häuptlingstum *P'u-tuan* (Butuan). Dessen Herrscher fand rasch Gefallen an dem Austausch und begann, jedes Jahr eine Mission zu schicken und die diplomatisch-protokollarische Gleichstellung mit dem traditionellen Vasallen Champa zu verlangen, mit dem Butuan in engem Kontakt stand, was von chinesischer Seite abgelehnt wurde (Scott 1984).

Die Missionen waren nicht nur am Güteraustausch interessiert, sondern darüber hinaus auch an neuen Techniken z.B. in der Metallverarbeitung, neuen Produktions- und Organisationsweisen z.B. in der Textil- und Porzellanherstellung, neuen Navigations- und Kriegstechniken, Fortschritten in Medizin, Astronomie und Philosophie, und an dem immer raffinierteren Lebensstil der Chinesen.

Das sinozentrische Tribut-Handel-System hatte direkt stimulierende Effekte auf die Bildung von Handelsimperien in Südostasien. A. Reid (1993) kommt zum Schluss:

> „Tang Dynasty trade must have done much to stimulate the rise of Sri Vijaya in the eighth and ninth centuries; the trading activtiy of the Sung, complementing the effects of the Crusades on increasing the European demand for eastern luxuries, similarly encouraged the prosperity of Majapahit in the thirteenth century." (Reid 1993: 10)

Wie erwähnt erwuchs den Händlern aus der Region erst im Verlaufe der späten Tang und dann vor allem während der Song-Zeit Konkurrenz durch chinesische Schiffe (Lo 1955). Vorher waren es im Südhandel v.a. malaiische, indische und arabische Händler und im Norden die Koreaner, die den innerregionalen Güteraustausch dominierten. Angesichts der wachsenden Komplexität der Unternehmungen und der großen Risiken entwickelten sich in Song-China neue Formen der Organisation (wie Kaufmannsgilden und Handelsagenturen), der Kapitalbeteiligung und der Risikoabsicherung (Shiba 1983: 108). Ein vor der südchinesischen Küste gesunkenes, als „Nanhai Nr. 1" bezeichnetes Handelsboot aus der Zeit der südlichen Song-Dynastie wird in einem neuen Museum in Yangjiang gezeigt.[49] Seine Ladung bestand aus mehreren zehntausend Gegenständen.

In den bedeutenden Handelsstädten Ostasiens bildeten sich ständige Siedlungen chinesischer Emigranten.[50] Der chinesische Gesandte Ta-Kuan Chou, der Kambodscha 1296/97 besuchte, berichtete folgendes (vgl. Chapuis 1995: 55f):

> „Chinesische Seeleute, die im Lande ankommen, bemerken mit Freude, dass es hier nicht nötig ist, Kleidung zu tragen. Sehr viele von ihnen desertieren, um hier dauerhaft zu leben, merken sie doch, wie einfach es ist, an Reis zu kommen, Frauen zu überzeugen, Häuser zu bauen, Möbel zu erlangen und Handel zu treiben." (Chou 1300: 27)

Er erwähnte in seinem Bericht auch, welche chinesischen Güter in Kambodscha begehrt waren, nämlich Gold und Silber, Seide, Blechwaren, Lackschalen, grünes Porzellan (Celadon), Quecksilber, Zinnober, Papier, Schwefel, Salpeter, Sandelholz, die Heilpflanze En-

---

[49] *Construction on Asia's largest marine museum begins*, Xinhua, 1.1.2006. Siehe auch die malaysische Internetseite www.maritimeasia.ws, die u.a. sieben vor der Ostküste der malaiischen Halbinsel gefundenen Wracks chinesischer Handelsschiffe (14.-19.Jh.) gewidmet ist.
[50] Vgl. Shiba (1983: 89): „Chinese people (...) entered an era of colonial ventures and voyages of discovery. Driven partly by population pressure and its attendant economic, social, and political stresses, and partly by the spirit of adventure and the desire for wealth, the Chinese embarked upon their first large-scale maritime emigration."

gelwurz (Angelika), Moschus, Leinen, Kleidung, Schirme, Eisentöpfe, Kupferschalen, Frischwasser-Perlen, Holzöl, Bambusnetze, Körbe, Holzkämme und Nadeln, aber auch „gewöhnlichere, schwerere Artikel" wie Matten (Chou 1300: 12f).

II.5.5 Der Handel im Norden

Seide machte neben Edelmetall einen großen Teil der chinesischen Tributlieferungen an die im 9. Jh. w.Z. neu entstehenden Staaten und Bündnisse der Steppenvölker im Norden und Westen aus. Andererseits ermöglichten diese Tributzahlungen die Fortführung des Handels, der im Allgemeinen für die Chinesen eine deutlich positive Bilanz brachte. So wird geschätzt, dass zur Song-Zeit 60% des gelieferten Silbers im Austausch für andere Waren wieder nach China zurückfloss (Twitchett/Tietze 1994: 110). Diese neuen Staaten unterbrachen den direkten Austausch Chinas mit Zentral- und Westasien, was den Anreiz, Seehandel weiter zu entwickeln, deutlich erhöhte.

Schon für die Mitte des ersten Jhs. w.Z. sind Tribut-Handels-Missionen aus dem *koreanischen Raum* belegt, vor allem auf dem maritimen Weg. Koguryo sandte Pferde, Robben- und Bärenfelle, Bögen aus Tierhorn sowie Edelmetall.[51] Im 8. und 9.Jh. w.Z. dominierte die koreanische Schifffahrt den regionalen Austausch in Nordostasien – eine Stellung, die Korea nie wieder erreichte.[52] Im Yangtse-Gebiet und nördlich davon gab es zahlreiche koreanische Handelsstützpunkte. Silla-Koreaner hatten eigene Tempel in China (Yoo/Shim 1986: 29). Ein Koreaner, Chang Bo-go, säuberte in den 820er Jahren im Auftrag des Kaisers die chinesischen Küsten von Piraten und wurde anschließend zu einem der größten Seehändler zwischen China, Korea und Japan (ebd.). Ein bedeutender Teil des japanischen Außenhandels wurde in dieser Epoche über koreanische Schiffe abgewickelt. Zwischen dem 11. und dem 13.Jh. kamen etwa 5000 chinesische Händler nach Koryo; sie erwarben dort vor allem den berühmten koreanischen Ginseng, Hanf, Tierfelle und Pelze, Stickereien, Edelmetalle und Mineralien sowie Schwefel. Die Koreaner waren interessiert an Seide, Keramik und kulturellen Produkten wie Büchern und Musikinstrumenten.[53] Arabische Händler – angeblich aus Bagdad – erreichten über Süd-China auch Koryo-Korea (Pratt 1980: 22), angezogen vom lebhaften Handel in Nordostasien. Mehrere historische koreanische Werke erwähnen diese Besuche und berichten darüber, dass sich einige dieser Händler auch in Korea niederließen (Yoo/Shim 1986: 47f).

Japan sandte vom 1. Jh. bis 894 w.Z. offizielle Tributmissionen nach China, danach dominierte der private Handel zwischen den beiden Ländern. Im 9. Jh. liefen chinesische Schiffe regelmäßig den lizenzierten Hafen Dazaifu in der Bucht von Hakata an und brachten vor allem Luxusgüter wie Duftstoffe, Textilien und Seidenprodukte, Medizin, Musikinstrumente, Bilder – und zahlreiche Manuskripte und gedruckte Texte (McCollough 1999a: 87f). Auf chinesischer Seite waren Perlen, Bernstein und Achat gefragt. Im 12. Jh. scheint es auch offizielle Kontakte und damit ein gewisses Wiederaufleben des offiziellen Handels zwischen China und Japan gegeben zu haben. Ein Grund dafür war, dass Heian-Japan seinen Bedarf

---

[51] Vgl. Yoo/Shim (1986: 11, 18); zu den koreanischen Missionen nach China siehe insbes. Pratt (1980) und Henthorn (1974: 99).
[52] Pratt (1980: 16), Seth (2006: 65).
[53] Yoo/Shim (1986: 44); Pratt (1980: 23) erwähnt, dass sich 1091 eine chinesische Bibliothek nach Verlusten von Büchern in Korea nach Abschriften erkundigte.

an Münzgeld nicht zu decken vermochte und eine große Nachfrage nach chinesischen Kupfermünzen entwickelte.[54] Im 13. Jh. segelten jährlich 40 bis 50 japanische Schiffe nach China. Als Handelsgüter brachten sie Gold, Goldsand, Schwefel, Zypressenholz und anderes Holzmaterial, Schwerter, Lack-Intarsien und Fächer und nahmen Baumwolle, Hanf, Seide, Teeschalen, Arzneien und große Mengen Kupfermünzen mit nach Japan (Inoue 1995: 116). Die japanische Nachfrage nach Kupfermünzen war so groß, dass in bestimmten chinesischen Hafenstädten innert kurzer Zeit nach dem Anlegen eines japanischen Schiffes keine Münzen mehr im Umlauf waren und die Regierung ohne Erfolg mehrere Dekrete erließ, um diesen Abfluss zu stoppen (Yamamura 1990: 366). 1242 brachte ein einziges japanisches Handelsschiff so viele Kupfermünzen aus China mit, wie dort in einem ganzen Jahr geprägt wurden (Kawazoe 1990: 409). Der Geldabfluss vertiefte die wirtschaftliche Krise im damaligen China (ebd.). In Japan wiederum förderte der Münzen-Import die Monetisierung und Kommerzialisierung der Wirtschaft in bedeutendem Ausmaß.[55]

Japan übernahm in dieser Zeit auch neue Keramiktechniken und neue Teesorten von China (Inoue 1995: 116). Ebenfalls aus China führte Japan eine neue, vom südostasiatischen Festland stammende Reissorte namens *Champa* ein, die aufgrund ihrer größeren Resistenz gegenüber Schädlingen und Trockenheit die landwirtschaftliche Produktivität bedeutend erhöhte (Yamamura 1990: 376). Japanische Piraten waren jahrhundertelang, bis ins späte 16. Jh., an den Küsten Koreas und Chinas gefürchtet.[56]

II.6   Regionale Integration unter der *pax mongolica*

Die Eroberung Chinas und weiter Teile der Region durch die Mongolen (13. Jh.) unterbrach resp. überlagerte diesen Prozess der zunehmenden Integration der Region. (a) Auf politischer Ebene scheiterte der Versuch, ganz Ostasien unter einheitliche Herrschaft zu bringen. Birma, Vietnam und Japan leisteten erfolgreich Widerstand, und auch die Kontrolle über die südlichen maritimen Reiche und Handelsstädte gelang nur während kurzer Phasen. *Japan* reagierte ablehnend auf den ab 1266 wachsenden Druck des mongolischen Herrschers über China, Khubilai Khan (reg. 1260-1294), seine Oberhoheit anzuerkennen. Eine erste Invasion, die 1274 hauptsächlich von den koreanischen Untertanen des Mongolenherrschers durchgeführt werden musste, scheiterte. In der Erwartung eines erneuten Versuches verstärkte Japan seine Verteidigungsanstrengungen. Nach der Eroberung Südchinas

---

[54] Nach Hurst (1999: 636f) waren japanische Münzen ab dem Ende des 10. Jhs. nicht mehr in Zirkulation und ersetzt worden durch Reis, Seide, Gold und Silber. Japan konnte aber nicht ausreichend Edelmetalle fördern, was zu einem bedeutenden Hindernis für die wirtschaftliche Entwicklung wurde. Vgl. Kawazoe (1990: 408ff).

[55] Yamamura (1990: 358) sieht zwei Ergebnisse des Handels Japans mit China: Erstens der Import zahlreicher Luxus- und Kulturgüter für die japanische Elite und zweitens die Einfuhr von Kupfermünzen: „The latter was by far more important because it led to the monetization of the Japanese economy, which in turn had profound effects on the political, economic, and social history of Japan during the Kamakura and Muromachi periods." Innert etwa 150 Jahren stieg der Anteil von Landverkäufen, die mittels Bargeld getätigt wurden, von 21% auf 66% (ebd., 366). Vgl. Yamamura/Kamiki (1983).

[56] Zu den japanischen Piraten (jap. *wakô*, chines. *wo-k'ou*, korean. *waegu*) siehe Elisonas (1991a: 239-255). Die Bezeichnung wurde im Verlaufe der Zeit auf alle Piraten in der Japanischen und Ostchinesischen See angewendet, unabhängig von der jeweiligen ethnischen Zusammensetzung der Gruppe. Anscheinend wurde dies, aufgrund der Schrecken hervorrufenden Wirkung, auch zur Selbstbezeichnung marodierender maritimer Banden. Bereits 1562 erschien eine chinesische Studie zur Piraterie, die neben den Japanern die „westlichen Barbaren" als die Hauptquellen des Übels definierte.

ließ Khubilai Khan ein ‚Ministerium zur Eroberung Japans‘ die Pläne für eine zweite Invasion vorantreiben, diesmal als koordinierten Angriff aus Korea und vom chinesischen Festland aus, unter Verwendung der Ressourcen Südchinas. Auch diese zweite Invasion (1281) scheiterte, wiederum unter Einfluss eines Sturmes, der von japanischer Seite als „Wind der Götter" (*kamikaze*) bezeichnet wurde. Die beiden Expeditionskorps unter mongolischem Kommando verloren 60-90% der Soldaten und Matrosen, etwa 100'000 Mann.[57] Der Angriff auf *Birma (Pagan)* erfolgte 1277, nachdem der birmanische König – der sich selber als Oberbefehlshaber von 36 Mio. Soldaten, Verschlinger von täglich 300 Curry-Gerichten und Beiwohner von 3000 Konkubinen bezeichnete – vier Jahre zuvor die mongolischen Gesandten hatte hinrichten lassen (Rossabi 1994: 485). Wie auch im Falle anderer Kampagnen im Süden der Region scheiterte der Angriff mindestens so sehr aus Gründen, die mit den tropischen Bedingungen dieser Länder zu tun hatten (Krankheiten, Hitze, Verpflegungsprobleme, Nichtanwendbarkeit traditionell kavallerieorientierter mongolischer Kriegsführung), wie auch am Widerstandswillen der sich verteidigenden Reiche und Bevölkerungen. Mit den anderen Staaten und Reichen im Süden suchten die Mongolen erst Kontakte nach der Eroberung ganz Chinas im Jahr 1278. Gute Beziehungen hielten sie anscheinend aufrecht mit dem frühen *Siam* und dem *Khmer*-Reich[58]. 1281 landete eine Flotte aus 100 Schiffen und 5000 Soldaten an der Küste *Champas*. Die Truppen verstrickten sich in einen letztlich erfolglosen Krieg, der auf Seiten Champas mittels Guerilla-Techniken geführt wurde. Auch der Angriff auf *Vietnam* scheiterte letztlich an der Unfähigkeit der mongolischen Armee, ihre numerische und technologische Überlegenheit im Rahmen der in Südostasien üblichen Kriegsführung zur Wirkung zu bringen. 1287 war ein zweiter Angriff auf Birma insofern erfolgreich, als er diesmal den Curry-Gerichte liebenden König und damit das Reich Pagan zum Sturz brachte. Das geschwächte und fragmentierte Birma sandte fortan Tribut an den Kaiser, ebenso wie Champa und Vietnam, die zwar militärisch erfolgreich gewesen waren, eine erneute Invasion aber zu vermeiden suchten. Khubilai Khan wandte sich gegen die andauernden Versuche des Reiches Singhasari auf *Java*, die Handelsstädte an der Strasse von Malakka, von denen die meisten Tribut nach China sandten, unter seine Kontrolle zu bringen.[59] 1292 wurde eine aus 1000 Kriegsschiffen bestehende See-Expedition gegen den javanischen König gesandt, der eine erste mongolische Gesandtschaft zurückgewiesen hatte. Der König wurde in den folgenden Kriegswirren gestürzt, aber von einheimischen Usurpatoren, die zunächst Unterwerfung signalisierten, dann aber das mongolische Expeditionskorps in einen Hinterhalt lockten und zur Flucht zwangen. Unter der neuen Herrschaft entwickelte sich das mächtige Reich Majapahit, das phasenweise den Großteil des heutigen Indonesiens kontrollierte und durch den Gewürz-Handel reich wurde.

Die mongolischen Angriffskriege hatten nichts mit den traditionellen Verfahren und Konzepten der chinesischen ‚Weltordnung‘ zu tun. Khubilai Khan definierte gegenüber Vietnam die alten Tributbeziehungen einseitig neu als ein Verhältnis faktischer Unterwerfung, denn die Liste der dem Land gesandten Bedingungen enthielt auch die Stellung von Geiseln, militärische Gefolgschaft auf Kriegszügen, regelmäßige Steuern und die Aufsicht durch einen mongolischen Gouverneur vor Ort (Wang 1968: 48). Es handelt sich um nicht

---

[57] Ishii (1990: 147); Kawazoe (1990: 411-423), Rossabi (1994: 482f).

[58] Vgl. Coedès (1968, Kap. XII); einem chinesischen Gesandten, Ta-Kuan Chou, der Kambodscha 1296/97 besuchte, verdanken wir einen äußerst wichtigen Bericht über die Sitten in Kambodscha (Chou 1300, deutsche Übersetzung 2006).

[59] Vgl. Hall (1999a: 217); Weatherford (2004: 213).

anderes als einen Versuch der Reichsbildung, der gewaltsamen Integration der alten Vasallenländer Chinas, ja aller traditionell Tribut leistenden Länder in das Mongolenreich. Wang (1968) kommt zum Schluss, dass es unter der Mongolenherrschaft kein eigentliches System internationaler Beziehungen gab, sondern nur den Versuch, das Reich so weit wie möglich auszudehnen.

> „The Mongol vision of their destiny to conquer the world differed fundamentally from the reassuring view of the T'ang and Sung *te* [d.i. Tugend/Vorbild, PZ] persuading the world world to submit to Chinese moral superiority." (Wang 1968: 49)

Es gelang den Mongolen nicht, ihre auf dem Festland so erfolgreichen Kriegsstrategien auf die maritime Sphäre zu übertragen. Zu groß war die Abhängigkeit von den militärischen Diensten, die Untertanen anderer ethnischer Gruppen leisten mussten (v.a. Chinesen und Koreaner), und die üblichen Methoden der Kriegsführung mit dem Schwergewicht auf den berittenen Bogenschützen und den kombinierten chinesisch-arabischen Belagerungstechniken waren dort nicht anwendbar.[60] Dass sich die mongolische Herrschaft über den Süden des Festlandes nicht stabilisieren ließ, hängt wohl auch damit zusammen, dass es dafür einer Mittlerschicht bedurft hätte. Diese Funktion hatten West- und Zentralasiaten in China; in Südostasien hätten dies „nach der Lage der Dinge nur Chinesen ausfüllen können, die doch eben selber gerade unterworfen worden waren und deren teilweise Kollaboration mit den Mongolen vorwiegend darauf orientiert war, China in seiner Substanz als zivilisatorischen Weltmittelpunkt zu erhalten" (Trauzettel 1986: 229). Andererseits begründete die mongolische Expansion im Südwesten (Yunnan, Birma, Tibet) Herrschaftsansprüche, auf die sich bestimmte Ming- und dann vor allem Qing-Kaiser stützten bei der Inkorporierung weiterer Gebiete in das chinesische Reich: Seit der Mongolenzeit „trat China im Südwesten als selbstbewusst auftrumpfende Großmacht in Erscheinung, die bis zum Eintreffen der Europäer die Nachbarn in Schach hielt".[61]

(b) Wie entwickelte sich die wirtschaftliche Verflechtung der Region zur Zeit des Mongolenreiches? Während der Phase der *pax mongolica* nahm die wirtschaftliche Integration des ganzen *eurasischen* Kontinents (vom Mittelmeerraum über West- und Zentralasien und bis hin zu China und Korea) zu[62], und Abu-Lughod (1989) beschreibt das damalige Weltsystem als in bis dazumal unerreichtem Masse intensiv verknüpfte regionale Subsysteme. Chinesische Technologien und chinesisches Wissen erreichten Westasien und Europa, und umgekehrt nahm auch China Neues auf, vor allem auf den Gebieten der Astronomie und der Medizin, aber auch Techniken wie die Verarbeitung von Kobalt-Blau in der

---

[60] Vgl. Roux (1993: 387ff); Weatherford (2004: 213f): „Khubilai had failed to adapt the successful Mongol strategies to the sea. The ancient techniques of the mounted hunter that his grandfather has used as the basis for his campaigns on land, did not translate to campaigns on ships."

[61] Rosner (1989: 128); er fährt fort: „Der programmatische Ortsname von Tengyüe („Hindernisse überwinden"), der in der Ming-Zeit nach 1368 für die westlichste der chinesischen Kolonialstädte, deren Einfluss bis ins Stromgebiet der Irrawady spürbar war, aufgekommen ist, unterstreicht mehr als deutlich diesen Anspruch."

[62] Vgl. Needham (1954: 188) „...the relations of China with the West now enter a modern phase (...) From this time on, the transmission of ideas or techniques across or around the central regions of the Old World is relatively easy to understand." Vgl. Weatherford (2004: 220): „Civilizations that once had been separate worlds unto themselves and largely unknown to one another, had become part of a single intercontinental system of communication, commerce, technology, and politics."

Porzellanherstellung.[63] Generell erlebte der Fernhandel einen großen Aufschwung, gefördert durch die Yuan-Kaiser. Die Mongolen hatten den Zusammenhang von Fernhandels und Entwicklung des Reichtums in Song-China wohl beobachtet und entwickelten staatliche Aktivitäten, um den Fernhandel auszuweiten (Kerr/Wood 2004: 716). Schon 1284 war staatliches Kapital zur Finanzierung privaten Handels zu haben, und von 1323 an gab es keine Restriktionen mehr für den Übersee-Handel. Der gesellschaftliche Status der Händler wurde wie erwähnt deutlich aufgewertet. Die Einführung von Papiergeld in Persien verursachte ein wirtschaftliches Desaster, während es in China erfolgreich war und den Wirtschaftskreislauf erweiterte (Franke 1949). Das chinesische Papiergeld zirkulierte nicht nur in China, sondern auch in Zentralasien, Korea und Teilen Südostasiens (Reischauer/Fairbank 1960: 279). Die Eröffnung neuer Handelsrouten, verbunden mit der weitgehenden Zerstörung von Produktionsstätten in Persien und im Zweistromland, bedeutete neue chinesische Exportchancen (Weatherford 2004: 224). Die mongolische Herrschaft sicherte Verkehrs- und Handelswege, Wegelagerei wurde mit drakonischen Strafen effektiv bekämpft, und das Postwesen und der Eilverkehr mittels Pferdewechselstationen brachte die Gegenden Eurasiens in einen engen Kontakt, wie er bis dahin noch nie existiert hatte (Weiers 1986a: 197). Reisende und Kaufleute aus staatlich fragmentierten Gegenden waren damals tief beeindruckt davon, dass sie „monate- oder jahrelang unter demselben Sicherheitssystem, mit denselben Schutzbriefen und Transportsystemen den europäischen und asiatischen Kontinent durchreisen und dabei ihre Waren ohne größere Abgaben mit sich führen können" (Haase 1997: 154). Dies ändert sich allerdings bald, denn das Weltreich zerfiel in mehrere Einflusssphären, deren Grenzen unklar waren und die oft mit militärischen Mitteln verändert wurden. Zudem führte die engeren Verbindungen auch zur rascheren und weiteren Ausbreitung von Seuchen, allen voran der Pest im 14. Jh.[64]

Es ist fraglich, ob die positiven wirtschaftlichen Impulse die negativen Effekte der Mongolenherrschaft (Vernichtung oder Versklavung großer Bevölkerungsteile, Refeudalisierung und Enturbanisierung, Tendenz zur Ethnisierung von Verwaltung und Wirtschaft, Verwüstung von Kulturlandschaften vor allem in Nordchina, West- und Zentralasien[65]) kompensierten oder gar übertrafen. Die mongolische Kriegsführung beinhaltete die Massakrierung der Bevölkerung von Städten, die sich nicht ergaben; so geschehen mit der vietnamesischen Hauptstadt 1284 (Chapuis 1995: 83). Wie erwähnt nahm die chinesische Bevölkerung im 13. Jh. um 40-50% ab, obwohl laut Weatherford (2004: 225) die Eroberung Chinas „far less disruptive" war als die Feldzüge der Mongolen in Westasien. Anscheinend war auch die mongolische Herrschaft in China positiver als in anderen Ländern; ein persischer Chronist berichtete:

[63] Vgl. Reischauer/Fairbank (1960: 280-285), Rosner (1989: 128) und Chaudhuri (1990: 67): „In spite of its massive self-confidence, the Chinese civilisation retained a certain curiosity about the intellectual achievements of other Asian peoples."

[64] Vgl. Weatherford (2004: 243): „The plague was an epidemic of commerce."

[65] Laut Weiers (1986b: 295) kam es in Zentralasien zu irreparabler Schädigung von Kulturland. Vgl. Roux (1993: 509): „Certaines régions, les premières à avoir subi les assauts, ou les plus fragiles, ont sans doute été plus touchées que d'autres, touchées au point de ne plus jamais pouvoir se relever – ce serait le cas de plusieurs provinces de Chine, en Afghanistan, au Kharezm, en Mésopotamie...".

„Die große Zahl der Anweisungen zusammen mit den dauernden Forderungen der mongolischen Steuerbeamten sowie (andern Erhebungen) ließ die Bevölkerung verarmen und verurteilte die Fürsten, die Kleinkönige und die Sekretäre zur Bedeutungslosigkeit."[66]

Hier geht in erster Linie um die Frage, ob und wie weit die mongolischen Kriegszüge, die Unterwerfung Birmas und die Herrschaft über China und Korea den wirtschaftlichen Austausch in der Region beeinträchtigte. Die Effekte hinsichtlich der wirtschaftlichen Integration sind sicher *widersprüchlich*. Chinas Schwerpunkt verlagerte sich unter den Mongolen wieder in den Norden (neue Hauptstadt *Ta-tu*, heute Beijing), obwohl Südchina wirtschaftliche Basis blieb und die Binnenverbindungen stetig verbessert wurden. Zeitweise kamen über 2 Mio. Fronarbeiter im Kanalbau zum Einsatz.[67] Zwar eröffneten sich Handelsmöglichkeiten neuen Ausmaßes, die gesicherten landgestützten Ost-West-Transportwege einerseits und die kriegerischen Auseinandersetzungen und Verwüstungen in Südostasien andererseits verminderten aber bis zu einem gewissen Grad den maritimen Austausch im „südlichen Ozean". Es kam zu Effekten, die man heute als ‚Handelsumlenkung' bezeichnet. Es ist wahrscheinlich, dass der in verschiedenen Gegenden deutliche Bevölkerungsrückgang auch langfristige Folgen hatte und das Volumen des regionalen Austausches beeinträchtigte. Die Auswirkungen dieser Kriege dürfen auch nicht überschätzt werden; so störten die mongolischen Invasionen Japans den wirtschaftlichen Austausch zwischen China und Japan wenig.[68] Eine Reihe bedeutender Tempelbauten im damaligen Japan wurden finanziert mit Gewinnen aus dem China-Handel (Kawazoe 1990: 422f). Der Fund eines Schiffswracks vor der koreanischen Küste belegt den intensiven Handel im ostchinesischen Meer: Das Handelsschiff aus der Zeit der Yuan-Dynastie hatte fast 17'000 Stück Keramik und 18.5 Tonnen chinesischer Münzen an Bord (Barnes 1993: 263). Im Chaophraya-Tal (Zentralthailand) trugen chinesische Immigranten mit ihren kommerziellen Techniken und Handelsverbindungen dazu bei, dass sich aus den traditionellen Khmer-Verwaltungsformen und den militärischen Organisationsweisen der neuen Thai-Kriegerfürsten der Kern eines erfolgreichen neuen Staates herausbildete (Ayutthaya).[69] Die mongolische Herrschaft über China endete 1368, nach 88 Jahren, und neue chinesische Ming-Dynastie setzte alles daran, die chinesische ‚Weltordnung' wiederherzustellen.

II.7   Weltordnung durch Welterkundung: Die Ming-Expeditionen des 15. Jhs.

Vor dem Hintergrund des in diesem Kapitel Dargelegten können die berühmten und immer wieder medial-reißerisch vermarkteten Ming-Expeditionen des frühen 15. Jhs verstanden werden. Es handelte sich weder um eine Abkehr von der traditionellen sinozentrischen Weltsicht noch um einen Versuch, die Seeherrschaft in Asien zu gewinnen oder gar um einen ‚Griff zur Weltmacht'.[70] Die Ming-Dynastie wurde nach dem Kollaps der mongolischen Herrschaft über China im 14. Jh. begründet. Sie knüpfte an die autochthonen chinesi-

---

[66] Nach Spuler (1968: 160); vgl. Roux (1993: 401), Haase (1997: 146).

[67] Nach Reischauer/Fairbank (1960: 279).

[68] Vgl. Kawazoe (1990: 420): „... despite Japan's and the Yüan's adversary relationship, trading vessels traveled back and forth openly, and there was a brisk economic and cultural interchange."

[69] Vgl. Taylor (1999: 169); Weatherford (2004: 213): „The Mongols and the Chinese immigrants whom they had brought created a new hybrid culture that became known as Indo-Chinese."

[70] Vgl. Menzies (2003) und den irreführenden Buchtitel von Levathes (1997), „When China Ruled the Seas".

schen Traditionen an und bemühte sich, die chinesische ‚Weltordnung' wieder herzustellen.[71] Botschafter zur Verkündigung der Gründung einer neuen Dynastie wurden in die sinisierten Staaten geschickt.[72] 1372 wurden die Botschafter Champas, Annams (Nord-Vietnam), Javas, Bruneis, Srivijayas, Siams und Kambodschas über die Regeln des Tribut-systems orientiert. Gegenüber Japan hatte China vor allem den Wunsch, dass dessen Regierung das Problem der Piraterie in den Griff bekommen sollte.[73] Zwischen 1369 und 1372 wurden insgesamt drei Missionen nach Japan geschickt, die das ganze Register chinesischer Außenpolitik entfalteten, vom Angebot der Teilnahme am Tribut-Handel-System über die Rückführung gefangener Piraten bis zur Entsendung hoher buddhistischer Mönche. Anscheinend ging die Piraterie nicht zurück, und Japan zeigt sich unfähig oder unwillig, sich entsprechend den Regeln der chinesischen ‚Weltordnung' zu benehmen, worauf China die Beziehungen zu Japan für längere Zeit abbrach. Mit den anderen Staaten der Region intensivierten sich hingegen die Beziehungen: 1383 wurden über 57'000 Stück Porzellan als Geschenke in die befreundeten Staaten geschickt (Kerr/Wood 2004: 717). 1395 folgte eine offizielle Erklärung, dass die Ming eine nicht-interventionistische Politik gegenüber den selbständigen Staaten im chinesischen Orbit verfolgten; ausdrücklich erwähnt wurden Korea, Japan, Ryukyu, Annam, Champa, Kambodscha, Siam, Sumatra, Java, Srivijaya, Brunei sowie einige nicht-identifizierbare Orte auf der malaiischen Halbinsel und an der indischen Ostküste. Diese Staaten seien unter sich gleich und stünden in der Hierarchie unterhalb Chinas. Ryukyu (das bereits 1373 von einer chinesischen Flotte angesteuert worden war), Siam und Kambodscha wurden 1395 ausdrücklich als Tribut-Staaten genannt. Der Handel mit allen anderen wurde untersagt, was zu einem Anstieg des Schwarzhandels und des Schmuggels führte. Srivijaya wurde für die angebliche Entsendung von Spionen bestraft, und Japan der Zusammenarbeit mit Usurpatoren verdächtigt. Vor allem Choson-Korea unter dem 1392 an die Macht gekommenen König Yi bemühte sich um eine Intensivierung der Beziehungen zur neuen Dynastie, wurde aber eine Zeit lang hingehalten, um das Land für die Loyalität zur vorangegangenen Yuan-Dynastie zu bestrafen.[74]

Nach der Herstellung der inneren Ordnung und kleineren militärischen Erfolgen gegen die Mongolen, die immer noch die Hauptgefahr für das Reich darstellten, strebte China unter dem dritten Ming-Kaiser (Yung-lo, reg. 1403-1424) die Wiederherstellung der ‚Weltordnung' im Sinne der großen vorangegangenen Dynastien an. Annam, das 1000 Jahre Teil des Reiches gewesen war und dem zu Beginn der Ming-Dynastie Souveränität zugesichert worden war, wurde Opfer einer Invasion, die das Land wieder ins Reich zurückholen sollte. Der Versuch scheiterte nach insgesamt zwanzig Jahren Krieg, Wirren und Instabilität definitiv. Bedeutend erfolgreicher waren die sechs großen See-Expeditionen unter der Regentschaft von Yung-lo nach Südostasien und in den Indischen Ozean.

Die chinesische Flotte hatte bereits bei der Vertreibung der Mongolen bedeutende Dienste geleistet. Sie erreichte zu Beginn des 15. Jhs. eine Zahl von fast 4000 Schiffen, davon 1350 Patrouillenschiffe und ebenso viele Kriegsschiffe, neben der eigentlichen Hauptflotte, 400 großen Kriegsschiffen, die in der Nähe von Nanjing stationiert waren. Tab.

---

[71] Informationen über die Länder, Orte und Dynastien Ostasiens in den Chroniken der Ming-Kaiser (*Ming Shi-lu*, 1368-1644) können abgefragt werden auf der Webseite www.epress.nus.edu.sg/msl/.

[72] Vgl. Reischauer/Fairbank (1960: 317), Wolters (1970: 49ff), Langlois (1988: 166), Kawazoe (1990: 424); Folgendes auf der Basis von Langlois (1988) und Chan (1988).

[73] Zu den Beziehungen Ming-Chinas mit Japan siehe Reischauer/Fairbank (1960: 319f).

[74] Die von den Mongolen noch länger gehaltenen Mandschurei stellte eine Bedrohung für Korea dar (Clark 1998: 274).

II.6 gibt eine Übersicht über die rund hundert Jahre vor der Ankunft der europäischen Schiffe in der Region durchgeführten großen chinesischen See-Expeditionen.

Tabelle II.6: Chinesische See-Expeditionen, 1405-1433

Periode	Anzahl Schiffe	Anzahl Soldaten, Matrosen etc.	besuchte Orte („westliche Ozeane")	besuchte Orte („östliche Ozeane")
1405-1407	62	27'000	Calicut (Indien)	Champa, Java, Sumatra
1407-1409	?	?	Calicut, Cochin (Indien)	Siam, Java, Sumatra
1409-1411	48	30'000	Malakka, Quilon	Sumatra
1413-1415	63	29'000	Hormuz, Rotes Meer, Malediven, Bengalen	Champa, Java, Sumatra
1417-1419	?	?	Hormuz, Aden, Mogadischu, Malindi (Ostafrika)	Java, Brunei, Ryukyu-Inseln
1421-1422	41	?	Aden, Ostafrika	Sumatra
1431-1433	100	27'500	Ceylon, Calicut, Hormuz, Aden, Jedda, Malindi (Ostafrika)	Vietnam, Java, Sumatra, Malakka

Quelle: verändert nach Maddison (2001: 67).

Die von einem Eunuchen namens Cheng Ho geleiteten Expeditionen waren in ihrer Größenordnung maritime Unternehmungen, wie sie die Welt noch nicht gesehen hatte. Die größte Flotte umfasste 100 Schiffe, und bis zu 30'000 Soldaten, Matrosen etc. nahmen daran teil. Die Frachtschiffe, die Teil der Flotte waren, waren mit ihren neun Masten bedeutend größer als alle anderen zu jener Zeit existierenden Schiffe.[75] Angelaufen wurden nicht nur sämtliche bedeutenden Länder und Häfen Südostasiens, sondern auch die Küsten Indiens, Arabiens und Ostafrikas (heutiges Somalia und Kenya). Die Flotte führte bedeutende Mengen an kostbaren Geschenken mit sich. Mitgenommen wurden Gegengeschenke lokaler Regenten und exotische Dinge. Aus Afrika brachte man u.a. Löwen, Leoparden, Dromedare, Strauße, Zebras, Nashörner, Antilopen und Giraffen nach China (Chan 1988: 235). Berichte über die besuchten Länder und ihr Klima, Landwirtschaft, Handelsprodukte und die Lebensweise ihrer Bewohner (inkl. politisches System und Religion) wurden verfasst, bis heute einzigartige Quellen für das Asien des frühen 15. Jh.[76] Z.B. wird in den Kapiteln über Java, Palembang (Srivijaya) und Aceh erwähnt, dass chinesische Kupfermünzen ‚früherer Dynastien' in allgemeinem Gebrauch seien; auch auf ethnisch-chinesische ‚Gemeinden' in Südostasien wird verwiesen. Jedes Kapitel über ein Land endet mit dem Hinweis auf den überreichten Tribut oder die Gesandtschaft, die mit an Bord eines chinesischen Schiffes ging.

Ziel der chinesischen Expeditionen waren nicht die Besetzung von Handelsstützpunkten oder die Einrichtung von Kolonien, sondern die friedliche Inkorporierung des ‚Restes der Welt' in die chinesische ‚Weltordnung', die Aufnahme diplomatischer Beziehungen

---

[75] Mit 120 Metern Länge und fast 50 Metern Breite waren sie etwa fünfmal so groß wie die Schiffe der frühen europäischen Seefahrer.

[76] Vor wenigen Jahren wurde das um 1433 abgeschlossene *Ying-yai Sheng-lan* (in dt. etwa ‚Umfassender Bericht über Länder am Ozean') von Ma Huan in englischer Übersetzung in einem Reprint wieder zugänglich gemacht (siehe Bibliographie unter Ma Huan).

und die Integration in das Tributsystem.[77] Konnte dies nicht erreicht werden, so griffen die Chinesen durchaus zu militärischer Gewalt und wechselte die lokalen Herrscher aus. Brunei beendete 1408 seine Tributzahlungen an Java und erhielt auf Anfrage eine Art Provinzstatus (Wang 1968: 51). Auch Srivijaya suchte bei den Chinesen um Schutz vor den Hegemonieansprüchen Javas nach (Wolters 1970), während Malakka die chinesische Protektion gegen die siamesische Expansion nach Süden brauchte. Angesichts der Möglichkeiten, die sich in diesem neuen System auftaten, blieben zahlreiche Chinesen in Südostasien und sponnen ein dichtes regionales Handelsnetzwerk.

Die chinesischen Seeexpeditionen wurden dann zwar eingestellt und die Flotte 1474 massiv reduziert, und die aus konventioneller Sicht geringen Ergebnisse (keine Annexionen, Kolonien oder militärische Stützpunkte, dafür exotische Souvenirs) könnten zu einer Bilanz eines „teuren Scheiterns" führen.

Chan (1988) bilanziert in der *Cambridge History of China* wie folgt:

„If they were launched to extend the emperor's influence to these far-off lands, to demonstrate Chinese military power, to expand Chinese knowledge of the world, to protect the interests of the Chinese, and to bring new people into the tribute system, their objectives were certainly realized, even though the Ming state thereafter failed to follow them up and to exploit them. Throughout Southeast Asia and the Indian Ocean they ‚showed the flag' and clearly demonstrated the Ming empire's political and military supremacy. The opportunity for lucrative trade under the tributary system drew foreign envoys bearing tribute from every quarter on a unprecedented scale." (Chan 1988: 232)

„Cheng Ho's exploratory voyages brought most important Southeast Asian states into the Ming political sphere. (...) [They] expanded the image of Chinese power throughout the region, with lasting impact on trade and diplomacy. (...) Foreign states responded to these ouvertures not only because they feared military reprisals if they refused, but also because they saw great commercial benefits in relations with Ming China." (Chan 1988: 270, 272)

Chan kommt zu dieser Einschätzung aus der Perspektive Chinas. Dieser ist nicht zu widersprechen, aber für die vorliegende Untersuchung ist dem noch einiges hinzuzufügen. Von ihrer Bedeutung für die Konstituierung Ostasiens als Region können diese See-Expeditionen kaum überschätzt werden. Die Flotte dürfte in ihren Dimensionen in den besuchten Orten und Gegenden einen Eindruck von China hinterlassen haben wie kein anderes Ereignis davor. Die vierte Expedition allein brachte Gesandte von 18 Staaten mit nach China, die in der nachfolgenden, also nach langem Aufenthalt in China, wieder nach Hause gebracht wurden. Die Chinesen hatten an mehreren Orten china-freundlichen Regenten zum Thron verholfen, erfolgreich Piratenflotten bekämpft und damit Handelswege gesichert. In der Folge wurden neue Handelsbeziehungen aufgenommen und bestehende vertieft. Die chinesische Diaspora wurde verstärkt. Zwischen 1402 und 1424 sandte der Ming-Kaiser 62 Missionen nach Südostasien und empfing 95 Gesandtschaften von dort in der Hauptstadt (Tab.

---

[77] Die persönlichen Motive von Kaiser Yung-lo können nicht mit Sicherheit eruiert werden. Chan (1988: 232) gibt eine Übersicht über die möglichen und in der Literatur diskutierten Motive; „the emperor (...) was looking for allies and perhaps probing new horizons for conquest, although these expeditions had no military objectives (...) to search for treasure (...) to display his power and wealth, to learn about the plans of Timur and other mongols in western Asia, to extend the tributary system, to satisfy his vanity and his greed for glory, and to make use of his eunuch staff. In any event, these activities reflected this restless emperor's concept of imperial order and of foreign relations as applied to the South Seas.". Vgl. auch Reischauer/Fairbank (1960: 321f), Wang (1968: 53).

II.7), die Missionen nach Annam, das von den Chinesen als Provinz des Reiches gesehen wurde, nicht mit eingerechnet.

Tabelle II.7: Missionen China-Südostasien, 1402-1424

Land: Missionen:	Champa	Kambodscha	Siam	Java	Brunei	Malakka	Samudra (Hafenstadt auf Sumatra)
... aus China	14	3	11	9	3	11	11
... nach China	18	7	21	17	9	12	11

Quelle: verändert nach Wang (1968: 58)

Das erweiterte und vertiefte sinozentrische Tribut-Handel-System mit seinen politisch-integrativen Funktionen unterscheidet sich deutlich von den mongolischen Versuchen, die Region als Teil eines umspannenden Weltreiches militärisch einzugliedern. Mit den Ming-Expeditionen zeigte China den Willen und die Fähigkeit, mit überwiegend nicht-militärischen Mitteln ‚Weltordnung‘ zu gestalten. Osterhammel (1989: 7, 50) hat China treffend gekennzeichnet als „Imperium ohne Imperialismus, das seine Wachstumsprozesse domestizierte und introvertierte"[78], und dessen Wirtschaftssystem im Gegensatz zu vielen anderen historischen Reichen nicht auf Tribut, Beute und die Ausplünderung unterworfener Gebiete angewiesen war.

Nach der Mitte des 15. Jh. gab es keine direkten chinesischen Interventionen in Süd-ostasien mehr, weder zur Verteidigung von Handelsinteressen noch zum Schutz der chine-sischen Diaspora. Abgesehen von den sinisierten Staaten, an deren inneren Angelegenheit man stark interessiert blieb und von denen man höhere Verhaltensstandards erwartete (Wang 1968: 51), blieb die Verbindung Chinas vor allem mit Champa, Siam, Java, Malak-ka und Brunei eng (vgl. Wolters 1970). Damit war auch der chinesische Einfluss auf die Beziehungen zwischen diesen beträchtlich (Chan 1988: 271). Malakka, das drei Missionen mit dem König an der Spitze nach China schickte, und Brunei erhielten Stelen mit Inschrif-ten und Gedichten des Kaisers (ebd.). Gegen Ende der Ming-Herrschaft entwickelte sich der maritime Handel Chinas mit dem Süden weiter positiv, vor allem aber außerhalb des Tribut-Handel-Systems (Reischauer/Fairbank 1960: 336). In entlegeneren Gebieten Südost-asiens nahm der chinesische Einfluss im Masse des Bedeutungszuwachses anderer Akteure und kultureller Strömungen ab. Malakka, das im Hinblick auf den Indischen Ozean ein strategischer Stützpunkt der chinesischen Flotte mit Depots und Schiffsreparaturanlagen gewesen war, ging 1511 an die Portugiesen verloren. Das maritime Netzwerk der arabi-schen und indischen Händler diente auch der Verbreitung des *Islam*, der seit dem 13. Jh. in Südostasien von Nordsumatra aus Fuß zu fassen begann, den Handelsrouten folgte in Rich-tung Borneo und Java bis zu den philippinischen Inseln (Reid 1999b). Unter diesem Ein-fluss bildeten sich eine Reihe von Sultanaten mit maritimer Orientierung und geringer terri-torialer Ausdehnung. Von diesen überlebte nur eines bis ins 21. Jh., das an der Nordküste Borneos gelegene *Brunei*, dank späterer englischer Protektion.

---

[78] Vgl. Reischauer/Fairbank (1960: 319).

II.8 Wirtschaftlicher Austausch in Ostasien (15.-18. Jh.)

Als Drehscheibe für den Nord-Süd-Handel in Ostasien etablierte sich das ab 1429 vereinigte Königreich auf den *Ryukyu-Inseln* (heute die zu Japan gehörende Okinawa-Inselgruppe).[79] Wie im vorhergegangenen Abschnitt erwähnt, gehörte es zu den engsten Vasallenländern Ming-Chinas. Es sandte ab 1372 jährliche Missionen an den chinesischen Hof. Im Ryukyu-Königreich spielten chinesische Immigranten eine wichtig Rolle. Ab 1609 war es faktisch unter japanischer Oberherrschaft, und 1879 wurden die Inseln definitiv in das japanische Staatsterritorium integriert. Der überwiegende Teil des Handels wurde von offiziellen Stellen betrieben oder stand unter staatlicher Kontrolle. Insbesondere in den Phasen offizieller Handelsverbote, z.B. zwischen China und Japan, blühte der Handel auf Ryukyu, da es als ‚Drittstaat‘ galt. Neben dem Austausch zwischen China, Japan und Korea war es aktiv im Handel mit Vietnam, Siam, Java, Malakka, Sumatra, Patani und Sunda (Kawazoe 1990: 445). Von den Mongolen im Norden Chinas erhielt das Reich vor allem Pferde, auf im 16 Jh. regelmäßig stattfindenden, großen Märkten (Rossabi 1998: 224ff).

Japan zur Zeit der Muromachi-Periode (1333-1568 w.Z.)[80] bemühte sich erfolgreich um eine offizielle ‚Wiederaufnahme‘ ins chinesische System, und zwischen 1401 und 1405 reisten vier japanische Missionen über den Hafen Ningpo in die Ming-Hauptstadt.[81] Als Tribut brachten sie auf chinesischen Wunsch bedeutende Mengen des militärisch wichtigen Schwefels sowie handwerkliche Erzeugnisse wie Schwerter, Rüstungen, Fächer und Bildrollen mit. Die Ming-Regierung erwarb auch andere Waren von den Japanern und erteilte ihnen die Erlaubnis, privaten Handel mit autorisierten chinesischen Händlern zu betreiben. Auf chinesischer Seite bestand vor allem das Interesse, die japanische Regierung auf eine aktive Bekämpfung der Piraterie in der ostchinesischen See zu verpflichten. Auf japanischer Seite lag das Hauptmotiv neben der Erweiterung der Einnahmen des Shoguns in der politischen Legitimierung seiner (damals eher fragilen) Herrschaft.[82] Im 15. Jh. steuerten auch Handelsschiffe religiöser Institutionen und regionaler ‚Fürsten‘ Japans China an. Zwischen Japan und Korea bildete sich auf vertraglicher Basis[83] ebenfalls ein regulierter, lizenzierter Handel mit großer Dynamik heraus. Im Vergleich mit dem bilateralen Handel mit China waren mehr Akteure, offizieller wie privater Natur, daran beteiligt. Vor allem die koreanische Seite war bemüht, die mit dem offiziellen diplomatischen Verkehr verbundenen Kosten zu senken und den Abfluss von Ressourcen nach Japan einzudämmen. Eine staatliche Erhebung von 1494 brachte eigentliche japanische Enklaven in Korea zu Tage: Über 3000 Niedergelassene und 525 japanische Haushalte (neun Mal mehr als erlaubt), die vierzehn buddhistische Tempel auf koreanischem Boden unterhielten und bedeutende Aktivitäten in Landwirtschaft und Fischerei betrieben (Elisonas 1991a: 244f). Koreanische Bemühungen, den Austausch zwischen den beiden Ländern auf die vereinbarten Kanäle

---

[79] Zur Geschichte und Bedeutung Ryukyus siehe Sakai (1968), Ch'en (1968), Hsü (1980: 85ff), Kerr (2000), Pearson (2001), Kreiner (Hg., 2001, 2006), Webseite *Ryukyu Cultural Archives* (rca.opeb.ed.jp/web_e). Die japanische Oberherrschaft scheint dem chinesischen Hof lange erfolgreich verborgen worden zu sein (Hsü 1980: 86).

[80] Zur Außenpolitik des Kamakura-Regimes (1185-1333) siehe Kawazoe (1990: 396-423).

[81] Siehe Chan (1988: 269ff), Kawazoe (1990: 423ff), Elisonas (1991a: 236).

[82] Dafür war er sogar bereit, den Titel „König Japans" zu akzeptieren, obwohl er damit die Position ‚von gleich zu gleich‘ mit dem chinesischen Kaiser aufgab und Japan als chinesischen Vasallenstaat deklarierte (Kawazoe 1990: 436f).

[83] Der *Kakitsu*-Vertrag von 1443 und der *Tenbun*-Vertrag von 1544 (Elisonas 1991a: 244ff). Aus koreanischer Sicht fand der Austausch zwischen Staaten auf gleicher Rangordnung in der chinesischen ‚Weltordnung‘ statt, während Japan für sich eine bedeutendere Stellung beanspruchte (Kawazoe 1990: 440; vgl. Fn. 17).

und Ausmaße zu beschränken, führten regelmäßig zu lokalen Zusammenstössen und dem Wiederaufleben von Piraterie. Neben Tierfellen, Ginseng, Honig und Matten importierte Japan in großen Mengen Baumwolle aus Korea, da letztere noch nicht in Japan angebaut wurde (Kawazoe 1990: 444). Bemerkenswert ist die Tatsache, dass Güter aus Südostasien (wie Zinnober und andere Farbstoffe) einen bedeutenden Teil der japanischen Exporte nach Korea ausmachten (Kawazoe 1990: 443), auch direkt von Ryukyu aus, oder über Hakata. Zwar hatte Korea 1393 eine Mission nach Thailand geschickt und 1397 Gesandte aus Java empfangen, und es gab einige koreanische Händler auf Ryukyu und in Südostasien, aber der größte Teil der südostasiatischen Produkte wurde über Zwischenhändler aus Japan und Ryukyu importiert (Seth 2006: 139).

Japan entwickelte sich im 16. Jh. zum Exporteur von Edelmetall, v.a. von Silber, und hatte damit einen bedeutenden Einfluss auf die Wirtschaftsbeziehungen in der Region und darüber hinaus. Es wird geschätzt, dass ein Drittel der weltweiten Silberproduktion um 1600 japanischen Ursprungs war (Asao 1991: 61). In Japan wurden Gold- und Silbermünzen geprägt, später auch Kupfermünzen. Es entwickelte sich so ein Dreimünzen-System, das bis in die zweite Hälfte des 19. Jhs. bestand hatte (Crawcour/Yamamura 1970). Während sich das Land so seine „Geldhoheit" zurück gewann, diente der Silberexport dazu, die Integration in die transnationale Wirtschaftskreisläufe voranzutreiben. Ein bedeutender Teil des japanischen Außenhandels wurde auf den zwischen Japan und Taiwan gelegenen Ryukyu-Inseln getätigt. Als Intermediäre dienten auch Europäer, die im Dreieckshandel zwischen Japan, China und Südostasien in dieser Periode zunehmend an Bedeutung gewannen.

Die chinesische ‚Gemeinden' in den Handelszentren Ostasiens bildeten in diesen Jahrhunderten (und bis heute) ein zentrales Element der transnationalen Integration der Region (Chang 1991). Manila z.B., dessen wirtschaftliche Funktion hauptsächlich diejenige eines Umschlagplatzes für chinesische Seide und spanisches Silber aus Amerika war, hatte im 16./17.Jh. rund 42'000 Einwohner, davon 12'000 Spanier und 30'000 Chinesen (Flynn/ Giraldez 1994: 82). In Spitzenjahren wie 1597 übertraf der Wert des von Acapulco nach Manila verschifften Edelmetalls den Gesamtwert des transatlantischen Handels (Andaya 1999: 13). Neben den chinesischen gab es auch noch andere bedeutende ‚Ausländergemeinden' in der Region: Zwischen 1550 und 1650 ließen sich mehr als 10'000 Japaner in Taiwan, Luzon (nördliche Philippinen), Vietnam, Kambodscha, Malaysia, Java und andere Gebiete Südostasiens nieder (Inoue 1995: 210). Sie siedelten dort in ‚japanischen Vierteln', die oft einen bestimmten Grad an Selbstverwaltung hatten. Die größten dieser Viertel waren mit etwa 3000 resp. 1500 ständigen Einwohnern in Manila und Ayutthaya (Thailand) (ebd.).

Ein weiterer wichtiger Handelsknotenpunkt war Hai Pho („Ort am Meer"; Europäer sprachen von „Faifo"), das heutige *Hoi An* an der zentralvietnamesischen Küste. Es war ein bedeutender Hafen seit dem 5./6. Jh. und geriet mit dem Untergang Champas im 15. Jh. unter vietnamesische Herrschaft. Es war besonders bedeutend als Umschlagsplatz in den Phasen des indirekten japanisch-chinesischen Handels. Chinesische Händler aus Fujian und japanische aus Nagasaki ließen sich in Hoi An nieder. Im 18. Jh. wurde eine Brücke zwischen den beiden Vierteln gebaut, die den Namen ‚japanische Brücke' trägt (Wulf 1995: 427-431).

Maritime Handelsnetzwerke in dieser Periode beruhten auf dem Austausch von Währungen (Edelmetall, Kaurimuscheln, geprägte Münzen[84]) und Waren (Luxusgüter wie Massenwaren). Südostasien exportierte Reis, Dschungelprodukte wie Lack, Tierfelle und Duft-

---

[84] Vgl. Wicks (1992).

stoffe, Gewürze und einfachere Textilien.[85] Importiert wurden Edelmetall und Münzen, spezielle Lebensmittel und Luxusprodukte wie Seide und Porzellan/Keramik aus China und auch aus Japan und Vietnam.[86] Immer mehr chinesische Kupfermünzen strömten in den Süden, und um 1500 waren sie wichtigstes Zahlungsmittel im südostasiatischen Archipel (Reid 1999a: 141). In einem chinesischen Bericht von 1618 wird erwähnt, dass chinesische Keramik auf Borneo die Sitte, Blätter als Gefäße zu verwenden, verdrängt habe und große Töpfe mit Drachen-Motiv chinesischen Ursprungs sogar für die Aufbewahrung von Toten verwendet werden.[87] Ein wichtiger Indikator für den Integrationsgrad der Region ist, dass sich aus südostasiatischen und chinesischen Schiffen ein hybrider Schiffstyp entwickelte (die so genannten Dschunken; vgl. S. 48):

„These ‚hybrid‘ vessels demonstrate an interactive maritime realm, where there was regular exchange of ideas and technology coincidental to the transaction of trade." (Hall 1999b: 7)

Anthony Reid kommt zum Schluss:

„...the region was manifestly better integrated by the warm and placid waters of the South China Sea than were southern Europe, the Levant, and North Africa by the Mediterranean" (Reid 1988: xiv).

China exportierte jahrhundertelang mehr Güter als es importierte, was im Ergebnis zu einem großen, anhaltenden Zufluss von Edelmetall, v.a. Silber, nach China führte.[88] Dieses Silber, zusammen mit Kupfermünzen und Papiergeld, konstituierte die chinesische Währung. Zunächst in Guangzhou ab den 1690er Jahren, ersetzten im Verlaufe des 18./19.Jhs. in ganz China spanische Silberdollars die traditionellen Silberbarren und wurden eine wichtige Rechnungseinheit (Myers/Wang 2002: 626-630). Dass die Geldmenge relativ stetig wuchs, ist einer der Faktoren, der die positive Wirtschaftsentwicklung unter den Qing erklärt.[89] Das ausländische Silber leistete somit einen wichtigen Beitrag zur Binnenentwicklung. Für Osterhammel (1989: 68) drangen nur in einem Bereich „die Kräfte der Weltwirtschaft ins ökonomische Herz des verschlossenen Reiches vor"; seit dem 16.Jh. war die chinesische Wirtschaft „durch Ströme von Silber und Gold (...) an die interkontinentale Zirkulation angeschlossen und nicht länger immun gegen Konjunkturen und Krisen, deren Ursachen in Weltgegenden lagen, von denen die klügsten Gelehrten in Beijing nicht einmal wussten, dass es sie gab".

Die vor allem ab 1750 stark wachsende ausländische Nachfrage nach chinesischem Tee förderte den Handel im südchinesischen Guangzhou und die Produktion in der Region um Wu-i. Zahlreiche Arbeitskräfte migrierten in diese Region und gründeten kleine Betrie-

---

[85] Vgl. Bulbeck/Reid/Tan/Wu (Hg., 1998), *Southeast Asian Exports since the 14th Century: Cloves, Pepper, Coffee and Sugar*, die Datenreihen für die Exporte Südostasiens bereit stellen.

[86] Vgl. Scott/Guy (1995); zur chinesischen und vietnamesischen Keramik auf den Philippinen siehe Gotuaco/Tan/Diem (1997).

[87] Kerr/Wood (2004: 718); vgl. Sassoon (1978) zu den Funden chinesischer Keramik an der Küste Kenyas, 14.-19.Jh.

[88] Siehe die Statistik in Maddison (2001: 64).

[89] Vgl. Myers/Wang (2002: 641): „.... the Qing empire avoided severe monetary shortages because of continuous silver imports from the world market, an increase in the supply of copper coins, and the ability to use paper notes, which became an important new component of the money supply. During the eigthteenth century the money supply rose steadily enough to satisfy demand without serious deflation or inflation."

be (Myers/Wang 2002: 623f). Das prosperierende Südchina entwickelte einen unstillbaren Hunger nach Reis: Bei schnell wachsender Bevölkerung erfolgte vor allem in den Provinzen Guangdong und Fujian ein wirtschaftlicher Strukturwandel vom Reisanbau hin zur Produktion von Baumwolle, Seide und Tee. Die Nachfrage nach Reis wurde im 18.Jh. zunehmend durch Importe aus Südostasien gedeckt, allen voran aus Siam. Dieser Handel sprengte sowohl nach Art wie im Umfang den traditionellen ,Tribut-Handel', während Siam diesen weiter betrieb und die damit verbundenen Formen wahrte. Auf siamesischer Seite spielten ethnische Chinesen eine bedeutende Rolle in diesem Handel, und die Besteuerung des Außenhandels war für das siamesische Königshaus von zentraler Bedeutung. Der Transport selber wurde auf Dschunken durchgeführt, die chinesischen Privatkaufleuten gehörten. Zwei langfristige Auswirkungen diese Handels sind aufzuführen: Einerseits entstand so in Siam eine Schicht von Unternehmern und Kaufleuten chinesischer Abstammung, die später bei der wirtschaftlichen Entwicklung des Landes eine große Rolle spielten, und andererseits wurde dadurch die wirtschaftliche Spezialisierung Südchinas ermöglicht (Osterhammel 1989: 99) – somit ein typischer Fall internationaler, in diesem Fall regionaler Arbeitsteilung. Des weiteren war der Siamhandel „Teil eines weitgespannten, zunächst auf Xiamen (Amoy) zentrierten Fernhandels, der in alle Gegenden Südostasiens ausstrahlte" (ebd., 100). In der Qing-Periode wurde chinesisches Porzellan in großen Mengen ausgeführt und war in unterschiedlichen Formen praktisch auf allen Märkten der Welt erhältlich (Kerr/Wood 2004: 715).

II.9 Determinanten der Staats- und Reichsbildungen in Südostasien, 15.-19. Jh.

Staats- und Reichsbildungprozesse behielten in Südostasien bedeutend länger einen kompetitiven, dynamischen Charakter als in Nordostasien. Dort gab es nach dem Scheitern sowohl der mongolisch-chinesischen Invasion Japans (1274 und 1281) als auch der japanischen Invasion Koreas (1592-1598) keine Versuche mehr, die grundsätzlich dreigliedrige Struktur zu verändern. Korea behielt einen gewissen Grad an Unabhängigkeit auch als tributpflichtiger Staat. Die Insel Taiwan wurde 1683 dem chinesischen Reich endgültig einverleibt. Unter der Qing(Mandschu)-Dynastie (1644-1911) erreichte das ,Reich der Mitte' seine größte Ausdehnung. Die Herrschaft der Mandschu über die Han-Chinesen und die Eroberung großer Gebiete im Westen und Nordwesten beendete den jahrhundertelangen Kampf zwischen Chinesen und Steppenvölkern. Die drei Staaten Nordostasiens wurden bis ins 19.Jh. militärisch nicht mehr herausgefordert und verwandten ihre Energien auf die innere Stabilisierung und Herrschaftsperfektionierung.

II.9.1 Allgemeine Merkmale

Bezüglich der Entwicklung der frühen Staaten und Reiche Südostasiens treten drei Determinanten hervor: Erstens die Bedeutung, die dem Nassreisanbau in einem größeren, zusammenhängenden Gebiet mit regelmäßigen Überschwemmungen und/oder Bewässerungsmöglichkeiten im Hinblick auf die Bevölkerungsdichte zukam, und zweitens der Einfluss der großen ,Nachbarn' Südostasiens, Indien und China, als Quellen herrschaftsrelevanter religiöser und politischer Diskurse und organisatorischer Praktiken. In vorangegangenen

Abschnitten dieses Kapitels wurde die Bedeutung des regionalen und überregionalen Handels belegt. Der Handel über lange Distanzen wuchs im Zeitraum ab 1400 dramatisch an, und mehrere Häfen Südostasiens entwickelten sich in Konkurrenz miteinander zu zentralen Umschlagsplätzen eines im Verlaufe des 16.Jh. zunehmend globalisierten Warenaustausches. Die Inselwelt Südostasiens wurde in steigendem Masse produktions- und exportorientiert, da die Nachfrage nach Gewürzen, Edelhölzern etc. in Asien und Europa scheinbar unersättlich war. Auf die Festlandstaaten übten die durch Handel erzielbaren Profite einen starken Sog aus, die politischen Zentren verlagerten sich in Richtung Küstennähe. Mit dem Handel nahm auch der Kulturkontakt zu, und technologische Innovationen verbreiteten sich immer schneller, im Falle der Feuerwaffen mit bedeutenden Folgen für die militärische Konkurrenz zwischen den Staaten Südostasiens.

II.9.2 Die Entwicklungen auf dem Festland

Auf dem südostasiatischen Festland gab es Mitte des 14.Jh. noch mehr als zwanzig größere und kleinere politische Formationen, die in wechselnden Tributverhältnissen zueinander standen. Vier Jahrhunderte später gab es noch drei Zentren, nämlich Birma, Siam (Thailand) und Vietnam. Die anderen Staaten und Reiche wurden entweder besetzt und integriert oder standen in festen Tributverhältnissen zu einem der Zentren. Während im 14. und 15. Jh. die Tributzahlungen unregelmäßig und oft symbolischer Natur waren, wurden sie in den kommenden Jahrhunderten zu regelmäßigen Zahlungen, deren Leistung genau überwacht und deren Vernachlässigung größere militärische Strafaktionen zur Folge hatte. Am Ende der Entwicklung sahen sich viele einst unabhängige Staaten zu administrativen Provinzen größerer Reiche degradiert. *Birma* und *Siam* entwickelten sich zu den beiden konkurrierenden Hauptmächten auf dem Festland. Die häufigen Kriege um die kleineren Nachbarstaaten und die Kontrolle von Bevölkerung und Produktion führten zu effizienzsteigernden inneren Reformen, die die weitere Zentralisierung und Bürokratisierung dieser Reiche zur Folge hatten. Es handelt sich dabei um den ‚klassischen' Mechanismus der Staatenkonkurrenz, wie er auch für andere Weltregionen beschrieben worden ist. Für Birma und Thailand kommt Lieberman zum Schluss:

> „Virtually every major structural change in the relation between throne and subordinate elites responded, at the level of conscious policy, to demands of external warfare and/or domestic rebellion. Far from being incremental, the centralization of authority thus had a convulsive quality, with periods of military challenge and/or disintegration followed by intensified, more successful projects of concentration." (Lieberman 1993: 512)

Diese Entwicklung ging einher mit einem Bedeutungszuwachs des Hofes und der Hauptstadt des Reiches. Eine neue, spezifische ‚Hochkultur' als Ergebnis sozialer und kultureller Innovations- und Syntheseprozessen entstand („capital culture"). Werte und Normen, Sprach-, Kleidungs- und Wohnstile etc. wurden zunehmend in der Hauptstadt geprägt und fanden ihren Niederschlag in den Provinzstädten und -dörfer. Auch religiöse Praktiken kamen unter stärkere Kontrolle durch die Institutionen der Hauptstadt. Im 14. und noch im 15. Jh. waren dies stark lokal geprägte, ungefestigte Syntheseformen aus neuen und alten

Hochreligionen sowie traditionellen animistischen Praktiken.[90] Im Verlauf der Periode kann eine wachsende Vereinheitlichung, Reglementierung und Literarisierung von Religion auf dem südostasiatischen Festland festgestellt werden. Mahayana-buddhistische Anschauungen, hinduistische und animistische Praktiken wurden zwar nicht vollständig, aber doch weitgehend durch den Theravada-Buddhismus verdrängt. Der vietnamesische Staat wiederum erlebte im 15./16.Jh. mit der Verbreitung des Neokonfuzianismus und der intensivierten Konkurrenz zwischen verschiedenen Dynastien einen Entwicklungsschub. Nach der definitiven Unterwerfung Champas begann Vietnam, nach chinesischem Vorbild ein regionales Tributsystem einzurichten.

Für Birma, Siam und Vietnam kann somit von erfolgreicher *Staats- und Reichsbildung* sowie von *kultureller Homogenisierung* gesprochen werden. Letzteres gilt zumindest für die Kernregionen der Reiche; nur wenig berührt von diesen Prozessen wurden die Bewohner der Bergregionen. Die Erinnerung an frühere Unabhängigkeit und Eigenstaatlichkeit führte, v.a. dort, wo soziale und religiöse Identitäten distinkt blieben wie im moslemischen Süden Thailands oder bei den Mon Birmas, immer wieder zu Rebellionen, die aber angesichts der Ressourcen und Machtentwicklung der Zentrale erfolglos blieben. In denjenigen Gegenden des südostasiatischen Festlandes, in denen die Stabilität politischer Herrschaft gewährleistet blieb und die von Kriegszügen verschont blieben, entwickelte sich die Bevölkerung rasch, begünstigt durch die großen Reserven fruchtbaren Landes und die Einwanderung aus den Bergregionen. Zwischen 1400 und 1830 dürfte sich die Bevölkerung des Irrawaddy-Tales (Birma) nahezu verdoppelt haben, ebenso in Vietnam; mit ca. 60% lag die Wachstumsrate der Bevölkerung Siams niedriger (Lieberman 1993: 500). Zu den staatlichen Maßnahmen gehörten der Deichbau und andere Maßnahmen zur Sicherstellung der Bewässerung sowie die gezielten An- und Umsiedlung von Bauern. Mit dem landwirtschaftlichen Aufschwung ging die Entwicklung der handwerklichen Produktion und regionaler Handelsnetze einher, verbunden mit einer zunehmenden Monetarisierung des Austausches. Letzteres wiederum erleichterte die staatliche Besteuerung.[91] Auch von den großen Bauprojekten des Hofes oder des Militärs dürfte ein Wachstumseffekt ausgegangen sein, zumal sie immer mehr auf Lohn- statt Zwangsarbeit beruhten.

Welche Bedeutung kommt den Faktoren *Handel* und dem damit verbundenen Eindringen europäischer Mächte bei diesen Entwicklungen zu? Die großen Seeexpeditionen der Ming zwischen 1405 und 1433 bewirkten eine Ausdehnung der exportorientierten Produktion und verstärkten die Entwicklung chinesischer Handelsnetzwerke in Südostasien. Trotz phasenweise strenger Reglementierung des chinesischen Außenhandels war die Handelsverflechtung Südostasiens mit China nicht mehr aufzuhalten.[92] Das 16. und 17.Jh. sah zudem eine starke Integration Japans in den regionalen Handel. Ebenfalls bereits vor dem Erscheinen der Europäer etabliert waren moslemische Handelsnetzwerke, die Südostasien mit Indien, Persien und dem Nahen Osten verbanden.

Für die Festlandstaaten Birma, Siam und Vietnam war der Handel von großer Bedeutung. Die Hafenstädte entwickelten sich zu Zentren des Warenaustausches von regionaler und überregionaler Bedeutung. Handelskontore und Faktoreien verschiedener asiatischer und europäischer Länder etablierten sich. Die chinesische Diaspora hatte wichtige Funktio-

---

[90] Dies gilt nicht nur für das Gebiet der indisierten Staaten, sondern auch für Vietnam.

[91] So stieg in Birma der Anteil der in Geld erhobenen Steuern von 21% im 14. und 15. Jh. auf über 40% im 17. und fast 70% um 1800 (Lieberman 1993: 502f).

[92] Vgl. Reid (1999d).

nen, nicht nur für die Handelsverbindungen nach China, sondern auch für die Organisation der offiziellen Tribut- und Handelsmissionen an den kaiserlichen Hof.

Die Hauptstadt des Königreichs Siam am unteren Chaophraya-Fluss, Ayutthaya (ab 1351), lebte in ihrer frühen Periode hauptsächlich von der Anbindung an die Seewege und unterwarf sich die Nachbargebiete erst schrittweise im 15./16. Jh. Laut Baker (2003) glich das frühe Ayutthaya eher einer der unabhängigen Küstenstädte des Archipels als den Nachbarreichen. Dann allerdings klinkte sich Siam erfolgreich in die Staatenkonkurrenz auf dem Festland ein und trug – zusammen mit den vietnamesischen Interventionen im Osten – maßgeblich zum Niedergang des Khmer-Reiches bei. Ayutthaya wurde dann aber selber Opfer einer Besetzung und Plünderung, nämlich durch die Birmanen im Jahr 1767. In der Folge wurde die Hauptstadt verlagert, wieder näher ans Meer, denn durch die jahrhundertelang vom Chaophraya abgelagerten Sedimente hatte sich die Küste ins Meer hinein verschoben. Bangkok (offiziell *Krung Thep Mahanakhon*) wurde 1782 neue Hauptstadt Siams. Der Handel und das Kapital der chinesischen Kaufleute spielten eine bedeutende Rolle im Prozess der Wiedererstarkung Siams im 19. Jh. Die meisten ethnischen Chinesen im heutigen Thailand führen ihre Herkunft auf die südchinesische Provinzen Fujien und Guangdong zurück.

Auch in Birma und Kambodscha verlagerte sich das politische Zentrum in Richtung Küstennähe, während gleichzeitig auf dem Kontinent auch der Binnenlandhandel mit China florierte. Der Handel wurde aktiv gefördert, am ausgeprägtesten in Siam: Gebühren, Gewichte und Masse wurden vereinheitlicht, Räume für Märkte geschaffen, Wasserwege ausgebaut oder gar neu ausgehoben, Edelmetall zur Münzprägung wurde systematisch gefördert oder importiert. In zweierlei Hinsicht kann ein Zusammenhang zwischen dem Handel und der Staats- und Reichsbildung auf dem Festland festgestellt werden: Erstens favorisierte er küstennahe politischen Formationen. Die Staaten im nördlichen Chaophraya-Tal oder Laos, am oberen Mekong, hatten keinen Meerzugang und waren damit immer von Zwischenhandel abhängig. Erfolgreiche Staatsbildung war, zweitens, Voraussetzung dafür, dass der Handel effektiv reguliert werden konnte. Dies bedeutete, mittels Steuern, Monopolbildung und eigenen Handelsexpeditionen den Profit maximieren, aber auch, aufgrund der eigenen politisch-militärischen Stärke diese Autonomie verteidigen und ausländische Mächte gegeneinander ausspielen zu können. Nur unter dieser Voraussetzung war Handel von großem Vorteil für die partizipierenden Staaten, dann allerdings – im Sinne einer positiven Rückkopplung – mit bedeutenden Auswirkungen auf die eigene Position in der Staatenkonkurrenz. Denn nur mit beträchtlichen Ressourcen konnten die jeweils neuesten militärischen Technologien erworben, Festungen nach neuesten Standards und/oder ausländische Söldnerarmeen unterhalten werden.

Die ersten *Feuerwaffen* kamen aus China (und Indien) nach Südostasien. Vietnam gehörte zu den ersten, die die neue Waffentechnologie im späten 14.Jh. von den Chinesen übernahmen und sie erfolgreich im Kampf anwandte. Feuerwaffen dürfte entscheidend zur Unterwerfung des Nachbarstaates Champa und damit zur ‚Neuordnung' des südostasiatischen Kontinents beigetragen haben (Sun 2003). Hauptsächlich aber erlangten Feuerwaffen ihre Wirkung durch europäische Verkäufe, Schenkungen und Söldner, die ihre Wirkung zu maximieren wussten.[93] Schon Mitte des 16.Jh. hatten sie militärische Praktiken revolutioniert, weniger in Feldschlachten als bei der Belagerung von Städten und Festungen. Wie

---

[93] Bezeichnend ist, dass der einzig bekannte Fall einer frühen Übersetzung eines europäischen Textes in Südostasien von der Konstruktion von Feuerwaffen handelt (Reid 1999i: 224).

auch in Japan scheint der Einführung von Feuerwaffen bei der Durchsetzung der politischen Einheit Birmas im 16. Jh. eine entscheidende Bedeutung zugekommen zu sein. Im Verlaufe des 17. und 18. Jh. wurde die Kriegsführung auf dem südostasiatischen Festland so ressourcen- und technologieintensiv, dass nur noch die größten Mächte eine ‚moderne‘ Armee ausstatten konnten.

II.9.3 *Die Entwicklungen im maritimen Südostasien*

Die Entwicklungen in der südostasiatischen Inselwelt nahm einen anderen Gang. Um 1600 gab es zehn größere politische Formationen im maritimen Südostasien. Von Westen her hatte der Islam die älteren buddhistischen und hinduistischen Traditionen zunehmend verdrängt[94], während im Osten die spanische Kolonialmacht auf den Philippinen energisch und relativ erfolgreich die christliche Missionierung betrieb. Ähnlich wie Jahrhunderte zuvor im Falle der indisierten Staaten, war die Verbindung von Handel, neuen religiösen Praktiken (Islam) und politischer Konsolidierung in einer Reihe von Regionen erfolgreich, die im bisherigen System eher peripher waren: auf der malaiischen Halbinsel, auf Sumatra, Borneo und Sulawesi. Lokale und regionale Führer übernahmen die neue Hochreligion nicht nur zur Legitimierung der eigenen Herrschaft, sondern auch, weil sie ihnen ein Kampfmittel gegen die älteren buddhistisch-hinduistischen Staaten der Region, gegen die animistischen Bevölkerungen im Inselinneren und gleichzeitig auch gegen die ab 1511 eindringenden portugiesischen Händler und Missionare in die Hand gab. Des weiteren scheint die positive Einstellung des Islam gegenüber dem Handel und die einfache Verbindung moslemischer Praktiken mit der mobilen Lebensweise eines Großteils der Küstenbevölkerungen positiv wirkende Faktoren gewesen zu sein. In den Gebieten mit älteren Traditionen (Staatlichkeit, Hochreligion) wie Java blieb die Konversion zum Islam, zumindest in den ersten Jahrhunderten, ein eher oberflächlicher Prozess; man könnte eher von einem neuen oder erweiterten Synkretismus sprechen. Allerdings kam es zu einer fortwährenden politisch-militärischen Konkurrenz zwischen konvertierten Hafenstädten[95] an der Nordküste Javas und den Reichen im Landesinneren. Die Basis der neuen Sultanate waren die eher dünn besiedelten Küstengebiete, manchmal eigentlich nur ein prosperierender Hafen, der, an einer Flussmündung gelegen, auch Zugang zum Inselinneren oder Hinterland und seinen Produkten bot.[96] Im Archipel behielt letztlich Bali allein seine buddhistisch-hinduistischen religiösen Traditionen bei. Eine landwirtschaftliche Basis für eine größere Bevölkerung hatte nur Java aufzuweisen. Die anderen Staaten hingen weitgehend von Nahrungsmittelimporten ab.[97]

Das Bevölkerungswachstum Javas lag weit über dem der Nachbarinseln, und um 1600 war die Bevölkerungsdichte die höchste in Südostasien (Reid 1988: 14; 1999a: 119). Damit lag Java fast auf der Höhe Chinas; nur auf der – allerdings viel kleineren – Insel Bali war die Bevölkerungsdichte noch höher. Trotz der vergleichsweise instabilen Staats- und Reichsbildung fand auf Java ein Prozess der kulturellen Homogenisierung statt. Im Ergebnis ist bis heute die Insel mit ihren drei autochthonen Bevölkerungsgruppen der Javaner

[94] Zur Islamisierung Südostasiens siehe insbes. Reid (1993: 132-201; 1999b).

[95] Die Herrscherfamilien dieser Hafenstädte sind in mehreren Fällen aus der Verbindung von moslemischen Chinesen mit einheimischen Frauen hervorgegangen (Watson Andaya/Ishi 1999: 171).

[96] Dies ist als „Sumatra-type polity" beschrieben worden (vgl. Watson Andaya 1999: 95).

[97] Siehe Reid (1988: 21f) für Daten für den innersüdostasiatischen Reishandel im 16. und 17. Jh.

(Bevölkerungsmehrheit, Zentraljava), Sundanesen (Westjava), und Maduresen (Ostjava) viel homogener als die anderen Gebiete Indonesiens: Sumatra, Borneo und Sulawesi weisen je mehr als ein Dutzend ethnische Gruppen auf.[98] Nur die Insel Bali verfügt über einen noch höheren Grad an kultureller Homogenität als Java. In einem bestimmten Sinne kam es allerdings auch zu einer kulturellen Homogenisierung im Archipel. Die sich entwickelnde Handelskultur – basierend auf dem Islam, sprachlich auf dem Malaiischen[99] – erstreckte sich von Sumatra im Westen über die berühmten Gewürzinseln in einem rund 5000 km langen Bogen bis zu den südlichen Inseln der Philippinen. Die involvierten Händler wurden als Malaien identifiziert, auch wenn ihre Vorfahren Javaner oder Chinesen waren. Allerdings war die geographische Struktur der Region ebenso wie die (im Vergleich mit Festland-Südostasien) mobile Lebensweise eines Großteils seiner Bewohner einer einheitlichen Reichsbildung abträglich.

Zunächst hatten die großen chinesischen Seeexpeditionen des 15.Jh. eine Chance für die Wiederetablierung eines malaiischen Handelsreiches geboten. Ein malaiischer Fürst, ursprünglich Vasall von Majapahit, gründete einen neuen Handelsplatz auf der malaiischen Halbinsel, zunächst auf dem Gebiet des heutigen Singapur. Dies war militärisch zu exponiert, so dass eine nordwestliche Verlagerung geboten war. Unter der Protektion der Chinesen ent-wickelte sich *Malakka* rasch zum neuen Zentrum des Ost-West-Handels, und es unterwarf die anderen malaiischen Häfen in der Umgebung. Trotz der chinesischen Interessenverlagerung konnte die Hafenstadt für ein Jahrhundert ihre zentrale Position behaupten. Nach der Eroberung 1511 durch die Portugiesen verlor Malakka allerdings seine überragende Bedeutung, da die moslemischen Händler ihre Tätigkeiten verlagerten. Nach dem Fall Malakkas gab es noch drei Zentren, die von einiger politisch-militärischer Bedeutung waren: Johor, ebenfalls auf der malaiischen Halbinsel, Aceh auf Sumatra und Java. Alle drei konkurrierten im Rahmen des moslemischen Handelsnetzwerkes und führten nicht nur Kriege gegen die Portugiesen, sondern auch gegeneinander. Militärische Innovationen verbreiteten sich schnell, und es gab Ansätze einer den Prozessen auf dem Festland vergleichbaren Staatenkonkurrenz. Obwohl einzelne Sultanate eine beträchtliche Machtentfaltung erreichten, etwa das in engem Austausch mit einer Reihe islamischer Staaten in Westasien stehende Aceh, konnten sie auf die Dauer nicht den Festland-Staaten vergleichbare Ressourcen- und Bevölkerungsgrößen mobilisieren. Die Bevölkerungsgröße von Malakka oder Aceh dürften kaum die 10% derjenigen des oberen Birma oder Nordvietnams ausgemacht haben.[100]

Die größte Bedrohung für diese politischen Formationen waren aber nicht die Portugiesen, sondern die *Niederländer*. Im Verlaufe des 17. Jh. übernahm die niederländische Ostindien-Kompagnie (*Vereenigde Oostindische Compagnie, VOC*) schrittweise die profitabelsten Bereiche des Handels mit Gütern der südostasiatischen Inseln, durch militärische Eroberung, Bündnisbildung mit lokalen und regionalen Fürstentümern und durch die Verdrängung der europäischen Konkurrenz.[101] Die Niederländer machten aus der westjavani-

---

[98] Atlas der Kulturen, Karte Indonesien/Malaysia (Müller et al. 1999).

[99] Die enge Verbindung von malaiischer Kultur und dem Islam widerspiegelt sich in der verbreiteten malaiischen Formulierung *masuk melayu* (wörtlich: „Malaie werden"), die „den Islam annehmen" bedeutet (Watson Andaya/Ishi 1999: 173).

[100] Nach Lieberman (1993: 552).

[101] Zur Geschichte der 1602 gegründeten VOC in Südostasien siehe Furnivall (1944). Einen exzellenten Überblick über die Entwicklung der Stützpunkte (Forts und Handelsposten) der VOC sowie statistisches und Bildmaterial gibt der *Atlas Mutual Heritage* (www.atlasmutualheritage.nl). Interessanterweise war das erste ‚Opfer' niederlän-

schen Hafenstadt Sunda Kelapa 1619 ihre Hauptstadt im Archipel und nannten diese Batavia (heute Jakarta, Hauptstadt Indonesiens).[102] 1680 bestand die Stadtbevölkerung von 90'000 zur Hälfte aus Sklaven, 10% Chinesen, 7% Europäern und 16% *Mardijkers*, freien Bürgern und Nachfahren christianisierter Sklaven (van Goor 1999: 153). Ziel der VOC war es, durch die Schaffung einer Monopolstellung den Handel besonders profitabel zu machen. Die Produktion für den Export erfolgte mittels Sklaven oder unter dem Preisdiktat der VOC. Damit brachten sie innerhalb von wenig mehr als hundert Jahren die wichtigste Quelle des Reichtums im landwirtschaftlich benachteiligten maritimen Südostasien zum Versiegen. Die bisherigen Handelsnetzwerke wurden unterbrochen, mit dem Niedergang vieler Häfenstädte sank der Urbanisierungsgrad, und für eine Reihe von Inseln dominierten die Niederländer jeglichen Außenkontakt. Dazu kam, dass die Niederländer das kommerzielle und produktive Engagement von Chinesen zuungunsten der moslemischen, einheimischen Bevölkerung förderten.[103] In vieler Hinsicht bestand der niederländische Kolonialismus aus einer effektiven Symbiose aus Europäern und Chinesen. Keine Chance gegen die Praktiken der VOC hatten vor allem die privaten Händler, die nicht von Königen und Sultanen betriebenen und somit nicht von politisch-militärischer Macht protegierten Unternehmen. Die VOC verdrängte aber auch die anderen europäischen Mächte: 1641 wurde Malakka erobert, und die Portugiesen wie auch die englische *East India Company* wurden von den Gewürzinseln vertrieben.

Für das maritime Südostasien kann – im Gegensatz zum Norden und dem Festland der Region – somit festgehalten werden, dass der europäische Kolonialismus bereits vor seiner territorial orientierten Phase im 19. Jh. gravierende Auswirkungen auf die endogene Entwicklung hatte. Allerdings kann der Niedergang des ‚goldenen Zeitalters des Handels‘ in Südostasien (15.-17. Jh.) nicht alleine einer europäischen Kolonialmacht – oder mehreren – zugeschrieben werden, auch wenn die Kontroll- und Okkupationspolitik der Niederländer sicherlich der wichtigste Einzelfaktor gewesen ist. Reid (1993) analysiert in seinem umfassenden Werk *Southeast Asia in the Age of Commerce* darüber hinaus mehrere Gründe für den relativen Niedergang im 17. Jh.: interne Barrieren für die Kapitalakkumulation, die politisch-militärischen Konflikte zwischen den Hafenstädten und den Regimen im Landesinneren (v.a. auf Java, aber auch in Birma), fallende Profitmargen, navigatorischer Fortschritt der europäischen und chinesischen Seefahrt, der die Abhängigkeit von südostasiatischen Seefahrern verringerte und dem diese wenig entgegenzusetzen hatten, sowie klimatische Faktoren.[104] Festzuhalten ist auch, dass die Indikatoren für die Festlandstaaten einen

---

discher Militärintervention Banda, das nicht von einem Sultan, sondern – ähnlich wie die Niederlande – von einer Händleroligarchie regiert wurde. Diese politische Struktur erwies sich als relativ unempfänglich für die Versuche der VOC, Monopolverträge durchzusetzen. 1621 wurde Banda erobert, die Ratsmitglieder hingerichtet und der Großteil der Bevölkerung als Sklaven nach Batavia gebracht. „The most ‚republican‘ state in Southeast Asia had become the first victim of the power of the Dutch republic." (Reid 1999i: 226).

[102] Die Namensgebung geht auf den Volksstamm der Bataver zurück, von dem die Niederländer angeblich abstammen.

[103] Ein Anlass für ethnische Konflikte zwischen ‚Einheimischen‘ und Chinesen, die schon für das frühe 18. Jh. belegt sind. In Batavia kam es 1740 zu blutigen Zusammenstössen, in deren Verlauf fast die ganze chinesische Bevölkerung ermordet wurde (van Goor 1999: 153).

[104] Damit einher ging ein Wandel, den Reid unter der Frage des Ursprungs der Armut in Südostasien diskutiert: „...the crisis of the seventeenth century marked a change of direction that was not reversed until another period of crisis in the mid-twentieth century." (p. 329) „The positive interaction between international trade, scriptural religion, and expanding Southeast Asian monarchies was at an end – and with it the age of commerce." (p. 325) „The seventeenth century marked not only a retreat from reliance on the international market but also a greater distrust of external ideas. The absolut hierarchies forged in the crucible of competition for trade, arms, and men

weniger dramatischen Rückgang des Handels anzeigen. Um 1800 vermochte die neue Hauptstadt Siams, Bangkok, sich sogar als Hauptumschlagsplatz für den Indien-China-Handel zu etablieren, zulasten Batavias.

Im Folgenden soll die Entwicklung *Javas* etwas detaillierter analysiert werden. Sie kann aufgrund der ökologisch-geographischen wie historischen Bedingungen am ehesten mit derjenigen der Festlandstaaten verglichen werden. 1527 unterlagen die Streitkräfte des Reiches Majapahit einer Allianz mehrerer moslemischer Küstenstädte. Banten auf Westjava wurde ein politisch-religiöses Zentrum der neuen Lehre, und der Islam breitete sich von dort nach Osten aus. Im 17. Jh. entwickelte sich mit *Mataram* ein neuer Hegemon, dessen Reich Zentraljava, die meisten nördlichen Küstenstädte und bald auch Teile der Nachbarinseln umfasste. Eine Konsolidierung des Reiches gelang allerdings nicht: Die Rebellionen waren trotz drakonischen Strafmassnahmen und Bevölkerungsumsiedlungen zahlreich, und Versuche zur Errichtung einer direkteren administrativen Herrschaft, verbunden mit der Liquidierung zahlreicher Mitglieder der politischen und religiösen Elite der unterworfenen Einheiten, brachten wenig Erfolg. Die zentrale Frage im vorliegenden Zusammenhang ist: Wieso entwickelte sich kein stabiles südostasiatisches Großreich mit dem Zentrum Java? Die Insel hat einiges mit dem Festland Südostasiens gemeinsam: Eignung für Nassreisanbau, hohe Bevölkerungsdichte und eine frühe Staats- und Reichsbildung unter indischem Kultureinfluss. Höhere Bevölkerungsdichte bedeutete größeres militärisches Potential, und die Reisexporte waren im maritimen Südostasien ein wirtschaftlicher Machtfaktor. Die Antwort auf die Frage hängt wohl mit den zentralen *Unterschieden* zusammen. Im Gegensatz zu Birma, Siam und Vietnam war die Bevölkerung Javas nicht durch ein die Kommunikation erleichterndes Fluss- und Kanalnetz verbunden, sondern durch Bergketten und große Sümpfe getrennt und zerfiel somit in mehrere Regionalgruppen. Die Bildung größerer politischer Formationen beruhte immer auf Allianzen, und die Macht des Adels wurde nie durch einen Zentralisierungsschub beseitigt.[105]

Die Konflikte zwischen einzelnen Regionen, insbesondere zwischen den handelsorientierten Küstenstädten und dem landwirtschaftlichen Inselinneren waren ausgeprägter als auf dem Festland. Zwar kann die geographische Struktur (Gesamt-)Vietnams kaum als stärker einheitsfördernd angesehen werden, und auch Vietnam war über längere Perioden von inneren Konflikten erschüttert. Aber im Fall Vietnams kompensierte der die Zentralisierung und Bürokratisierung begünstigende chinesische Kultureinfluss diese Faktoren. Gelang auf Java eine politisch-militärische Vereinigung, so sah sich das expandierende Reich auf den Nachbarinseln mit Ausnahme Balis Sultanaten mit der oben beschriebenen Struktur gegenüber. Diese waren zwar militärisch überwindbar, der wirtschaftliche Vorteil aber war – über die unmittelbare Beute hinaus und abgesehen davon, dass ein konkurrierender Handelsplatz ausgeschaltet worden war – gering. Ein Teil der Händler und der Bevölkerung entzog sich der Kontrolle aufgrund der hohen Mobilität, und es kam nicht zu einer kulturellen Assimilation. Eine systematische Politik der Kontrolle über die Produktion exportfähiger Güter und der zentralen Handelsrouten, vergleichbar mit der Strategie der VOC, scheint nicht

---

resorted increasingly to symbolic assertions of their primacy in areas where competition was less severe." (Reid 1993: 328; vgl Reid 1999i). Von Historikern, die sich mit den Entwicklungen auf dem südostasiatischen Festland befassen, ist Reid wegen seines ‚Inselbias' kritisiert worden; tatsächlich treffe die verallgemeinernde Analyse Reids vor allem auf das Gebiet des heutigen Indonesiens und Malaysias zu (Lieberman 1993, 1995).

[105] Vgl. Hall 1999b: 205f); Wissemann (1986: 85): „Java's aristocracy was too strong, and its royalty too weak, its villages too hierarchical and its regions too well integrated, its economy too sophisticated but too decentralized, its religion too unfocused, and its history too linear for any of its states to qualify as an ‚Oriental Despotism'."

verfolgt worden zu sein. Ein weiterer Unterschied ist die Intervention europäischer Mächte. Während sich auf dem Festland die Interessen der Europäer auf die vorteilhafte Beteiligung am internationalen Handel begrenzten (und die militärische Kapazität der Festlandstaaten die Verfolgung weitergehender Interessen wohl vereitelt hätte), sah sich Java durch die Besetzung einer handelsrelevanten Insel nach der anderen durch die Niederländer wirtschaftlich zunehmend eingekapselt. Die Niederländer hielten sich zwar zurück, was die Übernahme politischer Kontrolle betraf; ihr wachsender ökonomischer Einfluss unterminierte allerdings die Position der lokalen und regionalen Potentaten. Die VOC etablierte im Rahmen ihrer Gesamtstrategie auch Stützpunkte auf Java selber, übernahm dann die Kontrolle über die nordjavanischen Küstenstädte, wurde zunehmend involviert in die innerjavanischen politisch-dynastischen Auseinandersetzungen, in deren Verlauf sie Mataram resp. dessen Fragmente zu abhängigen Staaten machte.

Entsprechend der Handelskonkurrenz zwischen dem islamischen Netzwerk und den europäischen Mächten dominierte in der südostasiatischen Inselwelt die *ideologische Rivalität* zwischen Christentum und Islam. Beide Seiten mobilisierten im Falle direkter Auseinandersetzungen religiöse Argumente, die die Konflikte in Europa und dem Mittelmeerraum widerspiegelten. Es kam aber nie zu erfolgreicher Bündnisbildung entlang dieser Linie, weil beide ,Seiten' wiederum gespalten waren, was die jeweiligen konkreten Interessen und –sphären betraf und auch ,untereinander' regelmäßig Kriege führten. Eine eigentliche ,Missionskonkurrenz' gab es im östlichen, nicht-indisierten Teil der Inselwelt. Die lokalen und regionalen Herrscher über animistische Bevölkerungen ließen sich in ihren Entscheiden vor allem von den Aussichten auf Handelsprofite und auf militärische Unterstützung gegen traditionelle Feinde leiten und waren auch zur Wiedererwägung bereit, wenn sich ein überzeugendes Angebot unterbreitet wurde.

Die Inselgruppe, die heute die *Philippinen* ausmacht, war Schauplatz intensiver politisch-militärischer und ideologischer Konkurrenz. Vor allem vom Sultanat Brunei aus hatte der Islam bereits im 16. Jh. auf mehreren Inseln Fuß gefasst. Als die Spanier von Amerika aus im 16. Jh. die Inseln erreichten, kamen sie zur Einschätzung, dass ohne Gegenmaßnahmen die Islamisierung bald die ganze Inselgruppe erfassen würde. Kolonisierungsprojekte wurden mittels staatlicher Monopole finanziert, von denen besonders das Tabakmonopol lukrativ war. Durch die starke Besteuerung produktiver und kommerzieller Tätigkeiten wie der Textilproduktion, der Goldgewinnung und des internationalen Handels wurden viele Einheimische bereits im 16. Jh. in die Landwirtschaft zurückgedrängt (Reid 1999i: 225). Administrative und demographische Hindernisse verhinderten größeres spanisches Engagement in der Landwirtschaft. Die Spanier konzentrierten sich für 200 Jahre auf den Amerika-China-Handel, in dessen Rahmen amerikanisches Silber gegen chinesische Seide gehandelt wurde, und vernachlässigten die inneren Gebiete. Die landwirtschaftliche Entwicklung kam deshalb stärker als in anderen Kolonialgebieten nicht-dominanten Bevölkerungsgruppen zugute, allen voran den chinesisch-philippinischen *Mestizos*. Erst 1750, mit dem Niedergang dieses Handels, unternahm die Kolonialmacht Versuche zur Einführung von Produktionsmodellen nach niederländischem Vorbild. Deutlich stärker als in anderen Gebieten Südostasiens war hingegen der kulturell-religiöse Einfluss der Kolonialmacht auf den Philippinen, da die Missionierung umfassender und erfolgreicher verlief. Die Spanier stießen vor allem auf tribale Gesellschaften mit animistischen religiösen Praktiken, deren politische Führer sich kooptieren ließen, und auf relativ wenig Widerstand gegen die Missionierung. Katholische Lehre, spanischer kultureller Einfluss und transformierte Elemente älterer religiöser Praktiken formierten sich zu einer neuen spezifischen Identität. Je weiter sie nach Süden stießen, desto größer wurde der Widerstand gegen die Spanier, der sich zudem aus dem Gegensatz Islam-Christentum auflud. Im Effekt blieben Mindanao und Sulu immer außerhalb des konsolidierten Herrschaftsbereiches der Spanier; erst spätere US-amerikanische Truppen brachen den militärischen Widerstand.

II.9.4 Ergebnis: Die Staaten und Reiche im Süden um 1800

Es kann also festgehalten werden, dass im Süden Ostasiens mehrere politische Formationen eine recht hoch entwickelte Stufe von Staatlichkeit erreichten und diese weiter trieben in einer „unaufhörlichen Schraubenbewegung" mit „wachsender Konkurrenzspannung" (Elias). Um 1800 existierten auf dem *Festland* faktisch noch drei konsolidierte, souveräne Reiche: Birma, Siam und Vietnam. Einheimische Eliten übten die politische Herrschaft mittels traditionaler Legitimation aus. Kulturelle Integration war ein laufender Prozess. Königliche Steuern und Monopole und andere staatliche Regulierungen finanzierten Hof, Verwaltung und Armee. Die große Mehrheit der Bevölkerungen lebte um 1800 außerhalb der Städte. Die Dörfer in den Ebenen waren deutlich stärker mit den politischen Zentren verbunden als diejenigen in Berg- oder Waldgebieten. Nur in Nordvietnam waren die bäuerlichen ‚Gemeinden' Institutionen mit einer gewissen Kohäsion und festen Grenzen. Subsistenzproduktion dominierte im Hinterland, und der Austausch von Ware gegen Ware war in vielen Gebieten noch häufiger als der geldvermittelte. Die militärischen Mobilisierungsmöglichkeiten dieser drei Staaten und der Import westlicher Technologie (Waffen, Söldner, Berater) schreckten über längere Zeit potenzielle Invasoren ab. Diese drei Formationen haben den jahrhundertelangen Prozess der Staatenkonkurrenz überlebt, und von ihnen lässt sich eine Entwicklungslinie zu den modernen Nationalstaaten Ostasiens ziehen.

Lieberman schreibt zusammenfassend:

> „Because they retained military control, they defined the terms of cooperation with essentially atomized and compliant alien traders to suit their own needs. They thus draw very substantial, indeed rapidly expanding profits from overseas shipping ventures, monopolies, and tax farms, all of which (...) contributed to the sustained vitality of the mainland empires. With local rulers in unchallenged control, Ava [Hauptstadt Birmas, PZ], Bangkok, Saigon and Hue, despite sizable populations of Chinese or other aliens, remained vital centers for their hinterlands. By the same token, in Thailand, Burma, and (to a lesser extent, perhaps) Vietnam, the prestige and practical rewards of associating with indigenous culture encouraged continued assimilation among Chinese, Indians, and other alien Asian residents." (Lieberman 1993: 561).

1824 erreichte das birmanische Reich seine maximale Ausdehnung, das siamesische um 1846. Erst die Interventionen europäischer Mächte (erster englisch-birmanischer Krieg, 1824-26) drohte, den konsolidierten Zustand dieser Entwicklung zu zerstören.

Die Entwicklungsstufe dieser Staaten darf nicht überschätzt werden. Im Vergleich mit China, Japan oder auch Frankreich waren Birma und Siam um 1800 außerordentlich dezentralisiert, und der Grad kultureller Homogenität vergleichsweise tief. Wie Elson (1999: 127f) bemerkt, ist für die politischen Formationen Südostasiens um 1800 ‚Staat'

„a rather grandiose title for what is essentially a knotting together of the leading ends of strands of vertically-shaped personal relationships. The institutions of state and governance were informal, personal, malleable and negotiable, and always prey to contestation from courtly aristocrats or local potentats. Accordingly, administrative control was characteristically weak, diffuse, irregular, and decentralized; effective power outside the core of the state was usually the preserve of territorial chiefs or quasi-autonomous tributaries."

Winzeler (1976) bezweifelt die Nachhaltigkeit der Reichsbildung auf dem Festland:

„The greater Southeast Asian states were militaristic and expansionistic, but no true large empires were created. Formal submission and tribute were demanded and received from peoples at considerable distances from power centers, but not even the largest and most powerful were effectively integrated beyond the ethnic boundaries of the ruling group. In contrast to the case of the Chinese's long-term incorporation of the Vietnamese and other foreign ethnic groups, the peoples conquered by Southeast Asian states did not stay conquered, except to the degree that their central political apparatus was destroyed and their population reduced, scattered or absorbed. Moreover, even effective integration to the limits of the ruling group was seldom achieved or preserved much beyond the life-span of a ruler." (Winzeler 1976: 624)

Ein anderer Fall ist das sinisierte Vietnam, wo das chinesische Staatsmodell und der Neokonfuzianismus einen bedeutenden Einfluss hatten. Bis weit ins 19. Jh. blieb Vietnam Teil der sinozentrischen ‚Weltordnung‘, sandte Tributmissionen (gefragt waren vor allem Elephanten-Stoßzähne, Rhinozeroshörner, Zimt, Seide und Edelmetall) und ließ sich die Thronfolge von China bestätigen.[106] In den meisten Angelegenheiten folgte man dem sich weiter entwickelnden chinesischen Vorbild, beispielsweise beim Beamten-Prüfungssystem, das die Entlöhnung der Beamten definierte. Auch als Frankreich immer größeren Einfluss erlangte und die Überlegenheit westlicher Technologien deutlich wurde, hielt Vietnam lange an der Vorstellung fest von China als der größten Macht der Welt und den Europäern als den neuen ‚barbarischen Fremdherrschern‘.[107]

Im *maritimen Süden* hatte westlicher Kolonialismus bereits vor 1800 tief greifenden Einfluss auf die Entwicklung genommen. Im Ergebnis übte die VOC zwar nicht eine umfassende territoriale Kontrolle über die Inselwelt des heutigen Indonesien aus, aber ihr Produktions- und Handelsregime hatte die lokalen Produzenten in eine abhängige Position gebracht und die einheimischen Händler ausgeschaltet. Mit dem wachsenden politischen Einfluss auf die javanischen ‚Kernlande‘ unterbanden die Niederländer allfällige Versuche erneuter Reichsbildung. Im Archipel sind keine fortgesetzte Prozesse der Staats- und Reichsbildung verbunden mit kultureller Homogenisierung mehr festzustellen, und (noch) bestehende politische Formationen stagnierten oder erodierten.[108] Es waren mehrere Faktoren, deren Zusammenwirken im maritimen Südostasien einen Prozess verhinderten, wie er auf dem Festland stattfand: die ökologische Benachteiligung landwirtschaftlicher Produkti-

---

[106] Vgl. Lam (1968), Chapuis (1995: 182).

[107] Vgl. Chapuis (1995: 183): „Although he [Kaiser Gia Long, reg. 1802-1819; PZ] owed his thone to the French, he chose the Chinese as his masters, so compelling were the Confucian bonds to which Vietnam had for centuries submitted. Despite the evidence of Western technological superiority, the Viets remained entrenched in the idea that China was the most powerful nation on earth and that Westerners were no better than the Mongolian barbarians."

[108] Vgl. Lieberman (1993: 571): „... in no significant Muslim area do we see the centuries-long movement towards territorial-cum-cultural integration characteristic of the mainland. On the contrary, between c. 1650 and 1830 political devolution was the norm among indigenous states, even in the Western archipelago." Er vergleicht die Entwicklungen im maritimen Südostasien mit denjenigen in Indien und sieht „strukturelle Analogien".

on auf vielen Inseln, die geographische Struktur, traditionell instabile Reichsbildungen mit geringer kultureller Synthesekraft, und schließlich das Eindringen externer Mächte, die zunächst den Handel, dann die Produktion und zunehmend ganze Territorien kontrollierten.

Die große Mehrheit der Bevölkerung Südostasiens um 1800 kann nicht als arm bezeichnet werden, im Vergleich mit anderen Teilen der Welt oder mit den Lebensbedingungen des 20. Jh. Niederländische Quellen des frühen 19.Jh. stellten fest, dass es den javanischen Bauern besser ging als den Armen im kolonialen Mutterland (Reid 1999i: 230). *Handel* war im Süden Quelle von Reichtum, aus der direkten Beteiligung am Güteraustausch (Ausstattung von Schiffen etc.) und aus Protektion, der Bereitstellung und Sicherung von ‚Marktplätzen‘ und Handelsrouten. Gewinn wurde dann aus den Abgaben und Steuern sowie aus der Bevorteilung der eigenen Verkaufs-/Kaufposition gezogen. Dies ermöglichte Großhändlern und Potentaten die Anhäufung von Reichtum in Form von Gütern und Edelmetallen. Allerdings war Reichtum aus Handel – wie auch heute noch – eine prekäre Sache, da mit großen Risiken und viel Konkurrenz verbunden. Präferenzen und die Handelspolitiken in den Abnehmerregionen konnten sich ändern, Handelsrouten konnten sich verlagern, ‚Marktplätze‘ an Anziehungskraft verlieren. Beendet hat das ‚Goldene Zeitalter‘ des Handels in Südostasien dann aber politischer Zwang, kombiniert mit militärischer Gewalt. Wie in der Geschichte Europas waren kleine Handelsstaaten gegenüber den sich entwickelnden Territorialstaaten langfristig in einer benachteiligten Situation. Das Kontroll- und Monopolsystem der VOC beruhte letztendlich auf militärischer Überlegenheit gegenüber den ‚Staaten‘ der lokalen Produzenten und Händler. Der lukrative Fernhandel wurde somit entweder von Europäern übernommen, oder er verlagerte sich zu den Handelsplätzen größerer Staaten, die ihn auch effektiv vor militärischen Zugriffen schützen konnten. Im Ergebnis gab es im Archipel immer weniger eigentliche Vermögen außerhalb der politisch abhängigen ‚Höfe‘ und jenseits der Unternehmer ethnisch-chinesischer Abstammung.

Die Territorialstaaten Festland-Südostasiens profitierten vom Verdrängungskampf in der Inselwelt. Mit Ausnahme von Vietnam gaben sie dem Handel als Einnahmequelle eine bevorzugte Position. Es handelte sich aber keineswegs um Gewinne aus ‚freien‘ Marktprozessen. Vielmehr stellten komplizierte Abgabensysteme, Handelstermine, -konditionen und -monopole sicher, dass die politische Zentrale profitierte. Und da ein bedeutender Teil dieser Einnahmen in den aufgrund der intensiven Staatenkonkurrenz notwendigen Einkauf von Militärtechnologie ging, war dies – zumindest bis 1800 – von den westlichen Mächten auch nicht zu ändern.

II.10 Machtsicherung durch Kontrolle der Außenbeziehungen: Die Politik der „Abschließung"

> „Wir haben nichts und wir brauchen nichts. Bitte gehen Sie weg." (die Antwort Koreas gegenüber westlichen Ausländern vor der erzwungenen „Öffnung" des Landes)[109]

---

[109] Nach Cumings (2005: 87f).

Aus den vorangegangenen Abschnitten wurde deutlich, dass die Fähigkeit zur Kontrolle der Außenbeziehungen ein Schlüsselelement für die Entwicklung und Behauptung von (Eigen-) Staatlichkeit ist. Aus den Entwicklungen im Süden Ostasiens kann geschlossen werden, dass die reiche Ressourcenausstattung eines Territoriums nur dann ein Vorteil ist, wenn deren Nutzung kontrolliert sowie sicher gestellt werden kann, dass die Erträge daraus dem Gebiet erhalten bleiben. Ein positiver Entwicklungsprozess kommt dann in Gang, wenn diese in politisch-wirtschaftliche Projekte fließen, die die ‚Produktivität' dieser Einnahmequellen sichern und verbessern sowie deren Kontrolle auch langfristig sichern. Jahrhundertelang war die innerostasiatische Staaten- und Häfenkonkurrenz die entscheidende Determinante und die Europäer darin nur ein Faktor unter vielen. Die größeren Staaten vermochten sich alle, nach einer Phase weitgehender Offenheit, von dem sich rasch ausbreitenden westlichen Einfluss wieder zu befreien und diesen in von ihnen bestimmte Kanäle zu lenken (so z.B. Siam in den 1680er Jahren). Die ‚Schleusen' dieser Kanäle, um im Bild zu bleiben, ermöglichten die Regulierung von ‚Durchfluss' und ‚Pegelstand'. Nicht Abschottung war das Ziel, sondern Kontrolle des Austausches und Vermeidung unerwünschter gesellschaftlicher Nebenfolgen.

Die Europäer, in Unkenntnis des realen wirtschaftlichen Verflechtungsgrades der Region, bezeichneten einige Länder aufgrund ihrer strikten Kontrolle der Außenwirtschaftsbeziehungen und dem geringen Entgegenkommen gegenüber den Handelsbegehren der westliche Mächte als ‚abgeschlossen'. Aus westlicher Perspektive wurde die Geringschätzung des Außenhandels als Zeichen eines Zivilisierungsdefizits gewertet (Osterhammel 1989: 29).

Es gibt große Probleme in der Begrifflichkeit. Auch in wissenschaftlichen Werken wird die Begriffsbildung nicht hinterfragt, und es wird verbreitet von „Abschließung", „Abkapselung", (Selbst-)Isolation oder Isolationismus und offizieller „Fremdenfeindlichkeit" gesprochen, in Englisch üblicherweise von („self-imposed") „seclusion". Für Choson-Korea war und ist die Bezeichnung „Einsiedler-Königreich" (engl. *Hermit Kingdom*) populär (vgl. Han 1970: 350). Damit verbunden wird dann von der ‚Öffnung' dieser Länder im 19.Jh. durch die westlichen Mächte gesprochen. Vor dem Hintergrund der hier vertretenen These einer seit den frühen Jahrhunderten der westlichen Zeitrechnung zunehmenden Integration Ostasiens erscheint diese Begriffsbildung fragwürdig. Betrieben China, Japan und Korea tatsächlich eine Politik der Abschließung und der Selbstisolation? In diesem Abschnitt sollen einige Evidenzen bezüglich der nordostasiatischen Länder präsentiert und diskutiert werden.

II.10.2 Die „Abschließung" Chinas

Hintergrund ist das sinozentrische Tribut-Handel-System, das den wirtschaftlichen Austausch in klar definierte Kanäle leitete und von den am Handel mit China interessierten Akteuren die Einhaltung bestimmter Formen verlangte. Nun war, wie gezeigt, China in den 1000 Jahren vor 1840 keineswegs immer in der Lage, das System nach eigenen Regeln zu bestimmen. Typischerweise waren die frühen Jahre einer neuen Dynastie, in denen die Sicherheits- und Kontrollbedürfnisse die allgemeine Politik bestimmten, die Phasen, in denen China am wenigsten freie außenwirtschaftlichen Aktivitäten zuließ. Dies war im

Regelfall eine Kombination aus strikt implementiertem Tribut-Handel-System, der Nicht-zulassung privaten Handels und damit verbunden einem Verbot von Auslandreisen.[110] So erließ der erste Ming-Kaiser Hung-wu (reg. 1368-1398) zu Beginn seiner Herrschaft mehrfach Dekrete, die Chinesen Überseefahrten aus privaten Gründen untersagten. Ursprünglich geschah dies aus Sicherheitsgründen, als die neue Dynastie noch seegestützte Rebellen bekämpfte. Immer stärker wurden dann jedoch Bemühungen um eine totale Kontrolle der Außenbeziehungen und eine auf dem Konfuzianismus beruhende normative Priorisierung von Landwirtschaft gegenüber Handel. Politische Priorität hatte die Mobilisierung von Ressourcen zur Bekämpfung der wieder erstarkten Mongolen im Norden; die Große Mauer verdankt ihren Ausbau und heutige Gestalt dem 15./16.Jh. Die erste Hälfte der Ming-Herrschaft ist gekennzeichnet durch eine Blüte des Tribut-Handel-Systems, im Anschluss an die großen See-Expeditionen des frühen 15. Jh.

Maddison (2001: 117) meint: „China turned its back on the world economy in the early fifteenth century", und Fairbank/Goldman (1998) beurteilen dies wie folgt:

> „The tribute system reached its high point under the Ming as a form of defense connoting not power but weakness. In short, anticommercialism and xenophobia won out, and China retired from the world scene. (...) The contradiction between Ming China's superior capacity for maritime expansion and conservative Neo-Confucian throttling of it suggests that Ming China almost purposely missed the boat of modern technological and economic development." (Fairbank/Goldman 1998: 13).

Solche normativen und spekulativen Aussagen sind kaum aufrechtzuerhalten. Ein Ergebnis der See-Expeditionen für die Ming-Kaiser war, dass es keine den chinesischen überlegene Organisationsformen und Technologien auf der ‚Welt' gab, und nur sehr wenig Produkte, die China brauchte und nicht selber erzeugen konnte. Die Aufrechterhaltung der größten Flotte der damaligen Welt war kostspielig, während die eigentlich tödliche Bedrohung Chinas aus der nördlichen Steppe kam. Aus merkantilistischen Überlegungen wurden die Untertanen angehalten, „ausländische Gewürze und ausländische Güter" zu meiden (Dekret von 1394)[111]. Die aktive Wiederherstellung des Tribut-Handel-Systems kann wohl kaum als ein Zeichen von Xenophobie gewertet werden. Kaiser Yung-lo, der oberste Befehlshaber über die Flotten der großen See-Expeditionen, galt geradezu als „Fan" des Südens. Das Urteil von Fairbank/Goldman (1998) muss wohl vor dem Hintergrund heutiger Debatten um ‚Freihandel' gesehen werden. Jedenfalls ließ sich die Expansion auch des privaten Handels auch in der frühen Ming-Periode nicht verhindern.[112] 1567, nach rund zweihundert Jahren, hob die Ming-Regierung diese Beschränkungen des Außenhandels auf; direkter Handel mit Japan wurde aber nach wie vor nicht zugelassen. Das Ming-Reich zu dieser Zeit war schwach, die Regierungsführung litt unter Korruption und Fragmentierung, und Aufstände waren zahlreich. Das Tribut-Handel-System diente nach Huang (1988: 558) nach wie vor gut seinem Zweck, aber die Modalitäten wurden jetzt nicht mehr einseitig von den Chinesen diktiert, sondern konnten jetzt mit ihnen ausgehandelt werden. In der Provinz

---

[110] Vgl. Kawazoe (1990: 432) „The tribute system and the ban on overseas travel represented a unified internal-external relationship, and together they exerted a great influence on East Asian international relations."
[111] Nach Langlois (1988: 168).
[112] Elisonas (1991a: 237f); Kerr/Wood (2004: 718) erwähnen, dass unter dem Verbot des Außenhandels der illegale Handel mit chinesischem Porzellan florierte. Ein großes Volumen des rein wirtschaftlich motivierten Handels wurde zudem unter dem Deckmantel ‚Tribut-Handel' abgewickelt.

Fujian, in der der illegale Außenhandel und die Piraterie besonders blühte, wurde ein Hafen in der Nähe von Xiamen (Amoy) offiziell geöffnet. Emigration wurde gefördert, was v.a. die Diaspora der Fujian-Chinesen förderte (ebd.: 559).

1513 und 1521/22 hatte China die Anfragen nach der Zulassung von Handelsstützpunkten noch zurückgewiesen. Erst 1557 bekamen die Portugiesen die Möglichkeit, auf *Macao*, einer Insel in der Mündung des Perlflusses im Süden Chinas, einen solchen einzurichten; von dort aus entwickelte sich auch der Handel mit Japan. Portugiesische Händler kauften in China Seide an, um sie in Japan gegen Silber, dessen Wert in China höher, zu verkaufen. Macao bildete so ein wichtiges Zwischenglied im regionalen Handel, das für den Silberzufluss nach China von großer Bedeutung war. Der rechtliche Status der kleinen Kolonie wurde nie genau festgelegt; Spence (1995: 35) spricht vom „stillschweigenden Einverständnis der Chinesen". Die Portugiesen bezahlten ‚Miete' für die Insel, und chinesische Behörden erhoben Import- und Export-Zölle, wobei die Portugiesen in den Genuss eines Präferenztarifs kamen. 1574 wurde eine Mauer gebaut, um das Gebiet der Ausländer einzugrenzen und die Kontrolle zu verstärken. Innerhalb der Kolonie konnten sich die Portugiesen weitgehend selbst verwalten. Macao wurde auch ein Zentrum der Jesuiten, die von dort aus aktiv missionierten. Gegen 1600 wurden erfolgreiche Kommunikationskanäle in die Hauptstadt und sogar an den Hof eingerichtet, und mit Matteo Ricci erreichte der jesuitische Einfluss in China seinen Höhepunkt. Es ist schwer zu bestimmen, ob die gebildeten Chinesen mehr an westlicher Wissenschaft oder an Religion interessiert waren, Ricci verknüpfte dies geschickt in missionarischer Absicht. Er beklagte sich aber darüber, dass Chinesen der Oberschicht nur auf persönliche Erleuchtung und nicht auf Glauben orientiert seien, während die einfachen Leute abergläubische Götzenverehrer blieben.[113] Die Kolonie Macao blieb Zeit ihrer Existenz angewiesen auf Nachschub aus dem Umland (insbesondere Lebensmittel), der jederzeit unterbrochen werden konnte. 1578 wurde den Macao-Portugiesen erlaubt, Handel in Guangzhou zu betreiben. Guangzhou war immer wieder mal geöffnet und geschlossen worden; dahinter standen v.a. Bemühungen um gesellschaftliche Stabilität und die Durchsetzung von Recht und Ordnung. Nun hatte die Provinzverwaltung ein ausgeklügeltes System zur Abwicklung des Außenhandels entwickelt. Ausländer durften nur in designierten Gebieten wohnen und nur mit bestimmten Kaufleuten zu bestimmten Zeiten im Jahr Handel treiben. Wer sich nicht an die Regeln hielt, erhielt keinen Zugang zu notwendigen Gütern und Dienstleistungen. Dies war der Ursprung des ‚Kanton-Systems'[114], mit dem die Europäer und Amerikaner im 18. und frühen 19 Jh. ihre Schwierigkeiten hatten. Der direkte Kontakt zur Regelung des wirtschaftlichen Austausches fand lange nur mittels intermediärer Körperschaften statt: auf chinesischer Seite einer bestimmten Gruppe von Kaufleuten, die dem Leiter der maritimen Zollbehörde verantwortlich waren, und auf westlicher Seite im Allgemeinen große Handelsgesellschaften.

Die Spätphase der Ming-Herrschaft brachte zunehmenden Kontrollverlust der Zentrale über die Außenbeziehungen, und der chinesische Einfluss in der Region nahm rapide ab. Zwar führten noch 1594 der Gouverneur der Provinz Yunnan – wo die Sinisierung weiter fortschritt – zusammen mit Siam einen Angriff auf Birma, aber der Ausgang der gleichzeitigen Bürgerkriege in Vietnam wurde ohne relevante chinesische Einflussnahme entschieden. Ming-Truppen intervenierten in den 1590er Jahren in Korea, bekämpften zusammen mit ihren Vasallen die Japaner und hinderten diese erfolgreich daran, Teile des Festlandes

---

[113] Nach Huang (1988: 562f).

[114] ‚Kanton' ist eine alte Romanisierung des chinesischen Guangzhou.

zu inkorporieren. Die Kosten dieser Kampagnen trugen entscheidend zur Zerrüttung der Finanzen des späten Ming-Reiches bei. Auf den Philippinen trieben die Spanier gleichzeitig die Kolonisierung voran. Bereits 1570 waren die Chinesen in Manila unter spanische Kontrolle geraten. Ein Versuch einer großen Gruppe chinesischer Piraten, auf den Philippinen Fuß zu fassen, wurde von den Spaniern 1575 militärisch beendet, was die mit der Sicherung der Küsten des Reiches beauftragten chinesischen Beamten mit großem Interesse verfolgten. Eine Zeit lang scheint es chinesische Pläne gegeben zu haben, die Spanier als weitere ‚Fremdtruppe' zur Verteidigung des Reiches zu engagieren. Schon bald jedoch gerieten die Interessen der Spanier in Konflikt mit denjenigen der Chinesen, und militärische Scharmützel, Rebellionen der chinesischen Bevölkerung Manilas und anschließende Massaker kamen mehrfach vor. 1603 kulminierte dies in einem regelrechten Vertreibungskrieg der Spanier gegen die Chinesen, der 15-20'000 Opfer v.a. auf chinesischer Seite forderte. Kaiser Wan-li (reg. 1573-1620) unternahm nichts; 1605 bat der Gouverneur von Fujian die Spanier darum, die überlebenden Witwen und Waisen nach China bringen zu dürfen (Huang 1988: 561f). Erfahrungen wie diese verstärkten das Misstrauen der Chinesen gegenüber den Europäern, zumal in den 1620er Jahren eine neue Gruppe von Europäern vor der Küste auftauchte, die chinesische, portugiesische und spanische Schiffe gleichermaßen kaperte. Die niederländische Ostindiengesellschaft (VOC) griff im Juni 1622 Macao an, mit dem Ziel, die Kontrolle über den Handel in der Region zu gewinnen. Nach dem Scheitern des Plans setzten sich die Niederländer auf den Pescadoren fest, einer kleinen Inselgruppe zwischen Taiwan und dem chinesischen Festland, und begannen mit dem Bau von Befestigungen. Nachdem sie einer chinesischen Aufforderung, die Inseln zu verlassen, nicht nachgekommen waren, erzwang 1624 eine große chinesische Flotte den Abzug der Niederländer nach Taiwan. Von dort aus setzten sie die Störungen des maritimen Handels weiter fort, bis eine Gruppe von Ming-Loyalisten 1662 die niederländische Kolonie eroberte. Denn auch nach dem Zusammenbruch des Ming-Reiches 1644 leistete der Süden Chinas („südliche Ming") noch fast zwanzig Jahre Widerstand gegen die Mandschu-Eroberer. Mehrere frühere Ming-Admirale und Piratenführer, von denen viele im illegalen Japan-Handel tätig gewesen waren, errichteten eigene Kleinstaaten an der Küste. Sie suchten den Kontakt mit Japan, um militärische Unterstützung für ihren Kampf zu gewinnen. Diese wurde nicht gewährt,[115] aber sie erhielten finanzielle Unterstützung und Nahrungsmittel aus Japan und die Möglichkeit, im Handel Waffen und militärische Notwendigkeiten wie Salpeter zur Herstellung von Schiesspulver zu erwerben, wofür sie Medizin, Seide, Silber und andere Güter lieferten (Struve 1988: 700).

Die Reichseinigung durch die Qing wurde mit der Eingliederung Taiwans 1683 abgeschlossen. In der Zeit unmittelbar danach der war der maritime Handel aus Sicherheitsgründen untersagt. 1693 wurde dieses Verbot aufgehoben, und Hafenstädte wie Xiamen (Amoy) und Guangzhou begannen wieder zu prosperieren. Die Besteuerung des Seehandels war leicht, und für den Handel mit Taiwan wurden sogar alle Zölle aufgehoben. Der Handel mit Ausländern wurde wiederum – gegen hohe Abgaben – exklusiv bestimmten Händler-

---

[115] Warum die Japaner, die noch 50 Jahre früher auf dem Kontinent Angriffskriege gegen China und Korea führten, diese Gelegenheit für eine Intervention auf dem Kontinent nicht nutzten, ist unklar; es dürfte zu tun haben mit der Einschätzung, dass die gespaltenen Loyalisten-Gruppen wenig Aussicht auf eine Rückeroberung des Reiches hatten, und mit den Erfahrungen der Korea-Invasion, dass die japanische Flotte nicht überlegen war (vgl. Struve 1988: 699ff).

verbänden übertragen. Allerdings mussten sich diese verpflichten, für das Wohlverhalten der Ausländer und die Zahlung der Zölle zu sorgen.[116]

Nachdem die VOC Seeunterstützung für Operationen der Qing-Armee geleistet hatte, drängten die Niederländer auf einen bilateralen Vertrag, der ihnen Zugang zum chinesischen Markt eröffnen würde. Sie boten der neuen Regierung auch an, Macao zu erobern und an die Stelle der Portugiesen zu treten. Diese machte aber klar, dass sie Macao als chinesisches Territorium betrachtete (Wills 1968: 229). Die erste niederländische Gesandtschaft an den Kaiserhof erfolgte wie erwähnt 1655–1657, und die Gesandten erfüllten angeblich die von einer Tributmission erwarteten Zeremonien. Die Niederländer verspielten einen Großteil ihrer Gunst bei den Qing, als sie 1665 Tempel und Klöster auf der Insel P' u-t'o-shan plünderten und damit entweihten. Anscheinend unterschätzten die Niederländer den Grad der Zentralisierung und der Systematik des Regierens im chinesischen Reich, denn sie vermochten keine angemessene Strategie zur Kommunikation mit den chinesischen Behörden zu entwickeln (ebd., 238). Sie handelten noch eine Zeit lang weiter in einem rechtlichen Graubereich, auf den Inseln vor Macao und bei Xiamen (Amoy), wo sie in Konkurrenz traten mit Portugiesen und Engländern, aber auch chinesischen Handelsschiffen aus Südostasien. Die Profite waren gering, und nach der Öffnung des chinesischen Außenhandels 1693 fand der China-Handel vorwiegend in Batavia statt, wo chinesische Schiffe immer häufiger anlegten (ebd., 244). Im 18. Jh. sah sich die VOC auch im weiteren Intra-Ostasien-Handel einer immer stärker werdenden chinesischen Konkurrenz ausgesetzt.

Während im 17./18. Jh. die Portugiesen in Malakka (bis 1641), in Nagasaki (bis 1639) und in Macao, die Spanier in Manila und die Niederländer in Batavia (ab 1619), Malakka (ab 1641) und vorübergehend auf Taiwan Handelsstützpunkte in Ostasien hatten, litten die Aktivitäten der britischen Ostindien-Gesellschaft unter dem Fehlen eines solchen. Die Briten machten 1741 schlechte Erfahrungen in Guangzhou, als eine gegen die Spanier operierende Flotte den dortigen Hafen anlief. Entgegen den Erwartungen wurden sie als nichtverfeindete Macht dort nicht freundlich aufgenommen, sondern gerieten als Vertreter eines ‚nicht-registrierten' Landes in die Tretmühlen der chinesischen Bürokratie, die die Gesandten wochenlang nicht anhörten und den Einkauf von Vorräten und die Schiffsreparaturen angeblich erschwerten. Der Bericht des britischen Kapitäns, der dies als Verstoß gegen ein weltweit geltendes Seerecht interpretierte, wurde in mehrere europäische Sprachen übersetzt und prägte das China-Bild für längere Zeit (Spence 1995: 155). Als die Gesandtschaften westlicher Mächte mit Anfragen und Beschwerden weiter zunahmen, reagierten die Qing-Zentrale mit einer Verschärfung der Kontrollen der Praktiken in den Häfen und erließ neue Regulierungen zur Konzentration des Handels mit westlichen Ausländern auf den Hafen von Guangzhou.

Das ‚Kanton-System', das von 1760-1834 den chinesisch-europäischen Handel regulierte, war Bestandteil des Tribut-Handel-Systems und damit der chinesischen ‚Weltordnung'. Es war Ergebnis der chinesischen Bemühungen um eine strenge Kontrolle des wirtschaftlichen Austausches mit dem Ausland.[117] Die Grundstruktur war die *hierarchischer*

---

[116] Spence (1995: 154); Myers/Wang (2002: 587f).

[117] Vgl. Wakeman (1978: 163): „The system had grown up as an expression of China's traditional effort to achieve stability in foreign relations by permitting a limited trade to those who either presented tribute or were quarantined at entrêpots on the frontier...". Ähnlich war das auf einem Vertrag von 1727 beruhende System mit russischen Händlern in Kjachta (engl. Kiakhta); vgl. dazu Hamashita (2007: 7): „Article 6 of the Kiakhta Treaty, which concerned the exchange of official letters, included a clause which implied ‚equality' between the signatories. The article provided that such letters should be exchanged between the Russian Senate and the Qing Colonial Office.

Unterordnung, und zwar der ausländischen Händler unter den mit einem Handelsmonopol ausgestatteten chinesischen Händlerverband (der so genannte *Cohong*) und des Cohong unter die kaiserliche maritime Zollbehörde. Letztere konnte – wie auch der Provinzgouverneur – dem Cohong Weisungen und Befehle erteilen und dessen Mitglieder ins Gefängnis werfen, wenn diese nicht befolgt wurden. Ausländer durften sich nur während der Handelssaison, also von Oktober bis März, in Guangzhou aufhalten. Kommunikation mit den westlichen Händlern – in erster Linie den Vertretern der britischen Ostindien-Gesellschaft – geschah nie direkt, sondern nur über den Cohong. Die Chinesen setzte in einer Reihe von Fällen durch, dass westliche Straftäter nach chinesischem Recht (d.h. bei Totschlag i.A. mit der Hinrichtung) bestraft wurden, was von den Europäern und US-Amerikanern meist erst unter Androhung der Beendigung aller Handelsaktivitäten akzeptiert wurde. Kam es zu gütlicher Einigung in bestimmten Fällen und zu Strafzahlungen statt regulären Prozessen, geriet die chinesische Regierung intern unter Kritik, korrupt zu sein und gegenüber verbrecherischen Ausländern andere Maßstäbe anzulegen als gegenüber Einheimischen.

Hinter dem ‚Kanton-System‘ standen auch auf chinesischer Seite klare wirtschaftliche Interessen, zumal ein bedeutender Teil der Einnahmen direkt in die ‚Kasse‘ des Kaisers floss (Wakeman 1978: 163). Auf europäischer Seite waren v.a. große Mengen Tee und Seide gefragt. Die Handelsbilanz war deutlich positiv für die Chinesen, und die Europäer mussten dies ausgleichen mit Silber vorwiegend amerikanischen Ursprungs. Ab 1785 beteiligten sich auch US-amerikanische Schiffe am China-Handel. Zunächst lieferten sie Pelze aus Nordamerika, dann Sandelholz aus Fiji und Hawaii, bis auch sie v.a. amerikanisches Silber gegen die begehrten chinesischen Produkte zu handeln begannen (Wakeman 1978: 169). Auf der Suche nach möglichen Produkten, die nach China exportiert werden und die Handelsbilanz zugunsten der Europäer und US-Amerikaner beeinflussen konnten, schälte sich Opium als besonders Erfolg versprechend heraus, zumal die Briten in Indien wichtige Schlafmohn-Anbaugebiete unter ihre Kontrolle bekamen. 1773 wurden rund 1000 Kisten à 60-70 kg nach China eingeführt, 1790 waren es schon mehr als 4000.[118]

Eine britische Mission im Jahr 1793 vermochte das ‚Kanton-System‘ nicht zu ändern. Der britische Gesandte Lord Macartney weigerte sich, vor dem chinesischen Kaiser den Kotau zu vollziehen. Die Briten erhielten eine später berühmt gewordene Antwort des Kaisers, in der festgehalten wurde, dass China nichts benötige und deshalb auch kein Interesse an britischen Erzeugnissen habe, weshalb auch die Einrichtung einer ständigen britischen Botschaft unnütz sei. Vielleicht wichtiger als diese Antwort war die Einschätzung der Bri-

---

Compared with the one-sided nature of the tributary system in which China was clearly dominant, the exchange of letters under the Kiakhta arrangement appears even handed. Yet China did not really view Russia as an equal; after all, the mandate of the Colonial Office was to control the affairs of the Mongols. The treaty also provided for the opening of mutual trade on the frontier in place of trade in the Assembly Hall in Beijing. Although this stipulation seems to imply equality between the two countries, the trade in question was originally conducted as part of the tributary trade. We can also find a good deal of evidence to show that knowledgeable Chinese were merely doing a favour to Russia." Vgl. dazu Osterhammel (1989: 100-105); „Der Pragmatismus und die flexible Staatsklugheit, mit der die chinesische Diplomatie die Gestaltung des Verhältnisses zu Russland betrieb, widerspricht dem Klischee von einem hochmütig, starr und dogmatisch auf den ‚sinozentrischen‘ Leerformen des Tribut-‚Systems‘ beharrenden Qing-Imperium. (...) Das Kjachta-System gründete sich auf eine vertragliche Vereinbarung, die durchaus im Sinne des europäischen Völkerrechts als reziproke Verpflichtung unter Gleichgestellten betrachtet werden kann. (...) Während die Russen in den Karawanen nach Beijing nie etwas anderes sahen als rein kommerzielle Unternehmungen, registrierten die Chinesen sie in ihren Staatsdokumenten als Tributmissionen, ohne sich dadurch verpflichtet zu fühlen, sie auch als solche zu behandeln." (ebd., 103f).

[118] Zahlen für den britischen Opium-Export nach China 1729-1832 bei Spence (1995: 165).

ten, dass es sich beim chinesischen Reich um ein „erstklassiges, aber altes, morsches Kriegsschiff" handelt.[119]

Neben den Konflikten über die Bestrafung von durch Ausländer begangene Verbrechen und die als korrupt und unfähig empfundene chinesische Handelsverwaltung wurde der Opium-Handel die Hauptursache für den britischen Angriff auf China (den so genannte ‚Opium-Krieg') und damit langfristig das Ende des chinesischen Tribut-Handel-Systems.[120] Von 1790 bis 1830 verfünffachte sich die Einfuhr von Opium nach China, und die Regierung registrierte einen Netto-Silber-Abfluss. Vom gesundheitspolitischen Standpunkt unterschied die chinesische Regierung zwischen medizinischen und nicht-medizinischen Verwendungen von Opium und verbot im Jahr 1800 den Anbau und Import und 1813 die so genannten ‚Opium-Höhlen'. Die westlichen Schiffe ankerten darauf illegal vor der Küste, wo sie das Opium an Schmuggler und Schwarzhändler verkauften. Nach der Abschaffung des Handelsmonopols der britischen Ostindien-Gesellschaft 1834 nahmen die Zahl der privaten Handelsschiffe vor der chinesischen Küsten deutlich zu. 1836-1838 beriet die chinesische Regierung intensiv, wie das Opium-Problem zu lösen sei, und der Kaiser entschloss sich für eine Durchsetzung des Verbots mit allen Mitteln. Mitte Mai 1839 waren bereits 1600 Chinesen verhaftet und rund 16'000 kg Opium beschlagnahmt worden.[121] Als die westlichen Kaufleute den Handel nicht einstellten, kam es zum Eklat: Mehrere wurden verhaftet, Schiffe wurden aufgebracht, und 1.4 Mio. kg Opium aufgelöst und ins Meer geleitet. Als Reaktion blockierte die britische Kriegsflotte die wichtigen chinesischen Häfen und besetzten Städte und Stützpunkte an der Küste. 1842 wurde der Vertrag von Nanking geschlossen, der Kriegsentschädigungen an Großbritannien, die Öffnung von fünf Vertragshäfen und die Abschaffung des Handelsmonopols der chinesischen Händlerverbände vorsah. Mit Hongkong erhielten die Briten ihren lange erwünschten Handelsstützpunkt im nördlichen Ostasien, nachdem sie seit dem frühen 19. Jh. mit Singapur einen im Süden der Region besaßen. In einem späteren Zusatzvertrag erlangten sie zudem eine Meistbegünstigungsklausel, und in der Folge schlossen weitere westliche Mächte Verträge mit China, wodurch das Reich seine außenwirtschaftliche Souveränität verlor. Auch die Beschränkungen des Religionsausübung und der christlichen Missionierung wurden aufgehoben.

Handelte es sich dabei um die „Öffnung" eine „abgeschlossenen" Landes? Handelspolitisch kann für das Qing-Reich auch vor 1840 nicht von einer „Abschließung" gesprochen werden, außer man definiert dies als ‚Nicht-Freihandel'. Tab. II.8 gibt einen Überblick über das sinozentrische Tribut-Handel-System im frühen 19.Jh.

Dies waren die regulären Tributmissionen; wie erwähnt kamen dazu Gesandtschaften beim Tode und bei der Einsetzung eines neuen Herrschers, sowohl in China wie im Vasallenland. Weiter zu erwähnen ist der vertragsbasierte Handel mit Russland.[122] Mit den nicht aufgeführten Gegenden Südostasiens fand der Austausch ausschließlich über private chinesische Händler statt; es scheint chinesischerseits kein Interesse mehr bestanden zu haben, das Tributsystem aktiv weiter auszudehnen.[123]

---

[119] Nach Spence (1995: 157).

[120] Osterhammel (1989: 104) sieht in der aggressiven Missionstätigkeit christlicher Missionare einen weiteren Grund für die Instabilität des ‚Kanton-Systems'.

[121] Nach Spence (1995: 189).

[122] Vgl. Fn. 117, S. 89f.

[123] Vgl. Fairbank (1968a: 41): „On balance Peking preferred to let trade continue without tribute on the periphery of the empire, rather than either demand tribute or shut off trade."

Tabelle II.8: Das sinozentrische Tribut-Handel-System 1818

Land	Häufigkeit der Missionen
Korea	Tribut viermal pro Jahr, präsentiert zusammen am Ende des Jahres
Ryukyu	Tribut einmal jedes zweite Jahr
Vietnam	Tribut einmal in zwei Jahren, zusammen zu präsentieren einmal in vier Jahren
Laos	Tribut einmal in zehn Jahren
Siam	Tribut einmal in drei Jahren
Sulu (südl. Philippinen)	Tribut einmal in fünf oder mehr Jahren
Birma	Tribut einmal in zehn Jahren
Niederlande	keine bestimmte Periode mehr; die alte Bestimmung war einmal Tribut in fünf Jahren
„westlicher Ozean" (Portugal, Vatikan, England)	keine bestimmte Periode

Quelle: verändert nach Fairbank (1968a: 11), der dies auf der Basis eines offiziellen chinesischen Verzeichnisses von 1818 erstellte; vgl. auch Osterhammel (1989: 96).

Das Tribut-Handel-System war ein hoch reguliertes, aber kein geschlossenes System. Ausländer hatten die Möglichkeit, beim chinesischen Ritenministerium (*li-pu*) ihr Herkunftsland als „Tributland" eintragen zu lassen und bekamen – bei Einhaltung der dazugehörigen Regeln und Riten – im Gegenzug die Möglichkeit, in einem bestimmten Umfang Handel mit dem Reich zu treiben. Dies belegt die Aufführung der Länder des „westlichen Ozeans" im Verzeichnis von 1818 (Tab. II.8).

Freihändlerisch war China (wie auch die übrigen Staaten Ostasiens) gewiss nicht, denn Handel wurde einer Kontrolle unterzogen, um gewünschte Erträge zu sichern und unerwünschte Nebenwirkungen auf Recht und Ordnung zu vermeiden. Er war zudem nicht Hauptinteresse in der Regelung des Außenbeziehungen des Reiches, sondern (meistens) anderen Zielen untergeordnet. Die Regierung behielt sich „das uneingeschränkte Recht vor, ausländischen Händlern Auflagen zu machen und nicht nur den Ort und die Häufigkeit ihrer Besuche, sondern bis ins kleinste Detail auch den Personalbestand und das Warenangebot zu bestimmen" (Spence 1995: 154). Trotz der normativen Geringschätzung von Handel und einer mangelnden Ausbildung von Spezialisten muss der chinesischen Regierung attestiert werden, dass sie fähig war, eine differenzierte und effektive Handelspolitik zu implementieren.[124]

Auch außenpolitisch kann nicht von „Isolation" gesprochen werden, denn das Reich nahm Einfluss auf die inneren Verhältnisse seiner Nachbarstaaten (z.B. die Intervention in den Kampf zweier Dynastien um die Vorherrschaft in Vietnam in den 1780er Jahren) und war phasenweise äußerst expansionistisch (v.a. im Westen und Südwesten des Reiches). Die Beziehungen zu den ostasiatischen Staaten verliefen auch nach 1842 noch einige Jahre in den Kanälen des Tribut-Handel-Systems. Besonders dynamisch entwickelte sich der Handel mit Siam und Vietnam. Vietnam sandte Tributmissionen 1852 und 1853, während sie in den folgenden Jahren wegen der Wirren in China (Taping-Rebellion) zurückgestellt

---

[124] Vgl. die Schlussfolgerung der Studie der chinesisch-niederländischen Interaktion im 17. Jh. von Wills (1968: 254f): „The Chinese bureaucracy generally showed considerable strength and competence in the boundary-maintenance aspects of foreign relations but far less ability in pursuit of more positive goals because its checks and balances inhibited the making of positive decisions. (...) alliances between foreigners and dissident elements in the provinces were rather effectively prevented (...) a foreign misdeed anywhere (...) would lead to uniform sanction all along the frontiers of the empire".

werden mussten. Noch 1866 suchte der neue König von Rykukyu die Bestätigung seiner Herrschaft durch den chinesischen Kaiser (Ch'en 1968).

II.10.3 Die „Abschließung" Japans

Nach chinesischem Vorbild strebten die frühen Herrscher des vereinigten Japans im späten 16. Jh. die Bildung eines konkurrierenden regionalen Systems unter japanischer Hegemonie an. Mittels groß angelegter militärischer Invasionen des Kontinents sollte ein solches durchgesetzt werden. Die Eroberung Koreas scheiterte jedoch an der Intervention Ming-Chinas auf Seiten seines Vasallenstaates und am anhaltenden Widerstand der Bevölkerung mittels Methoden des Guerilla-Kriegs.[125] Auch scheint die japanischen Marine der koreanischen technisch und taktisch unterlegen gewesen zu sein (Elisonas 1991a: 277f). Das Inselkönigreich Ryukyu sandte Tribut nach Japan, und die Philippinen und Taiwan wurden unter Druck gesetzt, diesem Beispiel zu folgen. Mit der festen Etablierung und Stabilisierung des Tokugawa-Regimes traten solche Pläne aber bald in den Hintergrund. Ziel war, nach dem Vorbild der frühen Ming-Politik, eine vollständige Kontrolle des Außenbeziehungen zur Stabilisierung der inneren Verhältnisse.[126] Die christliche Missionierung und die Ausübung dieser Religion in Japan wurden verboten.[127] Ab 1631 wurde eine regierungsoffizielle Auftragsbestätigung verlangt für Schiffe, die Japan verlassen wollten, und von 1635 an durften japanische Schiffe überhaupt nicht mehr ausländische Häfen ansteuern. 1633 wurde Japanern, die mehr als fünf Jahre im Ausland gelebt hatten, die Rückkehr nach Japan untersagt, 1635 sogar allen im Ausland lebenden Japanern, und Japaner durften das Land bei Todesstrafe nicht mehr verlassen. Nach einem anscheinend christlich inspirierten Aufstand auf Kyushu, der blutig niedergeschlagen wurde und von Christenverfolgungen begleitet war, wurde 1639 den Portugiesen untersagt, weiterhin Japan anzulaufen. Die Niederländer durften weiter handeln, wurden aber auf die kleine Insel Dejima vor Nagasaki umgesiedelt, um sie besser kontrollieren zu können und den Verkehr mit der einheimischen Bevölkerung auf ein Minimum zu beschränken. Auch die chinesischen Händler wurden in ein spezielles Quartier außerhalb Nagasakis umgesiedelt; die chinesische Gemeinde dürfte in dieser Zeit etwa 2000 Personen umfasst haben.[128]

---

[125] Neben der Angliederung südlicher koreanischer Provinzen an Japan war das Kriegsziel eine Invasion Chinas (Asao 1991: 70ff); vgl. zur chinesischen Seite Huang (1988: 567-574), Clark (1998: 293ff) sowie Turnbull (2002).
[126] Elisonas (1991a: 237). Zu den wirtschaftspolitischen Konzeptionen des Tokugawa-Regimes siehe Morris-Suzuki (1989, Kapitel 1); zu den deren konfuzianischen Wurzeln hält Morris-Suzuki (1989: 13f) fest: „The idea of *keizai* [aus *keikoku saimin*, d.h. ,das Land lenken und das Leiden der Menschen beenden' – im modernen Japanisch ,Wirtschaft']... has its origins in the Confucian world of public ethics with its paragon of the virtuous ruler. While economics in Europe, under the influence of Newtonian physics, came to present itself as a detached and objective science, *keizai* was a philosophical system inescapably bound up up with questions of justice, law, and morality." Vgl. die Einschätzung von Hall (1991: 30): „The Japanese homeland was of a sufficient size and diversity and its inhabitants sufficiently vigorous that they were able to pursue an energetic development without having to depend on outside stimulus."
[127] Nagasaki war um 1600 eine überwiegend christliche Stadt geworden, in der die Jesuiten einen Großteil der Kontrolle ausübten, inkl. die Erhebung von Gebühren von Handelsschiffen. In den 1620/30er Jahren wurden von der Zentralregierung Christenverfolgungen organisiert, der Kontakt mit katholischen Ländern vollständig abgebrochen, alle Japaner zur Registrierung bei buddhistischen Tempeln gezwungen und eine Art Inquisitionsbüro eingerichtet. Elisonas (1991b: 368ff) spricht von einem „anti-christlichen System der Tokugawa".
[128] Inoue (1995: 213-220); Elisonas (1991a: 300), Totman (2000: 222).

Die Zeit von 1639-1868 gilt als die Periode der *sakoku* („seclusion") Japans. Interessanterweise geht der Begriff sakoku, wörtlich etwa ‚abgeschlossenes Land', nicht auf einen Japaner, sondern auf einen Ausländer zurück, nämlich Engelbert Kaempfer (1651-1716). Der Japaner Tadao Shitsuki schuf das Wort 1801 für eine Übersetzung von Werken Kaempfers. In Japan selber wurde zur Bezeichnung dieser Politik im frühen 18. Jh. *kaikin* verwendet, ein Begriff, der auf das chinesische *haijin* zurückgeht und als ‚maritime Restriktionen' oder ‚Seeverbotspolitik' übersetzt werden kann.[129] Mit den Begriffen verbindet sich eine äußerst unterschiedliche Perspektive: Während sakoku einem totalisierenden Blick von außen entstammt, ist kaikin eine relativ präzise Bezeichnung für eine Reihe von Verboten und nicht für eine Außen- oder Außenwirtschaftspolitik als solche. Tatsächlich widerspiegeln die historischen Daten und Fakten keineswegs eine „Abschließung" oder gar „Abschottung" Japans, wie das in populärwissenschaftlichen Darstellungen immer noch genannt wird. Der Außenhandel wurde nicht unterdrückt oder verboten, und die Reduzierung der Zahl der Handelspartner bedeutet nicht notwendigerweise einen Rückgang des Volumens. Wie Lee (1999) betont, entsprach Japan mit dieser Politik einem „regionalen Muster".[130]

Dass der China-Handel exklusiv auf Nagasaki konzentriert wurde, ist darauf zurückzuführen, dass dieser Hafen direkt unter der Kontrolle der Tokugawa stand. Im 17. Jh. dürften etwa 180 Tonnen Seide jährlich über Nagasaki importiert worden sein (Lee 1999: 8). In den fünfzig Jahren (1651-1700) der „Abschließung" besuchten 611 chinesische Schiffe aus Südostasien Japan (Tab. II.9), eine Zahl, die wohl mit dem Schiffverkehr Großbritannien-Asien im 17. Jh. (Tab. II.10) verglichen werden kann. Ab 1700 ist allerdings ein merklicher Rückgang zu verzeichnen, der wohl auf die Verdrängung der Chinesen durch die Europäer – im Falle Japans v.a. der Niederländer – zurückzuführen ist, aber auch auf einen allgemeinen Rückgang des japanischen Außenhandel-Volumens im 18. Jh. (dazu weiter unten).

Tabelle II.9: Anzahl chinesischer Dschunken aus südostasiatischen Häfen nach Japan, nach Jahrzehnt (1651-1724)

Herkunft: Periode:	Tongking*	Hoi An	Kambodscha	Siam	Patani	Malakka	Batavia	Banten	Total
1651-1660	15	40	37	28	20		2	1	143
1661-1670	6	43	24	26	9	2	12		122
1671-1680	8	41	10	26	9		38	1	133
1681-1690	12	25	9	31	9	4	19	1	110
1691-1700	6	29	22	19	7	2	16	1	103
1701-1710	3	12	1	11	2	2			31
1711-1719	2	5	1	4			1		13
1720-1724		4	1	2					7
Total	52	199	106	147	56	10	88	4	662

* Nordvietnam. Quelle: verändert nach Reid (1999c: 95).

---

[129] Vgl. Lee (1999: 7); der Autor verdankt die japanologischen Hinweise von David Chiavacci.
[130] Lee (1999: 7): „... if anything, Japan merely conformed to the well-established regional pattern".

Der Korea-Handel wurde ausschließlich über Tsushima und der Ryukyu-Handel exklusiv über Satsuma abgewickelt. Korea und Ryukyu galten – im Gegensatz zu China und den Niederlanden – als befreundet, da sie Tributmissionen sandten.[131] Auch gab der konfuzianische ‚Code' weiterhin die Wege und Formen der zwischenstaatlichen Kommunikation vor[132], und Korea war das einzige Land, mit dem das Tokugawa-Regime ständig offizielle Beziehungen unterhielt. Mit den Ainu im Norden des heutigen Japan, der nur langsam und schrittweise integriert wurde, wurde der Austausch im Tribut-Handel-Format abgewickelt.

Mit Ausnahme der Güter, die vor der Einigung Japans für militärische Zwecke eingeführt worden waren[133], ging das Volumen des Austausches nicht zurück, nicht einmal der Handel mit China während des Eroberungskrieges der Mandschu (Totman 2000: 219). Japan bezahlte die Importe von Seide und anderen Textilien sowie die Luxusprodukte mit Silber. Phasenweise wurden 80% der in Japan geprägten Silbermünzen exportiert. Dieser Abfluss wurde angesichts abnehmender Edelmetall-Vorkommen, aber auch aufgrund der steigenden Nachfrage infolge fortschreitender Monetarisierung der Binnenwirtschaft ein Problem. Die Regierung antwortete darauf mit zunehmenden Restriktionen des Silber-Exports, was sicherlich – trotz der Substitution durch Kupfermünzen – zum Rückgang des japanischen Außenhandels-Volumens im 18. Jh. beigetragen hat. Auch der Kupferabfluss wurde ökonomisch bald spürbar, und die Tokugawa-Regierung (aber auch regionale Herrscher) griffen zu Maßnahmen, die man heute als Importsubstitution bezeichnen würde. Im Verlaufe des 18.Jh. entwickelte sich Japan zum wettbewerbsfähigen Seideproduzenten, und japanische Seide wurde auch exportiert. Auch die Zuckerproduktion wurde vorangetrieben und dafür chinesische Technologie importiert; um 1830 hatte sich Japan in Bezug auf Zucker zum Selbstversorger entwickelt (Lee 1999: 10). Sicherlich haben diese Erfolge dazu beigetragen, dass Japan auch unter den Bedingungen regionalen Freihandels unter westlicher Dominanz sich rasch zu einem Hersteller und Exporteur auch ‚westlicher' Waren entwickelte. So wurde z.B. die erste japanische Streichholz-Firma 1872 gegründet, fünf Jahre später waren die Importe vom japanischen Markt verdrängt, und im Verlaufe der 1880er Jahre eroberten japanische Streichhölzer die Märkte Ostasiens.

„Abschließung" verdeckt auch, dass Japan immer bereit war, ausländisches Wissen zu absorbieren. Die Einfuhr nicht-technischer Bücher, v.a. religiöser Natur, war untersagt, aber europäische Schriften über Medizin, Landwirtschaft, Kunst, Astronomie und später auch militärische Technologie waren gefragt, und es entwickelte sich ein neuer Typ von Wissenschaft, der das bisherige ‚Lernen von China' ergänzte, nämlich *rangaku*, ‚Hollandstudien'. Vor allem nach der Lockerung der Verbotspolitik 1720 lieferten die Niederländer regelmäßig Bücher und technische Geräte nach Japan und nahmen auch Bestellungen entgegen. Viele niederländische Bücher wurden übersetzt, und es entwickelten sich eigentliche *rangaku*-Gelehrte, also Spezialisten für ‚europäisches Wissen', wie z.B. Morishima Churyo, der 1787 ein Buch über „Die Lehren der Holländer" (wörtlich „Lehren der Rothaarigen") veröffentlichte. Darin wurde berichtet über so diverse Themen wie Mikroskope und Heißluftballone, Maschinen und Schiffe, Mal- und Drucktechniken und europäische Seuchenpo-

---

[131] Obwohl ab dem frühen 17 Jh. faktisch eine japanische Kolonie, sandte Ryukyu bis 1806 Tributmissionen nach Edo. Der Titel eines „Königreichs" wurde beibehalten, um weiterhin Tribut-Handel-Missionen nach China senden zu können.

[132] Auch wenn sich der japanische Shogun schwer tat mit seinem Titel und Status als „König" und damit als chinesischer Vasall in der weiterhin sinozentrischen ‚Weltordnung'. Um diplomatische Schwierigkeiten zu vermeiden, wurden Briefe auf dem Weg auch einmal gefälscht (Elisonas 1991a: 287; vgl. Cumings 2005: 91).

[133] Inoue (1995: 217) nennt als solche Güter Leder und Blei, die früher aus Südostasien eingeführt worden waren.

litiken. Die Diskussion zwischen den Anhängern der traditionellen chinesischen Medizin und jenen der neuen westlichen Methoden wurde kontrovers geführt, und Experimente und Dissektionen wurden unternommne, um Kenntnisse zu überprüfen. Auch das Reiseverbot für Ausländer in Japan wurde gelockert, und westliche Lehrer durften japanische Studenten unterrichten. Der als Niederländer geltende deutsche Arzt und Forscher Philipp Franz von Siebold (1796-1866) führte in die westliche Medizin ein und eröffnete ein Krankenhaus in Japan.

Die „Abschließung" kam unter Druck von außen. Im Verlaufe des 18.Jh. drangen immer wieder russische Schiffe aus dem Norden, von Sibirien her in japanisches Territorium ein, um sich zu verproviantieren und um Handelsmöglichkeiten auszukundschaften. Die japanische Regierung verfolgte diese Bemühungen um Kontaktaufnahme mit großer Aufmerksamkeit. Die Niederländer wiederum verteidigten ihr (europäisches) Handelsmonopol mit Japan notfalls auch mit militärischen Mitteln. In den Napoleonischen Kriegen kaperten britische Schiffe auch diejenigen der mit den Franzosen verbündeten Niederländer und besetzen deren Kolonien, so etwa Java. 1808 lief dann ein größeres britisches Kriegsschiff sogar in den Hafen von Nagasaki ein, was in Japan zu großem Aufsehen und auch zu Panik führte. Ab 1820 drangen europäische und amerikanische Walfangschiffe in japanische Gewässer vor und landeten oder strandeten gelegentlich auf japanischem Boden. Alle diese Ereignisse führten dazu, dass sich die japanische Zentrale darüber im Klaren wurde, dass das Land eine systematische Politik im Hinblick auf diese zunehmenden Kontakte entwickeln musste. Generell wurde die Anweisung ausgegeben, ausländische Schiffe mit der Eröffnung von Feuer ‚wegzuscheuchen'. Sie durften wenn überhaupt nur Nagasaki anlaufen, und Handelsbegehren wurden generell abschlägig beantwortet. Mit großer Bestürzung reagierte man in Japan auf die Nachrichten von der chinesischen Niederlage im Opium-Krieg, und die Niederländer warnten die Japaner, dass Ähnliches auf sie zukommen könnte (Totman 2000: 280). Unter dem Eindruck dieser Ereignisse wurde die Abweisungspolitik etwas abgeschwächt und flexibilisiert. In den 1840er Jahren ankerten mehrfach europäische Schiffe vor Japan und verlangten die Eröffnung von Handelsbeziehungen, und 1854 erreichten die USA als erste westliche Macht, dass ihnen mit Hakodate und Shimoda zwei japanische Häfen geöffnet wurden. Diplomatische Beziehungen wurden aufgenommen und ein Vertrag ausgefertigt, auf den bald ähnliche mit Großbritannien und Russland folgten. Japan fand sich rasch in ein System ‚ungleicher Verträge' eingebunden, das die ‚klassischen' Elemente der Handelsliberalisierung, Meistbegünstigungsklausel und Extraterritorialität beinhaltete. Dies führte zu innerjapanischen Auseinandersetzungen über den richtigen Umgang mit den Ausländern, zu Zusammenstössen, immer häufigeren militärischen Drohungen seitens der Seemächte, um weitere Konzessionen zu erringen, und schließlich zum Ende der Tokugawa-Herrschaft.

Es ist somit eindeutig nicht angemessen, von einem „isolierten" oder „abgeschlossenen" Japan im 17. /18.Jh. zu sprechen. Es handelte sich um eine Politik der möglichst vollständigen Kontrolle der Außenbeziehungen, die bestimmte Schleusen vorsah, durch die der beabsichtigte Güter- und Wissensaustausch erfolgte. Die Bewertung dieser Politik und ihrer langfristigen Folgen wird auch in Japan kontrovers diskutiert.[134] Die gesellschaftliche Dynamik Japans in dieser Periode belegt, dass sie kein zentrales Entwicklungshindernis darstellte. Japan war zur Zeit der „Öffnung" ein bezüglich Landwirtschaft, gewerblicher Pro-

---

[134] Vgl. Inoue (1995: 218ff) unter dem Titel „Der große Schaden, den die Abschließung des Landes verursachte".

duktion, Urbanisierung[135], Bildungsinstitutionen und Literarisierung der Bevölkerung ein vergleichsweise hoch entwickeltes Land (vgl. Nakai/McClain 1991). Defizite waren vor allem in der Militärtechnologie und der Nautik vorhanden, was sicherlich auch auf die ‚Seeverbotspolitik' zurückzuführen ist.

II.10.4 Die „Abschließung" Koreas

Auch Korea verfolgte eine solche Politik der „Abschließung" (1640-1880). Korea war fest verankert in der chinesischen ‚Weltordnung' und partizipierte im sinozentrischen Tribut-Handel-System. Von 1637 bis zur letzten im Jahr 1881 sandte Korea 435 Missionen nach China.[136] Im Regelfall wurden offizielle Missionen drei- bis viermal jährlich nach China geschickt, jeweils zum neuen Jahr, zum Geburtstag des Kaisers und zum Geburtstag des Kronprinzen und bei Todesfällen von Regenten in einem der beiden Länder. Die Routen und die Unterbringung waren genau vorgeschrieben. Korea wurde von China als Vasallen-staat gesehen, war aber frei in der Gestaltung seiner Außenbeziehungen, solange die mit seinem Status verbundenen Verpflichtungen eingehalten und die entsprechenden Verfahren befolgt wurden.[137]

Das koreanisch-japanische Abkommen von 1609 limitierte die Anzahl japanischer Schiffe stark und erlaubte ihnen, nur einen koreanischen Hafen (Pusan) anzulaufen. Ähn-lich wie dies die Japaner mit den Niederländern ab 1641 auf Dejima taten, mussten die Japaner in einer umzäunten Siedlung (genannt „Japan-Haus", jap.: *wakan*, korean.: *waeg-wan*) am Rande der Stadt wohnen und durften die Hauptstadt Seoul nicht besuchen. Aber auch unter diesen Bedingungen florierte der japanisch-koreanische Handel in den kommen-den Jahrhunderten (Elisonas 1991a: 296). Choson-Korea vermochte sich im 17.Jh. als Han-delsdrehscheibe Nordostasiens zu etablieren. Koreanische Kaufleute machten große Ge-winne im Zwischenhandel mit chinesischer Rohseide, deren Export nach Japan gegen Ende des 17.Jh. 60-70% des gesamten koreanischen Außenhandels ausmachte.[138] Mit den Gebie-ten nördlich der koreanischen Halbinsel und mit nomadischen Gruppen wurde gehandelt auf Märkten im nördlichen Grenzgebiet.

Auf Begehren nach der Eröffnung von Handelsbeziehungen seitens der westlichen Seemächte reagierte Korea mit der immer gleichen Formel, nämlich dass kein Bedarf be-stehe. Dies brachte dem Land die Bezeichnung „Einsiedler-Königreich" (engl. *Hermit Kingdom*) ein. Auch dies verdeckt die tatsächlich vorhandenen, strukturierten und streng kontrollierten Außenbeziehungen Koreas.[139] Korea, das immer wieder Invasionen seitens

---

[135] Um 1700 hatten bereits vier japanische Städte mehr als 100'000 Einwohner, wovon die Hauptstadt Edo mit einer Mio. bevölkerungsmäßig Beijing nur wenig nachstand, und Osaka und Kyoto ähnlich groß wie London und Paris waren, die beiden größten Städte Europas (Nakai/McClain 1991: 519).

[136] Osterhammel (1989: 97); zu den Beziehungen zwischen Korea und Qing-China siehe Chun (1968).

[137] Vgl. Cumings (2005: 55): „Choson lived within the Chinese world order"; „Korea was fully autonomous, free to maintain its relations with any country so long as such relations did not conflict with its tributary obligations to China." (K.H. Kim 1980: 91). Seth (2006: 224) bezeichnet Choson-Korea als „a clearly defined political, ethnic, and cultural unit within East Asia civilization."

[138] Nach H. Kim (2004: 156); sie gibt die Gewinnmarge als 300% an (ebd.).

[139] Vgl. Seth (2006: 212): „In some ways the ‚Hermit Kingdom' appellation was unfair because Korea remained surrounded by China, the Northeast Asian forests, and the Japanese archipelago, in the center of the interconnected East Asian region. Koreans were proud of being part of the greater cosmopolitan civilization associated with institutions and values that for the most part originated in China. Yet no land pursued a policy of isolation so

seiner Nachbarstaaten erleben musste, befand sich ab Mitte des 17.Jh. in einem stabilisierten regionalen System und hatte kein Interesse, dieses zu verändern. Auch bezüglich Korea wird kontrovers diskutiert, ob die Politik der „Abschließung" langfristig gesehen ein Entwicklungshindernis darstellte. Die innere Entwicklung des Landes, wirtschaftlich wie sozial, scheint durchaus positiv gewesen zu sein.[140] Die landwirtschaftliche Produktion nahm zu, neue Produktionsmethoden und Nutzpflanzen wurden eingeführt, Armut und Hungersnöte gab es kaum. Die staatlichen Institutionen funktionierten, die Amtsvergabe geschah weitgehend auf meritokratischer Grundlage, und politische Reformen wurden durchgeführt.

Korea betrieb keine Politik des „xenophoben Isolationismus", wie das Han (1970: 350) nennt. Auch koreanische Historiker ringen um eine sinnvolle, auf den realen Sachverhalt passende Begrifflichkeit. Ein Vorschlag ist, statt von Isolationismus von „exclusionism" im Sinne einer ‚Abstandhaltung' zu sprechen (Cumings 2005: 89). War die „seit dem Beginn des 17. Jahrhunderts betriebene hermetische Abkapselung des Landes von der nicht-konfuzianischen Außenwelt (...) letztendlich eine der entscheidenden Ursachen für die Schwächung des Landes und den Verlust der Souveränität im 20. Jahrhundert" (Göthel 1988: 8)? Aus einer langfristigen Perspektive scheint es eher das Eindringen der westlichen Mächte gewesen zu sein, die das regionale System aus den Fugen brachte und Korea damit (wieder) zum Spielball der Großmächte werden ließ. Mit Cumings (2005) kann geschlossen werden, dass Korea in der chinesischen ‚Weltordnung' formelle Unterordnung und faktische Unabhängigkeit erfuhr, im westlichen System hingegen fiktive Gleichheit und faktische Unterordnung.[141]

II.10.5 *Schluss*

Der Begriff der „Schließung" ist nicht angebracht; die hoch entwickelten Staaten Ostasiens schlossen sich nicht ab. Die eingerichteten ‚Schleusen' ermöglichten die Kontrolle der Außenbeziehungen. Nicht Abschottung war das Ziel, sondern Kontrolle des Austausches und Vermeidung unerwünschter gesellschaftlicher Nebenfolgen. Dejima vor Nagasaki und Macao an der Mündung des Perlflusses sind nicht Zeugnisse einer ‚blinden Reaktion gegen die Welt', sondern solche einer effektiv ausgeübten Kontrolle im Dienste übergeordneter Ziele und somit einer hoch entwickelten Staatlichkeit. Was es bedeutete, nicht über diese Option verfügen zu können, zeigt die Entwicklung im maritimen Südostasien bereits im 17. Jh. Reid (1999i: 226) kommt zum Schluss:

---

zealously as late Choson Korea. Koreans were forbidden to travel or even to build large boats lest they sail accidentally abroad. (...) Koreans, confident and proud of being a bastion of orthodox teachings, the most ardent adherents to the true Way, lived in a sort of splendid isolation." Ähnlich auch Buzo (2002: 9): „...Choson was not conspicuously more isolationist than either China or Japan at this time. (...) Choson isolationism was originally a calculated, not a reflexive policy, and was based on a rational assessment of the merits of domestic economic self-sufficiency and diplomatic self-sufficiency within the Chinese world order under the Ming (1368-1644) and Qing (1644-1911)."

[140] Vgl. Eckert et al. (1990: 185f), D.K. Kim (2005: 98), Seth (2006: 212ff).

[141] Cumings (2005: 95): „... ‚opening' was the beginning of the end for old Korea, for the Sinic universe it inhabited, for a way of thinking about the relations between nations, for a way of thought. (...) The Sino-Korean tributary system was one of inconsequential hierarchy and real independence, if not equality. The Western system that Korea encountered, however, was one of fictive equality and real subordination."

„... in relation to the experience in maritime Southeast Asia, the decision for isolationism by China and especially by Japan does not look as historically desastrous as it is usually portrayed. Total isolationism, if it could be achieved, at least allowed the internal economy of the country to develop in a relatively balanced fashion."

Nach 1800 änderte sich die Lage. Die westlichen Mächte waren nie Willens, solche Schleusensysteme zu akzeptieren, und sie waren nun auch in der Lage, dies zu verändern. Hoch entwickelte Staatlichkeit bedeutet auch, dass diese Länder über Informations- und Beobachtungssysteme sowie Bewertungsverfahren verfügten, um die Entwicklung ab 1800 in ihrer Tragweite einschätzen zu können. Dass planmäßige Reaktionen darauf nur verzögert, ja verspätet entwickelt wurden, lag an der politischen Spitze dieser Apparate, die diese Erkenntnisse in ihrer Tragweite nicht umzusetzen bereit waren. Auch diesbezüglich sind große Unterschiede zwischen den Staaten Ostasiens festzustellen.

Die angestrebte und üblicherweise von Kanonenbooten durchgesetzte „Öffnung" dieser Länder bedeutete vor allem einen Abbau der staatlichen Kontrollmöglichkeiten. Weder die Art des wirtschaftlichen Austausches noch dessen Konditionen sollte fortan souverän bestimmt werden können. Höhepunkte dieser Politik war die Durchsetzung des freien Opiumhandels in China und die Einrichtung extraterritorialer Zonen auf seinem Landesgebiet. Im Folgenden soll auf der Grundlage des bisher präsentierten Materials die traditionelle Zentrum-Peripherie Struktur der Region skizziert werden.

II.11   Die traditionelle Zentrum-Peripherie Struktur Ostasiens

II.11.1   Zentrum China

Es spricht also eine Vielzahl von Indikatoren dafür, dass sich von den ersten Jahrhunderten der westlichen Zeitrechnung an Ostasien als Weltregion herauszubilden begann. Überlagert wurde dieser Prozess durch die Phase eurasischer Reichsbildung unter mongolischer Herrschaft (12.-14.Jh.), die im Effekt die überregionale Integration zu Lasten der ostasiatischen förderte. In den frühen Jahrhunderten bestand Regionalisierung vor allem aus handelsbasierter wirtschaftlicher Integration. In den Phasen einer hohen Integrationskraft des sinozentrischen Tribut-Handel-Systems wurde diese überformt durch hierarchische politisch-kulturelle Beziehungen. Mit den Ming-Seeexpeditionen erlebte das System seine größte Ausdehnung. Ostasien war der Raum des sinozentrischen Tribut-Handel-Systems. Es war definitiv kein Imperium – auch aus chinesischer Sicht –, sondern ein komplexes regionales System reziproker Beziehungen zwischen Ungleichen, das sowohl Inklusion wie Konkurrenz beinhaltete. Je näher beim Zentrum, desto stabiler die Beziehungen zwischen den Staaten und Reichen. Im Süden blieb der Prozess kompetitiver Staats- und Reichsbildung bedeutend länger im Gange, und er blieb gegenüber äußeren Einflüssen deutlich offener als der Norden.

Auf der Basis des bisher präsentierten Materials ist es möglich, die traditionelle Zentrum-Peripherie-Struktur der Weltregion Ostasien zu skizzieren (Graphik II. 1). China ist der Ursprung der Zivilisation in Ostasien und bildete knapp 2000 Jahre lang das *Zentrum* der Region. Es vereinigte in welthistorisch einmaliger Weise die mit Abstand größte gesellschaftlich-wirtschaftliche ‚Masse' mit höchster Komplexität und hohem Homogenitätsgrad. Über einen längeren Zeitraum lebten schätzungsweise zwei Drittel der Bevölkerung Ostasiens in China. Um 1820 war das BIP Chinas schätzungsweise um 30% größer als das Westeuropas inklusive seiner Siedlerkolonien (Maddison 2001:117). Die technologische Überlegenheit Chinas in fast jedem Bereich hat Joseph Needham im vielbändigen Werk *Science and Civilisation in China* belegt. China konnte in einem Ausmaß Ressourcen mobilisieren wie kein anderes Land der Region, wahrscheinlich wie der ganze nicht-chinesische Teil der Region zusammen nicht.[142] Chinesische Produkte waren in der ganzen Region gefragt, und die Jäger der nördlichen Steppe genauso wie die Sammler auf den südlichen Inseln oder die Königshöfe auf dem Kontinent waren bemüht, die Güter zusammenzustellen, die China wollte und deshalb gegen chinesische Produkte getauscht werden konnten, im Rahmen des Tribut-Handel-Systems oder auf den Märkten der Region. Dieser Handel hatte für China eine weit weniger große Bedeutung als für die anderen Länder der Region, mit Ausnahme vielleicht des Imports militärisch notwendiger, in China knapper Güter wie Pferde oder Schwefel. China ,exportierte' auch Kulturgüter, Technologien und Wissen in bedeutend größerem Ausmaß als es solche erhielt.

II.11.2 Die Semiperipherie

Die Semiperipherie besteht üblicherweise (aber keineswegs zwingend) aus Gebieten in geographischer Nähe des Zentrums, von dem sie wichtige Impulse empfängt und diese mit anderen Elementen, autochthonen oder anderweitig übernommenen, kombiniert.[143] Die Semiperipherie übernimmt Funktionen in der Verknüpfung des Zentrums mit anderen Gebieten. In Phasen der Schwäche des Zentrums können Staaten der Semiperipherie das Zentrum mit ,seinen eigenen Mitteln' oder mit einer Neukombination gesellschaftlicher Elemente herausfordern. Wenn man vom Fall der japanischen Invasion des Festlandes im späten 16.Jh. absieht, wurde das Zentrum Ostasiens militärisch nur von Allianzen von Steppenvölkern herausgefordert, denen China politisch-kulturell weit überlegen war. Es handelt sich dabei nicht um den von der Theorie als typisch konzipierten Fall einer Herausforderung durch die Semiperipherie, den Versuch der Bildung eines ,Gegenzentrums', sondern um einen durch ständige Herrschaft ,verstetigten Raubzug'. In dem in der vorliegenden Arbeit als Ostasien definierten Raum kommen als ,Kandidaten' für die Semiperipherie drei Kategorien von Einheiten in Betracht: (a) Die sinisierten Nachbarländer Chinas und (b) Staaten resp. Hafenstädte, die über eine längere Zeit wichtige Funktionen im regionalen wirtschaftliche Austausch übernommen haben und (c) generell die großen, bevölkerungsreichen Staaten des Südens.

---

[142] Dass das chinesische Reich dennoch zweimal von Allianzen von Steppenvölkern erobert worden ist, ist erklärungsbedürftig, jedoch nicht Thema dieser Untersuchung.
[143] Vgl. Abschnitt I.3.4; Chase-Dunn/Hall (1997: 78) definieren „containing both core and peripheral forms of organization and institutional features" als zentrales Charakteristikum der Semiperipherie.

Graphik II.1: Die traditionelle Zentrum-Peripherie Struktur und Mobilität in Ostasien

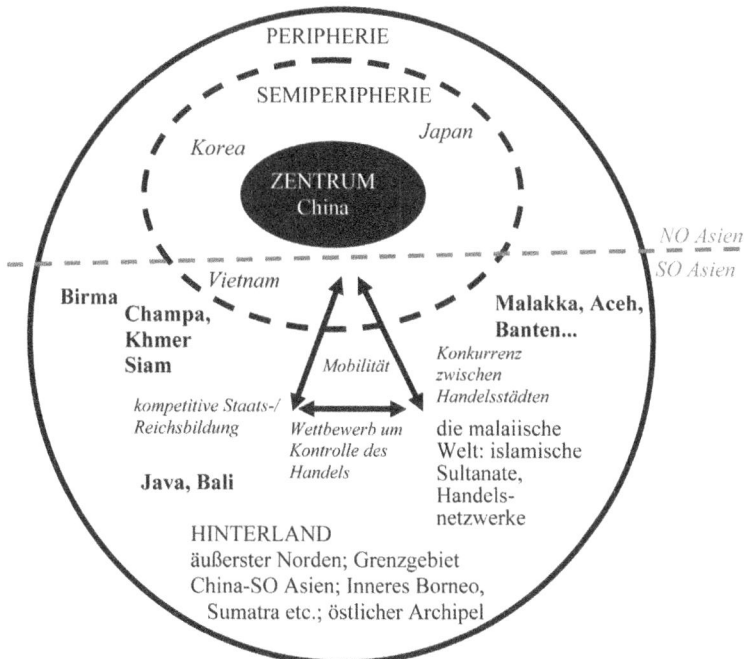

Quelle: Autor.

(a) Die sinisierten Staaten Korea, Japan, Vietnam und Ryukyu sind Nachbarländer Chinas und kombinierten autochthone gesellschaftliche Elemente mit solchen, die vom Zentrum übernommen wurden. Im Falle Ostasiens ist sicherlich die Bedeutung der übernommenen politischen und kulturellen Elemente besonders groß. *Korea* war zweifelsohne der am stärksten sinisierte und politisch-kulturell am engsten mit dem Zentrum verbundene Staat. Über Korea verbreitete sich der zivilisatorische Einfluss Chinas weiter nach Osten. Korea hatte im 16. Jh. rund 14 Mio. Einwohner, etwa 8% der Bevölkerung der Region, und war in bedeutendem Maß zur Ressourcenmobilisierung und Selbstverteidigung gegenüber Nachbarstaaten fähig. Wie Japan und Vietnam übernahm Korea fortgeschrittenste Methoden der Produktion aus China und exportierte neben einfachen auch Güter mit hoher Wertschöpfung. Dies spricht für eine Zuordnung Koreas zur Semiperipherie; dagegen nur, dass das Land nach einer Phase aktiver Beteiligung am innerregionalen Handel im 8./9.Jh. eine passive Rolle spielte und damit keine ‚Scharnierfunktion' mehr übernahm. Andererseits spricht die Fähigkeit, die wirtschaftlichen Außenbeziehungen insgesamt doch recht erfolgreich zu kontrollieren, für hoch entwickelte Staatlichkeit, und damit für eine Zuordnung zur Semiperipherie. Zu keinem Zeitpunkt war Korea ein auf die regionale Hegemonie hin aspirierender Akteur – im Gegensatz zu *Japan*, das sich zwar seiner kulturellen Beeinflussung durch China immer bewusst war, sich politisch aber nie mit einer Vasallenrolle begnügen konnte. Bis ins späte 19.Jh. war jedoch seinen Versuchen, um sich herum ein japanzentrisches System zu bauen, kein Erfolg beschieden. Japan hatte 20-25 Mio. Einwohner, etwa 11-12% der

Bevölkerung der Region. Die militärischen Kapazitäten Japans waren bedeutend, wie sich schon in der Abwehr der Mongolen zeigte, vor allem dann aber bei der Invasion des Festlandes im späten 16. Jh. Gegen die Zuordnung zur Semiperipherie spricht wie im Falle Koreas auch nur, dass Japan auf eine aktive Rolle im wirtschaftlichen Austausch verzichtete. Zweifelsohne war der Tokugawa-Staat eine höchst entwickelte Herrschaftsform, und die Binnenentwicklung Japans (Wirtschaftswachstum, Urbanisierung, Verbreitung der Schriftkenntnis, Hervorbringung neuer kultureller Formen etc.) dürfte phasenweise die dynamischste in ganz Ostasien gewesen sein, weshalb eine Zuordnung zur Semiperipherie außer Frage steht. *Vietnam* war ebenfalls in hohem Grade sinisiert und gehörte 1000 Jahre zum chinesischen Reich. Das Land prägte jedoch eine eigene Identität aus und war immer wieder fähig, in einem für seine Größe beeindruckendem Masse Ressourcen für die Abwehr übermächtiger Gegner zu mobilisieren. Vietnam war mit 5-7 Mio. Einwohnern (3-4% der Bevölkerung der Region) das bevölkerungsreichste Land des Südens (rund 20% der Bevölkerung Südostasiens). Vietnam war ein zentraler Akteur in der Staatenkonkurrenz auf dem südostasiatischen Festland, liquidierte einen bedeutenden indisierten Staat mit chinesischer Rückendeckung, nämlich Champa, und brachte andere in ein Tributverhältnis nach chinesischem Vorbild (Kambodscha, Laos). Wirtschaftlich gehörte Vietnam zu den Ländern, die fortgeschrittenste chinesische Produktionsmethoden übernahmen, die Kolonisierung neuer Gebiete erfolgreich vorantrieb und zudem – begünstigt durch seine geographische Lage an der Route zwischen Nord- und Südostasien – auch immer wieder die Funktion einer wirtschaftlichen Drehscheibe zwischen Zentrum und Peripherie erfüllen konnte (etwa mit dem Hafen von Hoi An). *Ryukyu* war ein Kleinstaat mit wirtschaftlicher Drehscheibenfunktion für die Länder der Region, ohne großes politisches und militärisches Gewicht und zu keinem Zeitpunkt der Nukleus eines Reiches. Es wäre eher als die am stärksten sinisierte Handelsstadt, ähnlich dem südostasiatischen Typus, zu bezeichnen.

(b) Die Handelszentren des Südens sind charakterisiert worden als relativ klein bezüglich Bevölkerung und mit wenig Hinterland, im Allgemeinen ohne feste Anbindung an Reisanbauzentren und oft ohne effektiven Schutz durch landbasierte Reiche. Sie standen in einem harten Wettbewerb untereinander um die ‚Anziehung' des Handels innerhalb der Region und darüber hinaus. Nur in bestimmten Phasen vermochten sich einige dieser Häfen, etwa Malakka im 15. Jh., zu einer klar führende Rolle im wirtschaftlichen Austausch aufzuschwingen. Dann entwickelten sie eine bedeutende Attraktivität für die Händler, was im Allgemeinen jedoch rasch die Konkurrenten auf den Plan rief und zu einer militärischen Aggression führte. Mit dem Eindringen der Europäer gerieten die Handelsplätze im Archipel unter Druck, wovon die Festland-Häfen unter dem Schutz der landbasierten Reiche profitierten (in erster Linie Ayutthaya/Bangkok in Siam, Hoi An in Vietnam). Unter dem Schutz der Kolonialmächte entwickelten sich vor allem Manila, Batavia und Singapur zu wichtigen Umschlagplätzen. Schlussfolgerung ist, dass keine dieser Handelszentren fest der Semiperipherie zugeordnet werden kann. Festzuhalten ist aber, dass die innere Struktur Ostasiens vor allem im Süden durch eine relativ hohe Mobilität zwischen Peripherie und Semiperipherie gekennzeichnet ist.

(c) Dies gilt auch für die dritte Kategorie von Einheiten, die in diesem Zusammenhang zu diskutieren ist, nämlich die großen, relativ bevölkerungsreichen Staaten des Südens. Angesichts ihrer hoch entwickelten Staatlichkeit, ausdifferenzierten kulturellen Formen, komplexen Subsistenzweisen und phasenweise großen Bedeutung für den Handel resp. die politisch-militärische Strukturierung Südostasiens, scheint es vielleicht unplausibel, diese der Peripherie zuzuordnen. Birma, Siam und Java brachten immer wieder große Gebiete und zahlreiche kleinere Staaten unter ihre Kontrolle. Die Reichsbildung blieb jedoch immer wenig stabil und die politisch-kulturelle Integrationskraft blieb eher gering. Diese Staaten übernahmen kaum Funktionen für den Austausch innerhalb der Region und über sie hinaus, und wenn, dann konkurrierten die Häfen dieser Reiche mit denjenigen viel kleinerer politischer Einheiten. Sie waren nie in der Lage, Handelsflüsse über längere Zeit zu kontrollieren, dominierten in keiner Phase den Seehandel und entwickelten nie eine effektive Politik der Kontrolle ihrer Außenbeziehungen. Sie waren in deutlich geringerem Masse in der Lage, fortgeschrittene Technologien zu einzuführen, erfolgreich zu reproduzieren und weiterzuentwickeln als z.B. Japan. Aus der Tatsache, dass sie selber kleinere Tributsysteme aufbauen konnten (z.B. Siam – Kambodscha, Laos), ist eher auf wechselnde Verhältnisse innerhalb der Peripherie zu schließen als auf die Notwendigkeit einer Zuordnung zur Semiperipherie. Es handelte sich – wie im Falle Kambodschas – zudem oft um ‚geteilte Herrschaft‘, denn viele dieser kleineren Einheiten schickten Tribut an alle umliegenden großen Reiche. Der Einfluss der westlichen Kolonialmächte trug sicher dazu bei, dass sich das Fenster einer Entwicklung hin zu einer semiperipheren Position langsam schloss. Im 19. Jh. wurde das Machtungleichgewicht so groß, dass sich auch die Staaten der Semiperipherie und sogar das traditionelle Zentrum der Region nicht mehr dem Peripherisierungsdruck entziehen konnten.

Nachdem die Handelsstädte des Südens allesamt klein waren, dürfte das Bevölkerungsgewicht der Semiperipherie vor allem von Japan, Korea und Vietnam bestimmt worden sein. In der traditionellen Semiperipherie lebten somit 40-50 Mio. Menschen, etwa ein Fünftel bis ein Viertel der Gesamtbevölkerung Ostasiens.

II.11.3 *Die Peripherie*

Damit ist die traditionelle Peripherie Ostasiens weitgehend bestimmt: Der ganze Süden der Region mit Ausnahme Vietnams (heutiges Nord- und Zentralvietnam). Dazu kommen die Gebiete der nördlichen Steppe, die von halb-/nomadischen Völkern bewohnt wurden, hauptsächlich den Mongolen, den Tataren, den Khitan und den Mandschuren. Die Bestimmung der Bevölkerungszahl der Peripherie und des Hinterlandes ist schwierig, da die weniger entwickelte Staatlichkeit ein weniger entwickeltes oder nicht vorhandenes Zensus- und Steuersystem und damit weniger Daten bedeutet. Für Südostasien können die Zahlen von Reid (1988/1999a) herangezogen werden: Danach dürften um 1600 etwa 19 Mio. und um 1800 etwa 26 Mio. Menschen in Südostasien (ohne Vietnam) gelebt haben. Dazu kommen die Menschen, die an der nördlichen Peripherie der Region lebten, für die keine statistischen Daten vorliegen. Die Zahl der Mongolen unter Dschingis Khan wird auf eine Mio. geschätzt, wozu auch zahlreiche verbündete Gruppen gehörten.[144] Daneben gab es keinen anderen, größeren Bevölkerungsgruppen in der nördlichen Steppe. Es ist unwahrscheinlich, dass die Steppenbevölkerung die Zahl von 2 Mio. Menschen überschritten hat. Es dürften somit 10-15% der Gesamtbevölkerung Ostasiens in der Peripherie und im Hinterland gelebt haben.

---

[144] Trauzettel (1986: 232), Weatherford (2004: xviii).

Das Hinterland besteht wie in Kapitel I definiert aus denjenigen Gebiete, die zwar mit dem System verknüpft und damit Teil der Region sind, jedoch in geringem Masse und im Allgemeinen nur indirekt. Es sind geographisch abgelegene Gebiete, abseits der großen Handels- und Verkehrswege und im Allgemeinen schwer zugänglich, mit geringer Bevölkerungsdichte und wenig komplexer Sozialorganisation. Es gibt dort keine Ressourcen, die wie im Falle der ‚Gewürzinseln‘ eine direkte Inkorporierung interessant machen. Der Austausch erfolgt im Allgemeinen nur mit einer Einheit, die stärker in das System integriert war und von der (und über die) es Güter aus der ganzen Region bezieht. Im Falle Ostasiens handelt es sich um gewisse abgelegene Teile der Bergwelt, im Grenzgebiet zwischen China, Birma, Siam und Vietnam. Dort lebten die so genannten ‚Bergstämme‘, aber es gab auch einige Lokalstaaten ohne Meerzugang, z.B. Lanna im Gebiet von Chiang Mai, die noch relativ lange eine gewisse Unabhängigkeit behaupten konnten. Im Archipel können zu dieser Kategorie die kleineren, weiter entfernten Inseln im Osten der heutigen Staaten Indonesien und Philippinen gerechnet werden, Papua-Neuguinea und die weitere pazifische Inselwelt. Aber auch die inneren Gebiete der größeren tropischen Inseln wie Borneo und Sumatra gehören dazu, ebenso das Innere der südlichen malaiischen Halbinsel. Lebens- und Subsistenzweisen unterschieden sich in diesen Gebieten deutlich von denjenigen größerer Bevölkerungsgruppen an der Küste, und der Austausch beschränkte sich typischerweise auf die malaiische Hafenstadt am Unterlauf resp. der Meeresmündung des Flusses, der das Gebiet entwässert. Neben den größeren Gruppen, die im nördlichen Steppengebiet lebten und eng mit China und den sinisierten Staaten interagierten und deshalb zur Peripherie zu rechnen sind, gab es auch kleinere Ethnien, die am Rande dieser Gebiete lebten, noch weiter im Norden oder im Nordosten. Dazu gehörten z.B. die Ainu im Norden Japans.

II.12 Westliche Dominanz der innerregionalen Beziehungen (1840 – 1942)

> „We can't afford to be shown to the door anywhere in the East."
> Lord Dalhousie, Generalgouverneur Britisch-Indiens, vor dem zweiten britisch-birmanischen Krieg 1852[145]

Die westliche Dominanz der innerregionalen Beziehungen entwickelte sich langsam, in einem Prozess über Jahrhunderte, der um 1800 eine große Beschleunigung erfuhr. Über längere Zeit herrschten verschiedene Strukturierungsprinzipien nebeneinander oder überlagerten sich: Die sinozentrische ‚Weltordnung‘, lokal-regionale Hegemonien, Kolonialismus und ein System internationaler Verträge.[146]

---

[145] Nach Tarling (1999: 33).

[146] Vgl. Hamashita (2007: 5): „As long as the Sino-centric relationship in East Asia continued, bilateral treaties with local states that ignored their relations with China, especially when negotiating with states near or bordering China, were simply ineffective. European powers were forced to take into account the regional ‚tributary sphere‘, the East Asian regional order of suzerainty. While trying to establish treaty relations with East and Southeast Asian states, the European powers tacitly recognized their vassal relationship with China. The tributary system and the international treaty relationship existed side by side."

Als die europäischen Seefahrer Anfang des 16 Jhs. Südostasien erreichten, hatten sie große Mühe, sich in den inner- und überregionalen Handel einzuklinken.[147] Europäische Güter waren nur in wenigen Bereichen konkurrenzfähig, womit ihnen (neben der direkten militärischen Intervention und Kolonisierung) nur die Option übrig blieb, sich mit Edelmetall in den innerasiatischen Handel ‚einzukaufen'.[148] Grundlage für den Handel in Ostasien war Silber, das infolge der Handelsbilanzungleichgewichte in bedeutenden Mengen von Europa nach Ostasien floss, unter anderem auf den erwähnten spanischen Gallonen zwischen Acapulco und Manila. Während sie in Nordostasien lange kaum Fuß fassen konnten, etablierten die Europäer ihr Handelsnetzwerk in Südostasien relativ erfolgreich in Konkurrenz und teilweise in Komplementarität zu den etablierten chinesischen, malaiischen, indischen und arabischen und trugen so zur bis 1630 anhaltenden Expansion bei.

Im Allgemeinen waren die südlichen Häfen für die Europäer offen. Ihnen wurde die Erlaubnis zum Betreiben von Handel und zum Errichten von Lagerhäusern erteilt. Bald begannen die Herrscher die Strategie der Europäer zu erkennen – die schrittweise Befestigung von Lageranlagen bis hin zu eigentlichen, militärisch zu verteidigenden Forts. Dies geschah versteckt, oft unter Verwendung von Schmiergeldern und gegen den Willen der Herrscher in Südostasien, die in der traditionellen Nichtbefestigung der Häuser und Anlagen der Untertaten (traditionell war der Steinbau religiösen Stätten vorbehalten) einen Schutz gegen Verschwörungen und Widerstandsbewegungen sahen. Ein Herrscher auf Java sah den schrittweisen Ausbau der niederländischen Anlage in Jakarta Anfang des 17. Jh. als „Dorn im Fuße, der auch unter Erduldung von Schmerzen im Interesse der Gesundheit des gesamten Körpers entfernen werden müsse", da sich die Niederländer auf ihrer Grundlage als Könige des Landes sehen würden.[149]

Der lange Seeweg stellte ein großes Hindernis für den wirtschaftlichen Austausch zwischen Europa und Ostasien dar, und erst im Verlaufe des 17. Jh. nahm das Volumen deutlich zu (Tab. II.10).

Tabelle II.10: Anzahl Segelschiffe auf der Route Westeuropa – Asien, 1500-1800

	1500-99	**1600-1700**	**1701-1800**
Portugal	705	371	196
Niederlande	65*	1770	2950
England		811	1865
Frankreich		155	1300
andere (Dänemark, Schweden etc.)		54	350
insgesamt	770	3161	6661

Anmerkung: * 1590er Jahre. Quelle: Maddison (2001: 63).

Der wichtigste Markt allerdings, der chinesische, blieb den Europäern aufgrund präventiv hoher Zölle verschlossen. In den frühen Jahrhunderten verfügten sie nicht über die militärischen Mittel, die großen Kontinentalstaaten Ostasiens zur ‚Öffnung' zu zwingen, und auch

---

[147] Reid (1999a: 149ff); zu den portugiesischen Aktivitäten in Asien siehe Feldbauer (2003).
[148] Chaudhuri (1990: 297ff); Frank (1998).
[149] Nach Reid (1988: 72).

die Strategie des Fortbaus war im Norden nicht erfolgreich. Das 1557 gegründete portugiesische Macao wurde geduldet; seine Existenz beruhte nicht auf seiner Verteidigungsfähigkeit gegenüber den Chinesen, wohl aber gegenüber den Niederländern. Diese wiederum scheiterten im 17. Jh. mit ihrem Bemühen, einen Stützpunkt in China zu errichten (II.10.2). In Japan wurden die Spanier 1624 abgewiesen, und die Engländer gaben den Japanhandel aufgrund der geringen Profitabilität auf. Nach der Vertreibung der Portugiesen waren in Japan nur noch die Niederländer geduldet.

Festzustellen sind somit deutliche Unterschiede zwischen dem Norden und dem Süden Ostasiens, sowie im Süden zwischen Festland und der Inselwelt: Im Archipel vermochten sich die Europäer rasch als eigenständige Handels- und militärische Akteure zu etablieren, auf dem südostasiatischen Festland konnten sie sich von Fall zu Fall mit Staaten verbünden und/oder ihnen wohl gesonnene Herrscher/Fraktionen stützen oder an die Herrschaft bringen und damit die weitere Entwicklung zumindest beeinflussen, aber im Norden mussten sie die ihnen gestellten Bedingungen wohl oder übel akzeptieren.

II.12.2   Von Handelsstützpunkten zur Territorialherrschaft

Die europäischen Interventionen des 16. und 17. Jhs. folgten dem Ziel, Handelsstützpunkte zu gründen bzw. zu erobern, diese zu befestigen und von dort aus Transportwege zu kontrollieren; Territorialherrschaft war nicht beabsichtigt und auch nicht durchsetzbar.[150] Am weitesten gingen die Ambitionen der Spanier auf den Philippinen und der niederländischen VOC, die im Rahmen ihrer Strategie der monopolistischen Kontrolle von Produktion und Vertrieb des Gewürzhandels zunehmend auch Gebiete besetzte. Dies hielt sich aber in engen Grenzen; noch um 1800 kann von effektiver territorialer Kontrolle durch die europäischen Kolonialmächte nur bezüglich Penang, Malakka, Westjava und einigen der molukkischen und philippinischen Inseln (Luzon, Visayas) gesprochen werden. Dies änderte sich in der ersten Hälfte des 19. Jh.: Die Briten etablierten sich auf der malaiischen Halbinsel, die Franzosen in Indochina, und die Niederländer verdichteten ihr Netz von Verträgen mit kleineren politischen Formationen in der Inselwelt. Im Verlauf der zweiten Hälfte des 19. Jh. kam es dann zur weitgehenden Unterwerfung resp. Einbindung bisher politisch unabhängiger Gebiete. Die von den Kolonialmächten zur Festlegung der jeweiligen Einflusszonen gezogenen Grenzlinien definieren bis heute die Staatengrenzen in Südostasien. Sogar die bedeutenden Festlandstaaten Birma und Vietnam wurden, in langwierigen und blutigen Kriegen, unterworfen. Nur Siam vermochte, als ‚Pufferstaat' zwischen den konkurrierenden Kolonialimperien Großbritanniens und Frankreichs und aufgrund der Akzeptanz eines ‚ungleichen Vertrages' zur ‚Öffnung' des Landes für die westlichen Mächte seine politische Souveränität wenigstens formell zu bewahren (dazu II.12.5). So gab es zu Beginn des 20. Jh. in Südostasien noch sechs Staaten, fünf davon Kolonialstaaten (Britisch-Malaya, Britisch-Birma, Französisch-Indochina, Niederländisch-Ostindien, US-Philippinen) – und eben Siam.

Die Eingliederung des gesamten maritimen Südostasiens und des größten Teils seines Festlandes in die Kolonialreiche erfolgte nicht ohne Gegenwehr. Die militärischen Mittel der politischen Führer in der Inselwelt waren im Allgemeinen sehr begrenzt und boten den

---

[150] Die Spanier entwickelten einen Plan, der die Eroberung Chinas vorsah, im Bündnis mit den Japanern und nach dem in den Amerikas so erfolgreichen Konquistadoren-‚Modell' (Huang 1988: 556).

Armeen der Kolonialmächte, die im Normalfall aus Europäern, Soldaten aus anderen Kolonialgebieten (z.B. indische Soldaten in britischen Diensten) sowie Kriegern verbündeter ethnischer Gruppen bestanden, keine großen Hindernisse. Deutlich schwieriger war die Besetzung und Kontrolle des südostasiatischen Festlandes, da es sich im Falle Birmas und Vietnams um konsolidierte politische Gebilde mit hoch integrierten Kernlanden handelte, die sich im jahrhundertelangen Prozess der Staatenkonkurrenz behauptet hatten. Aber auch deren reguläre Armeen boten den britischen und französischen Truppen keinen unüberwindbaren Widerstand.

Das massive ökonomisch wie politisch-militärische Übergewicht der westlichen Mächte gegenüber den asiatischen Staaten beruhte auf der rasanten Entwicklung der europäischen Gesellschaften seit dem Ende des 18 Jh. (Industrialisierung, Modernisierung der Staaten in andauernder Rivalität untereinander, in Europa und Übersee). Zu nennen ist auch die Verbesserung der Transport- und Kommunikationssysteme: Telegraphische Verbindungen wurden 1870/71 etabliert, Eisenbahnen und Dampfschiffe ermöglichten die schnelle Bewegung großer Menschengruppen und Ressourcen, und die Öffnung des Suezkanals 1869 verkürzte die Schiffsreise nach Ostasien beträchtlich.

II.12.3 Die Aufteilung der Region

Das 19. Jh. sah einen eigentlichen imperialistischen Wettlauf um die noch nicht besetzten Gebiete, und im Masse, wie die geographischen ‚Lücken‘ geschlossen wurden, kam es zur direkten Rivalität, so z.B. auf dem südostasiatischen Festland zwischen Großbritannien, das Birma besetzt hatte, und Frankreich, das sein Imperium von Vietnam aus immer weiter ausdehnte. Im maritimen Süden war die Rivalität geringer, da die Niederlande und Spanien nicht die Ambitionen resp. Kapazitäten hatten, ihr Kolonialreich auszudehnen, und das britische Interesse vor allem der Kontrolle der Strasse von Malakka galt. Die etablierten Kolonialmächte hatten ein gemeinsames Interesse daran, ‚newcomer‘ wie das Deutsche Reich oder die USA draußen zu halten. Vor allem Großbritannien bevorzugte eine schwache Niederlande im Archipel gegenüber der rivalisierenden deutschen Kolonialexpansion. Großbritannien war aufgrund seiner überlegenen Seemacht in einer hegemonialen Situation, und von der britischen Haltung hingen faktisch Gebietseingliederungen und die Zukunft traditioneller Herrschaftsformen ab. Ein Übereinkommen westlicher Kolonialmächte besiegelte in der Regel das Schicksal der traditionellen Herrscher der Region. Deren Verhandlungsmacht, das oft beschworene ‚Gegeneinanderausspielen‘ der westlichen Mächte, war faktisch sehr gering (vgl. Tarling 1999: 5ff).

Auch für Ostasien galt das Prinzip, das an der Berliner Konferenz (1884/85) der Kolonialmächte beschlossen wurde: Die etablierten Grenzen zwischen den Kolonialreichen wurden allseits akzeptiert, wenn sie effektive Besetzung und Kontrolle widerspiegelten. Dieses System verlor seine Bedeutung erst nach dem Zweiten Weltkrieg. In Ostasien bedeutete dies vor allem die Festlegung der Grenzen auf dem Festland: Birma war britisch, Indochina bis zum Mekong französisch, und ein unabhängiges Siam wurde als halb-souveräner Pufferstaat akzeptiert. Im maritimen Bereich bedeutete es die ‚Bereinigung‘ der Grenzen zwischen Niederländisch-Ostindien und der malaiischen Halbinsel und Nord-Borneo mit Brunei unter britischer Kontrolle sowie einen ‚geordneten‘ Transfer der Philippinen 1898 aus der spanischen in die US-amerikanische Herrschaft. Gegen Ende des 19 Jh.

begannen auch die Niederländer, die noch nicht besetzten ‚Lücken' in ihrem Kolonialgebiet zu schließen, insbesondere auf Sumatra, Sulawesi und Borneo. Mittels formaler Deklarationen wurden von 1898 bis 1911 rund 300 kleine und kleinste politische Formationen in die niederländische Herrschaft eingegliedert. Da es ihr vor allem um das ‚Abstecken' des Herrschaftsgebietes ging und die zur effektiven Kontrolle notwendigen Mittel nicht zu Verfügung standen, blieb die Kolonialherrschaft in diesen peripheren Gebieten oberflächlich (Trocki 1999: 93f).

Was den Einflusses außerregionaler Mächte auf die Grenzen in Ostasien betrifft, so muss differenziert werden. Während im Norden der Region die Grenzen historisch verankert und mit einiger Legitimität versehen, ja in einzelnen Fällen sogar vertraglich fixiert waren, waren sie im Süden wesentlich flexibler. Wiederum sind auch entscheidende Unterschiede zwischen Festland und Inselwelt festzuhalten. Die Kolonialregimes auf dem Festland brachten zwar neue, teilweise erstmalige Grenzziehungen mit sich. Im Allgemeinen folgten diese jedoch den etablierten Reichen. Nur im Gebiet zwischen Vietnam und Siam (Kambodscha, Laos), das von zwei Seiten beansprucht wurde und historisch wechselnden (phasenweise beidseitigen) Tributverpflichtungen nachkommen musste, kam es zu neuen Grenzziehungen. Unter französischem Druck musste Siam den Anspruch auf Gebiete aufgeben, die dann Teile Französisch-Indochinas wurden (vgl. Briggs 1946). Kambodscha wurde als französisches Protektorat (ab 1863) erhalten (vgl. Thomson 1945). Am folgenschwersten war die Festlegung des Mekong als Grenze zwischen einem französischen Protektorat Laos (linkes Ufer) und einer siamesischen Provinz *Isan* (rechtes Ufer des Mekong), eine Grenze, die quer durch laotisches Siedlungsgebiet ging und die zahlenmäßig eine Mehrheit der Laoten unter siamesischer Herrschaft beließ. Im Süden Siams, auf der malaiischen Halbinsel, hatte das Reich Gebiet an die Briten abzutreten, behielt aber das Gebiet um Pattani mit seiner überwiegend malaiisch-islamischen Bevölkerung. Im Vergleich mit den Grenzziehungen im maritimen Südostasien waren dies aber insgesamt geringe Veränderungen historisch entwickelter Strukturen. Allerdings sind diese auch schwer zu beurteilen, angesichts der Tatsache, dass sich größere Reiche und damit Grenzen in der Inselwelt nicht herausgebildet hatten.

Ein koloniales Übereinkommen besiegelte auch das Schicksal des letzten unabhängigen Gebildes im maritimen Südostasien, des *Sultanats Aceh* auf Nordsumatra. Auf der Grundlage eines Vertrages von 1824 zogen sich die Briten vollständig von Sumatra und umgekehrt die Niederländer von der malaiischen Halbinsel zurück. Dies beinhaltete die Übergabe Malakkas und die Akzeptanz Britisch-Singapurs seitens der Niederlande im Austausch für die Oberherrschaft über Sumatra. Geschützt durch einen Vertrag mit den Briten, konnte das islamische Sultanat Aceh noch 50 Jahre eine reduzierte Souveränität behaupten. Aceh war über längere Zeit der Welt größter Pfefferproduzent und verfügte aufgrund seiner privilegierten Position im Rahmen des islamischen Handelsnetzes, aber auch dank seines Handels mit US-amerikanischen Gewürzimporteuren über einen gewissen materiellen Reichtum. Wie erwähnt hatte es zudem eine Jahrhunderte zurückreichende Tradition politisch-militärischer Allianz mit westasiatischen Staaten. Dies war der Boden nicht nur für ein Mithalten in der technisch-militärischen Konkurrenz, sondern bot auch Möglichkeiten der ideologischen Mobilisierung breiter Bevölkerungsschichten unter religiösen Führern (vgl. Ileto 1999: 224f), was in den meisten Sultanaten so nicht möglich war. Aceh wies nicht nur den ersten Angriff 1873 ab, sondern lieferte den Niederländern auch einen bis ins 20. Jh. reichenden Guerillakrieg.

Graphik II.2 stellt dar, wie das Vordringen der Kolonialmächte mit der traditionellen Zentrum-Peripherie-Struktur Ostasiens zusammenhängt. Von der Festsetzung im Archipel führte der ‚Weg' über die schrittweise Ausdehnung der Kontrolle der malaiischen Welt zur Etablierung neuer Handelszentren, zur Unterwerfung der Landimperien und schließlich zur ‚Öffnung' der Staaten der traditionellen Semiperipherie und Chinas.

Graphik II.2: Die Zentrum-Peripherie Struktur in Ostasien und das Vordringen der Kolonialmächte, 16.– 20. Jh.

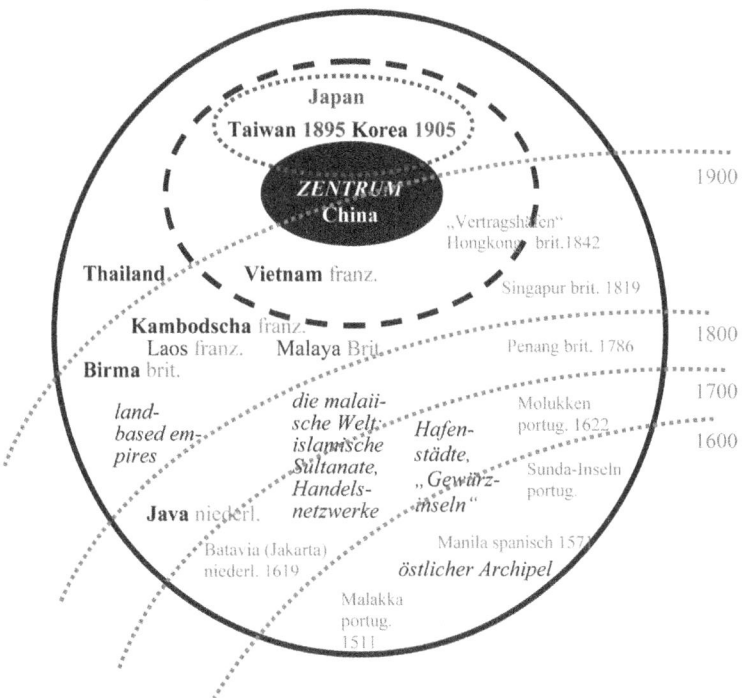

Quelle: Autor.

Japan, zunächst selber Objekt einer gewaltsamen ‚Öffnung' und ‚ungleicher Verträge', entwickelte sich rasch zum ‚Mitspieler' in der kolonialen Restrukturierung der Region. Nachdem es seine Armee und Flotte nach westlichen Vorbildern modernisiert hatte, brachte es China 1895 eine schwere militärische Niederlage bei und besetzte Taiwan. Schrittweise weitete Japan die Kontrolle über die koreanische Halbinsel aus und entriss damit den traditionell chinesischen Vasallenstaat der sinozentrischen ‚Weltordnung'.[151] Rasch änderte sich das Muster des wirtschaftlichen Austausches; die von Japan kontrollierten Gebiete wurden ökonomisch auf das Kernland ausgerichtet.[152] Um 1900 wurden bereits 75% des Außen-

[151] Vgl. Rokkan (1975: 596) „.... in Asia, Japan was the only successful center to rise on the edge of a great empire".
[152] See Myers/Peattie (1984), Tsunoyama (1994), Schran (1994); vgl. Hamashita (2007: 5): „But Japanese modernization is more fruitfully examined in terms of its generation from within the Sino-centric tributary system. From this perspective Japanese modernization was an attempt to move the centre of the tributary trade structure

handels Koreas mit Japan abgewickelt; japanische Textilien dominierten den koreanischen Markt weitgehend.[153] Japan benützte auch die Möglichkeiten, die das neue System unter westlicher Dominanz bot: Der ‚Freihandels-Imperialismus' ermöglichte den Absatz japanischer Güter in den Kolonien, und es errang ebenfalls nach westlichem Vorbild „Konzessionen" von China. Die Geschäftsverzeichnisse von Shanghai oder irgend eines anderen chinesischen ‚Vertragshafens' sind interessante historische Dokumente, die diesen Prozess abbilden. Darin sind Unternehmen fast aller europäischer und nordamerikanischer Länder zu finden – und eben japanische. Japan ließ bezüglich des Anteils am chinesischen Markt rasch seine westlichen Konkurrenten hinter sich.

II.12.4 Kolonialherrschaft

Die Kontrolle über die Kolonialgebiete wurde mittels direkter und indirekter Herrschaft ausgeübt, wobei die Grenze zwischen diesen beiden Formen schwer zu ziehen ist.[154] Die Herrschaft der Franzosen in Kambodscha und Laos, der Niederländer und Briten im maritimen Südostasien war indirekt, d.h. sie beließen die traditionellen Herrschaftsstrukturen grundsätzlich intakt, transformierten und modernisierten sie aber schrittweise in ihrem Interesse. Die Briten entwickelten ein System von *residents*[155], d.h. Vertretern Großbritanniens, die den lokalen Herrschern als „Berater" zur Seite standen und faktisch die laufenden Geschäfte kontrollierten. In Gebieten mit gering entwickelten Staatstrukturen und Systemen indirekter Herrschaft entstand koloniale Staatlichkeit ‚zwischen' den traditionellen Herrschern und der Bevölkerung. Anders in Zentral- und Nordvietnam, wo der traditionelle Staatsapparat bestehen blieb; dort schufen die Franzosen eine Parallelverwaltung. Direkte Herrschaft wurde ausgeübt von Frankreich in Südvietnam, von den Großbritannien in Birma und in den *Straits Settlements* (Kronkolonien) und von Spanien auf den Philippinen. Das Sultanat Brunei war ein britisches Protektorat. Der Unterschied zwischen direkter und indirekter Herrschaft besteht weniger im Effekt als in der Art der Legitimation. Auch in den Systemen indirekter Herrschaft gab es Bereich direkter Herrschaft, nämlich in der Kontrolle der Siedlungen und Handelsposten der Europäer, aber auch in speziellen ökonomischen Zonen. Legitimation für die Kolonialherrschaft boten im Allgemeinen die (Wieder-)Herstellung von ‚Recht und Ordnung', die Beendigung von Piraterie, und die Protektion ‚friedlichen' Handels und der Schutz von Europäern resp. von Christen. Abgeschafft wurden die Sklaverei und sklavereiähnliche Formen der Schuldknechtschaft, ebenso Praktiken wie die Kopfjagd und der Kannibalismus. Die willkürliche Herrschaft lokaler Führer wurde eingeschränkt und Geheimgesellschaften bekämpft. Dahinter standen langfristige legitima-

---

from China to Japan. In other words, the main issues in Japanese modernization were how to cope with Chinese dominance over commercial relations in Asia, a dominance that had long functioned as the base for Sino-centric integration through the tributary trade relationship, and how to reorganize relations among Japan, China, Korea, and Liuqiu (Ryukyu) in ways that put Japan at the centre.".

[153] Göthel (1988: 17); Cumings (2005: 135).

[154] So kommt Trocki (1999: 80) zur Einschätzung. „While the legal status of the prior institutions could be taken as a formal guide to the presence of a system of direct or indirect rule, in practice there was often little to distinguish the systems. During this period, legal niceties were respected only at the convenience of the colonial power, though such technical points once again became of importance when questions arose regarding the structure of the post-colonial state. (...) indirect rule often signified no more than a transitory stage between the inception of a colonial presence and the development of a more comprehensive administrative machine." (vgl. ebd., 90-97).

[155] Die französischen Äquivalente hiessen *résidents superieurs*.

torische Konzepte wie die *mission civilisatrice* Frankreichs, „the white Man's burden" (Kipling) oder die „ethische Politik" der Niederländer. Auf den Philippinen übten die USA zwar direkte Herrschaft aus, im Endeffekt stärkten sie aber die traditionelle Oligarchie, indem sie diese auf der Basis ihrer wirtschaftlichen Position schrittweise die Kontrolle über das politische System übernehmen ließen. Trocki (1999: 92) schließt, dass die US-amerikanische Herrschaft damit eigentlich wie diejenige der Niederländer funktionierte.

Für die tieferen Stufen der Bürokratie stützten sich die Kolonialmächte oft auf ethnisch fremde oder minoritäre Gruppen. In Birma rekrutierten die Briten viele indische Immigranten, in Malaya oft Chinesen. Die Franzosen stellten in Laos und Kambodscha Vietnamesen an, während in Borneo und Sumatra die Niederländer oft Javaner beschäftigten. Die Franzosen mussten nach dem Ausschluss der konfuzianischen Beamtengelehrten in Südvietnam eine neue (untere) Beamtenklasse schaffen. Die Niederländer machten aus den *Priyayi*, einer aristokratischen Schicht auf Java, im Verlaufe der Entwicklung eine Beamtenklasse im Dienste des ihres Regimes (Trocki 1999: 83ff). In Gebieten ohne Staatsbildung kamen die lokalen und regionalen Herrscher oft zu einer historisch neuen Machtsicherung, da sie von den Kolonialmächten bestimmte Funktion verliehen bekamen.[156]

Die Erhaltung traditioneller Eliten und Institutionen erwies sich für die Kolonialherrschaft auch deshalb als langfristig von Vorteil, weil das Verhältnis zu diesen ein politisches Problem, oft sogar ein Spaltungsgrund für die nationalistisch geprägten Unabhängigkeitsbewegungen darstellte (dazu unter II.12.6).

II.12.5 Die Eigenentwicklung Siams

Siam ist ein interessanter Fall mit ‚Zwischenlage'. Für südostasiatische Verhältnisse ein relativ konsolidierter Staat mit ausgedehntem Reichsgebiet und traditionell ein offenes Land, vermochte es sich von allzu dominantem westlichen Einfluss immer wieder zu lösen und einer weitergehenden Vereinnahmung zu entziehen, z.B. in den 1680er Jahren gegenüber den Franzosen. Die häufigen militärischen Konflikte mit Birma zwangen zur Intensivierung staatlicher Herrschaft und zum Import europäischer Militärtechnologie. Die Eroberung der Hauptstadt Ayutthaya durch die Birmanen im Jahr 1767 vermochte die Entwicklungsdynamik der Landes nur vorübergehend zu unterbrechen.

Angesichts des Schicksals der rivalisierenden Staaten Birma und Vietnam wurde im Königreich Siam eine rasche Modernisierung nach westlichem Vorbild zunehmend als notwendig und unausweichlich gesehen. Da man Frankreich angesichts seines Vordringens in Indochina als den gefährlicheren Staat einschätzte, setzte man vor allem auf eine Verständigung mit den Briten. Die politische Unabhängigkeit konnte zumindest formal aufrechterhalten werden. Bereits 1855 hatte der König dem westlichen Druck nachgegeben und einen ‚ungleichen Vertrag' (Bowring-Vertrag) unterzeichnet. Die ‚Öffnung' beinhaltete auch die Abschaffung vieler Zölle und der königlichen Handelsmonopole, bis anhin die Haupteinnahmequelle des Hofes. In der Folge wurde das Verwaltungssystem zentralisiert, die Steuererhebung systematisiert und ausgeweitet. Die traditionellen ‚Ministerien' waren

---

[156] Lieberman (1993: 566) zur Situation auf den Philippinen: „By providing chiefs with unprecedented security in office, with novel economic opportunties, and with a wider arena for the exercise of patronage, the Spanish gradually enlisted local headmen to serve not only as the lowest rung of the Spanish political structure, but also as cultural brokers between Spanish friars and the rural population."

traditionell die Domänen bestimmter aristokratischer Familien, die faktisch auch die Rechte auf bestimmte Provinzen und ökonomische Ressourcen hatten. Oft verfügten sie auch über eigene Armeen. Schrittweise Reformen unter König Chulalongkorn (reg. 1868-1910) veränderten dies in den 1880er Jahren. Die Ministerien wurden unter Beizug westlicher Experten modernisiert, wobei darauf geachtet wurde, keinem nationalen System einen allgemeinen Vorzug zu geben und damit dessen potentiellen Einfluss auf die Entwicklung des Landes zu groß werden zu lassen. An die Spitzen der neuen Ministerien wurden die einzigen Personen mit einer westlichen Ausbildung im Königreich gesetzt – die Brüder und Halbbrüder der Königs. Die Provinzherrscher, die die (vererbbare) Funktion eines Gouverneurs hatten, wurden sukzessive durch Beamte aus der königlichen Bürokratie ersetzt. In der Reorganisation der Provinzverwaltung folgte Chulalongkorn dem britischen Modell in Indien. Das Rechtssystem wurde mit Hilfe französischer und belgischer Berater auf der Basis des *Code Napoléon* entwickelt. Eine professionelle ‚nationale‘ Armee entstand, – die einzige in Südostasien vor 1945. 1902 wurde die allgemeine Militärpflicht eingeführt. Unter königlicher Patronage wurde der Theravada-Buddhismus offizielle Staatsreligion. Die Modernisierungspolitik traf auch auf Widerstand, der sich ähnlich äußerte wie in kolonisierten Gebieten (dazu unter II.12.6.1).

Eine Reihe wirtschaftspolitischer Maßnahmen wurde getroffen, die Siam in den Weltmarkt integrieren sollten. Als nicht-industrialisiertes Land folgte es in vielem dem Vorbild der exportorientierten Produktion britischer und niederländischer Kolonialgebiete. Die chinesische Immigration ging weiter, wobei sie sich auf die Hauptstadt und die Plantagen- und Minengebiete des Südens Siams konzentrierte. 1910 waren rund 10% der Bevölkerung Siams ethnische Chinesen. Die Chinesen dominierten die modernen Sektoren der Wirtschaft; im Süden übernahmen sie zudem häufig Funktionen für die Verwaltung. Die Steuereintreibung wurde traditionellerweise von ethnischen Chinesen durchgeführt.

Wie unabhängig war Siam? Für Kratoska/Batson (1999) war das Land Teil des ‚informellen Imperiums‘ Großbritanniens:

„Siam in some degree became a part of Britain's informal empire, in which British interests, particularly economic, predominated without the exercise of formal sovereignty." (Kratoska/Batson 1999: 288)

Für Trocki (1999) kann die Situation Siams aufgrund der Kombination aus ‚ungleichen Verträgen‘, ausländischer ökonomischer Dominanz und westlicher ‚Berater‘ des Königs mit derjenigen malaiischer Sultanate verglichen werden: „an extreme example of indirect rule" (Trocki 1999: 82). Diese Einschätzung vernachlässigt allerdings die Bedeutung der deutlich höher entwickelten traditionellen Staatlichkeit Siams und des einheimischen Kapitals in der ökonomischen Entwicklung. Es flossen deutlich weniger westliche Direktinvestitionen nach Siam als in die direkt kolonisierten Länder (vgl. Tab. II.11). In der Weltwirtschaftskrise stand Siam, ohne Anbindung an ein ‚Mutterland‘, vor verschlossenen Märkten. Dixon (1999b) kommt zum Schluss, das die Nicht-Kolonisierung Siams eine bedeutender Faktor hinter einer langsameren, aber ausgewogeneren wirtschaftlichen Entwicklung war, die insgesamt zu einer im Vergleich mit den kolonisierten Nachbarländern weniger polarisierten Einkommens- und Besitzstruktur führte.[157]

---

[157] Dixon (1999b: 57f): „The preservation of a degree of Thai political independence and the consequent less intensive mode of assimilation that resulted almost certainly ensured a slower pace of change compared to neighbouring

In den 1930er Jahre definierte der ‚Sicherheitsdienst‘ des niederländischen Kolonialregimes fünf Quellen der Bedrohung der Kolonialherrschaft: ‚extremistische‘ Bewegungen (traditionelle messianische Aktivitäten), Gewerkschaften, ‚ausländische‘ Bewegungen (kommunistische Gruppierungen, aber auch solche geführt von lange im Ausland gelebt habenden indonesischen Oppositionspolitikern), nationalistische und islamistische Bewegungen sowie die Organisationen von Chinesen in Indonesien, die unter dem Einfluss der Entwicklungen in China standen.[158] In der Tat waren die potentiell und tatsächlich antikolonialen Bewegungen, verstanden als alle Aktivitäten, die die Herrschaft der westlichen Kolonialmacht destabilisieren und zerstören konnten, überaus divers. Die Begriffe *antikolonial* oder *nationalistisch* sind nur mit Vorsicht zu gebrauchen resp. sogar irreführend. Idealtypisch können traditionalistische und modernisierungsorientierte Bewegungen unterschieden werden, auf der Basis ihres Verhältnisses zum modernen (kolonialen) Staatsapparat.

II.12.6.1 Traditionalistische Bewegungen

Unter den Kolonialregimen gab es immer wieder Widerstandsbewegungen, die sich meistens aus der Ablehnung administrativer Maßnahmen, insbesondere der Besteuerung, entwickelten und die eine bäuerliche Basis hatten. Sie verbanden sich häufig mit jüngeren, ambitionierten Abkömmlingen der traditionellen Herrscherdynastien (oder solchen, die dies glaubwürdig behaupteten), religiösen Führern (wundertätige Mönche, weise Eremiten, charismatische Prediger etc.) und Bauern, die aus den politisch kontrollierten Gebieten in abgelegene Örtlichkeiten geflohen waren und dort neue Gemeinden gegründet hatten. Die mobilisierenden Ideo-logien waren dementsprechend eine Mischung aus verschiedenen Motiven: Die Wiederherstellung der traditionellen, „natürlichen" oder „gottgewollten" Ordnung, die Vertreibung der Kolonialisten resp. der „Ungläubigen", die Verbesserung der Lebensbedingungen und die Herstellung gesellschaftlicher Gleichheit, die Vorbereitung auf eine kommende „Endzeit" oder ein „Himmelsreich". Oft waren diese Bewegungen religiös heterogen und inkorporierten Elemente der Weltanschauung der dominanten Macht.[159] Ausgelöst wurden sie durch eine Kombination von Ereignissen: Akte politischer Unterdrückung, ökonomische Krisen, aber auch das Sichten von Kometen, Vulkanausbrüche und andere laut traditionellen Interpretationen große Veränderungen ankündigende Erscheinungen.

---

colonial economies. The rapid disruption and disintegration of the traditional social structures that marked French rule in Indo-China and British rule in Burma was largely avoided. To a degree the Thai state could control the rate and path towards the establishment of capitalist production. In the long term the much more gradual development of production and internationalisation of the economy probably served the mass of the population well. (...) Rice production remained based on small-scale owner occupied farms without development of large-scale production or foreign landlords as was the case in Burma." Zu Thailands Entwicklungsweg siehe Peitz (2005).

[158] Nach Kratoska/Batson (1999: 269).

[159] Ileto (1999) zeigt an vielen Beispielen, wie religiöse Diskurse gleichzeitig Herrschaftsinstrument und Artikulationsmittel für antikolonialen Widerstand in Südostasien waren. Voraussetzung dafür war ihre Verbindung mit der traditionellen Kultur: „Once implanted in Southeast Asia, the universalizing faiths became localized as Thai, Filipino, Vietnamese, or whatever. Core doctrines entered into play with older local preoccupations such as ancestor worships, invulnerability magic, healing, worship of village and mountains spirits, and ideas of power. Furthermore, as these localized religions functioned in popular movements they were already readings ‚from below‘ in line with the material and symbolic interests of the subordinate class." (Ileto 1999: 194).

Die Charakterisierung vieler Widerstandbewegungen als *antikolonial* ist nicht ohne Probleme. Vielerorts erwuchs der Widerstand aus der Ablehnung zentralistisch-bürokratischer Herrschaft im Allgemeinen. Die vom Islam und einheimischen mystischen Traditionen beeinflusste *Samin*-Bewegung um 1900 auf Java z.B. richtete sich gegen Fremdherrschaft, staatliche Restriktionen und die Geldwirtschaft. Steuerzahlungen wurden verweigert, aber kein bewaffneter Widerstand geleistet. Gerichtet war sie gegen die Niederländer genauso wie gegen die *Priyayi* und die chinesischen Unternehmer und Zwischenhändler (Ileto 1999: 221f).

Besonders erhellend ist wiederum der Fall Siam, da der Staat dort unter der Führung einer einheimischen Elite modernisiert wurde. Die neue Politik unterminierte die Herrschaft lokaler aristokratischer Familien und verstärkte den wirtschaftlichen Druck auf die Bauern. Vor allem in den peripheren, bisher wenig integrierten Gebieten des Reiches (nördliches Chaophraya-Tal, Laos, islamischer Süden) kam es zu Widerstandsbewegungen der beschriebenen Art. Einige Autoren schließen aus der komparativen Analyse dieser Bewegungen auf die staatliche Politik zurück und charakterisieren diese als „internal colonialism" (Ileto 1999), was dem analytischen Gehalt des Begriffes allerdings abträglich ist. In diesem Verständnis ist praktisch jede Intensivierung von Herrschaft „kolonialistisch". Im vorliegenden Zusammenhang setzt der Begriff *kolonial* (wie *antikolonial*) die Herrschaft einer nicht-einheimischen, nicht-traditionellen Elite voraus. Wichtig für das Verständnis dieser Konflikte ist, dass sich im Falle Siams die Widerstandsbewegungen auf die gleichen traditionellen (buddhistischen) Legitimationsquellen beriefen, aus denen auch der König seine Herrschaft ableitete. Damit waren die ideologisch-religiösen ‚Aufladungsmöglichkeiten' geringer als im Falle von Kolonialherrschaft. Die politische Zentrale in Siam verstärkte auch die Kontrolle über die religiöse Sphäre; 1902 wurde ein Projekt zur Zusammenfassung des Mönchs- und Klosterwesens in einer einheitlichen, zentralisierten Organisation entwickelt.

Die Entwicklung *Birmas* zeigt, was die Zerschlagung des traditionellen politischen Zentrums bedeuten kann. Schon vor der endgültigen Eroberung und dem Anschluss an Britisch-Indien erodierte die traditionelle Legitimation des Hofes, im Zuge des schrittweisen Kontrollverlustes über das Territorium. Buddhistische Interpretationen deuteten die Ereignisse als Zeichen einer nahenden Endzeit und eines baldigen (Wieder-)Erscheinens Buddhas. Zahlreiche messianische, millenaristische Bewegungen entwickelten sich. Im Gegensatz zu ihrer sonstigen Politik in Ostasien waren die Briten entschlossen, die bisherige politische Zentrale wegen ihrer kooperationsfeindlichen Haltung faktisch (und symbolisch) zu zerstören. Der birmanische König wurde exiliert, die Insignien seiner Herrschaft aus dem Palast in Mandalay abtransportiert.[160] Nichtbeabsichtigte Folge war der Zusammenbruch der religiösen Hierarchie. Aus birmanischer Sicht war dies das Ende einer kosmologisch gedeuteten Ordnung, das die traditionellen legitimatorischen Konzepte ‚freisetzte'. Jeder charismatische Führer konnte nun die Wiederherstellung des birmanischen Königtums, symbolisiert durch den Bau eines ‚Palastes', oder die Gründung eines buddhistischen Reiches ankündigen und Bauern, Mönche und Soldaten um sich sammeln. Folge war eine soziale und kulturelle Desintegration des Landes, eine andauernde Periode sozialer Unrast, der die Briten nur unter Einsatz großer militärischer und polizeilicher Kräfte Herr werden konnten. Birma verblieb unter einer Art Kriegsrecht bis 1942. Dadurch, dass der Buddhismus nicht mit der herrschenden Ordnung verbunden war, kam religiösen Fragen im antikolonialen Kampf eine große Bedeutung zu. Mönche waren oft an der Spitze antikolo-

---

[160] Das Palastgebäude wurde ein britischer Club.

nialer Bewegungen. Die *Young Men's Buddhist Association (YMBA)*, 1906 nach dem Vorbild einer christlichen Organisation gegründet, zielte zunächst auf Reformen zur Wiederherstellung kulturell-religiöser Traditionen, wurde dann politisiert im Rahmen einer Auseinandersetzung mit der Kolonialmacht darüber, ob Briten und andere Ausländer ebenfalls die Schuhe beim Betreten eines Tempelgebäudes auszuziehen hatten oder nicht. Der Konflikt hatte eine beachtliche mobilisierende Wirkung für die antikolonialen Bewegungen.

Die Franzosen in *Vietnam* schafften die Monarchie nicht ab, sondern strebten eine langfristige Instrumentalisierung des Königshofes an. Dies war insofern nicht erfolgreich, als die Widerstandsbewegungen im Allgemeinen die Kooperation des Hofes mit der Kolonialmacht ignorierten und die Wiederherstellung einer ,echten' vietnamesischen Monarchie verfolgten. Der sich entwickelnde Partisanenkrieg, der an eine lange Tradition des Widerstandes gegen ausländische – v.a. chinesische – Interventionen und Fremdherrschaft anknüpfen konnte, wurde auch von konfuzianischen Beamtengelehrten geführt, die eine klare Trennung zwischen dem moralischen Prinzip der Loyalität zur Monarchie und dem damaligen Hof machten. Allerdings waren die frühen antikolonialen Bewegungen in Vietnam auch sehr heterogen, was die ideologisch-religiösen Artikulationsformen betrifft, insbesondere im südlichen Teil des Landes. Angesichts des anhaltenden Widerstandes gingen die Franzosen 1867 zur direkten Herrschaft über und besetzten das ganze Land. Angehörige der Herrscherdynastie flohen zu den Aufständischen und erhöhten damit deren Legitimation, während die von den Franzosen eingesetzten Monarchen keine große Bedeutung mehr hatten. Bis zur Radikalisierung der antikolonialen Bewegungen nach dem Ersten Weltkrieg hatten die konfuzianischen Beamtengelehrten eine bedeutende Rolle im Widerstand gegen die Franzosen.

Im maritimen Südostasien kam dem *Islam* eine besondere Rolle zu. Als staaten- und regionenübergreifende Religion war er eine eigene Legitimationsquelle politischer Herrschaft, unabhängig von der jeweiligen Dynastie oder Kolonialmacht. Angesehene religiöse Lehrer zeigten immer wieder große politische Mobilisierungsfähigkeiten jenseits staatlicher Strukturen. Durch den Kontakt mit den islamischen Staaten Westasiens, vor allem auch durch die nach 1869 signifikant zunehmenden Mekkareisen, verbreiteten sich auch radikale, antikoloniale und antiwestliche Strömungen in Südostasien.[161] Wenig Widerhall fanden Versuche, eine panislamische antikoloniale Bewegung zu begründen, was mit traditionellen religiösen Differenzen und einer relativ säkularen Ausrichtung vieler Moslems in den Ländern Südostasien zu erklären ist (Kratoska/Batson 1999: 306).

II.12.6.2 Modernisierungsorientierte Bewegungen

Die Kolonialregimes waren gezwungen, einheimische Arbeitskräfte auch für die Kolonialverwaltungen heranzuziehen und zu diesem Zwecke auszubilden. Einigen wurde es ermöglicht, in Europa ein Universitätsstudium zu absolvieren, wo sie die sozialen Verhältnisse in den „Mutterländern" und auch deren politische Konflikte kennen lernten. Eine Ausbildung nach westlichem Muster erhielt nur ein geringer Prozentsatz der einheimischen Bevölke-

---

[161] Allerdings hatten radikale islamische Strömungen auch große Hindernisse zu überwinden, wenn sie eine „reine Lehre" ohne Zugeständnisse an die lokalen und regionalen kulturellen Traditionen vertraten. So wandte sich eine islamische Bewegung auf Sumatra, die *Padri*, auch gegen Glücksspiele, Hahnenkämpfe und Alkoholkonsum, was ihrer Unterstützung in der Bevölkerung abträglich war. Wie viele Vertreter der „reinen Lehre" schreckte sie in der Folge nicht vor der Anwendung von Gewalt zur Durchsetzung ihrer Prinzipien zurück (Ileto 1999: 206).

rung.[162] Gleichzeitig verboten die Kolonialregimes unabhängige Schulen oder überwachten und kontrollierten sie sehr genau, da man die Verbreitung antikolonialen Gedankengutes befürchtete. Nicht oder nur schwer zu überwachen war die internationale Kommunikation, die sich mit den technischen und organisatorischen Verbesserungen des 19. und 20. Jh. schnell entwickelte.

Diese neue politische Elite westlich ausgebildeter Asiaten war die Speerspitze eines neuen Typs antikolonialer Bewegung. Im Gegensatz zu traditionellen war das Ziel modernisierungsorientierter Bewegungen nicht die Wiederherstellung traditionaler Herrschaft und die Zerschlagung des kolonialen Staatsapparates, sondern dessen Übernahme und Neuausrichtung, üblicherweise mit Bezug auf westliche Werte wie Fortschritt, Moderne, Nation und Demokratie.[163] Die Artikulationsmittel dieser Bewegungen waren ‚modern': Sie gründeten Zeitungen und organisierten Massenversammlungen, Demonstrationen und Streiks nach westlichem Muster. Eine der Grundfragen modernisierungsorientierter Bewegungen war die Kooperation mit den Kolonialregimen. Als Reaktion auf die neuen politischen Bewegungen richteten diese Legislativräte und andere Konsultationsorgane ein. Auf der einen Seite gaben diese den neuen Eliten ein legitimes Sprachrohr, auf der anderen wurde gerade mittels dieser Organe deren weitgehende Einflusslosigkeit angeprangert. Die meisten Bewegungen zogen sich nach einer gewissen Zeit aus diesen Institutionen zurück und nahmen eine nichtkooperative Haltung ein.

Als die frühesten modernisierungsorientierten Bewegung unter Kolonialherrschaft in Südostasien gelten philippinische. Sie wurden geführt von den *ilustrados*, jüngeren, westlich ausgebildeten Mitgliedern der philippinischen Elite, überwiegend in städtischen Milieus. Die *Propaganda*-Bewegung um 1890 forderte nicht die Unabhängigkeit von Spanien, sondern den Status einer spanischen Provinz mit einer Repräsentation in den *Cortes*. Die *Katipunan*-Bewegung wiederum, die sich ebenfalls auf Postulate der europäischen Aufklärung und des Liberalismus berief und in den 1890er Jahren eine breite Wirkung entfaltete, strebte die Loslösung von Spanien und die Errichtung einer Republik an und plante den Einsatz von Gewalt zur Durchsetzung dieser Forderung. Auf dem Gebiet der niederländischen Kolonialherrschaft formierten sich islamisch-modernisierungsorientierte Bewegungen in den 1910er Jahren, ebenso wie die marxistisch geprägte *Indische Sociaal-Democratische Vereeniging (ISDV)*, die spätere *Perserikatan Komunis di India (PKI)*. In den folgenden Jahren kam es immer wieder zu organisatorischen Überlappungen zwischen diesen Strömungen, und auch die ideologischen Übergänge waren fließend.[164] Offensiv wurden nationale Konzepte und Symbole entwickelt: ‚Indonesien' als Bezeichnung des Territoriums von „Niederländisch-Ostindien", Jakarta als Name für Batavia, die Definition

---

[162] Die Ausnahme war die offene und breite Bildungspolitik der US-Amerikaner auf den Philippinen. Das Motiv war die Vorbereitung der Bevölkerung auf ein demokratisches System nach US-Vorbild nach Beendigung der Kolonialherrschaft.

[163] Damit gerieten sie in Konflikt mit traditionellen Bewegungen, mit denen sie oft ein antikoloniales Bündnis bildeten. Kratoska/Batson (1999: 283) charakterisieren dies für den Fall der birmanischen Unabhängigkeitsbewegung der 1920er Jahre wie folgt: „Urban nationalists, on the whole, essentially accepted the modernizing aspect of imperialism, wanted to oust the British and take over the colonial state. Many of the rural constituency wanted not only oust the British but also to abolish the colonial institutions that had come in their wake – the bureaucratic, economic and other structures that impinged with traditional village life."

[164] Der spätere Präsident Indonesiens Sukarno strebte als einer der politischen Führer der Unabhängigkeitsbewegung politisch ein breites Bündnis aller antiniederländischen Kräfte und ideologisch eine Synthese aus Nationalismus, Islam und Marxismus an (Geertz 1972: 313f; Legge 2003: 95).

einer indonesischen Sprache, basierend auf dem Malaiischen, sowie eine Nationalflagge und -hymne.

Das Echo modernisierungsorientierter Bewegungen bei der breiten, insbesondere ländlichen Bevölkerung hing zentral davon ab, ob sie es schafften, die modernen Konzepte zu ‚übersetzen‘ in die traditionellen Weltanschauungen resp. an deren Konzepte anzuknüpfen. Besonders in Birma ist die Grenze zwischen traditionellen und modernisierungsorientierten Bewegungen schwer zu ziehen, da der buddhistische Hintergrund prägend blieb. Auch die *Katipunan* hatte eine religiöse Dimension, insbesondere in der Propaganda auf dem Land und in der Verehrung von ‚Märtyrern‘ der Bewegung.

Von besonderer Bedeutung für die modernisierungsorientierten Bewegungen war Japans erfolgreiche Entwicklung seit der Meiji-Reform, die zeigte, dass moderne wirtschaftliche und staatliche Strukturen in Ostasien unter einer einheimischen Elite erreicht werden konnten. Studenten aus allen ostasiatischen Ländern kamen nach Japan und erhielten dort eine bleibende Prägung. Der Sieg der Japaner im russisch-japanischen Krieg 1905 war eine Bestätigung dafür, dass der ‚Westen‘ auch militärisch von einer ‚asiatischen‘ Macht geschlagen werden konnte. In Südostasien war der Einfluss des ‚Vorbildes Japan‘ auf politische Aktivisten besonders groß in Vietnam und auf den Philippinen. Die Ausstrahlungskraft Japans nahm allerdings in dem Masse wieder ab, in dem sich dieses in das imperialistische System einklinkte und selber zur Kolonialmacht in Taiwan und Korea wurde. Nach der Revolution von 1911 wurde China zum Vorbild für viele modernisierungsorientierten Bewegungen und auch zum Exilort vieler politisch Verfolgter. Im Falle Birmas, das von den Briten in ihr indisches Kolonialreich integriert wurde, war das Vorbild der dortigen Unabhängigkeitsbewegung – die indische Kongresspartei ist bereits 1885 gegründet worden – von großem Einfluss. Auch war es schwierig für die Briten, Reformen in Richtung Selbstverwaltung in Indien nicht auch auf Birma auszudehnen.

Eine neue Etappe für die antikolonialen Bewegungen begann mit der Schwächung der westlichen Mächte infolge des Ersten Weltkrieges und der Russischen Revolution. Die Transformation der marxistischen und sozialistischen Analysen in eine autoritäre Mobilisierungsideologie für periphere Länder und die Industrialisierungserfolge der jungen Sowjetunion fanden großen Widerhall bei den modernisierungsorientierten Bewegungen in Ostasien. Der Zusammenbruch der multi-ethnischen Reiche (Österreich-Ungarn, Ottomanisches Reich) stärkte nationalistische Ideologien. Die Weltwirtschaftskrise wiederum zerrüttete die exportorientierten Wirtschaften der Kolonialländer und bereiteten den Boden für die antikoloniale und antikapitalistische Agitation der bäuerlichen Bevölkerung.

Die erfolgreiche Anknüpfung an historische Traditionen und Weltanschauungen war ein Grund dafür, dass sich sozialistische und kommunistische Parteien in Südostasien von den 1920er Jahren an rasch verbreiteten. Die westlichen Theorien wurden selektiv übernommen, adaptiert und transformiert. Neue synkretistische Ideologien entwickelten sich: ein christlich motivierter Sozialismus auf den Philippinen, ein ‚buddhistischer Sozialismus‘ in Birma, und Verbindungen von Islam, Antikapitalismus und Antiimperialismus auf dem Gebiet des heutigen Indonesien. Die chinesische und vietnamesische Kultur erwiesen sich als besonders fruchtbarer Boden für ideologische und organisatorische Formen, wie sie von kommunistischen Parteien in Europa entwickelt worden waren. Die lange Tradition von ‚Geheimgesellschaften‘ in China bot Anknüpfungspunkte für die Tätigkeiten als illegal erklärter politischer Gruppierungen. Verschiedentlich ist auf strukturelle Ähnlichkeiten zwischen Konfuzianismus und marxistisch-leninistischen Theorien verwiesen worden, wobei häufig folgende Elemente genannt werden: die ‚diesseitige‘, weltliche Orientierung, der Anspruch, eine rationale, wissenschaftliche Doktrin universeller Anwendbarkeit zu vertreten, die hierarchische Struktur und die starke Betonung politischer Beziehungen und des Staates (vgl. Kratoska/Batson 1999: 275). Ileto verweist auf die Ähnlichkeiten konfuzianischer Beamtenherrschaft mit den Führungsmethoden kommunistischer Kaderparteien:

> „Peasants accustomed to sorcerers or holy men predicting the future decreed by heaven did not have much trouble accepting the Marxist notion of a historical process that would guarantee victory to the revolutionaries. After all, this was the teaching of cadres who behaved in a manner reminiscent of the village Confucian scholars, whether in crusading against corruption, displaying a superior morality, or practising stoicism in the face of adversity. The mandate of heaven was envisioned as passing from class to class rather than from dynasty to dynasty; images of civilizing action of this mandate even pervaded the language that articulated the notion of ‚socializing landed property‘ (*xa hoi hoa*).“ (Ileto 1999: 239)

Es ist aber auch argumentiert worden, dass der Buddhismus in gewisser Weise den Boden bereitete für kommunistische Bewegungen. Chandler (1999: 62f) verweist auf die hohem moralischen Normen und den Führungsanspruch der buddhistischen Mönche wie der neuen kommunistischen Kader und auf die Ähnlichkeit der Art moralischer Lehrreden. Zahlreiche kommunistischen Kader in Kambodscha waren zuvor Mönche, Lehrer oder Studenten gewesen. Auch der Rückzug in die Wälder für den Guerillakrieg konnte an historische Modelle (hinduistische wie buddhistische) anknüpfen: Die Mythologie Südostasiens ist voll von Prinzen im Exil, noblen Banditen und gelehrten Einsiedlern, die in wichtigen historischen Momenten die Macht übernehmen, oft ausgestattet mit überlegener Weisheit und Kampftechniken und magischen Kräften wie der physischen Unverletzbarkeit (vgl. Chandler 1999: 76f).

Oft werden diese Bewegungen als *nationalistisch* bezeichnet, als Synonym für Unabhängigkeitsbewegungen. [165] Dies verdeckt, dass sich viele der antikolonialen Bewegungen auf transnationale Ideologien wie den Islam, Sozialismus oder Kommunismus beriefen und oft auch eine soziale Basis hatten, die kaum als ‚national‘ bezeichnet werden kann.[166] Der antikoloniale Kampf erforderte im Allgemeinen die Bündnisbildung aller entsprechenden Kräfte auf dem Territorium des Kolonialstaates, was insbesondere im maritimen Südostasien nationalistische Formen verunmöglichte. Die Leitideen und politischen Konzepte für die Führung eines Staates nach der Kolonialherrschaft wurden allerdings überwiegend nach den westlichen Nationalstaaten modelliert. Oft war die Formierung einer einheitlichen ‚nationalen Kultur‘ oder ‚Identität‘ explizites Ziel dieser Bewegungen, was in der Praxis den Hegemonieanspruch der größten ethnischen Gruppe bedeutete. Im nationalistischen Gehalt vieler antikolonialer Diskurse steckte der Sprengsatz für ethnische Konflikte nach der Unabhängigkeit. Insbesondere in den Ländern des Festlandes – Birma, Thailand, Kambodscha und Vietnam – setzte sich ein Staatsverständnis durch, das viele Elemente eines ethnisch-kulturellen Nationalismus beinhaltete. In den 1930er Jahren, unter dem Einfluss der Entwicklungen in Europa und auch in Japan, verstärkten sich die Tendenzen zum politischen

---

[165] ‚Nationalistische‘ Forderungen waren auch ‚legitimer‘ in den Augen der Kolonialbehörden als transnationale Ideologien und konnten freier ausgedrückt und diskutiert werden. Damit förderten sie diesen Artikulationstypus.

[166] Kratoska/Batson (1999: 245) charakterisieren ‚nationalistische Bewegungen‘ in Südostasien folgendermaßen: „most of them represented nationalism of a particular sort, based on territories containing heterogenous populations rather than on groups of people with shared cultural characteristics.“ (Vgl. ebd. S. 250f; Tarling 1999: 4f).

Autoritarismus und Militarismus in vielen nationalistischen Bewegungen und damit die Bereitschaft, Zwangsmassnahmen zur kulturellen Assimilation und ‚nationalen' Ausrichtung aller gesellschaftlicher Gruppen zu ergreifen.[167]

Dass es in *Laos* und *Kambodscha* nur wenig antikolonialen Widerstand gab, ist mit der spezifischen Situation dieser Länder zu erklären. Ohne die französische Kolonialherrschaft wären sie wahrscheinlich vollständig und definitiv in eines der beiden Nachbarreiche, Siam oder Vietnam, integriert worden. Dementsprechend war ein Teil der traditionellen politischen Elite pro-französisch und übernahm einen französisch inspirierten Lebensstil. Als stärker erwies sich aber der politisch-kulturelle Einfluss der ‚großen Nachbarn'. Die Laoten beidseits des Mekong wurden zunehmend involviert in den vietnamesisch geprägten antikolonialen Kampf, während sich in Kambodscha ein buddhistisches Königtum nach siamesischem Vorbild stabilisierte.

II.12.6.3   Loyalisten

Unter den Kolonialregimes gab es gesellschaftliche Gruppen, die aus verschiedenen Gründen für die Aufrechterhaltung der Kolonialherrschaft waren. Dies waren neben der eigentlichen kolonialen politischen und wirtschaftlichen Führungsschicht auch kooptierte traditionelle Aristokratien wie die malaiischen Sultane und die *Priyayi* sowie ethnische Gruppen, die spezielle Funktionen für die Kolonialmacht ausübten (z.B. die vielen Ambonesen, die in niederländischen Armeediensten standen) oder befürchten mussten, in einem nationalistischen Regime Wohlstand und/oder Rechte zu verlieren. Zu den letzteren gehörten viele ethnische Chinesen und in Birma und Malaya viele Inder[168], die Teil der wirtschaftlichen Elite waren, von den Kolonialregimen protegierte Großgrundbesitzer, aber auch die eine christliche Dominanz befürchtenden moslemischen Moros auf den südlichen Philippinen. In der chinesischen Diaspora in Südostasien gab es besonders viele, die in enger Kooperation mit den Kolonialregimen zu Wohlstand gekommen waren und bei jedem Regimewechsel nur verlieren konnten. In Britisch-Malaya, besonders in Penang und Singapur, gab es große Gruppen loyaler, ja patriotischer ‚Britisch-Chinesen', die sich von den in China geborenen Landsleuten abgrenzten. In Birma standen ethnische Minderheiten angesichts des birmanischen Nationalismus auf der Seite der Briten, namentlich die Shan und insbesondere die Karen[169], die infolge der Missionierung seit dem frühen 19 Jh. den christlichen Glauben angenommen hatten und von den Briten bevorzugt für die Kolonialarmee rekrutiert wurden.[170] Viele Vietnamesen im französischem Kolonialdienst nahmen den katholischen Glauben an und imitierten einen französischen Lebensstil. Zum Christentum konvertierte

---

[167] Am deutlichsten in Thailand nach der Abschaffung der absoluten Monarchie 1932, unter der Regierung Phibun Songkhrams. Der Thai-Nationalismus war gegen westlichen Einfluss gerichtet, aber auch gegen die chinesische Kultur in Thailand und die moslemisch-malaiische Kultur im Süden des Landes. Eine traditionelle ‚Thai-Kultur' wurde definiert, mittels Standardisierung kultureller Formen (Sprache, Kleidung etc.) und der Schöpfung nationaler Mythen, verbunden mit Zwangsmassnahmen zur kulturellen Assimilation der ethnischen Minoritäten. Auch die Umbenennung Siams in ‚Thailand' 1939 war Teil des ethnisch-nationalistischen Programms. Wenig Erfolg war den Versuchen beschieden, ein ‚Großthailand', alle ehemals in irgendeiner Form mit dem siamesischen Reich verbundenen Gebiete umfassend, ‚rassisch' und sprachlich zu begründen.

[168] Zu den Indern in Südostasien siehe Bahadur Singh (Hg., 1982).

[169] Die Karen gründeten 1880 eine der frühesten ‚nationalen' Organisationen Ostasien, die *Karen National Association (KNA)*, und strebten ohne Erfolg Eigenstaatlichkeit an.

[170] Die Karen machten zwei Drittel der birmanischen Kolonialarmee aus, das andere Drittel bestand vorwiegend aus Shan und Kachin.

Asiaten waren im Allgemeinen Loyalisten. Auf Java wurde die Konversion zum Christentum mit einem Ausdruck bezeichnet, der wörtlich als „in die niederländische Gesellschaft eintreten" übersetzt werden kann (Ileto 1999: 222). Allerdings gab es in Gebieten, in denen wie auf den Philippinen der überwiegende Anteil der Bevölkerung christianisiert wurde, auch antikoloniale Widerstandsbewegungen, die mit biblischen Motiven argumentierten.

II.12.7 Effekte des Kolonialismus

II.12.7.1 Einleitung

Die Kolonialherrschaft hatte zweifellos in allen Ländern prägende Auswirkungen auf Gesellschaft und Staat, sei es aufgrund der Zerschlagung autochthoner politischer Strukturen, der Verhinderung ihrer weiteren Evolution oder durch ihre Instrumentalisierung im Rahmen ‚indirekter Herrschaft'. Auch auf die nachkoloniale Staatlichkeit wirkte das ‚Kolonialerbe' nach: In den meisten Fällen wurden Staatsapparate nicht aufgelöst und neu gegründet, sondern erhalten und neu ausgerichtet, mit unterschiedlichem Erfolg.[171] Dass mit dem Kolonialismus verbundene Faktoren in der nachkolonialen Periode eine signifikante Rolle spielen, hat die empirische Forschung mehrfach belegt[172] Die Konstruktion von Variablen zur Abbildung der Effekte des Kolonialismus ist allerdings schwierig, da gleichzeitig ‚Tiefe' der Wirkung und verschiedene Grundtypen von Wirkungszusammenhängen erfasst werden müssten. Erstere wird mit der Länge der Kolonisierung (Anzahl Jahre) nur unzureichend erfasst, letztere mittels der Variable ‚historischer Ursprung des Rechtssystems' (Englisch, Französisch, Deutsch resp. sozialistisch) nicht einmal annähernd.[173] Die Datenlage bezüglich der Effekte des Kolonialismus bleibt unbefriedigend, nicht nur hinsichtlich der Bedeutung politischer Herrschaft, solange nicht neue Konzepte für die Datenerhebung und Indexkonstruktion entwickelt werden.

Vor allem waren die Effekte höchst unterschiedlich. Murray (1980) brachte dies auf den Punkt:

> „... nowhere were colonially inspired changes the same. The piecemeal annexation of territories took place under widely diverse circumstances, with varying degrees of disruption of preexisting social structures, and with considerably different outcomes. This historical specificity of each instance of metropolitan colonial annexation has made the study of colonialism proper a complicated and perplexing task. (...) In particular, the relationship between colonial expansion and capitalism presents innumerable theoretical difficulties. (...) certain discrete elements of the former non-capitalist mode of production were being preserved at the same time others were being undermined." (Murray (1980: 2, 8)

---

[171] Vgl. Tinker (1966: 79) in den Schlussfolgerungen aus einer komparativen Analyse der ‚Hinterlassenschaften' des britischen Kolonialismus in Süd- und Südostasien: „...nowhere in Southern Asia did Britain utterly fail to leave as part of the imperial legacy the nucleus of a capable national Civil Service."

[172] Siehe die neueren Untersuchungen von Grier (1999), Acemoglu et al. (2001), Bertocchi/Canova (2002), Kim (2004), Nunn (2004).

[173] La Porta et al. (1998, 1999) verwenden die Variable als Maß für den Rechtsschutz privater Investoren resp. als Indikator für unterschiedliche Grade des Staatsinterventionismus', argumentieren aber im Hinblick auf andere Kolonialismusvariablen, dass sie damit dessen Effekt besser, nämlich direkt messen (La Porta et al. (1999: 264f).

Im vorliegenden Zusammenhang werden einerseits der Einfluss der Kolonialherrschaft auf die wirtschaftliche Entwicklung und andererseits das Pro-Kopf-Einkommen, die Bevölkerungsentwicklung und die Sozialstruktur etwas genauer betrachtet.

II.12.7.2 Wirtschaft

Wirtschaftliche Prozesse unter einem kolonialen Regime hatten einen Hauptzweck, nämlich Profite für die involvierten westlichen Firmen und Staaten abzuwerfen. Es wurden regionalspezifische Güter hauptsächlich für die nationalen Märkte resp. den Weltmarkt produziert, und die Gewinne wurden repatriiert.[174] Importiert wurden überwiegend industriell gefertigte Produkte aus den ‚Mutterländern'. Einheimische Produkte wurden verdrängt und potenziell konkurrierende Industrien in den Kolonialländern verhindert.[175] Investitionen wurden in unterschiedlichem Masse getätigt; Tab. II.11 gibt Schätzungen des Volumens der Investitionen aus westlichen Ländern in Südostasien um 1930, im Vergleich mit chinesischem Kapital in diesen Ländern.

Tabelle II.11: Ausländische Investitionen in Südostasien im Vergleich, 1930
(Schätzungen; Mio. USD)

Land *Investitionen*	Westliche				Chinesische**
	Portfolio	Direkt	total	% Gesamt*	
Birma	10	210	220	6	***
Indochina	25	255	280	8	236
Brit. Malaya	113	447	560	16	491
Niederl. Ostindien	397	1600	1997	56	620
Philippinen	85	300	385	11	189
Thailand	57	75	132	4	468
Total	687	2887	3574	100	2004

* gerundet / ** Schätzungen auf anderer Grundlage als die westlichen / *** Chinesische Investitionen in Birma waren gering; Schätzungen des Anteils indischer Investitionen in Birma belaufen sich auf 50%. Quelle: Zusammenstellung auf der Grundlage von Dixon (1999b: 57).

Wirtschaftlich am ausgeprägtesten kolonisiert durch westliches Kapital war Indonesien, in dem mehr als die Hälfte aller westlicher Investitionen in Südostasien getätigt worden war. Auch die Philippinen waren Zielort v.a. westlicher, aber in bedeutendem Masse auch chinesischer Investitionen (Verhältnis etwa 2:1). In französischen Indochina und dem britischen Malaya waren chinesische Investitionen fast gleich gewichtig wie westliche; im nichtkolonisierten Thailand übertraf das chinesische Kapital das westliche um etwa das Dreieinhalbfache.

Laut Maddison (2001) beliefen sich 1913 die ausländischen Investitionen in China sich auf 1600 Mio. Dollar, was pro Kopf 3.7 Dollar ausmachte.[176] In Indonesien waren nach seinen Angaben zum gleichen Zeitpunkt 600 Mio. Dollar investiert, 12 Dollar pro

---

[174] Der so genannte ‚colonial drain'; diese Gewinne wurden für das Jahr 1930 auf 3007 Mio. US-Dollar geschätzt (nach Elson 1999: 182).
[175] Industrielle Betriebe wurden vom Kolonialregime in Vietnam in wenigen Bereichen zugelassen, in denen es keine Konkurrenz mit französischen Produkten gab.
[176] Dollar zu laufenden Wechselkursen; Quelle: Maddison (2001: 99).

Kopf. Im Gesamtwert war dies deutlich weniger, als gleichzeitig in unabhängigen Ländern wie Argentinien (3136 Mio. Dollar) oder Kanada (3850 Mio. Dollar) investiert war. Im Vergleich der Pro Kopf-Werte wird deutlich, dass der Effekt in Ostasien relativ gering gewesen sein muss; sogar im bevölkerungsreichen Brasilien machten die ausländischen Investitionen mehr als 80 Dollar pro Kopf aus. Zumindest für China und Indonesien kann somit nicht gesagt werden, dass ihr Status als Kolonie bzw. ‚geöffnetes‘ Land auch ein Vorteil im Hinblick auf die Präferenzen von Investoren bedeutete.

Die wirtschaftspolitischen Praktiken der Kolonialregime können, von wenigen Ausnahmen wie der britischen Handelspolitik auf Stützpunkten wie Penang und Singapur abgesehen, nicht als liberal charakterisiert werden. Auch nach dem Ende der VOC 1795 waren Produktion und Distribution in der niederländischen Kolonialzone besonders stark staatlich kontrolliert. Unter dem ‚Kultivierungssystem‘, einem auf Zwangsarbeit und Exportorientierung basierenden Produktionssystem (etwa 1830-1870)[177], gab es staatliche Handelsmonopole in praktisch allen Bereichen. Dies erwies sich als lukrativ; in den 1850er Jahren machten die Erträge aus diesem System rund einen Drittel der niederländischen Staatseinnahmen aus (Elson 1999: 133).

Zölle, Steuersysteme und Handelsmonopole benachteiligten die Bevölkerung der Kolonialgebiete. Die Investitionen in die materielle Infrastruktur folgten einerseits kurzfristigen ökonomischen Imperativen und andererseits langfristigen strategischen Überlegungen im Rahmen von Kolonisierungsplänen, aus denen sich eine Prioritätensetzung zugunsten bestimmter Regionen ergab. Diese Investitionen konnten von bedeutendem Ausmaß sein; in Südvietnam ließen die Franzosen ein Kanalsystem zur Verbesserung von Bewässerung und Transport von insgesamt mehr als 1300 Kilometer Länge graben.[178]

Die Einbindung in die internationale Arbeitsteilung wies den südostasiatischen Ländern einen Status als Exporteure von Rohstoffen oder wenig verarbeiteten Produkten wie Reis, Zucker, Kohle, Zinn, Öl, Kautschuk, Holz, Kaffee und Tabak zu. Die Preise für die Produkte auf dem Weltmarkt waren starken Schwankungen unterworfen, die die Entwicklung der Gesamtwirtschaft stark beeinflussten. In Phasen großen Nachfrageüberhangs kam es zu eigentlichen *booms*, von denen in erster Linie die westlichen Unternehmen profitierten. Dann boten such auch vielen Einheimischen Chancen zur Verbesserung ihrer Einkommenssituation. So ermöglichte z.B. der Kautschuk-Boom nicht nur großen westlichen Firmen die Erzielung hoher Profite, sondern auch kleinen Produzenten Einkommenssteigerungen. Viele Bauern im heutigen Malaysia und Indonesien konnten die Tätigkeit der Kautschukgewinnung dank der geringen Kapitalintensität neben der traditionellen Landwirtschaft ausüben.

> „The sudden influx of cash from rubber rapidly increased the standard of living of those peasants involved. In Sumatra, for instance, peasant incomes doubled or tripled within a very short time; the new flows of disposable cash were spent on improving houses, building mosques, travelling to Mecca, buying imported textiles and other consumer goods, and sometimes reinvesting in the expansion of areas under rubber." (Elson 1999: 145).

---

[177] Statt Abgaben in Geldleistungen zu entrichten, wurde von der javanischen Bevölkerung verlangt, 20% ihres Ackerlandes mit exportfähigen Produkten zu bebauen und die Erzeugnisse für einen niedrig bemessenen Kostenersatz an die Kolonialverwaltung abzuliefern – darunter am profitabelsten Kaffee und Zucker, dann auch Tabak, Indigo, Tee, Zimt, Pfeffer und andere Handelswaren.
[178] Allerdings geschah dies bis 1890 vorwiegend mittels Fronarbeit; danach übernahmen private französische Firmen die Aufträge (Elson 1999: 141f).

Dass es nicht zu größerer Kapitalbildung, produktiven Investitionen oder Tätigkeiten in anderen Sektoren kam, hing zentral mit dem segmentierten wirtschaftlichen Kolonialsystem zusammen. So fasst Reid (1999i) zusammen:

> „… the wealth from these activities failed absolutely to reverse the long-term trend, or to give rise to indigenous centres of capital and large-scale modern production. In most cases this was because the colonial or semi-colonial framework ensured that this wealth would be channelled into the upper layers of the plural society – European and Chiense capitalists and an unproductive indigenous aristocracy." Reid (1999i: 232)

Hinzu kamen traditionell-kulturelle Faktoren: Da Land in Südostasien – im Gegensatz zu Arbeitskraft – im Allgemeinen keine knappe Ressource war, galt traditionell Sklavenbesitz resp. eine große Gefolgschaft als Ausdruck materiellen Reichtums, – ein Wertsystem, in dem produktive Investitionen nicht hochgeschätzt wurden.

Da die traditionelle Landwirtschaft Subsistenzgrundlage blieb, waren die exportorientierten Bauern weniger existenziell betroffen von den regelmäßigen *Weltmarktkrisen*. Die Tendenz zur Überproduktion und die Nachfrageschwankungen in Europa führten immer wieder zu drastischen Preiszerfallen dieser Produkte. Angesichts dieser Entwicklungen waren die Investitionen westlicher Unternehmen überwiegend kurzfristig orientiert und ‚Gewinnmitnahmen' ökonomisch ‚rational'. Die Produktionsstruktur wurde nicht diversifiziert. Der resultierende langfristige Effekt der kolonialen Politik war die „Entwicklung von Unterentwicklung" (Frank 1966).

Den Auswirkungen der Weltwirtschaftskrise der 1930er Jahre hatten die südostasiatischen Kolonialökonomien nichts entgegenzusetzen. Die Preise für die Exportgüter fielen weit unter die Produktionskosten, die Exporte gingen um 60-80% zurück. Viele Unternehmen gingen Konkurs. Die Einnahmen der Kolonialverwaltungen wurden praktisch halbiert, was zu einem Stellenabbau v.a. ‚teurer' westlicher Beamten führte. Viele Europäer und Arbeitsmigranten verließen die Kolonien bzw. wurden zwangsweise repatriiert. Die Löhne und Einkommen der einheimischen Arbeitskräfte gingen deutlich zurück. Diejenigen, die ihren Arbeitsplatz resp. ihr Einkommen behielten, profitierten von den zerfallenden Preisen. Viele Bauern konnten die Pacht für ihr Land nicht mehr aufbringen und mussten die Produktion aufgeben. Geldverleiher wurden zu Großgrundbesitzern; so kontrollierten z.B. die indischen Chettiar 1937 bereits 25% des landwirtschaftlichen Gebietes des unteren Birma (Elson 1999: 186).

Die Folgen waren die Intensivierung des Anbaus in traditionellen Gebieten, die nun mehr Menschen zu ernähren hatten, und das Erschließen von Neuland. Einheimische Produktion wurde wiederbelebt, so z.B. die Textilproduktion auf Java. Insgesamt kam es in den 1930er Jahren in Südostasien jedoch zu einem signifikanten Rückgang des Pro Kopf-Einkommens und zu einer Zunahme der sozialen Ungleichheit. In dieser Zeit machte sich auch ein neuer wirtschaftlicher Einfluss in Südostasien bemerkbar: Japanische Exporte verdrängten in den Kolonialgebieten zunehmend solche aus Europa. Die Kolonialmächte reagierten darauf mit protektionistischen Maßnahmen.

Im Endeffekt dürften die Kolonialregime *national, regional und lokal unterschiedliche Effekte* auf die Pro-Kopf-Einkommen in Südostasien gehabt haben. Aus den Schätzungen des kolonialen *drain* und aus einem Vergleich mit kolonialer Entwicklungsprozesse mit denjenigen Thailands und Japans kann geschlossen werden, dass Kolonialregime insgesamt ein wirtschaftliches Hindernis für die betroffenen Länder waren. Angesichts der höchst unterschiedlichen Entwicklungsniveaus und Ressourcenausstattungen der kolonisierten Länder sowie ihrer großen inneren Unterschiede ist jedoch nicht auszuschließen, dass in einigen Fällen die reale wirtschaftliche Entwicklung vorteilhafter gewesen ist, als sie unter nichtkolonialen Bedingungen gewesen wäre. Dies gilt vor allem für relativ begrenzte Gebiete, denen im Gesamtzusammenhang der jeweiligen Kolonialreiche besondere Funktionen zukamen oder die im Hinblick auf den Weltmarkt eine spezifisch vorteilhafte Standortqualität oder Ressourcenausstattung besaßen. Auch darf die generelle Bedeutung der Faktoren ‚Abwesenheit von Krieg‘ und ‚relative politische Stabilität‘ nicht unterschätzt werden, wie auch die Bilanz hinsichtlich der Auswirkungen auf die Lebenserwartung gezeigt hat. Maddison (2001: 90) schätzt, dass das BIP pro Kopf Indonesiens in der Kolonialperiode 1700-1820, im Gegensatz zu demjenigen der Niederlande[179], Chinas oder Indiens, gewachsen ist. Für die folgende Periode von 1820-1913 errechnet er eine durchschnittliche jährliche Wachstumsrate für Indonesien, die fast doppelt so hoch ist wie diejenige Indiens oder Brasiliens, während China eine negative Entwicklung aufwies. Dies ist ein Indikator für die mobilisierende Wirkung des niederländischen Kolonialsystems und sagt nichts aus über die Verteilung des erwirtschafteten Produkts. Für das Kernland des niederländischen Kolonialreiches, Java, gibt es in den 1840er Jahren zum ersten Mal Anzeichen für Armut und Hunger, die nicht mit Naturbedingungen oder Kriegen zu tun hatten, sondern mit der Art des Wirtschaftssystems.[180]

Die Datenlage hinsichtlich kaufkraftparitätischer BIP-pro-Kopf-Angaben ist erst für die Periode ab 1950 befriedigend, und für diesen Zeitpunkt liegen auch Daten resp. Schätzungen für alle ostasiatischen Länder vor. Allerdings kann aus einem Vergleich dieser Daten kaum ein Effekt des Kolonialismus erschlossen werden, da die Kriegsphase in Ostasien (1941-45), die anschließenden Jahre der Entkolonisierung und/oder der Unabhängigkeitskriege einen überlagernden Einfluss gehabt haben. Da zudem der Prozess der Entkolonisierung in den Ländern Südostasiens zu unterschiedlichen Zeitpunkten abgeschlossen wurde, kann auch kein sinnvolles Stichdatum definiert werden. Auf Basis vorhandener Daten darf vermutet werden, dass die Pro-Kopf-Einkommen 1913 in den Kolonialgebieten deutlich höher waren als 1950.[181]

II.12.7.3 Bevölkerungsentwicklung und Sozialstruktur

Koloniale Investitionen veränderten die ökonomische Opportunitätsstrukturen und beeinflussten dadurch die Verteilung der Bevölkerung, inner-, aber auch überregional. Die Entwicklung ökonomischer Projekte wie der Trockenlegung von Sumpfgebieten, der Erschließung von Plantagengebieten und der Ausbau der materiellen Infrastruktur (Eisenbahnen, Strassen, Kanäle) schufen Migrationsanreize und senkten die Reisekosten. Politische Motive standen hinter der Lenkung von Migrationsbewegungen: Man wollte die ethnische Zusammensetzung der Bevölkerung beeinflussen, um sie politisch besser kontrollieren zu können.

Die Briten und Franzosen erschlossen die Deltaregionen des Irrawaddy resp. des Mekong für den Reisanbau, was markante Bevölkerungsbewegungen aus anderen Landesteilen

---

[179] Dies liegt natürlich an dem außergewöhnlich hohen BIP/Kopf der Niederlande um 1700, damals 50% höher als das britische und fast viermal so groß wie das indonesische.
[180] Reid (1999i: 233f); vgl. Fn. 177, S. 131.
[181] Im Gegensatz zu den ‚Mutterländern‘; vgl. Maddison (2001: 90).

in diese Regionen zur Folge hatte. Am stärksten war der Effekt der kolonialen Politik dort, wo arbeitsintensive und großflächige Ressourcenextraktion oder *cash crop*-Pflanzungen betrieben wurden, z.B. die Zinnminen und der Kautschukanbau in Südostasien.

> „Not only were plantations generally in remote and lightly populated regions, but managers often found it impossible to obtain the services of local peasants. Thus frontier plantations depended almost wholly on recruitment from afar, sometimes employing private recruiting agencies to deliver them the numbers they needed, and sometimes relying on their own efforts." (Elson 1999: 156),

Besonders eindrucksvoll sind die Zahlen für die ursprünglich gering bevölkerte malaiische Halbinsel: Unter britischer Kolonialherrschaft kam es zu einer bedeutenden Immigration chinesischer und indischer Arbeitskräfte, von denen nur ein Teil in die Heimat zurückkehrte.[182] Im Verlauf des 19.Jh. dürften rund 5 Mio. Chinesen zugewandert sein, und in den ersten vier Jahrzehnten des 20. Jh. noch einmal 12 Mio. Die Immigration indischer Arbeitskräfte erreichte ihren Höchstwert mit 122'583 Personen im Jahr 1913; um 1911 machten Inder 11%, 1931 14.3% der Bevölkerung Malayas aus. Die Bevölkerung Malayas dürfte um 1800 eine Viertelmillion betragen haben, 1931 belief sie sich auf 3.8 Mio. Auch innerhalb des niederländischen Kolonialreiches fand Arbeitsmigration statt, von der bevölkerungsreichen Insel Java zu den äußeren Inseln der indonesischen Archipels. Zwischen 1913 und 1925 verließen 327'000 Vertragsarbeiter (*contract coolies*) Java. Birma wurde nach der Eroberung durch die Briten ihrem indischen Kolonialreich zugeschlagen, was eine ungehinderte Immigration von Indern zur Folge hatte. Laut Zensus-Daten waren 1931 7% der Bevölkerung Birmas Inder, die vorwiegend in Rangoon lebten. In dieser wirtschaftlich bedeutenden Stadt machten sie mehr als die Hälfte der Bevölkerung aus. Zumindest phasenweise waren die exportorientierten Wirtschaftssektoren Südostasiens zahlenmäßig dominiert durch nicht-indigene Arbeitskräfte.

Auf der malaiischen Halbinsel siedelten die Briten nach dem Zweiten Weltkrieg eine halbe Million chinesischer Dorfbewohner um, um sie von der Unterstützung der kommunistischen Guerilla fernzuhalten (Stockwell 1999a: 48), eine Strategie, die später auch die US-Amerikaner in Vietnam verfolgten.[183]

Die Kolonialregime hatten einen signifikanten Einfluss auf die Bevölkerungs*entwicklung*. Zunächst ist festzustellen, dass das Eindringen der Europäer keine Epidemien verursachte wie in anderen Weltregionen, v.a. den Amerikas. Im Gegensatz zu diesen war Südostasien schon lange Teil des Weltsystems und damit allen übertragbaren menschlichen Krankheiten ausgesetzt. Viele tropische Krankheiten haben vor allem den Europäern in Südostasien zugesetzt, wie die ihnen ursprünglich unbekannte *beri-beri*-Krankheit, und die Einwanderung aus Europa war gering. Kolonialinstitutionen wie die VOC mussten zusätzliche Anreize schaffen, um europäische Arbeitskräfte und Soldaten in die Region zu bringen.[184]

Der entscheidende Einfluss auf die einheimische Bevölkerungsentwicklung ging sicherlich von der Veränderung der ökonomischen Opportunitätsstrukturen durch die westlichen Mächte aus; diese Auswirkungen sind allerdings kaum zu quantifizieren. Einen direk-

---

[182] Daten nach Trocki (1999) und Kratoska/Batson (1999).

[183] 2003 taten dies auch die indonesischen Streitkräfte in ihrem Kampf gegen die Unabhängigkeitsbewegung in Aceh (vgl. *Old British Strategy For Use in Aceh*, FEER, 5.6.2003, S. 8).

[184] Der Anteil der Europäer dürfte immer unter einem halben Prozent der Bevölkerung gelegen haben (vgl. Elson 1999: 178f).

ten Effekt hatte die Einrichtung von Gesundheits- und Bildungssystemen. Die Niederländer z.B. begannen mit Impfaktionen gegen die Pocken auf Java bereits 1804, mit anhaltendem Erfolg, und betrieben eine medizinische Ausbildungsstätte für Einheimische in Batavia. Zur Verringerung der Säuglingssterblichkeit richteten die Briten in Malaya medizinische Beratungsstellen für Mütter ein. Es ist allerdings zweifelhaft, ob die kolonialen Maßnahmen zur Verbesserung der Gesundheitssituation der einheimischen Bevölkerung eine nachhaltige Breitenwirkung entfalten und konterkarierende Entwicklungen kompensieren konnten.[185] Viele ökonomisch motivierte Interventionen hatten indirekte Effekte auf die Gesundheit. Die rasche Urbanisierung führte zu gesundheitsgefährdenden Wohn- und Arbeitssituationen, und viele Infrastrukturmaßnahmen förderten die Verbreitung von Krankheiten. Arbeitskräfte wanderten im Allgemeinen freiwillig zu, die Arbeits- und Lebensbedingungen in den Plantagen und Minengebieten waren jedoch harsch. Die Plantagenbesitzer verfolgten häufig eine Strategie der langfristigen Verschuldung ihrer Arbeitskräfte, um sie an den Arbeitsort zu binden. Tropenkrankheiten und Arbeitsunfälle waren verbreitet; in manchen Jahren betrug die Sterberate von Minenarbeitern auf der malaiischen Halbinsel 50% (Elson 1999: 144). Im französischen Südvietnam war die Sterberate von Plantagenarbeitern, trotz ihres vergleichsweise tiefen Alters, doppelt so hoch wie der Durchschnitt (ebd., 157).

Im Endeffekt dürften die Kolonialregimes allerdings einen positiven Effekt auf die Bevölkerungsentwicklung in Südostasien gehabt haben. Bedeutender als die Auswirkungen der Gesundheits- und Bildungssysteme, die vermutlich nicht einmal die konterkarierenden Effekte ökonomisch motivierter Intervention kompensieren konnte, war allerdings der Rückgang kriegerischer Auseinandersetzungen nach dem Errichten der Kolonialreiche. Kriege waren in Südostasien immer mit der Deportation großer Bevölkerungsteile oder mit Versklavung verbunden gewesen und hatten zur Zerrüttung landwirtschaftlicher Produktionsverhältnisse und Hungersnöten geführt. Die rasche Bevölkerungszunahme in Südostasien im 19. und 20. Jh. reflektiert somit vor allem einen drastischen Rückgang der Mortalität, verbunden mit einem leichten Anstieg der Fertilität (Elson 1999: 160).

Die kolonialen Regime hatten einen bedeutenden Einfluss auf die *gesellschaftliche Heterogenität*. Durch Grenzziehungen und Migrationspolitiken beeinflussten sie, wie belegt, die Größe und ethnische Zusammensetzung der regionalen und lokalen Bevölkerungen. Mit der Einführung einer neuen (europäischen) Sprache, die üblicherweise die Amtssprache wurde, verstärkten sie die sprachliche Heterogenität. In bestimmten Region wurde die Sprache der Kolonialherren auch die dominierende Verkehrssprache. Insbesondere die neuen einheimischen Eliten im Staatsdienst gerieten unter den kulturellen Einfluss Großbritanniens, Frankreichs oder der Niederlande. Sie übernahmen häufig auch die Religion des ‚Mutterlandes‘. Auch die *Missionierung* war ein wichtiger Faktor. Die Einführung des Christentums in den verschiedenen Ausprägungen verstärkte die religiöse Heterogenität der

---

[185] Neben ihrer spärlichen Ausstattung gibt es andere Gründe, warum die Gesundheitssysteme relativ geringe Erfolge vorzuweisen hatten. Ein weiterer ist ihre „imperiale", kurzfristige Orientierung: „Imperial medicine was particularly interested in controling, by medical research and eradication campaigns, the most spectacular manifestation of ill-health, epidemic sicknesses. The continued outbreak of such epidemics was an affront to Western dominance, moreover they had serious economic consequences because they killed so many labourers and rendered so many others incapable of work. (...) medical strategies were designed to cure and control rather than to prevent. Imperial medicine was essentially interventionist in character; it sought to stop or control particular manifestations of disease (...) rather than to change the root conditions which allowed those diseases – as well as ‚background‘ ills like infantile diarrhoea and tuberculosis – to emerge and flourish." (Elson 1999: 177f). Vgl. dazu auch die neue Studie von Anderson (2006) über die US-Kolonialmedizin auf den Philippinen.

kolonisierten Länder. Die Philippinen sind der Ausnahmefall: Dort wurde das Christentum als Mehrheitsreligion zur nationalen Integrationskraft.[186]

Für die Entwicklung der gesellschaftlichen Strukturen in den Kolonialgebieten war wahrscheinlich die Beeinflussung des *Verhältnisses zwischen verschiedenen Gruppen* der wichtigste Faktor. Wie viele empirische Untersuchungen zeigen, haben die Kolonialregimes aufgrund ihrer rassistischen Politik im 19. und 20. Jh. ethnische Differenzen mitgeschaffen resp. verstärkt. Besonders folgenreich war die von den Kolonialmächten verfolgte Politik der Segregation und der Zuschreibung ökonomischer Funktionen aufgrund ethnischer Zugehörigkeiten.[187] J.S. Furnivall (1941) hat in seiner Analyse des Kolonialismus den Begriff der „plural society" entwickelt und diese gekennzeichnet durch einen geringen sozialen Zusammenhalt zwischen den ethnischen Gruppen, was die Konstitution eines ‚Staatsvolkes' und die Herausbildung eines ‚gemeinsamen sozialen Willens' erschwere oder gar verunmögliche.

II.12.8 *Das Ende der westlichen Dominanz*

Die Periode der westlichen Dominanz der innerostasiatischen Beziehungen endete mit der Besetzung aller westlichen Kolonien durch die japanische Armee innert weniger Monate. Manila, die Hauptstadt der US-regierten Philippinen, fiel im Januar 1942, Britisch-Singapur im Februar und Niederländisch-Batavia im März des gleichen Jahres, während die französische Vichy-Regierung in Indochina mit den Japanern kooperierte. Zum ersten Mal seit Jahrhunderten waren die innerregionalen Beziehungen wieder vollständig kontrolliert durch Asiaten. Die Ressourcen der Region wurden unter Zwang mobilisiert für die japanische Kriegsmaschinerie. Die japanisch dominierte „Große Gemeinsame Wohlstandszone" („Great Co-Prosperity Sphere") erwies sich jedoch als kurzlebig, und die Kolonialmächte kehrten nach Ostasien zurück. Sie übten jedoch – mit wenigen Ausnahmen wie der malaiischen Halbinsel und Singapur, Brunei, Hongkong, Macao) – nie wieder eine effektive, komplette Herrschaft über die besetzten Gebiete aus. Vor allem die Kerngebiete der ehemaligen landbasierten Reiche (China, Birma, Nordvietnam, Java), waren nicht mehr unter beständige Kontrolle zu bringen. 1905 hatte der Sieg der Japaner über die russische Flotte bereits große Beachtung gefunden; die Niederlagen, die sie dann im ‚Pazifischen Krieg' den Briten und Amerikanern zugefügt hatten, verstärkten in der ganzen Region die Wahrnehmung, dass die Zeit der westlichen Herrschaft abgelaufen sei. In vielen Fällen bildeten nationale und lokale Politiker, Beamte und Offiziere, die mit den Japanern zusammengearbeitet hatten, den harten Kern des antikolonialen Widerstands. Zu diesen gehörte Sukarno, der spätere erste Präsident des unabhängigen Indonesien (im Amt 1949-67), für den die Beobachtung der Japaner „in action", wie Geertz sagte, die wahrscheinlich prägendste Erfahrung auf seinem Entwicklungsweg war.[188] Auf der malaiischen Halbinsel bildeten

---

[186] Auf die anderen Verhältnisse auf den südlichen Inseln der Philippinen ist hingewiesen worden.

[187] Vgl. Trocki (1999: 110, 114): „The rigorous divison of races, ethnic and linguistic groups was often a European colonial innovation. (...) it was in colonial circumstances that racial violence began to raise its head. (...) The very militancy of modern nationalism, arising as it did within the plural societies created by colonialism, came to see the ‚non-national' communities as reminders of foreign domination. These minorities would suffer as a result of this heritage."

[188] Geertz (1967:340): „Sukarno's close-up observation of the Japanese in action was probably the most relevatory experience of his career."

(hauptsächlich ethnisch-chinesische) Plantagenarbeiter eine Guerilla, die nur schwer zu bekämpfen war (die so genannte ‚Emergency', 1948-1960; vgl. Stubbs 1989). Dass diese nur wenig Unterstützung seitens anderer ethnischer Gruppen, insbesondere der malaiischen Bevölkerungsmehrheit bekam, dürfte neben der Nicht-Involvierung der Großmächte Sowjetunion und China in diesen Konflikt einer der Hauptgründe für ihre Niederlage gewesen sein.

II.13   Die wirtschaftliche Integration der Region im 19./20. Jh.

II.13.1   Die wirtschaftliche Integration der Region vom Beginn des 19. bis zur Mitte des 20. Jh.

Eines der im Zusammenhang mit der Herausbildung Ostasiens als Region faszinierendsten Phänomene ist die anhaltende wirtschaftliche Gravitationskraft, wie sie sich unter den Bedingungen des ‚Freihandels-Imperialismus' (Semmel 1970) zeigte. Das Phänomen der rasch wachsenden innerasiatischen Verflechtung hat in der westlichen Forschung wenig Aufmerksamkeit gefunden, im Vergleich mit der Frage der Integration der Kolonialgebiete in die westliche ‚Weltwirtschaft'. Der japanische Wirtschaftshistoriker Sugihara (1986: 710ff) schätzt die jährliche Wachstumsrate des innerasiatischen Handels in der Periode 1880-1913 auf 5.4% und damit als viel höher als diejenige des Handels zwischen Asien und dem ‚Westen' (Großbritannien, Kontinentaleuropa und die USA). Er sieht dies als einzigartigen Prozess, der so in anderen Weltregionen nicht stattgefunden hat:

> „Intra-regional trade of this kind certainly did not develop in other non-Western world [sic], at any rate to such a significant degree. For instance the Argentine's trade with the West grew just as fast as Japan's trade with the West, and Brazil's trade with the West also grew fairly rapidly, but there was no great development of trade between the Argentine and Brazil. Neither did it occur in Africa, for instance between South Africa and West Africa." (Sugihara 1986: 710)

Im Vergleich mit Lateinamerika und Afrika sei in Asien die Bedeutung der mit den westlichen Zentren verbundenen „Enklavenökonomien" bedeutend geringer gewesen.

Tatsächlich begann sich in der zweiten Hälfte des 19. Jh. ‚unterhalb' oder ‚jenseits' der Integration der einzelnen Länder/Kolonien in die westliche ‚Weltwirtschaft' eine innerasiatische Arbeitsteilung herauszubilden. Um 1800 war der wichtigste Handelsstrom immer noch kolonial bestimmt, nämlich der Export von Opium aus Britisch-Indien nach China. Der Wert dieses Handels, der zum Ausgleich der negativen Handelsbilanz des britischen Imperiums mit China diente, übertraf sämtliche innerasiatischen Handelsströme bei weitem.[189] Dies änderte sich jedoch rasch: Zunächst entwickelte sich ein innerasiatischer Baumwoll-/Textilhandel. Indien war v.a. Baumwollexporteur nach Japan und später auch nach China, während es nach Südostasien Textilien lieferte. Japans rasch wachsende Textilindustrie exportierte nach China und dann auch nach Südostasien. 1905 war Japan bereits der größte Einzelimporteur indischer Baumwolle. Die sich herausbildende innerasiatische Arbeitsteilung hatte signifikante Effekte auf die beteiligten Ökonomien (Sugihara 1986:

---

[189] Der Opiumhandel scheint aber keine tief greifenden wirtschaftlichen Umwälzungen bewirkt zu haben, weder in Indien noch in China (Sugihara 1986: 714).

715). Nach 1900 wurde Japan zum Exporteur einer bereits diversifizierten Palette von Gütern in die anderen Länder Asiens, von Unterwäsche und Socken, Glas und Seife bis zu Streichhölzern, Lampen und Regenschirmen im westlichen Stil. Japanische Produkte verdrängten häufig westliche Importe, da sie billiger und häufig einfacher und besser auf den lokalen Geschmack zugeschnitten waren. Ein bedeutender Teil der Bevölkerungen Chinas und Südostasiens kam zum ersten Mal mit ‚westlichen‘ Konsumgütern in Berührung, die in Japan hergestellt worden waren. Vor allem in China trafen die japanischen Exporte jedoch auch rasch auf lokale Nachahmer. Umgekehrt begann Japan, Reis aus Südostasien zu importieren, was zur Senkung der Lebenskosten in Japan beitrug und damit auch tiefe Löhne in den Exportindustrien ermöglichte (Sugihara (1986: 718). Auch andere Meeres- und Agrarprodukte wurden innerhalb Ostasiens zunehmend gehandelt; dies war ein Bereich, in dem es keine Konkurrenz mit westlichen Produkten gab.

Graphik II.3:   Innerasiatische Arbeitsteilung, 1913

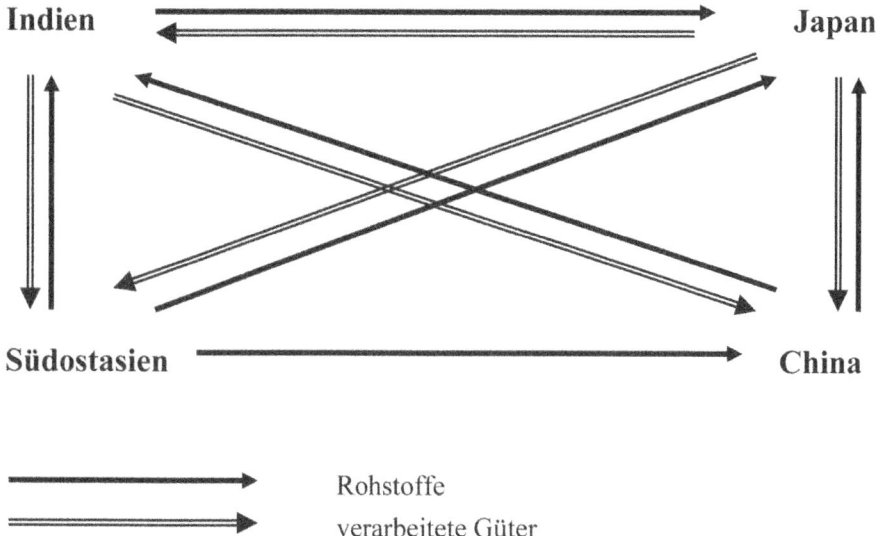

Quelle: Sugihara (1986: 719), leicht modifiziert.

Die Prozesse der weltwirtschaftlichen Eingliederung und der innerasiatischen wirtschaftlichen Integration scheinen sich gegenseitig verstärkt zu haben. Sugihara (1986: 721) zeigt dies am Beispiel der Plantagenarbeiter in Britisch-Malaya: Die kolonial-weltwirtschaftlich bestimmten Exporte von Zinn und Kautschuk erforderten den Import von Arbeitskräften, vorwiegend aus China. Die Löhne dieser Arbeiter flossen in erster Linie in die Nachfrage nach asiatischen Produkten wie Baumwollkleidern, Reis und anderen Lebensmittel. Dadurch wurde der innerasiatische Handel stimuliert. Sugihara (1986: 721) sieht den Westen – über die Investitionen in die Infrastruktur wie Häfen, Eisenbahnen, Stadtplanung etc. – als „Öffner“ eines regionalen Marktes, den faktisch dann v.a. Asiaten bedienten. Zentral ist, dass die Produzenten in den Ländern Asiens auf diese Nachfrage reagierten, und dass die Organisation des innerasiatischen Handels mit diesen Gütern fast ausschließlich in Händen von Asiaten selber lag. Vor allem die indischen und chinesischen Handelsnetzwerke in der Region erwiesen sich als übermächtig, und auch die mit aktiver Hilfe des japanischen Staates operierenden japanischen Exporteure hatten in bestimmten Gegenden große Schwierigkeiten mit der Marktdurchdringung.

Von großer Bedeutung für diesen Prozess waren die beiden britischen Handelsposten Singapur und Hongkong. Sie dienten faktisch weniger der Verbreitung britischer Güter als der Stimulierung des innerasiatischen Handels. Latham (1994) kommt in seiner Analyse der Handelsdaten des Zeitraums 1868-1913 zum Schluss, dass man Singapur und Hongkong bezeichnen könnte als

> „... the twin hubs of intra-Asian trading activity, not merely British trading outposts (...) British control of these two great ports ensured the maintenance of relatively free trade in the Malacca and Sunda Straits, and the South China Sea, which was more important for the trade of East Asia than it was for the trade of Britain or the British empire." (Latham 1994: 145)

Die regionale Migration in Ostasien wurde von den Kolonialmächten direkt gefördert. Sie rekrutierten zwischen 1851 und 1900 direkt mehr als zwei Millionen ‚Kontraktarbeiter', von denen viele in Südostasien blieben und damit die chinesische Diaspora verstärkten.

Anscheinend wurde der Prozess innerasiatischer Verflechtung auch durch das westliche Währungsregime begünstigt: Ab 1870 sank der Wert von Silber gegenüber Gold beständig. Gold aber war der Anker der europäisch-amerikanisch bestimmten Weltwirtschaft, während in Ostasien noch lange Silber das zentrale Edelmetall war. Damit wurden die asiatischen Exporteure bevorteilt, während es für westliche Exporteure immer schwieriger wurde, asiatische Märkte zu bedienen. 1893 wurde die indische Rupie an das Pfund Sterling gebunden, was einen deutlichen Wettbewerbsvorteil für die japanischen Textilproduzenten bedeutete und dazu beitrug, dass sie in kurzer Zeit einen bedeutenden Teil des chinesischen Marktes übernehmen konnten. 1897 übernahm Japan zwar den Goldstandard, aber, laut Sugihara (1986: 725), in für Exporteure günstigen Relationen. Er schließt seine Analyse des Handels in der Periode 1880-1913 wie folgt:

> „Most of the production, distribution and consumption for the growth of intra-Asia trade were organized and carried out by Asians themselves and were essentially outside the control of Western powers. The emergence of an Asian international division of labour therefore was a result of Asia's response to the Western impact rather than the Western impact itself, although the process was clearly conditioned by the wider world economic forces such as the world division of labour and monetary and financial integration. (...) the element of intra-regional economic intercourse in Asia has not been properly assessed in a wider comparative perspective. (...) Asia under the Western impact, therefore, should be analyzed and interpreted as a single economic unit that produced its own development path." (Sugihara 1986: 725f)

Tieting Su (2001) untersuchte die Netzwerke im Welthandel der Periode von 1928 bis 1938. Auch er findet für Hongkong in den 1920er Jahren keine signifikanten Handelsbeziehungen zu den westlichen Ländern, dafür aber eine zentrale Lage der Hafenstadt in einer aus China, Thailand und Französisch-Indochina bestehenden Ländergruppe.

> „In 1928 Hong Kong, the British colony, did not have significant trade relations with any major trading powers including the U.K. However it was at the center of a centripetal group which involved China, Thailand and French Indochina. This trading position suggests the revival of a

long-term historical market system in the region. It revived during the period of the World War I, when the U.K. and other major powers focused their attention on war in Europe and other areas. And in the post-WWI 1920's this ancient regime maintained its momentum and prospered."[190]

Die innerregionale wirtschaftliche Verflechtung in Ostasien erreichte einen neuen Höhepunkt als Folge der Weltwirtschaftskrise, der Zerrüttung des Weltmarktes und des japanischen Kolonialismus. 1913 waren bereits rund 42% des Handels innerregional; dieser Anteil stieg bis 1938 auf fast 60%, Korea und Taiwan miteingerechnet (Tab. II.12).[191] Diese beiden Gebiete waren unter japanischer Herrschaft fast vollständig auf Japan ausgerichtet. Aber auch der Außenhandel Chinas oder Thailands, beide nicht eingebunden in Kolonialreiche, wurde zu rund zwei Dritteln in der Region abgewickelt. In den westlich kolonialisierten Ländern Indonesien und den Philippinen belief sich dieser Anteil hingegen auf nur 26% resp. 11%. Die Kriegswirtschaften 1914-1918 und 1939-1945 führten zu einer engeren Anbindung der Kolonialgebiete an die ‚Mutterländer‘, einer stärkeren Kontrolle der Handelsflüsse und damit zu einem Absinken des innerostasiatischen Verflechtungsniveaus.

Tabelle II.12: Anteil des innerostasiatischen Handels am Außenhandel einzelner Länder Ostasiens (Exporte plus Importe)

	1913	1925	1938	1955	1990
China	0.53	0.46	0.70	0.43	0.59
Indonesien	0.32	0.38	0.26	0.32	0.60
Taiwan			0.99	0.50	0.42
Japan	0.41	0.47	0.70	0.22	0.29
Korea			1.00	0.35	0.40
Malaysia	0.44	0.39	0.35	0.30	0.37
Philippinen	0.18	0.15	0.11	0.17	0.43
Thailand	0.62	0.71	0.65	0.52	0.51
Durchschnitt	0.42	0.43	0.59	0.35	0.45
- ohne Korea, Taiwan	0.42	0.43	0.46	0.33	0.47
- ohne Korea, Taiwan, Japan	0.42	0.42	0.41	0.35	0.50

Quelle: Petri (1993), *The East Asian Trading Bloc: An Analytical History*, S. 30.

II.13.2 Die Nachkriegszeit

Seinen historischen *Tiefpunkt* erreichte das innerregionale Verflechtungsniveau in Ostasien unmittelbar nach dem Zweiten Weltkrieg. Die nicht-militärisch bestimmten transnationalen wirtschaftlichen Beziehungen wurden fast vollständig unterbrochen. Japan als Kriegsverlierer musste seine Kolonialgebiete (Taiwan, Korea und die Mandschurei) aufgeben, während die westlichen Kolonialmächte zurückkehrten und ihre Territorien in Südostasien wieder beanspruchten. Zwei Entwicklungen verhinderten jedoch die Rückkehr zum politischen

---

[190] Su (2001: 43f). Anders sehen die Ergebnisse für das Ende seiner Untersuchungsperiode aus: 1938 dominierten laut Su die imperialen Strukturen und überlagerten die innerasiatischen Handelsflüsse.

[191] Die Daten in Tab. II.12 beruhen auf der *Long-term Economic Statistics of Japan*, entwickelt 1957-88 am *Institute of Economic Research* an der Hitotsubashi Universität, Tokyo. Das gleiche Institut arbeitet seit 1994 an einem *Asian Historical Statistics Project (ASHSTAT)*, das die Datenlage hinsichtlich der Analyse historischer Verflechtung in Ostasiens deutlich verbessern wird (Ichimura 2000; www.ier.hit-u.ac.jp).

Vorkriegs-Status quo. In den meisten südostasiatischen Ländern hatten sich nationale und/ oder sozialistische/kommunistische Befreiungsbewegungen entwickelt, und die USA förderten nach 1945 die Entkolonialisierung. In einigen Staaten vermochten die politischen Eliten die völkerrechtliche Unabhängigkeit im Einvernehmen mit den Kolonialmächten durchzusetzen (Philippinen 1946, Birma 1948), in anderen kam es zu andauernden antikolonialen Kriegen (Indonesien bis 1950, Indochina). Malaysia entstand 1957 als Föderation aus einem Zusammenschluss verschiedener britischer Kolonialterritorien, Singapur schied nach drei Jahren aus dieser Föderation aus und wurde 1965 ein eigener Staat. Andere Gebiete blieben noch jahrzehntelang Kolonien oder Protektorate (Brunei bis 1984, Hongkong und Macao bis in die späten 90er Jahre). Überlagert wurde der Entkolonialisierungsprozess in Ostasien durch den Ost-West-Konflikt, wobei nicht nur in Indochina die Trennlinie zwischen der *containment*-Strategie der USA und neokolonialen Bestrebungen schwer zu ziehen ist.

Die westlich orientierten Länder Ostasiens waren in der Nachkriegszeit wirtschaftlich weniger regional als auf den nordamerikanischen Raum ausgerichtet. Noch 1955 lag der Durchschnitt des innerregionalen Handels dieser Länder bei knapp über einem Drittel (Tab. II.12). Für die mit Abstand bedeutendste Wirtschaftsmacht der Region, Japan, war Ostasien von nachgeordneter Bedeutung; gerade mal 22% seines Handels wurden in der Region abgewickelt. Bemerkenswert ist jedoch eine Tendenz zur Regionalisierung, die als Effekt der Entkolonialisierung identifiziert werden kann: In Indonesien, den Philippinen und – in geringerem Masse – in Malaysia gibt es bereits in der Nachkriegszeit einen Prozess der wirtschaftlichen ,Reorientierung' auf Ostasien, ein Prozess, der sich bis in die 1990er Jahre fortsetzt. Zu berücksichtigen ist, dass die zunehmende regionale Handelsverflechtung unter den Bedingungen rasanter Ausdehnung der Handels*volumina* in den Nachkriegsjahrzehnten zustande kam.

Die Nachkriegszeit sah ein regionales Muster, das sich weitgehend von der traditionellen Zentrum-Peripherie-Struktur unterschied. Die Staaten des ostasiatischen Kontinents, die erprobte Kriegsmobilisierungstechniken in ein am sowjetischen Vorbild orientiertes Staatsmodell überführten, waren in der Nachkriegszeit wirtschaftlich deutlich weniger erfolgreich als die westlich orientierten Staaten des Archipels. Aber auch diese verfolgten lange eine nicht-liberale, national orientierte Wirtschaftspolitik.

Während das BIP Chinas wie erwähnt um 1820 größer als dasjenige Westeuropas war, dürfte es um 1950 noch etwa ein Zwölftel davon gewesen sein (Maddison 2001:117). Japan hingegen war in der Nachkriegszeit der „Gulliver in einer Region wirtschaftlicher Liliputaner" (Pempel 1999: 72); mit etwa 10% der Bevölkerung der Region (und einem noch geringeren Landanteil) verfügte es lange über fast zwei Drittel des BIP Ostasiens. Seine Wirtschaft war lange nicht nur etwa zehnmal so groß wie diejenige Chinas, sondern auch noch viel größer als diejenigen seiner Nachbarn Korea (etwa fünfzehnmal so groß) und Taiwan (etwa zwanzigmal so groß). Japans Ausstrahlungskraft nahm im Zuge der großen Exporterfolge seiner Wirtschaft weiter zu, und als es in bestimmten Bereichen technologische Führerschaft auf dem Weltmarkt erreichte, wurde das ,japanische Modell' hegemonial. Vor allem Südkorea, Singapur und Malaysia, dann aber auch China und Vietnam sahen im japanischen Weg ein Vorbild. Ab dem Ende der 1970er Jahre wurden überall in Ostasien Märkte geöffnet, Handelsbarrieren abgebaut und Sonderwirtschaftszonen eingerichtet, die rasch einsetzenden Transnationalisierungsprozesse aber genau verfolgt und kontrolliert. Im Süden, vor allem in Gegenden mit weniger starken Staatsbildungstraditionen, scheiterten die Versuche der Übernahme des japanischen Modells oft an inkompetenten und ineffizienten Verwaltungen, Vetternwirtschaft und Korruption. Alte Eliten verhinderten Landreformen[192], und eine allzu rasche Liberalisierung und eine allzu große Abhängigkeit von ausländischem Kapital und ausländischer Expertise unterminierte die Autonomie des Staates. Vielerorts kam es zu sozialen Unruhen, oft entlang ethnischer Linien, was der wirtschaftlichen Entwicklung abträglich war. Die wirtschaftliche Öffnung hatte insofern aber überall große Effekte, weil sie die wirtschaftliche Reintegration der Region ermöglichte. Von neuem zeigte sich die gewaltige wirtschaftliche Gravitationskraft, wie sie schon vor 1913 beobachtet werden konnte. In schnellem Tempo bildete sich wieder eine regionale Arbeitsteilung heraus, die ab der Mitte der 1980er Jahre vor allem von japanischen, aber auch von südkoreanischen und taiwanesischen Unternehmen geprägt war. Auch die traditionellen chinesischen Handelsnetzwerke steigerten ihre Austauschaktivitäten in der Region stark.

II.13.3   Das gegenwärtige wirtschaftliche Integrationsniveau

In den 1990er Jahren präsentierte sich Ostasien als wirtschaftlich reintegrierte Weltregion.[193] Tab. II.13 zeigt, wie sich der Intra-Handel (Exporte) der Ländergruppe ‚ASEAN plus Japan, China, Südkorea, Hongkong, Taiwan' im Verlaufe der ersten Hälfte der 1990er Jahre auf einen Anteil von über 50% erhöhte, von da an immer über einem Wert von 50% blieb und 2004 einen Höhepunkt von knapp 56% erreichte.[194] Auch die Intra-ASEAN-Verflechtung nahm in diesem Zeitraum deutlich zu. Zum Vergleich enthält Tab. II.13 die Zahlen für andere Handelsgruppierungen, MERCOSUR, NAFTA und EU. Die ASEAN-Handelsintegration ist deutlich stärker als diejenige des anderen ‚südlichen' Handelsblocks, nämlich des MERCOSUR. Es wird aber deutlich, dass es auf der Welt in erster Linie *drei Wirtschaftsregionen* gibt, nämlich Europa, Ostasien und Nordamerika, wobei die letztere am schwächsten integriert ist.

An dieser Stelle ist auf einen statistischen Effekte hinzuweisen, der Integrationsanalysen immer wieder zu falschen Schlüssen führt. Jedes Land mit bedeutendem Außenhandel, das zu einer Ländergruppe geschlagen wird, führt zu einer Erhöhung des innerregionalen Handelsanteils. Dies ist in Tab. II.13 zu beobachten im Falle der Gruppierung Ostasien plus Australien, Neuseeland und Indien (die Länder des ‚Ostasien-Gipfels', Kapitel III.12), würde aber auch geschehen, wenn man andere dazuschlagen würde. Der ‚innerregionale' Handel der Welt beläuft sich schließlich auf 100%! Dies ist deshalb ein Indikator mit beschränkter Aussagekraft, der mit anderen Analyseschritten komplettiert werden muss. Die Größenverhältnisse müssen berücksichtigt (Graphik II.4), und die Handelsdaten für die einzelnen Länder (Tab. II.16) analysiert werden.

---

[192] Zur Bedeutung der Landreformen für Taiwan und Südkorea vgl. Hsiao (1996).
[193] Vgl. Arrighi/Ikeda/Irwan (1993), Hatch/Yamamura (1997).
[194] Vgl. Chia (2000: 102).

Tabelle II.13: Innerregionaler Handel, 1980-2006 (Exporte, %)

Gruppierung/Land	1980	1985	1990	1995	2000	2001	2002	2003	2004	2005	2006
NIE	8.6	9.2	11.9	15.5	15.5	15.3	15.8	15.2	14.6	13.9	13.6
ASEAN-10	17.9	20.3	18.8	24.0	24.7	24.1	24.4	26.6	26.7	27.2	27.2
ASEAN, China, Hongkong, Taiwan, Südkorea	22.7	27.2	33.0	39.1	40.6	41.1	43.4	44.7	45.2	45.5	45.8
ASEAN+3	30.2	30.2	29.4	37.6	37.3	37.1	37.9	39.0	39.2	38.9	38.3
ASEAN+3, Hongkong, Taiwan	36.8	39.0	43.1	51.9	52.1	51.9	53.8	55.4	55.9	55.4	54.5
ASEAN+3, Australien, Neuseeland, Indien	34.6	34.8	33.7	40.8	40.5	40.6	41.3	42.4	43.0	43.1	42.6
ASEAN+3, Hongkong, Taiwan, Australien, Neuseeland, Indien	40.5	42.7	46.3	54.5	54.6	54.5	56.3	57.7	58.5	58.4	57.6
NAFTA	33.8	38.7	37.9	43.1	48.8	49.1	48.4	47.4	46.4	46.1	44.3
MERCOSUR	11.1	7.2	10.9	19.2	20.3	17.9	13.6	14.7	15.2	15.5	15.7
EU-15	60.7	59.8	66.2	64.2	62.3	62.2	62.5	63.0	62.2	60.4	59.5
EU-27	61.5	60.0	66.8	66.9	66.3	66.7	67.4	68.1	67.6	66.2	65.8

Anmerkung: NIE – Newly Industrialized Countries (Hongkong, Südkorea, Singapur, Taiwan); ASEAN+3 – ASEAN-10 plus China, Südkorea, Japan.
Quelle: Kawai/Wignaraja (2007: 25), Daten *IMF Direction of Trade*; Daten Taiwan *Bureau of Foreign Trade*, Taipei.

In den 1990er Jahren wurde im Zusammenhang mit der Region Ostasien immer häufiger der Begriff ‚Renaissance' gebraucht (vgl. Godement 1993/1997). Auch die Weltbank titelte ihren Regionalbericht von 2007 *An East Asian Renaissance*. Im Abschnitt über die Entwicklung des Handels wird eine Graphik präsentiert, die alle innerasiatischen Handelsflüsse (Importe) abbildet, die im Jahr 2004 den Wert von 10 Mia USD überstiegen. Die Stärke der Linien entspricht dem Volumen der Importe.

Graphik II.4: Innerasiatische Handelsflüsse über 10 Mia USD (Importe), 2004

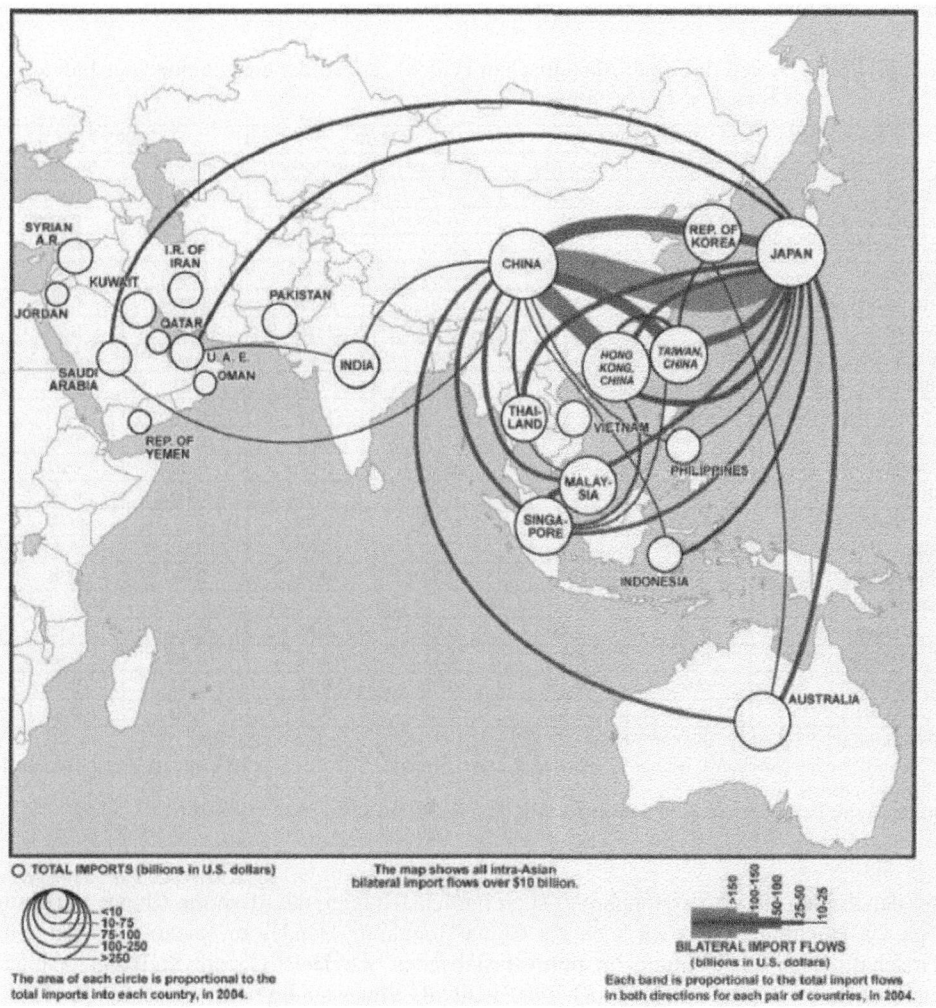

Quelle: World Bank (2007), *An East Asian Renaissance*, S. 65.

Deutlich wird, dass Nordostasien das Gravitationszentrum des Handels ist. Am bedeutends-ten sind die Ströme zwischen Japan, China, Korea, Hongkong und Taiwan. Für viele der südostasiatischen Länder ist die wichtigste Handelsbeziehung nicht mit einem ein Nachbar-land, sondern mit Japan oder China. Indien ist deutlich weniger stark mit der Region ver-bunden, und die angegebenen Importe aus den arabischen Ländern bestehen v.a. aus Erdöl. Solche Darstellungen konzentrieren sich auf die volumenmäßig bedeutendsten Handels-ströme und vernachlässigen deshalb in der Regel die kleineren und ärmeren Länder der Region. Regionalisierung kommt jedoch in den Handelsdaten dieser Länder noch deutlicher zum Ausdruck. Tab. II.14 gibt deshalb Angaben für alle Länder Ostasiens wieder, für die der IWF in seiner Handelsdatenbank Informationen enthält.

Tabelle II.14: Anteil des innerostasiatischen Handels am Außenhandel einzelner Länder Ostasiens, 1995-2005

	1995		2000		2005	
	Exporte	Importe	Exporte	Importe	Exporte	Importe
Japan	0.42	0.35	0.40	0.41	0.48	0.44
Korea Nord	0.53	0.63	0.39	0.52*	0.58	0.56*
Korea Süd	0.47	0.39	0.45	0.43	0.49	0.47
VR China	0.57	0.57	0.48	0.54	0.42	0.51
Hongkong	0.52	0.74	0.51	0.78	0.61	0.78
Vietnam	0.71	0.76	0.56	0.79	0.45	0.77
Philippinen	0.41	0.51	0.48	0.55	0.61	0.58
Brunei	0.96	0.59	0.79	0.70	0.81	0.82
Indonesien	0.58**	0.46**	0.58	0.53	0.60	0.59
Malaysia	0.54	0.58	0.54	0.62	0.54	0.64
Singapur	0.56	0.58	0.57	0.60	0.69	0.61
Thailand	0.50	0.54	0.49	0.56	0.54	0.58
Kambodscha	0.72	0.89	0.11	0.87	0.31	0.82
Laos	0.57	0.71	0.48	0.89	0.50	0.90
Birma/Myanmar	0.58	0.88	0.37	0.91	0.67	0.90
Durchschnitt:						
... Ostasien-15	**0.58**	**0.61**	**0.48**	**0.65**	**0.55**	**0.67**
... Ostasien-10*	**0.53**	**0.55**	**0.51**	**0.58**	**0.60**	**0.60**
... ASEAN-10	**0.61**	**0.65**	**0.50**	**0.70**	**0.57**	**0.72**
... ASEAN-5****	**0.52**	**0.53**	**0.53**	**0.57**	**0.60**	**0.60**

Anmerkungen: * Zahlen für Südkorea fehlen. ** 1996, da 1995 keine Angaben für Taiwan.
*** Ostasien ohne Nordkorea, Brunei, Kambodscha, Laos, Birma. **** ASEAN ohne Vietnam, Brunei, Kambodscha, Laos, Birma.
Quelle: eigene Berechnungen auf der Basis der IMF *Direction of Trade Statistics – Yearbooks.*

Bei den Zahlen für China-Hongkong ist zu berücksichtigen, dass Exporte Chinas nach Europa via Hongkong natürlich auch als China-Hongkong-Handel zu Buche schlagen. Zur wirtschaftlichen Verflechtung im nordostasiatischen ‚Dreieck‘ (Japan, Südkorea, China) ausführlich in Kapitel III.11. Auch das nicht als eigenständige Kategorie in der IWF-Datenbank geführte Taiwan ist stark in die Region integriert: Rund 60% seiner Export gehen in die Region, und rund 58% stammen aus dieser (vgl. Tabelle II.16f).

Die Daten widerspiegeln einen hohen Integrationsgrad der Region bereits Mitte der 1990er Jahre, bezüglich der Exporte ein Absinken dieses Niveaus im Gefolge der ‚Asienkrise‘ (1997-99) und einen weiteren Integrationsanstieg im Verlaufe der ersten Jahre des neuen Jahrtausends. Aufgrund kleinerer Handelsvolumen und größerer Fluktuationen verzerren die Daten für die kleineren resp. wirtschaftlich weniger entwickelten Länder Ostasiens – die im Allgemeinen noch stärker in die Region integriert sind als die ‚großen‘ – das Gesamtbild etwas. Der Durchschnitt Ostasien-10 schließt deshalb die Länder Nordkorea, Brunei, Kambodscha, Laos und Birma aus. Die ‚Ausschläge‘ sind in der Folge etwas weniger ausgeprägt. Immer noch ist ein Rückgang der Exporte innerhalb der Region im

Zusammenhang mit der ‚Asienkrise' zu verzeichnen, allerdings ein deutlich geringerer. Das Integrationsniveau der Region im Jahr 2005 ist mit 60% als hoch zu bezeichnen.

Die Daten in Tab. II.14 widerspiegeln auch den weitgehenden Abschluss der wirtschaftlichen Entkolonisierung. Tab. II.15 belegt im Detail, dass der Handel mit der ehemaligen Kolonialmacht für die ehemaligen Kolonien insgesamt keine überproportionale Bedeutung mehr hat (Hongkong, Macao, Vietnam, Brunei, Indonesien, Malaysia, Singapur, Kambodscha, Laos, Birma), auch wenn in gewissen Fällen traditionelle Handelsbeziehungen und Kontakte noch eine Rolle spielen mögen.

Tabelle II.15: Anteil des Handels mit der ehemaligen Kolonialmacht am Außenhandel einzelner Länder Ostasiens, 1995-2005

	1995		2000		2005	
	Exporte	Importe	Exporte	Importe	Exporte	Importe
Korea Nord[1]	0.36	0.18	0.25	0.11	0.09	0.02
Korea Süd[1]	0.14	0.24	0.12	0.20	0.09	0.19
Hongkong[2]	0.03	0.02	0.04	0.02	0.03	0.01
Macao[3]	0.00	0.01	0.00	0.00	0.00	0.00
Vietnam[4]	0.03	0.03	0.03	0.02	0.02	0.01
Philippinen[5]	0.36	0.22	0.30	0.19	0.18	0.19
Brunei[2]	0.00	0.06	0.03	0.08	0.00	0.05
Indonesien[6]	0.03	0.02	0.03	0.01	0.03	0.00
Malaysia[2]	0.04	0.03	0.03	0.02	0.02	0.02
Singapur[2]	0.03	0.03	0.03	0.02	0.03	0.02
Kambodscha[4]	0.02	0.04	0.02	0.03	0.02	0.12
Laos[4]	0.04	0.01	0.07	0.04	0.06	0.01
Birma/Myanmar[2]	0.01	0.01	0.03	0.00	0.02	0.00
Taiwan[1]	0.12	0.29	0.11	0.28	0.08	0.25

Anmerkungen: ehemalige Kolonialmacht [1]Japan [2]Großbritannien [3]Portugal [4]Frankreich [5]USA [6]Niederlande. Quelle: eigene Berechnungen auf der Basis der IMF *Direction of Trade Statistics – Yearbooks*; Council for Economic Planning and Development (2007) Taiwan, *Taiwan Statistical Data Book 2007*.

Die *Philippinen* sind ein Sonderfall, nicht zuletzt aufgrund der Tatsache, dass die ehemalige Kolonialmacht die größte Wirtschaftsmacht der Welt ist. Als solche übt sie auf alle Ökonomien der Region (und darüber hinaus) einen bedeutenden Einfluss aus (dazu weiter unten). Vor allem der mit fast 20% sehr hohe Anteil der Importe aus den USA unterscheidet das Land von den anderen Ländern Ostasiens. Es ist aber zu berücksichtigen, dass es im frühen 20. Jh. und in der Nachkriegszeit eines der am schwächsten regional integrierten Länder Ostasiens war (Tab. II.12). Zieht man dieses Ausgangsniveau in Betracht, dann haben die Philippinen einen der tiefgreifendsten wirtschaftlichen Reintegrationsprozesse in Ostasien durchgemacht.

Von Bedeutung ist die wirtschaftliche Verflechtung der koreanischen Halbinsel mit Japan, die aber auch rückläufig ist – und dies, obwohl in diesem Fall die Reintegration der Region als solche diesen Prozess überlagert. Japan ist Südkoreas zweitwichtigster Handelspartner, nicht aufgrund des Nachwirkens kolonialer Verbindungen, sondern vor allem weil sie geographisch Nachbarländer sind und einen bestimmten Grad an wirtschaftlicher Komplementarität aufweisen.

Südostasien (ASEAN-10) ist fester Bestandteil Ostasiens. 2005 kamen fast drei Viertel seiner Importe aus der Region (Tab. II.14). Die folgenden Tabellen (II.16) mit Daten über die wichtigsten 10 Handelspartner jedes Landes Ostasiens belegen, dass dies keineswegs nur Einfuhren aus den anderen ASEAN-Ländern sind, sondern dass sie zu einem bedeutenden Teil aus dem Norden der Region kommen. Mit Ausnahme von Singapur findet sich im Falle aller ASEAN-Länder mindestens ein nordostasiatisches Land unter den wichtigsten zwei Handelspartnern (Export- oder Importseite). Das eigentliche Verbindungsscharnier zwischen dem Norden und dem Süden der Region ist Thailand: Nach den USA sind Japan und China die wichtigsten Absatzmärkte, und aus Japan und China werden am meisten Güter importiert (Tab. II.16l). Dabei handelt es sich nicht nur um Konsumgüter, sondern im Falle Japans zu einem bedeutenden Teil um Komponenten für die großen japanischen Fertigungsanlagen in Thailand. Es sind aber vor allem die kleineren Länder, die den größten Teil ihrer ausländischen Güter aus der Region beziehen: Brunei, Kambodscha, Laos und Birma zwischen 80-90%. Indien ist zwar ein wichtiger Absatzmarkt für Birma (rund 12% seine Exporte werden dort abgesetzt), aber insgesamt ist das westliche ‚Grenzland‘ Ostasiens doch klar stärker mit der Region verflochten als mit Südasien. Der größte Teil des wirtschaftlichen Austausches geschieht mit dem Nachbarland Thailand, aber auch China ist von großer Bedeutung für die Wirtschaft Birmas (Tab. II.16k). Birma importiert mehr Güter aus dem fernen Korea als aus Indien.

Auf der Exportseite schlagen sich die wirtschaftliche Erfolge auf dem Weltmarkt nieder: Der Anteil der Ausfuhren Chinas in die Region nahm im Zuge seiner Durchdringung anderer Märkte ab (von 57% auf 42%). Anders das ebenfalls stark exportorientierte Japan: Infolge der raschen wirtschaftlichen Entwicklung der Region steigerte sich die Ausfuhr japanischer Güter in die Region (von 1995 42% auf 48% 2005), während sie in Richtung Europa und Nordamerika relativ abnahm. Ein bedeutender Teil des Handels Japans innerhalb der Region entspringt regionalen Produktionsnetzwerken: Technologieintensive Produktkomponenten werden nach China oder Südostasien exportiert und dort mit anderen Teilen zu einem Produkt zusammengesetzt, das wieder nach Japan zurück oder in andere Märkte exportiert wird. Um den strukturellen Wandel in seinen Dimension zu sehen, muss sich man sich vor Augen führen, dass in der Nachkriegszeit 80-90% der japanischen Exporte nach Europa oder Amerika gegangen sind.

Tabelle II.16a: Japans wichtigste Handelspartner 2005

Rang	Land	Export (%)	Land	Import (%)
1.	USA	22.9	China	21.1
2.	China	13.5	USA	12.7
3.	Korea	7.9	Saudiarabien	5.6
4.	Hongkong	6.1	Ver. Arab. Emirate	4.9
5.	Thailand	3.8	Australien	4.7
6.	Deutschland	3.2	Korea	4.7
7.	Singapur	3.1	Indonesien	4.0
8.	Großbritannien	2.5	Deutschland	3.5
9.	Malaysia	2.1	Thailand	3.0
10.	Australien	2.1	Malaysia	2.9
	ASEAN-10	*12.8*	*ASEAN-10*	*14.1*

Quelle: eigene Berechnungen auf der Basis der IMF *Direction of Trade Statistics – Yearbooks*; für Daten für 2000-03 siehe Tab. III.11.1-2.

Tabelle II.16b:　Südkoreas wichtigste Handelspartner 2005

Rang	Land	Export (%)	Land	Import (%)
1.	China	21.8	Japan	18.5
2.	USA	14.6	China	14.8
3.	Japan	8.5	USA	11.8
4.	Hongkong	5.5	Saudiarabien	6.2
5.	Taiwan	3.8	Ver. Arab. Emirate	3.8
6.	Deutschland	3.6	Australien	3.8
7.	Singapur	2.6	Deutschland	3.7
8.	Großbritannien	1.9	Indonesien	3.1
9.	Indonesien	1.8	Taiwan	3.1
10.	Malaysia	1.6	Malaysia	2.3
	ASEAN-10	*9.7*	*ASEAN-10*	*10.0*

Quelle: eigene Berechnungen auf der Basis der IMF *Direction of Trade Statistics – Yearbooks.*

Tabelle II.16c:　Nordkoreas wichtigste Handelspartner 2005

Rang	Land	Export (%)	Land	Import (%)
1.	China	33.7	China	40.3
2.	Thailand	9.0	Algerien	9.3
3.	Japan	9.0	Russland	8.4
4.	Brasilien	5.4	Thailand	7.6
5.	Libanon	3.9	Republik Kongo	3.0
6.	Qatar	3.2	Singapur	2.7
7.	Indien	3.0	Indien	2.6
8.	Saudiarabien	2.5	Brasilien	2.4
9.	Korea	2.4	Deutschland	2.3
10.	Birma/Myanmar	2.4	Japan	2.3

Quelle: eigene Berechnungen auf der Basis der IMF *Direction of Trade Statistics – Yearbooks.*

Tabelle II.16d:　Chinas wichtigste Handelspartner 2005

Rang	Land	Export (%)	Land	Import (%)
1.	USA	21.4	Japan	15.2
2.	Hongkong	16.3	Korea	11.6
3.	Japan	11.0	Taiwan	11.3
4.	Korea	4.6	USA	7.4
5.	Deutschland	4.3	Deutschland	4.6
6.	Niederlande	3.4	Malaysia	3.0
7.	Großbritannien	2.5	Singapur	2.5
8.	Singapur	2.2	Australien	2.5
9.	Taiwan	2.2	Russland	2.4
10.	Russland	1.7	Thailand	2.1
	ASEAN-10	*7.2*	*ASEAN-10*	*11.4*

Quelle: eigene Berechnungen auf der Basis der IMF *Direction of Trade Statistics – Yearbooks.*

Tabelle II.16e: Hongkongs wichtigste Handelspartner 2005

Rang	Land	Export (%)	Land	Import (%)
1.	China	45.0	China	45.0
2.	USA	16.0	Japan	11.0
3.	Japan	5.3	Taiwan	7.2
4.	Deutschland	3.2	Singapur	5.8
5.	Großbritannien	3.1	USA	5.2
6.	Taiwan	2.2	Korea	4.4
7.	Korea	2.1	Malaysia	2.5
8.	Singapur	2.1	Thailand	2.0
9.	Niederlande	1.9	Deutschland	1.8
10.	Frankreich	1.4	Philippinen	1.6

Quelle: eigene Berechnungen auf der Basis der IMF *Direction of Trade Statistics – Yearbooks*.

Tabelle II.16f: Taiwans wichtigste Handelspartner 2005

Rang	Land	Export (%)	Land	Import (%)
1.	China	22.0	Japan	25.2
2.	Hongkong	17.2	USA	11.6
3.	USA	14.7	China	11.0
4.	Japan	7.6	Korea	7.3
5.	Singapur	4.1	Saudiarabien	4.1
6.	Korea	3.0	Deutschland	3.4
7.	Malaysia	2.5	Malaysia	2.9
8.	Deutschland	2.3	Singapur	2.7
9.	Thailand	1.9	Indonesien	2.5
10.	Großbritannien	1.6	Australien	2.4

Quelle: eigene Berechnungen auf der Basis des *Statistical Yearbook of the Republic of China 2005* (Tab. 122, 123).

Tabelle II.16g: Die wichtigsten Handelspartner der Philippinen 2005

Rang	Land	Export (%)	Land	Import (%)
1.	USA	18.0	USA	19.2
2.	Japan	17.5	Japan	17.0
3.	China	10.0	Singapur	7.9
4.	Niederlande	9.8	Taiwan	7.5
5.	Hongkong	8.1	China	6.3
6.	Singapur	6.6	Korea	4.8
7.	Malaysia	6.0	Saudiarabien	4.6
8.	Taiwan	4.6	Hongkong	4.1
9.	Korea	3.4	Malaysia	3.8
10.	Deutschland	3.3	Thailand	3.3

Quelle: eigene Berechnungen auf der Basis der IMF *Direction of Trade Statistics – Yearbooks*.

Tabelle II.16h: Vietnams wichtigste Handelspartner 2005

Rang	Land	Export (%)	Land	Import (%)
1.	USA	18.3	China	15.6
2.	Japan	13.6	Singapur	12.4
3.	China	9.0	Taiwan	11.7
4.	Australien	7.9	Japan	11.1
5.	Singapur	5.6	Korea	9.7
6.	Deutschland	3.4	Thailand	6.5
7.	Großbritannien	3.1	Malaysia	3.4
8.	Malaysia	2.9	Hongkong	3.3
9.	Taiwan	2.9	Schweiz	2.4
10.	Philippinen	2.6	USA	2.3

Quelle: eigene Berechnungen auf der Basis der IMF *Direction of Trade Statistics – Yearbooks.*

Tabelle II.16i: Bruneis wichtigste Handelspartner 2005

Rang	Land	Export (%)	Land	Import (%)
1.	Japan	36.8	Singapur	32.7
2.	Indonesien	19.3	Malaysia	23.3
3.	Korea	12.7	Japan	6.9
4.	USA	9.5	Großbritannien	5.3
5.	Australien	9.3	Thailand	4.5
6.	China	3.4	Korea	4.1
7.	Thailand	3.3	China	3.5
8.	Singapur	2.4	USA	3.3
9.	Neuseeland	1.2	Indonesien	2.6
10.	Großbritannien	0.8	Indien	2.2

Quelle: eigene Berechnungen auf der Basis der IMF *Direction of Trade Statistics – Yearbooks.*

Tabelle II.16j: Laos' wichtigste Handelspartner 2005

Rang	Land	Export (%)	Land	Import (%)
1.	Thailand	29.4	Thailand	66.8
2.	Vietnam	12.5	China	9.1
3.	Frankreich	6.0	Vietnam	5.8
4.	Deutschland	4.5	Singapur	3.5
5.	China	3.3	Japan	1.7
6.	Belgien	2.3	Australien	1.6
7.	Norwegen	1.9	Korea	1.2
8.	Malaysia	1.7	Frankreich	1.1
9.	Italien	1.3	Russland	0.9
10.	Großbritannien	1.2	Deutschland	0.9

Quelle: eigene Berechnungen auf der Basis der IMF *Direction of Trade Statistics – Yearbooks.*

Tabelle II.16k: Birma/Myanmars wichtigste Handelspartner 2005

Rang	Land	Export (%)	Land	Import (%)
1.	Thailand	43.9	China	28.6
2.	Indien	12.2	Thailand	21.6
3.	China	6.8	Singapur	18.2
4.	Afrika*	6.5	Malaysia	7.5
5.	Japan	5.0	Korea	3.7
6.	Malaysia	3.3	Indien	3.4
7.	Deutschland	2.8	Japan	2.8
8.	Singapur	2.7	Taiwan	2.4
9.	Großbritannien	1.6	Indonesien	2.4
10.	Korea	1.4	Hongkong	1.1
	ASEAN-8 **	*52.0*	*ASEAN-8 ***	*50.8*

Anmerkungen: * Der größte Teil der Exporte nach Afrika wird nicht weiter spezifiziert. ** Rest-ASEAN ohne Laos (fehlende Daten). Quelle: eigene Berechnungen auf der Basis der IMF *Direction of Trade Statistics – Yearbooks.*

Tabelle II.16l: Thailands wichtigste Handelspartner 2005

Rang	Land	Export (%)	Land	Import (%)
1.	USA	15.5	Japan	22.1
2.	Japan	13.7	China	9.4
3.	China	8.3	USA	7.4
4.	Singapur	6.8	Malaysia	6.9
5.	Hongkong	5.6	Ver. Arab. Emirate	4.8
6.	Malaysia	5.1	Singapur	4.6
7.	Indonesien	3.6	Taiwan	3.8
8.	Australien	2.9	Saudiarabien	3.4
9.	Großbritannien	2.5	Korea	3.3
10.	Niederlande	2.5	Australien	2.8

Quelle: eigene Berechnungen auf der Basis der IMF *Direction of Trade Statistics – Yearbooks.*

Tabelle II.16m: Malaysias wichtigste Handelspartner 2005

Rang	Land	Export (%)	Land	Import (%)
1.	USA	19.7	Japan	14.6
2.	Singapur	15.6	USA	13.0
3.	Japan	9.4	Singapur	11.8
4.	China	6.6	China	11.6
5.	Hongkong	5.9	Taiwan	5.6
6.	Thailand	5.4	Thailand	5.3
7.	Australien	3.4	Korea	5.0
8.	Korea	3.4	Deutschland	4.5
9.	Niederlande	3.3	Indonesien	3.9
10.	Indien	2.8	Philippinen	2.8

Quelle: eigene Berechnungen auf der Basis der IMF *Direction of Trade Statistics – Yearbooks.*

Tabelle II.16n: Singapurs wichtigste Handelspartner 2005

Rang	Land	Export (%)	Land	Import (%)
1.	Malaysia	14.7	Malaysia	14.4
2.	USA	11.5	USA	12.4
3.	Indonesien	10.7	China	10.8
4.	Hongkong	10.4	Japan	10.1
5.	China	9.5	Taiwan	5.5
6.	Japan	6.0	Indonesien	5.5
7.	Thailand	4.5	Saudiarabien	4.7
8.	Taiwan	4.3	Korea	4.5
9.	Australien	4.1	Thailand	4.0
10.	Korea	3.9	Deutschland	3.1

Quelle: eigene Berechnungen auf der Basis der IMF *Direction of Trade Statistics – Yearbooks*.

Tabelle II.16o: Indonesiens wichtigste Handelspartner 2005

Rang	Land	Export (%)	Land	Import (%)
1.	Japan	21.0	Singapur	16.4
2.	USA	11.5	Japan	12.0
3.	Singapur	9.2	China	10.1
4.	Korea	8.3	USA	6.7
5.	China	7.8	Thailand	6.0
6.	Malaysia	4.0	Korea	5.0
7.	Indien	3.4	Saudiarabien	4.7
8.	Taiwan	2.9	Australien	4.4
9.	Thailand	2.6	Deutschland	3.1
10.	Niederlande	2.6	Taiwan	2.3

Quelle: eigene Berechnungen auf der Basis der IMF *Direction of Trade Statistics – Yearbooks*.

Tabelle II.16p: Kambodschas wichtigste Handelspartner 2005

Rang	Land	Export (%)	Land	Import (%)
1.	USA	48.7	Hongkong	16.1
2.	Hongkong	24.4	China	13.6
3.	Deutschland	5.7	Frankreich	12.1
4.	Kanada	4.6	Thailand	11.2
5.	Großbritannien	3.9	Taiwan	10.4
6.	Japan	3.5	Korea	7.5
7.	Frankreich	1.6	Vietnam	7.1
8.	Vietnam	1.3	Singapur	4.9
9.	Spanien	1.0	Japan	4.1
10.	Niederlande	0.7	Malaysia	3.3

Quelle: eigene Berechnungen auf der Basis der IMF *Direction of Trade Statistics – Yearbooks*.

Ostasien ist wirtschaftlich mit Nordamerika und Europa stark verbunden. Die USA sind für 11 Länder (resp. geographische Einheiten) Ostasiens der wichtigste oder zweitwichtigste Absatzmarkt (Japan, China, Hongkong, Südkorea, Philippinen, Vietnam, Thailand, Malaysia, Singapur, Indonesien und Kambodscha). Hingegen führen nur sechs Länder (Japan, Taiwan, Südkorea, Philippinen, Malaysia und Singapur) mehr als 10% ihrer Importgüter aus den USA ein. Ostasien ist hingegen deutlich weniger mit Südasien verbunden: Wie erwähnt hat der Austausch mit Indien nur für Birma eine große Bedeutung; daneben handeln vor allem Nordkorea, Brunei, Malaysia und Indonesien mit dem zweitbevölkerungsreichsten Land der Welt. 2.8% der malaysischen und 3.4% der indonesischen Exporte fließen nach Indien, – das ist zwar angesichts der Volumina bedeutend, rechtfertigt es aber kaum, von einer handelsmäßig integrierten Region ‚Süd-/Südostasien' zu sprechen.

Als Fallbeispiel sei *Kambodscha* etwas genauer analysiert. Das Land war lange faktisch geschlossen und hat die Reintegration in die Region und in die Weltwirtschaft noch vor nicht langer Zeit begonnen. Es stellt insofern einen Sonderfall dar, als 2000 fast zwei Drittel seiner Exporte in die USA gingen, 2005 immer noch fast die Hälfte (Tab. II.16p). Textilien machen 80% der kambodschanischen Exporte aus. Es handelt sich um einen Fall, in dem ein globales Regime (das 2005 ausgelaufene WTO-Multifaserabkommen) regionale Prozesse stark überlagerte. Aufgrund der länderspezifischen Importquoten war es für Unternehmen im Textilbereich interessant, in Kambodscha zu produzieren oder produzieren zu lassen. 2004 beschäftigte der Sektor rund 250'000 Arbeitskräfte in Kambodscha (Bunintreavuth 2005), von denen die meisten junge Frauen waren, die mit ihrem Lohn eine Großfamilie ernährten. Tab. II.17 zur Herkunft ausländischer Direktinvestitionen in Kambodscha belegt aber, dass das Land fester Bestandteil der regionalen Wirtschaft ist. Fast drei Viertel des ausländischen Kapitals sind ostasiatischen Ursprungs.

Tabelle II.17: Ausländische Direktinvestitionen in Kambodscha im Jahr 2002 nach Herkunftsland (Bestand)

Ursprungsland	FDI (Mio USD)	Anteil (%)
Australien	39.5	2
Kanada	15.0	0
Frankreich	61.2	3
Japan	13.8	0
Niederlande	58.1	3
Portugal	4.6	0
Schweiz	0.6	0
Großbritannien	110.4	6
USA	35.3	2
Argentinien	1.0	0
China	91.1	5
Hongkong	118.2	7
Macao	1.0	0
Malaysia	412.9	23
Indien	1.1	0
Indonesien	6.2	0
Südkorea	43.7	2
Philippinen	0.3	0
Singapur	207.8	12
Taiwan	250.6	14
Thailand	154.3	9
Vietnam	2.9	0
andere resp. nicht spez.	152.4	9
Total:	1782.0	100

Quelle: UNCTAD (2006), *FDI in Least Developed Countries at a Glance*, S. 40.

Investitionen aus dem ASEAN-Raum machen mit rund 830 Mio. USD einen Anteil von 47% aus, und diejenigen aus dem Norden der Region mit 475 Mio. USD weitere 27%. Die ehemalige Kolonialmacht ist noch für rund 3% der Investitionen in Kambodscha verantwortlich (hauptsächlich Versicherungswesen). Malaysisches Kapital ist in der Textilindustrie, Papier- und Elektrizitätsproduktion sowie im Bildungswesen investiert, während Singapur im Banken-, Tourismus- und Transportsektor[195] bedeutend ist. Chinesisches Kapital ist prominent im Landwirtschafts- und Bausektor, japanisches im Öl und Gasgeschäft sowie im Versicherungswesen. Tab. II.18 gibt einen Überblick über den gegenwärtigen Zustand der kambodschanischen Bankensystems und den Grad seiner ‚Regionalisierung'.

Tabelle II.18: Das kambodschanische Bankensystem im Jahr 2007

Name der Bank	Anzahl Filialen	Kapitalisierung (Mio. USD)	Geschäftsaufnahme	Kapitalmehrheit
Krung Thai	1	13.0	1992	Thai
May		13.4	1993	Malaysisch
First Commercial		13.0	1998	Taiwan
Standard Chartered			2002	Britisch
Vietnam Bank for Agriculture & Rural Development			2005	Vietnamesisch
Cambodia Commercial	3	13.0		Thai (Siam City Bank)
Canadia	11	40.5	1991	Kambod./Kanadisch
Cambodia Public	5	20.0	1992	Malaysisch
Cambodia Asia		13.0	1993	Malaysisch
Singapore Banking Corp.		13.0	1993	Singapurisch
Union Commercial	3	14.2	1994	Hongkong
Cambodia Mekong	4	15.0	1994	Kambodschanisch
Advanced Bank of Asia		13.0	1996	Koreanisch
Vattanac	1	13.0	2002	Kambodschanisch
ACLEDA	30	30.0	2003	Kambodschanisch
ANZ Royal (Cambodia)	7	27.0	2005	Austral./ Kambod.
Foreign Trade		13.0	1979	Kambodschanisch
Rural Development Bank		6.9	1998	Staatlich Kambod.
Peng Heng SME		3.5	2001	Kambod./Kanadisch
Cambodia Agriculture Industrial Specialized Bank	1	3.0	2002	Kambod./Japanisch
First Investment Specialized Bank		3.8	2005	Kambodschanisch
ANCO Specialized Bank		2.6	2006	Kambodschanisch

Quelle: IMF Country Report No. 07/291, 2007, S. 55.

Ähnlich ist die FDI-Situation in *Laos*, wo Thailand mit 43% der größte Investor ist und aus dem Norden der Region 15% stammen (hauptsächlich aus Korea), im Unterschied zu Kambodscha aber die USA mit 26% ein bedeutender Investor sind.[196] Aus Frankreich stammen knapp 6% der ausländischen Direktinvestitionen. In *Birma/Myanmar* wiederum machen die Investitionen aus dem ASEAN-Raum rund die Hälfte aus, hauptsächlich singapurischen und thailändischen Ursprungs, und diejenigen aus dem Norden der Region (v.a. China)

---

[195] U.a. hat Singapore Airlines 1993 die Royal Air Cambodia übernommen.
[196] Quelle wie Tab. II.14, S. 74; Angaben für 1999.

14%.[197] Singapurisches und malaysisches Kapital steht hinter der Air Mandalay, während Japan und Korea v.a. in die Stahlbranche und andere industrielle Projekte investiert haben. Aus den USA kommen 3% der ausländischen Direktinvestitionen in Birma, aus Großbritannien rund 20%, was auf traditionelle Verbindungen hindeutet. Wie in Laos kommen 6% der Investitionen in Birma aus Frankreich, was wiederum belegt, dass von den alten Kolonialbeziehungen nur noch wenig Einfluss ausgeht. Andererseits sind in Macao noch fast 11% der ausländischen Direktinvestitionen portugiesischen Ursprungs.[198]

Birma gehört aufgrund seiner Handelsbeziehungen und der Direktinvestitionen zur Region Ostasien. Politisch interagiert es aufgrund seiner ASEAN-Mitgliedschaft eng mit den anderen südostasiatischen Ländern und gilt als ‚Verbündeter' der Volksrepublik China. Das ist eine andere Art der Einbindung, als es das Nachbarland *Bangladesch* erfährt. In jenem Land stammen nur rund 322 Mio. Direktinvestitionen aus Ostasien, das sind nur gerade 13%, während aus Großbritannien rund 40% kommen.[199] Aus dem größten Land Südasiens, Indien, stammen weniger als 1% der Direktinvestitionen.[200] Bangladesch ist Mitglied der 1985 gegründeten *South Asian Association for Regional Cooperation (SAARC)*.[201]

Auch *Taiwan* ist ein aufschlussreicher Fall. Aufgrund eines erfolgreichen Industrialisierungsprozesses unter der im Bürgerkrieg von den Kommunisten geschlagenen Regierung der ‚Republik China' entwickelte sich die Insel aus der maritimen Peripherie heraus zu einem Zentrum der exportorientierten industriellen Produktion.[202] Die Regierung Taiwans, seit Anfang der 1990er Jahre demokratisch gewählt, wird auf Druck der Volksrepublik China nur von einigen Staaten Zentralamerikas, Afrikas und des Pazifik anerkannt. Erst 1989 ließ die taiwanesische Regierung offiziell wirtschaftlichen Austausch mit der Volksrepublik zu. Der bilaterale Handel entwickelte sich mit durchschnittlich 25% jährlichem Wachstum äußerst dynamisch, und Taiwan hat eine klar positive Handelsbilanz mit dem Festland. Taiwan ist wie die Volksrepublik China APEC-Mitglied, und beide wurden 2002 in die WTO aufgenommen. Dennoch verbietet die Volksrepublik chinesische Direktinvestitionen in Taiwan. Die WTO-Mitgliedschaft beider Länder hat viele Handelshemmnisse abgebaut, aber Taiwan hält an vielen Einfuhrrestriktionen fest, deren WTO-Konformität zweifelhaft ist. Das entstehende Netz bilateraler Freihandelsverträge (FTA) in der Region schließt Taiwan aus, und Taiwan selber hat solche Abkommen in Kraft nur mit Panama (1.1.2004), Guatemala (1.1.2006) und Nicaragua (1.1.2007). Im Mai 2007 wurden FTA mit Honduras und El Salvador unterzeichnet; Verhandlungen mit Costa Rica und der Dominikanischen Republik laufen. Es gibt Hinweise darauf, dass es Handelsumlenkungseffekte infolge bilateraler FTA gibt, und dass Unternehmen auf Taiwan daraus Nachteile erleiden. Insgesamt aber präsentiert sich die taiwanesische Wirtschaft als hoch integriert in die Region Ostasien. Offiziell gehen knapp 40% der Exporte nach China (inkl. Hongkong; Tab.

---

[197] Quelle wie Tab. II.14, S. 95; Angaben für 2004.

[198] Quelle: Direcção dos Serviços de Estatística e Censos (DSEC) Macao (www.dsec.gov.mo).

[199] Quelle wie Tab. II.14, S. 29; Angaben für 2001.

[200] Allerdings hat die indische Tata Group große Investitionen in das Nachbarland angekündigt, die dies bald ändern dürften.

[201] Die anderen Mitgliedstaaten sind Bhutan, Indien, die Malediven, Nepal, Pakistan und Sri Lanka. Am 6.1.2004 wurde ein Abkommen über eine South Asian Free Trade Area (SAFTA) im Rahmen des 12. SAARC-Gipfeltreffens in Islamabad unterzeichnet.

[202] Zum Entwicklungsweg Taiwans siehe insbes. Amsden (1979, 2001), Wade (1990), Aseniero (1994), Rodrik (1995), Kuo/Liu (1999) und Pohlmann (2002).

II.16f); die meisten Schätzungen gehen davon aus, dass dies bei Berücksichtigung des indirekten „cross-straits"-Handels bei über 50% liegt (vgl. Sutter 2002). Importseitig ist neben den USA und China mit je 11% vor allem Japan zu bedeutend (25%). Die Regierung bemüht sich, die Wirtschaft nicht in eine noch stärkere Abhängigkeit von der Volksrepublik zu bringen und fördert Handel mit und Investitionen in den ASEAN-Raum (die „Southward" resp. „go South"-Politik). Dennoch sind mehr als fünfmal so viele taiwanesische Unternehmen auf dem chinesischen Festland tätig wie im Süden der Region (Tab. II.19).[203] Dies sind die offiziele Zahlen; Schätzungen gehen davon aus, dass das Volumen der taiwanesischen Investitionen in China etwa dreimal mal so groß ist wie das offizielle.[204]

Tabelle II.19: Taiwanesische Unternehmen im Ausland nach Industriesektor und Region (Anzahl)

Industriesektor \ Investitionsregion	hoch entwickelte Länder	China (inkl. Hongkong)	Südostasien
Lebensmittel	5	40	9
Tuchfabrik-Produkte	4	55	20
Textilien und Accessoirs	3	28	20
Leder- und Pelzprodukte	1	50	2
Holz- und Bambusprodukte	3	14	11
Möbel und Einbauten	0	16	9
Papier und –produkte	1	18	6
Druck	0	13	0
chemische Materialien	12	35	12
chemische Produkte	10	49	13
Öl und Kohle	0	2	2
Gummiprodukte	0	27	7
Plastikprodukte	7	80	13
nicht-metallische Mineralprodukte	3	33	12
Metall (unverarb.)	6	30	8
Metallprodukte	6	92	25
Maschinen und Ausrüstungsgüter	12	179	16
Computer, Kommunikations-, Video- und Radioelektronik	100	169	21
elektronische Teile/Komponenten	60	197	17
elektrische Maschinen und Apparaturen	13	141	17
Transportausrüstungen	9	97	20
Präzisionsinstrumente	10	55	0
verschiedene industrielle Produkte	4	99	11
Total	**269**	**1519**	**271**

Quelle: Ministry of Economic Affairs, Taiwan, *Survey on Foreign Investment By Manufactures 2002.*

Taiwanesische Unternehmen in Südostasien sind v.a. im Textil-, Metall- und Chemiesektor tätig. Die Unternehmen aus den hoch kompetitiven Kernbereichen der taiwanesischen Wirtschaft (Maschinen, Computer und Elektronik) produzieren jedoch hauptsächlich auf dem chinesischen Festland und in zunehmenden Masse auch in hoch entwickelten Ländern. *Japan* ist der größte Investor in der Region, aber auch einer der größten Investoren welt-

---

[203] Eine umfassende Analyse der taiwanesischen Direktinvestitionen legten Hsu/Liu (2004) vor; speziell zur Verflechtung Taiwans mit Thailand Chang/Thornson (1994).
[204] *Taiwan Raises Its Voice Again*, New York Times, 16.3. 2006.

weit. Tab. II.20 gibt eine Übersicht über den Bestand der japanischen Auslandsinvestitionen weltweit.

Tabelle II.20: Japanische Auslandsinvestitionen, Bestand 1996 und 2003

Land/Region:	1996		2003	
	Betrag*	%	Betrag*	%
Westeuropa	53'972	19	93'677	26
Zentral-/Osteuropa	228	0	1221	0
Nordamerika	113'522	40	153'379	43
Australien, Neuseeland, Südafrika	11'525	4	14'327	4
Pazifik	-	-	1399	0
Afrika	456	0	1051	0
Lateinamerika/Karibik	13'895	5	23'506	7
Westasien	1121	0	963	0
Indien	911	0	1612	0
Südkorea	4018	1	5428	2
China	9392	3	16'362	5
Hongkong	10'909	4	6082	2
Taiwan	4695	2	4651	1
Indonesien	19'940	7	7207	2
Malaysia	6669	2	4235	1
Philippinen	3320	1	3381	0
Singapur	13'233	5	10'511	3
Thailand	18'269	6	8183	2
Ostasien insges.	rund 91'000	32	rund 67'000	19
Südostasien insges.	rund 62'000	22	rund 40'000	11
Total	**286'519		**358'269	

Anmerkungen: * Einheit: Hundert Millionen Yen. ** ohne unspezifizierte FDI.
Für Daten für 1950-2003 (Anzahl Fälle) siehe Tab. III.11.3.
Quelle: Bank of Japan, *Balance of Payments Monthly*, versch. Ausgaben.

Japan ist wichtiger für Ostasien als Ostasien für Japan. Japan ist ein globaler Investor: Das japanische Auslandskapital liegt zu einem Viertel in Westeuropa[205] und zu über 40% in Nordamerika. Dies ist kein Befund, der gegen eine Analyse regionaler Integration spricht. Japanisches Kapital trägt in allen diesen Weltregion zur Intensivierung der wirtschaftlichen Integration bei. Die Produktions- und Distributionsnetzwerke sind in einem hohen Masse regional bestimmt. *Innerhalb Ostasiens* ist eine Verschiebung des Schwerpunktes japanischer Investitionen festzustellen: Waren 1996 noch zwei Drittel des Kapitals im Süden der Region angesiedelt, so waren es sieben Jahre später nur noch rund ein Drittel. Abgezogen worden ist japanisches Kapital v.a. aus Indonesien, Thailand und Malaysia. Aber auch Hongkong hat deutlich Volumen verloren; neuer Schwerpunkt ist klar das chinesische Festland.[206]

Japan ist auch der größte Geber von *Entwicklungshilfe* in der Region. In der zweiten Hälfte der 90er Jahre machte die japanische Entwicklungshilfe mit 47% fast die Hälfte der Gesamtentwicklungshilfe an asiatische Länder aus, während der japanische Anteil an der

---

[205] Zu den japanischen Unternehmen in Deutschland siehe Kerbo/Ziltener (2002).
[206] Zu den ausländischen Direktinvestitionen in der Volksrepublik China siehe Abschnitt III.11.2.1; Daten Tab. III.11.4.

Entwicklungshilfe für Afrika bei 8.6%, für Lateinamerika bei 18.2% und Länder des mittleren Ostens bei 14.7% lag (Keizai Koho Center 2000: 69). Das *White Paper 2005* des japanischen Wirtschaftsministeriums wertete die bisherige Entwicklungshilfe Japan in Ostasien aus. Quantitativ lassen sich die Zahlungen vergleichen mit denjenigen der EU-Struktur- und Kohäsionsfonds (Tab. II.21).[207]

Tabelle II.21: Japanische Entwicklungshilfe in Ostasien, 1997-2002, in Prozent des BIP des Empfängerlandes

	1997	1998	1999	2000	2001	2002
Kambodscha	1.83	2.64	1.48	2.76	3.24	2.46
China	0.06	0.12	0.12	0.07	0.06	0.07
Indonesien	0.23	0.87	1.15	0.65	0.61	0.31
Laos	4.50	6.66	9.13	6.71	4.31	5.36
Malaysia	-0.26	0.24	0.15	0.03	0.01	0.06
Philippinen	0.39	0.46	0.54	0.40	0.41	0.41
Thailand	0.31	0.50	0.72	0.18	0.18	0.18
Vietnam	0.87	1.43	2.37	1.41	1.41	1.07

Quelle: METI White Paper (2005: 461).

Ökonometrische Schätzungen ergaben, dass japanische Entwicklungshilfegelder signifikant positive Effekte auf das Wirtschaftswachstum der Empfängerländer hatten.[208]

Empirische Untersuchungen der Handelsbeziehungen in den 1990er Jahren anderer enthüllten interessante, an historische Verhältnisse gemahnende Muster. Die Cluster-Analyse von Poon/Thompson/Kelly (2000) auf der Basis von Handelsdaten von 1995 (Intramax-Methode) diagnostizierte einen asiatischen ,Block', der alle ostasiatischen Länder umfasste und dessen Zentrum Japan war.[209] Einige der ASEAN-Länder (Vietnam, Indonesien) zeigten sich stärker mit Japan verknüpft als mit ihren direkten Nachbarn. Der von ihnen beschriebene asiatische ,Block' ist aber größer als die Region Ostasien: die meisten Länder um den Indischen Ozean herum gehörten dazu.[210] Überraschenderweise deckt dieser Handelsblock ziemlich genau die Weltgegenden ab, die die chinesischen See-Expeditionen des 15. Jh. abgefahren sind, nämlich die „südlichen Ozeane" mit Indien, Sri Lanka, die arabische Halbinsel und Ostafrika (inkl. Somalia, Kenya). Die Analyse des Musters ausländischer Direktinvestitionen Mitte der 1990er Jahre ergab ein Cluster, das dann wiederum ziemlich genau der Region Ostasien entspricht, wie sie die Grundlage der vorliegenden Untersuchung bildet.

Ostasien mit seinen unterschiedlichen nationalen Währungs- und Kapitalverkehrsregimen ist, trotz anhaltender Öffnungstendenz, immer noch weit entfernt von einem einheit-

---

[207] Im Falle Griechenlands und Portugals belaufen sich diese Zahlungen auf etwa 3% des BIP, im Falle Spaniens auf rund 1%. Zu berücksichtigen sind die deutlich unterschiedlichen Größen der Volkswirtschaften.

[208] Siehe die Zusammenstellung von Forschungsergebnissen im METI *White Paper* (2005: 457).

[209] Poon/Thompson/Kelly (2000: 437) kamen zum Ergebnis: „the only ,truly' continental or natural region for both years [1985, 1995] is the Japan region, the membership of which consists of a majority of East Asian countries".

[210] Bezüglich Handel gehörten Australien und Neuseeland ebenso zu diesem asiatischen ,Block', was aber die ausländischen Direktinvestitionen betrifft, waren sie aber Teil der angelsächsischen Welt (Poon/ Thompson/Kelly 2000: 439).

lichen regionalen Finanzmarkt.[211] Nur Japan, Hongkong und Singapur haben ein weitgehend offenes System, zunehmend auch Korea. 2001 wurden mehr als 95% aller Devisentransaktionen lokaler Währungen in Ostasien (Indonesien, Hongkong, Korea, Malaysia, Philippinen, Singapur, Taiwan und Thailand) in US-Dollar getätigt; sogar in Japan belief sich dies auf 92%.[212] Als Reaktion auf die ‚Asienkrise' gibt es zunehmende Kooperation zwischen den Regierungen und Notenbanken der Länder der Region zur Finanzkrisenprävention und -bekämpfung.[213]

Aus integrationstheoretischer Sicht bemerkenswert ist die Tatsache, dass diese wirtschaftliche Reintegration nicht auf der Grundlage formeller Verträge oder regionaler Institutionen zustande kam, und bis vor kurzer Zeit auch keine Bemühungen in diese Richtung zur Folge hatte. Dies ist das Thema des folgenden Kapitels V; zunächst sollen aber die wesentlichen Befunde dieses Kapitel rekapituliert und einige Schlussfolgerungen gezogen werden.

II.14 Schlussfolgerungen: Der Herausbildung Ostasiens als Weltregion

Ziel dieses Kapitels war eine Analyse der langfristigen Entwicklungstendenzen regionaler *Interaktion*. Es wurde gezeigt, dass es phasenspezifisch zu – im Verhältnis zum ‚Außenraum' – intensiverer Interaktion gekommen ist. Zentral für die Herausbildung Ostasiens als Region waren Impulse, die von China ausgegangen sind. Die chinesische Nachfrage und die Attraktivität, die chinesische Produkte wie Seide und Porzellan ausstrahlten, konstituierten den wichtigsten historischen Mechanismus der Herausbildung der Region. China war über längere Perioden in der Lage, den Verlauf und die Ergebnisse dieses Austausches zu beeinflussen. Die sinozentrische ‚Weltordnung' war eines der zentralen historischen Strukturierungsprinzipien der Region.

Das chinesische Vorstellung von Ordnung und Einheit beruhte auf dem Konzept von Rängen, denen die Länder der Welt entsprechend ihrer Nähe resp. Distanz zur (chinesischen) Zivilisation zugeteilt wurden. Vorausgesetzt wurde die Anerkennung der Überlegenheit dieser Zivilisation und die Bereitschaft, sich an die ‚Spielregeln' zur Aufrechterhaltung geordneter, regulierter Beziehungen zu halten. Handel mit China war ein Privileg, das im Gegenzug zur Anerkennung dieser Regeln und damit der chinesischen ‚Weltordnung' erteilt wurde. Der Tribut-Handel mit seinen direkten und indirekten integrationsstimulierenden Effekten war bedeutend, aber jenseits davon gab es ebenfalls große Handelsströme, zwischen den anderen Ländern und Staaten ebenso wie privaten Handel mit China, inklusive Schwarzhandel und Schmuggel.

Im Folgenden eine kurze Rekapitulation der wichtigsten Befunde:

- Die frühgeschichtlichen Wanderungsbewegung und landwirtschaftlich-technologischen Diffusionsprozesse deuten auf ein regionales Muster hin, aber verstetigte Interaktionen können nicht nachgewiesen werden.
- Der Beginn der Herausbildung Ostasiens als Region ist auf den Zeitraum des Inkontakttretens des Han-Reiches mit dem Süden zu legen. Die Unterbrechung der landge-

---

[211] Vgl. *Asian Bond Monitor*, November 2005, der Asiatischen Entwicklungsbank (ADB, asianbondsonline.adb. org).
[212] Nach Tanaka (2004: 11), Er schließt: „Economic agents in East Asia swim in the sea of the US dollar." (ebd.).
[213] Dazu in Abschnitt III.12.5 Der Aufbau regionaler Finanzinstitutionen in Ostasien.

stützten Handelswege („Seidenstrasse") und die Dezentrierung Chinas führten zu einer Intensivierung des wirtschaftlichen Austausches, bei geringer politischer Integration (3.-6. Jh. w.Z.), während sich die von China ausgehenden zivilisatorischen Diffusionsprozesse verstärkten (Entstehung sinisierter Staaten in Ostasien).

- Im 4./5.Jh. etablierte sich der Seeweg durch die Strasse von Malakka. Spätestens ab dem 5. Jh. hatte der maritime Austausch in Ostasien eine – im Vergleich mit dem landgestützten – größere Bedeutung für die Konstituierung der Region. Güter, Kapital, Waffen, Religionen, Staatsphilosophien und die sie transportierenden Menschen bewegten sich vorzugsweise auf Schiffen.

- Mit der Reichseinigung der Sui und dann dem Reich der Tang beschleunigte sich die wirtschaftliche Integration Ostasiens, unter relativ verbindlichen chinesischen ‚Spielregeln' (7./8.Jh.). Während die politische Integration mit dem Niedergang des Tang-Reiches abnahm, verstärkte sich die wirtschaftliche Integration der Region weiter mit der Öffnung Chinas und dann der Existenz konkurrierender chinesischer Staaten (9./10.Jh.). Das 8. und 9.Jh. war die große Periode der koreanischen Seefahrt, mit zahlreichen Handelsstützpunkten in China und großer Bedeutung für den China-Japan-Handel.

- Song-China (11./12.Jh.) war die Phase der am stärksten maritimen Orientierung des Landes, mit exportorientierter Produktion, prosperierenden Küstenstädten und expansiven chinesischen Handelsnetzwerken in der ganzen Region. Japans wirtschaftliche Entwicklung hing in dieser Zeit eng mit der stetigen Zufuhr chinesischer Münzen zusammen. Mit der Südverlagerung des Schwerpunktes des chinesischen Reiches (13.Jh.) steigerte sich der wirtschaftliche Integrationsgrad der Region weiter. Chinesische Produkte waren in der ganzen Region erhältlich, und ein ständiger Zufluss ausländischer Waren und von Edelmetall glichen dies aus. Trotz großer Volumina privaten Handels war der offizielle Tribut-Handel für die beteiligten Länder attraktiv, und die Zahl der Sender nahm ständig zu. Bedeutende chinesische ‚Gemeinden' gab es in der ganzen Region, und chinesische Währung war vielerorts in Gebrauch. Die ‚japanische' Piraterie war ein lukratives Handwerk und eine Plage für den Seehandel und die Küstenstädte der Region.

- Mit der mongolischen Expansion (13./14.Jh.) kam ein neues Strukturierungsprinzip zur Wirkung: Die Region wurde in den umfassenderen Prozess eurasischer Reichsbildung hineingezogen. Die Effekte bezüglich regionaler Integration waren widersprüchlich: Ostasien wurde nur unvollständig in das mongolische Weltreich integriert, die Kriege unterbrachen Wirtschaftswachstum und Austausch zeitweise, die wirtschaftliche Integration nahm in Phasen der Stabilität und infolge der außenwirtschaftlichen Offenheit des Yuan-Reiches zu, wurde aber von einem beschleunigten Prozess weltwirtschaftlicher (d.h. eurasischer) Integration überlagert. Im Archipel diente das malaiische Handelsnetzwerk auch der Verbreitung des Islam, der ein neues, zusätzliches Element in die Diversität des Südens brachte. Unter seinem Einfluss bildete sich eine Reihe islamischer Sultanate, mit maritimer Handelsorientierung und geringer territorialer Ausdehnung.

- Das Ming-Reich erneuerte das sinozentrische System und erweiterte es in einem bislang noch nicht dagewesenen Masse (See-Expeditionen 1. Hälfte 15. Jh.). Phasenweise überschritt es die Grenzen der Region, verstetigt gehörten dazu aber nur die Länder Ostasiens. Von besonderer Bedeutung für den wirtschaftlichen Austausch waren die südliche Handelsdrehscheibe Malakka, das wie Brunei unter chinesischer Protektion stand, das chinesisch-japanische Vasallenkönigreich Ryukyu im Norden der Region, und auch Hoi An im heutigen Zentralvietnam war ein bedeutender Umschlagplatz für den regionalen Handel. Besonders eng waren die Verbindungen Ming-Chinas darüber hinaus mit Korea, Siam, Champa und Java. Insbesondere in der Phase der Seeverbots-Politik der Ming war der wirtschaftliche Austausch zwar bedeutend, aber streng reguliert. Dies änderte sich im Verlaufe des 16. Jhs. (Aufhebung der Beschränkung des Außenhandels 1567) und mit dem Niedergang des Ming-Reiches. Um 1500 waren chinesische Münzen das wichtigste Zahlungsmittel im südostasiatischen Archipel, und die exportorientierte Produktion nahm immer weiter zu. Im 15. und 16. florierte auf staatsvertraglicher Basis auch der Handel zwischen Japan und Korea, in dessen Rahmen die Japaner Korea auch mit südlichen Produkten versorgten. Japan entwickelte sich im 16. Jh. zum bedeutenden Exporteur von Silber und hatte damit einen großen Einfluss auf die Wirtschaftsbeziehungen in der Region. Über Manila mit seiner bedeutenden chinesischen Gemeinde floss amerikanisches Silber nach China, im Austausch gegen Seide. ,Japanische Viertel' gab es auf Taiwan, Luzon und Java sowie in Kambodscha, Malaysia, Vietnam und Kambodscha.

- Der Einfluss der Europäer auf die inneren Verhältnisse Ostasiens im 16.-18.Jh. war bescheiden. Das Eindringen in die Region folgte deren Zentrum-Peripherie-Struktur. Durch militärische Angriffe, Piraterie, die Errichtung befestigter Handelsstützpunkte und der Durchsetzung von lokalen Handelsmonopolen („Gewürzinseln") besetzten sie schrittweise den Archipel, gruben damit Handel ab, ohne aber die großen innerregionalen Handelsflüsse beeinflussen oder gar umlenken zu können. Die malaiischen Handelsnetzwerke verlagerten sich. Die Spanier unterwarfen einen bedeutenden Teil des östlichen maritimen ,Hinterlandes' (die heutigen Philippinen) und vereinigten es mit der Eroberung eines mittleren Handelszentrums (Manila) zum ersten Mal unter einer politischen und religiösen Herrschaftsstruktur. Wirtschaftlich entwickelte sich in den sich herausbildenden Kolonialreichen Ostasiens ein duales System: Während die Europäer den Handel von und nach Europa kontrollierten, wurden die chinesischen Handelsnetzwerke und ihre wirtschaftlichen Aktivitäten toleriert (und besteuert). Vielerorts in Südostasien entstand eine Symbiose aus westlicher Kolonialherrschaft und chinesischer wirtschaftlicher Dominanz. Der Wettbewerb zwischen den Umschlagsplätzen im Archipel ging unvermindert weiter; die Europäer waren nur neue Akteure in dieser weiterhin weitgehend offenen Konkurrenz.

- Während die autochthonen Herrschaftsstrukturen in der Inselwelt zunehmend geschwächt wurden und Java als erstes der großen Zivilisationszentren Ostasiens unter fremde Kontrolle geriet, entwickelten sich auf dem Festland die landbasierten Reiche Ostasiens weiter. Im Norden stabilisierten sich die Staaten intern und die Beziehungen zwischen ihnen im Verlaufe des 17. Jh., und sie setzten diese Stabilisierung in eine strikte Kontrolle der Außenbeziehungen um. In diesen Systemen waren die Europäer eine Gruppe, für die die gleichen Spielregeln wie für andere galten, und sie waren nicht in der Lage, dies mit militärischer Macht zu ändern. Der wirtschaftliche Austausch wurde nicht beendet, aber in klar definierte Kanäle gedrängt, was die Binnenentwicklung dieser Länder nicht bedeutend geschwächt zu haben scheint. Der Transfer von Wissen wurde nicht verhindert; andererseits verabschiedeten sich diese in Ostasien lange führenden Staaten von der Weiterentwicklung bestimmter militärischer, v.a. maritimer Technologien. Auf dem südlichen Festland ging der Prozess der kompetitiven Staats- und Reichsbildung weiter, an dessen Ende drei unabhängige Strukturen übrig blieben, Vietnam, Siam und Birma, mit bedeutenden Armeen. Der Außenhandel war für diese Staaten von großer Bedeutung, er wurde aber nicht auf eigenen Schiffen abgewickelt.

- Um 1800 änderten sich die Machtverhältnisse: Auf der Grundlage der industriellen Revolution und der Fortschritte in den Marinetechnologien vermochten Großbritannien und andere westliche Mächte die Struktur der Region zu ihren Gunsten zu verändern. Sie konnten nun auf der Basis neuer militärischer Kapazitäten auch auf die landbasierten Reiche Druck in Richtung einer Änderung der Regeln des wirtschaftlichen Austausches ausüben. Kanonenboote erzwangen Konzessionen in Form ,ungleicher Verträge' und extraterritorialer Stützpunkte. Das traditionelle sinozentrische System in Ostasien wurde zunehmend verdrängt durch ein System internationaler Verträge nach westlichem Vorbild. Im Verlaufe des 19.Jh. teilten sich die Kolonialmächte die Herrschaft über die Region auf. Dies war verbunden mit der Durchsetzung eines neuen Grades von effektiver Protektion und Liberalisierung des Handels. Wo die Kolonialmächte es zuließen, zeigte sich ein Trend zur stärkeren Regionalisierung des Handels, über Kolonialgrenzen hinweg. Singapur und Hongkong entwickelten sich unter britischer Herrschaft zu den zentralen Umschlagplätzen. Dies stimulierte den innerregionalen Handel mehr als denjenigen mit Europa. In Bezug auf die wirtschaftliche Entwicklung der Kolonien waren die Auswirkungen unterschiedlich: Während sich einige Gegenden bezüglich Investitionen und Infrastrukturausbau bevorteilt sahen, wurden andere als Peripherie in die europäisch-amerikanisch dominierte Weltwirtschaft eingebunden, mit langfristig nachteiligen Auswirkungen. Von besonderer Brisanz erwiesen sich später im Süden die koloniale Festigung resp. Zuweisungen wirtschaftlich-politischer Funktionen entlang ethnischer Spaltungslinien.

- Bezüglich der politischen Interaktion innerhalb der Region hatte der Kolonialismus viel bedeutendere Auswirkungen: Das Integrationsniveau tendierte gegen Null, da die traditionellen Außenbeziehungen der Einheiten weitgehend unterbrochen und neu in den europäischen Hauptstädten (und später auch in Washington und Tokyo) bestimmt wurden. Politische Integration im Sinne der Herausbildung regionaler politischer Netzwerke fand nur wenig statt. Sogar die antikolonialistischen Bewegungen waren lange stärker auf die europäischen Hauptstädte orientiert als auf die Nachbarländer; erst die Orientierung auf das ,japanische Modell' brachte wieder eine regionale Dimension hinein.

- Denn Japan konnte sich auf der Grundlage rascher Aneignung westlicher Technologie und Organisationsformen als erstes Land erfolgreich in das neue System einklinken. Japanische Unternehmen produzierten konkurrenzfähige ,westliche' Güter und eroberten damit die Märkte Ostasiens. Politisch-militärisch wurden westlich-imperialistische Methoden kopiert und nach einem historischen Sieg 1895 über das traditionelle ,Zentrum' der Region in den Aufbau eines Imperiums umgesetzt. Die wirtschaftliche Integration Taiwans und Koreas wurde fortgesetzt mit der Mandschurei und dann mit dem Projekt einer die ganze Region umfassenden „Gemeinsamen Prosperitätszone".

- Der Aufstieg Japans änderte die traditionelle Zentrum-Peripherie-Struktur der Region grundlegend: Das traditionell unipolare und sinozentrische System hatte während rund 100 Jahren ein neues Zentrum, das im äußersten nördlichen Archipel lag. Japan war das unbestrittene wirtschaftliche Schwergewicht. Auch das wirtschaftliche Verflechtungsniveau änderte sich dramatisch. In der Spätphase westlicher Dominanz Ostasiens, 1938, erreichte der innerregionale Handel einen Anteil von fast 60%. Die Kriegswirtschaften, die Wirren der Entkolonisierung, der ‚ökonomische Nationalismus' der nationalen Unabhängigkeitsbewegungen und die einsetzende Ost-West-Konfrontation reduzierten den innerostasiatischen Austausch (auch zugunsten des außerregionalen) auf ein historisch unvergleichlich niedriges Niveau.

- Die Reintegration machte nur langsam Fortschritte, bis die Öffnungs- und Reformpolitiken ab den späten 1970er Jahren und die Notwendigkeiten des Aufbaus einer regionalen Arbeitsteilung eine sprunghafte Wiederverflechtung Ostasiens ermöglichten resp. erzwangen. Seit rund dreißig Jahren lässt sich ein rasanter Prozess der wirtschaftlichen regionalen Reintegration Ostasiens beobachten. Japan festigte seine Position als wirtschaftliches Zentrum der Region, entwickelte aber keine Ambitionen mehr, diese in eine politische Führungsrolle umzusetzen. Die politisch wichtigste Beziehungen für die westliche orientierten Länder Ostasiens waren diejenigen zur Hegemonialmacht USA, die es nach dem Scheitern multilateraler Projekte in Ostasien vorzog, intensive bilaterale Beziehungen zu pflegen (dazu in Kapitel III.2). Die Volksrepublik China hingegen verknüpfte in den letzten Jahren geschickt Wirtschaftsinteressen mit der Intensivierung politischer Beziehungen mit den Ländern der Region, und in den embryonalen regionalen Institutionen herrscht eine klare Konkurrenz zwischen einem proaktiven China und einem reaktiven Japan (Kapitel III.12). China hat sein BIP seit 1978 mehr als vervierfacht, und empfing während vieler Jahre weltweit am meisten Direktinvestitionen. In nicht allzu ferner Zukunft wird Chinas BIP dasjenige Japans übertreffen. Der Trend hin zu einer – wiederum historisch neuen – *bipolaren* Struktur der Region bei gleichzeitig weiter ansteigender wirtschaftlicher Verflechtung dürfte auch in den kommenden Jahren andauern.

In vielerlei Hinsicht ist die Entwicklung der letzten dreißig Jahre ein beschleunigtes ‚Nachholen' von Prozessen, die andere Weltregionen über eine längere Zeitphase durchlaufen haben. Ostasien ist nicht die einzige Weltregion, in der eine solche wirtschaftliche Gravitationskraft beobachtet werden kann. Aus einer historisch-langfristigen Perspektive hat Ostasien jedoch sicherlich ein einzigartiges Regionalisierungsmuster. Die Weltsystemtheorie kontrastiert zwei Strukturierungen (vgl. Chase-Dunn 1981): Das Weltreich, in dem eine politische Struktur den Raum wirtschaftlicher Arbeitsteilung abdeckt, und das Staatensystem, in dem mehrere politische Einheiten wirtschaftlich verflochten sind. Ostasien war in keiner Phase seiner Geschichte ein Weltreich. Es war ein Staatensystem, in dem das technologisch-wirtschaftliche wie auch politisch-militärische Übergewicht eines Landes so erdrückend war wie in wohl keiner anderen Weltregion – oder, anders gesagt, in keiner anderen Weltregion war das Zentrum so umfassend und für so lange Zeit in einem solchen Masse überlegen im Vergleich mit den anderen Elementen des Systems. Chase-Dunn/Hall (1993, 1995: 120f) nennen China ein „core-wide empire", also ein Reich, dass das ganze Zentrum umfasst. Dies ist vor dem hier Dargelegten zu bestätigen; es ist aber weiter zu differenzieren insofern als China auch von der Bevölkerungsseite her eigentlich mehr einschloss als das Zentrum, denn es umfasste etwa zwei Drittel der Bevölkerung der Region.

Die graphische Skizze II.5 gibt eine Übersicht über 1700 Jahre regionale Integration in Ostasien mit den zwei Hauptdimensionen Wirtschaft und Politik. Es geht dabei weniger um das Festhalten bestimmter Niveaus zu einem historischen Zeitpunkt als um die Visualisierung der historisch-langfristigen Entwicklungstendenzen, insbesondere im Hinblick auf die Frage der Synchronizität wirtschaftlicher und politischer Prozesse. Abstrahiert wird insbesondere von zeitlich beschränkten ‚Verwerfungen‘ wie Kriegen und Weltmarktkrisen wie der so genannten ‚Asienkrise‘.

Die wirtschaftliche Integration Ostasiens beginnt in den ersten Jahrhunderten der westlichen Zeitrechnung. Die politisch-diplomatischen Kontakte nahmen erst im Verlaufe der Jahrhunderte etwa zu, dann vor allem infolge der Existenz sinisierter Staaten im Norden und größerer Reiche im Süden. Die Integrationskraft des Tribut-Handel-Systems war klar unterschiedlich über die Jahrhunderte seiner Existenz.

Die Zeit der Mongolen-Herrschaft wurde hinsichtlich ihrer Auswirkungen auf die Regionalisierung als widersprüchlich charakterisiert. Mit und nach den See-Expeditionen der Ming erreichte die regionale Interaktion sicherlich einen Höhepunkt. Zahlreiche große und kleine Staaten aus der ganzen Region sandten Tributmissionen in die chinesische Hauptstadt.

Vor dem Hintergrund des präsentierten Materials kann danach eine bedeutende Periode regionaler Integration durch eine *gegenläufige* Entwicklung wirtschaftlicher und politischer Regionalisierung charakterisiert werden: Mit der Abnahme der Integrationskraft des sinozentrischen Tribut-Handel-Systems und der fortschreitenden Unterwerfung ostasiatischer Gebiete unter westliche Kolonialherrschaft geht nur vorübergehend ein Absinken des wirtschaftlichen Integrationsniveaus einher. Das wohl niedrigste Niveau politischer Integration fällt zusammen mit einem vermutlich unübertroffenen hohen Grad wirtschaftlicher Regionalisierung in den ersten Jahrzehnten des 20. Jh. Die japanische „Gemeinsame Prosperitätszone“ brachte zum ersten Mal die ganze Region faktisch unter eine politische Oberherrschaft, aber nur kurzfristig. Aus einer langfristigen Perspektive ist dies dennoch ein Ereignis mit bedeutenden Folgen, da eine längere Phase politischer Instabilität und wirtschaftlicher Verwerfungen eingeläutet wird, in der die Region als solche weitgehend fragmentiert ist. Die rasante wirtschaftliche Reintegration wird nicht von einer vergleichbaren Intensivierung politischer Integration begleitet. Diesem Befund gelten die Analysen des Kapitels III.

Ergebnis dieses Kapitels ist, dass es möglich und ertragreich ist, Weltregionen als Subsysteme des Weltsystems zu studieren. Regionen können nicht nur als Cluster in größeren Samples, sondern auch als Interaktionseinheiten bestimmt werden, deren ‚Pulsschlag‘ gemessen und ins Verhältnis zu demjenigen des Weltsystems gesetzt werden kann. Dieses Verfahren trägt zum Verständnis der Welt und der sie konstituierenden Prozesse („Globalisierung“) bei. Obwohl Geographie (Distanzen, ökologische Gemeinsamkeiten/Unterschiede, Oberflächenstruktur, natürliche Landwege und Seerouten etc.) auch unter den modernen Transport- und Kommunikationsbedingungen eine wirkungsmächtige Determinante ist, können Regionen nicht als ‚naturwüchsig‘ gesehen werden. Sie werden produziert und reproduziert durch wirtschaftliche, politische, kulturelle etc. Interaktionen, die von viel mehr als nur geographisch-ökologischen Faktoren bestimmt werden.

Graphik II.5: Regionale Integration Ostasiens – langfristige Entwicklungstendenzen

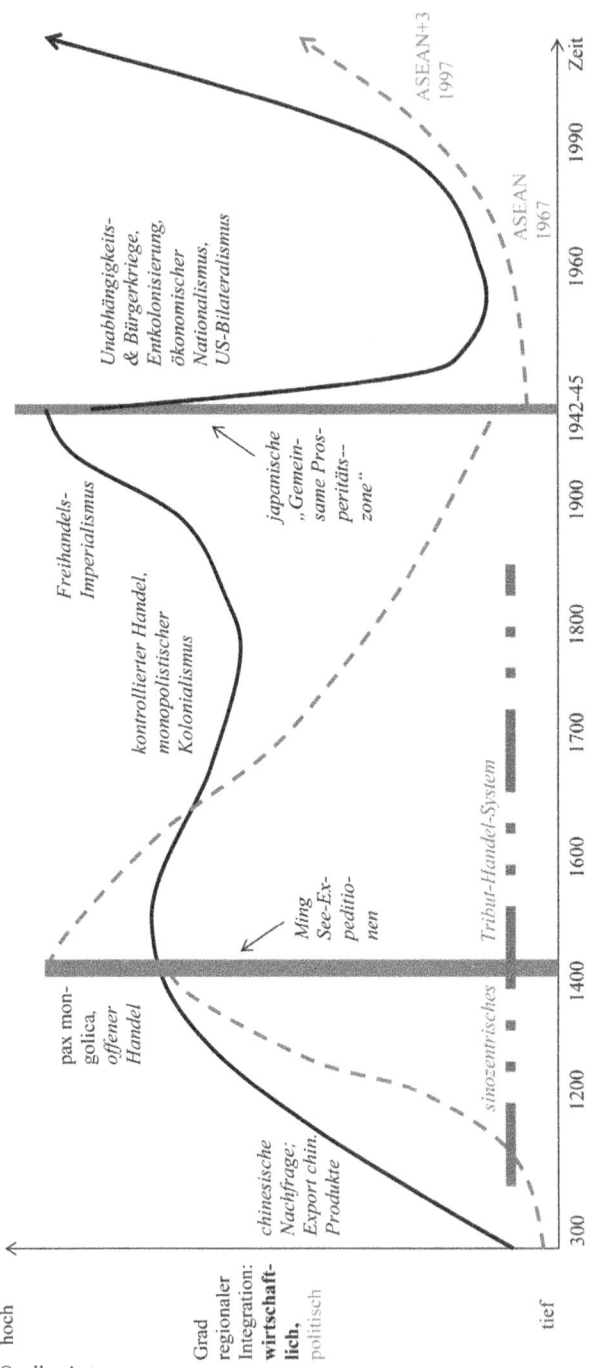

Quelle: Autor.

Ostasien ist seit mindestens 1700 Jahren Raum intensivierter Interaktionen und gleichzeitig auch Teil des Weltsystems. Auch wenn sie vieles aus sich selber hervorgebracht hat, war die Region nie eine ,Welt für sich'. Sie war offen für religiöse Einflüsse von außen, insbesondere des Buddhismus aus Südasien, bereits in den ersten Jahrhunderten der westlichen Zeitrechnung, und im Süden auch für andere Kultureinflüsse indischen Ursprungs. Die hier vertretene Perspektive unterscheidet sich aber von älteren kulturwissenschaftlichen Arbeiten dadurch, dass ein einmaliger Diffusionsprozess nicht als konstituierendes Merkmal einer Weltregion angesehen wird. Ein solcher Impuls kann aufgenommen und so weit ,endogenisiert', also akkulturiert werden, dass er zur Grundlage deutlich unterschiedlicher gesellschaftlicher Verhältnisse und Praktiken werden kann.

Dies führt direkt zur Frage der Grenzen der Weltregion Ostasien. Während aus einer kulturwissenschaftlichen Perspektive Südostasien zu einer ,südasiatischen' Weltregion geschlagen werden könnte, führt auf der Grundlage eines interaktionstheoretischen Ansatzes aus kein Weg am Konzept ,Ostasien' vorbei. Südostasien wurde im Verlaufe der ersten Jahrhunderte der westlichen Zeitrechnung schrittweise in einen ganz Ostasien umfassenden Prozess der Regionenbildung hineingezogen. Prozesse alternativer Regionenbildung, z.B. die Anbindung an Südasien oder die Herausbildung einer maritimen Region über Madagaskar hinaus, wurden so überlagert resp. ausgeschlossen. Komplementaritäten in wirtschaftlicher Hinsicht waren bedeutend stärkere Determinanten für intensivierte Interaktion als ein gemeinsames ,kulturelles Erbe'. Theravada-buddhistische Mönche aus begaben sich vielleicht zu Studienzwecken nach Sri Lanka (und umgekehrt), aber für die wirtschaftlich-gesellschaftliche Entwicklung des Landes war die chinesische Händlergemeinde in Ayutthaya resp. Bangkok und die Integration in das sinozentrische Tribut-Handel-System klar bedeutender. Die heutige wirtschaftliche Verflechtungssituation ist eindeutig: Nord- und Südostasien sind wirtschaftlich hoch integriert. Für viele Länder Südostasiens ist der wirtschaftliche Austausch Japan, China und Südkorea und Taiwan wichtiger als derjenige mit anderen ASEAN-Ländern.[214]

Über die nach wie vor große Bedeutung Nordamerikas und Europas als Absatzmärkte für die Länder Ostasiens hinaus gilt: Ostasien ist keine abgeschlossene, für immer fest definierte Weltregion, und in vielerlei Hinsicht ist Regionalisierung komplementär zu ,Globalisierung'. Regionen hängen in einem Weltsystem *per definitionem* zusammen, und Grenzen verändern sich periodenspezifisch. Ein Birma-Spezialist wie Lieberman würde auf die Frage der Regionenzugehörigkeit des Irrawaddy-Tales aufgrund des Kriteriums Interaktionsorientierung höchst wahrscheinlich für verschiedene Zeiträume unterschiedliche Antworten geben. Heute ist Birma jedoch zweifelsohne Südostasien und damit Ostasien zuzuordnen; nicht nur die politische Zugehörigkeit zur ASEAN (dies könnte vom birmanischen Regime auch einmal zur Disposition gestellt werden), sondern vor allem die Handels- und Investitionsdaten lassen keinen anderen Schluss zu (Tab. II.16k). Einige der niederländisch besetzten „Gewürzinseln" produzierten ausschließlich für den europäischen Markt, und die Produktion befand sich aufgrund der monopolistischen Praktiken der VOC nie auf einem asiatischen Markt. Die Arbeitskräfte allerdings kamen – freiwillig oder nicht – aus der Region und wurden von ihr ernährt.

---

[214] Anders Hall (2000: 253), der Südostasien als „frontier" zwischen Indien und China sieht: „Southeast Asia is another such frontier between India and China. It was both shaped by, and shaped, the patterns of interaction of cores of these erstwhile separate world-systems." Dies trifft aber höchstens auf die frühen Jahrhunderte der westlichen Zeitrechnung zu.

Der hier bevorzugte Begriff der Weltregion schließt an die Arbeiten von Abu-Lughod (1989) an, die das mittelalterliche Weltsystem (1250-1350 w.Z.) als „set of linterlinked subsystems" konzipierte (Abu-Lughod 1989: 353), und von Gills und Frank, die ausgehen von einem multizentrischen Weltsystem, vor 1500 in Eurasien und nach 1500 weltumspannend.[215] Diese Perspektive unterscheidet sich von denjenigen Ansätzen, die regionale Systeme intensivierter Interaktion als Weltsysteme verstehen.[216] Wenn man die Definition ernst nimmt, nämlich dass ein Weltsystem alle für die Selbstreproduktion relevanten Interaktionen umfasst, dann kann Ostasien nicht als ein solches konzipiert werden. Von der frühen Beeinflussung des Region durch Indien, über den landgestützten Austausch auf der Seidenstrasse, die Bedeutung der arabischen und indischen Seefahrer im 7. bis 9. Jh. w.Z., die China, Korea und Japan erreichten, die mongolische eurasische Reichsbildung, den Ausgriff der Ming See-Expeditionen im 15. Jh., die Islamisierung des Archipels und den europäischen kolonialen Zugriff auf die ‚Gewürzinseln' im 16. Jh. und den Zufluss amerikanischen Silbers via Manila – bereits vor der westlichen Dominanz und der gewaltsamen ‚Öffnung' der Länder des Nordens war die Weltregion Ostasien Teil eines größeren Zusammenhanges.

---

[215] Vgl. das Zitat von Gills/Frank (2002) in Kapitel I, S. 19.

[216] Chase-Dunn/Hall verwenden zwar den Begriff des Subsystems, entwickeln ihn aber nicht systematisch. Ikeda (1996) versteht das „East-Southeast Asian world-system" als eines der „asiatischen Weltsysteme" (pass.). Lee (2000: 776) spricht von einer „collision between the expanding European world-economy and the East Asian regional system". Vgl. auch D.K. (Kim 2005: 2): „...East Asia has its own order and an independent world system until the European set it in disarray in the nineteenth century. Just like the Mediterranean region under the Roman empire in ancient times, it was more than a Chinese empire – it was a world."

III Von der wirtschaftlichen Verflechtung zur politischen Kooperation

III.1 Einleitung

Die hier vorgelegte Interaktionsanalyse besteht aus zwei Teilen: Im vorangegangenen Kapitel II wurde der historische Herausbildungsprozess Ostasiens als Region rekonstruiert, während in diesem Kapitel die Ergebnisse einer umfassend angelegten Beobachtung der gegenwärtigen grenzüberschreitenden Interaktionen in der Region vorgelegt werden. Beobachtungszeitraum sind die Jahre 2000-2005, wobei der Einbezug zeitlich vorgelagerter Prozesse unvermeidbar war, denn die meisten der bestehenden Organisationen, Fora und anderen Interaktionsformen sind älteren Ursprungs.

Wie ‚beobachtet' man eine Weltregion? Ziel war, möglichst alle Ebenen und Formen grenzüberschreitender Interaktionen in der Region zu studieren, von den Gipfeltreffen der Staats- und Regierungschefs über Direktinvestitionen von Unternehmen, wissenschaftlichen Tagungen und Verbandstreffen bis hin zu Konflikten zwischen Arbeitgebern und Arbeitsmigranten oder maritimen Grenzdisputen. Einzelne, als typisch eingestufte Ereignisse werden etwas detaillierter beschrieben, beispielsweise die Unruhen unter thailändischen Bauarbeitern in Taiwan im Sommer 2005, oder die Rückwirkungen des APEC-Gipfels auf Thailand 2003.

Die wichtigsten Quellen waren Dokumente von Regierungsinstitutionen, Verbänden und anderen Nichtregierungsorganisationen, Interviews mit Vertretern dieser Institutionen sowie die elektronischen und Printmedien der Region, allen voran die nationalen Presseagenturen (Tabelle V.1, *Quellen*) und die im Rahmen des *Asia News Network (ANN)* kooperierenden, führenden englischsprachigen Zeitungen der Region.[1] Dieses Kooperationsforum kam im März 1999 zustande, im Anschluss an eine von der Konrad-Adenauer-Stiftung in Manila organisierte Tagung. Besonders interessant sind die im Rahmen des ANN parallel in mehreren ostasiatischen Ländern durchgeführten Umfragen, so z.B. diejenige im Herbst 2005 über die Unterstützung für eine regionale Währungsunion.[2] Selbstverständlich waren auch die großen internationalen Presseagenturen und Zeitungen/Medien wichtige Quellen.[3] So weit wie möglich wurde die Arbeit mit Primärdaten vorgezogen, wo nötig und sinnvoll Arbeit mit Sekundärdaten. Vollständigkeit wurde angestrebt hinsichtlich der *Typen* von Interaktion, nicht hinsichtlich sämtlicher historischer Ereignisse, die in diesem Zeitraum stattfanden. Dennoch gibt es Lücken: Obwohl eine regionale Zivilgesellschaft erst in einem frühen Stadium ihrer Herausbildung ist, gibt es doch mehr Kontakte zwischen privaten Organisationen als in diesem Kapitel III abgebildet. Der Schwerpunkt waren Wirtschaft und Politik.

In diesem Kapitel III.1 werden – auf den in Kapitel I eingeführten Begriffen aufbauend – einige theoretische Konzepte und Ansätze diskutiert. Danach wird ein Überblick über die regionalen Institutionen und die Mitgliedschaften der Länder Ostasiens in internationalen Organisationen gegeben. Die Funktion externer Akteure, insbesondere der USA, im

---

[1] Zum *Asia News Network* gehören *Daily Yomiuri/Yomiuri Shimbun* (Japan), *China Daily* (Volksrepublik China), *The Korea Herald* (Südkorea), *Sin Chew Daily* und *The Star* (beide Malaysia), *The Daily Inquirer* (Philippinen), *The Straits Times* (Singapur*), The Nation* (Thailand), *The Jakarta Post* (Indonesien), *Vietnam News* (Vietnam) und *Vientiane Times* (Laos) sowie Zeitungen aus Sri Lanka, Indien, Nepal und Bangladesch.
[2] Vgl. Abschnitt III.12.5.
[3] Vor allem zu erwähnen sind *Agence France Press* (AFP; www.afp.com), *Associated Press* (AP; www.ap.org), *Reuters* (www.reuters.com), *Bloomberg* (www.bloomberg.com); *The Economist, Newsweek, Asiaweek, International Herald Tribune, New York Times, Washington Times, Financial Times, Wall Street Journal* und die *Neue Zürcher Zeitung.*

regionalen Integrationsprozess Ostasiens wird analysiert, zudem diejenige schon länger bestehender regionaler Institutionen wie der *Economic and Social Commission for Asia and the Pacific* und der Asiatischen Entwicklungsbank. Abschnitt III.3 greift noch einmal das Thema der wirtschaftlichen Verflechtung auf, in Form einer vergleichenden Analyse des innerregionalen Handels Ostasiens im Zeitraum 1970-2000. Die Abschnitte III.4 und III.5 analysieren das ‚Innenleben' der APEC (*Asia Pacific Economic Cooperation*) und ihre Auswirkungen auf die Mitgliedstaaten. Da der wirtschaftliche Integrationsprozess Ostasiens anders als in Europa nicht vertragsbasiert ist und keiner Institution ‚folgt', ist sie oft als „marktgetrieben" bezeichnet worden. Dieses Konzept wird analysiert und seine Anwendbarkeit auf die Prozesse in Ostasien in Frage gestellt in Abschnitt III.6. Japan ist nach wie vor ein zentraler Akteur in der Region, und die im Beobachtungszeitraum stattfindende Strategieänderung seiner Außenwirtschaftspolitik, weg vom ‚exklusiven Multilateralismus' hin zum ‚komplementären Bilateralismus', ist Thema von Kapitel III.7, gefolgt von einer vertieften Analyse des Verhältnisses Japans zu den ASEAN-Ländern (Kapitel III.8). Kapitel III.9 beschreibt die Migrationsbewegungen in der Region und über sie hinaus und die beginnende multilaterale Kooperation in Ostasien zu diesem Thema. Ein Ergebnis von Kapitel II war, dass maritimen Aspekten bei der Integration der Region historisch großes Gewicht zukam. Kapitel III.10 verfolgt diese weiter, bis in die Gegenwart. Zwischen 2000 und 2005 kam es zu Spannungen zwischen den Ländern Nordostasiens, die mit historischen Gegebenheiten zu tun hatten, während gleichzeitig die wirtschaftliche Interdependenz Japans, Chinas und Südkoreas untereinander einen neuen Höhepunkt erreichte. Kapitel III.11 analysiert diesen scheinbar paradoxen Befund. Kapitel III.12 rekonstruiert die Entstehung des Forums, das am ehesten den Raum wirtschaftlicher Regionalisierung ‚abdeckt', nämlich *ASEAN plus 3* (Japan, China und Südkorea).

III.1.1 Frühe Analysen regionaler Integration in Ostasien

Interessant sind die älteren neofunktionalistischen Arbeiten deshalb, weil sie – wie erwähnt – auf die Formulierung einer allgemeinen Integrationstheorie zielten, anwendbar auf verschiedene Weltgegenden. Prozesse in Ostasien haben im Vergleich mit europäischen und lateinamerikanischen deutlich weniger Aufmerksamkeit gefunden. Geht man aber von der verbreiteten Ansicht aus, dass es in Ostasien zumindest bis vor wenigen Jahren keine Prozesse gegeben hat, die man als ‚Integration' verstehen könnte, dann sind die Ergebnisse einer diesbezüglichen Auswertung der neofunktionalistischen Literatur überraschend. Die Literaturübersicht in dem von Lindberg/Scheingold 1971 herausgegebenen Band *Regional Integration* listet unter dem Eintrag *Southeast and East Asia* 21 Arbeiten auf, von denen allerdings einige auch südasiatische Entwicklungen miteinschließen (Lindberg/Scheingold 1971: 415f). Haas (1971: 16) charakterisierte die „efforts at economic union in Asia" als einen Fall, in dem die Integration in das globale System der Regionalisierung stark entgegenwirkt. Vor allem zwei Typen regionaler Institutionen haben Aufmerksamkeit gefunden, nämlich die UN-Regionalorganisationen (im Falle Asiens die 1947 gegründete *Economic Commission for Asia and the Far East, ECAFE*) und die regionalen Entwicklungsbanken (im Falle Asiens die 1966 gegründete *Asian Development Bank*) (Abschnitt III.2.6).

Dass die Integrationsbemühungen der ostasiatischen Staaten im Vergleich mit den Prozessen in Europa und Amerika über lange Zeit weniger Aufmerksamkeit gefunden haben, dürfte vor allem drei Gründe haben: *Erstens* war Ostasien lange eine Region mit einer geringen Tendenz zu handelspolitischen Präferenzabkommen; *zweitens* hat die Kooperation zwischen den Staaten Ostasiens im Allgemeinen nicht die Tendenz, ‚historische‘ Proklamationen und/oder große institutionelle Entwürfe hervorzubringen, was viel mit dem allgemeinen ‚politischen Stil‘ in Ostasien zu tun hat; und *drittens* hatte der Blick auf das „East Asian Miracle" (World Bank 1993) immer einen nationalgesellschaftlichen Bias, d.h. der Aufstieg Ostasiens ist als ‚Ensemble‘ nationaler institutioneller Modelle und Entwicklungspfade interpretiert und die transnational-regionale Dimension damit vernachlässigt worden. Wissenschaftliche und politische Analysen dieses *Aufstieges Ostasiens* richteten ihr Augenmerk auf die erfolgreichsten Nationalökonomien, zunächst Japan, dann Südkorea und Taiwan sowie die ‚Stadtstaaten‘ Hongkong und Singapur, und dann auf die Länder Südostasiens und China. Verglichen wurden die gesellschaftlichen Entwicklungsdeterminanten, und es wurden ähnliche und unterschiedliche Elemente in den institutionellen Modellen dieser Staaten identifiziert.

Wie in Kapitel II.13 belegt, ging der Aufstieg Ostasiens einher mit einem markanten Anstieg der innerregionalen wirtschaftlichen Verflechtung. Der Anteil des innerregionalen Handel am Gesamthandel der Länder Ostasiens, 1985 bereits bei knapp 38%, wuchs im Verlaufe der frühen 1990er Jahre auf über 50%, während sich der Anteil am Welthandel auf rund 25% steigerte (Chia 2000). Die chinesische Diaspora in Ost- und Südostasien spielte für diesen Prozess eine wichtige Rolle, wie in der Folge auch für die Industrialisierung einiger südostasiatischer Länder.[4] Ein anderer zentraler Faktor waren die Strategien transnationaler Konzerne. Mit der schnellen wirtschaftlichen Entwicklung und steigenden Kosten vergrößerten sich in Japan (und auch den Schwellenländern) die Anreize zur Internationalisierung der Produktion, um auf dem Weltmarkt wettbewerbsfähig zu bleiben. Viele Länder Südostasiens verfügen über eine gute Faktorausstattung in Bezug auf die Bedürfnisse transnationaler Konzerne, nicht nur asiatischer Provenienz: günstige Arbeitskosten/Produktivitätsrelationen, das Vorkommen natürlicher Ressourcen sowie im Zuge der Entwicklung zunehmend nachfragestarke Märkte. In den meisten Ländern Ostasiens nahm Japan sukzessive eine wirtschaftlich dominante Position ein, – wichtigster Handelspartner, wichtigster Entwicklungshilfegeber und oft auch größter *Investor*.[5] Die dynamischsten Entwicklungen in der Region fanden statt in transnationalen, sub-regionalen Wirtschaftszonen, auch Wachstumszonen oder –dreiecke (*growth triangles*) genannt.[6] Am bedeutendsten in Ostasien sind drei Gebiete: die Region um das Gelbe Meer (Japan/Südkorea/Nordwesten der VR China), der südchinesische Wirtschaftsraum (Taiwan/Hongkong/Südosten der VR China), und das südostasiatische Wachstumsdreieck um Singapur (Singapur/Malaysia/Westen Indonesiens). Auch in der Arbeitsmigration bildet sich ein regionales Muster heraus, das

---

[4] Vgl. Chang (1991), Selden (1993), Ash/Kueh (1993), Buchholt (1997), Rauch/Trindade (1999), Menkhoff (2002). Kumagai (2007) bestätigte jüngst die Ergebnisse von Rauch/Trindade. Arrighi (1998: 74) identifiziert die chinesische Diaspora als „the single most powerful agency of the economic reunification and integration of the East Asian regional economy".

[5] Zur japanischen Investitionstätigkeit in Ostasien siehe Hollerman/Myers (Hg., 1996), Tokunaga (Hg., 1992), Latham/Kawakatsu (Hg., 1994), Hatch/Yamamura (1996) und Hatch (2000) sowie Katzenstein/Shiraishi (Hg., 1997).

[6] Dazu Thant/Tang/Kakazu (Hg., 1994), Hilpert (1998: 137ff).

besonders deutlich wurde, als sich in der Folge der ‚Asienkrise' die Bewegungen – ökonomisch bedingt und politisch gesteuert – umkehrten (Kapitel III.6).

Diese *transnationalen, regionalen Aspekte* des Aufstieges Ostasiens haben erst in jüngerer Zeit wissenschaftliche Aufmerksamkeit gefunden, eingeleitet durch die Untersuchungen von Aseniero (1994) und Bernard/Ravenhill (1995). Die Frage der Bedeutung der wirtschaftlichen Integration Ostasiens – im Verhältnis zur weltwirtschaftlichen – ist in Bezug auf verschiedene Indikatoren und Zeiträume unterschiedlich beantwortet worden und ist immer noch Gegenstand von Kontroversen (vgl. Hilpert 1998: 47ff). Dabei geht es, unter dem Primat wirtschafts- und sicherheitspolitischer Fragestellungen aus US-amerikanischer Perspektive, vor allem um die Frage, ob eine Tendenz zur relativen Schließung des Raumes festgestellt werden kann (etwa: Frankel/Kahler, Hg., 1993). Die meisten Analysen kommen zum Schluss, dass es sich insgesamt um einen Prozess mit einem wirtschaftlichen Netto-Öffnungseffekt handelt. Politikwissenschaftliche Analysen haben sich auf die Analyse der auf internationalen Verträgen beruhenden Beziehungen einzelner ostasiatischer Staaten zu westlichen Ländern oder auf die Institutionen der ASEAN (*Association of Southeast Asian Nations*) und der APEC (*Asia Pacific Economic Cooperation*) konzentriert.

Die Frage der Integration der *Region Ostasien* ist meines Wissens bisher noch nicht auf der Basis der sozialwissenschaftlichen *Theorien regionaler Integration* angegangen worden. *Ostasien* wird auch in diesem Kapitel V als Überbegriff für Nordostasien (Japan, Süd- und Nordkorea, China, Taiwan, Hongkong, Macao) und Südostasien (Philippinen, Vietnam, Laos, Kambodscha, Thailand, Birma/Myanmar, Indonesien, Malaysia, Singapur und Brunei) verstanden, also Asien unter Ausschluss Südasiens (Indien und seine Nachbarstaaten[7]), Zentralasiens (Mongolei und Nachfolgestaaten der ehemaligen Sowjetrepubliken) und des westlichen Teils des Kontinents.

Die These des Aufstieges Ostasiens als regionalem Integrationsprozess hat große Plausibilität aus einer *Weltsystem-Perspektive*, deren Grundaussage es ist, dass nationale Entwicklung nicht aus sich selbst und durch eine Betrachtung einzelner Länder befriedigend erklärt werden kann. Diese These stellt die Weltsystemtheorie Wallersteinscher Prägung aber auch vor Probleme, da sie bisher keinen Begriff der (Welt-)Region und eine Theorie regionaler Integration erst in Ansätzen entwickelt hat.[8]

III.1.3 Theoretische Konzepte

Politische Integration wurde in Abschnitt I.3 definiert als Entwicklung eines transnationalen politischen Netzwerkes im Sinne einer Verdichtung der transnationalen Beziehungen in einer Region, im Verhältnis zum Außenraum. Dabei kommt es zur Entstehung multilateraler Institutionen in mannigfaltigen Formen, in unterschiedlichem Masse formalisiert und rechtlich kodifiziert. Diesen Institutionen ist eine spezifische strategische Selektivität eigen. Strategische Selektivität („strategic selectivity") ist ein zentraler Begriff des strategisch-relationalen staatstheoretischen Ansatzes von Bob Jessop[9]:

---

[7] Mit Ausnahme Birma/Myanmars, das zu Südostasien und damit zu Ostasien geschlagen wird.

[8] In den 90er Jahre gab es allerdings gerade aufgrund der Entwicklungsprozesse in Ostasien wichtige Erweiterungen; vgl. dazu insbes. Arrighi/Ikeda/Irwan (1993), Arrighi/Hamashita/Selden (1997, 2003), So/Chiu (1995, 2000), Wallerstein (1997).

[9] Jessop (1990); zur zentralen Bedeutung des Begriffs siehe S. 194.

„„... a given type of state, a given state form, a given form of regime, will be more accessible to some forces than others according to the strategies they adopt to gain state power; and it will be more suited to the pursuit of some types of economic or political strategy than others because of the modes of intervention and resources which characterize the system." (Jessop 1990: 260).

Die neuen Institutionen verändern das Handlungsfeld der Akteure: Sie haben Rückwirkungen auf nationale politische Debatten und Strategien, sie erweitern oder beschränken ihren Handlungsspielraum, auf regionaler wie auf internationaler Ebene. Unter Umständen kommt es zur Entwicklung neuer politischer Akteure auf regionaler Ebene, denen in bestimmten Fällen sogar Kompetenzen seitens nationaler Regierungen oder Verbände abgetreten werden. Regionalisierung kann somit zu Supranationalität führen, im Sinne der Entstehung einer „die einzelnen Staaten übergreifenden Entscheidungs- und Steuerungsebene, die bestimmte Teilbereiche aus der Kompetenz der Staaten herauslöst und auf eine eigenständige Ebene überträgt", wie dies Lepsius (1991: 309) für den Fall des europäischen Integrationsprozess definiert hat. Aber auch ohne Regionalismus, Supranationalität und einer in der Bevölkerung verankerten ‚regionalen Identität' kann regionale Integration stattfinden, nämlich in Form stärkerer wirtschaftlicher Verflechtung, intensivierter politischer Konsultationen und verstetigter Kooperation zwischen Regierungen und anderen Akteuren. Dabei handelt es sich um einen Prozess, an dem die Akteure grundsätzlich selbstbestimmt und freiwillig partizipieren, wenn auch unter dem Druck der Verhältnisse, aber nicht unter Zwang oder Gewaltandrohung. Damit schlossen die Neofunktionalisten die historischen Prozesse der Reichs-, Nationen- und Staatsbildung von der Kategorie der Integrationsprozesse aus:

„The dominant desire of modern students of regional integration is to explain the tendency toward the voluntary creation of larger political units each of which self-consciously eschews the use of force in the relations between the participating units and groups." (Haas 1970: 668).

Folgende Unterscheidungen sind integrationstheoretisch von zentraler Bedeutung:
Die Unterscheidung zwischen *exogenen* und *endogenen Faktoren*, also solchen, die ihre Wirkung hauptsächlich aus extra-regionalen resp. über-regionalen Prozessen entfalten, und solchen, die auf innerregionale Prozesse zurückzuführen sind. Traditionellerweise ist exogenen Faktoren bei der Analyse von Integrationsprozessen weniger Stellenwert zugesprochen worden als endogenen; aus der hier verfolgten weltsystemtheoretischen Perspektive ist dies nicht aufrechtzuerhalten. Es handelt sich um eine *analytische* Unterscheidung im Hinblick auf die Erklärung von Integrationsprozessen; fundamentale historische Prozesse sind nur aus Weltsystem-Kontexten heraus zu erklären.
Das Verhältnis von *Politik* und *Ökonomie*: Regionale Integration in Ostasien ist als marktgetriebener Prozess beschrieben worden. Die Überprüfung dieser These erweist sich vor allem deshalb als schwierig, weil das dahinter stehende integrationstheoretische Konzept „Marktgetriebenheit" kaum definiert worden ist, sondern üblicherweise *ad hoc* in Abgrenzung zu anderen Integrationsprozessen, insbesondere dem westeuropäischen, eingeführt wird.
Integrationsprozesse lassen sich unterscheiden nach ihrem Grad *relativer Offenheit/Geschlossenheit,* eine Dimension, die vor allem von der ökonomischen Integrationstheorie in den Vordergrund gestellt worden ist, die aber auch für die politische Kooperation

von Bedeutung ist. Diese Unterscheidung hängt eng mit der Frage endogener/exogener Triebkräfte zusammen.

Darüber hinaus ist die Unterscheidung *Intergouvernementalität/Supranationalität*, d.h. die Frage, welche Regulierungsfunktionen in zwischenstaatlicher Kooperation und Koordination und welche durch supranationale Institutionen wahrgenommen werden, integrationstheoretisch bedeutsam. Da außerhalb Westeuropas bisher kein regionaler Integrationsprozess Supranationalität hervorgebracht hat, entfällt dies im Folgenden.

III.1.4 Faktoren der Initiierung eines Integrationsprozesses

Folgende Faktoren der Initiierung regionaler Integration können identifiziert werden (Abb. III.1.1):[10]

- *Exogene Faktoren*: die ökonomische und politisch-militärische Konkurrenz im Weltsystem, insbesondere das Wirken externer Akteure wie der Hegemonialmacht (in der neofunktionalistischen Theorie „extraregional dependence", „external federalizer", „catalytic agent"),
- die Faktoren, die die *Grundausstattung* der Länder in der Regionen bestimmen (geographische Gliederung/Distanzen, ökologische Faktoren wie die klimatischen Unterschiede und das Vorkommen natürlicher Ressourcen, historisch-kulturelle Faktoren, die Unterschiede zwischen den sozioökonomischen Entwicklungsniveaus der Länder in der Region etc.), woraus sich die Struktur regionaler Disparitäten, der regionalen Homogenität/Heterogenität und Symmetrie/Asymmetrien ergibt,
- *Integrationsniveau*: das historische Ausgangsniveau wirtschaftlichen Austausches und politischer Kontakte in der Region (in der neofunktionalistischen Theorie „initial rate of transactions").

Abbildung III.1.1: Regionale Integration im Weltsystem – Initiierung

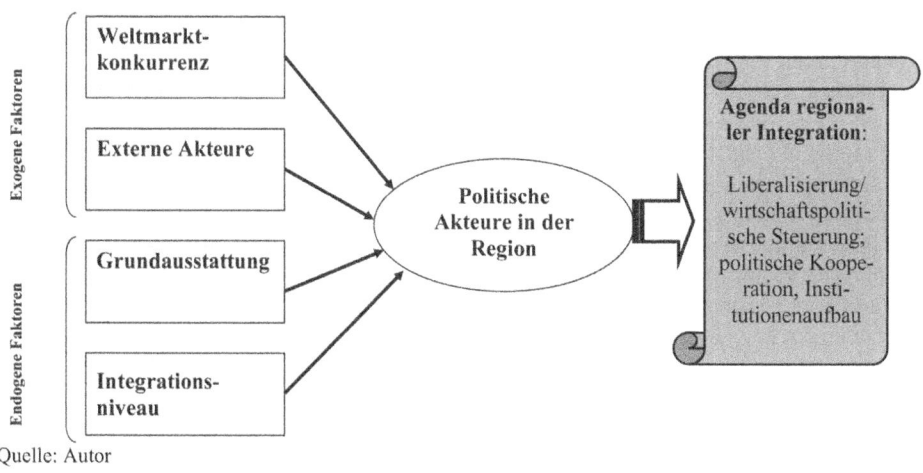

Quelle: Autor

---

[10] In Anlehnung an Schmitters „initiation cycle" regionaler Integration (Schmitter 1971: 246).

- Unter bestimmten Bedingungen reagieren politische Akteure auf diese Faktoren mit einer politischen Agenda regionaler Integration. Zu diesen gehören die relative Konvergenz der ordnungspolitischen Orientierungen der Akteure, eine gemeinsamer Bezug auf die regionale Ebene, erfolgreiche politische Führung – Bündnisbildung, Vermittlung und Bündelung der involvierten Interessen – sowie die Schaffung von ‚Paketlösungen' (vgl. Ziltener 2000).

Die resultierende politische Integrationsagenda kann sich unterscheiden hinsichtlich

- der erfassten wirtschaftlichen und politischen Bereiche (*scope*),
- der zu implementierenden Steuerungsmechanismen,
- der Regulierung des Zuganges (Diskriminierung/Nichtdiskriminierung von Nicht-Teilnehmern), und
- des Grades der Kompetenzübertragung an zu schaffende oder vorhandene regionale Institutionen (*level of authority*).

III.1.5 Faktoren, die den Verlauf eines Integrationsprozesses bestimmen

Abb. III.1.2 gibt einen Überblick über einen ‚Integrationszyklus', d.h. die Rückwirkungen implementierter Integration auf den weiteren Prozess, aus darstellerischen Gründen unter Ausklammerung des Feldes der ‚politischen Akteure in der Region'. Von den vier Faktoren des Initiierungsmodells kann sich einer, nämlich die Grundausstattung, *per definitionem* nicht (oder, im Falle der relativen sozioökonomischen Entwicklungsunterschiede, nur langfristig) verändern. Die drei übrigen dürften von den Auswirkungen der Integration auf jeden Fall beeinflusst werden. Die *integrationspolitische Position der externen Akteure* dürfte sich verändern in Abhängigkeit von der Einschätzung der Auswirkungen der Integration: Resultiert daraus eine Abnahme des eigenen politischen Gewichts und der Möglichkeit der Beeinflussung zukünftiger Entwicklungen? Läuft der wirtschaftliche Prozess im Einklang mit oder gegen die global und national dominierenden Interessen? Zentral dafür ist wohl die Frage der relativen Offenheit/Geschlossenheit des Prozesses und die Erwartungen hinsichtlich der weiteren Entwicklung dieser Dimension.

Entscheidend für die involvierten Akteure ist die Einschätzung der Auswirkungen auf die *Performanz*, und zwar hinsichtlich Wirtschaftswachstum im engeren und sozioökonomischer Entwicklung im weiteren Sinne, sowie der Frage, ob sich dadurch die Stellung in der globalen politisch-militärischen Konkurrenz verbessert hat. Da kaum anzunehmen ist, dass eine Verdichtung grenzüberschreitender Aktivitäten in der Region nur ‚Gewinner' kennt, ist die Frage der Organisation und Einflussnahme betroffener Interessengruppen auf die nationalen Politiken und/oder die regionalen Institutionen von großer Wichtigkeit. Nur wenn politische Systeme Legitimation für den Integrationsprozess organisieren können und sie bis zu einem gewissen Grade ‚immunisiert' sind gegen bestimmte Interessen, ist dessen Fortführung wahrscheinlich.

Abbildung III.1.2: Regionale Integration im Weltsystem – Prozessmodell

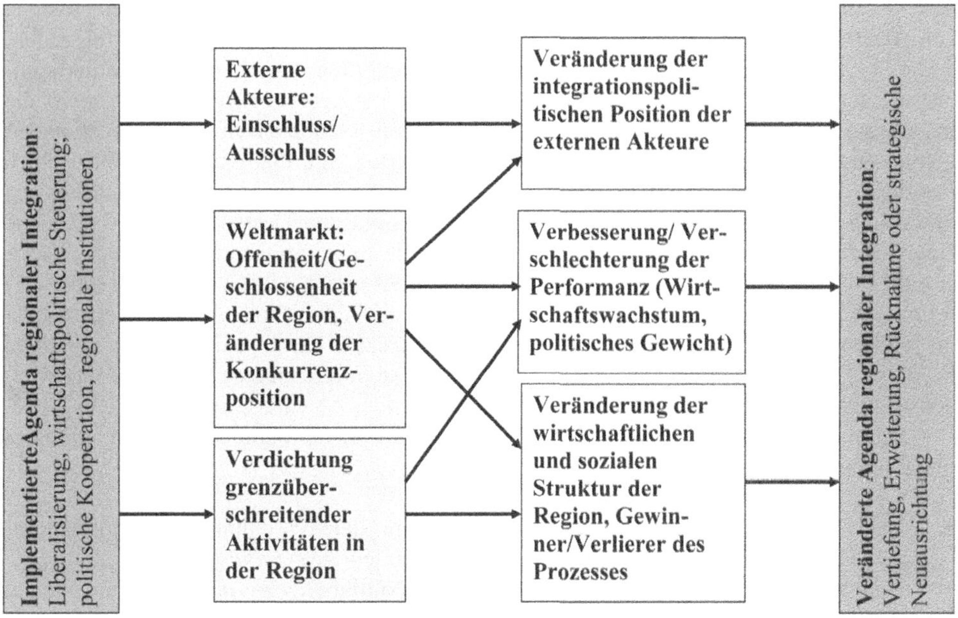

Implementierte Agenda regionaler Integration: Liberalisierung, wirtschaftspolitische Steuerung; politische Kooperation, regionale Institutionen

- Externe Akteure: Einschluss/ Ausschluss
- Weltmarkt: Offenheit/Geschlossenheit der Region, Veränderung der Konkurrenzposition
- Verdichtung grenzüberschreitender Aktivitäten in der Region

- Veränderung der integrationspolitischen Position der externen Akteure
- Verbesserung/ Verschlechterung der Performanz (Wirtschaftswachstum, politisches Gewicht)
- Veränderung der wirtschaftlichen und sozialen Struktur der Region, Gewinner/Verlierer des Prozesses

Veränderte Agenda regionaler Integration: Vertiefung, Erweiterung, Rücknahme oder strategische Neuausrichtung

Quelle: Autor

Die *integrationspolitische Position der externen Akteure* dürfte sich verändern in Abhängigkeit von der Einschätzung der Auswirkungen der Integration: Resultiert daraus eine Abnahme des eigenen politischen Gewichts und der Möglichkeit der Beeinflussung zukünftiger Entwicklungen? Läuft der wirtschaftliche Prozess im Einklang mit oder gegen die global und national dominierenden Interessen? Zentral dafür ist wohl die Frage der relativen Offenheit/Geschlossenheit des Prozesses und die Erwartungen hinsichtlich der weiteren Entwicklung dieser Dimension.

Abb. III.1.2 gliedert die *Hauptmechanismen*, in der Realität sind die Wirkungskanäle regionaler Integration vielfältig und komplex.[11] Die neofunktionalistische Integrationstheorie hat eine beeindruckende Fülle von Hypothesen über die den Verlauf eines Integrationsprozesses bestimmenden Faktoren und Mechanismen generiert, von denen das Konzept des *spill over* am bekanntesten geblieben ist. Dabei wird angenommen, dass zunehmende transnationale Verflechtung, ein zunehmender Integrationsgrad, aufgrund der funktionalen Interdependenz von wirtschaftlich-gesellschaftlichen Bereichen und staatlichen Politiken einen Druck in Richtung weiterer (politischer) Integrationsschritte bewirkt (vgl. Nye 1971: 200ff, Schmitter 1971: 243). Der *spill over*-Mechanismus ist, entgegen weit verbreiteter Kritik, in der neofunktionalistischen Theorie nie als konfliktfreier ‚Automatismus' verstanden worden. Vielmehr wurde ein fortschreitender Integrationsprozess als mit Politisierung (*politicization*) verbunden verstanden, mit zunehmenden Konflikten infolge des Einbezug

---

[11] Zur Frage der Modellierung und der empirischen Evaluation der *ökonomischen Wirkungskanäle* regionaler Integration siehe Ziltener (2001b).

umstrittener Politikbereiche und einer wachsenden Anzahl von Akteuren. Auch berücksichtigte das neofunktionalistische Modell immer systematisch die Handlungsmöglichkeiten von Akteuren, die nicht dem *spill over*-Mechanismus folgen, unter anderen die folgenden: *Spill back*, die Möglichkeit der Zurücknahme von Integration, sowohl was die Politikbereiche als auch die Zuständigkeiten der supranationalen Akteure betrifft; *spill around*, die Integration von Politikbereichen bei gleich bleibenden Kompetenzen der supranationalen Institutionen; *encapsulate*, die Möglichkeit, auf Krisen mit marginalen Veränderungen innerhalb der Indifferenzzone zu reagieren (Schmitter 1971). Neuere Integrationstheorien haben sich vollständig von den Annahmen über die prozessuale Beständigkeit und faktische Unumkehrbarkeit von Integration gelöst. Regionale Integrationsprozesse sind makrosoziale Prozesse nicht-linearer Natur. Als solche weisen sie, wie es Mayntz (2002: 25) formuliert hat, „plötzliche Sprünge auf, ihre Wirkungsrichtung kann sich umkehren oder die Wirkung ist rekursiv mit ihrer Ursache verbunden, sei es durch positiven oder negativen Feedback". Als typische Formen nichtlinearer Prozesse bezeichnet sie „abrupte Trendwenden, Oszillationen, zyklische Verläufe und Aufwärts- oder Abwärtsspiralen".

Schmitter (1971) identifizierte vier grundlegende Widersprüche, die im Verlaufe eines Integrationsprozesses auftreten können:

- Unsicherheit in der Garantierung einer relativen Gleichverteilung von (wahrgenommenen) Kosten und Nutzen der wirtschaftlichen Integration (*equity*),
- Unmöglichkeit, die Trennung verschiedener Politikbereiche in einem zunehmend verflochtenen, komplexen politischen System aufrechtzuerhalten (*engrenage*),
- Schwierigkeiten, regionale Integration abzuschirmen in einem Kontext sozioökonomischer Abhängigkeit (*externalization*),
- verstärkte Wahrnehmung der (ökonomischen und politischen) Performanz von Integrationspartnerländern aufgrund vermehrten Austausches und besserer Information (*envy*).

Nye (1971: 199ff) unterschied Integrationsmechanismen danach, ob sie sich aus dem Wirken des Liberalisierungsprozesses, d.h. der Marktschaffung, oder infolge der Schaffung einer regionalen Wirtschaftsorganisation ergeben. Zu den ersteren gehören neben dem *spill over*-Effekt ein allgemeines Ansteigen der (ökonomischen, politischen, kulturellen) Transaktionen, die politisch-ideologische, funktional nicht zwingende Verbindung von Maßnahmen zu Paketlösungen (*deliberate linkages and coalitions*), die Herausbildung von wirtschaftlichen *pressure groups*, im Verlaufe des Prozesses zunehmend auf regionaler Ebene. Zu den letzteren zählt er den zunehmenden Einbezug externer Akteure, die Herausbildung einer regionalen Ideologie und die Intensivierung einer regionalen Identität sowie eine entsprechende „Elitensozialisierung". Bei letzterem hatte er vor allem Beamte aus den nationalen Bürokratien im Auge.

Schon die ältere neofunktionalistische Theorie unterschied Integrationsprozesse zwischen hoch entwickelten und solchen zwischen weniger entwickelten Ländern. Hinsichtlich empirischer Generalisierung macht Haas (1971: 10ff) die Unterscheidung zwischen *industrialized-pluralistic* und *late developing nations* und führt die Gründe an, weshalb in letzteren Integration oft auf einer symbolischen Ebene bleibt. Häufig in Prozessen des „state and nation-building" stehend, hat Souveränität für diese Staaten in jeder Beziehung einen besonders hohen Stellenwert:

„Die Eliten in den Ländern der südlichen Hemisphäre sind ungleich mehr mit sich selbst, ihrem Machterhalt und ihrer Präponderanz im Zusammenspiel von ‚Staat' und ‚Gesellschaft' beschäftigt, als wir dies aus dem industrialisierten Norden kennen. Analog dazu ist das Maß pluralistischer, binnengesellschaftlicher Eigendynamik auf den nationalstaatlichen wie auf den zwischenstaatlichen und zwischengesellschaftlichen Ebene signifikant geringer als in den westlichen Industriestaaten." (Mols 1996a: 89).

Ein entscheidender Unterschied ist jedoch auch, dass die Aussichten auf positive ökonomische Effekte regionaler Integration viel schlechter sind:

„Während die ökonomische Integration unter Industriestaaten ihre Chancen darin findet, dass sich Volkswirtschaften mit komplementären und produktions- wie nachfrageelastischen Gütern durch die Mechanismen einer funktionierenden Konkurrenz verbinden und überhaupt wirtschaftliche Integration auf eine breitgefächerte wirtschaftliche Maximierungsstrategie hinausläuft, stellen regionale Integrationsgemeinschaften in der südlichen Hemisphäre entweder oft gleiche Güter her oder überhaupt Produkte, für die im regional verbundenen Nachbarland kein gesteigerter Bedarf besteht. Im Zusammenhang damit kann man im in den seltensten Fällen von einer intensiven zwischenstaatlichen Arbeitsteilung auch im investen Bereich sprechen, kurzum, es fehlt so etwas wie die ökonomisch-strukturelle Grundausstattung, um aus der wirtschaftlichen Zusammenarbeit wesentlich mehr zu machen als Pläne und Absichtserklärungen." (Mols 1996a: 94)

III.2 Die Reintegration Ostasiens: Übersicht

III.2.1 Einleitung

In diesem Kapitel wird auf der Grundlage der vorangegangenen Bestimmung zentraler Integrationsfaktoren die Reintegration Ostasiens in der Nachkriegsperiode analysiert. Die ‚Ausgangslage', die Grundausstattung und das Integrationsniveau um 1945, wurde in Kapitel II.13 als integrationshistorischer Tiefpunkt bezeichnet. Die schrittweise ‚Wiederverflechtung' wird stark von exogenen Faktoren bestimmt, insbesondere durch die internationalen Institutionen (Abschnitt V2.4) und die Politik der Hegemonialmacht USA (Abschnitt III.2.7). Die regionale Dimension gewinnt, mit auf die Region – oder Teile davon – bezogenen Institutionen, im Verlaufe der Jahre rasch an Bedeutung (III.2.6, III.2.8). Zunächst werden für die Region spezifische, zentrale Integrationsfaktoren bestimmt.

III.2.2 Integrationsfaktoren

Im vorliegenden Zusammenhang geht es um die Identifizierung von Faktoren, die über Grundausstattung und historisches Integrationsniveau hinaus den regionalen Integrationsprozess bis heute mitbestimmen:

- *Koloniales Erbe*: Der europäisch-amerikanische Kolonialismus hat vor allem über zwei Prozesse die gegenwärtige Struktur einiger südostasiatischer Gesellschaften mitdeterminiert, über *Grenzziehungen* und die von Kolonialbehörden induzierte *Arbeitsmigration*, vor allem von chinesischen und indischen Arbeitern in die Minen- und

Plantagengebiete Südostasiens. Allein in Südchina sind rund 5 Mio. Menschen als Kontraktarbeiter angeworben worden. Der überwiegende Teil dieser „Kulis" kehrte nach einer gewissen Zeit in das Herkunftsgebiet zurück; eine beträchtliche Anzahl blieb jedoch in der Region. Die resultierende Diaspora bildete eine der Grundlagen für das chinesische Handelsnetzwerk in Südostasien.

- *Antikolonialismus und Nationalismus*: In vielen Ländern Ostasiens ist die völkerrechtliche Unabhängigkeit eine vergleichsweise junge Errungenschaft und nationale Souveränität ein zentraler Leitwert, insbesondere in der Generation, die noch in die antikolonialen Kämpfe involviert war und die in einigen Ländern im Beobachtungszeitraum immer noch die politische Elite stellte oder im Hintergrund die ‚Fäden zog'.

- *Nationen- und Staatsbildung*: Die Länder Südostasiens sind im Gegensatz zu denjenigen Nordostasiens ethnisch und sprachlich-kulturell heterogen. Eine Reihe von südostasiatischen Staaten versteht sich als in einem laufenden Prozess der Nationen- und Staatsbildung befindend. Viele ethnische und kulturelle Konflikte in diesem Zusammenhang machen Fragen der nationalen Identität und Integration zu politisch heiklen Themen.

- *Erbe des Kalten Krieges:* Durch die Involvierung der USA und der Sowjetunion in die nationalen Befreiungs- und Unabhängigkeitskriege mutierten diese in ‚Stellvertreterkriege'. Das Ergebnis, die Teilung Ostasiens in einen westlich orientierten Archipel (von Japan und Südkorea über Hongkong, Taiwan und den Philippinen bis zu Malaysia und Indonesien) und einen mit Ausnahme Thailands sozialistisch-kommunistisches Festland wirkt bis heute nach. Ein Teil des wirtschaftlichen Entwicklungserfolges Thailands, Taiwans und Südkoreas ist zurückzuführen auf die Stellung dieser Länder als ‚Frontstaaten', was mit großen Hilfszahlungen der USA und vorteilhaften Exportmöglichkeiten verbunden war. Allerdings entzogen sich die meisten Länder des Südens den Bemühungen der USA um eine militärisch-politische Blockbildung und schlossen sich der „Blockfreien"-Bewegung an. ASEAN erklärte sich 1971 zu einer „Zone of Peace, Freedom and Neutrality in Southeast Asia" (ZOPFAN) und später zur „nuklearfreien Zone" (1995).

III.2.3 Mitgliedschaften ostasiatischer Länder in regionalen und überregionalen Institutionen

Tabelle III.2.1 gibt eine Übersicht über die Mitgliedschaften ostasiatischer Länder in regionalen und über-regionalen Institutionen seit 1945. *Drei Entwicklungen* können anhand der Angaben über das Beitrittsjahr daraus abgelesen werden. Erstens gab es in der unmittelbaren Nachkriegszeit eine Beitrittswelle ostasiatischer Staaten zu den internationalen Organisationen unter westlicher Führung (UNO, Weltbank, GATT) sowie der UN-Regionalorganisation für Asien (*Economic Commission for Asia and the Far East*), in einigen Fällen sofort bei deren Gründung, in anderen nach dem Erreichen der staatlichen Unabhängigkeit. Zweitens kam es in den 50/60er Jahren zur Gründung weiterer asiatischer Regionalorganisationen, die im Zusammenhang mit der Ost-West-Konfrontation stehen. 1954 wurde der *Southeast Asia Collective Defense Treaty (Manila Pact)* zwischen ehemaligen Kolonialmächten in der Region und den westlich orientierten südostasiatischen Ländern geschlossen; Vorbild für die *Southeast Asia Treaty Organization (SEATO)* war die NATO-Gründung.

Tabelle III.2.1: Mitgliedschaften ostasiatischer Länder in regionalen und überregionalen Institutionen

Institution:	UNO	IBRD	ECAFE/ ESCAP	GATT/ WTO	SEATO	ADB	ASEAN	MIGA	APEC	ARF
Gründungsjahr: *Mitglieder/ Beitrittsjahr:*	1945	1945	1947	1947	1954 (-1977)	1966	1967	1988	1989	1993
Japan	1956	1952	1954	1955		1966		1988	1989	1994
Korea VR	1991			1992						2000
Korea (ROK)	1991	1955	1954	1967		1966		1988	1989	1994
China VR	1971	(1945)	(1947)	2002		1986		1988	1991	1994
- Hongkong			1947***	1986		1969			1991	
- Macao			1991***	1991						
Taiwan (ROC)	1945-71*			2002		1966			1991	
Singapur	1965	1966	1965	1973		1966	1967	1998	1989	1994
Malaysia	1957	1958	1957	1957		1966	1967	1991	1989	1994
Brunei	1984	1995	1985	1993			1984		1989	1994
Indonesien	1950	1954	1950	1950		1966	1967	1988	1989	1994
Philippinen	1945	1945	1947	1979	1954	1966	1967	1994	1989	1994
Thailand	1946	1949	1947	1982	1954	1966	1967	2000	1989	1994
Myanmar	1948	1952	1948	1948		1973	1997			1996
Kambodscha	1955	1970	1954	2003		1966	1999	1999		1995
Vietnam VR	1977	(1956)	1954	2007		1966	1995	1994	1998	1994
Laos	1955	1961	1955	Beob.**		1966	1997	2000		1994
USA			1947		1954	1966			1989	1994
Australien			1947		1954	1966			1989	1994
Neuseeland			1948		1954	1966			1989	1994
Kanada						1966			1989	1994
Mexiko									1993	
Papua N. Guinea			1976			1971			1993	1994
Mongolei			1961			1991			****	1998
Chile									1994	
Peru									1998	
Russland			1947						1998	1994
Frankreich			1947		1954	1970				
Großbritannien			1947		1954	1966				
Niederlande			1947			1966				
EU										1994
Pakistan			1947		1954	1966				2004
India			1947			1966				1996

Abkürzungen:

SEATO   Southeast Asia Treaty Organization

IBRD   International Bank for Reconstruction and Development (World Bank Group)

ECAFE   Economic Commission for Asia and the Far East (UN-Regionalorganisation, umfasst neben den aufgeführten Ländern auch die west- und südasiatischen sowie pazifischen Länder; später ESCAP

ESCAP   Economic and Social Commission for Asia and the Pacific, früher ECAFE

ADB   Asian Development Bank (umfasst neben den aufgeführten Ländern weitere südasiatische sowie pazifische Länder, unter den Kapitalgebern finden sich zudem Belgien, Dänemark, Finnland, Frankreich, Deutschland, Italien, Norwegen, Österreich, Schweden und die Schweiz)

ASEAN   Association of Southeast Asian Nations

MIGA   Multilateral Investment Guarantee Agency (World Bank Group)

APEC Asia Pacific Economic Cooperation

ARF   ASEAN Regional Forum (auch: Asia Regional Forum)

Anmerkungen:

*   Mit der Anerkennung der Volksrepublik China 1971 verlor Taiwan (Republic of China, ROC) seinen Sitz in den UN-Organisationen. Taiwan strebt den (Wieder-)Beitritt an.

**   Beobachterstatus bei der WTO erzwingt den Beginn von Beitrittsverhandlungen innerhalb von fünf Jahren; im Oktober 2004 begannen die Beitrittsverhandlungen.

***   Assoziiertes Mitglied

****   seit April 2000 Mitglied des Pacific Economic Cooperation Council (PECC); strebt APEC-Mitgliedschaft an.

Quelle: Eigene Zusammenstellung.

Die Einrichtung einer *Asiatischen Entwicklungsbank* 1966 hatte die Förderung und Kanalisierung der westlichen Entwicklungshilfe in der Region Ost- und Südasien zum Ziel. Einen Spezialfall, der ausführlicher zu diskutieren sein wird, bildet die ASEAN (*Association of Southeast Asian Nations*), bei deren Gründung sicherheitspolitischen Motive dominierten.

In den 1980/90er Jahren, drittens, integrierten sich auch die Staaten Ostasiens zunehmend in die globalen wirtschaftlichen Liberalisierungsprozesse, sichtbar am Beitritt zur MIGA (*Multilateral Investment Guarantee Agency*, Weltbank) sowie – Tabelle III.2.2 nicht zu entnehmen – der Teilnahme an der Uruguay-Runde, die zur Schaffung der Welthandelsorganisation (WTO) führte. Mit dem Beitritt der Volksrepublik China und Taiwans zur WTO im Jahr 2002 sind nur noch die Staaten Indochinas sowie Nordkorea Nichtmitglieder in Ostasien. Die politische Agenda der ASEAN entwickelte sich in den 80er Jahren auch zunehmend in Richtung einer Liberalisierung von Handel und Investitionen. Ebenfalls in die Kategorie liberalisierungsorientierter internationaler Institutionen gehört die APEC (*Asia Pacific Economic Cooperation*), als pazifikübergreifende Organisation ebenfalls ausführlicher zu diskutieren. Wirtschaftliche Integration in Ostasien ging einher mit der Reduktion politisch-militärischer Spannungen. Seit dem Ende der Ost-West-Konfrontation intensivierten sich die sicherheitspolitischen Kooperationsbemühungen der Staaten in der Region (*ASEAN Regional Forum*). Mit der ‚Asienkrise‘ begann eine vierte Phase regionaler Integration in Ostasien, die dem Aufbau von Kapazitäten zur Bewältigung von Weltmarktkrisen dient (dazu Abschnitt III.12.5). Zu ergänzen bleibt, dass Japan seit 1964 und Südkorea seit 1996 OECD-Mitglieder sind, die einzigen beiden Länder Ostasiens.

III.2.4 Überblick über die wichtigsten regionalen Institutionen Ostasiens

Die wichtigsten Institutionen mit einem regionalen Fokus werden bezüglich Entstehungsgeschichte, Orientierung und Gewicht vergleichend dargestellt in der folgenden Tabelle III.2.2.

Tabelle III.2.2: Überblick über die wichtigsten regionalen Institutionen Ostasiens

Institution Dimensionen, Akteure	UN Economic and Social Commission for Asia and the Pacific (ESCAP)	South East Asian Treaty Organization (SEATO)	Association of Southeast Asian Nations (ASEAN)	Asia Pacific Economic Cooperation (APEC)	ASEAN Regional Forum (ARF)
Entstehung, Vorläufer	—	Kooperation der Sieger-mächte des 2. Weltkriegs	1961 Association of Southeast Asia (ASA), 1963 MAPHILINDO	Akadem. Konferenzen, wirtschaftliche Interessen-gruppen (PBEC, gegr. 1967; PECC, gegr. 1980)	ASEAN Post Ministerial Conferences, akademische Netzwerke (*strategic studies centres*)
Initiierende(r) Akteur(e)	(Element des UN-Systemauf-baus)	Ehem.Kolonial mächte in der Region	Regierungen der Gründerländer	Australische Regierung	kanad., austral. Vorschlag, ASEAN-Initiative in Abstimmung mit Japan
Gründungs-jahr	1947	1954 (1977 aufgelöst)	1967	1989	1993
Auslöser	(Element des UN-Systemauf-baus)	Indochinakrieg	Regionale Konflik-te, innere Instabili-tät der Gründer-länder	Reaktion auf europäische und nordame-rikanische Integration	Ende Ost-West-Konfrontation
Ziel	Ökonomischer Wiederaufbau nach dem 2. Weltkrieg; Entwicklungs-förderung mit regionalem Fokus	Militärisch-sicherheitspoli-tische Koopera-tion zur Ein-dämmung des kommunisti-schen Einflusses in Südostasien	Ökonomische und sicherheitspoliti-sche Kooperation; Interne Liberalisie-rung Handel (AF-TA, beschl. 1992) & Investitionen (AIA, beschl. 1998)	Liberalisierung Handel/ Investitionen (*open regiona-lism*)	Regionaler si-cherheitspoliti-scher Dialog (Konsultationen, Kooperation) unter Einbezug der Großmächte
Politische Bedeutung	Anfänglich gering; nach Erweiterung des Mandates zentrale regio-nale Entwick-lungsagentur der UN	Gering	*Security commu-nity*; bündelt das politische Gewicht der Mitgliedstaa-ten erfolgreich gegen außen	Gering; war nur während kurzer Zeit Forum von Bedeutung	Langfristig orien-tiertes Forum; Ergebnisse bisher wenig konkret
Einfluss ökonomi-scher Akteure	Gering	—	Anfänglich gering, über die Zeit zunehmend	Von Anfang an bedeutend	—
Ökonomische Effekte	Projektspezi-fisch (Bsp. *Mekong River*-Projekt)	—	Gering	Gering	—

Quelle: Eigene Zusammenstellung.

Als Ergebnis dieser historisch-vergleichenden Darstellung kann festgehalten werden: Es gibt keine einzige regionale Organisation, die *alle* und *nur* die ostasiatischen Staaten umfasst. Mit der Ausnahme von ASEAN ist keine dieser Institutionen gegenüber außerregionalen Staaten abgeschlossen, und die Gründungsinitiativen gingen – ebenfalls mit Ausnahme von ASEAN – von politischen Akteuren aus, die nicht – oder nicht alle – zur Region Ostasien gerechnet werden können. Definiert man politische Integration als endogen initiierte, umfassende und ausschließende regionale Institutionenbildung, dann könnte die Analyse eigentlich auf den ASEAN-Prozess begrenzt werden. Wie in Kapitel I, S. 14f, dargelegt, kommt hier jedoch ein breiterer Integrationsbegriff zur Anwendung. Objektives Maß regionaler Integration ist die Verdichtung grenzüberschreitender Aktivitäten in einer Region, und ein solcher Prozess kann Folge von nicht-institutionalisierter wie von institutionalisierter politischer Kooperation sein, initiiert von internen wie externen Akteuren – oder auch gar nicht *politisch* ausgelöst.

III.2.5 Die Funktion externer Akteure in der Nachkriegszeit

Haben externe Akteure regionale Integration in Ostasien initiiert? In der unmittelbaren Nachkriegszeit wird sich im Falle Ostasiens der Blick auf die Siegermächte des 2. Weltkrieges richten. Zunächst waren die Kolonialmächte an einer Reintegration der beanspruchten Territorien in das jeweilige Kolonialsystem interessiert, die aber, wie im Falle der „Föderation Indochina" durch Frankreich, auch intern verknüpft werden konnten. Im Zuge der Entkolonialisierung und des aufsteigenden Nationalismus sanken die Chancen dieser Option drastisch, und die Interessen der europäischen Kolonialmächte an diesen Gebieten nahm ebenso drastisch ab.

Bekanntlich hat die Hegemonialmacht USA eine wichtige Rolle bei der Initiierung der westeuropäischen Integration gespielt (Ziltener 2001a). Die Lage in Ostasien nach dem Ende des „Pazifischen Krieges" war in vieler Hinsicht gar nicht so verschieden von derjenigen in Europa. Die Region war geteilt in ein kommunistisch dominiertes Festland und eine westliche Einflusssphäre, die sich als lang gestreckter Archipel-Bogen von Südkorea über Japan, den Philippinen, der malaiischen Inselwelt bis nach Thailand hinzog. Allerdings gab es in Ostasien keinen ‚Kalten Krieg', sondern ‚heiße' militärische Konflikte im Zeichen der Ost-West-Konfrontation in mehreren Ländern (Koreakrieg 1950-53, Indochinakrieg 1945-75). Doch die Herausforderung für die westliche Hegemonialmacht war insgesamt eine ähnliche. Das als westliche Einflusssphäre definierte Gebiet sollte verteidigt und dafür wirtschaftlich entwickelt und ins internationale politische System integriert werden. Japan als einzigem wirtschaftlich hoch entwickeltem Land in der Region kam dabei eine Schlüsselrolle zu. Die USA verordneten dem Land mit einer neuen Verfassung politische Demokratie und wirtschaftlich-soziale Reformen, inklusive einer Landreform. Wirtschaftlich wurde dem Land die Chance eröffnet, am Welthandel teilzunehmen und damit den US-amerikanischen Markt zu beliefern. Als Ersatz für die weggefallenen Importe aus den Kolonialterritorien wurde dem rohstoffarmen Japan der Handel mit den Ländern Südostasiens erlaubt, woraus sich die anhaltende Strukturierung eines Handelsdreiecks Südostasien – Japan – USA entwickelte („triangular trading structure"). Die japanische Wirtschaft entwickelte sich rasant und erreichte 1950 bereits wieder den Produktionsstand von 1930. Das japanische Nachkriegsmodell ist verschiedentlich als enge Verschränkung von Staat und Wirtschaft beschrieben worden.[12] Militärisch wurde Japan durch einen ‚Sicherheitsvertrag' an die USA gebunden und damit in deren Ostasienpolitik integriert. Ähnliche Verträge wurden mit Südkorea, Taiwan und den Philippinen geschlossen.[13]

In der Literatur wird gewöhnlich auf den grundlegenden Unterschied in der Organisation des US-Hegemonialsystems in Westeuropa und in Ostasien hingewiesen. In Ostasien habe die US-Präferenz für den Bilateralismus das Entstehen multilateraler Strukturen verhindert und damit das regionale System bis heute geprägt, so z.B. Shiraishi (2000) in einem expliziten Deutschland/Europa und Japan/Ostasien-Vergleich: „Washington opted for a different solution in Europe than in Asia."[14]

Auch Katzenstein schreibt:

> „After 1945 the United States enshrined the principle of bilateralism in its dealings with Japan and other states." (Katzenstein 1996: 141ff)

Zweifellos sind die Außenbeziehungen der westlich orientierten Ländern Ostasiens in der Nachkriegszeit bestimmt durch die Integration ins „amerikanozentrische System" (Keohane 1984: 182). Ein japanbezogener Blick auf die sicherheitspolitische Struktur in Ostasien darf jedoch nicht dazu verleiten, den USA eine grundsätzlich andere Politikorientierung als in Bezug auf Westeuropa zu unterstellen. Sicherheitspolitisch ließen sich die USA auf Multilateralismus ein, auch in Ostasien war das Ziel eine Blockbildung der westlich orientierten Staaten, nach NATO-Vorbild: Die SEATO war Teil der US-Strategie, einen Ring militärischer Bündnisse zur Eindämmung des Kommunismus um dessen „Kernländer" zu legen (Nye 1969: 725)[15].

Aber auch darüber hinaus kann eine ganze Reihe von Regionalisierungsinitiativen der USA nachgewiesen werden. Das Interesse der USA an regionalen Institutionen wuchs im Gleichschritt mit der Skepsis gegenüber dem System der Vereinten Nationen. Dieses wurde als zunehmend ungeeignet zur Lösung regionaler Konflikte eingeschätzt. Die Entkolonialisierung vervielfachte die Staaten, die zumindest in den ersten Jahren der Unabhängigkeit einen anti-westlichen politischen Kurs einschlugen. Es gab einen kurzen Frühling regionenüberschreitender Solidarität zwischen den jungen Staaten Asiens und Afrikas, der seinen Höhepunkt auf der Bandung-Konferenz von 1955 fand und zur Bewegung der blockfreien

---

[12] Chapman (1991: 106f) spricht von „government-guided oligopoly" und „government-guided capitalism"; auch Anderson (1993:7) betont die Planungselemente: „The (...) cooperation between bureaucracy and big business made Japan, in effect, the most successfully planned economy in the world." Streeck (2001: 5f) spricht von der *nicht-liberalen* Politischen Ökonomie Japans, im Sinne eines geringen Vertrauens in wirtschaftspolitisches *laissez-faire*, stattdessen der Aufbau verschiedener Formen hierarchischer und organisatorischer Koordinierung, oft mit bedeutender Einflussnahme des Staates.

[13] Shiraishi (2000) beschreibt das Ergebnis als „rad-ähnliche Struktur": „This way, Washington built a wheel-like security system in Asia, with the United States at the axle and bilateral treaties extending to individual countries like spokes."

[14] Nach einem Verweis auf NATO und EWG/EG fährt er weiter: „The comparison clearly illustrates the characteristics of Asia's regional order and Japan's positioning within the region. Germany was placed in the ‚North Atlantic' group in regard to security and ‚European' group in regard to economy. In this sense, Germany was given a stable position within Europe. This is why Germans define themselves as Europeans, entrust their future in Europeanism, and adopt multilateralism as their principle for action within the European Union." (ebd.).

[15] Vgl. Dunbabin (1994:135ff). Wegen der geringen geographischen Nähe der SEATO-Mitglieder untereinander nennt Nye diese Organisation eine „quasi-regionale": „...the longest distance between the capitals of Southeast Treaty Organization (SEATO) members (11'500 miles) is only slightly less than the longest distance between the capitals of UN members (12'400 miles)" (Nye 1969: 721).

Staaten führte. Federführend war Indonesien unter Sukarno, der einen Versuch der Bildung einer Gegenbewegung zur westlich dominierten UNO unternahm, die Mitgliedschaft in Weltbank und IWF kündigte und die Gründung Malaysias als „neokolonial" bekämpfte.

Die USA unternahmen eine Reihe von Initiativen zur regionalen Integration unter den verbündeten Staaten Ostasiens. Regionale Institutionen sollten die US-Wirtschaftshilfe koordinieren, ihre Verteilung vereinfachen und die Effizienz erhöhen. Mittelfristig sollten sie einen wirtschaftlichen Liberalisierungsprozess einleiten, denn integrierte Märkte wurden – wie in Westeuropa – als Voraussetzung für einen erfolgreichen wirtschaftlichen Entwicklungsprozess gesehen. Im Zeichen der Ost-West- und der Nord-Süd-Konfrontation sollte in Ostasien eine Organisation nach dem Vorbild der OEEC[16] in Westeuropa entstehen, die auch für die blockfreien Staaten attraktiv war. Eine regionale Organisation wurde insgesamt als effizienter für die angestrebte Blockbildung gesehen:

> „A regional organization offers the dominant power a basis for signaling ,hands off' to an external power and the means to achieve collective legitimization of actions it wishes to take in the region. (...) The prime benefit of using military quasi-regional organizations for containment is that by institutionalizing and preparing defense projects in advance the credibility of the American commitment to the protection of an area is underlined or enhanced and thus so is the ultimate deterrent effect. (...) A second benefit of using the regional organization instrument is the creation of improved channels of communication both through regular conferences and through personal contacts the lead to ,interpenetration of bureaucracies'. A third benefit of the regional military alliance is the legitimization of ,leverage' over partner's defense policies." (Nye 1969: 724ff)

Die US-amerikanischen Initiativen waren in Asien, im Gegensatz zu Westeuropa, nicht erfolgreich. 1955, an der Konferenz von Simla, Indien, erlebten sie eine Abfuhr, und auch spätere Versuche scheiterten. Der Widerstand von Staaten hing eng zusammen mit der Ablehnung einer (befürchteten) japanischen oder indischen Dominanz in einer solchen Regionalorganisation.

III.2.6 UN-Regionalkommission und Asiatische Entwicklungsbank (ADB)

Erfolgreicher war die Unterstützung für Initiativen im Rahmen der UNO, insbesondere die Tätigkeiten der *UN Economic Commission for Asia and the Far East (ECAFE)*, seit 1974 *Economic and Social Commission for Asia and the Pacific (ESCAP)*, mit Sitz in Bangkok, Thailand. [17] Obwohl Teil des UN-Systems haben diese regionalen Wirtschaftskommissionen politisch eigenständigen Charakter; zumindest können sie ihn unter bestimmten Umständen

---

[16] 1948 kam es auf Initiative der USA zur Gründung der *Organisation für wirtschaftliche Zusammenarbeit in Europa (OEEC)* mit 17 Mitgliedstaaten. Ihre Kompetenzen in der Koordination der europäischen Wiederaufbauprogramme waren begrenzt; sie spielte jedoch eine wichtige Rolle in der Erarbeitung und Durchsetzung der von den USA gewünschten Liberalisierung und Multilateralisierung der europäischen Währungs- und Handelspolitik.

[17] ECAFE wurde 1947 auf der Basis von Art. 68 der Charta der Vereinten Nationen unter der Ägide der ECOSOC gegründet (*ECOSOC Resolution 37 (IV) of March 28, 1947*); zum Gründungsprozess siehe Wightman (1963). Ihr Budget ist Teil desjenigen der UN, die Angestellten der Regionalorganisationen sind UN-Angestellte, die Leitung wird durch den UN-Generalsekretär bestimmt (http://unescap.org/).

entwickeln.[18] Bekannt geworden und über längere Zeit einflussreich gewesen ist die UN-Regionalkommission für Lateinamerika unter ihrem Sekretär Raúl Prebisch, die von großer Bedeutung für die wirtschaftspolitischen Strategien der lateinamerikanischen Länder und die kollektive Interessenvertretung der Region war. Eine vergleichbare Rolle hat die ECAFE nie wahrzunehmen vermocht, aber ihr faktisches Gewicht wird als zwischen der Kommission für Lateinamerika und der weitgehend bedeutungslosen Kommission für Afrika liegend eingeschätzt. Ein wirkungsvoller Mechanismus in Lateinamerika war die ‚Einschleusung‘ regional orientierter Planer und Beamter aus dem Apparat der Regionalkommission in die nationalen Bürokratien; ein solcher Prozess einwickelte sich in Asien nicht.

Dies ist auf mehrere Gründe zurückzuführen. Als Nachteil wirkte sich aus, dass die Kommission die ‚Region‘ „Ferner Osten" resp. „Asien-Pazifik" umfasste, vom Iran über die Mongolei bis Samoa und Neuseeland. Bald wurde erkannt, dass Subregionen dieses größten Kontinentes der Erde für einen Regionalisierungsprozess eher geeignet gewesen wären:

> „Surely this is a single region in name only, appropriate perhaps for an administrative subdivision of the UN but not as a candidate for economic or political integration. (...) Some subregional clusters of states may constitute more promising laboratories for integration, but all are defective on one or more important counts." (Gregg 1966: 213)

Ein weiterer Grund für die relative Schwäche der ECAFE war, neben den schon erwähnten Problemen der Führungsrolle (Japan, Indien) und des Nord-Süd-Konflikts, war die Tatsache, dass die Volksrepublik China, schon in den 50/60er Jahren von großer diplomatischer und militärischer Bedeutung für die Region, faktisch nicht partizipierte, dafür aber die USA und die Sowjetunion. Des weiteren bedeutete die Gründung der SEATO Fragmentierung und verstärkte politisches Misstrauen in der Region (Gregg 1966: 220).

Dies hatte zur Folge, dass die ECAFE nie ein eigentliches ökonomisch-politisches Projekt verfolgte, wie es die Regionalkommission für Lateinamerika getan hat. Dennoch fand Gregg (1966: 222) „islands of impact in an unpromising sea". Eine Reihe von transnationalen Aktivitäten wurden von der ECAFE initiiert und begleitet:

- Wichtige Infrastrukturprojekte, wie der *Asian Highway* oder das *Mekong River Project*, das – bis es durch den Indochinakrieg faktisch beendet wurde – recht weit fortgeschritten war und unter Entwicklungsländern weltweit Beachtung gefunden hat, waren Ergebnisse der ECAFE-Planung, bei dessen Verwirklichung sie auch federführend war;

---

[18] Gregg (1966: 210f) kommt in seiner vergleichenden Untersuchung der UN-Regionalkommissionen Lateinamerikas, Afrikas und Asiens zum Schluss: „... the Commissions enjoy a considerable amount of of institutional independence from the parent organization. These limitations are deceptive. In practice the commissions have more discretion than their terms of reference suggst and consequently more capacity for taking initiatives, independently of New York, appropriate to the needs of the region. This independence (....) makes it possible to speak of the commissions as agencies which may have an ideology and a thrust of their own, shaped to some extent by their UN connection, but not so inhibited by it as to deny them a distinct influence upon the regions they serve. (...) Although each commission has developed ist own distinctive style and carved out its own areas of emphasis, all have experienced an expansion of tasks and a gradual strengthening of their position within their respective regions."

- handels- und entwicklungspolitischen Foren, wobei die ECAFE immer darauf abzielte, jede transnationale Aktivität mit einer regionalen Perspektive zu verbinden.[19] In den 60er Jahren war dies nicht primär auf Liberalisierung ausgerichtet, sondern von den Bemühungen um Entwicklungsplanung gekennzeichnet (*Asian Institute for Economic Development and Planning, Conference of Asian Planners, Ministerial Conference on Asian Economic Cooperation*).

Das wichtigste Ergebnis dieser Bemühungen war jedoch die *Asian Development Bank (ADB)*. In den in Asien regionalismusfeindlichen 50er Jahren waren kombinierte US-amerikanisch-japanische Initiativen zur Einrichtung einer regionalen Entwicklungsbank nicht erfolgreich gewesen. So kam es zur Gründung der ADB erst 1966, nachdem es solche für die meisten Weltregionen bereits gab. ECAFE-Sekretär U Nyun spielte bei der Vorbereitung eine entscheidende Rolle (M. Haas 1974). Im März 1963, an der 19. Session der ECAFE, wurde eine Resolution der philippinischen Regierung zugunsten „beschleunigter Maßnahmen zur Beförderung regionaler Kooperation" angenommen, worauf sich die Gründung der ADB herauskristallisierte. Die USA und Japan stellten Beiträge von je 200 Mio. US-Dollar bereit, und 1965 wurde ein Abkommen von 21 Staaten in Manila unterzeichnet, dem Ort, wo die ADB seither ihren Sitz hat. Die ADB vergibt entwicklungsorientierte Kredite an die Länder der Region, verbunden mit technischen und administrativen Hilfestellungen. Kapital wird von einer Reihe von OECD-Ländern zur Verfügung gestellt (vgl. Anm. Tab. III.2.1). Die Stimmrechte entsprechen den Kapitalbeiträgen, die Entscheidungsgewalt liegt somit bei den Geberländern. Allerdings wurde eine Klausel eingeführt, wonach Länder der Region (entsprechend der ECAFE-Definition, also unter Einschluss Japans, Australiens und Neuseelands) 60% der Stimmrechte haben müssen. 1971 finanzierte die ADB bereits 55% aller multilateralen Kreditprojekte (40% der Gelder) in Asien.[20] Zudem trug die ADB zur Finanzierung einer Reihe anderer regionaler Organisationen, wie ECAFE oder ASEAN, bei.

III.2.7 Funktionen der USA

Asien war in der Nachkriegszeit der wohl ‚härteste Boden' für Regionalisierungsbemühungen. Für die wenigen erfolgreichen Institutionen und Bereiche war die Einflussnahme externe Akteure von entscheidender Bedeutung. Nicht nur in der unmittelbaren Nachkriegszeit, sondern bis zur Beendigung des Indochinakrieges und darüber hinaus waren die internationalen Beziehungen in Ostasien überwiegend militärisch-sicherheitspolitisch bestimmt. Das Grundmuster war die bilaterale Anbindung der als relevant erachteten ‚Frontstaaten' an die USA. Wirtschaftlich gesehen kam es zu einer Neuartikulation der nationalen Wirtschaftsräume in Ostasien, unter den Bedingungen der Entkolonialisierung und der US-Hegemonie. Diese Struktur eröffnete bestimmten (semi-souveränen) Ländern die Möglichkeit, eine exportorientierten Industrialisierungsstrategie verfolgen zu können, ohne den eigenen Markt weitgehend öffnen zu müssen.

---

[19] „... the purpose of any major measures on intraregional co-operation must be to give the trade and production structure of the ECAFE countries a more regional orientation"; *UN Document E/CN.II/641*, p. 57; zitiert nach Gregg (1966: 223).

[20] Nach M. Haas (1974: 295f); Indien, das sich direkt bei der Weltbank um Kredite bemühte, ausgeschlossen.

Ähnlich wie in Westeuropa verknüpften die USA Wirtschaftshilfe mit politischem Druck in Richtung regionaler politischer Kooperation und Integration. Im Zeichen der Entkolonialisierung und des Nord-Süd-Konfliktes stieß dies jedoch vor allem bei den größeren und politisch bedeutenderen Ländern auf klare Ablehnung. Kleinere Länder ließen sich wohl kooptieren, regelten aber ihr Verhältnis mit den USA lieber bilateral, aus Furcht vor einer (zusätzlichen) Dominierung durch ein anderes Land in der Region. Gerade vor dem Hintergrund dieser Situation ist aber die Bedeutung dieser wenn auch schwachen innerregionalen Verknüpfung nicht zu unterschätzen. Die ostasiatischen Länder wurden schrittchenweise an eine regionalen Perspektive herangeführt, einige fanden schnell ‚Geschmack' daran und begannen, diese Kooperation in einem ‚Subcluster' zu vertiefen. Die regionalen Institutionen gewannen dann zunehmend an Bedeutung, als Foren für inner-regionalen Austausch und damit im Hinblick auf die zwischenstaatliche Vertrauensbildung. In den 90er Jahren wurden sie die Nervenzentren des neuen Regionalismus (Abschnitte III.12.5; III.13.2).

III.2.8 Die Association of Southeast Asian Nations (ASEAN)

Der bisher erfolgreichste politische Integrationsprozess in Ostasien ist die Gemeinschaft südostasiatischer Staaten *(Association of Southeast Asian Nations, ASEAN)*.[21] 1967 gegründet gehören ihr neben den Gründungsmitgliedern Singapur, Malaysia, Thailand, Indonesien und den Philippinen inzwischen auch Brunei (seit 1984), Vietnam (seit 1995), Birma/Myanmar und Laos (seit 1997) sowie Kambodscha (seit 1999) an. Die Regionalorganisation hat sicherlich einen bedeutenden Beitrag zur Vermeidung territorialer Konflikte und zur Vertrauensbildung in Südostasien geleistet.[22] Wirtschaftlich dürfte sie hingegen weniger bedeutend gewesen sein. Weder das *ASEAN Preferential Trade Agreement* von 1977 noch das 1991 beschlossene Vorhaben, bis zum Jahr 2003 eine Freihandelszone *(ASEAN Free Trade Zone, AFTA)* zu errichten, scheinen einen signifikanten Einfluss auf die Entwicklung der Handelsströme gehabt zu haben. Hilpert (1998: 17, Anm. 4) hält fest, dass zwar durch die kontinuierlich erweiterte ASEAN-Vorzugsbehandlung inzwischen über 20'000 Produkte abgedeckt werden, es sich dabei aber weitgehend um Güter handelt, die in Südostasien nicht gehandelt werden. Ob von dem Freihandelsabkommen Impulse auf den Inner-ASEAN-Handel ausgehen, hält er angesichts der bisherigen Widerstände gegen eine zügige Implementierung für ungewiss. ASEAN hatte, so Borrmann et al. (1995: 119), „schon in der Ausgangssituation kein nennenswertes intraregionales und globales Gewicht, woran sich im Verlaufe der Integrationsbemühungen auch nichts geändert hat" (vgl. Dosch 1995: 81f, Panagariya 1999: 127ff). Hanisch (1994) kommt zum Schluss:

> „Was immer in den Staaten der ASEAN wirtschaftlich erreicht worden ist, kann kaum auf die ASEAN zurückgeführt werden." (Hanisch 1994: 102)

---

[21] Zur ASEAN siehe Broinowski (Hg., 1982), Stubbs (1992), Hill (1994), David (1995), Dosch (1995), Mols (1996a).

[22] Vgl. Godement (1997: 281): „ASEAN has been extremely effective in resolving, or more often burying, the territorial disputes wich used to simmer between several of its member states; but is has never been a military alliance."

Frankel/Wei (1996) finden in ihrer empirischen Untersuchung des Inner-ASEAN-Handels, dass dieser, kontrolliert nach Einkommensniveau und anderen Determinanten bilateralen Handelsentwicklung, höher ist als zu erwarten wäre. Die rasche Entwicklung des Handels im ASEAN-Raum und generell in Ostasien erklären sie aber allein durch die Wachstumsraten der Ökonomien. Handelsabkommen scheinen dabei keine Rolle zu spielen[23], womit sie auch handelsumlenkende Effekte ausschließen. Wie alle Untersuchungen schätzen Frankel/Wei (1996) den Handel der ASEAN-Länder mit industrialisierten Ländern für bedeutender als den Inner-ASEAN-Handel ein. Auch die neueren Ergebnisse von Frankel/Stein/Wei (1998) bestätigen, dass die ASEAN-Länder weitaus „offener" sind, als im Rahmen ihres empirischen Modells zu erwarten wäre. Ahmad/Harnhirun (1996) untersuchten empirisch den langfristigen Zusammenhang zwischen Exportentwicklung und Wachstum für die ASEAN-Länder. Sie kommen zum Schluss:

> „....there is no statistical evidence of a long-term relationship from exports to economic growth in the ASEAN region. The findings from causality tests support the conclusion that it is domestic economic growth that causes exports to grow in all member countries of the ASEAN, rather than growth being export-led." (Ahmad/Harnhirun 1996: S415).

Selover (1999) belegt mit Daten für den Zeitraum 1961 - 1997, dass sich die Konjunkturzyklen zwischen den ASEAN-Ökonomien anzugleichen begonnen haben, was wohl mit der zunehmenden Handelsverflechtung zu tun hat. Die Schwierigkeit, einen wirtschaftlichen Effekt der ASEAN-Bildung nachzuweisen, besteht darin, dass er sinnvollerweise kontrastiert werden müsste mit der innerostasiatischen Integration, und dass dafür kaum Indikatoren zur Verfügung stehen. Vieles deutet jedoch daraufhin, dass es sich bei der Intra-ASEAN-Verflechtung eher um einen Sub-Prozess im Rahmen der wirtschaftlichen Integration Ostasiens handelt (dazu weiter unten). Hingegen ist festzuhalten, dass bezüglich der *politischen* Vernetzung ASEAN wohl als das erfolgreichste Beispiel von Integrationsbemühungen in der Peripherie/Semiperipherie gelten kann, wenn auch nur auf Elitenebene:

> „Der südostasiatische Regionalismus hat zweifellos ein dichtes Geflecht interpersonaler Beziehungen unter den im Kooperationsprozess involvierten nationalen staatlichen (präziser: *foreign policy*-) Eliten hervorgebracht. (...) Offenkundig ist, *dass* die Eliten – im Gegensatz zur großen Bevölkerungsmasse, die (noch) nicht in signifikantem Ausmaß involviert ist – sowohl Träger als auch Impulsgeber des regionalen Kooperationsprozesses sind." (Dosch 1995: 77f).[24]

Aber auch diesbezüglich ist festzustellen, dass es sich um eine Verdichtung im Rahmen eines größeren multilateralen diplomatischen Netzwerkes handelt. Die ASEAN-Treffen finden zunehmend um die wichtigsten Partnerstaaten erweitert oder häufig im Vorfeld internationaler Konferenzen statt. Es gibt auch Evidenzen dafür, dass die japanische Regierung und japanische Unternehmen in Südostasien eine Katalysatorrolle für die ASEAN-Integration der 90er Jahre gespielt haben, vor allem im Hinblick auf die AFTA-Realisierung.[25]

---

[23] Frankel/Wei (1996: 2): „There is nothing left over to attribute to an intensifying bloc."

[24] Weiter geht Hanisch (1994: 102), der in der ASEAN neben einer Verdichtung der Interaktionen auf amtlicher Minister -, Ausschuss-, Parlamentarier-, und Beamtenebene auch eine solche zwischen privaten Akteuren (Unternehmer- und Berufsverbände, NGOs usw.) feststellt.

[25] Vgl. Munakata (2001), Legewie (1998, 2000a), Yoshimatsu (2002).

Die ASEAN-Erweiterungen in der zweiten Hälfte der 90er Jahre haben die wirtschaftlichen Disparitäten innerhalb des ASEAN-Raumes deutlich vergrößert, was zukünftige wirtschaftliche Liberalisierungsmaßnahmen nicht leichter machen, dafür zunehmend Verteilungsfragen aufwerfen dürfte.[26] Auch politisch ist die Organisation damit viel heterogener geworden. Zudem hat die ‚Asienkrise' nicht nur die Implementierung der Liberalisierungsagenda bis auf weiteres beendet, sondern über die innenpolitischen Krisen in mehreren Mitgliedsländern auch das bisherige Funktionieren von ASEAN schwer in Mitleidenschaft gezogen.[27] Das ASEAN-Sekretariat hingegen dreht die Interpretation um:

> „Rather than derailing ASEAN's programme for an integrated region, the Asian crisis may have been a blessing in disguise. ASEAN's growing closeness in the past decade meant that one country's problems affected the others with increasing and accelerated impact. That message was driven home by the Asian financial crisis, which some called the ‚Asian contagion' for the way it moved swiftly from one country to another to engulf the whole region. But the closeness of the ASEAN countries' economies cannot be reversed; nor can isolationism be an option in an era of irreversible globalisation. The Asian crisis, therefore, has made ASEAN move closer together still-towards the ultimate goal of economic integration".[28]

Die jüngste Entwicklung der ASEAN, insbesondere der Übergang zum ‚neuen Bilateralismus' wird diskutiert in Kapitel III.8.

III.2.9 Schluss

Die Region Ostasien hat seit dem Ende des Zweiten Weltkriegs einen tief greifenden Wandel erlebt. 1945 war eine historisch ehemals eng verknüpfte Region mehrfach tief gespalten. Unter US-Hegemonie standen sich untereinander handelspolitisch eher schwach verbundene und wirtschaftlich stark auf den nordamerikanischen Raum ausgerichtete ‚Archipel'-Staaten und kontinentale, mehr oder weniger autarke ‚Volksrepubliken' gegenüber. Diese Struktur hat sich grundlegend verändert. Die schnelle wirtschaftliche Entwicklung ging einher mit einer nachhaltigen inner-regionalen wirtschaftlichen Verflechtung. Diese war jedoch nicht eine symmetrische Verknüpfung, sondern es differenzierte sich eine *neue Zentrum-Peripherie-Struktur* mit dem eindeutigen Zentrum Japan aus, in die sich auch zunehmend die kontinentalen Länder eingliederten. Dies ist die strukturelle Folge des Regionalisierungsprozesses, wie sie auch in anderen Weltregionen vergleichbar zustande kommt. Auf diese Weise reproduzierte sich teilweise aber auch eine Struktur, wie sie vor der US-amerikanischen Hegemonie vorgeherrscht hatte. Zentraler Unterschied ist, dass heute in mehreren ehemals kolonisierten oder halbkolonisierten Ländern Ostasiens – trotz relativer wirtschaftlicher Schwäche – starke Staatsapparate mit einer beträchtlichen militä-

---

[26] Vgl. folgende AFP-Pressemeldung: „Cambodia's Hun Sen agreed that huge economic disparities must be corrected. Citing members of ASEAN, he said bridging the gap between rich nations and poor would ‚remove impediments to regional economic integration'." (*Three Southeast Asian PMs see regional ties as path to prosperity*, Tokyo, 8.6. 2001).

[27] Vgl. Munakata (2001: 10): „The addition of new members widened the intra-regional economic gap and the diversity of political systems, and was putting pressure on ASEAN's cohesiveness. Lack of Indonesian leadership and member's preoccupation with domestic economic problems dealt a severe blow to ASEAN's proactive initiatives that has been prevalent before the crisis."

[28] Quelle: www.asean.or.id.

rischen Macht existieren, während die wirtschaftlich zentralen Länder militärisch nach wie vor von den USA abhängen.

Wenn es einen Zusammenhang zwischen Transaktionsdichte, Interdependenz und politischem Integrationsdruck (*engrenage*) gibt, dann müsste sich letzterer in der Region Ostasien manifestieren.[29] Die neofunktionalistische Theorie ging ja, wie im zweiten Kapitel diskutiert, davon aus, dass ansteigende transnationale Verflechtung, ein zunehmender Integrationsgrad, aufgrund der funktionalen Interdependenz von wirtschaftlich-gesellschaftlichen Bereichen und staatlichen Politiken einen Druck in Richtung weiterer, politischer Integrationsschritte bewirkt. Auch ohne Annahmen über eine (supranationale) Finalität dieses Prozesses ist von Interesse, dies anhand der Entwicklungen in Ostasien zu überprüfen. Diese Überlegungen sind im vorliegenden Zusammenhang in einen größeren Kontext eingebettet: *Regionale Integration im Weltsystem.* Wenn exogene Faktoren von Bedeutung sind, dann müssen diese darauf überprüft werden, ob sie diesen Zusammenhang modifizieren, insbesondere durch Einflussnahme externer Akteure auf die integrationspolitischen Positionen der Akteure in der Region. Tatsächlich änderte sich der Kontext der regionalen Integration Ostasiens in den 90er Jahren nachhaltig. Erstens veränderte der erfolgreiche wirtschaftliche Entwicklungsprozess in Ostasien selbst das Weltsystem (*Triadisierung*), und die Region rückte aus einer peripheren Lage ins Zentrum des weltwirtschaftlichen Interesses und geopolitischer Aufmerksamkeit. Zweitens führten das Ende der Sowjetunion und die Reformpolitik der VR China und anderer vordem ‚antiwestlicher‘ Staaten Ostasiens zu einem sicherheitspolitischen Spannungsabbau. Und die USA, für die bis anhin Regionalisierung als Instrument im Rahmen einer Politik globaler Hegemoniesicherung zur Regelung der Beziehungen verbündeter Staaten war, begannen selbst, sich in einem solchen zu engagieren (NAFTA). Damit wuchs der Druck in Richtung einer Formalisierung der transpazifischen Beziehungen, denn ansonsten müsste mit dem Entstehen einer ostasiatischen Regionalorganisation gerechnet werden. Tatsächlich entwickelte sich ab 1989 ein transpazifisches Forum, die *Asia Pacific Economic Cooperation (APEC)*, dem von Anfang an große Bedeutung für die Weltwirtschaft zugesprochen wurde. Bevor die APEC, ihre Funktions- und Wirkungsweise, untersucht wird (Kapitel III.4, III.5), soll im folgenden Kapitel anhand von Handelsdaten der Frage nachgegangen werden, welche Veränderungen in den letzten drei Jahrzehnten des vorigen Jahrhunderts im Welthandel eigentlich stattgefunden haben.

III.3 Ostasiatische oder pazifische Handelsdynamik? Eine Analyse von UNCTAD-Handelsdaten, 1970 - 2000

III.3.1 Einleitung

Ausgangspunkt dieses Kapitels ist die Frage, für welche geographischen Räume wirtschaftliche Integrationsprozesse identifiziert werden können, und ob handelspolitische Präferenz-

---

[29] Die Unterscheidung zwischen dem Begriff des *spill over* und demjenigen der *engrenage* ist in der neofunktionalistischen Theorie etwas unklar. Letzteren definiert Schmitter (1971) wie erwähnt als Unmöglichkeit, die Trennung verschiedener Politikbereiche in einem zunehmend verflochtenen, komplexen politischen System aufrechtzuerhalten. Während *engrenage* also eher die Situation der Verknüpftheit beschreibt, ist *spill over* im neofunktionalistischen Verständnis wohl auf einen einzelnen Prozess oder Effekt im Rahmen dieser Situation anzuwenden.

abkommen dabei eine Rolle spielen. *Wirtschaftliche Integration* (oder *Regionalisierung*) ist ein empirisch beobachtbarer Prozess der Verdichtung grenzüberschreitender ökonomischer Aktivitäten in einer Weltregion. Dies kann, muss aber nicht dem Rahmen folgen, der durch Handelspräferenzabkommen gegeben ist. Während es in Kapitel II.13 um die Analyse des Ausmaßes der Integration der Länder Ostasiens in die Region ging, werden in diesem Kapitel die wirtschaftlichen Integrationsprozesse Europas, Nordamerikas und Ostasiens vergleichend in Beziehung gesetzt.

Die 1964 gegründete *United Nations Conference on Trade and Development (UNCTAD)*, Genf, stellt aufbereitete Handelsdaten für die Jahre 1970 – 2000 zur Verfügung[30], und zwar nicht nur für die einzelnen Länder, sondern auch aggregiert für die 26 institutionalisierten „regional groupings" (*Handbook*, S. 4ff). Die Datenaufbereitung der UNCTAD folgt damit der Strukturierung, wie sie durch die Existenz dieser Handelsgruppierungen vorgegeben ist. Aus der Analyse dieser Daten können aber auch Erkenntnisse gewonnen werden, die sich nicht auf die institutionalisierten ‚Handelsblöcke' beziehen.

Abschnitt III.3.2 beschreibt die hier interessierenden Handelsgruppierungen EU, NAFTA, APEC und ASEAN und gibt eine knappe Übersicht über die Ergebnisse empirischer Forschung bezüglich der Handelseffekte der ihnen zugrunde liegenden Abkommen. Im Anschluss daran soll die Frage beantwortet werden, ob es die Entwicklung im ostasiatischen oder diejenige im umfassenderen pazifischen Raum war, die den Welthandel in den letzten dreißig Jahren grundlegend verändert hat (Abschnitt III.3.3). In Abschnitt III.3.4 wird untersucht, ob anhand der Daten über die Handelsentwicklung etwas über die Effekte der kompetitiven Regionalisierung gesagt werden kann. Die Entwicklung des innerregionalen Handels einer Gruppierung wird ins Verhältnis gesetzt zu derjenigen ihres Gesamthandels und des gesamten Welthandels.

III.3.2 Handelsgruppierungen

Der Begriff der Handelsgruppierung wird hier dem vor allem im englischsprachigen Raum gebräuchlichen Begriff des ‚Handelsblocks' (*trade bloc*) vorgezogen, da er weniger Implikationen über das außenwirtschaftliche Verhältnis der Ländergruppe hat (Öffnung/Schließung). Eine *Handelsgruppierung* ist eine Ensemble von Ländern, die mittels eines Präferenzabkommens einen von den globalen Regimen, insbesondere der WTO, unterschiedlichen Handelsraum geschaffen haben.

Die UNCTAD listet 26 existierende Handelsgruppierungen auf. Im vorliegenden Zusammenhang geht es, neben einzelnen Ländern Ostasiens und Nordamerikas, um 4 offizielle und zwei hypothetische Handelsgruppierungen. Zu den offiziellen Handelsgruppierungen gehören EU, NAFTA, APEC und ASEAN. Graphik III.3.1 gibt eine Übersicht über die Mitgliedsländer dieser Gruppierungen, so wie sie die Grundlage für die UNCTAD-Datenaufbereitung ist (*UNCTAD Handbook of Statistics*, S. 4ff). Die Listen der Mitgliedsländer entsprechen daher nicht derjenigen der aktuellen politischen Mitgliedschaften; so sind z.B. keine Daten für Kambodscha und Laos enthalten.

In diesem Kapitel werden auch die Daten zweier hypothetischer Handelsgruppierungen diskutiert, d.h. von solchen, die im Zeitraum 1970-2000 *nicht* durch Handelspräferenz-

---

[30] *UNCTAD Handbook of Statistics*, auf CD-ROM sowie eine *online*-Version, mit aktualisierten Daten, www.stats.unctad.org.

abkommen verbunden waren. Das sind *Nordostasien* (Japan, Südkorea, Taiwan, und China) und *Ostasien* (Japan, Südkorea, Taiwan, China und ASEAN), gebildet durch eine einfache Aggregation der Länderdaten. Auch die APEC-Daten für die Jahre vor 1989 und die NAF-TA-Daten vor 1994 bilden hypothetische Gruppierungen ab, da die entsprechenden Verträge noch nicht in Kraft waren. Nur so kann anhand der Entwicklung der Handelsverflechtung beobachtet werden, ob die Abkommen auch eine Wirkung entfaltet haben. Noch komplizierter ist der Fall EU 15, da die EU 1970 erst 6 Mitgliedsländer umfasste. Eine EU mit den von der UNCTAD erfassten 15 Mitgliedsländern gab es ab 1995 (1973 Beitritt Großbritanniens, Irlands und Dänemarks; 1980 Beitritt Griechenlands; 1986 Beitritt Spaniens und Portugals und 1995 Beitritt Österreichs, Schwedens und Finnlands), womit eigentlich auch EU 15 für den größten Teil des beobachteten Zeitraums eine hypothetische Gruppierung darstellt.

Graphik III.3.1: Handelsgruppierungen und ihre Mitgliedstaaten

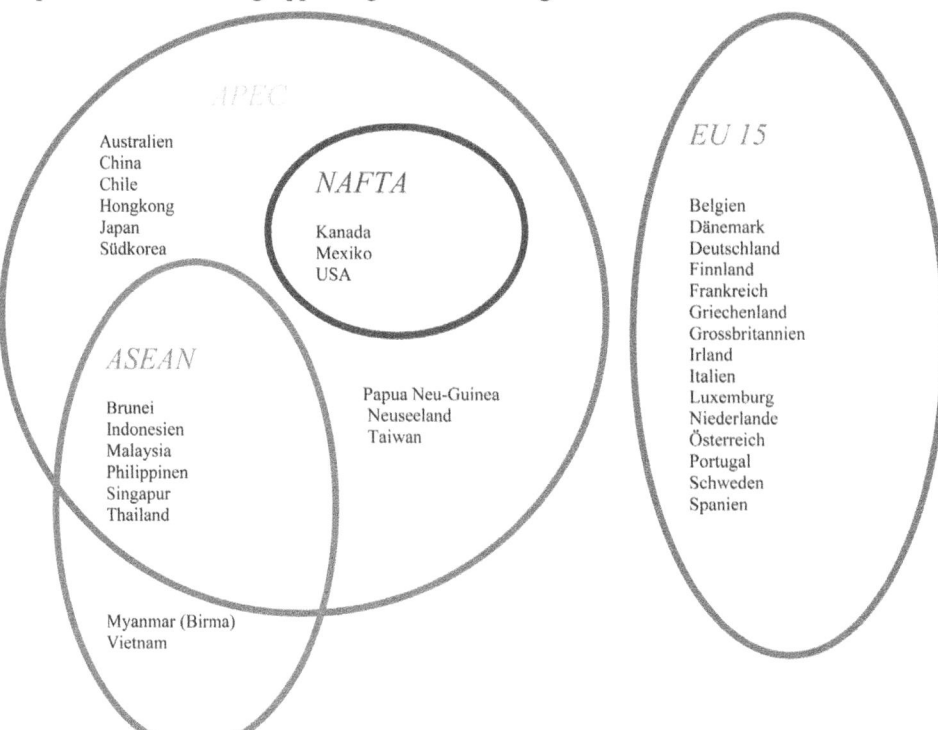

Quelle: *UNCTAD Handbook of Statistics, Country Composition by Regional Grouping*, S. 4ff.

Die Unterscheidung zwischen eigentlichen und hypothetischen Handelsgruppierungen bezieht sich also auf das Vorhandensein eines formellen Abkommens. Eine weitere Unterscheidung wäre vorzunehmen zwischen solchen Abkommen, die signifikante Auswirkungen auf Handelsströme hatten, und solchen, die dies nicht taten. Dazu gibt es Ergebnisse empirischer Untersuchungen, die im Folgenden kurz zusammengefasst werden (für die ASEAN siehe Abschnitt III.2.9).

Für die *Europäische Union* (EU, 1957 als Europäische Wirtschaftsgemeinschaft, EWG, gegründet) sind Handelseffekte für die 50/60er Jahre empirisch belegt (vgl. Davenport 1982), trotz methodologischer Probleme, da Handelsliberalisierung in Westeuropa in den Jahren nach dem Zweiten Weltkrieg als gradueller Prozess, auf mehreren Ebenen und in verschiedenen organisatorischen Einheiten, stattfand (Ziltener 2001b). Die Forschungen von De Grauwe (1988) und Frankel (1992) bestätigten den handelsschaffenden Effekt der EWG-Gründung. Diese Wirkung verschwindet in den 70er Jahren; Handelsschaffung ergibt sich nurmehr aus den Erweiterungen, nicht mehr durch die Steigerung der Verflechtung zwischen den Gründerstaaten. Nach der zweiten Süderweiterung (1986) und unter dem Eindruck des Programmes zur Schaffung eines einheitlichen Binnenmarktes bis zum 1.1.1993 nahm der Intra-EU-Handel deutlich zu, aber auch die Importe aus Drittländern stiegen an.[31] Die Dynamik der Handelsverflechtung war jedoch auch konjunkturbedingt; mit der einsetzenden Rezession sanken trotz fortschreitender Implementierung des Binnenmarktprogrammes die Niveaus wieder etwas ab.[32] Die Integrationsforschung suchte den Effekt der Binnenmarktschaffung auf die Handelsentwicklung zu isolieren (Jacquemin/ Sapir 1988b, Neven/Röller 1991, Sapir 1996). Die Resultate belegen, dass es einen handelsschaffenden Effekt des Binnenmarktprogrammes gegeben hat, und dass dieser, wie im Falle der früheren Integrationsschritte, größer gewesen sein dürfte als der handelsumlenkende. Eher überraschend ist der Befund, dass die nicht-tarifären Handelshindernisse ‚schädlicher' auf Importe aus Drittstaaten gewirkt haben, außer im Falle des öffentlichen Beschaffungswesens, wo die Fragmentierung des Marktes den Intra-EU-Handel stärker behindert hat. Die Binnenmarktschaffung hat dies weitgehend beseitigt (Sapir 1996).

1989 wurde das Freihandelsabkommen USA-Kanada geschlossen und Ende 1992 der *nordamerikanische Freihandelsvertrag (NAFTA)* unterzeichnet, der Mexiko einbezog. Der NAFTA-Vertrag trat am 1.1. 1994 in Kraft.[33] Die Ergebnisse empirischer Untersuchungen deuten darauf hin, dass die Handelsverflechtung zwischen den drei nordamerikanischen Ökonomien bereits in den 80er Jahren deutlich zugenommen haben, und dass Faktoren wie der Konjunkturverlauf, der wirtschaftliche Liberalisierungsprozess Mexikos und Peso-Abwertungen diese stärker beeinflusst haben als das Inkrafttreten des NAFTA-Vertrages. Blomström/Kokko/Globerman (1998) kommen zum Schluss, dass das NAFTA-Abkommen die Handelsverflechtung in Nordamerika deutlich weniger beeinflusst hat als die EWG/EU-Programme.[34]

---

[31] In vielen Sektoren des verarbeitenden Gewerbes stieg der Anteil der Intra-EU-Einfuhren an der europäischen Gesamtnachfrage, der im Zeitraum 1985-1988 bei 20.8% gelegen hatte, in den Jahren 1989-1993 auf durchschnittlich 22.9%. Dies lässt laut EU-Kommission (1997: 96) den Schluss zu, „dass die Mitgliedstaaten der Union zusätzlich Handelsströme untereinander ausgetauscht haben, die nicht auf Kosten des Warenaustausches mit der übrigen Welt gingen".

[32] EU-Kommission (1993: 90; 1997: 92ff).

[33] Siehe Chichilnisky (1994), Senti (1996), Abbott (2000); zum Vergleich des NAFTA-Vertrages mit EU und APEC siehe Borrmann et al. (1995: 83ff), Fernández (1997), Kaiser (1998).

[34] Blomström/Kokko/Globerman (1998: 19): „.... while most of the available empirical research on regional economic integration has focused on the EU experience, the North American experiences under the CUSTA and NAFTA provide a somewhat different picture of the impacts of trade liberalisation. In particular, the North American experiences suggest substantially more modest impacts of regional trade agreements on intra-regional trade creation and extraregional FDI stimulation than is associated with the EU experience, particularly with the earlier

Schon seit den 60er Jahren gab es japanische Initiativen für eine institutionalisierte *asiatisch-pazifische Kooperation*; Leitvorstellung dabei war ursprünglich die EWG, dann die OECD. Die APEC wurde 1989 mit dem Ziel eines „offenen Regionalismus" gegründet[35], als Gruppierung mit nicht-ausschließendem Charakter.[36] Ziel war Freihandel im asiatisch-pazifischen Raum bis 2010, für Entwicklungsländer bis 2020. Die in Osaka 1995 und Manila 1996 verabschiedeten Aktionspläne waren vollständig freiwillig und nicht-bindend. Modellsimulationen im *OECD Economics Department* ergaben substantielle positive Effekte der Implementierung auf Handel und Wirtschaftswachstum der beteiligten Länder (Han/Cheong 1998). Die ‚Asienkrise' setzte jedoch den APEC-Liberalisierungsbemühungen weitgehend ein Ende. Nicht nur wurde von vielen ostasiatischen Ländern die Freihandelsagenda bis auf weiteres suspendiert, die Krisenerfahrung ließ auch in einigen dieser Länder die Skepsis gegenüber dieser Art der wirtschaftlichen Integration ansteigen. In der Folge ließ auch das Interesse der liberalisierungsorientierten Länder an der APEC stark nach, und es wurden diverse Pläne für Freihandelszonen unter diesen geschmiedet, unabhängig von der APEC-Agenda (vgl. Kapitel III.4; für Japan Kapitel III.7 und für die Länder Südostasien Kapitel III.8).

Borrmann et al. (1985: 20ff) identifizierten aus einem Sample von 46 Ländern (über 90% des Welthandels, IWF-Daten für das Jahr 1990) mit Hilfe der Clusteranalyse die Länder mit den höchsten bilateralen Handelsintensitäten. Das Ergebnis zeigt fünf Hauptgruppen: Westeuropa, Osteuropa, Amerika, Mittlerer Osten/Südasien und eine „Asien-Pazifik" genannte Gruppe, die die Länder Ostasiens sowie Australien und Neuseeland umfasst. Ostasien ist also ein Raum sich verdichtender Handelsbeziehun-gen (vgl. Kwan 1994), der aber nicht durch ein entsprechendes Präferenzabkommen unterlegt ist. Die Autoren der genannten Untersuchung kommen angesichts dieser Ergebnisse zum Schluss, dass die „zunehmend engere intraregionale Handelsverflechtung – anders als z.B. in Europa – in Asien ganz offensichtlich nicht das Resultat gezielter regionaler Integrationspolitik" ist (Borrmann et al. 1985: 110). Frankel/Stein/Wei (1998) testeten Regionaldummies für die EU und Ostasien als Region, die keinem Abkommen folgt (Daten 1970-1990). Beide sind signifikant, wobei:

> „The East Asian grouping exhibits the highest intraregional bias. Intra-East Asian trade, however, once we have controlled for the gravity variables, shows no significant increase in bias over the period. If anything, this bias diminshed over time, rather than rising, as often assumed. (...) the rapid growth of East Asian economies is in itself sufficient to explain the increase in in the intraregional trade share" (Frankel/Stein/Wei 1998: 97).

---

stages of EU liberalisation. At the same time, the North American experiences support European findings that trade and investment impacts will differ across countries within the integrating region."

[35] Zur APEC siehe v.a. Hilpert (1992), Higgott (1994, 1998a, 1999), Pupphavesa (1995), Funabashi (1995), Borrmann et al. (1995: 103ff), Bergsten (1997, 2000a).

[36] Vgl. Garnaut/Drysdale (1994: 2): „The defining concept of Asia Pacific regionalism is *open regionalism*. Open regionalism encompasses integrative processes that contain no element of exclusion or discrimination against outsiders." – „,Open regionalism' represents an effort to resolve one of the central problems of contemporary trade policy: how to achieve compatibility between the explosion of regional trading arrangements around the world and the global trading system as embodied in the World Trade Organization. The concept seeks to assure that regional agreements will in practice be building blocks for further global liberalization rather than stumbling blocks that deter such progress." (Bergsten 1997: 1).

Soloaga/Winters (1999) finden überhaupt keine signifikanten Effekte von Präferenzabkommen auf innerregionale Handelsströme:

> „When we allow for gravity and overall trade effects, we found no indication that the ‚new wave' of regionalism boosted intra-bloc trade significantly. When testing intra-bloc trade ‚before and after' years of bloc revamping/creation we found no statistically significant change in the propensity for intra-bloc trade." (Soloaga/Winters 1999: 13).

Fazit ist, dass bei der Beantwortung der Frage, ob die bestehenden Handelspräferenzabkommen reale Effekte gezeitigt haben, ja überhaupt gehabt haben können, und ob Handelsströme diesen folgen, Vorsicht angebracht ist.

III.3.3 Welthandel 1970-2000 – Der Aufstieg Ostasiens

Hat die Entwicklung im ostasiatischen oder diejenige im umfassenderen pazifischen Raum den Welthandel in den letzten dreißig Jahren grundlegend verändert? Zunächst setzen wir die Exporte der hier interessierenden Länder[37] im Verhältnis zu den Weltexporten (Datenanhang Tab. III.3.6.1).

Graphik III.3.2: Die Länder Ostasiens und ihr Anteil am Welthandel (Exporte), 1970-2000

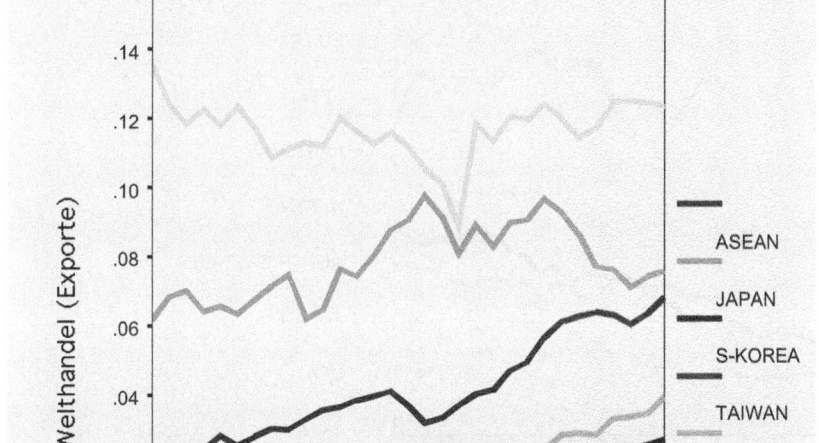

Quelle: Ziltener (2002).

---

[37] Im Falle Japans. Koreas, Taiwans, Chinas und den USA wurden die Werte für 1988 durch diejenigen von 1987 ersetzt, um den langfristigen Trend klarer darstellen zu können.

Trotz Einbrüchen hat die US-amerikanische Exportwirtschaft ihren Anteil am Welthandel fast zu halten vermocht. Spektakulär waren die Exportleistungen der japanischen Wirtschaft, bis zum *endaka*-Schock, der Aufwertung des Yen um rund 40% in der Mitte der 80er Jahre infolge des so genannten Plaza-Abkommens. Die Dynamik verlagerte sich zunehmend in andere Länder Ostasiens, zurückzuführen auf die wirtschaftliche Entwicklung in ‚Nachfolgestaaten' wie Südkorea und Taiwan, aber auch durch die Herausbildung einer hierarchischen regionalen Arbeitsteilung mit Japan an der Spitze. Unter der Führung japanischer, südkoreanischer und taiwanesischer Konzerne entwickelten sich regionale Produktionsnetzwerke. Damit verbunden war eine Intensivierung der inneren Handelsverflechtung Ostasiens, wie von der erwähnten Untersuchung von Borrmann et al. (1985: 20ff) belegt.[38]

Einen Blick auf die Anteile der Handelsgruppierungen am Welthandel ermöglicht Graphik III.3.3 (Datenanhang Tab. III.3.6.1). Neben EU, NAFTA, APEC und ASEAN wurden zwei hypothetische Handelsgruppierungen durch eine einfache Aggregation der Länderdaten gebildet: *Nordostasien* (Japan, Südkorea, Taiwan, und China) und *Ostasien* (Japan, Südkorea, Taiwan, China und ASEAN).

Graphik III.3.3: Handelsgruppierungen und ihr Anteil am Welthandel (Exporte), 1970-2000

Quelle: Ziltener (2002).

Der zunächst auffällige Prozess ist der Anstieg des Anteils der APEC-Länder am Welthandel in den letzten zwei Jahrzehnten. Nur in den Jahren 1985-92 entwickelte sich in der EU

---

[38] Vgl. Hilpert (1994a, b; 1998); Chia (2000).

eine ähnliche Dynamik. Der Kurvenverlauf für die NAFTA-Länder zeigt aber deutlich, dass die Aufwärtsrichtung der APEC-Kurve nicht durch die Entwicklungen in Nordamerika bestimmt wurde, am ehesten noch in den Jahren der ‚Asienkrise' (1997-99). Die APEC-Entwicklung entspricht weitgehend der Kurve der hypothetischen Gruppierung *Ostasien*. Diese wiederum wird bis in die 80er Jahre vorwiegend bestimmt durch die Länder Nordostasiens; in den 90er Jahren wächst der Anteil der ASEAN-Länder am Exporterfolg der Region, während derjenige Japans zurückgeht.

Nicht zu vergessen ist, dass die Welt-Gesamtexporte in diesem Zeitraum jährlich um durchschnittlich 10% wuchsen, dass also auch ein Halten des Anteils am Welthandel eine dynamische wirtschaftliche Entwicklung voraussetzt.

Was den Welthandel in den Jahren 1970-2000 geprägt hat, war, abgesehen von den Jahren des europäischen Integrationsschubes, der Aufstieg Ostasiens. Nicht eingeschätzt werden kann mit diesen Daten die Bedeutung der Existenz von Handelsgruppierungen als solchen. Dies wird möglich, wenn die Entwicklung des innerregionalen Handels ins Verhältnis zu den Gesamtexporten der Gruppierung und zum Welthandel gesetzt wird.

III.3.4 Kompetitive Regionalisierung: EU, NAFTA, APEC und ASEAN im Vergleich

Das Vorhaben, nämlich die Bedeutung der Existenz von Handelsgruppierungen einzuschätzen, wird in diesem dritten Teil erschwert durch die Tatsache, dass für die hypothetischen Gruppierungen keine Daten über die innerregionale Handelsverflechtung vorliegen. Dennoch kann man zu vorsichtigen Schlussfolgerungen auf der Basis der Daten für die institutionalisierten Gruppierungen gelangen.

Graphik III.3.4 bildet das Verhältnis innerregionaler Handel/Gesamthandel (Exporte) einer Gruppierung ab (Datenanhang Tab. III.3.6.2). Ein Ansteigen der Kurve bedeutet, dass die Dynamik der inneren Handelsverflechtung größer ist als diejenige des außerregionalen Handels, die Region wird also im Verhältnis zum Außenraum wirtschaftlich wichtiger.

Der Handelsverflechtung im europäischen Raum erreichte 1981 einen relativen Tiefpunkt. Diese Tatsache wurde von der Europäischen Kommission auch publik gemacht, und half mit, den Boden für die Revitalisierung des Integrationsprozesses in der zweiten Hälfte der 80er Jahre zu bereiten. Infolge der zweiten Süderweiterung und unter dem Eindruck des Programmes zur Schaffung eines einheitlichen Binnenmarktes bis zum 1.1.1993 kam es zu einer Intensivierung des innerregionalen Handels, ein Prozess, der einherging mit einer deutlichen Vergrößerung des EU-Anteils am Welthandel (Graphik III.3.2). Dies war ein entscheidender Faktor dafür, dass es auch in anderen Weltregionen zu Projekten der Handelsliberalisierung und Marktschaffung kam (*kompetitive Regionalisierung*). Die einsetzende Rezession, mit ausgelöst durch die Krise des Europäischen Währungssystems (EWS) und verstärkt durch die Austeritätspolitik in der EU im Hinblick auf die Europäische Währungsunion, führten zum Abbruch dieser überdurchschnittlichen innereuropäischen Handelsdynamik.

Graphik III.3.4: Handelsgruppierungen, Verhältnis innerregionaler Handel /
Gesamtexporte

Quelle: Ziltener (2002).

Die mittleren Jahre des letzten Jahrzehnts wurden in den öffentlichen Debatten geprägt von den Entwicklungen im asiatisch-pazifischen Raum (APEC). Wir stehen hier vor dem Problem, diese Entwicklung zu desaggregieren, ohne über die notwendigen Daten (Intra-Ostasien-Handel) zu verfügen. Dennoch sind Aussagen möglich, wenn wir die Entwicklung des Intra-NAFTA- und des Intra-ASEAN-Handels berücksichtigen. Die Handelsdynamik im NAFTA-Raum nimmt ab 1988 fast kontinuierlich zu. Dies bedeutet, dass der nordamerikanische Raum für die kanadischen, US-amerikanischen und mexikanischen Exporteure zunehmend an Bedeutung gewann – und diejenige der Länder Ostasiens relativ abnahm. Auch für die ASEAN-Länder stellen wir, bis zum Einbruch in der ‚Asienkrise', eine wachsende Bedeutung der inneren Handelsverflechtung fest. Beides sind Indizien dafür, dass wir es nicht mit ‚einer' pazifischen Entwicklung, sondern mit zwei regional unterschiedlichen Dynamiken zu tun haben.

Die beiden durchbrochenen Linien (NAFTA/APEC, ASEAN/APEC) bilden ein anderes Verhältnis ab, nämlich das Verhältnis des innerregionalen Handels der ersten Gruppierung zu demjenigen einer zweiten. Das stetige Absinken der NAFTA/APEC-Kurve von 1970 bis in die zweite Hälfte der 80er Jahre widerspiegelt die wachsende Bedeutung des transpazifischen Handels für die Ökonomien Nordamerikas. Das Ansteigen der Kurve für die zweite Hälfte der 90er Jahre bedeutet einen relativen Bedeutungsgewinn des Intra-NAFTA-Handels gegenüber dem Intra-APEC-Handel. Für die erste Hälfte der 90er Jahre stellen wir kein Absinken der Kurve fest, mithin *keinen* Bedeutungsrückgang des nordamerikanischen Wirtschaftsraums für die NAFTA-Mitglieder im Vergleich mit dem pazifischen. Wir können somit festhalten, dass die APEC-Gründung nicht zu einer Dynamisierung des transpazifischen Handels geführt hat, zumindest nicht stärker als dies im nordamerikanischen Raum geschah. Die Entwicklung in der zweiten Hälfte der 90er Jahre ist zu erklären mit der so genannten ‚Asienkrise‘, die zu einem signifikanten Rückgang des innerregionalen Handels in Ostasien führte, und – damit verknüpft – mit einem weitgehenden Stillstand der Implementierung der APEC-Beschlüsse.

Die Asienkrise erklärt auch das leichte Abflachen der ASEAN/APEC-Kurve Ende der 90er Jahre, also den relativen Rückgang des Intra-ASEAN-Handels. Dem zuvor ging jedoch ein Jahrzehnt des kontinuierlichen Bedeutungszuwachses der Handelsverflechtung im ASEAN-Raum. Nach einem historischen Tiefpunkt 1986 wuchs der Faktor bis 1996 – also während der ersten APEC-Jahre – auf das Doppelte.

Auch die Entwicklung des Verhältnisses Intra-Handel NAFTA/APEC und ASEAN/APEC deuten somit darauf hin, dass es sich um zwei regional unterschiedliche Integrationsdynamiken und nicht um eine zunehmende ‚pazifische Integration‘ handelt.

Graphik III.3.5 bildet die Dynamik der inneren Handelsverflechtung der Gruppierungen im Verhältnis zur Entwicklung des gesamten Welthandels ab (Datenanhang Tab. III.3.6.3). Ein Ansteigen der Kurve bedeutet, dass die Dynamik der inneren Handelsverflechtung größer ist als diejenige des Welthandels.

Graphik III.3.5: Handelsgruppierungen, Verhältnis innerregionaler Handel / Welthandel

Quelle: Ziltener (2002).

Wie in Graphik III.3.4 wird hier die außerordentliche APEC-Dynamik, nur während einiger weniger Jahre durch die westeuropäische Entwicklung übertroffen, deutlich. Die NAFTA-Kurve verläuft mehr oder weniger konstant, bis sie in den 90er Jahren deutlich ansteigt. Der Intra-ASEAN-Handel nimmt, auf niedrigem Niveau, ebenfalls zu, mehr als eine Verdoppelung zwischen 1980 und 1996. Aufgrund dieser Daten kann man nur schließen, dass die APEC-Dynamik, von den letzten Jahren des Zeitraumes abgesehen, nicht durch nordamerikanische Integration erklärt werden kann. Die Bedeutung der transpazifischen Handelsentwicklung kann nicht eingeschätzt werden. Vor dem Hintergrund des bisher Festgestellten darf aber vermutet werden, dass die APEC-Entwicklung zu einem Grossteil durch die Handelsintensivierung in Ostasien zustande gekommen sein dürfte, vor allem bis Mitte der 90er Jahre.

III.3.5 Schluss

Am Anfang diese Kapitels stand die Frage, für welche geographischen Räume wirtschaftliche Integrationsprozesse anhand von Handelsdaten identifiziert werden können, und ob handelspolitische Präferenzabkommen dabei eine Rolle spielen.

Die Evidenzen sprechen dafür, dass ‚APEC-Daten', also die statistische Aggregation der Daten der Mitgliedsländer, wenig Sinn machen. Aus analytischer Sicht muss APEC aufgegliedert werden in die Elemente

- ostasiatische Regionalisierung,
- nordamerikanische Regionalisierung und
- transpazifischer Handel.

Hinzu kommt die Frage der relativen Bedeutung dieser Prozesse in der globalen Konkurrenz.

Unbefriedigend ist es, dass keine Daten zur Messung der innerregionalen Entwicklung in Ostasien zur Verfügung stehen, umso mehr als es eindeutig der Aufstieg Ostasiens war, der den Welthandel in den letzten dreißig Jahren grundlegend verändert hat.

Welche Evidenzen ließen sich finden, dass die reale Handelsentwicklung in einem Zusammenhang steht mit entsprechenden Abkommen? Erstens für die EU: Die UNCTAD-Daten belegen, dass der Integrationsschub der 80er Jahre Handelsintensivierung bedeutete. Allerdings muss berücksichtigt werden, dass das Programm zur Schaffung eines einheitlichen Binnenmarktes auf dem Höhepunkt der Dynamik erst teilweise implementiert war, und dass konjunkturelle Aspekte einen bedeutenden Einfluss hatten. Das Konjunkturargument gilt auch bezüglich der positiven NAFTA-Handelsdynamik der zweiten Hälfte der 90er Jahre. Ein Teil des NAFTA-Effektes ist zurückzuführen auf die Rezession in Europa und die ‚Asienkrise', die den jeweiligen Intra-Handel reduziert haben. Die UNCTAD-Daten belegen aber eindrücklich, dass intensivierte Integration in Nordamerika stattgefunden hat, und dies hat wohl mit dem NAFTA-Abkommen zu tun. Für die ASEAN lässt sich eine wachsende wirtschaftliche Bedeutung seit den 80er Jahren festhalten, die aber mehr mit der regionalen Dynamik in Ostasien als mit dem ASEAN-Regelwerk selber zu tun haben dürfte. Bezüglich APEC kann gesagt werden, dass ihre Gründung 1989 mit dem Höhepunkt der transpazifischen Integration – im Verhältnis zur nordamerikanischen – zusammenfiel. Seither hat der asiatisch-pazifische Raum aber für die Volkswirtschaften Nordamerikas stetig an relativer Bedeutung verloren. APEC war also eher Folge denn Ursache der transpazifischen Handelsintensivierung. Es überrascht wenig, dass die Regierung von George W. Bush stärker an einer Ausweitung des Freihandels in Richtung Lateinamerika (*Free Trade Area of the Americas, FTAA*) interessiert ist als an einer APEC-Revitalisierung. Die prophezeite *Asia Pacific Fusion* (so der Buchtitel von Yoichi Funabashi, 1995), ist nicht abzusehen. Im folgenden Kapitel geht um die Gründe des Scheiterns der APEC-Agenda und um verschiedene Sichtweisen auf die faktischen Funktionen dieser transregionalen Forums.

Das 21. Jahrhundert wird kein „pazifisches Jahrhundert" werden, zumindest nicht in dem von APEC-Apologeten zu Anfang der 1990er Jahre verbreiteten Sinne. Aber die Dialektik von Weltmarktkonkurrenz, internationalem Regimeaufbau und kompetitiver Regionalisierung wird weiterwirken. Das FTAA-Projekt, bilaterale Freihandelsabkommen zwischen Staaten des ostasiatischen und des pazifischen Raumes, die Integration Chinas und Taiwans in die WTO und die Reaktion der ASEAN-Staaten darauf, die Osterweiterung der EU und die Bemühungen um eine neue Welthandelsrunde strukturieren die Arena für die ‚nächste Runde' kompetitiver Regionalisierung.

III.3.6 Datenanhang

Tabelle III.3.6.1: Anteil am Welthandel (Exporte), 1970-2000

	USA	ASE-AN	Japan	S-Korea	Taiwan	China	EU 15	APEC	Ostasien	NAFTA	NO Asien
					Exporte/Weltxporte						
1970	.1356	.0201	.0614	.0027	.0045	.0073	.4082	.3202	.0960	.1933	.0759
1971	.1239	.0194	.0683	.0030	.0057	.0079	.4155	.3145	.1043	.1805	.0849
1972	.1183	.0197	.0699	.0039	.0072	.0089	.4235	.3132	.1095	.1732	.0899
1973	.1225	.0240	.0640	.0056	.0078	.0102	.4167	.3163	.1116	.1722	.0875
1974	.1177	.0282	.0656	.0053	.0067	.0084	.3739	.3026	.1142	.1620	.0860
1975	.1234	.0252	.0633	.0056	.0060	.0087	.3851	.2987	.1088	.1653	.0836
1976	.1169	.0279	.0674	.0077	.0082	.0070	.3739	.3057	.1182	.1610	.0902
1977	.1086	.0302	.0715	.0089	.0083	.0066	.3805	.3009	.1254	.1506	.0952
1978	.1109	.0300	.0747	.0097	.0096	.0076	.3954	.3082	.1316	.1523	.1016
1979	.1128	.0329	.0619	.0091	.0097	.0082	.3951	.3010	.1219	.1535	.0890
1980	.1115	.0355	.0645	.0087	.0098	.0089	.3727	.3059	.1274	.1527	.0919
1981	.1200	.0365	.0761	.0107	.0114	.0108	.3504	.3384	.1455	.1664	.1090
1982	.1161	.0385	.0742	.0117	.0119	.0117	.3597	.3415	.1481	.1657	.1096
1983	.1123	.0397	.0802	.0133	.0137	.0121	.3578	.3531	.1591	.1661	.1194
1984	.1158	.0410	.0877	.0151	.0157	.0129	.3479	.3788	.1725	.1750	.1315
1985	.1117	.0370	.0905	.0155	.0157	.0141	.3620	.3764	.1727	.1719	.1357
1986	.1052	.0319	.0976	.0161	.0184	.0146	.4040	.3673	.1786	.1572	.1467
1987	.1007	.0333	.0917	.0187	.0212	.0157	.4163	.3660	.1806	.1506	.1473
1988	.0887	.0369	.0808	.0165	.0187	.0138	.4069	.3919	.1667	.1643	.1298
1989	.1183	.0402	.0891	.0203	.0215	.0169	.4039	.3985	.1880	.1694	.1477
1990	.1132	.0414	.0827	.0187	.0193	.0179	.4301	.3773	.1799	.1577	.1385
1991	.1203	.0470	.0898	.0205	.0217	.0205	.4253	.4133	.1996	.1688	.1525
1992	.1193	.0495	.0905	.0204	.0217	.0226	.4195	.4202	.2047	.1674	.1552
1993	.1238	.0564	.0965	.0219	.0226	.0242	.3907	.4503	.2216	.1763	.1652

1994	.1198	.0610	.0928	.0224	.0217	.0283	.3903	.4505	.2263	.1727	.1652
1995	.1143	.0627	.0867	.0245	.0218	.0291	.4008	.4416	.2247	.1675	.1620
1996	.1172	.0639	.0770	.0243	.0217	.0283	.3952	.4380	.2152	.1729	.1514
1997	.1247	.0632	.0762	.0246	.0220	.0331	.3816	.4522	.2191	.1834	.1559
1998	.1250	.0604	.0711	.0242	.0220	.0336	.4034	.4572	.2114	.1840	.1510
1999	.1243	.0636	.0743	.0254	.0215	.0346	.3875	.4701	.2194	.1907	.1558
2000	.1235	.0682	.0758	.0272	.0235	.0394	.3528	.4909	.2341	.1922	.1658

Quelle: Eigene Berechnungen, Daten: *UNCTAD Handbook of Statistics (CD-ROM und online Version)*

Tabelle III.3.6.2: Innerregionaler Handel / Gesamthandel (Exporte), 1970-2000

	Innerregionaler Handel / Gesamthandel (Exporte)					
	EU 15	APEC	NAFTA	ASEAN	NAFTA/APEC *	ASEAN/APEC **
1970	.5952	.5464	.3779	.2285	.4174	.0262
1971	.5994	.5541	.3934	.2356	.4075	.0262
1972	.6127	.5645	.4121	.2017	.4039	.0224
1973	.6198	.5593	.3683	.1825	.3586	.0248
1974	.5974	.5477	.3540	.1584	.3459	.0269
1975	.5786	.5159	.3427	.1634	.3675	.0268
1976	.6004	.5299	.3590	.1483	.3568	.0256
1977	.5895	.5369	.3677	.1474	.3428	.0275
1978	.5917	.5446	.3595	.1565	.3263	.0280
1979	.6164	.5481	.3436	.1689	.3196	.0337
1980	.6061	.5413	.3309	.1709	.3053	.0367
1981	.5700	.5685	.3497	.1794	.3025	.0340
1982	.5827	.5697	.3372	.2010	.2872	.0398
1983	.5883	.6033	.3780	.2076	.2947	.0387
1984	.5833	.6372	.4126	.1865	.2991	.0317
1985	.5912	.6490	.4253	.1855	.2993	.0281
1986	.6158	.6354	.4002	.1661	.2696	.0227
1987	.6353	.6459	.4205	.1766	.2680	.0249
1988	.6470	.6422	.3959	.1751	.2584	.0257
1989	.6492	.6524	.3944	.1781	.2570	.0276
1990	.6559	.6545	.4126	.1889	.2634	.0316
1991	.6656	.6548	.4217	.1978	.2629	.0344
1992	.6660	.6601	.4353	.1999	.2627	.0357
1993	.6053	.6783	.4557	.2115	.2630	.0390
1994	.6128	.6989	.4768	.2404	.2616	.0466
1995	.6146	.6575	.4606	.2422	.2657	.0523
1996	.6040	.6617	.4745	.2410	.2831	.0531
1997	.5596	.6603	.4898	.2391	.3009	.0506
1998	.5574	.6929	.5195	.2098	.3018	.0400
1999	.6324	.7145	.5396	.2193	.3065	.0415
2000	.6097	.7322	.5394	.2271	.2885	.0431

*   innerregionaler Handel NAFTA / innerregionaler Handel APEC
**   innerregionaler Handel ASEAN / innerregionaler Handel APEC
Quelle: eigene Berechnungen, Daten: UNCTAD Handbook of Statistics *(CD-ROM und online Version)*.

Tabelle III.3.6.3: Innerregionaler Handel / Welthandel (Exporte), 1970-2000

	\multicolumn{4}{c}{Innerregionaler Handel / Welthandel (Exporte)}			
	EU 15	APEC	NAFTA	ASEAN
1970	.2430	.1750	.0730	.0046
1971	.2490	.1742	.0710	.0046
1972	.2595	.1768	.0714	.0040
1973	.2582	.1769	.0634	.0044
1974	.2234	.1657	.0573	.0045
1975	.2228	.1541	.0566	.0041
1976	.2245	.1620	.0578	.0041
1977	.2243	.1615	.0554	.0044
1978	.2340	.1678	.0548	.0047
1979	.2436	.1650	.0527	.0056
1980	.2259	.1656	.0505	.0061
1981	.1997	.1924	.0582	.0065
1982	.2096	.1945	.0559	.0077
1983	.2105	.2130	.0628	.0082
1984	.2030	.2414	.0722	.0077
1985	.2140	.2443	.0731	.0069
1986	.2487	.2334	.0629	.0053
1987	.2645	.2364	.0633	.0059
1988	.2633	.2517	.0650	.0065
1989	.2622	.2600	.0668	.0072
1990	.2821	.2470	.0651	.0078
1991	.2831	.2707	.0712	.0093
1992	.2794	.2774	.0729	.0099
1993	.2365	.3055	.0803	.0119
1994	.2392	.3148	.0823	.0147
1995	.2463	.2903	.0771	.0152
1996	.2387	.2898	.0821	.0154
1997	.2135	.2986	.0898	.0151
1998	.2249	.3168	.0956	.0127
1999	.2450	.3358	.1029	.0139
2000	.2151	.3594	.1037	.0155

Quelle: Eigene Berechnungen, Daten: *UNCTAD Handbook of Statistics (CD-ROM und online Version)*

III.4 Transpazifische Integration? Die Asia Pacific Economic Cooperation (APEC)

III.4.1 Einleitung

Ein Jahrzehnt nach den Gipfeltreffen von Seattle und Bogor – was hat die APEC erreicht? Rückblickend kann gesagt werden, dass APEC als wechselseitige Verpflichtung zur Beibehaltung profitabler wirtschaftlicher Interdependenz fungierte. Die Liberalisierungsagenda war zwar wenig erfolgreich, aber es wurden zahlreiche ökonomisch-technische Kooperationsprojekte entwickelt und die regionale ‚Gemeinschaftsbildung' voran getrieben. Die zahlreichen Aktivitäten im *APEC 2003 Thailand*-Jahr belegen das weiter bestehende Interesse an diesem multilateralen Forum, auch wenn umstrittene sicherheitspolitische Themen die Agenda zunehmend dominieren und der Trend zu bilateralen Abkommen die Substanz der APEC weiter aushöhlt.

III.4.2 Zum Zehnjährigen: Ein neues Sekretariat

Im Vorfeld des APEC-Gipfels vom Oktober 2003 wurde in Singapur ein neues APEC-Sekretariatsgebäude eröffnet. Der Umzug brachte das Sekretariat, das seit seiner Gründung im Februar 1992 in Singapur seinen Sitz hat, zu einem Standort auf dem weitläufigen Campus der National University of Singapore. Von der Heng Mui Keng Terrace aus, in unmittelbarer Nähe des renommierten *Institute of Southeast Asian Studies (ISEAS)*, überblickt es die Bucht mit dem Hafen von *Jurong*. Dieser wichtigste Industriebezirk Singapurs war der Ort, an dem mit einer exportorientierten Sonderzone mit für ausländische Direktinvestitionen außerordentlich entgegenkommenden Bedingungen der Grundstein für den wirtschaftlichen Aufstieg des Stadtstaates gelegt wurde. Trotz vieler Produktionsauslagerungen auf die östlich und südöstlich von Singapur gelegenen die indonesischen Inseln ist Jurong immer noch ein wichtiger Wirtschaftsstandort. Jurong steht wie nur wenig andere Orte für ein erfolgreiches Modell eines wirtschaftlichen *catch up*, einer gelungenen Integration in die Weltwirtschaft. Singapur betreibt, als kleine, offene Volkswirtschaft immer schon vom Zugang zu den Ressourcen und Märkten der großen Nachbarn abhängig, traditionell eine aktive Politik der regionalen und transregionalen Kooperation, sowohl im ASEAN- wie im APEC- und WTO-Rahmen. Auch die EFTA hat mit Singapur seit 2002 ein bilaterales Freihandelsabkommen; es ist das erste, das Europa mit Ostasien verbindet.[39]

Am 5. September 2003 wurde das neue APEC-Sekretariat mit einer Veranstaltung zum Thema „APEC and Globalization" eröffnet. Neben dem Premierminister Singapurs, Goh Chok Tong, nahm auch Thaksin Shinawatra teil, Präsident der diesjährigen APEC-"Gastökonomie" Thailand. Die Hauptrede hielt der frühere Premierminister Australiens, Bob Hawke, den man zu Recht als einer der APEC-Väter bezeichnet. Australien war in den 1980er Jahren, unter dem Eindruck der Intensivierung wirtschaftlicher Integration in Europa und Nordamerika und der Pläne für eine Kooperation der Staaten Ost- und Südostasiens, zusammen mit Neuseeland die aktivste Kraft hinter dem transregionalen APEC-Konzept. Hawke erinnerte in seiner Rede an die Hintergründe und Motive des damaligen Vorstoßes. Getragen von der Wahrnehmung, dass sich das weltwirtschaftliche Zentrum vom ‚Atlantik' in den ‚Pazifik' verlagere, sollte APEC die weitere ökonomische Integration der Region fördern und ihre „Offenheit" sichern. Während seit den terroristischen Anschlägen von in New York und Bali „dunkle, zukunftsbedrohende Kräfte" den Prozess überlagern, schien um 1990 mit dem sich abzeichnenden definitiven Ende des Kalten Krieges alles möglich. Hawke erneuerte das Anliegen Australiens, von dem sich abzeichnenden ostasiatischen Kooperationsverbund (ASEAN plus drei) nicht ausgeschlossen zu werden (Hawke 2003).

III.4.3 Australien, Asien und der Pazifik

Wie schon in den 1980er Jahren stellt sich für Australien die Frage: Gehört das Land zu Asien?[40] Nach wie vor kann dies kaum positiv beantwortet werden, angesichts der fundamental unterschiedlichen historischen, kulturellen und politischen Traditionen. Hawke

---

[39] Zum handelspolitischen Bilateralismus Singapurs ausführlich unter III.8.2.1.

[40] Vgl. die Reaktionen auf diesbezügliche Bemerkungen des Premierministers Singapurs (Goodfellow 2003). Aus thailändischer Sicht: „APEC has its roots in Australia's identity crisis in the late 1980s, reinforced by the rise of East Asian economic dynamism" (Pongsudhirak 2003a).

verwies allerdings auf die Tatsache, dass der ‚asiatische' Bevölkerungsanteil der am schnellsten wachsende in Australien sei. Das Hauptargument war jedoch, wie schon in den 1980er Jahren, ein pragmatisches: Von der weiteren wirtschaftlichen Integration und politischen Kooperation in „Asien-Pazifik" würden alle Beteiligten profitieren. Hawke kam den gegenüber einem Einschluss Australiens skeptischen ostasiatischen Ländern zumindest rhetorisch entgegen, indem er versicherte, dass Australien keine Position eines überlegenen westlichen Wertesystems vertrete und sich von jeglicher Rassendiskriminierung distanzierte. Zudem sei es keineswegs so, dass Australien „automatisch" in allen Fragen ein Bündnispartner der USA sei. Er erinnerte an die politischen Initiativen Australiens neben APEC: Die Formierung des Cairns-Blockes in den multilateralen Handelsforen, die Bemühungen um die Stabilisierung Kambodschas und die Normalisierung der Beziehungen mit Vietnam. Mit diesen Positionen unterschied er sich aber von der Praxis der gegenwärtigen Regierung Australiens unter der Führung von John Howard (vgl. Beeson 2001b). Die Koalition der Liberalen und der National Party seit 1996 hat den Schwerpunkt australischer Außenpolitik vom asiatisch-pazifischen Umfeld weg bewegt und eindeutig auf die USA ausgerichtet. Mit der Übernahme des Kommandos der Uno-Mission, die 1999 den Abzug der indonesischen Armee aus Osttimor überwachte, verscherzte sich Australien die guten Beziehungen zu Indonesien, das in der Folge den australisch-indonesischen Sicherheitsvertrag von 1995 aufkündigte. Eine weitere Verschlechterung der Beziehungen zu den südostasiatischen Staaten brachte eine Äußerung Howards über die Möglichkeit von Einsätzen gegen terroristische Organisationen im Ausland. Er hatte im Dezember 2002 im Rahmen eines Fernsehgesprächs erklärt, sein Land werde nicht vor präventiven Verteidigungsmaßnahmen zurückschrecken, sollten eindeutige Beweise vorliegen, dass in Nachbarländern Anschläge auf Australien geplant würden. Malaysias Außenminister Albar forderte Howard auf, seine Erklärung, die in der Sprache einer Großmacht gehalten sei, zurückzuziehen und stellte in Frage, ob sich Howard voll bewusst sei, wie seine Aussage im asiatischen Raum aufgenommen werde. Auch die philippinische Staatspräsidentin Arroyo verlangte eine Klarstellung. Und der thailändische Außenminister Sathirathai betonte, dass sich der Kampf gegen den Terror auf internationales Recht und die Uno-Charta abstützen müsse. Kritiker des australischen Premierministers sehen in seinen Äußerungen vor allem eine Anbiederung an die USA; Howard hatte mehrfach erklärt, Australien wolle der „Hilfssheriff" der USA in der Region sein. Die sehr auf Unabhängigkeit gegenüber dem Westen und auf Nichteinmischung in die inneren Angelegenheiten bedachten ASEAN-Länder dürften Australien auf absehbare Zeit nicht als akzeptablen regionalen Integrationsfaktor wahrnehmen.[41]

Nicht nur die Rolle Australiens, auch eine Reihe anderer Faktoren haben die Situation seit der APEC-Gründung verändert. Einige Beweggründe haben sich erschöpft, z.B. die Integration der Volksrepublik China und Taiwans in das internationale Handelssystem – beide Länder sind seit 2002 WTO-Mitglieder. Auch der politische Druck auf die EU zur Offenhaltung der wirtschaftlichen Integration Europas scheint den Akteuren nicht mehr vordringlich. Auf der anderen Seite haben sich neue Herausforderungen ergeben, auf die die APEC als Organisation nicht vorbereitet und für deren Bewältigung sie auch nicht geplant war, insbesondere die asiatische Finanzkrise. Im Folgenden soll eine Evaluierung der APEC vorgenommen werden, die sich vor allem an den selbst gesteckten Zielen und den politischen Diskussionen der frühen 90er Jahre orientiert.

---

[41] Zu Australiens Verhältnis zur Regionalisierung in Ostasien siehe MacDougall (1999), Beeson/Bell (2000), Mols (2000b), Gorjao (2003).

Gründungsmitglieder der APEC waren die USA, Australien, Neuseeland, Kanada, Japan, Südkorea, Thailand, Malaysia, Indonesien, Singapur, die Philippinen und Brunei. 1991 traten die VR China, Taiwan und Hongkong bei, im Verlaufe der 90er Jahre Mexiko, Papua Neuguinea, Chile, Peru, Russland und Vietnam. APEC hat somit zurzeit 21 Mitgliedsstaaten.

Rückblickend erscheint die APEC-Gründung 1989 eher als Ergebnis denn als Auslöser transpazifischer wirtschaftlicher Aktivitäten.[42] Bis in die 80er Jahre hinein hatte die Weltwirtschaft ihre Hauptdynamik aus dem Pazifikraum bezogen. Seit Mitte der 1980er Jahre dominieren regionale Integrationsprozesse in Europa, Nordamerika und Ostasien das Geschehen, unter Beibehaltung eines hohen transpazifischen Interdependenzniveaus. Ältere japanische Initiativen für eine verstärkte multilaterale asiatisch-pazifische Kooperation hatten keine institutionelle Resultate gebracht. Wirtschaftsinteressen formierten sich in einem *Pacific Basin Economic Council (PBEC)*, die sich zur wichtigsten *pressure group* für eine transpazifische zwischenstaatliche Kooperation entwickelte, bis sie in den 80er Jahren Teil des umfassenderen *Pacific Economic Cooperation Council (PECC)* wurde.[43] Der eigentliche APEC-*take off* geschah mit dem Gipfeltreffen in Seattle 1993. In der Schlusserklärung von Seattle hieß es: „We want to put together a community of Asia-Pacific economies", und es entstehe „a new voice for the Asia-Pacific". In der Folge entwickelte sich eine rege transpazifische Wirtschaftsdiplomatie. 1994 wurde in Bogor, Indonesien, ein Plan mit dem Ziel ‚Freihandel in Asien-Pazifik bis 2010' (für die weniger entwickelten Länder bis 2020) beschlossen. Das Ziel war vorformuliert worden in der *Eminent Persons Group (EPG)*, einem Gremium aus Unternehmern, Akademikern und hohen Beamten, ernannt von den nationalen Regierungen. Sowohl in diesem Gremium als auch in der *business community* und auch am APEC-Gipfeltreffen selber hatte das Ziel, laut C. Fred Bergsten (2000a), dem langjährigen EPG-Vorsitzenden, nicht viel zu diskutieren gegeben. Zu entscheiden war, ob das Ziel Freihandel generell war oder nur in bestimmten Sektoren. Die letztere Position, diejenige der meisten ostasiatischen Staaten, wurde an den Rand gedrängt; die gewählte Zielformulierung beinhaltete allgemeinen, ausnahmslosen Freihandel. Das Ziel war ambitiös, die Absicht, APEC als Institution zu entwickeln, war es nicht.

Die EU vor Augen, war die Vermeidung einer Bürokratie einigen Mitgliedern von Anfang an ein großes Anliegen. Anfangs führten ausschließlich Arbeitsgruppen die APEC-Aktivitäten durch, bestehend aus Chefbeamten der nationalen Ministerien und geführt durch jeweils einen der Mitgliedstaaten. Diese waren verantwortlich für Initiativen und auch die Dokumentation der Aktivitäten. Die Durchführung von Gipfeltreffen auf höchster Ebene war nicht von Anfang an geplant und auch nicht ausgehandelt, sondern ist auf die Initiative der US-Regierung 1993 zurückzuführen. Das APEC-Sekretariat beschäftigte 2003 rund 50 Angestellte, davon 26 Singapurer, vor zehn Jahren waren es gerade mal 24 Angestellte. Von diesen 50 sind rund 30 Experten, bezahlt von den Regierungen der Länder, aus denen sie kommen. Seit 1999 belaufen sich die Beiträge der Mitgliedsstaaten an das Sekretariat auf 3.38 Mio. US-Dollar jährlich.[44] Das Sekretariat teilt die organisatorische Arbeit mit den jeweiligen Gastökonomien, die für ein Jahr den APEC-Vorsitz innehaben und die Tref-

---

[42] Zur APEC-Gründungssituation siehe Maull (2002: 17-27).
[43] Vgl. Woods (1993), M. Haas (1995), Gallant/Stubbs (2000).
[44] Seit 1997 sponsert Japan einen zusätzlichen APEC-Fonds zur Unterstützung des Handels- und Investitionsliberalisierungsprozesses mit jährlich 3-4 Mio. USD.

fen vorbereiten und durchführen, vom jährlichen APEC-Gipfel (*Economic Leaders' Meeting*) über die Minister- und Chefbeamtentreffen und dem *APEC Business Advisory Council* bis zu den Veranstaltungen des APEC-Forschungsnetzwerks *(APEC Study Centres Consortium)*. Der Vorsitz stellt auch den geschäftsführenden Direktor des APEC-Sekretariates, dessen Stellvertreter und Nachfolger kommt aus dem Land, das den APEC-Vorsitz im folgenden Jahr innehat.

Die Grundprinzipien des APEC-Prozesses waren von Anfang an[45]:

- Voluntarismus: Die Teilnahme an APEC-Programmen beruht auf Freiwilligkeit;
- Konsens: Die Zustimmung aller Beteiligten ist erforderlich für Beschlüsse;
- Unilateralismus: Maßnahmen werden von den einzelnen Teilnehmerstaaten durchgeführt, in Übereinstimmung mit den nationalen Interessen und Traditionen, aber konzertiert;
- Offenhaltung: Die Vertiefung der regionalen wirtschaftlichen Integration soll nicht ausschließenden Charakter annehmen; als Leitbegriff etablierte sich ,offener Regionalismus'.

Erster Pfeiler der APEC-Aktivitäten ist die Handels- und Investitionsliberalisierung (*trade and investment facilitation, TILF*). Er besteht in einer Kombination aus der Deklaration von Prinzipien sowie individuellen und kollektiven Aktionsplänen zum Abbau tarifärer und nicht-tarifärer Hindernisse. Keines der Elemente bekam rechtlich verbindlichen Charakter. Daneben etablierte sich der Bereich der ökonomischen und technischen Hilfe (*economic and technical assistance, ECOTECH*) als zweiter Pfeiler der APEC-Aktivitäten. Modellsimulationen des *APEC Economic Committee* wie auch des *OECD Economics Department* ergaben substantielle, positive Effekte der Implementierung der Bogor-Ziele auf Handel und Wirtschaftswachstum der beteiligten Länder (Han/Cheong 1998, Yamazawa/Scollay 2003: 114ff).[46]

Nach Seattle schossen die *Asia-Pacific-* oder *Pacific Rim*-Institute wie Pilze aus dem Boden, und eine eigentlich Asien-Pazifik-Euphorie entwickelte sich. Die sich abzeichnende pazifische Gemeinschaft werde, so viele Kommentatoren damals, das 21. Jahrhundert dominieren.[47]

III.4.5 Was hat die APEC gebracht?

Ein Jahrzehnt nach Seattle und Bogor ist deutlich, dass – aus westlicher Sicht – die APEC die Hoffnungen nicht erfüllt hat. Die drei zentralen Strategien zur Erreichung des Hauptzweckes, nämlich eine Handels- und Investitionsliberalisierung über die WTO-Agenda hinaus, sind gescheitert. Zwar sind die Handelshindernisse der APEC-Länder heute eindeutig geringer als zu Beginn der 90er Jahre. Die durchschnittlichen Zollsätze halbierten sich in den letzten zehn Jahren. Dies ist im Urteil der Experten aber nur in geringem Masse auf

---

[45] Vgl. Aggarwal/Morrison (2000: 304-308). Aggarwal (1993: 1033) schreibt die Führungsrolle in der Formulierung von Prinzipien und Normen des APEC-Prozesses der PECC zu.

[46] Die Größe der Effekte hängt stark vom Einbezug des Agrarsektors ab; die Liberalisierung der Landwirtschaft macht in einigen Modellrechnungen bis zu 70% der errechneten Gewinne aus.

[47] Cumings (1993) bezeichnete den entsprechenden Jargon als *rim speak*. Zu den APEC-skeptischen Stimmen gehörten Higgott (1994), Manning/Stern (1994) und Mols (1996b).

APEC-Maßnahmen zurückzuführen. Der Zollabbau ist zudem von den einzelnen Mitglied-staaten sehr unterschiedlich weit getrieben worden (Lee 2000).

Dass die APEC keinen großen Einfluss auf die Maßnahmen der Mitgliedstaaten gehabt haben dürfte, wird deutlich, wenn man die verschiedenen APEC-Bilanzberichte konsultiert. Besonders aufschlussreich sind die Analysen des *APEC International Assessment Network (APIAN)*, ein unabhängiges Forschungsnetzwerk von *APEC Study Centers*, das inzwischen drei *Policy Reports* vorgelegt hat.[48] Eine erste Evaluierung der individuelle Aktionspläne (IAP), mit denen die APEC-Staaten ihren ‚Fahrplan‘ zur Erreichung der Bogor-Ziele offen legen sollten, wurde 1999 durchgeführt. Sie wurden als völlig unzureichend beurteilt: Sie seien werden transparent noch würden sie festlegen, wie die Ziele zu erreichen seien. Die ostasiatischen Staaten weigerten sich konstant, an einem offiziellen Evaluierungsprozess teilzunehmen, der die ‚Liberalisierungsleistungen‘ der einzelnen Länder vergleichbar ge-macht und damit „peer pressure" ermöglicht hätte. Bergsten sprach 2000 von einem „prak-tisch vollständigen Scheitern" der APEC-Strategie, mittels unilateraler Maßnahmen und ohne rechtlich-verbindlichen Rahmen, die Bogor-Ziele zu erreichen (Bergsten 2000a).

Eine zweite Strategie, sektorale Liberalisierung, begann erfolgversprechend. Innert re-lativ kurzer Frist wurde ein Abkommen im Bereich der Informationstechnologie geschlos-sen, das den Handel mit Halbleitern und andere IT-Bestandteilen liberalisierte.[49] 15 APEC Mitglieder unterzeichneten 1996 das rechtlich bindende Abkommen. Kurz darauf wurde es in die WTO übernommen. Das Vorgehen schien den Beteiligten paradigmatisch erfolg-reich, so dass sie daraus die zweite APEC-Strategie zur Erreichung der Bogor-Ziele mach-ten. Das *Early Voluntary Sectoral Liberalization Program (EVSL)* wurde 1997 in Vancou-ver beschlossen. Aber nach kurzer Zeit kamen die Verhandlungen zum Stillstand, was nicht nur der Währungs- und Finanzkrise in Ostasien geschuldet war. Die USA machten den Widerstand Japans und einiger ostasiatischer Länder dafür verantwortlich. Es scheint aber auch so gewesen zu sein, dass die damalige US-Regierung zu zweifeln begann, ob sie EVSL innenpolitisch würde durchsetzen können, und deshalb nicht unglücklich darüber war, dass das Programm an die WTO weitergegeben wurde.[50]

Das Scheitern der EVSL ist nicht nur auf die spezifische Interessenkonstellation zu-rückzuführen. Für die westlichen Staaten ging es darum, einen legalistischen Liberalisie-rungsansatz durch die Hintertüre einzuführen, nachdem dies in der ersten APEC-Phase nicht gelungen war. Das IT-Abkommen schien den Weg zu weisen, und so viele Bereiche wie möglich sollten zu einem Paket zusammengebunden werden. Was aus der Sicht der ostasiatischen Staaten den Ansatz zunächst attraktiv machte, war die Konzentration auf einige wenige Bereiche und die Verknüpfung von ECOTECH-Massnahmen mit der sekt-oralen Liberalisierung, wodurch ‚ausgewogene‘ Verhandlungspakete zustande kamen. Als jedoch klar wurde, dass das Prinzip des Voluntarismus aufgeweicht werden sollte, und die Staaten durch die Verknüpfung der neun Sektoren auch zu Handlungen in nicht-gewünschten Bereichen gezwungen werden sollten, befand man sich wieder im gleichen Grabenkrieg wie zuvor im Falle der individuellen/kollektiven Aktionspläne. Evaluierungen kommen zum Schluss, dass APEC insgesamt kaum nachhaltige Effekte auf die Politiken

---

[48] Siehe Feinberg/Zhao (Hg., 2001), Feinberg (Hg., 2003); weitere Evaluierungen in Yamazawa (Hg., 2000) und Rüland et al. (Hg., 2002). Vgl. auch Lee (2000), Möller (2002: 19-21) und Ravenhill (2002a).

[49] APEC Subic Bay Meeting 1996; siehe Bergsten (1996). Es ist aber darauf hingewiesen worden, dass sich das IT-Abkommen auf Vorarbeiten in anderen Gremien stützen konnte (Aggarwal/Morrison 2000: 318).

[50] Far Eastern Economic Review, *The U.S. Flops on Free Trade*, 15.7.1999; Bergsten (2000a).

der Mitgliedstaaten gehabt hat. Positiv erwähnt wird hingegen in den meisten Berichten, dass APEC dazu beigetragen hat, dass sich die Transparenz der nationalen Handels- und Investitionspolitiken verbessert hat.

APEC wurde von Anfang an in Bezug auf die GATT/WTO-Verhandlungen konzipiert. Tatsächlich fungierte die APEC-Mitgliedschaft einiger ostasiatischer Länder als Zwischenstufe zur WTO-Mitgliedschaft. Zur Zeit ist dies von Bedeutung für das Aufnahmeverfahren Vietnams und Russlands. Aber das darüber hinaus gehende strategische Ziel, mittels APEC die WTO-Verhandlungen zu dynamisieren, kann kaum als erreicht betrachtet werden. APEC sollte als Bündnis für die weitere Liberalisierung des Welthandels fungieren. Faktisch nahmen die Mitgliedsländer nicht nur unterschiedliche Positionen am WTO-Gipfel von Seattle 1999 ein; die USA und Japan führten entgegengesetzte Blöcke an. Auch im „langen und bitteren Seilziehen"[51] um die Ernennung eines neuen WTO-Generaldirektors, der Entscheidung zwischen dem Neuseeländer Mike Moore und dem Thailänder Supachai Panitchpakdi, standen die ostasiatischen und die englischsprachigen APEC-Mitglieder nicht auf der gleichen Seite. Im Rahmen der Doha-Runde stießen in der Frage der Landwirtschaft die USA auf der einen und Japan und Südkorea (und die EU) auf der anderen Seite regelmäßig aufeinander. In den Verhandlungen in Cancún 2003 schlossen sich China, Thailand, Malaysia, Indonesien und die Philippinen der G21 an, die die Verhandlungsstrategie der USA und der EU blockierten. APEC dürfte auch in Zukunft nur Initiativen generieren, in denen eine hohe Interessenkongruenz der Mitgliedstaaten besteht und durch die keine bestehenden nationalen Politiken entscheidend verändert werden. Dies schließt die meisten wirtschaftlichen Bereiche von vornherein aus. Angesichts der bisherigen Erfahrungen ist auch unwahrscheinlich, dass von der APEC positive Wirkungen in Richtung einer Stärkung prozeduraler Aspekte des Welthandelsregime ausgehen.

Der Hauptgrund für die negative APEC-Bilanz ist der wirtschaftspolitische Dauerkonflikt zwischen den legalistischen, liberalisierungsorientierten westlichen Ländern und den staatsgeführten Entwicklungsmodellen Ostasiens. Rüland (2002: 198) hat APEC treffend als „zerrissenes Forum" charakterisiert, dem es nicht gelingt, widerstrebende Kooperationsprinzipien so zu verschmelzen, dass daraus ein handlungsfähiger Akteur erwachsen kann. Das APEC-Scheitern muss auch auf die Schwäche der APEC als Institution zurückgeführt werden. Eine US-amerikanische Studie nannte die formale Struktur der APEC „primitiv".[52] Das APEC-Sekretariat vermochte bisher weder die politisch-organisatorischen noch die wissenschaftlichen Kapazitäten zu entwickeln, die zur Beeinflussung des APEC-Prozesses nötig wären. Paradoxerweise hat gerade das Bemühen um die Vermeidung von Bürokratie der Bürokratisierung Vorschub geleistet: Indem man die Schaffung einer ‚Zentrale' vermied, verunmöglichte man, dass APEC eine ‚institutionelles Gedächtnis' bekam – und damit fing jede neue Beamtengeneration wieder mit dem Erheben von Daten, dem Erstellen von vergleichenden Berichten etc. an. Chutintorn Gongsakdi, der Vertreter Thailands an den APEC-Chefbeamtentreffen: „APEC has a coordination problem." (Gongsakdi 2000). Die Aktivitäten der Arbeitsgruppen überlappen sich häufig oder duplizieren sich (vgl. Rudner 1995).

---

[51] Neue Zürcher Zeitung, 16.11. 2000.
[52] Aggarwal/Morrison (2000: 315): „APEC's centralised formal structure remains primitive. The Secretariat is severely restricted in size and function. (...) Without a stronger central institution, APEC is unlikely to develop significantly beyond a shoptalk. (...) There is no significant analytical capacity within APEC itself."

Je größer die Kluft zwischen Gipfelbeschlüssen und der Implementierung, desto geringer ist die Glaubwürdigkeit des Prozesses. Viele Kommentatoren, aber auch Beteiligte sprechen von einer wachsenden „Glaubwürdigkeitslücke". Der thailändische Außenminister Sukhumbhand Paribatra äußerte, dass APEC in eine Falle getappt sei, indem Fortschritt in schlagzeilenmachenden Gipfelbeschlüssen gemessen werde. Das Publikum sei nicht dumm und merke früher oder später, wenn nur noch „heiße Luft" produziert werde (Paribatra 2000). Der bereits zitierte Gongsakdi stellte fest, dass für viele APEC „an annual gathering of mature men in funny shirts" bedeute. Andere deuteten APEC als Abkürzung für „*A Perfect Excuse to Chat*".[53]

III.4.6 Die ostasiatische Sicht: APEC als Erfolg

Wie kommt es, dass trotz allem die Bilanzen ostasiatischer Akteure häufig anders aussehen als die amerikanische oder australische[54]? Nicht, dass man das Jahrzehnt handelsdiplomatischen Kleinkrieges positiv deuten würde; der zermürbende Abwehrkampf gegen die oft dominierende Verhandlungsmacht des westlichen Blocks hat Spuren hinterlassen.[55] Aufschlussreich für die ostasiatische Sicht ist die Äußerung von Isao Kubota, Chefbeamter im japanischen Finanzministerium: „The Americans are wrong to regard APEC as being primarily about trade"; es gehe vielmehr darum, tragfähige internationale Kooperationsformen im Einvernehmen zu entwickeln.[56] Die Japaner vertraten immer den Standpunkt, der eigentliche Weg zur nachhaltigen Förderung wirtschaftlichen Austausches seien nicht ehrgeizige Liberalisierungsagenden, sondern langfristige Kooperationsprojekte, z.B. im Bereich der Energieversorgungssysteme. Generell wird in Ostasien positiv verwiesen auf die vielen ECOTECH-Projekte, vom Bereich Aus- und Weiterbildung (*human capacity building*) bis zur Wissenschafts- und Technologiekooperation. APEC-ECOTECH passt sehr gut zum Kooperationsverständnis der ostasiatischen Länder, da es sich um vorbereitende und begleitende Maßnahmen wirtschaftlicher Integration handelt, die nicht auf Deregulierung, sondern auf Kooperationsanreizen beruhen. Es sind die weniger entwickelten Länder, die zunächst profitieren; häufig jedoch werden so Weichen gestellt für die Verbesserung der Zusammenarbeit in anderen Bereichen und zur schrittweisen Öffnung ‚nationaler' Sektoren. Es geht dabei um langfristig wirksame Vertrauensbildung und die Versicherung, dass wirtschaftliche Kooperation für alle Beteiligten von Nutzen ist. Häufig zu hören ist auch der Hinweis darauf, wie kurz die Geschichte des Multilateralismus in der Region ist, und dass man zur Beurteilung der bestehenden Institutionen eine historisch längerfristige Perspektive einnehmen müsse.

Das entscheidende Argument aber ist, dass für die meisten ostasiatischen Staaten das wichtigste Ziel mit der APEC-Gründung eigentlich schon erreicht war. Die Mitgliedsländer

---

[53] Quelle: Taipei Times, 11.11.2000.
[54] Für eine positive neuseeländische Einschätzung siehe Emmerson (2002: 12f).
[55] Bereits auf dem Gipfeltreffen von Osaka, 1995, als es um die Umsetzung der Bogor-Ziele ging, warnten Vertreter der japanischen Regierung in ungewöhnlich deutlicher Sprache vor „exzessiven Konfrontationen". Hidehiro Konno, für die APEC-Verhandlungen zuständig im damaligen Ministry of International Trade and Industry (MITI): „Asians want to liberalise, but they don't want to be forced to do so by America (...). Asian countries are getting more and more self-confident. They don't want to be pushed around." (Quelle: Vietnam Investment Review, 19.11.1995).
[56] Quelle: Vietnam Investment Review, 19.11.1995.

erklärten damit, nichts an dem hohen Niveau transpazifischer wirtschaftlicher Interdependenz zu ändern. Das ist nicht so selbstverständlich, wie das aus heutiger Sicht erscheint. Die USA verfolgten in den 80er Jahren eine aus der Sicht der ostasiatischen Länder aggressive Politik der ‚Marktöffnung'. Gerade im Jahr der APEC-Gründung, 1989, wurde Japan von den USA als „unfairer Handelspartner" eingestuft. Des weiteren war die außenwirtschaftliche Ausgestaltung der nordamerikanischen Integrationsbemühungen (NAFTA) noch nicht absehbar. Und in Ostasien gab es Kräfte, die eine stärker inner-regionale Integration, unter Ausschluss der westlichen Staaten, bevorzugten (vgl. Higgott/Stubbs 1995; Berger 1999).

Den Staaten Ostasiens ging (und geht) es vor allem um eine außenwirtschaftliche Absicherung ihrer erfolgreichen nationalen Entwicklungsmodelle. Wachsender Handel und ausländische Direktinvestitionen sind erwünscht; der Abbau staatlicher Handlungsfähigkeit ist es nicht. Die Erhaltung dieser wird vielmehr als Voraussetzung zur Gewährleistung der davon erhofften Effekte begriffen. Legitim ist, was die politisch erwünschten wirtschaftlichen Ergebnisse hervorbringt. Diese ‚Ergebnisorientierung' unterscheidet sich grundsätzlich von der westlich-liberalen ‚Prozessorientierung', der zufolge es vor allem um korrekt eingehaltene ‚Spielregeln' und einklagbare Rechte geht.[57] Als einziges Land Ostasiens vertrat Singapur eine Position, die weitgehend kompatibel mit den westlichen APEC-Verständnis war. Aber auch Singapurs Regierung musste Rücksicht auf seine Beziehungen zu den widerwilligen oder zurückhaltenden anderen ASEAN-Staaten nehmen. Diese waren weniger an einer raschen Liberalisierung interessiert als einem Beibehalten der Bedingungen, die ihnen in den letzten beiden Jahrzehnten beschleunigtes Wirtschaftswachstum ermöglicht hatten. Priorität in der internationalen Kooperation kommt dabei der ASEAN-Organisation zu, die als erfolgreiches Beispiel des Zusammenlegens von Verhandlungsmacht weniger entwickelter Länder gelten darf (vgl. III.2.8). Nicht ein Abbau, sondern die Stärkung nationaler Souveränität ist dabei das Ziel. Darüber hinaus verfolgen einige Länder Südostasiens, allen voran Indonesien, aus politischen Gründen eine ‚Süd-Süd-Kooperationsagenda', die sie nicht zugunsten einer ‚Nord-Süd-Organisation' wie der APEC aufzugeben bereit sind.[58]

III.4.7 APEC als Verpflichtungserklärung

Ausgehend von der Tatsache, dass das hohe Niveau wirtschaftlichen Austausches zwischen den APEC-Ländern beibehalten worden ist, dass es nicht zu großen wachstumsbeeinträchtigenden Friktionen der transpazifischen Beziehungen gekommen ist, kann man rückblickend schließen: *APEC fungierte als wechselseitige Verpflichtung zur Beibehaltung profitabler wirtschaftlicher Interdependenz.* Die eigentliche APEC-Verständigungsbasis war eine negative: Die Teilnehmer erklärten, an den bestehenden Verhältnissen nichts Grundlegendes zu ändern; ‚Asien-Pazifik' sollte ein offener Wirtschaftsraum bleiben, und der Prozess sollte keine bürokratische Organisation wie die EU bekommen. Genauer gesagt ging

---

[57] Dies erklärt auch, warum ein regelorientierter Regimebegriff auf APEC nicht anzuwenden ist (Otto 2000). Vgl. auch Peng (2000: 19-22): *Where Confucianists Meet Non-Confucianists: A Case Study of APEC*: „In international arenas, such as the WTO, Asian countries have no choice but to adjust to the Western legal culture. The numerical dominance and growing significance of Asian countries in APEC, however, alter the international dynamics in APEC. APEC provides Asian countries with opportunities to defend their own approaches and to resist the dominant Western legal culture imposed on them elsewhere."

[58] Vgl. dazu Rüland (2002) und die Beiträge in Soesastro (Hg., 1994).

es strategisch um die Offenhaltung der drei gleichzeitig stattfindenden regionalen Integrationsprozesse:

- die Offenhaltung des sich integrierenden NAFTA-Raumes für die ostasiatischen Exporteure,
- die Offenhaltung des ostasiatischen Raumes für die Wirtschaftsinteressen Nordamerikas, Australiens und Neuseelands, sowie um
- gemeinsamen Druck auf die Ausgestaltung der westeuropäischen Integration: Bekämpfung der Tendenz zu einer ‚Festung Europa' und Bekräftigung der ‚globalen Agenda' (GATT/WTO).

Gemessen daran kann die APEC nicht als gescheitert betrachtet werden. Sie war ein – vorübergehend – öffentlichkeitsmächtiges Kooperationsforum, dem in einer kritischen Phase beschleunigter Regionalisierung eine strategische Funktion und besonderes Gewicht zukam. Aber sie stellte nicht, wie das vor allem in den 90er Jahren verbreitet diskutiert wurde, den institutionellen Kern eines den asiatisch-pazifischen Raum umfassenden Integrationsprozesses dar.

Aus ostasiatischer Sicht stellt nicht das Scheitern der Liberalisierungsagenda eine ernsthafte Belastung der transpazifischen Beziehungen dar, sondern die ‚Asienkrise'. APEC war als Organisation nicht vorbereitet auf und auch nicht eingesetzt für eine Rolle bei der Krisenbewältigung (vgl. Aggarwal 2000: 79-82; Mols 2000a). Im westlichen Verständnis kam im Sinne einer Funktions- und Rollenteilung diese Aufgabe ausschließlich den internationalen Institutionen zu. In den stark betroffenen Ländern sah man dies jedoch weniger formal. Aus ostasiatischer Sicht bedeutete APEC eine Verpflichtung zur Aufrechterhaltung allseits profitabler wirtschaftlicher Interdependenz, weshalb eine effektive APEC-Antwort angemessen gewesen wäre. Dies ist nicht geschehen. Die ostasiatischen Länder reagierten darauf mit einer Verstärkung der inner-regionalen Kooperation, auf bilateraler Ebene und im Rahmen der *ASEAN plus drei* (dazu Kapitel III.12).

III.4.8 Funktionen der APEC-Aktivitäten

Verschiedentlich ist darauf hingewiesen worden, dass APEC faktisch eine Reihe von Funktionen erfüllt, die so nicht in den Deklarationen zu finden sind.[59] Viele davon – Information, Vertrauensbildung, *networking* auf politischer, wirtschaftlicher und akademischer und zunehmend auch auf zivilgesellschaftlicher Ebene – können unter den Begriff ‚Gemeinschaftsbildung' subsumiert werden.[60] Vor allem dienen die APEC-Aktivitäten – wie auch diejenigen im Rahmen anderer regionaler und internationaler Institutionen – auch bilateralen Kontakten zwischen den Mitgliedstaaten. Abhängig von aktuellen Ereignissen und der politischen Großwetterlage kann dem Treffen zweier Regierungschefs im APEC-Rahmen große Bedeutung zukommen, so z.B. dem Treffen Clintons mit Jiang Zemin 1993 und 1996 für die Ausgestaltung der amerikanisch-chinesischen Beziehungen – oder 1999, nach der

---

[59] Vgl. Emmerson (2002: 8-13), Maull (2002: 30-34).
[60] Sogar der ansonsten skeptische Bergsten (2000a) kommt zur Einschätzung: „I think this community building (...) is happening. A large number of conferences, meetings, studies, networking private-sector groups, taskforces and the like are developing an extensive community across a range of functional topics in the Pacific region."

Bombardierung der chinesischen Botschaft in Belgrad durch die NATO. APEC-Treffen können auch zu brisanten ‚Einmischungen in die inneren Angelegenheiten' von Mitgliedstaaten genutzt werden, wie der Auftritt Al Gores in Malaysia 1998 belegt. Der damalige US-Vizepräsident richtete sich zum Entsetzen der Gastgeber offen an das „mutige Volk Malaysias" und bekundete Unterstützung für dessen Kampf für politische Reformen. Aber auch ‚unterhalb' dieser Ebene und außerhalb offizieller Kanäle werden Kontakte gepflegt. In der Einschätzung einiger Diplomaten sind diese ebenso wichtig wie die offiziellen APEC-Sitzungen.[61]

III.4.9 Die sicherheitspolitische Agenda

Nach dem 11. September 2001 kam ein neuer Bereich ganz oben auf die APEC-Agenda, der Kooperation im Zeichen der von den USA angeführten weltweiten „Antiterrorkampagne". Sicherheitspolitische Themen dominierten auch das *11. APEC-Gipfeltreffen in Bangkok, Thailand, 20./21. Oktober 2003.* US-Präsident George W. Bush hatte bereits im Vorfeld erklärt, dass es den USA vor allem um die Festigung und Ausweitung der ‚Antiterror-Koalition' gehe. Er baute die Teilnahme am APEC-Gipfel in ein Programm ein, das ihn zu den engsten Verbündeten der USA[62] in der Region führte, nämlich Japan, den Philippinen, Thailand, Singapur, Indonesien und Australien. Kritik am zunehmenden Gewicht sicherheitspolitischer Fragen in der APEC gab es angesichts der sich abzeichnenden US-dominierten Agenda. Der malaysische Premierminister Mahathir war wie gewohnt am deutlichsten[63], vertrat dabei aber auch den Standpunkt anderer ASEAN-Staaten[64]. Als Reaktion darauf sah sich der thailändische Außenminister Sarakiart Sathirathai genötigt zu betonen, dass APEC ein Forum für wirtschaftliche Kooperation bleiben und nicht in ein ‚security forum' verwandelt werde.[65] Sicherheitspolitische Fragen wurden nur soweit als Teil der APEC-Agenda akzeptiert, als sie eng mit der Organisation wirtschaftlichen Austausches verbunden sind, etwa im Zusammenhang mit Luftfahrt oder der Versiegung von Transportcontainern und deren satellitengestützten Überwachung. Offiziell war der erste Tag des Gipfeltreffens der Staats- und Regierungschefs wirtschaftlichen Fragen gewidmet, der zweite sicherheitspolitischen Fragen (im offiziellen Sprachgebrauch „security issues affec-

---

[61] Vgl. dazu folgende Äußerung Gongsakdis: „The annual Ministerial and Leaders Meetings offer valuable bilateral opportunities for Ministers and Leaders to develop their personal chemistry and to work on pressing bilateral issues. As things stand, the value of the bilaterals and the official APEC meetings is probably split 50:50." (Gongsakdi 2000).

[62] Bush sprach von „America's closest allies in the war on terror (...) Nations such as Australia, Thailand, Indonesia and the Philippines are fighting terrorism in their own region. Their leaders understand the importance of our continuing work in Afghanistan and Iraq." (Pressekonferenz Washington, AP, 28.10.2003). Vgl. Condoleezza Rice (2003), *America's Robust Engagement With Asia.* In den ostasiatischen Ländern befürwortet allerdings nur eine Bevölkerungsminderheit die gegenwärtige Außenpolitik der USA; vgl. Goh (2003).

[63] „APEC was formed as an economic cooperation group. But we don't agree with taking away economic matters into security, military or politics, which are not really for APEC." Ohne die USA direkt zu benennen, kritisierte Mahathir „a tendency to have the agenda of strong countries inserted into APEC. (...) I want to explain our stand on what APEC should focus. We think it should focus on items like fair trade, equitability and not enlarging its present scope." (AFP, 20.10. 2003). Obwohl nur Tage bis zu seinem Rücktritt als Premierminister blieben, bekräftigte er Malaysias Priorität, die ASEAN-Integration zu vertiefen und die Beziehungen zu China, Korea und Japan weiter auszubauen

[64] *ASEAN leaders debate inclusion of anti-terror war in APEC agenda,* Philippine Star, 20.10.2003.

[65] Pressekonferenz, Bangkok, 15.10.2003.

ting economic cooperation in the APEC region"). Im Rahmen des Maßnahmenpaketes zur Terrorismusbekämpfung finanzierten die USA einen Fonds zur Eindämmung und Kontrolle der MANPADS (*Man-Portable Air Defense Systems*). Dass nicht einer (zu gründenden) APEC-Institution, sondern der Asiatischen Entwicklungsbank (ADB) die Führung des Fonds zugeschlagen wurde, hängt mit dem Widerstand einiger Länder gegen die Übertragung sicherheitspolitischer Funktionen an die APEC zusammen. Die Spannungen zwischen den USA und Nordkorea waren ein Hauptthema der bilateralen Gespräche, waren als solche aber nicht Teil der offiziellen APEC-Agenda. Am Vorabend des APEC-Gipfeltreffens führte der amerikanische Präsident Gespräche mit dem chinesischen Präsidenten Hu Jintao, bei denen dies im Vordergrund stand. Vorangegangen war die Erklärung, dass die USA einen Nichtangriffspakt mit Nordkorea ausschlössen. China lehnte eine vor allem von Japan gewünschte separate Erklärung zu Nordkorea ab. Der Sprecher der US-Regierung wertete die Bekräftigung des Multilateralismus im Verhältnis zu Nordkorea als Erfolg.

Hettne (2005) kommt zum Schluss, dass für die USA APEC ein Instrument hegemonialer Kontrolle der Asien-Pazifik-Region ist:

> „...US approach to regionalism, which always has been subordinated to the national interest. This is clear, for instance in the cases of NAFTA and APEC and the latter's support for regional cooperation in Southeast Asia. All can be explained by specific, perceived national interests: NAFTA was a globalist policy, APEC an instrument for hegemonic control in the Asia-Pacific region, and support for regional cooperation in Southeast Asia a part of the anti-terrorist struggle." (Hettne 2005: 564)

III.4.10   APEC und WTO

Wenig Bewegung gab es in Bangkok in handelspolitischen Fragen. Die USA und Australien versuchten vergeblich, den WTO-Generaldirektor Supachai Panitchpakdi zu den Gesprächen der Handelsminister beizuziehen. Die Gastgeber machten formale Gründe dagegen geltend; es scheinen aber auch persönliche Rivalitäten zwischen Thaksin und Supachai, der Minister in einer früheren thailändischen Regierung gewesen ist und das Potenzial hatte, sich zu einem Herausforderer des damaligen Premiers zu entwickeln, eine Rolle gespielt zu haben (Pongsudhirak 2003b). Er hatte aber einen Auftritt vor dem *APEC CEO Summit*, in dessen Rahmen er für die Weiterführung der WTO-Verhandlungen warb. Nicht bilaterale Abkommen, sondern Multilateralismus sei die „Mutter aller Lösungen" beim Abbau von Handelshindernissen. Die Staats- und Regierungschefs folgten dem WTO-Generaldirektor und den Appellen der APEC *business community*, die sich am genannten *CEO Summit* kurz vor dem Gipfel traf, und sprachen sich für eine Wiederbelebung der WTO-Verhandlungen aus.[66] Zu diskutieren hatte allein gegeben, ob dies auf der Grundlage des mexikanischen Entwurfes von Cancún geschehen solle oder auf einer neuen Basis. Obwohl die meisten ostasiatischen Länder in Mexiko die G21 unterstützt hatten, unterlag der Vorschlag Mahathirs für eine Verhandlungsrunde auf neuer Grundlage. Zuvor hatte der malaysische Premierminister die *business community* verschreckt mit der Aussage, das Scheitern der Ver-

---

[66] Das *APEC Business Advisory Committee (ABAC)* richtete einen ähnlichen Appell an die Staatschefs. Am CEO Summit wurde eine Umfrage unter den Teilnehmern durchgeführt: 56% der Befragten beurteilten die APEC-Tätigkeiten im Hinblick auf die weitere Liberalisierung und ökonomische Entwicklung als ungenügend (Bangkok Post, 22.10.2003).

handlungen in Cancún sei ein „kleiner Erfolg" für die Entwicklungsländer gewesen.[67] In der Schlusserklärung wurden neben dem „Primat des multilateralen Handelssystems" auch die bisherigen APEC-Ziele bekräftigt, aber keine Methoden zur deren Realisierung erwähnt.[68] Der Appell Thailands, die Bogor-Ziele früher als geplant anzustreben, nämlich bereits 2015 (statt 2020 für weniger entwickelte Länder), verhallte ohne Auswirkungen.[69] Allein Singapur begrüßte den Vorschlag explizit; die meisten ostasiatischen Länder gingen nicht darauf ein, während Malaysia und Brunei ihre Ablehnung nicht verhehlten. Die Stellungnahme des stellvertretenden Außenministers Russlands verdeutlichte, dass sich das erst 1998 beigetretene Land – entgegen der offiziellen Rhetorik – nicht wirklich zur Erreichung der Bogor-Ziele verpflichtet fühlte. Von verschiedenen Seiten wurde Kritik am Vorgehen Thailands laut: Wenn es sich um einen ernst gemeinten Vorschlag handeln würde, hätte er von der „Gastökonomie" zu Beginn des Jahres vorgelegt werden müssen, nicht erst kurz vor dem Gipfeltreffen. Das Vorgehen zeuge von Unverständnis des APEC-Prozesses.

III.4.11   Der neue Bilateralismus

APEC 2003 bot vor allem den Rahmen für die Sondierung, Vorbereitung und Weiterführung von Verhandlungen über bilaterale Abkommen. Laut Huang (2003) belief sich die Zahl der bilateralen Verhandlungen zwischen APEC-Mitgliedsländern im Jahr 2002 bereits auf 33. Diese Projekte waren der Puls der Gespräche in Bangkok, nicht die WTO-Agenda oder die bisherigen APEC-Ziele und Verfahren. Es handelt sich um eine Vielzahl von Projekten auf unterschiedlichen Realisierungsstufen, und auch die Inhalte der Verhandlungen sind divers. Von den ASEAN-Ländern ist neben Singapur vor allem Thailand aktiv an der Vorbereitung bilateraler Abkommen. Das Land hat bereits ein Freihandelsabkommen mit der Volksrepublik China und plant solche mit den USA, Japan, Südkorea, Australien, Neuseeland, Mexiko, Chile und Peru. Zu erinnern ist, dass dies zeitgleich mit der Realisierung der ASEAN-Freihandelszone und den Verhandlungen über ein Abkommen ASEAN/China, ASEAN/Japan und ASEAN/Südkorea stattfindet. Dies bedeutet, dass Thailand mit insgesamt neun der 21 APEC-Ländern ein Handelsabkommen anstrebt, während es mit weiteren neun im Rahmen von ASEAN engagiert ist.[70] Darüber hinaus gibt es Gespräche mit Indien, Sri Lanka, Südafrika und sechs arabischen Staaten (Bahrain, Qatar, Oman, Kuwait, Vereinigte Arabische Emirate und Saudiarabien).

---

[67] Er sprach am CEO Summit: „At Cancun, we could not agree to the agenda, simply because it wasn't our agenda (...) We want to be able to propose an agenda, an agenda which will be fair to rich and the poor. That should be the agenda for the World Trade Organization meeting. (...)We think we should be allowed to protect our own little businesses, our own little banks and industries, at least until we're big enough to compete (....) The thrust really should be on fair trade, rather than free trade. Fair trade can be free but free trade can be unfair." (Quelle: Bloomberg, 20.10.2003). Ähnlich äußerte sich der chinesische Präsident Hu; die Verhandlungen in Cancún seien nicht ausgewogen gewesen und hätten die Interessen der Entwicklungsländer zu wenig repräsentiert (Xinhua, 20.10.2003).

[68] *Bangkok Declaration on Partnership for the Future*, 22.10. 2003 (wwww.apecsec.org).

[69] Vgl. *Speedier free-trade call meets poor response – Delegates stick by Bogor's 2020 goal*, Bangkok Post, 18.10.03.

[70] Die restlichen drei sind Taiwan, Hongkong und Russland. Hongkong ist wirtschaftlich und handelspolitisch bereits stark in die Volksrepublik integriert. Aus politischen Gründen wird es kein formales Abkommen mit Taiwan geben. Russland befindet sich auf dem Weg zur WTO-Mitgliedschaft.

Wie ist dieser neue Bilateralismus zu interpretieren? Zunächst ist festzuhalten, dass es ist irreführend ist, alle diese Abkommen unter ‚Freihandel' zu subsumieren, da es sich in vielen Fällen um sektoral begrenzte und/oder um zwischenstaatliche Kooperationsvereinbarungen handelt, die nicht als eigentliche Liberalisierungs- oder Deregulierungsprozesse implementiert werden. Aufschlussreich war die Kritik des WTO-Generaldirektors an den Ergebnissen des Bangkoker Gipfels: Der Trend zu bilateralen Abkommen, von denen viele nicht einmal das WTO-Liberalisierungsniveau erreichen würden, gefährde die multilateralen Verhandlungen auf globaler Ebene. Kaum zu widerlegen war sein Argument, dass es – wenn die APEC-Länder wirklich so viel Wert auf Fortschritte in den WTO-Verhandlungen legen würden, wie sie in Bangkok verlautbarten – den Trend zum Regionalismus nicht gäbe.[71] Offensichtlich ist auch, dass die bilateralen Verhandlungen in Widerspruch stehen zu den offiziellen APEC-Beschlüssen. In der Bangkoker Schlusserklärung heißt es:

„Advance free trade in a coordinated manner among multilateral, regional and bilateral frameworks so that they are complementary and mutually reinforcing."[72]

Von Koordinierung oder inhaltlicher Abstimmung kann kaum gesprochen werden. Es scheint vielmehr so zu sein, dass die Länder ihre bilateralen Projekte nicht einmal im APEC-Rahmen offen legen.[73] Und weiter:

„We emphasized that free trade agreements (FTAs) must complement and enhance the multilateral trading system, and not divide the global economy into numerous trading blocs. We noted that economies that are ready to liberalize their economies can do so and should also help others in moving forward, for example, by trilateralizing bilateral FTAs, coordinating among various FTAs and working towards APEC-wide free trade. We recognized that intra-APEC FTAs could contribute to the achievement of the Bogor Goals, provided that they be WTO-consistent."

Rituell wird in allen APEC-Verlautbarungen auf die WTO- und APEC-Kompatibilität dieser Abkommen verwiesen. Experten weisen drauf hin, dass keineswegs gesichert oder konsensuell ist, was dies faktisch bedeutet, und dass die WTO-Bedingungen nur eine schwache Bindekraft haben.[74]

Für Singapur und Thailand haben diese bilateralen Verhandlungen offensichtlich eine strategische Funktion: Erstens sollen diejenigen ASEAN-Länder, die eine Liberalisierungsbeschleunigung ablehnen oder aufgrund innenpolitischer Probleme dazu außerstande sind,

---

[71] „... leaders are often just scoring political rather than economic points (...) If they live up to what they said in Bangkok about supporting the primacy of multilateralism, then the trend would not be toward regionalism. (...) Some products may have 10 or 20 preferential tariff rates, depending on the countries, the groupings or the rules of origins ... This will be a highly confusing state of affairs that I don't think the private sectors would enjoy." (Quelle: International Herald Tribune, 23.10. 2003). Vgl. seine frühere Warnung; *WTO Chief Supachai Warns FTAs, RTAs May Breach WTO Rules*, Reuters, 4.6. 2003.
[72] Bangkok Declaration on Partnership for the Future, 22.10. 2003 (wwww.apecsec.org).
[73] Vgl. dazu einen Kommentar aus Japan: „The WTO round and FTAs [Free Trade Agreements] had been on the agenda in the run-up to the summit, although Japanese government sources said no ministers directly addressed the issues. The official reason was that ministers said FTA negotiations involving two countries were not a proper subject for the multilateral talks. Unofficially, it seemed that no country wanted to reveal its FTA strategy to other nations. (...) with member states making FTAs their priority, it seems APEC is now little more than a facade." (*FTA deal-making stalls APEC trade talks*, Yomiuri Shimbun, 23.10.2003).
[74] Pangestu (2003); Yamazawa/Scollay (2003: 126) schließen: „The requirement for WTO-consistency ... in practice imposes only relatively weak constraints on the nature of PTAs that APEC members may pursue."

unter Druck gesetzt werden. Dabei handelt es sich vor allem um Malaysia, Indonesien[75] und die Philippinen. Zweitens will man sich angesichts der Standortkonkurrenz mit den ASE-AN-Neumitgliedern – vor allem Vietnam – und mit China einen Vorteil verschaffen. Vereinfachter Marktzugang und stabilere Rahmenbedingungen sollen das tiefere Preisniveau dieser Länder kompensieren. Aus der Sicht Singapurs, des Trendsetters des neuen Bilateralismus in Ostasien, erläuterte Premierminister Goh den strategischen Zusammenhang zwischen bilateralen, regionalen und transregionalen Abkommen:

> „There is a danger. Ideally we should move along the multilateral track. But that means moving at the pace of the slowest (...) Singapore would like ASEAN to integrate much faster. But if ASEAN is going to take 10 years or longer to integrate, we can't wait because we are dependent on trade. (...) It was in the back of our mind that the Singapore FTAs would lead to other FTAs, which is now happening. More importantly, by having linkages with countries outside ASEAN, ASEAN has been compelled to integrate faster, otherwise it would not be possible to talk about an ASEAN Economic Community. (...) So external pressures are largely forcing ASEAN to liberalise and integrate at a much faster pace, which is a good thing."[76]

Vor dem CEO Summit erklärte er, dass man sich nach einer bestimmten Zeit hinsetzen werde, um aus den verschiedenen bilateralen Vereinbarungen größere resp. umfassendere multilaterale Abkommen zu schmieden. [77]

Von besonderer Bedeutung in bilateralen Abkommen ist der *Energiesektor*. Bestimmt durch die steigende, vor allem durch den rasanten Wachstumsprozess der chinesischen Wirtschaft bestimmte Nachfrage und die Erschließung der Ressourcen Sibiriens steht ein Verflechtungsschub von gewaltigem Ausmaß bevor. Der russische Präsident, Vladimir Putin, sprach von einer „neuen Energiestruktur" für die Region, für deren Realisierung die APEC-Mechanismen genutzt werden sollen.[78]

Nachdem sie den grundsätzlichen Trend zum Bilateralismus nicht verhindern konnte, bemühte sich die APEC-Führung 2004 vor allem darum, ihn so weit wie möglich APEC-konform zu halten.

Das Thema bilaterale Abkommen wurden am *APEC-Gipfel in Chile* (November 2004) in Form eines Katalogs von Empfehlungen („Best Practice for RTAs/FTAs in APEC") angegangen. Unter bestimmten Bedingungen würden bilaterale Abkommen der Realisierung der APEC-Ziele dienlich sein, nämlich wenn sie (a) WTO- und APEC-konsistent seien. Da aber schon bezüglich der WTO-Konsistenz viel Unklarheit herrscht, dürfte auch

---

[75] Auch Indonesien, dessen turbulente Innenpolitik einer der Gründe für die Blockade der ASEAN-Weiterentwicklung ist, konnte sich dem allgemeinen Trend zu Bilateralismus nicht entziehen, zumindest rhetorisch. Vgl. *Shift in focus at APEC understandable*, Jakarta Post, 23.10.2003.

[76] Interview in Bangkok Post, 20.10.2003.

[77] Straits Times, 20.10.2003.

[78] „It is only natural that we are striving to use APEC membership in order to integrate the potential of the Russian east into the mechanism of economic integration in the Asia-Pacific region, which is already operating within the framework of APEC. (...) the development of a new energy structure in the Asia-Pacific region, and above all in East Asia, through the creation of a system of oil and natural gas pipelines and tanker delivery of liquefied natural gas from eastern areas of Russia, which have considerable hydrocarbon resources. We are working on these issues with adjacent countries and will step up these efforts. I think the time has come for the APEC community to seriously address the issue of the new energy structure. The solution of this problem would be an effective reply to the threats and challenges to energy stability in the region. In our opinion, APEC mechanisms can contribute greatly to the fulfilment of this task." (Quelle: Bangkok Post, 16.10.2003). Vgl. *Japan and China Battle for Russian Oil Supplies*, Taipei Taimes, 27.10.2003.

dem Kriterium „APEC-Konsistenz" nur sehr geringe Prägekraft zukommen. Mit WTO-Konsistenz verbunden ist das Kriterium des „umfassenden Charakters" (b): Abkommen sollen möglichst alle wirtschaftlichen Sektoren umfassen, und (c) sollten sie über die WTO-Verpflichtungen hinausgehen – (b) und (c) ist bisher nicht immer der Fall. Für einige Länder sind heikle Bereiche in WTO-Verhandlungen der Grund, bilaterale Abkommen anzustreben, in deren Rahmen man diese ausklammern kann. Bilaterale Abkommen sollen des weiteren (d) transparent sein, nicht nur gegenüber betroffenen Wirtschaftskreisen, sondern auch gegenüber den anderen APEC-Ländern. Der APEC Business Advisory Council (ABAC) hatte – neben den üblichen harschen Worten zur Stagnation der offiziellen APEC-Agenda – bereits im Vorfeld des Gipfels die Nichttransparenz der laufenden FTA-Projekte und Verhandlungen kritisiert. Tatsächlich legte keine der APEC-Regierungen ihre diesbezüglichen Pläne offen, in klarer Verletzung der Bangkoker APEC-Erklärung von 2003. Immerhin organisierte das APEC-Sekretariat eine Webseite[79] mit Links zu nationalen Informationsstellen; die enthaltenen Informationen gehen aber nicht über das sowie schon regierungsamtlich Veröffentlichte hinaus.

Weitere Kriterien für „best practice"-FTAs sind für die APEC angemessene Streitschlichtungsinstanzen (e) und Kooperationsmechanismen (f). Bei ersteren geht es vor allem um die Vermeidung einer Flut von Handelskonflikten, die sich an den WTO-Instanzen vorbei entwickeln könnten. Letztere entsprechen der vor allem von den ostasiatischen APEC-Ländern entwickelten Praxis, die Vertiefung von Wirtschaftsbeziehungen mit flankierenden Maßnahmen zur Sicherung allseitigen Nutzens zu verbinden (ECOTECH genannt). In die gleiche Richtung zielt auch die Bestimmung, dass diese Abkommen regelmäßig zu überprüfen seien (g), nicht nur hinsichtlich der Implementierungsfortschritte, sondern auch, ob Inhalt und Verfahren gemessen an den sich verändernden Rahmenbedingungen noch angemessen sind. Dies entspricht dem in Ostasien vorherrschenden Rechtsverständnis, nach dem veränderte Rahmenbedingungen Anpassungen in rechtlichen Vereinbarungen nach sich ziehen müssen. Solche Anpassungen geraten häufig in Konflikt mit einem auf Stabilität des rechtlichen Rahmens und auf Voraussehbarkeit für wirtschaftliche Akteure gerichteten Verständnis. Der interessanteste und wahrscheinlich politisch heikelste Punkt auf der APEC-Liste kommt an zweitletzter Stelle: „Beitritt seitens Dritter" (h). Unter Bezugnahme auf das APEC-Leitkonzept des „offenen Regionalismus" soll der Beitritt von Drittstaaten zu bilateralen Abkommen ermöglicht werden, unter Akzeptanz der darin enthaltenen „terms and conditions". Bei vielen multilateral orientierten Politikern und Ökonomen herrscht die Befürchtung vor, dass sich mit der Proliferation bilateraler Abkommen eine „Spaghettischüssel"-gleiche Situation entwickeln werde, nämlich die unüberschaubare Überkreuzung einer Vielzahl unterschiedlicher Abkommen. Dies würde nicht nur Ursprungsregeln außerordentlich verkomplizieren, sondern auch insgesamt eine wirtschaftlich fragmentierende Wirkung entfalten. Die Einfachheit, Überschaubarkeit und Deckungsgleichheit von Ursprungsregeln ist ein weiteres Kriterium für aus APEC-Sicht „gute" Abkommen (i). Viele Multilateralisten hoffen dementsprechend auf eine spätere Überführung der bilateralen Abkommen in ein vereinfachtes, alle Parteien umfassendes Vertragswerk. Ein vereinfachter ‚Beitritt seitens Dritter' könnte als Mechanismus eine Dynamik entfalten, die eine solche Multilateralisierung befördert. Allerdings dürfte die reale Praxis bilateraler Abkommen im Asien-Pazifikraum eine solche Wirkung weitgehend verhindern, denn bei den existierenden Vertragswerken handelt sich– gerade hinsichtlich Ursprungsregeln – um

---

[79] www.apec.org/apec/apec_groups/other_apec_groups/FTA_RTA/fta_rta_information.html.

äußerst komplexe Vereinbarungen, die zudem zahlreiche Importquotenbestimmungen enthalten. Es ist auszuschließen, dass etwa Australien den Agrarprotektionismus Japans durch einen Beitritt zum japanisch-mexikanischen Abkommen unterlaufen kann.

III.4.12   Politische Führerschaft in der APEC

Die USA sind nach wie vor die unbestrittene Führungsmacht innerhalb des APEC-Verbundes. Sie prägen die offizielle Agenda, vor allem mit sicherheitspolitischen Themen. APEC ist aber auch eines der Foren, in denen ein Wettbewerb um die politische Führerschaft in Ostasien stattfindet. Innerhalb des ASEAN-Verbundes vermochte Thailand seine Position zu stärken. Dank erfolgreicher internationaler Initiativen und Vermittlungstätigkeit stand die thailändische Regierung 2003/04 an der Schwelle zu einer politischen Führungsrolle für ganz Südostasien. Innerhalb Ostasiens insgesamt gibt es einen Wettbewerb zwischen China und Japan um die Führungsrolle. Japan ist seit rund zwanzig Jahren der wichtigste ostasiatische Wirtschaftspartner der meisten Länder der Region und hat für die ASEAN-Freihandelszone (AFTA) eine Katalysatorfunktion (Yoshimatsu 2002), konnte diese aus historischen und innenpolitischen Gründen aber nie in eine politische Rolle umsetzen.[80] Japan schloss zwar das erste bilaterale Freihandelsabkommen mit Singapur, tut sich aber schwer mit der Vertiefung wirtschaftlicher Integration, sobald der Agrarsektor berührt wird. Der japanische Vorschlag für ein Freihandelsabkommen mit der ASEAN kam, nachdem China ein solches Vorhaben bekannt gegeben hatte.[81] Verhandlungen mit Mexiko waren bisher nicht erfolgreich. Die Bemühungen in Bangkok um eine Wiederbelebung der WTO-Verhandlungen übten Druck auf Japans bisherige Verhandlungspositionen aus und verstärkten den Eindruck, dass sich das Land überall in einer Defensivsituation befinde.[82] Das neue wirtschaftliche Schwergewicht China hingegen betreibt seit längerem eine erfolgreiche ‚Charmeoffensive‘ in Südostasien. China sucht Zugang zu den Ressourcen und Märkten Südostasiens und ist in einem Masse zu einer Vertiefung der wirtschaftlichen Integration bereit, die vor einigen Jahren noch unvorstellbar war. Dabei werden Wirtschaftsinteressen und sicherheitspolitische Garantien strategisch verknüpft,[83] was genau die Bedürfnisse der Länder Südostasiens trifft, bestimmen doch die Befürchtungen über eine militärische Großmachtrolle der Volksrepublik und über einen Ausschluss von der wirtschaftlichen Dynamik die Wahrnehmung Chinas. China hat sich in der ‚Asienkrise‘ als Stabilitätsanker erwiesen und hat maßgeblich zum ökonomischen Wiederaufschwung beigetragen, so dass das Land inzwischen als der regionale Wachstumsmotor gilt. Die USA betrachten die neue Rolle Chinas in der Region seit längerem mit Unbehagen.[84] Hu Jintao entzog sich dem Druck des US-Präsidenten George W. Bush für eine Aufwertung der chinesischen Währung am APEC-Gipfel dadurch, dass er kurz vor Beginn bekannt gab, dass es eine solche nicht geben wird und damit Verhandlungen ausschloss.[85] Obwohl gewichti-

---

[80] Vgl. dazu die Beiträge in Blechinger/Legewie (Hg., 2000).

[81] ASEAN-Gipfel in Phnom Penh, Kambodscha, November 2002.

[82] In Japan gab es Kommentare, dass das „neue Asien" ohne Japan geboren werde; vgl. *Koizumi flayed for failing to close gap with ASEAN*, Straits Times, 17.10.2003.

[83] Chinas strategisches Ziel ist die „Abstützung" des Landes in der asiatisch-pazifischen Region und die „Stabilisierung seiner Umgebung" (Han 2003).

[84] Vgl. *China Races to Replace U.S. as Economic Power in Asia*, New York Times, 28.6.2002.

[85] *Bush Outmaneuvered by China's Hu on Yuan*, Bloomberg, 22.10.03.

ger Teil der US-Agenda für den Gipfel, wurden Währungsfragen im Ergebnis von den offiziellen Erklärungen ausgeklammert. Einen Effekt hatte die US-Kampagne dennoch: Die Unsicherheit über allfällige Wechselkursveränderungen dominierten die Gespräche über Investitionen in China an den Wirtschaftsveranstaltungen des Gipfels.

Eine weiteren diplomatischen Erfolg verbuchte Hu mit seinem Auftritt vor dem australischen Parlament, einen Tag nach einer Ansprache Bushs am gleichen Ort. Dies drückte nicht nur symbolische Parität aus; inhaltlich stießen die Aussagen Hus auf bessere Resonanz in Südostasien als diejenigen Bushs.[86] Ein Kommentar aus Singapur beschrieb den Auftritt der Chinesen als denjenigen wohlmeinender Geschäftsleute, während der amerikanische Präsident Südostasien wie ein General ein Schlachtfeld besichtigt habe (Goh 2003).

Ebenfalls erfolgreich übte China Druck auf Taiwan aus, indem es Einfluss auf die offizielle APEC-Agenda nahm. Eine angekündigte Rede des Vertreters Taiwans, Lee Yuantseh, wurde kurzfristig abgesagt. Laut taiwanesischen Quellen hatte China auch Einfluss auf die anderen APEC-Delegationen genommen; sie sollten keine bilateralen Gespräche mit dem Vertreter Taiwans führen.[87] Taiwan befürchtet, im Ergebnis der anstehenden institutionellen Reformen der APEC weiter benachteiligt zu werden (Huang 2003).

III.4.13   APEC heute

Vor dem Hintergrund des oben Ausgeführten überrascht es nicht, dass die Einschätzungen der Ergebnisse von Bangkok in den westlichen und den ostasiatischen Ländern divergierten. In den USA, Australien und Neuseeland wurden vor allem skeptische Kommentare zur Zukunft der multilateralen Verhandlungen abgegeben; der meist verwendete Begriff dürfte *lip service* oder *cheap talk* gewesen sein.[88] Ein US-amerikanischer Kommentar sprach von einer Agenda, die eher nach NATO als nach APEC klinge.[89] In den USA war das öffentliche Interesse an den Äußerungen Mahathirs zur Rolle ‚der Juden‘ in der Weltpolitik deutlich größer als dasjenige an den Ergebnissen des APEC-Gipfels selber. In den südostasiatischen Ländern überwog der handelspolitische Optimismus angesichts der Proliferation von Abkommen die Skepsis gegenüber der US-dominierten sicherheitspolitischen Agenda.

Das Vertrauen in die Kapazitäten der APEC als Institution ist überall gering. Die verschiedenen Evaluationsberichte sind am Gipfeltreffen zur Kenntnis genommen worden. Ein Vorstoß Südkoreas und Australiens zur Vorbereitung einer institutionellen Reform wurde

---

[86] Vgl. etwa *Asian Leaders Find China a More Cordial Neighbor*, New York Times, 18.10.2003; *Touring Hu revitalises foreign relations – During his Asia-Australia trip, China's President stands out as global in outlook and sincere in nurturing friendly ties*, Straits Times, 28.10.2003; *A Chinese Lesson for the US: How to Charm Southeast Asia*, Straits Times, 1.11.2003.

[87] Chang (2003). Ein anonym bleiben wollender Diplomat aus Taiwan klagte: „The most crucial problem for Taiwan is that China is violating the international organization's proceedings to achieve its goals, even though those protocols have been in place for a decade. (...) Unfortunately, the host country doesn't have enough guts (to fight back against China's pressure).“ (Quelle: Taiwan Headlines, 20.10.2003).

[88] Vgl. *One Night in Bangkok Shows the Folly of APEC*: „.... with little common identity, APEC has became a platform for world leaders to talk up their pet issues. (...) Sadly, APEC has become about everything but economic cooperation. (...) Trade deals were indeed struck here, just not the kind APEC should be happy about.“ (Bloomberg, 23.10.2003).

[89] Die New York Times unter dem Titel *Asian nations adopt measures on security – Bush pushes APEC to go beyond trade*: „... the first time that the group of 21 countries... had held a meeting so heavily focused on politics. (...) the group announced a set of goals that sounded more like an agenda for NATO rather than for a loose amalgamation of countries that depend on each other for commerce.“ (International Herald Tribune, 22.10.2003).

positiv aufgenommen, und es sollen Vorschläge zur institutionellen Weiterentwicklung der APEC vorbereitet werden.

Die relativ mageren Ergebnisse des 2003er-Gipfeltreffens als solchem dürfen den Blick für die zahlreichen transnationalen Aktivitäten in dessen Vorfeld nicht trüben. Obwohl beeinträchtigt durch die SARS-Krise im ersten Halbjahr 2003, belegen diese das Niveau der ,Gemeinschaftsbildung'. Thailand als „Gastökonomie" richtete ein große Zahl multilateraler Veranstaltungen aus: Die Meetings der Handels-, Wirtschafts- und Finanzminister mit den vorbereitenden Chefbeamtentreffen, die jährliche Konferenz des *APEC Study Center Consortium*, das Treffen des *Women Leaders' Network (WLN)* und sogar ein *APEC International Youth Camp*. Besonderes Gewicht kam dem erstmaligen Treffen der Gesundheitsminister zu, im Zusammenhang mit der internationalen Kooperation bei der Bekämpfung von SARS. Wirtschaftskontakte wurden am sechstägigen *APEC Investment Mart 2003* geknüpft; laut Board of Investment (BoI) wurden Aufträge und Bestellungen im Wert von einer Milliarde Thai-Baht (rund 2.5 Mio. US-Dollar) getätigt.[90] Die thailändische Regierung bemühte sich, auch kleinen und mittleren Unternehmen Zugang zu internationalen Kontakten zu verschaffen. Mehrere internationale Konzerne, darunter Toyota, Mitsubishi, Ford, Toshiba, Samsung und Electrolux, kündigten Investitionen in Thailand an, von denen lokale Zulieferer profitieren würden. Am zweitägigen *CEO Summit* nahmen rund 500 Manager aus allen APEC-Ländern teil, wobei diejenigen aus Südostasien und China zahlenmäßig dominierten.

Thailand nahm die Chancen wahr, die die Ausrichtung eines solchen Gipfeltreffens einem Land bietet (dazu ausführlich im folgenden Kapitel III.5). Die Möglichkeiten zur Selbstdarstellung als wirtschaftlich erfolgreichem Land mit bedeutendem historisch-kulturellem Erbe wurde genutzt; wo nötig wurde mit aufwändiger Fassadenbildung nachgeholfen. Die bilateralen politischen und wirtschaftlichen Beziehungen zu einer Reihe von Ländern wurden ausgebaut. Von besonderem Gewicht war die Aufwertung Thailands zu einem „Nicht-NATO-Bündnispartner" der USA sowie die Ankündigung, dass die beiden Länder Verhandlungen über ein Freihandelsabkommen aufnehmen werden. Dies machte deutlich, dass den USA die sicherheitspolitische Kooperation und die Beteiligung Thailands am Wiederaufbau des Irak wichtiger war als der aus amerikanischer Sicht ,falsche' Stellungsbezug des Landes in den WTO-Verhandlungen. Anders als im Falle einiger lateinamerikanische Länder (Bello 2003) scheint dies die Beziehungen Thailands zu den USA nicht wesentlich beeinträchtigt zu haben; – ein weiterer Beleg für den Primat sicherheitspolitischer Fragen gegenüber wirtschaftspolitischen in einer Organisation, deren Gründungsziel die Handels- und Investitionsliberalisierung über die WTO-Agenda hinaus war. Dies erinnert an die Zeit des Kalten Krieges. Nach einem Jahrzehnt der ,Dominanz der Ökonomie' scheinen transpazifische Handelsvereinbarungen wieder von Bündnisbildungen militärischer Art bestimmt zu werden. Gleichzeitig vertieft sich jedoch der innerostasiatischen Integrationsprozess, im Sinne einer Intensivierung der politischen und wirtschaftlichen Kooperation zwischen den Ländern der Region. Dieser folgt allerdings einer anderen Agenda (dazu Kapitel III.12).

---

[90] Im Rahmen des „match-making and international subcontracting and procurement programme"; Quelle: Bangkok Post 22.10.03.

Die Gründungseuphorien haben sich nicht realisiert: APEC ist nicht der institutionelle Kern eines den asiatisch-pazifischen Raum umfassenden Integrationsprozesses. Dies wird sich auch in Zukunft nicht ändern; APEC wird aber die Funktion als multilaterales Dialog- und Kooperationsforum für die Pazifikanrainerstaaten weiterhin behalten, und es kann nicht ausgeschlossen werden, dass sie als solches in einer bestimmten Situation neues Gewicht bekommt, weil sie als Ort der Interessenabstimmung und Bündnisbildung wieder strategisch ‚richtig liegt'. Kurz- und mittelfristig wird jedoch, wie die offiziellen und inoffiziellen Ergebnisse der APEC-Verhandlungen in Thailand 2003 belegen, der neue Bilateralismus dominieren. Bis Ende 2004 waren APEC-Mitglieder am Abschluss von insgesamt 40 bilateralen Freihandelsabkommen beteiligt und befinden sich in Verhandlungen zu 33 weiteren.[91] Die APEC konzentriert sich inzwischen zunehmend auf ‚Schadensbegrenzung', indem sie die Formulierung und Durchsetzung von Kriterien der WTO- resp. APEC-Konsistenz solcher Abkommen vorantreibt.

Unsicher ist, ob und in welcher Form und Ausmaß die von den Akteuren angestrebte Multilateralisierung dieser Abkommen stattfinden wird. Während die Beziehungen der ostasiatischen Staaten zu den USA wieder stärker militärisch-bündnispolitisch geprägt werden, dominiert innerhalb Ostasiens ein pragmatisch organisierter Trend zur regionalen wirtschaftlichen Verflechtung.

APEC hat nach wie vor eine die inner-ostasiatische Kooperation stimulierende Wirkung. In den 90er Jahren begannen sich die ostasiatischen Staaten untereinander abzustimmen und traten immer wieder kollektiv einem westlichen ‚Liberalisierungsblock' gegenüber. Insofern beförderte APEC den Übergang von einem Muster der Nachkriegszeit, das durch bilaterale Verhandlungen ostasiatischer Staaten mit den USA geprägt war, zu einer multilateralisierten Struktur und damit einer stärkeren inner-regionalen politischen Vernetzung. Angesichts der anhaltenden Bedeutung der transpazifischen wirtschaftlichen Interdependenz und der politisch-militärischen US-Hegemonie wird dies aber auf absehbare Zeit nicht gegen die westlichen Interessen laufen, sondern eine offene Form bewahren. Weiterlaufende ‚Gemeinschaftsbildung' im Rahmen der APEC-Aktivitäten wird gerade diesbezüglich einen signifikanten Einfluss haben, – ein Einfluss, der im Westen eindeutig zu gering geschätzt wird.

III.5   *APEC 2003 Thailand* **und die vorübergehende Verwandlung Bangkoks – oder:** *What do Thai people get?*

III.5.1 Einleitung

„For those of you who have decided not to come, I am sorry, but you really do not know
what you are going to miss (...) I can tell you that APEC will never be the same after Bangkok."
Der thailändische Premierminister Thaksin Shinawatra am
Pacific Basin Economic Council (PBEC) Meeting, Seoul, August 2003

---

[91] APEC-Sekretariat (www.apec.org, November 2004). Ein WTO-Papier listet 170 bilaterale und regionale Abkommen als bis im Februar 2005 in Kraft gesetzt und bei der WTO notifiziert auf (Crawford/Fiorentino 2005).

Entgegen den Ankündigungen Thaksins hat der APEC-Gipfel in Bangkok, Oktober 2003, die *Asia Pacific Economic Cooperation (APEC)* nicht grundlegend verändert; vielmehr setzte sich das seit einigen Jahren dominierende Entwicklungsmuster fort:

- Sicherheitspolitische Themen im Zeichen der US-geführten „Antiterrorkampagne" dominierten die Agenda;
- die in Bogor 1994 beschlossenen Handelsliberalisierungsziele wurden bekräftigt, aber keine Maßnahmen zur Implementierung bekannt gegeben;
- das Bekenntnis zum Primat des multilateralen Handelssystems wurde erneuert, aber keine konkreten Impulse für die WTO-Verhandlungen freigesetzt;
- der Trend zum ‚neuen Bilateralismus' verstärkte sich: Sondierungen und Verhandlungen bilateraler Abkommen zwischen den Mitgliedstaaten waren der Puls der Gespräche in Bangkok (dazu Abschnitt III.4.10ff).

Dieses Kapitel hat eine komplementäre Fragestellung: Hat der APEC-Gipfel Bangkok verändert? Die Frage stellt sich zunächst in einer kurzfristigen Perspektive ‚Was bedeutete die Ausrichtung eines Gipfeltreffens für eine Stadt wie Bangkok?' und kann erweitert werden zu ‚Was bedeutet die Funktion einer APEC-"Gastökonomie"[92] für ein Land wie Thailand?' – oder, wie das Thema eines Seminars an der Chulalongkorn Universität in Bangkok lautete: *APEC 2003: What do Thai people get?* Dabei geht es weniger um die Einschätzung langfristiger ökonomischer Effekte, wie sie ökonometrische Modelle und Simulationen voraussagen, als um die kurz- und mittelfristigen Chancen, die sich für wirtschaftliche und politische Akteure ergeben haben – oder ergeben haben könnten. Dieses Kapitel strebt eine möglichst breite Perspektive an.[93] Internationale Organisationen wie die APEC bieten vor allem Handlungschancen für Eliten. Ihre Legitimation beziehen sie aus Prognosen, in denen die mittels dieser Organisationen herbeigeführten Veränderungen früher oder später allen Bewohnern des Landes zugute kommen. APEC geriet allerdings wie andere internationale Organisationen in den letzten Jahren in eine Legitimationskrise. In den Worten des früheren Außenministers Thailands, Paribatra Sukhumbhand:

> „Like other international organizations and processes, APEC faces similar challenges to its future well being. (...) Gone are the days when we could preach the public good in our actions, and turn around and disown the public from taking part in a process that we swear will be for the public's own good. Gone are the days when we could ignore public sentiment in the interest of pledging to do what is good for the public." (Sukhumbhand 2000).

Im Folgenden sollen mehrere Ebenen betrachtet werden, diejenige der Eliten und ihrer Kritiker sowie diejenige der ‚einfachen Leute'. Nach einer kurzen Charakterisierung der Politik der gegenwärtigen Regierung Thailands werden die Aktivitäten im Rahmen des

---

[92] Im offiziellen APEC-Sprachgebrauch ist nur von „Ökonomien" und nicht von Ländern oder Staaten die Rede, was auf die Vermeidung politischer Konflikte im Zusammenhang mit den Beziehungen zwischen der Volksrepublik China und Taiwan (*Republic of China*) zurückzuführen ist.

[93] Basis für dieses Kapitel war eine ‚teilnehmende Beobachtung' des APEC 2003 Thailand-Jahres. Angesichts der Tatsache, dass die APEC-Gipfel-, Minister- und Chefbeamtentreffen nicht öffentlich sind, bedeutete ‚Beobachtung' die Teilnahme an Informationsveranstaltungen der Regierung und die Auswertung der internationalen und nationalen Medienberichterstattung; ‚teilnehmend' insofern, als der Verfasser im Oktober/November 2003 in Bangkok lebte, viele Veränderungen direkt verfolgen konnte und in Gesprächen mit Bewohnern über diese unterrichtet wurde.

APEC 2003 Thailand-Jahres beschrieben, von den vorbereitenden Chefbeamtentreffen bis zum ‚großen Aufräumen' in Bangkok. Das Gipfeltreffen der Staats- und Regierungschefs selber ist Gegenstand des dritten Abschnitts, wobei das Schwergewicht auf der Rolle der thailändischen Regierung liegt. Darauf folgt eine Diskussion der Kosten und Nutzen des APEC-Jahres für die verschiedenen sozialen Gruppen sowie eine Einschätzung der innenpolitischen Position der Regierung Thaksin und der internationalen Stellung des Landes, zum Ausgang des *APEC 2003 Thailand*-Jahres.

III.5.2 Die Politik der Regierung Thaksin

Mit der Abwertung der thailändischen Währung im Sommer 1997 hatte die ‚Asienkrise' begonnen. Die wirtschaftlichen Verwerfungen in der Folge, verstärkt durch die Bedingungen, die der Internationale Währungsfonds (IWF) an die Vergabe von Hilfskrediten geknüpft hatte (vgl. Stiglitz 2002: 89ff), reduzierte die neu entstandene Mittelschicht des Landes und kehrten den langjährigen Trend zur Armutsreduktion um. „Thaitanic", wie die Krisenerfahrung genannt worden ist, erschütterte das Entwicklungsmodell, dem Thailand bis zu diesem Zeitpunkt gefolgt war. Es zeichnete sich durch eine für ostasiatische Verhältnisse überdurchschnittliche Offenheit gegenüber ausländischem Kapital, ein geringes Niveau wirtschaftspolitischen Interventionismus' und eine geringe Einflussnahme des Staates auf die resultierende Verteilung der Früchte des Wachstums aus (Pasuk/Baker 1995, Dixon 1999b). Für den 2003 amtierenden Premierminister stellte die Krise und insbesondere der Gang zum IWF eine einschneidende Erfahrung dar, die ihn definitiv zum Schritt in die Politik bewogen.[94] Seine neu gegründeten Partei *Thai Rak Thai* („Thais lieben Thais", TRT) erreichte auf der Basis eines politischen Programms, das zahlreiche keynesianisch inspirierte Stimulierungs- und sozialpolitische Umverteilungsmaßnahmen enthielt, in den Wahlen von 2001 einen erdrutschartigen Sieg über die regierende Demokratische Partei. Seit seinem Regierungsantritt erlebte Thailand einen neues Niveau staatlicher Intervention. Die Regierung führte mit harter Hand Kampagnen gegen die von ihr „gesellschaftliche Übel" bezeichneten Verhältnisse. Dazu gehören Verbrechen aller Art, Drogenkonsum, Auswüchse im Sexgewerbe, Schutzgelderpressungen, Korruption und generell die Tätigkeit so genannter „einflussreicher Personen", lokaler und regionaler ‚Mafia'-Bosse. Besonders drastisch war das Vorgehen gegen den Drogenhandel. Innert drei Monaten gab es schätzungsweise 2500 Todesfälle; laut Regierungsangaben überwiegend als Ergebnis rivalisierender Bandenkriege, laut Menschenrechtsgruppen hatte die Polizei ‚freie Hand' zur Eliminierung der Drogenhändler und Schutz vor gerichtlichen Untersuchungen bekommen.[95]

---

[94] „As everyone was bearing the crunch of the 1997 crisis, the big question on the minds of all Thais was how long would it be before the country recovered from the deepest economic plunge in our history? For all walks of life, it was a time of darkness. It was a time of despair for business communities, large and small. It was a nightmare for many who had just started a business and were yet to taste the sweet smell of success. To everyone, it was simply a disaster. (...) I was amazingly disappointed to find that Thailand had to go to the IMF (International Monetary Fund) again after already having undergone IMF programmes in 1981, 1982 and 1985. We took eight or nine years to repay an IMF loan of a mere $1 billion, in February 1990. Only seven years later, Thailand had to enter yet another IMF loan programme, this time 13 times bigger. (...) I was determined that I must play some part in reversing the state of the economy." Thaksin Shinawatra, keynote address at the Philippine Chamber of Commerce and Industry and the Philippine-Thai Business Council in Manila, 8.9.2003, in: Bangkok Post, 9.9.2003.

[95] Vgl. *Krieg gegen Drogenhändler*, Südostasien aktuell, März 2003, 12. In Meinungsumfragen fungiert der „Krieg gegen Drogen" regelmäßig als eine populärsten Kampagnen der Regierung Thaksin. Die Kritik seitens von

Wirtschaftlich verfolgte die Regierung Thaksin eine zweigleisige Entwicklungsstrategie: Die Förderung des binnen- und regional orientierten, insbesondere ländlichen Wirtschaftssektors sollte die bisherige exportorientierte Industrialisierungsstrategie ergänzen. Die wirtschaftliche Erholung 2000-02 ermöglichte die Rückzahlung des letzten IWF-Kredites im Sommer 2003. Thaksin nahm dies zum Anlass für eine Rede an die Nation, die von allen Fernsehsendern ausgestrahlt wurde und an diesem Abend die überaus populären Thai-*soap operas* aus der besten Sendezeit verbannte. Er verwies darauf, dass die Rückzahlung zwei Jahre vor dem vereinbarten Termin kam und unterließ es nicht, noch einmal darauf hinzuweisen, dass einige der IWF-Konditionen ungemessen gewesen waren. Er betonte, dass Thailand hiermit aller Verpflichtungen gegenüber dem IWF ledig sei und die Regierung damit „free to pursue its own economic endeavours".[96] Zu diesen gehören eine breite Palette außenwirtschaftspolitischer Initiativen im Rahmen multilateraler Foren wie der ASEAN und der APEC. Angesichts der geringen Fortschritte in der Realisierung der ASEAN-Freihandelszone (AFTA) wie auch der APEC-Ziele setzte die Regierung aber zunehmend auf bilaterale Verhandlungen.[97] Sie folgte damit dem Vorbild Singapurs, das 2002 als erstes südostasiatisches Land ein bilaterales Abkommen mit Japan abgeschlossen hatte und mit mehreren APEC-Ländern Verhandlungen führte. Strategisches Ziel war die Verbesserung des Marktzuganges für thailändische Exporteure und die schrittweise Vorbereitung der Wirtschaft auf die zunehmend globale Konkurrenz. Inzwischen hat Thailand ein Freihandelsabkommen mit der Volksrepublik China und Indien und strebt solche mit den USA, Japan, Südkorea, Australien, Neuseeland, Mexiko, Chile und Peru an. Dies sind neun der 21 APEC-Länder; mit weiteren neun ist es im Rahmen von ASEAN engagiert, dazu in Verhandlungen über ein Abkommen ASEAN/China, ASEAN/Japan und ASEAN/Südkorea.[98] Darüber hinaus gibt es Gespräche mit Sri Lanka, Südafrika und sechs arabischen Staaten (Bahrain, Qatar, Oman, Kuwait, Vereinigte Arabische Emirate und Saudiarabien). Noch ist nicht abzusehen, welche Verhandlungen Ergebnisse und welche Abkommen wirtschaftliche Effekte zeitigen werden; festzuhalten ist, dass die Rolle Thailands als APEC-"Gastökonomie" eine einmalige Gelegenheit für die Implementierung der außenwirtschaftspolitischen Strategie der Regierung Thaksin darstellte.

Nichtregierungsorganisationen nahm der Premierminister auf die leichte Schulter; erst der ausdrücklichen Aufforderung seitens des Königs in dessen offizieller Geburtstagsansprache (5.12. 2004), die große Zahl ungeklärter Todesfälle zu untersuchen, musste er nachkommen.

[96] Quelle: Bangkok Post, 2.8.2003. Vgl. *IWF-Kredit zurückgezahlt – stark nationalistische Rhetorik*, Südostasien aktuell, 5/2003, Ü 12.

[97] Die Motivation der Regierung hinter bilateralen Abkommen legte ein Kabinettsmitglied kurz nach dem Amtsantritt der neuen Regierung unter dem Titel *Bilateral Pacts Offer Most Hope* offen: „Simply put, Thailand needs to hedge its bets, as others are doing. Bilateral and regional free trade arrangements, especially in the Asia-Pacific region, are proliferating. All but three of the WTO's 138 members belong to at least one regional free trade arrangement. Thailand's only such arrangement is the Asean Free Trade Area. But AFTA languishes, mired in a lack of political will and economic difficulties across the region, prompting some members like Singapore to strike out on their own with a range of bilateral arrangements. (...) In the face of a global economic downturn and a proliferation of regional integration arrangements, bilateral arrangements are more likely to deliver greater market access gains in the shortest possible time. This would be a life-saver for many Thai exporters who are facing growing competition from all fronts at a time of slumped demand in our key traditional export markets. (...) A bilateral free trade arrangement can serve as an ‚incubator', a testing ground for our move into the globalised market. But we must target the right country, select the right product coverage, and sequence the sectors to be phased in properly." (Chutikul 2001). Vgl. auch die Ausführungen des Außenministers Thailands, Surakiart Sathirathai, an der APEC Study Center Conference 2003 (Sathirathai 2003).

[98] Die übrigen drei sind Taiwan, Hongkong und Russland. Laut Huang (2003) belief sich die Zahl der bilateralen Verhandlungen zwischen APEC-Mitgliedsländern im Jahr 2002 bereits auf 33.

III.5.3 Das APEC-Jahr Thailands

III.5.3.1   Thailands Funktion als APEC-"Gastökonomie"

Ein APEC-Land nimmt jeweils für ein Jahr die Rolle als „Gastökonomie" ein und organisiert, in Kooperation mit dem APEC-Sekretariat in Singapur, die Treffen der verschiedenen Fachminister und Chefbeamten sowie das jährliche *Economic Leaders' Meeting*, den Gipfel der APEC-Staats- und Regierungschefs. Begleitet werden die politischen Veranstaltungen von Treffen der in den verschiedenen *APEC-business forums* organisierten Wirtschaftsinteressen.[99] Die Rolle als „Gastökonomie" ermöglicht nicht nur die Einflussnahme auf die entsprechenden Agenden, sondern auch die Selbstdarstellung des Landes vor einer internationalen Öffentlichkeit.[100] Der organisatorischen Seite kommt somit weit mehr Bedeutung als reiner ‚Logistik' zu; vielmehr geht es um den prestigeträchtigen Nachweis der Fähigkeit, internationale Veranstaltungen auf ‚Weltniveau' ausrichten zu können. Thailand, 1989 Gründungsmitglied der APEC, gehört offiziell zur Gruppe der weniger entwickelten Länder innerhalb der Organisation und versteht sich auch als (fortgeschrittenes) Entwicklungsland. Thailand stieg in die ‚Oberliga' in der Ausrichtung internationaler Meetings ein mit der Ausrichtung der Weltbank-Konferenz von 1991, für die in Bangkok das internationalen Standards genügende *Queen Sirikit National Conference Centre* mit einem eigenen Straßenzubringer errichtet wurde. Erfahrungen mit Straßenprotesten machte man im Jahr 2000 anlässlich der *UNCTAD X*, als es einem Demonstranten zur Schande der thailändischen Sicherheitskräfte gelang, die Kontrollen zu durchbrechen und dem IWF-Direktor Michel Camdessus eine Torte ins Gesicht zu werfen. Für die politische und wirtschaftliche Elite Thailands stellte das APEC-Jahr 2003 eine Herausforderung auf neuer Stufenleiter und ein Bündel einzigartiger Chancen dar. Die Regierung Thaksin war entschlossen, den Nutzen der Veranstaltung für Thailand zu maximieren und dafür keine Kosten zu scheuen.

Dass viele der auf APEC ausgerichteten Ausgaben im Rahmen bestehender Haushaltsposten getätigt wurden, macht die Kalkulation der Gesamtkosten des APEC-Jahres unmöglich. In der Presse machte die Zahl von 5 Milliarden Baht (rund 110 Mio. €) als den Kosten für den APEC-Gipfel im Oktober alleine die Runde, sie wurde von Thaksin aber auf rund eine Milliarde korrigiert.[101] Die Regierung war bemüht, die Privatwirtschaft im Rahmen von *sponsoring*-Massnahmen zur Beteiligung an den Kosten heranzuziehen.[102]

Mit der SARS-Krise begann das APEC-Jahr Thailands denkbar schlecht. Obwohl Thailand offiziell keinen einzigen SARS-Fall hatte, wurden im ersten Halbjahr 2003 Veranstaltungen verschoben oder fanden mit reduzierter Beteiligung statt. Die erfolgreiche Eindämmung der leicht übertragbaren Krankheit bis zum Sommer 2003 ermöglichte ein Wiederaufnehmen der *APEC Thailand 2003*-Agenda. Insgesamt gab es mehr als 20 multilaterale Veranstaltungen im Zusammenhang mit APEC, von den Meetings der Handels-, Wirtschafts-, Finanzminister mit den vorbereitenden Chefbeamtentreffen, der jährlichen

---

[99] Vgl. Woods (1993), Gallant/Stubbs (2000).

[100] Dies ist als „showcase"-Funktion bezeichnet worden; vgl. Emmerson (2002).

[101] Quelle: Bangkok Post, 23.10.03; laut Far Eastern Economic Review (FEER) vom 16.10.2003 beliefen sich die Kosten der Gipfel-Vorbereitungsmaßnahmen in Bangkok alleine auf 554 Millionen Baht (14 Mio. US-Dollar). Vgl. Pongsudhirak (2003b), der auf die „versteckten Kosten", insbesondere die reduzierte Produktivität, hinweist.

[102] Der Tabakkonzern Philipp Morris z.B. finanzierte TV Spots mit dem Titel „Be my guest" mit Englischlektionen im Vorfeld des Gipfels mit drei Millionen Baht, – die Regierung kam dafür unter Beschuss seitens der Antitabak-Kampagnenführer.

Konferenz des *APEC Study Center Consortium*, dem Treffen des *Women Leaders' Network (WLN)* bis zum *APEC International Youth Camp*.[103] Besonderes Gewicht kam dem erstmaligen Treffen der APEC-Gesundheitsminister zu, im Zusammenhang mit der internationalen Kooperation bei der Bekämpfung von SARS. Wirtschaftskontakte wurden am sechstägigen *APEC Investment Mart 2003* geknüpft; laut dem thailändischen Board of Investment (BoI) wurden Aufträge und Bestellungen im Wert von einer Milliarde Baht getätigt.[104] Die thailändische Regierung bemühte sich, auch kleinen und mittleren Unternehmen Zugang zu internationalen Kontakten zu verschaffen. Mehrere internationale Konzerne, darunter Toyota, Mitsubishi, Ford, Toshiba, Samsung und Electrolux, kündigten im Rahmen der APEC-Veranstaltungen Investitionen in Thailand an, von denen lokale Zulieferer profitieren würden. Am zweitägigen *APEC CEO Summit* nahmen rund 500 Manager aus allen APEC-Ländern teil, wobei diejenigen aus Südostasien und China zahlenmäßig dominierten.

III.5.3.2   Kontroll- und Sicherheitsmassnahmen

APEC hatte Rückwirkungen auf die Innenpolitik Thailands. Mehrfach ‚überkreuzten' sich die Bemühungen der Regierung um die Verbesserung der inneren Sicherheit und die Bekämpfung der „gesellschaftlichen Übel" mit der Vorbereitung und Durchführung von APEC-Aktivitäten. Im Juli wurden Schwarzarbeiter aus Laos und Birma auf einem Fahrzeug festgenommen, das Möbel zur Neuausstattung eines Regierungsgebäudes für APEC-Treffen liefern sollte. Dies war der Auftakt zu einer langen Reihe von Kontrollen zur Erfassung und Ausweisung illegaler Immigranten. Bis zum Gipfel im Oktober wurden 546 Ausländer aus Afrika, Südasien und dem Nahen Osten verhaftet, die in Drogenhandel oder Prostitution involviert waren oder über keine Arbeitsbewilligungen verfügten. Mehr als 600 Kambodschaner, die sich als Schwarzarbeiter oder Bettler in Thailand aufhielten, wurden deportiert; – eine Aktion, die vom US-Außenministerium als Rückschritt in der Bekämpfung des Menschenschmuggels bezeichnet wurde, da die Identität der Ausgeschafften nicht festgestellt worden sei.[105] Die Hauptaufmerksamkeit der Regierung galt aber der Bekämpfung des internationalen Terrorismus, in Übereinstimmung mit der Kampagne der damaligen US-Regierung. Bereits im August wurde als Ergebnis einer Zusammenarbeit der thailändischen Polizei und der CIA der indonesische Staatsbürger Hambali Nurjaman festgenommen, der, wie die Regierung bekannt gab, als Mitglied der *Jemaah Islamiah* ein Attentat auf den APEC-Gipfel geplant hatte.[106]

Dies diente der Regierung auch als Argument zur Einführung neuer Antiterrorismus-Gesetze und zur Verschärfung von Einreisebestimmungen. Im Vorfeld des Gipfels vom Oktober wurden die Sicherheitsmassnahmen intensiviert. Ein nationales „Anti-Terrorismus-Zentrum" wurde eingerichtet, das unter der Leitung des stellvertretenden Premiermi-

---

[103] Quelle: APEC-Sekretariat (www.apecsec.org.sg, Sept. 2003).

[104] Im Rahmen des „match-making and international subcontracting and procurement programme"; Quelle: Bangkok Post 22.10.03. An der mit dem *Investment Mart* verbundenen Messe, an der v.a. lokale Firmen ausstellten und verkauften, wurde eine Milliarde Bath umgesetzt.

[105] Quelle: Bangkok Post, 7.10.2003. In der Folge droht Thailand eine Herabstufung auf der Liste „kooperationswilliger" Länder in der Bekämpfung des Menschenschmuggels und damit die Reduktion finanzieller Unterstützung seitens der USA.

[106] Dies wurde später allerdings durch australische Berichte in Frage gestellt (AFP, 21.8.03). Hambali, der solche Absichten mehrfach verneinte, spähte vermutlich westliche Botschaften in Bangkok als Angriffsziele aus, unabhängig von den APEC-Aktivitäten. Die Polizei nahm auch weitere Personen in diesem Zusammenhang fest, wobei stets betont wurde, dass es sich in keinem Fall um thailändische Staatsbürger handle.

nisters Ressourcen des Geheimdienstes, des Nationalen Sicherheitsrates sowie der Spezial-
kräfte von Polizei und Armee zusammenfasst. Eine Kampagne mit dem Ziel der Schaffung
einer „aufmerksamen Nation" wurde gestartet; verschiedene gesellschaftliche Gruppen
wurden als „Augen und Ohren der Regierung" auserkoren. In aufwändigen Aktionen wurden Flughafenmitarbeiter, Hotelangestellte, Taxi- und Tuktuk-Fahrer sowie Straßenhändler
auf das Erkennen terrorismusverdächtigen Verhaltens geschult. Besonders publizitätswirk-
sam war die Präsentation tragbarer Raketen- und Granatwerfer und der Methoden, diese in
geeigneten Gepäckstücken wie Golfschlägersäcken zu verbergen. Eine aufmerksamkei-
terhöhende Funktion hatten (unbestätigte) Presseberichte, wonach ein halbes Dutzend solcher Waffen in jüngster Zeit aus Kambodscha nach Thailand geschmuggelt worden sei.[107]
Die Polizei führte in allen Provinzen Durchsuchungen durch; alleine im Nordosten des
Landes wurden mehrere hundert Schusswaffen konfisziert. Flüchtlingslager an der birmanischen Grenze wurden vom 1. Oktober bis zum Ende des Gipfel ‚versiegelt', d.h. vollständig
abgeriegelt. Teile des Internets in Thailand wurden für eine Woche still gelegt. Unter dem
Eindruck des Attentates auf das Marriott-Hotel in Jakarta vom 5. August des Jahres be-
schafften sich mehrere internationale Hotels *car blocks*, die Selbstmordanschläge in spreng-
stoffbepackten Autos verhindern sollten. Für Aufsehen sorgte Monate vor dem APEC-
Gipfel der Entscheid einer Versicherungsgesellschaft, einem an den Sicherheitsvorkehrun-
gen des APEC-Gipfels beteiligten Polizisten die Verlängerung seiner Lebensversicherung
zu verweigern, mit dem Hinweis auf das Risiko eines Attentats.

Die Regierung stellte eine *watch list* zusammen, die diejenigen Gruppen und Organisationen enthielt, die besonders beobachtet werden sollten: Das thailändische globalisie-
rungskritische Netzwerk mit dem *Assembly of the Poor*, den Organisationen der Kleinbauern im Nordosten des Landes und den Opponenten des thailändisch-malaysischen Gaspipe-
line-Projektes; ausländische Nichtregierungsorganisationen (NGOs), Rebellen- und terroristische Gruppen; „Computerkriminelle" und religiöse Gruppen wie die Falungong. Etwa
200 Ausländer kamen in diesem Zusammenhang auf die Liste der Personen, denen eine
Einreise verwehrt wurde. Im Vorfeld des Gipfels übte die Regierung Druck auf die thailändischen NGOs aus, die APEC-Aktivitäten und die Selbstdarstellung des Landes nicht durch
Protestaktivitäten zu stören. Diese hatten zunächst keine APEC-bezogenen Aktionen geplant, da die WTO-Verhandlungen im September in Cancún Hauptobjekt der globalisie-
rungskritischen Proteste waren und der APEC-Gipfel aufgrund der zu erwartenden mageren
Resultate wenig Aufmerksamkeit auf sich zog.[108]

Insbesondere die akademische Linke Bangkoks setzte sich für die Durchführung einer
Demonstration während des APEC-Gipfels ein und fand dafür auch Unterstützung seitens
der Bauernorganisationen, als bekannt wurde, dass Thaksin und der US-amerikanische
Präsident Bush anlässlich des Gipfels Verhandlungen für ein Freihandelsabkommen zwi-
schen den beiden Ländern ankündigen würden. Der wachsende politische Druck seitens der
Regierung führte zu einer weiteren Dynamisierung der NGO-Aktivitäten. Thaksin kündigte

---

[107] Kambodscha ist wegen mangelhafter staatlicher Kontrolle und instabiler Verhältnisse in einigen Regionen der
wichtigste Schwarzmarkt für Waffen aller Art auf dem ostasiatischen Festland, gefolgt von demjenigen im birmanischen Grenzgebiet zu Thailand, das unter der Kontrolle ethnischer Rebellengruppen steht.

[108] Preeyanut Pongpai, NGO-Koordinierungskomitee für den Nordosten Thailands: „Initially, we planned no
moves against the APEC summit and thought it would be better to concentrate on the WTO event. (...) The APEC
event was not worth the trouble as it would only serve as a lobby forum and it was unlikely there would be any
concrete decisions or agreements. Any impact on the poor should come from the WTO, which meets a month
earlier." (Quelle: Bangkok Post, 17.5.2003).

Anfang Oktober „lange und schmerzhafte Konsequenzen" für die Teilnehmer an Protesten an, während der Oberbefehlshaber der Armee – ein Verwandter des Premierministers – Protest als „Aktion unvernünftiger Leute" bezeichnete, die das Land herunterziehen und der Regierung die Realisierung des Nutzens der APEC-Aktivitäten verunmöglichen würden.[109] Er kündigte Unterstützung für die Polizei seitens der Armee an. Darauf reagierte die gesamte politische Opposition des Landes mit einhelliger Kritik am undemokratischen Verhalten der Regierung; es handle sich um ein Grundrecht, und zudem seien Proteste gegen diese Art von Veranstaltungen auch in anderen Ländern üblich. Die nächste kontraproduktive Handlung beging die Bangkoker Stadtregierung, als sie die Durchführung der Gedenkfeier zum Jahrestag der Demokratiebewegung von 1973, der in die Woche vor dem APEC-Gipfel fiel, aus organisatorischen und Sicherheitsgründen verhindern wollte. Thaksin griff vermittelnd ein, musste sich aber trotzdem gefallen lassen, dass seine Druckversuche auf die APEC-Demonstration in die lange Tradition antidemokratischer Repression in Thailand gestellt wurden. Der Premierminister reagierte zunehmend gereizt auf das Thema und untersagte Journalisten weitere Fragen zur Rolle der NGO. Dann ging er in die Offensive, indem er den globalen Financier George Soros als einem der Hauptgeldgeber thailändischer NGO und damit der Anti-APEC-Proteste denunzierte; damit versuche sich Soros von seiner negativen Rolle in der Auslösung der ‚Asienkrise' reinzuwaschen.[110]

Parallel zu den Kontroll- und Sicherheitsmassnahmen betrieb die Regierung eine Kampagne zur Sicherstellung des Images Thailands als eines gastfreundlichen Landes. Die Bewohner wurden daran erinnert, dass die Kultur der Thai für ihre freundlichen Umgangsformen und insbesondere das „Thai smile" berühmt sei; diesbezügliche Erwartungen der Gäste sollten nicht enttäuscht werden. Taxifahrer kamen in den Genuss regierungsfinanzierter, kommunikationsverbessernder Englischlektionen. Straßenhändler wurden angehalten, das übliche Maß an Preiserhöhungen für Ausländer nicht zu überschreiten und keine gefälschten Markenprodukte anzubieten. An beliebten Touristentreffpunkten wurde Kindern untersagt, Kaugummi und andere Kleinigkeiten zu verkaufen.

III.5.3.3   Die vorübergehende Verwandlung Bangkoks[111]

Die meisten Bewohner Bangkoks kamen erstmals in Kontakt mit den APEC-Vorbereitungsmaßnahmen, als die Stadtverwaltung begann, systematisch streunende Hunde einzufangen. Mehrere tausend Hunde – keine große Zahl; Schätzungen gehen von 120'000 Exemplaren auf dem ganzen Stadtgebiet aus – wurden sterilisiert und geimpft, und die meisten von ihnen nach dem Gipfel wieder freigelassen, allerdings außerhalb des Zentrums von Bangkok. Einige von ihnen wurden ‚zwangsrekrutiert', d.h. für militärische und polizeiliche Aufgaben einbehalten. Die Polizei beklagte sich über die Tierliebe der Thai, die nicht nur Futter für streunende Hunde, sondern manchmal sogar Schutz vor den Tierfängern bereitstellen würden.

Als nächstes wurden in einer koordinierten Aktion von Stadtverwaltung, Polizei und Armee die Obdachlosen Bangkoks ‚erfasst': Kranke und Arbeitsunfähige wurden in Spitäler und Heime gebracht, ausländische Staatsbürger deportiert und die restlichen zur Teil-

[109] Quelle: Bangkok Post, 7.10.2003.
[110] Quelle: Straits Times, 13.10.2003.
[111] Analoge ‚Säuberungen' wurden auch in den anderen APEC-Veranstaltungsorten (Phuket, Pattaya, Khon Kaen und Chiang Mai) durchgeführt.

nahme an „Weiterbildungsprogrammen" in Lager der Armee oder Klöster geschickt. Erfasst wurden insgesamt 1'029 Obdachlose; frühere Schätzungen gingen von etwa doppelt so vielen auf dem Stadtgebiet aus.[112] 200 von ihnen kamen ins *Wat Suan Kaew*, ein buddhistisches Kloster, dessen Abt das Programm ausdrücklich unterstützte. Er forderte aber zusätzlich Wächter von der Stadt, denn diese Leute, gewöhnt an ein Leben in Müßiggang, würden nicht lange im Kloster bleiben wollen und weglaufen. Die Obdachlosen, unter Führung des *Four Regions Slum Network*, und Menschenrechtsaktivisten protestierten gegen die Maßnahmen. Vor allem wollten sie nicht in die gleiche Kategorie wie die Bettler geworfen werden; viele von ihnen hätten Jobs, die aber nicht für eine Unterkunft ausreichten. Die Stadtregierung Bangkoks stellte zwar Massenunterkünfte zur Verfügung. Viele Obdachlose lehnten diese jedoch ab, weil sie Konzentrationslagern ähneln würden und weit außerhalb des Stadtzentrums seien.

Kopfzerbrechen bereitete den APEC-Organisatoren die Verkehrsfrage. Bangkok ist berüchtigt für seine *rush hour*-Staus, die mehrere Stunden dauern können. Der Bau einer Hochtrassee-Straßenbahn, des so genannten *Skytrain*, hat dies nur geringfügig verbessert. Es war unvermeidbar, dass aus organisatorischen und Sicherheitsgründen ganze Strassen, Straßenabschnitte und Parkplätze gesperrt wurden. Ohne flankierende Maßnahmen würde dies aber zu einem Verkehrsinfarkt führen. Die einzige Lösung war die Reduktion des Gesamtverkehrsaufkommens: Möglichst viele Bewohner Bangkoks sollten die Stadt verlassen. Nur ein Bruchteil von ihnen konnte dazu direkt veranlasst werden: Die Angestellten der Regierung und der Stadt, sofern sie nicht für die Aufrechterhaltung der Infrastruktur und des Gesundheitswesen gebraucht wurden, bekamen sechs zusätzliche Urlaubstage und wurden angehalten, mit ihren Familien Bangkok zu verlassen. Der staatliche Spezialurlaub wurde auch auf die umliegenden Provinzen ausgedehnt. Des weiteren wurde die Attraktivität des Stadtzentrums vermindert. Fast täglich wurden die Bangkoker mit verkehrsbezogenen Schreckensszenarien konfrontiert. Die großen Märkte wurden geschlossen und die Warenhäuser aufgefordert, Sonderverkäufe abzusagen oder zu verschieben. Viele Straßenhändler und Garküchen mussten ihre angestammten Standorte während des Gipfels räumen. Elefantentreibern wurde der Aufenthalt mit ihren Tieren auf Stadtgebiet verboten.

Das Verbot des Verkaufs von Blumengirlanden an belebten Straßenkreuzungen geschah nicht aus Verkehrs- oder Sicherheitsgründen; die Regierung hielt diese Tätigkeiten für dem Image des aufstrebenden Landes abträglich. Ähnlich motiviert war die Abdeckung von Slums mit bemalten Planen. Diejenigen Siedlungen, die von der Strasse oder vom Fluss her gesehen werden könnten, kamen in den Genuss gigantischer Sichtschutzkonstruktionen; so z.B. die *Tha Tien*-Siedlung, direkt am Chao Phraya gelegen: Da diese von den Staats- und Regierungschefs während der Barkenprozession gesehen werden würde, wurde sie mit einer mehr als einen halben Kilometer langen und vier Stockwerke hohen Plane abgedeckt. Da diese mit einem Gemälde des *Grand Palace* versehen wurde, kam es zu einer eigentümlichen Verdoppelung der Palastansicht – Bangkok hatte vorübergehend zwei Königspaläste am Chao Phraya. In einer Kultur, die viel Wert auf die Wahrung des ‚Gesichtes' legt, stießen diese Maßnahmen auf breite Zustimmung, auch unter den Slumbewohnern.

---

[112] Schätzung der *Human Settlement Foundation*, Bangkok; die Stiftung hält die Zahl – im Vergleich mit Tokyo (30'000) oder New York (35'000) für relativ gering. Die Bewohner illegaler ‚Wellblech-Siedlungen', in Bangkok vor allem auf Land, das der staatlichen Eisenbahn gehört, werden nicht dazu gezählt. Landesweit dürfte es laut Stiftung drei Millionen Menschen in Slumsiedlungen geben (Quelle: Bangkok Post 28.7.03).

Kurz vor und während des Gipfels verschärften sich die Kontroll- und Sicherheitsmassnahmen noch einmal. Der Polizeichef erklärte, jeder Quadratzentimeter Bangkoks sei überprüft worden, inklusive der Kanalisation und sämtliche Abwasserkanäle, die in den Chao Phraya münden. Öl- und Benzintransporte ins Stadtzentrum mussten eingestellt werden, der Luftraum über Bangkok wurde zur Flugverbotszone erklärt und F 16-Kampfjets zur Durchsetzung mobilisiert. In den Flügen nach Thailand saßen Polizisten in Zivil, die im Falle einer Flugzeugentführung aktiv geworden wären. An den Grenzen wurden die Kontrollen verschärft. Insgesamt 15'000 Polizisten kamen während des APEC-Gipfels in Bangkok zum Einsatz, in den Konferenzgebäuden und den 16 internationalen Hotels sowie entlang der Strassen, in denen die insgesamt 26 Konvois verkehrten. Hotelgäste sahen sich beim Betreten ihres Hotels Sicherheitskontrollen wie am Flughafen ausgesetzt. Auf den Dächern der Hochhäuser wurden Scharfschützen postiert. Mehr als 3000 US-amerikanische Agenten kamen nach Bangkok, viele von ihnen bereits vor dem Gipfel. Die thailändische Regierung betonte, dass dies kein Misstrauensbeweis gegenüber den einheimischen Kräften sei, sondern auch im Falle eines Besuches des amerikanischen Präsidenten in einem hoch entwickelten Land wie England oder Deutschland stattfinde[113]; auch der russische und chinesische Präsident würden von zahlreichen Sicherheitskräften begleitet. Das Medienzentrum im *Queen Sirikit National Conference Centre* bot Arbeitsplätze für die mehr als 10'000 angereisten Journalisten, denen u.a. Freibier und Gratis-Massagen von der *Thai Traditional Medicine Foundation* angeboten wurden.

III.5.4 Der Gipfel und seine Ergebnisse

Wie eingangs erwähnt, stellte der Bangkoker Gipfel für die APEC in keinerlei Hinsicht ein Durchbruch dar. Auf Initiative der USA wurde die Agenda von sicherheitspolitischen Themen bestimmt (Abschnitt III.4.9). Die einzige offizielle multilaterale Initiative der thailändische Regierung bestand im Vorschlag, die Bogor-Ziele früher als geplant zu realisieren, nämlich bereits 2015 (statt 2020 für weniger entwickelte APEC-Ökonomien). Sie stieß damit nicht auf positive Resonanz.[114] Einzig Singapur begrüßte den Vorschlag explizit; die meisten ostasiatischen Länder gingen nicht darauf ein, während Malaysia und Brunei ihre Ablehnung nicht verhehlten. Von verschiedenen Seiten wurde Kritik am Vorgehen Thailands laut: Wenn es sich um einen ernst gemeinten Vorschlag handeln würde, hätte er von der „Gastökonomie" zu Beginn des Jahres vorgelegt werden müssen, nicht erst kurz vor dem Gipfeltreffen. Das Vorgehen zeuge von Unverständnis des APEC-Prozesses. In einem Fall spielte Thaksin seine *agendasetting*-Macht aus: Am Gipfel versuchten die USA und Australien vergeblich, den WTO-Generaldirektor Supachai Panitchpakdi zu den Gesprächen der Handelsminister beizuziehen. Die Gastgeber machten formale Gründe dagegen geltend; es scheinen aber auch persönliche Rivalitäten zwischen Thaksin und Supachai, der Minister in einer früheren thailändischen Regierung gewesen war, eine Rolle gespielt zu haben (Pongsudhirak 2003b). Vertreter Taiwans beklagten sich darüber, dass die Organisatoren zu wenig Rückgrat gegenüber den Druckversuchen der VR China zeigten. Eine im

---

[113] Allerdings begleiteten George W. Bush bei seinem Besuch in London im November 2003 nur 250 amerikanische Agenten.

[114] Vgl. *Speedier free-trade call meets poor response – Delegates stick by Bogor's 2020 goal*, Bangkok Post, 18.10.03.

offiziellen Programm angekündigte Rede des Vertreters Taiwans, Lee Yuan-tseh, wurde kurzfristig abgesagt.[115]

Erfolgreich war die thailändische Bilanz der bi- und multilateralen Kontakte jenseits der offiziellen APEC-Agenda. Eine besondere Aufwertung erfuhren die Beziehungen zu den USA. Präsident Bush strich in einer Ansprache im Hauptquartier der thailändischen Armee[116] die gute Zusammenarbeit bei der Terrorbekämpfung[117] hervor, die u.a. zur Verhaftung Hambalis geführt habe. Er kündigte die Aufwertung Thailands zu einem „Nicht-NATO-Bündnispartner" der USA an, als dem zweiten Land Südostasiens nach den Philippinen.[118] Die Zuhörerschaft repräsentierte die langjährige US-Anbindung Thailands: Neben der aktuellen militärischen Führungsschicht befanden sich darunter Veteranen des Korea- und des Vietnamkrieges sowie Truppenangehörige, die vor kurzem aus Afghanistan und dem Irak zurückgekommen waren, sowie zahlreiche Alumni der amerikanischen Militärakademie in West Point.

Wie erwartet kündigten Bush und Thaksin die Aufnahmen von Verhandlungen über ein Freihandelsabkommen zwischen den beiden Ländern an. Thaksin hatte ein entsprechendes Interesse anlässlich seines Besuches in Washington und New York Ende 2001 geäußert. Basis für die Verhandlungen sollte das US-Abkommen mit Singapur bilden. Nicht leicht zu implementieren dürften insbesondere die weitgehenden US-Vorstellungen im Bereich des Schutzes von Patent- und Urheberrechten sein. Diesbezügliche Klagen der US-Industrie waren in der Vergangenheit regelmäßig Themen bilateraler Treffen. Offensichtlich lag der thailändischen Regierung daran, gerade während des APEC-Gipfels einen guten Eindruck zu machen: Sämtliche Verkaufsstände für illegal kopierte Musik, Filme und Software, z.B. im Elektronikzentrum *Panthip Plaza* in unmittelbarer Nähe zu internationalen Hotels, blieben während der APEC-Woche geschlossen.[119] Und sie tat gut daran: Kurz nach dem APEC-Gipfel präsentierte der amerikanische Handelsminister während einer Pressekonferenz in China eine illegale VCD-Kopie des Filmes *Kill Bill* des amerikanischen Regisseurs Quentin Tarantino, die er bei einem Beijinger Straßenhändler für einen Dollar erworben hatte, als Beweis für die andauernde Verletzung des Urheberrechte in der Volksrepublik.[120]

Des weiteren unterzeichneten die amerikanische und die thailändische Regierung ein Abkommen zur Liberalisierung der Luftfracht, von dem sich Thailand eine Festigung seiner Rolle als *hub* für Südostasien erhofft. Insgesamt dürften die Beziehungen zwischen den USA und Thailand kaum je besser gewesen sein als in Thailands APEC-Jahr. Dies ist umso

---

[115] Laut taiwanesischen Quellen hatte China auch Einfluss auf die anderen APEC-Delegationen genommen; sie sollten keine bilateralen Gespräche mit dem Vertreter Taiwans führen (Taiwan Headlines, 20.10.2003; Chang 2003; Huang 2003).

[116] Er sprach offiziell als Gast des thailändischen Königs, nicht als Vertreter einer APEC-Ökonomie.

[117] Vor der Verhaftung Hambalis hatte es laut Far Eastern Economic Review allerdings Uneinstimmigkeiten zwischen Thailand und den USA bezüglich der richtigen Strategie im Umgang mit terroristischen Gruppen gegeben (*War on Terrorism: Thais Clash With the FBI*, FEER, 13.2.2003).

[118] Zu den „Nicht-NATO-Bündnispartnern" der USA gehören neben den Philippinen Japan, Südkorea, Australien, Neuseeland, Argentinien, Israel, Ägypten, Jordanien und Bahrain. Sie erhalten u.a. privilegierten Zugang zu Geheimdienstinformationen und zu Waffentechnologie, die anderen Ländern verwehrt ist.

[119] Ein Blick hinter die Abdecktücher offenbarte jedoch, dass die Waren keineswegs aus dem Verkehr gezogen waren.

[120] Der Minister gab bekannt, dass er weniger als 24 Stunden gebraucht habe, um eine Kopie zu finden (Quelle: Straits Times 29.10.03). Nicht bekannt ist, ob er wusste, dass der Film teilweise in Beijing gedreht worden ist und überwiegend aus Kampfszenen besteht, die auf traditionellen chinesischen und japanischen Mustern beruhen.

bemerkenswerter, als Thailand zu den Ländern gehörte, die sich kurz zuvor in den WTO-Verhandlungen in Cancún zu einer Gruppe zusammengeschlossen hatten, die die Verhandlungsstrategie der USA erfolgreich blockierte. Anders als im Falle einiger lateinamerikanischer Länder scheint dies die Beziehungen Thailands zu den USA nicht wesentlich beeinträchtigt zu haben.[121] Dies ist ein Indikator dafür, dass den USA die ‚Anti-Terrorismus'-Kooperation und die Beteiligung Thailands am Wiederaufbau des Irak wichtiger war als der ‚falsche' Stellungsbezug des Landes in den WTO-Verhandlungen. Es ist unübersehbar, dass sich im asiatisch-pazifischen Raum wirtschaftspolitische Beziehungen zunehmend den militärisch-sicherheitspolitischen unterordnen – ähnlich wie zur Zeit des Kalten Krieges.

Auch in den bilateralen Beziehungen zu anderen Ländern erzielte die Regierung Thaksin Verhandlungserfolge. Anlässlich des APEC-Gipfels wurden zwischen verschiedenen Ländern große Deals im Energiebereich geschlossen. Bestimmt durch die steigende, vor allem vom rasanten Wachstumsprozess der chinesischen Wirtschaft bestimmte Nachfrage und die Erschließung der Ressourcen Sibiriens steht im asiatisch-pazifischen Raum ein transnationaler Verflechtungsschub von gewaltigem Ausmaß bevor.[122] Zur Deckung seines wachsenden Energie- und Ressourcenhungers kooperiert Thailand insbesondere mit Russland und Indonesien. Mit Russland verbindet Thailand seit 2002 eine „strategische Partnerschaft"; nun wurden Abkommen über die Tilgung russischer Schulden aus der Zeit der Sowjetunion und über russische Waffenlieferungen an Thailand geschlossen. Thailands Vorschlag, eine Ölpipeline durch den Isthmus von Kra zu legen (das *Southern Landbridge Project*), stieß auf das Interesse russischer, japanischer, chinesischer und philippinischer Investoren.[123] Hinter dem Projekt stehen neben ökonomischen auch sicherheitspolitische Motive, da damit die bisherige Tankerroute durch die Strasse von Malakka, ein politisch als instabil geltendes Gebiet, ersetzt werden könnte.[124] Mit China kooperiert Thailand ebenfalls erfolgreich. Die Volksrepublik wählte Thailand für ihr erstes bilaterales Abkommen mit einem südostasiatischen Land. Als Ergebnis der chinesischen Internationalisierungsstrategie hat das Land in den letzten Jahren bedeutende Direktinvestitionen bekommen und rangiert als Nummer zwei der Destinationen in Südostasien, übertroffen nur von Malaysia.

Thailand, bereits wirtschaftlich das Schwergewicht des südostasiatischen Festlandes, machte einen weiteren Schritt in Richtung einer Rolle als politische Führungsmacht auf

---

[121] Die USA setzten nach Cancún v.a. diejenigen Länder unter Druck, die Mitglieder der *Free Trade Area of the Americas (FTAA)* werden sollen (Bello 2003) und diejenigen, denen im Rahmen der *Enterprise for ASEAN Initiative (EAI)* bilaterale Freihandelsabkommen angeboten wurden.

[122] Der russische Präsident Vladimir Putin sprach in Bangkok von einer „neuen Energiestruktur" für die Region, für deren Realisierung die APEC-Mechanismen genutzt werden sollen: „It is only natural that we are striving to use APEC membership in order to integrate the potential of the Russian east into the mechanism of economic integration in the Asia-Pacific region, which is already operating within the framework of APEC. (...) the development of a new energy structure in the Asia-Pacific region, and above all in East Asia, through the creation of a system of oil and natural gas pipelines and tanker delivery of liquefied natural gas from eastern areas of Russia, which have considerable hydrocarbon resources. We are working on these issues with adjacent countries and will step up these efforts. I think the time has come for the APEC community to seriously address the issue of the new energy structure. The solution of this problem would be an effective reply to the threats and challenges to energy stability in the region. In our opinion, APEC mechanisms can contribute greatly to the fulfilment of this task." (Quelle: Bangkok Post, 16.10.2003). Vgl. *Japan and China Battle for Russian Oil Supplies*, Taipei Taimes, 27.10.2003.

[123] Quelle: Bangkok Post, 2.11.03.

[124] Historisch gesehen würde es sich damit um einen Schritt ‚zurück in die Vergangenheit' handeln, denn bis ins 4./5. Jh. war dies die wichtigste Route des Ost-West-Handels in Südostasien (vgl. Abschnitt II.5.2, Karte II.1, S. 46).

dem Kontinent. [125] Schon im ASEAN-Verbund hatte sich Thailand als ‚Sprecher' gegenüber Birma etabliert; diese Rolle konnte Thaksin vor allem aufgrund chinesischer Unterstützung im APEC-Zusammenhang weiter stärken. Der chinesische Außenminister bezeichnete Thailand als „Schlüsselpartner" in den Beziehungen der Volksrepublik zu den Staaten des südostasiatischen Festlandes. Diese Stellung erlaubte es Thaksin, sich öffentlich auszusprechen gegen die Politik der USA gegenüber Birma, die auf wenig Verständnis der Lage beruhe und kontraproduktiv sei.[126]

Die thailändische Regierung konnte mit dem reibungslosen Ablauf des APEC-Gipfels ihre Fähigkeit zur Ausrichtung einer internationalen Großveranstaltung belegen. Neben den allgemeinen organisatorischen und Sicherheitsmassnahmen beeindruckten die kulturellen Rahmenveranstaltungen, allen voran das Festbankett und die Prozession der königlichen Barken auf dem Chao Phraya. Die das Bankett begleitenden Aufführungen – klassische Thai-Tänze und ein westlich-klassisches Symphonieorchester, das leichte Wiener Klassik und ein Potpourri aus den nationalen Musiktraditionen der Mitgliedsländern spielte – und die Prozession der königlichen Barken wurden live auf mehreren Fernsehkanälen übertragen. Die Barkenprozession war das Geschenk des thailändischen Königs an die APEC-Staats- und Regierungschefs; der König und die Königin hatten diese zuvor zu einem offiziellen Empfang im Palast-Thronsaal eingeladen. Die 50 Barken mit 2'082 Ruderern und Steuermännern bewegten sich vom Vasukee Pier flussabwärts, an den Gebäuden der Thai-Marine vorbei zum Wat Arun, dem Tempel der Morgendämmerung. Den Abschluss bildete ein Feuerwerk über dem *Grand Palace* und 10'000 *Khratong*, kleine Kerzenschiffchen auf dem Chao Phraya. Die Veranstaltung kombinierte die von den Thais für am ‚nobelsten' gehaltenen Elemente ihrer kulturellen Traditionen und enthusiasmierte nicht nur die Ausländer.[127] [128] Die damit verbundenen Sicherheitsmassnahmen hingegen frustrierten viele Bewohner Bangkoks, die das Spektakel direkt mitverfolgen wollten. Nicht nur war der Verkehr um den Fluss stundenlang lahm gelegt; viele der öffentlich zugänglichen Orte am Flussufer waren gesperrt, so z.B. das Wat Rakhang, dessen gesamte Flussseite mit Metallplatten abgesichert war. An der ‚Generalprobe' der Prozession zwei Wochen vorher war es zu Zusammenstössen zwischen Schaulustigen im Wat und im Chao Phraya ankernden Restaurantschiffen gekommen. Alle Flussanwohner wurden angehalten, Fenster und Türen geschlossen zu halten und die Jalousien herunterzulassen.

Die ausländischen Staats- und Regierungschefs waren auch an anderen Errungenschaften Thailands interessiert. Eine Delegation aus der VR China kam nach Thailand, um mehrere der wirtschaftspolitischen Neuerungen der Regierung Thaksin zu studieren, u.a. das *One Tambon One Product (OTOP)*-Programm und die neuen Dorf-Investitionsfonds. Auch

---

[125] Thailands Wirtschaft macht rund 90 % der kombinierten ECS-Ökonomien aus. Die *Economic Co-operation Strategy (ECS)*-Gruppe umfasst Thailand, Laos, Kambodscha und Birma. Thailand fungiert als Verarbeitungs- und Exportzentrum für diese Ökonomien und finanziert Technologietransfer- und Infrastrukturprojekte.

[126] Quellen: AFP, 20.10.03; Bangkok Post, 22.10.03.

[127] In den Worten eines Professors der Chulalongkorn Universität: „The splendid procession blended Thailand's past and present for the world to see. It was a moment of heightened national pride in the unrivalled beauty and elegance of Thai history and in the unique continuity and promise of the country's future." (Pongsudhirak 2003b).

[128] Die als für Bangkok charakteristisch angekündigte Tuktuk-Fahrt der APEC-Staatschefs war eine Farce. Zurückgelegt wurden 300 Meter zwischen Bankettsaal der *Royal Thai Navy Conference Hall* und dem *Royal Thai Naval Institute*, von dem aus die Barkenprozession beobachtet wurde. Die „Tuktuks" sahen aus wie Golfplatzfortbewegungsmittel mit drei Rädern und verfügten über einen Elektromotor. Wie die Politiker damit einen Eindruck von den wirklichen Tuktuks, den einen distinkten Abgasgeruch und ein ohrenbetäubendes knatterndes Geräusch verbreitenden Hornissen des Großstadtverkehr, bekommen sollten, blieb ein Rätsel.

Politiker aus Lateinamerika waren an der Armutsbekämpfungsstrategie Thailands interessiert. Der Premierminister Papua Neuguineas kündigte eine Delegation zum Studium der Integration des Militärs in die nationale Entwicklung Thailands an. Laos war an der organisatorischen Seite des Gipfels interessiert, da es an der Vorbereitung eines ASEAN-Gipfels 2004 in Vientiane war. Der Präsident Mexikos zeigt sich beeindruckt von der Verkehrsanbindung des Flughafens an das Zentrum Bangkoks und generell von der effizienten Organisation des großstädtischen Verkehrs. Die thailändische Seite sah sich aber genötigt, darauf hinzuweisen, dass der Eindruck täusche. Die *tollways*, die sich durch und über Bangkok hinweg schlängeln, waren wie andere Strassen phasenweise für den Normalverkehr gesperrt worden.

Der Anti-APEC-Protestmarsch in Bangkok mit rund 1000 Teilnehmern war geprägt von den Opponenten des Irakkrieges einerseits und den Freihandelsgegnern und Bauernorganisationen andererseits. Letztere wurden an ihrer Mobilisierung gehindert, indem die Polizei in den nördlichen und südlichen Provinzen des Landes Autobusse stoppte und an der Weiterfahrt hinderte. Kurz vor der Kundgebung hatten sich Organisatoren und Regierung auf eine Route abseits des Hotels geeinigt, in dem die US-Delegation residierte. Die USA waren zum Hauptobjekt der Proteste geworden, wegen der Kriege im Nahen und Mittleren Osten und der angeblich vollständigen Unterordnung der thailändischen Regierung unter US-Interessen. Die neue Route der Kundgebung, auf die sich die Organisatoren und die Regierung geeinigt hatten, folgte derjenigen der antiamerikanischen Proteste während des Vietnamkrieges. Vierzig ausländische Teilnehmer wurden von der Polizei photographiert und registriert. Die sechs größten gewerkschaftlichen Gruppen Thailands unterstützten die Kundgebung nicht, richteten aber einen Appell an die APEC-Delegierten zur Verbesserung der Arbeits- und Lebensbedingungen von Arbeitnehmern in den APEC-Ländern und zur Übernahme von ILO-Standards. Eine Bauernvereinigung im Norden des Landes bannte den „Geist" George W. Bushs in einen Tontopf und versenkte ihn in einen Fluss.

Wenig überraschend dominierte die APEC-Berichterstattung die Medien Thailands während des Gipfels. Viele Pressekonferenzen und alle kulturellen Veranstaltungen wurden live übertragen. Während vier Tagen nahm die Gipfel-Berichterstattung schätzungsweise die Hälfte des Gesamtumfanges ein. Dazu kamen Hintergrund-Dokumentationen zur APEC als Organisation, zu den Mitgliedsländern und den in Bangkok anwesenden Politikern. Auch an den Schulen und Universitäten war APEC Thema. Die Kampagne gipfelte in einer TV-Quizshow für Gymnasiasten, in der u.a. nach der Bedeutung der zahlreichen, auch für den Experten nicht immer nachvollziehbaren APEC-Abkürzungen gefragt wurde. Aufgrund des medialen Dauerbeschusses in Fernsehen, Radio und Newstickern auf öffentlichen Plätzen und Strassen, aber auch als Folge der organisatorischen Veränderungen des großstädtischen Lebens vermochte APEC das andere Hauptgesprächsthema zeitweise vom ersten Platz zu verdrängen, nämlich die (kurzlebige) Romanze des thailändischen Tennisprofis Paradorn Srichaphan mit der Popsängerin Tata Young.

III.5.5 Kosten und Nutzen

„Apart from boosting the image of the government and tourism, questions remain following the meeting: Did Thais really receive anything worthwhile from it? Thais are waiting for an answer from the government, not about the meeting's budget or its success but about developing coun-

tries — does Thailand really receive any benefits or is it just a slave for developed countries?"
Thai Post, 23.10. 2003 (AFP)

III.5.5.1   Ergebnisse

Zweifelsohne hat die Regierung die mit dem *APEC 2003 Thailand*-Jahr verbundenen Chancen weitestgehend wahrgenommen. Viele der Ergebnisse, insbesondere die wirtschaftlichen Vereinbarungen, so sie denn implementiert werden, werden erst mittelfristig Effekte zeitigen. Thaksin verteidigte in einer Pressekonferenz nach dem Gipfel die Aufwendungen und stellte der thailändischen Öffentlichkeit „drastische Veränderungen" in Aussicht:

> „In three years' time, you will see drastic changes resulting from this meeting. Investments will increase and many people will move their production bases to Thailand."[129]

Nachdem sich bezüglich der traditionellen APEC-Ziele nicht viel bewegt hatte, bezieht sich die Äußerung wohl auf die zahlreichen bilateralen Abkommen, die geschlossen wurden oder die sich in Reichweite befinden. Erste Erfahrungen mit dem Abkommen mit China belegen, dass diese Effekte haben können. Der vollständige Zollabbau für 188 Furcht- und Gemüsesorten hatte einen sprunghaften Anstieg des grenzüberschreitenden Handels zur Folge. Viele thailändische Produzenten verdoppelten ihre Anbaufläche. Die thailändische Landwirtschaft wird einen Strukturwandel unter dem Abkommen mit China durchmachen, und es ist fraglich, ob sich die einheimischen Produzenten gleichzeitig auch in Konkurrenz mit den amerikanischen werden behaupten können. Im Industriesektor dürfte das angestrebte Abkommen mit den USA kaum einen Quantensprung darstellen, da ein bestehender bilateraler „Freundschaftsvertrag" US-Firmen bereits eine weitgehend Gleichstellung mit inländischen Unternehmen gibt. Das amerikanische Abkommen mit Singapur schließt auch Portfolioinvestitionen und kurzfristige Kapitalanlagen ein; es ist zweifelhaft, ob Thailand bereits über ‚sturmfeste' Regulierungen verfügt, die eine erneute Finanzkrise verhindern könnten.[130] Die Bilanz positiver/negativer Effekte für Thailand hängt auch von der Fähigkeit der Regierung ab, den Staatsapparat rasch zu modernisieren und seinen ‚Output' zu verbessern. In der Vergangenheit zeigten sich immer wieder Defizite Thailands in Infrastruktur und Ausbildung, die zu ‚Flaschenhälsen' für die wirtschaftliche Gesamtentwicklung wurden. Thailand befindet sich in einer zunehmenden Standortkonkurrenz mit ‚nachrückenden' ASEAN-Ländern wie Vietnam und vor allem mit China. Bilaterale Abkommen und der APEC-Prestigegewinn stellen rasch erodierende Wettbewerbsvorteile dar.

Thailand wird als Folge der APEC-Beschlüsse zahlreiche neue Sicherheits- und Kontrollmaßnahmen im Luft- und Schiffs-Warentransport und im Personenverkehr implementieren müssen. Obwohl die USA einen Teil der Maßnahmen finanzieren und technologische Unterstützung bieten, dürften diese einen Teil der handelssteigernden Effekte der APEC-Politik konterkarieren. Offen ist, ob die Maßnahmen im Personenverkehr positive oder negative Auswirkungen auf den Tourismus haben.

Im Zusammenhang mit dem APEC-Gipfel bildeten 12 thailändische NGO im Verbund mit einigen Akademikern unter dem Namen *People's Globalisation Network* eine Allianz

---

[129] Quelle: Bangkok Post 23.10.03.

[130] So ein Gutachten des Thailand Development Research Institute, TDRI (*TDRI warns not to go the way of Singapore*, Bangkok Post, 30.9.03).

gegen das Freihandelsabkommen und die engere militärische Zusammenarbeit Thailands mit den USA. Beides schmälere die Souveränität des Landes, verschlechtere den inneren Zusammenhalt und seine internationale Stellung. Mit dem Hinweis auf die absehbare stärkere gesellschaftliche Ungleichheit wurde APEC zu *Anti-Poor Economic Cooperation* umgedeutet. Während die zu erwartenden intensivierten wirtschaftlichen Beziehungen zu den USA von der politischen und wirtschaftlichen Elite Thailands zweifellos mehrheitlich positiv gesehen werden, zeigten sich verbreitet Bedenken, ob der Status eines „Nicht-NATO-Bündnispartners" das Land vielleicht doch zu prominent an der Seite der USA platziere. Dies, so der Tenor, dürfe nicht dazu führen, dass man sich die guten Beziehungen zu den Nachbarstaaten und zur moslemischen Welt verscherze oder auf der Liste der Terrororganisationen nach oben rücke. Nach dem Gipfel gab es eine öffentliche Debatte darüber, wie symbolisch der „Nicht-Nato-Bündnispartner"-Status sei, ob die Souveränität des Landes davon berührt werde, und ob das Ganze ohne Zustimmung des Parlaments überhaupt verfassungskonform sei.[131] Ein Urteil des Verfassungsgerichtes soll diesbezüglich Klarheit schaffen. Die Kritiker der US-freundlichen Kurses der Regierung Thaksin stützten sich auf die tiefe Zustimmungsrate in der Bevölkerung zum thailändischen Engagement im „Krieg gegen den Terrorismus". Niemand wünscht sich eine Rolle Thailands wie im Vietnamkrieg zurück, als die USA das Land als Basis für Interventionen in die Nachbarstaaten nutzten.

III.5.5.2   *APEC 2003 Thailand* war populär

Kaum jemand stellte die Sinnhaftigkeit der Ausgaben für die APEC-Veranstaltungen in Frage, – in einem Land, dessen offizieller Mindest-Tageslohn rund 4 Euro beträgt. Ohne APEC hätte die Tourismusindustrie wegen Terrorismusgefahr und SARS wohl ein negatives Jahr erlebt. Für sie hat sich APEC eindeutig gelohnt, nicht nur wegen der ausländischen Besucher, sondern auch wegen der Thais, die die zusätzlichen Urlaubstage überwiegend in bangkoknahen Destinationen wie Kanchanaburi verbrachten. Besonders profitiert vom APEC-Urlaub haben allerdings die Casinos in den kambodschanischen Grenzstädten zu Thailand, die Rekordumsätze verbuchten. Thailand konnte sich mit der reibungslosen Durchführung des APEC-Gipfels als sichere Urlaubsdestination in Südostasien präsentieren.[132] Die Tourism Authority of Thailand (TAT) hatte schon vor dem APEC-Gipfel angekündigt, sie werde geführte Touren durch Bangkok unter dem Titel *Following the Footsteps of the APEC Leaders* anbieten. Besucht werden sollten die „historischen Orte" der APEC-Aktivitäten, wobei vor allem das Zusammentreffen des thailändischen Königs mit den ausländischen Regierungschefs und das Treffen Thaksin-Bush im Zentrum des Interesse stehe.

Der Gipfel hat für kurze Zeit die tägliche Lebenspraxis vieler Bewohner Bangkoks beeinflusst, in unterschiedlichem Masse und mit verschiedenen Vorzeichen. Man begrüßte die präventiven Maßnahmen gegen die regelmäßigen Überschwemmungen infolge starker Regengüsse, nahm den Medien-*hype* zur Kenntnis und die Verkehrs- und Einkaufsbehinderungen in Kauf. Die großen Einkaufszentren beklagten, dass die zusätzlichen Einnahmen durch die APEC-Teilnehmer die Ausfälle durch das Ausbleiben der einheimischen Nach-

---

[131] Vgl. Marukatat (2003).

[132] Thaksin wies darauf hin, dass in Japan der APEC-Gipfel auf allen Kanälen war, und dass dies alleine für die Tourismusförderung einen unschätzbaren Wert darstellt (Bangkok Post 23.10.03).

frage nicht kompensiert hätten.[133] Andere ergatterten zusätzliche Aufträge oder temporäre Jobs: Werbe- und Sicherheitsagenturen, Blumen- und Dekorationslieferanten verzeichneten ein Nachfragehoch, Studenten arbeiteten in der Betreuung von APEC-Delegierten. Für andere stellte der APEC-Gipfel eine seltene Chance dar, in einer Stadt, die niemals schläft, etwas Ruhe zu finden. Fußgängern, in Bangkok eine bedrohte Spezies, eröffneten sich verbesserte Überlebenschancen, und Kindern gelang es, vorübergehend einige Quadratmeter Spielraum zurückzugewinnen. Vielerorts waren die Auswirkungen der Verkehrsregulierungen allerdings kaum zu spüren. Verluste beklagten v.a. die Garküchen, Früchteverkäufer und Straßenhändler, die für fünf bis zehn Tage von ihren traditionellen Standorten verdrängt wurden. Die meisten von ihnen leben von ihren täglichen Einnahmen und wurden nicht entschädigt für die Ausfälle. Diese Leute waren froh, als der Trubel vorbei war, allen voran die Verkäufer von Blumengirlanden an den Straßenkreuzungen. Der Duft von Jasmin mischt sich wieder in die Abgaswolken.

APEC 2003 Thailand war populär, – mit Ausnahme der Aktion gegen die Obdachlosen und Straßenhändler, die von vielen als unnötig bezeichnet wurden. Einzelne Kritiker fanden die Maßnahmen der Regierung insgesamt als übertrieben. Ein Leitartikel im Vorfeld des Gipfels warf die Frage auf, ob sich Bangkok wirklich für APEC in eine andere Stadt verwandeln müsse. Warum so viel „falscher Schein"?[134] Niran Pitakwatchara, Senator aus Ubol Ratchathani, meinte, die Regierung habe Bangkok vorübergehend in ein Hollywood-Studio verwandelt.[135]

III.5.6 Schluss

Was bietet die Funktion einer APEC-"Gastökonomie" einem Land wie Thailand? Ziel dieses Abschnitts war eine möglichst umfassende Bestandesaufnahme. Abschließend kann festgestellt werden dass die thailändische Regierung die Chancen wahrgenommen hat, die die Ausrichtung eines APEC-Jahres einem Land gibt. Sie hat ihre *Agendasetting*-Macht eingesetzt und Einfluss auf die APEC-Verhandlungen genommen. Bedeutender allerdings waren die zahlreichen bilateralen Kontakte jenseits der offiziellen APEC-Agenda. Thailand hat sich durch erfolgreiche Diplomatie Handelsimpulse und Standortvorteile gesichert, in der Region und über sie hinaus. Die Chancen zur Selbstdarstellung als wirtschaftlich erfolgreichem Land mit bedeutendem historisch-kulturellem Erbe wurde genutzt; wo nötig wurde mit aufwändiger Fassadenbildung nachgeholfen. Die Regierung konnte mit dem reibungslosen Ablauf ihre Fähigkeit zur Ausrichtung einer internationalen Großveranstaltung belegen und festigte somit ihren Platz in der organisatorischen ‚Oberliga'. Innerhalb des ASEAN-Verbundes vermochte Thailand seine Position zu verstärken. Dank erfolgreicher internationaler Initiativen und Vermittlungstätigkeit übernahm die thailändische Regierung phasenweise eine politischen Führungsrolle für ganz Südostasien.[136] Thaksin war nach dem APEC-Gipfel von Bangkok in einer einzigartigen Position: Er verfügt er gleichzeitig über gute Beziehungen zu allen Akteuren und Akteursgruppen innerhalb von APEC:

---

[133] Quelle: Bangkok Post, 23.10.03, 5.11.03.
[134] *What happened to the real Bangkok?*, Bangkok Post, 16.9.03.
[135] Quelle: Bangkok Post, 17.10.03.
[136] Eine solche Rolle ist ihm während des Gipfels in Bangkok auch von mehreren Staatschefs Süd- und Ostasiens explizit angetragen worden (vgl. Chang 2003).

zu den ‚Schwergewichten' China, Japan und den USA; zu den ‚westlichen' wie den asiatischen Ländern; zu den liberalisierungsorientierten Regierungen wie den ‚Entwicklungsstaaten'; zu den entwickelten wie den weniger entwickelten Ländern.

Das ‚große Aufräumen' anlässlich des APEC-Gipfels gliederte sich nahtlos ein in die Bemühungen der Regierung um eine stärkere Kontrolle der thailändischen Gesellschaft. Die APEC-Aktivitäten verliehen diesen mehr Legitimität und stärkten die Stellung der Regierung und der Sicherheitskräfte. Die Thais, vor allem die Einwohner Bangkoks, erlebten ein neues Niveau staatlicher Intervention. Verlierer waren vor allem ‚einfache Leute', die von den Kontrollmaßnahmen erfasst wurden oder mit ihren Aktivitäten zur Sicherung ihres Lebensunterhaltes physisch ‚im Weg' standen, aber auch die politischen Konkurrenten Thaksins, die ‚an die Wand gespielt' wurden. Trotz einiger Misstöne im Vorfeld des Gipfels, politischer Druckversuche und polizeilicher Behinderungen der Proteste hat Thailand einen ‚Demokratietest' bestanden und einen weiteren Schritt in die Richtung einer Normalisierung politischer Auseinandersetzungen gemacht.

Das Ende das APEC-Jahres 2003 brachte Thailand einen neuen Exporthöchststand und eine besseres ‚Rating' des Landes durch den Moody's Investors Service. Beides trug bei zur weiteren Festigung der Position Premierministers Thaksin, seiner Regierung und der TRT. Aus einer Position der Stärke heraus warf er nach dem APEC-Gipfel den bisherigen Koalitionspartner, die Chat Pattana Party (CPP), aus der Regierung, öffnete aber gleichzeitig CPP-Schlüsselfiguren eine TRT-Mitgliedschaft oder Regierungspositionen. Ende November verkündete Thaksin der Weltöffentlichkeit, dass Thailand keine Entwicklungshilfegelder mehr brauche, und dass diese besser in die ärmeren Nachbarländer geleitet würden.[137] Angesichts der positiven wirtschaftlichen Entwicklung, der anhaltenden Attraktivität der TRT und der Schwäche der politischen Gegner war ein erneuter Wahlsieg Thakins absehbar. Die schwergewichtigen *business interests*, die früher hinter der Demokratischen Partei standen, hatten sich weitgehend umorientiert und unterstützten die damalige Regierung (vgl. Pasuk/Baker 2004). Tatsächlich gewann die TRT die Wahlen vom 5. Februar 2005 überlegen.[138] Die innenpolitischen Gegner Thaksins sahen keinen anderen Weg als eine Entmachtung mittels Militärputsch (19. September 2006).[139]

---

[137] *PM: No more begging bowl for us*, Bangkok Post, 1.12.03.

[138] Vgl. Askew (2005: 1): „Notwithstanding Thaksin's modernistic rhetoric stressing policy and government performance, the election showed that Thai political culture has comfortably acquired a contemporary gloss but remains essentially unchanged. Thaksin himself refused to debate with the Democrats on television, claiming that it was against Thai tradition. A national survey by one prominent academic institution revealed that the reputation and connections of candidates were far more important than party affiliation to most voters. This was born out in the election, where locally dominant political families were major players in rural constituency contests. TRT's electoral success was essentially based on its ability to accumulate MPs with strong canvassing networks and traditional voting bases. Well-established features of violence and vote buying were conspicuous, especially in hotly contested seats. Incumbent governments' use of state officials to work on their behalf (particularly the police) remains central to Thailand's winner-take-all politics. Many doubt the Electoral Commission's neutrality in cases of adjudication over electoral irregularities."

[139] Die Asian Human Rights Commission (AHRC) in Hongkong kommentierte den Militärputsch in Thailand wie folgt: „The Thaksin government was a civilian autocracy. It did not respect human rights, the rule of law or democratic principles. It manipulated the media, intimidated its opponents, and played with legislation and public institutions for its own advantage. It exacerbated violence, from wanton extrajudicial killings of supposed drug dealers across Thailand to the conflict in the south. It enormously expanded the power and influence of the police. It fixed an election and allegedly extorted vast sums of money. But a military autocracy is worse than a civilian autocracy. Within hours of taking power, the army abrogated the constitution, banned political assemblies, commenced extralegal arrests, and authorised censorship. The Thaksin government sought to undermine the constitution, harass gatherings of political opponents, and control the media through advertising revenue and criminal

III.6 „Marktgetriebene" ostasiatische Integration?

III.6.1 Fragestellung

Der Ausgangspunkt regionaler Integration in Ostasien nach 1945 und die institutionalisierten Formen politischer Kooperation können als Ergebnis des Zusammenwirkens externer Akteure und inner-regionaler politischer Initiativen beschrieben werden. Die formalen Institutionen umfassen entweder ein ‚Subcluster' Ostasiens oder sind auf regionenübergreifender oder globaler Ebene angesiedelt.

Es gibt keine empirische Evidenz dafür, dass die wirtschaftliche Integration Ostasiens der letzten Jahrzehnte entscheidend durch internationale Verträge oder formale Institutionen angestoßen worden wäre. Wir haben es also mit dem integrationstheoretisch interessanten *Fall einer regionalen wirtschaftlichen Integrationsdynamik* zu tun, die praktisch *ohne (regionale oder bilaterale) rechtliche Abkommen und ohne formale Institutionen* zustande gekommen ist. Die außenwirtschaftlichen Barrieren waren in den ostasiatischen Ländern zwar höher als in Westeuropa oder Nordamerika, sie waren aber gegenüber regionalen wie außerregionalen Handelspartnern oder Investoren grundsätzlich gleich hoch. Ausnahme von dieser Regel ist die ASEAN, wie erwähnt mit geringen Effekten, und, wenn auch informell, die Bevorzugung ethnisch chinesischer Händler und Investoren seitens der Volksrepublik China, insbesondere von solchen aus Hongkong, Macao und Taiwan (vgl. Herrmann-Pillath 1995).

Dennoch ist Skepsis gegenüber der These der „Marktgetriebenheit" des Regionalisierungsprozesses angebracht. Wie erwähnt ist die Überprüfung dieser These vor allem deshalb schwierig, weil das dahinter stehende Konzept „Marktgetriebenheit" bisher integrationstheoretisch nicht definiert worden ist, sondern üblicherweise *ad hoc* in Abgrenzung zu anderen Integrationsprozessen, insbesondere dem westeuropäischen, eingeführt wird. Chia (2000) z.B. definiert:

> „Economic integration is a process of increased cross-border flows of goods and services and productive factors resulting in deeper interdependence of economies. This process can reflect the spontaneous and free play of market forces, or be introduced by various types of institutionalised regional trading agreements (RTA)." (Chia 2000: 87)

Kim (2004) wiederum verknüpft die Begriffe ‚Regionalisierung' mit nicht-staatsgeführter Integration und ‚Regionalismus' mit dem Handeln von Regierungen:

> „Because ‚regionalism' and ‚regionalization' have been applied in various ways to Northeast Asia, East Asia, and even Asia, often interchangeably and without any conceptual consistency or clarity, it is necessary to make a conceptual distinction between the two related terms. Just as globalization is not the same as ‚globalism' or ‚universalism', regionalization is not the same as regionalism. Like globalism, regionalism is a normative concept referring to shared values, norms, identity, and aspirations. In contrast, regionalization, akin to globalization, refers to non-state-driven - usually market-driven - processes of integration rather than to the predetermined

---

defamation. But by its very nature, it did not have the audacity to abandon the country's supreme law and ban civil rights. By contrast, and by its very nature, the army has already done so. Today Thailand is without a parliament and a constitution. Its executive is under control of the army. Its judiciary is hobbled. Its media is threatened. It is in a very dangerous moment." (AHRC 2006: 1).

plans of national or local governments. In this sense, regionalization can be said to breed regionalism, as the latter term is used in a more general sense to refer to state-led projects of cooperation that emerge from intergovernmental dialogues and agreements. Regionalism can be distin-
guished from regionalization in terms of intergovernmental collaboration: the former is short-
hand for regional intergovernmental cooperation to manage various problems, whereas the latter
refers to an ongoing process of economic integration deriving primary motive force from markets, trade, and investment by multinational corporations." (Kim 2004: 40f)

Die Unsicherheit in der begrifflichen Festlegung zeigt sich in der Verwendung des Adverbs
„usually". Dem Vorschlag, von Regionalisierung nur zu sprechen, wenn der Prozess
„marktgetrieben" ist – d.h. staatliche Akteure dabei keine Rolle spielen –, kann nicht gefolgt werden.

Einflussreich in der Integrationsforschung zu Ostasien ist auch die Unterscheidung
„market-led / institution-led regional economic integration", wie sie Urata vorgeschlagen
hat:

> „Regionalization takes two forms. One type of regionalization arises as a result of natural eco-
> nomic developments in that the benefits of agglomeration including economies of scope, scale,
> and speed outweigh the costs of agglomeration such as congestion. Indeed, rapidly growing
> economies in proximity interact each other through market and non-market channels to acceler-
> ate their economic growth. The other type of regionalization involves institutional arrangement
> such as regional trade agreements (RTAs) including free trade agreements (FTAs) and customs
> unions. RTAs are discriminatory trade agreements, providing only members with preferential
> treatment. The former type of regionalization may be characterized as ‚market-led', while the
> latter as ‚institution-led'." (Urata 2002: 1)

Im Anschluss daran definierte auch Ohno (2002):

> „Economic integration in East Asia has been market-driven, with private activities as primary
> and public policies as supplementary. This is very different from institution-driven integration
> such as the EU, NAFTA and MERCOSUR. In this sense, East Asia has already achieved the
> private linkages that other integration schemes aim to create. Recently, however, new efforts in
> institution-driven integration are being initiated to further accelerate or complement the market-
> driven integration in East Asia. The Japanese government also shifted its external policies from
> nondiscriminatory multilateralism to institution-driven regionalism a few years ago." (Ohno
> 2002: 8)

Regionalisierung beinhaltet nach Urata also – man könnte hier ein „usually" einfügen –
Interaktion durch Markt- und Nicht-Markt-Kanäle, was sicherlich zutrifft. Es macht aber
wenig Sinn, diesem Begriff denjenigen der institutionengeführten Integration gegenüberzu-
stellen, denn nur aus dem Vorhandensein von Abkommen kann noch nicht geschlossen
werden, dass wirtschaftliche Prozesses den darin vorhandenen Arrangements auch folgen.
‚Institutionen' können ‚führen', d.h. wirtschaftliche Prozesse signifikant beeinflussen, aber
sie müssen es nicht. „Institution-led" müsste also erst nachgewiesen werden und eignet sich
damit nicht als Gegenbegriff zu „marktgetrieben". Was analysiert werden muss, ist die für

den Regionalisierungsprozess in Ostasien charakteristische ‚Mischung' verschiedener Regulierungsformen.[140]

Evident ist, dass regionale Integration in Ostasien nicht einem *grand design* eines oder mehrerer Akteure folgte – aber das ist keinesfalls ein Kennzeichen von Integrationsprozessen, auch nicht des westeuropäischen. Als „marktgetrieben" könnte man einen Prozess definieren, wenn er allein durch das dezentrale Handeln wirtschaftlicher Akteure zustande kommt, durch das Wirken der „unsichtbaren Hand"; Integration entstünde als ein sich selbst-ordnender Prozess, als „spontane Ordnung".[141]

Im Anschluss an Hilpert (1998) können folgende Elemente als die wichtigsten Bestimmungsfaktoren der „Raumbildung Ostasiens" definiert werden: der Standortwettbewerb, die Entstehung subregionaler Wachstumszonen, sektorale Clusterbildung, regionale Produktionsnetzwerke, die nationale und internationale Außenwirtschaftspolitik sowie die asiatischen Unternehmensnetzwerke (Keiretsu, Guanxi, Chaebol).[142]

Der *Standortwettbewerb* ist in erster Linie weltwirtschaftlich bestimmt. Aufgrund ihrer Exportorientierung, Schlüsselelement der Entwicklungsstrategie vieler ostasiatischer Länder, war die Sicherung der internationalen Wettbewerbsfähigkeit der Unternehmen und Investitionsstandorte zentral. Die Entwicklung einer regionalen Arbeitsteilung wurde ab einer bestimmten Entwicklungsstufe Voraussetzung für die Erhaltung dieser Wettbewerbsfähigkeit. Wie im Falle Südostasiens (oder Westeuropas) kann ‚Standortpolitik' formalisierte politische Integration im Sinne eines politischen Projektes bedeuten.

---

[140] Der analytischen Falle einer Gegenüberstellung Staat-Markt zu entkommen, bemühen sich Aoki/Murdock/ Okuno-Fujiwara (1997: 8): „One possible role of government may be to complement and foster private-order coordination rather than to substitute for it. By broadly interpreting the meaning of markets to cover private-order coordination, we may characterize this as the market-enhancing view." Die Begriffsbildung scheint hier aber auch nicht anwendbar, denn es geht um mehr und auch Anderes als nur eine ‚Förderung' oder ‚Verstärkung'; es geht um das Ausnützen wirtschaftlicher Komplementaritäten, aber auch um eine Steuerung des Prozesses und der Verteilung seiner Ergebnisse.

[141] Vgl. von Hayek (1988b: 148): „...an explanation of the market processes that Adam Smith had ... described with his metaphor of the ‚invisible hand', an account which, despite its still metaphorical and incomplete character, was the first scientific description of such self-ordering processes." Hayek hat aber auch darauf hingewiesen, dass „deliberate organisation" durchaus ein Element von Makro-Ordnung ist: „My central aim has made it necessary to stress the spontaneous evolution of rules of conduct that assist the formation of self-organising structures. This emphasis on the spontaneous nature of the extended or macro-order could mislead if it conveyed the impression that, in the macro-order, deliberate organisation is never important. (...) as the overall spontaneous order expands, so the sizes of the units of which it consists grow. Increasingly, its elements will not be the economies of individuals, but of such organisations as firms and associations, as well as of administrative bodies. Among the rules of conduct that make it possible for extensive spontaneous orders to be formed, some will facilitate deliberate organisations suited to operate within the larger systems. However, many of these various types of more comprehensive deliberate organisations actually have a place only within an even more comprehensive spontaneous order, and would be inappropriate within an overall order that was itself deliberately organised." (von Hayek 1988a: 37). Vgl. zum Konzept der „spontanen Ordnung" auch Sugden (1989).

[142] Hilpert kommt in seiner umfassenden und richtungsweisenden Untersuchung zum Schluss, dass wirtschaftliche Regionalisierung in Ostasien empirisch festzustellen ist, und dass die ablaufenden Verdichtungsprozesse sowohl aus der Sicht der Region als auch aus globaler Perspektive heraus als ökonomisch sinnvoll und entwicklungstheoretisch plausibel einzuschätzen sind. Um zu dieser Einschätzung zu gelangen, so Hilpert, sei allerdings die konventionelle neoklassisch-außenhandelstheoretische Sichtweise zu verlassen. Er betrachtet den außenwirtschaftlichen Regionalisierungsprozess in Ostasien im Anschluss an D. Lorenz und P. Krugman unter standorttheoretisch-raumwirtschaftlichem und entwicklungstheoretischem Blickwinkel. „Im raumwirtschaftlichen Blickwinkel kann Ostasien als der nebst Europa und Nordamerika dritte große ‚natürliche' Weltwirtschaftsraum angesehen werden, welcher jedoch – als ‚Latecomer' der weltwirtschaftlichen Entwicklung – den Prozess der Raumbildung beschleunigt in einem historisch späteren Zeitabschnitt durchläuft und damit auch für die Regionalisierungsdiskussion einen besonderen Stellenwert hat." (Hilpert 1998: 23).

Bi- oder multilaterale politische Abstimmungen sind Voraussetzung für die Entwicklung subregionaler Wirtschaftszonen (*subregional economic zones, SREZ*), auch Wachstumszonen oder –dreiecke (*growth triangles*) genannt. Ökonomisch gesehen handelt es sich um funktionale Regionen, charakterisiert durch komplementäre Faktorausstattung. Die Ausnutzung dieser Gegebenheiten setzt entsprechende staatliche Regulierungen, formeller oder informeller Art, sowie die Bereitstellung einer leistungsfähigen Verkehrs-, Transport- und Kommunikations-Infrastruktur voraus. Zentral ist die Regulierung des Zuflusses von ausländischen Direktinvestitionen; Malaysia z.B. ließ erst 1986 solche mit einem zu 100% ausländischen Kapitalanteil zu. Inzwischen ist die Förderung von solchen Wirtschaftszonen Teil der ASEAN-Politik. Chia (2000: 95) führt die Existenz von sub-regionalen Wirtschaftszonen ausdrücklich auf wirtschaftliche wie politische Faktoren zurück:

> „Factors in the emergence of SREZs in East Asia in the past two decades may be attributed to political and policy changes, growing economic complementarity and traditional geographical and cultural proximity.“[143]

Im Vergleich mit Freihandelsabkommen spricht sie den Wachstumszonen größere „Marktgetriebenheit" zu (ebd., 104). Langhammer (2000) bezeichnet subregionale Wirtschaftszonen als „border cases between institutionalised regionalism and market-driven regionalisation". Kerr (2004: 78) wiederum sieht die Herausforderungen des „Mikroregionalismus" darin, politikgeführten Regionalismus in marktgeführten zu transformieren.[144]

Der Schlüssel zur Bestimmung des Verhältnisses zwischen Politik und Ökonomie liegt in der Analyse des Zusammenhanges zwischen der Entwicklung der wirtschaftlichen Verflechtung und der *Außenwirtschaftspolitik* der Staaten Ostasiens. Im Folgenden soll dies etwas vertieft werden am Beispiel Japans, dem wichtigsten Ursprungsland für Direktinvestitionen in Ostasien. In diesem Kapitel geht es um die Periode der 1980/90er Jahre, also bevor Japan eine Politik des außenwirtschaftlichen ‚Bilateralismus' begann, während es in den folgenden Kapiteln III.7 und III.8 um die neuen Abkommen Japans geht, die im 21. Jahrhundert geschlossen wurden.

---

[143] Sie verweist auch darauf, dass erfolgreiche subregionale Wirtschaftszonen die Zentrum-Peripherie-Struktur der beteiligten Länder verändern, sowohl wirtschaftlich wie politisch: „The SREZ creates a centrifugal force which draws the periphery away from the national core, and may undermine central authority and national cohesion. The growing economic clout of the provincial/local authorities may lead to demands for greater provincial/local autonomy in policy and in collection and use of tax revenues, thus eroding the political auhtority and revenue base of the central government, as in China. Also, the SREZ may increase rivalry among provinces/local areas for investment funds from the central government and the foreign and domestic private investors. (...) Investment diversion also takes place if the SREZ increases ist attraction of foreign direct investment at the expense of other regions of the country." (Chia 2000: 96f).

[144] Kerr (2004: 78) „... policy-led regionalism can be converted to market-led integration given the right conditions, policies and infrastructural investment."

„Some further orderly appreciation of the main nondollar currencies against the dollar is desirable." G5-Communiqué, 22.9.1985

Der Internationalisierungsbemühungen japanischer Unternehmen stiegen relativ kontinuierlich an, bis die währungspolitischen Vereinbarungen im Rahmen des *Plaza-Abkommens* (1985) sie schlagartig vervielfachten. Das Abkommen geht im Kern auf koordinierte amerikanisch-japanische Initiativen zurück. Die ursprünglich anti-interventionistische Reagan-Administration änderte im Verlauf der 80er Jahre ihren Kurs, als die weltwirtschaftlichen Ungleichgewichte, insbesondere der Handelsüberschuss Japans gegenüber den USA, immer mehr zunahmen. Angesichts wachsenden protektionistischen Drucks seitens einiger Branchen der US-Wirtschaft zog sie eine international koordinierte währungspolitische Intervention vor, allerdings unter der Bedingungen, das der Begriff ‚Intervention' auf keinen Fall in einem Schlusstext erscheinen dürfe.[145] Der damalige japanische Premierminister Nakasone hatte schon längere Zeit währungspolitische Pläne auf internationaler Ebene; sein Vorstoß für einen stärkeren Yen war „part of a broader objective to translate Japan's newly acquired economic wealth into international prestige" (Funabashi 1989: 89). Gestützt wurde er durch eine Gruppe prominenter japanischer Geschäftsleute, auch wichtige Bankiers. Der Finanzsektor befürwortete schon länger eine Aufwertung des Yen (*endaka*), während der exportorientierte Industriesektor zunehmend Interesse an einer Stabilisierung der Währungsschwankungen entwickelte und die Befürchtungen gegenüber den Folgen eines *endaka*-Schocks abnahmen. Das MITI war schon in den 70er Jahren für eine Aufwertung des Yen eingetreten, verbunden mit einer keynesianischen Fiskalpolitik. Das japanische Finanzministerium hingegen plädierte für eine freie Kursentwicklung.

Ergebnis der Debatte zwischen den Vertretern der Regierungen der fünf größten Wirtschaftsmächten war der Begriff der geordneten Aufwertung („orderly appreciation"). Faktisch war das der Auftakt zu einer intensivierten makroökonomischen Koordinierung.[146] Die ‚Nicht-Intervention' war erfolgreich, es kam zu einer Aufwertung des Yen um rund 40% bis 1988, zu Aufwertungen des Taiwan-Dollars um 28% und des südkoreanischen Won um 17% im gleichen Zeitraum, – aber geordnet verlief der Prozess nicht, vor allem schien die Aufwertung der wichtigsten ostasiatischen Währungen kein Ende zu nehmen. Die kleinen und mittleren japanischen Unternehmen kamen unter starken Druck. Das MITI schnürte ein 100 Mia. Yen-Paket mit Billigkrediten für in Bedrängnis geratene Firmen. Das Programm kam allerdings seitens der USA unter scharfe Kritik als nicht-GATT-konform und wurde in der Folge eingeschränkt.

Das Plaza-Abkommen löste einen für die Region Ostasien tiefgreifenden, in dieser Konzentration wirtschaftshistorisch vermutlich einzigartigen wirtschaftlichen Integrationsprozess aus. Die japanischen Direktinvestitionen wuchsen nach 1985 um durchschnittlich 50% jährlich, und Japan wurde zum weltweit größten Kapitalexporteur. Die Investitions-

---

[145] Zur Entstehung des Plaza Abkommens siehe die detaillierte Darstellung bei Funabashi (1989): „Though the participants delved into nearly all aspects of intervention, they omitted details of the intervention from the communiqué, and they refused to disclose any specific information about the plan in the briefings following the meeting. Although they had agreed on an intervention strategy, they kept it secret to prevent wild speculation in the markets." (Funabashi 1989: 17).

[146] Funabashi (1989: 36): „In the minds of its framers, the Plaza strategy was meant to achieve meaningful coordination of economic policies, and not just a realignment of exchange rates."

ströme des Industriesektors konzentrierten sich in Ostasien zunächst auf Standorte in Thailand, Malaysia und Singapur, ab Anfang der 90er Jahre zunehmend auf die Volksrepublik China (Beijing, Shanghai und die Mandschurei). Der Prozess wurde begleitet von Investitionen im Dienstleistungssektor, vor allem in Hongkong und in Singapur. Die koreanischen Investitionen gingen vor allem in die benachbarte chinesische Provinz Shandong sowie nach Indonesien, während taiwanesische Unternehmen einen Teil der Produktion via Hongkong nach Südchina (Provinzen Guandong, Fukien) auslagerten.

Noch im Verlauf der 1980er Jahre endete die Dominanz des internationalen Handels in Ostasien durch den transpazifischen Handel mit den USA (vgl. WTO 1995). Japans Handelsbilanzüberschuss gegenüber den anderen asiatischen Ländern übertraf denjenigen gegenüber den USA 1993 zum ersten Mal.

III.6.3 Die Außenwirtschaftspolitik der ostasiatischen Staaten

War dieser beschleunigte wirtschaftliche Integrationsprozess marktgetrieben? Obwohl Ergebnis einer koordinierten staatlichen Intervention, war der *endaka*-Schock doch nichts anderes als ein Anpassungsprozess an wirtschaftliche Gegebenheiten, die sich über einen längeren Zeitraum entwickelt hatten, im Effekt eine beschleunigte Veränderung relativer Preise. Dass der Internationalisierungsschub und der damit verbundene Strukturwandel so schnell und ohne große Verwerfungen ablief, hängt aber zentral mit der wirtschafts- und industriepolitischen Steuerung und Flankierung dieses Prozesses zusammen. Dies wurde nicht initiiert oder koordiniert durch eine regionale Institution, sondern durch die Außenwirtschaftspolitik der nationalen Regierungen, insbesondere Japans.

In den japanischen Ministerien, Parteien und Verbänden bildeten die Anhänger unbedingten Freihandels und wirtschaftspolitischen *laissez-faire* immer eine weitgehend einflusslose Minderheit. Japan ist als eine Variante eines *nicht-liberalen Kapitalismus* (Streeck/Yamamura, Hg., 2001) bezeichnet worden, da Verfahren interner hierarchischer Koordination und die Steuerung der weltwirtschaftlichen Einbindung charakteristisch für sein Wirtschaftssystem sind. Die Regierung filterte aktiv die Auswirkungen globaler Prozesse auf den Innenraum, sie wirkte als „doorman between domestic Japanese society and the international arena":

> „... the state bureaucracy could restrict both access to Japan from outside, and the access of domestic political actors to the outside world. The government has thus served as a doorman between domestic Japanese society and the international arena, determining what could enter or leave Japan and on what condition. While such control assuredly did not insulate Japan fully from international developments, it filtered their impact through the Japanese state. This gave the state a considerable degree of control over the way in which external impacts were felt." (Pempel 1977: 741)

Den eigenen Markt hat Japan im Rahmen seines „embedded mercantilism" (Pempel 1998) jahrzehntelang erfolgreich mit verschiedenen tarifären und nicht-tarifären Maßnahmen geschützt. Japan gehörte zwar zu den Initianten der liberalisierungsorientierten multilateralen asiatisch-pazifischen Kooperation (*Asia-Pacific Economic Cooperation, APEC*), trug dann aber maßgeblich dazu bei, dass die offizielle APEC-Agenda mit dem Ziel ‚Freihandel im Pazifikraum' mit wenigen sektoriellen Ausnahmen nicht implementiert wurde (Kapitel

III.4). Die APEC-Gipfeltreffen der letzten Jahre dienten dann – nicht nur der japanischen Regierung – vor allem zur Sondierung, Vorbereitung und Weiterführung bilateraler FTA-Verhandlungen.

Hilpert (1998) beschreibt staatliche Institutionen und Organisationen als „integrierten Teil der unternehmerischen Netzwerkstrukturen Japans":

> „Die Beteiligung staatlicher Stellen am japanischen Wirtschaftsgeschehen folgt nicht allein aus der Vielzahl der Interventionsmöglichkeiten und dem weitreichenden diskretionären Spielraum der Wirtschaftspolitik, sondern auch aus der eingeübten, engen, langfristig angelegten, reziproken und nicht legalistischen Zusammenarbeit zwischen der öffentlichen Hand und den privaten Unternehmen auf der Basis eines konsensorientierten, informellen, oft vertraulichen Miteinander. Der Prozess der Informationsdiffusion wird optimiert (in) Richtung eines umfassenden Ziel- und Mittelkonsenses." (Hilpert 1998: 209).

Die japanischen Unternehmen können sich bei ihren Exporten, ihrer Markterschließung im Ausland und bei Investitionsvorhaben auf ein effizientes System der Außenwirtschaftsförderung stützen. Seit Mitte der 80er Jahre stehen nicht mehr die Förderung von Exporten, sondern das erfolgreiche Durchführen von Direktinvestitionen im Zentrum. Das operative Zentrum der japanischen Außenwirtschaftsförderung ist die *Japan External Trade Organization (JETRO)*, die administrativ dem Wirtschaftsministerium (MITI, heute METI) zuzuordnen ist. Die weiteren wesentlichen Institutionen der japanischen Außenwirtschaftsförderung sind die *Export-Import Bank of Japan (Jexim)* zur Kreditfinanzierung, und das *Export-Import and Investment Department* des MITI (EID/MITI) zur Risikoabsicherung von Exporten, Direktinvestitionen und Importen, sowie die verschiedenen Mittelstandsorganisationen, die mittels Beratung, Kontaktvermittlung und Finanzierung das Auslandsengagement speziell der kleinen und mittleren Unternehmen fördern.

Eine japanische Besonderheit ist die starke Verbreitung von Gruppengarantien, mittels der EID/MITI Industrieunternehmen, Handelsgesellschaften oder Verbänden ‚Paketversicherungen' für möglichst alle ihre Exporte und Investitionen anbietet. Trotz institutioneller und organisatorischer Besonderheiten ist Japan aber hinsichtlich seiner Außenwirtschaftsförderung kein Sonderfall. Eine solche oder eine ähnliche Politik wird von allen OECD-Ländern betrieben. Blechinger (1998) belegt, dass die Struktur der außenpolitischen Institutionen Japans wirtschaftlichen Akteuren vielfältige Möglichkeiten bietet, auf Entscheidungsprozesse Einfluss zu nehmen. Dies kam besonders in den 90er Jahren zum Tragen. Als Politiker und Beamte im Zuge der innenpolitischen Umstrukturierung ihre Energien auf die Konzeption von politischen und Verwaltungsreformen konzentrierten, konnten die Vertreter der Wirtschaft, die auch über eigene Informationsnetzwerke in und über Asien verfügen, eine wichtige Lücke im Hinblick auf die Konzeption außenpolitischer Initiativen schließen. Durch solche Maßnahmen ergänzen und erweitern die japanischen multinationalen Unternehmen und Wirtschaftsverbände die offizielle japanische Außenpolitik und übernehmen aufgrund ihrer Erfahrung in der Region eine wichtige Rolle bei der Gestaltung der japanischen Asienpolitik.[147]

Eng verknüpft mit der japanischen Außenwirtschaftsstrategie ist die Vergabe von *Entwicklungshilfe*. Diese wird konzentriert auf Asien, und dabei insbesondere auf die Länder Südostasiens, und ist wie gezeigt von großer Bedeutung für die Region (vgl. S. 439). In

---

[147] Vgl. dazu Pempel (1977, 1997) sowie die Beiträge in Sumiya (Hg., 2000).

der zweiten Hälfte der 90er Jahre machte die japanische Entwicklungshilfe mit 47% fast die Hälfte der Gesamtentwicklungshilfe an asiatische Länder aus. Dass japanische Entwicklungshilfe den Direktinvestitionen japanischer Unternehmen folgt, ist empirisch mehrfach nachgewiesen worden. In den Empfängerländern wird der Aufbau einer industriellen Infrastruktur (Energieversorgung, Gewerbeflächen, Transport- und Distributionskanäle, Ausbildung von Fachkräften) gefördert. Auch wenn sich der Zusammenhang zwischen Entwicklungshilfe und Direktinvestitionen im Verlaufe der 90er Jahren etwas gelockert hat, so ist immer noch davon auszugehen, dass die japanische Privatwirtschaft die meisten Hilfsprojekte identifiziert und initiiert, während staatliche Stellen diese finanzieren und implementieren. Auftragnehmer sind neben japanischen Unternehmen vor allem deren lokale Partner. Die Verknüpfung von Außenwirtschaftspolitik und Entwicklungshilfe ist nicht japanspezifisch, sondern wird mehr oder weniger von allen OECD-Ländern verfolgt. Nach Ehrke (1995:41f) ist die „Asienzentrierung der japanischen Entwicklungspolitik (...) jedoch anders als die amerikanische, französische oder britische Politik nicht strategisch-politisch oder historisch, sondern ausschließlich wirtschaftlich motiviert".[148]

Dass nicht nur Japan solche Elemente in seiner Außenwirtschaftspolitik anwendet, zeigt das Beispiel der Kooperation Thailands mit Birma/Myanmar. Im Dezember 2005 unterzeichneten die beiden Regierungen ein ‚Memorandum of Understanding', in dem unter der Bezeichnung „contract farming projects" eine neue ‚Arbeitsteilung' festgehalten wird. Birma öffnet große landwirtschaftliche Anbaugebiete, v.a. im Grenzgebiet zu Thailand, für thailändische Agro-Unternehmen, die mit birmanischen Arbeitskräften so genannte *cash crops* anbauen, in erster Linie Mais, Zuckerrohr, Palmöl und Kautschuk. Die thailändische Seite übernimmt die Kosten für den Infrastrukturausbau, während die birmanische Seite Land und im Vergleich mit der thailändischen deutlich billigere Arbeitskraft stellt. Ähnliche Pakte will die thailändische Regierung auch mit Kambodscha schließen.[149] Vergleichbare Elemente einer ‚ausgehandelten Internationalisierung' finden sich auch in den inzwischen zahlreichen bilateralen Abkommen in der Region (dazu in Kapitel III.6 und III.7), z.B. im *Singapore-Thailand Enhanced Economic Relationship (Steer)*.

Der thailändische Premierminister erläuterte den Grundgedanken wie folgt:

> „Singapore is now selling brains and opportunity, capital, networks and experience, while [Thailand] offers strength in production and a vast plantation area. If the two countries can combine [each other's strengths], definitely together we will share the prosperity. (...) Thailand is not moving up the value chain at the level that it should be yet, but Singapore is on quite a high level, so if the two can combine, I think that it is going to be alliance I would like to see."[150]

Die malaysische Handelsministerin Rafidah Aziz antwortete auf die Frage nach dem zugrunde liegenden wirtschaftspolitischen Ansatz, nachdem die Regierung dazu übergegangen war, nicht nur das Projekt einer ASEAN-Freihandelszone zu unterstützen, sondern auch bilaterale Freihandelsabkommen anzustreben:

> „Malaysia's concept of economic integration does not necessarily mean free trade areas (FTAs). Malaysia is not a proponent of FTAs. Instead, it favors a broader approach to economic integration which would generate a wider range of mutual support and benefits. (...) Trade liberaliza-

---

[148] Vgl. Wie (1994), Fujita (2000), Kusano (2000), Kevenhörster (2001), Wagner (2003).

[149] *Thai firms set to farm cash crops in Burma*, Bangkok Post, 2.12.2005.

[150] *THAILAND-SINGAPORE CO-OPERATION: B3bn in ventures to be sealed today*, Bangkok Post, 23.11.2005.

tion does not mean happiness. Economic integration has been misinterpreted by some as a free trade area. I would like to dispel that, to deny that it means an FTA agreement."[151]

Was also macht Außenwirtschaftspolitik in Ostasien spezifisch? Bekanntlich ist staatliche Wirtschafts- und Industriepolitik in den Ländern Ostasiens langfristig angelegt und wird in besonders enger Kooperation mit den privatwirtschaftlichen Akteuren entwickelt und durchgeführt; dies sind Merkmale des ,ostasiatischen Kapitalismus'.[152] Dies gilt auch für die wirtschaftlichen Internationalisierungsstrategien. In Japan waren die Berichte des *Industrial Structure Council* seit den 1970er Jahren zentral für die mittel- und langfristige Planung. Diese waren eine Grundlage für die politische Steuerung der japanischen Direktinvestitionen, im Interesse an einer langfristig angelegten Entwicklung einer „rationalen internationalen Arbeitsteilung", wie sie als Ziel anvisiert wurde.[153] Die These liegt also nahe, dass sich wirtschaftliche Integration in Ostasien auch als Ergebnis koordinierter staatlicher Außenwirtschaftspolitiken ergibt. Sie ist schwierig zu belegen, da die Literaturlage dazu – zumindest in westlichen Sprachen – schlecht ist. Es lassen sich aber Evidenzen finden für eine ganze Reihe solcher (formeller und informeller) Abstimmungen zwischen der japanischen Regierung, japanischen Wirtschaftsvertretern und Regierungen südostasiatischer Länder im Zusammenhang mit japanischen Investitionen. Allen diesen Absprachen ist gemeinsam, dass sie von einer langfristigen Komplementarität der Interessen ausgehen resp. diese politisch untermauern. Zielvorstellung ist immer eine angemessene Verteilung des Nutzens auf alle Beteiligten; die Instrumente zur Erreichung des Zieles können variieren, einige davon sind in diesem Abschnitt genannt worden. Diese Vereinbarungen werden rechtlich nicht kodifiziert, auch um sie angesichts wechselnder Verhältnisse flexibel zu halten. Dafür werden sie regelmäßig politisch erneuert, in bilateralen Treffen oder ,am Rande' multilateraler Verhandlungen, auf regionaler oder internationaler Ebene. Gerade die Asienkrise und der damit verbundene Attraktivitätsverlust südostasiatischer Standorte haben zu einer Welle japanischer Zusicherungen geführt, dass Tiefe und Langfristigkeit des japanischen Engagements davon nicht berührt werden.

III.6.4 Schluss

Der wirtschaftliche Regionalisierungsprozess in Ostasien wurde vorbereitet und begleitet von politischen Verhandlungen zwischen Regierungen unter Einbezug wirtschaftlicher Interessenverbände auf verschiedenen Ebenen. Er war immer politisch ,abgesichert'. Nicht kurzfristige Profitmaximierung, sondern langfristig orientierter Aufbau ökonomischer Komplementaritäten und die Sicherung der Wettbewerbsfähigkeit der exportorientierten Unternehmen waren die Interessen der treibenden Kräfte in Wirtschaft und Politik. Typisch neben der langfristigen Orientierung der Akteure ist die Bereitschaft, einen Interessenausgleich zu organisieren und Nutzen und Erträge der wirtschaftlichen Integration ,angemessen' zu verteilen. Durch die Nichtverrechtlichung behalten alle Arrangements einen flexib-

---

[151] *Momentum for East Asian economic community*, Asia Times Online, 8.3. 2001.

[152] Vgl. Solingen (2005a: 42): „Although a far cry from market-based models of political economy, private entrepreneurship flourished throughout the region to an extent virtually unparalleled in any other industrializing region (...)."

[153] MITI (1974), *Sangyo Kozo no Choki Bijion* (Japan`s Industrial Structure: A Long-Range Vision Report by Industrial Structure Council), Research Institute of International Trade and Industry.

len Charakter und können an wechselnde Gegebenheiten angepasst werden. Dafür sind sie aber fast permanent zu wieder- und neu zu ,verhandeln', d.h. der diesbezügliche Abstimmungsaufwand ist vergleichsweise groß. Diese Elemente, tief in den historischen Kulturen der Region verwurzelt, lassen sich auf allen Ebenen finden, von der Vorbereitung einer ausländischen Direktinvestition bis hin zu multilateralen wirtschaftspolitischen Vereinbarungen. Sie sind, um einen Begriff von Kwa (1995) aufzugreifen, „main features of the strategic culture of the region".

In einem engeren Sinne muss die These, dass die regionale Integration Ostasiens „marktgetrieben" war, zurückgewiesen werden. Die wirtschaftliche Verflechtung war nicht Ergebnis des dezentralen Handelns wirtschaftlicher Akteure, ,ohne Politik', im Sinne einer „spontanen Ordnung". Zu einem ähnlichen Schluss kommt Katzenstein (1996):

> „Asian regionalism is defined foremost in market terms. But Asian markets do not consist of myriads of private individual transactions. Markets express instead institutional and political relationships that in their operations implicate deeply both business and governments." (Katzenstein 1996:135)

Und auch T.J. Pempel kommt – nach fast 40 Jahren Studium der japanischen Außenwirtschaftspolitik und der regionalen Integration Ostasiens – zur Einschätzung:

> „East Asian regional ties remain (...) highly politicized. (...) Most Asian governments have enhanced, not surrendered, their ability to regulate a host of economic and social activities within their borders." (Pempel 2005b: 256, 275).

Für Bowles (2002) unterscheidet sich der Integrationsmodus Ostasiens *nach* der Finanzkrise 1997-99 gerade durch eine größere Rolle staatlicher Steuerung von demjenigen vor der Krise.[154]

In einem weiteren, weltsystemtheoretischen Sinne kann die These hingegen bestätigt werden: Regionale Integration in Ostasien bezog ihre Hauptdynamik aus der wirtschaftlichen Konkurrenz auf globaler Ebene. Regionale Integration in Ostasien ist Element eines globalen kompetitiven Regionalisierungsprozesses. Ergebnis ist eine Situation hoher wirtschaftlicher Interdependenz, die auf der Basis der Integrationstheorie zur Vermutung führt, dass die Bemühungen um einen Ausbau der politischen Kooperation zunehmen dürfte. Dies findet auf zwei Ebenen statt: einerseits durch sich rasch verbreitende *bilaterale* Abkommen zwischen den Staaten der Region, andererseits mit dem (zähen und langsamen) Aufbau *multilateraler* Organisationen wie der ASEAN+3. Ersteres ist Thema der folgenden zwei Kapitel, letzteres wird beschrieben unter III.12.

---

[154] Bowles (2002: 244): „Asia's post-crisis regionalism... being led by the state" (thereby departing) „significantly from its pre-crisis incarnation".

III.7 Japans neue Außenwirtschaftsstrategie

III.7.1 Einleitung

„… state control and decision-making powers in the area of commercial policy
and capital investment within Japan have not been, and are unlikely in the future to be,
surrendered to ‚economic interpenetration‘ and the ephemera of ‚the international free market‘.
Power has always abhorred a truly free market and Japan has become powerful."
T.J. Pempel (1977: 770)

2005 befand sich die japanische Regierung offiziell in Verhandlungen über bilaterale Freihandelsabkommen (*free trade agreement, FTA*) mit nicht weniger als fünf Ländern (Südkorea, Thailand, Philippinen, Malaysia und Indonesien) sowie mit der ASEAN als ganzer. Ein Abkommen mit Singapur trat im November 2002 in Kraft, dasjenige mit Mexiko im April 2005. Der Abschluss weiterer bilateraler Abkommen gehört gegenwärtig zu den Prioritäten der japanischen Diplomatie.

Abbildung III.7.1: Japans bilaterale FTA-Verhandlungen (1998-2005)

Jahr Land/Gruppierung	1998	1999	2000	2001	2002	2003	2004	2005
Singapur								
Mexiko								
Korea								*
Chile								
ASEAN-10								
Thailand								
Philippinen								
Malaysia								
Indonesien								
Vietnam								

* blockiert

FTA-bezogene Konsultationen, erste Studien	
offizielle bilaterale FTA-Studiengruppe	
offizielle bilaterale FTA-Verhandlungen	
Ratifizierungs- und Implementierungsprozess	
FTA in Kraft	

Quelle: Autor.

In seinem Papier *Japan 2025* bezeichnete der japanische Unternehmer-Dachverband KEIDANREN die anzustrebende Öffnung Japans als historisch „dritte", nach der Meiji-Reform und der Wiedereingliederung in die Weltwirtschaft nach 1945. Japan scheint sich von mehreren langjährigen Charakteristika seiner Außen- und Wirtschaftspolitik verabschiedet zu haben:

Übergang zur aktiven Außenpolitik? Japan als enger Verbündeter der USA nahm jahrzehntelang eine weitgehend passive Haltung ein (vgl. Pempel 1977, Calder 1988). Eigene Initiativen wurden wenn überhaupt nur indirekt lanciert und vorher mit der amerikanischen Regierung abgestimmt. Auch mit ostasiatischen Nachbarländern wurden Verhandlungen vorzugsweise im Rahmen multilateraler Foren unter Einschluss der USA und anderer westlicher Staaten geführt. In den letzten Jahren kam es zwischen den großen Ministerien zu einem außenwirtschaftspolitischen Kompetenzgerangel und zu einer Art Wettlauf um die größten FTA-Stäbe.

Übergang zum Liberalismus? Wie erwähnt bildeten in den japanischen Ministerien, Parteien und Verbänden die Anhänger eines ‚unbedingten Freihandels' und eines wirtschaftspolitischen *laissez-faire* immer eine weitgehend einflusslose Minderheit. Hat die japanische Regierung mit der Einfügung von FTA in ihre Außenwirtschaftspolitik ihre Funktion als „doorman" (vgl. Abschnitt III.6.3, S. 569) aufgegeben und damit kapituliert vor der nicht-liberalen Kapitalismusformen inhärenten Tendenz, nämlich in Richtung „liberaler Entropie" (Streeck 2001: 36f) zu erodieren?

Übergang zum Regionalismus? Japan, seit 1955 GATT-Mitglied, hat regionale und bilaterale Handelspräferenzabkommen zwar als GATT-konform akzeptiert, sie aber stets als gegen den „Geist" multilateraler Vereinbarungen gerichtet kritisiert. Bilaterale Verträge wurden in erster Linie mit den USA geschlossen und waren auf wenige, spezifische Handelsfragen beschränkt. Richard Doner diskutierte 1997 noch Gründe für das Nichtvorhandensein von Handelspräferenzabkommen in Ostasien.[155] Im März 1999 sprach sich der damalige Premierminister Japans für eine Freihandelszone in Ostasien aus, „äquivalent zu derjenigen in Europa". Das *Foreign Press Center Japan* informierte Ende 2004 darüber, dass der Begriff Freihandelsabkommen auf dem besten Wege sei, in Japans Regierungskreisen zu einem Schlüsselwort zur Förderung der regionalen Integration in Ostasien zu werden; FTA komme in der japanischer Diplomatie inzwischen höchste Priorität zu.[156]

Übergang zur Verrechtlichung? Die rasche Internationalisierung der japanischen Wirtschaft nach dem Plaza-Abkommen von 1985 schien auch ohne Verträge und formale Institutionen reibungslos zu verlaufen. Peter Katzenstein und Takashi Shiraishi, Herausgeber des zum Standardwerk avancierten Buch über Japans Beziehungen zu Asien mit dem Titel *Network Power*, kamen zum Schluss, dass die informellen bilateralen Kanäle die Funktion vollauf erfüllten:

> „The close connection between Japan's commercial diplomacy and corporate strategies is well suited to circumvent entry barriers to and operational obstacles in foreign markets through informal, bilateral channels. Japan does not need deeper trade integration in order to establish market access for Japanese products." (Katzenstein/Shiraishi 1997: 372)

Auch im APEC-Rahmen gehörte Japan zu den Gegnern rechtlich bindender Abkommen. Inzwischen schließt Japan bilaterale Verträge mit bis zu hundert Seiten detailreicher Paragraphen.

---

[155] Doner (1997: 201f) nennt die anhaltende Abhängigkeit von US-Märkten, die traditionelle bilaterale Struktur internationaler Beziehungen in der Region, ein „institutional lag" – das Hinterhinken von Institutionen gegenüber der wirtschaftlichen Verflechtung (was eher eine Beschreibung des Sachverhaltes als eine Erklärung ist) und die Strategien transnationaler Unternehmen, die auf vertikale Integration statt auf intergouvermentale Abkommen setzen. Er bevorzugt allerdings eine stärker Japan-spezifische Erklärung, die auf die institutionelle Struktur der japanischen Ökonomie und Politik rekurriert. Aus der relativ zurückgehenden Bedeutung des US-Marktes und dem abnehmenden Einfluss der US-Regierung auf die Gestaltung internationaler Beziehungen in der Region schloss er, dass sich solche Abkommen in der Zukunft vermehrt als Lösung von Kooperationsproblemen anbieten werden.

[156] FPC, *Freihandelsabkommen zielen auf Ostasiatische Gemeinschaft und Strukturreformen*, Japan Brief Nr. 0461 vom 24.12.2004

Japans neue Außenwirtschaftspolitik wird von vielen als *signifikanter Wandel* wahrgenommen. Blechinger/Legewie (2000: 318) sehen „a new and total different policy approach ... This new thinking ... signals an important turn in Japan's stance"; Rodríguez (2004: iii) diagnostiziert „a radical shift from an exclusively multilateralist orientation to the more strategic and flexible ‚dual approach'‚‚; Pempel/Urata (2004: 3) bewerten das erste bilaterale Abkommen Japans (mit Singapur) als „important break with Japan's past political economy". In Japan selber wird der Komplementaritätscharakter der neuen Politik betont: Japan übernehme nur, was andere schon lange betreiben, und bleibe dem WTO-Multilateralismus zentral verpflichtet. Repräsentativ ist die Aussage Atsushi Tokinoyas, japanischer Botschafter in Thailand:

> „Japan is now in negotiations with Thailand, Malaysia, the Philippines, Korea and Mexico. In a way, this is a radical departure from Japan's traditional policy of upholding globalism. We have not discarded the WTO; on the contrary, the importance of the WTO for Japan remains unchanged. However, we have seen the need to adjust our policy in accordance with the emerging realities." (*Japan's FTA Policy*, Address at the Board of Trade of Thailand, Bangkok 25.2.2004).

Die japanische Außenwirtschaftspolitik konstituierte sich immer als Resultante der Strategien der zentralen Ministerien und der privatwirtschaftlichen Organisationen.[157] Bis in die späten 80er Jahre kam dabei staatliche Institutionen eindeutig die Dominanz zu, aufgrund des Informationsvorsprungs und der besseren formellen wie informellen politischen Kanäle. Dies veränderte sich im Verlaufe des rasanten wirtschaftlichen Transnationalisierungs- und Regionalisierungsprozesses: Die staatliche Steuerungskapazität nahm tendenziell ab, und Unternehmen wie Wirtschaftsverbände fanden sich aufgrund eigener wirtschaftlich-politischer Netzwerke zunehmend in der Lage, Integrations- und Vermittlungsfunktionen selber zu übernehmen (vgl. Shiraishi 1997). Dies ergänzte und erweiterte die offizielle Politik und diese Akteure übernahmen aufgrund ihrer wachsenden Erfahrung in der Region eine zunehmend wichtige Rolle bei der Gestaltung der japanischen Außenwirtschaftspolitik. Dies könnte ein Grund für deren strategische Reorientierung sein.

Dieses Kapitel gibt eine Einschätzung der neuen japanischen Politik im Hinblick auf diese aufgeworfenen Fragen. Voraussetzung dafür ist eine Rekonstruktion der Initiativen, Interessen und Perspektiven der an der strategischen Reorientierung der japanischen Außenpolitik beteiligten Akteure (Abschnitt III.7.2); Hauptquellen sind offizielle Dokumente von Ministerien und Verbänden, Interviews mit Beamten und Funktionären sowie Zeitungsartikel. Eine Chronologie der Akteure und ihrer Initiativen findet sich in *Japan 2005 – Politik und Wirtschaft,* Jahrbuch des Instituts für Asienkunde (IfA) Hamburg (Ziltener 2005c). Abschnitt Abschnitt III.7.3 diskutiert die vorgelagerte Faktoren, die die Herausbildung der neuen Außenwirtschaftspolitik Japans beeinflusst haben.

Die bilateralen Abkommen tragen unterschiedliche, teils blumenreiche Titel und werden in Japan unter ‚Freihandelsabkommen (FTA)' oder ‚wirtschaftliche Partnerschaftsabkommen' (*Economic Partnership Agreements, EPA*) gefasst; zur politischen Semantik dieser Abkommen weiter unten ausführlich; im Folgenden wird FTA als Überbegriff für alle neuen bilateralen Wirtschaftsabkommen Japans verwendet. III.7.2 Akteure und Interessen hinter der neuen außenwirtschaftlichen Strategie

---

[157] Vgl. dazu Abschnitt III.6.3.

III.7.1.1   Übersicht

Die neue Außenwirtschaftsstrategie Japan entwickelte sich inkrementell. Grob können vier etwa zweijährige Phasen unterschieden werden (Tab. III.7.1).

Tabelle III.7.1:   Etappen der Herausbildung der Strategie bilateraler
Wirtschaftsabkommen Japans

Phase/ Zeitraum	Prozess	Ergebnisse
1. Phase: 1998/99	Definition der Möglichkeit und Notwendigkeit der Neugestaltung bilateraler Beziehungen, Diskussion von FTA als mögliche institutionelle Form, vorsichtige Lancierung des Konzepts durch FTA-Avantgarde aus METI/JETRO/KEIDANREN	Verankerung des Möglichkeits-raumes; Konstituierung und Ziel-orientierung des Druckes seitens Wirtschaft; Herausbildung von Institutionen und Verfahren
2. Phase: 2000/01	offensive Propagierung des Konzepts durch Avant-garde; METI entwickelt Mehrebenenpolitik; MOFA entwickelt FTA als Instrument der Außenpolitik; Priorisierung eines ‚Testlaufs‘ mit Singapur, Abkom-men mit Korea, Mexiko zurückgestellt; KEIDANREN akzeptiert dies, arbeitet aber weiter an Verhand-lungsagenden	‚FTA-Koalition‘ (Avantgarde plus MOFA, MOF); Etablierung des Verhandlungsraums, der Kompe-tenzen und Verfahren; *Abkommen mit Singapur (JSEPA)*; Konstituie-rung der Gegnerschaft beginnt
3. Phase: 2002/03	METI entwickelt Kapazitäten zur Vorbereitung von Verhandlungen mit mehreren Ländern gleichzeitig und zur langfristigen Planung weiterer FTA; MOFA entwi-ckelt FTA-Strategie; MAFF bildet *FTA Task Force*, LDP FTA-Komitee; KEIDANREN erhöht Druck auf Regierung und Gegner; Verbesserung der Koordinierung zwischen Akteuren, Aufweichen der Gegnerschaft, Kompromiss-bildung; Verhandlung des ersten Abkommens unter Einschluss Landwirtschaft (Mexiko), Erfahrung Ver-handlungskrisen und Notwendigkeit von ‚Tauschge-schäften‘	Verfahren zur Verhandlungskri-senbewältigung und forcierten internen Kompromissbildung; *FTA mit Mexiko* Entwicklung einer Strategie für die ASEAN-Länder (*ASEAN-Gipfel* in Tokyo, 2003)
4. Phase: 2004/05	erneuter Ausbauschub der ministeriellen *FTA Task Forces*; MAFF entwickelt aktive FTA-Politik; Kapazitäts-steigerung: Verhandlungsführung mit mehreren Län-dern gleichzeitig, Planung weiterer FTA; Bemühungen um größere Akzeptanz in Öffentlichkeit	Systematisierung des Instruments FTA als Element der Außenpolitik; *Abkommen mit ASEAN-Ländern und mit ASEAN als Organisation*

Abkürzungen: JETRO – Japan External Trade Organization; KEIDANREN – Dachverband der japanischen Wirtschaft; LDP – Liberaldemokratische Partei; MOFA – Ministry of Foreign Affairs; METI – Ministry of Econ-omy, Trade and Industry (früher MITI); MOF – Ministry of Finance; MAFF – Ministry of Agriculture, Forestry and Fisheries. Quelle: Autor.

III.7.1.2   Die erste Phase (1998/99)

In einer ersten Etappe 1998/99 bildete sich ein politisches Netzwerk im Handels- und Wirt-schaftsministerium (METI) und in der ihr unterstellten Außenhandelsorganisation JETRO heraus, das im Verbund mit dem Unternehmer-Dachverband KEIDANREN als Avantgarde der japanischen FTA-Politik fungierte. Im METI ist schon vor 1998 über eine Neustruktu-rierung der bilateralen Beziehungen mit wirtschaftlich eng verbundenen Ländern nachge-dacht worden. Motiv war ein weiterer Abbau von Handels- und Investitionshindernissen in

Ostasien durch eine Standardisierung und Harmonisierung von Regeln. Das Konzept, dies zunächst bilateral voranzutreiben und in einer späteren Phase eine Multilateralisierung anzustreben, findet sich bereits im *METI White Paper* von 1998. Diese Überlegungen fanden allerdings nicht in prioritärem Bezug auf FTA statt; die Form, in der dies geschehen könnte, blieb offen. FTA als potenzielle Lösungsform wurde den japanischen Akteuren von außen angetragen. Vermittelt über JETRO ließ der mexikanische Handelsminister – dessen Land mit über 30 geschlossenen Abkommen einer der FTA-Vorreiter war und sich gerade in Verhandlungen mit der EU befand – anfragen, ob in Japan auch Interesse bestehe (Textkasten III.7.1).

Textkasten III.7.1: Die Einleitung des Strategiewechsels 1998/99 – einer der Hauptakteure, damals JETRO-Direktor und MITI-Vizeminister, in eigener Darstellung:

„In the summer of 1998, I had lunch with the then Mexican Commerce and Industry Minister Herminio Blanco who had been the vice minister of commerce and industry between 1988 and 1994 except for the period when he had been the Mexican government's chief negotiator for NAFTA between 1990 and 1993. I was also vice minister for international affairs of MITI (Ministry of International Trade and Industry) around that time, and we have cultivated our friendship since then. At this lunch, Minister Blanco kind of boasted that he had concluded in December 1997 negotiations with his counterpart in the EU on the framework agreement of an FTA between Mexico and the EU and invited me to Mexico City to discuss a possible FTA between Japan and Mexico if I was interested. I accepted this invitation and sacrificed part of my summer vacation to visit his office in August 1998. He kindly arranged a meeting attended by Minister Blanco himself and three vice ministers in his ministry. They kindly explained the framework agreement for an FTA between Mexico and the EU and the possibility of such an agreement between Japan and Mexico. Upon my return to Japan, I visited then MITI Minister Yosano to convey the message from Mexico about a possible FTA between Japan and Mexico. Minister Yosano told me that since it would represent a big change in Japanese government policy if MITI started negotiations on a Japan-Mexico FTA, he would like to have his staff study it. In due course, this study was completed with the conclusion that a bilateral ‚study', not necessarily a ‚negotiation', could be started.

Shortly thereafter, in the autumn of 1998, the Korean government offered an FTA study with Japan and JETRO's IDE (Institute of Developing Economies) was assigned to do the study for Japan with KIEP (Korean Institute of Economic Policies), a Korean governmental think tank, for Korea.

Then in February 1999, JETRO and SECOFI, Mexico's Ministry of Commerce and Industry headed by Minister Blanco, were assigned to do a study on a Japan-Mexico FTA. Both studies conducted by JETRO and its counterparts in Korea and Mexico were concluded in favor of FTAs. The results of both studies were announced in the spring of 2000.

In the meantime, the Prime Minister of Singapore, Mr. Goh Chok Tong visited Japan in December 1999 and agreed with then Prime Minister Obuchi of Japan to start an FTA study between both governments. This study was completed in September 2000. Then, at the beginning of last year, FTA negotiations between the two governments commenced and were signed by Prime Ministers Koizumi and Goh Chok Tong on January 13, 2002, when Prime Minister Koizumi visited Singapore."

Quelle: Noboru Hatakeyama, Japan's New Regional Trade Policy – Which Country Comes Next after Singapore?, Second Annual Whitman International Lecture, March 13, 2002; Washington, DC: Institute for International Economics (IIE)

Die starke Unterstützung des mexikanischen Vorschlages durch den KEIDANREN ist damit zu erklären, dass japanische Unternehmen stark involviert waren in das so genannte *Maquiladora*-System, in dessen Rahmen Produktionsstandorte entlang der US-mexikanischen Grenze zollfrei mit Rohstoffen und Komponenten beliefert werden konnten. Infolge des NAFTA-Abkommens lief diese Regelung aus, was zu einer Benachteiligung insbesondere japanischer Automobilproduzenten in Mexiko führte. Der zweite Impuls kam mit dem Politikwechsel Südkoreas und der Verbesserung seiner Beziehungen zu Japan im Herbst des gleichen Jahres. Das Nachbarland Japans war im Begriff, seine ebenfalls traditionell exklusiv multilateralismus-orientierte Politik aufzugeben und in Verhandlungen über ein bilaterales Freihandelsabkommen mit Chile zu treten. Die koreanische Regierung deutete an, dass FTA auch mit anderen wirtschaftlich eng verbundenen Ländern gesucht würden. Mit einer METI-internen FTA-Studiengruppe wurde die Einführung dieses politischen Konzepts in die japanische Außenpolitik begonnen. In mehreren Schritten wurde eine generelle Umbewertung von Handelspräferenzabkommen vorgenommen, Bilateralismus als notwendige Ergänzung der bisherigen Politik (und als mögliche Vorstufe zu multilateralen Arrangements) definiert und damit ein Vorfeld für japanische FTA-Verhandlungen geschaffen. Der KEIDANREN übernahm die Funktion der Konstituierung des Druckes seitens der Privatwirtschaft. Die Klagen angesichts der Diskriminierung japanischer Unternehmen durch Handelspräferenzabkommen anderer Länder wurden gebündelt und ins das japanische politische System eingespiesen. Mittels der Bildung einer Arbeitsgruppe zu bilateralen Verträgen, eines japanisch-mexikanischen Komitees für engere wirtschaftliche Beziehungen und einem Bericht über die möglichen Folgen eines FTA mit Mexiko (alles im Jahr 1999) gab der KEIDANREN zumindest für die Beziehungen mit Mexiko die Zielrichtung vor. Der Verband etablierte damit aber auch zum ersten Mal FTA als die Lösung der Probleme japanischer Unternehmen im Ausland.[158] Ein KEIDANREN-Vertreter äußerte sich in einem Interview mit dem Autor, dass er zwischen „substanziellen" und „symbolischen" Abkommen unterscheide. Erstere kämen vor allem auf Druck der Wirtschaft zustande (Bsp. Mexiko), letztere (Bsp. Korea) seien die Anliegen der Regierung, wobei er vor allem das Außenministerium und den Premierminister meinte.[159]

Die japanische ‚FTA-Avantgarde' erprobte 1998/99 die koordinierte Agendasetzung und testete Institutionen und Verfahren zur Vorbereitung von Verhandlungen. Die Etablierung bilateraler FTA-Verhandlungen wurde in dieser Phase dadurch behindert, dass sich von den zentralen Ministerien bislang nur das METI (mit JETRO) auf FTA eingelassen hatte. Wirtschaftsinteressen hatten sich formiert, aber in Bezug auf ein FTA mit einem Land (Mexiko), das nicht oben auf der außenpolitischen Prioritätenliste der Ministerien (und des Premierministers) stand. Noch im Juli 1999 war das offizielle Ziel der japanischen Regierung der Abschluss eines bilateralen Investitionsabkommens mit Mexiko zur Aufhebung der Benachteiligungen japanischer Unternehmen, nicht ein FTA, das unausweichlich Landwirtschaftsprodukte miteinschlösse. Ein FTA mit Korea wiederum war für die japanische Wirtschaft nicht vordringlich. Die Regierungen beider Länder bemühten sich in den folgenden Jahren um die Organisation der Wirtschaftsinteressen für ein Abkommen, mit nur mäßigem Erfolg. Trotz Einrichtung eines offiziellen *Japan-Korea FTA Business Forum* ist die japanisch-koreanischen Agenda bis heute eine weitestgehend regierungsdominierte geblieben. Darüber hinaus bestimmten auch anhaltende politische Sensibilitäten in den

---

[158] Zu FTA-Position und Einflussnahme des KEIDANREN siehe Yoshimatsu (2004).
[159] Interview Tokyo, 23.10.2004.

beiden Ländern die vorsichtige und schrittweise Entwicklung hin zu FTA-Verhandlungen.[160] Beide Teile der ‚FTA-Avantgarde‘, METI/JETRO und KEIDANREN, rechneten zudem mit starkem Widerstand in der japanischen Politik und Öffentlichkeit gegen FTA. Als Ausweg bot sich ein ‚Testlauf‘ mit einem potentiell weniger Probleme bereitenden Drittland an (siehe unten). Zudem wurde der ‚Freihandel‘ involvierende Begriff FTA möglichst vermieden und das neue und weniger belastete Konzept ‚wirtschaftliche Partnerschaftsabkommen‘ (EPA) entwickelt. Aus strategischen Gründen setzte sich dies – trotz konzeptioneller Unklarheit – durch.[161] Eindeutig ist, dass damit aber auch die Absicht zum Ausdruck kam, die neuen Abkommen über Zollabbau hinaus auf neue Themen auszudehnen, insbesondere auf im WTO-Jargon „Singapur-Themen" genannte Bereiche wie den Schutz von Investitionen und geistiger Urheberrechte sowie Handelserleichterungen durch die Harmonisierung von Regeln und Standards. Dazu kamen Themen wie Forschungs-, Technologie- und Bildungskooperation, und in die Verhandlungen mit den ASEAN-Ländern floss dann, unter dem Einfluss des Außenministeriums (MOFA), das ganze Arsenal der japanischen Entwicklungszusammenarbeit mit ein, so dass der zunächst primär strategisch motivierte Begriff EPA zur treffenden Bezeichnung wurde. In verschiedenen Berichten und Stellungnahmen wurde (und wird) auch von „EPA unter Einschluss von FTA-Elementen" gesprochen.[162] Auch das Wirtschaftsblatt *Nihon Keizai Shimbun* definiert EPA in diesem Sinne als den umfassenderen Begriff:

> „An economic partnership agreement (EPA) aims to strengthen bilateral economic ties in a wide range of areas, such as facilitating flows of services, investment and workers, in addition to tariff reduction, the key component of a free trade agreement (FTA)."[163]

III.7.1.3   Die zweite Phase (2000/01)

Der Übergang zur zweiten Etappe (2000/01) ist auch dadurch gekennzeichnet, dass die akuten Krisen der APEC- und der WTO-Verhandlungen Ende 1999 der vorsichtig konstituierten FTA-Agenda Japans in kurzer Zeit mehr Aktualität, Plausibilität und Dringlichkeit verschafften. Dies bildete die Grundlage für die offensive Propagierung des Konzepts durch die genannte Avantgarde. Über die Forderung nach baldiger Aufnahme von FTA-Verhandlungen mit Mexiko hinaus äußerte der KEIDANREN im Jahr 2000 mehrfach, dass es für Japan an der Zeit sei, den Widerstand gegen FTA generell aufzugeben und zu einer Politik der aktiven Verfolgung solcher Abkommen überzugehen. Er war es auch, der im Februar des folgenden Jahres den Vorschlag eines Japan-China-Korea-FTA auf den Tisch

---

[160] Eine der führenden Wirtschaftsdiplomatinnen Japans, Naoko Munakata, hielt noch im Dezember 2001 fest: „The idea of a Japan-Korea FTA has yet to be widely accepted by industry or the public in either country, and it would still be premature to start negotiations." (Munakata 2001: 16). Zur Entwicklung der japanisch-koreanischen Agenda siehe IDE (2000), KIEP (2000), Ahn et al. (2005).

[161] Der Sprachgebrauch ist nicht einheitlich: Aoki (2004) gibt sich große Mühe in der Differenzierung zwischen EPA und FTA, kommt aber zum Schluss: „... EPAs and FTAs are substantially the same thing. Why, then, do the Governments of Japan and ASEAN countries deliberately use such an unfamiliar term? Is it just a matter of terminology, or is there a broader vision that goes beyond what ‚FTAs‘ can draw? If so, what are Japan and its counterparts aiming for?" (S.1). Für Kotera (2005) handelt es sich um eine japanische Konvention: „‚Economic Partnership Agreement‘ or ‚EPA‘ is the term Japan uses to describe a free trade agreement (FTA)." (S. 1).

[162] So wurde beispielsweise am Japan-ASEAN Gipfeltreffen Ende 2002 in Phnom Penh „a partnership including elements of a free trade area" beschlossen (MOFA *Diplomatic Bluebook* 2002: 51).

[163] *TODAY'S KEY PHRASE: Economic Partnership Agreement*, Nihon Keizai Shimbun, 1.7.2004.

legte und Japan ein ASEAN+3-FTA als mittel- bis langfristiges Ziel vorgab. Intern entwickelte das METI konzeptionell die neue japanische Mehrebenen-Handelspolitik, ein Konzept, das zum ersten Mal im *White Paper* von 2000 verankert wurde. Neben vielen Konjunktiv-Formulierungen finden sich jetzt auch klare Empfehlungen in METI-Dokumenten: Japan solle mittels neuer Abkommen die regionale Integration vorantreiben. FTAs mit außer-ostasiatischen Ländern werden jedoch distanziert als Anliegen der Wirtschaft bezeichnet. JETRO, METI und KEIDANREN bauten ihre Argumentation aus: Nicht nur für Handel und japanische Auslandsinvestitionen, sondern auch für die Reform der Binnenwirtschaft seien neue außenwirtschaftliche Abkommen notwendig. Sie reflektierten damit Erfahrungen aus dem EU- und NAFTA-Raum: In vielen Fällen überwanden Regierungen den Widerstand von Binnenkoalitionen durch den Abschluss internationaler Abkommen, die innenpolitisch nachvollzogen werden mussten und zu Reformen im Sinne der Regierung führten.[164] Auch in Japan sollte zunehmender Wettbewerbsdruck infolge der Implementierung von FTA bisher abgeschottete Wirtschaftssektoren dynamisieren. Damit schlug die FTA-Avantgarde diskursiv Brücken zur damaligen Hauptagenda der japanischen Politik, nämlich innere Reformen zur Revitalisierung der Wirtschaftsentwicklung. Traditionell stärker multilateral orientiert als das METI, hatte das *MOFA* vor 2000 noch keine klare, konsistente Position bezüglich neuer bilateraler Abkommen bezogen.[165] Wie auch das Finanzministerium (MOF) hatte das MOFA in den Jahren der Bewältigung der ‚Asienkrise' aber eine deutlich positivere Haltung gegenüber der Idee des Aufbaus regionaler, ostasiatischer Institutionen eingenommen als zuvor. In dieser zweiten Phase entdeckte und entwickelte auch das MOFA bilaterale Abkommen in diesem Kontext als neue Instrumente der japanischen Außenpolitik. In seinem jährlichen diplomatischen Blaubuch 2000 war die Einschätzung noch ambivalent: Regionale wirtschaftliche Kooperation habe das Potential, das multilaterale Handelssystem zu komplementieren, könne aber auch zu einem Auseinanderbrechen der Weltökonomie in protektionistische Blöcke führen.[166] Im zweiten Halbjahr 2000 fand ein Orientierungswechsel im MOFA statt, der seinen Ausdruck in einem Artikel des Generaldirektors des ‚Büros für wirtschaftliche Angelegenheiten' mit dem Titel *New Development in Japan's Economic Diplomacy – Toward Free Trade Agreements* fand.[167] Ende 2000 wurden im MOFA dann ein FTA/EPA-‚Hauptquartier' und eine FTA/EPA-Abteilung im ‚Büro für wirtschaftliche Angelegenheiten' gebildet.[168] Im 2001-Blaubuch ist

---

[164] Dieser Mechanismus ist u.a. als *tying hands* bezeichnet worden und dient dem Schutz bestimmter Vereinbarungen vor aktuellen oder zukünftigen politischen Veränderungen und soll ‚Abstrafungen' der Regierung bei Wahlen verhindern (siehe zur EU Sandholtz 1993, Gill 1998). Vgl. Urata (2003: 23): „Trade and FDI liberalization could play a catalytic role in carrying out policy reforms, which are very important for economic recovery but very difficult to carry out by simply relying on internal forces." Früher dienten v.a. Vorgaben der USA oder des GATT zur Durchsetzung von Reformen in Japan (Pempel/Urata 2004: 5).

[165] Kojima erklärt dies aus Kompetenzstruktur: „While the two ministries have substantial powers in handling economic matters in their respective spheres, the Foreign Ministry has no responsability for any specific economic matters and has no rights to hold negotiations with foreign countries on specific economic matters. In pursuing economic diplomacy, the Foreign Ministry thus had no alternative but to focus on multilateral international organizations..." (Kojima 2001: 47).

[166] „... while regional economic cooperation has the potential for complementing the multilateral trading system, it could also lead to the breakdown of the world economy into protectionist blocs." (MOFA *Diplomatic Bluebook 2000*, Kap. II.B.1.c).

[167] Erschienen in der November 2000 Ausgabe des Monatsmagazin *Chuo Koron* (Nr. 115/12; Manger 2005: 828, Kojima 2001: 46).

[168] *Launching of the Headquarters for the Promotion of Free Trade Agreements (FTAs) and Economic Partnership Agreements (EPAs) and Establishment of the Division for FTAs and EPAs* (12. November 2001): „The Head-

es bereits klar, dass bilaterale, regionale und inter-regionale Abkommen globale Arrangements sinnvoll ergänzen und stärken. Das Mehrebenen-Argument des METI wird aufgenommen, aber politisch erweitert: das praxisleitende Konzept ist „regionale Kooperation auf mehreren Ebenen" („Promotion of multi-layered regional cooperation in the Asia-Pacific"). Bereits im Sommer 2000 gehen Berichte des schon länger regionalismus-freundlichen *Finanzministeriums (MOF)* davon aus, dass mittels eines phasenspezifischen Mehrebenen-Handelspolitik, die bilaterale FTA mit der entstehenden *ASEAN Free Trade Area (AFTA)* kombiniert, eine ostasiatische Freihandelszone erreicht werden kann.[169] Mit diesen Positionsbezügen des MOFA und MOF hatte sich, trotz teilweise unterschiedlicher Perspektiven und Prioritäten, im Verlaufe des Jahres 2000 eine einflussreiche *Pro Bilateralismus und Regionalismus*-Koalition aus zentralen politischen Akteuren in Japan herausgebildet, die generell auch Rückendeckung durch den Premierminister erfuhr. Wenig überraschend führte dies auch zu Aufmerksamkeit bei Kräften, die tiefgreifenden Reformen ablehnend gegenüberstehen. Das Landwirtschaftsministerium (MAFF) schloss Anfang 2001 den Einbezug von Fischerei und Landwirtschaft in bilaterale Verhandlungen unter Hinweis auf den bereits vergleichsweise tiefen Selbstversorgungsgrad Japan mit Lebensmitteln kategorisch aus. In der regierenden Liberaldemokratischen Partei (LDP) begannen Überlegungen hinsichtlich einer strategischen Position, die die erwünschten Entwicklungen im Zusammenhang mit FTA von allenfalls unerwünschten Konsequenzen trennbar machen sollte.

Die genannten politisch-konzeptionellen Entwicklungen kamen zum Einsatz und wurden konkretisiert durch institutionell-prozedurale Innovationen in der Vorbereitung und Durchführung der *ersten bilateralen FTA-Verhandlungen* Japans. Der südostasiatische Stadtstaat Singapur, dessen Wirtschaft ausgeprägt weltmarktabhängig ist, reagierte früh auf die sich abzeichnenden Schwierigkeiten der ASEAN-, APEC- und WTO-Verhandlungen mit einer Strategie des Abschluss möglichst vieler, inner- wie transregionaler bilateraler Abkommen. Singapur reagierte auf die Nachrichten über die Überlegungen in Tokyo zur Neugestaltung bilateraler Beziehungen im Dezember 1999 mit einer offiziellen Anfrage für ein FTA. Dies eröffnete den japanischen Akteuren den Ausweg aus dem beschriebenen Korea/Mexiko-Dilemma. Singapur war die Drehscheibe des ASEAN-Raumes, mit dem Japan wirtschaftlich bereits stark verflochten war; gleichzeitig war dessen Wirtschaft aber auch klein genug, so dass keine größeren Verwerfungen für die japanische Binnenwirtschaft zu erwarten waren, die die öffentliche Meinung signifikant beeinflussen könnten. Vor allem aber waren die landwirtschaftlichen Exporte des Stadtstaates nach Japan gering, und Singapur hatte keine Ambitionen, dies zu ändern. Der Abschluss des ersten FTA mit Japan dürfte Singapur zudem einiges wert sein, und die Verhandlungsmacht des Stadtstaates war ohne ASEAN-Deckung relativ gering. Insgesamt waren also problemlose und rasch abzuschließende Verhandlungen zu erwarten, die in einem doppelten Sinne als ‚Testlauf' dienen würden: Erstens für die japanische Diplomatie, die praktische Erfahrungen mit bilateralen

quarters will conduct consultations concerning the formulation of Japan's comprehensive strategy for FTAs and EPAs, ways of ensuring a unified and coordinated response, and of supporting negotiations with specific countries on a ministry-wide basis. Under the FTA/EPA Headquarters, the FTA/EPA Division will plan and draft a comprehensive strategy for FTAs and EPAs, ensure a unified and coordinated response, and participate in FTA/EPA negotiations with specific countries." (www.mofa.go.jp/policy/economy/fta/launch0211.html).

[169] Vgl. MOF-Bericht vom Juni 2000, *The Road to the Revival of the Asian Economy and Financial System: Sustainable Growth in the 21st Century and Building of a Multilayered Regional Cooperative Network* (www.mof.go.jp).

FTA-Verhandlungen machen würde, und zweitens für die japanische Politik und Öffentlichkeit, die mit diesem Abkommen mit einem bei Japanern in hoher Gunst stehenden Land auf die weiteren vorbereitet würden. Mit dem Resultat, das sehr nahe an dem von Japan präferierten Ergebnis liegen dürfte, hätte man zudem ein Präzedenz- und Referenzabkommen für zukünftige Verhandlungen zur Hand. Aus der Sicht der japanischen Akteure sprach alles – außer dem wachsenden Zeitdruck für die vorläufig vertagten Verhandlungen mit Mexiko – für diesen FTA-Testlauf mit Singapur. Zwischen März und September 2000 tagte die gemeinsame Studiengruppe aus Beamten, Geschäftsleuten und Akademikern fünfmal, und der Abschlussbericht im gleichen Jahr kam zu einer positiven Einschätzung. Gleichzeitig lancierte der KEIDANREN eine Umfrage unter Mitgliedsverbänden und Unternehmen und gab deren Ergebnisse an die Regierungsinstitutionen weiter. Auch in die laufenden Verhandlungen (Januar bis Oktober 2001) gab der KEIDANREN regelmäßige Inputs. Der japanische Gewerkschaftsbund RENGO[170] legte seine Forderungen im Februar 2001 dar: Allgemein müssten FTA die jeweils geltenden Arbeitsverhältnisse und Regelungen der industriellen Beziehungen in beiden Ländern respektieren, und ein tripartites Gremium solle allfällige Verletzungen überprüfen. Bezüglich der Verhandlungen mit Singapur wurde vor allem betont, dass der japanische Arbeitsmarkt keinesfalls für nicht-qualifizierte Arbeitskräfte geöffnet werden dürfe – eine erste Warnung für die späteren Verhandlungen mit Ländern (zu denen Singapur nicht gehört), denen die Entsendung von Arbeitskräften nach Japan ein Anliegen ist.

Tatsächlich verliefen die Verhandlungen zügig und praktisch problemlos.[171] Das im Januar 2002 unterzeichnete *Agreement between Japan and the Republic of Singapore for a New-Age Economic Partnership (JSEPA)*[172] sah den fast vollständigen Abbau der Zollschranken vor, die gegenseitige Anerkennung von Standards, Erleichterungen für Investitionen und im Personenverkehr, eine Liberalisierung im Dienstleistungssektor über die WTO-Verpflichtungen hinaus sowie weitere Maßnahmen zur Vertiefung der wirtschaftlichen Verflechtung. Die Bestimmungen für Japan und Singapur gingen unterschiedlich weit. Bezüglich Industrieprodukten würde Singapur die Zölle vollständig abbauen, Japan zu 98%. Dienstleistungen würden zu 90% liberalisiert durch Singapur, zu 86% durch Japan. Agrarprodukte blieben ausgeschlossen, was im Falle Singapurs nur Exporte von Schnittblumen und Zierfischen betraf. Der seitens der japanischen Akteure betriebene Aufwand für die Verhandlungen (Konstituierung der Agenda, Konsultationen etc.) war beträchtlich und ist nur damit zu erklären, dass – wie METI- und MOFA-Vertreter sowie der Premierminister selber betonten – das Abkommen Modell und Grundlage für solche mit anderen Ländern bilden sollte.

Die japanische Regierung führte gleichzeitig umfassende Abklärungen bezüglich eines FTA mit *Mexiko* durch[173], während der KEIDANREN seinen Druck zur Aufnahmen von

---

[170] *Rengo's Requests Regarding Bilateral Trade/Investment Agreements – Japan-Korea Investment Agreement and Japan-Singapore Free Trade Agreement*; zur weiteren Entwicklung gewerkschaftlicher Positionen zu FTA siehe Watanabe (2004: 1-10).

[171] Zu Motivationen, Erwartungen und Verhandlungsverlauf siehe Munakata (2001), Urata (2001), Eguchi (2001), Ravenhill (2002b), Aoki (2004).

[172] Der Text des JSEPA findet sich auf der MOFA-Webseite (www.mofa.go.jp/region/asia-paci/singapore/agree 0201.html). Einschätzungen des JSEPA bei Ravenhill (2002b), Kimura (2004), Sen (2004), Pempel/Urata (2004).

[173] Auch hier wurde der Begriff FTA so lange wie möglich bedeckt gehalten. Die JETRO-Studiengruppe legte einen *Report on Closer Economic Relations between Japan and Mexico*, vor (April 2000). Der Bericht beginnt allerdings sofort mit der Frage „Warum ein FTA jetzt?" und diskutiert ausschließlich Vor- und Nachteile eines FTA. Auch die gemeinsame Studiengruppe Japan-Mexiko aus Regierungs- und Unternehmensvertretern und

Verhandlungen mit dem lateinamerikanischen Land aufrecht erhielt. Umgekehrt ließ sich der Wirtschaftsverband auf die von der Politik geschaffenen neuen Foren zur Eruierung gemeinsamer Wirtschaftsinteressen mit Korea (das erwähnte *Japan-Korea FTA Business Forum*) ein. Der KEIDANREN entwickelte Perspektiven für eine intensivierte F&E- und industrielle Kooperation mit Korea und sprach sich für ein Abkommen aus. Die Stellungnahmen aus den gemeinsamen Foren waren auch positiv, wobei die koreanische Seite in ihrem Positionsbezug kaum als von der gesamten koreanischen Wirtschaft aktiv mitgetragen bezeichnet werden kann. Die Erwartungen seitens der Politik waren hoch, aber die koreanischen Befürchtungen waren (und sind) groß, in einer „Freihandelszone" dem japanischen Wettbewerbsdruck in vielen Sektoren nicht standhalten zu können. Eine vertiefte „industrielle Kooperation" mit Japan wäre, das war den Beteiligten klar, bei sich weiter verschlechternder Handelsbilanz Koreas nicht lange aufrechtzuerhalten. Zudem war absehbar, dass Japan in der Landwirtschaft zu wenig Zugeständnissen bereit sein würde.

III.7.1.4   Die dritte Phase (2002/03)

Die 3. Phase (2002/03) kann als eigentlicher ‚Härtetest' für die neue Außenwirtschaftspolitik bezeichnet werden. Die Verhandlungen mit Singapur dienten als ‚Testlauf', die Aufnahme, Durchführung und der Abschluss der FTA-Verhandlungen mit Mexiko stellten die eigentliche Hürde dar. Ein japanischer Kommentar brachte es auf den Punkt: Im Vergleich mit dem FTA-Versuchskaninchen Singapur war Mexiko ein räuberischer Wolf.[174] Wie erwähnt war die Ausgangslage für die japanische Seite ungünstig. Obwohl von der mexikanischen Regierung vorgeschlagen, befand sich Japan in den FTA-Verhandlungen stärker in der Rolle des Nachfragers, war aber gleichzeitig wenig flexibel was die Verhandlungsmasse betraf. Landwirtschaftsprodukte machten mehr als 20% der Gesamtexporte Mexikos nach Japan aus, womit ohne Zollabbau in diesem Sektor das WTO-Kriterium für FTA, nämlich mindestens 90% des Handels abzudecken, nicht zu erfüllen war. Zudem stellte Schweinefleisch das bedeutendste landwirtschaftliche Exportgut Mexikos dar – ein Produkt, das in Japan einer der striktesten und politisch sensibelsten Marktregulierung unterworfen ist. Die Verhandlungen sollten im Herbst 2003 abgeschlossen werden, Marathonverhandlungen im Oktober in Tokyo den Durchbruch bringen. Der mexikanische Wirtschaftssekretär Fernando Canales wurde später in der Presse zitiert, dass er nicht noch einmal durch solche Verhandlungen mit drei Ministerien gleichzeitig gehen wolle.[175] Der japanische Premierminister gab bekannt, dass man ein „90%-Abkommen" erreicht habe – aber keinen Abschluss. Mexiko blieb hart in der Frage des Exports von Orangen und Orangensaft, sowie Hühner-, Rind- und Schweinefleisch. Für das Landwirtschaftsministerium war die Schmerzgrenze erreicht, und der Premierminister fürchtete um Rückwirkungen auf die anstehenden Unterhaus-Wahlen. Die Verhandlungskrise machte die schlimmsten Befürchtungen der Unternehmerverbände wahr, nämlich dass Japans Agrarprotektionismus zu Verschlechterungen des Marktzugangs und der Investitionsbedingungen in Übersee führen werde. Dementsprechend harsch fielen die Stellungnahmen und Kommentare im Oktober/

Akademikern, bekam den Auftrag, „Wege zur Verstärkung der bilateralen Beziehungen, unter Einschluss der Möglichkeit eines bilateralen FTA" abzuklären.

[174] „If Singapore is seen as a free-trade guinea pig, Mexico looks like a predatory wolf' (*Japan skittish about emerging from FTA lab*, Japan Times, 3.8. 2001).

[175] *Japan needs to develop coordinated trade policy amid era of FTA talks*, Japan Times, 31. 12. 2003.

November aus.[176] Dies war einer der Faktoren, die die Wirtschaftsverbände dazu brachte, eine direkte Beteiligung an Verhandlungen und die Einrichtung einer starken handelspolitischen Zentrale in der Regierung zu fordern. Mexiko kündigte zu Beginn des Jahres 2004 an, Ende März die Verhandlungen als ergebnislos abzubrechen. Erst ein erneuter Verhandlungs-*showdown* brachte den Durchbruch, „ending nearly 16 months of bitter negotiations"[177]. Im *Agreement between Japan and the United Mexican States for the Strengthening of the Economic Partnership*[178] wurden nun ein sofortiger Zollabbau in einzelnen Bereichen (Elektronik, Haushaltsgeräte, Produktionsanlagen und Automobile) und ein Auslaufen der Zölle fast aller Industrieprodukte innerhalb von zehn Jahren vereinbart. Für ca. 300 landwirtschaftliche Produkte einschließlich Kaffeebohnen und Wein werden die Zölle abgeschafft bzw. zollfreie Quoten gewährt. Andere Agrarprodukte wie Reis, Weizen, Äpfel, Mandarinen, Milchprodukte und Blauflossenthunfisch fallen nicht unter die Zollbefreiung. Komplizierte Sonderregelungen mit anpassbaren Quoten resp. Zollsätzen gibt es für die genannten fünf am härtesten umkämpften Produkte (Orangen, Fleisch).

Tabelle III.7.2: Hindernisse für japanische Unternehmen im Ausland – Ergebnisse einer JETRO-Umfrage, Juni 2002

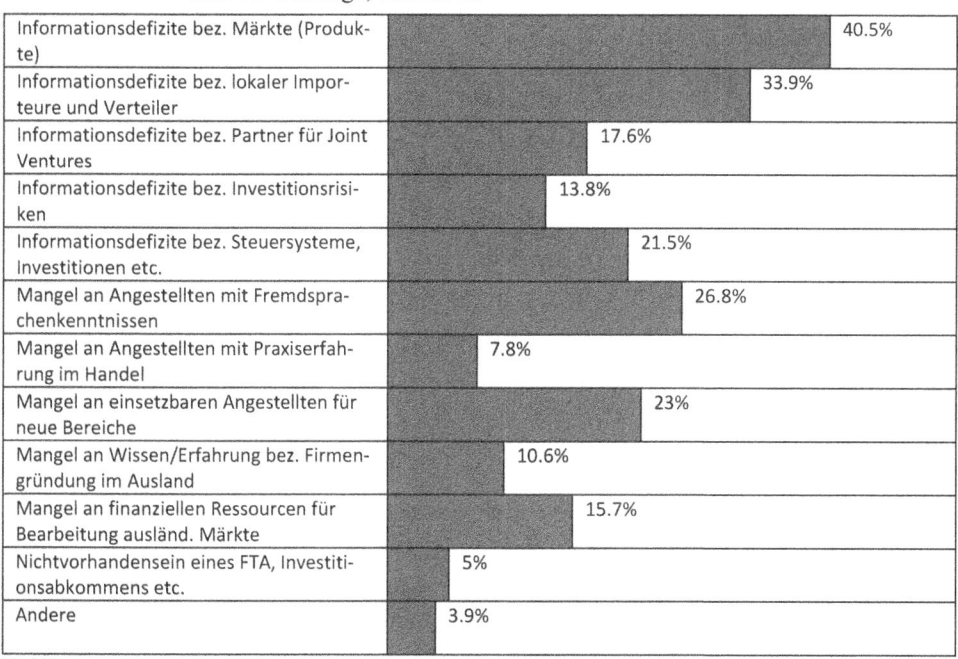

Informationsdefizite bez. Märkte (Produkte)	40.5%
Informationsdefizite bez. lokaler Importeure und Verteiler	33.9%
Informationsdefizite bez. Partner für Joint Ventures	17.6%
Informationsdefizite bez. Investitionsrisiken	13.8%
Informationsdefizite bez. Steuersysteme, Investitionen etc.	21.5%
Mangel an Angestellten mit Fremdsprachenkenntnissen	26.8%
Mangel an Angestellten mit Praxiserfahrung im Handel	7.8%
Mangel an einsetzbaren Angestellten für neue Bereiche	23%
Mangel an Wissen/Erfahrung bez. Firmengründung im Ausland	10.6%
Mangel an finanziellen Ressourcen für Bearbeitung ausländ. Märkte	15.7%
Nichtvorhandensein eines FTA, Investitionsabkommens etc.	5%
Andere	3.9%

N=897
Quelle: *Survey on Overseas Expansion by Japanese Firm*, JETRO White Paper (2002: 28).

---

[176] Die Skala reichte von „außerordentlich bedauerlich" am unteren Ende bis zu Aussagen über die komplette Unfähigkeit der japanischen Regierung, die nationalen Interessen Japans zu artikulieren und zu vertreten.
[177] Japan Times, 13.3. 2004.
[178] Der englische Text des Abkommens findet sich u.a. auf der MOFA-Webseite (www.mofa.go.jp/region/latin/mexico/agreement/). Zum Inhalt vgl. Japan Brief des Foreign Press Center (FPC) Japan, *Japan und Mexiko einig über Abschluss eines Freihandelsabkommens* (Nr. 0413 vom 31.03.2004; www.botschaft-japan.de/presse).

Trotz des Abschlusses eine Abkommens mit Singapur, laufenden Verhandlungen mit Mexiko und des anhaltenden Drucks seitens der Wirtschaftsverbände für Verhandlungen mit weiteren ostasiatischen und lateinamerikanischen Ländern betrachteten im Sommer 2002 nur wenige japanische *Unternehmen* das Nichtvorhandensein eines FTA und/oder Investitionsabkommens als bedeutendes Hindernis in ihren Internationalisierungsbemühungen, nämlich 5% von 897 befragten Firmen (Tab. III.7.2).[179]

Gleichzeitig mit den Verhandlungen mit Mexiko (und in Interaktion mit den laufend gemachten Erfahrungen) entwickelten die japanischen Akteure in dieser Phase ihre FTA-Politiken weiter. Nur das METI hatte die konzeptionelle Entwicklung bereits 2000/01 weitgehend abgeschlossen. Sie bildet seither ein neues Element in der als Mehrebenenansatz charakterisierten neuen Außenwirtschaftspolitik (Abb. III.7.2), da zur bisherigen WTO-Ebene auch diejenige regionaler und bilateraler Kooperation treten.

Abbildung III.7.2: Japans neue Außenwirtschaftsstrategie (Mehrebenenansatz)

WTO

* Grundlage für Welthandel

* Schaffung gemeinsamer Regeln durch multilaterale Verhandlungen und die Entwicklung eines Streitschlichtungssystems zur Durchsetzung dieser Regeln

* Ausweitung der Kompetenzen in einer neuen Runde zu erreichen, nicht nur (1) im Zollbereich, sondern auch (2) Verbesserung und Verstärkung der Antidumping- und anderer Regeln und (3) Schaffung von Investitionsregeln und Einschluss des Umweltschutzes

Regionale Kooperation

* Stärkung spezieller Partnerschaften mit bestimmten Ländern und Regionen (inklusive Gebiete, die nicht von WTO abgedeckt werden)

* Regionale Integration schreitet voran, überall auf der Welt (NAFTA -> FTAA, EU -> Erweiterungen)

* In Asien APEC, ASEM und andere lockere Kooperationsformen

Bilaterale Kooperation

* Übergang vom Beseitigen einzelner Handelsfriktionen zur Verstärkung umfassender Partnerschaften (wirtschaftliche Partnerschaftsabkommen mit Singapur und Mexiko, Dialog mit USA)

Abkürzungen: APEC – Asia Pacific Economic Cooperation; ASEM – Asia-Europe Meeting; FTAA –Free Trade Area of the Americas; NAFTA – North American Free Trade Agreement.
Quelle: METI, *White Paper on International Trade 2002*, S. 192.

---

[179] *Survey on Overseas Expansion by Japanese Firm*, JETRO White Paper 2002: 28.

In den Jahren 2002/03 entwickelte das METI Kapazitäten zur Vorbereitung von Verhandlungen mit mehreren Ländern gleichzeitig und zur langfristigen Planung weiterer FTA. Zur Erhebung der Wirtschaftsinteressen setzte das Ministerium 2003 die *Study Group for East Asian Business Strategy (SGEABS)* ein. Deren Ergebnisse flossen ein in das Konzept eines (anzustrebenden) Ostasien-weiten, für transnational operierende Unternehmen optimalen Arrangements von Produktionsfaktoren. Voraussetzung für dessen Realisierung ist, so der Bericht, der Abbau sämtlicher mobilitätsbehindernden Regulierungen wie Zölle, organisatorische und technische Inkompatibilitäten, Aufenthaltsrestriktionen für Kader etc. Der KEIDANREN erklärte als Ziel einen „vollständig integrierten ostasiatischen Markt", eine „Zone freier wirtschaftlicher Aktivität in Ostasien". Das MOFA entwickelte in dieser Phase seine eigene FTA-Strategie; dies fand seinen vorläufigen Abschluss in dem im Oktober 2002 veröffentlichten Bericht *Japan's FTA Strategy*. FTA werden darin als „äußerst nützliche Instrumente" zur Vertiefung und Verbreiterung der Beziehung zu Partnerländern bezeichnet. Priorität solle, so der Bericht, den Ländern der Region Ostasien zukommen.

Die *Gegner* der Reorientierung der außenwirtschaftlichen Strategie Japans hatten die Bedeutung der neuen Abkommen für die Auseinandersetzungen um die binnenwirtschaftlichen Reformen früh erkannt. Während der Verhandlungen mit Singapur hatte das MAFF seine Ausgangsposition – keine Konzessionen über WTO-Niveau hinaus, also kein Einbezug von Landwirtschaft und Fischerei in bilaterale Abkommen – halten können. In der Phase 2002/03 entwickelten die nicht zur ‚FTA-Koalition' gehörenden Kräfte Kapazitäten, um mit dieser mithalten zu können. Das MAFF richtete eine *FTA Task Force*, die LDP ein FTA-Komitee ein. An verschiedenen Veranstaltungen wurde ‚Gegendruck' erzeugt, indem mögliche negative Auswirkungen auf bestimmte wirtschaftliche und gesellschaftliche Sektoren (wachsende Abhängigkeit vom Ausland, Untergang ganzer Wirtschaftsbereiche und Regionen, Arbeitsplatzverluste, Lohndruck, Überfremdung und steigende Kriminalität) aufgezeigt und ausgemalt wurden. Die interministerielle Konkurrenz verstärkte sich. Der KEIDANREN reagierte darauf und begann seinerseits, auf das MAFF Druck auszuüben. Ergebnis war, dass dieses zwar nicht seine ursprüngliche Position aufgab, aber doch Kompromissbereitschaft zu signalisieren begann. Im Verlaufe der Gespräche mit Mexiko wuchs der Druck auf das MAFF weiter, und das Ministerium wurde für das Scheitern der Verhandlungen im Oktober 2003 direkt verantwortlich gemacht.[180] Im Verlaufe des Jahres 2003 setzten die Unternehmerverbände auch die die MAFF-Politik stützende LDP unter Druck, ihren Widerstand gegen FTA aufzugeben. Der KEIDANREN verknüpfte dies effektiv mit der Frage der Parteifinanzierung.

Bestanden die innerjapanischen Auseinandersetzungen bislang eher in einem zähen Ringen um Positionen, so schlug dies im Herbst 2003 in einen offenen Konflikt um. Dies hing einerseits mit der geschilderten Krise in den FTA-Verhandlungen mit Mexiko zusammen, andererseits mit dem Scheitern der WTO-Verhandlungen in Cancún. In beiden Fällen gelang es der japanischen Verhandlungsführung aufgrund der Unflexibilität bezüglich landwirtschaftlicher Güter nicht, eine dynamisierende Position einzunehmen resp. zu halten. In METI und MOFA sahen viele das als Scheitern der traditionellen koordinierten Verhandlungsführung generell. Der KEIDANREN realisierte, dass er trotz seiner zentralen Stellung im politischen System Japans nicht in der Lage war, die japanische Verhandlungsführung in entscheidenden Momenten zu beeinflussen. Die Kritik richtete sich darüber hinaus zunehmend auf Systemelemente. Unter Führung der Wirtschaftsverbände wurde im

---

[180] Zur gegenwärtigen FTA-Position des Landwirtschaftsministeriums siehe MAFF (2004a, b).

vierten Quartal des Jahres 2003 eine politische Kampagne für eine bessere interministerielle Koordination und die Schaffung einer neuen zentralen handelspolitischen Agentur nach dem Vorbild des *Office of the U.S. Trade Representative* lanciert. Zahlreiche KEIDANREN-Vertreter und bekannte Unternehmer veröffentlichten gleich gerichtete und ähnlich lautende Artikel und Memoranden, denen sich mehrere ehemalige Minister und Beamte anschlossen.

Hauptadressat der Kampagne war der Premierminister, der das Heft in die Hand nehmen sollte. Dieser verordnete interministerielle Koordinationssitzungen zur Verbesserung der japanischen FTA-Planung und Verhandlungsführung, sprach sich aber gegen die Schaffung einer neuen Agentur aus. Wie in zahlreichen Interviews mit dem Autor betont wurde, war dies keine Absage an stärkere politische Führung, sondern gegen den Aufbau eines neuen Amtes und die Einsetzung eines neuen Ministers gerichtet, die angesichts des Gewichts der großen Ministerien sowieso keine große Wirkung entfalten würden. An einer verbesserten interministeriellen Koordinierung hingegen führt kein Weg vorbei, außer das japanische Verwaltungssystem würde grundsätzlich umstrukturiert, was in naher Zukunft nicht zu erwarten ist.

Für die japanische ,FTA-Koalition' (METI/KEIDANREN/MOFA plus Premierminister) war unbestritten klar, dass Abkommen mit der ASEAN nächste Priorität haben würde. Seit dem Plaza-Abkommen von 1985 und der darauf folgenden Aufwertung des Yen hatte sich Japan rasch zum bedeutendsten Handelspartner und Investor für die meisten südostasiatischen Länder entwickelt. Traditionell kamen aus Tokyo auch die meisten Entwicklungshilfegelder für die Region, und zur Bewältigung der Folgen der ostasiatischen Finanzkrise hatte Japan wirtschaftspolitische Berater und gewaltige Finanzmittel bereit gestellt. Diese Faktoren zusammen hatten historisch motivierte Vorbehalte gegenüber japanischen Vorschlägen zur Organisation regionaler Austauschprozesse weitgehend verschwinden lassen. Die Kooperation Japan-ASEAN entwickelte sich kontinuierlich im Sinne (und gemäß der Tempovorgabe) Tokyos, bis Ende der 90er Jahre das Erscheinen eines neuen regionalen Akteurs die Spielregeln änderte: Die Volksrepublik China begann, ihre neue Position als wirtschaftliches Gravitationszentrum in eine regionale politische Führungsrolle umzusetzen. Die umworbenen ASEAN-Länder reagierten auf die konkurrierenden Initiativen aus Nordostasien bereits 2000 mit einem Vorschlag zur Bildung einer ganz Ostasien einschließenden Freihandelszone. Dieser ASEAN-Vorschlag und die grundsätzliche Zustimmung signalisierende Position Chinas drohten die schrittweise und Fall-zu-Fall-Strategie Japans an die Wand zu spielen. In den darauf folgenden Monaten und Jahren nutzte die chinesische Regierung, unbehindert durch interne interessenvermittelnde demokratische politische Prozesse, ihre größere politische Handlungsfähigkeit. In Tokyos Regierungsdistrikt Kasumigaseki war man entsetzt über das rasante Entwicklungstempo der chinesischen Ostasien-Strategie. Japan befand sich noch nicht einmal in der heißen Phase der ersten FTA-Verhandlungen mit unter Einschluss des Landwirtschaftssektors, die für das Schicksal der neuen Außenwirtschaftspolitik von entscheidender Bedeutung waren, und sah sich vor die Herausforderung gestellt, im Bezug auf die Avancen Chinas gegenüber der ASEAN nicht den Anschluss zu verlieren. Bereits Mitte 2001 lag ein Bericht über ein China-ASEAN-FTA vor, während Japan/ASEAN erst im Begriff waren, eine Studiengruppe einzusetzen. Kaum war dies dann geschehen (Sept. 2001), einigten sich China und ASEAN auf den Beginn von Verhandlungen (Nov. 2001). Im gleichen Zeitraum begann zudem der nach Singapur zweite südostasiatische FTA-Champion, Thailand, seine Fühler nach möglichen

Partnerländern auszustrecken, was von der Volksrepublik rasch positiv beantwortet wurde. Japan sah sich in einer immer schneller werdenden „FTA-Spirale" (Munakata 2001: 17). Die FTA-Planer in den Ministerien standen unter hohem Zeitdruck und vor einer Reihe diplomatisch-strategischer Probleme. Die ASEAN-Länder befanden sich nicht nur auf wirtschaftlich unterschiedlichen Entwicklungsstufen, sondern unterschieden sich auch deutlich bezüglich ihrer politischen Systemstrukturen und Stabilitätsniveaus. Zudem waren sie in unterschiedlichem Masse bereits mit Japan wirtschaftlich und politisch verbunden. Die Abkommen sollten, so die japanischen Überlegungen, maßgeschneidert auf die bisherige wirtschaftliche Verflechtungssituation und deren geplante Entwicklungsrichtung im Rahmen einer auf Japan ausgerichteten großregionalen Arbeitsteilung passen. Ende 2002 erlebte Japan dann eine als diplomatische Niederlage empfundene Situation am ASEAN-Gipfel in Phnom Penh, Kambodscha. Die ASEAN schloss mit China ein umfassendes und ambitiöses FTA-Rahmenabkommen, während Premierminister Koizumi einen Tag später einen Pakt ankündigte, der zu einem vage definierten „Partnerschaftsabkommen"[181] führen sollte. In Japan verbreitete sich die Wahrnehmung, dass sich das Land überall in einer Defensivsituation befinde, und dass das „neue Asien" ohne Japan geboren werde.

Die japanische Regierung entwickelte dann unter hohem Druck ein Verhandlungskonzept, das mit den ASEAN-Ländern abgestimmt wurde (dazu ausführlich in Kapitel III.8.2). Grundidee war, mit den wirtschaftlich bedeutendsten und politisch dazu bereiten ASEAN-Ländern Thailand, Malaysia und den Philippinen bilaterale Abkommen zu schließen. Des weiteren baute die japanische Strategie auf der erfolgreichen Implementierung der *ASEAN Free Trade Area (AFTA)* auf, die die Realisierung einer friktionslosen inner-südostasiatischen Arbeitsteilung ermöglichen soll. Die entstehende bilaterale FTA-Struktur (Japan-Philippinen, Japan-Thailand, Japan-Malaysia etc.) sollte anschließend im ASEAN-Rahmen multilateralisiert werden, womit ein bedeutender Teil des Konzepts eines ostasiatischen Wirtschaftsraumes in japanischem Interesse organisiert wäre. Der KEIDANREN, der bislang vor allem die AFTA-Realisierung positiv zu beeinflussen suchte, entwickelte das ASEAN-Konzept in Kooperation mit dem METI und trug das japanische Verhandlungskonzept vollständig mit. In den folgenden Monaten und Jahren äußerte er sich regelmäßig mit anderen Wirtschaftsverbänden für einen raschen Abschluss der Verhandlungen mit den genannten drei Ländern.

Die Verhandlungen mit den drei ASEAN-Ländern sollen bis zum 10. ASEAN-Gipfel in Vientiane Ende 2004 abgeschlossen werden, Verhandlungen mit der ASEAN als ganzer im April 2005 beginnen, und eine Freihandelszone bis 2012 verwirklich sein. Zu den erwarteten Problemen im Agrarbereich kam, dass die Philippinen und Thailand mit einer Öffnung des japanischen Arbeitsmarktes rechneten. Der erstmalige Einschluss von Immigrationsfragen in FTA-Verhandlungen würde unweigerlich neue japanische Akteure auf den Plan rufen und damit zu Rückwirkungen auf die neue außenwirtschaftliche Strategie führen. Wie erwähnt, hatte sich der Gewerkschaftsbund RENGO schon 2001 gegen die Öffnung des japanischen Arbeitsmarktes ausgesprochen. Der KEIDANREN seinerseits bezog vor Verhandlungsbeginn mit den südostasiatischen Ländern Stellung für die vermehrte Akzeptanz ausländischer Arbeiter in Japan: Seine Politikempfehlungen vom November 2003 standen unter dem Titel *Bring Dynamism of Diversity into Japan by Opening Doors to Transnational Human Resources.*

---

[181] Für das zu erarbeitende Abkommen etablierte sich der Begriff *ASEAN-Japan Comprehensive Economic Partnership (JACEP)*. Siehe dazu IDE (2001), MOFA *Diplomatic Bluebook* (2002: 51ff).

III.7.1.5   Die vierte Phase (2004/05)

In den Jahren 2002/03 (hier als 3. Etappe bezeichnet) wurden bilaterale Wirtschaftsabkommen in der japanischen Außenwirtschaftspolitik definitiv durchgesetzt und verankert. In Rahmen der laufenden Verhandlungen setzte sich die ‚FTA-Koalition' in hartem Ringen gegenüber anderen Kräften durch, und sie entwickelte Konzepte und Verfahren für weitere FTA. Für die geplante Verhandlungsführung mit mehreren Ländern gleichzeitig waren die Kapazitäten noch zu gering, weshalb es Anfang der 4. Phase, nämlich im Januar 2004, zu einem weiteren Aufstocken der FTA-Stäbe kam. Ab diesem Zeitpunkt führte Japan FTA-Verhandlungen mit fünf resp. nach dem Durchbruch mit Mexiko mit vier Ländern gleichzeitig. Wie erwähnt reagierte Premierminister Koizumi auf die Forderungen nach stärkerer politischer Führung und besserer Abstimmung zwischen handelspolitisch relevanten Institutionen mit der Einberufung interministerieller Koordinierungssitzungen (*Council of Related Ministers for the Promotion of Economic Partnership*). Die erste dieser Art fand am 30. März 2004 statt; beteiligt waren 15 Minister (10 Ministerien, eine Agentur und vier von der Regierung eingesetzte Kommissionen repräsentierend), eine Zahl, die das Ausmaß der anstehenden Koordinierungsbemühungen verdeutlicht. Der Premierminister betonte den Stellenwert von FTA für die weitere Internationalisierung der japanischen Wirtschaft, die man mit – auch schmerzhaften – Binnenreformen bezahlen müsse, was aber im Ergebnis die Wirtschaft insgesamt stärken werde. Einmal mehr erhöhte der Premierminister den Druck auf die Ministerien, in erster Linie auf das MAFF, das sich in einer unbequemen Defensivsituation befand, während METI und MOFA Rückendeckung erhielten. Er bezog damit auch Stellung im Positionskampf innerhalb der LDP, in der im Frühling 2004 die grundsätzlichen FTA-Befürworter zunehmend die Oberhand gewannen. Ergebnis der Sitzung vom 21. Dezember 2004 war eine weitere Systematisierung der FTA-Politik Japans. Erstmals wurde eine Liste mit 12 Kriterien zur Bewertung potenzieller Kandidatenländer für ein bilaterales Abkommen erstellt. Zunächst kam dabei eine starke Orientierung auf Ostasien zum Ausdruck: Als für Japan nützliche FTA gelten zunächst solche, die zur Stabilisierung und Gemeinschaftsbildung in der Region beitrügen; Koizumi bekräftigte auch, dass das entstehende FTA-Netz zu einer „ostasiatischen Gemeinschaft, ähnlich der EU" führen soll. Darüber hinaus erklärte sich die Regierung aber auch interessiert an Abkommen mit Ländern, die das Gewicht Japans in den multilateralen Verhandlungen erhöhen würden, die zu den strukturellen Reformen und zur weiteren Internationalisierung der japanischen Wirtschaft signifikant beitragen könnten, gleichzeitig aber möglichst wenig Friktionen in sensiblen Bereichen verursachen sollten.[182]

Da FTA in Zukunft in der japanischen Außenwirtschaftspolitik weiter an Bedeutung gewinnen werden und sowohl die Deckungsbreite (Zahl der Länder) als auch die Deckungstiefe (Zahl der betroffenen Sektoren resp. Politiken) zunehmen wird, sah die ‚FTA-Koalition' die Notwendigkeit, zur Verhinderung möglicher negativer Rückwirkung eine aktivere Unterstützung in der Öffentlichkeit zu organisieren. Dabei ging es wie immer bei solchen Kampagnen darum, den in Frage stehenden Neuerungen, in diesem Fall FTA, (1) generell ein positives Image zu verschaffen, (2) das Gewicht der positiven, populären gegenüber den negativen, unpopulären Aspekten zu betonen, und (3) als Hintergrund einen Niedergangsdiskurs mit alarmistischen Tönen zu etablieren. Die japanische Kultur zeichnet sich (wie auch die anderen konfuzianisch geprägten Kulturen Ostasiens) aus durch eine

---

[182] Asahi Shimbun, 22.12. 2004; Japan Times, 22.12. 2004, Webseite des Außenministeriums (www.mofa.go.jp).

sehr hohe Wertschätzung von Lern- und Mobilisierungsbereitschaft, Leistung und Führungspositionen im internationalen Vergleich. Japan (und Ostasien) wurde schon Ende der 90er Jahre, als regionale und bilaterale Abkommen von der japanischen FTA-Avantgarde umbewertet wurden, als „Nachzügler" charakterisiert. War man vorher stolz, einer der Musterschüler des Multilateralismus zu sein, galt es nun, im neuen Bilateralismus nicht abgehängt zu werden. Japan müsse, so der Tenor, auch bezüglich FTA eine Spitzenposition einnehmen („Japan in the global FTA race"[183]). Wie immer wurde die Messlatte in Japan höchstmöglich gehängt; es ging nicht nur darum, innerhalb Ostasiens China zu übertreffen, sondern diesbezüglich auch mit Nordamerika und Europa gleichzuziehen. Die einflussreiche *Nihon Keizai Shimbun* gab dabei das Trommelfeuer vor, das dann in weniger bedeutenden Medien seinen Widerhall fand:

> „With the World Trade Organization no longer able to function in the way it was intended, major industrialized countries are certain to place greater weight on bilateral or regional free trade agreements. This will place Japan in an even more difficult position because it lags behind other countries in forming FTAs." (*ANALYSIS: Breakdown In WTO Talks To Prompt FTAs Among Major Nations*, Nihon Keizai Shimbun, 16.9.2003)

> „Japan is seen falling behind the U.S. and European nations in its efforts to conclude EPAs" (*TODAY'S KEY PHRASE: Economic Partnership Agreement*, Nihon Keizai Shimbun, 1.7. 2004)

> „The name of the game is speed as delay means lost opportunities and a competitive disadvantage. In Asia, China has been the clear front-runner in this race. (...) Japan will suffer a costly defeat in the increasingly fierce FTA battle." (Leitartikel *Japan Suffering From Lack Of FTA Czar*, Nihon Keizai Shimbun, 21.9. 2004)

> „A further delay in responding to the regional rush toward trade liberalization could be disastrous for Japan's national interests." (Leitartikel *East Asia Should Move Toward „Open Community"*, Nihon Keizai Shimbun, 1.12. 2004)

> „Japan is clearly lagging behind the U.S., Europe and China in the global FTA race." (*Koizumi Raises Political Stakes On FTAs*, Nihon Keizai Shimbun, 23.12. 2004)

Als Negativfolie für die FTA-Politik dient ein Niedergangsszenario: Schafft Japan den Anschluss nicht an die ‚FTA-Weltspitze', dann droht der wirtschaftliche Abstieg. Häufig wurde auf das Verhältnis BIP Japan/BIP Ostasien Bezug genommen: Machte Japans BIP Ende der 80er Jahre noch rund drei Viertel des BIP der Region aus, so waren es 2000 ‚nur' noch zwei Drittel.[184] Nach einen Jahrzehnt der internen Wachstumsschwäche stießen neue Lösungsvorschläge für die japanische ‚Misere' auf gute Resonanz. Ökonometriker in METI und Regierungs-*Think Tanks* kalkulierten die ‚Kosten der Nichtverwirklichung von FTAs' und die Wachstumseffekte der neuen Abkommen in Promillen.[185] In der Presse machten

---

[183] Nihon Keizai Shimbun-Leitartikel, *Koizumi Raises Political Stakes On FTAs*, 23.12. 2004.

[184] Vgl. Urata (2003), *Formation of Economic Partnership Agreements – The Last Chance for Japan to Become a Regional Leader in East Asia* (sic), „The declining importance of Japan in East Asia", S. 21. Natürlich hat dies viel mehr mit dem Aufstieg anderer ostasiatischer Länder als mit einem Niedergang Japans zu tun. Drei Viertel des ostasiatischen BIP zu haben resp. zu halten kann schwerlich als wirtschaftspolitische Zielvorgabe dienen.

[185] Als FTA-Begründung dienen üblicherweise die Ergebnisse von Computersimulationen mit Handelsdaten (*computable general equilibrium, CGE, models*). Ein FTA mit Südkorea z.B. würde das BIP Japans angeblich um 0.009% steigern, und sogar der Einschluss von ASEAN und China würden zusammen nur etwa ein Promille

Ende 2004/Anfang 2005 sagenhafte Zahlen aus dem Wirtschaftsinstitut des Kabinettsbüros die Runde: Schließt China vor Japan ein FTA mit der ASEAN, würde dies in Japan zu einer BIP-Reduktion von 0.07% und damit zu Verlusten von 360 Milliarden Yen und 50'000 Arbeitsplätzen führen. Schließe Japan hingegen ein Abkommen mit der ASEAN vor China, könnten 150'000 bis 260'000 neue Arbeitsplätze in Japan entstehen.[186] 2004 wurde auf Initiative eines Ökonomieprofessors an der Tokyo-Universität ein *National Council on promotion of economic integration to revitalize Japan* gegründet, der neben bekannten Wirtschaftsvertretern und Akademikern auch prominente Lokalpolitiker, Schauspieler und Showstars einschloss.[187] FTA sind in Japan inzwischen populär, auch wenn die Kenntnisse über die Verhandlungsgegenstände in der Bevölkerung nach wie vor gering sind.

Der wachsenden Bedeutung von FTA in den politischen Diskursen in Japan standen lange bescheidene Fortschritte in den laufenden Verhandlungen gegenüber. Die optimistisch geplanten Verhandlungsabschlüsse auf Ende 2004 ließen sich nicht realisieren, mit Ausnahme eines Abkommens in Grundzügen („agreement in principle on major elements") mit den *Philippinen*, dem *Japan-Philippines Economic Partnership Agreement (JPEPA)*[188] (dazu ausführlich in Kapitel III.8.3). Als Ziel wird „ein freierer [*sic*] grenzüberschreitender Fluss von Gütern, Personen, Dienstleistungen und Kapital" genannt. Es beinhaltet weit gehenden Zollabbau für Industriegüter mit Ausnahmen im Stahlbereich. Bezüglich Landwirtschaftsgütern konnte Japan seine Positionen weit gehend durchsetzen; die zahlreiche Quotenregelungen und verbleibende Zollsätze verhindern einen eigentlichen Agrarfreihandel. Für eine begrenzte Anzahl philippinischer Krankenschwestern und -pfleger wird es japanische Arbeitserlaubnisse geben, die nach Qualifikationsprüfungen verlängert werden können. Trotz selektiver Vertiefung schreibt das Abkommen somit in vieler Hinsicht die bestehenden Austauschbeziehungen fest. Das JPEPA wurde 2006 unterzeichnet und soll 2008 in Kraft treten. Auf ähnlicher Grundlage gelang mit Malaysia und Thailand eine Einigung auf ein Abkommen in Grundzügen im Mai bzw. September 2005. Im gleichen Zeitraum wurden Verhandlungen mit Indonesien aufgenommen, und dann im folgenden Jahr auch mit Brunei (sowie Chile). Die japanische Verhandlungsstrategie mit den ASEAN-Ländern wird ausführlich analysiert im folgenden Kapitel III.8.

Die Verhandlungen mit *Südkorea*, seit Dezember 2003 im Gange, verloren stetig an Dynamik. Die Fronten verhärteten sich zunehmend, und die WTO-Klage Südkoreas gegen Japans *Nori*[189]-Importpraxis im Dezember 2004 (nachdem erstmalig auch Importe aus China zugelassen werden sollen) deutete nicht auf eine baldige Verständigung zwischen den beiden Ländern hin. Im offiziell als *Japan-Korea Friendship Year* bezeichneten 2005 fanden überhaupt keine offizielle Treffen statt. Zu den koreanischen innenpolitischen Konflik-

Wachstum bringen (vgl. Pempel/Urata 2004: 10-16), Park/Urata/Cheong 2005: 15-21). Schiff/Winters (2003) rapportieren wenige ex post-Studien, die zudem große Schwierigkeiten bei der Isolierung der FTA-Effekte haben.

[186] Vgl. *Free Trade Pact With China Would Boost Japan's GDP 0.5%: Report*, Nihon Keizai Shimbun, 31.12. 2004; Straits Times, 22.1.2005. Unnötig, auf die zahllosen Voraussetzungen und Annahmen in diesen Modellrechnungen hinzuweisen; aus den EU-Binnenmarkterfahrungen kann abgeleitet werden, dass solche Schätzungen in wirtschaftlich bereits hoch verflochtenen Räumen von geringem Wert und andere makroökonomische Faktoren viel bedeutender sind (vgl. Ziltener 2001b, 2004d).

[187] *Council planned to promote FTAs with Asia nations*, Japan Times, 18.2.2004. Die Gründung wurde vom METI-Vizeminister als hilfreich für ein besseres Verständnisses von FTA in der Bevölkerung begrüßt. Im Juli 2004 machte der Rat eine Pro-FTA-Eingabe beim Premierminister (*Koizumi told to move faster on FTAs*, Japan Times, 18.7.2004).

[188] *JPEPA Joint Press Statement*, 29.11.2004 (www.mofa.go.jp/region/asia-paci/philippine).

[189] Getrocknete Seealgen.

ten kamen heftige Auseinandersetzungen in Zuge der Ratifizierung des ersten FTA des Landes, mit Chile, hinzu. Auch bezüglich eines FTA mit Japan formierte sich bereits starker Widerstand, der auch in die politische Basis des südkoreanischen Präsidenten Roh Moo-hyun hineinreicht. Bezüglich *China* überwiegen in Japan bisher die Befürchtungen über die möglichen Folgen eines FTA die Chancen, die vor allem von den Wirtschaftsverbänden regelmäßig betont werden. Realistischer als ein FTA Japan-China sind die Bemühungen um ein multilaterales Arrangement, das Handels- und Investitionshindernisse innerhalb Nordostasiens und zwischen Nord- und Südostasien abbaut, ohne umfassenden Freihandel zu beinhalten (vgl. Kapitel III.11.).

III.7.1.6   Schluss: Die japanische FTA-Politik heute

Trotz der verbesserten interministeriellen Koordinierung gibt es immer noch FTA-bezogene Kompetenzstreitigkeiten zwischen den japanischen Ministerien. Es kommt vor, dass sich die – im internationalen Vergleich üblicherweise überbesetzte – japanische Verhandlungsdelegation intern uneins ist. 2004 beklagte sich die malaysische Handelsministerin in ungewohnt offener Manier über die mangelnde politische Führung auf der japanischen Seite und über deren zahllose interne Konsultationen, die die Verhandlungen verlangsamten.[190] Die Unzufriedenheit über die mangelnden Fortschritte in den Verhandlungen ließ Wirtschaftskreise die Forderung nach einer neuen handelspolitischen Agentur wieder aufnehmen – ohne neuen „Kommandanten" werde Japan eine teuer zu stehen kommende Niederlage in der „FTA-Schlacht" erleben:

> „Japan's FTA bids have been plagued, as is so often the case, by a pluralized, uncoordinated and cumbersome policymaking process. While the Ministry of Economy, Trade and Industry is pressing trade partners to open their markets to Japanese industrial products, the Ministry of Agriculture, Forestry and Fisheries is doing everything it can to protect domestic farmers by fending off competition from cheaper imports. And the Foreign Ministry is not doing a good job as policy coordinator. This situation can only be changed by centralizing policymaking, vesting a single individual with the authority to oversee and coordinate trade policy across ministries from a strategic perspective. Unless it has a politically powerful commander to lead this mission, Japan will suffer a costly defeat in the increasingly fierce FTA battle." (Nihon Keizai Shimbun-Leitartikel, *Japan Suffering From Lack Of FTA Czar*, 21.9.2004)

Ende 2005 hat die *Pro Bilateralismus und Regionalismus*-Koalition aus den zentralen Ministerien METI/MOFA/MOF und dem Premierminister eine hegemoniale Position inne. Durchsetzen konnte sich diese Koalition in den letzten Jahren dank des Nichtvorhandenseins einer geeinigten und wirksamen Ablehnungsfront der Gegner. Mittels geschickter Verhandlungsstrategie brachte die Regierung bisher immer nur den vereinzelten Widerstand spezifischer Interessengruppen gegen sich auf und konnte diesen mittels in den Verhandlungen durchgesetzter Sonderreglungen wie Importquoten und langen Übergangsfristen aufweichen. Zudem profitierte sie von dem von weiten Teilen der Öffentlichkeit übernommenen, außenwirtschaftlich gewendeten Krisendiskurs: Japan habe ein „verlorenes

---

[190] Rafidah Aziz wird wie folgt zitiert: „There are so many consultations within Japan that I'm not sure who is managing the fort there. (...) We feel time is of the essence (...) We were totally surprised that China was so fast. This is where maybe Japan may lose out to China eventually. (...) Japan moved in micro-millimeters (...) The response from China was much more forthcoming." (*China seen getting jump on FTA*, Japan Times, 12.5. 2004).

Jahrzehnt" durchlaufen, auch weil es bezüglich Handelspräferenzabkommen ein „Nachzügler" sei. Die Politik des Premierministers, wonach Japan für die Aufrechterhaltung seines Wohlstandsniveaus durch fortgesetzte Auslandsinvestitionen und Exporterfolge mit – auch schmerzhaften – Binnenreformen bezahlen müsse, stößt im Allgemeinen auf Zustimmung. Dass bilaterale FTA die dafür besonders geeignete Form seien, wird nicht in Frage gestellt. Die japanische Außenwirtschaftspolitik inklusive FTA-Strategie beruht – anders als etwa in Südkorea – auf einem ‚permissiven Konsens' in der Bevölkerung.

III.7.2 Vorgelagerte Faktoren

Der vorangegangene Abschnitt rekonstruierte die schrittweise Veränderung der japanischen Außenwirtschaftspolitik seit dem Ende der 1990er Jahre. Als zentrale unabhängige Variable ließ sich die strategische Reorientierung zentraler Akteure definieren. Die interministerielle Konkurrenz ist von Bedeutung für die Entwicklung der FTA-Politik, während Parteien, Gewerkschaften und kleinere Interessengruppen geringeren Einfluss ausübten. Getragen wird die neue Außenwirtschaftspolitik von einem ‚permissiven Konsens' in der Bevölkerung. Zur Erklärung der Politikwechsels ist deshalb eine Analyse der vorgelagerten Faktoren erforderlich, die zur strategischen Reorientierung der als zentral bestimmten Akteure führten. Dafür ist ebenfalls vorwiegend auf (zu überprüfende) Selbstangaben der Akteure zurückzugreifen; soweit möglich ist dies aber von dem den Wechsel legitimierenden Diskurs analytisch zu trennen.

Die vorgelagerten Faktoren lassen sich in vier Kategorien fassen, von denen zwei in erster Linie globalen Dynamiken zugerechnet und zwei als vorwiegend regional bestimmt werden können:

Global	Politikwechsel der Hegemonialmacht USA
	Krise der multilateralen Institutionen
Region Ostasien	‚Asienkrise' und neuer Regionalismus in Ostasien
	wirtschaftlicher und politischer Aufstieg Chinas

Daraus ergibt sich ein multifaktorielles Modell, wie es die Abb. III.7.3 veranschaulicht. Im Folgenden werden diese Faktoren diskutiert.

III.7.2.1 Globale Faktoren

Japan betrieb jahrzehntelang eine passive Außenpolitik, die in erster Linie im Rahmen der von den USA geführten internationalen Regime agierte. Während die USA in den 1950/60er Jahren regionalistische Initiativen in Ostasien selber lancierten und solche aktiv unterstützten, gingen sie später nicht zuletzt unter dem Eindruck der zunehmend selbständiger agierenden Europäischen Gemeinschaft/Union dazu über, regionale Institutionen als unnötige Verdoppelung von oder gar Konkurrenz zu den internationalen Institutionen zu bekämpfen. Japan machte diese Erfahrung in den 90er Jahren mit seiner Initiative zur Schaffung eines *Asiatischen Währungsfonds (AWF)*, dessen Funktion die Entwicklung regionalspezifischer Maßnahmen zur Verhinderung oder Bewältigung monetärer Krisen sein sollte. Obwohl von den Ländern der Region unterstützt, wurde die Initiative am APEC-Gipfel in

Manila 1999 auf Druck der USA beerdigt.[191] Mit der neuen Regierung unter George W. Bush änderte sich dies. Entsprechend dem geringen Gewicht, das sie multilateralen Institutionen allgemein entgegenbrachte, gab sie den Widerstand gegen einen ostasiatischen Regionalismus in institutionalisierter Form auf. Handelspolitischen *Bilateralismus* hatten die USA lange abgelehnt, bis sie 1989 selber ein Freihandelsabkommen mit Kanada abschlossen, das dann unter Einschluss Mexikos zum nordamerikanische Freihandelsvertrag (NAFTA) wurde (am 1.1. 1994 in Kraft getreten). Die transpazifische APEC sollte die Offenhaltung des nordamerikanischen Integrationsraumes für die ostasiatischen Exporteure gewährleisten. Rückblickend war dies, und nicht die offizielle ehrgeizige Liberalisierungsagenda, die wirtschaftliche Hauptfunktion der APEC (Kapitel III.4).

Abbildung III.7.3: Vorgelagerte und innenpolitische Faktoren in der Herausbildung der neuen Außenwirtschaftspolitik Japans

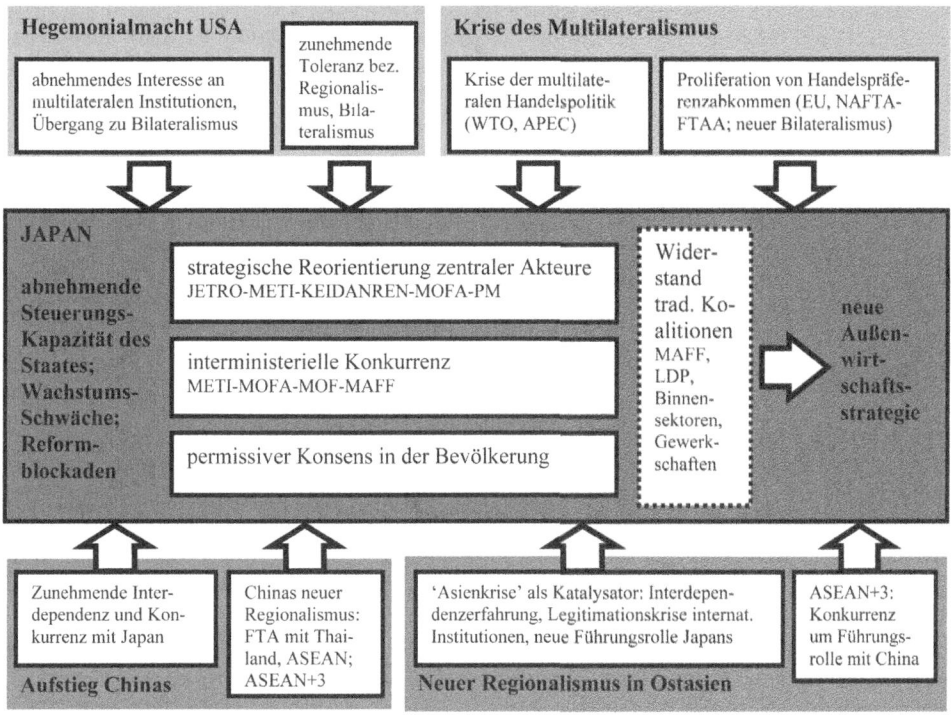

Quelle: eigene Darstellung

Diese Entwicklungen – das Begehen des bilateralen Weges durch die USA, deren zunehmendes Desinteresse an Multilateralismus und deren wachsende Toleranz gegenüber regionalen Institutionen – waren für Japan von größter Bedeutung. Erstens stand das Land plötzlich als einzige wirtschaftliche Großmacht ohne „eigene Wirtschaftsregion" da. Japan sah

---

[191] Zentrale Elemente des Initiative wurden allerdings unter anderen Labels (*Asian Support Fund, ASF; Regional Stability Forum, RSF*) von der japanischen Regierung weiterverfolgt.

sich für seine jahrzehntelange exklusiv multilaterale Orientierung an der Seite der USA schlecht belohnt. Zweitens taten sich neue Handlungsspielräume für bilaterale und regionale Initiativen auf, die der japanischen Regierung mit Rücksicht auf die Hegemonialmacht USA bisher verschlossen gewesen waren.

Gleichzeitig schritt die Proliferation von Handelspräferenzabkommen in allen Weltregionen rasch voran. Die EU implementierte den europäischen Binnenmarkt[192] und bereitete die Osterweiterung vor, während die Bush-Regierung ein Projekt für ein panamerikanische Freihandelszone lancierte (*Free Trade Area of the Americas, FTAA*). Enttäuscht von den geringen Fortschritten der ASEAN- und APEC-Integration begann Singapur, gefolgt von Thailand, mit der Suche nach Partnern für bilaterale FTA. Japan sah den nicht durch Präferenzabkommen abgedeckten Anteil des Welthandels weiter schrumpfen und gleichzeitig die Chancen zum diskriminierungsfreien Marktzugang infolge der Krise der WTO-Verhandlungen (und der APEC) schwinden. Ende 2002 belief sich die Zahl der bei der WTO notifizierten Handelspräferenzabkommen bereits auf rund 250. [193]

Der Politikwechsel der USA kann als notwendige Bedingung für den außenwirtschaftspolitischen Strategiewechsel Japans charakterisiert werden – es ist unwahrscheinlich, dass dies stattgefunden hätte ohne NAFTA und Folgeprojekte. Die Krise des handelspolitischen Multilateralismus hingegen wirkte eher als Katalysator. Zum Zeitpunkt des Scheiterns der APEC-EVSL (*Early Voluntary Sectoral Liberalization*) Verhandlungen und des ergebnislosen WTO-Gipfels von Seattle in der zweiten Hälfte 1999 hatte die ,Avantgarde' in JETRO-METI den Wechsel bereits eingeleitet. Im Außenministerium allerdings haben diese Ereignisse maßgeblich zur Reorientierung beigetragen, und es ist kein Zufall, dass gerade im Dezember des genannten Jahres die Einsetzung einer Studiengruppe zu einem FTA mit Singapur erfolgte.

III.7.2.2 Regionale Faktoren

Ein zentraler vorgelagerter Faktor für den außenwirtschaftlichen Strategiewechsel Japans ist die ostasiatische Finanzkrise (,Asienkrise').[194] Die im Sommer 1997 beginnenden dramatischen Währungsabwertungen, die Welle von Unternehmenszusammenbrüchen und einschneidenden Rezessionen in vielen ASEAN-Ländern sowie in Südkorea und ihre Rückwirkungen auf die eigene Ökonomie führten japanischen Akteuren, staatlichen Institutionen wie Unternehmen, deutlich vor Augen, wie eng die Verflechtung der japanischen Wirtschaft mit der Region – und damit Abhängigkeit von regionaler Stabilität – inzwischen fortgeschritten war. In bisher ungesehen aktiver Weise übernahm Japan eine Führungsrolle im Krisenmanagement, in Koordination mit, aber auch in Konkurrenz zum Internationalen Währungsfonds, dessen Maßnahmenpakete von den betroffenen Ländern nicht nur als wenig hilfreich, sondern als krisenverschärfend wahrgenommen wurden. Mit dem Einsatz gewaltiger Finanzmittel brachte Japan die Tiefe und Langfristigkeit des wirtschaftlichen und politischen Engagements in der Region zum Ausdruck. Hatten bisher japanische Initiativen in der Region immer noch unter dem Schlagschatten der im pazifischen Krieg ange-

---

[192] Vgl. etwa die Aussage des ehemaligen JETRO-Direktor und MITI-Vizeministers, Hatakeyama: „EC 92 was successfully launched in 1992 despite our criticism. This was a big blow for the multilateralism represented by GATT." (Hatakeyama 2002b).

[193] Quelle: www.wto.org/english/tratop_e/region_e/region_e.htm (2.3.2005).

[194] Vgl. Munakata (2001: 6-11).

strebten *Greater East Asia Co-Prosperity Sphere* gestanden, öffnete die japanische Rolle in der Krisenbewältigung nun ein neues Kapitel in der Geschichte.[195] Zweifelsohne bereitete dies den Boden für die Entwicklung engerer bilateraler Beziehungen.

Die Krise stimulierte auch die Entwicklung regionaler Institutionen. Die Notwendigkeit währungspolitischer Kooperation war offensichtlich. Das japanische Finanzministerium (MOF), unterstützt von privatwirtschaftlichen Initiativen, entwickelte unter hohem Zeitdruck Pläne zur Stabilisierung der regionalen Wirtschaft und zur Krisenprävention. Die MOF-Berichte betonten auch die Notwendigkeit der Vertiefung umfassender Handels- und Investitionsnetzwerke mittels bilateraler FTA.[196] Das MOF und das von Japan finanzierte Forschungsinstitut der Asiatischen Entwicklungsbank (ADBI) übernahmen die konzeptionellen Arbeiten, die zur Etablierung eines regionalen Überwachungs- und Krisenvorwarnsystems und zu bilateralen SWAP-Abkommen[197] führten.[198] Auch die neue Dynamik des ASEAN+3 Prozesses spies sich aus den Erfahrungen der Finanzkrise. Das erste offizielle Gipfeltreffen der 10 ASEAN-Staaten mit der VR China, Japan und Südkorea fand im Dezember 1997 statt. Seither gibt es diese regionalen Gipfel jährlich, und seit 1999 in deren Rahmen auch trilaterale Gespräche zwischen den drei nordostasiatischen Ländern (vgl. Kapitel III.11, III.12). Bilaterale Abkommen waren regelmäßig auf der Agenda, und die ASEAN legte Vorschläge für eine ganz Ostasien umfassendes FTA vor, die das absehbare Netz bilateraler Abkommen zwischen ASEAN+3-Staaten multilateralisieren würde. ASEAN+3 bot der japanischen Diplomatie ein willkommenes Forum zur Implementierung der neuen Außenwirtschaftsstrategie und verschaffte ihr zusätzliche Legitimität, indem die verschiedenen FTA-Vorhaben in der Region offengelegt wurden. Vor allem aber war ASEAN+3 auch der Ort, an dem sich die Konkurrenz mit China um die Führungsrolle in Ostasien kristallisierte. Die Regierung der Volksrepublik entwickelte in den Jahren nach der Finanzkrise eine erfolgreiche ,Charmeoffensive' in der Region und zeigte sich in einem Masse zur Vertiefung der wirtschaftlichen Integration bereit, das vor wenigen Jahren noch unvorstellbar war. Dabei wurden Wirtschaftsinteressen und sicherheitspolitische Garantien strategisch verknüpft, und dies traf die Bedürfnisse der Länder Südostasiens, bestimmten doch die Befürchtungen über eine militärischen Großmachtrolle der Volksrepublik und über einen Ausschluss von der wirtschaftlichen Dynamik die Wahrnehmung Chinas. China hat sich in der ostasiatischen Finanzkrise als Stabilitätsanker erwiesen und maßgeblich zum ökonomischen Wiederaufschwung beigetragen, so dass das Land inzwischen von vielen als der regionale Wachstumsmotor gilt, in der Nachfolge Japans. Befürchtungen, gegenüber China ins Hintertreffen zu geraten, haben in Japan wie erwähnt mehrfach zur Begründung von Verfahrensbeschleunigungen und dem Aufstocken der *FTA task forces* gedient.[199] Die

---

[195] Vgl. Munakata (2001: 10): „Asian countries' perception of Japan seemed to have changed since the crisis. Economic crisis in Japan erased the threat of Japanese economic dominance in the region. On the contrary, it was feared that Japanese businesses could not continue to actively invest in the region."

[196] Vgl. MOF-Bericht vom Juni 2000, *The Road to the Revival of the Asian Economy and Financial System: Sustainable Growth in the 21st Century and Building of a Multilayered Regional Cooperative Network* (www.mof.go.jp).

[197] SWAP-Abkommen sind Vereinbarung zwischen Zentralbanken, in denen sie sich verpflichten, den Kooperationsländern kurzfristige Devisenkredite zu gewähren. Angeknüpft wurde damit an ein älteres Abkommen unter den Zentralbanken der fünf ASEAN-Länder Thailand, Malaysia, Singapur, Indonesien und Philippinen (*ASEAN SWAP Arrangement, ASA*, seit 1977).

[198] Vgl. Yoshimatsu (2003: 122-135).

[199] Vgl. Rodriguez (2004: v): „... of all these factors, many believe that it was actually China's move to forge an FTA with ASEAN which radically changed Japan's reluctant position on FTAs."

Volksrepublik hat Japan nicht nur bezüglich des Ausbaus der Beziehungen mit den ASE-AN-Ländern mehrfach unter Zugzwang gesetzt, sondern auch mit ihrer mehrfach bekräftigten positiven Einstellung gegenüber einem nordostasiatischem FTA (China, Japan, Südkorea). Nach wie vor überwiegen in Japan die Befürchtungen über die möglichen Folgen für die japanische Volkswirtschaft die Hoffnungen, die vor allem von den Wirtschaftsverbänden gehegt werden.

III.7.3 Schlussfolgerungen: Der Charakter der neuen japanischen Außenwirtschaftspolitik

Zweifelsohne haben in Japan außenwirtschaftspolitische Aspekte im Zeitraum 1998-2005 weiter an Bedeutung gewonnen. Die japanische FTA-Strategie hat seit ihrem Anfang in einem kleinen METI/JETRO/KEIDANREN-Zirkel eine rasche Entwicklung durchlaufen, die mit dem Papier von Dezember 2004 einen beachtlichen Grad an Systematisierung und Komplexität sowie deutlich erweiterten Planungshorizont erreichte. Dieser Entwicklungsstand entspricht der Bedeutung, die dem neuen Politikinstrument in der Regierungspolitik gegeben wird. Die internen Strukturen der Ministerien haben sich insofern verändert, als FTA-Stäbe gebildet wurden und diese Dossiers zunehmend Ressourcen zuungunsten anderer banden. In der Außenwirtschaftspolitik war – wie in anderen Politikbereichen – ein für das japanische politische System zentraler Mechanismus wirksam: die Konkurrenz zwischen den großen Ministerien. Bezogen auf die Strategie bilateraler Abkommen hatte das METI bis gegen Ende der hier diskutierten Zeitspanne einen organisatorischen und konzeptionellen Vorsprung inne, und es bekräftigte Ende 2004 seinen Führungsanspruch. FTA-Verhandlungen bildeten den Anlass für den Premierminister, Verfahren zur besseren interministeriellen Koordinierung zu implementieren. Nach wie vor ist aber die Unzufriedenheit über den Entwicklungsstand der außenwirtschaftspolitischen Handlungsfähigkeit der japanischen Regierung bei allen beteiligten Akteuren groß.

Das Agendasetzungsvermögen der ‚FTA-Avantgarde‘ und die erfolgreichen Verhandlungsabschlüsse können nur durch die effektive politische Einflussnahme großer Unternehmen und Wirtschaftsverbände erklärt werden. Obwohl sich die Vertreter dieser Organisationen öffentlich (und in Interviews mit dem Autor) über mangelnden Einfluss auf die japanische Politik beklagten und immer noch beklagen, kann festgehalten werde, dass sie ihre Stellung und die eigene (Wirtschafts-)Diplomatie ausbauten, indem sie nicht nur in von Regierungsinstitutionen geschaffenen Foren und Studiengruppen Einsitz nahmen und damit die Verhandlungen mitgestalteten, sondern auch eigene Delegationen zur Vorbereitung und Beeinflussung der FTA-Verhandlungen in die Partnerländer sandten und mit dortigen Wirtschaftsvertretern gemeinsame Stellungnahmen formulierten. Im Vergleich mit den FTA-ablehnenden Kräften, die in den Jahren 1998-2005 eine Stellung nach der anderen räumen mussten, wird der Bedeutungsunterschied deutlich. Deren geringes resp. nur temporäres Blockadevermögen hängt damit zusammen, dass sich über ihren harten Kern aus MAFF und organisierten Landwirtschaftsinteressen in der LDP hinaus keine ‚Anti-FTA-Koalition‘ herausbildete. Es kann somit geschlossen werden: Die neue japanische Außenwirtschaftspolitik konstituierte sich als Resultante der Strategien der zentralen Ministerien und der privatwirtschaftlichen Organisationen, wobei letzteren im Vergleich mit früheren Phasen ein größeres Gewicht zukam.[200] Sie lässt sich zurückführen auf das Zusammentreffen von Wirtschaftsinteressen (Vermeidung der Benachteiligung japanischer Unternehmen im Ausland, Ermöglichung regionaler Produktion in Ostasien) und einer strategischen Reorientierung zentraler staatlicher Akteure unter Außendruck (Krise der APEC und WTO; Proliferation regionaler und bilateraler Abkommen in allen Weltregionen). Wandel fand statt, doch wie tiefgreifend?

Wenn die Unzufriedenheit über die Handlungsfähigkeit Japans bei allen beteiligten Akteuren groß ist, kann wohl kaum von einem erfolgreichen Übergang zu einer *aktiven Außenpolitik* gesprochen werden. Einer der Begründer der japanischen ‚FTA-Avantgarde' nahm für Japan in Anspruch, mit dem Abkommen mit Singapur den asiatischen Bilateralismus angestoßen zu haben.[201] Dies ist vor dem hier dargelegten nicht aufrechtzuerhalten. Nicht nur ist Singapur der eigentliche Bilateralismus-*Trendsetter* in Ostasien, – die Anfragen kamen in allen Fällen von Japans Partnerländern. Der Trend zu bilateralen/regionalen Abkommen als solcher wurde durch die Prozesse in anderen Weltregionen in Dynamik und Form vorgeben. Das Abkommen mit Mexiko ist zu Recht als „Defensiv-FTA" (Kotera 2005) bezeichnet worden, auf die NAFTA-Bildung reagierend. Nur im Falle der ASEAN-Strategie kann von aktivem japanischen Gestaltungswillen gesprochen werden. Aber auch in Bezug auf Südostasien wurde die Dynamik entscheidend von anderen Akteuren vorgegeben, allen voran von China. Dennoch ist bemerkenswert, dass sich Japan seit der ‚Asienkrise' vom reinen Ausnützen von Handlungsspielräumen weg in Richtung aktive Gestaltung der Region bewegt hat. Die neue FTA-Politik kann als ein Instrument im gegenwärtigen Ringen Japans um einen Übergang von einer reaktiven zu einer aktiven Außenpolitik beschrieben werden.[202] Damit zusammenhängend kann die Frage des *Übergang zum Regionalismus* beantwortet werden. Seit der ‚Asienkrise' vertreten die großen Ministerien offiziell eine regionalismusorientierte Politik; Ziel ist ein „nahtloser einheitlicher Wirtschaftsraum" und eine „politische Gemeinschaft" Ostasien. Auch wenn deren Konturen und insbesondere die Frage der Mitgliedschaft außer-ostasiatischer Länder offen sind – im Vergleich mit der äußerst zurückhaltenden Position Japans in den frühen 90er Jahren ist ein signifikanter Wandel festzustellen. FTA wurden auch als Politikinstrumente im Hinblick auf die Schaffung einer ostasiatischen ‚Region' entwickelt. Das Gestaltungsvermögen der japanischen Außenpolitik wird deshalb nicht nur daran gemessen werden müssen, ob sich die Pläne für ein innerregionales und auch ein außerregionales FTA-Netz verwirklichen lassen werden, sondern auch daran, ob die geplante anschließende *Multilateralisierung* gelingt (vgl. Okamoto 2002). Ein Leitartikel der Nihon Keizai Shimbun meinte Ende 2004, das Hauptproblem mit Japans FTA-Strategie sei, dass sie keine klare Vision dessen habe, was langfristig erreicht werden soll.[203] Dies ist nicht ganz zutreffend. Die japanischen Pläne

---

[200] In der Einschätzung Ravenhills stellt die aktive Rolle des KEIDANREN ein neues Element im Regionalisierungsprozess Ostasiens dar: „The pressure from KEIDANREN marks a significant development in the evolution of the regionalism debate. Previously, regionalism in the Asia-Pacific has been largely a governmental affair. Although business had participated in the tripartite PECC (...), governments had enjoyed little success in interesting large corporations in the activities of the principal regional arrangement, APEC. The conventional wisdom was not only that Asia-Pacific regionalism was largely goverment-driven but that government had enjoyed a great deal of autonomy in their policy-making on this issues area." (Ravenhill 2002b: 7).

[201] Japan „kicked off the movements for FTAs in Asia" (Hatakeyama 2003c: 37).

[202] Vgl. dazu Calder (2000), Mafael (2004) und Pempel/Urata (2004).

[203] „The biggest problem with Japan's FTA strategy is that it lacks a clear vision of what Japan wants to achieve in the long run by seeking bilateral FTAs." Nihon Keizai Shimbun, *Koizumi Raises Political Stakes On FTAs*, 23.12.2004.

zumindest zur Entwicklung einer regionalen wirtschaftlichen Arbeitsteilung im Interesse Japans sind durchaus fortgeschritten und konkret. Der Wirtschaftsraum Ostasien soll so gestaltet werden, dass japanische Firmen optimale Bedingungen für die Perfektionierung transnationaler Produktions- und Distributionsnetzwerke vorfinden, dass präferenzieller Marktzugang und stabile Ressourcenzufuhr gesichert sind. Dafür ist man in Tokyo auch bereit zu bezahlen, mit Infrastrukturinvestitionen und Entwicklungskooperation. Weniger klar in den japanischen Plänen ist das politische *Vorgehen* in einer Post-Bilateralismus-Phase. Am Forschungsinstitut des METI ist man sich dessen wohl bewusst – Akira Kotera (2005) nahm die japanisch-philippinische Einigung zum Anlass für folgende Warnung:

> „Will the East Asian EPA network evolve into an effective mechanism for managing regional economic integration or end up becoming a mere ornament to a series of EPAs? (...) We must avoid falling into a sort of fetishism, in which we see the formation of a region-wide EPA net-work as a magic wand that can automatically promote the economic integration of East Asia and lead to the formation of an East Asian Community. (...) Very little will come about ‚automati-cally' through the conclusion of EPAs."[204]

Mittelfristig müsse, so eine andere Einschätzung am gleichen Institut, mit einem Muster sich überlappender und konkurrierender Mehrebenen-Strukturen in der Region gerechnet werden.[205] Offen bleiben muss die Frage, ob Japan (wie auch die anderen Länder Ostasiens) irgendwann zu Souveränitätsverzicht und politischer Integration, etwa im Rahmen der ASEAN+3, bereit sein werden.

Übergang zur Verrechtlichung? Ein Merkmal des regionalen Integrationsprozesses in Ostasien vor der Asienkrise war der vergleichsweise tiefe Verrechtlichungsgrad (Kapitel III.2, III.5). Wirtschaftliche Integration kam praktisch ohne rechtliche Abkommen und ohne formale Institutionen zustande; die notwendigen Verhandlungen und Abstimmungen zwischen den beteiligten Akteuren fand vorwiegend ‚am Rande' internationaler Verhandlungen und/oder in semi-offiziellen Foren statt. Dies gab allen Arrangements einen flexiblen Charakter, bedeutete aber auch einen tiefen Sicherheitsgrad und quasi-permanente Weiterverhandlungen. Der Übergang zu formalen Abkommen ist ein signifikanter Wandel in der strategischen Kultur der Region. Allerdings unterscheiden sich die Abkommen und vor allem die darauf beruhenden Praktiken weiterhin vom westlichen instrumentalistischen Rechtsverständnis. Aus einer westlich-liberalen Perspektive wird es, sobald alle Abkommen vorliegen und inhaltlich vollständig eingeschätzt werden können, zahlreiche Kommentare geben, die diese als unklar und inkonsistent bezüglich Deckungsbereich, ungenügend bezüglich Regeln und somit insgesamt als wenig relevant einstufen. Die Bedeutung dieser Abkommen wird mit diesen Kriterien nicht erfasst. Die neuen FTA drücken die Bemühungen um eine Stabilisierung und Systematisierung des Erreichten und den Willen zur weiteren Vertiefung und Steuerung des Regionalisierungsprozesses aus. Grundkonzept ist die von den ostasiatischen Ländern geteilte Vorstellung, dass die aus den Abkommen resultierenden wirtschaftlichen Prozesse für beide Seiten von Vorteil sein müssen, und zwar in ausgewogenem Masse. Typisch ist die Zielformulierung in den Vorbereitungen der Ver-

---

[204] *Economic Partnership Agreements and the „East Asian Community" – The Meaning of the Japan-Philippines EPA* (8.2.2005, www.rieti.go.jp/en/columns/a01_0160.html).
[205] Naoko Munakata unter dem bezeichnenden Titel *Talking Regional, Acting Bilateral – Reality of ‚FTA Race' in East Asia*: „The ongoing pattern of competitive, multi-layered cooperation frameworks – under which bilateral, regional and global arrangements influence and interact with each other – is likely to continue." (Munakata 2002a: 3).

handlungen Japan-Philippinen: Das anzustrebende Abkommen „should be comprehensive and take balance between tariff reduction and cooperation in the agriculture and fishery sectors of both sides, based on the principles of mutual benefits and co-existence"[206]. Nicht ‚offene Konkurrenz mit Spielregeln' wie im westlich-liberalen Verständnis (Prozessorientierung), sondern kooperative Arrangements, deren Nutzen sich in den Resultaten erweisen müssen (Ergebnisorientierung), sind das Ziel dieser Abkommen.

Japan ringt um eine neue, aktive regionale und internationale Politik, auch um interne strukturelle Reformen durchzusetzen. Werden die eintretenden Effekte das japanische Kapitalismusmodell signifikant verändern? Bereits vor 1998 waren die Außenzölle Japans mit Ausnahme des Landwirtschaftssektors relativ tief, und die Regierung bemüht sich seit längerem aktiv um ausländische Direktinvestitionen. Diesbezüglich ist kein grundlegender Politikwechsel festzustellen. Es gibt auch keine Anzeichen dafür, dass das METI die neuen Abkommen zum Anlass nimmt, sich von der industriepolitischen Steuerung zu verabschieden. Im April 2004 übte das Ministerium Druck auf NEC aus, sein Plasmabildschirm-Geschäft nicht an einen ausländischen Interessenten, sondern an PIONEER zu verkaufen, damit die Technologiekompetenz im Land bleibe.[207] Japanische Unternehmen bekommen mit den FTA gleiche Wettbewerbschancen wie Konkurrenten oder werden vorübergehend gewisse Vorteile haben; FTA werden die Investitionsentscheide beeinflussen. Diejenigen Länder der Region ohne Abkommen mit Japan sehen sich unter Druck, Verhandlungen aufzunehmen, um absehbare negative Effekte zu kompensieren. Japan als Produktionsstandort wird an Attraktivität gewinnen und der Druck auf Produktionsauslagerungen etwas abnehmen. Dies passt gut in das seit Jahrzehnten von Japan verfolgte Konzept der Entwicklung einer „rationalen internationalen Arbeitsteilung" (vgl. S. 573).

Die quantitativen Handelseffekte dieser bilateralen Abkommen dürften, anders als im Falle großräumiger FTA wie China-Japan-Korea oder ASEAN+3, gering sein (Lee/Park 2005). Das Wirtschaftsinstitut des Kabinettsbüros schätzt den Wachstumseffekt des FTA mit Mexiko auf 0.06%, desjenigen mit Singapur auf 0.02% des japanischen BIP.[208] Die Auswirkungen des letzteren werden in Tokyo (und Singapur) genau verfolgt. Ein Jahr nach der Implementierung traten Wirtschafts- und Handelsminister vor die Presse mit einer optimistischen Perspektive, aber wenig harten Fakten über die JSEPA-Effekte. Angeblich ist eine Steigerung der japanischen Exporte nach Singapur um 14% und der singapurischen Exporte nach Japan um 7% auf das Abkommen zurückzuführen.[209] Bei Chemikalien- und Plastik-Gütern gab es signifikante Exportsteigerungen Singapurs, während ASAHI das *Super dry*-Bier für den Export nach Singapur wieder in Japan statt wie bisher in China produziert. Betont wurde, dass weitere Handels- und Investitionserleichterungen laufend implementiert würden. JSEPA hat laut taiwanesischen Quellen bereits handelsumlenkende Effekte gezeigt; Importe aus Singapur haben aufgrund zollbedingter Preisvorteile solche

---

[206] *JAPAN-PHILIPPINE ECONOMIC PARTNERSHIP AGREEMENT – JOINT COORDINATING TEAM REPORT* (JPEPA-JCT, Dezember 2003), S. 4f.

[207] The Economist, 10.4.2004, S. 57f.

[208] Vgl. *Free Trade Pact With China Would Boost Japan's GDP 0.5%: Report*, Nihon Keizai Shimbun, 31.12. 2004. Positiv eingeschätzt werden die Wachstumseffekte eines FTA mit China, Südkorea und auch der EU, negativ hingegen solche mit den USA und Australien.

[209] Singapur hatte schon vor JSEPA praktisch alle Zölle abgebaut. Im ersten Halbjahr 2003 sank das Handelsvolumen zwischen den beiden Ländern sogar (siehe *Japan hopes to find key to Mexico FTA behind locked doors*, Japan Times, 8.10. 2003; *First year review of free trade pact* – S'pore-Japan tariff-free trade grows despite slowdown, Straits Times, 12.10. 2003).

aus Taiwan verdrängt.[210] In Zukunft wird der Nahrungsmittel-Selbstversorgungsgrad Japans weiter sinken. Es wird vermehrt japanische Unternehmen (oder Joint Ventures) in Südostasien geben, die Lebensmittel für den Export nach Japan herstellen. Dies alles geschieht unter der Projektion japanischer Standards und Verfahren in den Außenraum; anders als in Europa erwartet man in Japan keinen positiven Effekt von einem ‚Wettbewerb der Regulierungen‘ (vgl. Ziltener 1999: 160ff).

Die japanischen Abkommen unter den Begriff *Freihandel* zu fassen, ist einigermaßen irreführend. Wie erwähnt sind die japanischen FTA nur sehr begrenzt *Frei*handelsabkommen, nicht nur wegen zahlreichen Quotenregelungen und dem Fortbestehen von Zöllen. Auch die Implementierung der Abkommen deutet darauf hin, dass die Regierung die Absicht, den wirtschaftlichen Strukturwandel politisch zu steuern, keineswegs aufgegeben hat: FTA sollen „sanft“ umgesetzt werden.[211] In vieler Hinsicht geht es um die Vertiefung bestehender wirtschaftlicher Kooperation, nicht um das Freisetzen von Marktkräften im klassisch-wirtschaftsliberalen Sinne. In der Praxis werden quasi-permanente Weiterverhandlungen sichern, dass keine aus japanischer Sicht unerwünschten Effekte eintreten werden. Damit werden sich auch die von bestimmten Akteuren erhofften Auswirkungen auf die wirtschaftliche Binnenstruktur in engen Grenzen halten. Der schrittweise Abbau des Agrarprotektionismus beinhaltet nicht die Übernahme eines liberalen Kapitalismusmodells. Japan hat sich mit der neuen Strategie bilateraler Abkommen nicht von den bisherigen wirtschaftspolitischen Zielsetzungen verabschiedet; es hat lediglich ein neues Mittel zu seinem politischen Instrumentarium hinzugefügt. Gerade um die Verwicklung in politisch nicht mehr zu kontrollierende, hoch verrechtlichte multilaterale Liberalisierungs- und Deregulierungsprozesse nach APEC-Muster zu vermeiden, entwickelte Japan FTA als nationale Politikinstrumente. Es geht der Regierung darum, die als unumgänglich gesehene Internationalisierung und Regionalisierung der japanischen Wirtschaft weiter voranzutreiben, in diesen Räumen die notwendigen und erwünschten Rahmenbedingungen zu schaffen und so weit wie möglich die staatliche Steuerungskapazität zu erhalten resp. wiederzugewinnen. Auch unter den neuen Bedingungen soll der Staat die Wirkungen globaler Prozesse auf die eigene Gesellschaft ‚filtern‘, weiterhin als „doorman“ (Pempel; vgl. S. 569) wirken. Die neuen Abkommen sind deutlich stärker eine Projektion japanischer Ordnungsvorstellungen einer gesteuerten Internationalisierung als eine Übernahme liberaler Werte, was konsistent ist mit dem Argument bei Hall (2004, *The Continuing Salience of Economic Nationalism in Japan*), wonach „freiere Märkte“ sehr wohl mit anhaltendem „wirtschaftlichen Nationalismus“ einhergehen können. Japan befindet sich in Ostasien in einer Konkurrenz um die Gestaltung der Region, und es wird angesichts seiner wirtschaftlichen Gewichts, aber auch angesichts der Tatsache, dass die meisten Staaten Ostasiens nach wie vor nicht einem angelsächsischen Kapitalismusmodell folgen, einen bedeutenden entropiereduzierenden Einfluss darauf haben.

---

[210] *FTA push moves into high gear*, Taipei Times, 8.11 2004.
[211] Vgl. *Japan, Mexico confirm importance of cooperation for smooth FTA use*, Kyodo, 8.3.2005.

III.8 Die Neugestaltung der Beziehungen Japans mit Südostasien

III.8.1 Einleitung

Die ostasiatische Finanzkrise (1997-99) führte zu politischen Umbrüchen in mehreren Ländern Südostasiens und unterminierte die Grundlagen der bestehenden multilateralen Institutionen (ASEAN, APEC). Hauptsächlich mittels bilateraler Verhandlungen streben die Länder der Region seither eine Neustrukturierung der inner- und transregionalen Beziehungen an. Dieses Kapitel gibt eine Übersicht über die Verhandlungen zwischen Japan und den ASEAN-Ländern und eine Einschätzung der Bedeutung der neuen Abkommen für die Weiterentwicklung der Zentrum-Peripherie-Beziehungen in Ostasien. Es hat insofern eine entwicklungspolitische Fragestellung, als es die Perspektive der semi-/peripheren südostasiatischen Länder in der laufenden Neustrukturierung der inner- und transregionalen Beziehungen einnimmt. Welche Effekte der Abkommen mit der zweitgrößten Wirtschaftsmacht der Welt sind zu erwarten? Wie bedeutsam ist der hier skizzierte politische Wandel für die Projekte nachholender wirtschaftlicher Entwicklung? Wie verändert er das politische Handlungsfeld der Staaten Südostasiens und die Beziehungen zwischen ihnen? Abschnitt III.8.2 klärt (im Anschluss an Kapitel III.7) den Hintergrund des neuen Bilateralismus in Ostasien. Darauf folgt ein Überblick über den Verlauf und den Stand der Verhandlungen zwischen Japan und den Ländern Südostasiens (Abschnitt III.8.3). Eine Chronologie der Akteure und ihrer Initiativen findet sich in *Japan 2005 – Politik und Wirtschaft,* Jahrbuch des Instituts für Asienkunde (IfA) Hamburg (Ziltener 2005c). Den Abschluss bilden einige Überlegungen hinsichtlich der Bedeutung des neuen Bilateralismus und Regionalismus in Bezug auf die Neustrukturierung der Zentrum-Peripherie-Beziehungen in Ostasien (Abschnitt III.8.4). Die empirische Basis bilden die Analyse von Zeitungsartikeln, Dokumenten und Interviews am ASEAN-Sekretariat in Jakarta (2003), am Forschungsinstitut des japanischen Wirtschafts-, Handels- und Industrieministeriums (METI) sowie weiteren japanischen Regierungs- und Forschungsinstitutionen (2004) und an den Instituten für Entwicklungsforschung in Manila und Bangkok (2005).

III.8.2 Hintergrund: ASEAN-Krise und Japans Interessen

III.8.2.1   ASEAN und Asienkrise

Auch wenn sie politisch und militärisch mit westlichen Ländern verbunden waren, gehörten mehrere Länder Südostasiens in der Nachkriegsperiode zu den führenden Vertretern einer Süd-Süd-Kooperationsagenda. 2005 wurde der 50. Jahrestag der ersten Asien-Afrika-Konferenz von 1955 gefeiert, an der gleichen Tagungsstätte in Bandung, Java. Die Konferenz hatte zur Bildung der Blockfreien-Bewegung geführt; die Agenda wirtschaftlicher Kooperation zwischen den Ländern des Südens hingegen vermochte nicht in konkrete Projekte umgesetzt werden. Mit der zunehmenden Polarisierung der Welt in zwei Blöcke und der Intensivierung des Indochina-Konfliktes wuchs der Druck auf die Länder Südostasiens, sich zur Sicherung der Eigenstaatlichkeit und politischen Unabhängigkeit zusammenzuschließen. Bei der Gründung der ASEAN 1967 dominierten dementsprechend sicherheitspolitische Motive; Leitwerte waren die gegenseitige Nichteinmischung in innere Angelegenheiten, gegenseitiger außenpolitischer Beistand und die Förderung wirtschaftlicher Entwicklung durch Kooperationsmaßnahmen (vgl. Kapitel III.2.8). Gründungsmitglieder waren Singapur, Malaysia, Thailand, Indonesien und die Philippinen, 1984 trat Brunei bei, und nach dem Ende des Kalten Krieges kamen 1995 Vietnam, 1997 Myanmar und Laos sowie 1999 Kambodscha dazu. Frühe Bemühungen um eine Ausweitung des Intra-ASEAN-Handels und um einen Aufbau industriepolitischer Kooperation blieben angesichts des dominierenden ökonomischen Nationalismus und des geringen Komplementaritätsgrades der beteiligten Ökonomien ohne große Wirkung. Das AFTA-Projekt hat zwar zum Abbau von Handels- und Investitionshindernissen beigetragen, wurde aber von transregionalen Prozessen überlagert. Bezüglich der *politischen* Vernetzung auf Elitenebene darf die ASEAN jedoch als das erfolgreichste Beispiel von Integrationsbemühungen in der Semi-/Peripherie gelten.

Die ASEAN als Organisation war nicht in der Lage, auf die ‚Asienkrise' zu reagieren.[212] Der damalige ASEAN-Generalsekretär Rodolfo C. Severino betont, dass andere Erwartungen angesichts der Struktur und Kompetenzen der ASEAN völlig unrealistisch waren. Die von den dramatischen Währungsabwertungen, der Schuldenkrise und den folgenden realwirtschaftlichen Kontraktionen betroffenen Mitgliedstaaten verhandelten direkt mit den internationalen Institutionen, vor allem mit dem Internationalen Währungsfonds (IWF), der Weltbank und der Asiatischen Entwicklungsbank (ADB). Wie inzwischen von IWF-Vertretern eingeräumt wird, verschärften die frühen Anpassungsprogramme die wirtschaftliche Krise. Malaysia führte im nationalen Alleingang Kapitalverkehrs-Restriktionen ein und konnte die Krise bedeutend besser eindämmen als Thailand und Indonesien. Im Endergebnis führte die Krise dazu, dass die nationalen politischen Bündnisse, auf denen die bisherigen Entwicklungs- und Außenwirtschaftsstrategien beruhten, in mehreren Ländern auseinanderbrachen. In Thailand kam es zu einer Neuformierung des Parteienlandschaft und einem Regierungswechsel, und in Indonesien kollabierte das autoritäre System der „Neuen Ordnung" unter Präsident Suharto. Die Grundlagen, auf denen die multilateralen Integrations- und Kooperationsprogramme der 90er Jahre beschlossen wurden, gab es nicht mehr. Die gesamte bisherige ASEAN-Agenda stand zur Disposition. Der indonesische ASEAN-Experte Soesastro resümierte 2001:

> „At the age of thirty plus, ASEAN is neither an economic community nor a political community. It has become a diplomatic community, but this too has been weakening in recent years. (...) As developments within the ASEAN region itself no longer provide an impetus to mobilize political resources and to promote political co-operation, the focus has been shifting towards the wider region and the need to build a regional political and security architecture." (Soesastro 2001: 308)

Es war allen Beteiligten klar, das ein die politische Neuformierung vor allem in Indonesien und die Wiederaufnahme von Verhandlungen im ASEAN-Rahmen Jahre in Anspruch nehmen würde. Singapur verabschiedete sich als erstes vom als zu langsam empfundenen ASEAN-Vehikel. Die Regierung setzte den unilateralen Zollabbau fort und deklarierte bilaterale Freihandelsabkommen mit Ländern innerhalb und außerhalb Ostasiens kurzerhand als kompatibel mit der ASEAN-Mitgliedschaft und als Vorstufen zu umfassenden multilateralen Handels- und Investitionsabkommen. Der damalige Premierminister Goh

---

[212] Severino (1999, insbes. 26f und 47ff).

Chok Tong erläuterte den strategischen Zusammenhang zwischen bilateralen und regionalen Abkommen wie folgt:

„Ideally we should move along the multilateral track. But that means moving at the pace of the slowest [...] Singapore would like ASEAN to integrate much faster. But if ASEAN is going to take 10 years or longer to integrate, we can't wait because we are dependent on trade. [...] It was in the back of our mind that the Singapore FTAs would lead to other FTAs, which is now happening. More importantly, by having linkages with countries outside ASEAN, ASEAN has been compelled to integrate faster, otherwise it would not be possible to talk about an ASEAN Economic Community. [...] So external pressures are largely forcing ASEAN to liberalise and integrate at a much faster pace, which is a good thing."[213]

„After some time, we must sit down and see how we can link up all the FTAs to create larger regional or across-the-region agreements."[214]

Thailand unter dem 2001 gewählten Premierminister Thaksin Shinawatra übernahm diese Politik (Nagai 2001, 2002), womit sich trotz der Kritik einiger ASEAN-Länder die neue Politik in Südostasien als legitim durchsetzte. Singapur und Thailand erhöhten damit den Druck auf diejenigen ASEAN-Länder, die eine Liberalisierungsbeschleunigung ablehnten oder aufgrund innenpolitischer Probleme dazu außerstande waren. Darüber hinaus will man sich angesichts der Standortkonkurrenz mit den ASEAN-Neumitgliedern – vor allem Vietnam – und mit China einen Vorteil verschaffen. Vereinfachter Marktzugang und stabilere Rahmenbedingungen sollen das tiefere Kostenniveau dieser Länder kompensieren. Ende 2005 hat Singapur sieben FTA in Kraft gesetzt (Tab. III.8.1).[215]

Tabelle III.8.1: Bilaterale Abkommen der Länder Südostasiens (2005)

Länder:	in Kraft seit:
Thailand-Laos	20. 6. 1991
Singapur-Neuseeland	1. 1. 2001
Singapur-Japan	30.11. 2002
Singapur-EFTA	1. 1. 2003
Singapur-Australien	28. 6. 2003
Singapur-USA	1. 1 2004
Thailand-Australien	1. 1. 2005
Thailand-Neuseeland	1. 7. 2005
Singapur-Indien	1. 8. 2005
Singapur-Jordanien	22. 8. 2005

Quelle: GATT/WTO-Notifizierung, Stand: Dezember 2005 (www.wto.org).

Der Stadtstaat verhandelte 2005 zudem mit Südkorea, Kanada, Mexiko, Panama, Peru, Bahrain sowie Katar und war in Gesprächen mit weiteren arabischen Ländern. Mit Brunei, Neuseeland und Chile strebte Singapur zudem ein kleines multilaterales Handelspräferenzabkommen unter dem großen Titel *Trans-Pacific Strategic Economic Partnership Agree-*

---

[213] Bangkok Post, *Future challenges for Southeast Asia*, 20.10.2003.
[214] Straits Times, *Asian links can boost global trade*, 20.10.2003.
[215] Im Verlaufe des Jahres 2006 kamen Abkommen Singapurs mit Südkorea (in Kraft seit 2. 3. 2006) und Panama (24. 6. 2006) dazu. Das Abkommen Malaysias mit Japan trat am 13. 6. 2006 in Kraft.

ment (Trans-Pacific SEP) an.[216] Thailand folgt Singapur im Falle der meisten genannten Länder und antizipierte ein Abkommen ASEAN-China mit dem Beginn des Zollabbaus für landwirtschaftliche Produkte im Oktober 2003.

III.8.2.2   Südostasien und Japans neue Außenwirtschaftsstrategie

Während Jahrzehnten war Japan aufgrund seines alle anderen Länder Ostasiens bei weitem überragenden wirtschaftlichen Gewichts der „Gulliver in einer Region von Liliputanern" (Pempel 1997: 69f). Japan importierte vorwiegend Rohstoffe aus Südostasien und exportierte dorthin Industrieprodukte, blieb aber bis vor zwanzig Jahren fast ausschließlich auf die Märkte Amerikas und Europas ausgerichtet. 1981 wurde das ASEAN-Japan-Zentrum in Tokyo gegründet, zur Förderung der Handelsbeziehungen, des Technologietransfers und des Tourismus (ASEAN-Japan Centre 2003). Nach dem Plaza-Abkommen von 1985 und der darauf folgenden Aufwertung des Yen entwickelte sich Japan rasch zum bedeutendsten Handelspartner und Investor für die meisten südostasiatischen Länder.[217] Mitte der 1990er Jahre war Japan der wichtigste Exporteur für Indonesien, Thailand, Malaysia, die Philippinen und Singapur (wie auch für Taiwan und Südkorea). Traditionell kamen aus Tokyo auch die meisten Entwicklungshilfegelder für die Region. Diese folgten den Investitionsflüssen: In den Empfängerländern wird der Aufbau einer industriellen Infrastruktur (Energieversorgung, Gewerbeflächen, Transport- und Distributionskanäle, Ausbildung von Fachkräften) gefördert (vgl. Kapitel III.6.3). In den 90er Jahren entwickelte sich ein informelles politisches Kooperationsnetz zwischen Japan und den Ländern Südostasiens. Z.B. gab es ab 1992 im Rahmen der Treffen der ASEAN-Wirtschaftsminister (AEM) auch Sitzungen mit dem japanischen Wirtschafts-, Industrie- und Handelsministerium (METI) (*AEM-METI meetings*), an denen ohne formelle Beschlüsse aktuelle wirtschaftspolitische Fragen diskutiert und politische Maßnahmen abgestimmt wurden. Die japanische Regierung und japanische Unternehmen in Südostasien haben eine aktive Rolle in den ASEAN-Integrationsbemühungen der 90er Jahre gespielt, vor allem im Hinblick auf die Realisierung der AFTA.[218] Ziel war eine Neustrukturierung der Beziehungen zwischen den Ländern Südostasiens, die die Entwicklung einer „rationalen internationalen Arbeitsteilung" unter Führung durch japanische Unternehmen ermöglichen sollte. Die Verwerfungen der Asienkrise trafen auch die japanische Wirtschaft und insbesondere japanische Unternehmen in Südostasien hart. Zur Bewältigung der Folgen unterstützte Tokyo die betroffenen Länder mit der Entsendung wirtschaftspolitischer Berater und stellte gewaltige Finanzmittel bereit. Diese Faktoren zusammen haben ältere, historisch motivierte Vorbehalte in Südostasien gegenüber japanischen Vorschlägen zur Organisation regionaler Austauschprozesse weitgehend abgebaut.[219]

Wie die exportorientierten Länder Südostasiens ist auch Japan zentral an der Sicherung des Marktzugangs für die eigenen Produkte interessiert und reagierte auf Krise der

---

[216] Das Trans-Pacific SEP trat dann am 26. 5. 2006 in Kraft.

[217] Zu Entwicklung und Stand der Beziehungen Japans zu Südostasien siehe Shiraishi (1997), Hirono (2000), Soeya (2004).

[218] Auch hier waren v.a. das METI und der KEIDANREN aktiv, mittels der Organisation gemeinsamer Seminare mit ASEAN-Vertretern und der Bereitstellung von Experten. Vgl. METI *White Paper* (2001), Legewie (1998), Yoshimatsu (2002).

[219] Bereits 1993 befürworteten laut einer Umfrage unter „opinion leaders" in Ostasien 70.2% der Befragten eine größere Rolle Japans in der Region. Nur in Korea und China gab es Mehrheiten, die sich dagegen aussprachen (nach Maswood 1994: 71).

multilateralen Institutionen (WTO, APEC) mit einer außenwirtschaftspolitischen Neuorientierung (Kapitel III.7). Im Ergebnis wurden bilaterale Freihandelsabkommen (FTA) ins Arsenal der Gestaltung der Beziehungen zu Südostasien aufgenommen. Mittels FTA sollte ein weiterer Abbau von Handels- und Investitionshindernissen in Ostasien erfolgen. FTA wurden aufgrund innenpolitischer Widerstände zunächst äußerst zurückhaltend verwendet, modifiziert und auf japanische Interessen zugeschnitten, so dass inzwischen mehrheitlich von „wirtschaftlichen Partnerschaftsabkommen" (*economic partnership agreements, EPA*) mit „Freihandelselementen" die Rede ist.[220] Auch das japanische Außenministerium (MOFA) und das Finanzministerium verfolgen seit der ‚Asienkrise' offiziell eine regionalismusorientierte Politik, in der bilaterale FTA eine zentrale Rolle zukommt. Ziel der neuen Politik ist ein „nahtloser einheitlicher Wirtschaftsraum" Ostasien, eine „politische Gemeinschaft ähnlich der EU" sowie die Vertiefung der Beziehungen zu „strategischen Partnern" in anderen Weltregionen.[221]

III.8.3 Die bilateralen Verhandlungen, 2000-2005

Japans FTA-Verhandlungen folgen einem allgemeinen Modell: Einer Phase informeller und formeller Kontakte zwischen Staats- und Regierungschefs, Ministerien und/oder Wirtschaftsverbänden folgen erste Studien über Ausmaß und Charakter der bisherigen wirtschaftlichen Verflechtung der jeweiligen Länder (wirtschaftliche Komplementaritäten, unterschiedliche Produktivitätsniveaus etc.) sowie einer Einschätzung der zu erwartenden Auswirkungen eines FTA. Daraus werden üblicherweise ein FTA-Entwicklungsszenario und politische Empfehlungen abgeleitet. Ist der politische Wille zum Abschluss eines FTA in beiden Ländern ausgeprägt und stehen einem solchen wenig Hindernisse entgegen, dann kann diese Phase übersprungen werden. Dann wird direkt eine gemeinsame Studiengruppe aus Diplomaten, Beamten, Wirtschaftsvertretern und Akademikern beider Länder gebildet, die an mehreren Tagungen einen gemeinsamen Bericht verfasst, der eine Empfehlung hinsichtlich des Abschlusses eines FTA enthält. In einigen Fällen (Thailand, Philippinen, Malaysia) handelte es sich um ein Verfahren in zwei Etappen, mit unterschiedlichen Konkretisierungsstufen. Die spätere Verhandlungsagenda ist in diesen Berichten in der Substanz vorgeben. Üblicherweise vergehen dann wenige Monate bis zur Aufnahme offizieller Verhandlungen, deren Abschluss im Rahmen eines Jahres angestrebt wird.

III.8.3.1   Das FTA Japan-Singapur (JSEPA)

Wie erwähnt, ging Singapur als erstes Land Ostasiens zur einer Politik des Bilateralismus über und erklärte sich prinzipiell als interessiert an Abkommen mit allen dazu bereiten Län-

---

[220] Die politische Semantik dieser Abkommen ist in Japan nach wie vor nicht restlos geklärt; im Folgenden wird FTA wie schon im vorangegangenen Kapitel als Oberbegriff für alle japanischen bilateralen Wirtschaftsabkommen verwendet, aber nicht ohne noch einmal den unterschiedlichen Deckungsbereich und Charakter der verschiedenen Abkommen zu betonen.

[221] Erklärung des Premierministers nach einer interministeriellen Koordinationssitzung am 21.12.2004 (*Basic Policy towards further promotion of Economic Partnership Agreements (EPAs), approved by the Council of Ministers on the Promotion of Economic Partnership on December 21, 2004*); vgl. Japan Brief des Foreign Press Center (FPC) Japan, *Freihandelsabkommen zielen auf Ostasiatische Gemeinschaft und Strukturreformen*, Nr. 0461 vom 24.12.2004; www.botschaft-japan.de/presse).

dern. Für Japan waren die Verhandlungen mit Singapur ein ‚Testlauf‘, da die beiden Volkswirtschaften wirtschaftlich bereits stark miteinander verflochten und aufgrund der Größe der
singapurischen Ökonomie keine Verwerfungen in Japan zu erwarten waren.[222] Zudem war
Singapur kein Agrarexporteur, und ohne ASEAN-Rückendeckung war das Verhandlungs-
gewicht des Stadtstaates nicht groß, weshalb ein für Japan problemloses Abkommen zu
erwarten war. Der Abschlussbericht der gemeinsamen Studiengruppe kam Ende 2000 zu
einem positiven Berichtsergebnis, und auch die Verhandlungen von Januar bis Oktober 2001
verliefen zügig und praktisch problemlos.[223] Das im Januar 2002 unterzeichnete *Agreement
between Japan and the Republic of Singapore for a New-Age Economic Partnership (JSE-
PA)*[224] sieht den fast vollständigen Abbau der Zollschranken vor, die gegenseitige Anerkennung von Standards, Erleichterungen für Investitionen und im Personenverkehr, eine Liberalisierung im Dienstleistungssektor über die WTO-Verpflichtungen hinaus sowie weitere
Maßnahmen zur Vertiefung der wirtschaftlichen Verflechtung. Die Bestimmungen für Japan
und Singapur gehen unterschiedlich weit. Bezüglich Industrieprodukte baute Singapur die
Zölle vollständig ab, Japan zu 98%. Dienstleistungen wurden zu 90% liberalisiert durch
Singapur, zu 86% durch Japan. Agrarprodukte blieben ausgeschlossen.

III.8.3.2   Die ASEAN-Strategie Japans und die Konkurrenz mit China

Die japanischen Akteure kamen zu einer positiven Bilanz, sowohl was den Verlauf der
Verhandlungen als auch was den Inhalt des Abkommens mit Singapur betraf. Zunächst
wurden FTA-Verhandlungen mit Mexiko und Südkorea eingeleitet, aber in Tokyo war
unbestritten, dass Abkommen mit weiteren *ASEAN-Ländern* höchste Priorität zukam. Beschleunigt wurden die japanischen Pläne durch das Erscheinen eines neuen regionalen Akteurs, der Volksrepublik China. Diese bot der ASEAN die Aufnahme von Verhandlungen
über ein FTA an. Die umworbenen Länder reagierten auf die konkurrierenden Initiativen
aus dem Norden bereits 2000 mit einem Vorschlag zur Bildung einer ganz Ostasien einschließenden Freihandelszone. Dieser ASEAN-Vorschlag und die grundsätzliche Zustimmung signalisierende Position Chinas drohten die noch wenig gefestigte FTA-Strategie
Japans zu Fall zu bringen. Bereits Mitte 2001 lag ein Bericht über ein China-ASEAN-FTA
vor, während Japan/ASEAN erst im Begriff waren, eine Studiengruppe einzusetzen. Kaum
war dies dann geschehen (Sept. 2001), einigten sich China und die ASEAN auf den Beginn
von Verhandlungen (Nov. 2001). Im gleichen Zeitraum folgte Thailand der Strategie Singapurs und begann bilaterale Verhandlungen mit China. Japan sah sich in einer immer
schneller werdenden „FTA-Spirale" (Munakata 2001: 17).
Der japanische Premierminister Koizumi betonte die zentrale Rolle des ASEAN-
Länderbündnisses in seiner Anfang 2002 gehaltenen Grundsatzrede zu „Japan und ASEAN
in Ostasien":

---

[222] Zum Hintergrund siehe Shimizu/Hirakawa (1999), Lloyd (2002), Sen/Rajan/Siregar (2001), Rajan/Sen (2002).

[223] Zu Motivationen, Erwartungen und Verhandlungsverlauf des JSEPA siehe Munakata (2001), Urata (2001),
Eguchi (2001), Ravenhill (2002b), Aoki (2004).

[224] Der Text des JSEPA findet sich auf der MOFA-Webseite (www.mofa.go.jp/region/asia- paci/singapore/agree
0201.html). Einschätzungen des JSEPA bei Ravenhill (2002b), Fukunari (2004), Sen (2004), Pempel/Urata (2004).

278

„Japan and ASEAN cooperation must extend its reach globally (...) We have a role to play in the world, and we should play it."[225]

In der historischen Einleitung bezog er sich auf den Handel des Königreiches Ryukyu (Okinawa) mit Thailand im 14. Jh. und die über 1000 Japaner, die im 16. Jh. in Ayutthaya lebten.

Japan sah sich allerdings vor einer Reihe diplomatisch-strategischer Probleme: Die ASEAN-Länder befanden sich nicht nur auf wirtschaftlich unterschiedlichen Entwicklungsstufen, sondern unterschieden sich auch deutlich bezüglich ihrer politischen Systemstrukturen und Stabilitätsniveaus. Sie waren in unterschiedlichem Masse bereits mit Japan wirtschaftlich und politisch verbunden. Die Abkommen sollten, so die japanischen Überlegungen, maßgeschneidert auf die bisherige wirtschaftliche Verflechtungssituation und deren geplante Entwicklungsrichtung im Rahmen einer auf Japan ausgerichteten großregionalen Arbeitsteilung passen. Am ASEAN-Gipfel in Phnom Penh, Kambodscha, schloss die ASEAN mit China bereits ein umfassendes und ambitiöses FTA-Rahmenabkommen[226], während Koizumi einen Tag später einen Pakt ankündigte, der zu einem vage definierten „Partnerschaftsabkommen"[227] führen sollte.[228] Das Hinterherhinken Japans hinter China ließ sich nicht mehr übersehen, und Japan entwickelte unter hohem Druck ein Verhandlungskonzept, das mit den ASEAN-Ländern abgestimmt wurde. Die Grundidee war zunächst eine Weiterführung des Vorgehens mit Singapur, nämlich mit den wirtschaftlich bedeutendsten und politisch dazu bereiten ASEAN-Ländern Thailand, Malaysia und den Philippinen ein bilaterales Abkommen zu schließen. Damit würden annähernd 75% des Handels Japans mit ASEAN abgedeckt, mit einem zusätzlichen mit Indonesien sogar 95%. Für Indonesien, dem japanischen FTA-Wunschpartner neben den drei genannten Ländern, verunmöglichten die politischen Instabilitäten seit der Asienkrise zunächst die Erarbeitung einer Verhandlungsperspektive[229], während im Falle Vietnams die bereits enge, wenn auch wenig formalisierte Kooperation mittelfristig zu einem EPA führen soll.[230] Des weiteren baute die japanische Strategie auf der AFTA-Realisierung auf, die auch eine Voraussetzung für die laufende Entwicklung neuer Unternehmensstrategien japanischer Firmen ist. In den Worten Ippei Yamazawas, einem Vertreter Japans in mehreren FTA-Verhandlungsvorbereitungsprozessen und langjährigen Direktor eines METI-*Think Tanks*:

---

[225] *Japan and ASEAN in East Asia. A Sincere and Open Partnership*, 14.1.2002; Quelle: www.mofa.go.jp (1.12.2005).

[226] Das *Framework Agreement on Comprehensive Economic Cooperation* sah den Beginn der die Reduktion der Zollsätze für 2005 vor; die Schaffung einer Freihandelszone sollte bis 2010 abgeschlossen sein. Die Verhandlungen hatten Anfang 2003 begonnen; den (wenigen) Presseberichten über die laufenden Verhandlungen entnimmt man allerdings, dass dies nicht so schnell vorankommen wie geplant (*ASEAN, China may miss FTA deadline*, 24.6.2004 Straits Times).

[227] Für dieses zu erarbeitende Abkommen etablierte sich der Begriff *ASEAN-Japan Comprehensive Economic Partnership (JACEP)*. Siehe dazu MOFA *Diplomatic Bluebook* (2002: 51ff), Institute of Developing Economies (IDE, 2003), Yamazawa/Hiratsuka (Hg., 2003), Aoki (2004).

[228] Zudem schlug der chinesische Staatschef die Durchführung einer Machbarkeitsstudie zu einem trilateralen FTA (China, Japan, Südkorea) vor, was Japan weiter unter Druck setzte.

[229] Zwar hatte die indonesische Regierung bereits Ende 2002 ihr Interesse an einem FTA mit Japan geäußert (APEC-Gipfel in Los Cabos) und dies 2003 anlässlich eines Besuches der indonesischen Präsidentin Megawati Soekarnoputri in Tokyo bekräftigt. Vorbereitende Sitzungen gestalteten sich allerdings schwierig; vgl. Soesastro (2004): „Indonesia's FTA involvment in forming bilateral FTAs is likely to be an extremely slow process."

[230] Im März 2002 begannen Gespräche über ein japanisch-vietnamesisches Investitionsabkommen; eine grundsätzliche Einigung wurde im April 2003 erzielt.

„Unlike traditional bilateral economic cooperation between Japan and ASEAN members, the Japan-ASEAN Comprehensive Economic Partnership agreement aims at economic integration between Japan and the unified ASEAN market. If AFTA is successful, the ASEAN economies will form a single market. If Japan signs an FTA with a unified ASEAN, Japanese firms and ASEAN corporations will both benefit from newly emerging business opportunities. Expecting AFTA to be implemented this year, many firms, mainly Japanese corporations, are working to establish ASEAN-wide business networks. However, such networks will require smooth distribution and telecommunications services between ASEAN countries. For this to be possible, the ASEAN countries need to ease custom procedures, liberalize transportation and telecommunications services, and create more coherent rules of origins and certification standards. The comprehensive economic partnership is a new type of FTA that will address these challenges." (Yamazawa 2004: 23)

Mit anderen Worten: Was mit der AFTA noch nicht erreicht war, sollte mittels FTA mit Japan durchgesetzt werden. Die japanischen FTA-Strategen sehen in den Abkommen einen probaten Hebel zur Durchsetzung wirtschaftlicher Reformen in den Partnerländern:

„The Japanese Government intended to improve domestic institutional problems of ASEAN countries by utilizing EPAs as leverage for domestic reform. By doing this, Japan planned to optimize the division of labor system among Japan and the ASEAN region, and to deepen economic interdependence among them. On the other hand, the JACEP focused on the EPA as a tool for political partnership enhancement with ASEAN. Its point is that an EPA can involve various actors by its flexible application in compliance with the party's economic situation. This strategy regards an EPA as a partnership-building measure strategy that does not necessarily require tariff elimination on sensitive sectors. On this point, a gap was revealed between the strategies of political motivations and economic motivations based on the traditional FTA part." (Aoki 2004: 24)

Die entstehende bilaterale FTA-Struktur (Japan-Philippinen, Japan-Thailand, Japan-Malaysia etc.) sollte anschließend im ASEAN-Rahmen multilateralisiert werden (vgl. Abb. III.8.1). Abkommen mit anderen ASEAN-Ländern sollten möglichst schnell nachgeführt werden, womit insgesamt der größte Teil des Konzepts eines ostasiatischen Wirtschaftsraumes in japanischem Interesse organisiert wäre. Das Interesse Japans am ASEAN-Raum lässt sich mit dem Ausmaß der in den vergangenen 15 Jahre getätigten japanischen Investitionen erklären, deren kumuliertes Volumen 2003 immer noch rund dreimal größer war als dasjenige der in China getätigten japanischen Investitionen. Aber, so die METI-Planer, gerade weil China sich zum wirtschaftlichen Gravitationszentrum Asiens entwickelt, sollte Japan inner-ostasiatisch eine zweigleisige Strategie verfolgen, gemäß dem Grundsatz, „nicht alle Eier in den gleichen Korb zu legen". Mit der Implementierung einer integrierten Wirtschaftszone Südostasien-Japan könnte ein Gegengewicht zu China geschaffen werden. Im *White Paper* von 2003 wird dies zum beidseitigen Vorteil, zu einer „win-win relationship" erklärt:

„... through the creation of a single barrier-free Japan-ASEAN zone, including the elimination of intra-ASEAN barriers, ASEAN could become an important base. Amidst the trend for concentration of new investment in China because of the great growth potential of the country, Japanese companies will be able to avoid the risks of excessive concentration of investment in China by engaging in diversified investment in ASEAN, while effectively utilizing the substantial ASEAN assets accumulated through previous investment. From the viewpoint of the ASEAN countries, as well, the situation in which Japanese companies do not concentrate their investment in China but engage in diversified investment in ASEAN is indispensable for their economic development and cannot be realized on the basis of bilateral economic partnership agreements alone. Therefore, the systemization of economic partnerships in the Japan-ASEAN area will link the two sides in a ‚win-win' relationship." (METI White Paper 2003: 298ff).

Das Jahr 2003 wurde das offizielle Jahr des „Japan-ASEAN-Austausches". Im März wurde ein Verhandlungskomitee für ein EPA-Rahmenabkommen mit ASEAN eingesetzt. Ein solches wurde dann im Oktober auf dem ASEAN-Japan-Gipfel auf Bali verabschiedet – knapp ein Jahr nach dem ASEAN-China-Abkommen. Die Leitprinzipien für die Verhandlungen waren demnach: (1.) ein möglichst umfassender Deckungsbereich (bez. Länder wie Wirtschaftssektoren), aber (2.) Spezialregelungen für die weniger entwickelten neuen ASEAN-Mitglieder und (3.) Flexibilität in Bezug auf „sensible Sektoren" beider Seiten, des weiteren (4.) eine möglichst schnelle Implementierung unumstrittener Maßnahmen im Bereich der technisch-organisatorischen Zusammenarbeit und Handelserleichterungen.

Abbildung III.8.1: Japans ASEAN-Verhandlungsstrategie (2000-2007)

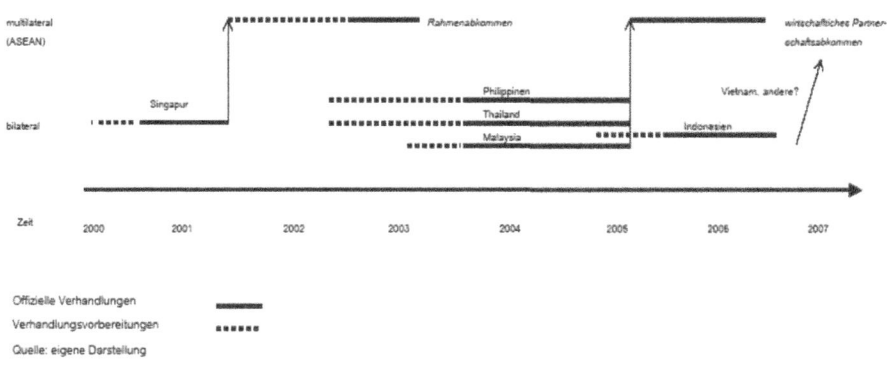

Bis Ende Jahr waren auch die offiziellen EPA-Studien für die ASEAN sowie die Länder Malaysia, Thailand und die Philippinen abgeschlossen. Krönung der japanischen ASEAN-Strategie war der ASEAN-Gipfel in Tokyo im Dezember 2003, an dem das japanische Verhandlungskonzept offiziell verabschiedet wurde. Die Verhandlungen mit den drei ASEAN-Ländern sollten bis den 10. ASEAN Gipfel in Vientiane Ende 2004 abgeschlossen werden, Verhandlungen mit ASEAN als ganzes im April 2005 beginnen, und eine Freihandelszone bis 2012 verwirklich sein.

Der ASEAN-Gipfel in Tokyo im Dezember 2003 war ein bedeutender Erfolg für die japanische Diplomatie. Er fand zum ersten Mal außerhalb des ASEAN-Raumes statt, was Japan einen besonderen Status in Bezug auf seine Beziehungen zu Südostasien zubilligte. Dies war gerade im Hinblick auf die Konkurrenz mit China ein Punktgewinn. Andererseits wiesen japanische Kommentatoren darauf hin, dass dies möglich geworden sei, gerade weil China inzwischen eine so starke Stellung für die ASEAN habe. Der Gipfel in Tokyo fand statt im Rahmen der die beiden regionalen Großmächte ausbalancierenden ASEAN-Außenpolitik. Weil sich die Beziehungen ASEAN-China in kurzer Zeit bereits so weit entwickelt hätten, sei die Intensivierung der Kooperation mit Japan möglich geworden ohne diese Balance zu stören.[231] Zutreffenderweise wurde festgestellt, dass Japan nicht mehr die Bedeutung für Südostasien habe, die es noch Mitte der 90er Jahre hatte.

Die Verhandlungen mit den drei ASEAN-Ländern sollten Anfang 2004 beginnen und möglichst parallel geführt werden. Die Ausgangslage macht klar, dass sich die Verhandlungen trotz der wirtschaftlichen Abhängigkeit der Länder Südostasien von Japan und ihrer deshalb geringeren Verhandlungsmacht nicht einfach gestalten würden. Landwirtschaftliche Exporte machten einen bedeutenden Anteil des Handelsvolumen aus. Die schleppende AFTA-Realisierung hatte zudem klar gemacht, dass schon der Intra-ASEAN-Zollabbau nicht friktionslos verlief, was mit den industriepolitischen Ambitionen vor allem der malaysischen Regierung zu tun hatte. Dies drohte zum größten Stolperstein im Industriebereich zu werden. Zudem war bekannt, dass die Philippinen und Thailand mit einer Öffnung des japanischen Arbeitsmarktes rechneten. Japan hatte bisher – allerdings bei hoher illegaler Arbeitsimmigration – kein Abkommen in diesem Bereich abgeschlossen (Chiavacci 2004). Der erstmalige Einschluss von Immigrationsfragen in FTA-Verhandlungen drohte die neue außenwirtschaftliche Strategie Japans, die bislang auf einem permissiven Konsens in der Bevölkerung beruhte, zu ,politisieren'. Die mehrfach in der japanischen und internationalen Presse rapportierten Vorstellungen der philippinischen Präsidentin über eine Öffnung des japanischen Arbeitsmarktes im Gesundheitsbereich führten in Japan zu politischen Veranstaltungen (auch der Regierungspartei LDP) und prohibitiv ablehnenden Stellungnahmen potenziell betroffener Verbände. Der Unternehmerverband KEIDANREN hingegen bezog eine positive Stellung gegenüber der Öffnung des japanischen Arbeitsmarktes.[232]

III.8.3.3   Das FTA Japan-Philippinen (JPEPA)

Die optimistisch geplanten Verhandlungsabschlüsse auf Ende 2004 ließen sich nicht realisieren, mit Ausnahme eines Abkommens in Grundzügen („agreement in principle on major elements") mit den *Philippinen*, dem *Japan-Philippines Economic Partnership Agreement (JPEPA)*[233]. Am 10. ASEAN-Gipfeltreffen in Vientiane, Laos, beschlossen, stellt das JPEPA das erste bilaterale Abkommen für die Philippinen dar, das dritte für Japan. Als Ziel wird „ein freierer [*sic*] grenzüberschreitender Fluss von Gütern, Personen, Dienstleistungen und Kapital" genannt. Es beinhaltet im Wesentlichen folgende Punkte:

- Zollabbau für Agrar- und Industriegüter innerhalb von 10 Jahren (siehe unten)

---

[231] Vgl. Soeya (2004: 18): „ASEAN has long been known for its balancing act vis-à-vis non-member external powers. The fact that the ASEAN leaders now agreed to meet with their Japanese counterpart outside of Southeast Asia was an indication of their trust in Japan. This, however, may have implied decreasing weight of Japan particularly as compared to that of China in recent years. Namely, the presence of China has become so prominent for ASEAN that the holding of a bilateral summit with Japan would not upset its balanced diplomacy with outside powers."

[232] Siehe KEIDANREN (November 2003), *Bring Dynamism of Diversity into Japan by Opening Doors to Transnational Human Resources.*

[233] *JPEPA Joint Press Statement*, 29.11.2004; Beilage *Major Outcome on industrial products* (www.mofa.go.jp/region/asia-paci/philippine); vgl. *Japan Reaches FTA With Philippines, Highlights Of Japan-Philippine FTA*, Kyodo, 29.11. 2004. Zur philippinischen Seite siehe http://pascn.pids.gov.ph/jpepa/, Yu-Jose (2004).

- Verbesserung Informationsaustausch und Kooperation in Bezug auf Handelserleichterungen; Unterbindung wettbewerbsverhindernder Praktiken und illegalen Handels; Urheberrechtsschutz; Verhandlungen bez. gegenseitiger Anerkennung von Standards
- Erarbeitung transparenter Richtlinien für die Investitionsliberalisierung (Japan und Philippinen)
- bilaterale Kooperation in den Bereichen Entwicklung, personelle Ressourcen, Finanzdienstleistungen, Informations- und Kommunikationstechnologien, Forschung und Entwicklung, Transport, Energie und Umwelt, kleine und mittlere Unternehmen, Tourismus und Sport
- Personenverkehr: eine begrenzte Anzahl (Zahl wird noch ausgehandelt) philippinischer Krankenschwestern und -pfleger mit bestimmten Qualifikationen wird in Japan für 3-4 Jahre zugelassen; nach zusätzlicher Weiterbildung u.a. in japanischer Sprache dürfen sich diese japanischen Qualifikationsprüfungen unterziehen; bei Bestehen der Prüfung darf die Arbeit in Japan fortgesetzt werden[234]; die Philippinen werden Immigrationskontrollen und Arbeitserlaubnisse für Japaner vereinfachen.

Die Regelungen im Landwirtschaftsbereich:

- eine Hühnerfleisch-Importquote (8.5% Zollsatz, bisher 11.9%) von 3000 Tonnen im ersten Jahr, von 7000 Tonnen im fünften Jahr
- eine Importquote für kleine Ananas (zollfrei) von 1000 Tonnen im ersten Jahr, von 1800 Tonnen im fünften Jahr
- einen kompletten Zollabbau für kleine Bananen innerhalb von zehn Jahren, eine Zollreduktion für andere Bananen (von 20% auf 18% im Winter, von 10% auf 8% im Sommer)
- eine Importquote für Melasse von 2000 Tonnen (zum halbierten Zollsatz) im dritten Jahr, von 3000 Tonnen im vierten Jahr
- einen kompletten Zollabbau für Gelbflossen-Thunfisch und Bonito im fünften Jahr
- folgende Produkte wurden vom FTA ausgeschlossen oder später verhandelt: Reis, Weizen, Milchprodukte, Rind- und Schweinefleisch, Rohzucker, Stärke und Dosen-Ananas.
- Japanische Exporte wie Äpfel, Trauben, Pfirsiche etc. sind sofort zollfrei.

Die Regelungen für Industrieprodukte:

- einen sofortigen kompletten Zollabbau auf über 60% der Stahlimporte aus Japan (eine Obergrenze für rund 30%); im dritten Jahr werden die Verhandlungen weitergeführt;
- einen kompletten Zollabbau auf Auto und Autoteile aus Japan, sofort für bestimmte Teile, für alle bis spätestens 2010;
- einen kompletten Zollabbau auf Elektronikimporte aus Japan innerhalb von 10 Jahren, sofort für bestimmte Produkte wie Plasma-Fernseher;
- einen beidseitigen sofortigen Zollabbau für fast alle Textilprodukte;
- einen sofortigen Zollabbau für fast alle philippinischen Industrieexporte nach Japan.

---

[234] Beilage *Basic Framework of the hosting scheme of Filipino Nurses and Certified Careworkers*, ebd.

Weiter verhandelt werden soll über japanische Stahlexporte, philippinische Fisch- und Zuckerexporte (die die japanische Zuckerproduktion auf Okinawa bedrohen) sowie die genaue Anzahl der Arbeitserlaubnisse für Krankenschwestern resp. -pfleger (die japanische Seite spricht von einer Gesamtzahl von „einigen hundert", während die philippinische Seite „einige tausend" anstrebt). Damit schickte sich Japan an, zum ersten Mal ein Abkommen über Arbeitsimmigration zu unterzeichnen. Die im JPEPA enthaltenen Verfahren dürften die japanischen Arbeitsimmigrationsregeln für viele Jahre prägen. Die Industriegüter-Regelungen verschaffen japanischen Firmen eine deutlichen Wettbewerbsvorteil vor allem gegenüber Konkurrenten aus Nicht-ASEAN-Ländern, wie Südkorea (oder den USA und der EU), z.B. im hart umkämpften Plasma-Bildschirmbereich. Bezüglich Landwirtschafts-gütern konnte Japan seine Positionen weitgehend durchsetzen; zahlreiche Quotenregelun-gen und verbleibende Zollsätze verhindern einen eigentlichen Agrarfreihandel. Geplant wurde die Unterzeichnung des JPEPA für 2005 und ein Inkrafttreten für 2006. Immer von dem Abkommen mit Singapur (JSEPA) ausgehend, bemüht sich Japan um möglichst konsi-stente FTA mit anderen ASEAN-Ländern, weshalb die zu erwartenden Abkommen ähnlich lauten dürften.

Philippinische Unternehmer und ihre Verbände unterstützten die Regierung in den FTA-Verhandlungen, wurden regelmäßig konsultiert, auch aber die Sorge um die Wettbe-werbsfähigkeit der eigenen Firmen ließ den Ruf nach staatlichen Förderprogrammen laut werden. Im philippinischen Staatsapparat wurden Stimmen laut, die den „ad hoc-ismus" der philippinischen Verhandlungsführung und das Fehlen einer klaren Handels und Ent-wicklungsstrategie bemängelten.[235] Die Anti-WTO-Koalition *Stop the New Round Coaliti-on (SNR)* aus philippinischen NGO kritisierte an JPEPA die nicht-öffentliche Verhand-lungsführung, die Liberalisierung über das WTO-Niveau hinaus, die staatlichen Einnahme-verluste durch den Zollabbau und die zu erwartende Verdrängung philippinischer Unter-nehmen und Geschäfte durch japanische.[236] Opposition wurde insbesondere angekündigt gegen die für die FTA-Implementierung notwendigen Änderungen der Verfassung von 1987, in erster Linie die Klauseln betreffend Beschränkungen des Eigentums an Unterneh-men und Land für Nicht- philippinische Staatsbürger. Ebenfalls auf Kritik stießen die ho-hen Sprachqualifikationshürden für Pflegepersonal,[237] während gleichzeitig Befürchtungen laut wurden, dass JPEPA die bereits spürbare Abwanderung qualifizierten Spitalpersonals so weit verstärken könnte, dass das Gesundheitssystem des Landes in eine Krise geraten würde. Kurz darauf arbeiteten die *Technical Education and Skills Development Authority (TESDA)* der philippinischen Regierung wie auch private Anbieter bereits am Aufbau von Ausbildungszentren für die Entsendung von Pflegepersonal nach Japan.[238] Auf Überra-schung und Unverständnis in den Philippinen führte die zeitgleiche Einführung restrikti-ve-rer Bestimmungen für die Erteilung so genannter *Entertainer*-Visa in Japan.[239] Diese er-laubten 80-130'000 Filipinos jährlich den Aufenthalt in Japan und wurden häufig für illega-le Tätigkeiten im Sexgewerbe benützt. Japan reagierte damit auf politischen Druck, stärker gegen „Menschenhandel" und Schleuserbanden vorzugehen; es ist aber auch offensichtlich,

[235] *Group seeks permanent trade representative*, Manila Times, 9.10.2003.

[236] *Filipinos Protest Lopsided Japan-RP Deal; Demands Disclosure of Japan-RP Trade Negotiations*, Manila Independent Media Center, 14.4.2005 (manila.indymedia.org/); *NGO coalition bucks free trade talks with Japan*, Philippine Star, 5.11.2004; *Groups say the govt to lose P16.9B in revenues*, Today (Manila), 26.1.2005.

[237] *Vigilance related to the Philippine-Japan Free Trade Agreement*, The Freeman, Cebu, 5.5.2005.

[238] *Philippines readies for nurse dispatch*, Japan Times, 8. 12. 2004.

[239] *Japan to tighten rules on promoters, bars over foreign entertainers*, Kyodo, 4.12.2005.

dass die Regierung damit potenziellen JPEPA-Gegnern im eigene Land den Wind aus den Segeln nehmen wollte. In Zukunft dürften nur noch ca. 8000 *Entertainer*-Visa an philippinische Staatsbürger erteilt werden.

III.8.3.4   Der Stand der Verhandlungen Ende 2005

Die Verhandlungen zwischen Japan und Thailand wurden hinausgeschoben durch die Wahlen im Februar 2005. Außenwirtschaftspolitische Fragen spielten in den Wahlkampagnen aber keine bedeutende Rolle, und die Partei von Premierminister Thaksin Shinawatra, einem der aktivsten FTA-Verfolger in der Region mit guten Beziehungen zu Koizumi, gewann die absolute Mehrheit der Parlamentssitze. Trotz anhaltender Differenzen bezüglich thailändischer Agrarexporte (insbesondere Hühnerfleisch, Zucker, Stärke; bezüglich Reis hat Thailand bereits früher nachgegeben[240]) und Zollsätze für Stahl wurde ein Abkommen in Grundzügen im September 2005 erreicht. [241] In den umstrittenen Bereichen wurde allerdings weiter verhandelt. Zum Unwillen der Textilproduzenten in Thailand (unter anderem der rund 70 Unternehmen in japanischem Besitz) wollte Japan mittels strenger Ursprungsbestimmungen nur eine geringe Veränderung des Status Quo im Textilhandel zwischen den beiden Ländern.[242] Widerstand kam seitens der thailändischen Unternehmerverbände gegen eine Liberalisierung im Stahl- und Automobilbereich, da dies zu vermehrten Lieferungen aus Japan statt zu Investitionen in Thailand führe (bislang gelten Zollsätze bis zu 80% auf Automobilimporte aus Japan).[243] Vertreter der deutschen und französischen Regierung kritisierten in Bangkok die absehbare Bevorteilung japanischer Autoproduzenten gegenüber solchen aus der EU und kündigten an, dies anlässlich des nächsten Europabesuchs von Premierminister Thaksin zum Thema zu machen.[244] Ambitionen hatte Thailand auch in Bezug auf eine Lockerung des Zugangs zum japanischen Arbeitsmarkt sowie in Bezug auf Dienstleistungen, wo man auf Auslagerungen insbesondere im Gesundheitswesen hoffte: Japaner sollten sich in Zukunft im billigeren Thailand behandeln lassen und so die Versicherungen entlasten. Für thailändische Köche sowie eine Gruppe zertifizierter „Instruktoren" (in den Bereichen klassischer/traditioneller Tanz, Musik, Küche, Boxen und Sprache) wurden die japanischen Einreise- und Aufenthaltsbestimmungen gelockert. Wie weit thailändische Arbeitskräfte in der japanischen Krankenpflege und *Onsen*-(heiße Quellen)-Industrie zugelassen werden sollten, blieb Gegenstand weiterer Gespräche.

Schwieriger gestalten sich die Verhandlungen *Japan-Malaysia*, mit dem dank seiner konzilianten Haltung zwar rasch eine Einigung im Agrarbereich zustande kam, das aber mit seiner (an frühere Praktiken Japans orientierten) Industriepolitik den Wünschen Tokyos im Automobilsektor lange wenig entsprach.[245] Dennoch konnte im Mai 2005 ein Abkommen in Grundzügen erreicht werden, und am ersten Ostasien-Gipfel in Kuala Lumpur wurde das

---

[240] *Rice taken off FTA table*, Bangkok Post 29.10.2004.
[241] Das *Japan-Thailand Economic Partnership Agreement (JTEPA)* ist zu finden auf www.mofa.go.jp/policy/economy/fta/thailand.html.
[242] *Tokyo pushes ‚fabric forward' trade. Thai garment firms oppose principle*, Bangkok Post, 19.5.2005.
[243] *FTA with Thailand opens can of worms for automakers*, Yomiuri Shimbun, 8.12.2004.
[244] *Germans worry about impact of free-trade deal with Japan*, Bangkok Post, 6 5.2005.
[245] Vgl. *Malaysia's national cars barriers to FTA with Japan – Kuala Lumpur unwilling to yield on fundamental policies* Nihon Keizai Shimbun, 14.2.2005. Ende Mai 2005 machte eine Meldung über einen definitiven Verhandlungsdurchbruch die Runde; Details waren zum Zeitpunkt des Abschlusses dieses Artikels noch nicht bekannt (*Japan, Malaysia make final breakthrough in FTA talks*, Kyodo, 22.5.2005).

Japan-Malaysia Economic Partnership Agreement (JMEPA)[246] unterzeichnet. Im Automobilsektor gibt es einen Zollabbau bis 2010, teilweise sogar erst 2015, und viele Elemente industrieller Kooperation. Das „Koizumi-Abdullah Training Programme for Economic Partnership (Economic Partnership Programme: EPP)" wird rund 1000 Auszubildende nach Japan bringen und damit die offizielle malaysische „Look East Policy" verstärken.

In *Indonesien* nahm nach der Etablierung einer neuen Regierung 2004 und der Einrichtung einer FTA-Task Force Anfang 2005 eine gemeinsame indonesisch-japanische EPA-Studiengruppe die Arbeit auf, die dann aber sehr rasch zu einem Abschluss kam.[247] Das größte Land Südostasiens kommt wegen zu erwartender Handelsumlenkungseffekte zugunsten anderer ASEAN-Länder unter Druck, ein FTA mit Japan möglichst gleichzeitig mit diesen abzuschließen.[248] Bereits im Juli 2005 wurden offizielle Verhandlungen aufgenommen, mit dem Ziel, im folgenden Jahr zu einem Abschluss zu kommen. Die Regierung kündigte nach dem Vorbild der Philippinen und Thailands auch Forderungen bezüglich Arbeitsmarkt an.

III.8.4 Die Opposition in Südostasien gegen FTA

Überall in Südostasien richtet sich die Anti-FTA-Opposition in erster Linie gegen die Pläne der jeweiligen Regierungen für ein Abkommen mit den USA.[249] Diese drängten auf den Einschluss weitgehender Bestimmungen zum Schutz des geistigen Eigentums, was einschneidende Konsequenzen für Software-basierte Unternehmen, den Erziehungs- oder den Gesundheitssektor hätte.[250] Ein Generika-Verbot z.B. würde das international als vorbildhaft eingeschätzte AIDS-Bekämpfungsprogramm der thailändischen Regierung verunmöglichen. Wenig überraschend sind die Regierungen bestrebt, diffuse positive FTA-Effekte gegenüber den Risiken in bestimmten Sektoren herauszustreichen. Die ersten Auswirkungen des Freihandels mit China und Australien brachten in Thailand wirtschaftliche Akteure auf den Plan. Die deutlich billigeren Frucht- und Gemüseimporte aus der Volksrepublik brachten Unternehmen wie das unter königlicher Patronage stehende *Doi Kham*-Projekt, das den Ausstieg aus dem Mohnanbau und die Einführung neuer Obst- und Blumensorten betreibt, und viele Kleinbauern in Nordthailand in Bedrängnis. Thailändische Exporte werden oft be- oder gar verhindert durch Handelshindernisse zwischen chinesischen Provinzen und strikte australische Quarantänebestimmungen. Die thailändischen Milch- und Rindfleischproduzenten hielten sich für nicht konkurrenzfähig mit australischen Betrieben. Der offensiv auftretende thailändische Premierminister fand nur harsche Worte über „wettbewerbsscheue Protektionisten und Kartelle".

Die oben genannten ersten realen Erfahrungen Thailands mit FTA, ein sich abzeichnendes Handelsbilanzdefizit und die wachsende Liste der FTA-Projekte der Regierung

---

[246] Das JMEPA ist zu finden auf www.mofa.go.jp/policy/economy/fta/malaysia.html.

[247] *Indonesia, Japan to start preliminary FTA talks*, Jakarta Post, 31.1.2005.

[248] Vgl. *Thai-Japanese FTA threatens RI exports*, Jakarta Post, 11.2.2005; *JETRO vows support for Indonesia's revitalization efforts*, Jakarta Post, 1.3.2005.

[249] Siehe die Dokumentation auf der Website www.bilaterals.org.

[250] Im Rahmen eines von *FTA Watch* organisierten Protestes gegen die FTA-Verhandlungen Thailands mit den USA in Pattaya entrollten die Demonstranten ein schwarzes Banner mit der Aufschrift „Foreigners conquer our country. Agricultural sector has collapsed. Thai people are given expensive drugs. NO TO FTA!"; siehe auch *We risk returning to the colonial days*, Bangkok Post, 13.4.05.

führten zu einem verbreiteten Unbehagen und politischer Opposition. Die in der *FTA Watch*-Koalition zusammengeschlossenen zwanzig thailändischen NGOs sowie Vertreter der Oppositionsparteien organisierten die Sammlung der für die Eröffnung einer Parlamentsdebatte über FTA erforderlichen 20'000 Unterschriften. Wie in den Philippinen führte auch in Thailand die Art der Verhandlungsführung zu wachsendem Misstrauen.[251] In beiden Ländern wurden zwar (selektiv) Wirtschaftsverbände konsultiert, aber die Verfahren und Zugangskriterien blieben intransparent. Die japanische Verhandlungsführung verzichtete auch nicht darauf, ihr politisches Netzwerk zur Erhöhung des Drucks auf die philippinische und thailändische Verhandlungsdelegation zu nutzen. In Thailand kam es zu internen Auseinandersetzungen in der politischen und diplomatischen Elite, als ein anonym bleiben wollender, pensionierter Diplomat offensichtlich auf japanisches Drängen hin in der heißen Phase der Verhandlungen die thailändischen Handelsdiplomaten als „unerfahren" und „ohne Leistungsausweis" kritisierte.

III.8.5 Einschätzung und Schlussfolgerungen

Nach diesem Überblick über die FTA-Verhandlungen, ihre bisherigen Ergebnisse und die ihnen zugrundeliegenden Motivationen sollen die neuen Abkommen in zwei Stufen entwicklungspolitisch eingeschätzt werden: Erstens hinsichtlich ihrer kurzfristigen wirtschaftlichen und politischen Auswirkungen und zweitens in Bezug auf ihre mittel- und langfristige Bedeutung für die Neustrukturierung der Zentrum-Peripherie-Beziehungen in Ostasien.

III.8.5.1   Kurzfristige Effekte

Kurzfristig werden die neuen Abkommen keine tiefgreifenden makroökonomischen Auswirkungen zeitigen. Empirische Modellrechnungen prognostizieren nur für großräumige FTA wie ASEAN plus China-Japan-Korea signifikante Handelseffekte (Lee/Park 2005). Am METI werden die Wachstumseffekte der neuen Abkommen in Promillen kalkuliert.

Die Abkommen schreiben trotz selektiver Vertiefung insgesamt in vieler Hinsicht die bestehenden Austauschbeziehungen zwischen Japan und den Ländern Südostasiens fest. Die FTA werden zukünftige Investitionsentscheide sicherlich mitbeeinflussen. Grosse Effekte wird die Implementierung der FTA aber nicht haben, da ein Grossteil der ausländischen Unternehmen in Südostasien in speziellen Wirtschaftszonen tätig sind und sich die dortigen Bedingungen nicht signifikant von den FTA-Konzessionen unterscheiden (Yu-Jose 2004: 19). In Japan wird der Druck auf weitere Produktionsauslagerungen etwas abnehmen, da nun Produkte und Komponenten mit hohem Technologieanteil einfacher nach Südostasien exportiert werden können. Die Industriegüter-Regelungen verschaffen japanischen Firmen einen (vermutlich nur kurz befristeten) Wettbewerbsvorteil in Südostasien vor allem gegenüber Konkurrenten aus Nicht-ASEAN-Ländern. Länder in der Region ohne Abkommen mit Japan sehen sich unter Druck, Verhandlungen aufzunehmen, um absehbare negative Effekte zu kompensieren. Bezüglich Landwirtschaftsgütern konnte Japan seine Positionen weitgehend durchsetzen; zahlreiche Quotenregelungen und verbleibende Zollsätze verhindern einen eigentlichen Agrarfreihandel. In Zukunft wird es aber vermehrt

---

[251] *Free-Trade Deals: Hundreds rally against ‚FTA rush' . NGOs and farmers slam govt's lack of basic consultation*, The Nation, 29.6.2004; *Senate panel against rushing free trade deal*, Bangkok Post, 19.5.2005.

japanische Unternehmen in Südostasien geben, die Lebensmittel für den Export nach Japan herstellen. Oft handelt es sich um bereits bestehende Joint Ventures wie die *Ajinomoto Betagro Specialty Foods Co.* in Thailand (Hühner- und Schweinefleisch, Meeresfrüchte), die ihre Kapazitäten erweitern oder neue Produktionsanlagen erstellen, die den strengen japanischen Hygienevorschriften genügen. Jede Anlage wird vom japanischen Landwirtschaftsministerium inspiziert und nur wer dessen Standards genügt, darf nach Japan exportieren.[252] In Japan werden auch Szenarien für den Aufbau japanischer Farmen in Südostasien oder japanische Arbeitserlaubnisse für Bauern aus Südostasien diskutiert.[253]

Die neuen FTA sind nur sehr begrenzt *Frei*handelsabkommen, nicht nur wegen zahlreichen Quotenregelungen. Diese Abkommen sind auf die Vertiefung wirtschaftlicher Beziehungen zu beidseitigem Vorteil ausgerichtet, nicht auf die Schaffung von mehr Wettbewerb durch gemeinsame Regelsetzung. Charakteristisch sind die JPEPA-Formulierung eines „*freieren* grenzüberschreitender Flusses von Gütern, Personen, Dienstleistungen und Kapital" und die vorgängige Einigung zwischen den Verhandlungsdelegationen, eine „Balance zwischen Zollabbau und Kooperation" in Landwirtschaft/Fischerei anzustreben, „basierend auf den Prinzipien des beidseitigen Nutzens und der Koexistenz".[254] Auch im Fall Thailands wurde bemerkt, dass in den Verhandlungen Enthusiasmus bezüglich landwirtschaftlicher Kooperationsprojekte herrscht, nicht aber bezüglich Liberalisierung (Aoki 2004: 22). Auch hier wurde als Zielvorstellung eine angemessene Balance zwischen Kooperation und Liberalisierung definiert, und zudem als Hauptziel die Verbesserung des Einkommens und der Lebensqualität der Bauern in beiden Ländern genannt.[255] Zudem sollen die Abkommen, entsprechend der üblichen Praxis in Ostasien, „sanft" umgesetzt werden. Dies bedeutet, dass die eintretenden Effekte genau studiert und unerwünschte Entwicklungen verhindert oder zumindest im Sinne eines beidseitigen Nutzenausgleichs modifiziert werden. Dies wird gefördert durch die Tatsache, dass Japan eine langfristig angelegte Strategie des Engagements in der Region Südostasien verfolgt und sich japanische Investoren diesbezüglich von den Praktiken vieler amerikanischer und europäischer Unternehmen unterscheiden. Insgesamt stellen die neuen Abkommen eher eine Weiterführung der für Ostasien typischen entwicklungsstaatlichen Steuerung wirtschaftlichen Strukturwandels dar als eine Übernahme westlicher wirtschaftsliberaler Ordnungsvorstellungen.

Politisch hat der neue Bilateralismus die bis zur Asienkrise doch weitgehend erfolgreiche Strategie der Zusammenlegung von Verhandlungsmacht im Rahmen der ASEAN abgelöst. Trotz der über Jahrzehnte gewachsenen Verhandlungsmacht einzelner ASEAN-Länder wie Thailand oder Malaysia vermochte Japan (wie auch andere Staaten in Verhandlungen mit Ländern Südostasiens) in separaten Verhandlungen und auf der Basis eines vorteilhaften Referenzabkommens mit Singapur seine Interessen besser durchzusetzen, als dies in von Beginn an multilateralen Verhandlungen hätten geschehen können. Da japanischerseits aber Interesse an einem möglichst einheitlichen Wirtschaftsraum bestand, nutzte die ostasi-

---

[252] Vgl. *Local food giant strengthens links with Japan*, Bangkok Post, 21.3.2005.

[253] Vgl. *JETRO vows support for Indonesia's revitalization efforts*, Jakarta Post, 1.3.2005.

[254] „The JPEPA should be comprehensive and take balance between tariff reduction and cooperation in the agriculture and fishery sectors of both sides, based on the principles of mutual benefits and co-existence." (JPEPA-Joint Coordinating Team, JCT, 2003: 9).

[255] „Both sides recognised the importance of co-operation in the field of agriculture in JTEPA which must be undertaken in a proper balance with liberalization, taking into consideration both sides' sensitivity. Both sides also agreed that the main objective of this undertaking is to enhance the quality of life and income of farmers in their respective countries." (JTEPA-Task Force Report, Dezember 2003, 9f)

atische Wirtschaftsmacht ihren Einfluss in Richtung stärkerer Intra-ASEAN-Vereinheitlichung. Wie aus den laufenden Diskussionen um eine Revision der Entwicklungshilfe-Charta zu entnehmen ist, wird Japan in Zukunft seine Entwicklungshilfegelder, die bereits bisher hauptsächlich in die Region Ostasien flossen, noch stärker strategisch einsetzen, um das Ziel einer ostasiatischen Wirtschaftszone durchzusetzen.[256] Industriepolitisch ambitionierte Länder wie Malaysia steuern hingegen einen Kurs gegen die Intra-ASEAN-Liberalisierung wie auch gegen den Abbau der Benachteiligung japanischer Firmen im Automobilsektor. Es handelt sich um eine Situation, die integrationstheoretisch an die frühen Jahre der europäischen Einigung erinnert: Während eine wirtschaftlich dominierende Macht die Vertiefung der Beziehungen mit einer Region als solcher anstrebt, positionieren sich die Länder dieser Region einzeln in einer regionalen und überregionalen Konkurrenz um Handelskonzessionen und Investitionen. Die Hegemonialmacht USA hingegen verfolgt eine vollständig andere Politik als gegenüber Westeuropa nach dem Zweiten Weltkrieg, nämlich eine multilateralismus-feindliche Strategie der wirtschaftlichen Anbindung einzelner Länder unter der Dominanz sicherheitspolitischer Interessen (vgl. Kapitel III.2.8). Festzuhalten ist, dass sowohl das veränderte Umfeld (Abbau sicherheitspolitischer Bedrohungen, Einbindung in internationale Institutionen) als auch die interne Dynamik (unterschiedliche Ausgangspositionen, ungleiche Entwicklungserfolge und damit zunehmend divergierende Interessenlagen der Mitgliedsländer) zur Zersetzung der ASEAN-Kohäsion beigetragen haben. Während sich auf anderen Kontinenten (Afrika, Lateinamerika) die Bemühungen um eine Süd-Süd-Kooperation intensivieren, scheint in Südostasien mit der ‚Asienkrise‘ eine Epoche zu Ende gegangen zu sein.

III.8.5.2   Vor einer Neustrukturierung der Zentrum-Peripherie-Beziehungen in Ostasien?

Die laufenden Verhandlungen und Abkommen verstärken die seit dem Ende der Ost-West-Konfrontation und dem Beginn der Öffnungspolitik fast aller Staaten Ostasiens freigesetzte, kraftvolle Dynamik wirtschaftlicher Regionalisierung. In Ostasien, jahrhundertelang integriert durch Handel und Tributbeziehungen, findet seit zwanzig Jahren eine beschleunigte ‚nachholende Regionalisierung‘ statt. Wie in anderen Weltregionen handelte sich nicht um eine symmetrische Verknüpfung, sondern um die Herausbildung einer regionalen Zentrum-Peripherie-Struktur im Rahmen des gegenwärtigen Weltsystems: Im Zuge der Regionalisierung bindet das (regionale) Zentrum Teile der Semi-/Peripherie enger an sich und strukturiert damit die innerregionalen Beziehungen neu.

Länder wie Japan und China sind global orientierte Akteure, die aber auch akzentuiert regionale Interessen verfolgen. China befindet sich in einer erfolgreichen Position im Wettbewerb um Investitionen und braucht wie Japan ein stabiles regionales Umfeld aus sicherheitspolitischen Gründen und für die Organisation der notwendigen Ressourcenzufuhr. Die beiden Schwergewichte Ostasiens, Japan und China (in geringerem Masse gilt dies auch für Südkorea und Taiwan), konkurrieren in der Gestaltung der Region. Diese Konkurrenz gibt den Ländern Südostasiens etwas an Verhandlungsmacht zurück, die sie mit der Aufgabe der vorgängigen ASEAN-Koordination verloren haben.

Was sind die längerfristigen Interessen der ASEAN-Länder und Japans in der anstehenden Vertiefung der wirtschaftlichen und politischen Beziehungen? Japan hat seine Globalisierungs- und Regionalisierungsstrategie langfristig mit Südostasien verknüpft und

---

[256] Siehe „Strategic Utilization of ODA as a policy tool of Japan", METI White Paper 2003, S. 298ff.

sucht Stabilität zur Sicherung des Bestehenden und mehr Planmäßigkeit beim weiteren Ausbau der Beziehungen. Dies führt zu langfristig angelegten Investitionen in die Entwicklung ausgewählter Länder. Mit den neuen Abkommen sollen eine auch zukünftig komplementäre Entwicklung festgeschrieben, abrupte Politikwechsel vermieden und die Qualität der staatlichen Institutionen verbessert werden. Japan sucht auch politische Bündnispartner, um eine breitere Basis zu haben in den internationalen Institutionen und gegenüber ausländischen Druckversuchen z.B. in der Handelspolitik. Da die Positionen der Länder Ostasiens oft ähnlich sind, hat Japan Interesse an einem regionalen Zusammenlegen von Verhandlungsmacht. Daraus ergibt sich das japanische Szenario einer *wohlmeinenden regionalen Hegemonialmacht*: Entwicklung einer innerregionalen Arbeitsteilung im Interesse japanischer Unternehmen, mit zugesicherten Entwicklungsfortschritten für die Länder, die sich einbinden lassen, und Vertretung gemeinsamer Interessen gegen außen, möglichst in Form regionaler Institutionen unter japanischer Führung. In wirtschaftspolitischer Hinsicht wird sich dies zumindest fallweise verwirklichen lassen. Japan wird Südostasien aber nie zu seinem ‚Hinterhof' machen können; einer eigentlichen Blockbildung wirken mehrer Faktoren entgegen: die Semisouveränität des eigenen Landes und seiner politisch-militärischen Abhängigkeit von den USA, die Unmöglichkeit, sicherheitspolitische Garantien für einzelne Länder abgegeben oder ein regionales militärisches Bündnis formieren zu können, und die Konkurrenz mit anderen Mächten in und um Südostasien.

Für die Länder Südostasiens ergeben sich jeweils spezifische Entwicklungschancen aus den globalen Regulierungsstrukturen (internationale Institutionen, Hegemonial–macht USA) und den regionalen Verhältnissen. Die ASEAN-Länder haben mit der wirtschaftlichen Öffnung die Priorität endogener Entwicklung aufgegeben und befinden sich im Wettbewerb um ausländische Direktinvestitionen ungeachtet ihrer Herkunft. Aus mehreren Gründen ist eine engere Verbindung mit Japan attraktiv: Die Wirtschaftsstrukturen der ASEAN-Länder (mit Ausnahme Singapurs) sind deutlich stärker komplementär zu denjenigen Japans als zu Chinas. Freihandel mit China stellt eine ernsthafte Bedrohung für viele Wirtschaftssektoren dar, während Investitionen aus Japan die Basis für konkurrenzfähige Unternehmen im eigenen Land schaffen können. Z.B. der Fall der Philippinen: Das Land befindet sich trotz des Angebots spezieller Wirtschaftszonen in der Konkurrenz um Direktinvestitionen auf der Verliererseite (gegenüber Thailand, Singapur, Malaysia und auch Indonesien). Philippinische elektrische Konsumgüter sind nicht konkurrenzfähig mit thailändischen, malaysischen oder chinesischen. Mit japanischen Investitionen, so die Erwartung, wird sich dies ändern und philippinische Produkte mit japanischen Standards werden einen Marktanteil in einem liberalisierten ASEAN-Markt halten können. Oder der Automobilsektor: Die ASEAN verhinderte mittels hohen Zöllen lange den Import von Automobilen; innerhalb Südostasiens kam es zu einem Standortwettbewerb um die Direktinvestitionen aus Nordamerika, Europa und Nordostasien, die diese Zollhürden überspringen mussten (*tariff jumping*). Mittels besonders vorteilhafter Bedingungen und einem mittleren Kostenniveau vermochte sich der Großraum Bangkok als Automobilproduktionszentrum Südostasiens („the Detroit of the East") zu etablieren. Malaysia hingegen verfolgt die Strategie, eine eigene Automobilproduktion (PROTON) zu entwickeln und implementierte Schutzzölle und andere Maßnahmen zur Verteidigung des eigenen Marktes. In beiden Fällen ist das Interesse an Freihandel mit Japan in diesem Sektor gering, da dies die eigene Strategie bedroht. Die Verliererländer in der Standortkonkurrenz und autoimportierende Länder hingegen können nur gewinnen aus einer Veränderung des Status Quo. Käme es z.B. nur zu einem FTA Philippinen-Japan mit Einschluss dieses Sektors, entstünden Anreize für japanische Autoproduzenten, in den Philippinen zu fertigen, Hochtechnologie-Komponenten zollfrei aus Japan zu importieren und soweit möglich den ganzen ASEAN-Markt zu beliefern. Andererseits verschafft sich ein Land, das über ein FTA-Netzwerk verfügt, Vorteile in der Standortkonkurrenz: die thailändische Regierung verfolgt die Strategie, den Großraum Bangkok zum Automobilzentrum des ganzen südlichen Asiens (inklusive Indien) und des Mittleren Osten zu machen. indem ausländische Investoren (möglichst nur) von hier aus Zugang zu einem gigantischen Markt haben. Besonders unter Druck kommen Länder wie Indonesien, die aufgrund interner Bedingungen weder in der Lage waren, eine Strategie wie die thailändische oder die malaysische effektiv zu verfolgen – Versuche in beide Richtungen unter Suharto waren kurzlebig und zum Scheitern verurteilt – noch in der Lage sind, aus der gegenwärtigen FTA-Spirale Nutzen zu ziehen. Der hier skizzierte Mechanismus erklärt, warum sich diese Spirale immer schneller dreht, ist der Auslöser einmal getätigt.

Handelt es sich im Fall der anstehenden Vertiefung der Beziehungen Japan-Südostasien um eine „win-win-relationship", wie sich das die japanischen Planer vorstellen? Geht man davon aus, dass die Krise der ASEAN strukturelle Gründe hat und sich die Interessendivergenzen zwischen den Ländern Südostasiens eher ver- als entschärfen, dann bietet eine stärkere Anbindung an Japan mehr Vor- als Nachteile. Als Negativfolie dient ein Szenario der weiteren Integration vereinzelter Länder in die Weltmarkt-Dynamik und das weitere Anwachsen des Liberalisierungs- und Deregulierungsdrucks. Ohne Japan befänden sich die Länder Südostasiens zwischen einem ein- und überholenden China auf der einen und den westlich dominierten internationalen Institutionen auf der anderen Seite. Japan vertritt, wie sich in der ‚Asienkrise' eindrucksvoll gezeigt hat, einen anderen, entwicklungsfreundlicheren Interventionstyp als diese. Eine engere Anbindung an Japan (und auch der Aufbau regionaler Institutionen) wird die Verhandlungsposition dieser Länder gegenüber dem Westen und den internationalen Institutionen verbessern, gerade im Falle stark US-abhängiger Länder wie den Philippinen. Zu vermerken ist auch, dass Japan einen kohäsionsfördernden Einfluss auf Südostasien hat. Im Unterschied zur Politik der gegenwärtigen US-Regierung verfolgt Japan in Südostasien nicht eine Politik des Herauslösens einzelner Länder aus ihren regionalen Kontexten zwecks ihrer bilateralen Anbindung und der Verhinderung des Aufbaus regionaler Institutionen. Natürlich gehen die japanorientierten Länder mit einer größeren Abhängigkeit auch Risiken ein. Ein beträchtlicher Teil der Wirtschaftsaktivitäten auf dem eigenen Territorium wird bereits von strategischen Entscheiden in japanischen Ministerien und Unternehmenszentralen beeinflusst. Dies wird sicherlich zunehmen; andererseits bringt das japanische Engagement eine höhere Stabilität mit sich als das Investitionsverhalten der meisten nordamerikanischen und europäischen Konzerne. Im Ringen um nationale Entwicklung und weltwirtschaftliche Integration ist es für die Länder Südostasiens ein Vorteil, die ‚Japankarte' spielen zu können.

III.9 Das regionale Migrationsmuster Ostasiens

III.9.1 Einleitung

Arbeitsmigration ist die wichtigste Quelle direkter Interaktion zwischen Angehörigen verschiedener Staaten (und häufig auch Kulturen, Religionen etc.), die nicht zur gesellschaftlichen Elite gehören. Daraus leitet sich ihre große Bedeutung für die soziokulturelle Integration einer Region ab. Sozial nachhaltige Migration kann zur Herausbildung einer regionalen Identität beitragen; andererseits kann Migration auch zu nationalismusfördernden ethnopolitischen Konflikten führen.

In den ersten Nachkriegsjahrzehnten gab es innerhalb Ostasiens keine zahlenmäßig relevanten transnationalen Migrationsströme. In den 1960/70er Jahren dominierte die Migration aus Ostasien nach Nordamerika, Australien und in die erdölexportierenden Länder der Golfregion. Die Golfländer rekrutierten Arbeitskräfte aus Ostasien bevorzugt, da sie im Vergleich zu arabischen Gastarbeitern billig waren, als verlässlicher galten und zudem keinen Instabilitätsfaktor für die politischen Regime darstellten. Dieses Muster änderte sich im Gefolge der anhaltenden wirtschaftlichen Entwicklung, die zu zunehmenden Einkommensgefällen zwischen Ländern (und Mikroregionen) führte und Ostasien trotz dominant restriktiver staatlicher Politiken als „Migrationsregion" (Chiavacci 2005b) konstituierte.

Wie für andere Weltregionen können auch in Ostasien zwei Ebenen der Arbeitsmigration unterschieden werden:

1. Der weitaus größte Teil der Arbeitsmigration besteht aus *nicht oder wenig qualifizierten Arbeitskräften*. Die hauptsächlichen Migrationsdeterminanten sind geographische Nähe und Lohnniveau-Differenzen. Es handelt sich um wenig regulierte Ströme; prägend sind die Bestimmungen des Empfängerlandes. Bilaterale zwischenstaatliche Abkommen existieren nur vereinzelt und haben einen geringen Deckungsgrad. Ein bedeutender Teil dieser Arbeitsmigration ist irregulär.

2. Bei den *hochqualifizierten Arbeitskräften* handelt es sich meistens um mit ausländischen Direktinvestitionen verbundene Arbeitstätigkeiten, die durch Angestellte aus dem Herkunftsland der Investitionen ausgeübt werden. Diese ‚Professionals' werden von den Konzernzentralen entsandt oder sind Angestellte von ausländischen Handelshäusern unterschiedlicher Größe. Die Aufenthalts- und Anstellungsbedingungen sind üblicherweise hoch reguliert. Es handelt sich um eine zahlenmäßig kleine Gruppe, die aber für die regionale Integration bedeutsam ist, da sich aus dieser häufig die Befürworter weiterführender Kooperation und der Vertiefung der Integration rekrutieren.

Die Struktur dieses Kapitels folgt dieser Unterscheidung. Zunächst werden die zahlenmäßig bedeutenderen Ströme nicht oder wenig qualifizierter Arbeitskräfte beschrieben, dann diejenige der „Professionals". Im Zentrum der Analyse steht das regionale Migrationsmuster, wie es sich mit der raschen wirtschaftlichen Entwicklung Ostasiens seit den 1980er Jahren herausgebildet hat.[257]

Den im Folgenden präsentierten Daten ist mit Vorsicht zu begegnen. Die Ungenauigkeit ist groß, aufgrund unterschiedlicher, in einigen Fällen wenig entwickelter nationaler

---

[257] Basis sind folgende empirische Untersuchungen zur Arbeitsmigration in Ostasien: Martin/Mason/Tsay (Hg., 1995), Manning (1999, 2001), Athukorala/Manning (1999), Athukorala/Manning/Wikramasekera (2000), Iredale/Hawksley/Castles (Hg., 2003), OECD (1998, 2001, 2002) sowie Spaan/van Narssen (Hg., 2005).

Erhebungsmethoden und einer großen Dunkelziffer.[258] Unterschiedliche Quellen ergeben zwangsläufig Unstimmigkeiten im Datenmaterial. Neben nationalen Statistiken wurden für diese Analyse die Schätzungen von Manning/Phatnagar (2004) ausgewählt, da diese Autoren die renommiertesten Spezialisten für die südostasiatische Arbeitsmigration sind, sowie eine Kompilation des japanischen Ministeriums für Wirtschaft, Handel und Industrie (METI).

III.9.2 Die Migration wenig qualifizierter Arbeitskräfte

III.9.2.1   Migrationsregion Ostasien

Für den vorliegenden Zusammenhang lassen sich die Länder Ostasiens in drei Gruppen einteilen:

- Immigrationsgebiete mit mittlerem bis hohem Pro-Kopf-Einkommen: Japan, Südkorea, Taiwan, Hongkong, Singapur und Brunei;
- Länder mit mittlerem Pro-Kopf-Einkommen, die Arbeitskräfte in Länder der ersten Gruppe entsenden und in die solche aus ärmeren Länder migrieren: Thailand, Malaysia;
- Länder mit tiefen Pro-Kopf-Einkommen, aus denen Arbeitskräfte vor allem in die Nachbarstaaten migrieren:
  - Indonesier mit Ziel Singapur und Malaysia;
  - Filipinos mit Ziel Hongkong, Japan, Taiwan, Singapur;
  - Birmanen, Laoten und Khmer mit Ziel Thailand.
  Im Falle Chinas handelt es sich v.a. um irreguläre Arbeitsmigration nach Hongkong und Taiwan, in zunehmendem Ausmaße auch nach Japan und in die Zentren Südostasiens. Vietnam entsendet Arbeitskräfte hauptsächlich nach Malaysia, Taiwan, Korea und Japan.[259] Die Philippinen bilden insofern einen Spezialfall, als dass das Land sich seit langem über die Region hinaus auf die Entsendung von Arbeitskräften auf dem Weltmarkt spezialisiert hat.

Tab. III.9.1 gibt eine Übersicht über Stand und Entwicklung der Arbeitsmigration in den Ländern Ostasiens. Die bedeutendsten Zielländer sind in Nordostasien Japan, gefolgt von Südkorea, Taiwan und Hongkong. In Südostasien sind dies Malaysia, Thailand und Singapur.

---

[258] Vgl. Manning/Phatnagar (2004: 10): „...there are major problems in the data on all categories of migrant workers in Southeast Asia. Partly this relates to a high proportion of irregular or illegal migrants in the major receiving countries and partly to under-developed and heterogeneous data recording systems even for regular/legal migrants, in both sending and receiving countries."

[259] Siehe *Overseas guest workers hit 37,000 in 2005*, Vietnam News, 8.8. 2005; *Government urged to strengthen management of Vietnamese guest workers abroad*, Voice of Vietnam, 28.8. 2005; *Vietnam takes measures to protect workers' rights abroad*, Vietnam News Agency, VNA, 24.9. 2005; *Vietnam assembly says labour export combats poverty*, VNA, 8.10. 2005; *Vietnam assembly officials urge state management of labour export industry*, Voice of Vietnam, 8.10. 2005.

Tabelle III.9.1: Erwerbsbevölkerung und transnationale Migration in Ostasien (Einheit: 1000)

Länder / Regionen	Erwerbsbevölkerung			Fluss						Bestand					
				Immigration ausländ. Arbeitskräfte			Emigration einheimischer Arbeitskräfte			ausländ. Arbeitskräfte im Inland tätig			einheimische Arbeitskräfte im Ausland tätig		
	2003	2000	1997	2003	2000	1997	2003	2000	1997	2003	2000	1997	2003	2000	1997
Japan	66'666	67'660	67'870	142	130	94	-	55	62	790	710	660	181	61	134
Südkorea	22'196	21'950	21'604	-	37	32	(251)	251	237	373	285	253	-	-	(56)
China	760'750	739'920	705'280	-	-	-	770	426	334	-	63	82	-	-	-
Hongkong	3'500	3'370	3'216	(83)	20	16	-	-	-	(237)	217	171	-	-	(50)
Taiwan	10'076	9'784	(9'210)	-	-	-	-	-	-	304	321	(251)	-	-	(120)
Singapur	2'150	2'192	1'876	-	-	-	-	-	-	590	530	530	(44)	-	(15)
Malaysia	10'240	9'616	9'038	-	231	-	-	-	-	1'163	880	1'472	-	(200)	(200)
Thailand	35'310	33'973	33'560	-	103	48	(158)	191	184	1'007	1'103	901	-	-	(550)
Indonesien	100'316	95'651	91'325	20	15	21	(480)	435	427	(33)	33	35	2'000	-	(1'000)
Philippinen	35'120	30'908	30'265	-	-	(6)	868	841	748	(11)	-	21	-	4'940	4'700
Vietnam	41'900	38'643	-	473	-	-	-	37	22	(3)	-	-	-	-	-

() Daten für das vorangegangene Jahr.
Quelle: METI White Paper (2005: 461)

Daten für weiter zurückliegende Zeiträume gibt es nicht, oder sie sind lückenhaft. Manning/Phatnagar (2004) geben Schätzungen für die temporäre innerregionale und transregionale Arbeitsmigration *Südostasiens* seit den frühen 1970er Jahren (Tab. III.9.2).

Tabelle III.9.2: Temporäre Arbeitsmigration innerhalb und außerhalb Südostasiens (Bestandsschätzungen), 1970-2002 (Einheit: 1000)

Arbeitsmigration	frühe 1970er Jahre	frühe 1980er Jahre	frühe 1990er Jahre	1996/97	2001/02
Südostasien innerregional	**300-500**	**500-1000**	**2000-2500**	**3000-3500**	**3000-3250**
von Südostasien nach...	**500-750**	**1000-1500**	**2000-2500**	**2000-2500**	**2500-3000**
Nordostasien	10%	15%	25%	30%	20%
USA	25%	20%	15%	10%	10%
Europa	20%	15%	10%	10%	15%
Westasien	5%	25%	40%	35%	45%
Australien/Pazifik	25%	20%	10%	10%	5%
andere	5%	5%	5%	5%	5%
nach Südostasien von...	**50-100**	**100-200**	**500-750**	**750-1000**	**500-750**
Nordostasien	15%	30%	40%	35%	25%
Südasien	10%	10%	20%	25%	30%
USA	40%	20%	15%	10%	5%
Europa	25%	20%	15%	15%	15%
andere	10%	20%	10%	15%	25%
Südostasien: Nettoemigration	**450-600**	**900-1200**	**1500-2000**	**1250-1500**	**2000-2250**

Quelle: Manning/Phatnagar (2004: 34)

Zwei Befunde werden deutlich: Südostasien war immer Nettoemigrations-Raum, und die Migration in Länder außerhalb Südostasiens war lange größer als die innerregionale Migration. Wie erwähnt dominierten in den 1970er Jahren die Migration in die USA und Australien (zusammen rund 50%), während im folgenden Jahrzehnt die Nachfrage aus den erdöl-exportierenden Ländern der Golfregion (Westasien) am größten war. Erst in den 80er Jahren begann sich ein eigentlich regionales Muster herauszubilden: Die Migration in die Zentren Südostasiens und in die Länder Nordostasiens. In den frühen 1990er Jahren erreichte die innerregionale Migration Südostasiens zahlenmäßig die Bedeutung der Ströme in den Rest der Welt, und die Bedeutung der Länder Nordostasiens erhöhte sich bis zur Asienkrise stetig. Auch die Immigration ausländischer Arbeitskräfte, überwiegend hochqualifizierter, nach Südostasien nahm nach der Asienkrise deutlich ab. Der Anteil der in westliche Länder (USA, Europa, Australien) emigrierenden Arbeitskräfte ging über den gesamten Zeitraum von 70% auf 30% zurück.

Es besteht wenig Zweifel, dass sich mit der Überwindung der Folgen der ‚Asienkrise' die langfristigen Tendenzen, wie für den Zeitraum 1980-97 belegt, wieder statistisch bemerkbar machen, nämlich eine parallele Verstärkung der Migration innerhalb Südostasiens wie innerhalb Ostasiens insgesamt.

III.9.2.2   Wirtschaftliche und politische Faktoren

Migranten ohne formale Qualifikationen finden in Südostasien Arbeit v.a. in Landwirtschaft und Fischerei, z.B. in der Plantagenwirtschaft Malaysias oder in der Fischindustrie der thailändischen Westküste. Arbeitsmigrantinnen aus den Philippinen und Indonesien finden in Singapur und Hongkong Anstellung als Haushaltshilfen („maids") (vgl. unten); andere Erwerbszweige sind das Gesundheitswesen, die Gastronomie und die Prostitution. In Letzteren ist der Anteil illegaler Migrantinnen hoch. Die Bauwirtschaft in vielen entwickelteren Ländern Ostasiens beruht substanziell auf (legalen und illegalen) Arbeitsmigranten. Wie überall entstehen Chancen für Arbeitsmigranten vor allem in den Bereichen, aus denen sich – aufgrund besonderer Risiken, tiefer Löhne und/oder aufgrund einer Geringschätzung der Tätigkeit – Einheimische zurückziehen. Einen Spezialfall stellt der lange boomende Elektroniksektor in Malaysia dar, dessen Nachfrage nach Arbeitskräften so groß war, dass sie nicht mehr durch einheimische Arbeiter allein gedeckt werden konnte. Die Bewegungen reagieren auf die Knappheit einheimischer Arbeitskräfte auf diesen Sektoren, vermittelt durch Regierungsprogramme und/oder private Unternehmen oder im Fall illegaler Migration durch so genannte ‚Schlepper'. Die anstellenden Firmen sind meistens im Besitz einheimischer Unternehmer. Auch legale Arbeitsmigranten genießen wenig Rechtsschutz und werden häufig ausgebeutet durch Vermittler und Arbeitgeber. Ziel der Regierungen arbeitskraftimportierender Länder ist es im Allgemeinen, Lücken in der Struktur des Arbeitskraft-Angebots zu füllen, den ansteigenden Lohnkosten entgegenzuwirken und auf billiger Arbeitskraft beruhende Produktion im Land zu halten.

Die Länder Ostasiens unterschieden sich hinsichtlich ihrer Politik gegenüber der Arbeitsmigration (vgl. Castles 2003). Dominierend ist eine abwehrende Haltung und strikte unilaterale Regulierung der Migration durch die Importländer. Der Hintergrund für die ausgeprägte Furcht eines Kontrollverlustes über die Immigrationsbewegungen ist die potenzielle Größe der Migrationsströme in Ostasien (Chiavacci 2005a). Am aktivsten gestaltet Singapur seine Nachfragepolitik (Jordan 1997), zugleich dürften die staatlichen Kontrollen der Arbeitsmigration im Stadtstaat die effektivsten in Ostasien sein.

Japan und Südkorea streben eine Beschränkung der Arbeitsimmigration auf das wirtschaftlich Notwendigste an, tolerieren faktisch aber bedeutende illegale Aktivitäten.[260] Tab. III.9.3 gibt Auskunft über die Herkunftsländer der ausländischen Arbeitskräfte in Japan.

Tabelle III.9.3: Ausländische Arbeitskräfte in Japan, nach Staatszugehörigkeit (Bestand, Einheit: 1000)

Land	1992	1995	2000
Philippinen	21.3	13.7	45.6
China*	17.1	23.3	35.8
USA	18.3	17.5	17.6
Südkorea	5.5	6.4	10.7
Großbritannien	5.2	5.6	8.1
Kanada	3.3	4.1	5.8
Australien	2.0	2.4	4.6
Indien	1.3	1.7	3.5
Frankreich	1.3	1.4	1.9
Deutschland	1.3	1.3	1.5
Andere	8.8	10.6	19.6
Total	**85.6**	**88.0**	**154.7**

* inkl. Taiwan. Quelle: OECD (2002); ungeklärt ist die große Diskrepanz mit den Zahlen des METI (Tab. III.9.1).

Bemerkenswert sind der hohe Anteil der Filipinos (1992 25%, 2000 knapp 30%) sowie der Bedeutungsgewinn der Immigration aus China (von 20% auf knapp 25%). Diese beiden Länder allein sind zusammen Quelle von rund 50% der japanischen Arbeitsimmigration.

Südkorea reagierte auf die zunehmende Knappheit von Arbeitskräften in bestimmten Sektoren in den späten 1980er Jahren mit der Einrichtung eines so genannten Industrieausbildungssystems (*Industrial Trainee System, ITS*), in dessen Rahmen Ausländer einen Arbeitsplatz mit geringer Entlöhnung, begrenzten Rechten (insbesondere keine Versammlungs- und Organisationsfreiheit) und limitierter Aufenthaltsbewilligung erhielten. 1989 erreichte die Zahl der Visa mit Arbeitserlaubnis 162'000. Arbeitsmigranten in Korea stammen vorwiegend aus China, den Philippinen, Indonesien, Bangladesch, Myanmar, Vietnam und der Mongolei. *Taiwan* öffnete bestimmte Sektoren für ausländische Arbeitskräfte in den frühen 90er Jahren, etablierte jedoch nicht zuletzt aus sicherheitspolitischen Überlegungen ein Quotensystem, das Arbeitsmigranten aus Südostasien bevorzugte (vgl. unten). Immigranten vom chinesischen Festland stellten in den Augen der taiwanesischen Behörden ein Sicherheitsrisiko dar.[261] Rund 30'000 irreguläre Immigranten aus Festland-China

---

[260] Laut Chiavacci (2005a) ist das Vorhandensein von irregulären Immigranten aus Ostasien in Japan weniger auf die Unfähigkeit des Staates zur Immigrationskontrolle als auf die interne Uneinigkeit zwischen Ministerien und Behörden bezüglich Migrationspolitik zurückzuführen. Er weist auch darauf hin, dass ein Grund für die relativ geringe Immigration aus anderen ostasiatischen Ländern nach Japan die Einwanderung von mehr 300'000 *Nikkeijin* aus Südamerika, vor allem Brasilien, ist. Diesen Nachkommen japanischer Auswanderer wurde bei der Reform der Immigrationsgesetzgebung 1990 neu das Anrecht auf eine permanente Aufenthaltsbewilligung ohne Einschränkungen bezüglich Arbeitstätigkeit gegeben. In der japanischen Bevölkerung gibt es laut Umfragen eine Mehrheit für die Erweiterung der Arbeitsimmigration bei einer gleichzeitigen Verstärkung der staatlichen Kontrollen (*Pollees warm to foreign labor influx – and tighter controls*, Japan Times, 14.9.2004).

[261] Toyota (2003) betont die Rolle transnationaler Netzwerke in der Arbeitsmigration, die teilweise auf Kontakte zur Zeit des chinesischen Bürgerkriegs zurückgehen: „These Southeast Asian migrant workers do not come to Taiwan as free, independent movers. Rather, they are a kind of human resources being moved around the global

wurden in den letzten zehn Jahren verhaftet, die Zahl der sich in Taiwan Aufhaltenden wird auf das Drei- bis Vierfache geschätzt.[262] Arbeitsmigration nach *Thailand* wird von der Regierung nicht effektiv kontrolliert und findet größtenteils in einer Grauzone statt; der Staat reagiert immer wieder auf bekannt gewordene Missstände und deportiert illegale Migranten in ihre Herkunftsländer, ohne eine nachhaltige Wirkung auf diese Prozesse auszuüben.

Die arbeitskraftexportierenden Länder verfolgen in den meisten Fällen keine systematische Politik, sondern tolerieren dies nur, mehr oder weniger explizit. Eine Ausnahme bildet die aktive philippinische Förderung der Arbeitsmigration (dazu Abschnitt 2.3). In den letzten Jahren ging auch Thailand zu einer allerdings sektoral spezifischeren aktiven Förderungspolitik über, und andere Länder folgten dem Beispiel.[263]

Zweifelsohne erklären wirtschaftliche Prozesse den größten Teil der Arbeitsmigration. Neben geographischer Nähe als weiterer Determinante (aufgrund der Transport- und Kommunikationskosten) spielen auch soziokulturelle Faktoren eine Rolle. Z.B. fördert Malaysia Arbeitsimmigration besonders aus islamischen Ländern, und das mehrheitlich islamische Land ist umgekehrt Wunschziel vieler Migranten aus Java. Typischerweise folgt Migration bestehenden transnationalen Netzwerken, und zahlenmäßige bedeutende ‚Gemeinden' mit eigenen wirtschaftlichen und kulturellen Strukturen ziehen mehr Migranten an (vgl. Fawcett 1989).

III.9.2.3   Philippinische Arbeitsemigration

Die Philippinen sind das bedeutendste Arbeitskräfte-Exportland Ostasiens, sowohl in absoluten wie in relativen Zahlen; im Folgenden sollen die philippinischen Arbeitsmigrationsflüsse etwas genauer analysiert werden.[264] Die Schätzungen des Anteil der im Ausland tätigen Arbeitskräfte an der Gesamterwerbsbevölkerung reichen von 15 bis 25%. 1997 hatten 5.9% der philippinischen Haushalte mindestens ein Familienmitglied im Ausland tätig (Yang/Martinez 2006: 84). Die philippinische Regierung betreibt mit dem 1974 initiierten *Overseas Employment Program* eine aktive Politik der Förderung der Arbeitsemigration und orientiert sich an der Nachfrage auf dem Weltmarkt. 1980 nahmen bereits mehr als 200'000 Menschen die Möglichkeit wahr, im Ausland zu arbeiten. Sie werden vermittelt durch eine der 1300 staatlich lizenzierten, privaten Agenturen. Üblicherweise erhalten sie eine Arbeitsstelle für zwei Jahre, die verlängert werden kann. Unter den Arbeitsmigranten ist das Median-Alter 35 Jahre, 38% sind ledig, 53% sind Männer (ebd.). Familiennachzug ist in den meisten Fällen nicht vorgesehen. Die Überweisungen der philippinischen Arbeitsmigranten werden auf mehrere Milliarden US-Dollar jährlich geschätzt: Die philippinische Zentralbank nimmt an, dass 2005 10.3 Mia USD in das Land flossen, die Resultat von Erwerbstätigkeit im Ausland waren. Dies würde einen Anstieg von 21% gegenüber dem

---

labour market, recruited and their transfer organised and managed by transnational networks." (Toyota 2003: 12). So werden in China vorzugsweise „Yünan-Chinesen" rekrutiert, aufgrund historischer Kontakte mit der Kuomintang-Armee.

[262] Seit der Amtsübernahme des für die Unabhängigkeit Taiwans eintretenden Präsidenten Chen Shui-bian verzögert die Volksrepublik die Heimschaffung der in Taiwan verhafteten Staatsangehörigen (*Taiwan a let-down for illegal immigrants*, Straits Times, 8.7.2004).

[263] Vgl. Chantavanich (Hg., 2001). Z.B. übernahm die indonesische Regierung Forderungen zur Öffnung des japanischen Arbeitsmarktes in den Verhandlungen über ein bilaterales Wirtschaftsabkommen mit Japan, nach philippinischem und thailändischem Vorbild (*Susilo and Koizumi set to officiate FTA talks*, Jakarta Post, 25.5.2005).

[264] Zur philippinischen Arbeitsemigration siehe Piper/Ball (2001), Chalamwong (2004) und Yang/Martinez (2006).

Vorjahr bedeuten (2004: 8.5 Mia USD). Zusätzlich dürften noch weitere 3 Mia USD durch Nicht-Banken-Kanäle in das Land geschleust werden (Turner 2006).

Ein Blick auf die von der philippinischen Regierung veröffentlichten Arbeitsmigrations-Daten (Tab. III.9.4) zeigt, dass in den letzten zwanzig Jahren zwei Regionen am meisten Arbeitskräfte aufnehmen. Der Anteil der Länder Ostasiens beträgt rund 40%, wobei Hongkong (10-15%), Singapur, Japan und Taiwan (jeweils 6-9%) die bedeutendsten Empfängerländer sind. Zweitwichtigstes Ziel ist der Nahe Osten (Westasien), namentlich die erdölexportierenden Länder Saudi-Arabien und Kuwait.

Tabelle III.9.4: Philippinische Arbeitsemigration nach Zielort, 1995-2004 (Einheit: 1000)

Regionen	Länder	1995	1996	1997	1998	1999	2000	2001	2002	2003	2004
Total		795	900	1'013	904	1'043	978	1'029	1'056	982	1'063
Nordostasien		226	257	295	271	337	320	326	297	312	298
	Hongkong	116	120	109	109	120	120	123	122	115	102
	Japan	49	57	71	67	83	86	94	87	103	97
	Taiwan	49	57	89	80	110	87	87	66	66	67
	Südkorea	9	18	21	10	14	21	19	16	18	21
	VR China	*	1	2	3	6	4	3	4	9	9
	Andere	2	3	1	*	5	2	*	*	*	2
Südostasien											
	Singapur	66	48	72	65	62	58	58	65	51	44
	Malaysia	31	34	36	30	25	14	28	24	14	30
	Brunei	8	17	15	7	10	11	11	9	8	15
Ostasien tot.		**331**	**356**	**418**	**373**	**434**	**403**	**423**	**395**	**385**	**387**
Ostasien %		**42**	**40**	**41**	**41**	**42**	**41**	**41**	**37**	**39**	**36**
Westasien		306	348	380	347	375	351	377	405	363	423
Australien**		18	17	32	30	30	24	22	18	21	21
Europa		66	77	89	71	92	91	107	121	92	108
Amerika		55	71	64	58	88	80	77	87	94	95
	USA	39	50	43	42	42	55	52	60	72	71
Afrika		8	13	10	8	14	8	6	15	8	13

Anmerkungen: Zahl der philippinischen Arbeitskräfte tätig im Ausland in der Periode April – September des jeweiligen Jahres. 41'000 Haushalte-Sample (ab 2003 51'000 Haushalte).
* Zahl geringer als 500. **Die Kategorie Australien schließt Saipan und Guam ein.
Quelle: Datenbasis ist der jährliche *Survey of Overseas Filipino Workers* (www.census.gov.ph).

Die philippinische Regierung drängt auch auf den Einschluss von Bestimmungen zur Arbeitsmigration in bilateralen Wirtschaftsabkommen. Vor allem der attraktive japanische Arbeitsmarkt, auf dem Filipinos wie erwähnt bereits die größte Gruppe unter den Ausländern ausmachen, soll weiter geöffnet werden (vgl. Abschnitt III.8.3.3). So erfolgreich die Politik hinsichtlich des Devisenzuflusses ist, so problematisch ist sie hinsichtlich des *brain drain*. 2002 allein verließen 12'000 ausgebildete Krankenschwestern das Land, 2003 waren es 9000. Die Emigration von Krankenschwestern hat eine Knappheit in philippinischen Krankenhäusern zur Folge.[265]

---

[265] In den Philippinen erhalten Krankenschwestern ein monatliches Grundgehalt von 12'000 Pesos (rund 200 Euro); vgl. *Exodus of nurses hits Philippine hospitals*, Straits Times, 5.6.2004; *Vigilance related to the Philippine-Japan Free Trade Agreement*, The Freeman, Cebu, 5.5.2005.

Aufgrund der hohen Zahl der Arbeitsemigranten und der langen Tradition philippinischer Arbeitsemigration gehört die philippinische Diaspora in Ostasien zu den bedeutendsten und am stärksten verankerten. Besonders eindrücklich ist dies in Hongkong, wo rund 140'000 Filipinos leben. Die meisten von ihnen sind Frauen und als Haushaltshilfen tätig.[266] An freien Sonntagen treffen sie sich im Finanzdistrikt auf *Hong Kong Island*, auf öffentlichen Plätzen wie dem *Statue Square* und den zugänglichen, oft gedeckten Eingangsbereichen der sonntags geschlossenen Grossbanken. Viele auf diese Kundschaft spezialisierte Verkaufsstände werden in der Nähe aufgebaut; angeboten werden philippinisches Essen und Zutaten, Bücher, Zeitungen und Kosmetika, Flüge nach Hause etc. 30'000 Haushaltshilfen sind Mitglieder der *Filipino Migrant Workers Union*.

Die Betreuung von Arbeitsmigranten macht den größten Teil der Arbeit der philippinischen Botschaften aus. Laut Turner (2006) befanden sich Ende 2004 4'775 Filipinos in ausländischen Gefängnissen.

Erwähnenswert ist in diesem Zusammenhang, dass das philippinische Parlament 2003 ein Gesetz verabschiedete, das den Ausland-Filipinos das Wahlrecht gab (*Absentee Voting Law*). Bei den Wahlen 2004 trat zum ersten Mal eine „Migranten-Liste" an, die die Interessen der Filipinos im Ausland repräsentieren will. Allerdings ließen sich nur rund 350'000 Ausland-Filipinos für die Wahlen registrieren.[267]

III.9.2.4   Entwicklungstendenzen und aktuelle Konflikte

Arbeitsmigration folgte der wirtschaftlichen Dynamik in Ostasien, und als die so genannte ‚Asienkrise' diese unterbrach, waren die Arbeitsmigranten ihre ersten Opfer.[268] Ihre Löhne wurden zuerst gesenkt, und sie wurden die zuerst entlassen. Der Strom der Überweisungen in die Herkunftsländer brach ab, was dort die Armutsquote erhöhte. Die Regierungen der Gastländer befürchteten soziale Unrast sowie steigende Kriminalität und organisierten ‚Heimführungsprogramme', eine Mischung aus wirtschaftlichen Anreizen (Deckung der Transportkosten), rechtlichen Maßnahmen (Amnestie für irreguläre Migranten, die das Land verlassen) und direkter Repression (Razzien und Zwangsausschaffungen). Da dies nicht ohne Zusammenarbeit mit dem Herkunftsland zu machen ist, führte die Asienkrise zu zahlreichen bilateralen Migrations- und Rückführungsabkommen. Am bedeutendsten waren die Verhandlungen zwischen *Malaysia* und *Indonesien*, die allerdings immer wieder von der politischen Instabilität im größten Land Südostasiens unterbrochen wurden. Es ging um die Rückführung mehrerer Hunderttausend irregulärer und/oder arbeitsloser indonesischer Arbeitskräfte.[269] Malaysia kündigte zukünftig strengere Qualifikationskontrollen für Arbeitsmigranten und Maßnahmen zur besseren Ausbildung an.[270]

In *Japan* werden Immigrationsfragen seit einigen Jahren vor allem im Zusammenhang mit bilateralen Wirtschaftsabkommen mit Ländern der Region diskutiert. Die von Regie-

---

[266] Vgl. Ozeki (1994); *Hong Kong's Filipino maids aid Indonesian newcomers – Seasoned workers impart local laws on wages, abuse*, San Francisco Chronicle, 18.11.2004.

[267] *Philippine Elections: Overseas workers seeking stronger political voice*, Straits Times, 15.3. 2004.

[268] Vgl. *The Impact of the Crisis on Migration in Asia*, Bd. 7/2,3 (1998) des *Asian and Pacific Migration Journal* sowie Kane/Passicousset (1998), Manning (2001) und Rallu (2001). Ähnliches geschah an der Westküste Thailands nach der Tsunami-Katastrophe von Ende 2004; vgl. *Many migrant workers paid less after killer waves struck*, Bangkok Post 21.12.2005.

[269] *KL, Jakarta to sign pact on Indonesian migrant workers*, Jakarta Post, 4.2.2005.

[270] *Permits only for trained foreign workers*, Straits Times, 10.4.2005.

rung und Unternehmerverbänden[271] favorisierte schrittweise Öffnung des japanischen Arbeitsmarktes trifft auf Opposition. So äußerte sich im Juni 2003 die Vereinigung japanischer Krankenschwestern, dass der Mangel an Pflegepersonal mit den schlechten Arbeitsbedingungen zu tun habe und philippinische Arbeitskräfte kaum die notwendigen Qualifikationen für einen Einsatz in Japan hätten.[272] Der japanische Gewerkschaftsbund RENGO sprach sich gegen die Öffnung des japanischen Arbeitsmarktes für unqualifizierte Arbeitnehmer aus.[273] Das Außenministerium richtete als Beratungsorgan den *Council on the Movement of People Across Borders*[274] ein und organisierte in den letzten Jahren mehrere internationale Tagungen in Kooperation mit internationalen Organisationen zu Migrationsfragen. Ende 2004 kam es zu einer Einigung auf ein Abkommens mit den *Philippinen*, dem *Japan-Philippines Economic Partnership Agreement (JPEPA)*. Bezüglich Personenverkehr beinhaltet es folgende Bestimmungen: eine begrenzte, noch auszuhandelnde Anzahl (die japanische Seite spricht von einer Gesamtzahl von „einigen hundert") philippinischer Krankenschwestern und -pfleger mit bestimmten Qualifikationen wird in Japan für drei bis vier Jahre zugelassen; nach zusätzlicher Weiterbildung u.a. in japanischer Sprache dürfen sich diese japanischen Qualifikationsprüfungen unterziehen; bei Bestehen der Prüfung darf die Arbeit in Japan fortgesetzt werden.[275] Damit ist Japan im Begriff, zum ersten Mal ein Abkommen über Arbeitsimmigration zu unterzeichnen. Die im JPEPA enthaltenen Bestimmungen dürften die japanischen Arbeitsimmigrationsregeln für viele Jahre prägen. Die *Technical Education and Skills Development Authority (TESDA)* der philippinischen Regierung wie auch private Anbieter arbeiten am Aufbau von Ausbildungszentren für die Entsendung von Pflegepersonal nach Japan.[276] Die japanische Regierung begann gleichzeitig mit der Durchsetzung restriktiverer Bestimmungen für die Erteilung so genannter ‚Entertainer-Visa'.[277] Diese erlaubten 80-130'000 Filipinos jährlich den Aufenthalt in Japan; in Zukunft dürften nur noch ca. 8000 *Entertainer*-Visa an philippinische Staatsbürger erteilt werden.

In *Südkorea* verabschiedete das Parlament 2003 ein Gesetz über die Etablierung eines neuen Arbeitserlaubnis-Systems (*Employment Permit System, EPS*).[278] Es sieht eine dreijährige Erwerbstätigkeit für Arbeitsmigranten vor. Voraussetzung für die Erteilung einer Arbeitserlaubnis nach dem neuen System ist, dass alle bisher in Südkorea lebenden und arbeitenden Migranten, die sich länger als drei Jahre in Korea aufhalten, freiwillig in ihre Herkunftsländer zurückkehren und von dort aus eine solche beantragen. Da der Erhalt einer Arbeitserlaubnis von den meisten Migranten als unrealistisch eingeschätzt wird, tauchten

---

[271] Vgl. KEIDANREN, *Bring Dynamism of Diversity into Japan by Opening Doors to Transnational Human Resources* (November 2003, www.keidanren.or.jp).

[272] Asahi Shimbun, 22.6. 2003.

[273] *RENGO's Requests Regarding Bilateral Trade/Investment Agreements* (Februar 2001, Webseite des Global Union Research Network, GURN: www.gurn.info).

[274] In seinem Abschlussbericht *Reform of Consular Affairs and New Approaches on Issues of Foreigners in the Changing World* im Oktober 2004 empfahl dieser eine Öffnung Japans auch für wenig qualifizierte Arbeitskräfte; die Regierung müsse sich allerdings aktiv um die Unterstützung durch Öffentlichkeit kümmern. Der Vorsitzende des Rates wurde folgendermaßen zitiert: „Opening our doors to more foreign labor will lead to Japan's revitalization (...) Despite voices of opposition, we need to resolve the issue so as not to isolate ourselves from international society." (*Japan must open door to foreign workers, panel head says*, 11.10.2004, Japan Times).

[275] JPEPA-Beilage *Basic Framework of the hosting scheme of Filipino Nurses and Certified Careworkers*, Webseite des japanischen Außenministeriums: www.mofa.go.jp/region/asia-paci/philippine.

[276] *Philippines readies for nurse dispatch*, Japan Times, 8.12.2004.

[277] Vgl. unter III.8.3.3, S. 371.

[278] Webseite der koreanischen Regierung: www.eps.go.kr.

viele von ihnen in die Illegalität ab. Nach Schätzungen leben in Südkorea 200-300'000 Ausländer ohne Visum. Anfang 2001 wurde die Migrantengewerkschaft ETU-MB (*Equality Trade Union – Migrants Branch*)[279] unter dem Dach des koreanischen Gewerkschaftsbundes (*Korean Confederation of Trade Unions, KCTU*) gegründet. Mit politischen Aktionen, die die Besetzung der Myeongdong-Kathedrale im Zentrum Seouls einschlossen, machte sie medienwirksam auf die prekäre Lage der Arbeitsmigranten in Südkorea aufmerksam. Nachdem die bisherigen Maßnahmen der südkoreanischen Regierung keine Lösung des Problems gebracht hatten, ging sie zu Verhaftungen der bekannten Aktivisten und Zwangsdeportationen über, was zu Selbstmorden Betroffener und weltweiten Solidaritätsaktionen führte. Im Rahmen des neuen Arbeitsmigranten-Quotensystems strebt die koreanische Regierung den Abschluss so genannter *Memoranda of Understanding (MoU)* mit arbeitskraftexportierenden Ländern wie Thailand, Indonesien, China, Mongolei, Philippinen, Vietnam, Kasachstan und Sri Lanka an. Diese sollen die Arbeitsmigranten besser auf das Gastland vorbereiten und im Falle von Konflikten Verantwortung für deren Beilegung mitübernehmen.[280]

Taiwan begann den Import von Arbeitskräften 1991 mit 3000 Vertragsarbeitern für die Bauindustrie. 1993 waren es insgesamt bereits 98'000 Arbeitsimmigranten, wovon 78% in der Industrie tätig waren, und 2000 316'000 (58% in der Industrie, 12% in der Bauwirtschaft und 30% – überwiegend Frauen – im Gesundheitswesen und privaten Haushalten). Bei den Arbeitsimmigranten in Taiwan machen die Thailänder mit 46% die größte Gruppe aus, gefolgt von den Filipinos (36%) und Indonesiern (17%). Taiwan ist als Arbeitsort bei thailändischen Emigranten beliebt, aufgrund seines garantierten Mindestlohnes (15'840 Taiwan-Dollar, etwa 408 Euro) und einiger Sozialleistungen.[281] 2003 waren 150'000 Thailänder in Taiwan beschäftigt. Aufsehen erregten die Unruhen unter thailändischen Bauarbeitern in Taiwan im Sommer 2005. In der Berichterstattung über den Vorfall und im Zuge der anschließenden Untersuchungen wurde viel über den Alltag der Arbeitsmigranten bekannt (Textkasten III.9.1).

Textkasten III.9.1: Die Unruhen unter thailändischen Bauarbeitern in Taiwan, August 2005

Am 21. August 2005 randalierten aus Protest gegen die Arbeits- und Lebensbedingungen und Unregelmäßigkeiten bei der Entlöhnung mehr als 2000 thailändische Bauarbeiter auf einer Baustelle und demolierten mehrere Büros der sie beschäftigenden *Kaohsiung Rapid Transit Corporation (KRTC)*. Der Streit entzündete sich, als taiwanesische Vorarbeiter gegen nächtliches Trinken und Wettspiele im Bauarbeiter-Lager vorgingen. Die Arbeiter lieferten sich Schlägereien mit der herbeigerufenen taiwanesischen Polizei. Der entstandene Sachschaden wird auf über 200'000 Euro geschätzt. Die Bauarbeiter beschwerten sich über überfüllte Unterkünfte, ungenügende sanitäre Einrichtungen und Schläge mit Elektrostöcken, wenn sie unerlaubterweise ihre Mobiltelephone benützten.

Am folgenden Tag überreichten sie der Unternehmensführung einen 12-Punkte-Forderungskatalog, in der die Abschaffung „unfairer Regeln" verlangt wird. Das Rauch-, Spiel- und Mobiltelephonverbot soll aufgehoben und beschlagnahmte Telephone zurückgegeben werden. Löhne sollen in Zukunft bar und nicht mehr zur Hälfte in Vouchers ausbezahlt werden. Die Bauarbeiter verlang-

---

[279] Vgl. die Webseite der ETU-MB: migrant.nodong.net.

[280] *South Korea tells workers to hold tight – MoU to guarantee protection of rights*, Bangkok Post, 17.4.2004.

[281] *Opportunities in Taiwan for Thais – Over 150,000 skilled workers employed*, Bangkok Post, 24.8.2003.

ten auch die Einrichtung eines Shuttlebus-Service zum Lager, in dem sie untergebracht sind. Die Unternehmensführung akzeptierte die Forderungen. Den Arbeitern wurde die ordentliche Auszahlung der Löhne im September 2005 inklusive der ausstehenden Beträge zugesichert; ob und inwieweit Klage gegen Randalierer erhoben wird, blieb unklar.

Der Vorfall stieß auf großes Medieninteresse, sowohl in Taiwan wie in Thailand. Der Provinzgouverneur von Kaohsiung entschuldigte sich persönlich für die schlechten Arbeitsbedingungen und versprach Verbesserungen. Mehrere Vermittlungsbüros kündigten ihre Verträge mit dem taiwanesischen Unternehmen. Sowohl auf taiwanesischer wie auf thailändischer Seite wurden oberste Regierungsstellen involviert und Untersuchungen durchgeführt. Die taiwanesische Vizepräsidentin Annett Lu besuchte die Baustelle, zeigt sich schockiert über die Lebens- und Arbeitsbedingungen der Arbeitsmigranten und sprach mit der unabhängigen Untersuchungskommission, in der auch Vertreter Thailands und von Nichtegierungsorganisationen Einsitz nahmen. Die thailändischen Behörden sprachen vom schwersten Zwischenfall seit dem Beginn der offiziellen Arbeitsemigration von Thailändern nach Taiwan.

Die Untersuchung der Hintergründe der Unruhen schloss auch eine Überprüfung der üblichen Praktiken der Arbeitsvermittlung in Thailand ein. Mehrere thailändische Beamte aus der nördlichen und nordwestlichen Provinz wurden angeklagt, ihre Aufsichtpflicht vernachlässigt, von insgesamt 1700 Arbeitsmigranten zu hohe Abgaben verlangt und ihre Zahl tief gehalten zu haben, um Kontrollen zu entgehen. Die Summe illegaler Zahlungen wird auf rund 60 Mio. Baht (rund 1.3 Mio. Euro) geschätzt. Bekannt wurde, dass im Zusammenhang mit dem Eisenbahn-Großprojekt die taiwanesische Seite ursprünglich um eine zwischenstaatliche Organisation der Arbeitsmigration bemüht war, Thailand die Anfrage aber an private Agenturen weiterleitete. Diese verlangten erhöhte Provisionen, die das taiwanesische Unternehmen durch Sparmassnahmen zu kompensieren beabsichtigte. Unter Druck kam auch Somchai Ratanathai, der thailändische Attaché zuständig für Arbeitsfragen in Taiwan, wegen Vernachlässigung seiner Kontrolltätigkeiten. Die thailändische Untersuchung, deren Ergebnisse im Oktober 2005 vorgelegt wurden, wurde kritisiert, weil sie angeblich nur die ,kleinen Fische‘ in den Regierungsinstitutionen und Vermittlungsbüros im Visier hatte.

Quellen: *Protesters torch office, battle police*, Bangkok Post, 23.8.2005; *Taiwan apologises for mistreating Thais*, Bangkok Post 25.8.2005; *Three job placement agencies to face probe*, Bangkok Post, 26.8.2005; *Rioting Thai workers will be paid*, Bangkok Post 28.8.2005; *Corruption probe ends into Taiwan job scam*, Bangkok Post, 6.10.2005; *Thai workers cheated of Bt60m, says panel chief*, The Nation, 11.10.2005; *Probe finds attache negligent*, Bangkok Post 11.10.2005; *,Big fish‘ avoid ministry's net*, Bangkok Post 13.10.2005; *Taiwan Labour Scam: Extra fees to be reclaimed from three job agencies*, The Nation, 22.10.2005.

Singapur, das eine der weltweit höchsten Anzahl Haushaltshilfen pro Einwohner hat, verschärfte die Bestimmungen für die Immigration. „Maids" müssen nun mindestens acht Jahre Schulausbildung absolviert haben und eine Englisch-Prüfung bestehen. Dies führte dazu, dass deutlich weniger Immigrantinnen aus Indonesien rekrutiert werden konnten und die Arbeitsvermittlungsagenturen neue Länder in der Region wie Kambodscha und Vietnam ,erschließen‘.[282] Zur Zeit sind zwei Drittel der rund 150'000 „Maids" in Singapur Indonesierinnen.[283] Sie treffen sich an freien Tagen im Rahmen von Sprachkursen der Botschaft ihres Heimatlandes oder der Sultan-Moschee in der *Arab Street*; Märkte mit indone-

---

[282] *Scouting for maids in Cambodia and Vietnam*, Straits Times, 31.1.2005.
[283] Straits Times, 31.1.2005.

sischen Produkten gibt es in *Geylang Serai*. Zunehmend finden auch die Lebens- und Arbeitsbedingungen der überwiegend weiblichen ausländischen Haushaltshilfen Aufmerksamkeit. Auch hier sind es v.a. die Medien, die immer wieder Missstände aufdecken. In Singapur wurden in den letzten Jahren zahlreiche Fälle von körperlicher Gewalt gegenüber Haushaltshilfen, sexuellem Missbrauch und/oder Vorenthalten von Essen, Entlöhnung oder Ausgang bekannt. Auch die Zahl von Arbeitsunfällen und Selbstmorden beunruhigt die Behörden. Selbsthilfeorganisationen entstanden, z.B. die durch Freiwillige betriebene indonesischsprachige Telephonhilfe *Indo Family* die nicht nur bei Heimweh beisteht, sondern auch in Fällen von Problemen mit dem Arbeitgeber berät.[284] 2002 bildete sich in Singapur eine Nichtregierungsorganisation, *Working Committee 2 (TWC2)*, die sich für die Verbesserung der Lebensumstände von Haushaltshilfen einsetzt.[285] Ein Survey der Mahidol-Universität untersuchte kürzlich die Arbeits- und Lebensbedingungen birmanischer Immigranten in Nordwest-Thailand.[286] Schätzungsweise kamen in den letzten Jahren zwei Mio. Birmanen nach Thailand, etwa 100'000 Frauen arbeiten als Haushaltshilfen. Der Bericht spricht von weit verbreiteter Ausbeutung und sklavenhaltungsähnlichen Zuständen. Die meisten Haushaltshilfen erhalten danach weniger als 1000 Baht (20 Euro) monatlich, arbeiten zwischen neun und sechzehn Stunden täglich und bekommen nur selten freie Tage, die zudem oft vom Gehalt abgezogen werden.[287]

III.9.3 Die Migration hochqualifizierter Arbeitskräfte

Die ‚Welt' der hochqualifizierten Arbeitsmigranten ist eine andere als die oben beschriebene. Um ausländische Direktinvestitionen wird konkurriert, und die Förderung der damit verbundenen Migration ist eine der zentralen Variablen in diesem Wettbewerb. Bereits in den Jahren vor der Asienkrise begannen viele Staaten Ostasiens mit der Implementierung von Maßnahmen zum Abbau von Mobilitätshindernissen für ‚Professionals', sei es im Rahmen von GATS- oder APEC-vermittelten Programmen, bilateralen Abkommen oder unilateral.

Tab III.9.5 mit Daten für hochqualifizierte ausländische Arbeitskräfte in Malaysia, Thailand und den Philippinen zeigt, dass die absoluten Zahlen bedeutend geringer sind als diejenige der wenig qualifizierten.

---

[284] *Lending maids a friendly ear – Indonesian maids learn to make the best of their stay here*, Straits Times, 31.1.2005.

[285] Webseite: aware.org.sg/twc2.

[286] *Migrant workers ‚exploited', Study: Burmese maids get treated like ‚slaves'*, Bangkok Post 29.10.2005.

[287] Zitiert wird Sriprapa Phetmeesri, Direktorin des *Office of Human Rights Studies and Social Development* der Mahidol-Universität: „Over 80% of maids interviewed worked nine to 16 hours a day. They do all types of house chores and are treated like slaves without holidays (...) They're ‚invisible' in Thai society. This is the main problem as people don't know they exist. So they are abused and not protected by the labour laws." (ebd.).

Tabelle III.9.5: Hochqualifizierte ausländische Arbeitskräfte in drei südostasiatischen
Ländern, nach Herkunftsland

Arbeitsort Herkunftsland	Malaysia		Thailand		Philippines	
	Zahl	%	Zahl	%	Zahl	%
Japan	10'791	18.0	13'675	23.3	3'576	33.3
Taiwan	2'739	4.6	3'681	6.3	506	4.7
Südkorea	k.A.		k.A		1'900	17.7
Subtotal	*13'530*	*22.5*	*17'356*	*29.6*	*5'982*	*55.7*
China	4'050	6.7	4'593	7.8	1'098	10.2
Indien	12'864	21.4	5'135	8.8	589	5.5
Subtotal	*16'914*	*28.2*	*9'728*	*16.6*	*1'687*	*15.7*
Philippinen	2'938	4.9	2'337	4.0	X	X
Singapur	4'177	7.0	k.A.		144	1.3
Subtotal	*7'115*	*11.8*	*2'337*	*4.0*	*144*	*1.3*
Großbritannien	3'990	6.6	5'148	8.8	584	5.4
USA	2'079	3.5	4'099	7.0	515	4.8
Australien	2'354	3.9	2'089	3.6	226	2.1
Deutschland	k.A.	k.A.	1'783	3.0	301	2.8
Subtotal	*8'423*	*14.0*	*13'119*	*22.4*	*1'626*	*15.1*
Andere	12'649	21.1	14'513	24.8	1300	12.1
Total	**60'069**	**100**	**58'597**	**100**	**10'739**	**100**

Jahr: ca. 2002. Quelle: Manning/Phatnagar (2004: 34)

Die Zahlen widerspiegeln ein regionales Muster, in erster Linie die Bedeutung der japanischen Direktinvestitionen in Südostasien. Japaner bilden die größte Gruppe der ,entsandten' hochqualifizierten Arbeitskräfte. Besonders deutlich ist dies in Thailand und den Philippinen, wo sie einen Viertel resp. einen Drittel der ausländischen hochqualifizierten Arbeitskräfte stellen. Malaysia bildet insofern eine Ausnahme, als dass die Arbeitskräfte indischer Herkunft eine größere Gruppe bilden. Addiert man die Arbeitskräfte aus anderen ostasiatischen Ländern und schätzt die Zahl der Südkoreaner (konservativ) als etwa derjenigen der Taiwaner entsprechend, dürfte der Anteil der Ostasiaten an den hochqualifizierten Arbeitskräften in

> Malaysia   ca. 45%
> Thailand   ca. 50%
> Philippinen   ca. 67%

betragen. In Indonesien liegt der Anteil der Japaner bei 14.%, der Koreaner bei 9.6%, der Chinesen bei 5.1%, der Taiwaner bei 4.1%, der Filipinos bei 3.9% und der Singapurer bei 2.5%, was insgesamt rund 40% ausmacht. Der Anteil in anderen Ländern Südostasiens dürfte zwischen denjenigen für Thailand und den Philippinen liegen.

III.9.4 Arbeitsmigration als Thema multilateraler politischer Kooperation

Wie erwähnt gibt es in Ostasien Tendenzen zur politischen Formalisierung bilateraler Kooperation in Migrationsfragen, insbesondere im Zusammenhang mit den Verhandlungen über bilaterale Wirtschaftsabkommen. Auf multilateraler Ebene geschah bisher wenig. Die

International Organization for Migration (IOM) initiierte Ende der 1990er Jahre einen migrationsbezogenen Konsultationsprozesses. Dessen Ergebnis, die *Bangkok Declaration on Irregular Migration* (siehe Anhang III.9.1), ist die erste gemeinsame regionale Erklärung zum Thema Migration. Allerdings beschränkt sich diese auf allgemeine Absichtserklärungen und beinhaltet keine spezifischen, konkreten Maßnahmen; die Machbarkeit eines regionalen Migrationsabkommens unter Bezug auf internationale Organisationen soll aber studiert werden. Vor allem unter den Immigrationsländern ist die Bereitschaft bisher gering, transnationale Migration zum Thema multilateraler politischer Kooperation zu machen. Im Rahmen der südostasiatischen ASEAN wurden in den letzten Jahren Fragen der Personenfreizügigkeit als Teil der zu schaffenden Wirtschaftsgemeinschaft (*ASEAN Economic Community*) diskutiert. Diese soll vollständige Freiheit für grenzüberschreitenden Güter- und Investitionsflüsse bringen; Personenfreizügigkeit soll aber auf höher qualifizierte Arbeitskräfte beschränkt werden. Ende 2005 einigte man sich auf ein Abkommen zur gegenseitigen Anerkennung der Qualifikationen von Ingenieuren[288]; ähnliche Abkommen wird es für Architekten und Buchhalter geben. Auch im Rahmen der gesamtostasiatischen ASEAN+3 wurden diese Fragen erörtert. Eine Expertengruppe erarbeitete 14 Empfehlungen zur Verbesserung der transnationalen Mobilität von Arbeitskräften in Ostasien, die in den ASEAN+3-Beratungsprozess eingespiesen wurden.[289]

III.9.5 Schlussfolgerungen

Regionale Integration in Ostasien schließt Arbeitsmigration mit ein. In den Jahren des hohen Wirtschaftswachstums und der raschen wirtschaftlichen Integration bildete sich ein regionales Migrationsmuster heraus, das auf die zunehmenden Einkommensgefälle reagiert. Der Verrechtlichungsgrad ist gering und der Anteil irregulärer und illegaler Arbeitsmigration hoch. Die Bedeutung der regionalen Dimension in der internationalen Arbeitsmigration dürfte deshalb noch größer sein als hier dargestellt. Dennoch machen die Zahlen klar, dass – abgesehen von kosmopolitischen Stadtstaaten und einigen besonderen Regionen – Migration über Landesgrenzen hinweg eine kleine Minderheit von Menschen betrifft. Insbesondere in bevölkerungsreichen Staaten wie China und Indonesien ist die Chance, über längere Zeiten mit Ausländern zusammenzuarbeiten oder selber im Ausland zu arbeiten, statistisch sehr klein.

Arbeitsmigration war bisher kaum Thema der politischen Kooperation in Ostasien. Aufgrund des wirtschaftlichen Drucks und infolge unerwünschter gesellschaftlicher Begleiterscheinungen wachsen die politischen Regulierungsnotwendigkeiten, was sich niederschlägt in der Zunahme bilateraler Abkommen, die ausschließlich oder teilweise Migrationsfragen abdecken. Sowohl die ASEAN in Südostasien als auch gesamtostasiatische Institutionen sind jedoch weit entfernt von der Gestaltung eines multilateralen Migrationsregimes in der Region. Migration, insbesondere Fragen der Menschenrechte von Immigranten und der Unterbindung des so genannten „Menschenhandels", wird zunehmend Thema eines transnational operierenden Netzwerks aus Nichtregierungsorganisationen.

---

[288] *ASEAN Agreement on Mutual Recognition for Arrangement for Engineering Services*, Kuala Lumpur, Dezember 2005.
[289] *Moves afoot to free up labour movement – Group makes 14 recommendations*, Bangkok Post, 26.8. 2003.

THE BANGKOK DECLARATION ON IRREGULAR MIGRATION

International Symposium on Migration

„Towards Regional Cooperation on Irregular/Undocumented Migration"

21 - 23 April 1999

We, the Ministers and representatives of the Governments of Australia, Bangladesh, Brunei Darussalam, Cambodia, China, Indonesia, Japan, Republic of Korea, Lao PDR, Malaysia, Myanmar, New Zealand, Papua New Guinea, the Philippines, Singapore, Sri Lanka, Thailand, and Vietnam, as well as the Hong Kong Special Administrative Region (hereinafter referred to as „the participating countries and Region"), meeting at the invitation of the Royal Thai Government in Bangkok on 23 April 1999, on the occasion of the International Symposium on Migration, held on 21-23 April 1999, under the chairmanship of H.E. Bhichai Rattakul, Deputy Prime Minister of Thailand, to address the question of international migration, with particular attention to regional cooperation on irregular/undocumented migration:

1. Realizing that international migration is a complex phenomenon which is rooted in human history and is closely associated with social and economic aspirations of each country and region;

2. Recognizing that the process of globalization and liberalization, including the increasing interdependence of economies has contributed to large flows of people in the Asia-Pacific region, thus providing both opportunity and challenge for governments in the region;

3. Noting that both the supply (push) factor and demand (pull) factor from concerned countries have led to the outflow of migrants from the countries of the region;

4. Being aware that international migration, particularly irregular migration, has increasingly become a major economic, social, humanitarian, political and security concern for a number of countries in the Asia-Pacific region;

5. Noting with concern that the ongoing financial and economic crisis in many Asian countries has led to rising unemployment and other social problems, and has had differing impacts on irregular migrants and on the countries of origin, transit and destination;

6. Noting further that the periodic natural disasters in some Asian countries badly affect their economies and lead to rising unemployment and irregular migration;

7. Gravely concerned by the increasing activities of transitional organized criminal groups and others that profit from smuggling of and trafficking in human beings, especially women and children, without regard to dangerous and inhumane conditions and in flagrant violation of domestic laws and international standards;

8. Underlining that comprehensive, coherent and effective policies on irregular/undocumented migration have to be formulated within the context of a broader regional framework based on a spirit of partnership and common understanding;

9. Noting that over 65 percent of the world's poorest people live in the Asia-Pacific region, hence poverty and differences in level of development among countries in the region remain important causes of irregular migration;

10. Recognizing a need for international cooperation to promote sustained economic growth and sustainable development in the countries of origin as a long-term strategy to address irregular migration;

11. Noting that there is a number of international conventions and instruments dealing with humanitarian issues relating to migration;

12. Respecting the sovereign rights and legitimate interests of each country to safeguard its borders and to develop and implement its own migration/immigration laws, and also recognizing the obligations of the country of origin to accept its nationals back, and the obligation of the countries of transit and destination to provide protection and assistance where appropriate, in accordance with their national laws;

13. Recognizing the important role and contribution of regional consultative mechanisms, such as the Asia Pacific Consultations on Refugees, Displaced Persons, and Migrants, and the Manila Process, on issues relating to irregular migration;

14. Noting with appreciation the participation of countries from various regions, United Nations bodies and specialized agencies, intergovernmental organizations, as well as non-governmental organizations, in sharing their views and experiences in dealing with migration issues;

15. Noting also with appreciation the discussion papers prepared by the Institute for Population and Social Research, Mahidol University, and the International Organization for Migration (IOM), which provided useful points of discussion and recommendations for the management of irregular migration;

16. Acknowledging with gratitude the timely initiative of H.E. Dr. Surin Pitsuwan, Minister of Foreign Affairs of Thailand, the dynamic chairmanship of H.E. Bhichai Rattakul, Deputy Prime Minister of Thailand, as well as the excellent arrangements provided by the Royal Thai Government, with the valuable support of the IOM;

Declare as follows:

1. Migration, particularly irregular migration, should be addressed in a comprehensive and balanced manner, considering its causes, manifestations and effects, both positive and negative, in the countries of origin, transit and destination;

2. The orderly management of migration and addressing of irregular migration and trafficking will require the concerted efforts of countries concerned, whether bilaterally, regionally or otherwise, based on sound principles of equality, mutual understanding and respect;

3. Regular migration and irregular migration should not be considered in isolation from each other. In order to achieve the benefits of regular migration and reduce the costs of irregular migration, the capacity of countries to manage movement of people should be enhanced through information sharing and technical and financial assistance. In this context, UNITAR, UNFPA, and IOM, joint sponsors of the International Migration Policy and Law Course (IMPLC), are invited to hold, in the near future, a course for middle to senior government officials from the region;

4. A comprehensive analysis of the social, economic, political and security causes and consequences of irregular migration in the countries of origin, transit and destination should be further developed in order better to understand and manage migration;

5. As the causes of irregular migration are closely related to the issue of development efforts should be made by the countries concerned to address all relevant factors, with a view to achieving sustained economic growth and sustainable development:

6. Countries of origin, as well as countries of transit and destination, are encouraged to reinforce their efforts to prevent and combat irregular migration by improving their domestic laws and measures, and by promoting educational and information activities for those purpose;

7. Donor countries, international organizations and NGOs are encouraged to continue assistance to developing countries, particularly the least-developed countries, in the region aimed at poverty reduction and social development as one means of reducing irregular migration.

8. The participating countries and region should be encouraged to pass legislation to criminalize smuggling of and trafficking in human beings, especially women and children, in all its forms and

purposes, including as sources of cheap labor, and to cooperate as necessary in the prosecution and penalization of all offenders, especially international organized criminal groups;

9. The participating countries and Region should exchange information on migration legislation and procedures for analysis and review, with a view to increasing coordination to effectively combat migrant traffickers;

10. The countries of origin, transit and destination are encouraged to strengthen their channels of dialogue at appropriate levels, with a view to exchanging information and promoting cooperation for resolving the problem of illegal migration and trafficking in human beings;

11. Greater efforts should be made to raise awareness at all levels, including through public information campaigns and advocacy, of the adverse effects of migrant trafficking and related abuse, and of available assistance to victims;

12. Concerned countries, in accordance with their national laws and procedures, should enhance cooperation in ascertaining the identity of undocumented/illegal migrants who seemingly are their citizens, with a view to accelerating their readmission;

13. Timely return of those without right to enter and remain is an important strategy to reduce the attractiveness of trafficking. This can be achieved only through goodwill and full cooperation of countries concerned. Return should be performed in a humane and safe way;

14. Irregular migrants should be granted humanitarian treatment, including appropriate health and other services, while the cases of irregular migration are being handled according to law. Any unfair treatment towards them should be avoided;

15. The participating countries and Region should each designate and strengthen a national focal point to serve as a mechanism for bilateral regional and/or multilateral consultations and cooperation on questions of international migration;

16. A feasibility study should be conducted on the need to establish a regional migration arrangement, linked to existing international bodies, to provide technical assistance, capacity building and policy support as well as to serve as an information bank on migration issues for the countries in the Asia-Pacific region. The countries in the region are meanwhile encouraged to utilize and strengthen the already existing billeted and multilateral arrangements;

17. The participating countries and Region will follow-up on the above mentioned issues of irregular migration at the political and senior official levels in ways which may be deemed appropriate;

18. This document shall be given the widest publicity and dissemination possible to encourage governments, non-governmental organizations, the private sector and civil society to join in a collective regional effort to alleviate the adverse effects of irregular migration and to prevent and combat trafficking of human beings, especially women and children.

Bangkok, Thailand;

23 April 1999

Quelle: www.unesco.org/most/migration/full_dec_bangkok.htm

III.10 Die maritime Integration Ostasiens

III.10.1 Einleitung und Fragestellung

Auch wenn man die Region Ostasien vorwiegend im Flugzeug bereist, ist die Bedeutung der Seeverbindungen erfassbar. Lange Küstenlinien, zahllose Inseln unterschiedlicher Größe und Gestalt, reger Schiffsverkehr und eine Vielzahl von Häfen sind durchs Fenster erkennbar. Im Vergleich zu den oft schmalen Autopisten auf dem durch viele Gebirgszüge geteilten Festland bietet das Meer scheinbar uneingeschränkte Bewegungsfreiheit. Es kommt vor, dass der Sitznachbar im Bus nach Jakarta Bugi[290]-Seemann ist, der die Region von Yokohama bis Surabaya nur aus der Schiffsperspektive kennt – und bereitwillig von seinen Erfahrungen mit Piraten in der Strasse von Malakka erzählt. Dass die Bedeutung maritimer Beziehungen zunimmt, wird aus der Tatsache deutlich, dass im Juli 2007 in Japan ein neues ‚Grundgesetz über die Ozeane‘ in Kraft trat und das Außenministerium – zusätzlich zu dem vom Premierminister direkt geführten ‚Büro für maritime Politik‘ – ein neues ‚Hauptquartier für maritime Angelegenheiten‘ unter einem Vize-Minister schuf, um die mit maritimen Fragen befasste Außenpolitik zu systematisieren und zu stärken.[291]

Eines der zentralen Wesensmerkmale des regionalen Integrationsprozesses in Ostasien ist seine dominant maritime Form. *Maritime Integration* umfasst alle direkt oder indirekt meerbezogenen Aspekte regionaler Integration. Darunter fallen zunächst die meerbasierten transnationalen Austauschbeziehungen (Personen- und Warentransport mittels Schiffen, aber auch Unterwasserpipelines und -kabel[292], etc.) und deren Sicherung und Kontrolle durch spezialisierte Agenturen der beteiligten Staaten. Aus dem Stellenwert des Seetransports ergeben sich die Bedeutung der Schiffsbauindustrie und infrastruktur- und handelsbezogene Funktionen (Werften, Häfen, Zoll etc.). Es gehören aber auch alle Aspekte der maritimen Grenzziehung dazu sowie die Aufteilung oder gemeinsame Nutzung der Meeresressourcen, großräumige Meeresverschmutzungen und entsprechende Gegenmaßnahmen, die Koordination der Unwetterwarnung, des Katastrophenschutzes, von Rettungseinsätzen etc.[293] In einer maritim geprägten Region haben die nationalen Marinekräfte eine im Verhältnis zum landgestützten Militär größere Bedeutung, woraus sich spezifische sicherheits-

---

[290] Die Bugi sind eine austronesische Ethnie auf Sulawesi, deren Angehörige seit Jahrhunderten eine wichtige Rolle im Seeverkehr spielen (vgl. Reid 1993: 48-51).

[291] Pressemitteilung des Japanischen Außenministeriums (MOFA), *Establishment of Headquarters for Foreign Policy concerning Maritime Affairs*, 20. Juli 2007 (Quelle: www.mofa.go.jp).

[292] Ein Erdbeben vor der Südküste Taiwans im Dezember 2006 belegte eindrucksvoll, welche Bedeutung solchen Unterwasserkabeln zukommt: Etwa ein Dutzend Glasfaser-Kabel auf dem Meeresgrund fielen aus und damit fast alle taiwanesischen Telephon- und Internetverbindungen nach Festland-China (Volksrepublik), Japan und Südostasien. Aufgrund des Grade des Vernetztheit der Systeme zog dies weitere Konsequenzen nach sich: Internet-Provider in Hongkong und Beijing meldeten einen Rückgang ihrer Datentransferkapazität um bis zu 50%, und es gab Berichte, wonach bis zu 40% der internet-übermittelten Daten in Ostasien ihre Empfänger nicht mehr erreichten. Das südkoreanische Außenministerium war betroffen, ebenso bestimmte Call Centers von US-Firmen in Ostasien. Einzelne Telephonie-Anbieter in Japan mussten Anrufe nach Indien und in den Mittleren Osten über die USA und Europa umleiten (*Quake knocks Asia back to pre-Internet days*, AP, 28.12.2006).

[293] Auch Prozesse im Binnenland können, vermittelt über Flüsse, zur grenzüberschreitenden Meeresverschmutzung beitragen. Der Unfall in einer petrochemischen Anlage in der chinesischen Provinz Jilin im November 2005 z.B. verschmutzte nicht nur den Amur-Fluss, sondern beeinträchtigte auch die Wasserqualität an der japanischen Meeresküste (*China toxic spill may hit Japan coast, expert says*, Kyodo, 4.12.2005). Angeblich hängt auch die gigantische Quallenplage in japanischen Gewässern mit der Belastung des Meeres durch das Wasser des Yangtse zusammen (*Japanese scholars point to China as source of unwanted jellyfish*, Kyodo, 15.12.2005).

politische Situationen und Probleme ergeben. Regionen wie Ostasien mit langen, dicht bewohnten Küsten und vielen Inseln mit geringen Erhebungen werden durch Umweltveränderungen, die den Wasserstand beeinflussen, stärker betroffen.

Der Begriff ‚maritime Integration' wird zwar – in einem technisch-organisatorischen Zusammenhang – in der englischen Marinesprache verwendet[294], ist aber neu in der integrationstheoretischen Literatur. In einem sozialwissenschaftlichen, integrationstheoretischen Sinn wurde er bisher nur vereinzelt und in verschiedenen Kontexten verwendet. Er findet sich in der Diskussion um eine „Maritime Union" der Atlantikprovinzen Kanadas[295], und ebenfalls in Kanada wird die Unabhängigkeit des Landes als „Scheitern der maritimen Integration Großbritanniens" diskutiert (Halary 1997). Näher an die hier vorgeschlagene Verwendung kommen Mattos/Acosta (2003), die politische Maßnahmen im Hinblick auf die Schaffung eines „common regional maritime integration regime" in Südamerika diskutieren, und Rozman (1998), der von der „maritimen Integration Chinas in die Weltökonomie"[296] spricht.

Alle gegenwärtigen Prozesse regionaler Integration schließen maritime Aspekte ein. Im Vergleich mit den dominant *kontinentalen* Integrationsprozessen in Europa, Nordamerika, Südamerika und auch Afrika ist die Bedeutung maritimer Aspekte in Ostasien bedeutend größer. Andererseits umfasst regionale Integration in Ostasien auch landbasierte transnationale Austauschprozesse und schließt somit kontinentale Aspekte mit ein.

Bereits ausführlich dokumentiert wurde die Bedeutung des maritimen Verkehrs für die historische Konstituierung der Region (Abschnitt II.5). Häfen im Süden der Region konkurrierten schon in den ersten Jahrhunderten der westlichen Zeitrechnung um den maritimen Fernhandel, und der seegestützte Tribut-Handel mit China stimulierte die Bildung von Seehandels-Imperien im Archipel. Zur Zeit der Song-Dynastie (10.-13.Jh.) war China stark meerorientiert, und chinesische Händler spielten eine dominante Rolle im innerregionalen Handel. Der Versuch der Mongolen, die ostasiatische Inselwelt in ihr Weltreich einzugliedern, scheiterte trotz groß angelegter schiffsgestützter Invasionen Japans und Javas. Unter der frühen Ming-Dynastie kam es zu den berühmten See-Expeditionen (1405-1433), auf die eine intensivierte, praktisch alle Gegenden der Region einschließende Phase des sinozentrischen Tribut-Handel-Systems folgte. Die Europäer klinkten sich im Verlaufe des 16. Jh. in den Seehandel Ostasiens ein und verdrängten schrittweise ‚einheimische' Akteure. Die Politiken der ‚maritimen Kontrolle' Chinas und der sinisierten Staaten bedeuteten – wie gezeigt – keineswegs das Ende des maritimen Austausches, sondern nur dessen strikte Regulierung. Auf der Basis ihrer überlegenen Kriegsschiffe vermochten die westlichen Mächte diese Außenwirtschaftspolitiken zu kippen, und unter dem ‚Freihandelsimperialismus' des 19. Jh. profitierten auch ‚einheimische' Akteure von der neuen Handelsfreiheit in der Region. Japan etablierte 1905 sich als neue Weltmacht mit dem Sieg in der Seeschlacht von Tsushima gegen die baltische Flotte des Zarenreiches. Die japanische Flotte war die Grundlage für die Eroberung der ganzen Region, bis sie im ‚Pazifischen Krieg' von den US-Amerikanern weitgehend vernichtet wurde.

---

[294] Siehe *Maritime Integration Support Centre*, 23.4.2004, www.navynews.co.uk.

[295] Siehe die Website des Institute of Island Studies an der University of Prince Edward Island, www.upei.ca/islandstudies.

[296] Rozman (1998: 5): „Northeast China is a swing region in a divided country, whose incorporation into Northeast Asia may play a pivotal role in a country poised between maritime integration into the world economy while maintaining its separate civilization or partnership with a Russia resistant to global forces."

In der Nachkriegszeit, der Phase der Ost-West-Konfrontation und später des sowjetisch-chinesischen Zerwürfnisses war die Bedeutung maritimer Integration in Ostasien am größten, da sowohl auf dem südostasiatischen als auch auf dem nordostasiatischen Festland reguläre Austauschprozesse weitgehend unterbunden waren. Die westlich orientierten, mit der Hegemonialmacht USA mehr oder weniger eng verbündeten Länder Ostasiens bildeten einen langgezogenen Archipel aus dem Festland vorgelagerten Inseln und Inselgruppen, Halbinseln und Hafenstädten: Von Japan und Südkorea über Hongkong und Taiwan in die malaiische Inselwelt; nur in Thailand erstreckte sich dieser Raum tief in das Festland hinein. Diese Situation hat sich verändert, in erster Linie durch Öffnung der Grenzen auf dem Festland und die Erneuerung der land- und flussbasierten Verkehrswege, aber auch durch die stetig abnehmenden Kosten des Lufttransports. Immer noch haben maritime Aspekte aber in Ostasien ein im Vergleich mit anderen Integrationsprozessen bedeutend größeres Gewicht. Das Japanische, Ostchinesische und das Südchinesische Meer bilden ein dreigliedriges *mare internum* (Mittelmeer), das die bedeutenden Wirtschaftsregionen Ostasiens verbindet (siehe Karte III.10.1, S. 422). Die wirtschaftliche Kernzone Ostasiens besteht aus direkt an diesem Mittelmeer gelegenen Gebieten, von Tokyo und Seoul über Shanghai und Hongkong/Guangzhou bis nach Singapur und den Industriegebieten Westjavas. Abgesehen von Laos haben alle Länder Ostasiens direkten Meerzugang. Immer noch nimmt das Wohlstandsniveau im Allgemeinen in den Ländern Ostasiens mit wachsender Distanz zum Meer ab.

Aufgrund der zentralen, aber aus integrationstheoretischer Perspektive wenig diskutierten Bedeutung der meerbezogenen Aspekte der Regionalisierung Ostasiens widmet sich dieses Kapitel speziell diesen Aspekten des regionalen Integrationsprozesses in der jüngsten Periode. Der folgende Abschnitt belegt die anhaltende Bedeutung des Meerzugangs und des meerbasierten Austausches für die wirtschaftliche Strukturierung der Region. Ungelöste Grenzdispute bilden bedeutende Integrationshindernisse (Abschnitt III.10.3). Die Strasse von Malakka, die wichtigste maritime West-Ost-Verbindung, ist eine der am meisten von Piraterie betroffenen Wasserstrassen (Abschnitt III.10.4). Abschnitt III.10.5 gibt eine knappe Übersicht über aktuelle meerbezogene Aspekte regionaler Kooperation in Ostasien, und einige Schlussfolgerungen beenden dieses Unterkapitel.

III.10.2   *Die maritime Grundlage der wirtschaftlichen Integration der Region*

III.10.2.1   Das ostasiatische Mittelmeer

Karte III.10.1 zeigt, dass das Japanische, Ostchinesische und das Südchinesische Meer ein dreigliedriges *mare internum* bilden, das die bedeutenden Wirtschaftsregionen Ostasiens miteinander verbindet. Dieser Abschnitt analysiert diesen Befund etwas detaillierter. Die *wirtschaftliche Kernzone* Ostasiens erstreckt sich über rund 6000 km C-förmig in Nord-Süd-Richtung und ist zwischen 500 und 1500 km breit. Sie kann untergliedert werden in Nordostasien (Japan-Südkorea-Nordostchina mit Shanghai), Südostchina mit Hongkong und Taiwan, sowie in das wirtschaftliche Kerngebiet des Südens, Jakarta-Singapur-Kuala Lumpur-Bangkok.

Karte III.10.1: Die wirtschaftliche Kernzone Ostasiens

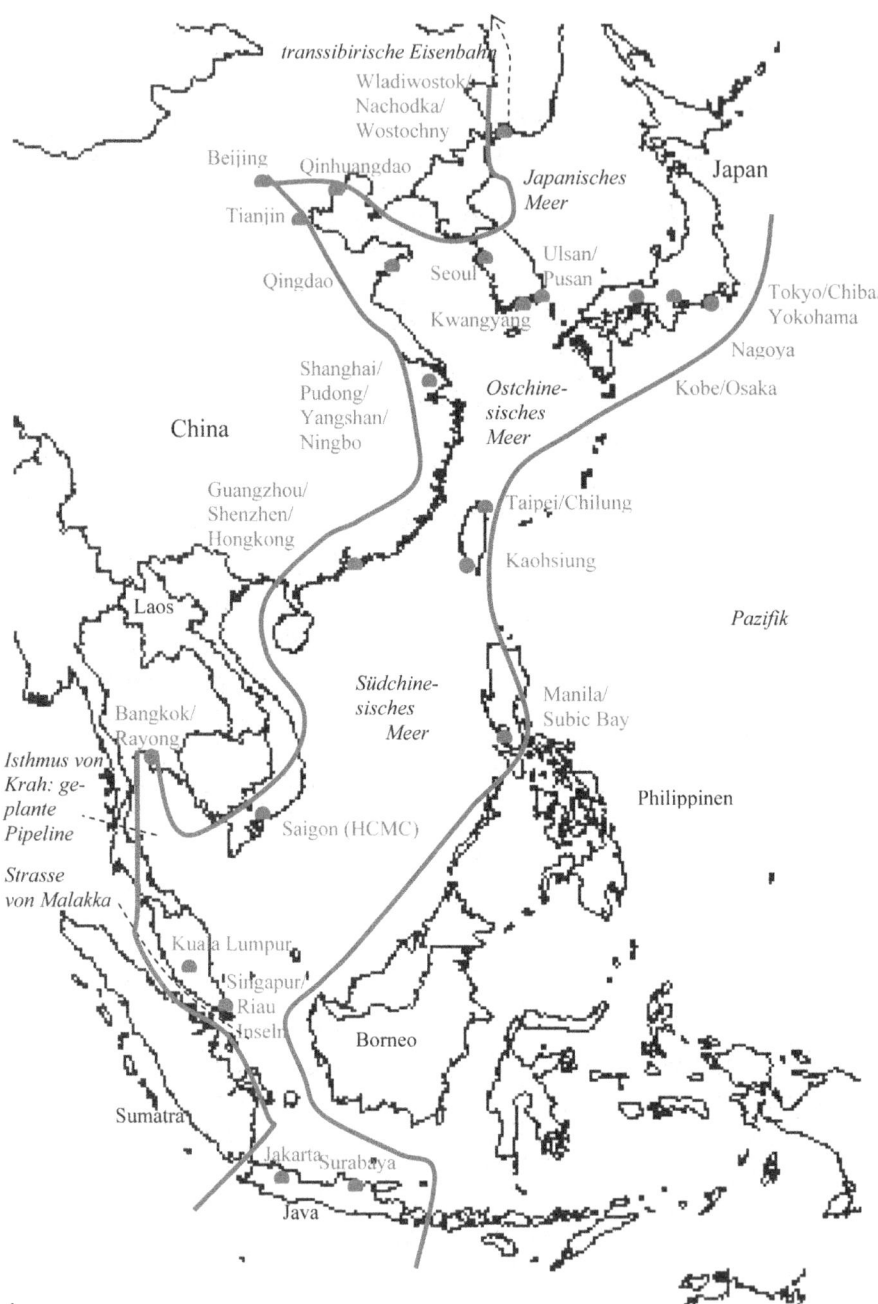

Quelle: eigene Darstellung.

Die Hauptschiffsrouten verlaufen in Nord-Süd-Richtung zwischen den wirtschaftlichen Knotenpunkten. Tabelle III.10.1 vermittelt anhand der Entwicklung der Handelsvolumen zwischen den großen Häfen Japans und Ostasiens in den 1990er Jahren einen Eindruck von der Dynamik und Strukturierung des maritimen Austausches in Ostasien. Die größte Volkswirtschaft Ostasiens ist vor allem mit Südkorea, China (Shanghai, Hongkong), Taiwan, Thailand und Singapur verbunden. Die Handelsvolumen mit Korea und Taiwan gingen zwar zurück, befinden sich aber immer noch auf hohem Niveau. Besonders dynamisch entwickelten sich die Verbindungen der großen japanischen Häfen mit Hongkong und Shanghai sowie Tokyo-Bangkok.

Tabelle III.10.1: Güteraustausch zwischen den wichtigsten Häfen Japans und Ostasiens, 1989-1998

		Tokyo	Yokohama	Nagoya	Osaka	Kobe	Kita Kyushu	Fukuoka
Südkorea	Pusan	3.5▶8.5	13.3▶5.9	5.0▶4.7	9.5▶6.9	11.6▶4.8	4.9▶3.4	0.7▶2.6
China	Hongkong	5.5▶21.5	11.1▶16.0	4.1▶12.2	2.5▶11.3	17.5▶15.5	1.2▶2.3	0.1▶2.7
	Dalian	0.0▶2.8	0.0▶3.7	0.0▶2.1	0.0▶3.5	0.0▶2.2	0.0▶1.8	0.0▶0.0
	Xiamen	0.0▶0.7	0.0▶3.1	0.0▶1.8	0.0▶1.6	0.0▶1.8	0.0▶0.9	0.0▶0.3
	Tianjin	0.0▶0.3	2.3▶5.8	1.3▶4.0	0.6▶2.1	3.9▶4.8	0.0▶1.1	0.0▶0.0
	Shanghai	0.3▶6.1	2.8▶9.7	1.6▶9.3	1.3▶14.4	6.5▶9.0	0.5▶3.1	0.0▶0.4
	Qingdao	0.0▶2.8	0.0▶3.4	0.0▶3.7	0.0▶3.3	0.0▶4.1	0.0▶0.9	0.0▶1.0
Taiwan	Jilong	7.4▶6.7	7.8▶6.5	5.3▶7.2	5.2▶4.6	10.4▶5.6	1.5▶1.5	0.0▶0.3
	Gaoxiong	4.0▶4.3	5.9▶3.4	2.4▶3.2	1.8▶3.4	6.1▶3.4	1.1▶1.0	0.0▶0.2
Südost- asien	Manila	1.1▶2.6	1.7▶1.8	1.4▶3.7	0.4▶1.0	3.9▶2.2	0.3▶0.9	0.0▶0.2
	HCMC (Saigon)	0.0▶1.0	0.0▶1.3	0.0▶0.9	0.0▶1.0	0.0▶1.3	0.0▶0.2	0.0▶0.3
	Bangkok	2.3▶6.8	10.5▶4.5	4.1▶5.6	0.6▶3.0	8.8▶4.1	1.7▶2.0	0.0▶1.1
	Singapur	7.0▶7.6	7.8▶5.8	3.4▶4.1	1.4▶3.4	8.4▶5.7	1.1▶0.6	0.0▶1.0
	Penang	0.3▶1.0	0.8▶1.4	0.4▶0.9	0.1▶0.7	1.3▶0.9	0.6▶1.4	0.0▶0.4
	Port Klang	1.5▶3.0	1.1▶2.5	1.4▶2.9	0.3▶2.3	3.2▶5.5	0.4▶0.8	0.1▶0.5
	Laem Cha- bang(Thail.)	0.0▶4.6	0.0▶1.8	0.0▶3.5	0.0▶1.7	0.0▶2.1	0.0▶0.3	0.0▶0.8
	Jakarta	1.7▶2.9	0.8▶1.2	2.2▶2.9	0.3▶3.6	3.7▶2.3	0.1▶0.4	0.1▶0.4

Volumen 1989 (Container)▶ Volumen 1998 (Container) (Einheit: 10'000 Tonnen)
rosa: besonders starker Anstieg (+ mehr als 10'000 Tonnen); dunkelrot: besonders große Volumen 1998 (50'000 Tonnen und mehr)
Quelle: Japanisches Ministerium für Land, Infrastruktur und Transport (Hisatake 2004: 23).

Die wichtigsten transregionalen Schiffsverbindungen sind diejenigen ostwärts über den Pazifik nach Nordamerika und diejenige durch die Strasse von Malakka westwärts nach Süd-, Westasien, Afrika und Europa. Durch die rund 800 km lange Strasse von Malakka fahren etwa 60'000 Handelsschiffe im Jahr, und ca. 80% des Rohöls für die Region Ostasien wird auf dieser Route transportiert (etwa die Hälfte des weltweiten Öltransports per Schiff). Dies macht die südostasiatische Wasserstrasse dreimal so verkehrsreich wie der Suez-Kanal und fünfmal wie der Panama-Kanal.

III.10.2.2   Die Bedeutung von Hafenstädten

Wie erwähnt gibt es nur ein ostasiatisches Land ohne Meerzugang, Laos. Abgesehen von dessen Hauptstadt Vientiane sind alle Hauptstädte der Region entweder selber Hafenstädte (Jakarta, Singapur, Brunei, Manila, Bangkok) oder haben eine solche in geringer Distanz:

- Tokyo – Yokohama, 29 km,
- Seoul – Incheon, 40 km
- Pjöngjang – Nampo, 50 km,
- Beijing – Tianjin, 130 km (Beijing ist mit Tianjin und Südchina über den 1800 km langen so genannten ‚Kaiserkanal‘ verbunden, dessen Konstruktion im 7. Jh. begonnen wurde),
- Taipei – Chilung, 20 km;
- Hanoi – Hai Phong 100 km,
- Kuala Lumpur – Port Klang/Westport, 40 km.

Von diesem Muster weicht die Hauptstadt Kambodschas, Phnom Penh, etwas ab. Der gegenwärtig wichtigste kambodschanische Hafen, Sihanoukville, liegt 230 km von der Hauptstadt und ist erst wenige Jahrzehnte alt. Dies ist historisch zu erklären: Wie erwähnt war der traditionelle Zugang Kambodschas zum Meer der Mekong, dessen Delta aber später in das vietnamesische Reich eingegliedert wurde. Dies ist ein Faktor, der den vergleichsweise tiefen wirtschaftlichen Entwicklungsstand des Landes erklärt, was wiederum die zentrale Bedeutung des Zugangs zum ostasiatischen Mittelmeer belegt. Die Unfähigkeit, sich nach eigenen Maßstäben in die regionalen und transregionalen Austauschbeziehungen einzuklinken, ist ein Faktor des Niedergangs resp. der Stagnation.[297]

Innerhalb der Kernzone liegen die wirtschaftlichen Knotenpunkte rund 1000 km (oder weniger) von einander entfernt. Nicht in allen Fällen handelt es sich dabei um die politischen Hauptstädte der jeweiligen Länder. Chinas wirtschaftliche Kerngebiete befinden sich an der Küste, um Shanghai und Guangzhou/Shenzhen/Hongkong (Catin et al. 2005). Die maritim orientierte wirtschaftliche Dynamik führte zu einem „Losreißen der Küstenstädte von ihrem kontinentalen Hinterland" (Gipouloux 1995: 31). Das wirtschaftliche Schwergewicht Vietnams liegt im Süden des Landes, in und um Saigon (Ho Chi Minh City). In den meisten Fällen richtete die Regierung wirtschaftliche Sonderzonen in der Nähe der Haupt- und Hafenstädte ein, in denen ein Grossteil der ausländischen Direktinvestitionen angesiedelt sind und der Hauptteil der exportorientierten Produktion stattfindet. In Südkorea befinden sich diese in unmittelbarer Nähe zu Koreas zweitgrößtem Hafen und neuem internationalen Flughafen in *Incheon*, auf neu dem Meer abgerungenem Land. Die regierungseigene südkoreanische *Korea Container Terminal Authority* wird in einem *joint venture* mit ihrem nordkoreanischen Partner Pyöngyangs Hafen Nampo mit Zugang zum größten nordkoreanischen Industriekomplex modernisieren.[298] Im Falle Thailands handelt es

---

[297] Dies bedeutet keineswegs, dass wirtschaftliche ‚Offenheit‘ im Sinne des wirtschaftspolitischen Liberalismus der Erfolgsweg Ostasiens war. Alle wirtschaftlich erfolgreichen Staaten Ostasiens haben die ökonomischen Aktivitäten auf dem eigenen Gebiet und die Bedingungen des Austausches stark kontrolliert und die Ergebnisse maßgeblich beeinflusst. Am ehesten entspricht (das nichtsouveräne) Hongkong dem ‚liberalen Modell‘. Außenwirtschaftliche Liberalisierung ist, auf der Basis der Erfahrung Ostasiens, eher Ergebnis erfolgreicher Entwicklung als deren Vorbedingung (vgl. Wade 1990: 325).

[298] *South Korea to develop N Koran port of Nampo*, Yonhap 4.1.2005.

sich um die Industriegebiete in *Rayong* südöstlich der Hauptstadt, in der das Zentrum der südostasiatischen Automobilproduktion entstand („the Detroit of the East"). In der Nähe Manilas wurde die *Subic Bay Freeport Zone (SBFZ)* auf dem Gebiet der ehemaligen US-Flottenbasis eingerichtet. In den Fällen Hongkong und Singapur sind Wirtschaftszonen eng mit der Hafenstadt-Ökonomie verbunden, die sich nicht auf dem eigenen Territorium befinden. Hongkongs Wirtschaft (wie auch diejenige Taiwans) ist eng mit der südchinesischen Wirtschaftszone Shenzhen verflochten. Im Falle Singapurs wurden zwei indonesische Inseln in die Ökonomie der Hafenstadt eingegliedert: Die *Riau-Inseln* Bintan und Batam sind 45 resp. 20 km von Singapur entfernt und in 60 resp. 45 Min. per Schiff zu erreichen. Die Wirtschaftszonen wurden Anfang der 90er Jahre eingerichtet, als Singapur mit steigenden Kosten seine Wettbewerbsfähigkeit in arbeitsintensiven Industriezweigen zu verlieren begann, und bilden zusammen mit dem malaysischen Bundesstaat Johor das so genannte SIJORI-Wachstumsdreieck (dazu Grundy-Warr et al. 1999, Jordan 2002). Die Produktion auf den Inseln beruht auf indonesischen Arbeits- und Infrastrukturkosten verbunden mit singapurischen Dienstleistungen.[299] Singapur und Indonesien werben gemeinsam um die Ansiedlung ausländischer Investitionen in diesem Gebiet.[300]

Singapurs und Hongkongs Wohlstand verdankt sich der Übernahme von Hub-Funktionen für größere Wirtschaftsräume mit weniger kapitalfreundlichen Regulierungen und geringerer Investitionssicherheit. Dieses Umfeld hat sich in den letzten 10-15 Jahren deutlich geändert. Die Regierungen der Nachbarländer verwenden wiederum Inseln, um mit den beiden Stadtstaaten zu konkurrieren, sei es um Freihandelszonen, Häfen – oder *offshore*-Finanzgeschäfte: Die malaysische Regierung verfolgt seit 1990 das Projekt, die kleine Insel Labuan vor Borneo zu einem *International Offshore Financial Centre* zu entwickeln (Skully 1995). Die Insel steht seither unter der direkten Kontrolle des Premierministers, nicht mehr einer Provinzregierung. In rascher Folge wurden sechs Gesetze als Grundlage für den Spezialstatus verabschiedet. Ein *offshore*-Unternehmen muss eine physische Minimalpräsenz auf Labuan haben und bezahlt eine geringe *flat tax* oder eine Steuer von 3%. Die ‚Grenze' zwischen der malaysischen Ökonomie und dem *offshore*-Zentrum ist streng kontrolliert. Malaysische Staatsbürger können nicht Anteilseigner von *offshore*-Unternehmen auf Labuan werden. Da Labuan Teil Malaysias ist, gelten die Doppelbesteuerungsabkommen mit anderen Ländern[301], was vor allem von japanischen Unternehmen als großer Vorteil genannt wird. Sie gehören auch den großen ‚Investoren' auf der Insel, neben anderen bekannten international tätigen Finanzunternehmen.

Aufgrund der maritimen Integration und der Exportorientierung vieler Ökonomien finden sich in der Region Ostasien mehr bedeutende Häfen als in jeder anderen Weltregion. Je nach Kriterium (Umschlagvolumen TEU[302], Containeranzahl, Stichjahr) sind fünf bis

---

[299] Siehe die von der singapurischen Wirtschaftsförderung publizierte Broschüre *The Singapore-Riau Advantage* (www.sedb.com).

[300] Das Vorhaben der indonesischen Regierung, nach dem Vorbild von Entwicklungsplänen der Karibik und Australiens kleine Inseln als ganze langfristig zu vermieten, dürfte an souveränitätspolitischen Bedenken scheitern (*Indonesiens belasteter Weg zu einer maritimen Nation*, Neue Zürcher Zeitung, 5.8. 2000).

[301] Bereits 1993 hatte Malaysia Doppelbesteuerungsabkommen mit insgesamt 35 Ländern, darunter Japan und fast alle europäische Länder.

[302] TEU steht für *Twenty-foot Equivalent Unit*, eine statistische Hilfsgröße auf der Basis eines ISO-Containers von 6.10m Länge.

sieben der zehn weltgrößten Häfen[303] in Ostasien. Die beiden größten Häfen der Welt nach verschiedenen Kriterien sind Singapur und Hongkong, gefolgt von Shanghai. Des weiteren gehören Ulsan/Pusan/Kwangyang (Südkorea), Kobe/Nagoya/Chiba/Yokohama (Japan) und Kaohsiung (Taiwan) zu den größten Häfen der Welt. Der Hafen von *Shanghai*[304] wies in den letzten Jahren ein Umschlagswachstum von bis zu 50% jährlich auf und ist dank ehrgeiziger staatlicher Ausbauprogramme auf dem Weg zur Weltspitze. Shanghai liegt am Fluss Huangpu, der unweit der Stadt in den drittlängsten Fluss der Welt, den Yangtse, mündet. Da beide Flüsse nur 7-8 m tief sind, sind sie nicht geeignet für den Verkehr der gigantischen Containerschiffe der nächsten Generation(en).

Die chinesischen Planer bestimmten die Yangshan-Inseln in der Bucht von Hangzhou als Standort für den neuen Tiefseehafen. Die kleinen, bergigen Inseln wurden verbunden, mit Aufschüttungen vergrößert und mittels einer 30 km langen, achtspurigen Seebrücke ans Festland angeschlossen. Der Hafen, der rund 45 km südlich von Shanghais internationalem Flughafen Pudong liegt, nahm im Dezember 2005 seinen Betrieb auf. Eine neue Hafenstadt für 350'000 Einwohner auf einer Fläche von 80 km^2 wird gebaut. Für die zweite Ausbauetappe des Hafens (2. Terminal) wird zurzeit ausländisches Kapital zu Investitionen aufgefordert. Bis 2010 soll die Länge des Docks insgesamt 11 km betragen.

Gleichzeitig wird auch der rund 120 km südlich von Shanghai gelegene *Ningbo*-Hafen ausgebaut, um in Konkurrenz zu treten mit dem Hafen von Shanghai. Die Regierung Ningbos hat dazu insbesondere Investitionen aus Hongkong eingeladen, dem mit Shanghai rivalisierenden Wirtschaftszentrum Südchinas. Ebenfalls Ambitionen auf eine internationale Rolle als Hafenstadt hat das knapp eine Mio. Einwohner zählende *Zhoushan*, eine Inselstadt 80 km von Shanghai entfernt, deren Territorium sich über 1'390 Inseln mit mehreren natürlichen Tiefseehäfen erstreckt. Die Stadt hat historische Verbindungen zu Singapur und wirbt um dortiges Kapital zur Entwicklung des Hafens und der Tourismusindustrie.[305]

Die südkoreanische Regierung reagiert auf diese Entwicklungen und will den Hafen von *Pusan*, den größten Koreas und vor dem Aufstieg der chinesischen Konkurrenz drittgrößten der Welt, zum zentralen Umschlagplatz Nordostasiens machen (Armbruster 2005). In der geographischen Mitte Nordostasiens gelegen (siehe Karte 2), soll Pusan die Funktion übernehmen, die Singapur für den Süden erfüllt, nämlich als „transshipment point", als logistischen Knotenpunkt für den Export nach Amerika und Europa zu fungieren. Güter aus der ganzen Region sollen hier zusammenkommen und zielortgerecht umgeladen werden. Bis 2011 wird die Kapazität des 16-17m tiefen Hafens um 150% erweitert und eine neue Freihandels- und Hightech-Zone geschaffen. Um mit Shanghai konkurrenzfähig zu werden, wird die Regierung ausländischen Unternehmen einen Quadratmeter-Preis von weniger als einem halben Dollar garantieren, was weniger als ein Zehntel dessen ist, was am Yangtse anfällt. Grosse Pläne hat Südkorea auch in Bezug auf den Landtransport nach Europa, quer durch Russland. Mittels einer „Trans-Korea Eisenbahn" soll für Pusan ein Anschluss an die

---

[303] Daneben gehören dazu, je nach Kriterium, zwei bis drei in Westeuropa (Rotterdam, Antwerpen, Hamburg) und zwei bis vier in den USA (Los Angeles, Long Beach, Houston, South Louisiana); vgl. Hilpert (1998:178); *Ausbau der Container-Hafenanlagen in Asien*, Neue Zürcher Zeitung, 11. 1. 2006.

[304] Quellen: World Cargo News: *Yangshan opened to overseas operators*, June 2004; *Shanghai to outline port stake strategy*, July 2004; *Ningbo set to challenge Shanghai's new box port*, February 2005; *Shanghai sets out its stall*, February 2005; *Shanghai leads the race west*, July 2005 (www.worldcargonews.com). *Shanghai's deepwater port starts operation*, Xinhua, 10.12.2005; *Maritime industry sees vigorous development*, Xinhua, 10.12.2005. *Yangshan Port Development* (www.port-technology.com/projects/ yangshan, 1.9.2005).

[305] *Fishing port seeks S'pore help to realise its dream*, Straits Times, 9.4.2004.

transsibirische Verbindung geschaffen werden (unter dem Namen „eiserne Seidenstrasse"). Die Bedeutung der 9288 km langen transsibirischen Eisenbahn wird in den kommenden Jahren zweifellos wachsen. Sowohl die neuen zentralasiatischen Republiken, alle ohne direkten Meerzugang, als auch die Pazifikrainerstaaten haben ein großes Interesse an dieser Verbindung. Allerdings sind es die russischen Fernosthäfen, die davon vorrangig zu profitieren gedenken. Das 1860 gegründete und zur Zeiten der Sowjetunion für Ausländer geschlossene Wladiwostok ist schon lange der wichtigste Pazifikhafen des Landes. In den 90er Jahren wurden bedeutende Investitionen in die russischen Häfen – die Region *Primorskij* (übersetzt: maritim) weist drei Hafenorte auf, nämlich Wladiwostok, Wostotschny und Nachodka – aus Südkorea, Japan und den zentralasiatischen Republiken getätigt, mit Hilfe aus G7-Fonds.[306]

Auch der größte Hafen Südostasiens, Singapur, sieht sich zunehmender Konkurrenz ausgesetzt. Insbesondere der von der malaysischen Regierung vorangetriebene Ausbau von *Port Klang* mit seinem 1995 eröffneten modernsten Containerterminal Westport auf Pulau Indah zielt direkt auf die Abwerbung von bisher in Singapur getätigtem Warenumschlag. Preise werden gezielt unterboten, große Handelsunternehmen abgeworben und malaysische Produzenten, deren Exporte bisher bis zur Hälfte über Singapur abgewickelt wurden, sehen sich unter sanftem Druck, dies zu ändern.[307] Singapurs Hafen reagierte mit speziellen Preisabschlägen für Schiffe, die in Südostasien ausschließlich Singapur anlaufen. Indonesien will bis 2010 für 500 Mio. US-Dollar in Ost-Ancol (Jakarta) einen neuen Großhafen mit 15 Terminals fertig stellen, um den überlasteten, 150-jährigen Tanjung Priok-Hafen abzulösen und mit den anderen Häfen in der Region konkurrieren zu können.[308] Die chinesische und auch die thailändische Wirtschaft haben ein großes Interesse an einem Ausbau der Transportwege nach und in Birma, wozu auch die Schaffung eines birmanischen Tiefseehafens gehören müsste.[309] Ein weiterer Anstoß ging vom Projekt einer ASEAN-Freihandelszone aus, das den Aufbau regionaler Produktionsnetzwerke in der Automobilindustrie mit *just in time*-Zulieferungen ermöglichen soll. Ein bald 2000jähriger Konkurrenzmechanismus in Südostasien erreicht somit zur Zeit eine neue Stufe, und angesichts mehrerer anderer neuer und/oder jüngst modernisierter Hafenplätze in der Region wird sich dies nicht so bald ändern.

Eine neue Rolle könnte dabei dem historisch bedeutsamen *Isthmus von Krah* zukommen. Unter dem Titel „Strategic Energy Land Bridge" treibt die thailändische Regierung ein Projekt voran, das je einen neuen Tiefsee-Ölterminal mit bedeutenden Lagerkapazitäten auf beiden Seiten des Isthmus und eine landüberquerende Pipeline mit einer Gesamtlänge von 240 km vorsieht.[310] Mit der neuen Pipeline würde sich der Transportweg des Öls aus dem Nahen Osten nach Ostasien um rund 1000 km verkürzen. Die Kosten würden sich auf knapp 4 Mia US-Dollar belaufen. Die Regierung schätzt das Projekt als profitabel ein, würde es doch den Preis für ein Barrel Öl in Ostasien um zwei US-Dollar senken. Bisher bezahlen die Nachfrager in Ostasien genau diesen Betrag (das so genannte *Asian Premium*)

---

[306] Far Eastern Economic Review (FEER), 8.7.1993; *Der Westen im Osten – Nach dem Ende der Sowjetunion sucht Wladiwostok nach neuer Normalität*, Neue Zürcher Zeitung, 8.3.2004.

[307] Mitte der 90er Jahre war Malaysia bereits die 19. größte Handelsnation, Port Klang rangierte aber nur auf 35. Rang der weltweit größten Häfen (Far Eastern Economic Review, 6.6.1996).

[308] *Jakarta to build $870m seaport*, Straits Times, 30.6.2004.

[309] Vgl. *Better infrastructure, streamlined trade and investment rules sought*, Bangkok Post, 24.9.2005.

[310] *Pipe of Prosperity*, Far Eastern Economic Review, 19.2.2004; *Energy Hub: Prommin in talks with Manila*, Bangkok Post, 18.2.2004; *Chinese and Korean oil firms wooed*, ebd., 24.7.2004.

mehr als diejenigen in Nordamerika und Europa, der mit dem längeren Transportweg begründet wird. Thailand bemüht sich um Investitionen seitens ölexportierender Golfstaaten und seitens koreanischer und chinesischer Firmen auf der Abnehmerseite. China hat sein Interesse angemeldet, nicht nur aus ökonomischen Gründen, sondern auch weil „bestimmte Mächte" (gemeint waren die USA) versuchten, die Strasse von Malakka unter ihre Kontrolle zu bringen, und damit die langfristige Energiesicherheit Chinas gefährdeten. Die chinesische Regierung möchte sogar japanische Investoren für den Plan gewinnen, während der thailändische Ölgigant PTT eine Beteiligung am Ölgeschäft der philippinischen Subic Bay Group sucht. Der damalige thailändische Premierminister Thaksin hatte angekündigt, dass Thailand innert fünf Jahren den ostasiatischen Ölhandel dominieren werde. Es ist jedoch fraglich, ob das Projekt angesichts der gewaltigen logistischen Herausforderungen ökonomisch tragfähig sein wird und ob es wirklich den Grossteil des ostasiatischen Öltransports umzuleiten vermag, – was ein harter Schlag für Singapur wäre, den bislang nach London und New York drittgrößten Ölhandelsplatz. Singapur weist jedoch weitere Standortvorteile auf: Nicht nur findet bisher dort der ostasiatische Ölhandel statt, das singapurische Finanz- und Rechtssystem – von großer Bedeutung für das Risikomanagement im Ölgeschäft – wird im Allgemeinen als deutlich besser als das thailändische eingeschätzt. Angesichts der immer weiter zunehmenden Ölnachfrage in Ostasien ist nicht auszuschließen, dass es Raum für einen zweiten ostasiatischen Hauptumschlagplatz gibt.

III.10.2.3   Schiffbau

Ostasien setzt die weltweiten Standards im Schiffbau.[311] Südkoreanische und japanische Firmen führen je etwa ein Drittel der globalen Schiffbaus durch, China inzwischen 13%.[312] Insgesamt werden mehr als drei Viertel des weltweiten Schiffsvolumens in Ostasien gebaut. Die US-amerikanischen Häfen konnten Anfang dieses Jahrhunderts das Tempo im Übergang zu noch größeren Containerschiffen (8000 TEU) kaum mithalten[313], während die großen Werften Japans, Chinas und Südkoreas bereits an der nächsten Schiffsgeneration (12'000 und 15'000 TEU) arbeiten. Nach wie vor sind die japanischen und südkoreanischen Werften den chinesischen produktivitätsmäßig weit voraus. Je nach Schiffstyp kann die Bauzeit eines Frachters in China um 50-80% über jener in Japan liegen. Arbeitskosten machen rund 30% des Preises eines Handelsschiffes aus; die Arbeitskraft kostet in China 20-30% im Vergleich zur japanischen, und Technologie und Ausbildungsgrad der Arbeiter in den chinesischen Werften verbessern sich rasant.

In einigen Jahren dürfte China mit Südkoreas Werften gleichgezogen haben, und Prognosen gehen davon aus, dass China 2015-2020 der größte Schiffbauer der Welt werden wird.[314] Schiffbau ist einer der Prioritäten nationaler Wirtschaftspolitik in China. Die zwei

---

[311] Großbritannien als historische, über mehr als hundert Jahre führende Seefahrernation hat den Schiffbau weitgehend abgeschrieben. London positioniert sich aber als größtes internationales Zentrum für die Hochseeschifffahrt, was Finanzierung, Versicherung und andere Dienstleistungen betrifft. Die großen britischen Reedereien profitieren auch vom China-Boom (*Seefahrernation Großbritannien*, Neue Zürcher Zeitung, 28.5.2004).

[312] Gemessen in *compensated gross tonne*s, ein Maß, das Größe und Schiffstyp berücksichtigt; Daten nach Far Eastern Economic Review, 18.9.2003.

[313] *Ports digging deep to service bigger ships*, Los Angeles Business Journal, 25.8.2003.

[314] *Lukrative Perspektiven für Chinas Schiffbau*, Neue Zürcher Zeitung, 24.2.2004. Laut chinesischen Quellen überholte China Japan und Korea als größte Schiffbauer bereits in den 90er Jahren (*Ship-Building Stands In a Leading Position*, Beijing Review, 16.4.1999; www.china.org.cn).

größten chinesischen Werftkonglomerate[315] sind Staatsbetriebe, befinden sich in Konkurrenz untereinander um einheimische und ausländische Aufträge und werfen Profit ab. Auf der Insel Changxing, nicht weit von der Mündung des Yangtse und Shanghai gelegen, entsteht zur Zeit auf einer Küstenstrecke von 8 km die größte Werft der Welt, die die bisher größte (in Ulsan, Südkorea) übertreffen wird. Erst seit 1996 im internationalen Geschäft für Schiffsreparaturen tätig, verdrängte China jüngst Singapur von Platz eins in Ostasien.[316] Die singapurischen Werften in Jurong vermögen dem Preiswettbewerb nicht standzuhalten, während die chinesischen wegen vollständig ausgelasteter Kapazitäten Kunden abweisen müssen. Singapurische Unternehmen hoffen nun auf eine Beteiligung an den logistik- und technologieintensiveren Aspekten der geplanten chinesischen Öl- und Gasförderungen im südchinesischen Meer (dazu in Abschnitt 4) und investieren direkt in der Volksrepublik.[317] China hat nach Griechenland und Japan bereits die drittgrößte Handelsflotte der Welt (Japan verfügt über 2722 Schiffe, Griechenland über 2915, China über 2033 ohne Hongkongs 551 Schiffe). China hat mit über 2200 Schiffen zudem die größte Fischfangflotte der Welt.

An dieser Stelle ist anzumerken, dass sich dies auf den kommerziellen Schiffbau bezieht; die Welt des militärischen Schiffbaus sieht komplett anders aus. Die chinesische Marine ist technologisch weit entfernt von den Kapazitäten der US-amerikanischen oder japanischen, und Russland spielt als Exporteur von Militärtechnologie, insbesondere nach China, eine bedeutende Rolle. Dies ist angesichts der sicherheitspolitisch wenig gefestigten Situation im maritimen Ostasien von großer Bedeutung.

III.10.3   Maritime Grenzdispute als Integrationshindernis

III.10.3.1   Seegrenzen

In Ostasien gab es historisch nie feste Seegrenzen. In Nordostasien stellte dies kein größeres Problem dar, während im maritimen Südostasien die Grenzziehung durch die europäischen Kolonialmächte erfolgte. Wie erwähnt waren die Grenzen zwischen den spanischen Philippinen, dem britischen Malaya und Borneo und den zahlreichen niederländisch beherrschten Inseln, inklusive Java und Sumatra, vollständig neue Kreationen ohne geographische, ökonomische, ethnisch-sprachliche oder kulturelle Basis.[318] Im Zuge der Entkolonisierung entstanden staatliche Einheiten, die administrativ eine völlig neue Größenordnung hatten und geographisch und bevölkerungsmäßig größer waren als einige historische Staaten und Reiche Ostasiens, aber deutlich weniger integriert. Trotz ihrer geringen Legitimation wurden die kolonialen Grenzziehungen im maritimen Südostasien beibehalten und in internationalen Verträgen festgeschrieben.[319] Von größter Bedeutung auch für Ostasien ist

---

[315] Es handelt sich um die *China State Shipbuilding Corp. (CSSC)* in Shanghai und die *China Shipbuilding Industry Corp. (CSIC)* im Norden Chinas. Sie produzieren zusammen fast zwei Drittel der Bruttoregistertonnen in China.

[316] *China overtakes S'pore as favourite ship repair center*, Straits Times, 16.8.2004.

[317] *Fishing port seeks S'pore help to realise its dream*, Straits Times, 9.4.2004; *Singapore and China to sign pact on marine ties*, Straits Times, 1.5.2004.

[318] Vgl. Abschnitt II.12.3; Tarling (1999: 4), Lieberman (1993: 571).

[319] Nicht einmal die historisch verbrieften Rechte des Sultans von Sulu (Philippinen) auf das heute malaysische Sabah – Malaysia in der Rechtsnachfolge Großbritanniens bezahlt immer noch jährlich eine symbolische Summe an den Sultan – bieten eine Grundlage für eine Veränderung des Grenzverlaufs.

die 1982 zustande gekommene *UN-Seerechtskonvention (UNCLOS)*, die Territorialansprüche und maritime Nutzungsrechte definiert. Die Philippinen und Indonesien ratifizierten die Konvention bereits in den 80er Jahren, und in den 90er Jahren folgten Singapur und Vietnam (1994), China, Japan, Südkorea, Birma (Myanmar), Brunei und Malaysia (alle 1996) sowie Laos (1998).[320]

III.10.3.2 Maritime Grenzdispute

Während auf dem Kontinent in den letzten Jahren eine Reihe größerer und kleinerer Uneinigkeiten über Grenzverläufe beigelegt werden konnten (China mit seinen östlichen und südlichen Nachbarstaaten[321]; Thailand, Laos und Kambodscha), verbleiben viele maritime Grenzdispute in Ostasien ungelöst. Diese beziehen sich auf die Zugehörigkeit kleiner und kleinster Inseln, von denen einige nur Felsen im Meer sind. Nur wenige haben potenziell militärisch-strategische Bedeutung. Ihre Zugehörigkeit entscheidet aber über den Verlauf der Grenzen der ausschließlichen Wirtschaftszonen, woran die Nutzungsrechte für Fischgründe und allfällige Ressourcen wie Öl- und Gasvorkommen geknüpft sind.[322]

Karte III.10.2 gibt eine Übersicht über die aktuellen maritimen Grenzdispute in Ostasien. Den hohen maritimen Integrationsgrad der Region vor Augen, mag ihre Dichte überraschen. Aufgeführt wurden nur solche, die in den Jahren der Untersuchungsperiode zu konfliktiven politischen Äußerungen, symbolischen Aktionen, juristischen Verfahren und/oder direkten Konfrontationen (Einsatz von Küstenwache oder Marine) führten.

Mehrfach kam es zu militärischen Konflikten im südchinesischen Meer, insbesondere zwischen Vietnam und der Volksrepublik China. Die *Paracel-Inseln* (chines. *Xisha*) wurden Vietnam 1974-1976 schrittweise durch China abgenommen, sind seither militärisch besetzt und werden sukzessive ausgebaut. Die größte der Inseln erstreckt sich über eine Fläche von 2700 mal 700 Meter. Der bedeutendste aktuelle Konfliktherd ist die Frage der Zugehörigkeit der *Spratly-Inseln*[323], eine Inselgruppe in einem Gebiet mit über 100 kleinen Inseln, Atollen, Riffen und Felsen, die teilweise über den Wasserspiegel hinausragen. Zusammen bilden sie nur eine Landfläche von rund 100 km², in einer Meereszone von 160-180'000 km². In dem Gebiet werden reiche Ressourcenvorkommen vermutet, vor allem Öl und Gas. China, Taiwan und Vietnam erheben Ansprüche auf alle dieser Inseln, die Philippinen, Malaysia und Brunei auf einige. Ungefähr 45 von ihnen sind von kleinen Gruppen chinesischer, taiwanesischer, vietnamesischer, malaysischer oder philippinischer Militärs besetzt.

---

[320] Unterzeichnet, aber noch nicht ratifiziert haben sie Kambodscha und Thailand. Zur UNCLOS siehe die Webseite www.un.org/Depts/los/convention_agreements/ convention_overview_convention.htm.

[321] Z.B. führte China mit Indien 1962 einen Krieg um den Grenzverlauf zwischen beiden Ländern; im Jahr 2004 kam es im Zuge von Gesprächen und Übereinkommen zu gemeinsamen militärischen Übungen an der Grenze Tibets (*Chinese and Indian soldiers hold joint exercise*, AFP, 30.8.2004).

[322] Die Seerechtskonvention erlaubt die Einrichtung „ausschließlicher Wirtschaftszonen" bis zu 200 Seemeilen (rund 370 km) von der Küste.

[323] Zu Vorgeschichte und Verlauf des Konflikts siehe Valencia (1985), Dzurek (1996), Studeman (1998), Hund (2002: 180ff), Solingen (2005b: 19f).

Karte III.10.2: Aktuelle maritime Grenzdispute in Ostasien

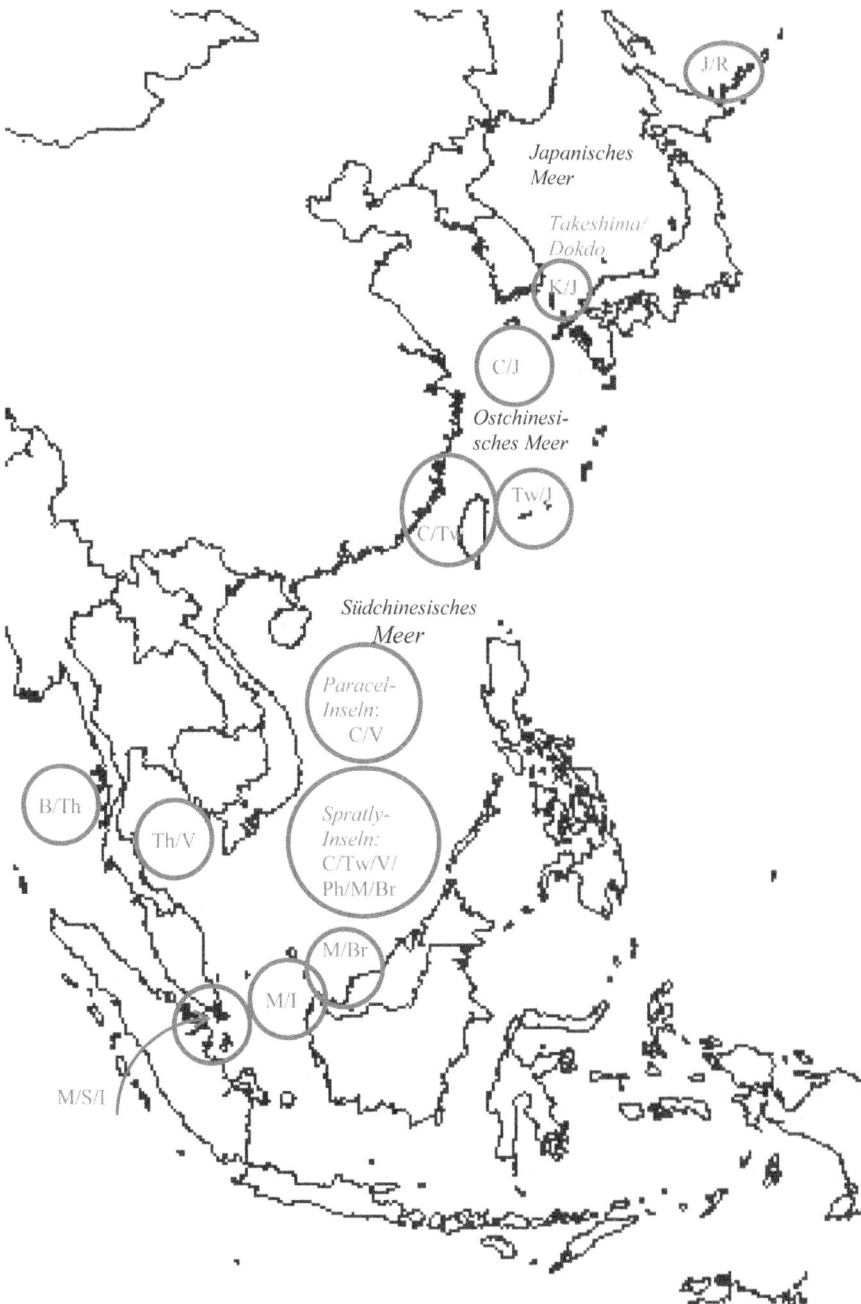

Anmerkungen: Birma/Myanmar (B), Brunei (Br), China (C), Indonesien (I), Japan (J), Malaysia (M), Philippinen (Ph), Russland (R), Singapur (S), Südkorea (K), Taiwan (Tw), Thailand (Th), Vietnam (V). Quelle: eigene Darstellung.

China begründet seine Ansprüche historisch weit zurückreichend, während sich der vietnamesische Staat als Rechtsnachfolger des französischen Indochina auf die Besitznahme der Inseln durch die Franzosen beruft. 1988 lieferten sich am Johnson-Riff vietnamesische und chinesische Kriegsschiffe Gefechte, in deren Verlauf mehrere vietnamesische Schiffe versenkt und etwa 70 Seeleute und Soldaten getötet wurden. China unterstrich seine Ansprüche mit dem Ausgießen von Riffen mit Beton und mit der Vergabe von Ölförderungskonzessionen für ein zwischen Südvietnam und Borneo (Malaysia) liegendes, rund 1000 km von seinen eigenen Festlandküsten entferntes Gebiet.[324] Auf offiziellen Karten reicht das Staatsgebiet Chinas bis vor die Küste der nördlichsten Insel Indonesiens, *Natuna*, und damit in die Nähe des Äquators. China verpflichtete sich mit der Unterzeichnung der Seerechtskonvention, den Konflikt in Übereinstimmung mit dem Seerecht zu lösen[325], und begann bilaterale Gespräche mit allen Anrainerstaaten. Die Volksrepublik legte Vorschläge zur Problemlösung vor, wandte jedoch, wie die anderen Anrainerstaaten bemängelten, in Bezug auf die Paracel-Inseln Zurechnungsverfahren an, wie sie ausschließlich aus Inseln bestehenden Staaten vorbehalten sind (Valencia 1996). Immer wieder werden chinesische Fischerboote von der philippinischen und malaysischen Küstenwache aufgebracht. Die Grenzdispute im südchinesischen Meer wurden, vor allem auf Initiative Indonesiens, Thema der offiziellen ASEAN-China-Agenda und auch des *ASEAN Regional Forum*, allerdings bisher mit wenig fassbaren Ergebnissen. 2002 unterzeichneten dann die ASEAN, China und Taiwan einen Verhaltenskodex, der direkte Konfrontationen in Zukunft vermeiden helfen soll.[326] Dies ist zwar ein Fortschritt, die Probleme sind aber nach wie vor nicht ausgeräumt, wie die jüngsten Ereignisse zeigen. Im Anschluss an vietnamesische Proteste gegen die Errichtung eines Hauses auf einer der Inseln bekräftigte die taiwanesische Regierung im April 2004 ihren Anspruch auf die Gesamtheit der Spratly-Inseln.[327] Im August richtete die vietnamesische Fluggesellschaft eine regelmäßige Verbindung zu einer der Inseln ein, was zu negativen Reaktionen seitens der Volksrepublik China führte.[328] Und im September 2004 einigten sich China und die Philippinen auf einen Dreijahres-Plan zur gemeinsamen Explorierung vorhandener Ressourcen in einem Teil des Gebietes, was von Vietnam als Verletzung des Abkommens von 2002 kritisiert wurde. Ende 2005 kam es dann zu einer ersten gemeinsamen chinesisch-vietnamesisch-philippinischen Mission zur Erkundung der Ressourcenvorkommen im umstrittenen Gebiet.[329] Die philippinische Präsidentin sprach dem gemeinsamen Vorgehen Modellcharakter zu.[330] Von besonderer Bedeu-

---

[324] *Long Shadow – Southeast Asians have China on their mind*, FEER, 28.12.1995.

[325] China hatte 1992 in einem nationalen Rechtsakt den Anspruch auf die beiden Inselgruppen festgeschrieben und ließ dies in einer Erklärung auch seiner Unterzeichnung der UN-Konvention beifügen.

[326] ASEAN *Manila Declaration on the South China Sea*, 1992; *ASEAN-China Declaration on the Conduct of Parties in the South China Sea*, 2002.

[327] *Interior Minister Insists on ROC Sovereignty over Spratly Islands*, Central News Agency (CNA, Taiwan), 1.4.2004.

[328] *Viet airline to fly to disputed Spratlys*, AFP, 21.8.2004.

[329] Der Präsident der diese Mission hauptsächlich ausführenden, staatlichen *China National Offshore Oil Corp. (CNOOC)*, Zhu Weilin, erklärte in diesem Zusammenhang: „The South China Sea has changed to a sea for peace, cooperation and prosperity." (*Asia: As demand rises, East Asia learning to cooperate over oil*, Asahi Shimbun, 11.1.2006). Auch mit Nordkorea kooperiert die Volksrepublik in der Erschließung von maritimen Ressourcen (China, DPRK agree on joint offshore oil exploitation, Xinhua, 24.12.2005).

[330] *Philippines urges Asian nations to jointly explore for oil*, AP, 13.12.2005.

tung ist auch die Einigung Chinas und Vietnams von Ende 2005, gemeinsame Patrouillenfahrten im Golf von Tonking durchzuführen.[331]

Indonesien wurde 1994 der Status eines Inselstaates zugesprochen, woraus sich auf der Basis des UN-Seerechts etwa 3 Mio. km^2 zusätzliche Territorialgewässer und eine ungefähr gleich große Fläche zusätzlicher exklusiver Wirtschaftszone ergaben.[332] Dies bedeutete nicht, dass sich die zahlreichen Grenzdispute mit Nachbarstaaten erledigt hätten. Der langjährige Streit zwischen Indonesien und Malaysia um die vor Borneo liegenden Inseln *Sipadan und Ligitan* wurde Ende 2002 vom Internationalen Gerichtshof in Den Haag zugunsten Malaysias entschieden. Eine Konfrontation zeichnet sich ab in Bezug auf die Nutzung der in der Nähe der beiden Inseln gelegenen Ölfelder; die nationalen Ölgesellschaften beider Länder treiben konkurrierende Erschließungspläne voran.[333] Der Verlust gewann in Indonesien eine nationale, politisch-symbolische Bedeutung. In Reaktion darauf begann die Regierung eine aktive Politik zur Sicherung nicht oder nur gering bewohnter Inseln, auf die Jakarta Anspruch erhebt. In Zukunft würden Aktivitäten wie das Aufbauen von Hütten durch ausländische Fischer, die Suche nach Ressourcen durch ausländische Firmen oder die Durchführung militärischer Übungen durch fremde Truppen strikt verhindert, um ähnliche Fälle von Gebietsverlust zu vermeiden.

Der indonesische Admiral Bernard Kent Sondakh wurde in der Presse folgendermaßen zitiert:

> „If we become aware of such activities, we will respond with military action to reassert our sovereignty (…) If we don't find out about these activities quickly, then the problem could turn into one of a foreign claim or occupation, which would lead to open conflict with Indonesia."[334]

Die indonesische Marine definierte zunächst 12 Fälle von unbewohnten Inseln, die in Zukunft strikter überwacht werden sollen, und die Regierung entwickelte einen Plan zur Sicherung von 92 weiteren Inseln. Angeblich unter UN-Druck beeilt sich die indonesische Regierung, allen Inseln einen Namen zu geben, um ihre Ansprüche besser durchsetzen zu können.[335]

Indonesien versucht auch, durch neue Regeln über die Nutzung von Schiffsrouten die Kontrolle über das Staatsterritorium zu verbessern resp. auszuweiten. Insbesondere das zentrale Java-Meer soll für ausländische Kriegsschiffe nur noch unter strengen Auflagen zugänglich sein.[336] Allerdings verfügt Indonesiens Marine mit 117 Schiffen nicht über die Kapazitäten zur Kontrolle seines Territoriums, das 81'000 km Küstenlinie, 17'508 Inseln und 6 Mio. km2 Meeresterritorium umfasst.[337]

Ende der 1990er Jahre wurde ein neues Ministerium für maritime Angelegenheiten gebildet, und die Stärkung der Marine angekündigt. Dies ist Teil der Bemühungen Indone

---

[331] *A lesson for us in Sino-VN ties*, Leitartikel Bangkok Post, 4.11.2005.

[332] Far Eastern Economic Review (FEER), 29.2.1996.

[333] *KL, Jakarta head towards dispute over oil claims*, Straits Times, 1.10.2004.

[334] *Border Dispute Warning – Indonesia ‚must assert ownership of distant islands'*, Jakarta Post/Straits Times, 11.9.2004.

[335] Laut Ministerium für Meeresangelegenheiten haben erst rund 8000 von 17'000 Inseln im indonesischen Archipel einen Namen (*UN asks Indonesia to speed up naming its islands*, Jakarta Post, 15.12. 2005).

[336] Vgl. *Water of Strife*, FEER, 29.2.1996.

[337] Im Vergleich verfügt Thailand 151 Schiffe zur Überwachung seiner 3'219 km Küstenlinie and 575'000 km^2 Meeresterritorium (*Border Dispute Warning – Indonesia ‚must assert ownership of distant islands'*, Jakarta Post/Straits Times, 11.9.2004).

siens, wieder eine „maritime Nation" zu werden.338 Auch wird vermehrt gegen ausländische Fischereiboote in indonesischen Gewässern durchgegriffen.[339]

Auch Brunei und Malaysia sind sich uneinig über den maritimen Grenzverlauf; im März 2004 vertrieb die malaysische Küstenwache ein Boot einer französischen Ölgesellschaft, die von Brunei mit der Explorierung der Öl- und Gas-Vorkommen beauftragt worden war.[340] Sowohl Malaysia wie auch Indonesien haben immer wieder Probleme mit Singapur und dessen Landgewinnungsprojekten, die zu Verschiebungen der Seegrenzen führen könnten.[341] In einer öffentlichkeitswirksamen Aktion setzt die indonesische Präsidentin im Vorfeld von Wahlen besitzanzeigende Stelen auf einigen unbewohnten Inseln vor Singapur. Im Golf von Thailand und an der Westküste Thailands, im Grenzgebiet zu Birma (Myanmar), kommt es immer wieder zu Konflikten um Fischereirechte. Im Juli 2004 eröffnete die birmanische Marine das Feuer auf zwei thailändische Fischerboote und enterte sie, womit sich die Zahl der 2004 durch Birma beschlagnahmten thailändischen Boote auf 43 belief.[342] Im 400-600 km breiten Golf von Thailand kommt es zwischen Thailand, Malaysia, Kambodscha und Vietnam unausweichlich zu Überlappungen der nationalen Nutzungszonen. In einem Vorfall vom Mai 1995 wurden sechs thailändische Fischerboote von vietnamesischen Patrouillenschiffen angehalten, und nach dem Eingreifen der thailändischen Marine kam es zu einem halbstündigen Feuergefecht, in dessen Verlauf zwei Vietnamesen und ein Thai getötet wurden.[343] Angeblich ist für zwei der südlichen Küstenprovinzen Vietnams die Beschlagnahmung ausländischer Fischerboote und deren Rückgabe gegen eine bestimmte Summe ein einträgliches Geschäft. Im Zuge des ASEAN-Beitrittes Vietnams sind diese Praktiken angeblich zurückgegangen.

Auch im *Norden* führen maritime Grenzdispute immer wieder zu diplomatischen Krisen und öffentlichen Protestaktionen in den jeweils betroffenen Ländern, z.B. als die japanische Präfektur Shimane einen offiziellen Gedenktag einführte für eine unbewohnte Kette kleiner Inseln (Tokdo in Koreanisch, Takeshima in Japanisch), auf die sowohl Japan als auch Korea Anspruch erheben, oder als Korea Briefmarken mit Flora und Fauna der Inseln herausgab, koreanische Ausflugschiffe diese umkreisten und die Regierung einen neuen Panzerkreuzer nach ihnen benannte.[344] Die Inseln sind zusammen so groß wie etwa vier Sportplätze, bilden aber bedeutende Fischgründe, wie auch die zwischen Japan und Taiwan umstrittenen Senkaku-Inseln (für Japan; Tiaoyutai für Taiwan resp. Diaoyu für China). Im Februar 2005 erklärte sich Japan zum Besitzer eines von politischen Aktivisten errichteten Leuchtturmes und setzte seine Ansprüche auf eine exklusive Nutzungszone gegen taiwane-

---

[338] Vgl. *Indonesiens belasteter Weg zu einer maritimen Nation*, Neue Zürcher Zeitung, 5.8.2000. Danach ist die „systematische Vernachlässigung des Meeres" in Indonesien auf die traditionelle Binnenorientierung Javas, auf die Privilegierung der Landwirtschaft gegenüber der maritimen Wirtschaft, aber auch auf das Handelsmonopol der Kolonialmächte zurückzuführen: „Bis zum Ende der Kolonialzeit, 1945, war es Indonesien verboten, Schiffe aus Stahl zu bauen. Der moderne Schiffbau war, wie der Seehandel zuvor, ein Privileg der niederländischen Besatzungsmacht."

[339] Besonders häufig werden chinesische Fischerboote aufgegriffen (vgl. *Three Chinese-flagged vessels intercepted for alleged poaching*, Jakarta Post 14.12.2005.

[340] *KL, Jakarta head towards dispute over oil claims*, Straits Times, 1.10.2004.

[341] Singapur hat seit 1965 mehr als 100 km² durch Aufschüttungen gewonnen. *Mega puts marker on island off S'pore*, Straits Times, 21.2.2004; *Jakarta keeps eye on border with S'pore*, 17. 5. 2004 Straits Times.

[342] *Disputed Waters: Burmese troops seize two boats, fishing crew jump ship to avoid arrest*, Bangkok Post, 19.7.2004.

[343] *Crossed Lines – Thailand and Vietnam clash over fishing rights*, Far Eastern Economic Review (FEER), 15.6.1995.

[344] *Stop islands cruise, Japan tells S. Korea*, Reuters, 19.6.2004.

sische Fischerboote durch. Dies führte zu Reaktionen seitens der taiwanesischen Regierung, die – in einem wohl beispiellosen Fall – von der Volksrepublik offen gestützt wurden und zur Entsendung von Schiffen der Küstenwachen führten.[345] Direkt mit China in Konflikt kam Japan im Verlauf des Sommers 2004 um die Nutzung eines Gasfeldes in der Ostchinesischen See, das sich in die Hoheitsgewässer beider Staaten erstreckt.[346] Die chinesischen Bohrungen befinden sich zwar eindeutig in chinesischen Gewässern, Japan befürchtet aber, dass damit auch Ressourcen auf japanischer Seite gefördert werden könnten. Eine Einigung, z.B. auf eine gemeinsame Ausbeutung, ist nicht in Sicht; Premierminister Koizumis Aufforderung, die Dinge weniger eng zu sehen und das ostchinesische Meer von einer „See der Konfrontation in eine See der Kooperation" zu verwandeln, blieb bisher ohne Wirkung, zumal Japan ebenfalls mittels weiterer Betonausgießungen von Riffen Territorialansprüche – im wahrsten Sinne des Worte – zementiert.[347] Die Wahrscheinlichkeit einer Konfrontation zwischen Japan und Russland um die in den letzten Kriegstagen 1945 von der damaligen Sowjetunion besetzten vier Inseln nördlich von Hokkaido ist gering; der Disput führt aber immer wieder zu diplomatischen Blockaden und scheint vereinzelt auch wirtschaftliche Prozesse zu beeinflussen.[348]

Angesichts der potentiellen militärischen Konflikte an der innerkoreanischen Grenze oder in der Strasse von Taiwan mögen diese Territorialdispute als relativ unbedeutend erscheinen. Sie bilden aber immer wieder Anlass für den Austausch diplomatischer Protestnoten und regelmäßig auch zu nationalistisch geprägten, öffentlichkeitswirksamen Protestaktionen. Beides läuft den Bemühungen um die Verbesserung der zwischenstaatlichen Kooperation und Vertiefung regionaler Integration in Ostasien entgegen. Aus politischer Sicht auffällig ist, dass bisher nicht einmal zwischen über Jahrzehnte im ASEAN-Rahmen verbundenen Nachbarstaaten (Indonesien, Malaysia, Singapur, Philippinen) alle maritimen Dispute einvernehmlich gelöst werden konnten. Der mit der UN-Seerechtskonvention eingetretene Verrechtlichungsschub senkt die Wahrscheinlichkeit direkter Konfrontationen. Mit Chinas neuer Regionalismusstrategie und der auch in Zukunft weiter vertiefenden wirtschaftlichen Integration, wie die Freihandelsabkommen China-ASEAN oder die bilateralen Verträge zwischen Japan und den Staaten Südostasiens anzeigen (Kapitel III.8), dürften die Chancen zur friedlichen Lösung der Dispute weiter wachsen.

III.10.4   Piraterie

„Krieg, Handel und Piraterie, dreieinig sind sie, nicht zu trennen" (Goethe, Faust, II, 5:3) – schon immer zog der lebhafte inner- und transregionale Handel in Ostasien Piraterie auf sich. Bestimmte ethnische Gruppen spezialisierten sich auf dieses ‚Geschäft‘, aber praktisch überall wurden die Gelegenheiten zu Übergriffen auf fremdes Eigentum wahrgenommen, sobald die lokale Schutzmacht und/oder der Geleitschutz der Handelsschiffe schwach

---

[345] *Taiwan fishing boats stage EEZ standoff*, Japan Times, 10.6.2005; *China calls for protection of Taiwan fishing boats near Senkakus*, Kyodo, 21.6.2005.

[346] *China urges Japan to scrap gas search*, AP, 1.7.2004; *Tensions rise over disputed gas field*, AFP, 14.7.2004; *Japan-China spat over ocean resources*, AFP, 7.8.2004; *Tokyo fumes over Chinese gas field near isles*, Reuters, 28.8.2004.

[347] *Oil, gas exploration spat – China tells Japan to proceed with caution*, Japan Times, 15.4.2004; *Japan wants to expand coral under disputed EEZ islets*, AP, 1.9.2005.

[348] *Russia takes Japan off diplomatic priority list*, Japan Times 13.5.2005.

waren.[349] Transnationale Netzwerke waren und sind keine Seltenheit (Warren 2003). Anreiz war neben den Gütern auch die Versklavung des Schiffspersonals und der Passagiere; jeder größere Markt in Südostasien umfasste auch einen Sklavenmarkt. Heutzutage haben es die Piraten vor allem auf Wertgegenstände und Bargeld abgesehen, da statellitengestützte Kommunikation und Schnellboote keine Zeit für langes Umladen von großen Gütern lassen. Laut dem Londoner *International Maritime Bureau (IMB)*[350] geschahen von den 445 berichteten Fällen von Piraterie weltweit im Jahr 2003 121 (27%) allein in indonesischen Gewässern, im darauf folgenden Jahr waren es 93 von 325 Fällen (29%).[351] Zahlreiche Fälle wurden auch aus vietnamesischen und malaysischen Gewässern gemeldet. Im Mai 2004 wurde bekannt, dass malaysische Fischer monatlich 3-400 Ringgit (rund 80 Euro) ‚Schutzgeld' an Piraten bezahlen müssen, um auf See ungeschoren zu bleiben; andernfalls wurden ihre Boote besetzt und erst gegen ein Lösegeld von 80-100'000 Ringgit (rund 20'000 Euro) freigegeben.[352] 80% der Fischer hätten in der Vergangenheit dieses monatliche ‚Schutzgeld' bezahlt. Die ‚großen Fische' sind jedoch die gigantischen Containerschiffe und Öltanker, die die Strasse von Malakka durchqueren. Die (rapportierten) Fälle von Piraterie in der Strasse von Malakka nahmen in den letzten Jahren zu, von 16 (2002), 28 (2003) auf 37 (2004). Am häufigsten werden Schiffe im nördlichen Abschnitt der Strasse und vor der Nordküste Sumatras überfallen. Den Norden Sumatras bildet die Provinz Aceh, in der bis vor kurzem eine gegen die Zentralregierung in Jakarta gerichtete Guerillabewegung aktiv war. Die Kontrolle der indonesischen Marine über die Schiffsbewegungen vor Sumatra ist unvollständig, und die Regierung sieht die Aufständischen hinter der Piraterie. Ebenfalls zahlreiche Überfälle gibt es am Südende der Strasse von Malakka und in der Gegend der Riau-Inseln. Fälle werden auch aus dem Süden des Südchinesischen Meers, der Strasse von Makassar (östlich des indonesischen Borneo) und in der Sulu-Region (südliche Philippinen) gemeldet. Im Gegensatz zur Strasse von Malakka handelt es sich dabei meistens um Kleinpiraterie, deren Häufigkeit aber wahrscheinlich viel größer ist, da nicht alle Fälle gemeldet werden.

Die zeitgenössischen Piratenattacken folgen einem typischen Modell[353]: Mit Schnellbooten oder getarnt als normale Fischerboote oder Handelsschiffe holen sie aufgrund höherer Geschwindigkeit die größeren, schwerfälligen Tanker und Containerschiffe ein. Manchmal versucht die Besatzung, mittels Schusswaffen oder Hochdruck-Wasserkanonen die Piraten vom Entern des hochwandigen Schiffs abzuhalten, in den meisten Fällen gibt es keinen Widerstand, da das persönliche Risiko hoch und die Motivation der Besatzung gering ist. Die Piraten verfügen üblicherweise über modernste Schnellfeuerwaffen.[354] Neue

---

[349] Vgl. Hall (1999: 10): „Cham, Malay, and Javanese fleets were among the periodically active Southeast Asian seafarers who turned to piracy in times when the maritime trade was less active, due to a market decline at any of the major trade centers on either of the route's ends. These ‚sea nomads' could police the sea route in prosperous times as agents of a successful port-polity, but in less profitable times they would plunder shipping that navigated their coastline."

[350] Das IMB ist eine Abteilung der Internationalen Handelskammer, das seit 1992 ein *Piracy Reporting Centre* in Kuala Lumpur unterhält (siehe Mukundan 2004). Eklöf (2005b) kritisiert die Praxis des IMB, auch Diebstähle auf im Hafen liegenden Schiffen als Piraterie zu klassifizieren und damit die Statistik zu verfälschen.

[351] *Malacca Straits ‚still most dangerous'*, Straits Times, 7.2.2005.

[352] *Pirates force fishermen to pay protection money*, Straits Times, 18.5.2004.

[353] Quellen: Gespräch mit einem indonesischen Seemann, Jakarta, 6.6.2005; Johnson/Valencia, Hg, 2005; *The terrorists can also strike by sea*, Bangkok Post, 11.6.2004.

[354] Der bereits zitierte indonesische Admiral Bernard Kent Sondakh forderte explizit dazu auf, in Selbstverteidigung auf Piraten zu schießen: „There is a legal basis for this. We are merely defending ourselves if they attack

Verteidigungsmaßnahmen wie ein 9'000 Volt starker elektrischer ‚Zaun' an der Außenwand des Schiffes sind noch rar und können nicht auf Schiffen mit brennbarer Ladung (Öl, Gas etc.) angewendet werden. Hauptinteresse der Piraten gilt dem Bargeld im Schiffstresor, das für laufende Ausgaben und die Lohnzahlungen der Besatzung bereit liegt, aber auch Mobiltelephone, Computer etc. werden Beute, zum Ärger der Seeleute auch persönliche Habseligkeiten. In einigen Fällen werden Besatzungsmitglieder (vorzugsweise aus wohlhabenden Ländern) gekidnappt, um Lösegeld zu erpressen. In der Strasse von Malakka wurden 2004 insgesamt 36 Personen entführt, vier (alles Besatzungsmitglieder des indonesischen Öltankers *Cherry 201*) wurden in der Folge wegen Nichtbezahlung des Lösegelds getötet und drei verletzt. Damit führt die Wasserstrasse die Welt-Statistik der Entführungen auf See an.[355] Viel Zeit bleibt den Piraten jeweils nicht, bis die Küstenwache eintrifft. Häufig wird das Schiff auf der Flucht gewechselt. Werden die Piraten gestellt, werfen sie die Waffen und die Beute ins Meer, was den Nachweis krimineller Tätigkeiten erschwert. Es gibt Hinweise darauf, dass sie über Kontakte zu Hafenbehörden verfügen, was das ‚Geschäft' sicherlich effizienter macht.[356]

Noch vor wenigen Jahren gab es *Schiffsentführungen*, in deren Verlauf die Besatzungen auf Flössen oder Rettungsbooten ausgesetzt, der Schiffsnamen geändert und die Ladung sowie das Schiff selber in einem südostasiatischen oder chinesischen Hafen verkauft wurden. Schlagzeilen macht 1999 der Fall der japanischen *Alondra Rainbow*, die mit einer Schiffsladung Aluminium im Wert von 20 Mio. USD kurz nach dem Verlassen des Hafens von Kuala Tanjong (Sumatra) entführt wurde. Die Besatzung wurde ausgesetzt (und später von thailändischen Fischern gerettet) und der Namen des Schiffs geändert. Rund drei Wochen später wurde das Schiff von der indischen Küstenwache aufgebracht; 25 indonesische Piraten wurden nach einem Feuergefecht verhaftet.[357] Die Fortschritte in der Überwachungs- und Kommunikationstechnologie (wie das satellitengestützte SHIPLOC-System, das mittels eines im Schiff versteckten Senders dessen Position anzeigt) und die verstärkten Kontrolle insbesondere in chinesischen Häfen haben diese Praktiken beendet. Ende der 90er Jahre wurde der jährliche Schaden durch Piraterie in Ostasien auf 100 Mio. USD geschätzt (ebd.). Versicherungsgesellschaften wie Lloyd's bezeichnen nach wie vor, trotz regelmäßiger Proteste der malaysischen Regierung, die Strasse von Malakka als besonderes Risikogebiet für den Schiffsverkehr und halten höhere Risikoprämien für gerechtfertigt.[358] Indonesien hatte (mit der Unterstützung Malaysias) anfangs der 90er Jahre vorgeschlagen, eine Maut für die Benützung der Strasse von Malakka einzuführen, mit der die Kosten für die Sicherung der Durchfahrt bezahlt würden. Dies stieß bei den Schiffseignern und anderen Ländern auf Ablehnung.[359] Die zerstörerische Flutwelle vom 26. Dezember 2004 führte zu einem plötzlichen Rückgang der Verbrechen, da auch die Boote und die Infrastruktur der

---

first... If they are caught alive, they would only get, at the most, three months in jail. After that, they go pirating again..." (*Pirates should be shot on sight: Jakarta navy chief*, Straits Times, 18.6.2004).

[355] *Pirates are grabbing crew for ransom*, Straits Times, 6.10. 2004; *Malacca Straits ‚still most dangerous'*, Straits Times, 7.2.2005.

[356] Quelle: wie Fn. 100.

[357] Far Eastern Economic Review (FEER, 2000: 56).

[358] *Malaysia urges Lloyd's to remove Malacca Strait from security threat list*, AFP, 29.8.2005.

[359] Der malaysische Vizepremier kommentierte das Scheitern des Vorschlags: „These people seem to have come out with a theory that they make the profit and we come out with the money to keep the straits clean of pollution and pirates." (*M'sia willing to provide security in the Straits*, The Star, 7.9.1992).

Piraterie betroffen waren.[360] Die Verhandlungen der indonesischen Zentralregierungen mit der Aceh-Guerilla führten zu einem Durchbruch, der die Wiederherstellung und Durchsetzung der Rechtsordnung in diesem Teil Indonesiens verspricht. Die gemeldeten Fälle von Piraterie in der Strasse von Malakka (5 Fälle im ersten Quartal 2005, darunter die Besetzung eines in Thailand registrierten Öltankers mit 2000 Tonnen Rohöl) lassen allerdings kein vollständiges Ende der Piraterie vermuten, und das IMB prognostiziert eine Rückkehr zur Vor-*tsunami*-Normalität.[361] Im März 2005 kam es in der Nähe von Penang zur Entführung der Besatzung (zwei Japaner und ein Filipino) eines japanischen Schleppers, was zur Entsendung von drei indonesischen Kriegsschiffen führte.[362]

III.10.5   Aufrüstung und sicherheitspolitische Kooperation im ostasiatischen Mittelmeer

Dieser Abschnitt gibt einen knappen Überblick über die Themen und Formen sicherheitspolitischer Kooperation in ostasiatischen Mittelmeer. Die Bedeutung dieser Bemühungen muss vor dem Hintergrund der geschilderten akuten Grenzdispute (Abschnitt III.10.3) und der rasanten Aufrüstung der Seestreitkräfte in der Region (Abschnitt III.10.5.1) gesehen werden. Die neuen sicherheitspolitischen Foren widmen sich vor allem der maritimen Terrorismus- und Pirateriebekämpfung (Abschnitt III.10.5.2). Die ASEAN bewegt sich zwar zögerlich auf eine Sicherheitsgemeinschaft hin, aber nach wie vor bestimmen die bilateralen Bündnisbeziehungen der USA die sicherheitspolitische Grundstruktur der Region (Abschnitt III.10.5.3).

III.10.5.1   Die Aufrüstung der Seestreitkräfte

Ostasien gehört zu den Regionen mit den am schnellsten wachsenden Rüstungsausgaben. Die erfolgreiche wirtschaftliche Entwicklung ermöglichte den Staaten der Region eine drastische Erhöhung ihrer Verteidigungs- und Rüstungsausgaben, ohne dass dies auch eine signifikante relative Veränderung der Verteidigungsausgaben im Verhältnis zum Bruttoinlandsprodukt (BIP) oder dem Staatshaushalt zur Folge hatte (Umbach 2000, 2004). Zwischen 1990 und 2002 gaben die Regierungen mehr als 150 Milliarden US-Dollar für Rüstungsprogramme aus, und allein im Zeitraum 1999–2002 wurden Rüstungsgüter im Wert von mehr als 30 Milliarden US-Dollar importiert. Während die weltweiten Rüstungsausgaben nach SIPRI 1993–2002 durchschnittlich um 3% zugenommen haben, waren dies für Ostasien 22%. China, Japan und Südkorea sind für drei Viertel der Militärausgaben in Ostasien verantwortlich.

Neben den Luftstreitkräften kam die Aufrüstung vor allem der Marine zugute (Meconis/Wallace 2000). Nordkorea erwarb Mitte der 90er Jahre U-Boote aus den Beständen der ehemaligen Sowjetunion. China baute seine Marine um mehrere Kampfschiff aus, bestückte sie mit Marschflugkörpern (*Cruise Missiles*) und erneuerte die U-Boot-Flotte. Besonders ausgebaut wurden auch die Kapazitäten zur Landung von Truppen über Meer. Japan beo-

---

[360] Dies trug zu einem weltweiten Tief der Piraterie im ersten Halbjahr 2005 bei (*127 Piratenüberfälle – Niedrigster Stand seit sechs Jahren*, Neue Zürcher Zeitung, 20. 7.2005).

[361] *Malacca Straits ‚still most dangerous‘*, Straits Times, 7.2.2005.

[362] *More patrols needed but Japan not invited*, Japan Times, 16.3.2005; *RI navy looking for Japanese sailors abducted in Malacca Strait*, Financial Times, 15.3.2005.

bachtet bei den chinesischen Rüstungsanstrengungen genau, ob die Modernisierung der Streitkräfte der Volksrepublik den zu ihrer Verteidigung notwendigen Grad überschreitet. Das jährliche Verteidigungs-Weißbuch ging dazu über, China als mögliche Bedrohung für Japan einzustufen. Als im November 2004 nahe der Insel Okinawa ein atomar betriebenes chinesisches Unterseeboot in japanische Hoheitsgewässer vordrang, wurde dies von Tokyo als Hinweis auf verstärkte Aktivitäten der chinesischen Marine in grenznahen Gewässern gewertet. Umgekehrt sorgt sich China wegen der japanischen Bestrebungen um eine aktivere sicherheitspolitische Rolle in der Region und die damit verbundene Revision seiner pazifistischen Verfassung. Angesichts des zunehmend engeren sicherheitspolitischen Bündnisses Japans mit den USA wird dies als Versuch Washingtons bewertet, seine Kontrolle der Region indirekt zu verstärken. China selber kündigte im Dezember 2006 den Aufbau einer Flotte an, die „jeder Zeit" einsatzbereit sein werde – China habe militärisch eine „historische Mission" zu erfüllen.[363]

Nicht nur im Norden der Region, auch im Süden nahm die marine Aufrüstung deutlich zu. Mehrere Länder verdoppelten ihre diesbezüglichen Ausgaben innert weniger Jahre. Jahrzehntelang flossen Rüstungsausgaben in Südostasien in die Landstreitkräfte, vor allem zur internen Aufstandsbekämpfung, nun entwickelt sich ein Wettlauf um den Ausbau der Marinekapazitäten. Großanschaffungen wie diejenige eines spanischen Flugzeugträgers durch Thailand oder die Ausstattung von Kriegsschiffen mit neuester Raketentechnologie aus dem Westen beunruhigen die jeweiligen Nachbarstaaten und führen zu ähnlichen Ausgaben. Der Aufbau sicherheitspolitischer Institutionen und Netzwerke erfolgt nicht im gleichen Tempo; vielmehr überwiegt das Denken in den Kategorien ,Abschreckungspotentiale' und ,Machtgleichgewichte'.[364]

Traditionell übernimmt die Marine Funktionen zur Sicherung der Seewege, was in Ostasien aufgrund der zahlreichen ungelösten Grenzdispute aber ein heikles Vorgehen ist. Japan hat deshalb eine technologisch hochgerüstete Küstenwache aufgebaut, die in solchen Fällen eingesetzt werden kann, ohne auf militärische Einheiten zurückgreifen zu müssen. In vielen Ländern Südostasiens gibt es noch keine vergleichbare Einheiten, mit Ausnahme der Philippinen. Inzwischen haben Malaysia und Indonesien den Aufbau einer Küstenwache nach japanischem Vorbild angekündigt.[365] Im Dezember 2005 nahm die neugegründete *Malaysia Maritime Enforcement Agency* von ihrer Basis in Lumut (Perak) aus ihre Arbeit auf.[366]

III.10.5.2   Maritime sicherheitspolitische Kooperation

Seit dem Ende der Ost-West-Konfrontation entwickelten sich in Ostasien neue Foren mit Agenden zur Förderung sicherheitspolitischer Kooperation. Das *ASEAN Regional Forum (ARF)* entstand 1993/94 als sicherheitspolitisches Forum, das neben den Staaten Ostasiens

---

[363] Der chinesische Präsident wird folgendermaßen zitiert: „We should strive to build a powerful navy that adapts to the needs of our military's historical mission in this new century and at this new stage (...) We should make sound preparations for military struggles and ensure that the forces can effectively carry out missions at any time." (*China's Hu calls for powerful navy*, Reuters, 27.12.2006).

[364] Vgl. die Aussage des thailändischen Admirals Prajetn Siridej: „Our mission is to maintain a power balance vis-à-vis our neighbors (…). Such a power balance is essential in any political bargaining." (International Herald Tribune, 21.1.1994).

[365] *Planning National Strategies – Securing the Malacca Strait*, Yomiuri Shinbun, 21.4.2005.

[366] *Malaysia's new marine agency begins patrolling Malacca Strait*, Kyodo, 1.12.2005.

auch die USA, Kanada, Australien, Neuseeland, Indien, Russland und die EU umfasst. Unter Führung durch die ASEAN konzentrierte man sich anfänglich auf vertrauensbildende Maßnahmen; Ziel sind diplomatische Mechanismen zur Konfliktprävention in der Region.[367] Neben der Entschärfung von Grenzdisputen geht es auch um die Bekämpfung des seegestützten Terrorismus und der Piraterie. Auch im ASEAN+3-Rahmen kam die koordinierte Bekämpfung der Piraterie auf die Agenda.[368]

Auch die eine ähnlich breite Mitgliedschaft aufweisende *Asia-Pacific Economic Cooperation (APEC)* wandte sich in den letzten Jahren unter US-Einfluss zunehmend sicherheitspolitischen Fragen zu. In der Welt nach dem 11. September 2001 hat die *Pirateriebekämpfung* neue Aufmerksamkeit bekommen. Es wurde der Verdacht geäußert, dass Terroristen sich durch Piraterie Ressourcen beschaffen, die laschen Kontrollen bei der Anwerbung von Seeleuten unterlaufen und sich so unter die Besatzungen mischen würden, und dass das Ziel große Anschläge auf Containerschiffe, Öltanker oder Hafenstädte seien.[369] Insbesondere das Szenario eines entführten Öltankers, der als gigantische Bombe in einen Hafen gesteuert wird und dort zur Explosion gebracht wird, wird nicht nur in Singapur äußerst ernst genommen. Während die Regierung des Stadtstaates von einer zunehmenden Professionalisierung von Piratenattacken spricht, die auf Verbindungen zu terroristischen Netzwerken deute, sprach US-Admiral Thomas Fargo noch Mitte 2004 von keinerlei Evidenzen für eine solche Verbindung.[370] Die Strasse von Malakka als wenig geschützte, aber zentrale Ader des Welthandels wird als besonders gefährdet bezeichnet (Richardson 2004a: 4f). Ein Anschlag würde nicht nur direkten materiellen Schaden anrichten, er könnte auch Langzeitfolgen für den meergestützten Welthandel haben, z.B. in Form drastisch erhöhter Versicherungspolicen.[371] Auf Initiative der USA wurde der *International Ship and Port Facility Security (ISPS)*-Code geschaffen, eine Liste von Maßnahmen zur Erhöhung der Verkehrs- und Transportsicherheit, sowie die *Container Security Initiative* (APEC, 2002), in deren Rahmen alle Container auf dem Weg in die USA bereits im ostasiatischen Hafen von US-Beamten untersucht und versiegelt werden sollen, was den Transport um rund 50 US-Dollar per Container erhöht. Die Energieminister der APEC-Länder beschlossen 2004 eine koordinierte Erhöhung der strategischen Energiereserven, um die Marktentwicklungen nach einem terroristischen Großanschlag besser steuern zu können. Neben den USA als treibender Kraft gibt es auch regionale Bemühungen um eine bessere maritime Kooperation. Wie erwähnt ist vor allem Japan aktiv im Hinblick auf eine Verbesserung der Zusammenarbeit der Küstenwachen; 2004 kam es zu einem *Regional Cooperation Agreement on*

---

[367] Zur Entwicklung des ARF siehe ASEAN Sekretariat (Hg., 2003).

[368] Vgl. East Asia Study Group (EASG), Final Report: „Another matter of concern is the fact that the number of incidents of piracy is on the rise. Because shipping traffic is heavy in East Asia, concrete multilateral cooperation in this area is indispensable. Japan hosted the Regional Conference on Combating Piracy and Armed Robbery against Ships in April 2000 and the Asian Cooperation Conference on Combating Piracy and Armed Robbery against Ships in October 2001. The purpose of these Conferences was to discuss the perspective of medium-term and long-term regional cooperation on anti-piracy. The agenda dealt with in the conferences indicates serious efforts to lay the foundation of East Asian cooperation in combating piracy. In addition, the EASG appreciates the ongoing efforts made by ASEAN countries, China, Japan, and Korea, which attach great importance to the First Governmental Experts Working Group Meeting to develop a Regional Cooperation Agreement on Anti-Piracy in Asia held in Tokyo in July 2002. It recommended that ASEAN countries, China, Japan, and Korea make the utmost efforts to finalize and adopt the agreement text." (EASG 2002, S.37f)

[369] Richardson (2004a); *Piracy in S-E Asian waters ‚a mask for terrorism'* , Straits Times, 28.6.2004.

[370] *‚No proof' that pirates have terror links,* Straits Times, 24.6.2004.

[371] So z.B. die britische *Aegis Defence Services,* ein global tätiges Unternehmen im „risk assessment"; *Trends in maritime terrorism,* Straits Times, 28.6.2000.

Combating Piracy and Armed Robbery against Ships in Asia (ReCAAP) zwischen 16 ost-asiatischen Ländern.[372] Demgemäß werden Schiffe, die sich nicht an den ISPS-Code halten, von den Hafenbehörden abgewiesen. Die japanische Regierung drängt regelmäßig auf eine Verstärkung der Piraterisbekämpfung und knüpft die Vergabe von Krediten an solche Maßnahmen.[373]

Die direkt an der Strasse von Malakka gelegenen Staaten haben allerdings Vorbehalte gegenüber regionalen und internationalen Initiativen zur Sicherung des Schiffswegs. Gegenüber allzu forschen US- oder japanischen Initiativen wird auf die territoriale Souveränität verwiesen.[374] Die auf die Strasse von Malakka bezogenen Resolutionen der regionalen Institutionen (ARF, APEC) sind vorsichtig ausgewogene Erklärungen, die die grundsätzliche Zuständigkeiten der Anrainerstaaten, einen Ausbau der ASEAN-Kooperation sowie die Interessen und Funktionen der Großmächte in einen Zusammenhang bringen.[375] Anders als Singapur[376] lehnen Indonesien und Malaysia[377] direkte militärische Aktivitäten der USA ab und werden dabei von China unterstützt, das wie erwähnt keine fremden Mächte die Kontrolle über die Strasse gewinnen lassen will. Nicht zuletzt unter dem internationalen Druck hat sich die Koordination zwischen Indonesien, Malaysia und Singapur in der Strasse von Malakka verbessert. Die drei Länder begannen gemeinsame Patrouillen[378], die aber allgemein hinsichtlich Häufigkeit und Ausstattung als ungenügend kritisiert werden. Eine Änderung der bisherigen Position Malaysias kündigte sich Anfang 2005 an, als dessen Regierung Thailand zur Partizipation bei diesen Bemühungen aufforderte. Die indonesische Regierung folgt bald darauf diesem Appell. Bangkok erklärte sich bereit zur Kooperation, auch unter US-amerikanischem Druck, und Ende 2005 entsandte Thailand zum ersten Mal eigene Schiffe zu den gemeinsamen Patrouillen in der Strasse von Malakka.[379] Zum ersten Mal einige man sich auf (begrenzte) gegenseitige Überflugsrechte für Überwachungsflugzeuge im Rahmen des „Eyes in the Sky"-Programms. Auf philippinischen Vorschlag hin

---

[372] Bangladesch, Brunei, Kambodscha, China mit Hong Kong, Indien, Indonesien, Japan, Laos, Malaysia, Myanmar, die Philippinen, Singapur, Südkorea, Sri Lanka, Thailand und Vietnam; *Asian coast guards join forces to fight terror*, Straits Times, 19.6.2004.

[373] *Tokyo urges tougher crackdown on pirates*, Straits Times, 13.12.2003.

[374] *More patrols needed but Japan not invited*, Japan Times, 16.3.2005.

[375] *Apec vows to boost sea-lane security*, Straits Times, 11.6. 2004; *ARF agrees on closer cooperation on terror*, Bangkok Post, 30.7.2005.

[376] Die Regierung Singapurs ‚balanciert' die enge Zusammenarbeit mit den USA aus mit einem maritimen Kooperationsabkommen mit der Volksrepublik China aus (*Singapore and China to sign pact on marine ties*, Straits Times, 1.5.2004).

[377] *KL warns US over deploying troops in straits*, Straits Times, 8.4. 2004. Der malaysische Außenminister Syed Hamid Albar erläuterte die Position seiner Regierung: „We are interested to see the safety and security of the sea lanes. The difference is in the approach... Malaysia believes it is always positive for us to have shared responsibilities. But this shared responsibility must not be at the expense of the sovereignty and territorial integrity of the littoral states." (*KL welcomes joint patrols in straits – but not with US*, Straits Times, 9.6.2004). Der indonesische Admiral Bernard Kent Sondak wiederum sieht hinter den Berichten über die Situation in der Strasse von Malakka eine Strategie zur Vorbereitung ausländischer Intervention: „I conclude that there is a large strategy to make our waters look bad, as if the Indonesian navy is weak and the level of sea crime there is on the rise. If Indonesia was seen as incapable of safeguarding its seas, there would be a pretext for foreign intervention." (*Navy chief plays down strait threats*, Straits Times, 20.7.2004). Der indonesische Verteidigungsminister Juwono Sudarsono präzisierte im Dezember 2005: „Other nations can be invited to help us in technical matters, but they will not be approached to send their maritime forces here." Er nannte ausdrücklich die Länder USA, Japan und China (*Malaysia, Indonesia may soon let foreign nations help boost Malacca Strait security*, Jakarta Post, 15.12.2005).

[378] *Patrols of Malacca Straits year round by three nations*, Straits Times, 30.6. 2004

[379] *Thailand to join patrols of Malacca Strait this month*, Jakarta Post 12.12.2005; *Timely move to keep piracy at bay*, Bangkok Post, 14.12.2005; *Indonesia to propose joint patrol*, Bangkok Post, 16.12. 2005.

wird es auch im östlichen Archipel (Philippinen, Malaysia, Brunei, Indonesien) in der Zukunft gemeinsame Patrouillen geben.[380] Ohne diese sicherheitspolitische Zusammenarbeit haben die Projekte für subregionale Wirtschaftszonen wenig Entwicklungschancen.[381]

Inzwischen zeichnet sich ab, dass ein internationales Zentrum zur Koordination der Piratereiebekämpfung in Singapur angesiedelt werden dürfte, und ein weiteres zur Terrorismusbekämpfung in Malaysia.[382] Haupthindernis im Aufbau multilateraler sicherheitspolitischer Institutionen ist das Misstrauen zwischen China und den USA/Japan, diese zu instrumentalisieren. 1999 lehnte China einen japanischen Plan ab, der gemeinsame Kontrollen durch die Küstenwachen und koordinierte Pirateriebekämpfung vorsah.[383] Seit 2003 gibt es auf US-Initiative gemeinsame Seemanöver im südchinesischen Meer, in denen die Aufbringung von Schiffen mit Massenvernichtungswaffen an Bord geübt werden soll. Singapur ist der Organisator, und inzwischen nehmen Schiffe (und Flugzeuge) aus 13 Ländern teil, wovon aber nur Japan und Singapur Länder Ostasiens sind. Malaysia, Vietnam und Brunei entsenden Beobachter. Es handelt sich um US-geführte Seemanöver, die die Befürchtungen in den Anrainerstaaten eher wachsen lassen und die nicht vertrauensbildend wirken dürften.[384]

Indonesien setzt sich am stärksten für sicherheitspolitische Funktionen der ASEAN-Regionalorganisation ein. Dahinter steht eine doppelte Motivation: Einerseits möchte man, wie erwähnt, ausländische Mächte so weit wie möglich aus der eigenen Einflusssphäre heraushalten, Territorialverluste und als demütigend empfundene Interventionen ausländischer Truppen wie im Falle Osttimors vermeiden. Andererseits rechnet sich Indonesien als größtes ASEAN-Land besonderen Einfluss auf die Ausgestaltung der gemeinsamen Politik aus. Der indonesische Vorschlag zur Schaffung einer multinationalen ASEAN-Interventionstruppe fand allerdings keine Unterstützung[385], und auch die Idee eines südostasiatischen „maritimen Blocks" zur Ausbalancierung des wachsenden Einflusses Chinas erzeugte keine große Resonanz.[386] Die Erklärung von Bali (Oktober 2003) definierte dann die maritime Sicherheitskooperation als eines der zentralen Felder der ASEAN-Sicherheitsgemeinschaft (*ASEAN Security Community, ASC*)[387]:

> „5. Maritime issues and concerns are transboundary in nature, and therefore shall be addressed regionally in holistic, integrated and comprehensive manner. Maritime cooperation between and among ASEAN member countries shall contribute to the evolution of the ASEAN Security Community."

---

[380] *Philippines, Malaysia, Indonesia, Brunei agree to joint patrols in border areas*, Jakarta Post, 12.12. 2005.

[381] *Security Patrols To Beef Up Security In BIMP-EAGA*, Bernama, 11.12.2005.

[382] *Cooperation key to safety in strait*, Bangkok Post, 13.6.2005, *Singapore backed as centre against piracy*, ebd., 22.6.2005.

[383] *Heading For Trouble,* Asiaweek, 9.6.2000.

[384] Teilnehmer sind neben den USA, Japan und Singapur auch Kanada, Australien, Neuseeland, Großbritannien, Frankreich, Deutschland, die Niederlande, Griechenland, Italien und Russland (*SDF units join anti-WMD exercise in South China Sea*, Japan Times, 17.8.2005).

[385] *ASEAN Insecurity*, Far Eastern Economic Review (FEER), 15.7.2004, p. 13.

[386] *Jakarta floats proposal for maritime bloc – Alliance to balance power of China, India*, Bangkok Post, 6.4. 2005.

[387] *Declaration of ASEAN Concord II* (*Bali Concord II*), Absatz 4; siehe auch *ASC Plan of Action* (angenommen in Vientiane, November 2004); *Towards an Asean Security Community*, Straits Times, 7.10.2003; *Asean bolsters maritime security ties*, Straits Times, 1.7.2004; Ong (2005); *ASEAN Insecurity*, Far Eastern Economic Review (FEER), 15.7.2004, p. 13. Ein anonymer Diplomat wird darin folgendermaßen zitiert: „The essential problem is that ASEAN is not ready for a security community in the European sense (...) A security community in its purest forms means a certain renunciation of your sovereign rights to self-defence. You've got to have countries secure enough in their sovereignty to give up some of it."

Die neue begründete Sicherheitsgemeinschaft hält an den ASEAN-Prinzipien eines nuklear-waffen- und militärbündnisfreien Südostasien fest. Gleichzeitig wird in der Erklärung fest-gehalten, dass das umfassendere *ASEAN Regional Forum (ARF)* das primäre sicherheitspo-litische Forum im asiatisch-pazifischen Raum sei. Dies geschah im Bewusstsein, dass keine regionale Sicherheitsordnung ohne den Einbezug der Großmächte USA, China und Japan und der ‚Nachbarstaaten' Australien und Neuseeland von Dauer sein kann. Die ASEAN-Sicherheitsgemeinschaft wie auch das ARF müssen ihren praktischen Nutzen allerdings erst noch unter Beweis stellen. Nach wie vor haben die bilateralen sicherheitspolitischen Bezie-hungen Singapurs und Thailands (u.U. auch der Philippinen) zu den USA bedeutend mehr Gewicht, und China sieht seine Interessen und neue Rolle im südostasiatischen Raum nicht angemessen berücksichtigt.

Auch wenn die Fortschritte im Aufbau einer regionalen Sicherheitsordnung für das ostasiatische Mittelmeer bisher mäßig sind, so ist doch eine Entwicklung hin zu einer Situa-tion der erneuten Spaltung der Region zwischen einem China-dominierten Festland und einer US-dominierten maritimen Sphäre, wie sie unter dem Titel „The Geography of Peace" (Ross 1999) diskutiert werden, auszuschließen. Die Re-Konstituierung des ostasiatischen Mittelmeers als einer Region, die die angrenzenden Länder maßgeblich gestalten, ist nicht mehr umzukehren.

III.10.6 Schlussfolgerungen

Der regionale Integrationsprozess in Ostasien unterscheidet sich von denjenigen in anderen Weltregionen unter anderem durch seinen dominant maritimen Charakter. Das dreigliedrige ostasiatische Mittelmeer strukturiert die Austauschbeziehungen maßgeblich. Eine Reihe von für die Region typischen Prozessen und Mechanismen regionaler Integration folgen daraus:

- die wirtschaftliche Kernzone der Region bildete sich um dieses Mittelmeer herum und beeinflusst so maßgeblich die nationalen wirtschaftlichen und gesellschaftlichen Ver-hältnisse;
- die große Bedeutung des Schiffstransports und des Schiffbaus, die Unternehmen aus Ostasien eine führende Rolle auf dem Weltmarkt ermöglichten;
- der offene Charakter des Meerestransports führt zu einer intensiven Konkurrenz zwi-schen Häfen und verhindert eine politische Kontrolle des Handels;
- weniger gefestigte maritime Territorialgrenzen bescheren der Region zahlreiche po-tenziell konfliktive Grenzdispute, die insbesondere angesichts der rasanten Aufrüstung der Seestreitkräfte eine rasche Entwicklung kooperativer Mechanismen zur Vertrau-ensbildung und Konfliktvermeidung erfordern;
- die Entwicklung einer Sicherheitsordnung für das ostasiatische Mittelmeer wird er-schwert durch traditionelle militärische Gleichgewichts- und nationale Souveränitäts-konzepte, aber auch durch zunehmende innerregionale Rivalitäten (insbesondere zwi-schen Japan und China) und die wenig integrative Rolle außerregionaler Akteure.

Da die Integrationsbemühungen in der Region anhalten – Beleg dafür ist das immer dichter werdende Netz bilateraler Wirtschaftsabkommen – werden sich die innerregionalen Austauschbeziehungen weiter intensivieren. Der dominant maritime Charakter der regionalen Integration in Ostasien wird sich auch in der Zukunft weiter behaupten, woraus sich spezifische Handlungschancen und Probleme für die beteiligten Akteure ergeben. Maritime Themen werden auch in Zukunft eine bedeutende Rolle in den Agenden der regionalen multilateralen Institutionen und bilateralen Verhandlungen spielen.

III.11 Jenseits der Konfrontation – wirtschaftliche Verflechtung und politische Kooperation in Nordostasien

III.11.1 Einleitung und Fragestellung[388]

„Generally speaking, it is difficult to cooperate with any given foreign country economically while antagonizing politically. Cooperation or an alliance among states has usually meant cooperation in both political and economic aspects."
Joun Yung Sun (1995: 155), Vize-Außenminister für wirtschaftliche Angelegenheiten der südkoreanischen Regierung

„Because of [its] heterogeneous composition, various conflicts and painful memories, [Northeast Asia] has appeared most discouraging to efforts for regional cooperation and community-building."
Haruki Wada (2004, From a ‚Common House of Northeast Asia' to a ‚Greater East Asian Community', S. 19), japanischer Regionalismus-Vordenker

Asia's natural partners: Economic integration and shared security goals will push China and Japan towards fully fledged allies
Andy Xie, Chefökonom der Morgan Stanely in Hongkong (*Financial Times*, 6.6. 2001)

„The crisis has the potential to destabilize East Asia."
Derselbe (ebd., 19.4.2005)

History, riots and trade rows (The Economist, 21.4. 2005, über Nordostasien)

„Japan-China relations and Japan-ROK relations are both much better than ever before."
Der japanische Premierminister Koizumi (Pressekonferenz, 14.12.2005)

Zwei unterschiedliche Kategorien von Nachrichten über die Beziehungen zwischen den Staaten Nordostasiens (Japan, Volksrepublik China, Südkorea – im Folgenden nur noch Korea) erreichen die westlichen Medien. Die *erste Kategorie* besteht aus Meldungen über diplomatische (und undiplomatische) Konfrontationen über die Periode der Angriffskriege Japans und seiner Kolonisierung anderer ostasiatischer Länder vor nun mehr als einem halben Jahrhundert und über seither ungelöste Territorialkonflikte. Die regelmäßigen Besuche des japanischen Premierminister Koizumi im Yasukuni-Schrein, der dem Andenken an die Kriegstoten Japans, aber auch mehreren als Kriegsverbrecher verurteilten und hinge-

---

[388] Für dieses Kapitel waren die Gespräche im Rahmen des Diskussionskreises *Japan-China Relations: Reaching Win-Win Objectives* (www.japanchinawinwin.blogspot.com) am Research Institute of Economy, Trade and Industry (RIETI) des japanischen Wirtschaftsministeriums im Sommer und Herbst 2004 besonders aufschlussreich. Zu verdanken sind an dieser Stelle auch Hinweise und Unterlagen, die dem Autor von Prof. Hidetaka Yoshimatsu, Asia-Pacific University (APU), Beppu, Oita, gegeben wurden.

334

richteten Generälen und Politikern gewidmet ist, führten zu immer deutlicheren kritischen politischen Stellungnahmen der Regierungen Chinas und Koreas und dann zum Einfrieren resp. Unterbrechen der höchsten diplomatischen Beziehungen. Japan bemühte sich jahrelang vergeblich um ein bilaterales Treffen mit den höchsten Politikern der Volksrepublik. China drohte japanischen Unternehmen unter Hinweis auf die Yasukuni-Besuche hoher Politiker mit dem Ausschluss von Regierungsaufträgen, z.B. für Hochgeschwindigkeitszüge und Nuklearreaktoren. Nachdem die japanische Regierung jüngst Geschichtslehrbücher autorisierte, die die von der japanischen Armee begangenen Repressionen und Kriegsgräuel in China und Korea nicht mehr erwähnten[389], kam es im April 2005 zu koreanischen Protesten und zu Ausschreitungen in mehreren chinesischen Städten gegen japanische Botschaften, Restaurants und Geschäften und zu Aufrufen zum Boykott japanischer Waren. Als Japan das Auslaufen der Entwicklungshilfe an China bis 2008 ankündigte, erteilte die Volksrepublik der Position Japans, wonach die Reparationszahlungen der Nachkriegszeit und die langjährigen Entwicklungshilfeleistungen die erlittenen Kriegsschäden kompensierten, öffentlich eine Absage.[390] Dass die Führung der Volksrepublik die Kriegsvergangenheit, insbesondere den antijapanischen Widerstand unter Führung der KP, auch in der Zukunft zu einem zentralen Legitimationselement ihrer Herrschaft machen will, kommt in den jüngsten Bemühungen um die Registrierung historischer Stätten wie der Marco Polo-Brücke in Beijing, oder der Gedenkhalle an das Massaker von Nanjing als UNESCO-Weltkulturerbe zum Ausdruck.[391]

Die verständigungsorientierten Bemühungen einer gemeinsamen koreanisch-japanischen Historiker-Studiengruppe zur Evaluierung der Darstellungen der Vergangenheit in den Geschichtslehrbüchern beider Länder, begonnen 2002, endeten im Mai 2005 in einem 1900-seitigen Abschlussbericht, – der vor allem Differenzen festhielt.[392] Auch am Gipfeltreffen zwischen den Regierungschefs der beiden Länder im Juni 2005 wurde bezüglich der Geschichtskontroversen keine Annäherung erreicht.[393] Auch zwischen Korea und China gab es eine historische Kontroverse, nämlich über die ethnische Basis und die territoriale Souveränität des Staates Koguryo in der Mandschurei und Teilen der koreanischen Halbinsel in den ersten sieben Jahrhunderten der Zeitrechnung.[394]

Auch eine Reihe ungelöster *Territorialdispute* in Nordostasien (vgl. Abschnitt III.10.3.2) führt immer wieder zu diplomatischen Krisen und öffentlichen Protestaktionen in den jeweils betroffenen Ländern, etwa im Zusammenhang mit der kleinen Inselgruppe Tokdo (in Koreanisch) resp. Takeshima (in Japanisch) oder den Senkaku-Inseln (für Japan;

---

[389] Dies geht auf die neonationalistische *tsukurukai*-Bewegung (Vereinigung für neue Geschichtslehrbücher, gegr. 1996) zurück, die eine „korrekte" Darstellung der jüngeren Geschichte anstrebt, um den japanischen „Nationalstolz" wiederherzustellen (siehe McNeill/Selden 2005, McCormack 2005).

[390] *China says Japanese ODA cannot offset its wartime acts* (Kyodo, 7.6.2005).

[391] Vgl. *Patriotic Fervor Aflame in China / 60th Anniversary of Victory in War to be Celebrated*, Yomiuri Shimbun, 7.7.2005. Mit dem „Zwischenfall" an der Marco-Polo-Brücke begann 1937 der japanisch-chinesische Krieg.

[392] Z.B. konnte man sich nicht einigen über die Rechtmäßigkeit und Gültigkeit der Verträge von 1905 und 1910, die Korea zunächst zu einem Protektorat und dann zu einer Kolonie machten. Siehe die Website der Japan-Korea Cultural Foundation (www.jkcf.or.jp/history); *Differences in perception documented. Gaps dog history study with South Korea*, Japan Times, 11.6.2005)

[393] *Koizumi, Roh fail to reach solution on history issue*, Kyodo 20.6.2005.

[394] Koreanischerseits gilt dieser als Vorläufer des späteren Korea, für China handelte es sich um ein ethnisches Königreich des alten China (Jin 2005; *Seoul hits out at Beijing's claim to ancient kingdom*, Reuters 6.8.2004); als die Kontroverse größeres Aufsehen erregte, gab das chinesische Erziehungsministerium bekannt, es habe sich bei den beanstandeten Geschichtsunterrichts-Materialien um einen „administrativen Fehler" gehandelt (*Distortion of Goguryeo History was an Administrative Mistake*, Korea.net, 24.9.2004).

Tiaoyutai für Taiwan resp. Diaoyu für China). Japan und China gerieten in Auseinandersetzungen um die Nutzung eines Gasfeldes in der Ostchinesischen See, das sich in die Hoheitsgewässer beider Staaten erstreckt. Die Aufforderung Koizumis Aufforderung, das ostchinesische Meer von einer „See der Konfrontation in eine See der Kooperation" zu verwandeln[395], verhallte wirkungslos. Self (2002) spricht angesichts der existierenden offiziellen Friedens- und Freundschaftsverträge von einer „Freundschaftsfassade zwischen China und Japan", während die International Herald Tribune (11.4.2005) jüngst einen Artikel mit The Chinese-Japanese Cold War betitelte. Die Krise hat, Umfragen zufolge, das Ansehen Japans bei Chinesen und Koreanern verschlechtert: 83% der Befragten in China gaben an, keine gute Meinung von Japan zu haben (2002: 67%), in Korea waren es 75% (2002: 69%). Umgekehrt ging auch der Prozentsatz der Japaner zurück, die eine „große oder eine gewisse Nähe" gegenüber China verspüren, nämlich von auf 54% auf 48%.[396]

In die zweite Kategorie fallen Meldungen über die zunehmende wirtschaftliche Integration. Im Februar 2002 machte die Nachricht die Runde, dass zum ersten Mal mehr koreanische Investitionen nach China als in die USA fließen, und im Juni 2004, dass diese zum ersten Mal die japanischen übertreffen.[397] China stieg zum wichtigsten Exportland für Korea auf.[398] 2004 löste China (einschließlich Hongkong) nach fünfzig Jahren die USA als wichtigsten Handelspartner Japans ab; im laufenden Jahr dürfte allein das Handelsvolumen mit Festland-China (ohne Hongkong) das Volumen des Handels mit den USA übersteigen.[399] Ebenfalls Beachtung findet die Tatsache, dass die drei Länder dazu übergegangen sind, bilaterale Freihandelsabkommen (free trade agreement, FTA) abzuschließen; so etwa China mit der Association of Southeast Asian Nations (ASEAN), Korea mit Chile und Japan mit Singapur und anderen ASEAN-Ländern. Trotz geographischer Nähe, hoher wirtschaftlicher Interdependenz und ähnlich aktiven FTA-orientierten Außenwirtschaftspolitiken gibt es bisher kein solches Abkommen zwischen den drei Ländern Nordostasiens. Japan und Korea befinden sich zwar seit Ende 2003 in offiziellen FTA-Verhandlungen, diese kamen jedoch nicht richtig vom Fleck und liegen seit Ende 2004 auf Eis.

Die jüngsten Konfrontationen führten dazu, dass sich auch das US-amerikanische Außenministerium warnend äußerte: Die Spannungen drohten die für die ganze Region zentrale Beziehung zwischen Japan und China zu zerrütten und gefährdeten damit die Prosperität und Stabilität Ostasiens insgesamt.[400] Tatsächlich gibt es keine andere Weltregion, in der die Dynamiken wirtschaftlicher Integration und politischer Konfrontation so ausgeprägt aufeinander treffen.

Von einem integrationstheoretischen Standpunkt aus handelt es sich um eine erklärungsbedürftige Situation. Zunehmende wirtschaftliche Integration, wachsende Interdependenz und die Zunahme der Interaktionsdichte sollten Druck in Richtung politischer Kooperation auf immer mehr Feldern erzeugen (engrenage, spill over-Prozesse; vgl. Abschnitt

---

[395] Oil, gas exploration spat – China tells Japan to proceed with caution, Japan Times, 15.4.2004.

[396] Jeweils 1000 Befragte, Mai 2005 (Over 80% of Chinese, S. Koreans oppose Koizumi's Yasukuni visits, Kyodo, 19.6.2005).

[397] China Becomes South Korea's Number One Investment Target, AP 6.2.2002; Korea Surpasses Japan in the Investment in China, AP 24.6. 2004.

[398] S. Korean Exports Are Dependent on China's Strength, Morgan Stanley Global Economic Forum, 23.5.2005 (www.morganstanley.com).

[399] Japan Brief des Foreign Press Center (FPC) Japan, Nr. 0514 vom 15.2.2005, China löst USA als wichtigsten Handelspartner Japans ab.

[400] So Anfang Juni 2005 der US Assistant Secretary of State for East Asia and Pacific Affairs, Christopher Hill (Japan, China Told to Move On in Spat over History, AFP, 9.6.2005).

III.1.5). Handelt es sich tatsächlich um eine paradoxe Entwicklung, oder führt die Zusammensetzung einzelner Pressemeldungen zu einem irreführenden Gesamtbild der aktuellen Entwicklungstendenzen im nördlichen Ostasien? Hinter diesem Kapitel steht das Unbehagen gegenüber der Berichterstattung in den meisten westlichen Medien und das Bemühen um eine umfassendere Analyse der Beziehungen zwischen Japan, Korea und China. *Jenseits der Konfrontation* steht für eine Perspektive, die den oben aufgeführten Ereignissen durchaus Bedeutung zugesteht, aber für ein Gesamtbild der Beziehung zwischen den Staaten Nordostasiens die Analyse inkrementeller, auch unspektakulärer Prozesse (ohne pressewirksamen ,Ereignischarakter') auf mehreren Ebenen und in verschiedenen Foren für notwendig hält. Zur Beantwortung der gestellten Frage werden im Folgenden die empirischen Evidenzen zusammengetragen, zunächst hinsichtlich der wirtschaftlichen Interdependenzsituation (Abschnitt III.11.2), dann bezüglicher politischer Kooperation auf bilateraler (Abschnitt III.11.3) und trilateraler Ebene (Abschnitt III.11.4). Um das *Ergebnis* vorweg zu nehmen: Tatsächlich findet bedeutend mehr politische Kooperation zwischen den drei Ländern statt als im Westen wahrgenommen. Es handelt sich aber um eine *widersprüchliche Entwicklung*, die nur zu erklären ist mit den Spannungen zwischen den Regionalisierungsstrategien und den Erfordernissen globaler Bündnisunterordnung im Falle Japans und Koreas resp. zwischen einer noch jungen Regionalorientierung und langfristigen Weltmachtambitionen im Falle Chinas sowie dem Fehlen einer sicherheitspolitischen Architektur in der Region.

Als *Ausgangspunkt* ist festzustellen, dass die so genannte ,Asienkrise' (1997-99) einen Wendepunkt in den inner-ostasiatischen Beziehungen darstellte. In den von dramatischen Währungsabwertungen, Schuldenkrise und folgenden realwirtschaftlichen Kontraktionen betroffenen Ländern wie Korea kam es zu politischen Umbrüchen. Die damals existierenden multilateralen Institutionen, die ASEAN in Südostasien und die *Asia-Pacific Economic Cooperation (APEC)* im pazifischen Raum, gerieten in eine Krise, von der sie sich bis heute nicht erholt haben (vgl. Kapitel III.4; Abschnitt III.8.2.1). Auf zwei Ebenen entwickelte sich eine neue Kooperationsdynamik. Erstens entwickelte sich ein ,neuer Bilateralismus' in den Wirtschaftsbeziehungen, der auch die Staaten Nordostasiens erfasste. Zweitens kam dem in der zweiten Hälfte der 90er Jahre begründeten losen Kooperationsforum der *ASEAN+3* (die ASEAN-Staaten plus Japan, China und Korea) neue Bedeutung zu. Diese regionale, Süd- und Nordostasien einschließende Dynamik öffnete den nordostasiatischen Staaten ein Fenster zur Entwicklung der trilateralen Kooperation (Abschnitt III.11.4).

III.11.2   Die Interdependenzsituation in Nordostasien

III.11.2.1   Die wirtschaftliche Verflechtung

China, Japan und Korea zusammen stellen etwa einen Drittel der Weltbevölkerung und bilden, mit Verlängerungen in den südostasiatischen Raum hinein, eines der drei Zentren der Weltwirtschaft. In den Jahrzehnten der Ost-West-Konfrontation entwickelte sich China binnenzentriert, während Japan und Korea eine auf die Märkte Nordamerikas und Europas orientierte, gleichzeitig den eigenen Markt abschirmende Industrialisierungsstrategie verfolgten. Seit der amerikanisch-chinesischen Annäherung 1972 und insbesondere seit dem Beginn der chinesischen Wirtschaftsreformen 1978 kam es zu einem zunächst langsamen, in den 80er Jahren rasch an Tempo gewinnenden und in den 90er Jahren rasanten Prozess der wirtschaftlichen Verflechtung zwischen den drei Ländern. Japan war bis 2003 über elf Jahre der wichtigste Handelspartner Chinas, während China kürzlich die USA als wichtigsten Handelspartner Japans ablöste, was wie erwähnt breite Beachtung gefunden hat. Die Volksrepublik hat sich zum weltwirtschaftlich wichtigsten Empfängerland für ausländische Direktinvestitionen (FDI) entwickelt. Am bedeutendsten als FDI-Ursprungsort für die Volksrepublik ist Hongkong (Tab. III.11.4, Anhang III.11.6), dessen kumulierter Wert aber so hoch liegt, weil viele ausländische Investoren die Stadt als Basis und als Drehscheibe für Investitionen in Südchina benützen. Es ist deshalb nicht zu entscheiden, ob der Wert der US-amerikanischen (2) oder der japanischen (3) Investitionen höher liegt. Gefolgt wird Japan als FDI-Ursprungsland in der offiziellen chinesischen Statistik von Taiwan (4), Singapur (6) und Südkorea (7). Ohne Hongkong und die Virgin Islands[401] käme Korea auf Platz 5. Tatsächlich wuchs das Engagement koreanischer Firmen in China in den letzten 10 Jahren vergleichbar mit demjenigen Japans und wurde kaum beeinträchtigt durch die Asienkrise. Von 1992 bis 2002 stieg die Zahl der Unternehmen mit koreanischem Kapital in China von 650 auf 4008. Kumuliert flossen mehr als 50% der koreanischen Investitionen nach China, womit die Volksrepublik den wichtigsten FDI-Zielort für Korea darstellt. Im Jahr 2003 übertrafen die neu getätigten koreanischen Investitionen in China sogar die japanischen, womit Korea für 2003 zum wichtigsten Investor in China avancierte. Von hundert im Juni 2005 befragten japanischen Firmen mit Investitionen in der Volksrepublik gab keine einzige an, aufgrund der bilateralen Krise eine Reduktion ihrer Geschäftstätigkeiten in China zu planen; viele kündigten zusätzliche Investitionen an.[402]

Chinesische Investitionen in Korea erreichten zum ersten Mal im Gefolge der Asienkrise ein gewisses Niveau; allerdings war Hongkong allein Ende 2002 der zehntgrößte Investor in Korea. Die Volksrepublik ist auch der wichtigste Handelspartner Koreas, gefolgt von Japan. Korea umgekehrt ist nach Japan und den USA der drittwichtigste Handelspartner Chinas.

Seit der Normalisierung der diplomatischen Beziehungen 1965 entwickelte sich der wirtschaftliche Austausch zwischen *Japan und Korea* stetig. Inzwischen ist Japan der zweitwichtigste Handelspartner für Korea und Korea der drittwichtigste für Japan. Korea weist im Unterschied zu China ein konstantes Handelsbilanzdefizit gegenüber Japan aus. Japan ist das nach den USA zweitwichtigste Ursprungsland für Direktinvestitionen in Korea. Koreanische Unternehmen hingegen tätigen nur einen kleinen Anteil der Direktinvestitionen in Japan (Tab. III.11.3, Anhang III.11.6). Zu berücksichtigen ist der Größenunterschied zwischen den beiden Ökonomien; die japanische ist rund neunmal größer. Auch chinesische Investitionen in Japan sind noch vergleichsweise gering; erste Übernahmen japanischer Firmen durch chinesische sorgten in Japan für großes Aufsehen.[403] Seit Ende der 90er Jahre fördert die Regierung der Volksrepublik offensive Internationalisierungsstrategien chinesischer Unternehmen.

---

[401] Auch die britischen Virgin Islands (5) dienen als Drehscheibe v.a. für westliche Investitionen.
[402] Allerdings führte die Krise zu einer Veränderung der Risikoeinschätzungen; Investitionen in die Volksrepublik werden im Vergleich mit anderen ostasiatischen Ländern als zunehmend risikoreich eingestuft (*Survey: Firms still confident on China*, Yomiuri, 27.6.2005).
[403] *Chinese firms breaking down barriers in Japan*, Daily Yomiuri, 20.5.2005. Kommentiert wurde, dass sich japanische Unternehmen erst daran gewöhnen müssten, chinesische Firmen nicht mehr ausschließlich als „Juniorpartner" zu sehen.

Abbildung III.11.1 gibt eine Übersicht über die wirtschaftliche Interdependenzsituation in Nordostasien. Die den Pfeilen zugeordneten Zahlen geben die Bedeutung der Handels- und Investitionsflüsse für die jeweiligen Länder an: So ist Korea der drittwichtigste Handelspartner Japans[404], das fünftwichtigste FDI-Ursprungsland für China, während die Volksrepublik den wichtigsten Zielort für koreanische Investitionen darstellt.

Abbildung III.11.1: Die wirtschaftliche Interdependenzsituation in Nordostasien, 2005

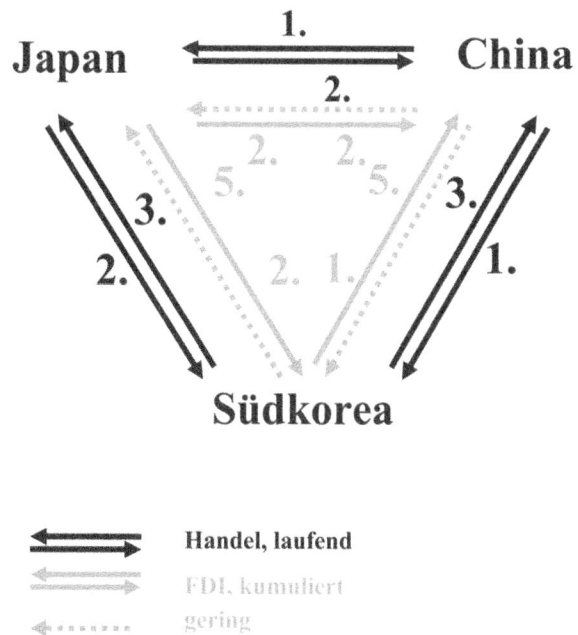

Anmerkungen: Pfeilrichtung signalisiert ‚wichtigster, zweitwichtigster etc. Handelspartner für...‘ resp. ‚wichtigstes, zweitwichtigstes etc. Empfängerland für FDI‘ und ‚wichtigstes, zweitwichtigstes etc. FDI-Ursprungsland‘. Wo statistisch möglich wurde Hongkong China zugeschlagen und die EU-Länder einzeln berücksichtigt.
Quelle: eigene Darstellung; Daten der Handels- und Wirtschaftsministerien der drei Länder (METI, JETRO, Japan; MOFCOM 2003, 2005, China; MOFAT, MOFE, Korea).

Gemessen am Gesamthandel der drei Länder macht der inner-nordostasiatische Handel, trotz einer Verdoppelung innert weniger Jahre, erst rund 20% aus (Lee 2004: 17). Damit liegt der Anteil ähnlich hoch wie im Falle der ASEAN und des MERCOSUR, aber weit unterhalb demjenigen der NAFTA (46%).

III.11.2.2 Kultureller Austausch und Personenverkehr

Ähnliche Prozesse zunehmenden transnationalen Austauschs lassen auch für andere Dimensionen beschreiben, z.B. im Kulturbereich: Die japanische Populärkultur (Musik,

---

[404] Die Handelsdaten für Japan können Tab. III.11.1 (Exporte) und III.11.2 (Importe), Anhang III.11.6, entnommen werden.

Trickfilme, Manga etc.) wird in den Nachbarländern in der jüngeren Generation breit konsumiert, während Japan im Zuge erfolgreicher koreanischer Seifenopern wie der *Wintersonate* (*fuyu no sonata*) 2003/04 eine Koreamode (*hanryu*; „Korea-Wind") durchläuft, die zu mehr Tourismus und verbesserten Kultur- und Sprachkenntnissen geführt hat.[405] Ein Meilenstein war die 2002 gemeinsam von Japan und Korea ausgerichtete Fußball-Weltmeisterschaft mit ihren Implikationen bezüglich Kooperation und Kontakten auf vielen Ebenen (Hong 2004).

Auch zwischen Korea und China herrscht reger Personenverkehr; mehr als zwei Millionen Koreaner resp. Chinesen besuchen das jeweilige Nachbarland jedes Jahr. China ist inzwischen die wichtigste Reisedestination für Koreaner, und Chinesen machen die Mehrheit der Touristen in Korea aus. Die Zahl der in einem der Nachbarländer Studierenden wächst seit Jahren; einer von drei ausländischen Studenten in China stammt aus Korea. Auch die Zahl der Koreaner und Japaner mit Wohnsitz in der Volksrepublik steigt stetig. Es gibt eine bedeutende koreanische Diaspora in und über die Region Nordostasiens hinaus: 2.04 Mio. ethnische Koreaner in China, 870`000 in Japan, 487`000 in Russland und 2.07 Mio. in Amerika (Wada 2004: 20). Der japanische Regionalismusvordenker Wada (2004) argumentiert, dass diese Diaspora für die Integration Nordostasiens eine ähnliche Rolle wie die chinesische für Südostasien übernehmen wird.

III.11.2.3 Komplementaritäten und Konkurrenz

Insgesamt zeigt sich ein Bild, wie es typisch ist für regionale Integrationsprozesse. Geographische Nähe und wirtschaftliche Komplementaritäten führen, wenn die politischen Verhältnisse es zulassen, zu transnationaler Verflechtung. Ergebnis ist eine Situation hoher wirtschaftlicher Interdependenz: Trotz eines hohen Integrationsgrades aller drei Länder in die Weltwirtschaft sind sie sich gegenseitig die wichtigsten Wirtschaftspartner. Nur die Beziehungen mit den USA haben ein vergleichbares Gewicht.

Es handelt sich jedoch nicht um symmetrische Beziehungen; Komplementaritäten und kompetitive Prozesse verschränken sich (vgl. Hilpert/Haak, Hg., 2002). Chinas wirtschaftlicher Entwicklungsstand entspricht ungefähr demjenigen Japans Anfang der 60er Jahre (Kwan 2002: 2f). China ist bezüglich ausländischer Investitionen zu schätzungsweise 25% abhängig von den USA und zu weiteren 50-60% abhängig von Ländern Ostasiens, die zu den engsten militärischen Verbündeten der gegenwärtigen Hegemonialmacht gehören (Japan, Korea, Taiwan und Singapur). Wie erwähnt weist Japan einen Handelsbilanzüberschuss gegenüber Korea, aber ein Defizit mit China auf, was auf die ausgedehnte Produktionstätigkeit japanischer Firmen in China zurückzuführen ist. Kapital fließt von den beiden entwickelteren Ländern nach China, wo es vor allem arbeitsintensive Produktion finanziert, deren Produkte für den chinesischen Markt, für den Wiederexport nach Korea und Japan sowie die Überseemärkte bestimmt sind. Während Japans und Chinas Exporte komplementär sind, befinden sich japanische und koreanische Unternehmen häufig in Konkurrenzsituationen, auf dem chinesischen Markt und in Übersee. Unternehmen beider Länder kommen zunehmend unter Druck seitens der fortgeschrittensten chinesischen Firmen. Da sowohl

---

[405] Siehe Seelmann (2005), Knittel (2005). Im Gegensatz zur Einstellung zu China verbesserte sich das Korea-Bild der Japaner: 58% der Befragten verspürten 2005 eine „große oder eine gewisse Nähe" gegenüber Korea (2002: 53%) (Quelle: siehe Fn. 10).

Japan wie Korea eine protektionistische Agrarpolitik betreiben, ist der Handel mit landwirtschaftlichen Gütern relativ gering.

In den meisten Fällen führen bilaterale oder regionale Handels- und Investitionsabkommen zu einer solchen Situation wirtschaftlicher Interdependenz (Europäische Union, NAFTA etc.). Bemerkenswert am Fall Nordostasien ist, dass es bis noch vor wenigen Jahren überhaupt keine rechtliche Formalisierung der zwischenstaatlichen Beziehungen gab.

III.11.3   Die Entwicklung der bilateralen Beziehungen

III.11.3.1   Japan / Korea

Japan und Korea sind OECD-Mitglieder und haben (seit der Demokratisierung Koreas in den späten 80er Jahren) ein vergleichbares wirtschaftliches und politisches System. Beide sind sicherheitspolitische Verbündete der USA und haben US-Militärbasen auf ihrem Staatsgebiet. Die beiden Nachbarländer teilen eine Reihe historisch-kultureller Merkmale, aber bis Ende der 90er Jahre gab es keine größere Initiativen zur Entwicklung bilateraler Kooperation. Der koreanische Präsident Kim Dae Jung machte dann, anlässlich seines Japan-Besuches im Oktober 1998, die in der japanischen Öffentlichkeit vielbeachtete Aussage, dass die Probleme des 20. Jahrhunderts noch im gleichen Jahrhundert gelöst werden und die beiden Länder ihre bilateralen Beziehungen für das 21. Jahrhundert neu gestalten sollten. Der Abschluss eines Freihandelsabkommens war einer der vielen Vorschläge zur Vertiefung der Beziehungen zwischen den beiden Ländern. Korea hatte bis anhin eine handelspolitische Position ähnlich der japanischen eingenommen: Ausländischen Investitionen wurden Hindernisse in den Weg gelegt, und bilaterale und regionale Präferenzabkommen wurden als gegen den Geist der multilateralen Institutionen verstoßend kritisiert. Im November 1998 gab der koreanische Handelsminister offiziell bekannt, dass das Land bilaterale FTA mit seinen wichtigsten Handelspartnern anstrebt; Chile wurde als erster Kandidat genannt. Damit war Japan, wenn nicht offiziell angefragt, so doch klar angesprochen. Die japanisch-koreanische Agenda entwickelte sich 1999 weiter anlässlich des Besuches des japanischen Premierministers Obuchi in Korea; die Ergebnisse wurden als *Korea-Japan Economic Cooperation Agenda 21* bezeichnet.[406] Darin finden sich Elemente eines Investitionsabkommens, Maßnahmen zur gegenseitigen Anerkennung von Standards und zur Kooperation im Bereich der Urheberrechte. 1998 begann Korea mit einem schrittweisen Abbau der Einfuhrrestriktionen für kulturindustrielle Güter aus Japan; z.B. wurden erst Anfang 2004 japanisches Fernsehen/Radio per Kabel/Satellit und Bühnen-/Fernsehauftritte japanischer Popgruppen in Korea zugelassen.[407] Die Ende 1999 ihre Arbeit aufnehmenden Studiengruppen regierungsnaher *think tanks* visierten eine gegenseitig vorteilhafte Vertiefung der Wirtschaftsbeziehungen an. Die Regierungen bemühten sich in diesen Jahren um die Organisation der Wirtschaftsinteressen für ein Abkommen, allerdings mit mäßigem Erfolg. Trotz Einrichtung eines offiziellen *Japan-Korea FTA Business Forum* ist die japanisch-koreanischen FTA-Agenda bis heute weitestgehend regierungsdominiert geblieben. Der japanische Unternehmer-Dachverband KEIDANREN entwickelte Perspektiven für eine intensivierte F&E- und industrielle Kooperation mit Korea und sprach sich für ein Ab-

---

[406] Zur Entwicklung der japanisch-koreanischen Agenda siehe IDE (2000), KIEP (2000), Ahn et al. (2005).
[407] *South Korea to lift ban on Japanese cable TV*, Japan Times, 31.12.2003.

kommen aus. Die Stellungnahmen aus den gemeinsamen Foren waren auch positiv. Im November 2002 bezeichnete eine vom japanischen Premierminister eingesetzte „Task Force zur strategischen Evaluierung der Außenbeziehungen Japans" Korea als „Japans wichtigsten strategischen Partner in der Region, mit dem es drei Systeme teilt, nämlich Demokratie, Marktwirtschaft und ein Bündnis mit den USA".[408] Ein FTA zwischen den beiden Ländern wird als eine logische Folge verstanden, sowohl zur Vertiefung der wirtschaftlichen Partnerschaft als auch zur Stimulierung des Gemeinschaftsgefühls („sense of community") zwischen den beiden Ländern. Zusammen könnten sie als Zentrum für ein wachsendes Netzwerk demokratischer, marktwirtschaftlicher Länder in der Region Ostasien-Pazifik fungieren. Die Erwartungen seitens der Politik waren hoch, aber die koreanischen Befürchtungen sind groß, in einer „Freihandelszone" dem japanischen Wettbewerbsdruck in vielen Sektoren nicht standhalten zu können.[409] Eine gemeinsame Stiftung (die *Japan-Korea Industrial Technology Cooperation Foundation*) wurde eingerichtet, um den Technologieeinsatz und die Produktivität insbesondere kleinerer und mittlerer koreanischer Unternehmen zu verbessern. Korea hält die Öffnungsangebote Japans im Landwirtschafts- und Fischereisektor für zu wenig weitgehend.

Aus japanischer Sicht gibt es wenig handelspolitischen Konfliktstoff. Im Zusammenhang mit der ‚Asienkrise' gelangten einige koreanische Halbleiter-Unternehmen in den Genuss neuer staatlicher (oder staatlich vermittelter) Kredite und Schuldenreduktion, die japanischerseits als wettbewerbsverzerrende Subventionen kritisiert wurden und zur Erwägung von Schutzzöllen führten. Trotz Verbesserungen im gesetzlichen Schutz geistigen Eigentums beklagen japanische Firmen nach wie vor „unlautere Praktiken". Die meisten vom japanischen Zoll beschlagnahmten Waren, die japanische Urheberechte verletzen, stammen aus Korea (METI 2005: 183). Der Schutz geistigen Eigentums ist Thema der Kooperation der Patentbüros beider Länder und auch der bilateralen FTA-Verhandlungen. Beides führte zu weiteren gesetzlichen Maßnahmen in Korea, die das Problem weitgehend entschärften. 2003 trat ein bilaterales Investitionsabkommen zwischen den beiden Ländern in Kraft.

Die im Dezember des gleichen Jahres begonnenen FTA-Verhandlungen hingegen entwickelten sich nur schleppend. Ende 2004, als Japan erstmalig auch China eine Importquote für *Nori* (getrocknete Meeralgen) erteilen wollte, reichte Korea eine Klage bei der WTO gegen die japanischen Importpraktiken ein, was ein negatives Signal für die FTA-Verhandlungen darstellte.[410]

Das *Japan-Korea Friendship Year* 2005 wurde überlagert durch die Auseinandersetzungen um die Vergangenheit; es fanden keine offiziellen bilateralen Treffen statt, und die FTA-Verhandlungen kamen zum Stillstand.[411] Es wäre jedoch falsch, dies allein oder auch nur vorwiegend auf diese Ursache zurückzuführen. Wie geschildert war der Rückhalt der FTA-Verhandlungen in Korea von Anfang an nur mäßig, und die heftigen innenpolitischen Auseinandersetzungen 2003 im Zuge der Ratifizierung des ersten FTA des Landes (mit Chile) ließen diesen weiter zurückgehen. Der Anti-FTA-Widerstand reicht in die politische

---

[408] *Task Force on Foreign Relations for the Prime Minister – Recommendations*, 2002.

[409] Koreanische Modellrechnungen prognostizieren kurzfristig negative Effekte eines FTA für Korea, positive hingegen für Japan (siehe *Joint Study Group Report*, October 2003: 16; vgl. auch Ahn et al., 2005).

[410] *WTO To Set Up Settlement Panel For Japan-S Korea Seaweed Row*; Nihon Keizai Shimbun, 31.3.2005. Es handelt sich um die erste Klage Südkoreas gegen Japan.

[411] *EDITORIAL: Revive FTA Talks with Seoul; WTO To Set Up Settlement Panel For Japan-S Korea Seaweed Row*, Nihon Keizai Shimbun, 1.3. und 21.3. 2005; vgl. Tamaki (2004).

Basis des Ende 2002 gewählten koreanischen Präsidenten Roh Moo-hyun hinein. In Japan gibt es Kommentatoren, die die jüngste Krise als der koreanischen Regierung willkommene Gelegenheit zum Abbremsen der FTA-Verhandlungen interpretieren. China kommentierte die FTA-Verhandlungen zwischen Japan und Korea als – angesichts des geringen wirtschaftlichen Komplementaritätsgrades der beiden Ökonomien – ohne Perspektive und wies mehrfach auf die größeren Effekte hin, die von einem trilateralen FTA zu erwarten seien.

Im Juli 2006 gaben die beiden führenden japanischen und koreanischen Börsen, die Tokyo Stock Exchange (TSE) und die Korea Exchange, bekannt, dass sie ein Kooperationsabkommen zur Stärkung ihrer internationalen Stellung geschlossen haben.[412] Künftig sollen Aktien von Firmen, die an einer Börse kotiert sind, auch an der jeweils anderen gehandelt werden können.

III.11.3.2   China / Japan

Japan und China begingen 2002 den 30. Jahrestag der Normalisierung diplomatischer Beziehungen. Schrittweise hat Japan in diesen 30 Jahren eine von den USA unabhängigere Politik gegenüber der Volksrepublik entwickelt, die sich zunächst auf Wirtschaftshilfe und –kooperation konzentrierte. Mit der raschen wirtschaftlichen Entwicklung Chinas gewannen Handel und Direktinvestitionen gegenüber der Entwicklungshilfe an Gewicht (vgl. Selden 1997); diese soll wie erwähnt offiziell 2008 auslaufen. In den letzten zehn Jahren entwickelte sich zwischen den beiden ostasiatischen Giganten eine wirtschaftliche Dynamik, die ihresgleichen sucht, insbesondere da sie lange ohne jegliche formale Abkommen zustande kam. Die Volksrepublik stellte zwar einen GATT-Aufnahmeantrag bereits im Jahr 1985, ihre Aufnahme wurde jedoch im WTO-Ministerrat nach einem langwierigen Verhandlungsprozess erst im November 2001 beschlossen.[413] Seit 11. Dezember 2001 ist China WTO-Mitglied. Japan gehörte zu den aktiven Förderern des WTO-Beitrittes Chinas und führte (wie andere WTO-Mitglieder) jahrelang bilaterale Verhandlungen mit der Volksrepublik, die 1997 in einem Handels-, 1999 in einem Dienstleistungsabkommen ihren Abschluss fanden. China offerierte Konzessionen, die japanischerseits als bedeutend bewertet wurden. Seit dem WTO-Beitritt Chinas hat die Zahl der bilateralen Handelskonflikte deutlich abgenommen.[414] Als größere Streitpunkte verblieben 2005 noch die Zölle auf Photo-Filme, bestimmte Anti-Dumping-Maßnahmen und – als wichtigstes Problem – die unzureichende Anwendung von Maßnahmen zum Schutzes geistigen Eigentums in China. Eine Reihe kooperativer Maßnahmen wurde ergriffen: gemeinsame japanisch-chinesische Seminare, Konsultationsbüros in allen chinesischen Regionen und die Ausbildung chinesischer Experten (insgesamt 51 Beamte und Vertreter des Privatsektors) in Japan im Jahr 2004. Zahlreiche japanische Firmen in China beklagen nach wie vor die mangelnde Transparenz und Inkonsistenz staatlicher Regulierungen. Kritisiert wird auch, dass die chinesische Regierung ausländischen Firmen oft ein chinesisches Partnerunternehmen zuweist, dass sie nicht ablehnen könnten, auch wenn Zweifel bezüglich dessen Wert und Geschäftspraktiken bestünden. Ein Interviewpartner des Autors, ein Manager eines führenden japanischen petrochemischen Unternehmens in China, charakterisierte einen fundamentalen Unterschied zwischen Japan und China: Japaner würden in China einfach nur Geschäfte machen

---

[412] *Näherrücken der Börsen in Japan und Korea*, Neue Zürcher Zeitung, 8.7.2006.
[413] Vgl. Panitchpakdi/Clifford (2002: 74-99).
[414] Vgl. *METI Priorities on WTO Inconsistent Foreign Trade Policies 2005* (www.meti.go.jp).

wollen, China aber sei – anders als Japan – „eine sehr politische Nation". Jede Geschäftstätigkeit werde aus politischer Perspektive bewertet, was „normales Wirtschaften" verunmögliche.[415]

Der chinesische Vize-Außenminister Wang Yi kommentierte im Parteijournal *Qiushi* den 25. Jahrestag des Abschlusses des chinesisch-japanischen Friedens- und Freundschaftsvertrages 2003 wie folgt:

> „The vigorous development and prosperity of Asia requires the joint efforts of all countries of the region, but if the two countries of China and Japan are able to co-operate hand-in-hand this will be a crucial factor influencing the future direction of Asia. Over the more than 30 years of interaction since the establishment of diplomatic relations, the two sides have in fact already formed a structure of interests where they are unable to abandon or reject each other (*bici wufa likai huo paichi de liyi geju*). Therefore, the two countries of China and Japan should discard ‚zero-sum' thinking, conscientiously fulfil the solemn promises the two sides made in the Treaty, and strengthen co-ordination and co-operation by persisting with a ‚win-win' approach. A healthy, stable China-Japan bilateral relationship can create an important foundation for Asian multilateral co-operation. In the same way the vigorous development of regional co-operation may also further promote and consolidate the China-Japan friendship."[416]

China hat Japan mehrfach unter Zugzwang gesetzt, indem sich führende Politiker für die raschen Abschluss eines FTA aussprachen, und zwar sowohl bilateral als auch trilateral (China, Japan, Korea). In Japan überwiegen im Allgemeinen bisher die Befürchtungen über die möglichen Folgen eines FTA mit China die Chancen, die vor allem von den Wirtschaftsverbänden regelmäßig betont werden (vgl. Tsugami 2003, Urata 2004). In mehreren strategischen Dokumenten der japanischen Ministerien aus den Jahren 2003 und 2004 wird ein „nahtloser Wirtschaftsraum" in Ostasien als Ziel genannt. Die Volksrepublik lässt keine Gelegenheit aus, um ihre Bereitschaft zu einem FTA zu demonstrieren: An der *4. Japan-China Economic Conference* vor führenden Wirtschaftsvertretern und Akademikern, November 2004 in Osaka; der chinesische Botschafter in Japan an einer Wirtschaftskonferenz im Februar 2005 in Kobe; die chinesische Vizepremierministerin Wu Yi im Mai 2005 in Nagoya usw.[417] Das japanische Wirtschafts-, Handels- und Industrieministerium (METI) sieht anhaltende, starke wirtschaftliche Integrationskräfte am Werk – mit oder ohne Abkommen. Die regierungsoffizielle japanische Position lautet, die Volksrepublik müsse zunächst ihren WTO-Verpflichtungen vollumfänglich nachkommen, insbesondere was den Schutz geistigen Eigentums betrifft, bevor ein FTA-Projekt in Angriff genommen werden könne. Ende 2004 wurde China als Kandidat für ein bilaterales Investitionsabkommen genannt; gleichzeitig aber nahm aber auch eine gemeinsame japanisch-chinesische FTA-Studiengruppe ihre Arbeit auf.[418] Die Volksrepublik schloss ein Doppelbesteuerungsabkommen mit Japan dieses Jahr, ihr erstes überhaupt. Im Sommer 2005 trafen sich die Fi-

---

[415] Interview Tokyo, 28.10.2004. Er zog daraus die Schlussfolgerung, dass die japanische Regierung japanische Firmen in China aktiver unterstützen müsse.

[416] Wang Yi, *Heping Hezuo Gong Chuang Weilai—Xie zai <ZhongRi Heping Youhao Tiaoyue> Dijie 25 Zhounian* (Peaceful Co-operation, Shared Initiative for the Future—On the 25th Anniversary of the conclusion of the ‚China-Japan Treaty of Peace and Friendship'), Qiushi, 16/2003; nach Kerr (2004: 89).

[417] *China tells Japan to hurry up with free-trade deal, Japan Times*, 13.11.2004; *Envoy calls for China-Japan FTA*, Japan Times, 4.2.2005. *Report: China Urges Japan on FTA Talks*, Associated Press, 18.5.2005.

[418] *Joint Japan-China study to examine FTA impact*, Yomiuri Shimbun, 19.1.0.2004; *East Asia set as goal in FTA drive*, Asahi Shimbun 22.12.2004. Die gemeinsame Studie soll im Dezember 2005 abgeschlossen werden.

nanzminister der beiden Länder – zum ersten Mal wieder seit 2001 – am Rande eines multilateralen *Asia-Europe Meeting*[419] und vereinbarten einen regelmäßigen bilateralen „Finanzdialog" zu Fragen der Geld- und Währungspolitik sowie Besteuerung.[420] Auf sicherheitspolitischem Gebiet sieht Yahuda (2003) die Kluft zwischen China und Japan eher wachsen:

> „It could be argued that the gap between them is widening as each reacts to the other's military spending and military deployments with ever growing concern. Neither seems to regard the other's national security interests as legitimate nor is there any sign of their developing a substantive bilateral discussion about the security situation in Northeast Asia. Each side appears to feel more comfortable in discussing these issues with Washington than with each other, even though strategists on both sides habitually refer to their relations in terms of a triangle involving Washington." (Yahuda 2003: 195).

III.11.3.3   Korea / China

Das Niveau der wirtschaftlichen Verflechtung zwischen Korea und China ist umso mehr bemerkenswert, als die beiden Länder nur gerade seit 1992 diplomatische Beziehungen aufrechterhalten. Aufgrund seiner geographischen Lage und seines wirtschaftlichen Entwicklungsniveaus, das zwischen denjenigen der beiden Nachbarländer liegt, verfolgt Korea eine Strategie, sich als Drehscheibe (*hub*) Nordostasiens zu positionieren, fürchtet gleichzeitig aber auch, als im Vergleich deutlich kleineres Land in dieser Mittelrolle zerrieben zu werden. Im Industriebereich gibt es zwar ausgeprägte Komplementaritäten zwischen der koreanischen und der chinesischen Wirtschaft, aber unter Freihandelsbedingungen drohen Korea (wie auch Japan) ein Aushöhlen (*hollowing out*) ihrer Industrieproduktion, nämlich Auslagerungen sämtlicher Bereiche arbeitsintensiver Produktion mit hohen Arbeitsplatzverlusten als Ergebnis. Landwirtschaft ist zwischen Korea und China ein besonders heikles Thema, da Klima, Essgewohnheiten und damit die Agrarerzeugnisse vor allem in den drei nördlichen Provinzen Chinas ähnlich sind, bei deutlich unterschiedlichen Preisniveaus. Im Jahr 2000 erhöhte Korea die Zölle auf chinesische Knoblaucheinfuhren, um die eigenen Produzenten zu schützen, gab dies aber schnell wieder auf, als die Volksrepublik mit Zollerhöhungen auf Mobiltelephone und Polyäthylen reagierte. Ähnlich erging es Japan 2001, als dessen Regierung die Zölle auf Shitake-Pilze aus China auf 266% erhöhte: Die Volksrepublik regierte mit drastischen Zollerhöhungen auf Mobiltelephone, Autos und Klimaanlagen (Panitchpakdi/Clifford 2002: 118). Freihandel im Agrarsektor würde in der koreanischen wie in der japanischen Landwirtschaft zu einem dramatischen Strukturwandel führen (Nam et al. 2003). Die beiden Länder lancierten eine FTA-Machbarkeitsstudie im März 2004 und beschlossen kurz danach eine Beschleunigung des FTA-Vorbereitungsprozesses.[421] Beide sehen ein bilaterales FTA als Katalysator für ein nordostasiatisches Abkommen unter Einschluss Japans.

---

[419] Im Rahmen des *Asia-Europe Meeting* treffen sich Vertreter der 25 EU-Mitgliedsstaaten (plus einer der EU-Kommission) mit denjenigen von 13 Staaten Ostasiens.
[420] *Japan, China agree to work for finance dialogue mechanism*, Kyodo, 25.6.2005.
[421] *China, ROK willing to advance FTA process*, Xinhua, 17.6. 2005.

III.11.3.4 Interdependenz und Kooperationsdruck

Die drei Länder sind auf komplexe Verhandlungen zur Vertiefung der Wirtschaftsbeziehungen und zum besseren Interdependenz-Management angewiesen. Umkehren lässt sich die Entwicklung nicht mehr; die drei Länder befinden sich in einer Situation struktureller gegenseitiger Abhängigkeit. Trotz eines bereits hohen Niveaus wirtschaftlicher Verflechtung gestaltet sich der Ausbau der bilateralen Beziehungen Japans zu China und Korea schwierig. Eine Radikallösung wie unbedingter, allgemeiner Freihandel hätte ökonomisch wie politisch nicht verkraftbare Folgen für Koreas und Japans Gesellschaften. Die ‚harten wirtschaftlichen Fakten‘, die Interessenkonvergenz und zunehmende Interdependenz drängen die politischen Akteure immer wieder zu einem Ausbau der Kooperation; bilaterale politische Initiativen geraten jedoch immer wieder in Blockadesituationen. Der folgende Abschnitt zeigt, dass sich trilaterale Kooperation in Nordostasien bedeutend dynamischer gestalten lässt.

III.11.4   Trilaterale Kooperation

Trilaterale Kooperation zwischen Japan, China und Korea findet auf mehreren Ebenen und in verschiedenen Foren statt. Abschnitt III.11.4.1 beschreibt zunächst die Herausbildung der trilateralen Treffen im Rahmen der ASEAN+3, während die folgenden die Zusammenarbeit auf den Gebieten der Energie- (III.11.4.2) und Umweltpolitik (III.11.4.3) sowie subnationale Kooperationsprojekte (III.11.4.4) darstellen.

III.11.4.1   Trilaterale Kooperation im Rahmen der ASEAN+3

Trilaterale Kooperation zwischen Japan, China und Korea begann im Rahmen der ASEAN+3 als eine Erweiterung der Kooperation südostasiatischer Staaten. Auf japanischen Vorschlag hin und unter koreanischer Vermittlung trafen sich im November 1999 – zum ersten Mal überhaupt – die Staatschefs der drei Länder trilateral auf dem Gipfel in Manila.[422] An diesem informellen Treffen einigten sie sich darauf, gemeinsame Abklärungen in zehn Bereichen, darunter Handel, Zölle und Umweltschutz, durchzuführen und den damals anstehenden WTO-Beitritt Chinas zu befördern.[423] Schon auf dem nächsten ASEAN+3-Gipfeltreffen, 2000, kam man überein, diese Treffen regelmäßig durchzuführen. Angesichts der diversen Pläne zu Freihandelsabkommen in der Region schlug die ASEAN ein gesamtostasiatisches FTA (ASEAN+3) vor. Aufgrund der Blockadesituation in Nordostasien und den konkurrierenden Initiativen der drei Länder entwickelten sich aber parallele Verhandlungen zwischen der ASEAN und Japan, China und Korea je einzeln.

Ein erster Durchbruch der ASEAN+3-Kooperation kam 2000 auf dem Gebiet der Währungspolitik. Aus der Erfahrung des Ungenügens einzelstaatlicher Abwehrmaßnahmen gegenüber Währungsspekulationsattacken und der plötzlichen Umkehr von Kapitalflüssen formierten die Länder Ostasiens ein Netzwerk bilateraler Swap-Abkommen. Es handelt sich um Vereinbarungen zwischen Zentralbanken, in denen diese sich verpflichten, den Kooperationspartnern kurzfristige Devisenkredite zu gewähren. Darüber hinaus es ist jedoch auch

---

[422] Im Jahr zuvor war der japanische Vorschlag von China noch abgelehnt worden.
[423] Dokument *Joint Statement on East Asia Cooperation*.

ein Projekt der makroökonomischen Koordinierung auf regionaler Ebene. Vor der Asienkrise hatte China eine ablehnende Haltung gegenüber ähnlichen japanischen Initiativen eingenommen.[424] Auch die drei nordostasiatischen Länder untereinander unterzeichneten bilaterale Swap-Abkommen, in denen sie sich auf währungspolitischen Beistand im Falle spekulativer Attacken verpflichteten.

Obwohl die Kontroversen über die japanische Kriegsvergangenheit bereits 2001 hohe Wellen schlugen und die bilateralen Beziehungen verschlechterten, wurde die trilaterale Kooperation im genannten Rahmen fortgesetzt. Auf dem vierten Gipfel, 2002, schlug der chinesische Premierminister Zhu die Bildung einer trilateralen nordostasiatischen Freihandelszone vor. Japan hielt dies für übereilt, angesichts der langsamen Fortschritte der mit dem WTO-Beitritt verbundenen Reformen in der Volksrepublik, stimmte aber Abklärungen der Folgen der Bildung einer solchen Zone durch Studiengruppen in den drei Ländern zu. Zudem wurden sicherheitspolitische Fragen diskutiert und eine Zusammenarbeit auf fünf Gebieten beschlossen: Handel, Information und Kommunikation, Bildung/Weiterbildung, Umweltschutz, Kultur. Diese wurde im folgenden Jahr auf Initiative Chinas auf 14 Gebiete erweitert. Im September 2003 gaben die Handelsministerien der drei Länder bekannt, dass sie die gemeinsame Entwicklung eines Ersatzprogramms für *Microsoft Windows* planen, um die kostspielige Abhängigkeit von dem US-Hersteller zu vermindern. Ebenfalls 2003 wurden Abklärungen beschlossen für eine „wirtschaftliche Partnerschaft in naher Zukunft" und eine gemeinsame Studie über ein trilaterales Investitionsabkommen.[425] Ein gemeinsames Komitee wurde eingesetzt, das diese Aktivitäten planen, ausarbeiten und koordinieren sollte. Der koreanische Präsident sprach sich explizit für eine „Gemeinschaft der nordostasiatischen Staaten" aus. 2004 wurde der Bericht über ein trilaterales Investitionsabkommen[426] vorgelegt und Verhandlungen über ein entsprechendes Rahmenabkommen beschlossen. Die trilateralen Aktivitäten wurden gebündelt in einer *Action Strategy on Trilateral Cooperation*. Wie auch in Bezug auf ein bilaterales FTA mit Japan, lässt die Volksrepublik keine Gelegenheit aus, um ein trilaterales Freihandelsabkommen prominent auf die Agenda zu setzen, so z.B. der chinesische Außenminister Li Zhaoxing im Rahmen eines trilateralen Treffens anlässlich des *Asia-Europe Meeting* in Kyoto, Mai 2005.[427]

Insbesondere Korea drängt darauf, in diesem trilateralen Rahmen auch die Politik der drei Länder gegenüber Nordkorea abzusprechen, im Interesse einer friedlichen Denuklearisierung der Halbinsel.[428]

Nun gibt es zahllose gemeinsame Erklärungen und intergouvernementale Abkommen, die ohne jede Wirkung bleiben. Dass die genannten nicht in diese Kategorie gehören, wird belegt durch die Tatsache, dass sich daraus politische Koordinationsmechanismen auf mehreren Ebenen hervorgingen. Regelmäßige Treffen der Außen-, Finanz- und Wirtschaftsminister wurden institutionalisiert und ein *Business Forum* aus Wirtschaftsvertretern der drei Länder eingerichtet.[429] Eine trilaterale Arbeitsgruppe zur Informations- und Kommunikati-

---

[424] Ein zweiter Grund für das Scheitern der japanischen Initiativen vor der ‚Asienkrise' war die explizite Ablehnung durch die USA, die neben den internationalen Institutionen (IWF, Weltbank) keine regionalen dulden wollten. Nach der Asienkrise, unter der Bush-Regierung, betrieben die USA dann eine Politik des bilateralen Anbindens einzelner Staaten Ostasiens und ignorierten multilaterale Kooperationsbemühungen.

[425] Dokument *Joint Declaration on the Promotion of Tripartite Cooperation* (2003).

[426] *Report of the Joint Study Group on the Possible Trilateral Investment Agreements* (2004).

[427] *China urges movement on trilateral FTA*, Yomiuri Shimbun, 8.5.2005.

[428] *Japan, China, S. Korea Vow Closer Ties On N Korea, FTA*; Kyodo, 29.11.2004.

[429] Erstes Treffen in Seoul 2002, 2003 in Beijing, 2004 in Tokio.

onstechnologie nahm 2001 ihre Arbeit auf, mit einer Agenda, die die Verkleinerung des *information gap*, die Verbesserung der Kommunikationsinfrastruktur und die Vereinheitlichung der Mobiltelephonie- und Breitband-Internet-Standards umfasst. Dies geschah auf Anregung Chinas hin, während im Bereich der Energiepolitik vor allem Initiativen seitens Japans lanciert wurden.

III.11.4.2 Kooperation auf dem Gebiet der Energiepolitik

Japan und Korea verfügen über wenig Rohstoffe zur Energieerzeugung, und seit sich China 1993 zu einem Ölnettoimporteur entwickelte, sind alle drei nordostasiatischen Länder auf Einfuhren angewiesen. Daraus ergibt sich eine Konkurrenz um die Rohstoffe auf dem Weltmarkt, aber auch ein potenzielles Interesse an einer kooperativen Lösung der Zufuhrsicherung und -stabilisierung. Insbesondere die Planer in den japanischen Ministerien und *think tanks* entwickelten solche Konzepte, die auch einen Markt für die fortgeschrittenen japanischen Energieeinsparungstechnologien öffnen würde.[430] Ein erstes Treffen der Chefbeamten der drei nationalen Energiebehörden sowie den Generalsekretären der *International Energy Agency (IEA)* und des *Energy Charter Secretariat (ECS)* fand im März 2002 statt. Anders als im Fall der umweltpolitischen Kooperation entwickelte sich daraus zunächst kein institutionalisiertes trilaterales Forum, was auf die Prioritäten Chinas und Koreas für bilaterale Abstimmungen in diesem Bereich und auf Spannungen zwischen China und Japan zurückzuführen ist (Yoshimatsu 2005: 21). Letztere gerieten in ein erbittertes Seilziehen um die Hauptroute und den prioritären Bau einer Pipeline zum Transport russischen Öls aus Sibirien. Die Volksrepublik schien das Ringen 2005 für sich entschieden zu haben.[431] Zudem kam es – wie unter III.10.3.2 erwähnt – zu chinesisch-japanischen Konfrontationen um die Nutzung der Gasfelder unter dem ostchinesischen Meer. Japan brachte das Thema der Energiesicherheit mehrfach in den ASEAN+3-Prozess ein, und das japanische METI organisierte trilaterale Konferenzen der Energieminister (die nach dem METI-Minister benannte *Hiranuma-Initiative* zur Sicherung der Energiekooperation in Asien). Im Juni 2004 kam es dann zum ersten offiziellen Treffen der ASEAN+3-Energieminister, an der sich eine gemeinsame energiepolitische Agenda auch für die drei Länder Nordostasiens konstituierte.[432]

III.11.4.3 Kooperation auf dem Gebiet der Umweltpolitik

Nordostasien weist eine Reihe grenzüberschreitender Umweltprobleme auf, von denen die von den nordchinesischen Industriegebieten verursachte Luftverschmutzung und der saure Regen das wichtigste ist. Eine Studie der Seoul National University in Kooperation mit dem Chinese Science Research Institute kam zum Schluss, dass die Hälfte der Luftschadstoffe in Korea chinesischen Ursprungs ist.[433] Das erste multilaterale umweltpolitische Forum in der Region war die seit 1992 jährlich stattfindende *Northeast Asian Conference*

---

[430] Vgl. *Energy, Security, and the Future of Northeast Asia* (NIRA 1998) und das ambitiöse Konzept einer „Nordostasiatischen Union für Energie- und Umweltzusammenarbeit" des gleichen *think tanks* (NIRA 2001).

[431] *Russian mix of oil and weapons to resolve border conflicts: The Russian, Chinese, Japanese triangle*, Eurasia Daily Monitor, 18.1.2005; *Russia's pipeline to reach China before Japan area*, Kyodo, 21.4.2005; *Russia prioritizes China over Japan on oil project*, Kyodo, 9.7.2005.

[432] Die Energieminister der ASEAN-Länder halten gemeinsame Konferenzen seit 1980 ab.

[433] *China ,polluting South Korea's air'*, Straits Times, 11.8.2004.

on Environmental Cooperation (NEAC), an der auch die Mongolei und Russland teilnehmen. Neben den nationalen Umweltbehörden sind auch Regionen und Gemeinden vertreten sowie Forschungsinstitute und Nichtregierungsorganisationen und als Beobachter die UN-Umweltagenturen. Konkret auf Projekte zur Reduzierung des Schadstoffausstoßes von Kohlekraftwerken gerichtet ist das *Northeast Asian Subregional Programme of Environmental Cooperation (NEASPEC)*, das zusätzlich auch Vertreter Nordkoreas einschließt. Auf die Erhaltung der Flora und Fauna des Gelben und des Japanischen Meeres ausgerichtet ist der UNEP (*United Nations Environment Programme*)-gesponserte *Action Plan for the Protection, Management and Development of the Marine and Coastal Environment of the Northwest Pacific Region (NOWPAP)*. Auf Initiative der koreanischen Regierung hin, die den Hauptverursacher der grenzüberschreitenden Luftverschmutzung (China) mit dem wichtigsten Anbieter technischer Lösungen (Japan) zusammenbringen wollte, fand das erste trilaterale Treffen der Umweltminister Anfang 1999 in Seoul statt (Wada 2004: 20). Typisch für diese und ähnliche Initiativen ist, dass sie sich problembezogen zunächst auf Fachebene entwickeln, an politischer Bedeutung gewinnen und dann Eingang in die Agenda der Topdiplomatie finden. Seit 2000 gibt es einen umweltpolitischen Themenblock an jedem trilateralen Gipfeltreffen.

III.11.4.4 Subnationale Kooperationsprojekte

Auch unterhalb der nationalen Ebene gab es in den letzten Jahren zahlreiche Projekte des Ausbaus der transnationalen Beziehungen.[434] Aufgrund der geographischen Gegebenheiten sind die Akteure in erster Linie die Regionen der drei Länder, die am ostchinesischen Meer liegen und die geringste Distanz zu den jeweiligen Nachbarländern aufweisen. Inspiriert wurden die Bemühungen um die Vertiefung direkter, subnationaler Beziehungen von erfolgreichen transnationalen Wirtschaftszonen im ASEAN-Raum (Thant et al., Hg., 1994; Sum, 2001; Jordan 2002). Besonders initiativ waren die Behörden und Wirtschaftsvertreter Kyushus, der westlichsten der großen Inseln Japans. Zunächst wurden so genannte ‚Austauschkonferenzen' mit Korea (seit 1993) und China initiiert, die zu Programmen wirtschaftlicher Kooperation (Handelsförderung, Infrastrukturplanung, Industrie-, Forschungs-, Verwaltungs- und Ausbildungszusammenarbeit, Tourismus etc.) führten. Dies wurde überführt in ein trilaterales Projekt einer integrierten *Wirtschaftszone Gelbes Meer*.[435] Ähnliche Austauschkonferenzen gibt es zwischen Hokuriku und Korea, zwischen Kobe und Hanshin/Shanghai (der *Yangtze Valley Middle and Lower Region Trade Promotion Council*)[436] und zwischen Niigata und dem chinesischen Harbin. Inzwischen pflegen 29 japanische Regionen mit eigenen Büros in China Wirtschaftskontakte, und mehrere japanische Städte realisieren neue *Chinatowns* zur Ansiedlung chinesischer Firmen. Noch vor wenigen Jahren wären solche subnationalen Initiativen in Nordostasien undenkbar gewesen.

---

[434] Bemühungen um subnationale Kooperation gehen japanischerseits bis in die 80er Jahre zurück (Wada 2004: 19).

[435] Es handelt sich um die bilateralen *Kyushu-Korea Economic Exchange Conferences und Kyushu-China Industrial Technology Conferences* sowie die trilateralen *Yellow Sea Rim Economic and Technology Exchange Conferences* und das *Yellow Sea Rim Economic Zone*-Projekt (Quelle: Kyushu Bureau of Economy, Trade and Industry: *Kyushu Asia Kokusaika Report*; METI 2003: 132ff).

[436] Siehe www.city.kobe.jp/cityoffice/06/013/report/2-10.html.

III.11.4.5   Ergebnis

Trilaterale politische Kooperation zwischen Japan, China und Korea entwickelt sich erfolg-reicher als die jeweils bilaterale, insbesondere wenn sie im Rahmen seitens Dritter initiier-ter und bereitgestellter Foren geschieht und/oder von internationalen Institutionen gespon-sert wird. Dies dürfte damit zusammenhängen, dass es für eine Regierung leichter und mit weniger Risiken verbunden ist, einen bilateralen Kooperationsvorschlag zurückzuweisen, als auf die Einflussnahme auf die Konstituierung einer multilateralen Agenda zu verzichten, die später unter Umständen zu schwer vermeidenden Handlungszwängen führt. Zudem entlasten multilaterale Verfahren die Verhandlungen von politisch-symbolisch aufgelade-nen Fragen der Urheberschaft erfolgreicher Initiativen und damit Verantwortlichkeiten und ‚Verdiensten' (zumindest verwischen sie die Spuren) und vermeiden Fragen der Rangord-nung und Legitimität. Bilaterale Kooperation hingegen steht immer unter der Annahme grundsätzlicher Symmetrie. Anders formuliert: Im Gegensatz zu bilateralen Verhandlungen ist es in multilateralen nicht notwendig, sich in die Augen zu schauen. Dies kommt räum-lich in den charakteristischen Sitzordnung beider Verhandlungstypen zum Ausdruck; Ab-bildung III.11.2 veranschaulicht dies.

Abbildung III.11.2:   Die typischen Sitzordnungen bei bilateralen und trilateralen
Verhandlungen

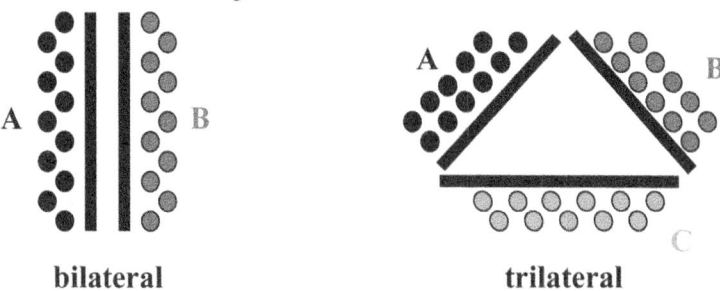

bilateral   **trilateral**

Quelle: eigene Darstellung.

Es gibt weitere Faktoren, die trilaterale Verhandlungen im Vergleich mit bilateralen er-leichtern: Auch ein im Vergleich mit den beiden Nachbarstaaten deutlich kleineres Land wie Korea kann sich in solchen Foren als Verhandlungsführer und treibende Kraft präsen-tieren. Tatsächlich spielt Korea in den von den eigenen *think tanks* entwickelten regionalis-tischen Konzepten und Szenarien eine durch fast keine Voraussetzungen oder Restriktionen beengte Rolle.[437] Für Japan wiederum bieten diese Foren die Chance, direkte Düpierung zu vermeiden und indirekte Führerschaft zu betreiben. Es ist leichter, Zustimmung zu einer Initiative zu gewinnen, wenn sie der Öffentlichkeit als Ergebnis trilateraler Verfahren prä-sentiert werden kann, als wenn es sich um die Annahme eines japanischen Vorschlages handelt.

---

[437] Auch Wada kommt zum Schluss: „Only Korea can become the center of this Common House [of Northeast Asia]." (Wada 2004: 20).

Jenseits der hier diskutierten Faktoren ist ein Sachverhalt zentral, nämlich eine deutliche Zunahme der Bereitschaft Chinas, sich auf multilaterale Verfahren einzulassen und die schrittweise Verbreiterung der politischen Agenda nicht nur zuzulassen, sondern aktiv zu befördern. Als die eigene WTO-Mitgliedschaft gesichert war, hat China in hohem Tempo eine regionalistische Politik entwickelt, die sich einbettet in eine veränderte Konzeption von Sicherheitspolitik.[438] Die Volksrepublik ist zwar seit 1992 APEC-Mitglied, aber erst die ‚Asienkrise' und die damit verbundene Interdependenzerfahrungen waren der Anstoß für die Entwicklung einer chinesischen Regionalismuskonzeption.[439] Bis heute ist wenig bekannt über Stellenwert, Prinzipien und die langfristigen Ziele der chinesischen Regionalisierungsstrategie.[440] Sicherlich ist der Primat der Orientierung auf eine künftige Weltmachtrolle ungebrochen, und die Region wird in erster Linie als ‚nahes Umfeld' verstanden, das es zu stabilisieren und im eigenen Interesse zu gestalten gilt. Es gibt erst wenige Anzeichen, die drauf hindeuten, dass die Volksrepublik die zunehmende wirtschaftliche Verflechtung mit den Nachbarn als entspannungs- und kooperationsfördernden ‚Eigenwert' versteht.[441]

Für alle drei Länder, die stark zentralistische Staatstraditionen haben, ist die Bereitschaft, subnationale Kooperationsprojekte zuzulassen, bemerkenswert.

III.11.5 Diskussion

Während die wirtschaftliche Integration in Nordostasien bereits ein hohes Niveau erreicht hat und ungebrochen voranschreitet, präsentiert sich politische Kooperation in der Region als widersprüchlicher Prozess. Zweifelsohne stellen die konfliktiven Ereignisse einen schweren Rückschlag für die Entwicklung politischer Kooperation in Nordostasien dar. Ihnen steht jedoch eine anhaltende Tendenz zur Zusammenarbeit auf verschiedenen Feldern und Ebenen unterhalb der Hochdiplomatie entgegen. Im Folgenden werden die Faktoren systematisiert, die eine Umsetzung der wirtschaftlichen Integrationsdynamik in politische Kooperation in Nordostasien fördern (III.11.5.1) resp. behindern (III.11.5.2).

---

[438] Seit 1996 gilt in der Volksrepublik eine sicherheitspolitische Konzeption, die Wirtschaft und nicht-traditionelle Bedrohungsformen ins Zentrum stellt. Qin (2003) spricht in Bezug auf die dritte Generation politischer Führer der Volksrepublik von einer strategischen Orientierung auf „kooperative und gegenseitige Sicherheit".

[439] Vgl. Lu (2004): „... during the Asian financial crisis, in contrast to the inaction of the APEC, and the requirement made by the U.S. and IMF, China has gained the trust of Asian nations for the stability of its currency RMB and for the monetary aids to the countries ridden by the crisis, which had set a good image for China's participation in the Asian mechanisms and at the same time strengthening China's accountability and Asian consciousness. China has realized that the country and its neighboring countries are strategically depending on one other. China's periphery, especially the Asia-Pacific region, is the priority of the country's strategic interests."

[440] Siehe Breslin (1999), Drover et al. (Hg., 2001), Zhang (2002b), Han (2003), Xiao (2004). Xiangyang Li, Professor am *Institute of World Economics & Politics* der *Chinese Academy of Social Science*, betont die kurze Entstehungsfrist und ihre Ableitung aus der nationalen Entwicklungsstrategie: „Regionalism is a new policy option for China. (...) With regard to the regional integration, China's incentives depend on its national conditions. (...) it needs to build a better political environment, in particular a better peripheral environment for its economic growth." (Li 2004: 2, 5). Xiao (2004) beklagt explizit Chinas „lack of [a] definite and comprehensive strategy in the East Asian region".

[441] Vgl. Wang (2000: 80): „[The] Chinese attitude toward multilateralism is quite instrumental, as indicated by the official discourse. [...] Chinese IR scholars and policy makers are straightforward with the practical reasons for their limited endorsement of multilateralism. Their reasoning includes the use of multilateral arrangements to counter-balance US-led military alliances and to undermine American dominance in the region, and to appease Southeast Asian nations and to ameliorate their perception of China as a threat."

III.11.5.1   Kooperationsfördernde Faktoren

Wie aufgrund der wirtschaftlichen Interdependenz zu erwarten, gibt es in Nordostasien Prozesse, die als *engrenage* und *spill over* beschrieben werden können.[442] Die wirtschaftlichen Austauschprozesse auf hohem Niveau erfordern Stabilisierung, Sicherung und bis zu einem gewissen Grad gemeinsame Planung und Abstimmung, um Rückschläge, Blockaden und Verwerfungen zu vermeiden. Das Interesse aller drei Länder an einer weiteren Vertiefung der Wirtschaftsbeziehungen und am Ausbau der politischen Kooperation ist ungebrochen, aber die *Form*, in der dies geschehen soll, ist noch nicht gefunden; der inkrementelle, *trial and error*-Prozess wird weiter gehen. Während große, ambitiöse Projekte zur Zeit wenig Realisierungschancen haben, kumulieren sich funktionale Aspekte der Kooperation in immer breiteren Agenden. Aufgrund der bisherigen Erfahrungen ist zunächst vor allem eine Ausweitung der Kooperation in trilateralen Foren zu erwarten, die von heiklen politisch-symbolischen Zuschreibungen entlasten. Festzuhalten ist, dass sich trotz aller Schwierigkeiten in den letzten Jahren in allen drei Ländern das *Leitbild* eines kooperativen Nordostasien offiziell verankert hat. Am deutlichsten ist dies in Südkorea, wo es einen zentralen Pfeiler der nationalen Entwicklungsstrategie definiert. Den längsten Weg in kürzester Zeit hat jedoch sicherlich die Volksrepublik China zurückgelegt, wenn auch Vorsicht bezüglich Konsistenz und Stellenwert ihrer Regionalisierungsstrategie angebracht ist. Bemerkenswert ist aber auch, dass sich Japan trotz der Risiken historisch belasteter Verknüpfungen wieder explizit auf ein Konzept Nordostasien eingelassen hat.[443] Kooperative Szenarien für Nordostasien sind sicherlich in Japan am weitesten entwickelt worden.[444] Diese konzeptionelle (wie auch technologische und organisatorische) Führungsrolle kann Tokio jedoch nur in Einzelfällen in erfolgreiche politische Initiativen umsetzen (vgl. Calder 2000).

Ein weiterer Mechanismus, der in der Theorie internationaler Wirtschaftsbeziehungen als „*Dominoeffekt*" diskutiert wird, könnte seine Wirkung auch in Nordostasien entfalten: Schlössen China und Korea wie angekündigt ein bilaterales Wirtschaftsabkommen, stiege der Druck auf Japan gewaltig, sich diesem anzuschließen. Dieser Druck wächst aber auch schon im *Vorfeld*, denn der Beitritt zu einem solchen Abkommen geschieht im Allgemeinen zu schlechteren Bedingungen, als es bei einer Beteiligung am Aushandlungsprozess der Fall wäre. Radikal implementierte Freihandelsprojekte wird es aber angesichts der oben beschriebenen Sensibilitäten (und auch auf der Basis des geteilten wirtschaftspolitischen Pragmatismus) nicht geben, weder bi- noch trilateral.

Ein positiver Effekt auf die Kooperation zwischen Japan, China und Korea wird auch weiterhin von der dynamischen *gesamt-ostasiatischen Integration* ausgehen. Zwar befinden sich Japan und China in einer offenen Konkurrenz um die Gestaltung der Region, insbesondere in den Bemühungen um die Vertiefung der Beziehungen zu den ASEAN-Ländern; beide werden diese aber nicht dominieren können. Die anderen beteiligten (wie auch exter-

---

[442] Vgl. Yoshimatsu (2005: 11), der von „spillover of discussion agenda from economic and technical matters to political and security issues" spricht.
[443] Japan verwendete den Begriff Nordostasien zum ersten Mal seit 1945 wieder in einem diplomatischen Dokument von 2002, und zwar in einem gemeinsamen Erklärung mit dem Präsidenten Nordkoreas, Kim Jong Il (*Pyongyang Declaration*, Wada 2004: 20f).
[444] Siehe insbesondere das *Grand Design for Northeast Asia. Scenario for Development and Coexistence* des japanischen *National Institute for Research Advancement* (*NIRA*, 2003), das dieses auch an verschiedenen Konferenzen vor einem Expertenpublikum aus den drei Ländern vor- und zur Diskussion gestellt hat (zuletzt an der *2004 Northeast Asia Economic Conference/Northeast Asia Economic Forum* in Niigata, Februar 2004).

ne) Akteure werden weiterhin auf kooperative Gesamtlösungen drängen.[445] Immer wieder wird die Situation auftreten, dass gesamtostasiatische Institutionen und Verfahren eine Verständigung auf Regelungen in Nordostasien nach sich ziehen, ja geradezu erzwingen. Es ist schwer zu begründen, warum eine Einigung an einem Ostasien-Gipfel möglich sein soll, nicht aber an einem trilateralen Treffen zwischen Japan, China und Korea. Wie in anderen Weltregionen schlägt im Falle bilateralen Blockaden die Stunde regionaler Institutionen. Die Konkurrenz der Staaten Nordostasiens um die Gestaltung der Region dürfte im Endergebnis ein Integrationsbeschleunigender Faktor sein. Japans Ministerpräsident Koizumi sah sich am ersten Ostasien-Gipfel in Kuala Lumpur (vgl. Abschnitt III.12.7) unter dem Druck der Öffentlichkeit, auf das Verhältnis Japans zu China und Korea einzugehen:

> „Japan-China relations and Japan-ROK relations are both much better than ever before. Economic ties are expanding, and interdependency has been growing deeper than before. In addition, art, cultural, sport and people-to-people exchanges are also much deeper and much broader than ever before. In the coming days as well, we shall strive to grow these variable relations of interdependence and mutual benefit. There is no change in that basic policy."[446]

III.11.5.2 Kooperationsbehindernde Faktoren

Mehrere Faktoren behindern die weitere Vertiefung der regionalen politischen Kooperation in Nordostasien. In vielen Studien regionaler Integration in Ostasien wird das Nichtvorhandenseins eines regionalen ‚Bewusstseins' oder einer *regionalen Identität* als Grund für die fehlende politische Integration angegeben. Von einem integrationstheoretischen Standpunkt scheint dies Ursache und Effekt umzukehren. Eine regionale Identität (über die Weltsicht einiger wirtschaftlicher und politischer Funktionseliten hinaus) konstituiert sich im Allgemeinen als Resultat der Intensivierung transnationaler Interaktionsprozesse über längere Zeiträume. Im Einklang mit den integrationstheoretischen Voraussagen sind wirtschaftliche und wirtschaftspolitische Akteure in Nordostasien die Avantgarde, was die Formulierung regionalistischer Zielvorstellungen betrifft. Diese sind aber nur schwer in Einklang zu bringen mit Strategien (und den vom ‚Tagesgeschäft' dominierten Taktiken) der in erster Linie politisch orientierten Akteure.

Auch wenn die wirtschaftlichen und akademischen Eliten der drei Länder zunehmend, aber in deutlich unterschiedlichem Ausmaße, einen regional und global orientierten Standpunkt einnehmen, werden die tief verwurzelten *Nationalismen* in Nordostasien weiterhin bedeutende Hindernisse für die Vertiefung politischer Kooperation darstellen. Während es sich in Japan um eine in engem Zaum gehaltene, aber politisch-gesellschaftlich signifikante Kraft handelt, sind die Nationalismen in Korea und China nach wie vor legitime, zentrale Konstruktionselemente der offiziellen Diskurse, auf die Regierung wie Opposition offen rekurrieren.[447] Beide Länder neigen regelmäßig dazu, wie Knittel (2005) feststellt, „durch die Wiederbelebung des Feindbildes Japan von innenpolitischen Schwierigkeiten abzulenken". Solange dies der Fall ist, ist es zweifelhaft, ob ein von vielen Beobachtern erhoffter

---

[445] Festzuhalten ist, dass (mit Ausnahme Chinas und Koreas) in den Ländern Ostasiens eine größere Rolle Japans in der Region gewünscht wird (vgl. Maswood 1994: 71).

[446] *Press Conference by Prime Minister Junichiro Koizumi Following the ASEAN+3, Japan-ASEAN and EAS Summit Meetings*, 14.12.2005 (Quelle: www.mofa.go.jp).

[447] Auch aus China sind Stimmen zu vernehmen, die einen „engen Nationalismus" und eine „Überbetonung des nationalen Interesses" als Hindernisse für die Integration der Region bezeichnen (Xiao 2004).

langsamer Erosionsprozess nationalistischer Weltanschauungen in der jüngeren Generation stattfinden wird. Dem zugrunde liegen historisch weit zurückreichende Identitätsmuster. In China wirkt das historische sinozentrische Weltbild nach, während in Japan die Distanzierung von ‚Asien' für viele immer noch ein konstituierendes Element von Modernität ist (vgl. Abschnitt I.2.1, S. 11). Die Veränderung solcher Identitätskonstruktionen sind mittel- bis langfristige Prozesse, die aber von politischen Akteuren in der Gegen-wart eingeleitet werden können und von einigen zivilgesellschaftlichen Gruppen und Netzwerken auch bereits begonnen worden sind.[448]

Die ältere Integrationstheorie thematisierte mehrere typische *Widersprüche* oder negative Rückwirkungen, die im Verlaufe eines Integrationsprozesses auftreten können (Schmitter 1971). Drei davon dürften für eine Analyse des weiteren Verlaufs der zwischenstaatlichen Entwicklungen in Nordostasien von besonderer Relevanz sein: *envy, equity, externalization*. Mit der zunehmenden Durchlässigkeit der Grenzen, der wachsenden gegenseitigen Beobachtung und dem Auftreten allfälliger Ungleichgewichte in der Kosten-Nutzen-Verteilung wirtschaftlicher Integration wachsen auch die Risiken negativer Gegenreaktionen. Dies ist gerade angesichts der erwähnten Bedeutung nationalistischer Diskurse in den drei Ländern von Bedeutung. Verschiedene zur Zeit noch günstige Faktoren werden erodieren. Mit der raschen Entwicklung der chinesischen Volkswirtschaft nehmen die Komplementaritäten zwischen den drei Ländern ab. Die sich intensivierende Konkurrenz auf den Weltmärkten und der härter werdende Kampf um Ressourcen dürften kooperative Lösungen in der Zukunft erschweren.

Unter *externalization* diskutierte Schmitter (1971) Schwierigkeiten, regionale Integration abzuschirmen in einem Kontext der Abhängigkeit vom Außenraum. In der hier diskutierten Region ist dies besonders deutlich auf militärisch-sicherheitspolitischem Gebiet. Der bedeutendste Negativfaktor für die Ausweitung der Integrationsdynamik in Nordostasien ist sicherlich die fundamentale *sicherheitspolitische Spaltung der Region*. Auf der einen Seite befindet sich China auf dem Weg zur Weltmacht, auf der anderen stehen zwei sicherheitspolitisch bestenfalls semisouveräne Staaten, die sich in einem wachsenden Widerspruch zwischen regionalen Kooperations- und Entspannungsinteressen und den Bündnisanforderungen seitens der globalen Hegemonialmacht befinden. Insbesondere Japan steht unter zunehmenden Druck, sich von seiner pazifistischen Nachkriegsverfassung zu lösen und vermehrt militärische Funktionen in einer US-geführten Sicherheitsordnung zu übernehmen.[449] Dies ist eine Quelle der wachsenden Skepsis der Volksrepublik gegenüber Japan. Zwar entwickelte sich in den Jahren seit dem Ende der Ost-West-Konfrontation in Ostasien ein Geflecht sicherheitspolitischer Kommunikationskanäle, in das auch China, Japan und Korea involviert sind (Tow et al., Hg., 2000). Auch wenn diesbezüglich gewisse Dialogfortschritte zu verzeichnen sind, muss doch festgestellt werden, dass regionale Foren wie

---

[448] Z.B. verfasste eine (inoffizielle) trilaterale Studiengruppe, bestehend aus rund 50 Wissenschaftlern, Lehrern und Bürgerrechtlern aus Japan, China und Korea ein gemeinsames Lehrbuch zur jüngeren Geschichte der Beziehungen ihrer Länder, in drei Sprachen, unter dem Titel „Die Geschichte, die die Zukunft öffnet". Es soll als zusätzliches Ausbildungsdokument dienen (*Tri-nation history text aims to counter whitewash*, Japan Times, 25.5.2005).

[449] Vgl. dazu Cossa (2001, 2005a), Hughes (2004) und McCormack (2005: 6): Japans „dependence and priority to the US over the Asia relationship is ... best seen not just as a quirk of Koizumi's infatuation with George W. Bush but as a natural extension of a dependency deeply structured in Japan's postwar and occupation settlement. US insistence on Japan's national uniqueness and fundamental difference from Asia, and implacable opposition to any moves towards Japanese involvement in an East Asian community have been fundamental to US policy since the occupation."

das *ASEAN Regional Forum (ARF)* weit davon entfernt sind, eine tragfähige regionale Sicherheitsarchitektur zu bilden. Eine friedliche Lösung des Sicherheitsproblems Nordkorea im Rahmen einer von allen Nachbarländern und den USA getragenen Prozesses wäre eine Voraussetzung für die Freisetzung einer politischen Kooperationsdynamik, einer „Aufwärtsspirale", die zu einem „gemeinsamen Haus Ostasien" führen würde.

III.11.5.3   Ausblick

Alles deutet darauf hin, dass die Spannung zwischen zentripetalen (integrativen) Tendenzen und den zentrifugalen Prozessen in Nordostasien weiter zunehmen wird. Die politischen Akteure werden sich entscheiden müssen. Die Volksrepublik kann Ostasien subaltern in ein chinesisches Hegemonialsystem, wie es jahrhundertelang existierte, integrieren wollen – oder ein positives Verständnis von Regionalisierung als einem Kernelement einer nicht-konfrontativen Strategie hin zu einer multipolaren Welt entwickeln. Die gegenwärtige Regierung Südkoreas hat einen Weg der prioritären Regionalisierung, der Annäherung an China und der friedlichen Wiedervereinigung mit Nordkorea eingeschlagen, der eine größere Distanz zu den USA bedeutet. Dies ist ebenso wenig irreversibel wie die in Bezug auf historische Sensibilitäten der Nachbarländer wenig entgegenkommende und sicherheitspolitisch einseitig auf die USA ausgerichtete Politik der gegenwärtigen Regierung Japans. Die jüngste Verschlechterung in den inner-nordostasiatischen Beziehungen dürfte nicht die letzte gewesen sein, und Material für politische „Abwärtsspiralen" ist ausreichend vorhanden. Regionale Integrationsprozesse sind nichtlinearer Natur.

III.11.6   Anhang

Tabelle III.11.1: Exporte Japans, 2000-2003

	Jap. Exporte (Mia.US-Dollar)				Jap. Exporte (% der Gesamtexporte)			
	2000	**2001**	**2002**	**2003**	**2000**	**2001**	**2002**	**2003**
Südkorea	30'786	25'405	28'547	34'675	6.4	6.3	6.9	7.4
China	30'428	31'091	39'866	57'219	6.3	7.7	9.6	12.2
ASEAN4	45'493	37'655	38'841	43'293	9.5	9.3	9.3	9.2
Ostasien	190'897	156'625	172'983	210'928	39.7	38.7	41.6	44.9
EU15	78'486	64'674	61'115	71'893	16.3	16.0	14.7	15.3
Nordamerika	150'419	128'313	125'864	122'754	31.3	31.7	30.3	26.1
Total Exporte	480'701	405'155	415'862	469'862				

Anmerkung: Nordamerika: USA, Kanada; Quelle: JETRO (www.jetro.go.jp); für Daten für 2005 siehe Tab. II.16a, S. 151.

Tabelle III.11.2: Importe Japans, 2000-2003

	Jap. Importe (Mia.US-Dollar)				Jap. Importe (% der Gesamtimporte)			
	2000	2001	2002	2003	2000	2001	2002	2003
Südkorea	20'530	17'307	15'454	17'841	5.4	4.9	4.6	4.7
China	55'303	58'105	61'692	75'193	14.5	16.5	18.3	19.7
ASEAN4	48'843	44'755	42'338	47'751	12.8	12.7	12.6	12.5
Ostasien	159'752	141'327	139'417	161'790	39.6	40.3	41.4	42.4
EU15	46'959	44'804	43'736	48'789	12.3	12.8	13.0	12.8
Nordamerika	81'268	71'385	64'837	66'213	21.3	20.3	19.2	17.4
Total Importe	381'100	351'098	336'832	381'528				

Anmerkung: Nordamerika: USA, Kanada; Quelle: JETRO (www.jetro.go.jp); für Daten für 2005 siehe Tab. II.16a, S. 151.

Tabelle III.11.3: Direktinvestitionen von und nach Japan, 1950-2003

	Jap. FDI (Anzahl Fälle)			FDI nach Japan (Anzahl Fälle)		
	1951-1994	1951-2003	1985-2003	1950-1994	1950-2003	1989-2003
Südkorea	1'984	2'388	1'181			555
China	2'931	5'407	5'314			581
Hongkong	4'371	4'989	2'689	4'769	5'090	1'496
Taiwan	2'615	2'950	1'565			983
ASEAN10	11'523	14'723	9'153			**169
Asien	23'963	31'190	20'345			4'609
EU15	8'792	14'355	11'024			9'582
Nordamerika*	28'684	32'110	19'833	10'722	15'310	7'767
Total	**77'507**	**96'825**	**62'511**	**50'825**	**64'184**	**32'671**

Anmerkung: *USA, Kanada; **ASEAN4; Quelle: JETRO (www.jetro.go.jp); für Daten für 1996 und 2003 (Bestand) siehe Tab. II.20, S. 164.

Tabelle III.11.4: FDI in China bis Ende 2002, kumuliert

Land	Wert, kumuliert (Milliarden US-Dollar)	%
Hongkong	204'875	45.73
USA	39'889	8.90
Japan	36'340	8.11
Taiwan	33'110	7.39
Virgin Islands	24'388	5.44
Singapur	21'473	4.79
Südkorea	15'199	3.39
Großbritannien	10'696	2.39
Deutschland	7'994	1.78
Frankreich	5'543	1.24

Quelle: MOFCOM (2003: 65) (www.mofcom.gov.cn)

III.12 Emergenz des regionalen Multilateralismus: Das *ASEAN plus*-System in Ostasien

III.12.1   Einleitung

Mit der Abhaltung des ersten Ostasien-Gipfels (*East Asia Summit, EAS*) in Kuala Lumpur, Dezember 2005, hat der ostasiatische Regionalismus große politische und mediale Aufmerksamkeit auf sich gezogen. In Ostasien wurde der Gipfel im Vorfeld mit der Gründung einer „ostasiatischen Gemeinschaft" in Verbindung gebracht, in Amerika und Europa befürchteten Beobachter die Gründung einer „anti-westlichen" Regionalorganisation. Beides hat sich nicht bewahrheitet. Dieses Kapitel zeigt, dass das sich ab Mitte der 1990er Jahre herausbildende *ASEAN plus*-System die eigentliche Grundstruktur des ostasiatische Regionalismus ist. Der Ostasien-Gipfel fügte nur ein weiteres Forum zu den bereits bestehenden regionalen Konsultations- und Kooperationsmechanismen um die südostasiatische ASEAN (*Association of Southeast Asian Nations*) hinzu. Die wichtigsten Entwicklungen seit der asiatischen Finanzkrise fanden im Rahmen der Zusammenarbeit der ASEAN mit den drei nordostasiatischen Staaten China, Südkorea und Japan (*ASEAN+3*) statt.

Abschnitt III.12.2 analysiert die Triebkräfte der Entwicklung hin zur ASEAN+3-Kooperation und damit auch zum Ostasien-Gipfel. ASEAN+3 entwickelte sich inkrementell; als Gründungsakt kann am ehesten der Gipfel von Manila 1999 bezeichnet werden (Abschnitt III.12.3). Der zunächst wenig beachtete neue Verbund etablierte sich rasch als zentrale Institution des ostasiatischen Regionalismus (Abschnitt III.12.4) und machte besonders auf währungs- und finanzpolitischem Gebiet rasche Fortschritte (Abschnitt III.12.5). Abschnitt III.12.6 diskutiert die Determinanten des Erfolgs, im Vergleich zur Situation der frühen 1990er Jahre. Um die Funktion des Ostasien-Gipfels geht es in Abschnitt III.12.7: Durch die Erweiterung der Teilnehmerschaft kam es nicht zur institutionellen Reform der ASEAN+3, sondern zur Einrichtung eines neuen Forums, dessen Agenda nach wie vor wenig geklärt ist. Übereinstimmend wurde in Kuala Lumpur festgehalten, dass ASEAN+3 weiterhin das Hauptinstrument für die Entwicklung einer ostasiatischen Gemeinschaft ist.

III.12.2   Ursprünge der Gipfeldiplomatie in Ostasien

Historisch können vier Triebkräfte der Entwicklung hin zur ASEAN+3-Kooperation und damit auch zum „Ostasien-Gipfel" identifiziert werden (a-d). Die erste ist die ‚Expansionslogik' der ASEAN-Gipfel (a). Diese ist darauf zurückzuführen, dass sowohl wirtschaftlich wie sicherheitspolitisch Südostasien integrierter Teil der Region Ostasien ist, weshalb jedes Bemühen, eine effektive Regionalorganisation aufzubauen, die zentralen Akteure Nordostasiens einschließen muss. Zwei weitere sind politische Projekte, die sich in Bezug auf andere Regionen, in erster Linie Nordamerika und Europa, definieren. Prominent wurde der Vorschlag des malaysischen Premierministers Mahathir (im Amt 1981-2003), einen dritten weltwirtschaftlichen „Block" zu bilden (b). Weitere Anstöße für eine ostasiatische Gruppierung kamen im Rahmen inter-regionaler Dialogforen, nämlich im Rahmen der APEC (*Asia Pacific Economic Cooperation*) und des ASEM (*Asia Europe Meeting*) (c). Das wichtigste Ereignis mit Katalysatorwirkung für den ostasiatischen Regionalismus war die asiatische

Finanzkrise (d). Dies gibt die Struktur vor für die Darstellung und Diskussion in diesem ersten Abschnitt; für eine chronologische Übersicht über die Ereignisse siehe Tab. III.12.1.

(a) Die Geschichte der Gipfeldiplomatie in Ostasien beginnt im Süden der Region, mit der ASEAN. 1967 gegründet, war die Regionalorganisation lange Zeit in ihrer Praxis vor allem durch die Treffen der Außenminister bestimmt. Zwar wurden 1976 die Gipfeltreffen der Staats- und Regierungschefs zum obersten Organ der ASEAN erklärt (*Declaration of ASEAN Concord, DAC*), dies hatte jedoch wenig konkrete Auswirkungen. 1987 wurde beschlossen, diese Gipfel alle 3 bis 5 Jahre abzuhalten, und 1992 präzisiert, dass zwischen diesen Gipfeln informelle jährliche Treffen organisiert werden. Diese zunehmende interne Organisation ging einher mit der Verstärkung der Außenbeziehungen, da sowohl wirtschaftlich wie sicherheitspolitisch die Integrations- und Kooperationsdynamik über Südostasien hinausgeht. Im Anschluss an die Treffen der ASEAN-Außenminister kam es regelmäßig zu Gesprächen mit so genannten „Dialogpartnern", zu denen Japan, die EU und (seit wenigen Jahren) China gehören. Diese *Post Ministerial Conferences (PMC)* gewannen im Zuge der wirtschaftlichen Öffnung und zunehmenden innerregionalen Verflechtung in Ostasien rasch an Bedeutung.

Tabelle III.12.1: ASEAN+3: Kleine Chronologie

1990	malays. PM Mahathir schlägt anlässlich eines Besuchs des chines. PM Li Peng im Dez. die Bildung einer *East Asia Economic Group (EAEG)* vor
1991	malays. PM Mahathir: „ASEAN itself is not strong enough to protect free trade… If ASEAN is to have a bigger say in the trade negotiation internationally, then it must work together with the East Asian countries. The East Asian Economic Group will be sufficiently strong to gain the respect of the EC and the NAFTA." EAEG als Kooperations- und Konsultationsforum wird offizielles ASEAN-Projekt, in *East Asian Economic Caucus (EAEC)* umbenannt, nicht als „Wirtschaftsblock" geplant, sondern in APEC eingebettet
1993	malays. PM Mahathir boykottiert APEC-Gipfel
1994	Beginn jährlicher ASEAN+3-Außenministertreffen Singapur. PM schlägt anlässlich seines Frankreich-Besuches informelle Europa-Ostasien-Gipfel vor
1995	EAEC Thema des ASEAN-Gipfels in Bangkok; Singapur. PM schlägt Einladung Japans, Chinas, Koreas zu Gipfeln vor anlässlich APEC-Gipfel in Osaka informelles ASEAN+3-Treffen zur Vorbereitung des ASEM Vietnam wird ASEAN-Mitglied
1996	erstes *Asia-Europe-Meeting (ASEM)*, auf asiatischer Seite die ASEAN+3 Ländergruppe ASEAN+3-Ministertreffen sollen regelmäßig stattfinden China wird ASEAN-Dialogpartner
1997-99	Asiatische Finanzkrise – politische Krisen und Regierungswechsel in Thailand, Indonesien, Korea
1997	Malaysia hat ASEAN-Vorsitz inne; Laos und Myanmar werden ASEAN-Mitglieder Japan will regelmäßige Japan-ASEAN-Gipfel japan. Initiative für einen Asiatischen Währungsfonds, von USA und China abgelehnt **1. ASEAN+3-Gipfel, Kuala Lumpur:** Malaysia schlägt Institutionalisierung der Gipfeltreffen vor, Japan und China lehnen ab, stimmen aber einem zweiten Gipfel zu
1998	ASEAN-Neumitglied Vietnam hat ASEAN-Vorsitz inne, legt keine ASEAN+3-Agenda vor **2. ASEAN+3-Gipfel, Hanoi:** Beschluss, ASEAN+3 Gipfeltreffen zu institutionalisieren; auf chines. Vorschlag Treffen von Finanzexperten; korean. PM regt *East Asia Vision Group (EAVG)* an
1999	japan. PM für ostasiat. Freihandelszone („äquivalent zu derjenigen in Europa") Kambodscha wird ASEAN-Mitglied; Philippinen haben ASEAN-Vorsitz inne **3. ASEAN+3-Gipfel, Manila:** *Joint Statement on East Asia Cooperation:* erster trilateraler Japan-China-Korea-Gipfel; chines. PM schlägt ASEAN-China FTA vor

1999/2000	Krise der APEC- und der WTO-Verhandlungen
2000	Singapur hat ASEAN-Vorsitz inne; Kontroverse innerhalb ASEAN um bilat. vs. multilat. FTA 1. Treffen der Wirtschaftsminister: ostasiat. Freihandelszone (EAFTA) als langfristiges Ziel 1. Treffen der Finanzminister: Start *Chiang Mai-Initiative*; Aufbau eines Netzes bilateraler Swap-Abkommen zur Bekämpfung von exzessiven Devisenkursschwankungen, gemeinsamer Überwachungsmechanismus, Initiative für einen asiatischen Bondmarkt **4. ASEAN+3-Gipfel, Singapur**: auf Initiative Thailands schlägt ASEAN *East Asian Free Trade and Investment Area* vor; *ASEAN+3 FTA* Studiengruppe eingesetzt; Malaysia will Weiterentwicklung zu Ostasien-Gipfeln; *East Asian Study Group (EASG)* auf korean. Vorschlag hin eingesetzt; Japan-China-Korea beschließen regelmäßige trilaterale Gipfeltreffen anlässlich der jährlichen ASEAN+3 Gipfel
2001	Brunei hat ASEAN-Vorsitz inne 1. Treffen der Landwirtschaftsminister **5. ASEAN+3-Gipfel, Brunei**: EAVG-Report *Towards an East Asian Community* schlägt Weiterentwicklung zu Ostasien-Gipfeln & ostasiat. Freihandelszone (*East Asia Free Trade Area, EAF-TA*) vor
2002	ASEAN-Neumitglied Kambodscha hat ASEAN-Vorsitz inne Japan will „ASEAN+5" (plus Australien und Neuseeland) Malaysia bietet Einrichtung und Finanzierung eines ASEAN+3-Sekretariates in Kuala Lumpur an 1. Treffen der Außenministerien-Generaldirektoren 1. Treffen der Energieminister **6. ASEAN+3-Gipfel, Phnom Penh**: EASG-Schlussbericht sieht Ostasien-Gipfel und EAFTA als mittel- bis langfristige Ziele; ASEAN-China-Rahmenabkommen sieht Einrichtung einer Freihandelszone bis 2010 (2015 für weniger entwickelte ASEAN-Länder) vor
2003	Indonesien hat ASEAN-Vorsitz inne; Jahr des „ASEAN-Japan-Austausches" Wirtschaftsminister beschließen EAFTA-Machbarkeitsstudie **7. ASEAN+3-Gipfel, Bali**: ASEAN-Japan-Rahmenabkommen, beinhaltet FTA-Verhandlungen; Einrichtung einer *ASEAN+3 Unit* im ASEAN-Sekretariat in Jakarta China, später Japan (sowie Indien, Pakistan) unterzeichnen den ASEAN-Sicherheitsvertrag
2004	ASEAN-Neumitglied Laos hat ASEAN-Vorsitz inne Malaysia und China wollen Ostasien-Gipfel; Japan legt Konzept zur Diskussion vor **8. Gipfel, ASEAN+3-Gipfel**: „ostasiatische Gemeinschaft" als langfristiges Ziel der ASEAN+3-Kooperation bestätigt, 1. Ostasien-Gipfel beschlossen; ASEAN soll Haupttriebkraft sein; ASEAN-Entwicklungsfonds beschlossen Südkorea und Russland unterzeichnen den ASEAN-Sicherheitsvertrag
2005	Malaysia hat ASEAN-Vorsitz inne Einigung auf 3 Kriterien für Einladung zum 1. Ostasien-Gipfel, 16 Länder qualifizieren sich; Agenda des Ostasien-Gipfels entwickelt sich wenig Neuseeland und die Mongolei unterzeichnen den ASEAN-Sicherheitsvertrag *Network of East Asian think-tanks (NEAT)*: ASEAN+3 ist Hauptinstrument für die Bildung einer ostasiat. Gemeinschaft; Ostasien-Gipfel als Dialogforum China will 2. Ostasiengipfel in China abhalten **9. ASEAN+3-Gipfel, Kuala Lumpur**: ASEAN+3 als Hauptinstrument für die Bildung einer ostasiat. Gemeinschaft festgehalten; 1. ASEAN-Russland-Gipfel **1. Ostasien-Gipfel** (ASEAN+3 plus Australien, Neuseeland und Indien); Australien unterzeichnet den ASEAN-Sicherheitsvertrag; Erklärung von Kuala Lumpur: Ostasien-Gipfel als Dialogforum
2006	ASEAN-Vorsitz: Philippinen (auf internationalen Druck hin verzichtete Myanmar) **10. ASEAN+3-Gipfel, 2. Ostasien-Gipfel, Cebu**
2007	10 Jahre ASEAN+3, 2. *Joint Statement on East Asia Cooperation* geplant

Anmerkung: PM: Staats- bzw. Regierungschef. Quelle: Autor.

Ab Mitte der 80er Jahre wuchs die Verflechtung der ASEAN-Länder mit Japan rasant und übertraf die Bedeutung der Inner-ASEAN-Wirtschaftsbeziehungen. Die japanische Regierung war lange zurückhaltend, was die Institutionalisierung der engen bilateralen politischen und wirtschaftlichen Beziehungen betraf. Erst ab Mitte der 90er Jahre schlug sie die Regularisierung von Japan-ASEAN-Gipfeln vor. Dies stieß zwar auf Interesse seitens der ASEAN; eine Intensivierung der politischen Beziehungen mit Japan musste aber ausbalanciert werden mit der neuen asiatischen Großmacht im Aufstieg, China, und zudem drängte sich ein Einbezug Südkoreas auf, dessen Unternehmen ebenfalls bedeutende Investitionen in Südostasien getätigt hatten. Im Ergebnis kam es im Anschluss an die ASEAN-Gipfeltreffen zu so genannten ASEAN+1-Treffen (ASEAN+Japan, ASEAN+China, ASEAN+Südkorea).

Auch im sicherheitspolitischen Bereich entwickelte sich eine breitere Institution um die ASEAN als Kern herum. Zwar kam der Anstoß zur Bildung eines ostasiatischen Gegenstücks zur *Konferenz für Sicherheit und Zusammenarbeit in Europa (KSZE)* von Ländern außerhalb der Region, die ASEAN-Länder vermochten dies jedoch – mit der Unterstützung Japans – an ihr bestehendes Dialogprogramm binden. Das so resultierende *ASEAN Regional Forum (ARF)* wurde offiziell 1993 ins Leben gerufen, und das ARF-Büro mit seinen Informations-, Vor- und Nachbereitungsfunktionen wurde an das ASEAN-Sekretariat angegliedert. Ziel des ARF ist eine graduelle Entwicklung von Maßnahmen zur Vertrauensbildung über präventive Diplomatie bis hin zu kollektiver Konfliktlösung. Neben den Ländern Ostasiens nahmen am ersten ARF-Treffen 1994 die Außenminister Australiens, Neuseelands, Kanadas, Papua-Neugineas, Russlands, der USA sowie ein Vertreter der EU teil. Die Zahl der Teilnehmer wuchs schrittweise auf 24; 2000 nahm zum ersten Mal eine Delegation Nordkoreas am ARF teil. Das ARF hat zwar einen auf Ostasien bezogenen sicherheitspolitischen Fokus, bezieht aber alle relevanten außerregionalen Akteure mit ein.

(b) Ein anderes Projekt hatte der malaysische Premierminister Mahathir Anfang der 90er Jahre im Sinn. Er schlug anlässlich eines Besuchs des chinesischen Regierungschefs Li Peng im Dezember 1990 vor, eine gesamtregionale ostasiatische Wirtschaftsgruppierung (*East Asia Economic Group, EAEG*) zu bilden.[450] Die eigentliche Führerschaft aber trug er Japan an, das damals als dominierende Wirtschaftsmacht Ostasiens unumstritten war. Das Projekt zielte hauptsächlich auf eine Vergrößerung der Verhandlungsgewichts und eine bessere Interessenvertretung der Länder Ostasiens gegenüber dem Westen ab. Mahathir argumentierte, dass die Zukunft des offenen Handelssystems gefährdet sei und Handelsblöcke entstünden, gegenüber denen der ASEAN-Verbund allein wenig Gewicht haben werde:

„It is imperative that ASEAN countries cooperate closely in order to ensure that free trade continues. But ASEAN itself is not strong enough to protect free trade. […] If ASEAN is to have a bigger say in the trade negotiation internationally, then it must work together with the East Asian countries. The East Asian Economic Group will be sufficiently strong to gain the respect of the EC and the NAFTA. […] It would be very difficult for the trading blocs of Europe and America to ignore the common stand of the EAEG. […] the EAEG will evolve into a very strong grouping able to influence trade negotiations in favor of free trade for the whole world."[451]

---

[450] Zu Mahathirs Projekt siehe Rudner (1995: 431ff), Godement (1997:6), Oga (2004).

[451] Mahathir in einer Rede anlässlich des ASEAN-Wirtschaftsministertreffens im Oktober 1991, Kuala Lumpur, veröff. durch das Büro des Premierministers (http://www.smpke.jpm.my/pm/speeches.html [23.06.04]).

Mahathir und ein japanischer Befürworter des Vorhabens, Shintaro Ishihara, argumentierten 1995 unter dem ambitiösen Titel *The Voice of Asia*:

> „Suppose Malaysia goes alone to Brussels to lodge a complaint against European protectionism. Our voice would simply be too small. Nobody would listen. But if the whole of East Asia tells Europe that it must open up its markets, Europeans will know that access to the huge Asian market obliges them not to be protectionist. That was the reasoning behind the EAEC proposal."[452]

Die Initiative trug eine anti-westliche Stoßrichtung und argumentierte mit kulturalistischen Versatzstücken. Eine Beteiligung von als „nicht-asiatisch" definierten Ländern wie Australien und Neuseeland war nicht vorgesehen. Daran entzündete sich der Konflikt, und der eigentliche Inhalt des Projekts (Bereiche und Methoden der Kooperation) blieben nebulös.[453] Auch wenn Mahathirs Projekt in Teilen der wirtschaftlichen und politischen Elite Japans auf Sympathie stieß, war sie der japanischen Regierung doch eher peinlich, da sie nicht nur mit der traditionellen außenpolitischen Zurückhaltung des Landes, sondern auch mit der engen Anbindung an die USA und der Freundschaft mit Australien und Neuseeland zu kollidieren schien. Japan stand und steht grundsätzlich Projekten ablehnend gegenüber, die das Land in die Situation versetzen, zwischen ‚Westen' und ‚Osten' entscheiden zu müssen. China zeigte sich interessiert, war aber vorrangig mit den WTO-Mitgliedschaftsverhandlungen beschäftigt und erst im Begriff, eine Ostasien-Strategie zu entwickeln. Die anderen ASEAN-Länder sympathisierten durchaus mit dem malaysischen Vorschlag, am deutlichsten Singapur, lehnten aber das undiplomatische Vorgehen und die anti-westliche Stoßrichtung ab. Befürchtungen gab es besonders bezüglich einer möglichen ‚Aufweichung' der ASEAN als Organisation und damit eines Identitätsverlustes Südostasiens im Rahmen einer gesamtregionalen Organisation. Die USA schätzten Mahathirs Projekt als zumindest potenziell gegen die eigenen Interessen gerichtet ein und betrieben einigen Aufwand, um es zu beerdigen.[454] Der erfolgversprechendste Weg war, Amerikas Verbündete in Ostasien zur Ablehnung zu drängen, – in erster Linie Japan, mit dem sich die Hegemonialmacht gerade in einer Auseinandersetzung um seinen Beitrag zum ersten Golfkrieg befand und das deshalb leicht unter Druck zu setzen war.[455] Im Ergebnis setzte Japan – in enger Kooperation mit Australien und den USA – alles auf die Karte einer transpazifischen Organisation, der APEC (*Asia Pacific Economic Cooperation*). Auch die anderen ASEAN-Länder folgten diesem Pfad willig, und die APEC-Gipfel der ersten Hälfte der 90er Jahre verabschiedeten beeindruckende transpazifische Liberalisierungs- und Kooperationsprogramme. Mahathir vermochte sein Konzept nur in verwässerter Form umzusetzen, nämlich als ein in die APEC eingebettetes Kooperations- und Konsultationsforum unter dem Namen *East Asian Economic Caucus (EAEC)*, zu deutsch etwa „ostasiatische Wirtschaftsplattform". Die meisten Kommentatoren sprachen (und sprechen) vom Tod oder Scheitern des

---

[452] Ishihara/Mahathir (1995: 44); siehe auch Mahathir (1999, 2002, 2004: 159-168).

[453] Vgl. die Darstellung von Noordin (1996) unter dem bezeichnenden Titel *EAEC: Fact and Fiction*.

[454] Der damalige Außenminister James Baker (1995: 610) schrieb später: „.... in private, I did my best to kill [EAEC] ... without strong Japanese backing, [EAEC] represented less of a threat to [America's] economic interests in East Asia."

[455] Terada (2003: 259) zitiert einen damaligen Beamten des Nordamerika-Büros des japanischen Außenministeriums wie folgt: „the atmosphere at that time did not allow Japan to declare something which would further antagonise the United States which had already been highly critical of Japan's slow reactions to its urgent requests for cooperation".

Mahathirschen Projekts. Es verblieb als solches aber auf der offiziellen ASEAN-Agenda, und alle Erklärungen der ASEAN-Gipfel und -Ministertreffen bis 1997 bezogen sich darauf, wenn auch mit vorläufig wenig konkreten Auswirkungen. Aus heutiger Sicht handelt es sich um eine strategische Zurückstellung und Reformulierung des Konzepts, in der Absicht, später in einem neuen Anlauf und unter veränderten Bedingungen eine größere Akzeptanz zu erreichen. Terada (2003) spricht treffend von einer „Akklimatisierung" des Konzepts in dieser Periode[456], und Kim (2004) sieht seine fortgesetzte Resonanz in allen regionalen Foren und Debatten der 90er Jahre.[457] Im Verlauf der Reformulierung wurde vor allem klar, was der EAEC nicht werden würde, nämlich ein abgeschotteter regionaler Handelsblock. Zudem sollte eine Verdoppelung der APEC-Aktivitäten vermieden werden. In Zukunft würde, dies war unbestritten, ein nicht-konfrontativer Stil gegenüber Drittparteien eingenommen werden. Mahathir selber boykottierte den ersten APEC-Gipfel 1993, was in der Einschätzung von Hund/Okfen (2001: 7) „die EAEC-Initiative endgültig in ein antagonistisches Verhältnis zur APEC rückte". Zu ergänzen ist, dass die Agenda der APEC mit ihren jährlichen Gipfeln die ASEAN als Organisation unter Druck setzte, ebenfalls einen jährlichen Turnus einzuführen, um die ASEAN-Kooperation unter den neuen Bedingungen aufrechtzuerhalten.[458]

(c) Der erste direkte Anlauf zur Schaffung einer genuin multilateralen ostasiatischen Regionalorganisation war vorläufig abgebremst, aber die Expansionslogik der ASEAN-Gipfel wirkte weiter. Bereits 1994 kam es zum ersten informellen Treffen der Außenminister der ASEAN-Länder mit denjenigen Japans, Chinas und Südkoreas. Die Initiative zur Weiterentwicklung der inner-ostasiatischen Kooperation ging nun vor allem in die Hände des Premierministers von Singapur, Goh Chok Tong, über. Er hatte anlässlich seines Frankreich-Besuches 1994 die Abhaltung eines Europa-Ostasien-Gipfels vorgeschlagen, um die verstärkte transpazifische Kooperation im Rahmen der APEC auszubalancieren.[459] Die Initiative wurde von der EU aufgenommen, und aus dieser Situation ergab sich für die Länder Ostasiens ein *window of opportunity*, als legitime Gruppierung ins Licht der Öffentlichkeit zu treten. Thailand organisierte im Rahmen des APEC-Gipfels von 1995 ein informelles Treffen der ASEAN+3-Regierungen zur Vorbereitung des ersten ASEM-Treffens, das im folgenden Jahr in Bangkok stattfinden sollte. Goh Chok Tong benützte die ASEM-Vorbereitungen, um weiter für eine Verstetigung der ASEAN+3-Kooperation zu werben. Im ASEM-Vorfeld stellte sich wiederum die Frage der Zugehörigkeit: Japan plädierte für die Mitberücksichtigung Australiens und Neuseelands, Malaysia führte die Gruppe derer

---

[456] Terada (2003: 256): „Malaysia, after the launch of the concept, decided to work together with the other ASEAN members to refine and promote the EAEC idea. This joint exercise within ASEAN members led to the initial acclimation of the East Asian concept, at least within the group, an essential process for the establishment of an East Asian regional identity. This was an important model for the evolution of a consensus in the region for the future establishment of an East Asian regional institution. Discussions and projects undertaken during the 1990s through a number of ministerial and summit meetings of informed officials and decision-makers about the need for a regional institution in East Asia were significant means of spreading the concept." Einigermassen widersprüchlich spricht er dann aber auch von „EAEC: a pioneering failure" (Terada 2006: 221).

[457] Kim (2004: 46): „the concept of East Asia embedded in the EAEG proposal survived, resonating in all regional forums and debates throughout the 1990s... [The] idea finally found its way clear to full expression in the formation of ASEAN+3 in late 1997 in the heat of the unfolding [Financial Crisis]."

[458] Vgl. Soesastro (2003: 14): „The ASEAN foreign policy community would have liked to see formal summits on an annual basis. One argument is that APEC already instituted annual summits, and thus, if ASEAN is to play an important role in APEC it should also have its summit prior to an APEC summit.".

[459] Laut Rudner (1995: 418) hatte die APEC-Gründung in der EU, die keine Einladung erhalten hatte, zu Besorgnis geführt.

an, die ein „asiatisches" Ostasien-Konzept vertraten.[460] Beobachter, die die inkrementelle Expansion der ASEAN-Gipfel in den Jahren zuvor nicht verfolgten hatten, wurden 1996 vom erstmaligen öffentlichen Auftritt einer „Ostasien-Gruppierung" überrascht, und nicht wenige Analytiker schrieben dem ASEM und damit der EU eine Kausalwirkung bezüglich des ostasiatischen Regionalismus zu. Dies ist nicht zutreffend; erstens geht die ASEM-Initiative auf Singapur zurück, und zweitens stellte diese nur einen Schritt in der Formierung einer ostasiatischen Gruppierung dar.[461] Dieser hatte allerdings eine symbolische Bedeutung: Die ASEAN+3-Länder wurden von nun an von außen als „Ostasien" beobachtet, und es wurde ihnen manchmal eine kollektive Identität unterstellt, die sich erst herauszubilden begann.

Die Länder Ostasiens sahen sich auch im Rahmen der APEC permanent zur Gruppenbildung gedrängt, nämlich zu einer Gruppe derer, die rechtlich verbindliche Liberalisierungsprogramme ablehnten und stattdessen freiwillige Kooperationsmodelle bevorzugten. APEC wurde zu einer Arena eines wirtschaftspolitischen Dauerkonflikts zwischen den legalistischen, liberalisierungsorientierten westlichen Ländern und den staatsgeführten Entwicklungsmodellen Ostasiens, der die Energien, die die Vision eines „pazifischen Jahrhunderts" freigesetzt hatte, rasch aufzehrte (Kapitel III.4).

(d) Den Todesstoß erhielten die transpazifischen Kooperationsbemühungen durch die ostasiatische Finanzkrise (1997-99). Diejenigen Länder Ostasiens, die sich bereitwillig in den globalen Kapitalmarkt integriert und einen Teil ihres Booms durch kurzfristige Anleihen finanziert hatten, sahen sich zum ersten Mal einem gegenläufigen Trend ausgesetzt. Die von den Investitionsberatern jahrelang gepriesenen „emerging markets" wurden nun unter „crony capitalism" subsumiert, und die Gezeiten wechselten, mit katastrophalen Folgen für diese Ökonomien.[462] Für den vorliegenden Zusammenhang von Bedeutung ist, dass sich die betroffenen Länder, allen voran Thailand, Indonesien und Südkorea, von den USA- und EU-dominierten internationalen Institutionen in der Krisenbekämpfung weitgehend im Stich gelassen fühlten, ASEAN (und auch APEC) nicht in der Lage waren, einen Beitrag zu leisten, während sich Japan und China als engagierte ‚Retter' der integrierten Wirtschaftsregion Ostasien bewiesen. In mehreren Ländern kam es in der Folge zu politischen Krisen, und die neu an die Macht kommenden Parteien und ihre Exponenten waren tendenziell IWF-skeptisch und noch regionalismusfreundlicher. Für China, das die Finanzflüsse noch nicht liberalisiert hatte, war die Krise ein Warnsignal, das dazu beitrug, dass sich die Regierung der Volksrepublik zur Befürworterin regionaler Finanzinstitutionen entwickelte. Japan engagierte sich nicht nur finanziell in bedeutendem Masse (die so genannte Miyazawa-Initiative, rund 30 Mia US-Dollar schwer), es vermittelte auch zwischen den betroffenen Ländern und den internationalen Institutionen und setzte sich für eine Milderung der har-

---

[460] Siehe Straits Times, 24. Juli 1995.

[461] Aus Singapurer Sicht hatte ASEM einen Konsolidierungseffekt auf ASEAN+3 (siehe die Quellen bei Terada 2003: 262), aus koreanischer Sicht stellte ASEM die erste Herausforderung für die regionale Identitätsbildung dar („… the launching of the ASEM gave East Asian countries a chance to directly engage in group-to-group talks with the EU, an embodiment of highly advanced regional integration, and they faced the challenge of regional identity for the first time." (Bae 2002:2)). Der japanische Finanzminister äußerte, dass die Gespräche mit Europa helfen würden, eine asiatische Identität herauszubilden (Zitat bei Webber 2001: 357). Terada (2003: 262) kommt zur Einschätzung: „ASEM contributed to laying the foundation for the East Asian concept."

[462] Zur asiatischen Finanzkrise, Ursachen und Auswirkungen, siehe v.a. Pempel (Hg., 1999), Haggard (2000), Mols (2000a) und Wade (1998, 2000).

schen wirtschaftspolitischen Auflagen ein. Ohne Japans Deckung hätte z.B. Malaysia seine erfolgreiche Politik der Kapitalverkehrskontrollen kaum aufrechterhalten können.

Im Ergebnis hatten sich in relativ kurzer Frist mehrere für die Entwicklung des ostasiatischen Regionalismus bestimmende Faktoren verändert resp. verstärkt. Das Ansehen und der Einfluss der USA und der internationalen Institutionen hatte deutlich abgenommen, die Einsicht in die Notwendigkeit ‚regionaler Selbsthilfe‘ massiv zugenommen. In den Worten einer späteren ASEAN+3-Studiengruppe:

> „… through the Asian financial crisis, countries in East Asia realized the dark side of globalization (…) It was in fact this very event that tempered and toughened this region, re-awakening us to the value of working together and building a solid framework for cooperation in this region.“[463]

Alle politischen Projekte der ASEAN+3 trugen von nun an ein diskursives Element in sich, das man als ‚nie wieder so abhängig und hilflos‘ zusammenfassen kann.[464] China und Japan sahen sich zur Übernahme einer aktiveren Führungsrolle in der Region gedrängt. Die ASEAN, die sich in den fünf Jahren nach der Asienkrise im „freien Fall“[465] befunden hatte, erlitt wegen der Unfähigkeit, eine Rolle bei der Krisenbekämpfung zu übernehmen, einen beträchtlichen Glaubwürdigkeits- und Ansehensverlust.

Natürlich setzte sich diese neue Faktorenkonstellation nicht schlagartig in den Aufbau ostasiatischer Institutionen um. Auch der embryonale ASEAN+3-Prozess wurde kurzfristig von den improvisierten bilateralen Krisenbekämpfungsprogrammen in den Hintergrund gedrängt. Aber sobald sich der Staub etwas legte, war die Entwicklungsrichtung klar und unbestritten. Wenig überraschend bot sich der Aufbau regionaler Finanzinstitutionen als prioritärer Bereich der Kooperation an (Abschnitt III.12.5).

III.12.3 Die ‚Gründung‘ der ASEAN+3

Wie erwähnt begannen die Außenminister der ASEAN+3-Länder ihre Treffen 1994, und ihre Staats- und Regierungschefs kamen im Vorfeld des ASEM und am Rande anderer Gipfel mehrfach zusammen. Als eigentliches Gründungsdatum der ASEAN+3 gilt inzwischen unbestrittenermaßen der *Gipfel von Kuala Lumpur, im Dezember 1997.*[466] Einiges spricht aber dagegen, diesem Ereignis diesen Charakter zuzusprechen; ein kurzer Rückblick: Die Weichen für das Treffen waren vor dem Beginn der Finanzkrise (Sommer 1997) gestellt worden. Der japanische Premierminister Ryutaro Hashimoto hatte den Wunsch nach einem ASEAN-Japan-Gipfel geäußert, und die ASEAN-Länder beschlossen im Mai,

---

[463] East Asia Study Group, Final Report, November 2002, S. 56f. Vgl. Drysdale (2005): „Since the financial crisis of the late 1990s, the East Asian idea (first in the form of ASEAN + 3 and now the East Asian Summit) has emerged as an important contender to the trans-Pacific idea, in the form of APEC, as a primary focus for regional cooperation.“

[464] Vgl. Higgott (1998b), der die Kooperationsbemühungen in Ostasien nach der Krise als „the politics of resentment“ charakterisierte.

[465] Far Eastern Economic Review, 15.8.2002.

[466] Vgl. die offizielle ASEAN-Darstellung unter dem Titel „ASEAN Plus Three Cooperation: Background“: „The ASEAN Plus Three cooperation began in December 1997 with the convening of an informal Summit among the Leaders of ASEAN and their counterparts from East Asia, namely China, Japan and the Republic of Korea (ROK) at the sidelines of the Second ASEAN Informal Summit in Malaysia.“ (www.aseansec.org/16580.htm).

wiederum auch China und Südkorea einzuladen. Der Gipfel wurde vorbereitet von Malaysia, das in diesem Jahr den ASEAN-Vorsitz inne hatte, und er fand wie die üblichen Dialogprogramme der südostasiatischen Regionalorganisation im Anschluss an den ASEAN-Gipfel statt. Die Finanzkrise war offiziell kein zentrales Thema, da keine entsprechenden Vorbereitungen getätigt worden waren. Der indonesische Präsident Suharto war krankheitshalber nicht anwesend, der südkoreanische Präsident Kim Young Sum ebenfalls nicht, da er absorbiert war durch die Währungskrise und die bevorstehenden Wahlen. Begrifflichkeiten wurden nicht definiert; „ASEAN+3" blieb 1997 wie auch 1998 eine von mehreren Bezeichnungen für den laufenden Prozess. Der Leitartikel der *Straits Times* vom 19. Dezember 1997 beispielsweise bezeichnete den Gipfel von Kuala Lumpur als „ASEAN–East Asia Summit". Am Gipfel wurde kein Beschluss gefasst, kein Dokument verabschiedet, der/das in irgendeiner Weise als Gründungsakt verstanden werden könnte. Es gab nicht einmal ein *Joint Statement*, sondern separate Erklärungen der ASEAN sowie ASEAN-Japan, ASEAN-China und ASEAN-Südkorea. Es handelte sich somit eher um eine *multiple ASEAN+1-Struktur* als um ein neues, multilaterales System. Des weiteren wurde der malaysische Vorschlag einer Regularisierung der Gipfeltreffen von Japan und China abgelehnt. Konsens war aber, dass im folgenden Jahr ein weiteres Gipfeltreffen stattfinden sollte, ebenfalls wieder auf den ASEAN-Gipfel folgend. Es kann somit nur *ein* neues Element identifiziert werden, nämlich der *Beginn der Anbindung der lockeren Ostasien-Gruppierung an die ASEAN-Verfahren*. Damit begann die Zählung der ASEAN+3-Gipfel; der Gipfel von Kuala Lumpur ist offiziell der erste. So gering die Ergebnisse auch waren, der „erste Gipfel" stellte einen Schritt in Richtung auf die Realisierung des Mahathirschen Projektes dar, und dementsprechend zufrieden zeigte sich der malaysische Staatschef.

Wenig überraschend tut sich die empirische Forschung schwer, der offiziellen ASEAN+3-Gründung ein über den Beginn der offiziellen Zählung hinaus besonderes Gewicht zuzuschreiben:

> „In fact, the ASEAN+3 fora began in quite a low-key way." (Terada 2003: 264)
> „As historical records show, the first ASEAN + 3 summit of December 1997 was held almost by accident. (…) when the first ASEAN + 3 meeting ended, no one was certain whether this was to be the beginning of a future framework for East Asia, or simply an ad hoc, and insignificant, gathering of ASEAN and its three Northeast Asian neighbors to a ‚talk shop'." (Tanaka 2004: 7)

Auch am Gipfeltreffen des folgenden Jahres, unter dem Vorsitz des ASEAN-Neumitglieds Vietnam, kann kein Element identifiziert werden, das rechtfertigen würde, von einer neuen Qualität zu sprechen. Neu war die Bereitschaft der beteiligten Akteure, eine Regularisierung und damit eine mittel- bis langfristige Agendaplanung für die Gruppierung ins Auge zu fassen. Insbesondere der neue südkoreanische Präsident Kim Dae-jung drängte auf die Erarbeitung einer Vision für die weitere Kooperation; auf koreanischen Vorschlag hin wurde eine Arbeitsgruppe aus prominenten Intellektuellen der beteiligten Länder eingesetzt (die *East Asia Vision Group, EAVG*).

Wenn ein Gründungsjahr der ASEAN+3-Kooperation sinnvoll definiert werden soll, dann böte sich aus mehreren Gründen *1999* an. Drei Ergebnisse erlauben den Schluss, dass dieses Jahr mit dem unter philippinischem Vorsitz in Manila stattfindenden ASEAN+3-Gipfel den qualitativen Durchbruch zu einem multilateralen regionalen Prozess in Ostasien mit sich brachte. *Erstens* wurde die bisherige ASEAN+1-Logik durchbrochen: Auf japanischen Vorschlag hin und unter koreanischer Vermittlung trafen sich – zum ersten Mal

überhaupt – die Staatschefs der drei nordostasiatischen Länder auch trilateral. Das informelle Treffen markiert den Beginn des Multilateralismus im Norden der Region, denn
schon auf dem nächsten ASEAN+3-Gipfeltreffen, 2000, kam man überein, diese Treffen
regelmäßig durchzuführen. ‚ASEAN plus' bot somit das Forum, in dem sich die Staaten
Nordostasiens berieten, auch als die bilateralen Beziehungen in den folgenden Jahren zunehmend von politischen Spannungen und Handelskonflikten überschattet wurden. *Zweitens* einigten sich die dreizehn Staaten in Manila auf ein *Joint Statement on East Asia Cooperation* (Anhang III.12.1). Es stellt positiv die rasche Entwicklung der zwischenstaatlichen
Beziehungen in Ostasien fest, und weiter:

> „[The Heads of State/Government] noted the bright prospects for enhanced interaction and
> closer linkages in East Asia and recognized the fact that this growing interaction has helped in-
> crease opportunities for cooperation and collaboration with each other, thereby strengthening the
> elements essential, for the promotion of peace, stability and prosperity in the region."

Man war sich einig nicht nur über das Weiterführen, sondern auch den Ausbau der bestehenden Konsultations- und Kooperationsmechanismen. Die Gebiete, auf die sich diese
Zusammenarbeit erstrecken sollte, wurden in diesem Grundsatzdokument weit gefasst:
Wirtschaft, Währung und Finanzen, Soziales, Ausbildung, Technologie, Tourismus, Wissenschaft und Information. Ein Ausbau der Entwicklungszusammenarbeit zur Reduktion
der innerregionalen Disparitäten wurde ebenfalls festgehalten. Auf kulturellem Gebiet sollten Maßnahmen zur „Projektion eines asiatischen Standpunktes in der Welt" (im Original:
„projecting an Asian point of view to the rest of the world") ergriffen werden. Des weiteren
wurde eine stärkere Koordinierung zwischen den ostasiatischen Staaten im Rahmen internationaler Organisationen (UN, WTO, APEC, ASEM, ARF etc.) beabsichtigt. *Drittens* war
in Manila Konsens, dass dies zusammen die *Institutionalisierung* des ASEAN+3-Prozesses
bedeute, man nun also über die Phase der informellen Zusammenarbeit hinausschreite.[467]
Der Begriff „ASEAN+3", der bis zu Beginn des Jahres noch zögerlich und uneinheitlich
gebraucht wurde, etablierte sich nun als offizielle Selbstbezeichnung (Terada 2003: 264).[468]
    Weniger erfolgreich war der Versuch der philippinischen Regierung, sicherheitspoliti-
sche Fragen in den ASEAN+3-Prozess hineinzutragen. Ein Pfeiler der entstehenden ostasiatischen Gemeinschaft sollte ein „East Asia Security Forum" sein. Motiviert war der
philippinische Vorschlag v.a. durch das Bemühen, China als Akteur im südchinesischen
Meer mit seinen zahlreichen und überlappenden Territorialkonflikten zu ‚domestizieren'.
Die Volksrepublik lehnte dies in diesem Zusammenhang jedoch ab, und auch die anderen
Staaten sahen dies als eine Aufgabe des ASEAN Regional Forum (ARF) an. Im Ergebnis
fand nur eine sehr allgemeine Formulierung Eingang in das *Joint Statement*, nämlich dass
die ASEAN+3-Länder sich einig sind über das Weiterführen des Dialogs, der Koordination
und der Kooperation in sicherheitspolitischen Fragen. Diese institutionelle Funktionsteilung

---

[467] Vgl. die offizielle ASEAN-Darstellung unter dem Titel „ASEAN Plus Three Cooperation: Background": „The
ASEAN Plus Three process was institutionalised in 1999 when the Leaders issued a Joint Statement on East Asia
Cooperation at their 3rd ASEAN Plus Three Summit in Manila." (www.aseansec.org/16580.htm).
[468] 1999 begann auch das japanische Außenministerium, den Begriff Ostasien in diesem Kontext zu verwenden
und beschrieb die ASEAN+3-Gipfel als „East Asian summit in a practical sense" (nach Terada 2003: 267).

verfestigte sich in den folgende Jahren; 2003 wurde explizit festgehalten, dass das ARF das primäre Forum für sicherheitspolitische Kooperation bleiben soll.[469]

III.12.4 Entwicklungsdynamik der ASEAN+3 (2000-2004)

Der Gipfel von Manila stellte einen Schritt über die ASEAN+1-Logik hinaus dar. Auf handelspolitischem Gebiet wurde dann aber rasch deutlich, dass damit das Prinzip des Multilateralismus in Ostasien noch nicht fest etabliert war: Angesichts der diversen bilateralen Pläne zu Freihandelsabkommen in der Region schlug die ASEAN eine gesamt-ostasiatische Freihandelszone vor. Die Interessengegensätze zwischen den nordostasiatischen Staaten erwiesen sich aber als unüberbrückbar, und in der Folge entwickelten sich parallele Projekte zwischen der ASEAN und Japan, China und Korea jeweils separat (vgl. Abschnitt III.8.3.2). Das Ziel eines einheitlichen Wirtschaftsraumes ist im ASEAN+3-Kontext aber mehrfach festgehalten worden, und eine Expertengruppe studiert dessen Machbarkeit.[470]

Auch waren grundlegende *institutionellen Fragen* der ASEAN+3 nicht geklärt worden. Vor allem Malaysia drängte auf die Einrichtung eines Sekretariates, vorzugsweise in Kuala Lumpur, und war bereit, die Kosten von 10 Mio. US-Dollar für ersten fünf Jahre alleine zu übernehmen.[471] Gegner des Vorschlages machten geltend, dass ein eigenständiges ASEAN+3-Sekretariat die ASEAN als Organisation schwächen würde. Darauf wurden verschiedene Konzepte einer „organischen" Anbindung an das ASEAN-Sekretariat in Jakarta diskutiert. Erst im Dezember 2003 wurde dann eine *ASEAN+3 Unit* als Teil des Büros für auswärtige Beziehungen des ASEAN-Sekretariats eingerichtet. In Kooperation mit dem jeweiligen Land, das den Vorsitz inne hat, verfolgt und koordiniert es die ASEAN+3-Aktivitäten. Angesichts der organisatorischen Unselbständigkeit und der geringen Ausstattung ist zweifelhaft, ob es in naher Zukunft einen signifikanten Einfluss auf den ASEAN+3-Prozess nehmen und damit zu einem integrationsfördernden Faktor werden kann.[472] Treibende Kraft wird, neben jeweiligen projektspezifischen Länderkoalitionen, noch längere Zeit der jährliche Vorsitz sein (vgl. Suzuki 2004a). Die Frage des *Vorsitzes* ist aber auch noch nicht geklärt. Durch die Anbindung des ASEAN+3-Prozesses an die ASEAN-Verfahren kann bisher nur ein ASEAN-Mitglied den Vorsitz ausüben; die politischen Schwergewichte China und Japan und auch Südkorea sind somit davon ausgeschlossen, was nicht dem Charakter einer multilateralen Organisation entspricht. Bereits 2002 begannen die Diskussionen über ein mögliches Organisationsmodell, das eine stärkere Beteiligung der nordostasiatischen Staaten bringen soll, ohne die Rolle der ASEAN zu beeinträchtigen. In Betracht gezogen werden neben einer ‚klassischen' Rotation zwischen gleichberechtigten Mitgliedsländern so genannte *co-chairs*, ein kooperativer Vorsitz aus jeweils einem süd- und einem nordostasiatischen Land. Fortschritte gab es in der *Regelbildung*: Im Oktober 2000 einigte man sich auf vier Regeln zur Beschlussfassung, unter anderem das *13*

---

[469] Siehe *Declaration of ASEAN Concord II (Bali Concord II)*, Oktober 2003: „The ASEAN Regional Forum (ARF) shall remain the primary forum in enhancing political and security cooperation in the Asia Pacific region, as well as the pivot in building peace and stability in the region."

[470] Die EAFTA-Expertengruppe wurde im Anschluss an das ASEAN+3-Wirtschaftsminister-Treffen vom 14.9.2004 eingesetzt.

[471] New Straits Times, 27.7.2002.

[472] Am ASEAN+3-Gipfel von Vientiane, 2004, wurde explizit die Notwendigkeit der Stärkung der ASEAN+3 Unit in ihren Koordinierungs- und Implementierungsaufgaben und der Ausbau ihrer Ressourcen angekündigt.

minus X-Prinzip, welches das bisherige Konsensprinzip ablöste. Will ein einzelner Mitgliedstaat ein Programm nicht mittragen, können die anderen dies trotzdem implementieren. Vor dem Hintergrund der ASEAN-, aber auch der EU-Erfahrungen anhaltender interner Blockaden aufgrund der Einstimmigkeitsregel muss dies als bedeutender Schritt bewertet werden: Schon in dieser frühen Phase verzichteten die Mitgliedstaaten auf ein faktisches Vetorecht. In der Folge nahm die Zahl und der Deckungsbereich der Kooperationsprogramme rasch zu. Zur Zeit gibt es 48 Kooperationsmechanismen im ASEAN+3-Rahmen, auf 17 Politikfeldern. Aus westlicher Sicht kontrastiert diese ausgeprägte Kooperationsdynamik mit dem nach wie vor geringen Verrechtlichungs- und Institutionalisierungsgrad der ASEAN+3.[473]

Wie erwähnt war eine Arbeitsgruppe aus ostasiatischen Intellektuellen mit der Aufgabe der Entwicklung einer längerfristigen Vision für die ASEAN+3-Kooperation eingesetzt worden. Neben ehemaligen Premierministern/Regierungsmitgliedern ostasiatischer Staaten war auch ein vormaliger ADB-Präsidenten beteiligt. Sie wurde zudem ‚gesponsert' von der *Japan Bank for International Cooperation*, dem *Asia Strategy Forum* und der ESCAP.[474] Die *East Asia Vision Group (EAVG)* legte ihren Abschlussbericht mit dem Titel *Towards an East Asian Community: Region of Peace, Prosperity and Progress* im Oktober 2001 vor, in dem die weitere Institutionalisierung des ASEAN+3-Prozesses und die Ausweitung der Kooperation empfohlen wurde. Der nächste Schritt war die *East Asia Study Group (EASG)*, bestehend aus 13 Regierungsvertretern und dem ASEAN-Generalsekretär, deren Aufgabe es war, den EAVG-Report einzuschätzen und konkrete Maßnahmen zu dessen Umsetzung vorzulegen. Die EASG unterstützte in ihrem Bericht von 2002 die Vorschläge der ersten Arbeitsgruppe fast durchgehend[475] (siehe Anhang III.12.2) und kam zum Schluss, dass die Weiterentwicklung der politischen Kooperation in Ostasien „unausweichlich, notwendig und wünschbar" und ASEAN+3 das entsprechende Instrument dafür sei, gab aber auch der Befürchtung Ausdruck, dass die ASEAN als Organisation in diesem Prozess marginalisiert werden könnte, wenn er mit allzu hohem Tempo vorangetrieben werde.[476]

---

[473] Webber (2001: 340) stellt fest, dass „although the APT [ASEAN+3, PZ], like APEC, is not based on any treaty or formal binding agreement between the participating states, and although it has no central secretariat, the web of relations between the members has grown quickly since the first meeting of the heads of government in 1997". Ähnlich Stubbs (2002: 450), „Certainly, both APEC and ASEAN have more organizational depth than the APT, but overall the APT has quickly embarked on some important, practical projects that will help to move the region forward in its quest for economic cooperation." Hund (2003: 410) wiederum kommt zur Einschätzung: „the APT process has developed only very few institutions, although the process itself can be said to be firmly established through regular summit and ministerial meetings." Vgl. auch Luhulima (2005): „Since ASEAN+3 and ASEAN+1 are regularized meetings rather than institutionalized structures, emphasis is thus put more on processes."

[474] Die Arbeitsgruppe führte mehrere thematisch orientierte Arbeitstreffen durch, wie z.B. den Workshop zum Thema *Emerging Economic Map of Asia: Regional Production Restructuring, Asian Integration and Sustainable Development*, Bangkok, August 2001, UN Conference Centre (Quelle: The Nation, 1.8. 2001).

[475] Die Gegenüberstellung der EAVG- und EASG-Maßnahmen zur Vertiefung der ASEAN+3-Kooperation in Anhang III.12.2 macht die große Übereinstimmung zwischen den Berichten deutlich. Der größte Teil der Vorschläge der EAVG wird von der EASG gestützt. Bezüglich der finanziellen Verpflichtungen der reicheren Länder (Fondsausstattung, Entwicklungshilfe etc.) ist der EASG-Report zurückhaltender, ohne aber die Notwendigkeit der vorgeschlagenen Maßnahmen in Frage zu stellen. Die EASG regte zudem weitere Maßnahmen in den Bereichen Tourismus, Land- und Forstwirtschaft an.

[476] EASG (2002: 5): „Through in-depth study and discussions, the EASG finds that East Asian cooperation is both inevitable and necessary, that the deeper integration of an East Asian community is beneficial and desirable, and that such integration in East Asia will evolve over time. The discussions have also revealed concerns that ASEAN may be marginalized if the transition towards an EAS [East Asia Summit, PZ] moves too fast and have noted the practical issue of whether an EAS would be encumbered with too many meetings. In addition, steps will be neces-

Bemerkenswert ist in diesem Zusammenhang, dass das Konzept „Ostasien-Gipfel" (*East Asia Summit*) in dem Bericht für die Umwandlung des existierenden ASEAN+3-Prozesses in eine genuin multilaterale Institution stand, somit für eine Vertiefung (und nicht eine Erweiterung) des Prozesses.[477] Diese Umwandlung sollte zudem mittel- bis langfristig erfolgen. Sowohl der Zeithorizont als auch der Gehalt des Konzeptes veränderten sich auf dem Weg zum ersten Ostasien-Gipfel in Kuala Lumpur 2005, worauf noch einzugehen sein wird (Abschnitt III.12.7).

III.12.5 Der Aufbau regionaler Finanzinstitutionen in Ostasien

„We cannot rely on the World Bank, Asian Development Bank, or the International Monetary Fund but we must rely on regional cooperation." (der thailändische Vizepremier Supachai, *The Nation*, 10. Juni 2000)

Im Jahr vor dem Ausbruch der Krise hatte Japan noch erfolglos Vorschläge für einen „Asiatischen Währungsfonds" vorgelegt[478]; China sah damals einen Versuch hegemonialer Institutionenbildung, und die USA wandten ihre bereits früher erfolgreiche Verhinderungsstrategie gegen das als eine „unnötige Verdoppelung von Institutionen" kritisierte Projekt an.[479] Malaysia führte die Gruppe der befürwortenden Länder an. Nach der Krise sahen sich die USA nicht mehr in der Lage, die Entwicklung aufzuhalten, und konzentrierten sich darauf, so viel Einfluss auf die neuen Institutionen wie möglich dem IWF zuzuschanzen, und China signalisierte erstmalig Unterstützung für die japanischen Vorschläge.[480] Hauptargument für den Regionalismus auf diesem Gebiet ist, dass eine mit den Besonderheiten der politökonomischen Systeme Ostasiens vertraute Finanzinstitution viele Fehler des IWF in der Krisenbewältigung nicht gemacht hätte.[481] Hintergrund ist, dass sich Japan und ande-

---

sary to nurture a greater sense of ownership among all members in striving towards greater East Asian cooperation. (…) The EASG is of the opinion that the ASEAN+3 framework remains the only credible and realistic vehicle to advance the form and substance of regional cooperation in East Asia.".

[477] Dass dies die damals vorherrschende Semantik wiedergibt, wird belegt durch eine Aussage von Goh Chok Tong Ende 2000: „I see no problem in ASEAN Plus Three evolving, if that's the desire of the leaders, into some kind of East Asia summit. But there are implications. I myself would not recommend a hasty evolution." (zitiert nach Hund 2002: 328). Bae (2002:4) beschreibt die Stoßrichtung der koreanischen Vorschläge in diesem Zeitraum wie folgt: „It would … be difficult to say that ASEAN+3 has all the features needed to be a regional cooperation entity in East Asia. In other words, the crux of the Korean proposal calls on the countries concerned to establish an East Asian summit system, move beyond the current ASEAN-centered cooperative structure, and host summit meetings where all 10 ASEAN member states and the three Northeast Asian countries participate on an equal footing."

[478] Siehe Altbach (1997), Amyx (2002, 2003).

[479] Pempel (2002: 15) erklärt die Gegnerschaft der USA folgendermaßen: „The United States had usually favored global rather than regional institutions, and well-institutionalized, rule-based institutions over less formal or more geographically restricted bodies. Moreover, the IMF as structured was subject to heavy U.S. influence. Opposition to an Asian Monetary Fund was thus not a complete surprise. But beyond institutional biases, the United States also recognized the potential for collective Asian action against the United States and its control over its own economy." Stanley Fischer (IWF) bezeichnete die Initiative als „a threat to the authority and effectiveness of the IMF itself" (zitiert nach Lin/Rajan 2001: 104).

[480] Laut Xu Mingqi (Shanghai Academy of Social Sciences) gab es schon vorher Befürworter dieser Kooperation im chinesischen Finanzministerium und der Zentralbank; erst im Verlaufe von 1997/98 gewannen diese jedoch schrittweise das Übergewicht (persönliche Mitteilung, 20.8.2003); vgl. Yu (2000).

[481] In einem Survey der Asian Development Bank (ADB), *Regional Monetary Cooperation in East Asia* (www.adb.org). heißt es: „Advocates of AMF assert that since economic structures and conditions vary by region,

re ostasiatische Länder in internationalen Institutionen schon lange untervertreten fühlen. Im IWF halten sie, so eine in Ostasien oft zu hörende Kritik, seit Jahrzehnten nicht jene Stimmrechte, die ihnen auf Grund ihrer Wirtschaftskraft eigentlich zustünden. Die Bemühungen der ostasiatischen Länder um den Aufbau regionaler Finanzinstitutionen laufen deshalb parallel mit denjenigen um eine Reform der globalen.

Im *Joint Statement on East Asia Cooperation* von 1999 wurden folgende Ziele auf dem Gebiet der ASEAN+3-Finanz- und Währungskooperation festgehalten (Anhang 1): Ausbau des Dialoges, der Koordination und der Kooperation in den Bereichen von gemeinsamem Interesse, zunächst hinsichtlich des makroökonomischen Risikomanagements, der Verbesserung der Unternehmensführung, der Überwachung regionaler Kapitalflüsse, der Stärkung der Banken- und Finanzsysteme, der Reform der internationalen Finanzarchitektur und der Verstärkung der Selbsthilfe- und Unterstützungsmechanismen in Ostasien im ASEAN+3-Rahmen. Zwei Projekte standen im Vordergrund der ostasiatischen Kooperationsbemühungen zur Finanzkrisenprävention und -bekämpfung:

- die stärkere Überwachung kurzfristiger Kapitalflüsse und der Aufbau eines Frühwarnsystems sowie
- die Bildung eines Netzwerks bilateraler Swap-Abkommen.

Swap-Abkommen sind Vereinbarungen zwischen Zentralbanken, in denen sie sich verpflichten, im Falle von exzessiven Währungsschwankungen und/oder spekulativen Attacken den Partnern kurzfristige Devisenkredite zu gewähren. Seit 1977 existiert das *ASEAN SWAP Arrangement (ASA)* zwischen den Zentralbanken der fünf ASEAN-Länder Thailand, Malaysia, Singapur, Indonesien und Philippinen, das sich in der Krise jedoch als ungenügend erwies. Am zweiten ASEAN+3-Gipfel, 1998, schlug China ein Treffen von Vertretern der Finanzministerien und Zentralbanken vor, das dann im März 1999 zustande kam. Im August 1999 begannen informelle Konsultationen zwischen den Finanzministerien Japans, Chinas und Südkoreas.[482] Anlässlich des ersten ASEAN+3-Finanzminister-Treffens im Zusammenhang mit der Jahresversammlung der ADB im Mai 2000 in Chiang Mai, Thailand, wurde das Projekt als „Chiang Mai-Initiative" aus der Taufe gehoben.[483] Weiter entwickelt wurde es im Juni im Rahmen des *Asian Development Forum (ADF)*, organisiert durch die ADB und ihr Forschungsinstitut (ADBI), die Weltbank und ihr Forschungsinstitut sowie das *Institute of Southeast Asian Studies (ISEAS)* in Singapur.[484] Es war auch das

---

neighboring countries have a comparative advantage in diagnosing their distinctive economic problems and crafting appropriate solutions. They argued that Asian economies have bank-based financial systems and highly geared corporate sectors, which IMF overlooked when prescribing interest rate hikes to deal with the crisis. An AMF would not have made this mistake."

[482] Wie üblich entwickelten die Regierungs-think tanks, in diesem Fall die Chinese Academy of Social Sciences, das japanische Ministry of Finance Policy Research Institute (MFPRI), und das Korea Institute for International Economic Policy (KIEP) die Konzepte, die dann an gemeinsamen Seminarien der drei Finanzministerien diskutiert wurden. Vgl. Hamilton-Hart (2003a, b, 2006) und zur Rolle Japans Rhee (2004).

[483] Vgl. *Kooperationswille asiatischer Zentralbanken – Nukleus für umstrittenen Währungsfonds am ADB-Treffen*, Neue Zürcher Zeitung, 8.5.2000: „Die Schaffung eines AWF [Asiatischen Währungsfonds, PZ] war aber doch das beherrschende Thema am Rande [der ADB-Tagung], zumal im Zuge der Erholung der asiatischen Volkswirtschaften die Diskussion über Elemente einer neuen Finanzarchitektur wieder etwas freier und zum Teil auch wieder selbstbewusster geführt werden kann."

[484] Quelle: Asian Development Bank Institute (ADBI), *Executive Summary Series No. S19/00* (www.adbi.org).

ADBI, das im März 1999 die *Regional Economic Monitoring Unit (REMU)* [485]als Institution zur Diagnose möglicher wirtschaftspolitischer Krisenherde in der Region und damit zur
Krisenprävention etablierte, in Unterstützung ähnlicher Tätigkeiten des ASEAN-Sekretariates. Das Vorgehen im Falle der „Chiang Mai-Initiative" ist typisch: Nicht ein Grundsatz-
beschluss in Form eines intergouvernementalen Abkommens stand am Anfang, sondern es
wurden umfassende informelle Vorabklärungen getroffen, ein ‚Parallelprozess' zwischen
ministerialen *think tanks*, führenden Forschungsinstituten und regionalen Organisationen
wie der ADB organisiert und die Ergebnisse im Rahmen von informellen Treffen am Rande
internationaler Meetings beraten. Implementiert wurde die Initiative ohne den Aufbau einer
zentralen Institution, sondern hauptsächlich bilateral, mit strategischen Funktionen organisatorischer Einheiten in den regionalen ‚Nervenzentren' (ADB[486], ASEAN-Sekretariat etc.).
Standen die bilateralen Abkommen einmal, wurden sie schrittweise aufgestockt; so verdop-
pelte z.B. die japanische Zentralbank im August 2005 die Verpflichtung mit Indonesien von
drei auf sechs Mia US-Dollar.[487] Im August 2003 bestand das Netzwerk bilateraler Swap-
Agreements aus 12 Abkommen mit insgesamt einem Betrag von 31.5 Mia. US-Dollar, am
1. September 2005 aus 17 Abkommen mit 52.5 Mia. US-Dollar. Die beteiligten Länder
sind China, Japan, Südkorea und die fünf wirtschaftlich bedeutendsten ASEAN-Länder
Indonesien, Malaysia, die Philippinen, Singapur und Thailand. Die tatsächliche Funktions-
weise der regionalen Finanzarchitektur wird sich in einer zukünftigen Krise beweisen müssen. Es ist insbesondere fraglich, ob und wie weit sie ihre Wirkung unabhängig von den
internationalen Institutionen entfalten kann, da vieles von der Zustimmung durch den IWF
abhängig ist.[488] Beraten werden zur Zeit Pläne, das Netzwerk bilateraler Swap-Abkommen
in einen zentralen Reservefonds überzuführen, der von einer Art ‚Asiatischer Währungsfonds' administriert würde.

Auf finanz- und währungspolitischem Gebiet werden in Ostasien auch längerfristige
ambitiöse Ziele diskutiert (ADB 2003; vgl. Dieter/Higgott 2002). Schon länger gibt es
Stimmen in Ostasien, die von einer allzu großen Abhängigkeit der Region vom US-Dollar
sprechen.[489] Bis zur Finanzkrise zog Japan eine Internationalisierung der eigenen Währung
im Rahmen einer ostasiatischen Yen-Zone in Betracht (Kwan 1994, 2000). Seit 1999 ist die
Bindung statt an den Dollar an einen Währungskorb aus Dollar, Euro, Yen und weiteren
ostasiatischen Währungen im Gespräch. Die Realisierung der europäischen Währungsunion
wurde in Ostasien genau beobachtet[490], und vor allem Wirtschaftskreise begannen, eine

---

[485] Seit 1.4.2005 *Office of Regional Economic Integration (OREI)*.

[486] Analysen der ADB-Funktionen bieten Bull/Bøas (2003), Gregg (1966) zur Gründungsphase.

[487] *Indonesia crisis-aid vow is doubled*, Japan Times, 1.9.2005.

[488] Malaysia hatte sich vergeblich gegen diese Regelung gewandt (vgl. *Far Eastern Economic Review*, 12 Juli
2001). Dieter (2001) schließt: „… the regional liquidity fund has become a toothless tiger. (…) Taking on board
the IMF may at one time have seemed appropriate, but not after the lessons learnt from the Asian crisis." Hamilton-Hart (2003a: 291) gibt jedoch zu bedenken: „… the fig leaf of IMF conditionality is useful to donor countries
as a way of deflecting criticism of bailout exercises that are likely to involve unpopular or intrusive measures.
Once a regional facility is established, it would be politically difficult for the IMF to block disbursements that
donor countries wish to make."

[489] Wie erwähnt wurden 2001 mehr als 95% aller Devisentransaktionen lokaler Währungen in Ostasien (Indonesien, Hongkong, Korea, Malaysia, Philippinen, Singapur, Taiwan und Thailand) in Dollar getätigt (vgl. Abschnitt
II.13.3, S. 166).

[490] Vertreter der europäischen Zentralbank wurden eingeladen und um eine Einschätzung der Möglichkeiten einer
Währungsunion in Ostasien gebeten (z.B. sprach Wim Duisenberg auf malaysische Einladung an einer Veranstaltung in Kuala Lumpur, im September 2004, über „The Euro and Asia"; *Look beyond single currency to remain
competitive, Asia advised*, The Star, 15.9.2004)

solche auch in Ostasien in Betracht zu ziehen[491], worauf offizielle Studien der Regierungs-*think tanks* folgten.[492] Die ASEAN beschloss die Durchführung einer entsprechenden Studie bereits im Dezember 1998, im Rahmen des *Hanoi Plan of Action*. Unter malaysischer Projektführung wurde eine *ASEAN Central Bank Forum Task Force* etabliert; der Schlussbericht *ASEAN Common Currency and Exchange Rate Mechanism* wurde Ende 2002 vorgelegt. Darin wurde die Position vertreten, dass die ASEAN aufgrund fehlender makroökonomischer Konvergenz noch nicht bereit für eine gemeinsame Währung sei. Der damalige ASEAN-Generalsekretär, Rudolfo C. Severino, antwortete 2000 auf die Frage nach einer ASEAN-Währungsunion:

> „If you look at it in theory there is everything to commend a common currency. It will remove a great deal of uncertainty in economic transaction, but a currency is more than that. It's a part of a country's sovereignty to decide what to do with its currency, interest rates and exchange rate and so on. (…) This idea is a very attractive theoretically, but until very recently an ASEAN currency was unthinkable. Last year in Rome we had discussions, although not a binding kind of discussion, but we were quite serious about it. Of course everyone knows it was going to be a long-term thing, talking of practical ways to bring it about, so from being an unthinkable to being a thinkable. In the meantime, we are in fact mandated by the leaders themselves to study this question, but this is a long term kind of project."[493]

Eine von führenden Tageszeitungen in sechs ASEAN-Ländern im Herbst 2005 durchgeführte Umfrage ergab eine überraschend große Unterstützung für eine Währungsunion: 45% der Befragten nahmen eine positive, 38% eine negative Haltung ein.[494]

Die Finanzkrise hatte den ostasiatischen Ländern auch die Augen über die Bedeutung der Abhängigkeit von den westlichen Finanzsystemen geöffnet. Realisiert wurde, dass ein bedeutender Teil des anlagesuchenden Kapitals, das von US-Fonds verwaltet wird, aus

---

[491] Z.B. Einer der Direktoren der Siam Commercial Bank PCL im Rahmen des ADBI/FIMA-Symposiums *From the Asian Financial Crisis of 1997 to a Regional Financing Arrangement* (Mai 2001): „Within a decade pursuant to the time when multi-currency placements will have been made, regional financial cooperation and institutionalization will have grown to a point where a common currency area will become a viable and realistic option for East Asia." (Chaipravat 2001: 9). Zu den prominentesten Verfechtern der Idee einer ostasiatischen Währungsunion gehört der frühere japanische Vize-Finanzminister Eisuke Sakakibara, zur Zeit Professor an Keio-Universität (vgl. *Can Asian officials share a currency dream?*, Asahi Shimbun, 3.1.2005). Mahathir entwickelte eine noch weitreichendere Perspektive: „The weak must be protected according to a set of internationally agreed rules. An international currency should be created which belongs to no one country. Rates of exchange should be based on this one currency (...) Currencies must never be traded as commodities." (*Three Southeast Asian PMs see regional ties as path to prosperity*, AFP, 8.6.2001). Vgl. auch Bashar/Möllers (Hg., 2000).

[492] Siehe bspw. die Studie des Korean Institute for International Economic Policy (KIEP), *Currency Union in East Asia* (Choo/Wang 2002).

[493] Quelle: *Business ASEAN. Official Newsletter of the Association of Southeast Asian Nations*, 1/1, Juli 2000. Kritisch zu den Voraussetzungen einer ASEAN-Währungsunion: Bunyaratavej/Hahn (2003). In Bezug auf die Region Ostasien kommt Yuen (2001: 212) zum Schluss: „Due to East Asia's diverse economic conditions and circumstances, the practical approach towards regional monetary integration would be to proceed in gradual stages. In this case, regional monetary integration could begin with smaller currency areas, (...) with the enlargement of these clusters at a larger stage, when a sufficient degree of convergence and harmonization has been achieved." Chia (2004: 15) betont: „There is … the issue of sequencing between the free trade area and the common currency area. Conceptually there is no reason why the sequencing should follow that of the EU." Positiv auch Rhee (2004).

[494] Quelle: Asia News Network (ANN) Asiapoll, Oktober-November 2005, Sample-Größe: 1147, englischsprechende Stadtbewohner; teilnehmende Zeitungen: The Straits Times (Singapur), The Star (Malaysia), The Nation (Thailand), The Jakarta Post (Indonesien), Philippine Daily Inquirer (Philippinen), Vietnam News (Vietnam).

ostasiatischen Ländern stammt[495], und damit ostasiatisches Kapital den „Casino-Kapitalismus" mitantreibt, der der Region so übel mitspielte. Würde ein inner-ostasiatischer Finanzkreislauf geschaffen, wären die ‚Spielregeln' stärker gestaltbar, die Liberalisierung des Kapitalverkehrs wäre weniger riskant, und zudem würden die Profite in der Region anfallen. Erstes Ergebnis aus diesen Überlegungen war die *Asian Bond Market Initiative (ABMI)*.[496] Ab 2002 machte sich insbesondere der thailändische Premierminister Thaksin für einen regionalen Anleihefonds *(Asian Bond Fund, ABF)* stark, in den die Regierungen jeweils 1% ihrer Devisenreserven einlegen, die wiederum in Staatsanleihen ostasiatischer Länder angelegt würden. In diesem Zusammenhang sollte auch eine asiatische Kredit-Agentur geschaffen werden. Der Vorschlag erhielt durchgängig ein positives Echo, die Initiative wurde rasch erweitert und stieß auch in Ländern außerhalb Ostasiens auf Interesse. Im Sommer 2003 wurde ein erster ABF lanciert; insgesamt 1 Mia US-Dollar wurden von 11 Zentralbanken aufgebracht und in US-Dollar-Anleihen von staatlichen und staatsnahen Kreditnehmern acht ostasiatischer Länder investiert.[497] Dabei wurde zum ersten Mal in Asien ein gemeinsamer Pool von Währungsreserven geschaffen. Das Potenzial im Hinblick auf die Intermediation von Kapitalflüssen zwischen regionalen Sparern und Schuldnern ist damit bei weitem nicht ausgeschöpft, und es handelt sich angesichts des Volumens der globalen Finanzmärkte um einen geringen Betrag. Im Rahmen der im Dezember 2004 lancierten ABF2-Initiative wurden eigentliche Fonds für Anlagen an den Anleihemärkten in Landeswährungen aufgelegt; weitere Fonds sind in Planung.

ABF2 ist eine Gemeinschaftsinitiative zur Förderung der asiatischen Anleihemärkte in Landeswährung. Er besteht aus insgesamt neun Einzelfonds: dem *Pan-Asian Bond Index Fund (PAIF)*, einem gesamtasiatischen Anleiheindexfonds mit einem Volumen von 1 Mia US-Dollar, und acht Länderfonds (Volumen insgesamt 1 Mia US-Dollar). Ziel des PAIF ist es, institutionellen Investoren und Privatanlegern einen einfachen, transparenten und kostengünstigen Zugang zu den lokalen asiatischen Anleihemärkten zu ermöglichen. Der PAIF ist ein auf einem einzelnen Index basierender Anleihefonds, der in von staatlichen und staatsnahen Schuldnern aus acht Volkswirtschaften emittierten Anleihen in Landeswährung investiert und ohne Währungsabsicherung in US-Dollar notiert wird. Die acht Länderfonds investieren jeweils an dem entsprechenden Anleihemarkt in Landeswährung. Alle neun Fonds bilden für sich einen externen, von der International Index Company (IIC) zusammengestellten Anleiheindex nach. ABF2 genießt in mehreren Ländern Ostasiens vorteilhafte Ausnahmeregelungen, z.B. hat der PAIF als erster nicht-chinesischer institutioneller Anleger direkten Zugang zum chinesischen Interbank-Anleihemarkt erhalten. Zudem soll der PAIF Singapur als Heimatmarkt bekommen, um so u.a. von den bilateralen Steuerabkommen Singapurs profitieren zu können.

Für den vorliegenden Zusammenhang festzuhalten ist, dass die Etablierung eines regionalen Finanzmechanismus mit Ausbaumöglichkeiten auf politische Initiative hin erfolgte. Die Zentralbanken und Regulierungsbehörden der beteiligten Länder kooperierten, um die unterschiedlichen regulatorischen Rahmenbedingungen miteinander in Einklang zu brin-

---

[495] Laut Hamilton-Hart (2003a: 292) waren zur Zeit der Finanzkrise 80% der insgesamt 600 Mia. US-Dollar betragenden Devisenreserven Ostasiens in Nordamerika und Europa investiert. Vgl. *An Asian Fund for Asians*, Manila Times, 25.5.2005.

[496] Dazu Amyx (2004), Fukushima (2004), Shirai (2004), BIZ-Quartalsbericht vom Juni 2005 (www.bis.org); die offizielle ABMI-Webseite, lanciert im Mai 2004, trägt den Namen *AsianBondsOnline* (asianbondsonline.adb.org).

[497] Verwaltet wird der Fonds durch die Bank für Internationalen Zahlungsverkehrs (BIZ), Basel.

gen. Die ABMI wurde Bestandteil der offiziellen ASEAN+3-Kooperationsgenda[498], zieht aber Länder über diesen Teilnehmerkreis mit ein, vorrangig Australien und Neuseeland. Zu erinnern ist daran, dass Ostasien mit seinen unterschiedlichen nationalen Währungs- und Kapitalverkehrsregimes immer noch weit entfernt von einem einheitlichen regionalen Finanzmarkt ist.[499]

III.12.6   Determinanten des Erfolgs

Innert weniger Jahre fand die ostasiatische Gruppierung der ASEAN+3 zu institutionellen Formen und vertiefter Kooperation. Worin unterschied sich die Situation in den Jahren um die Jahrtausendwende von derjenigen Anfang der 90er Jahre, als das Mahathirsche Projekt abgebremst wurde? Die drei wichtigsten Einzelfaktoren sind sicherlich die neue Zurückhaltung der USA (a) und die Wandlung Japans (b) wie Chinas (c) zu entschlossenen Verfechtern eines ostasiatischen Regionalismus. (a) Die USA hatten die ‚Gründung' der ASEAN+3 nicht weiter kommentiert, und sie hielten sich auch in Bezug auf ihre Weiterentwicklung zurück, selbst als Beobachter irgendwann nicht mehr die Augen vor der Tatsache verschließen konnten, dass die einst so vehement bekämpfte ostasiatische Gruppierung nun doch ins Leben getreten war.[500] Dies hängt mit sicherlich mit dem Einflussverlust der Hegemonialmacht im Zusammenhang mit der Bewältigung der Finanzkrise zusammen, aber auch mit dem *understatement*, das die ASEAN+3 nun mehr im Kontrast zu den Auftritten Mahathirs Anfang der 90er Jahre pflegt. (b) Aus ASEAN-Sicht war der wichtigste Faktor, dass Japan endlich die zugewiesene Rolle wahrzunehmen begann. Tatsächlich wandte sich Japan als Konsequenz der ernüchternden Erfahrungen aus den APEC-Verhandlungen, der weiter voranschreitenden Regionalisierung in anderen Teilen der Welt und angesichts der neuen Handlungschancen im Gefolge der Finanzkrise zum ersten Mal einigermaßen entschlossen dem ostasiatischen Regionalismus zu.[501] APEC behielt aber eine strategische Bedeutung: Aus japanischer Sicht schuf die transpazifische Organisation die notwendige Rückendeckung für die ASEAN+3; damit hatte man die USA an Bord und konnte doch die innerostasiatische Kooperation vertiefen.[502] Das Stillhalten der USA bestärkte Japan in seiner Ostasien-Politik. Die japanische Regierung unter Premierminister Koizumi (im Amt seit 2001) blieb aber ein treuer Verbündeter der USA und ventiliert weiterhin alle größeren Initiativen in Ostasien mit der Hegemonialmacht. Zudem drängt Japan weiterhin bei allen

---

[498] Vgl. die Erklärungen der ASEAN+3-Gipfel von 2003 auf Bali und 2004 in Vientiane.

[499] Vgl. Abschnitt II.13.3, S.166.

[500] Vgl. Bergsten (2000b): „It is worth noting, though, that Prime Minister Mahathir's East Asian Economic Group now exists and is becoming quite substantive. It is now called ASEAN+3." „The Asean+3 to which Japan belongs in fact is a reincarnation of the old East Asia Economic Caucus." (Lim 2002). „What Asean Plus Three and the proposed East Asian Summit represent is a resurrection of the old Mahathir proposal, but this time with mighty China rather than tiny Malaysia driving the process forward. Japan, which earlier had acted as America's cat's paw in stopping the Mahathir plan, is now on board." (Francis Fukuyama, *All Quiet on the Eastern Front?*, Wall Street Journal, 1.3.2005). „....Malaysia is once again at the forefront of the new project." (*Battles around new Asia summit*, Washington Times, 2.4.2005).

[501] Vgl. Shiraishi (2005a: 1): „The crisis marked the beginning of East Asian regionalism and Japan's new regional engagement."

[502] Vgl. Terada (2003: 268), der einen Beamten des japanischen Wirtschafts- und Handelsministeriums (METI) folgendermaßen zitiert: „We feel less constrained about our involvement in the ASEAN+3 meetings because of APEC."

Gelegenheiten auf den Einschluss wenn nicht der USA, dann doch zumindest Australiens und Neuseelands. Japan spielt damit weiterhin eine ambivalente Rolle im ostasiatischen Regionalismus.[503] (c) China war wie erwähnt international lange vorrangig mit der Erlangung der WTO-Mitgliedschaft beschäftigt. Die Finanzkrise und die damit verbundene Interdependenzerfahrungen waren der Anstoß für eine beschleunigte Entwicklung einer chinesischen Regionalismuskonzeption. Die Volksrepublik etablierte sich rasch als aktive Verfechterin ostasiatischer Regionalorganisationen, die das Umfeld für den weiteren friedlichen Aufstieg Chinas schaffen und einen Schritt in die Richtung einer multipolaren Welt darstellen sollten. China betrachtet die bestehenden militärisch-sicherheitspolitischen Bündnisbeziehungen in Ostasien als Relikte aus der Zeit der Ost-West-Konfrontation und will sie durch die neuen Regionalorganisationen ersetzen. Die Volksrepublik sieht das US-gebundene Japan als Haupthindernis für den Aufbau eigenständiger ostasiatischer Institutionen. Aufgrund dieser Interessenlage und der größeren Handlungsfähigkeit Chinas im Vergleich mit Japan ergibt sich die Situation, dass China das Tempo vorgeben kann, während Japan vor allem reagieren muss. Aus der Rivalität Japans und Chinas um die Führungsrolle in den ostasiatischen Institutionen schöpft sich ein beträchtlicher Teil der ASEAN+3-Energien. Das Gewicht der Volksrepublik erlaubt es ihr zudem, den Nichteinbezug des als „abtrünnige Provinz" bezeichnete Taiwan in allen Regionalorganisationen und –abkommen durchzusetzen.

III.12.7 ASEAN+3 und der erste Ostasien-Gipfel

III.12.7.1 Hintergrund

Der Begriff „Ostasien-Gipfel" geht auf das Mahathirsche Projekt eines Zusammenschlusses der Länder Ostasiens zurück, in Abgrenzung zum damals vorherrschenden Trend zu „Asien-Pazifik"-Gipfeln (APEC). Wie erwähnt empfahlen die Abschlussberichte der beiden ASEAN+3-Studiengruppen die Abhaltung von Ostasien-Gipfeln, aber als „langfristiges Ziel mit hoher Priorität", das in einem evolutionären, schrittweisen Prozess erreicht werden soll. Besonders berücksichtigt werden müssten folgende Aspekte: die weitere Proliferation von Treffen und die unnötige Duplizierung oder Überlappung von Aktivitäten sollen vermieden, die Involvierung Chinas, Koreas und Japans erhöht werden („greater ownership"), ohne dass die ASEAN-Länder dabei an Gewicht verlören, und die Ziele, Themen und Teilnehmerschaft eines Ostasien-Gipfels müssten geklärt werden.[504] Die Klärung möglicher Ziele, Themen und Teilnehmerschaft war jedoch gerade als Aufgabe auf die EAVG übertragen worden; es darf somit festgehalten werden, dass Ende 2002, als der Bericht am

---

[503] Vgl. Dieter (2001), der die Ambivalenz der japanischen Führerschaft auf dem Gebiet der Finanz- und Währungskooperation folgendermaßen charakterisierte: „Paradoxically, Japan appears to be both the driving force for monetary regionalism in East Asia and its main opponent. Japan wants to lead the region, but it is only able to supply hollow leadership. Rather than providing the framework for genuine and deep integration, Japan wishes to maintain its status in the region, while at the same time not provoking criticism in Washington." Lim (2002) kommt zur folgenden Einschätzung: „[Asean+3 is] bound to be dominated by China. That's why Koizumi is seeking to dilute Asean+3, presumably in order to consign it to well-deserved oblivion. He has proposed an East Asian community that would include Australia and New Zealand as core members. And ... he proposed that such a community should not be exclusive, but should enjoy close partnership with the U.S."
[504] EASG (2002), Kapitel III, *Assessment of the Implications of an East Asian Summit*, S. 56ff.

ASEAN+3-Gipfel in Phnom Penh zur Kenntnis genommen wurde, das Konzept eines Ost-asien-Gipfels nach wie vor weitgehend leer war.

III.12.7.2   Gipfelstürmer Malaysia und China

Die Idee eines „Ostasien-Gipfels" begann, eine politisch-symbolische Eigendynamik zu entwickeln. In den folgenden drei Jahren erfolgten keine substanziellen weiteren Ausarbei-tungen, während das Gerangel um die Teilnehmerschaft bereits einsetzte. Der konzeptions-lose, aber symbolisch aufladbare Begriff „erster Ostasien-Gipfel" lud zu Projektionen ein und überschattete die gleichzeitigen ‚regulären' ASEAN+3-Aktivitäten. Diese wurden fortgesetzt, und alle substanziellen Fortschritte, z.B. in der weiteren Ausarbeitung der Chi-ang-Mai-Initiative, fanden ohne Bezug auf den Ostasien-Gipfel statt.

Mahathir ließ sich die Chance, den Prozess zu beeinflussen, nicht entgehen, und mein-te vor den Teilnehmern des ersten, in Malaysia stattfindenden *East Asia Congress,* es sei an der Zeit, die Begriffe zu klären. Sobald man sich nicht mehr der Erkenntnis verschließe, dass die sich herausbildende Gruppierung die von ihm anvisierte *East Asia Economic Grouping (EAEG)* sei, werde der Prozess viel einfacher.[505]

Vor allem Malaysia und China wollten schneller voranschreiten. China meldete seine Interesse an, den ersten Ostasien-Gipfel auszurichten. Dies hätte aber die ASEAN bereits im Gründungsakt in den Hintergrund gedrängt und zudem den im Westen verbreiteten Befürchtungen über eine dominierende Rolle der Volksrepublik im neuen Verbund Vor-schub geleistet. Zudem beanspruchte das ASEAN-Mitglied Malaysia dieses Vorrecht, da die Idee auf die Initiativen Mahathirs zurückgehen. Mit Malaysias ASEAN-Vorsitz 2005 waren die Weichen für Kuala Lumpur gestellt. Im Raum stand weiterhin Chinas offizieller Vorschlag, den zweiten Ostasien-Gipfel im Jahr 2006 oder 2007 auszurichten. Die beiden Länder erhöhten im zweiten Halbjahr 2004 den Druck, am ASEAN+3-Gipfel von Vientiane (November 2004) zu einem gemeinsamen Beschluss für die Abhaltung eines Ostasien-Gipfels im folgenden Jahr zu kommen. Sowohl China wie Malaysia sind ernsthaft an einer Vertiefung der ASEAN+3-Kooperation interessiert; es ist deshalb schwer nachzuvollzie-hen, warum sie dieser Gipfel-Tempobeschleunigung die eigentliche Vertiefung der Koope-ration zu opfern bereit waren. Die Motive sind wohl im taktischen und strategischen Ver-halten der Akteure zu suchen:

- in der Konkurrenz um die Ausrichtung des ersten Gipfels zwischen China und Malay-sia,
- im Willen Chinas, die Regionalisierungsdynamik in Ostasien aufrechtzuhalten, um Japan weiter unter Druck zu setzen,
- in einer ‚Jetzt oder nie'-Mentalität: eine zeitliche Verschiebung könnte eine veränderte Akteurkonstellation in der ASEAN+3 bedeuten, oder die USA könnten zu einer akti-ven Opposition übergehen.

---

[505] *Mahathir calls again for East Asian bloc*, Straits Times, 5.8.2003.

III.12.7.3 Dabei sein ist alles

Der Beschluss von Vientiane, den ersten Ostasien-Gipfel bereits 2005 abzuhalten, entfachte einen beträchtlichen Wirbel. Da die Teilnehmerschaft nicht von vornherein auf die 13 ASEAN+3-Länder begrenzt wurde, brachten sich alle interessierten Länder in Stellung. Vor allem Australien und Neuseeland, die seit langem um eine Beteiligung am ostasiatischen Regionalismus bemüht sind, vervielfachten ihre diplomatischen Anstrengungen, diesmal eine Einladung zur ‚Gründungsveranstaltung' zu erhalten (vgl. Richardson 2005, Symonds 2005). Russland sieht sich auch als „asiatische Macht" und meldete Interesse an, ebenso Indien und andere süd- und zentralasiatische Länder. Die Freihandels-Vorreiter Thailand und Singapur suchen seit längerem engere Verbindung mit der aufstrebenden südasiatischen Wirtschaftsmacht, und ein Einbezug Indiens scheint vielen ostasiatischen Ländern eine Rückversicherung gegen eine allzu großes Gewicht Chinas zu bieten. Die USA argwöhnten, dass sich hinter dem Ostasien-Gipfel der erneute Versuch Malaysias verbirgt, eine „anti-westliche" Regionalorganisation zu schaffen, hielten sich aber zurück, zumal die Agenda des Gipfels weitgehend unbekannt war. Die US-Regierung bekräftigte aber mehrfach ihre Position der Ablehnung „exklusiver" Regionalorganisationen und betonte dies auch in bilateralen Konsultationen mit ihren engen Verbündeten in Ostasien.[506] Mit dem Gestus des Nichteingeladenen wurde erklärt, dass die USA bereits ihre Mittel hätten, um mit Ostasien zu interagieren.[507] Im April 2005 einigten sich die Gastgeber offiziell auf drei Kriterien für eine Einladung zum Ostasien-Gipfel: Die Länder müssen schon länger am offiziellen ASEAN-Dialogprogramm teilnehmen, substanzielle Beziehungen zur ASEAN haben und den ASEAN-Sicherheitsvertrag unterzeichnen. Diese Kombination war ein cleverer Schachzug. Der ASEAN-Sicherheitsvertrag (*Treaty of Amity and Cooperation, TAC*) enthält im Wesentlichen die Prinzipien der Nicht-Aggression, der friedlichen Konfliktlösung und der Nichteinmischung in innere Angelegenheiten, stammt ursprünglich aus dem Jahr 1976 und wurde später mit einem Zusatzprotokoll versehen, der nicht-südostasiatischen Staaten den Beitritt ermöglicht. Damit schloss man die USA aus und setzte die Staaten der Region unter Druck, sicherheitspolitische Garantien abzugeben. Dies war v.a. gegen den australischen Regierungschef Howard gerichtet, der sich als regionaler Hilfssheriff der USA sah und nach deren Vorbild mit dem Gedanken „präventiver Verteidigungsmaßnahmen" spielte. Nachdem sich Australien versichert hatte, dass seine Bündnisverpflichtungen gegenüber den USA davon nicht berührt würden, kündigte Howard die Unterzeichnung an. Wie Indien, Pakistan, Neuseeland und die Mongolei gehört auch Russland zu

---

[506] Zur Position der USA siehe *US backs East Asian trade despite threat*, AFP, 2.12.2004; *US tries to unravel East Asia summit puzzle*, www.channelnewsasia.com, 23.10.2005; *The Empire Strikes Back – China is using regional alliances to diminish U.S. clout in Asia*, Newsweek International, 12.9.2005; *East Asia Summit Draws Washington's Attention*, Bernama, 13.12.2005; sowie Snyder (1999a), Bergsten (2005), Cossa (2005b), Fukuyama (2005a, b). Der frühere US-Außenpolitiker und Mitbegründer der Integrationstheorie, Joseph S. Nye, kommentierte: „... if the US continues to pursue unattractive policies, it may find that its absence from the summit in Malaysia in December is a harbinger of things to come." (*Soft power is the way forward*, Bangkok Post, 17.11.2005). Tay (2005: 20) kommt zur Einschätzung: „... the main driving forces for the sense of East Asian regionalism are not, in my view, anti-Americanism. Nor, however, are they completely neutral in my estimate. There is a growing ambivalence about the US among many Asians. (...) There is an emerging wish for a greater independence and capacity in Asia. More Asians now believe it is the time that their countries and their region mature and grow beyond the unequal relationship with and dependency upon the US, so that Asians can do about what matters most to Asia."

[507] *India invited to East Asia Summit, US left out*, Kyodo, 9.5.2005.

den Unterzeichnern des ASEAN-Sicherheitsvertrags, wurde aber durch das Kriterium ‚Teilnahme am ASEAN-Dialogprogramm' ausgeschlossen. Als Kompensation bot man Moskau die offizielle Eröffnung eines ASEAN-Russland-Dialogprogramms an, zu beginnen am Gipfel von Kuala Lumpur 2005. Das Kriterium ‚substanzielle Beziehungen mit der ASEAN' schloss den Kreis gegenüber anderen, ärmeren Ländern im Umkreis Ostasiens. Die EU bemühte sich um eine Beobachterposition, zumal Überlegungen zu einer EU-ASEAN-Freihandelszone im Gange sind.

Da die Teilnehmerschaft nun nicht mehr der ASEAN+3-Kreis war, traten die Fragen der institutionellen Weiterentwicklung der ASEAN+3 in den Hintergrund, und das Verhältnis zwischen ASEAN+3 und Ostasien-Gipfel musste definiert werden. Zwei Lager bildeten sich heraus: Diejenigen Länder, angeführt von Japan, die die ASEAN+3-Kooperation in ein zu entwickelndes System von Ostasien-Gipfeln überführen und damit erweitern wollten, und diejenigen, für die der neue Gipfel nur ein neues Forum um ASEAN+3 als Kern herum sein sollte. Letztere befanden sich in der Mehrzahl, auch die beiden wichtigsten Ostasien-Gipfel-Befürworter, China und Malaysia, gehörten zu ihnen.

III.12.7.4   Ein Gipfel auf der Suche nach einer Agenda

Die politische und mediale Aufregung um den Ostasien-Gipfel wurde dadurch verstärkt, dass mehrere beteiligte Länder diesem bereits im Vorfeld historische Bedeutung zuschrieben. Allen voran die malaysische Regierung: Der Ostasien-Gipfel sei „der erste Meilenstein auf dem Weg zu einer integrierten ostasiatischen Gemeinschaft", ein „machtvolles Zeichen des Vertrauens und Selbstbewusstseins der Länder der Region, auf das die Welt warte" und ein „gigantischer Sprung vorwärts".[508] Japan, das vor allem für die Erweiterung des Teilnehmerkreises kämpfte, bezeichnete den Ostasien-Gipfel prospektiv als wichtigen institutionellen Rahmen für die Gemeinschaftsbildung in Ostasien, seiner erstmaligen Abhaltung komme historische Bedeutung für die Zukunft Ostasiens zu.[509] Die Tatsache, dass der ostasiatische Regionalismus ständig seinen „Look" wechselte, wurde vom chinesischen Vize-Außenminister optimistisch als Ausdruck seiner „Vitalität" gedeutet.[510] In anderen Ländern wuchs das Unbehagen angesichts der hektischen diplomatischen Aktivitäten im Zusammenhang mit dem Gipfel, bei anhaltender Unklarheit bezüglich dessen Agenda. Südkorea, das treibende Kraft hinter den früheren Studiengruppen gewesen war und maßgeblich zur Entwicklung der Strategie einer Umwandlung der ASEAN+3 in eine wirklich multilaterale Organisation beigetragen hat, sah seine Vision verwässert und mahnte immer wieder eine Klärung der Agenda an.[511] Gastgeber Malaysia gab sich während des ganzen Jahres betont zurückhaltend und legte Wert auf ein konsensuelles, multilaterales Vorgehen ohne politische Zwängerei. Im Mai 2005 war die Agenda des Gipfels noch weitgehend offen, wie der

---

[508] Badawi (2004, 2005); *PM Sets The Tone For Kuala Lumpur East Asia Summit*, Bernama, 25.5.2005; *Battles around new Asia summit*, Washington Times, 2.4.2005; vgl. auch *Ushering in a new era of regional co-operation*, New Straits Times, 20.11.2005: „Collectively, the meetings may well be the strongest show of regional muscle ever, sending a loud message that East Asia is finally coming into its own."

[509] *Issue Paper 3* On an „East Asia Summit" *prepared by the Government of Japan* (www.mofa.go.jp); zur japanischen Position siehe Funabashi (2004), de Boer (2005), Shiraishi (2005b), Yamada (2005).

[510] Interview australischer Korrespondenten in China mit Yang Jiechi, 19.4.2005 (www.chinaembassy.org.au).

[511] Zur koreanischen Position und möglichen Vermittlerrolle siehe Bae (2002, 2005), Yun (2005), Tang (2006); *East Asia Summit: a step toward community?*, Korea Herald, 10.12.2005; *Summit offers Korea opportunity to diversify cooperative channels*, Korea Herald, 12.12.2005.

Auftritt des malaysischen Premiers Abdullah Ahmad Badawi an einer japanischen Wirtschaftskonferenz deutlich machte.[512] Experten der regierungsnahen *think tanks* suchten vergeblich das große strategische Konzept hinter dem nahenden Gipfel und kamen regelmäßig auf die gleichen oder ähnliche Kataloge ungelöster Grundfragen. An einem Symposium mehrerer ostasiatischer Forschungsinstitute wurde klar, dass die Konzeptionen für den Ostasien-Gipfel nach wie vor wenig elaboriert waren und tendenziell divergierten.[513] Das Spektrum reicht von einer einfachen Fortsetzung der ASEAN+3-Gipfel bis zum Einläuten eines neuen Kapitels im Aufbau einer Regionalorganisation. Die Teilnehmer waren sich aber einig, dass das Erscheinungsbild auf jeden Fall „bescheiden und funktional" sein soll, um negative Reaktionen der USA wie seinerzeit auf die Mahathirsche Initiative zu vermeiden. Auf keinen Fall soll der Eindruck entstehen, dass ein Ostasien als geschlossene Einheit im Entstehen begriffen sei, und auch nicht, dass dies mit „asiatischen Werten" (oder anderen Reizworten für den Westen) zu tun habe. Der gemeinsame Nenner blieb somit ein negativer; es ist aber so, dass mit der Definition dessen, was nicht passieren soll, das was passieren soll, nur wenig klarer wird. Verschiedene Modelle mit konzentrischen Kreisen machten die Runde: im innersten Kreis die ASEAN-Länder, im zweiten Japan, China und Korea und im äußersten folgen die zum Ostasien-Gipfel eingeladenen Länder. Dies würde bedeuten, dass dem noch wenig gefestigten ASEAN+3-Prozess eine weitere Differenzierung zugemutet wird, die zwar seine internationale Legitimität erhöhen, aber die institutionellen Grundprobleme in keiner Weise lösen würde. Diskutiert wurden auch Modelle einer Neuorganisation des Vorsitzes: Das Modell ‚gemeinsamer Vorsitz' („co-chairmanship") würde in der Zusammenarbeit jeweils eines süd- und eines nordostasiatischen Landes bestehen, das Modell ‚Rotation' sähe einen Wechsel zwischen einem ASEAN-Land und einem der drei nordostasiatischen Länder vor. Ein solches Modell wäre dann der ‚harte Kern' der ASEAN+3, umgeben von einem zweiten Kreis von Ländern wie Indien, Australien und Neuseeland sowie einem dritten, der hauptsächlich aus den USA bestünde (vgl. Cheow 2005a).

Im Verlaufe des Sommers 2005 wurde in allen Außenministerien Ostasiens klar, dass nicht nur eine wirklich bedeutungsvolle Agenda für den Gipfel nicht mehr zu konstituieren war, sondern dass man auch den ASEAN+3-Zusammenhalt gefährden würde, hielte man an der ursprünglichen Idee der Überführung der ASEAN+3 in ein neues, wenig definiertes Ostasien-Gipfel-System fest. Die Pressesprecher der Außenministerien der Region gerieten regelmäßig ins Schwitzen, wenn sie angesprochen wurden auf den Unterschied zwischen ASEAN+3 und dem Ostasien-Gipfel, über die Frage der Teilnehmerschaft hinaus. Im Juli erklärte der thailändische Außenminister, dass der Unterschied zwischen ASEAN+3 und dem Ostasien-Gipfel darin bestehe, dass erstere ein Prozess sozialer, wirtschaftlicher und politischer Integration sei, und letzterer ein Dialog- und Kooperationsforum, ähnlich der G8.[514] Wochen vor dem Gipfel erklärte ein früheres thailändisches Regierungsmitglied, das in dessen Vorbereitung involviert war: „Ich sehe keinen Prozess, der zu einer ostasiatischen Gemeinschaft führt (...) Obwohl der Ostasien-Gipfel nichts Konkretes hervorbringen wird,

---

[512] 11. Nikkei International Conference *The Future of Asia – Charting a Course for Asian Economic Integration*, Tokyo; die malaysische Presseagentur Bernama (25.5.2005) zitierte Badawi folgendermaßen: „The agenda for the Kuala Lumpur East Asia Summit could be a very exciting one. It could range from currency, energy and global growth issues to our common struggle on terrorism to ‚how we can eradicate abject poverty' and become the first developing-country region in the world to achieve the millennium development goals."

[513] *East Asian Symposium: A trade zone for East Asia's future – Building a new community under FTA will deepen integration*, Japan Times, 10.3.2005; vgl. Luhulima (2005), Cheow (2005b), Tan/Emmers (Hg., 2005).

[514] *East Asia Summit planning underway*, Bangkok Post, 28.7.2005.

könnte er den ostasiatischen Ländern als Forum in Verhandlungen mit den USA über Fragen wie Handelsbilanzen und Wechselkursanpassungen dienen."[515] Der frühere Premier Singapurs kündigte im Rahmen seines Japan-Besuches an, dass am Ostasien-Gipfel über ein regionales Freihandelsabkommen beraten werde.[516] Am APEC-Gipfel im November erklärte Malaysia, dass kein „Wirtschaftsblock" geplant sei, und dass der Ostasien-Gipfel die APEC nicht duplizieren werde, aber ein weiterer Baustein in der Vertiefung der Wirtschaftsbeziehungen der Region sei.[517]

III.12.7.5 Stolpersteine

Ein Berg bietet nicht Raum für zwei Tiger.
(chinesisches Sprichwort)

Mehrere Probleme überschatteten die Vorbereitung des ersten Ostasien-Gipfels.

(1) Das Jahr 2005 sah einen neuen Tiefpunkt in den Beziehungen Japans zu seinen nordostasiatischen Nachbarn. Im Frühling war es zu antijapanischen Ausschreitungen in China gekommen, deren diplomatische Bewältigung lange auf sich warten ließ. China war tatkräftig in der Opposition gegen die Kampagne Japans für einen ständigen Sitz im UN-Sicherheitsrat; kein ostasiatisches Land unterstützte Japan aktiv. Japan beobachtete die wachsenden Militärausgaben der Volksrepublik argwöhnisch, China umgekehrt die japanischen Bemühungen, die Sicherheitsallianz mit den USA zu vertiefen und eine ‚normale' Militärmacht zu werden. Die Territorialdispute im ostchinesischen Meer verzeichneten 2005 einen Temperaturanstieg. Der fünfte Besuch des Yasukuni-Schreins durch den japanischen Premierminister im Oktober, zwei Monate vor den Gipfeln in Kuala Lumpur, stieß in ganz Ostasien auf Unverständnis.[518] China sagte nicht nur sämtliche bilateralen Treffen am Rande des anstehenden APEC-Gipfels ab, sondern zusammen mit Südkorea auch das seit 1999 übliche trilaterale Treffen der drei Länder im Zusammenhang mit dem ASEAN+3-Gipfel.[519] Angesichts dieser Vorgänge suchte ASEAN eine Versicherung Koizumis, wirk-

---

[515] *Trade with US on agenda*, Bangkok Post, 24.11.2005.

[516] *East Asia Summit to discuss FTA between Asian nations: SM Goh*, Channel NewsAsia, 4.11.2005

[517] *‚East Asia Summit will not be economic bloc'*, New Straits Times, 20.11.2005; zum Verhältnis APEC-Ostasien-Gipfel siehe Drysdale (2005).

[518] Z.B. Jakarta Post, 25.10. 2005, *Koizumi endangers future of East Asia Community*: „There are many challenges standing in the way of the establishment of the East Asia Community, and any further tensions in the future could entirely derail the project. In other words, Koizumi's personal actions are not making things any easier. The future East Asia Community must be a community where each community member respects the other. In other words, Japan's neighbors will have to summon the will and the power to forgive and move on, while Japan, despite its protests of this being an internal affair, will have to be more careful not to irritate its neighbor, creating unfortunate and unnecessary tension." Vgl. *Singapore daily says Koizumi's shrine visit shows disregard for Asia*, Kyodo, 18.10.2005.

[519] *China says ‚difficult' to hold Sino-Japan summit in 3rd country*, Kyodo, 25.10.2005; *Chinese envoy to Japan: Deal with Yasukuni before seeking summit*, Asahi Shimbun. 17.11.2005; *China hints no Japan-China summit in Malaysia*, Kyodo, 30.11.2005; *Summit between Japan, S. Korea, China to be postponed: China*, Kyodo, 4.12.2005. Vgl. *ASEAN qualified to be region's key driver*, www.chinaview.cn, 12.12.2005: „Japan has sabotaged talks with China and the ROK at the ASEAN meetings thanks to Prime Minister Junichiro Koizumi's non-negotiable homage at the Yasukuni Shrine. (...) How can a country that cannot establish credibility among its neighbours become a leader of Asia? Strong leadership is needed in any organization. But it must be acceptable to the whole region. In East Asia, it is not the right time to talk about leadership, but rather unconditional trust, understanding and co-operation. Japan does not measure up to the requirements of leadership."

lich an einem Fortschritt des Regionalismus interessiert zu sein.[520] Was im Oktober passierte, ist nur im Zusammenhang mit der Entwicklung der Ostasien-Gipfel-Agenda zu verstehen. Offensichtlich war Koizumi zu diesem Zeitpunkt klar, dass Japan mit diesem Beitrag zur atmosphärischen Verschlechterung in Ostasien nichts Entscheidendes mehr verspielen würde. Tatsächlich hatte Japan sein ursprüngliches Projekt, nämlich die ASEAN+3-Kooperation unter einer möglichst breiten Erweiterung des Teilnehmerkreises in ein System von Ostasien-Gipfeln zu überführen, bereits aufgeben müssen. Angesichts der ablehnenden Position der anderen Länder waren die Weichen für eine weiterhin zentrale Rolle des ASEAN+3-Verbundes gestellt. Koizumi signalisierte somit v.a. das Beharren auf einem weiterhin eigenständigen, unbeirrbaren Handeln Japans, unabhängig vom Mitwirken des Landes in regionalen Institutionen und deren allfälliger Weiterentwicklung. Japan stand damit ziemlich einsam in der Vor-Gipfel-Dynamik.[521] Der japanische Außenminister legte das Konzept der Regierung dar in einem Vortrag vor ausländischen Korrespondenten in Tokyo, kurz vor den Gipfeln von Kuala Lumpur. Er erwähnte darin die ASEAN+3-Kooperation mit keinem Wort, bezeichnete aber den Ostasien-Gipfel als Ausgangspunkt für die Bildung einer ostasiatischen Gemeinschaft und betonte, wie positiv die Erweiterung um neue Länder sei, die ähnliche Grundwerte wie Japan verträten.[522]

(2) Angesichts der großen Ankündigungen und institutionellen Entwürfe wuchsen in einigen ASEAN-Ländern die Befürchtungen, die eigene Regionalorganisation könnte ihren Zusammenhalt und ihre politische Bedeutung verlieren. Indonesien, politisches Schwergewicht Südostasiens, war immer skeptisch gegenüber der forcierten Etablierung eines neuen Forums.[523] Im ASEAN+3-Rahmen nimmt das Land schon eine deutlich weniger bedeutende Rolle als in der ASEAN ein, und Jakarta rechnete realistischerweise damit, mit jeder Vertiefung weiter an politischem Gewicht zu verlieren. Angeblich hatte der indonesische Präsident der Abhaltung des Ostasien-Gipfels in Vientiane nur als einmaliger Veranstaltung zugestimmt. Gleichzeitig fürchtete Indonesien auch eine allzu große Rolle Chinas und gehörte mit Japan zu den Befürwortern eines breiten Ostasien-Gipfel-Teilnehmerkreises. Die Konsolidierung der inner-südostasiatischen Kooperation ist aber die klare Priorität Jakartas. Indonesien führt die Gruppe der Länder an, die die bisherige Rolle der ASEAN als Gravitationszentrum und Triebkraft des ostasiatischen Regionalismus weiter sichern wollen. Die Forderung, ASEAN müsse „driving force" bleiben, wurde – wenig überraschend – von allen ASEAN-Mitgliedern getragen, wurde aber auch von China und Japan akzeptiert, in der Absicht, die Herausbildung einer Hegemonialposition der jeweils anderen Großmacht abzubremsen resp. Befürchtungen über solche Ambitionen entgegenzutreten. Entsprechen-

---

[520] *ASEAN leaders to seek Japan's reassurance of commitment*, Kyodo, 30.11.2005.

[521] Vgl. *A Very Lonely Japan*, Newsweek, 31.10.2005.

[522] „This Summit needs to be cultivated such that it leads to a future East Asian community. There are many possible paths forward that are different from the kind of integration that we have been witnessing in Europe in recent years. In the areas of political systems and national security, the countries of Asia are still extremely diverse, meaning that our approach should emphasize individual areas of functional cooperation, starting with economic, finance, and anti- and counter-terrorism cooperation. However, as a gathering of optimists, the East Asia Summit is really at its core an open gathering of leaders. And thus, the East Asia community can move forward, thanks to this open form of cooperation with various partners." (*Asian Strategy As I See It: Japan as the „Thought Leader" of Asia, Speech by Foreign Minister Taro Aso at the Foreign Correspondents' Club of Japan*, 7.12.2005; www.mofa.go.jp).

[523] Zur indonesischen Position siehe Natalegawa (2005), Cheow (2005a), *Southeast Asia ministers debate regional supergroup*, Manila Times, 28.11.2004; *ASEAN driving force in community building: Susilo*, Xinhua, 11.12.2005; *RI has tough task in keep both China, Japan happy*, Jakarta Post 12.12.2005.

de Passagen über die künftige Rolle der ASEAN finden sich somit in allen Erklärungen, die aber die reale Entwicklung der regionalen Kooperation wenig beeinflussen dürften und auch nicht zur Überwindung der bestehenden institutionellen Konstruktionsprobleme beitragen.

(3) Die Nichteinmischung in innere Angelegenheiten ist konstitutives Prinzip der ASEAN-Kooperation. Nachbarländer und ASEAN-Vertreter äußern sich im Allgemeinen nicht zu innenpolitischen Problemen und Auseinandersetzungen in den Mitgliedstaaten. Das Militärregime in *Myanmar* (Birma), das die Ergebnisse der Wahlen von 1990 annulliert und zahlreiche Oppositionelle ins Gefängnis geworfen hatte, brachte die ASEAN als Regionalorganisation aber zunehmend unter Druck von außen, vor allem seitens der EU und der USA. Könnte das erst 1997 der ASEAN beigetretene Land trotz eklatanter Menschrechtsverletzungen eine reguläre Mitgliedschaft wahrnehmen, würde dies die ASEAN insgesamt in Verruf bringen. Die anderen ASEAN-Mitglieder sahen sich gezwungen, erste Schritte weg vom Prinzip der Nichteinmischung zu gehen. Auf diesen Druck hin gab Myanmar im Juli 2005 seinen Verzicht auf den ihm zustehenden ASEAN-Vorsitz 2006 bekannt, mit der Begründung, das Land müsse sich auf den laufenden inneren Prozess der Demokratisierung und nationalen Versöhnung konzentrieren. Damit war der Konflikt erst einmal entschärft, aber Myanmar ist weiterhin die „die chronische Krankheit der Region".[524]

III.12.7.6   Kuala Lumpur, Dezember 2005

Im Dezember 2005 fand in der Hauptstadt Malaysias die geplante Sequenz von Gipfeltreffen statt, an der Delegationen aus 17 Ländern – insgesamt rund 5000 Personen – beteiligt waren: Zunächst tagten die ASEAN-Staaten unter sich, dann fanden mehrere *ASEAN+1*-Gipfel statt: ASEAN-Japan, ASEAN-China, ASEAN-Südkorea, ASEAN-Indien und zum ersten Mal auch ASEAN-Russland. Des weiteren tagten die an der *Brunei Indonesia Malaysia Philippines East ASEAN Growth Area (BIMP-EAGA)* und am *Indonesia Malaysia Thailand Growth Triangle (IMT-GT)* beteiligten Regierungen, sowie die vier wenig entwickelten ASEAN-Länder Kambodscha, Laos, Myanmar und Vietnam (2. CLMV Gipfel). Unternehmer trafen sich am *ASEAN Business and Investment Summit* sowie an der *East Asia Business Exhibition (EABEX)*, Vertreter von Nichtregierungsorganisationen an der *ASEAN Civil Society Conference*. Da zum ersten Mal auch große Journalistentrosse aus Indien und Russland die Treffen abdeckten, dürften die Gipfeltreffen von Kuala Lumpur mit knapp 2000 anwesenden Reportern das bislang größte politische Medienereignis Ostasiens gewesen sein.[525] Als Gastgeber, Organisator und Vorsitz konnte Malaysia seine bedeutende politische Rolle in der Region und über sie hinaus ausbauen. Die Gipfel wurden unter das ambitiöse Motto „eine Vision, eine Identität, eine Gemeinschaft" gestellt. Die Treffen fanden im neu eröffneten *Kuala Lumpur Convention Center (KLCC)* statt, das an einem perspektivisch auf die *Petronas Twin Towers* ausgerichteten Park liegt. Die Zwillingstürme – der eine von einem japanisch, der andere von einem koreanisch geführten Konsortium gebaut – mit ihren je 88 Stockwerken stehen wie wenig andere Bauten Südost-

---

[524] *Applying treatment to region's chronic disease*, Bangkok Post, 19.12.2005.

[525] Laut Organisatoren kamen die Journalisten aus 21 Ländern, wobei die japanische Gruppe mit fast 400 Personen die größte war (*Large Media Turnout Expected For Asean And Related Summits*, Bernama, 3.12.2005; ‚*It should not be a talking shop'*, New Straits Times, 6.12.2005).

asiens für die Wirtschaftskraft und das neue Selbstbewusstsein der Länder der Region. Die *Petronas Twin Towers* waren auch das Hauptmotiv der überall zu sehenden Plakate, die auf den ASEAN-Gipfel hinweisen.

Mehrere Staatsgäste ließen sich auch durch das malaysische Vorzeigeprojekt *Putrajaya*, die neue, großzügig angelegte Verwaltungshauptstadt südlich von Kuala Lumpur, führen. Der ehemalige malaysische Premier Mahathir, von vielen als „Gründervater" des Ostasien-Gipfels gesehen, ließ wie zu erwarten war die Gelegenheit zu medienwirksamen Äußerungen nicht ungenutzt verstreichen. Wenige Tage vor dem Gipfel kritisierte er die Beteiligung Australiens; das Land sei im Kern europäisch, nicht Teil Asiens, und qualifiziere sich als enger Verbündeter der USA nicht für die Mitgliedschaft in einer ostasiatischen Regionalorganisation. Er stellte klar, dass der kommende Ostasien-Gipfel nichts mit seinem ursprünglichen Konzept einer ostasiatischen Wirtschaftsgruppierung zu tun habe.[526] Damit zwang er die malaysische Regierung, die Einladung Australiens und Neuseelands zu rechtfertigen: die ASEAN könne sich nicht „exklusiv" orientieren, sondern müsse strategische Partnerschaften eingehen im Rahmen „breiter Foren".[527]

Das Treffen der ASEAN-Staats- und Regierungschefs eröffnete den Gipfelreigen. Zum ersten Mal in der ASEAN-Geschichte wurden nicht nur lange vorbereitete Erklärungen mit wenigen Änderungen verabschiedet, sondern auch eine offene Diskussion über grundsätzlichere Fragen hinter verschlossenen Türen organisiert.[528] Dabei ging es v.a. um zwei kontroverse Themen: Die ASEAN-Position im Hinblick auf den ersten Ostasien-Gipfel und der Umgang mit dem Problemfall Myanmar. Ein Zusammenschluss von rund achtzig Parlamentsabgeordneten und Diplomaten aus mehreren ASEAN-Ländern hatte die Staats- und Regierungschefs unter Druck gesetzt, Myanmar wegen anhaltender Menschenrechtsverletzungen und fehlenden politischen Reformfortschritten anzuprangern.[529] Noch kurz vor dem Gipfel hatte es aber geheißen, Myanmar sei nicht auf der ASEAN-Agenda.[530] In einem für die ASEAN bisher einmaligen Akt rangen sich dann die ASEAN-Regierungen durch, das Mitgliedsland öffentlich zu rügen. Der malaysische Vorsitz führte ein Gespräch hinter verschlossenen Türen mit dem Außenminister Myanmars, in dessen Verlauf dieser einwilligte, eine ASEAN-Gesandtschaft zur Information über die jüngsten Entwicklungen in Myanmar zu empfangen.[531] Unumstritten war die Einsetzung einer Studiengruppe, die

---

[526] Mahathir wird folgendermaßen zitiert: „They are Australasians and we are not going to have an East Asia Summit but an East Asia-Australasia Summit. Therefore, we still have not been able to form the East Asia Economic Grouping (EAEG). The EAS is a different grouping entirely." (*Participation of Australia and New Zealand in the East Asia Summit*, New Straits Times, 7.12.2005).

[527] Angesprochen darauf, ob der Ostasien-Gipfel seinen Namen zu Recht trage, meinte der malaysische Außenminister: „The name of the new grouping was something one can debate but with 13 East Asian countries in it, it's still good to call it East Asia Summit. (…) If you look at the United Nations, they (the nations) may not be united but it is still called the United Nations." (*ASEAN should be inclusive and open: Malaysian FM*, Xinhua, 8.12.2005; *Asean+3 To Continue As A Forum, Says Syed Hamid*, Bernama, 8.12.2005.)

[528] *Free-Wheeling Discussions For Leaders During Asean Retreat*, Bernama, 7.12.2005.

[529] *Asean MPs Pushing For Myanmar To Be On KL Summit Agenda*, Bernama, 8.12.2005.

[530] *Myanmar not on the agenda of ASEAN summit meeting: Official*, Jakarta Post, 6.12.2005.

[531] *Malaysia urges Myanmar to let ASEAN gauge reform progress*, Kyodo, 10.12.2005; *ASEAN summit opens with sights on Myanmar*, AFP, 12.12.2005; *Asean Urges Myanmar To Release Political Detainees*, Bernama, 12.12.2005; *PM meets Myanmar leader for talks*, New Straits Times, 12.12.2005; *Myanmar continues to be reticent about reform*, New Straits Times, 12.12.2005; *Junta invites Asean chair to tour Burma – Regime hopes to blunt criticism within bloc*, Bangkok Post, 13.12.2005; *Asean leaders find common ground*, New Straits Times, 13.12.2005; *Asean may pay visit to Burma early next year*, Bangkok Post 14.12.2005; *Asean Makes Progress On Myanmar*, Bernama, 14.12.2005.

einen Vorschlag für eine *ASEAN-Charta* vorlegen wird. Darin sollen die Grundwerte und Verfahrensprinzipien der ASEAN-Kooperation festgeschrieben werden.[532] Dieser Prozess dürfte auch zur Klärung beitragen, ob das Prinzip der Nichteinmischung in Zukunft relativiert werden soll.[533]

Besonders beobachtet wurden die Gespräche zwischen Indien und ASEAN. Indien partizipiert seit 1992 am ASEAN-Dialogprogramm, erhielt den Status eines ASEAN-Dialogpartners 1995 und ist seit 1996 auch Mitglied des *ASEAN Regional Forum (ARF)*. Wie erwähnt zeigen sich auf der ASEAN-Seite besonders Singapur, Thailand und auch Malaysia interessiert an einer Vertiefung der Wirtschaftsbeziehungen.[534] Die Sondierungsgespräche für ein ASEAN-Indien-Freihandelsabkommen erregten weltweit Aufsehen, doch die von der indischen Regierung vorgelegte 1414 Produkte umfassende Negativliste (Güter, die vom Freihandel ausgeklammert werden sollen) war eine kalte Dusche für die südostasiatischen Freihandelschampions, und es wurden keine substanziellen Verhandlungsergebnisse erzielt.[535] ASEAN machte auch Fortschritte im Aufbau eines Entwicklungsfonds (*ASEAN Development Fund, ADF*), der die von den reicheren nordostasiatischen Ländern geleisteten Hilfszahlungen verwalten und eine systematischere Mittelverwendung ermöglichen soll. Von allen Ländern, die in engere Beziehung zu Südostasien treten, wird erwartet, dass sie Beiträge zur Entwicklung der vier ärmeren ASEAN-Länder leisten. Japan, das schon lange der mit Abstand größte Entwicklungshilfeleister in der Region ist, versprach weitere ADF-Beiträge in der Höhe von 7.5 Mia. Yen (rund 65 Mio. US-Dollar), 22 Mia. Yen direkt an die vier ärmeren ASEAN-Länder sowie ein Paket zur Finanzierung von Maßnahmen zur Eindämmung der Vogelgrippe (rund 100 Mio. Dollar).[536] Dass letzteres durchaus im Eigeninteresse Japans ist, wurde klar, als die Asiatische Entwicklungsbank Schätzungen über die wirtschaftlichen Effekte des Ausbruchs einer Pandemie veröffentlichte: Eine solche würde das Wirtschaftswachstum in der Region vollständig zum Erliegen bringen und den Welthandel um 14% reduzieren.[537] Australien kündigte ebenfalls Beiträge zum ADF an sowie die Unterstützung von Programmen zur Schaffung grenzüberschreitender Wachstumsregionen und Ausbildungsmaßnahmen.[538] Auch Japan und China boten den Aufbau von Ausbildungsinstitutionen in Südostasien an. Japan wird in Malaysia eine *Malaysia-Japan International University of Technology (MJIUT)* aufbauen, die auch Studenten aus anderen ASEAN-Ländern offen stehen wird. Bereits wurden über 4000 malaysische Studenten in Japan ausgebildet, im Rahmen des „Look East"-Programmes der malaysischen Regierung und japanischer Fördermaßnahmen. China plant ein *Center for Asia and China Studies* in Vietnam, und eine *ASEAN-China Foundation*, die zur Vertiefung der sozialen und kulturellen

---

[532] *Press Statement ASEAN Senior Official's Meeting*, 7.12.2005; *KL Declaration On Asean Charter And Asean+3 Almost Finalised*, Bernama, 7.12.2005; *Kuala Lumpur Declaration on the Establishment of the Asean Charter*, 12.12.2005; *ASEAN leaders agree to promote human rights in charter*, Kyodo, 12.12.2005.

[533] *EPG Plans To Relook At Asean's Non-Interference Policy*, Bernama, 13.12.2005; *Encouraging ASEAN*, Jakarta Post, 15.12.2005; *Is non-interference a sacred cow? Some in Asean consider tinkering with a most cherished founding principle*, Bangkok Post, 19.12.2005.

[534] *A linked future for Asean and India – SM Goh paints a vision of East Asia and South Asia drawing closer*, Straits Times, 28.1.2005.

[535] In der offiziellen Erklärung des malaysischen Vorsitzes heißt es: „ASEAN is concerned on the proposal by India to exclude a substantial portion of trade from the FTA through exclusion of a large number of products from tariff concessions."

[536] *Govt eyes fund to create ASEAN community by 2020*, Yomiuri Shimbun, 10.12.2005.

[537] *East Asia Summit to hatch plan to avert avian flu pandemic*, Kyodo, 10.12.2005.

[538] *Australia supports regional economic development*, Pressemitteilung AusAID, 10.12.2005.

Beziehungen zwischen China und Südostasien beitragen soll. Südkorea ergriff die Initiative zu einem Informationstechnologie-Projekt, das die Entwicklung zur elektronischen Vernetzung der Region beschleunigen soll.[539] Alle diese Beiträge und Projekte sind Öl im Getriebe regionaler Kooperation, ohne die kein Integrationsprozess auf der Welt auskommt.

III.12.7.7   Der Ostasien-Gipfel

Aber solche Maßnahmen lösen die jeweiligen Grundkonflikte nicht. Nachdem die Frage der Teilnehmerschaft des Ostasien-Gipfels im Verlaufe des Jahres geklärt worden war, bestand die Hauptauseinandersetzung in der Definition des Verhältnisses zwischen diesem und der ASEAN+3.[540] Wie erwähnt waren die Weichen für eine weiterhin zentrale Rolle des ASEAN+3-Verbundes bereits vor Kuala Lumpur gestellt worden. Tatsächlich wurde als Ergebnis der Treffen zwischen den ASEAN-Staaten, China, Japan und Südkorea explizit festgehalten, dass ASEAN+3 weiterhin das Hauptinstrument für die Entwicklung einer ostasiatischen Gemeinschaft bilde (siehe Textkasten III.12.1).

Textkasten III.12.1:   Erklärungen zum Verhältnis ASEAN+3/Ostasien-Gipfel, Kuala Lumpur, 12./13. Dezember 2005

▶ **Erklärung des Vorsitzes des ASEAN-Gipfels, 12.12.2005**: „We reiterated our commitment to ensuring that the ASEAN Plus Three process would be **the main vehicle for the realisation of the East Asian community** in the future, and would work closely with our Plus Three partners on this common objective. (…) We welcomed the convening of the East Asia Summit (EAS) on 14 December 2005, as an open and inclusive forum with ASEAN as the driving force for broad strategic, political, economic issues of common interest. We also agreed that the EAS should be a „top-down" forum for Leaders to exchange views. (…) We agreed that the EAS and the ASEAN Plus Three process should move on parallel tracks without overlapping and complement one another as well as other regional processes."

▶ **Erklärung des malaysischen PM, 12.12.2005**: „.... the convening of the East Asia Summit is a historic event. Although the genesis of the EAS is from the ASEAN 3 process, clearly the EAS that we will convene the day after tomorrow is different from the one that we envisaged last year in Vientiane. Both the ASEAN 3 process and the EAS are part and parcel of the regional architecture. They both can play complementary roles in community building." Seine Äußerung an der Pressekonferenz: „The Asean+3 is a co-operative agreement between Asean and its three partners (China, Japan and South Korea) and we will continue with that. It will not in any way affect the EAS." Der malaysische Außenminister meinte gleichentags, dass der Ostasien-Gipfel zwar durchaus einen Beitrag zu Bildung einer ostasiatischen Gemeinschaft liefern kann, die Triebkraft aber

---

[539] *Roh to Propose IT Project at ASEAN+3*, Korea Times, 7.12.2005.

[540] Informationen über die Vorbereitungen und nicht-öffentlichen Verhandlungen beruhen auf: *Hard-nosed bargaining goes on*, New Straits Times, 7.12.2005; *East Asia Summit: in the shadow of sharp divisions*, People's Daily, 8.12.2005; *Backroom trading starts on EAS eve*, New Straits Times, 8.12.2005; *Asean+3 To Continue As A Forum, Says Syed Hamid*, Bernama, 8.12.2005; *Asean leaders find common ground*, New Straits Times, 13.12.2005; *Asean+3 Leaders Agree For EAS To Be An Annual Affair – Abdullah*, Bernama, 12.12.2005; *No Sidelining Of Australia, India, New Zealand In Community Building*, Bernama, 13.12.2005; *Newly-Born EAS Carries Regional Aspirations On Its Shoulders*, Bernama, 14.12.2005; *East Asia Summit eyes community, Russia calls for membership*, Kyodo, 14.12.2005; *New East Asia forum sees community beyond borders*, Jakarta Post, 14.12.2005; *Asean Summit a success, Leaders delighted with inaugural meet*, The Star, 15.12. 2005; *Russia keen on joining summit*, Bangkok Post, 15.12.2005.

ASEAN+3 bleiben werde: „The vehicle that is going to be the basis will be the ASEAN-plus-three because it's been here longer."

▶ In der **Erklärung des 9. ASEAN+3-Gipfels** gaben sich die 13 Länder überzeugt, dass „the ASEAN Plus Three process will continue to be **the main vehicle in achieving that goal** [an East Asian community, PZ], with ASEAN as the driving force and with the active participation of the ASEAN Plus Three countries in order to promote a sense of shared ownership."

▶ **Erklärung des Vorsitzes des 9. ASEAN-China-Gipfels, 12.12.2005**: „Malaysia is grateful for the active role played by China in promoting the ASEAN Plus Three process. We would like to see China continues to support the ASEAN Plus Three process as **the main vehicle for East Asia community building**. Since the idea of the East Asia Summit (EAS) was first mooted, it has undergone changes. We believe that the EAS should remain a forum for dialogue. However, it appears that the other non-ASEAN countries would like to see the EAS play a role in community building."

▶ **Erklärung des Vorsitzes des 9. ASEAN-Japan-Gipfels, 13.12.2005**: „Malaysia is grateful for the active role played by Japan in promoting the ASEAN Plus Three process. We would like to see Japan continues to support the ASEAN Plus Three process as **the main vehicle for East Asia community building**. We also believe that Japan can play a leadership role towards building the East Asia community through the ASEAN Plus Three process."

▶ **Erklärung des Vorsitzes des 9. ASEAN-Korea-Gipfels, 13.12.2005**: „Malaysia is grateful for the active role played by ROK in promoting the ASEAN Plus Three process. We have ROK to thank for initiating the East Asia Vision Group (EAVG) and the East Asia Study Group (EASG) which provides a useful framework for East Asia cooperation. We would like to see ROK continue to support the ASEAN Plus Three process as **the main vehicle for East Asia community building**."

Hervorhebungen durch den Autor. Quellen: *Kuala Lumpur Declaration on the ASEAN+3 Summit*, Erklärungen des malaysischen Vorsitzes; *Asean+3 Leaders Agree For EAS To Be An Annual Affair – Abdullah*, Bernama, 12.12.2005; *Abdullah: EAS won't replace Asean*, New Straits Times, 12.12.2005; *„ASEAN plus 3" mechanism to continue*, Xinhua, 12.12.2005; *ASEAN-plus-3 pledge to play main role in community-building*, Kyodo, 12.12.2005.

Der erste Ostasien-Gipfel fand am 14. Dezember in Form eines knapp dreistündigen Treffens der 16 Staats- und Regierungschefs statt, mit anschließender Unterzeichnung einer Erklärung (*Kuala Lumpur Declaration on the East Asia Summit*, siehe Textkasten III.12.2). Darin wurde festgehalten, dass die Teilnehmer die Sicht teilten, dass der Ostasien-Gipfel eine bedeutende Rolle bei der Entwicklung einer regionalen Gemeinschaft spielen *könnte* – eine wenig entschlossene und kaum zielgerichtete Aussage. Japan hatte sich vergeblich dafür eingesetzt, dass der Begriff der „ostasiatischen Gemeinschaft" mit dem Ostasien-Gipfel verknüpft werde. Der Gipfel selber wurde als Forum für einen Dialog über strategische, politische und wirtschaftliche Themen von allgemeinem Interesse bezeichnet, zur Sicherung des Friedens, der Stabilität und der wirtschaftlichen Prosperität in Ostasien.[541]

Damit war zwar ASEAN+3 immer noch gleich weit entfernt von einem institutionellen Durchbruch, aber die Strategie der Überführung der ASEAN+3 in ein neues Forum war definitiv gescheitert.

---

[541] *Asean leaders find common ground*, New Straits Times, 13.12.2005; *1st East Asia Summit Gathers Sixteen Regional Leaders*, ASEAN Bulletin, December 2005 (www.aseansec.org).

Textkasten III.12.2: Die wichtigsten Aussagen zum ersten Ostasien-Gipfel, Kuala Lumpur, 14. Dezember 2005

▶ **Erklärung des Vorsitzes:**

„We ... had an exchange of views on the effort at community building being undertaken in the East Asian region. In this regard we expressed our full support for ASEAN's efforts to realize the ASEAN Community. We also recognized that the East Asian community is a long term goal that would contribute to the maintenance of peace, security, prosperity and progress in the region and beyond."

„We had extensive and in-depth discussions on the East Asia Summit and its role in the evolving regional architecture. We agreed that the East Asia Summit with ASEAN as the driving force is an integral part of the overall evolving regional architecture. We also agreed that the East Asian region had already advanced in its efforts to realise an East Asian community through the ASEAN+3 process. In this context we believed that the EAS together with the ASEAN+3 and the ASEAN+1 processes could play a significant role in community building in the region."

„We reiterated our agreement that the East Asia Summit should remain open and outward looking, with ASEAN as the driving force working in partnership with the other participants of the East Asia Summit."

„We agreed that the EAS would continue to be a leaders'-led Summit for strategic discussions on key issues affecting the region and the evolving regional architecture. We appreciated the informal, retreat style format of our first meeting which enabled us to discuss issues in a frank, spontaneous and free-flowing manner."

„We also noted that some form of mechanism may be desirable to facilitate follow-up action of the EAS and to coordinate and implement the areas of cooperation we had identified. In this regard we agreed that the officials and the ASEAN Secretariat follow through with the decisions of the EAS."

▶ **Erklärung von Kuala Lumpur (*Kuala Lumpur Declaration on the East Asia Summit*):**

„... we have established the East Asia Summit as a forum for dialogue on broad strategic, political and economic issues of common interest and concern with the aim of promoting peace, stability and economic prosperity in East Asia."

„... the efforts of the East Asia Summit to promote community building in this region will be consistent with and reinforce the realisation of the ASEAN Community, and will form an integral part of the evolving regional architecture."

„... the East Asia Summit will be an open, inclusive, transparent and outward-looking forum in which we strive to strengthen global norms and universally recognised values with ASEAN as the driving force working in partnership with the other participants of the East Asia Summit."

„Participation in the East Asia Summit will be based on the criteria for participation established by ASEAN; the East Asia Summit will be convened regularly; the East Asia Summit will be hosted and chaired by an ASEAN Member Country that assumes the ASEAN Chairmanship and held back-to-back with the annual ASEAN Summit; and the modalities of the East Asia Summit will be reviewed by ASEAN and all other participating countries of the East Asia Summit."

Quellen: *Chairman's Statement of the First East Asia Summit*, 14.12.2005; *Kuala Lumpur Declaration on the East Asia Summit*, 14.12.2005 (www.11thaseansummit.org.my; www.aseansec.org).

Den im Vorfeld aufgetretenen Befürchtungen wurde entgegengetreten mit der Formulierung, dass es sich um eine offene, inklusive, transparente und nach außen blickende Veranstaltung handle. Alles solle zudem auf der Basis „globaler Normen und universell anerkannter Werte" geschehen, womit man sich von dem von Mahathir und anderen propagierten Diskurs über „asiatische Werte" distanzierte. Weder auf sicherheits- noch auf wirtschaftspolitischem Gebiet wurden konkrete Maßnahmen oder Projekte vereinbart; das im Vorfeld diskutierte Projekt einer regionalen Freihandelszone wurde nicht einmal erwähnt. Konkret war nur die Erklärung zur internationalen Kooperation bei der Bekämpfung der Vogelgrippe. Eine kurze Ansprache des russischen Präsidenten während des Gipfels war nicht lange zuvor geplant, sondern erst einige Tage zuvor beschlossen worden. Damit brachte sich Russland als erster Kandidat für eine reguläre Teilnahme am nächsten Ostasien-Gipfel in Stellung.[542] Während China dies offen unterstützte und Japan grundsätzlich eine erweiterungsfreundliche Position vertrat, sind die ASEAN-Länder in dieser Frage gespalten.

Das Ergebnis des ersten Ostasien-Gipfels ist vor allem eine Niederlage Japans, aber auch Indiens, das sich ebenfalls für eine möglichst bedeutende Rolle der neuen Institution eingesetzt hatte. Nachdem ASEAN als die weiterhin treibende Kraft festgeschrieben worden war, hatten fast alle südostasiatischen Länder die von Malaysia und China vertretene Position unterstützt. Einen Ostasien-Gipfel soll es nun jährlich geben, jeweils im Anschluss an den ASEAN- und ASEAN+3-Gipfel; die Einrichtung eines eigenen Sekretariates wurde als überflüssig erachtet. Vor allem die Staatschefs Malaysias, Thailands und der Philippinen drängten in Kuala Lumpur darauf, ein *top down*-Format beizubehalten, d.h. im Unterschied etwa zu den ASEAN-Gipfeln eine durch Minister und Chefbeamte wenig vorstrukturierte Diskussion zu ermöglichen.

Die Spannungen zwischen Japan und China/Südkorea wurden allgemein als größtes Hindernis auf dem Weg zu einer ostasiatischen Gemeinschaft empfunden. Trotz Bemühungen der malaysischen Gastgeber[543] kam es tatsächlich nicht zu einem trilateralen Treffen.[544] Die ASEAN gab der Besorgnis über die sich vertiefende „Dichotomie" in Nordostasien Ausdruck.[545] Viel beachtet wurde ein kurzes informelles Gespräch über nicht-kontroverse Themen zwischen den drei Staatschefs vor dem Beginn des ASEAN+3-Treffens.[546] Applaus kam auf, als der chinesische Premier Wen Jiabao seinem Nachbarn Koizumi unerwartet seinen Füllfederhalter zur Unterzeichnung der Erklärung des Ostasien-Gipfels lieh.[547] Nicht gerade hilfreich waren die Aussagen des sich vermutlich in wenig positiver Stimmung befindlichen japanischen Premierministers an der folgenden Pressekonferenz. Er nannte nicht nur die Reaktionen Chinas und Südkoreas auf seine wiederholten Schreinbesuche unverständlich und schob die Verantwortung für die nicht zustande gekommenen tri-

---

[542] *Backroom trading starts on EAS eve*, New Straits Times, 8.12.2005. *Russia To Get Closer To Asean With Putin's Address To EAS Leaders*, Bernama, 10.12.2005; *Russia Most Likely To Be In EAS By Next Summit*, Bernama, 13.12.2005; *China Backs Russia's Entry Into EAS*, Bernama, 14.12.2005; *East Asia summit asked to pause on Russian entry*, Jakarta Post, 14.12.2005; *Manmohan, Putin reach higher ‚comfort levels'*, New Straits Times, 14.12.2005; *Nations bicker over roles at first East Asia Summit*, AP, 15.12.2005; *Russia keen on joining summit*, Bangkok Post, 15.12.2005. Südkorea hat vorgeschlagen, auch Nordkorea miteinzubeziehen (*East Asia Summit eyes community, Russia calls for membership*, Kyodo, 14.12.2005).

[543] *Leaders Of China, Korea And Japan May Meet Informally, Says PM*, Bernama,10.12.2005.

[544] Immerhin kam es zu einem bilateralen Treffen der Außenminister Japans und Koreas, in dessen Verlauf die koreanische Seite vor allem ihre Unzufriedenheit über eine ungenügende Vergangenheitsbewältigung in Japan zum Ausdruck brachte (*S. Korea's Ban complains to Japan's Aso over Yasukuni*, Kyodo, 10.12.2005).

[545] *Patch up, China and Japan told*, New Straits Times, 13.12.2005; *Asia concerned over Japan-China row, Indonesia says*, Jakarta Post, 14.12.2005; *PM: China and Japan can sort out their differences*, The Star, 15.12. 2005.

[546] *Koizumi, Roh, Wen chat at ASEAN-plus-3, no thorny issues discussed*, Kyodo, 12.12.2005.

[547] *Newly-Born EAS Carries Regional Aspirations On Its Shoulders*, Bernama, 14.12.2005.

und bilateralen Gespräche auf deren Regierungen.[548] In einer Art Trotzreaktion bezeichnete er Japans Beziehungen zu China und Südkorea als gut, unter Verweis auf die wachsende Verflechtung sogar als „viel besser als je zuvor".[549] Gleichzeitig wurden in Japan Umfrageergebnisse veröffentlicht, nach denen so viele Japaner wie nie zuvor, nämlich rund drei Viertel, die Beziehungen Japan-China als schlecht einstufen.[550]

III.12.7.8   Bilateralismus

Solche Gipfeltreffen sind immer auch der Ort für das Ausloten und Vertiefen bilateraler Beziehungen. Tatsächlich wurden in Kuala Lumpur einige substanzielle bilaterale Abkommen geschlossen. Insbesondere konzentrierte sich Japan, nachdem das ‚große Spiel' verloren war, darauf, gute Miene zu zeigen und bei der Vertiefung bilateraler Beziehungen mit südostasiatischen Ländern voranzukommen. Tokyo hatte damals bereits ein Wirtschaftsabkommen mit Singapur geschlossen und sich auf ein solches mit den Philippinen, Thailand und Malaysia geeinigt. In Kuala Lumpur wurde nun das wirtschaftliche Partnerschaftsabkommen mit Malaysia unterzeichnet (*Japan-Malaysia Economic Partnership Agreement, JMEPA*). Mit den anderen ASEAN-Staaten einigte man sich darauf, die bilateralen Verhandlungen zu beschleunigen, um dies spätestens 2007 zu einem umfassenden Japan-ASEAN-Abkommen zusammenbinden zu können.[551] China hat bereits drei Jahre zuvor ein Freihandels-Abkommen mit ASEAN unterzeichnet, das bis 2010 implementiert werden soll (dazu Cheng 2004). Die Volksrepublik wie auch ASEAN propagieren eine gesamtostasiatische Freihandelszone (*East Asian Free Trade Area, EAFTA*; vgl. Cai 2004), der Japan zur Zeit aber ablehnend gegenübersteht. Wie die Ergebnisse der Gespräche in Kuala Lumpur zeitigten, wird in den nächsten Jahren auch in Ostasien der handelspolitische Bilateralismus dominieren. Alle Beteiligten betonen aber regelmäßig, dass die zahlreichen bilateralen Abkommen in ein regionales Abkommen überführt werden sollen.[552]

Die Delegation aus Seoul gehörte zu den aktivsten in Kuala Lumpur, und der koreanische Präsident Roh verbrachte mehr Zeit im ASEAN-Raum als die anderen Staatschefs. Korea bemüht sich seit längerem, bezüglich Wirtschaftsabkommen im südostasiatischen Raum mit China und Japan aufzuschließen. In Kuala Lumpur wurde ein Rahmenvertrag unterzeichnet, der den Weg zu einem Korea-ASEAN-Freihandelsabkommen 2006 ebnen

---

[548] *Koizumi raps China, pledges aid in talks with ASEAN*, Kyodo, 13.12.2005; *Koizumi again blames China, S. Korea for lack of summit talks*, Kyodo, 14.12.2005.

[549] „Japan-China relations and Japan-ROK relations are both much better than ever before. Economic ties are expanding, and interdependency has been growing deeper than before. In addition, art, cultural, sport and people-to-people exchanges are also much deeper and much broader than ever before. In the coming days as well, we shall strive to grow these variable relations of interdependence and mutual benefit. There is no change in that basic policy." (*Press Conference by Prime Minister Junichiro Koizumi Following the ASEAN+3, Japan-ASEAN and EAS Summit Meetings*, 14.12.2005, www.mofa.go.jp); *Koizumi tells Singapore's Lee Japan's ties with China, S. Korea good*, Kyodo, 13.12.2005.

[550] Umfrage im November 2005, 1006 Befragte; *Poll: 73% say China ties in bad shape*, Yomiuri Shimbun, 15.12.2005.

[551] *Japan to speed trade talks with Indonesia, Thailand, Philippines*, AFP, 10.12.2005.

[552] Der malaysische PM Badawi äußerte: „The East Asian FTA is a real possibility because the various bilateral FTAs can quite easily evolve into a region-wide FTA involving all the 13 countries." (*Work with WTO, says Abdullah*, New Straits Times, 11.12.2005; vgl. auch *Enlarged East Asian FTA Not Intended To Replace WTO*, Bernama, 10.12.2005).

soll.[553] Allerdings kündigte Thailand an, das Abkommen wegen des vorgesehenen Ausschlusses von Reis nicht mitzutragen. Wenige Tage vor den Gipfeln von Kuala Lumpur waren Sondierungen über ein Freihandelsabkommen Korea-Australien ebenfalls an landwirtschaftsbezogenen Fragen gescheitert.[554] Mit Malaysia, dem für Korea wichtigsten Handelspartner in Südostasien, schloss Seoul mehrere bilaterale Abkommen, unter anderem ein Kooperationsabkommen zwischen den beiden nationalen Erdöl-Unternehmen. Kooperationsprojekte im Energiebereich waren auch die Anliegen der philippinischen Präsidentin Macapagal-Arroyo.[555] Als nicht-erdölproduzierendes Land haben die Philippinen großes Interesse, zusammen mit anderen Anrainerstaaten die Energie-Vorkommen im südchinesischen Meer zu erschließen. Der hohe Ölpreis drängt auch die ostasiatischen Staaten zur Kooperation hinsichtlich Energiesparprogrammen und der Entwicklung alternativer Energiequellen.

III.12.7.9 Kommentare

Die Kommentare zum Ostasien-Gipfel waren überwiegend skeptisch (siehe Textkasten III.12.3). Die malaysischen Medien zogen eine positive Bilanz, die weniger von den Ergebnissen der Verhandlungen als vom erfolgreichen Verlauf des Vorsitzes und der Gipfelorganisation bestimmt war.[556] Am positivsten waren Stimmen aus China, die vom Beginn einer neue Ära und einem „*take off* Asiens" sprachen,[557] während japanische wie westliche Medien Zweifel hinsichtlich der Bedeutung des neuen Dialogforums ausdrückten. Diejenigen Medien, die vor allem an Wirtschaftsfragen interessiert sind, stellten die „weitgehend nicht-ökonomische Agenda" des Ostasien-Gipfels fest und verwiesen auf die anhaltende Bedeutung der Prozesse im ASEAN+3-Rahmen.[558]

Textkasten III.12.3: Kommentare zum ersten Ostasien-Gipfel

▶ „As historic as Wednesday's inaugural East Asian Summit (EAS) was, doubts remain about its usefulness and the direction this new regional forum will take in the future. (...) While work for the establishment of an East Asian community via the APT continues, this has not completely shut the gate for the expanded EAS bus to go the same direction. The jury is still out on which bus will be the best, most expedient and most efficient in the way of community building in East Asia." (E.M. Bayuni, *Which bus to East Asian community: EAS or APT?*, Jakarta Post, 16.12.2005)
▶ „The EAS has been criticised, even ridiculed as a meeting in search of an issue. This is a valid view. (...) The EAS overall was a success in getting the leaders of important countries around us into the room. But no one should mistake the East Asia Summit as a smash hit. It happened, it let

---

[553] Vgl. *Korea and ASEAN – A Partnership for Peace and Prosperity*, Keynote Address by H.E. Hyun-chong Kim, Minister for Trade, The Republic of Korea, Kuala Lumpur, 12.12.2005; *Seoul to Sign Trade Deal with ASEAN*, Arirang News, 30.11.2005; *Korea, ASEAN Agree on Freeing Goods Trade*, Korea Times, 9.12.2005.
[554] *Australian ambassador's big regret: no FTA*, Korea Herald, 12.12.2005.
[555] *Philippines to push for closer cooperation in energy security*, Xinhua, 7.12.2005.
[556] Siehe z.B. M.A. Majid, J. Muhammad, J. Sawatan, *Abdullah Shows Deftness In Helming Asean, East Asia Summits*, Bernama, 14.12.2005; B. Moses, *East Asia Summit: New era of co-operation begins*, New Straits Times, 15.12.2005.
[557] *East Asian progress gains momentum*, China Daily, 15.12.2005; siehe auch *Nascent EAS shoulders regional aspirations*, Xinhua, 14.12.2005.
[558] Z.B. die Financial Times, 15.12.2005; andere Wirtschaftszeitungen verzichteten vollständig auf die Berichterstattung.

leaders get to know each other. There's nothing wrong with that, but it needn't be a regular thing, either." (Editorial, *Modest success, but no smash hit*, Bangkok Post, 19.12.2005)

▶ „... the annual summit would serve as a dialogue body in which the participating parties would discuss strategic political and economic problems. But it lacked concrete managerial measures as the EAS already showed signs of a fierce leadership struggle. One of the thorniest issues is the membership problem (...) The dispute (...) reflects the behind-the-scenes mechanisms of world politics, which have become increasingly acute in East Asia due to, along with other minor causes, the invisible competition between China and the United States. China, which often speaks of its ‚peaceful rise‘, seems to be favoring a regional cooperation in East Asia excluding the U.S., while Japan and some other countries want to invite the U.S. and other distant actors such as the European Union to check the rising China." (Ryu Jin, *Asia Summit Augurs Power Struggle*, Korea Times 14.12.2005)

▶ „The Kuala Lumpur Declaration hammered out at the East Asia Summit (EAS) yesterday ushered in a new and exciting era. The whole of East Asia is taking off. (...) The EAS inauguration has led to the development of a new framework for co-operation in the region by taking an open, inclusive approach. The EAS and ASEAN plus three are expected to complement each other." (*East Asian progress gains momentum*, China Daily, 15.12.2005)

▶ „The inaugural East Asia Summit (EAS) is a new mode for regional cooperation that leads the east Asian cooperation into a new era, experts said here Friday. Zhang Xizhen, professor on international relations from the elite Beijing University, said the biggest outcome of the summit is ‚creating a new mode for regional integration that differs from the mechanism of other regions'. The core member of the nascent mechanism is ASEAN, an association composed of small- and medium-sized nations. ‚This is a major difference from many regional cooperation organizations like the European Union and the North American Free Trade Area,‘ said Zhang. Besides, the participants of the summit are not only from the 10-member ASEAN as well as China, Japan and Republic of Korea, but also include India, Australia and New Zealand, three countries that are geographically located outside east Asia. (...) Professor Su Hao from China Foreign Affairs University held that the summit, drawing great attention of the world to east Asia, embodies the region's key position in the international arena. ‚The summit builds a new platform for promoting east Asian cooperation, and at the same time, provides major countries in the region the chances to enhance coordinating relations,‘ said Su. It also exerts positive influence on the cooperation between China and other countries in the region, and helps to reduce doubts over China's rapid development, Su said." (*Expert hails EAS as new mode for regional cooperation*, Xinhua, 16.12.2005)

▶ „The East Asia Summit meeting Wednesday took the first step toward stronger political and economic cooperation in a region of 3 billion people, but failed to clarify a distinct framework for an ‚East Asian Community‘ the participating leaders promised to create. (...) How the nations want to accomplish regional integration through the envisaged East Asia Community remains murky. Member states simply tried to cover as many issues as possible in the summit declaration (...) Also likely to cause plenty of head-scratching is whether the community should include Russia and the United States. Tokyo is wary that China might try to include Russia, with which it has warming relations, to prevent Japan from leading discussions on the community's creation." (T. Suetsugu/H. Oyama, *East Asia meet gives warm fuzzies, but function vague*, Yomiuri Shimbun, 16.12.2005).

▶ „For better or worse, the East Asian summit held in Kuala Lumpur on Dec 14, 2005 was a bore, and it is unlikely to be remembered half a year from now, let alone half a century in the future. (...) Despite some rather desperate attempts to ferret out deep symbolism (highlight: the Japanese premier borrowed a pen from the Chinese premier) the Kuala Lumpur talk fest seems to have been devoid of interesting conversation other than some sniping between Australia and Malaysia on the sidelines. (...) a summit so unsure of itself that ASEAN, even with all its hemming and hawing, looks positively coherent, vigorous and visionary by comparison." (P.J. Cunningham, *Lost at sea in East Asia*, Bangkok Post 16.12.2005)

▶ „… the first East Asia Summit, at which 16 nations are to inaugurate a continent-wide association whose far-reaching ambition is balanced by its lack of immediate substance. It will be the
largest association of Asian leaders (…) as well as the first to include China and India together. It
will be the first in the postwar era to exclude the Pacific region's most powerful participant, the
United States. Many people deride it as bloated and ineffective (…) But despite built-in tensions
and contradictions that could hobble any effective action, the new group does embody a broad and,
some say, necessary vision for the future." (S. Mydans, *New group for ‚Asian century' shuns U.S.*,
International Herald Tribune, 12.12.2005)

▶ „Staunch U.S. opposition sent Mahathir's plan into hibernation; it didn't kill it. This week in
Kuala Lumpur, the proposal got off the block once again, with a new name: the East Asia community. (…) So while the United States awaits more clarity in the evolving regional alignment, it
might do well to buy insurance against the loss of influence predicted in more alarmist scenarios.
(…) Given that forming the East Asia community will be an uphill task, the United States can af-
ford for now to treat it with benign neglect." (A. Mukherjee, *Blood ties can thin, U.S. finds*,
Bloomberg, 15.12.2005)

▶ „China's logic is that the existing ‚ASEAN Plus Three' grouping, which is moving toward
duty-free trade among members, can be more easily turned into a seamless community in which
goods, people, and capital travel freely across national borders. It would be much tougher to
achieve the same level of integration in a larger, more unwieldy consortium. There are strong indi-
cations in Kuala Lumpur that, at least for now, China's point of view may have prevailed. (…)
ASEAN Plus Three leaders (…) said their group would be the ‚main vehicle' for regional cooperation. What, then, will the East Asia summit do? In all likelihood, it will be just another gathering
that does nothing to advance the formation of the East Asian community. As a result, India, Australia and New Zealand will not necessarily become part of the regional trading bloc, when – and if
– it is created. All that is guaranteed to them is an annual invitation to attend a meeting whose
agenda will be set in another forum where they are not represented. (…) Asean's leadership of
Asian integration is a case of the tail wagging the dog. That is another reason why the East Asia
community, for all the hype, may never materialize." (A. Mukherjee, *What's in a name? East Asia
has yet to decide*, Bloomberg, 13.12.2005)

▶ „The 16 nations which gathered with the ambitious aim of laying the foundations for turning
the 21st century into the Asian century failed to dispel fears their annual summit will be just another talking shop. Aiming to boost cooperation on strategic issues like trade, security, health
scares and, in a time of rising oil prices, energy supply, they announced no specific measures. That
simply fed fears that race, history, size and vastly different political systems so divide a grouping
representing half the world's people and a fifth of its trade that it could never achieve anything
concrete." (*East Asia Summit – Mere Talk, or a Step Forward?*, Reuters, 15.12.2005)

▶ The „largely non-economic agenda suggested that the ASEAN+3 will remain the main forum
for pushing closer economic co-operation" (*Setbacks for hopes on E Asia economic union*, Financial Times, 15.12.2005)

▶ „The Kuala Lumpur meeting of regional leaders on Dec. 14 was a historic event whose future
impact is likely to be as significant as the first ASEAN Summit held in Bali in February 1976. (…)
The Dec. 14 meeting is significant because it goes beyond narrow geographical definitions or eth-
nic/racial identity in attempting to lay the groundwork for a new regional institution. (…) This
broader inclusive identity is likely to subsume the earlier focus on an East Asia comprising the
ASEAN Ten plus China, Japan and South Korea. The center of gravity would move away from
Southeast to Northeast Asia, an unwelcome development from an ASEAN perspective. (…) An
active U.S. presence enables this vision of the region's future to be sustained. In future years, the
U.S. should therefore participate in the EAS as it is likely to emerge as the key institution for East
Asian community-building." (B. Desker, *Why the East Asian Summit matters*, Jakarta Post, 15.12.
2005)

▶ „Annoncé sous un logo ambitieux – ‚Une vision, une identité, une communauté' –la rencontre
veut apporter un premier élément de réponse à une question aussi complexe que non dite : une soif

inextinguible de consommation à l'échelle démographique la plus ample du monde peut-elle servir de ciment à une construction politique supplantant des siècles de confrontations multilatérales encore à fleur de peau et objets de conflits entre les diverses historiographies nationales? (…) L'absence complète de la première puissance économique mondiale et première puissance militaire de l'océan Pacifique, les Etats-Unis, suffisait toutefois à elle seule à relativiser la portée concrète du sommet." (F. Deron, *Le sommet de Kuala Lumpur veut faire du XXIe siècle „le siècle de l'Asie"*, Le Monde, 14.12.2005)

► „Der Gewinner des Gipfels steht schon fest: ASEAN. Der südostasiatische Staatenbund wollte das Treffen. Seine zehn Mitgliedsländer basteln an einer immer engeren Gemeinschaft. Indonesien, Malaysia, Philippinen, Singapur und Thailand haben verstanden, dass sie als Block auftreten und mit den Riesen der Region schmusen sollten, um nicht links liegen gelassen werden." (M. Kleine-Brockhoff, *In Ostasien könnte sich ein mächtiger Staatenbund formieren*, Frankfurter Rundschau, 14.12.2005)

► „Erstmals tagt ein Ostasien-Gipfel, mit dem sich in Malaysias Hauptstadt Kuala Lumpur die Regierungen der 16 Teilnehmerstaaten der Region von den USA und Europa abgrenzen. Doch Einigkeit ist keine Stärke der Asiaten. (...) Es kann Jahrzehnte dauern, bis sich der Ostasien-Gipfel als wirkungsvolles Forum etabliert. Selbst die zehn Asean-Mitglieder haben immer noch massive Probleme, sich bei ihren Treffen auf den kleinsten gemeinsamen Nenner zu einigen. (...) Trotzdem kann eine Etablierung des Ostasien-Gipfels langfristig von Nutzen sein: Er könnte sich als asiatische Alternative zum festgefahrenen pazifischen Wirtschaftsforum APEC erweisen." (N. Glass, *Asien demonstriert neues Selbstbewusstsein*, TAZ, 14.12.2005)

III.12.7.10 Schluss

„The jury is still out on which bus will be the best, most expedient and most efficient in the way of community building in East Asia." (E.M. Bayuni, *Which bus to East Asian community: EAS or APT?*, Jakarta Post, 16.12. 2005)

Der Ostasien-Gipfel hat sich somit weit weg entwickelt vom ursprünglichen Konzept, nämlich Gründungsakt einer institutionell entwickelten, genuin multilateralen Regionalorganisation zu sein. Als weitere Ebene des ASEAN plus-Systems wird nun jährlich ein Ostasien-Gipfel im Anschluss an die ASEAN- und ASEAN+3-Gipfel stattfinden. Wahrscheinlich wird der Teilnehmerkreis schon bald um Russland und vielleicht andere Staaten erweitert. Zu beobachten sein wird, ob sich für die künftigen Gipfeltreffen eine gehaltvollere und konkretere Agenda konstituiert und wie die privilegiert Eingeladenen (Indien, Australien und Neuseeland, vielleicht auch andere) an existierenden oder neuen regionalen Kooperationsinitiativen beteiligt werden.

Ernüchterung war schon auf der Suche nach einer Agenda für den ersten Ostasien-Gipfel eingetreten. Angesichts der bestehenden Bedeutung der ASEAN+3 und der transregionalen, heterogenen Teilnehmerschaft der Ostasien-Gipfel ist zu erwarten, dass von diesen keine entscheidenden Impulse auf die weitere Entwicklung des ostasiatischen Regionalismus ausgehen. Viele Befürworter einer vertieften inner-ostasiatischen Kooperation sehen die Idee und den symbolischen Gehalt eines Ostasien-Gipfels als ‚verheizt' an und drängen darauf, die Probleme der institutionellen Weiterentwicklung der ASEAN+3 anzugehen.

Der Ostasien-Gipfel fügt ein Forum zum bereits komplexen *ASEAN plus*-Kooperations- und Konsultationssystem hinzu. Er hat nichts gemein mit dem „anti-westlichen" Projekt, das Mahathir und Gleichgesinnte in den 90er Jahren entwarfen, außer einem Punkt, nämlich dass die USA nicht beteiligt sind. Es ist wenig wahrscheinlich, dass das neue Forum schon bald große Bedeutung erlangen wird, während die Kooperation zwischen ASE-AN und den nordostasiatischen Staaten im Rahmen des *ASEAN plus*-Systems hingegen ihre Bedeutung nicht nur behalten, sondern noch weiter ausbauen dürfte. Die geeigneten institutionellen Formen müssen erst noch gefunden werden. Sie müssen es ermöglichen, dass ein Berg Raum für mehrere Tiger bieten kann.

III.12.8 Schlussfolgerungen: Das ASEAN plus-System

Obwohl keineswegs der stärkste Akteur in der Region, hat es die ASEAN bisher vermocht, alle Multilateralisierungsprozesse in Ostasien an vorhandene eigene Verfahren anzubinden.[559] Die bestehende Struktur kann deshalb als *ASEAN plus*-System bezeichnet werden (Graphik III.12.1).

Dahinter steckt eine Art ‚Gravitationskraft', eine starke Tendenz, von bestehenden Strukturen auszugehen und diese zu erweitern. Es handelt sich um einen Fall politischer Pfadabhängigkeit.[560] Mit der ASEAN entstanden in Südostasien zum ersten Mal multilaterale Institutionen in Ostasien, deren Strukturen und Verfahren internationale Beziehungen bis heute formen. Diese Pfadabhängigkeit versetzte die ASEAN-Länder in eine vergleichsweise starke politische Stellung, führte aber auch zu einer Aufweichung der ASEAN-Kooperation, wenn nicht parallel zur Erweiterung intern in gleichem Tempo ‚mitgebaut' wird (was aber nicht der Fall ist). Dass an ASEAN-Verfahren angeknüpft wurde, ist nicht kausal auf die starke politische und/oder wirtschaftliche Stellung der ASEAN-Länder zurückzuführen, sondern auf die bipolare Machtkonstellation in Ostasien. Wie erwähnt ist spätestens seit Mitte der 90er Jahre die Rivalität zwischen Japan und China die wichtigste politische Triebkraft der regionalen Institutionenbildung. Aus unterschiedlichen Gründen können die beiden Großmächte keine hegemonialen Organisationen aufbauen, sondern müssen die Konkurrenz um und in gemeinsame(n) Institutionen austragen. Dies wiederum stärkte die Position der ASEAN, und es wird deutlich, warum Institutionalisierungsfragen so heikel und von großer Tragweite sind. Der bereits durch die sukzessiven Erweiterungen der 90er Jahre (Vietnam, Laos, Kambodscha, Myanmar), die Finanzkrise und den ‚neuen Bilateralismus' angeschlagene ASEAN-Zusammenhalt würde beim Übergang zu einer genuin multilateralen Institution mit formal gleichberechtigten Mitgliedern weitgehend weggespült, und die übrig bleibende Verhandlungsmacht der einzelnen südostasiatischen Länder wäre gering.

---

[559] Der Generaldirektor des indonesischen Außenministeriums, Marty, stellte vor dem Ostasien-Gipfel fest, dass praktisch alle regionalen Institutionen „ASEAN-getrieben" seien: „Look at various footprints in the region. Almost all has ASEAN imprints and the East Asia Summit will be the latest addition." (*Divergent views emerge on EAS*, The Star, 8.12.2005).
[560] Vgl. David (1994), Pierson (2000) und Scherrer (2001).

Graphik III.12.1: Das *ASEAN plus*-System in und um Ostasien, 2005

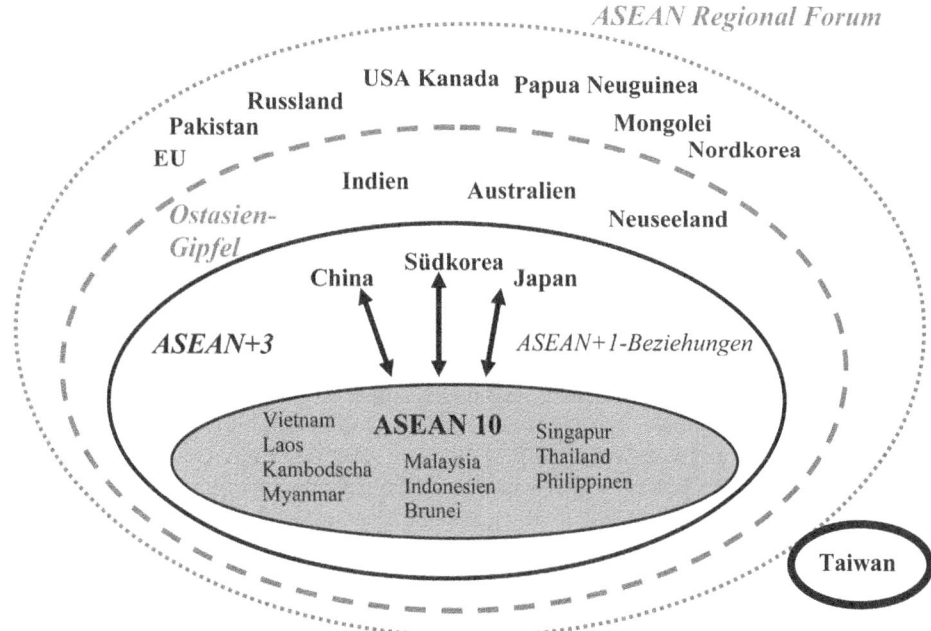

Quelle: Autor.

Nur als ASEAN kann Südostasien auf einigermaßen gleicher Augenhöhe mit Japan und China verhandeln. Dies erklärt auch das Beharren auf der Definition von ASEAN als „driver" des Prozesses in mehreren Gipfel- und Arbeitsgruppendokumenten. Zu berücksichtigen ist, dass sich die Abhängigkeit der ASEAN von Nordostasien mit der Erweiterung um die vier weniger entwickelten Länder verstärkte und das wirtschaftliche Ungleichgewicht zwischen Nord- und Südostasien mit dem Aufstieg Chinas weiter zunimmt. Man kann deshalb dem früheren Premier Singapurs, Lee Kuan Yew, zustimmen, wenn er diesbezüglich von einer „Drei plus ASEAN" spricht.[561]

ASEAN+3 (1997-2005) ist zweifelsohne ein sich intensivierender Prozess mit wachsender organisatorischer Komplexität und zunehmender Wirkungstiefe. Im Rahmen des komplexen regionalen/transregionalen Systems war es in den letzten Jahren sicherlich der ‚hot spot'. Die beteiligten Staaten investierten bedeutende diplomatisch-politische Ressourcen in den Prozess, zuungunsten anderer Institutionen wie APEC und ASEAN, und die beschlossenen Programme hatten Effekte auf die Tätigkeit von Ministerien und auf Finanzflüsse. Gleichzeitig aber intensivierten sich auch die bilateralen Beziehungen in Ostasien; dies scheint eher komplementär zu laufen als substitutiv. Das bestehende *ASEAN plus*-System trägt nach wie vor einen hybriden Charakter: Bilaterale und multilaterale Verfahren überlagern, ergänzen und konkurrenzieren sich jeweils bereichsspezifisch. Vielleicht ist die Methode, mittels bilateraler Abkommen ein regionales Netzwerk zu bilden, das von einem

---

[561] Financial Times, 10.10.2000.

lockeren multilateralen Forum gesteuert wird, die idealtypische Vorgehensweise des ostasiatischen Regionalismus. Sowohl in der Wirtschaftspolitik (Freihandels- und wirtschaftliche Kooperationsabkommen) wie im Währungs- und Finanzbereich (Swap-Abkommen) ist eine solche Netzwerkbildung auf bilateraler Basis, aber mit Koordinationsanstrengungen auf regionaler Ebene zu beobachten. Die Frage, ob dies wirklich eine Zwischenstufe zu einer kollektiven regionalen regulatorischen Struktur oder doch eher Ausdruck der Schwäche der multilateralen Institutionenbildung in Ostasien ist, muss zur Zeit offen bleiben. Auch die Erklärungen der ASEAN+3-Gipfel widerspiegeln diesen hybriden Charakter; neben gemeinsam unterzeichneten Teilen finden sich immer wieder – und manchmal sogar ausschließlich – „ASEAN+1"-Texte (ASEAN-China, ASEAN-Japan, ASEAN-Südkorea). Dies alles rechtfertigt es, von einem *ASEAN plus*-System zu sprechen, im Unterschied zu einem genuin multilateralen ostasiatischen System, für das es abgesehen von der Hilfskonstruktion ‚ASEAN+3' bezeichnenderweise auch noch keinen Begriff gibt.

Die *Grenzen* des Systems sind variabel, nicht nur intern (die Teilnahme an ASEAN+3-Programmen kann variieren), sondern auch gegen außen. Die Frage der Zugehörigkeit aufgrund identitärer Merkmale („asiatisches Ostasien") oder funktionaler Aspekte wie des Grades wirtschaftlicher Verflochtenheit stellt sich, wie die Entwicklung des Ostasien-Gipfels gezeigt hat, bei jedem Schritt wieder neu. Im sicherheitspolitischen Bereich hingegen ist eine Organisation ausschließlich regionaler Staaten nicht absehbar. Dies verhindert nicht, dass die sicherheitspolitische Regel- und Normenbildung in Ostasien eine zunehmend ausgeprägte regionale Dimension gewinnt.[562] Der Vergleich mit NATO/EU-Europa drängt sich auf, und ähnlich wie dort stellen die Bündnisanforderungen der USA den inneren Zusammenhalt regelmäßig unter starke Belastung.

Die ASEAN+3-Kooperation wird ihre Bedeutung nicht nur behalten, sondern noch weiter ausbauen, denn die regionale wirtschaftliche Verflechtung schreitet ungebremst voran und wird noch weiter zunehmen, wenn die zahlreichen bilateralen Abkommen implementiert werden. Ob in naher Zukunft ein ‚institutioneller Quantensprung', wie ursprünglich mit der Einrichtung des „Ostasien-Gipfels" beabsichtigt, gelingen wird, ist angesichts der politischen Spannungen zwischen Japan und China/Südkorea allerdings unwahrscheinlich. Das *ASEAN plus*-System wird noch für längere Zeit die Grundstruktur des ostasiatischen Regionalismus bilden.

Anhang III.12.1: Das ‚Gründungsdokument' der ASEAN+3

Joint Statement on East Asia Cooperation

Manila, Philippines, 28. November 1999

The Heads of State/Government of Brunei Darussalam, Kingdom of Cambodia, People's Republic of China, Republic of Indonesia, Japan, Republic of Korea, Lao People's Democratic Republic, Union of Myanmar, Republic of the Philippines, Republic of Singapore, Kingdom of Thailand, and Socialist Republic of Vietnam, and the Special Representative of the Prime Minister of Malaysia at the ASEAN+3 Summit in Manila, expressed satisfaction with the rapidly developing relations among their countries.

---

[562] Von besonderer Bedeutung diesbezüglich ist der Verhaltenskodex (*code of conduct*) für das südchinesische Meer und die Ausdehnung des Unterzeichnerkreises des ASEAN-Sicherheitsvertrages (*ASEAN Treaty of Amity and Cooperation, TAC*) im Vorfeld des ersten Ostasien-Gipfels.

They noted the bright prospects for enhanced interaction and closer linkages in East Asia and recognized the fact that this growing interaction has helped increase opportunities for cooperation and collaboration with each other, thereby strengthening the elements essential, for the promotion of peace, stability and prosperity in the region.

Mindful of the challenges and opportunities in the new millennium, as well as the growing regional interdependence in the age of globalization and information, they agreed to promote dialogue and to deepen and consolidate collective efforts with a view to advancing mutual understanding, trust, good neighborliness and friendly relations, peace, stability and prosperity in East Asia and the world.

In this context, they underscored their commitment to handling their mutual relations in accordance with the purposes and principles of the UN Charter, the Five Principles of Peaceful Coexistence, the Treaty of Amity and Cooperation in Southeast Asia, and the universally recognized principles of international law.

Recalling the decision of the Leaders of ASEAN, China, Japan and the Republic of Korea at the 6th ASEAN Summit in Hanoi in December 1998, on the importance of holding a regular meeting among them and recognizing the ongoing efforts of the East Asia Vision Group, they agreed to enhance this dialogue process and strengthen cooperation with a view to advancing East Asian collaboration in priority areas of shared interest and concern even as they look to future challenges.

In this context, they underscored their commitment to build upon existing consultative and cooperative processes, as well as joint efforts, in various levels and in various areas, in particular:

Economic and Social Fields

in economic cooperation, they agreed to strengthen efforts in accelerating trade, investments, technology transfer, encouraging technical cooperation in information technology and e-commerce, promotion of industrial and agricultural cooperation, strengthening of SMEs, promotion of tourism, encouraging active participation in the development of growth areas in East Asia, including the Mekong River Basin; to promote broader private sector participation in economic cooperation activities through considering networking initiatives such as an East Asian Business Council and industry- specific business fora for major regional industries; and to continue structural reform and to strengthen cooperation since these are essential to sustained economic growth and indispensable safeguards against the recurrence of economic crises in East Asia.

in monetary and financial cooperation, they agreed to strengthen policy dialogue, coordination and collaboration on the financial, monetary and fiscal issues of common interest, focusing initially on issues related to macroeconomic risk management, enhancing corporate governance, monitoring regional capital flows, strengthening banking and financial systems, reforming the international financial architecture, and enhancing self-help and support mechanisms in East Asia through the ASEAN+3 Framework, including the ongoing dialogue and cooperation mechanism of the ASEAN+3 finance and central bank leaders and officials;

in social and human resources development, they agreed on the importance of social and human resources development for sustained growth of East Asia by alleviating economic and social disparities within and among East Asian countries. In this regard, they agreed to heighten cooperative efforts in such areas as the implementation of the ASEAN HRD Initiative by establishing a Human Resource Development Fund and the ASEAN Action Plan on Social Safety Nets;

in the area of scientific and technical development, they agreed to strengthen cooperation in these areas to enhance capacity-building for the promotion of economic development and sustained growth in East Asia;

in the cultural and information area, they agreed to strengthen regional cooperation in projecting an Asian point of view to the rest of the world and in intensifying efforts in enhancing people-to-people contacts and in promoting cultural understanding, goodwill and peace, focusing on the strengths and virtues of East Asian cultures and building upon the recognition that the region partly derives its strength from its diversity;

in development cooperation, they agreed on the importance of generating and extending support for ASEAN efforts in the implementation of the Hanoi Plan of Action to advance economic and sustainable development, technical capability, and the standard of living of the people with the view to fulfilling long-term economic and political stability in the region;

Political and Other Fields

in the political-security area, they agreed to continuing dialogue, coordination, and cooperation to increase mutual understanding and trust towards forging lasting peace and stability in East Asia;

in the area of transnational issues, they agreed to strengthen cooperation in addressing common concerns in this area in East Asia.

Noting how their collective efforts and cooperation agenda support and complement the initiatives of various multilateral fora, the Leaders agreed to intensify coordination and cooperation in various international and regional fora such as the UN, WT0, APEC, ASEM, and the ARF, as well as in regional and international financial institutions.

Determined to realize East Asia cooperation in the various areas, they tasked the relevant Ministers to oversee through existing mechanisms, particularly their senior officials, the implementation of this Joint Statement. They agreed to the holding of an ASEAN+3 Foreign Ministers Meeting in the margins of the Post Ministerial Conference in Bangkok, Thailand in the year 2000 to review the progress of the implementation of this Joint Statement.

Finally, they expressed greater resolve and confidence in further deepening and broadening East Asia cooperation towards generating concrete results with tangible impact on the quality of life of the people of East Asia and stability in the region in the 21st century.

Quelle: ASEAN-Sekretariat (www.aseansec.org)

Anhang III.12.2: EAVG- und EASG-Massnahmen zur Vertiefung der ASEAN+3-Kooperation

area:	East Asia Vision Group (EAVG, 2001)	East Asia Study Group (EASG, 2002) **Short-term Measures (17 Concrete Measures)** *Medium-term and Long-term Measures, and Those that Require Further Studies (9 Concrete Measures)*
economic cooperation	• Form an EAFTA well ahead of the Bogor Goal of trade liberalization set by APEC; • Consolidate and encompass all existing bilateral and sub-regional FTAs; • Establish a ministerial committee to oversee the development of an EAFTA; • Establish GSP status and preferential treatment for the LDCs; • Foster an attractive investment environment for increased FDI;	• *Form an East Asian Free Trade Area* (long-term measure with high priority.... recommends that the leaders of ASEAN+3 task AEM+3 to conduct a feasibility study on the benefits, challenges, and implications of an EAFTA) • Establish GSP status and preferential treatment for the LDCs; • Foster an attractive investment environment for increased FDI;

	• Establish an East Asian Investment Information Network; • Promote investment by SMEs and establish an administrative and financial support system; • Establish an East Asia Investment Area by expanding the ASEAN Investment Area; • Develop resources and infrastructure jointly for growth areas and expand financial resources for development, with the active participation of the private sector; • Provide assistance and cooperation in three priority areas: infrastructure, IT, and human resources development; • Increase ODA to less developed economies in the region; • Cooperate through technology transfers and joint technology development; • Develop IT jointly to build telecommunications infrastructure and to provide greater access to the Internet; • Create a large pool of well-educated, flexible, and innovative human resources in the New Economy; • Form an East Asia Business Council	• **Establish an East Asian Investment Information Network;** • *Promote investment by small and medium enterprises;* • *Establish an East Asia Investment Area by expanding the ASEAN Investment Area* (long-term measure with high priority… need for a study to be carried out to examine how to bring about an EAIA); • **Develop resources and infrastructure jointly for growth areas and expand financial resources for development with the active participation of the private sector;** • **Provide assistance and cooperation in four priority areas: infrastructure, IT, human resources development, and ASEAN regional economic integration;** (increasing ODA is at the discretion of each country) • **Cooperate through technology transfers and joint technology development;** • **Develop IT jointly to build telecommunications infrastructure and to provide greater access to the Internet;** part of a comprehensive program of Human Resource Development: **Implement a comprehensive human resources development program for East Asia** • **Form an East Asia Business Council**
financial cooperation	• Establish a regional financing facility; • Launch an official forum to exchange views on macroeconomic and financial sector policies; • Pursue a more closely coordinated regional exchange rate mechanism consistent with both financial stability and economic development; • Strengthen regional monitoring and surveillance processes within East Asia to supplement IMF global surveillance and Article IV consultation measures.	• *Establish a regional financing facility;* (bilateral swap arrangements through the Chiang Mai Initiative have already been implemented as a short-term liquidity support) (ASEAN+3 Finance Ministers Meeting is operating as a forum for cooperation in finance) • *Pursue a more closely coordinated regional exchange rate mechanism;* (As a mechanism to be formally established in the long-term, an East Asian regional surveillance process will help enhance the financial stability in the region)
political and security cooperation	• Adopt and implement a code of conduct to help govern relations on the basis of good neighborliness, mutual trust, and solidarity; • Develop and observe effective rules and procedures to help guide cooperation;	

	• Nurture confidence-building among countries, especially exchanges, consultations, and other cooperative activities among military and defense officials; • Establish and implement effective measures to prevent and avoid conflict, and manage tensions; • Strengthen the ASEAN Regional Forum; • Cooperate toward agreement on the region's peace-keeping objectives; • Strengthen mechanisms for cooperation on non-traditional security issues, including, in particular, mechanisms to stem piracy and drug trafficking; • Promote sub-regional security dialogues; • Encourage domestic efforts to promote peace, stability, social harmony, respect for the rule of law, accountability, and democratic progress as desirable common goals in their respective national polities; • Exchange the best practices in addressing problems in governance; • Promote exchanges among leaders and various social interest groups; • Build a network of East Asian think-tanks; • Amplify the East Asian voice in international affairs, and make a significant contribution to the process of creating and evolving a new global order	(The ARF helps provide channels of communication to enhance mutual understanding. It is, therefore, desirable to strengthen the role of the ARF to encourage the dialogue.) • **Strengthen mechanisms for cooperation on non-traditional security issues;** (The EASG regards it as important for East Asian countries to strengthen cooperation in addressing problems in governance, such as reducing corruption, undertaking legal reform, and achieving transparency, responsiveness, and efficiency in public administration. However, the implementation of these concrete measures should be left to each country concerned, given the political diversity and difference in national circumstances.) • **Build a network of East Asian think-tanks;** (Amplifying the East Asian voice in international affairs requires close coordination and consultation among East Asian countries.)
environmental and energy cooperation	• Establish an East Asian environmental cooperative body, which includes a dispute settlement mechanism and a regional environmental database; • Establish an Environment Ministers Meeting; • Cooperate on problems of air pollution, transboundary pollution, land erosion, and deforestation; • Formulate a joint action plan for sustainable environmental management with the provision of both financial and technical assistance; • Facilitate exchanges to address urban development concerns; • Take concerted actions in international forums to ensure effective implementation of all multilateral agreements; • Introduce environmental education at the early stages of school curricula;	(The institutionalization of the ASEAN+3 Environment Ministers Meeting will help enhance and deepen cooperation on environmental issues.)

	• Encourage the development of regional environmental networks and the activities of NGOs at the grassroots level; • Endeavor jointly to ensure more effective management of water resources and fisheries; • Promote closer regional marine environmental cooperation for the entire region; • Stimulate research and development to explore alternative sources of cleaner energy; • Establish regional nuclear cooperation arrangements; • Build a framework for energy policies and strategies, and action plans, such as the trans-ASEAN energy network projects	*• Promote closer regional marine environmental cooperation for the entire region;* (The EASG attaches importance to energy security for the sustainable development of the East Asian economy through cooperation among East Asian countries. Although there is no plan as yet for cooperation on nuclear energy, comprehensive cooperation through a framework policy will greatly enhance cooperation among East Asian countries in consideration of their existing national policies.) *• Build a framework for energy policies and strategies, and action plans*
social, cultural, and educational cooperation	• Establish poverty alleviation programs; • Review and address different forms of inequality and prejudice that may affect the respective societies; • Work closely with NGOs in policy consultation and coordination to encourage civic participation and to promote state-civil society partnerships; • Take concerted steps to expand and improve access to primary healthcare for the people, particularly at-risk groups, with special attention to HIV/AIDS and malaria; • Implement a comprehensive HRD program for East Asia, focusing on the improvement of basic education, skills-training, and capacity-building; • Work together with cultural and educational institutions to promote a strong sense of identity and an East Asian consciousness;	**• Establish poverty alleviation programs;** (East Asian countries, should … join their efforts to alleviate poverty in less developed countries. The EASG feels that the implementation of the measure of reviewing and addressing different forms of unequal relations and prejudice can be best done at the national level.) *• Work closely with NGOs in policy consultation and coordination to encourage civic participation and state-civil society partnerships in tackling social problems.* **• Take concerted steps to provide access to primary healthcare for the people;** (part of a comprehensive program of Human Resource Development) **• Work together with cultural and educational institutions to promote a strong sense of identity and an East Asian consciousness;** (… the concept of East Asian consciousness and identity needs to be strongly promoted among scholars and the young generation. As most of the cultural and educational activities are loosely organized and carried out by various organizations, it is important to encourage and support the networking among those organizations and experts.)

	• Promote networking and exchanges of experts in the conservation of the arts, artifacts, and cultural heritage of East Asia; • Promote East Asian studies in the region; • Establish an East Asia Education Fund to finance basic education, literacy programs, and skills-training in the region	**• Promote networking and exchanges of experts in the conservation of the arts, artifacts, and cultural heritage of East Asian countries;** **• Promote East Asian studies in the region** (… more discussions should be done before establishing a fund with the purpose of promoting education, considering the financial implication of a new fund.)
institutional cooperation	• Pursue the evolution of the ASEAN+3 Summit into an East Asian Summit; • Institutionalize regional dialogues, including regular Meetings of Foreign Ministers and leaders of other sectors on diverse political and security-related subjects; • Establish an East Asia Forum consisting of the region's governmental and non-governmental representatives from various sectors, with the aim to serve as an institutional mechanism for broad-based social exchanges and, ultimately, regional cooperation	*• Pursue the evolution of the ASEAN+3 Summit into an East Asian Summit;* (… the East Asian Summit, as a long-term objective of the ASEAN+3, will serve to strengthen regional cooperation in East Asia.) (already institutionalized) **• Establish an East Asia Forum** (The work of the EAVG and the EASG to find ways to promote the ASEAN+3 process concluded in November 2001 and November 2002 respectively. In order to maintain the momentum of East Asian cooperation that has been created, an East Asia Forum needs to be established.)

Quelle: Zusammenstellung des Autors.
Abkürzungen: FDI: foreign direct investment; IT: information technology; LDC: least developed countries; ODA: official development assistance.

III.13 Schlussfolgerungen: Wesensmerkmale regionaler Integration in Ostasien

III.13.1   Einleitung

Die eindrucksvolle regionale wirtschaftliche Integrationsdynamik Ostasiens kam weitestgehend ohne (regionale oder bilaterale) rechtliche Abkommen und ohne formale Institutionen zustande. Dennoch wäre es falsch, diesem Prozess deshalb reine „Marktgetriebenheit" zu unterstellen. Integration in Ostasien erfolgte nicht allein durch das dezentrale Handeln wirtschaftlicher Akteure, sie ist nicht „spontane Ordnung" im Hayekschen Sinne, und sie kam nicht durch das Wirken der „unsichtbaren Hand" zustande (Kapitel III.6). Regionale Integration in Ostasien, wie auch in Westeuropa, folgte aber auch nicht einem *grand design* eines oder mehrerer Akteure. Der seit 1985 beschleunigte wirtschaftliche Regionalisierungsprozess in Ostasien wurde vorbereitet und begleitet von politischen Verhandlungen zwischen Regierungen unter Einbezug von Interessenverbänden und Netzwerken auf verschiedenen Ebenen. Dies ist eines der zentralen Wesensmerkmale regionaler Integration in Ostasien.

In diesem Schlusskapitel des Teils III soll noch einmal die Frage der *Akteure* aufgenommen werden, nach der Funktion der regionalen Institutionen (Abschnitt III.13.2) und der politischen Führerschaft (Japan, China; III.13.3). Danach werden systematisch die Ebenen und Arenen politischer Kooperation erörtert und mehrere weitere Merkmale politischer Integration in Ostasien analysiert (III.13.4). Abschnitt III.13.5 wagt einen Ausblick auf die zukünftige handelspolitische Grundstruktur der Region.

III.13.2 Die regionalen Institutionen als ‚Nervenzentren‘ des neuen Regionalismus

Dadurch, dass der Institutionalisierungsgrad der regionalen Kooperation in Ostasien tief war und es kein institutionelles ‚Zentrum‘ gab, kam den in der Nachkriegszeit gegründeten regionalen Institutionen im Zusammenhang mit den neuen Regionalisierungsinitiativen spezielle Bedeutung zu. Für viele dieser Initiativen kann belegt werden, dass sie im Rahmen von akademischen Konferenzen oder politischen Foren unter der Ägide der Asiatischen Entwicklungsbank (ADB) oder der *UN Economic and Social Commission for Asia and the Pacific (ESCAP)* entwickelt und konkretisiert wurden. Dies bedeutet nicht, dass diesen Institutionen formelle Kompetenzen übertragen wurden. Sie sind aber auch mehr als nur Foren; mit ihren Beobachtungs-, Beratungs- und Vernetzungsfunktionen sind sie eher als ‚Nervenzentren‘ dieses neue Regionalismus zu verstehen. Dies konnte an drei Beispielen belegt werden:

- Das Forschungsinstitut der ADB, das ADBI, etablierte im März 1999 die *Regional Economic Monitoring Unit (REMU)* als Institution zur ‚Überwachung‘ möglicher wirtschaftspolitischer Krisenherde in der Region und damit zur Krisenprävention, in Unterstützung ähnlicher Tätigkeiten des ASEAN-Sekretariates.
- Die ‚Chiang Mai-Initiative‘ zur währungspolitischen Kooperation der Staaten Ostasiens kam im Mai 2000 am Rande einer Jahresversammlung der ADB zustande. Weiter entwickelt wurde sie im Juni 2000 im Rahmen des *Asian Development Forum (ADF)*, organisiert durch die ADB, die Weltbank und ihr Forschungsinstitut sowie das *Institute of Southeast Asian Studies (ISEAS)* in Singapur.
- Sowohl die ADB wie auch das ASEAN-Sekretariat haben an der Arbeit der beiden Studiengruppen, die den Ausbau der ASEAN+3 konzeptuell vorbereitet haben (die *East Asia Vision Group, EAVG*, und die *East Asia Study Group, EASG)* mitgewirkt.

Es gibt keine Evidenzen dafür, dass die regionalen Institutionen Ostasiens in der Zukunft eine weniger wichtige Rolle spielen werden; es ist vielmehr zu erwarten, dass die Blockaden bei der institutionellen Weiterentwicklung des *ASEAN plus*-Systems zu einer Verstärkung ihrer Rolle führen dürften.

III.13.3 Die Frage der politischen Führerschaft

Wie sich im ASEAN+3-Kontext und in der Vorbereitung des ersten Ostasien-Gipfels gezeigt hat, wird die Hauptauseinandersetzung in der Region stattfinden zwischen den Verfechtern einer ostasiatischen Gemeinschaft (China, Südkorea und ein Teil der ASEAN-Länder, insbesondere Malaysia) und denjenigen Ländern Ostasiens, denen eine enge Beziehung zu den USA wichtiger ist (allen voran Japan unter Koizumi und Abe). Länder mit Positionen dazwischen, etwa Singapur, Indonesien und die Philippinen, werden zunehmend unter Druck kommen, ihre Position zu klären. Ob ein vertiefter ostasiatischer Regionalismus als positiv oder negativ eingeschätzt wird, hängt vor allem davon ab, ob die jeweiligen Akteure den Aufstieg Chinas als Fortschritt oder als Bedrohung sehen, und ob sie die Entwicklung hin zu einer multipolaren Welt begrüßen oder als Destabilisierung wahrnehmen.

III.13.3.1 Japan

Das Beispiel der japanischen Bemühungen um einen Asiatischen Währungsfonds zeigt, dass regionale Initiativen durchaus ein Echo finden können. Erfolgreiche Initiativen setzen politische Führerschaft – inklusive der Bereitschaft, für einen beträchtlichen Teil der Realisierungskosten aufzukommen – voraus, und dies bedeutet angesichts der wirtschaftlichen Struktur Ostasiens, dass in erster Linie Japan diese Rolle zukommt. Eine erfolgreiche Regionalisierungsinitiative ist undenkbar ohne den frühzeitigen Einbezug japanischer Interessen. Eine solche bedeutet jedoch immer auch eine vorgängige Vermittlung mit den USA. Japan, außenpolitisch in der Nachkriegszeit fast vollständig passiv, wächst aber nur sehr zögerlich in eine initiativere Rolle hinein. Die geringe Bereitschaft Japans, offiziell historische Verantwortung für Kolonialismus und Aggressionskriege in der Region zu übernehmen, hat den Spielraum für politische Initiativen, auch bei potenziell verbündeten Staaten, immer klein gehalten. Die Asienkrise hat aber das strategische Umfeld für die japanische Politik signifikant verändert. Befürchtungen, Japan könne wieder eine Großmachtrolle wie vor fünfzig Jahren anstreben, sind angesichts der Krisenbewältigungshilfe weitgehend verstummt. Die umfangreichen japanischen finanziellen Hilfeleistungen, die natürlich auch im Interesse der Handelsbeziehungen und der japanischen Investitionen in diesen Ländern waren, sind Ausdruck dafür, dass Japan seine Interessen untrennbar mit der Region verknüpft hat. Zudem könnte die Existenz von APEC und ARF, beides Organisationen, die die wichtigsten außerregionalen Staaten miteinschließen, insofern einen positiven Effekt auf Integrationsbemühungen unter japanischer Führung haben, als sie deren ‚Offenhaltung‘ garantieren und damit entsprechende Befürchtungen westlicher Länder vermeiden helfen.[563] Japanische *think tanks* wie der *Industrial Structure Council* gehen von einer zunehmenden Integration Japans in die Region Ostasien, von der Herausbildung einer „Asian economic unit", aus und leiten daraus Überlegungen für eine aktivere Politik Japans ab.[564]

Nach wie vor existieren aber große Hindernisse für die weitere Entwicklung einer regionalen Führungsrolle Japans, vor allem innenpolitische, die auf das Selbstverständnis Japans in der Nachkriegszeit, z.T. aber auch bis in die Meiji-Epoche zurückgehen.[565] Auch in Zukunft werden japanische Initiativen mit der aus historischen und politischen Gründen

---

[563] Vgl. Funabashi (1995: xii): „Through an active APEC policy, Japan can for the first time assume regional leadership without rising the ire and suspicion of either its Asian neighbours or its American friends." Vgl. dazu Deng (1997b).

[564] So heißt es im Dokument *Challenges and Prospects for Economic and Industrial Policy in the 21st Century. Building a Competitive, Participatory Society* des Industrial Structure Council (2000) unter dem Untertitel „*Further integration of the Asian economy – integrated domestic and foreign policy*: Asia and Japan will become further integrated, creating an Asian economic unit. Recognizing that growth bottlenecks for Asia will also be bottlenecks for Japan, it will be important to develop greater integration between domestic and foreign policy. Japan should promote the liberalization of regional trade and investment, the harmonization of intra-regional systems, and the development of the various necessary economic systems, as well as more actively taking in foreign researchers and students and moving ahead in this direction by deepening comprehensive economic ties first with countries such as the Republic of Korea and Singapore."

[565] Vgl. Deng (1997b), Ôaku (1998), Yawata (1999), Calder (2000).

notwendigen Vorsicht, ausgedehnten informellen Vorabstimmungen und öffentlicher Zurückhaltung vorgetragen werden.[566]

III.13.3.2 China

Die ‚Asienkrise' und die damit verbundene Interdependenzerfahrungen waren der Anstoß für die Entwicklung einer chinesischen Regionalismuskonzeption (vgl. Abschnitt III.11.4.5, S. 475f). Die Bereitschaft Chinas, sich auf multilaterale Verfahren einzulassen und die schrittweise Verbreiterung der politischen Agenda nicht nur zuzulassen, sondern aktiv zu befördern, nahm deutlich zu. Hintergrund ist auch eine veränderte Konzeption von Sicherheitspolitik. In den letzten Jahren hat sich die Volksrepublik nun in atemberaubenden Tempo zu einer versierten Verfechterin regionaler Institutionen entwickelt, und sie wird sich dieses Instrument sicherlich nicht mehr aus der Hand nehmen lassen. Bezüglich Stellenwert, Prinzipien und der langfristigen Ziele der chinesischen Regionalisierungsstrategien ist noch wenig gesichert. Ob von regionalen Institutionen die von Integrationstheoretikern erhofften Einbindungs- und Pazifizierungseffekte in China selber wirksam werden, ist angesichts der Größe der Landes und seines politischen Systems alles andere als sicher. Nach wie vor unternimmt China aber alles, um die Befürchtungen seiner Nachbarn zu zerstreuen, und hat dies auch wieder in Kuala Lumpur im Dezember 2005 demonstriert. Zur Zeit gibt es keinen Anlass, an der ernsthaften Ausrichtung der Volksrepublik auf die offiziell vertretenen Prinzipien des gegenseitigen Respekts, des schrittweisen, konsensorientierten und auf gegenseitigen Nutzen ausgerichteten Vorgehens bei der „Schaffung einer harmonischen Umfeldes" in Ostasien zu zweifeln. Sicherlich ist die Orientierung auf eine zukünftige Weltmachtrolle dominant, aber das Land befindet sich auf dem Weg, regionale Integration nicht nur instrumentell zu verstehen. Die Volksrepublik wird in der Zukunft eine noch aktivere Rolle in der Region spielen, und ihrem zunehmenden wirtschaftlichen Gewicht entsprechend wird sie ein wirklich bipolares Ostasien schaffen.

III.13.4   *Methoden politischer Kooperation*

Zentrale Wesensmerkmale regionaler Integration in Ostasien sind die Flexibilität politischer Kooperation durch ‚ständige Neuverhandlung', ihre langfristige Orientierung und die Vorstellung eines ‚angemessenen' Nutzenverteilung (Abschnitt III.6). Des weiteren können folgende Spezifika identifiziert werden: Etwas, was man *Allokationsvariabilität* nennen könnte, eine andere *Repräsentationspraxis* sowie die *Verdoppelung der Verhandlungsebenen*. Letzteres beinhaltet typischerweise die Einrichtung von zwei Ebenen: Einem *offiziellen Forum* mit ‚Scheinverhandlungen', die eigentlich nur abschließende Positionierung sind, und einer ‚darunter liegenden' *semi-offiziellen Verhandlungsarena*, in der politische Initiativen zuerst artikuliert werden sowie Reaktionen der Partnerländer erkundet werden

---

[566] Vgl. Blechinger/Legewie (2000: 299): „.... Japanese decisions makers are reluctant to play a pro-active leadership role where leadership is understood as dominating decision making; rather, they prefer a style of indirect support and background mediation." Dies muss aber nicht bedeuten, dass diese Initiativen nicht im Rahmen einer langfristigen Perspektive entstehen; der Zusammenhang zwischen der Vermeidung von ‚offensivem Auftreten' und ‚Kurzfristigkeit', den die genannten Autoren herstellen, ist keineswegs zwingend: „.... for the Japanese government, pro-active leadership with clear-cut long-term strategies is not possible. A more short-term and case-by-case ‚reactive' policy approach is thus more rational for Japanese policy makers." (Blechinger/Legewie 2000: 299)

können, ohne dass ein diplomatischer Gesichtsverlust droht. Diese diplomatische Strategie ist keine exklusive Besonderheit der ostasiatischen Integration, ähnliche Phänomene lassen sich in allen Weltregionen beobachten. Charakteristisch für Ostasien ist die weite Verbreitung dieses Mechanismus, bedingt durch eine besonders große Abneigung gegenüber konfrontativen Verhandlungen im Scheinwerferlicht der Öffentlichkeit.

Häufig zu beobachten – und eine der ‚Klippen' für die empirische Integrationsforschung in Ostasien – ist eine andere *Repräsentationspraxis*. Charakteristisch für den europäischen Integrationsprozess ist, dass die Gipfelbeschlüsse, Abschlusscommuniqués etc. nicht nur symbolisch aufgebläht werden, sondern häufig auch mehr reale Integrationspraxis verkünden als tatsächlich erwartet werden darf. In Ostasien gibt es in entsprechenden Dokumenten auch viel symbolischen Gehalt, aber in den meisten Fällen übertrifft die bereits existierende oder geplante Kooperation, also die reale Integrationspraxis, die verlautbarte. Dies gilt insbesondere, wenn es sich um Themen und Bereiche handelt, die von den ‚westlichen Partnern' nicht oder nur bedingt unterstützt werden. Und nachdem dies, wie gezeigt, für viele Kooperationsbereiche gilt, kann es verallgemeinert werden.

Eine weitere ‚Klippe' für die empirische Integrationsforschung in Ostasien ist die *Allokationsvariabilität*, die Nicht-Festlegung von Verhandlungsbereichen auf bestimmte Ebenen und Institutionen. In Ostasien ist ein großer Pragmatismus zu beobachten in Bezug auf das jeweilige Forum, an der eine drängende Frage regionaler Kooperation besprochen werden soll. Erwähnt wurde das Beispiel der ‚Chiang Mai-Initiative' zur währungspolitischen Kooperation der Staaten Ostasiens, die am Rande einer Jahresversammlung der ADB zustandekam. Auch das ist kein exklusives Verfahren der Diplomatie in Ostasien. Es ist jedoch ein Element, das in Kombination mit ‚permanenter Verhandlung' und Nichtverrechtlichung eine besondere Ausprägung erfährt. Es ist somit immer eine Vielzahl von Ebenen und Institutionen im Auge zu behalten, in denen Politikabstimmung und – koordination in Bezug auf ein bestimmtes politische Ziel stattfindet – oder stattfinden könnte. Tabelle III.13.1 gibt einen Überblick über die wichtigsten Ebenen und Arenen der regionalen Kooperation ostasiatischer Staaten.

Tabelle III.13.1: Ebenen und Arenen der regionalen Kooperation in Ostasien

	Regionale Kooperation...	Institutionen resp. Netzwerke
1. *Ebene*	... im Rahmen von und/oder ‚am Rande' internationaler Verhandlungen	UNO, IWF, Weltbank, WTO etc.
2. *Ebene*	... unter Einbezug externer Akteure	UN Economic and Social Commission for Asia and the Pacific (ESCAP) Asiatische Entwicklungsbank (ADB) Asia Pacific Economic Cooperation (APEC) Asia-Europe Meeting (ASEM) ASEAN Regional Forum (ARF) Ostasien-Gipfel
3. *Ebene*	... im Rahmen des *ASEAN plus*-Systems	ASEAN+3 (Gipfel-, Fachminister-, Chefbeamten-Treffen, Studiengruppen)
4. *Ebene*	... in semi-offiziellen Verhandlungsarenen	wirtschaftliche, politische, akademische, zivilgesellschaftliche Netzwerke

Quelle: Autor.

Im Gegensatz zur *ersten Phase* der Reintegration der Region, von 1980 bis zur ,Asienkrise', die durch die fast vollständige Absenz rechtlicher Abkommen und formaler Institutionen (regional wie bilateral) gekennzeichnet ist, erfährt die *zweite Phase*, von der ,Asienkrise' bis zur Gegenwart, eine Tendenz zur stärkeren Formalisierung der (bilateralen und multilateralen) Kooperationsprozesse. Am auffälligsten ist sicherlich die Abkehr von bisherigen informellen Kooperationsformen im Falle Japans. Dessen Regierung führte um das Jahr 2000 einen eigentlichen Strategiewechsel in der Außenwirtschaftspolitik durch. Kapitel III.7 belegte zwar, dass der Gehalt der neuen Abkommen und die absehbaren Praktiken auf deren Grundlage wenig mehr sind als eine Formalisierung bestehender Austauschbeziehungen und eher eine Projektion japanischer Ordnungsvorstellungen als die Übernahme eines instrumentalistischen Rechtsverständnisses. Dennoch handelt es sich um einen ,Institutionalisierungsschub', der gut in das Argumentationsmuster der neofunktionalistischen Integrationstheorie passt: Zunehmende wirtschaftliche Interdependenz steigert das Interesse an vertiefter politischer Kooperation in immer mehr Bereichen. Nach wie vor ist die *Ergebnisorientierung* grundlegend, die konkreten Auswirkungen der Abkommen sind maßgeblich, nicht unverrückbare Regeln. Die zahlreichen bilateralen Komitees und Sub-Komitees ermöglichen ein ,permanentes Weiterverhandeln' in heiklen Bereichen.

Eine deutlich schwächere Tendenz zur Institutionalisierung und Verrechtlichung ist auf multilateraler Ebene festzustellen. Das *ASEAN plus*-System gewann zwar in den letzten Jahren immer weiter an organisatorischer Komplexität und Wirkungstiefe, aber die Umsetzung dieser Dynamik in gemeinsame Institutionen mit klarer Kompetenzzuweisung ist bisher nicht gelungen. Typisch ist vielmehr die Situation, dass ein Netz zunehmend formalisierter bilateraler Abkommen zwischen den Staaten der Region mit einem schwachen koordinierenden ,Zentrum' versehen werden.

Die subregionale ASEAN ging geschwächt aus der ,Asienkrise' hervor, nicht nur, weil die Organisation keine effektive Maßnahmen zur Krisenbekämpfung implementieren konnte, sondern vor allem deshalb, weil sich in der Folge wichtige Länder außenwirtschaftspolitisch wieder stärker ,autonomisierten'. Im Norden der Region sind Fortschritte in der politischen Zusammenarbeit vor allem unterhalb der bilateralen ,Hochdiplomatie' und in trilateralen Foren (Japan-Korea-China) festzustellen. Mehrere Faktoren behindern die weitere Vertiefung der regionalen politischen Kooperation: Vor allem sind dies die tief verwurzelten Nationalismen, die Spannungen zwischen den Regionalisierungsstrategien und den Anfordernissen globaler Bündnisunterordnung (Japan, Korea) resp. zwischen einer noch jungen Regionalorientierung und langfristigen Weltmachtambitionen (China).

Weiterhin gehen starke Impulse zur Vertiefung der regionalen politischen Kooperation von der zunehmenden innerregionalen wirtschaftlichen Verflechtung aus, aber auch davon, dass es sich für die Staaten Ostasiens anbietet, ihr Gewicht zu bündeln, um stärker Einfluss auf das globale System und insbesondere auf die westlich dominierten internationalen Institutionen zu nehmen.

III.13.5   Bilateralismus und Multilateralismus

Alle Regierungen Ostasiens betonen regelmäßig ihr Interesse an einer zukünftigen Multilateralisierung der bilateralen Abkommen. Ein multilaterales Arrangement im nördlichen Ostasien (Japan, Korea, China, Taiwan) wird es aber angesichts der unterschiedlichen Interessenlagen und der immer wieder auftretenden politischen Spannungen bis auf weiteres nicht geben, woraus als wahrscheinlichstes *mittelfristiges Szenario* die Koexistenz vier unterschiedlicher Abkommen als handelspolitischer Grundstruktur der Region Ostasien folgt (Abb. III.13.1), nämlich eine ASEAN-Freihandelszone (AFTA, Realisierung geplant bis 2010), eine China-ASEAN-Freihandelszone (Realisierung geplant bis 2010), eine Japan-ASEAN-Freihandelszone (Realisierung geplant bis 2012) sowie – vermutlich wenige Jahre später – eine Korea-ASEAN-Freihandelszone. Für die weniger entwickelten ASEAN-Mitgliedsländer (Myanmar, Laos, Kambodscha und Vietnam) sind jeweils einige Jahre Anpassungsfrist vorgesehen.

Abbildung III.13.1: Die handelspolitische Grundstruktur der Region Ostasien, mittelfristig

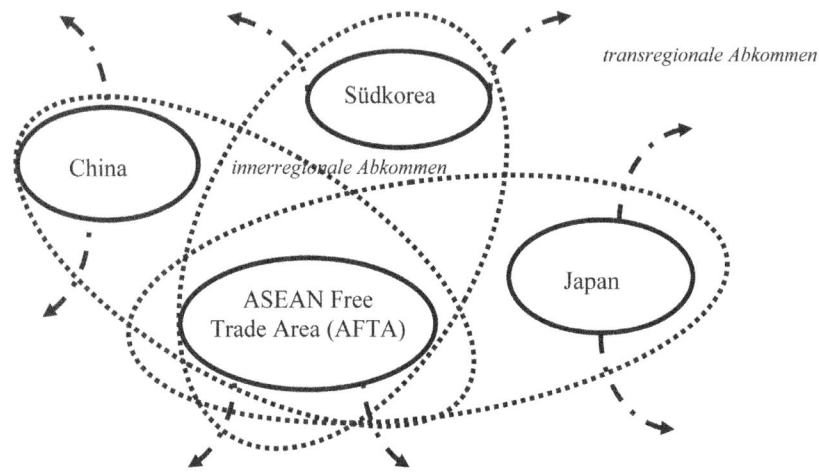

Quelle: eigene Darstellung

Führende ostasiatische Außenwirtschafts-Experten gehen davon aus, dass

- die Staaten der Region noch einige Jahre mit dem Abschließen bilateraler Freihandelsabkommen (FTA) beschäftigt sein werden,
- eine anschließende Vereinheitlichung und Multilateralisierung alles andere als einfach wird,
- Ostasien somit weit davon entfernt ist, eine kohärente handelspolitische Einheit ähnlich der EU zu bilden.[567]

Die wachsende Komplexität der bilateralen FTA-Struktur der Region könnte ein Problem werden, nicht nur für die Handelsdiplomatie, sondern auch für die in Ostasien tätigen Unternehmen. Der Chef der Asiatischen Entwicklungsbank (ADB) warnte mehrfach, Bezug nehmend auf die Metapher der „Spaghetti-Schüssel" sich überkreuzender FTA, vor einer

---

[567] Vgl. Park/Urata/Cheong (2005: 51f): „….consolidating different bilateral FTAs for region wide trade liberalization will not be easy because of the difficulty of standardizing different FTAs into one agreement. (…) it is highly unlikely that an East Asian FTA will emerge by itself as a result of amalgamation of bilateral FTAs (…) East Asia is not Europe and way off in constructing basic economic and political foundations for economic integration."

„asiatischen Nudelschüssel" mit negativen Effekten für die in der Region tätigen Unternehmen.[568] Demgegenüber vertritt die vorliegende Untersuchung eine optimistischere Perspektive. Die pragmatische Ergebnisorientierung ist ein festes Wesenmerkmal der Regionalisierung in Ostasien; sie wird den Boden bieten für Lösungen, die vielleicht institutioneller Eleganz entbehren, aber sicherlich ihren Zweck, nämlich auf der Basis einer regionaler Arbeitsteilung die Konkurrenzfähigkeit ostasiatischer Unternehmen auf dem Weltmarkt zu sichern, erfüllen werden.

Bezüglich der jungen multilateralen Institutionen Ostasiens ist Skepsis am Platz. Nach wie vor ist nicht entschieden, welches der neuen Foren das langfristig wichtigste sein wird. Vieles deutet jedoch darauf hin, dass der Kreis des ‚Ostasien-Gipfels' bereits ein überdehnter ist und noch erweitert wird. Wahrscheinlicher scheint, dass die Konkurrenz um die politische Führerschaft in der Region zwischen China und Japan (sowie, in einer anderen Ausgangslage, Südkorea) die Institution weiter stärken wird, die eigentlich nie gegründet worden ist und sich dennoch – gemessen an der Dynamik der Funktionsexpansion und an am rasch wachsenden institutionellen ‚Unterholz' – erfolgreich entwickelte, nämlich *ASEAN+3*. Sowohl innere ‚Zwänge' (*spill over*-Prozesse, *engrenage*) wie auch äußerer Druck (die Auseinandersetzungen um Gestaltung der Weltwirtschaft und die Weiterentwicklung der globalen Institutionen, die Entwicklung hin zu einer multipolaren Welt) werden zunehmen und die Vertiefung dieser Kooperation und ihre institutionelle Weiterentwicklung für die Akteure der Region immer ‚vernünftiger' und attraktiver erscheinen lassen. Integrationsprozesse sind nicht-linearer Natur und nicht unwiderruflich. Es ist nicht auszuschließen, dass sich die wirtschaftliche Regionalisierung schwergewichtsmäßig auf einen Raum hinentwickelt, der nicht mehr mit der hier als Ostasien definierten Region übereinstimmt, z.B. mit einer stärkeren Integration der ‚großen Nachbarn' Indien und Russland. Für diese Tendenzen sind, jenseits von Gipfelerklärungen, nur wenige handfeste Indikatoren zu finden. Auch eine plötzliche Abkehr vom Regionalismus, eine mögliche Option vor allem für China und Japan, ist unwahrscheinlich, dann dies würde die Gestaltung der Region dem jeweils anderen Land ‚überlassen'. Von den erreichten Niveaus der regionalen Verflechtungszusammenhänge gehen, wie von der neofunktionalistischen Theorie postuliert, starke Impulse aus, dies fortzusetzen. Aber, wie von ihr ebenfalls postuliert, hindert dies politische Akteure nicht zwingend daran, gegenläufige Entscheide zu treffen, die dann allerdings mit Verwerfungen und hohen Kosten verbunden sind. Wahrscheinlicher ist, dass die regionale Integration und die globale Integration Ostasiens, wie schon in den letzten 2000 Jahren, eng verschränkte Prozesse mit phasenweise unterschiedlichen Übergewichten bleiben werden.

III.13.6 *Schluss*

In den Analysen des Entwicklungsprozesses Ostasiens ist die Bedeutung der transnationalen, regionalen Dimension bisher eindeutig unterschätzt worden. Es lassen sich eine Reihe solcher Faktoren im wirtschaftlichen Entwicklungsprozess Ostasiens empirisch nachwei-

---

[568] *Asia risks spaghetti bowl trade deal mess: ADB*; Business Times, Malaysia, 9.2.2006. Vgl. Krueger (1997: 19): „Overlapping FTAs are doubly suspect, in light of the additional complexity and opacity they bring to trade measures. (...) economic inefficiencies associated with different costs will result (...) there will arise further pressure against subsequent multilateral trade liberalization as those choosing locations on the bases of these artifical cost differences oppose measures that reduce their advantages."

sen. Die wichtigsten davon sind regionale Handels- und Produktionsnetzwerke und transnationale Wirtschaftszonen. Der Aufstieg Ostasiens *ohne* die Entwicklung einer regionalen Arbeitsteilung ist schwer vorzustellen. Es dürfte vielmehr so sein, dass von einer bestimmten Entwicklungsstufe an die Entwicklung einer innerregionalen wirtschaftlichen Arbeitsteilung notwendige Voraussetzung für den kontinuierlichen Aufstieg der Region wurde.

Es gibt einen Integrationsprozess in Ostasien, im Sinne einer Verdichtung grenzüberschreitender ökonomischer und politischer Aktivitäten in dieser Region. In Bezug auf mehrere Dimensionen und im Vergleich mit anders definierten ‚Regionen' kann gezeigt werden, dass ‚Ostasien' einen adäquaten Gegenstand für eine integrationstheoretische Analyse darstellt. In Ostasien finden Prozesse statt, die man integrationstheoretisch als *engrenage* und *spill over* bezeichnen kann. Die zunehmende Interdependenz führte in den 1980er, und dann vor allem ab Mitte der 1990er Jahre, sowohl unter Boom- wie unter Krisenbedingungen, zu einer wachsenden Dynamik politischer Kooperation.

Der regionale Integrationsprozess in Ostasien unterscheidet sich von den an Westeuropa gewonnenen ‚Modellvorstellungen' der neofunktionalistischen Theorie. Allerdings gab es schon in der frühen Theoriebildung eine kontroverse Debatte, wie eine universalistische Integrationsanalyse auszusehen habe (vgl. Haas 1961, Nye 1968).

Nye kam 1968 in seinen Überlegungen über komparative Integrationsforschung zur folgenden weitsichtigen Schlussfolgerung:

> „With the nature of the beast likely to remain ambiguous we need more refined concepts and measurements lest it slip through (or around) our traditional conceptual nets and we make the mistake of thinking nothing has happened. At the same time we are faced with regional integration schemes in less developed areas which appear at times to resemble the European animal but in causal terms may turn out to be of a different genus or species." (Nye 1968: 880)

Handelt es sich bei den gegenwärtigen Regionalisierungsprozessen in verschiedenen Weltgegenden um strukturell Gleiches, in verschiedenen Formen, oder um funktionale Äquivalente? Diese Fragen sind auf dem gegenwärtigen Entwicklungsstand der Integrationstheorie nicht befriedigend zu beantworten, weder für die wirtschaftliche noch für die politische Dimension. Auf der Grundlage der Ergebnisse dieser Analyse kann diesbezüglich Folgendes festgehalten werden:

- Wie gezeigt ist die Schlussfolgerung aus dem Fehlen formaler Liberalisierungsabkommen, der Nichtanwendbarkeit der Balassa'schen Integrationsstufen (Balassa 1961, 1962), es handle sich in Ostasien im Unterschied zu Westeuropa um einen rein marktgetriebenen wirtschaftlichen Integrationsprozess, falsch. Das Verhältnis von Politik und Ökonomie in der wirtschaftlichen Integration der Region hat eine spezifische Ausprägung. Grundsätzlich folgt der Prozess dem gleichen Imperativ, nämlich einen Internationalisierungsprozess zu ermöglichen, der die Konkurrenzfähigkeit der Unternehmen und Wirtschaften Ostasiens auf dem Weltmarkt gewährleistet, und ist insofern ein funktionales Äquivalent.

- Folgt man einer stark am westeuropäischen Integrationsprozess orientierten Definition von politischer Integration, im Sinne der Herausbildung eines neuen, supranationalen institutionellen Zentrums mit bindender Rechtssprechung, dann hat eine solche in Ostasien nicht stattgefunden, und dies wird sich auch mittelfristig nicht ändern. Versteht man darunter aber den Prozess der Herausbildung einer neuen politischen Ebene, auf die sich Akteure beziehen und auf der sie handeln, im Sinne der Entwicklung eines transnationalen politischen Netzwerkes in der Region, dann kann von stattfindender politischer Integration in Ostasien gesprochen werden. Es ist unwahrscheinlich, dass es sich dabei um einen gleich verlaufenden Prozess handelt, der sich erst auf tiefer Entwicklungsstufe befindet. Der für den europäischen Integrationsprozess so charakteristische Mechanismus der Gründung ‚avantgardistischer' supranationaler Institutionen, verbunden mit einem instrumentalistischen Gebrauch des Rechtes, ist in Ostasien undenkbar. Ob nur mit diesem Mechanismus ein politischer ‚output' erreicht werden kann, der bestimmte Funktionen von Integration (wie diejenige der regionalen Friedenssicherung oder der kollektiven Selbstbehauptung im Weltsystem) erfüllt, ist äußerst zweifelhaft. Offensichtlich ist, dass der bisherige Entwicklungsstand politischer Integration in Ostasien, in seiner spezifischen Form, diese Funktionen noch nicht resp. unvollständig erfüllt.

Dass regionale Kooperation in Ostasien eine andere Form annimmt als im Westen, ist schon in der Nachkriegszeit von verschiedenen Autoren festgestellt worden.[569] Damals war nicht absehbar, ob dies phasenspezifisch so war (Zeit der Ost-West-Konfrontation) oder den damaligen wirtschaftlichen und staatlichen Entwicklungsniveaus der ostasiatischen Länder geschuldet, aber inzwischen darf als bestätigt gelten, dass es sich tatsächlich um charakteristische und persistente Merkmale regionaler Integration in Ostasien handelt.

---

[569] Vgl. insbesondere M. Haas (1989), „The Asian Way to Peace". Typisch für den „Asian way" ist danach die Präferenz für „working toward shared objectives through informal incrementalism, small steps rather than by drawing up grand blueprints or timetables"; „Asian incrementalism instead stresses the utility of noninstitutional frameworks for discussion, while operational activities are entrusted to organizations without elaborate constitutional specifications." – „The Western preference for making decisions only about matters that can be quickly and optimally translated into action is not part of the Asian way." Vgl. auch Schubert (1978), Cheng/Womack (1996), Severino (2001).

IV Ergebnis: Ostasien als Weltregion

In den 1990er Jahren setzte der Globalisierungsdiskurs die ‚Welt' nicht nur auf die politischen und wirtschaftlichen Agenden, sondern forderte auch diejenigen sozialwissenschaftlichen Ansätze und Forschungstraditionen heraus, für die nationalgesellschaftliche Grenzen
unverrückbarer Bezugspunkt waren und die die ‚Welt' bestenfalls in Form von Länderver-
gleichen in den Blick bekamen. In der Soziologie gab es aber schon länger Ansätze, für die
die ‚Welt' das zentrale und angemessene Analyseobjekt war; sie sind mit den Begriffen
‚Weltsystem', ‚Weltgesellschaft' und ‚Globale Soziologie' verknüpft. Transnationale Prozesse sind seit Jahrzehnten auch das Forschungsobjekt der soziologischen Theorien regionaler Integration, die nach einem Höhepunkt in den 1960er Jahren während zwanzig Jahren
eher im Hintergrund standen, dann aber ebenfalls in den 1990er Jahren ein ‚Comeback'
feierten. Nach wie vor leiden sie aber an theoretischen Defiziten, was die Bestimmung des
Verhältnisses zwischen regionalen und globalen Prozessen betrifft.

Inzwischen ist weitgehend akzeptiert, dass Globalisierung und Regionalisierung nicht
gegensätzliche, sondern zusammenhängende, komplementäre Prozesse sind, die die gegenwärtige Welt prägen. Dies stellt eine theoretische wie forschungskonzeptionelle Herausforderung für alle sozialwissenschaftlichen Disziplinen dar, insbesondere aber für die Soziologie. Die vorliegende Arbeit ist als empirische Analyse der historischen und gegenwärtigen
Interaktionsweisen der Weltregion Ostasien auch ein Beitrag zur soziologischen Theoriebildung. Eine Weltregion ist eine Subagglomeration, die sich durch eine signifikant höhere
Interaktionsdichte in einem umfassenderen (seit rund 500 Jahren globalen) System auszeichnet. Sie entspricht nicht dem weltsystemtheoretischen Begriff des ‚Weltsystems', da
ein solches dadurch definiert wird, dass es alle für die Selbstreproduktion relevanten Prozesse umfasst. Weltregionen sind verknüpft mit anderen Weltregionen; die vorherrschenden
Interaktionsweisen werden beeinflusst vom Gesamtsystem, phasenweise sogar überlagert.

Die Leitfrage für die vorliegende Untersuchung war: Stellt Ostasien, definiert als die
am Ost- und Südchinesischen Meer liegenden Länder und Gebiete[1], eine Weltregion dar?
Damit war der Ausgangspunkt eine ex ante-Definition der Region, im Unterschied zu
cluster-analysierenden Untersuchungen, bei denen die Festlegung von Regionen Ergebnis
ist. Das hier gewählte Vorgehen entspricht einem hypothesentestenden Verfahren: Anhand
zahlreicher Indikatoren wird überprüft, ob das Objekt bestimmte Eigenschaften („regionness") aufweist.

Die vorliegende Untersuchung vertritt den Primat der Interaktionsanalyse bei der Bestimmung von Weltregionen. Weltregionen entstehen nicht durch politische Proklamationen oder infolge eines gemeinsamen historisch-kulturellen ‚Erbes' – außer diese führen zu
erhöhter, verstetigter Interaktion zwischen ihren Teilen.

Zur Beantwortung der Frage nach dem Regionencharakter Ostasiens wurden in dieser
Untersuchung regionale und globale Geschehenszusammenhänge in ihrer historischen Tiefe
rekonstruiert. Ziel war nicht das Verfassen einer ‚Geschichte Ostasiens', sondern die Be-

---

[1] Die heutigen Einheiten Japan, Süd- und Nordkorea, China, Taiwan, Hongkong, Philippinen, Vietnam, Laos,
Kambodscha, Thailand, Birma/Myanmar, Indonesien, Osttimor, Malaysia, Singapur und Brunei.

stimmung zentraler Elemente und Mechanismen der Regionenbildung in hinreichender Konkretisierung und Komplexität.

Die hier als Ostasien definierte Region erlebte, seit der Verstetigung der Kontakte in den ersten Jahrhunderten der westlichen Zeitrechnung, mehrere Schübe intensivierten kulturellen Austausches und wirtschaftlicher und politischer Integration. Grundmerkmal der Region ist ein großes Ungleichgewicht zwischen den Ländern. China war sowohl von der Größe wie vom gesellschaftlich-technologischen Entwicklungsniveau her bis weit ins 19. Jh. die absolut dominante Macht. Die Bestätigung oder Nichtbestätigung einer neuen ,nationalen' oder lokalen Dynastie in der Region durch den chinesischen Kaiser konnte deren ,Überlebenschancen' signifikant beeinflussen. Der Import der begehrten chinesischen Luxusprodukte wie Seide und Porzellan erzwang exportorientierte Produktion oder führte zu Edelmetallabfluss. Chinesische Technologien gaben die Standards vor, chinesische Waren beeinflussten die Preise und schufen Anreize zur technologischen Weiterentwicklung, und chinesische Währung stimulierte die wirtschaftliche Dynamik in vielen Gebieten Ostasiens. Die Handelsdrehscheiben der Region lebten wesentlich vom China-Handel, und ethnisch-chinesische Händler dominierten spätestens ab dem 13.Jh. den Warenaustausch in der Region.

In dem von China bestimmten Tribut-Handel-System galten chinesische Regeln des Austauschs und des Verkehrs. Die Bemühungen um eine Kontrolle und Stabilisierung der Außenbeziehungen des Reiches waren den unmittelbar wirtschaftlichen Interessen übergeordnet. Interaktion mit China erfolgte mittels regelmäßiger Missionen, festgelegter Kontaktpunkte und durch Schriftverkehr. Es gab mehrere zum Teil lange Phasen, in denen das sinozentrische Tribut-Handel-System den Austausch in der Region effektiv strukturierte. In anderen war China relativ offen, sei es, weil das politische Zentrum schwach war, oder weil mehrere konkurrierenden Staaten auf chinesischem Boden existierten. So oder so war, neben den Beziehungen zu den unmittelbaren Nachbarländern (und damit verbunden), für die Staaten Ostasiens die Frage der Integration in die ,chinesische Weltordnung' die zentrale Herausforderung. Sie waren aber keineswegs nur passive Objekte, sondern reagierten phasenspezifisch mit unterschiedlichen Strategien auf die regionalen ,Umweltbedingungen', von weitgehender kultureller Assimilation und politischer Unterordnung (Korea) bis zu anhaltendem Widerstand gegen eine Inkorporierung (Vietnam, Japan) und Bemühungen, das Zentrum selber unter politische Kontrolle zu bringen (Mongolen, Japan). Für die weiter entfernt gelegenen Gebiete war die militärisch-politische Herausforderung durch China im Allgemeinen weniger direkt, wenn man absieht vom mongolisch beherrschten China (Feldzüge auf dem südostasiatischen Festland, Flottenangriffe auf Japan und Java im 13. Jh.) und der frühen Ming-Dynastie (Seeexpeditionen in der ersten Hälfte des 15. Jhs. zur Erweiterung des Tribut-Handel-Systems). Die nicht-chinesischen Länder und Gebiete interagierten intensiv auch untereinander, z.B. Korea mit Japan, oder auf dem südostasiatischen Festland, wo jahrhundertelang ein Prozess kompetitiver Staats- und Reichsbildung stattfand, oder in Form der Konkurrenz zwischen den Warenumschlagplätzen im Archipel. Diese Prozesse waren und blieben eng verknüpft mit der Herausbildung der Region insgesamt.

Überlagert, aber nur vorübergehend zurückgedrängt wurde die regionale Integration durch Phasen intensivierter globaler Integration, während des mongolischen Weltreiches (*pax mongolica*) und der westlichen Kolonialimperien. Nachgewiesen wurde, dass der innerregionale Austausch nicht nur nicht anhaltend zurückging, sondern sich unter den neuen Bedingungen weiter intensivierte. So waren z.B. die britischen Stützpunkte Singapur und Hongkong wichtiger für den innerregionalen Handel als für den transregionalen (Asien-Europa). Die Kolonialregimes im Süden der Region förderten die innerregionale Migration (Plantagenökonomien) und begünstigten die chinesischen Handelsnetzwerke. Lange waren die Europäer aber nur Mitkonkurrenten in Ostasien, nicht in der Lage, die ‚Regeln‘ einseitig zu ändern. Erst im 19. Jh. begannen sie, die innerregionalen Beziehungen zu dominieren und in ihrem Interesse umzustrukturieren. Japan nahm als erstes die Chancen wahr, die das Ende des alten Systems bot, und entwickelte sich aus einem semiperipheren Status heraus zu einem Akteur, der ‚westliche Methoden‘ in der Region anwandte, um sich als neues Zentrum zu etablieren. Während dies wirtschaftlich gelang, scheiterte der Versuch, die Region imperial zu beherrschen.

Einen historischen Tiefpunkt regionaler Integration erreichte Ostasien im Gefolge des 2. Weltkrieges, der Entkolonialisierungsprozesse und Unabhängigkeitskriege. Die Blockkonfrontation spaltete die Region so tief wie nie zuvor. Die westlich orientierten Länder Ostasiens begannen den wirtschaftlichen Austausch auf niedrigem Niveau; Japan wickelte Mitte der 1950er Jahre gerade mal 22% seines Außenhandels in der Region ab. Erst die Öffnungs- und Reformprozesse in den Jahren um 1980 ermöglichten die rasche Wiederverflechtung der Region. Schon in der ersten Hälfte der 1990er Jahre stieg der innerregionale Handel Ostasiens auf über 50% und übertraf damit das Niveau der NAFTA. Im Durchschnitt gehen inzwischen zwei Drittel der Exporte der Länder Ostasiens in die Region, und sie beziehen 55% ihrer Importe aus anderen Ländern der Region (Tab. II.14, S. 147); nur in Japan und Südkorea liegen diese Zahlen knapp unter 50%. Die Wirtschaftsbeziehungen der Länder Ostasiens zu ihren ehemaligen Kolonial-‚Mutterländern‘ haben im Allgemeinen stark an Bedeutung verloren. Die Länder Südostasiens sind, sowohl was Handel als auch was Direktinvestitionen betrifft, fester Bestandteil der Region. Der Inner-ASEAN-Handel steigerte sich zwar in den letzten 15 Jahren von unter 20% auf 27%, aber die meisten Länder Südostasiens sind wirtschaftlich mindestens so stark verbunden mit dem Norden der Region wie mit ihren direkten Nachbarländern. Singapur hat trotz seiner geringen Bevölkerungsgröße in vieler Hinsicht Zentrumsfunktion für Südostasien. Japan ist immer noch das wirtschaftliche Schwergewicht der Region, aber seine Position relativiert sich zunehmend. Die USA und die EU sind nach wie vor bedeutende Exportmärkte für die Wirtschaften Ostasiens.

Ein zentrales Merkmal des Integrationsprozesses in Ostasien ist sein dominant maritimer Charakter. Im Unterschied zu den ‚Kontinentalprozessen‘ Europas, Süd- oder Nordamerikas findet der wirtschaftliche Austausch stärker auf Schiffen statt, und ‚maritime Themen‘ wie die Sicherung der Seewege und die Beilegung von Seegrenzdisputen sind auch in den politischen Gesprächen von großer Bedeutung.

Mit der raschen wirtschaftlichen Entwicklung einher ging die Herausbildung Ostasiens als ‚Migrationsregion‘. Obwohl die wirtschaftlich hoch entwickelten Länder in bestimmten Bereichen einen Arbeitskräftemangel verzeichnen und die illegale Einwanderung bedeutend ist, sind die Immigrationspolitiken der Länder Nordostasiens (im Gegensatz zu Singapur) weiterhin sehr restriktiv; dennoch ist eine wachsende Bereitschaft festzustellen, Migrationsfragen zum Gegenstand multilateraler Konsultationen und bilateraler Abkommen zu machen.

Aus integrationstheoretischer Perspektive ist faszinierend, dass die wirtschaftliche Reintegration der Region seit 1980 weitestgehend ohne formale Abkommen und ohne regionale Institutionen zustande kam. Die innerregionale Verflechtung folgte wirtschaftlichen

Komplementaritäten, wurde aber vorbereitet, eingeleitet und weiter ‚begleitet' von Gesprächen zwischen politischen und wirtschaftlichen Akteuren, in denen die Modalitäten ausgehandelt werden. Regionale Direktinvestitionen, vor allem aus Japan, Südkorea und Taiwan nach dem Plaza-Abkommen Mitte der 1980er Jahre, waren von Anfang an langfristig orientiert und wurden begleitet von bedeutenden Geldflüssen, v.a. für den Infrastrukturausbau, die Ausbildung von Arbeitskräften und die weitere Entwicklungszusammenarbeit („capacity building"). Die älteren regionalen Institutionen wie die UNO-Regionalorganisation ESCAP oder die asiatische Entwicklungsbank (ADB) übernahmen auf bestimmten Gebieten wichtige Funktionen der Koordination und „facilitation".

Die ostasiatische Finanzkrise (1997-99) stellte für die Region einen Wendepunkt von größter Bedeutung dar. Zunächst war sie, nachdem die handelspolitischen Kleinkriege der ersten Hälfte der 1990er Jahre die ‚utopische Energie' der Gründungseuphorie aufgezehrt hatten, der ‚Todesstoss' für die Bemühungen um eine ‚pazifische Integration' (APEC). Sie potenzierte aber auch die Divergenzen innerhalb der ASEAN: Während sich Singapur und Thailand rasch neu positionierten und ihre Außenwirtschaftspolitik von den Imperativen der Inner-ASEAN-Koordination ‚befreiten', rangen andere Mitgliedstaaten vor allem um die Stabilisierung des nationalen politischen Systems. Diese Situation im Süden der Region traf auf eine handelspolitische Reorientierung der wirtschaftlichen ‚Schwergewichte' im Norden. Japan und Südkorea ‚entdeckten' den Regionalismus und Bilateralismus fast zeitgleich. Wenig überraschend ist, dass gerade das Gebiet der Währungs-, Geld- und Finanzpolitik das erste wurde, auf dem sich *regionale* Kooperation entwickelte, d.h. Kooperation unter Einschluss aller bedeutenden regionalen Akteure der Region und unter Ausschluss der Akteure außerhalb der Region. Die embryonalen regionalen Finanzinstitutionen Ostasiens stellen aber nach wie keinen Durchbruch in Richtung eines institutionalisierten Multilateralismus dar, da sie die Ebene bilateraler Kooperationsnetzwerke noch nicht nachhaltig ‚überwunden' haben. Diese Entwicklungen boten den älteren regionalen Institutionen Chancen der Weiterentwicklung ihrer Funktionen, und es steht außer Zweifel, dass sie noch nie so bedeutend waren für die Entwicklung der Region wie in der Zeit seit der ‚Asienkrise'. Sie sind heute die ‚Nervenzentren' des neuen Regionalismus.

Die meiste Energie – weniger utopische als praktische – verschlingen zur Zeit die Bemühungen um den Abschluss bilateraler Abkommen zwischen den Staaten Ostasiens. Für Japan, Südkorea wie auch, weniger sichtbar, Taiwan sind die Neuregelung, Vertiefung und Verstetigung ihrer Beziehungen mit den ASEAN-Ländern vorrangig. Die Volksrepublik China hat in den letzten Jahren rasch nachgezogen und die Situation in der Region markant verändert. Mit hohem Tempo entwickelte sie politisch-diplomatische Initiativen zur Sicherung eines „harmonischen Umfeldes" und des Zugangs zu Rohstoffen für ihre anhaltend rasante wirtschaftliche Entwicklung. Die chinesischen Vorstöße für einen raschen Auf- und Ausbau regionaler Institutionen setzten die anderen Akteure unter Druck, und es entstand eine regionalismusbefördernde Konkurrenzsituation. Da aber sowohl Japan wie auch China nicht in einer politisch-hegemonialen Situation in der Region sind, können sie keine direkt von ihnen geführte Institutionen schaffen. Sie verhindern aber effektiv eine allzu starke Führungsrolle des jeweiligen Konkurrenten. Im Ergebnis führt dies zum Ausbau des *ASEAN plus*-Systems, dem Geflecht von Konsultations- und Kooperationsgremien, die sich aus der Strukturierung der regionalen Außenbeziehungen der ASEAN gebildet haben. Während sich ‚funktionale Zusammenarbeit' auf verschiedenen Politikgebieten rasch entwickelt und auch Resultate zeigt, herrschen auf ‚oberster' Ebene Blockaden vor, die die Umsetzung großer institutionelle ‚Entwürfe‘ verhindern. Das zeitlich letzte empirische Element, das in der vorliegenden Untersuchung analysiert wurde, war die Entwicklung hin zum ersten *Ost-asien-Gipfel* (Kuala Lumpur, Dezember 2005). Ursprünglich aus dem Projekt des malaysischen Premierministers Mahathir entstanden, eine ostasiatische ‚Blockorganisation‘ zu bilden, und vor allem Malaysia und China vorangetrieben, transformierte sich die Initiative zu einem weiteren unverbindlichen Forum unter Einschluss der ‚Anrainer‘ Australien, Neuseeland und Indien. Damit ist nach wie vor der institutionell wenig gefestigte *ASEAN plus 3*-Verbund (die 10 ASEAN-Staaten plus Japan, China, Südkorea) die relevanteste regionale Institution Ostasiens.

Das Integrationsmuster Ostasiens weicht klar ab von demjenigen (West-)Europas, das der zentrale Bezugsrahmen für die ältere Theoriebildung war. Wirtschaftliche Regionalisierung in Ostasien fand statt ohne Verträge und formelle Institutionen. Erst in jüngster Zeit, nach dem Erreichen eines hohen regionalen Interdependenzniveaus, zeigte sich eine Tendenz zu Formalisierung und Verrechtlichung. Es gibt Prozesse in Ostasien, die entsprechend der Integrationstheorie als ‚spill over‘ charakterisiert werden können; alle beteiligte Akteure sind sich der Imperative effektiven Interdependenzmanagements bewusst. Die Regionalisierung Ostasiens wird aber noch lange Zeit Merkmale haben, die sie von den Prozessen in anderen Weltregionen unterscheiden.

V Quellen, Literatur

V.1 Presseagenturen, Zeitungen, Medien

Tabelle V.1: Presseagenturen Ostasiens

Name	Ort/Land	Webseite
Kyodo	Japan	home.kyodo.co.jp
Yonhap News Agency	Südkorea	english.yonhapnews.co.kr
Xinhua	VR China	www.xinhuanet.com/english
Central News Agency (CNA)	Taiwan	www.cnanews.gov.tw/eng/
Agence Kampuchea Presse (AKP)	Kambodscha	www.camnet.com.kh/akp
Philippines News Agency	Philippinen	www.pna.gov.ph
Manila Independent Media Center	Philippinen	manila.indymedia.org
Bernama	Malaysia	www.bernama.com
Vietnam News Agency (VNA)	Vietnam	www.vnanet.vn

Tabelle V.2: Zeitungen und andere Medien Ostasiens

Name	Ort/Land	Webseite
Nihon Keizai Shimbun / Nikkei	Japan	www.nni.nikkei.co.jp
Asahi Shimbun	Japan	www.asahi.com/english
Japan Times	Japan	www.japantimes.co.jp
Daily Yomiuri /Yomiuri Shimbun*	Japan	www.yomiuri.co.jp/dy
Mainichi Daily News	Japan	mdn.mainichi.jp
Korea Herald*	Südkorea	www.koreaherald.co.kr
Korea Times	Südkorea	www.koreatimes.co.kr
People's Daily	VR China	english.peopledaily.com.cn
China Daily*	VR China	www.chinadaily.com.cn
South China Morning Post (SCMP)	VR China	www.scmp.com
Taiwan Headlines	Taiwan	www.taiwanheadlines.gov.tw
Taipei Times	Taiwan	www.taipeitimes.com
China Post	Taiwan	www.chinapost.com.tw
Far Eastern Economic Review (FEER)	Hongkong	www.feer.com
Asia Times	Hongkong	www.atimes.com
Vietnam News*	Vietnam	vietnamnews.vnagency.com.vn
Voice of Vietnam (VOV)	Vietnam	www.vovnews.vn
Vietnam Investment Review (VIR)	Vietnam	www.vir.com.vn
Bangkok Post	Thailand	www.bangkokpost.com
The Nation*	Thailand	www.nationmultimedia.com
Vientiane Times*	Laos	www.vientianetimes.org.la
Phnom Penh Post	Kambodscha	www.phnompenhpost.com

Channel News Asia (CNA)	Singapur	www.channelnewsasia.com
Straits Times*	Singapur	www.straitstimes.com
New Straits Times	Malaysia	www.nst.com.my
The Star*	Malaysia	thestar.com.my
Sin Chew Daily*	Malaysia	www.mysinchew.com
Daily Inquirer*	Philippinen	www.inquirer.net
Philippine Star	Philippinen	www.philstar.com
Manila Times	Philippinen	www.manilatimes.net
Today	Philippinen	www.today.net.ph
The Freeman	Philippinen	www.thefreeman.com
Jakarta Post*	Indonesien	www.thejakartapost.com

* Teil des *Asia News Network* (ANN; www.asianewsnet.net).

V.2   Dokumente von Institutionen

Asia Pacific Economic Cooperation (APEC; www.apec.org):

- APEC (1994), Economic Leaders' Declaration of Common Resolve; Bogor, Indonesia, 15.11.1994, in: ASEAN Economic Bulletin, 11/3, 1995, 350-352
- APEC Secretariat (Hg., 1995a), Selected APEC Documents 1998-94, Singapore: APEC Secretariat
- APEC Secretariat (Hg., 1995b), Selected APEC Documents 1995, Singapore: APEC Secretariat
- APEC Secretariat (Hg., 2002), Key APEC Documents 1995, Singapore: APEC Secretariat
- APEC Economic Committee (1997), The Impact of Subregionalism on APEC, Singapore: APEC Secretariat
- APEC International Assessment Network (APIAN, 2000), Learning from Experience, 1. APIAN Policy Report, November 2000, Singapore: APEC Study Center (abgedruckt in: R.E. Feinberg/ Y. Zhao, Hg., 2001, Assessing APEC's Progress. Trade, Ecotech & Institutions, Singapore: Institute of Southeast Asian Studies, 3-36)
- APIAN (2002), Remaking APEC as an Institution, 3. APIAN Policy Report, August 2002 (ohne Ort, kein Hg.; abgedruckt in: R. E. Feinberg, Hg., 2003, APEC as an Institution. Multilateral Governance in the Asia-Pacific, Singapore: Institute of Southeast Asian Studies, ISEAS, 4-26)
- Group on Asia-Pacific Economic Integration towards 21st Century – Report *Economic Integration in the Asia-Pacific Region and the Options for Japan*, April 1993

Asian Human Rights Commission (AHRC, 2006), Thailand Military Coup 2006: A Collection of Statements Marking One Month of Renewed Military Rule in Thailand, Hongkong: AHRC (www.ahrchk.net)

Association of Southeast Asian Nations (ASEAN; www.aseansec.org):

- ASEAN-China Expert Group on Economic Cooperation (2001), Forging Closer ASEAN-China Economic Relations in the Twenty-First Century, Jakarta: ASEAN
- ASEAN Finance Ministers, First Meeting 1.3.1997, Phuket, Thailand; Joint Press Communiqué, in: ASEAN Economic Bulletin, 14/1, 91-92
- ASEAN Finance Ministers, Special Meeting 1.12.1997, Kuala Lumpur; Joint Ministerial Statement, in: ASEAN Economic Bulletin, 14/3, 313-316

- ASEAN Heads of State/Governments, Kuala Lumpur, 15.12.1997, „ASEAN Vision 2020", in: ASEAN Economic Bulletin, 14/3, 1998, 325-328
- ASEAN-Japan Centre (2003), ASEAN-Japan Centre: The Organization and its Role, Tokyo: ASEAN-Japan Centre
- ASEAN Secretariat (2003a), Towards a Single Economic Space, Jakarta: ASEAN
- ASEAN Secretariat (2003b), AFTA: ASEAN Free Trade Area, Jakarta: ASEAN
- ASEAN Secretariat (Hg., 2003), ASEAN Regional Forum. Documents Series 1994-2002, Jakarta: ASEAN
- ASEAN Secretariat (Hg.), Business ASEAN. Official Newsletter of the Association of Southeast Asian Nations, Jakarta: ASEAN
- ASEAN Secretariat/UNDP (2002), ASEAN Investment Area. Facilitation Series No. 1: Industrial Estates, Export Processing Zones, Free Trade Zones, Science and Technology Parks in ASEAN, Jakarta: ASEAN Secretariat

Asian Development Bank (ADB; www.adb.org):

- (2001), Key Indicators of Developing Asian and Pacific Countries, Manila: ADB
- (2003), Monetary and Financial Integration in Asia: The Way Ahead, Vol. 1 & 2, Basingstoke: Palgrave/Macmillan

Asian Development Forum (2001), Third Conference „Asia's Future Economy", Conference Papers, Washington D.C. (www.worldbank.org)

Asian Migration News des Scalabrini Migration Center, Manila (www.scalabrini.org/fcms)

Centre for International Economics (CIE, 1998), APEC Economic Governance Capacity Building Survey. An Australian Initiative as a Part of APEC's Response to the East Asian Financial Crisis. A Report Prepared for the Australian Government, Canberra/Sydney: CIE

CIA Factbook: www.cia.gov (31.5.2004)

Council of Ministers on the Promotion of Economic Partnership (2004), Basic Policy towards further promotion of Economic Partnership Agreements (EPAs), approved by the Council of Ministers on the Promotion of Economic Partnership on December 21, 2004, Tokyo (www.kantei.go.jp/foreign/ policy/index/keizairenkei/041221kettei_e.html)

Council for Economic Planning and Development (2007), Taiwan Statistical Data Book 2007, Taipei (www.cepd.gov.tw)

East Asia Study Group (EASG, 2002). Final Report of the East Asia Study Group, Jakarta: ASEAN Secretariat

East Asia Vision Group (EAVG, 2001). Towards an East Asian Community: Region of Peace, Prosperity and Progress, Jakarta: ASEAN Secretariat

Economic Commission for Africa (ECA, 2003), Economic Report on Africa 2003: Accelerating the Page of Development, Addis Ababa: ECA (www.uneca.org/era2003)

Europäische Kommission:

- (1993), Weißbuch ‚Wachstum, Wettbewerbsfähigkeit, Beschäftigung' (KOM (93) 700 endg.), EG Bulletin, Beilage 6/1993
- (1997), Der Binnenmarkt und das Europa von morgen, vorgelegt von M. Monti, Luxemburg: Amt für amtliche Veröffentlichungen

Far Eastern Economic Review (FEER, 2000), „Shipping", in: Asia 2000 Yearbook, Hong Kong: FEER, 56-57

Hong Kong Monetary Authority/International Monetary Fund (Hg., 1997), Financial Integration in Asia & the Role of Hong Kong, Hong Kong: Hong Kong Monetary Authority

Institute of Developing Economies (IDE, Japan; www.ide.go.jp):

- (2000), Towards Closer Japan-Korea Economic Relations in the 21st Century, IDE Research Planning Department, Chiba: IDE
- (2003), Toward Japan-ASEAN Comprehensive Economic Partnership, Joint research program among Japanese and ASEAN economic institutes (JARIM), Tokyo: Japan External Trade Organization (JETRO)

Institute of Southeast Asian Studies (ISEAS), Southeast Asian Affairs, Annual Vol. 1974–, Singapore: ISEAS

International Maritime Organization (IMO), Annual Report on Piracy and Armed Robbery, div. Jg. (www.imo.org)

International Monetary Fund (IMF; www.imf.org):

- Direction of Trade Statistics – Yearbooks
- Cambodia: Selected Issues and Statistical Appendix, IMF Country Report No. 07/291, August 2007

International Trade Representative (1997), Economic Effects of NAFTA, Washington, D.C.: US Government Printing Office

Japan External Trade Organization (JETRO; www.jetro.go.jp):

- (2000), White Paper on International Trade, Tokyo: JETRO
- (2001), White Paper on International Trade and Foreign Direct Investment, Tokyo: JETRO
- (2002), White Paper on International Trade and Foreign Direct Investment, Tokyo: JETRO
- (2003a), Prospects for Free Trade Agreements in East Asia, Tokyo: JETRO
- (2003b), White Paper on International Trade and Foreign Direct Investment, Tokyo: JETRO

Japanese Trade Union Confederation (JTUC, RENGO, 2001), Report: Rengo's Requests Regarding Bilateral Trade/Investment Agreements – Japan-Korea Investment Agreement and Japan-Singapore Free Trade Agreement, Tokyo: RENGO (www.jtuc-rengo.org)

KEIDANREN (2003), JAPAN 2025: Envisioning a Vibrant, Attractive Nation in the Twenty-First Century, Tokyo: Nippon Keidanren (www.keidanren.or.jp)

Keizai Koho Center – Japanese Institute for Social and Economic Affairs (2000), Japan 2000. An International Comparison, Tokyo: Keizai Koho Center

Korean Institute for International Economic Policy (KIEP, 2000), Economic Effects of and Policy Directions for a Korea-Japan FTA, Seoul: KIEP (www.kiep.go.kr)

Ministry of Agriculture, Forestry and Fisheries (MAFF, Japan; www.maff.go.jp):

- (2004a), Annual Report on Food, Agriculture and Rural Areas in Japan (FY2003), Tokyo: MAFF
- (2004b), „Promotion of EPAs with Other Asian Countries in the Field of Agriculture, Forestry and Fisheries (Green Asia – EPA Promotion Strategy)", in: MAFF Update, No. 569, 3.12.2004

Ministry of Commerce (MOFCOM, Volksrepublik China; www.mofcom.gov.cn):

- (2003), 2003 Report of Foreign Investment in China Report
- (2005), Foreign Market Access Report 2005

Ministry of Economic Affairs (Taiwan, 2002), Survey on Foreign Investment By Manufactures

Ministry of Economy, Trade and Industry (METI, früher MITI, Japan; www.meti.go.jp):

- (1997), White Paper on International Economy and Trade
- (1998), White Paper on International Economy and Trade
- (1999), White Paper on International Economy and Trade
- (2000), The Economic Foundations of Japanese Trade Policy – Promoting a Multi-Layered Trade Policy (August 2000)
- (2000), White Paper on International Economy and Trade
- (2001), White Paper on International Economy and Trade
- (2002), White Paper on International Economy and Trade
- (2003), White Paper on International Economy and Trade
- (2004), White Paper on International Economy and Trade
- (2005), Report on the WTO-Inconsistency of Trade Policies by Major Trading Partners (Chapter 2: China, Chapter 5: Republic of Korea)
- Industrial Structure Council (1974), Sangyo Kozo no Choki Bijion (Japan`s Industrial Structure: A Long-Range Vision)
- Industrial Structure Council (2000), Challenges and Prospects for Economic and Industrial Policy in the 21st Century. Building a Competitive, Participatory Society
- RIETI (Research Institute of Economy, Trade and Industry) (2004), Summary Report, International Symposium „Resolving New Global and Regional Imbalances in an Era of Asian Integration", June 17-18, 2004, Tokyo, Japan (www.rieti.go.jp)
- Study Group for East Asian Business Strategy (SGEABS, 2003), The Interim Report of the Study Group for East Asian Business Strategy, September 2003

Ministry of Foreign Affairs (MOFA, Japan; www.mofa.go.jp):

- (1997), Diplomatic Bluebook
- (1998), Diplomatic Bluebook
- (1999), Diplomatic Bluebook
- (2000), Diplomatic Bluebook
- (2000), Shaping Globalisation
- (2001), Diplomatic Bluebook
- (2002), Diplomatic Bluebook
- (2002), Japan's FTA Strategy, October 2002, MOFA Economic Affairs Bureau
- (2003), Diplomatic Bluebook
- (2004), Diplomatic Bluebook
- JAPAN-KOREA FREE TRADE AGREEMENT – JOINT STUDY GROUP REPORT (October 2003)
- JAPAN-MALAYSIA ECONOMIC PARTNERSHIP – JOINT STUDY GROUP REPORT (December 2003)
- JAPAN-PHILIPPINE ECONOMIC PARTNERSHIP AGREEMENT – JOINT COORDINATING TEAM REPORT (JPEPA-JCT, December 2003)
- JAPAN-THAILAND ECONOMIC PARTNERSHIP AGREEMENT – TASK FORCE REPORT (December 2003)

Organisation for Economic Co-operation and Development (OECD; www.oecd.org):

- (1997), Cohésion sociale et mondialisation de l'économie, Paris: OECD
- (1998), Migration and Regional Economic Integration in Asia, Paris: OECD
- (2001), International Migration in Asia, Paris: OECD
- (2002), Migration and the Labour Market in Asia: Recent Trends and Policies, Paris: OECD

Philippine Government (2004), „Indigenous Peoples", 24.5.2004, Manila: www.census.gov.ph (19.7.2004)

Taiwan Yearbook 2003, Taipei: Government Information Office

United Nations Conference on Trade and Development (UNCTAD; www.unctad.org):

- (1996), Trade and Development Report 1996, New York/Geneva: UNCTAD
- (2000), Trade and Development Report 2000, New York/Geneva: UNCTAD
- (2000), Handbook of Statistics 2000 – CD-ROM, Geneva: UNCTAD
- (2006), FDI in Least Developed Countries at a Glance: 2005/2006, Geneva: UNCTAD

United Nations Development Programme (UNDP; www.undp.org):

- (1990), Human Development Report: Concept and Measurement of Human Development. New York/Oxford: Oxford University Press
- (1995), Human Development Report: Gender and Human Development, New York/Oxford: Oxford University Press
- (2000) CD-ROM: Human Development Statistical Database 1999 – Full Text Human Development Reports, 1990-1999, New York: UNDP
- (2001), Human Development Report 2001, New York: UNDP
- (2004), Human Development Report 2004: Cultural Liberty in Today's Diverse World, New York: UNDP

World Bank (www.worldbank.org):

- (1993), The East Asian Miracle: Economic Growth and Public Policy, Oxford: Oxford University Press
- (1996), Managing Capital Flows in East Asia, Washington, D.C.: World Bank
- (2000), East Asia: Recovery and Beyond, Washington, D.C.: World Bank
- (2001), Rethinking the East Asian Miracle, J.E. Stiglitz/S. Yusuf (Hg.), Oxford: Oxford University Press
- (2003), East Asia Integrates: A Trade Policy Agenda for Shared Growth, K. Krumm/H. Kharas (Hg.), Washington, D.C.: World Bank
- (2007), An East Asian Renaissance: Ideas for Growth, hgg. von I. Gill/H. Kharas, Washington, D.C.: World Bank

World Trade Organization (WTO, 1995), Regionalism and the World Trading System, Geneva: WTO

V.3 Namentlich gezeichnete Artikel und Papers sowie Sekundärliteratur

Abbott, Frederick M. (2000), „NAFTA and the Legalization of World Politics: A Case Study", in: International Organization, 54/3, 519-547

Abo, Tetsuo (2000), „Spontaneous Integration in Japan and East Asia: Development, Crisis, and Beyond", in: G.L. Clark et al. (Hg.), The Oxford Handbook of Economic Geography, Oxford: Oxford University Press, 625-648

Abu-Lughod, Janet M. (1989), Before European Hegemony. The World-System A.D. 1250-1350, Oxford: Oxford University Press

Acharya, Amitav (2006), „Europe and Asia: Reflections on a Tale of Two Regionalisms", in: B. Fort/D. Webber (Hg.), Regional Integration in East Asia and Europe: Convergence or Divergence?, London/New York: Routledge, 312-321

Acharya, Amitav/Stubbs, Richard (2000), „The Asia Pacific Region in the Post-Cold War Era. Economic Growth, Political Change, and Regional Order", in: L. Fawcett/Y. Sayigh (Hg.), The Third World beyond the Cold War – Continuity and Change, Oxford: Oxford University Press, 118-133

Acemoglu, Daron/Johnson, Simon/Robinson, James A. (2001), „The Colonial Origins of Comparative Development: An Empirical Investigation", in: American Economic Review, 91/5, 1369-1401

Achsani, Noer Azam/Strohe, Hans Gerhard (2002), Dynamische Zusammenhänge zwischen den Kapitalmärkten der Region Pazifisches Becken vor und nach der Asiatischen Krise 1997, Universität Potsdam – Statistische Diskussionsbeiträge Nr. 18, Potsdam

Aggarwal, Vinod K. (1993), „Building International Institutions in Asia-Pacific", in: Asian Survey, 33/11, 1029-1042

Ders. (2000), „Withering APEC? The Search for an Institutional Role", in: J. Dosch/M. Mols (Hg.), International Relations in the Asia-Pacific. New Patterns of Power, Interest, and Cooperation, Münster/New York: Lit/St. Martin's Press, 67-86

Aggarwal, Vinod K./Lin, Kun-Chin (2001), „APEC as an Institution", in: R.E. Feinberg/Y. Zhao (Hg.), Assessing APEC's Progress. Trade, Ecotech & Institutions, Singapore: Institute of Southeast Asian Studies (ISEAS), 177-190

Dies. (2002), „Strategy Without Vision: The US and Asia-Pacific Economic Cooperation", in: J. Rüland/E. Manske/W. Draguhn (Hg.), Asia-Pacific Cooperation (APEC). The First Decade, London: RoutledgeCurzon, 87-118

Aggarwal, Vinod K./Morrison, Charles E. (2000), „APEC as an International Institution", in: I. Yamazawa (Hg.), Asia Pacific Economic Cooperation (APEC). Challenges and Tasks for the Twenty-first Century, London/New York: Routledge, 298-323

Aggarwal, Vinod K./Morrison, Charles E. (Hg., 1998), Asia-Pacific Crossroads: Regime Creation and the Future of APEC, New York: St. Martin's Press

Ahmad, Jaleel/Harnhirun, Somchai (1996), „Cointegration and Causality between Exports and Economic Growth: Evidence from the ASEAN Countries", in: The Canadian Journal of Economics, 29 – Special Issue, Part 2, S413-S416

Ahn, Choong Yong/Cheong, Inkyo/Fukagawa, Yukiko/Ito, Takatoshi (2005), Korea-Japan FTA: Toward a Model Case for East Asian Economic Integration, Korea Institute for International Economic Policy (KIEP) Policy Analyses 05-01, Seoul: KIEP (www.kiep.go.kr)

Ahn, Yonson (2006), „Competing Nationalisms: The Mobilisation of History and Archaeology in the Korea-China Wars over Koguryo/Gaogouli", in: Japan Focus, 13.12.2006, (japanfocus.org)

Ahrens, Joachim (1998), „Economic Development, the State, and the Importance of Governance in East Asia", in: Economic Systems, 22/1, 23-51

Akrasanee, Narongchai (2001), „ASEAN in the Past Thirty-Three Years: Lessons for Economic Cooperation", in: S.S.C. Tay/J.P. Estanislao/H. Soesastro (Hg.), Reinventing ASEAN, Singapore: Institute of Southeast Asian Studies (ISEAS), 25-41

Alatas, Ali (2001), „ASEAN in a Globalizing World", in: Asia-Pacific Review, 8/2, 1-9

Alesina, Alberto/Barro, Robert J./Tenreyro, Silvana (2002), Optimal Currency Areas, National Bureau of Economic Research (NBER) Working Paper No. 9072, Cambridge, MA: NBER

Alesina, Alberto/Devleeschauwer, Arnaud/Easterly, William/Kurlat, Sergio/Wacziarg, Romain (2003), Fractionalization, National Bureau of Economic Research (NBER) Working Paper No. 9411, Cambridge, MA: NBER (zugänglich über: www.stanford.edu/ ~wacziarg/; erschienen in: Journal of Economic Growth, 8/2, 2003, 155-194)

Alesina, Alberto/La Ferrara, Eliana (2004), Ethnic Diversity and Economic Performance, National Bureau of Economic Research (NBER) Working Paper No. 10313, Cambridge, MA: NBER

Alker, Hayward R. (1970), „Integration Logics: A Review, Extension, and Critique", in: International Organization, 24/4, 869-914

Altbach, Eric (1997), The Asian Monetary Fund Proposal: A Case Study of Japanese Regional Leadership, Japan Economic Institute (JEI), Report No. 47A, Washington D.C.: JEI

Amsden, Alice H. (1979), „Taiwan's Economic History: A Case of Etatisme and a Challenge to Dependency Theory", in: Modern China, 5/3, 341-379

Dies. (1991), „Diffusion of Development: The Late-Industrializing Model and Greater East Asia", in: The American Economic Review, 81/2, 282-286

Dies. (1992), Asia's Next Giant. South Korea and Late Industrialization, Oxford: Oxford University Press

Dies. (2001), The Rise of the ‚Rest': Challenges to the West from Late-Industrialization Economies, Oxford: Oxford University Press

Amsden, Alice H./Singh, Ajit (1994), „The optimal degree of competition and dynamic efficiency in Japan and Korea", in: European Economic Review, 38

Amyx, Jennifer (2002), Moving beyond bilateralism? Japan and the Asian Monetary Fund, Pacific Economic Paper No. 331, Australia–Japan Research Centre, Australia National University (ANU) (www.anu.edu.au)

Dies. (2003), „Japan and the Evolution of Regional Financial Arrangements in East Asia", in E. Krauss/T.J. Pempel (Hg.), Beyond Bilateralism: US–Japan Relations in the New Asia-Pacific, Stanford, CA: Stanford University Press, 189-220

Dies. (2004), A Regional Bond Market for East Asia? The Evolving Political Dynamics of Regional Financial Cooperation, Pacific Economic Paper No. 342, Australia–Japan Research Centre, Australia National University (ANU) (www.anu.edu.au)

Andaya, Leonard Y. (1999), „Interactions with the Outside World and Adaptation in Southeast Asian Society, 1500-1800", in: N. Tarling (Hg.), The Cambridge History of Southeast Asia, Vol. 1, Part 2: From c. 1500 to c. 1800, Cambridge: Cambridge University Press, 1-57

Andaya, Leonard Y./Watson Andaya, Barbara (1995), „Southeast Asia in the Early Modern Period; Twenty-Five Years On", in: Journal of Southeast Asian Studies, 26/1, 92-98

Anderson, Benedict (1983), Imagined Communities. Reflections on the Origin and Spread of Nationalism, London: Verso (deutsch 1988, Die Erfindung der Nation. Zur Karriere eines folgenreichen Konzepts, Frankfurt a. M./New York: Campus)

Anderson, Warwick (2006), Colonial Pathologies. American Tropical Medicine, Race, and Hygiene in the Philippines, Durham/London: Duke University Press

Anderson, Perry (1993), „The Prussia of the East?", in: M. Myoshi/H. D. Harootunian (Hg.), Japan in the World, Durham/London: Duke University Press, 31-39

Andrade, Tonio (2007), How Taiwan Became Chinese. Dutch, Spanish, and Han Colonization in the Seventeenth Century, New York: Columbia University Press (www.gutenberg-e.org/)

Annett, Anthony (2001), Social Fractionalization, Political Instability and the Size of Government, International Monetary Fund (IMF) Staff Papers, 48/3, Washington, D.C.: IMF (www.imf.org)

Aoki, Maki (2004), New Issues in FTAs: The Case of Economic Partnership Agreements between Japan and ASEAN Countries, Institute of Developing Economies (IDE) APEC Study Center Working Paper Series 03/04, No. 8, Chiba: IDE (www.ide.go.jp)

Aoki, Masahiko (1997), „Unintended Fit: Organizational Evolution and Government Design of Institutions in Japan", in: M. Aoki/H. Kim/M. Okuno-Fujiwara (Hg.), The Role of Government in East Asian Economic Development. Comparative Institutional Analysis, Oxford: Clarendon Press, 233-253

Aoki, Masahiko/Murdock, Kevin/Okuno-Fujiwara, Masahiro (1997), „Beyond THE EAST ASIAN MIRACLE: Introducing the Market-Enhancing View", in: M. Aoki/H. Kim/M. Okuno-Fujiwara (Hg.), The Role of Government in East Asian Economic Development. Comparative Institutional Analysis, Oxford: Clarendon Press, 1-37

Aoki, Masahiko/Kim, Hyung-Ki/Okuno-Fujiwara, Masahiro (Hg., 1997), The Role of Government in East Asian Economic Development. Comparative Institutional Analysis, Oxford: Clarendon Press

Appelbaum, Richard P./Henderson, Jeffrey (Hg., 1992), States and Development in the Asia Pacific Rim, London: Sage

Arase, David (1991), „U.S. and ASEAN Perceptions of Japan's Role in the Asian-Pacific Region", in: H. Kendall/C. Jeowono (Hg.), Japan, ASEAN, and the United States, Berkeley, University of California: Institute for East Asian Studies

Ariff, Mohamed (1994), „APEC and ASEAN: Complementing or Competing?", in: S.Y. Chia (Hg.), APEC: Challenges and Opportunities, Singapore: Institute of Southeast Asian Studies (ISEAS), 151-174

Ders. (1996), „Effects of Financial Liberalization on Four Southeast Asian Financial Markets, 1973-94", in: ASEAN Economic Bulletin, 12/3, 325-338

Armbruster, William (2005), „Banking on Busan – Korea seeks to develop port as mega-hub for Northeast Asia", in: Shipping Digest, June 27, 2005 (www.shippingdigest.com)

Arnason, Johann P. (1993), „Comparing Japan and the West: Prolegomena to a Research Program", in: L. Gule/O. Storebo (Hg.), Development and Modernity: Perspectives on Western Theories of Modernisation, Bergen: Ariadne, 167-195

Ders. (1997), Social Theory and Japanese Experience. The Dual Civilization, London/New York: Kegan Paul International

Ders. (1998), „Comparing Japan: The Return to Asia", in: Japanstudien. Jahrbuch des Deutschen Instituts für Japanstudien der Philipp-Franz-von-Siebold-Stiftung, Tokyo, Band 10, München: Iudicium Verlag, 33-54

Arrighi, Giovanni (1996a), „The Rise of East Asia and the Withering Away of the Interstate System", in: Journal of World Systems Research, 2/15, 1-35 (jwsr.ucr.edu)

Ders. (1996b), „The Rise of East Asia. World-Systemic and Regional Aspects", in: International Journal of Sociology and Social Policy, 16/7, 6-44

Ders. (1997), Capitalism and the Modern World-System: Rethinking the Non-Debates of the 1970s, Paper presented at the American Sociological Association Meetings, New York, August 16-20, 1996

Ders. (1998), „Globalization and the Rise of East Asia", in: International Sociology, 13/1, 59-77

Ders. (2000), „Globalization and Historical Macrosociology", in J. Abu-Lughod (Hg.), Sociology for the Twenty-First Century. Continuities and Cutting Edges, Chicago: Chicago University Press, 117-133

Arrighi, Giovanni/Drangel, Jessica (1986), „The Stratification of the World-Economy: An Exploration of the Semiperipheral Zone", in: Review, 10/1, 9-74

Arrighi, Giovanni/Ikeda, Satoshi/Irwan, Alex (1993), „The Rise of East Asia: One Miracle or Many?", in: R. A. Palat (Hg.), Pacific-Asia and the Future of the World-System, Westport/ London: Greenwood Press, 41-65

Arrighi, Giovanni/Hamashita, Takeshi/Selden, Mark (1997), The Rise of East Asia in World Historical Perspective, Paper prepared for the Planning Workshop held at the Fernand Braudel Center, State University of New York at Binghamton, December 6-7, 1996 (fbc.binghamton.edu)

Arrighi, Giovanni/Hamashita, Takeshi/Selden, Mark (2003), The Resurgence of East Asia. 500, 150 and 50 Years Perspectives, London/New York: Routledge

Arrighi, Giovanni/Ikeda, Satoshi/Irwan, Alex (1993), „The Rise of East Asia: One Miracle or Many?", in: R. Arvind Palat (Hg.), Pacific-Asia and the Future of the World-System, Westport: Greenwood Press, 41-65

Asao, Naohiro (1991), „The Sixteenth-Century Unification", in: J.W. Hall (Hg.), The Cambridge History of Japan, Vol. 4: Early Modern Japan, Cambridge: Cambridge University Press, 40-95

Aseniero, George (1994), „South Korean and Taiwanese Development. The Transnational Context", in: Review, XVII/3, 275-336

Ash, Robert/Kueh, Y.Y. (1993), „Economic Integration within Greater China: Trade and Investment Flows Between China, Hong Kong and Taiwan", in: The China Quarterly, 136, Special Issue: Greater China, 711-745

Askew, Marc (2005), „Thaksin's Election Triumph: Re-packaging Old Politics?", in: Asian Analysis – April 2005, hgg. von der Asean Focus Group (www.aseanfocus.com/ asiananalysis)

Atarashi, Kinju (1985), „Japan's Economic Cooperation Policy towards the ASEAN Countries", in: International Affairs, 61/1, 109-127

Athukorala, Prema-chandra (2003), Product Fragmentation and Trade Patterns in East Asia, Working Papers in Trade and Development No. 21, Research School of Pacific and Asian Studies (RSPAS), Division of Economics, Australian National University, Canberra, Australia (rspas.anu.edu.au/)

Athukorala, Prema-Chandra/Manning, Chris (1999), Structural Change and International Migration in East Asia. Adjusting to Labour Scarcity, Melbourne: Oxford University Press

Athukorala, Prema-Chandra/Manning, Chris/Wikramasekera, Piyasiri (2000), Growth, Employment and Migration in Southeast Asia: Structural Change in the Greater Mekong Countries, Cheltenham: Elgar

Austin, Ian Patrick (2003), The Influence of Meiji Japan Thought on Singapore's Political Economy, Paper presented at the 3. International Convention of Asia Scholars (ICAS), 19-22 August 2003, National University Singapore; Singapore

Atwell, William (1998), „Ming China and the Emerging World Economy", in: D. Twitchett/F.W. Mote (Hg.), The Cambridge History of China, Vol. 8: The Ming-Dynasty, 1369-1644, Part 2, Cambridge: Cambridge University Press, 376-416

Austria, Myrna S. (2003), „Investment Liberalization and Facilitation in the Asia-Pacific: Can APEC Make a Difference?", in: R. E. Feinberg (Hg.), APEC as an Institution. Multilateral Governance in the Asia-Pacific, Singapore: Institute of Southeast Asian Studies (ISEAS), 131-151

Ba, Alice D. (1997), „The ASEAN Regional Forum: Maintaining the Regional Idea in Southeast Asia", in: International Journal, 7/4, 635-656

Dies. (2003), „China and ASEAN: Renavigating Relations for a 21st-Century Asia", in: Asian Survey, 43/4, 622-647

Bach, Daniel C. (1999), „Regionalism versus regional integration", in: J. Grugel/W. Hout (Hg.), Regionalism Across the North-South Divide: State Strategies and Globalization, London/New York: Routledge, 152-166

Badawi, Abdullah Ahmad (2004), Towards an Integrated East Asia Community, Keynote Address at the Second East Asia Forum, Kuala Lumpur, 6.12.2004

Ders. (2005), Charting the Course for Asian Economic Integration, 25.5.2005 (www.nni.nikkei.co.jp/FR/NIKKEI/inasia/future/2005/2005speech_abdullah.html)

Bae, Geung Chan (2002), Key Tasks for East Asian Regional Cooperation: As Seen from Korea's Initiatives, Network of East Asian Think-Tanks (NEAT) Paper (www.neat.org.cn)

Ders. (2005), Prospects for the East Asia Summit, Institute of Foreign Affairs and National Security (IFANS) Policy Brief, No. 2005-5 (September 2005), Seoul, Korea: IFANS (www.ifans.go.kr)

Baek, Seung-Gwan/Song, Chi-Young (2002), „Is Currency Union a Feasible Option in East Asia?", in: H.G. Choo/Y. Wang (Hg.), Currency Union in East Asia, Korean Institute for International Economic Policy (KIEP) Policy Analyses 02-01, Seoul: KIEP, 107-145

Bahadur Singh, I.J. (Hg., 1982), Indians in Southeast Asia, New Delhi/Bangalore/Jullundur: Sterling

Bahmani-Oskooee, Mohsen/Goswami, Gour Gobinda (2004) „Exchange Rate Sensitivity of Japan's Bilateral Trade Flows", in: Japan and the World Economy, 16, 1-15

Baker, Chris (2003), „Ayutthaya Rising: From Land or Sea?", in: Journal of Southeast Asian Studies, 34/1, 41-62

Baker, James (1995), The Politics of War and Peace, 1989–1992, New York: G. P. Putnam's Sons

Balassa, Bela (1961), „Towards a Theory of Economic Integration", in: Kyklos, XIV, 1-14

Ders. (1962), The Theory of Economic Integration, London: G. Allen & Unwin

Baldwin, Richard E. (1997), „The Causes of Regionalism", in: World Economy, 20/7, 865-888

Balisacan, Arsenio M./Hill, Hal (Hg., 2003), The Philippine Economy – Development, Policies, and Challenges, Oxford: Oxford University Press

Banks, Michael (1969), „Systems Analysis and the Study of Regions", in: International Studies Quarterly, 13/4, 335-360

Barabantseva, Elena (2005), „Trans-nationalising Chineseness: Overseas Chinese Policies of the PRC's Central Government", in: ASIEN, 96, 7-28

Barnes, Gina L. (1993), China, Korea, and Japan. The Rise of Civilisation in East Asia, London: Thames & Hudson

Bartels, Frank L./Freeman, Nick J. (2000), „Multinational Firms and FDI in Southeast Asia. Post-Crisis Changes in the Manufacturing Sector", in: ASEAN Economic Bulletin, 17/3, 324-341

Bartu, Friedemann (1993), The Ugly Japanese. Nippons Economic Empire in Asia, Tokyo: Yenbooks

Bashar, Khairul/Möllers, Wolfgang (Hg., 2000), A Common Currency For East Asia: Dream or Reality?, Kuala Lumpur: Asian Institute for Development Communication/ Konrad Adenauer Foundation

Batten, Bruce Loyd (2007), „Review of Japan's Medieval Population: Famine, Fertility, and Warfare in a Transformative Age by William Wayne Farris", in: Monumenta Nipponica, 62/1, 107-109

Bautista, Romeo/Tecson, Gwendolyn (2003), „International Dimensions", in: A.M. Balisacan/H. Hill (Hg.), The Philippine Economy – Development, Policies, and Challenges, Oxford: Oxford University Press, 136-171

Beeson, Mark (2001a), „Japan and Southeast Asia: The Lineaments of Quasi-hegemony", in: G. Rodan/K. Hewison/R. Robison (Hg.), The Political Economy of South-East Asia: An Introduction, 2nd Edition, Melbourne: Oxford University Press, 283-306.

Ders. (2001b), „Australia and Asia: The years of living aimlessly", in: D. Singh/A. Smith (Hg.), Southeast Asian Affairs 2001, Singapore: Institute for Southeast Asian Studies, 44-55

Ders. (2002a), „Introduction", in M. Beeson (Hg.), Reconfiguring East Asia: Regional Institutions and Organisations After the Crisis, London: Curzon, 1-6

Ders. (2002b), „Theorising institutional change in East Asia", in M. Beeson (Hg.), Reconfiguring East Asia: Regional Institutions and Organisations After the Crisis, London: Curzon, 7-27

Ders. (2002c), „ASEAN: The Challenges of Organisational Reinvention", in M. Beeson (Hg.), Reconfiguring East Asia: Regional Institutions and Organisations After the Crisis, London: Curzon, 185-204

Ders. (2002d), „The More Things Change…? Path dependency and Convergence in East Asia", in: M. Beeson (Hg.), Reconfiguring East Asia: Regional Institutions and Organisations After the Crisis, London: Curzon, 246-256

Ders. (2002e), „Issues in Australian Foreign Policy: July to December 2001", in: Australian Journal of Politics and History, 48/2, 210-224

Ders. (2003), „ASEAN Plus Three and the Rise of Reactionary Regionalism", in: Contemporary Southeast Asia, 25/2, 251-268

Ders. (2004a), „National Differences and Regional Dynamics in Southeast Asia", in: M. Beeson (Hg.), Contemporary Southeast Asia. Regional Dynamics, National Differences, Basingstoke: Palgrave/Macmillan, 1-13

Ders. (2004b), „Southeast Asia and the Major Powers: The United States, Japan and China", in: M. Beeson (Hg.), Contemporary Southeast Asia. Regional Dynamics, National Differences, Basingstoke: Palgrave/Macmillan, 198-215

Ders. (2005), „Rethinking Regionalism: Europe and East Asia in Comparative Historical Perspective", in: Journal of European Public Policy, 12/6, 969–985

Beeson, Mark (Hg., 2002), Reconfiguring East Asia: Regional Institutions and Organisations After the Crisis, London: Curzon Press

Ders. (Hg., 2004), Contemporary Southeast Asia. Regional Dynamics, National Differences, Basingstoke: Palgrave/Macmillan

Beeson, Mark/Bell, Stephen (2000), „Australia in the Shadow of the Asian Crisis", in R. Robison et al. (Hg.), Politics and Markets in the Wake of the Asian Crisis, London: Routledge, 297-312

Befu, Harumi/Guichard-Anguis, Sylvie (Hg., 2001), Globalizing Japan. Ethnography of the Japanese Presence in Asia, Europe, and America, London/New York: RoutledgeCurzon

Bello, Walden (2003), „Corporate America out to kill G-21", in: Bangkok Post, 11.10. 2003

Bello, Walden/Malig, Mary Lou (2005), The Anti-Development State: The Political Economy of Permanent Crisis in the Philippines, London: Zed Books

Bellwood, Peter (1997), Prehistory of the Indo-Malaysian Archipelago, Honolulu: University of Hawai'i Press

Ders. (1999), „Southeast Asia before History", in: N. Tarling (Hg.), The Cambridge History of Southeast Asia, Vol. 1, Part 1: From early times to c. 1500, Cambridge: Cambridge University Press, 55-136

Berger, Mark T. (1999), „APEC and its Enemies: The Failure of the New Regionalism in the Asia-Pacific", in: Third World Quarterly, 20/5, 1013-1030

Ders. (2004), „Decolonizing Southeast Asia: Nationalism, Revolution and the Cold War", in: M. Beeson (Hg.), Contemporary Southeast Asia. Regional Dynamics, National Differences, Basingstoke: Palgrave/Macmillan, 30-49

Berger, Mark T./Beeson, Mark (2003), APEC, ASEAN+3, and American Power: The History and Limits of the New Regionalism in the Asia-Pacific, University of Queensland Paper (www.eprint.uq.edu.au)

Bergesen, Albert (1995), „Let's Be Frank about World History", in: S.K. Sanderson (Hg.), Civilizations and World-Systems. Studying World-Historical Change, Walnut Creek, CA: Altamira Press, 195-205

Bergsten, C. Fred (1996), APEC in 1996 and Beyond: The Subic Summit, Institute for International Economics (IIE) Working Paper 96-12, Washington, D.C.: IIE

Ders. (1997), Open Regionalism, Institute for International Economics (IIE) Working Paper 97-3, Washington, D.C.: IIE

Ders. (2000a), Back to the Future: APEC Looks at Subregional Trade Agreements to Achieve Free Trade, Speech Given at the Pacific Basin Economic Council Luncheon, Washington, D.C., (www.iie.com)

Ders. (2000b), „Towards a Tripartite World", in: The Economist, 15.7.2000

Ders. (2005), Embedding Pacific Asia in the Asia Pacific: The Global Impact of an East Asian Community, Speech at the Japan National Press Club, Tokyo, September 2, 2005, Washington, D.C.: IIE (www.iie.com)

Bergsten, C. Fred/Ito, Takatoshi/Noland, Marcus (2001), No More Bashing. Building a New Japan-United States Economic Relationship, Washington, D.C.: Institute for International Economics (IIE)

Bernard, Mitchell/Ravenhill, John (1995), „Beyond Product Cycles and Flying Geese: Regionalization, Hierarchy, and the Industrialization of East Asia", in: World Politics, 47, 171-209

Bersick, Sebastian (2004), Auf dem Weg in eine neue Weltordnung? Zur Politik der interregionalen Beziehungen am Beispiel des ASEM-Prozesses, Baden-Baden: Nomos

Beuter, Rita/Tsakaloyannis (Hg.), 1987), Experiences in Regional Cooperation, Maastricht: European Institute of Public Adminstration

Blechinger, Verena (1998), „Zwischen Bilateralismus und Regionalismus: Die innenpolitische Debatte über eine neue politische Rolle Japans in Asiens", in: Japanstudien. Jahrbuch des Deutschen

Instituts für Japanstudien der Philipp-Franz-von-Siebold-Stiftung, Tokyo, Band 10, München: Iudicium Verlag, 71-106

Dies. (2000), „Flirting with Regionalism: Japan's Foreign Policy Elites and the East Asian Economic Caucus", in: V. Blechinger/J. Legewie (Hg.), Facing Asia – Japan's Role in the Political and Economic Dynamism of Regional Cooperation, München: Iudicium Verlag, 57-86

Dies. (2001), „Between Bilateralism and Regionalism: Business and the State in Japan's Relations with Asia", in: B. Edström (Hg.), Interdependence in Asia Pacific, Stockholm: Swedish Institute of International Affairs/Center for Pacific Asia Studies, Stockholm University, 71-96

Blechinger, Verena/Legewie, Jochen (1998), „Japans neue Rolle in Asien", in: Japanstudien. Jahrbuch des Deutschen Instituts für Japanstudien der Philipp-Franz-von-Siebold-Stiftung, Tokyo, Band 10, München: Iudicium Verlag, 15-25

Dies. (2000), „Action and Reaction, Direct and Indirect Leadership: Re-evaluating Japan's Role in Asian Regional Integration", in: Dies. (Hg.), Facing Asia – Japan's Role in the Political and Economic Dynamism of Regional Cooperation, München: Iudicium Verlag, 297-324

Blechinger, Verena/Legewie, Jochen (Hg., 2000), Facing Asia – Japan's Role in the Political and Economic Dynamism of Regional Cooperation, München: Iudicium Verlag

Blomqvist, Hans C. (1993), „ASEAN as a Model for Third World Regional Economic Cooperation? ", in: ASEAN Economic Bulletin, 10/1, 52-67

Ders. (1995), „Intraregional Foreign Investment in East Asia", in: ASEAN Economic Bulletin, 11/3, 280-297

Blomström, Magnus/Kokko, Ari/Globerman, Steven (1998), Regional Economic Integration and Foreign Direct Investment: The North American Experience, National Bureau of Economic Research (NBER) Working Paper Series in Economics and Finance No. 269, Cambridge, MA: NBER

de Boer, John (2005), „East Asian Economic Community Idea Places Pressure on Japan", in: Weekly Review #154, 31.3.2005 (www.glocom.org)

Booth, Anne (1999a), „The Social Impact of the Asian Crisis: What Do We Know Two Years On?", in: Asian-Pacific Economic Literature, 13/2, 16-29

Dies. (1999b), „Die Wirtschaft Südostasiens: Auf dem Weg ins 21. Jahrhundert", in: B. Dahm/R. Ptak (Hg.), Südostasien-Handbuch, München: Beck, 562-594

Dies. (1999c), „Statistisches Profil", in: B. Dahm/R. Ptak (Hg.), Südostasien-Handbuch, München: Beck, 562-594

Bora, Bijit/Findlay, Christopher (Hg., 1996), Regional Integration and the Asia-Pacific, Oxford: Oxford University Press

Borden, William (1984), The Pacific Alliance. United States Foreign Economic Policy and Japanese Trade Recovery, 1947-1955, Madison: University of Wisconsin Press

Bornschier, Volker (1980), „Weltsystem und weltwirtschaftliche Arbeitsteilung: Das zugrundeliegende sozialwissenschaftliche Bild von der Welt", in: Multinationale Konzerne, Wirtschaftspolitik und nationale Entwicklung im Weltsystem, Frankfurt M./New York: Campus, 17-50

Ders. (1982), „The World Economy in the World-System: Structure, Dependence and Change", in: International Social Science Journal, 34/1, 37-59

Ders. (1992), „Weltgesellschaft", in: G. Reinhold (Hg.), Soziologie-Lexikon, 2.Auflage, München: Oldenbourg, 648-652

Ders. (1996), „Japan – Ein Gesellschaftsvergleich mit dem atlantischen Westen", in: Asiatische Studien/Etudes Asiatiques, 50/4, 881-902

Bornschier, Volker/Chase-Dunn, Christopher (1985), Transnational Corporations and Underdevelopment, New York: Praeger

Dies. (Hg., 1999), The Future of Global Conflict, London: Sage

Borrmann, Axel/Fischer, Bernhard/Jungnickel, Rolf/Koopman, Georg/Scharrer, Hans-Eckart (1995), Regionalismustendenzen im Welthandel. Erscheinungsformen, Ursachen und Bedeutung für Richtung und Struktur des internationalen Handels, Baden-Baden: Nomos

Borthwick, Mark (1992), Pacific Century. The Emergence of Modern Pacific Asia, Boulder, CO: Westview Press

Boswell, Terry (1992), „Review of *Core/Periphery Relations in Precapitalist Worlds* by Christopher Chase-Dunn, Thomas D. Hall", in: Contemporary Sociology, 21/4, 478-479

Bowles, Paul (2000), „Regionalism and Development after(?) the Global Financial Crisis", in: New Political Economy, 5/3, 433-455

Ders. (2002), „Asia's Post-Crisis Regionalism: Bringing the State Back in, Keeping the (United) States Out", in: Review of International Political Economy (RIPE), 9/2, 244-270

Bray, Francesca (1986), The Rice Economies. Technology and Development in Asian Societies, Oxford: Basil Blackwell

Breslin, Shaun (1999), „China", in: J. Grugel/W. Hout (Hg.), Regionalism Across the North-South Divide: State Strategies and Globalization, London/New York: Routledge, 95-112

Breslin, Shaun/Higgott, Richard (Hg., 2000), Studying Regions, New Political Economy, Special Issue, 5/3

Breuer, Stefan (1991), Max Webers Herrschaftssoziologie, Frankfurt M./New York: Campus

Briggs, Lawrence Palmer (1946), „The Treaty of March 23, 1907 Between France and Siam and the Return of Battambang and Angkor to Cambodia", in: Far Eastern Quarterly, 5/4, 439-454

Broinowski, Alison (Hg., 1982), Understanding ASEAN, New York: St.Martin's Press

de Brouwer, Gordon (1999), Financial Integration in East Asia, Cambridge: Press Syndicate of the University of Cambridge

Buchholt, Helmut (1997), „Chinesen im Entwicklungsprozess Südostasiens", in: G. Meyer/A. Thimm (Hg.), Globalisierung und Lokalisierung. Netzwerke in der Dritten Welt, Mainz: Universität Mainz

Bulbeck, David/Reid, Anthony/Tan, Lay Cheng/Wu, Yiqi (Hg., 1998), Southeast Asian Exports since the 14th Century: Cloves, Pepper, Coffee and Sugar, Singapore: ISEAS

Bull, Benedicte/Bøas, Morten (2003), „Multilateral Development Banks as Regionalising Actors: The Asian Development Bank and the Inter-American Development Bank", in: New Political Economy, 8/2, 245-261

Bunintreavuth, Vong (2005), Cambodia's Textile and Garment Export, Presentation at the UNES-CAP-Meeting ‚Delivering on the WTO Round: A High-level Government-Business Dialogue for Development', October 2005 (www.unescap.org)

Bunyaratavej, Kraiwinee/Hahn, Eugene D. (2003), „Convergence and Its Implications for a Common Currency in ASEAN", in: ASEAN Economic Bulletin, 20/1, 49-59

Burton, John (2001), „Asian leaders look to free trade with China", in: Financial Times, November 7

Burton, Michael L./Moore, Carmella C./Whiting, John W. M./Romney, A. Kimball (1996), „Regions Based on Social Structure", in: Current Anthropology, 37/1, 87-123

Bustelo, Pablo (2003), „The Impact of the Financial Crises on East Asian Regionalism", in: F. Liu/P. Régnier (Hg.) Regionalism in East Asia: Paradigm Shifting?, London: RoutledgeCurzon, 141-152

Buzo, Adrian (2002), The Making of Modern Korea, New York: Routledge

Caballero-Anthony, Mely (2002), „Partnership for Peace in Asia: ASEAN, the ARF, and the United Nations", in: Contemporary Southeast Asia, 24/3, 528-548

Cai, Kevin (2004), „Chinese Changing Perspective on the Development of an East Asian Free Trade Area", in: Review of International Affairs, 3/4, 584-599

Calder, Kent E. (1988), „Japanese Foreign Economic Policy Formation: Explaining the Reactive State", in: World Politics, 40/4, 517-541

Ders. (2000), „Will Japan Play a Leadership Role in East Asian Regional Political and Economic Integration?", in: V. Blechinger/J. Legewie (Hg.), Facing Asia – Japan's Role in the Political and Economic Dynamism of Regional Cooperation, München: Iudicium Verlag, 11-20

Calder, Kent/Ye, Min (2004), „Regionalism and Critical Junctures: Explaining ‚Organization Gap' in Northeast Asia", in: Journal of East Asian Studies, 4, 191-226

Campbell, Laura B. (2005), „The Political Economy of Environmental Regionalism in Asia", in: T.J. Pempel (Hg.), Remapping East Asia: The Construction of a Region, Ithaca, NY: Cornell University Press, 216-235

Camroux, David/Domenach, Jean-Luc (Hg., 1997), L'Asie retrouvée, Paris: Seuil

Cantori, Louis J./Spiegel, Steven L. (1969), „International Regions: A Comparative Approach to Five Subordinate Systems", in: International Studies Quarterly, 13/4, 361-380

Dies. (1970), The International Politics of Regions: A Comparative Approach, Englewood Cliffs, NJ: Prentice-Hall

von Carlowitz, Philipp/Goydke, Tim Thomas (2001), „APEC and its Open Regionalism: Success or Failure?", in: Aussenwirtschaft, 1, 69-98

Carracher, Craig (2003), „In the Quest For Free Trade", in: Bangkok Post, 6.12.2003

Carruthers, Robin/Bajpai, Jitendra N./Hummels, David (2003), „Trade and Logistics: An East Asian Perspective", in: East Asia Integrates: A Trade Policy for Shared Growth, Washington, D.C.: World Bank, 117-137

Case, William F. (2001), „Thai Democracy, 2001. Out of Equilibrium", in: Asian Survey, 41/3, 525-547

Ders. (2004), „Democracy in Southeast Asia: How to Get It and What does it Matter?", in: M. Beeson (Hg.), Contemporary Southeast Asia. Regional Dynamics, National Differences, Basingstoke: Palgrave/Macmillan, 75-97

Cassidy, John F. (2002), Japanese Direct Investment in China: Locational Determinants and Characteristics, New York: Routledge

Castellano, Marc (1999), Japanese Foreign Aid: A Lifesaver for East Asia?, Japan Economic Institute (JEI), Report No. 6A, Washington D.C.: JEI

Ders. (2000), Rapid Recovery in Southeast Asia Strengthens Japan-ASEAN Economic Relations, Japan Economic Institute (JEI), Report No. 24A, Washington D.C.: JEI

Castles, Stephen (2003), „Migrant Settlement, Transnational Communities and State Strategies in the Asia Pacific Region", in: R. Iredale/C. Hawksley/S. Castles (Hg.), Migration in the Asia Pacific: Population, Settlement and Citizenship Issues, Cheltenham: Elgar, 3-26

Catin, Maurice/Luo, Xubei/Van Huffel, Christophe (2005), Openness, Industrialization and Geographic Concentration of Activities in China, World Bank Policy Research Working Paper WPS3706, Washington, D.C.: World Bank

Cha, Myung Soo (2007), Fertility, Mortality and Population Growth in Malthusian Korea, Naksungdae Institute of Economic Research Working Paper 2007-2, Seoul: Naksungdae Institute of Economic Research (www.naksung.re.kr)

Chaipravat, Olarn (2001), Towards a Regional Financing Arrangement in East Asia, Paper presented at the ADBI/FIMA-Symposium „From the Asian Financial Crisis of 1997 to a Regional Financing Arrangement", May 2001, Honolulu, Hawaii

Chalamwong, Yongyuth (2004), The Migration of Highly Skilled Asian Workers in OECD Member Countries and Its Effects on Economic Development in East Asia, Paris: OECD

Chan, Hok-Lam (1968), „The ‚Chinese Barbarian Officials' in the Foreign Tributary Missions to China during the Ming Dynasty", in: Journal of the American Oriental Society, 88/3, 411-418

Ders. (1988), „The Chien-wen, Yung-lo, Hung-hsi, and Hsüan-te Reigns, 1399-1435", in: F. Mote/D. Twitchett (Hg.), The Cambridge History of China, Vol. 7: The Ming-Dynasty, 1369-1644, Part I, Cambridge: Cambridge University Press, 182-304

Chan, Thomas M.H. (1996), „The Economic Development of Guandong and Its Impact on Hong Kong and Taiwan", in: J. Borrego/A.A. Bejar/K.S. Jomo (Hg.), Capital, the State, and Late Industrialization. Comparative Perspectives on the Pacific Rim, Boulder, CO: Westview, 204-220

Chandler, David (1996), A History of Cambodia, Boulder CO: Westview, 2nd Edition

Chang, Kang-hung/Thornson, Curtis N. (1994), „Taiwanese Foreign Direct Investment and Trade with Thailand", in: Singapore Journal of Tropical Geography, 15/2, 112–127

Chang, Parris (2003), „Taiwan's Foes Dog its APEC Agenda", in: Taipei Times, 28.10.2003

Chang, Pin-tsun (1991), „The First Chinese Diaspora in Southeast Asia in the Fifteenth Century", in R. Ptak/D. Rothermund (Hg.), Emporia, Commodities and Entrepreneurs in Asian Maritime Trade, C. 1400-1750, Stuttgart: Steiner, 13-28

Chantavanich, Supang (Hg., 2001), Thai Migrant Workers in Southeast and East Asia. The Prospects of Thailand's Migration Policy in Light of the Regional Economic Recession, Bangkok: Chulalongkorn University, Asian Research Center for Migration

Chao, Chien-Min (2003), „Will Economic Integration Between Mainland China and Taiwan Lead to a Congenial Political Culture?", in: Asian Survey, 43/2, 280-304

Chapman, William (1991), Inventing Japan. The Making of Postwar Civilization, New York: Prentice Hall Press

Chapuis, Oscar (1995), A History of Vietnam, Westport: Greenwood Press

Charrier, Philip (2001), „ASEAN's Inheritance: The Regionalization of Southeast Asia, 1941–61", in: Pacific Review, 14/3, 313-338

Chase-Dunn, Christopher (1981), „Interstate System and Capitalist World Economy: One Logic or Two?", in: International Studies Quarterly 25/1, 19-42

Ders. (1989), Global Formation. Structures of the World-Economy, Cambridge, MA: Blackwell

Ders. (1998), Global Formation: Structures of the World-Economy, Oxford: Rowman & Littlefield (updated edition)

Chase-Dunn, Christopher/Grimes, Peter (1995), „World-Systems Analysis", in: Annual Review of Sociology, 21, 387-417

Chase-Dunn, Christopher/Hall, Thomas D. (1991), „Conceptualizing Core/Periphery Hierarchies for Comparative Study", in: C. Chase-Dunn/T. Hall. (Hg.), Core/Periphery Relations in Precapitalist Worlds, Boulder, CO: Westview, 5-44

Dies. (1993), „Comparing World-Systems: Concepts and Working Hypotheses", in: Social Forces, 71/4, 851-886

Dies. (1995), „Cross-World-System Comparisons: Similarities and Differences", in: S.K. Sanderson (Hg.), Civilizations and World-Systems. Studying World-Historical Change, Walnut Creek, CA: Altamira Press, 109-135

Dies. (1997), Rise and Demise: Comparing World-Systems, Boulder, CO: Westview

Dies. (2000), „Comparing World-Systems to Explain Social Evolution", in: R. Denemark et al. (Hg.), World System History: The Social Science of Long-Term Change, London: Routledge, 86-111

Dies (2002), „Paradigms Bridged: Institutional Materialism and World-Systemic Evolution", in: S.C. Chew/J.D. Knottnerus (Hg.), Structure, Culture, and History: Recent Issues in Social Theory, Lanham, MD: Rowman and Littlefield, 197-216

Chase-Dunn, Christopher/Hall, Thomas D. (Hg, 1991), Core/Periphery Relations in Precapitalist Worlds, Boulder, CO: Westview Press

Chaudhuri, K. N. (1978), The Trading World of Asia and the English East India Company, 1660-1760, Cambridge: Cambridge University Press

Ders. (1985), Trade and Civilization in the Indian Ocean: An Economic History from the Rise of Islam to 1750, Cambridge: Cambridge University Press

Ders. (1990), Asia before Europe. Economy and Civilisation of the Indian Ocean from the Rise of Islam to 1750, Cambridge: Cambridge University Press

Ders. (1993), „The Unity and Disunity of Indian Ocean History from the Rise of Islam to 1750: The Outline of a Theory and Historical Discourse", in: Journal of World History, 4/1, 1-21

Chen, Chunlai/Findlay, Christopher (2003), „A Review of Cross-border Mergers and Acquisitions in APEC", in: Asian-Pacific Economic Literature, 17/2, 14-38

Chen, Qingtai (2002), Promoting the Regional Economic Cooperation in Asia Admist Economic Globalization, Paper Prepared for the Research Institute of Economy, Trade and Industry (RIETI) International Symposium „Asian Economic Integration: Current Status and Future Prospects", April 22-23, 2002, Tokyo, Japan (www.rieti.go.jp)

Ch'en, Ta-tuan (1968), „Investitute of Liu-ch'iu Kings in the Ch'ing Periode", in: J.K. Fairbank (Hg.), The Chinese World Order: Traditional China's Foreign Relations, Cambridge, MA: Harvard University Press, 135-164

Cheng, Joseph Yu-shek (2004), „The ASEAN-China Free Trade Area: Genesis and Implications", in: Australian Journal of International Affairs, 58/2, 257 – 277

Cheng, Tun-jen/Womack, Brantly (1996), „General Reflections on Informal Politics in East Asia", in: Asian Survey, 36/3, 320-337

Cheow, Eric Teo Chu (2002), „Towards an East Asian Model of Regional Cooperation", in: Internationale Politik und Gesellschaft, 4, 143-158

Ders. (2005a), „E. Asia Summit's birthing pains. States inside and outside Asean split over which countries to include", in: Straits Times, 22.2.2005

Ders. (2005b), „Integration, No; Major Power Rivalry, Yes", in: Jakarta Post, 14.12. 2005

Chew, Sing C. (2000), „Neglecting Nature: World Accumulation and Core-Periphery-Relations", in: R. Denemark et al. (Hg.), World System History: The Social Science of Long-Term Change, London: Routledge, 216-234

Chia, Siow Yue (1997), „Regionalism and Subregionalism in ASEAN: The Free Trade Area and Growth Triangle Models", in: T. Ito/A.O. Krueger (Hg.), Regionalism versus Multilateral Trade Arrangements, National Bureau of Economic Research (NBER), East Asia Seminar on Economics, Vol. 6, Chicago: University of Chicago Press, 282-288

Dies. (2000) „Regional Integration: The Experience in East Asia", in: P. Guerrieri/H.-E. Scharrer (Hg.), Global Governance, Regionalism and the International Economy, Baden-Baden: Nomos, 87-126

Dies. (2001), „Singapore: Towards a Knowledge-based Economy", in: S. Masuyama/D. Vandenbrink/S.Y. Chia (Hg.), Industrial Restructuring in East Asia: Towards the 21st Century, Singapore: Institute of Southeast Asian Studies (ISEAS), 169-208

Dies. (2004), „Economic Cooperation and Integration in East Asia", in: Asia-Pacific Review, 11/1, 1-19

Chia, Siow Yue (Hg., 1994), APEC: Challenges and Opportunities, Singapore: Institute of Southeast Asian Studies (ISEAS)

Chiavacci, David (2004), „Japan als starker und schwacher Immigrationsstaat: Die Diskrepanz zwischen Anspruch und Realität der Migrationspolitik", in: Japan 2004 – Politik und Wirtschaft, Jahrbuch des Instituts für Asienkunde (IfA) Hamburg, Hamburg: IfA, 47-84

Ders. (2005a), „Vom Nichtimmigrationsland zum Immigrationsland: Der regionale Kontext der neuen Migration nach Japan", in: Asien, 95, 9-29

Ders. (2005b), „Ein Strom, der sich nicht aufhalten lässt – Die ostasiatische Migrationsregion: Grenzen, historische Entwicklung und innere Strukturen", in: Südostasien, 3, 7-10

Chichilnisky, Graciela (1994), „Traditional Comparative Advantages vs. Economies of Scale: NAFTA and GATT", in: M. Baldassarri/M. Di Matteo/R. Mundell (Hg.), International Problems of Economic Interdependence, New York: St. Martin's Press, 161-197

Ching, H./Huarng, K. (1998), „Using the Internet as a Catalyst for Asia-Pacific Regional Economic Integration: An Example of New Chinese Networks", in: Technology in Society, 20, 131-139

Chinn, Menzie David/Dooley, Michael P. (1999), „International Monetary Arrangements in the Asia-Pacific Before and After", in: Journal of Asian Economics, 10, 361-384

Chirot, Daniel (1986), Social Change in the Modern Era, New York: Harcourt, Brace, Jovanovich

Chirot, Daniel/Hall, Thomas (1982), „World-System Theory", in: Annual Review of Sociology, Bd. 8, 81-106

Chng, M.K./Hirono, R. (1984), ASEAN-Japan Industrial Co-operation. An Overview, Singapore: Institute of Southeast Asian Studies (ISEAS)

Chongkittavorn, Kavi (1998), „East Asian Regionalism: So Close and Yet So Far", in: Southeast Asian Affairs 1998, Singapore: Institute of Southeast Asian Studies (ISEAS), 45-50

Choo, Han Gwang/Wang, Yunjong (Hg., 2002), Currency Union in East Asia, Korean Institute for International Economic Policy (KIEP) Policy Analyses 02-01, Seoul: KIEP

Chou, Ta-Kuan (1300), Sitten in Kambodscha. Über das Leben in Angkor im 13. Jahrhundert, Frankfurt/M. 2006: Angkor-Verlag

Chou, Yu-Min (1995), „Foreign Direct Investment and Economic Integration in Pacific Asia", in: R. Moncarz (Hg.), International Trade and the New Economic Order, Oxford: Elsevier, 189-198

Choy, Chong Li (1981), Open Self-Reliant Regionalism: Power for ASEANS' Development, ISEAS Occasional Papers No. 65, Singapore: Institute of Southeast Asian Studies

Christoffersen, Gaye (2002), „The Role of East Asia in Sino-American Relations", in: Asian Survey, 42/3, 369-396

Chun, Hae-jong (1968), „Sino-Korean Tributary Relations in the Ch'ing Period", in: J.K. Fairbank (Hg.), The Chinese World Order: Traditional China's Foreign Relations, Cambridge, MA: Harvard University Press, 90-111

Chung, Chi-Nien (2004), „Institutional Transition and Cultural Inheritance: Network Ownership and Corporate Control of Business Groups in Taiwan, 1970s–1990s", in: International Sociology, 19/1, 25-50

Chung, Il Yung (1991), The Asian-Pacific Community: Challenges and Prospects, Seoul: Sejong Institute

Chutikul, Kobsak (2001): „Bilateral Pacts Offer Most Hope", in: Bangkok Post, 31.5.2001

Clark, Donald N. (1998), „Sino-Korean tributary relations under the Ming", in: D. Twitchett/F.W. Mote (Hg.), The Cambridge History of China, Vol. 8: The Ming-Dynasty, 1369-1644, Part 2, Cambridge: Cambridge University Press, 272-300

Clifford, Mark L./Engardio, Pete (2000), Meltdown: Asia's Boom, Bust and Beyond, Paramus, NJ: Prentice Hall Press

Coedès, George (1968), The Indianized States of Southeast Asia, Kuala Lumpur/Singapur: University of Malaya Press (franz. Original 1964, Les Etats hindouisés d'Indochine et d'Indonésie, Paris: E. de Boccard)

Ders. (1992), Sriwijaya: History, Religion and Language of an Early Malay Polity, Kuala Lumpur: Malaysian Branch of the Royal Asiatic Society

Cohen, Benjamin (1997), „The Political Economy of Currency Regions", in: E. D. Mansfield/H. V. Milner (Hg.), The Political Economy of Regionalism, New York: Columbia University Press, 50-76

Ders. (2000), Taming the Phoenix: Monetary Governance After the Crisis (www.polsci.ucsb.edu; published in G. Noble/J. Ravenhill, Hg., The Asian Financial Crisis and the Architecture of Global Finance, Cambridge: Cambridge University Press)

Cohen, Stephen (2002), „Mapping East Asian Integration: Transnational Transactions in the Pacific Rim", in: American Asian Review, 20/3, 1-30

Cohen, Warren I./Iriye, Akira (1990), The Great Powers in East Asia, 1953-1960, New York: Columbia University Press

Coleman, William D./Underhill, Geoffrey R.D. (Hg., 1998), Regionalism and Global Economic Integration. Europe, Asia and the Americas, London/New York: Routledge

Cook, Ian G./Doel, Marcus A./Li, Rex (1996), Fragmented Asia. Regional Integration and National Disintegration in Pacific Asia, Aldershot: Avebury

Cossa, Ralph A. (2001), „The Bush Administration's ‚Alliance-Based' East Asia Policy", in: Asia-Pacific Review, 8/2, 66-80

Ders. (2005a), „US Security Strategy in Asia and the Prospects for an Asian Regional Security Regime", in: Asia-Pacific Review, 12/1, 64-86

Ders. (2005b), „East Asian Community and the United States: An American Perspective", in: The Emerging East Asian Community: Should Washington be Concerned?, Pacific Forum CSIS Issues & Insights, 5/9, Honolulu, Hawaii: CSIS, August, 2005 (www.csis.org/pacfor/), 1-12

Coulmas, Florian/Stalpers, Judith (1998), Das neue Asien. Ein Kontinent findet zu sich selbst, Frankfurt/M.: Campus

Crawcour, E.S./Yamamura, Kozo (1970), „The Tokugawa Monetary System: 1787-1868", in: M. Smitka (Hg., 1998), The Japanese Economy in the Tokugawa Era, 1600-1868, New York/ London: Garland, 1-30

Crawford, Jo-Ann/Fiorentino, Roberto V. (2005), The Changing Landscape of Regional Trade Agreements, World Trade Organisation (WTO) Discussion Paper No 8, Geneva: WTO (www.wto.org)

Croissant, Aurel/Merkel, Wolfgang (1999), „Die Demokratisierung in Ost- und Südostasien", in: W. Merkel (Hg.), Systemtransformation. Theorien und Analysen, Opladen: UTB, 303-375

Crompton, Robert W. (2000), East Asian Democratization: Impact of Globalization, Culture, and Economy, Westport, CT: Praeger

Cumings, Bruce (1984), „The Origins and Development of the Northeast Asian Political Economy: Industrial Sectors, Product Cycles and Political Consequences", in: International Organization, 38, 1-40

Ders. (1993), „The Political Economy of the Pacific Rim", in: R. A. Palat (Hg.), Pacific-Asia and the Future of the World-System, Westport/London: Greenwood Press, 21-37

Ders. (1997), „Japan and Northeast Asia into the Twenty-first Century", in: P. Katzenstein/T. Shiraishi (Hg.), Network Power. Japan and Asia, Ithaca, NY: Cornell University Press, 136-168

Ders. (1999), „The Asian Crisis, Democracy, and the End of ‚Late' Development", in: T. J. Pempel (Hg.), The Politics of the Asian Economic Crisis, Ithaca, NY: Cornell University Press, 17-44

Ders. (2005), Korea's Place in the Sun. A Modern History, London/New York: Norton

Dahles, Heidi (2003),Transnational Chinese Business Ventures. Shifting Alliances of Singapore-Chinese Entrepreneurs with Mainland China, Paper presented at the 3. International Convention of Asia Scholars (ICAS), 19-22 August 2003, National University Singapore; Singapore

Dahm, Bernhard/Ptak, Roderich (Hg., 1999), Südostasien-Handbuch. Geschichte, Gesellschaft, Politik, Wirtschaft, Kultur, München: Beck

Dalby, Michael T. (1979), „Court Politics in Late T'ang Times", in: D. Twitchett (Hg.), The Cambridge History of China, Vol. 3: Sui and T'ang China, 589-906, Part I, Cambridge: Cambridge University Press, 561-681

Damond, Joseph M. (2003), „The APEC Decision-Making Process for Trade Policy Issues: The Experience and Lessons of 1994-2001",in: R. E. Feinberg (Hg.), APEC as an Institution. Multilateral Governance in the Asia-Pacific, Singapore: Institute of Southeast Asian Studies (ISEAS), 85-109

Daquila, Teofilo C. (2000), „Japanese Economic Policy in Asia: An Asian Perspective", in: V. Blechinger/J. Legewie (Hg.), Facing Asia – Japan's Role in the Political and Economic Dynamism of Regional Cooperation, München: Iudicium Verlag, 175-198

Daly, Kevin James (2003), „Southeast Asian Stock Market Linkages. Evidence from Pre- and Post-October 1997", in: ASEAN Economic Bulletin, 20/1, 73-85

Davenport, Michael (1982), „The Economic Impact of the EEC", in: A. Boltho (Hg.), The European Economy: Growth and Crisis, Oxford: Oxford University Press

Davey, William J. (2003), Regional Trade Agreements and the WTO: General Observations and NAFTA Lessons for Asia, Research Institute of Economy, Trade and Industry (RIETI) Paper, Tokyo: RIETI (www.rieti.go.jp)

David, Harald (1995), Die ASEAN nach dem Ende des Kalten Krieges. Spannungen und Kooperationsprobleme, Mitteilungen des Instituts für Asienkunde, Nr. 244, Hamburg

Ders. (2003), Die ASEAN zwischen Konflikt, Kooperation und Integration, Mitteilungen des Instituts für Asienkunde, Nr. 371, Hamburg: Institut für Asienkunde

David, Paul A. (1994), „Why are Institutions the ‚Carriers of History'? Path Dependence and the Evolution of Conventions, Organizations and Institutions", in: Structural Change and Economic Dynamics, 5/2, 205-220

Dayes, Fredrick (Hg., 1987), The Political Economy of the New Asian Industrialism, Ithaca, NY: Cornell University Press

De Grauwe, Paul (1988), Exchange Rate Variability and the Slowdown in the Growth of International Trade, International Monetary Fund Staff Papers No. 35, Washington, D.C.: IMF

Denemark, Robert/Friedman, Jonathan/Gills, Barry K./Modelski, George (Hg., 2000), World System History: The Social Science of Long-Term Change, London: Routledge

Deng, Gang (1997), Chinese Maritime Activities and Socioeconomic Development, C. 2100 B.C.–1900 A.D., Westport, CT: Greenwood Press

Deng, Kent G. (2004), „Unveiling China's True Population Statistics for the Pre-Modern Era with Official Census Data", in: Population Review, 43/2, 32-69

Deng, Yong (1997), „Chinese Relations with Japan: Implications for Asia-Pacific Regionalism", in: Pacific Affairs, 70/3, 373-391

Ders. (1997b), „Japan in APEC: The Problematic Leadership Role", in: Asian Survey, 37/4, 353-367

Dent, Christopher M. (1997) „The ASEM: Managing the New Framework of the EU's Economic Relations With East Asia", in: Pacific Affairs, 70/4, 495-516

Ders. (2002), „Reconciling Multiple Economic Multilateralisms: The Case of Singapore", in: Contemporary Southeast Asia, 24/1, 146-165

Ders. (2003a), „Northeast Asia: Developmental Political Economy and the Prospects for Regional Economic Integration", in: F. Liu/P. Régnier (Hg.) Regionalism in East Asia: Paradigm Shifting?, London: RoutledgeCurzon, 119-137

Ders. (2003b), „Networking the Region? The Emergence and Impact of Asia-Pacific Bilateral Free Trade Agreement Projects", in: Pacific Review, 16/1, 1-28

Ders. (2003c), „From Inter-regionalism to Trans-regionalism? The Future of ASEM", Asia-Europe Journal, 1/2, 1-13

Ders. (2006), „The New Economic Bilateralism in Southeast Asia: Region-Convergent or Region-Divergent?", in: International Relations of the Asia-Pacific, 6, 81-111

Derichs, Claudia/Heberer, Thomas (Hg., 2003), Einführung in die politischen Systeme Ostasiens. VR China, Hongkong, Japan, Nordkorea, Südkorea, Taiwan, Opladen: Leske + Budrich

Deutsch, Karl W. (1981), „On Nationalism, World Regions, and the Nature of the West", in: P. Torsvik (Hg.), Mobilization, Center-Periphery Structures and Nation Building: A Volume in Commemoration of Stein Rokkan, Bergen: Universitetsforlaget, 51-93

Dhar, Sumana/Panagaryia, Arvind (1995), Is East Asia Less Open Than North America and the EEC? No., Policy Research Working Paper Series, No. 1370, Washington, D.C.: World Bank

Dieter, Heribert (2001), „East Asia's Puzzling Regionalism", in: Far Eastern Economic Review, 12.7.2001

Dieter, Heribert/Higgott, Richard (2002), Exploring Alternative Theories of Economic Regionalism: From Trade to Finance in Asian Co-operation, Centre for the Study of Globalisation and Regionalisation (CSGR) Working Paper 89/02, University of Warwick, Coventry: CSGR (www.csgr.org)

Dietrich, Wolfgang (1998); Periphere Integration und Frieden im Weltsystem. Ostafrika, Zentralamerika und Südostasien im Vergleich, Wien: Promedia

Dixon, Christopher John (1991), South East Asia in the World Economy, Cambridge: Cambridge University Press

Ders. (1999a), „Regional Integration in South East Asia", in: J. Grugel/W. Hout (Hg.), Regionalism Across the North-South Divide: State Strategies and Globalization, London/New York: Routledge, 115-133

Ders. (1999b), The Thai Economy. Uneven Development and Internationalisation, London/New York: Routledge

Dobson, Wendy (1997a), „East Asian Integration: Synergies Between Firm Strategies and Government Policies", in: W. Dobson/S.Y. Chia (Hg.), Multinationals and East Asian Integration, Singapore: Institute of Southeast Asian Studies (ISEAS), 3-27

Dobson, Wendy (1997b), „Crossing Borders: Multinationals in East Asia", in: W. Dobson/S.Y. Chia (Hg.), Multinationals and East Asian Integration, Singapore: Institute of Southeast Asian Studies (ISEAS), 223-247

Dies. (2001), „Deeper Integration in East Asia: Regional Institutions and the International Economic System", in: World Economy, 24/8, 995-1018

Dobson, Wendy/Chia, Siow Yue (Hg., 1997), Multinationals and East Asian Integration, Singapore: Institute of Southeast Asian Studies (ISEAS)

Docquier, Frédéric/Marfouk, Abdeslam (2006), „International Migration by Education Attainment,1990–2000", in: Ç. Özden/M. Schiff (Hg.), International Migration, Remittances, and the Brain Drain, Washington, D.C./Basingstoke: World Bank/Palgrave Macmillan, 151-200

Dodgshon, Robert A. (1993), „The Early-Modern World-System: A Critique of its Inner Dynamics", in: H.-J. Nitz (Hg.), The Early-Modern World-System in Geographical Perspective, Stuttgart: Franz Steiner Verlag, 26-41

Doner, Richard F. (1997), „Japan in East Asia: Institutions and Regional Leadership", in: P. Katzenstein/T. Shiraishi (Hg.), Network Power. Japan and Asia, Ithaca, NY: Cornell University Press, 197-233

Donnet, Pierre-Antoine (1998), Le choc Europe/Asie, Paris: Seuil

Dosch, Jörn (1995), „Die Relevanz des integrationstheoretischen Ansatzes von Karl W. Deutsch für die Assoziation südostasiatischer Nationen (ASEAN)", in: WeltTrends, 7, 66-85

Ders. (1997), Die ASEAN: Bilanz eines Erfolges. Akteure, Interessenlagen Kooperationsbeziehungen, Hamburg: Abera

Ders. (2003), „The Post-Cold War Development in Regionalism in East Asia", in: F. Liu/P. Régnier (Hg.) Regionalism in East Asia: Paradigm Shifting?, London: RoutledgeCurzon, 30-51

Dosch, Jörn/Faust, Jörg (Hg., 2000), Die ökonomische Dynamik politischer Herrschaft: das pazifische Asien und Lateinamerika, Opladen: Leske + Budrich

Dosch, Jörn/Mols, Manfred (1994), „Why ASEAN Co-operation Cannot Work as a Model for Regionalism Elsewhere – a Reply", in: ASEAN Economic Bulletin, 11/2, 212-222

Dosch, Jörn/Mols, Manfred (Hg., 2000), International Relations in the Asia-Pacific. New Patterns of Power, Interest, and Cooperation, Münster/New York: Lit/St. Martin's Press

Dosch, Jörn/Mols, Manfred/Öhlschläger, Rainer (Hg., 2007), Staat und Demokratie in Asien. Zur politischen Transformation einer Weltregion, Berlin: LIT

Drache, Daniel (1999), „Trade Blocs", in: R. Stubbs/G. R. D. Underhill (Hg.), Political Economy and the Changing Global Order, New York: St. Martin's Press, 184-197

Drover, Glenn/Johnson, Graham/Po-Wah, Julia Tao Lai (Hg., 2001), Regionalism and Subregionalism in East Asia: The Dynamics of China, Huntington, NY: Nova Science

Drysdale, Peter (2005), „APEC and E. Asian Arrangements", in: Korea Times, 21.11.2005

Dunbabin, J.P.D. (1994), The Cold War. The Great Powers and their Allies, Harlow, NY: Longman

Dupont, Alan (1999), „Transnational Crime, Drugs, and Security in East Asia", in: Asian Survey, 39/3, 433-455

Duus, Peter (2001), „The ‚New Asianism'‚", in: A. Holzhausen (Hg.), Can Japan Globalize? Studies on Japan's Changing Political Economy and the Process of Globalization in Honour of Sung-Jo Park, Heidelberg: Physica, 245-256

Dzurek, Daniel (1996), The Spratly Islands Dispute, Durham: International Boundaries Research Unit

Eckert, Carter J./Lee, Ki-baik/Lew, Young Ick/Robinson, Michael/Wagner, Edward W. (1990), Korea Old and New. A History, Cambridge, MA: Harvard University Press

Edström, Bert (2001), „A Japanese Vision for the Asia-Pacific: Yoichi Funabashi and Asia Pacific Fusion", in: B. Edström (Hg.), Interdependence in Asia Pacific, Stockholm: Swedish Institute of International Affairs/Center for Pacific Asia Studies, Stockholm University, 53-70

Edström, Bert (Hg., 2001), Interdependence in Asia Pacific. Stockholm: Swedish Institute for International Affairs

Eggebrecht, Arne (Hg., 1989), Die Mongolen und ihr Weltreich, Mainz: Zabern

Eggert, Marion/Plassen, Jörg (2005), Kleine Geschichte Koreas, München: Beck

Eguchi, Masato (2001), „JSEPA (Japan-Singapore Economic Partnership Agreement) and Future Trade Policy", in: Journal of Japan Trade and Industry, 20/1, 38-40

Ehrke, Michael (1995), „Die japanische Entwicklungspolitik", in: Jahrbuch Dritte Welt 1996. Daten, Übersichten, Analysen, München: Beck, 34-52

Eichengreen, Barry/Bayoumi, Tamim (1996), Is Asia an Optimum Currency Area? Can It Become One? Regional, Global and Historical Perspectives on Asian Monetary Relations, University of

California at Berkeley – Center for International and Development Economics Research (CIDER) Working Paper C96-081 (deas.repec.org)

Eichengreen, Barry (1997), „International Monetary Arrangements: Is there a Monetary Union in Asia's Future?", in: The Brookings Review, 15/2, 33-35

Ders. (2000), „Strengthening the International Financial Architecture. Where Do We Stand?", in: ASEAN Economic Bulletin, 17/2, 175-192

Eklöf, Stefan (2005a), Pirates in Paradise: A Modern History of Southeast Asia's Maritime Marauders, Copenhagen: NIAS Press

Ders. (2005b), Piracy in Southeast Asia: Real Menace or Red Herring?", in: Japan Focus Newsletter, 11.8.2005 (japanfocus.org/)

Elisonas, Jurgis (1991a), „The Inseparable Trinity: Japan's Relations with China and Korea", in: J.W. Hall (Hg.), The Cambridge History of Japan, Vol. 4: Early Modern Japan, Cambridge: Cambridge University Press, 235-300

Ders. (1991b), „Christianity and the Daimyo", in: J.W. Hall (Hg.), The Cambridge History of Japan, Vol. 4: Early Modern Japan, Cambridge: Cambridge University Press, 301-372

Ellings, Richard J./Friedberg, Aaron L. (Hg., 2001), Strategic Asia. Power and Purpose, 2001-02, Washington, D.C.: National Bureau of Asian Research

Elliot, Mark C. (2000), „The Limits of Tartary: Manchuria in Imperial and National Geographies", in: Journal of Asian Studies, 59/3, 603-646

Elliott, Robert J.R./Ikemoto, Kengo (2004), „AFTA and the Asian Crisis: Help or Hindrance to ASEAN Intra-Regional Trade?", in: Asian Economic Journal, 18/1, 1-23

Elson, Robert E. (1999), „International Commerce, the State and Society: Economic and Social Change", in: N. Tarling (Hg.), The Cambridge History of Southeast Asia, Vol. 2, Part 1: From c. 1800 to the 1930s, Cambridge: Cambridge University Press, 127-192

Ders. (2004), „Reinventing a Region: Southeast Asia and the Colonial Experience", in: M. Beeson (Hg.), Contemporary Southeast Asia. Regional Dynamics, National Differences, Basingstoke: Palgrave/Macmillan, 15-29

Emmerson, Donald K. (2002), „Appraising APEC: All Talk, No Walk? ", in: J. Rüland/E. Manske/W. Draguhn (Hg.), Asia-Pacific Cooperation (APEC). The First Decade, London: RoutledgeCurzon, 1-15

Erskine, Alex (1997), „Asian Currencies: Muscling into Global Forex Markets", in: Singapore International Chamber of Commerce (SICC) Economic Bulletin, April 1997, Singapore: SICC, 20-23

Estanislao, Jesus P. (2000), „The Need for Stronger Regional Financial Institutions in East Asia", in: V. Blechinger/J. Legewie (Hg.), Facing Asia – Japan's Role in the Political and Economic Dynamism of Regional Cooperation, München: Iudicium Verlag, 285-296

Evans, Paul (2005), „Between Regionalism and Regionalization: Policy Networks and the Nascent East Asian Institutional Identity", in: T.J. Pempel (Hg.), Remapping East Asia: The Construction of a Region, Ithaca, NY: Cornell University Press, 195-215

Everett, Michael W./Sommerville, Mary A. (Hg., 1995), Multilateral Activities in South East Asia, Washington, D.C.: National Defense University Press

Fairbank, John K. (1942), „Tributary Trade and China's Relations with the West", in: Far Eastern Quarterly, 1/2, 129-149

Ders. (1953), Trade and Diplomacy on the China Coast: The Opening of the Treaty Ports, 1842-1854, Cambridge, MA: Harvard University Press

Ders. (1968a), „A Preliminary Framework", in: J.K. Fairbank (Hg.), The Chinese World Order: Traditional China's Foreign Relations, Cambridge, MA: Harvard University Press, 1-19

Ders. (1968b), „The Early Treaty System in the Chinese World Order", in: J.K. Fairbank (Hg.), The Chinese World Order: Traditional China's Foreign Relations, Cambridge, MA: Harvard University Press, 257-276

Ders. (1978a), „Introduction: The Old Order", in: J.K. Fairbank (Hg.), The Cambridge History of China, Vol. 10: Late Ch'ing, 1800-1911, Part 1, Cambridge: Cambridge University Press, 1-34

Ders. (1978b), „The Creation of the Treaty System", in: J.K. Fairbank (Hg.), The Cambridge History of China, Vol. 10: Late Ch'ing, 1800-1911, Part 1, Cambridge: Cambridge University Press, 213-263

Fairbank, John K. (Hg., 1968), The Chinese World Order: Traditional China's Foreign Relations, Cambridge, MA: Harvard University Press

Fairbank, John King/Goldman, Merle (1998), China: A New History, Cambridge, MA: Belknap Press of Harvard University Press

Fan, Xiaoqin/Dickie, Paul M. (2000), „The Contribution of Foreign Direct Investment to Growth and Stability. A Post-Crisis ASEAN-5 Review", in: ASEAN Economic Bulletin, 17/3, 312-323

Fawcett, Louise/Hurrell, Andrew (Hg., 1995) Regionalism in World Politics, Oxford: Oxford University Press

Fawcett, James T. (1989), „Networks, Linkages and Migration Systems", in: International Migration Review, 23/3, 453-473

Farris, William Wayne (2006), Japan's Medieval Population: Famine, Fertility, and Warfare in a Transformative Age, Honolulu: University of Hawaii Press

Fedeli, Fabiana (1998), „Japan's Role in the Economic Development of Vietnam", in: International Review of Economic and Business, 45/2, 397-416

Feinberg, Richard E. (Hg., 2003), APEC as an Institution. Multilateral Governance in the Asia-Pacific, Singapore: Institute of Southeast Asian Studies (ISEAS)

Feinberg, Richard E./Zhao, Ye (Hg., 2001), Assessing APEC's Progress. Trade, Ecotech & Institutions, Singapore: Institute of Southeast Asian Studies (ISEAS)

Feng, Yi/Genna, Gaspare M. (2003), „Regional Integration and Domestic Institutional Homogeneity: A Comparative Analysis of Regional Integration in the Americas, Pacific Asia and Western Europe", in: Review of International Political Economy (RIPE), 10/2, 278-309

Ferdinand, Peter (1994), „East Asia's Economic Relation with the Rest of the World", in: A. Clesse/R. Cooper/Y. Sakamoto (Hg.), The International System after the Collapse of the East-West Order, Dordrecht: Nijhoff, 625-636

Fernández, José L./Sosvilla-Rivero, Simón (2001), „Modelling Evolving Long-Run Relationships: The Linkages Between Stock Markets in Asia", in: Japan and the World Economy, 13, 145-160

Fernández, Raquel (1997), Returns to Regionalism. An Evaluation of Nontraditional Gains from Regional Trade Agreements, World Bank Policy Research Working Paper No. 1816, Washington, D.C.: World Bank

Feske, Susanne (1999), „Der ASEAN-Staatenbund", in: B. Dahm/R. Ptak (Hg.), Südostasien-Handbuch, München: Beck, 541-561

Finkelstein, Lawrence S. (1969), „International Cooperation in a Changing World: A Challenge to the United States", in: International Organization, 23/3, 559-588

Fischer, Wolfram/McInnis, R. Marvin/Schneider, Jürgen (Hg., 1986), The Emergence of a World Economy, Wiesbaden: Steiner

Flynn, Dennis O./Giraldez, Arturo (1994), „China and the Manila Galleons", in: A. J. H. Latham/H. Kawakatsu (Hg.), Japanese Industrialization and the Asian Economy, New York: Routledge, 71-90

Fort, Betrand/Webber, Douglas (Hg., 2006), Regional Integration in East Asia and Europe: Convergence or Divergence?, London/New York: Routledge

Frank, André Gunder (1966), „The Development of Underdevelopment", in: Monthly Review, 18/4

Ders. (1995), „The Modern World System Revisited: Rereading Braudel and Wallerstein", in: S.K. Sanderson (Hg.), Civilizations and World-Systems. Studying World-Historical Change, Walnut Creek, CA: Altamira Press, 163-194

Ders. (1998), ReOrient. Global Economy in the Asian Age, Berkeley/Los Angeles/London: University of California Press

Ders. (2000), „Immanuel and Me With-Out Hyphen", in: Journal of World-Systems Research, 6/2, Special Issue: Festschrift for Immanuel Wallerstein – Part I, 216-231 (jwsr.ucr.edu)

Ders. (2005), Orientierung im Weltsystem. Von der Neuen Welt zum Reich der Mitte, Wien: Promedia

Frank, André Gunder/Gills, Barry K. (2000), „The Five-Thousand Year World System in Theory and Praxis", in: R. Denemark et al. (Hg.), World System History: The Social Science of Long-Term Change, London: Routledge, 3-23

Franke, Herbert (1949), Geld und Wirtschaft unter der Mongolen-Herrschaft. Beiträge zur Wirtschaftsgeschichte der Yüan-Zeit, Leipzig: Harrassowitz

Ders. (1983), „Sung Embassies: Some General Observations", in: M. Rossabi (Hg.), China among Equals. The Middle Kingdom and its Neighbors, 10th – 14th Centuries, Berkeley: California University Press, 116-148

Franke, Herbert/Twitchett, Denis (1994), „Introduction", in: H. Franke/D. Twitchett (Hg.), The Cambridge History of China, Vol. 6: Alien Regimes and Border States, 907-1368, Cambridge: Cambridge University Press,1-42

Frankel, Jeffrey A. (1992), „Is a Yen Bloc Forming in Pacific Asia?", in Richard O'Brien (Hg.), Finance and the International Economy, Oxford: Oxford University Press

Ders. (1993), „Is Japan Creating a Yen-Bloc in East Asia and the Pacific?", in: J. A. Frankel/M. Kahler (Hg.), Regionalism and Rivalry: Japan and the U.S. in Pacific Asia, Chicago: University of Chicago Press, 53-85

Ders. (1997), Regional Trading Blocs in the World Economic System, Washington D.C.: Institute for International Economics (IIE)

Frankel, Jeffrey A./Kahler, Miles (Hg., 1993), Regionalism and Rivalry: Japan and the U.S. in Pacific Asia, Chicago: University of Chicago Press

Frankel, Jeffrey A./Wei, Shang Jin (1996), ASEAN in a Regional Perspective, Center for International and Development Economics Research (CIDER) Working Paper C96/074, University of California, Berkeley, CA: CIDER

Dies. (1998), „Regionalization of World Trade and Currencies: Economics and Politics", in: J. A. Frankel (Hg.), The Regionalization of the World Economy, Chicago/London: University of Chicago Press

Frankel, Jeffrey A./Stein, Ernesto/Wei, Shang-Jin (1998), „Continental Trading Blocs: Are They Natural or Supernatural?", in: J.A. Frankel (Hg.), The Regionalization of the World Economy, Chicago: University of Chicago Press, 91-120

Frankel, Jeffrey A./Wei, Shang Jin (1996), ASEAN in a Regional Perspective, University of California, Berkeley Center for International and Development Economics Research (CIDER) Working Paper C96/074, Berkeley: CIDER

Freeman, Nick J./Hew, Denis (Hg., 2002), Rethinking the East Asian Developmental Model, Special Vol. of the ASEAN Economic Bulletin, 19/1, Singapore: ISEAS

Frey, Mark/Pruessen, Ronald/Yong, Tan Tai (Hg., 2003), The Transformation of Southeast Asia: International Perspectives on Decolonization, Armonk/London: East Gate

Friedberg, Aaron L. (1994), „Ripe for Rivalry: Prospects for Peace in a Multipolar Asia", in: International Organization, 18/3, 5-33

Frieden, Jeffrey A. (1993), „Domestic Politics and Regional Cooperation: The United States, Japan, and Pacific Money and Finance", in: J. A. Frankel/M. Kahler (Hg.), Regionalism and Rivalry: Japan and the U.S. in Pacific Asia, Chicago: University of Chicago Press, 423-444

Froot, Kenneth A. (1991), Japanese Foreign Direct Investment, National Bureau of Economic Research (NBER) Working Paper No. 3737, Cambridge, MA: NBER

Frost, Stephen (2005), „Chinese Outward Direct Investment in Southeast Asia: How Big Are the Flows and What Does It Mean For the Region?", in: Pacific Review, 17/3, 323-340

Fuess, Harald (Hg., 1998), The Japanese Empire in East Asia and its Postwar Legacy, München: Iudicium-Verlag

Fujita, Kimio (2000), „Development Cooperation in Japan: History and Progress", in: Asia-Pacific Review, 7/1, 15-37

Fukase, Emiko/Martin, Will (2001), „Economic and Fiscal Implications of Cambodia's Accession to the ASEAN Free Trade Area", in: Asian Economic Journal, 15/2, 139-152

Fukunari, Kimura (2001), (2004), „FTAs and Japan", in: Japan Spotlight, 23/3, 6-9

Fukushima, Kiyohiko (2004), „Challenges for Currency Cooperation in East Asia“, in: Asia-Pacific Review, 11/1, 20-45

Fukuyama, Francis (2005a), „Re-Envisioning Asia“, in: Foreign Affairs, January/February 2005, 75-87

Ders. (2005b), „All Quiet on the Eastern Front?“, in: Wall Street Journal, 1.3.2005

Funabashi, Yoichi (1989), Managing the Dollar: From the Plaza to the Louvre, Revised 2nd Edition, Washington, D.C.: Institute for International Economics

Ders. (1995), Asia Pacific Fusion: Japan's Role in APEC, Washington, D.C.: Institute for International Economics

Ders. (2004), „Japan Needs Its Own ‚Asian‘ Vision“, in: Asahi Shimbun, 14.12.2004 (www.asahi. com)

Furnivall, J.S. (1941), Progress and Welfare in Southeast Asia. A Comparison of Colonial Policy and Practice, New York: Institute of Pacific Relations

Ders. (1944), Netherlands India. A Study of Plural Economy, Cambridge: Cambridge University Press (Reprint, Amsterdam 1976: B.M. Israel BV)

Gallant, Nicole/Stubbs, Richard (2000), „Asia-Pacific Business Activity and Regional Institution-Building“, in: J. Greenwood/H. Jacek (Hg.), Organized Business and the New Global Order, Basingstoke: Macmillan, 99-111

Gamble, Andrew/Payne, Anthony (Hg., 1996) Regionalism and World Order, Basingstoke: Macmillan

Garnaut, Ross (1998), „ASEAN and the Regionalization and Globalization of World Trade“, in: ASEAN Economic Bulletin, 14/3, 215-223

Garnaut, Ross/Drysdale, Peter (1994), „Asia Pacific Regionalism: The Issues“, in: R. Garnaut/P. Drysdale (Hg.), Asia Pacific Regionalism: Readings in International Economic Relations, Pymble: Harper, 1-7

Garofano, John (2002), Power, Institutions, and the ASEAN Regional Forum. A Security Community for Asia?“, in: Asian Survey, 42/3, 502-521

Gaulier, Guillaume/Lemoine, Françoise/Ünal-Kesenci, Deniz (2004), China's Integration in Asian Production Networks and its Implications, Paper Prepared for the Research Institute of Economy, Trade and Industry (RIETI) International Symposium „Resolving New Global and Regional Imbalances in an Era of Asian Integration“, June 17-18, 2004, Tokyo, Japan (www.rieti. go.jp)

Geertz, Clifford (1967), „Politics Past, Politics Present: Some Notes on the Uses of Anthropology in Understanding the New States“, in: Ders. (1973), The Interpretation of Cultures: Selected Essays, New York: Basic Books, 327-341

Ders. (1972), „The Politics of Meaning“, in: Ders. (1973), The Interpretation of Cultures: Selected Essays, New York: Basic Books, 311-326

Gereffi, Gary (1993), „International Subcontracting and Global Capitalism: Reshaping the Pacific Rim“, in: R. A. Palat (Hg.), Pacific-Asia and the Future of the World-System, Westport/London: Greenwood Press, 67-81

Gereffi, Gary/Fonda, Stephanie (1992), „Regional Paths to Development“, in: Annual Review of Sociology, 18, 419-448

Gill, Stephen (1998), „European Governance & New Constitutionalism: EMU & Alternatives to Disciplinary Neo-liberalism in Europe“, in: New Political Economy, 3/1, 5-26

Gills, Barry K./Frank, André Gunder (1991), „5000 Years of World System History: The Cumulation of Accumulation“, in: C. Chase-Dunn/T. Hall. (Hg.), Core/Periphery Relations in Precapitalist Worlds, Boulder, CO: Westview Press, 67-112

Dies. (2002), „A Structural Theory of the Five Thousand Year World System“, in: S.C. Chew/J.D. Knottnerus (Hg.), Structure, Culture, and History: Recent Issues in Social Theory, Lanham, MD: Rowman and Littlefield, 151-176

Gilpin, Robert (1995), „Economic Change and the Challenge of Uncertainty“, in: R.S. Ross (Hg.), East Asia in Transition. Toward a New Regional Order, Singapore: Institute of Southeast Asian Studies (ISEAS), 3-20

Gilson, Julie (1999), „Japan's Role in the Asia-Europe-Meeting. Establishing an Interregional or Intraregional Agenda?", in: Asian Survey, 39/5, 736-752

Dies. (2000), Japan and the European Union. A Partnership for the Twenty-First Century?, Basingstoke: Macmillan

Dies. (2004), „Complex Regional Multilateralism: ‚Strategising' Japan's Responses to Southeast Asia", in: Pacific Review, 17/1, 71-94

Gipouloux, François (1995), „Die neue Rolle der Städte in den chinesischen Küstenzonen", in: WeltTrends, 7, 25-32

Ders. (2001), „Towards the Formation of a Mediterranean Sea", in: B. Edström (Hg.), Interdependence in Asia Pacific, Stockholm: Swedish Institute of International Affairs/Center for Pacific Asia Studies, Stockholm University, 27-52

Globerman, Steven (1994), „North American Trade Liberalization and Intra-Industry Trade", in: Weltwirtschaftliches Archiv, 128/3, 487-97

Globerman, Steven/Walker, Michael (Hg., 1993), Assessing NAFTA: A Trinational Analysis, Vancouver: The Fraser Institute

Go, Julian (Hg., 2003), The American Colonial State in the Philippines: Global Perspectives, Durham, NC: Duke University Press

Godement, François (1993), La Renaissance de l'Asie, Paris: Odile Jacob

Ders. (1997), The New Asian Renaissance, London: Routledge

Ders. (1998), Dragon de feu, dragon de papier: l'Asie a-t-elle un avenir?, Paris: Flammarion

Ders. (1999), The Downsizing of Asia, London: Routledge

Göthel, Ingeborg (1988), Geschichte Südkoreas, Berlin/DDR: VEB Deutscher Verlag der Wissenschaften

Goh, Chok Tong (1994), „Opening Adress at the Asia Society International Corporate Conference, Singapore, 17.5.1994", in: ASEAN Economic Bulletin, 11/1, 100-103

Goh, Evelyn (2003), „A Chinese Lesson for the US: How to Charm Southeast Asia", in: Straits Times, 1.11.2003

Gomez, Edmund Terence/Hsiao, Hsin-Huang Michael (Hg., 2001), Chinese Business in Southeast Asia: Contesting Cultural Explanations, Researching Entrepreneurship, Richmond: Curzon

Gomez, Edmund Terence/Jomo, K.S. (1997), Malaysia's Political Economy: Politics, Patronage and Power, Cambridge: Cambridge University Press

Gongsakdi, Chutintorn (2000), Current State of APEC 2000: Problems and Prospects, Seminar on „APEC Update 2000: The Role of Institutions in Support of APEC", organized by the APEC Study Center of Thailand, 1.9.2000, Bangkok (www.apec2003.org)

Goodfellow, Rob (2003), „Can Australia ever be part of Asia?", in: Jakarta Post, 30.10.2003

Goodings, Stewart (2003), „Civil Society Participation in APEC", in: R. E. Feinberg (Hg.), APEC as an Institution. Multilateral Governance in the Asia-Pacific, Singapore: Institute of Southeast Asian Studies (ISEAS), 215-225

Goodman, Allan E. (1996), „Vietnam and ASEAN: Who Would Have Thought it Possible?", in: Asian Survey, 36/6, 592-600

van Goor, Jurrien (1999), „Unter Europas Herrschaft", in: B. Dahm/R. Ptak (Hg.), Südostasien-Handbuch, München: Beck, 141-167

Gordon, Andrew (Hg., 1993), Postwar Japan as History, Berkeley, CA: University of California Press

Gorjao, Paulo (2003), „Australia's Dilemma Between Geography and History: How Consolidated is its Engagement with Asia?", in: International Relations of the Asia-Pacific, 3/2, 179-196

Goss, Jasper/Burch, David/Rickson, Roy E. (2000), „Agri-Food Restructuring and Third World Transnationals: Thailand, the CP Group and the Global Shrimp Industry", in: World Development, 28/3, 513-530

Gragert, Edwin H. (1994), Landownership under Colonial Rule: Korea's Japanese Experience, 1900-1935, Honolulu: University of Hawaii Press

Gregg, Robert W. (1966), „The UN Regional Commissions and Integration in the Underdeveloped Regions", in: International Organization, 20/2, 208-232

Grieco, Joseph M. (1997), „Systemic Sources of Variation in Regional Institutionalization in Eastern Europe, East Asia, and the Americas", in: E. D. Mansfield/H. V. Milner (Hg.), The Political Economy of Regionalism, New York: Columbia University Press, 164-187

Grier, Robin M. (1997), „The Effect of Religion on Economic Development. A Cross National Study of 63 Former Colonies", in: Kyklos, 50/1, 47-62

Ders. (1999), „Colonial Legacies and Economic Growth", in: Public Choice, 98, 317-335

Griffin, Keith (1992), „Globalization and Regionalization: An Exploration of Issues", in: Ü. Kirdar (Hg.), Change: Threat or Opportunity for Human Progress?, Vol. 1: Political Change, New York: United Nations, 105-120

Grundy-Warr, C./Peachey, K./Perry, M. (1999), „Fragmented Integration in the Singapore-Indonesian Border Zone: Southeast Asia's ‚Growth Triangle' Against the Global Economy", in: International Journal of Urban and Regional Research, 23/2, 304-328

Grugel, Jean (1999) „Regions, Regionalism and the South", in: J. Grugel/W. Hout (Hg.), Regionalism Across the North-South Divide: State Strategies and Globalization, London/New York: Routledge, 3-13

Grugel, Jean/Hout, Wil (Hg., 1999), Regionalism Across the North-South Divide: State Strategies and Globalization, London/New York: Routledge

Guerrieri, Paolo/Scharrer, Hans-Eckart (Hg., 2000), Global Governance, Regionalism and the International Economy, Baden-Baden: Nomos

Guyton, Lynne E. (1996), „Japanese Investments and Technology Transfer to Malaysia", in: J. Borrego/A.A. Bejar/K.S. Jomo (Hg.), Capital, the State, and Late Industrialization. Comparative Perspectives on the Pacific Rim, Boulder, CO: Westview, 171-201

Haacke, Jürgen (1999), „The Concept of Flexible Engagement and the Practice of Enhanced Interaction: Intramural Challenges to the ‚ASEAN Way'‚", in: Pacific Review, 12/4, 581-611

Ders. (2002), ASEAN's Diplomatic and Security Culture: Origins, Development and Prospects London/New York: RoutledgeCurzon

Ders. (2003), „ASEAN's Diplomatic and Security Culture: A Constructivist Assessment", in: International Relations of the Asia-Pacific, 3, 57-87

Haas, Ernst B. (1958), The Uniting of Europe. Political, Social, and Economic Forces 1950-1957, Stanford: Stanford University Press

Ders. (1961), „International Integration: The European and the Universal Process", in: International Organization, 15/3, 366-392

Ders. (1964), Beyond the Nation-State: Functionalism and International Organization, Stanford: Stanford University Press

Ders. (1970), „The Study of Regional Integration: Reflections on the Joy and Anguish of Pretheorizing", in: International Organization, 24/4, 607-646

Ders. (1971), „The Study of Regional Integration: Reflection on the Joy and Anguish of Pretheorizing", in: L.N. Lindberg/S.A. Scheingold (Hg.), Regional Integration. Theory and Research, Cambridge, MA: Harvard University Press, 3-42

Haas, Michael (1974), „Asian Development Bank", in: International Organization, 28/2, 281-296

Ders. (1989), The Asian Way to Peace. A Study of Regional Integration, New York: Praeger

Ders. (1995), „Sieben Wellen regionaler Kooperation im asiatisch-pazifischen Raum", in: WeltTrends, 8, 82-103

Haase, Claus-Peter (1997), „Von der ‚Pax Mongolica' zum Timuridenreich", in: S. Conermann/J. Kusber (Hg.), Die Mongolen in Asien und Europa, Frankfurt/M.: Lang, 139-160

Haddad, Mona (2007), Trade Integration in East Asia: The Role of China and Production Networks, World Bank Policy Research Working Paper (WPS) 4160, Washington, D.C.: World Bank

Hänggi, Heiner (2003), „Regionalism Through Interregionalism: East Asia and ASEM", in: F. Liu/P. Régnier (Hg.) Regionalism in East Asia: Paradigm Shifting?, London: RoutledgeCurzon, 197-219

Haggard, Stephen (1990), Pathways from the Periphery: The Politics of Growth in the Newly Industrializing Countries, Ithaca, NY: Cornell University Press

Ders. (1997), „Regionalism in Asia and the Americas", in: E. D. Mansfield/H. V. Milner (Hg.), The Political Economy of Regionalism, New York: Columbia University Press, 20-49

Ders. (1999), „Governance and Growth: Lessons from the Asian Crisis", in: Asian-Pacific Economic Literature, 13/2, 30-42

Ders. (2000), The Political Economy of the Asian Financial Crisis, Washington, D.C.: Institute for International Economics

Ders. (2004), Institutions and Growth in East Asia, in: Studies in Comparative International Development, 38/4, 53-81

Hai, Wen/Li, Hongzia (2003), „China´s FTA Policy and Practice", in: Y. Kim/C.J. Lee (Hg.), Northeast Asian Economic Integration: Prospects for a Northeast Asian FTA, Korea Institute for International Economic Policy (KIEP) Conference Proceedings 03-05, Seoul: KIEP (www.kiep.go.kr), 138-156

Halary, Charles (1997), La deuxième guerre mondiale bouleverse le système des sciences sociales, Université du Québec à Montréal (UQAM), Montréal (www.unites.uqam.ca)

Hall, Derek (2004), „Japanese Spirit, Western Economics: The Continuing Salience of Economic Nationalism in Japan", in: New Political Economy, 9/1, 79-99

Hall, John Whitney (1991), „Introduction", in: J.W. Hall (Hg.), The Cambridge History of Japan, Vol. 4: Early Modern Japan, Cambridge: Cambridge University Press, 1-39

Hall, Kenneth R. (1976a), „An Introductory Essay on Southeast Asian Statecraft in the Classical Period", in: K.R. Hall/J.K. Whitmore (Hg.), Explorations in Early Southeast Asian History: The Origins of Southeast Asian Statecraft, Michigan Papers on South and Southeast Asia No. 11, Ann Arbor: University of Michigan Center for South and Southeast Asian Studies, 1-24

Ders (1976b), „State and Statecraft in Early Srivijaya", in: K.R. Hall/J.K. Whitmore (Hg.), Explorations in Early Southeast Asian History: The Origins of Southeast Asian Statecraft, Michigan Papers on South and Southeast Asia No. 11, Ann Arbor: University of Michigan Center for South and Southeast Asian Studies, 61-106

Ders. (1985), Maritime Trade and State Development in Early Southeast Asia, Honolulu: University of Hawaii Press

Ders. (1999a), „Economic History of Early Southeast Asia", in: N. Tarling (Hg.), The Cambridge History of Southeast Asia, Vol. 1, Part 1: From early times to c. 1500, Cambridge: Cambridge University Press, 183-275

Ders. (1999b), Multidimensional Networking in the Pacific Rim Circa 1500 C.E., A Southeast Asia Centered Perspective, Paper presented to the 4th ASEAN Inter-University Seminar on Social Development 1999 on „Southeast Asia Into the 21st Century: Critical Transitions, Continuity, and Change" (Prince of Songkla University, Thailand/National University of Singapore) in Pattani, Thailand

Hall, Kenneth R./Whitmore, John K. (Hg., 1976), Explorations in Early Southeast Asian History: The Origins of Southeast Asian Statecraft, Michigan Papers on South and Southeast Asia No. 11, Ann Arbor: University of Michigan Center for South and Southeast Asian Studies

Hall, Thomas D. (1983), „Peripheries, Regions of Refuge, and Nonstate Societies: Toward A Theory of Reactive Social Change", in: Social Science Quarterly, 64, 582-597

Ders. (1986), „Incorporation in the World-System: Toward a Critique", in: American Sociological Review, 51/3, 390-402

Ders. (1991), „The Role of Nomads in Core/Periphery Relations", in: C. Chase-Dunn/T. Hall (Hg.), Core/Periphery Relations in Precapitalist Worlds, Boulder, CO: Westview Press, 212-239

Ders. (2000), „World-Systems, Frontiers, and Ethnogenesis: Rethinking the Theories", in: T.D. Hall (Hg.), A World-Systems Reader: New Perspectives on Gender, Urbanism, Cultures, Indigenous Peoples, and Ecology, Boulder, CO: Rowman and Littlefield, 237-270

Hamada, Koichi (1995), „Comment", in: T. Ito/A.O. Krueger (Hg.), Growth Theories in Light of the East Asian Experience, National Bureau of Economic Research (NBER), East Asia Seminar on Economics, Vol. 4, Chicago: University of Chicago Press, 33-36

Hamashita, Takeshi (1994), „The Tribute Trade System and Modern Asia", in: A. J. H. Latham/H. Kawakatsu (Hg.), Japanese Industrialization and the Asian Economy, New York: Routledge, 91-107

Ders. (1997), „The Intra-regional System in East Asia in Modern Times", in: P. Katzenstein/T. Shiraishi (Hg.), Network Power. Japan and Asia, Ithaca, NY: Cornell University Press, 113-135

Ders. (2007), China and Japan in an Asian Perspective, www.india-seminar.com/2007/573 (20.7. 2007)

Hamilton, Gary G. (1999), „Asian Business Networks in Transition: or, What Alan Greenspan Does not Know about the Asian Business Crisis", in: T. J. Pempel (Hg.), The Politics of the Asian Economic Crisis, Ithaca, NY: Cornell University Press, 45-61

Hamilton, Gary G. (Hg., 1996), Asian Business Networks, Berlin/New York: Gruyter

Hamilton-Hart, Natasha (2003a), „Cooperation on Money and Finance: How Important? How Likely?", in: Third World Quarterly, 24/2, 283-297

Dies. (2003b), „Asia's New Regionalism: Government Capacity and Cooperation in the Western Pacific", in: Review of International Political Economy (RIPE), 10/2, 222-245

Dies. (2005), „The Regionalization of Southeast Asian Business: Transnational Networks in National Contexts", in: T.J. Pempel (Hg.), Remapping East Asia: The Construction of a Region, Ithaca, NY: Cornell University Press, 170-191

Dies. (2006), „The Chiang Mai Initiative and the Prospects for Closer Monetary Integration in East Asia", in: B. Fort/D. Webber (Hg.), Regional Integration in East Asia and Europe: Convergence or Divergence?, London/New York: Routledge, 109-128

Han, Feng (2003), China's Role in the Asia-Pacific Region, Paper presented at the 3. International Convention of Asia Scholars (ICAS), 19-22 August 2003, National University Singapore; Singapur

Han, Seunghee/Cheong, Inkyo (1998), APEC Trade Liberalisation: Its Implications, OECD Economics Department Working Papers No. 197, Paris: OECD

Han, Woo-Keung (1970), The History of Korea, Seoul: Eul-Yoo Publishing Company

Han, Xiaorong (1998), „The Present Echoes of the Ancient Bronze Drum: Nationalism and Archeology in Modern Vietnam and China", in: Explorations in Southeast Asian Studies, 2/2, 1-20 (www.hawaii.edu/cseas/pubs/explore/han.html)

Hanisch, Rolf (1994), „Struktur- und Entwicklungsprobleme Südostasiens", in: D. Nohlen/F. Nuscheler (Hg.), Handbuch der Dritten Welt, Bd. 7 Südasien und Südostasien, Bonn: Dietz, 54-113

Hanley, Susan/Yamamura, Kozo (1977), Economic and Demographic Change in Preindustrial Japan 1600-1868, Princeton, NJ: Princeton University Press

Hansen, Roger D. (1969), „Regional Integration: Reflections on a Decade of Theoretical Efforts", in: World Politics, 21/2, 242-271

Harding, Harry (1995), „International Order and Organization in the Asia-Pacific", in: R.S. Ross (Hg.), East Asia in Transition. Toward a New Regional Order, Singapore: Institute of Southeast Asian Studies (ISEAS), 325-355

Harvie, Charles/Lee, Hyun-Hoon (2002), „New Regionalism in East Asia: How Does It Relate to the East Asian Economic Development Model?", in: ASEAN Economic Bulletin, 19/2, 123-140

Hatakeyama, Noboru (2002), „A Short History of Japan's Movement to FTAs", in: Journal of Japan Trade and Industry, 21/6, 24-25

Ders. (2003a), „A Short History of Japan's Movement to FTAs (Part 2)", in: Journal of Japan Trade and Industry, 22/1, 40-41

Ders. (2003b), „A Short History of Japan's Movement to FTAs (Part 3)", in: Journal of Japan Trade and Industry, 22/2, 42-43

Ders. (2003c), „A Short History of Japan's Movement to FTAs (Part 4)", in: Journal of Japan Trade and Industry, 22/3, 36-37

Hatch, Walter (1998), Grounding Asia's Flying Geese: The Costs of Depending Heavily on Japanese Capital and Technology, National Bureau of Asian Research (NBR) Briefing, Washington, D.C.: National Bureau of Asian Research (www.nbr.org/publications)

Ders. (2000), „Regionalization Trumps Globalization: Japanese Production Networks in Asia", in: R. Stubbs/G. D. Underhill (Hg.), Political Economy and the Changing Global Order, Oxford: Oxford University Press, 382-391

Hatch, Walter/Yamamura, Kozo (1996), Asia in Japan's Embrace, Cambridge: Cambridge University Press

Hawke, Bob (2003), APEC AND GLOBALISATION, Address at the APEC–Secretariat, Singapur, 6.9. 2003 (www.apecsec.org.sg.)

Hayami, Akira (1967), „The Population at the Beginning of the Tokugawa Period", in: Keiō Economic Studies, 4,1-28

Ders. (1986), „Population Changes", in: M. Smitka (Hg., 1998), The Japanese Economy in the Tokugawa Era, 1600-1868, New York/London: Garland, 74-111

Hayami, Akira/Saito, Osamu/Toby, Ronald P. (Hg., 2004), Emergence of Economic Society in Japan, 1600-1859, New York: Oxford University Press

von Hayek, Friedrich August (1972), Die Theorie komplexer Phänomene, Tübingen: Mohr Siebeck

Ders. (1988a), „The Origins of Liberty, Property and Justice", in: W.W. Bartley (Hg.), The Collected Works of Friedrich August Hayek, Vol. I, London: Routledge, 29-37

Ders. (1988b), „The Complexity of Problems of Human Interaction", in: W.W. Bartley (Hg.), The Collected Works of Friedrich August Hayek, Vol. I, London: Routledge, 148-150

Heger, Franz (1902), Alte Metalltrommeln aus Südostasien, Leipzig: Hiersemann

Heinrich, Jeffery/Konan, Denise Eby (2001), „Prospects for FDI in AFTA", in: ASEAN Economic Bulletin, 18/2, 141-161

Hellmann, Donald C. (1969), „The Emergence of an East Asian International Subsystem", in: International Studies Quarterly, 13/4, 421-434

Henthorn, William E. (1968), Korea. The Mongol Invasions, Leiden: Brill

Ders. (1974), A History of Korea, New York: Free Press

Herrmann-Pillath, Carsten (1995), „Wirtschaftsintegration, Staat, Netzwerke. Ein neues Paradigma des weltwirtschaftlichen Regionalismus? – thematisiert am Beispiel ‚Greater China'„, in: WeltTrends, 7, 42-65

Ders. (1997), „Integration durch Evolution – Die asiatisch-pazifische Alternative zur europäischen Integration", in: D. Cassel (Hg.), Europäische Integration als ordnungspolitische Gestaltungsaufgabe. Probleme der Vertiefung und Erweiterung der Europäischen Union, Berlin: Duncker & Humblot, 99-150

Hettne, Björn (1999), „The New Regionalism", in: B. Hettne/A. Inotai/O. Sunkel (Hg.), Globalism and the New Regionalism, London: Macmillan

Ders. (2005), „Beyond the ‚New' Regionalism", in: New Political Economy, 10/4, 543-571

Hettne, Björn/Inotai, András/Sunkel, Osvaldo (Hg., 1999), Globalism and the New Regionalism, Basingstoke/New York: Palgrave/Macmillan

Dies. (Hg., 2000a), National Perspectives on the New Regionalism in the North, Basingstoke/New York: Palgrave/Macmillan

Dies. (Hg., 2000b), National Perspectives on the New Regionalism in the Third World, Basingstoke/New York: Palgrave/Macmillan

Dies. (Hg., 2001), Comparing Regionalisms (2001), Basingstoke/New York: Palgrave/Macmillan

Hettne, Björn/Söderbaum, Fredrik (2000), „Theorising the Rise of Regionness", in: New Political Economy, 5/3, 475-473

Hew, Denis (2002), „ASEAN: Economic and Financial Developments in 2001", in: Southeast Asian Affairs 2002, Singapore: Institute of Southeast Asian Studies (ISEAS), 26-41

Hewison, Kevin/Rodan, Garry (1996), „The Ebb and Flow of Civil Society and the Decline of the Left in Southeast Asia", in: G. Rodan (Hg.), Political Oppositions in Industrialising Asia, Asia Research Centre, New Rich in Asia Series, London/New York: Routledge, 40-71

Higgott, Richard (1994), „APEC: A Sceptical View", in: A. Mack/J. Ravenhill (Hg.), Pacific Cooperation. Building Economic and Security Regimes in the Asia-Pacific Region, St. Leonards: Allen & Unwin, 66-97

Ders. (1998a), „The International Political Economy of Regionalism. The Asia-Pacific and Europe Compared", in: W.D. Coleman/G.R.D. Underhill (Hg.), Regionalism and Global Economic Integration. Europe, Asia and the Americas, London/New York: Routledge, 42-67

Ders. (1998b), „The Asian Economic Crisis: A Study in the Politics of Resentment", in: New Political Economy, 3, 333–356

Ders. (1999), „Regionalism in the Asia-Pacific: Two Steps Forward, One Step Back?", in: R. Stubbs/G. R. D. Underhill (Hg.), Political Economy and the Changing Global Order, New York: St. Martin's Press, 254-263

Higgott, Richard/Stubbs, Richard (1995), „Competing Conceptions of Economic Regionalism: APEC versus EAEC in the Asia-Pacific", in: Review of International Political Economy (RIPE), 2/3, 516-535

Higham, Charles F. W. (1996a), „A Review of Archaeology in Mainland Southeast Asia", in: Journal of Archaeological Research, 4/1, 3-49

Ders. (1996b), The Bronze Age of Southeast Asia, Cambridge: Cambridge University Press

Ders. (2001), The Civilization of Angkor, London: Weidenfeld & Nicolson

Ders. (2002), Early Cultures of Mainland Southeast Asia, Bangkok: River Books

Hill, Cameron J./Tow, William T. (2002), „The ASEAN Regional Forum: Material and Ideational Dynamics", in: M. Beeson (Hg.), Reconfiguring East Asia: Regional Institutions and Organisations After the Crisis, London: Curzon Press, 161-183

Hill, Hal (1994), „ASEAN Economic Development: An Analytical Survey – The State of the Field", in: Journal of Asian Studies, 53/3, 832-866

Ders. (2001a), The East Asian Economic Crisis and Labour Migration: A Set-Back for International Economic Integration?, Working Papers in Trade and Development No. 3, Research School of Pacific and Asian Studies (RSPAS), Division of Economics, Australian National University, Canberra, Australia (rspas.anu.edu.au/)

Ders. (2001b), Technology and Innovation in Developing East Asia: An Interpretive Survey, Working Papers in Trade and Development No. 11, Research School of Pacific and Asian Studies (RSPAS), Division of Economics, Australian National University, Canberra, Australia (rspas.anu.edu.au/)

Ders. (2002), „Spatial Disparities in Developing East Asia: a Survey", in: Asian-Pacific Economic Literature, 16/1, 10-35

Hill, H. Monte (1978), „Community Formation Within ASEAN", in: International Organization, 32/2, 569-575

Hilley, John (2001), Malaysia: Mahathirism, Hegemony and the New Opposition, London: Zed Books

Hilpert, Hanns Günther (1992) Wirtschaftliche Integration und Kooperation im asiatisch-pazifischen Raum, Ifo Studien zur Japanforschung Nr. 5, München

Ders. (1994a), „Europe and Asia-Pacific: From Differing to Converging Patterns of Economic Integration", in: Tokyo Club Papers No. 8, Tokyo Club Foundation for Global Studies, Tokyo, 157-187

Ders. (1994b), „Yen-Block in Asien? Die wirtschaftliche Verflechtung Japans mit der asiatisch-pazifischen Region", in: Geographische Rundschau, 46/11, 616-621

Ders. (1998), Wirtschaftliche Integration in Ostasien in raumwirtschaftlicher Analyse, Schriftenreihe des Ifo Instituts für Wirtschaftsforschung Nr. 146, München/Berlin: Duncker & Humblot

Ders. (1999), „Japan und China im ostasiatischen Wirtschaftsraum: Komplementaritäten und Konflikte", in: M. Taube/A. Gälli (Hg.), Chinas Wirtschaft im Wandel. Aktuelle Aspekte und Probleme, Ifo Forschungsberichte der Abteilung Entwicklungsländer Nr. 88, Bonn: Weltforum Verlag, 29-68

Hilpert, Hanns Guenther/Haak, Rene (Hg., 2002), Japan and China: Cooperation, Competition and Conflict, Basingstoke, New York: Palgrave

Hirono, Ryokichi (2000), „Changing Japanese Economic Policy toward East Asia in the Postwar Period", in: V. Blechinger/J. Legewie (Hg.), Facing Asia – Japan's Role in the Political and Economic Dynamism of Regional Cooperation, München: Iudicium Verlag, 147-174

Hirst, Paul/Thompson, Grahame (1996), Globalization in Question. The International Economy and the Possibility of Governance, Cambridge: Polity Press

Hisatake, Masato (2004), Changes in East Asian Regional Economic Structure during the Dynamic Process of Economic Integration – from the point of view of New Geographical Economics, Paper Prepared for the Research Institute of Economy, Trade and Industry (RIETI) International Symposium „Resolving New Global and Regional Imbalances in an Era of Asian Integration", June 17-18, 2004, Tokyo, Japan (www.rieti.go.jp)

Hobday, Mike (2001), „The Electronics Industries of the Asia-Pacific: Exploiting International Production Networks for Economic Development", in: Asian-Pacific Economic Literature, 15/1, 13-29

Hocking, Brian/McGuire, Steven (Hg., 1999), Trade Politics. International, Domestic, and Regional Perspectives, London: Routledge

Hollerman, Leon/Myers, Ramon H. (Hg., 1996), The Effect of Japanese Investment on the World Economy: A Six-Country Study, 1970-1991, Stanford, CA: Hoover Institution Press

Holzhausen, Arne (Hg., 2001), Can Japan Globalize? Studies on Japan's Changing Political Economy and the Process of Globalization in Honour of Sung-Jo Park, Heidelberg: Physica

Hong, Jeong-Pyo (2004), Regional Integration in Northeast Asia: Approaches to Integration Among China, Korea, and Japan, Korea Institute for International Economic Policy (KIEP) CNAEC Research Series 04-04, Seoul: KIEP (www.kiep.go.kr)

Hook, Glenn D. (1998), „Japan and the ASEAN Regional Forum: Bilateralism, Multilateralism or Supplementalism?", in: Japanstudien. Jahrbuch des Deutschen Instituts für Japanstudien der Philipp-Franz-von-Siebold-Stiftung, Tokyo, Band 10, München: Iudicium, 87-112

Ders. (1999), „The East Asian Economic Caucus: A Case of Reactive Subregionalism?", in: G. Hook/I. Kearns (Hg.), Subregionalism and World Order, London: Macmillan, 223-245

Ders. (2000), „The Japanese Role in the Emerging Asia-Pacific Order: A Role for State and Non-State Actors?", in: V. Blechinger/J. Legewie (Hg.), Facing Asia – Japan's Role in the Political and Economic Dynamism of Regional Cooperation, München: Iudicium Verlag, 87-112

Hopkins, Terence K./Wallerstein, Immanuel (1979), „Grundzüge der Entwicklung des modernen Weltsystems. Entwurf für ein Forschungsvorhaben", in: D. Senghaas (Hg.), Kapitalistische Weltökonomie. Kontroversen über ihren Ursprung und ihre Entwicklungsdynamik, Frankfurt/M.: Suhrkamp, 151-200

Dies. (1982), World-System Analysis. Theory and Methodology, Beverly Hills/London: Sage

Hopkins, Terence K./Wallerstein, Immanuel (Hg., 1980), Processes of the World-System, Political Economy of the World-System Annuals, Vol.3, Beverly Hills/London: Sage

Dies. (Hg., 1996), The Age of Transition. Trajectory of the World-System 1945-2025, London: Zed

Hout, Wil (1999), „Theories of International Relations and the New Regionalism", in: J. Grugel/W. Hout (Hg.), Regionalism Across the North-South Divide: State Strategies and Globalization, London/New York: Routledge, 14-28

Howe, Christopher (1996), The Origins of Japanese Trade Supremacy. Development and Technology in Asia from 1540 to the Pacific War, Chicago: University of Chicago Press

Hsiao, Hsin-Huang Michael (1996), „Agricultural Reforms in Taiwan and South Korea", in: J. Borrego/A.A. Bejar/K.S. Jomo (Hg.), Capital, the State, and Late Industrialization. Comparative Perspectives on the Pacific Rim, Boulder, CO: Westview, 97-112

Hsiao, Hsin-Huang Michael/So, Alvin Y. (1993), „Ascent through National Integration: the Chinese Triangle of Mainland-Taiwan-Hong Kong", in: R. A. Palat (Hg.), Pacific-Asia and the Future of the World-System, Westport/London: Greenwood Press, 133-149

Hsu, Chen-Min/Liu, Wan-Chun (2004), „The Role of Taiwanese Foreign Direct Investment in China: Economic Integration or Hollowing-Out?", in: Journal of the Korean Economy, 5/2, 207-231

Hsu, Chieh-Lin (1989), Japan's Foreign Policy and Its Internationalisation Strategy, Papers in Japanese Studies No. 4, Department for Japanese Studies, National University of Singapore (NUS), Singapore: NUS

Hsü, Immanuel C.Y. (1980), „Late Ch'ing Foreign Relations", in: D. Twitchett/J.K. Fairbank (Hg.), The Cambridge History of China, Vol. 11: Late Ch'ing, 1800-1911, Part 2, Cambridge: Cambridge University Press, 70-141

Hu, Angang (2002), The Free Trade Agreement (FTA) Police for North–East Asia Countries and ASEAN: A View from China, Paper Prepared for the Research Institute of Economy, Trade and Industry (RIETI) International Symposium „Asian Economic Integration: Current Status and Future Prospects", April 22-23, 2002, Tokyo, Japan (www.rieti.go.jp)

Huang, David (2003), „Profiting from the Essence of APEC", in: Taipei Times, 31.10.2003

Huang, Ray (1988), „The Lung-ch'ing and Wan-li reigns, 1567–1620", in: F. Mote/D. Twitchett (Hg.), The Cambridge History of China, Vol. 7: The Ming-Dynasty, 1369-1644, Part I, Cambridge: Cambridge University Press, 511-584

Hübner, Kurt (1998), Der Globalisierungskomplex. Grenzenlose Ökonomie – grenzenlose Politik?, Berlin: Sigma

Hughes, Christopher R. (2004), Japan's Reemergence as a ‚Normal' Military Power?, Oxford: Oxford University Press

Ders. (2005), „Nationalism and Multilateralism in Chinese Foreign Policy: Implications for Southeast Asia", in: Pacific Review, 18/1, 119-135

Hund, Markus (2002), ASEAN and ASEAN Plus Three: Manifestations of Collective Identities in Southeast and East Asia?, Inaugural-Dissertation zur Erlangung des Grades eines Doktors der Philosophie am Fachbereich III der Universität Trier im Fach Politikwissenschaft, Universität Trier

Ders. (2003), „ASEAN Plus Three: Toward a New Age of Pan-East Asian Regionalism? A Sceptic's Appraisal", in: Pacific Review 16/3, 383-417

Hund, Markus/Okfen, Nuria (2001), „Vom East Asian Economic Caucus (EAEC) zu ASEAN Plus Three", in: Hanns W. Maull/Dirk Nabers (Hg.), Multilateralismus in Ostasien-Pazifik: Probleme und Herausforderungen im neuen Jahrhundert, Hamburg: Institut für Asienkunde, 68-86

Huntington, Samuel (1996), „The Goals of Development", in: A. Inkeles/M. Sasaki (Hg.), Comparing Nations and Cultures. Readings in a Cross-Disciplinary Perspective, Englewood Cliffs, NJ: Prentice Hall

Hurst, G. Cameron (1999), „Insei", in: D.H. Shively/W.H. McCullough (Hg.), The Cambridge History of Japan, Vol. 2: Heian Japan, Cambridge: Cambridge University Press, 576-643

Hwang, Sun-Gil (1998), Das Wildgänsemodell für Ost-Asien, Arbeitspapier zur sozialökonomischen Ostasien-Forschung Nr. 3, Institut für sozialökonomische Handlungsforschung der Universität Bremen, Bremen (www.wiwi.uni-bremen.de/seari/ostasien_p3.htm)

Hymes, Robert P./Schirokauer, Conrad (Hg., 1993), Ordering the World: Approaches to State and Society in Sung Dynasty China, Berkeley: University of California Press

Ibrahim, Anwar (2003), „Asian miracle will take creativity", in: Bangkok Post, 21.10.03

Ichimura, Shinichi (2000), „Asian Historical Statistics Project: Difficulties and Expectations", in: ASHSTAT- Newsletter No.16 (www.ier.hit-u.ac.jp)

Iguchi, Yufu (2003), ‚Area Studies' and National Identity: Reconsidering the Concept of ‚Plural Society' in Malaysian Studies, Paper presented at the 3. International Convention of Asia Scholars (ICAS), 19-22 August 2003, National University Singapore; Singapore

Ikeda, Satoshi (1996), „The History of the Capitalist World-System vs. the History of East-Southeast Asia", in: Review, XIX/1, 49-77

Ileto, Reynaldo (1999), „Religion and Anti-colonial Movements", in: N. Tarling (Hg.), The Cambridge History of Southeast Asia, Vol. 2, Part 1: From c. 1800 to the 1930s, Cambridge: Cambridge University Press, 193-244

Inoguchi, Takashi (2003), Does Identity Matter in Facilitating or Hindering Regional Cooperation in East Asia?, Paper presented at the Wilton Park Conference, Gotenba, Shizuoka, September 28-October 1, 2003 (www.glocom.org)

Inoue, Kiyoshi (1995), Geschichte Japans, Frankfurt/M./New York: Campus

Iredale, Robyn/Hawksley, Charles/Castles, Stephen (Hg., 2003), Migration in the Asia Pacific: Population, Settlement and Citizenship Issues, Cheltenham: Elgar

Irvine, David (1982), „The Formative Years of ASEAN: 1967-1975", in: A. Broinowski (Hg.), Understanding ASEAN, New York: St.Martin's Press, 8-36

Ishihara, Shintaro/Mahathir, Mohamad (1995), The Voice of Asia: Two Leaders Discuss the Coming Century, Tokyo: Kodansha

Ishii, Susumu (1990), „The Decline of the Kamakura Bakufu", in: K. Yamamura (Hg.), The Cambridge History of Japan, Vol. 3: Medieval Japan, Cambridge: Cambridge University Press, 128-174

Ito, Takatoshi (1993), „U.S. Political Pressure and Economic Liberalization in East Asia", in: J. A. Frankel/M. Kahler (Hg.), Regionalism and Rivalry: Japan and the U.S. in Pacific Asia, Chicago: University of Chicago Press, 391-420

Ito, Takatoshi/Krueger, Anne O. (Hg., 1995), Growth Theories in Light of the East Asian Experience, National Bureau of Economic Research (NBER), East Asia Seminar on Economics, Vol. 4, Chicago: University of Chicago Press

Dies. (Hg., 1996), Financial Deregulation and Integration in East Asia, National Bureau of Economic Research (NBER), East Asia Seminar on Economics, Vol. 5, Chicago: University of Chicago Press

Dies. (Hg., 1997), Regionalism versus Multilateral Trade Arrangements, National Bureau of Economic Research (NBER), East Asia Seminar on Economics, Vol. 6, Chicago: University of Chicago Press

Itoh, Mayusumi (1998), Globalization of Japan. Japanese Sakoku Mentality and U.S. Efforts to Open Japan, Basingstoke: Macmillan

Jacquemin, Alexis/Sapir, André (1988a), „European Integration or World Integration?", Weltwirtschaftliches Archiv, 124

Dies. (1988b), „International Trade and Integration of the European Community: An Econometric Analysis", in: European Economic Review, 32/7

James, William S./Umemoto, Masaru (2000), „NAFTA Trade with East Asia. Rules of Origin and Market Access in Textiles, Apparel, Footwear and Electrical Machinery", in: ASEAN Economic Bulletin, 17/3, 293-311

Jessop, Bob (1990), State Theory: Putting the Capitalist State in Its Place, Cambridge: Polity

Ders. (2001), „The Governance of Economies: Dialectic of Globalization-Regionalization", in: G. Drover/G. Johnson/J. Po-Wah (Hg.), Regionalism and Subregionalism in East Asia: The Dynamics of China, Huntington, NY: Nova Science, 11-28

Jin, Hyun-joo (2005), „Textbook Nationalism: Perspectives on China, Japan, Korea", in: Korea Herald, 7.5.2005

Jin, Ngiam Kee (1996), „Singapore as a Financial Center: New Developments, Challenges, and Prospects", in: T. Ito/A.O. Krueger (Hg.), Financial Deregulation and Integration in East Asia, National Bureau of Economic Research (NBER), East Asia Seminar on Economics, Vol. 5, Chicago: University of Chicago Press, 359-383

Johnson, Deborah (2006), „Region: A Significant Step towards an East Asian Community", in: Asian Analysis, January 2006

Johnson, Derek/Valencia, Mark (Hg, 2005), Piracy in Southeast Asia: Statues, Issues, and Responses, Singapore: Institute of Southeast Asian Studies (ISEAS)

Joint Study Group (JSG, 2004), Report on the Possible Trilateral Investment Arrangements among China, Japan, and Korea (u.a. auf www.mofa.go.jp)

Jomo, K. S. (Hg., 1984) Japan and Malaysia Development, London/New York: Routledge

Jones, David Martin (1998), „Democratization, Civil Society, and Illiberal Middle Class Culture in Pacific Asia", in: Comparative Politics, 30/2, 147-170

Jordan, Rolf (1997), Migrationssysteme in Global Cities: Arbeitsmigration und Globalisierung in Singapur, Hamburg: LIT

Ders. (2002), Das SIJORI-Wachstumsdreieck. Politik und Ökonomie transnationaler Wirtschaftszonen in Südostasien, Neuried: ars et unitas

Jun, Seong Ho/Lewis, James B. (2006), The Movement of Relative Prices and Relative Factor Prices in Early Modern Korea (1436-1930), Paper presented to the XIV. International Economic History Congress, Helsinki, Finland, 21 to 25 August 2006 (www.helsinki.fi/iehc2006/)

Kaiser, Karl (1968), „The Interaction Regional Subsystems: Some Preliminary Notes on Recurrent Patterns and the Role of Superpowers", in: World Politics, 21/1, 84-107

Kaiser, Robert (1998), Regionale Integration in Europa und Nordamerika, Baden-Baden: Nomos

Kane, Solomon/Passicousset, Laurent (1998), „Migranten als erste Opfer der Krise in Südostasien", in: Le Monde diplomatique, 16.4.1998

Kang, Chao (1986), Man and Land in Chinese History: An Economic Analysis, Stanford: Stanford University Press

Kang, David Chan-oong (2003), „Getting Asia Wrong: The Need for New Analytical Frameworks", in: International Security, 27/4, 57-85

Kang, Shin Joe/Boeck, Klaus (1969), Economic Integration in Asia, Hamburg: Weltarchiv Verlag

Katada, Saori N. (2002), „Japan's Two Track Aid Approach. The Forces behind Competing Triads", in: Asian Survey, 42/2, 320-342

Kathirithambi-Wells, Jeyamalar (1999), „The Age of Transition: The Mid-Eighteenth to the Early Nineteenth Century", in: N. Tarling (Hg.), The Cambridge History of Southeast Asia: From c. 1500 to c. 1800, Cambridge: Cambridge University Press, 228-275

Kathirithambi-Wells, Jeyamalar/Villiers, John (Hg, 1990), The Southeast Asian Port and Polity: Rise and Demise, Singapore: Singapore University Press

Katzenstein, Peter J. (1996), „Regionalism in Comparative Perspective", in: Cooperation and Conflict, 31/2, 123-159

Ders. (1997), „Asian Regionalism in Comparative Perspective", in: P. Katzenstein/T. Shiraishi (Hg.), Network Power. Japan and Asia, Ithaca, NY: Cornell University Press, 1-44

Ders. (2000), „Regionalism and Asia", in: New Political Economy, 5/3, 353-368

Ders. (2005), A World of Regions: Asia and Europe in the American Imperium, Ithaca, NY: Cornell University Press

Katzenstein, Peter/Shiraishi, Takashi (1997), „Regions in World Politics, Japan and Asia –Germany in Europe", in: P. Katzenstein/T. Shiraishi (Hg.), Network Power. Japan and Asia, Ithaca, NY: Cornell University Press, 341-381

Katzenstein, Peter/Shiraishi, Takashi (Hg., 1997), Network Power. Japan and Asia, Ithaca, NY: Cornell University Press

Kawai, Masahiro/Wignaraja, Ganeshan (2007), ASEAN+3 or ASEAN+6: Which Way Forward?, Asian Development Bank Institute (ADBI) Discussion Paper No. 77, Tokyo: ADBI (www.adbi.org)

Kawakatsu, Heita (1994), „Historical Background", in A.J.H. Latham/H. Kawakatsu (Hg.), Japanese Industrialization and the Asian Economy, London/New York: Routledge, 4-8

Kawasaki, Kenichi (2003), The Impact of Free Trade Agreements in Asia, Research Institute of Economy, Trade and Industry (RIETI) Discussion Paper Series 03-E-018, Tokyo: RIETI (www.rieti.go.jp)

Kawazoe, Shoji (1990), „Japan and East Asia", in: K. Yamamura (Hg.), The Cambridge History of Japan, Vol. 3: Medieval Japan, Cambridge: Cambridge University Press, 396-446

Kee, Woo Sik/Hyun, In-Taek/Kim, Kisoo (Hg., 1995), APEC and A New Pacific Community. Issues and Prospects, Seoul: Sejong Institute

Kegley, Charles W./Howell, Llewellyn D. (1975), „The Dimensionality of Regional Integration: Construct Validation in the Southeast Asian Context", in: International Organization, 29/4, 997-1020

Keliat, Makmur (2005), „The Role of EAS in an East Asian Community", in: Jakarta Post. 23.6.2005

Kelly, Dominic (2002), „Japan and World Order", in: New Political Economy, 7/3, 397-414

Kentor, Jeff (2000), Capital and Coercion: The Economic and Military Processes That Have Shaped the World-Economy 1800-1990, New York: Garland

Keohane, Robert O. (1984), After Hegemony. Cooperation and Discord in the World Political Economy, Princeton, NJ: Princeton University Press

Kerbo, Harold/Slagter, Robert (1999), Asian Economic Crisis and the Decline of Japanese Economic Leadership in Asia, Paper presented to the 4th ASEAN Inter-University Seminar on Social Development 1999 on „Southeast Asia Into the 21st Century: Critical Transitions, Continuity, and Change" (Prince of Songkla University, Thailand/National University of Singapore) in Pattani, Thailand

Kerbo, Harold/Ziltener, Patrick (2002), „Japanese Business in Germany", in: A. Bird (Hg.), Encyclopaedia of Japanese Business and Management, Oxford: Oxford University Press, 229-232

Kerr, David (2004), „Greater China and East Asian Integration: Regionalism and Rivalry", in: East Asia, 21/1, 75-92

Kerr, George H. (2000), Okinawa. The History of an Island People, Clarendon/Tokyo/Singapore: Tuttle

Kerr, Rose/Wood, Nigel (2004), Science and Civilisation in China, Vol. 5: Chemistry and Chemical Technology, Part XII: Ceramic Technology, hgg. von J. Needham, Cambridge: Cambridge University Press

Kevenhörster, Paul (2001), „New Networks of Foreign Aid: Cross National Comparisons of Multilateral Development Assistance", in: A. Holzhausen (Hg.), Can Japan Globalize? Studies on Japan's Changing Political Economy and the Process of Globalization in Honour of Sung-Jo Park, Heidelberg: Physica, 275-289

Khalifah, Noor Aini (1996), „AFTA and Intra-Industry Trade", in: ASEAN Economic Bulletin, 12/3, 351-368

Kikuchi, Tsutomu (2003), „Regionalism and Regional Governance in Northeast Asia", in: F. Liu/P. Régnier (Hg.) Regionalism in East Asia: Paradigm Shifting?, London: RoutledgeCurzon, 100-118

Kim, Djun Kil (2005), The History of Korea, Westport/London: Greenwood Press

Kim, Han Soo/Weston, Ann (1993), „A North American Free Trade Agreement and East Asian Developing Countries", in: ASEAN Economic Bulletin, 9/3, 287-300

Kim, Hiyoul (2004), Koreanische Geschichte, St. Augustin: Asgard

Kim, Key-Hiuk (1980), The Last Phase of the East Asian World Order: Korea, Japan, and the Chinese Empire 1860-1882, Berkeley: California University Press

Kim, Samuel S. (2004), „Regionalization and Regionalism in East Asia", in: Journal of East Asian Studies, 4, 39–67

Kim, Sunghyun Henry/Kose, M. Ayhan/Plummer, Michael (2001), „Understanding the Asian Contagion", in: Asian Economic Journal, 15/2, 111–138

Kim, Yangseon/Lee, Chang Jae (Hg., 2003), Northeast Asian Economic Integration: Prospects for a Northeast Asian FTA, Korea Institute for International Economic Policy (KIEP) Conference Proceedings 03-05, Seoul: KIEP (www.kiep.go.kr)

Kim, Yoong Hyun/Lee, Chang Jae (Hg., 2004), Strengthening Northeast Asian Economic Integration, Korea Institute for International Economic Policy (KIEP) Conference Proceedings 03-05, Seoul: KIEP (www.kiep.go.kr)

Kim, Samuel S. (2004), „Regionalization and Regionalism in East Asia", in: Journal of East Asian Studies, 4, 39–67

Kimmel, Adolf (Hg., 1996), Vor dem pazifischen Jahrhundert?, Veröffentlichungen der Deutschen Gesellschaft für Politikwissenschaft (DGfP), Bd. 14, Baden-Baden: Nomos

Kimura, Fukunari (2001), „The Task of External Economic Policies in the 21st Century – Sense of Emergency Found in the White Paper on International Trade", in: Journal of Japan Trade and Industry, 20/4, 32-35

Ders. (2004), „FTAs and Japan", in: Japan Spotlight, 23/3, 6-9

Kimura, Fukunari/Ando, Mitsuyo (2004), The Economic Analysis of International Production/Distribution Networks in East Asia and Latin America: The Implication of Regional Trade Arrangements, Paper Prepared for the Research Institute of Economy, Trade and Industry (RIETI) International Symposium „Resolving New Global and Regional Imbalances in an Era of Asian Integration", June 17-18, 2004, Tokyo, Japan (www.rieti.go.jp)

Kimura, Michio (2000), „Asian Expectations towards Japan's Role in the Consensual Process of Regional Integration: The Case of the East Asian Economic Caucus", in: V. Blechinger/J. Legewie (Hg.), Facing Asia – Japan's Role in the Political and Economic Dynamism of Regional Cooperation, München: Iudicium Verlag, 21-56

Kimura, Michio (Hg., 1995), Multi-Layered Regional Cooperation in Southeast Asia after the Cold War, Tokyo: Institute of Developing Economies

Klausing, Andreas (2002), Offener Regionalismus im pazifischen Raum: Clusteranalyse der Handelsvolumendaten der APEC-Mitglieder, Forschungsbericht, Soziologisches Institut, Universität Zürich, Zürich

Klenner, Wolfgang (1995), „Effects of Growing Economic Integration in East Asia on Japan's Economy", in: H. Hax et al. (Hg.), Economic Transformation in Eastern Europe and East Asia. A Challenge for Japan and Germany, Berlin: Springer, 132-142

Knittel, Siegfried (2005), „Japan, China, Korea im Kampf um die Geschichte", in: Blätter für deutsche und internationale Politik, 5, 543-546

Koch, Matthias/Saaler, Sven/Amelung, Iwo/Kurtz, Joachim/Lee, Eun-Jeung (Hg., 2003), Selbstbehauptungsdiskurse in Asien: China – Japan – Korea, München: Iudicium Verlag

Kohpaiboon, Archanun (2002), Foreign Trade Regime and FDI-Growth Nexus: A Case Study of Thailand, Working Papers in Trade and Development No. 5, Research School of Pacific and Asian Studies (RSPAS), Division of Economics, Australian National University, Canberra, Australia (rspas.anu.edu.au/)

Kohsaka, Akira (1996), „Interdependence through Capital Flows in Pacific Asia and the Role of Japan", in: T. Ito/A.O. Krueger (Hg.), Financial Deregulation and Integration in East Asia, National Bureau of Economic Research (NBER), East Asia Seminar on Economics, Vol. 5, Chicago: University of Chicago Press, 107-146

Kojima, Akira (2001), „Free Trade Agreements as Constructive Regionalism", in: Journal of Japan Trade and Industry, 20/1, 45-48

Ders. (2005), Economic Partnership Agreements and the „East Asian Community" – The Meaning of the Japan-Philippines EPA, Research Institute of Economy, Trade and Industry (RIETI) Columns 0120, Tokyo: RIETI (www.rieti.go.jp)

Koschmann, J. Victor (1997), „Asianism's Ambivalent Legacy", in: P. Katzenstein/T. Shiraishi (Hg.), Network Power. Japan and Asia, Ithaca, NY: Cornell University Press, 83-110

Kose, Hajime (1994), „Chinese Merchants and Chinese Inter-Port Trade", in: A. J. H. Latham/H. Kawakatsu (Hg.), Japanese Industrialization and the Asian Economy, New York: Routledge, 129-144

Kratoska, Paul/Batson Ben (1999), „Nationalism and Modernist Reform", in: N. Tarling (Hg.), The Cambridge History of Southeast Asia, Vol. 2, Part 1: From c. 1800 to the 1930s, Cambridge: Cambridge University Press, 253-320

Kreiner, Josef (Hg., 2001), Ryûkyû in World History, Bonn: Bier'sche Verlags-Anstalt

Ders. (Hg., 2006), Japaneseness versus Ryukyuanism: Papers read at the Fourth International Conference on Okinawan Studies, March 2002, Bonn: Bier'sche Verlags-Anstalt

Kreinin, Mordechai E./Plummer, Michael G. (2001), „Economic Integration and Asia: The Dynamics of Regionalism, North America, and the Pacific", in: Asia Pacific Business Review, 7/4, 204

Krishnamara, Nadhavathna (2003), „Regionalism and Subregional Cooperation: The ASEAN Experience", in: F. Liu/P. Régnier (Hg.) Regionalism in East Asia: Paradigm Shifting?, London: RoutledgeCurzon, 85-99

Krueger, Anne O. (1995), „East Asian Experience and Endogenous Growth Theory", in: T. Ito/A.O. Krueger (Hg.), Growth Theories in Light of the East Asian Experience, National Bureau of Economic Research (NBER), East Asia Seminar on Economics, Vol. 4, Chicago: University of Chicago Press, 9-37

Dies. (1997), „Problems with Overlapping Free Trade Areas", in: T. Ito/A.O. Krueger (Hg.), Regionalism versus Multilateral Trade Arrangements, National Bureau of Economic Research (NBER), East Asia Seminar on Economics, Vol. 6, Chicago: University of Chicago Press, 9-23

Krugman, Paul (1991), „Is Bilateralism Bad?", in: E. Helpman/A. Razin (Hg.), International Trade and Trade Policy, Cambridge: MIT Press

Ders. (1993), „Regionalism versus Multilateralism: Analytical Notes", in: J. de Melo/A. Panagariya (Hg.), New Dimensions in Regional Integration, Cambridge: Cambridge University Press, 58-79

Ders. (1994), „The Myth of Asia's Miracle", in: Foreign Affairs, 73/6, 62-78

Ders. (1995), Development, Geography, and Economic Theory, Cambridge, MA/London: MIT Press

Ders. (1997), „Asia's Miracle is Alive and Well? Wrong, It Never existed", in: Time Asia, Vol. 150/13, 29.9.1997

Ders. (1998), „Saving Asia: It's Time to Get Radical", in: Fortune Magazine, 138/5, 74-80

Krumm, Kathie/Kharas, Homi (2003), „Overview", in: East Asia Integrates: A Trade Policy for Shared Growth, Washington, D.C.: World Bank (www.worldbank.org/eaptrade), 1-34

Kulke, Hermann (1986), „The Early and Imperial Kingdoms in Southeast Asia", in: D.G. Marr/A.C. Milner (Hg.), Southeast Asia in the 9th to 14th Centuries, Singapore: Institute of Southeast Asian Studies (ISEAS), 1-22

Ders. (1999), „Die frühen Reiche vom 5. bis 15. Jahrhundert", in: B. Dahm/R. Ptak (Hg.), Südost-asien-Handbuch, München: Beck, 98-111

Kumagai, Satoru (2007), Comparing the Networks of Ethnic Japanese and Ethnic Chinese in International Trade, Institute of Developing Economies (IDE) Discussion Paper No. 113, Chiba: IDE (www.ide.go.jp)

Kuo, Shirley W.Y./Liu, Christina Y. (1999), „The Development of the Economy of Taiwan", in: Asian-Pacific Economic Literature, 13/1, 36-49

Kurosu, Satomi (2002), „Studies on Historical Demography and Family in Early Modern Japan", in: Early Modern Japan, Spring 2002, 3-71

Kurus, Bilson (1993), „Understanding ASEAN: Benefits and Raison d'Etre", in: Asian Survey, 33/8, 819-831

Kuruvilla, Sarosh/Pagnucco, Adam (1994), „NAFTA and AFTA: Regional Integration and Industrial Relations in Southeast Asia", in: M. L. Cook/H. C. Katz (Hg.), Regional Integration and Industrial Relations in North America, Proceedings of a conference held at the New York State School of Industrial and Labor Relations, Cornell University, Ithaca, NY: ILR Press, 233-253

Kurz, Johannes (1997), „Die Yüan-Dynastie der Mongolen (1279-1368) in China. Historische Ausgangslage, Verwaltung und ethnisches Verhältnis", in: S. Conermann/J. Kusber (Hg.), Die Mongolen in Asien und Europa, Frankfurt/M.: Lang, 161-178

Kusano, Atsushi (2000), „Japan's ODA in the 21st Century", in: Asia-Pacific Review, 7/1, 38-55

Kwa, Chon Guan (1995), „Reflections on Prospects of Asia-Pacific Multilateralism", in: M.E. Everett/M.A. Sommerville (Hg.), Multilateral Activities in South East Asia, Washington, D.C.: National Defense University Press

Kwan, Chi Hung (1994), Economic Interdependence in the Asia-Pacific Region: Towards a Yen Bloc, London: Routledge

Ders. (2000), „The Possibility of Forming a Yen Bloc Revisited", in: ASEAN Economic Bulletin, 17/2, 218-232

Ders. (2001), Toward Economic Integration in Asia, Washington, D.C.: Brookings Institute

Ders. (2002), Overcoming Japan's „China Syndrome", Paper Prepared for the Research Institute of Economy, Trade and Industry (RIETI) International Symposium „Asian Economic Integration: Current Status and Future Prospects", April 22-23, 2002, Tokyo, Japan (www.rieti.go.jp)

Kwan, Chi Hung/Chia, Siow Yue/Vandenbrink, Donna (Hg., 1998), Coping With Capital Flows in East Asia, Singapore: Institute of Southeast Asian Studies (ISEAS)

Lam, Truong Buu (1968), „Intervention versus Tribute in Sino-Vietnamese Relations, 1788-1790", in: J.K. Fairbank (Hg.), The Chinese World Order: Traditional China's Foreign Relations, Cambridge, MA: Harvard University Press, 165-179

Langhammer, Rolf J. (1992), „The Developing Countries and Regionalism", in: Journal of Common Market Studies, 30/2, 211-231

Ders. (1995), „Regional Integration in East Asia. From Market-Driven Regionalisation to Institutionalised Regionalism?", in: Weltwirtschaftliches Archiv, 131, 167-201

Ders (2000), „Comment on Siow Yue Chia, *Regional Integration: The Experience in East Asia*", in: P. Guerrieri/H.-E. Scharrer (Hg.), Global Governance, Regionalism and the International Economy, Baden-Baden: Nomos, 117-121

Langlois, John D. (1988), „The Hung-wu Reign, 1368–1398", in: F. Mote/D. Twitchett (Hg.), The Cambridge History of China, Vol. 7: The Ming-Dynasty, 1369-1644, Part I, Cambridge: Cambridge University Press, 107-181

La Porta, Rafael/Lopez-de-Silanes, Florencio/Shleifer, Andrei/Vishny, Robert (1998), „Law and Finance", in: Journal of Political Economy, 106, 1113-1155

Dies. (1999), „The Quality of Government", in: Journal of Law, Economics, and Organization, 15/1, 222-279

Latham, Anthony J. H. (1994), „The Dynamics of Intra-Asian Trade, 1868-1913. The Great Entrepôts of Singapore and Hong Kong", in: A. J. H. Latham/H. Kawakatsu (Hg.), Japanese Industrialization and the Asian Economy, New York: Routledge, 145-193

Latham, Anthony J. H./Kawakatsu, Heita (Hg., 1994), Japanese Industrialization and the Asian Economy, London: Routledge

Lavely, William/Lee, James/Feng, Wang (1990), „Chinese Demography: The State of the Field", in: Journal of Asian Studies, 49/4, 807-834

Leavitt, Sandra R. (2005), „The Lack of Security Cooperation between Southeast Asia and Japan", in: Asian Survey, 45/2, 216-240

Ledyard, Gari (1983), „Yin and Yang in the China-Manchuria-Korea Triangle", in: M. Rossabi (Hg.), China among Equals. The Middle Kingdom and its Neighbors, 10th – 14th Centuries, Berkeley: California University Press, 313-353

Lee, Chang Jae (2004), Rationale for Institutionalizing Northeast Asian Economic Cooperation and Some Possible Options", in: Y.H. Kim/C.J. Lee (Hg.), Strengthening Northeast Asian Economic Integration, Korea Institute for International Economic Policy (KIEP) Conference Proceedings 03-05, Seoul: KIEP (www.kiep.go.kr), 3-31

Lee, Chung-min (2005), „East Asian Community and the United States: A Contrarian Perspective", in: The Emerging East Asian Community: Should Washington be Concerned?, Pacific Forum CSIS Issues & Insights, Vol. 5, No. 9, Honolulu, Hawaii: CSIS, August, 2005 (www.csis.org/pacfor/), 29-32

Lee, Eliza W.Y. (1999), „Governing Post-Colonial Hong Kong. Institutional Incongruity, Governance Crisis, and Authoritarianism", in: Asian Survey, 39/6, 940-959

Lee, Honggue (2000), „An Assessment of the APEC's Progress toward the Bogor Goals: A Political Economy Approach to Tariff Reductions", in: Journal of APEC Studies, 2/1, 3-28

Lee, Jang-Hie (1991), Regionales Wirtschaftsintegrationsrecht als Teil des Entwicklungsvölkerrechts in den Entwicklungsländern Ostasiens, Bochum: Brockmeyer

Lee, John (1999), „Trade and Economy in Preindustrial East Asia, c. 1500-c. 1800: East Asia in the Age of Global Integration", in: Journal of Asian Studies, 58/1, 2-26

Lee, Jong-Wha/Park, Innwon (2005), „Free Trade Areas in East Asia: Discriminatory or Non-discriminatory?", in: World Economy, 28/1, 21-48

Lee, Ki-baik (1984), A New History of Korea, Cambridge, MA: Harvard University Press

Lee, Soon Keun (2005), „On the Historical Succession of Goguryeo in Northeast Asia", in: Korea Journal, 45/2, 172-201

Lee, Su-Hoon (2000), „The Rise of East Asia and East Asian Social Science's Quest for Self-Identity", in: Journal of World Systems Research, 6/3, 768-783 (jwsr.ucr.edu)

Legewie, Jochen (1998), „Wirtschaftliche Integration der ASEAN – Zur Rolle japanischer Unternehmen bei Entstehung und Umsetzung industrieller Kooperationskonzepte", in: Japanstudien. Jahrbuch des Deutschen Instituts für Japanstudien der Philipp-Franz-von-Siebold-Stiftung, Tokyo, Band 10, München: Iudicium Verlag, 215-247

Ders. (1999), „Japanische Pläne einer neuen Finanzarchitektur für Asien", in: J. Legewie/H. Meyer-Ohle (Hg.), Japans Wirtschaft im Umbruch. Schlaglichter aus dem Deutschen Institut für Japanstudien, München: Iudicium Verlag

Ders. (2000a), „Driving Regional Integration: Japanese Firms and the Development of the ASEAN Automobile Industry", in: V. Blechinger/J. Legewie (Hg.), Facing Asia – Japan's Role in the Political and Economic Dynamism of Regional Cooperation, München: Iudicium Verlag, 217-246

Ders. (2000b), „Production Strategies of Japanese Firms: Building up a Regional Production Network", in: J. Legewie/H. Meyer-Ohle (Hg.), Corporate Strategies for Southeast Asia after the Crisis: A Comparison of Multinational Firms from Japan and Europe. Basingstoke/New York: Palgrave, 74-99

Legewie, Jochen/Meyer-Ohle, Hendrik (2000), „Economic Crisis and Transformation in Southeast Asia: The Role of Multinational Companies", in: Dies. (Hg.), Corporate Strategies for Southeast Asia after the Crisis: A Comparison of Multinational Firms from Japan and Europe. Basingstoke, New York: Palgrave, 231-250

Legewie, Jochen/Meyer-Ohle, Hendrik (Hg., 2000), Corporate Strategies for Southeast Asia after the Crisis: A Comparison of Multinational Firms from Japan and Europe. Basingstoke, New York: Palgrave

Legge, John D. (1999), „The Writing of Southeast Asian History", in: N. Tarling (Hg.), The Cambridge History of Southeast Asia, Vol. 1, Part 1: From early times to c. 1500, Cambridge: Cambridge University Press, 1-50

Ders. (2003), Sukarno. A Political Biography, Singapore: Archipelago Press

Leheny, David (2005), „The War on Terrorism in Asia and the Possibility of Secret Regionalism", in: T.J. Pempel (Hg.), Remapping East Asia: The Construction of a Region, Ithaca, NY: Cornell University Press, 236-255

Leng, Tse-Kang (2002), „Economic Globalization and IT Talent Flows Across the Taiwan Street. The Taipei/Shanghai/Silicon Valley Triangle", in: Asian Survey, 42/2, 230-250

Lepsius, M. Rainer (1991), „Nationalstaat oder Nationalitätenstaat als Modell für die Weiterentwicklung der Europäischen Gemeinschaft", in: R. Wildenmann (Hg.), Staatswerdung Europas? Optionen für eine Europäische Union, Baden-Baden: Nomos, 19-40

Li, Xiangyang (2004), The Regional Integration in East Asia: A Chinese Perspective, Paper presented to a workshop organized by the Economic and Social Research Institute (ESRI), Cabinet Office, Government of Japan, Tokyo (www.esri.go.jp)

Lieberman, Victor B. (1978), „Ethnic Politics in Eighteenth-Century Burma", in: Modern Asian Studies, 12/3, 455-482

Ders. (1990), „Wallerstein's System and the International Context of Early Modern Southeast Asian History", in: Journal of Asian History, 24/1, 70-90

Ders. (1991), „Secular Trends in Burmese Economic History, c. 1350-1830, and Their Implications for State Formation", in: Modern Asian Studies, 25/1, 1-31

Ders. (1993), „Local Integration and Eurasian Analogies: Structuring Southeast Asian History, c. 1350-c. 1830", in: Modern Asian Studies, 27/3, 475-572

Ders. (1995), „An Age of Commerce in Southeast Asia? Problems of Regional Coherence", in: Journal of Asian Studies, 54/3, 796-807

Ders. (1997), „Transcending East-West Dichotomies: State and Culture Formation in Six Ostensibly Disparate Areas", in: Modern Asian Studies, 31/3, Special Issue: The Eurasian Context of the Early Modern History of Mainland South East Asia, 1400-1800, 463-546

Ders. (2003), Strange Parallels. Southeast Asia in Global Context, c. 800-1830, Cambridge: Cambridge University Press

Lloyd, P. J. (2002), New Regionalism and New Bilateralism in the Asia-Pacific Region, ISEAS Visiting Researchers Series Working Paper No. 3, Singapore: Institute of Southeast Asian Studies (ISEAS)

Lim, Chin Beng (2001), „Regionalism: A Singaporean Perspective", in: Asia-Pacific Review, 8/2, 10-17

Lim, Hank (2003), „Singapore's Trade Policy: A Multilateral Regime", in: Heartland. Eurasian Review of Geopolitics, 9, The Value of Singapore, 41-45 (www.heartland.limesonline.com/)

Lim, Linda Y.C./Stern, Aaron (2002), „State Power and Private Profit: The Political Economy of Corruption in Southeast Asia", in: Asian-Pacific Economic Literature, 16/2, 18-52

Lim, Paul (2004), „ASEM im Visier. Anstehende Probleme und ein möglicher Weg nach vorn", in: Südostasien, 1, 18-24

Lim, Robyn (2002), „Japan Re-Engages Southeast Asia", in: Far Eastern Economic Review, 24.1.2002

Lin, Chang Li/Rajan, Ramkishen S. (2001), „The Economics and Politics of Monetary Regionalism in Asia", in: ASEAN Economic Bulletin, 18/1, 103-118

Lindberg, Leon N. (1963), The Political Dynamics of European Economic Integration, Stanford: Stanford University Press

Ders. (1971), „Political Integration as a Multidimensional Phenomenon Requiring Multivariate Measurement", in: L. Lindberg/Scheingold, Stuart A. (Hg.), Regional Integration. Theory and Research, Cambridge, MA: Harvard University Press, 45-127

Lindberg, Leon N./Scheingold, Stuart A. (Hg., 1971), Regional Integration. Theory and Research, Cambridge, MA: Harvard University Press

Linder, Staffan Burenstam (1990), The Pacific Century. Economic and Political Consequences of Asian-Pacific Dynamism, Stanford, CA: Stanford University Press

Liu, Fu-Kuo (2003a), „East Asian Regionalism: Theoretical Perspectives", in: F. Liu/P. Régnier (Hg.) Regionalism in East Asia: Paradigm Shifting?, London: RoutledgeCurzon, 3-29

Ders. (2003b), „East Asian Regionalism and the Evolution of a Fragmented Region: A Conceptual Approach Towards the Political Sector of Security", in: F. Liu/P. Régnier (Hg.) Regionalism in East Asia: Paradigm Shifting?, London: RoutledgeCurzon, 71-84

Ders. (2003c), „Conclusion: The Renewal of Regionalism and an East Asian New Order", in: F. Liu/P. Régnier (Hg.) Regionalism in East Asia: Paradigm Shifting?, London: RoutledgeCurzon, 220-230

Liu, Fu-Kuo/Régnier, Philippe (Hg., 2003) Regionalism in East Asia: Paradigm Shifting?, London: RoutledgeCurzon

Liu, Hong (1998), „Old Linkages, New Networks: The Globalisation of Overseas Chinese Voluntary Associations and Its Implications", in: China Quarterly, 155, 582-609

Lo, Jung-pang (1955), „The Emergence of China as a Sea Power During the Late Sung and Early Yuan Periods", in: Far Eastern Quarterly, 14/4, 489-503

Lockhart, Bruce M./Duiker, William J. (2006), Historical Dictionary of Vietnam, Lanham: Scarecrow

Loewe, Michael (1986), „The Former Han Dynasty", in: D. Twitchett/M Loewe (Hg.), The Cambridge History of China, Vol. 1: The Ch'in and Han Empires, 221 BC–AD 220, Cambridge: Cambridge University Press, 103-222

Lovell, David W. (Hg., 2003), Asia-Pacific Security. Policy Challenges, Singapore: Institute of Southeast Asian Studies (ISEAS)

Low, Linda (2001), Whither Multilateralism? Whither Asian Regionalism?, Paper for Third Asian Development Forum on „Regional Economic Cooperation in Asia and the Pacific", organised by the Asian Development Bank, Bangkok, 11-14 June 2001

Dies. (2003), „Multilateralism, Regionalism, Bilateral and Crossregional Free Trade Agreements: All Paved with Good Intentions for ASEAN?", in: Asian Economic Journal, 17/1, 65-86

Dies. (2004), „A Comparative Evaluation and Prognosis of Asia Pacific Bilateral and Regional Trade Arrangements", in: Asian-Pacific Economic Literature, 18/1, 1-11

Lu, Benlong (2004), „Evolution of New China's International Identification; A New Frame to Understand the Foreign Policy of New China", in: International Review, 35 (Summer 2004), Shanghai Institute for International Studies (SIIS, www.siis.org.cn)

Luhulima, C.P.F. (2005), „Time to Institutionalize East Asia Cooperation", in: Jakarta Post, 18.2.2005

Ma Huan (1433), Ying-yai Sheng-lan (The Overall Survey of the Ocean's Shores), hgg. von Feng Ch'eng-Chün und J.V.G. Mills, Bangkok 1997: White Lotus

MacDougall, Derek (1999), „Australia and Regionalism in the Asia-Pacific", in: J. Grugel/W. Hout (Hg.), Regionalism Across the North-South Divide: State Strategies and Globalization, London/New York: Routledge, 31-45

MacDuff, David/Woo, Yuen Paul (2003), „APEC as a Pacific OECD Revisited", in: R. E. Feinberg (Hg.), APEC as an Institution. Multilateral Governance in the Asia-Pacific, Singapore: Institute of Southeast Asian Studies (ISEAS), 47-64

Machado, Kit G. (1995), „Japanese Foreign Direct Investment in East Asia", in: S. Chan (Hg.), Foreign Direct Investment in a Changing Global Political Economy, New York: St. Martin's Press, 39-66

MacIntyre, Andrew/Naughton, Barry (2005), „The Decline of the Japanese-Led Model in the East Asian Economy", in: T.J. Pempel (Hg.), Remapping East Asia: The Construction of a Region, Ithaca, NY: Cornell University Press, 77-100

MacLean, Brian K./Bowles, Paul/Croci, Osvaldo (1998), „Understanding the Asian Crisis and Its Implications for Regional Economic Integration", in: G. Boyd/A. Rugman (Hg.), Deepening Integration in the Pacific, London: Edward Elgar

Maddison, Angus (2001), The World Economy: A Millennial Perspective, Paris: OECD

Mafael, Rolf (2004), „Grundzüge und Tendenzen der japanischen Aussenpolitik: Wohin fährt der ‚Wagen mit den zwei Rädern'?", in: Japan 2004 – Politik und Wirtschaft, Jahrbuch des Instituts für Asienkunde (IfA) Hamburg, Hamburg: IfA, 105-141

Mahathir, Mohamad (1999), A New Deal for Asia, Subang Jaya, Malaysia: Pelanduk

Ders. (2002), Reflections on Asia, Subang Jaya, Malaysia: Pelanduk

Ders. (2004), Reflections on ASEAN, Subang Jaya, Malaysia: Pelanduk

Maidment, Richard/Mackerras, Colin (Hg., 1998), Culture and Society in the Asia-Pacific, London: Routledge

Mancall, Mark (1969), „The Ch'ing Tribute System: An Interpretive Essay", in: J.K. Fairbank (Hg.), The Chinese World Order: Traditional China's Foreign Relations, Cambridge, MA: Harvard University Press, 63-89

Mangkusuwondo, Suhadi (1994), „APEC Cooperation and Trade Liberalization", in: H. Soesastro, Hadi (Hg.), Indonesian Perspectives on APEC and Regional Cooperation in Asia Pacific, Jakarta: Centre for Strategic and International Studies, 57-61

Manguin, Pierre-Yves (1980), „The Southeast Asian Ship: An Historical Approach", in: Journal of Southeast Asian Studies, 11, 253-269

Ders. (1994), „Trading Ships of the South China Sea, Shipbuilding Techniques and their Role in the History of the Development of Asian Trade Networks", in: Journal of the Economic and Social History of the Orient, 36, 253-280

Manning, Chris (1999), „Labour Markets in the ASEAN-4 and the NIEs", in: Asian-Pacific Economic Literature, 13/1, 50-68

Ders. (2001), The East Asian Economic Crisis and Labour Migration: A Set-Back for International Economic Integration?, Working Papers in Trade and Development No. 3, Research School of Pacific and Asian Studies (RSPAS), Division of Economics, Australian National University, Canberra, Australia (rspas.anu.edu.au/)

Manning, Chris/Phatnagar, Pradip (2004), The Movement of Natural Persons in Southeast Asia: How Natural?, Working Papers in Trade and Development No. 2, Research School of Pacific and Asian Studies (RSPAS), Division of Economics, Australian National University, Canberra, Australia (rspas.anu.edu.au/)

Manning, Robert A./Stern, Paula (1994), „The Myth of the Pacific Community", in: Foreign Affairs, 73/6, 79-83

Mansfield, Edward D./Milner, Helen V. (1997), „The political economy of regionalism", in: E. D. Mansfield/H. V. Milner (Hg.), The Political Economy of Regionalism, New York: Columbia University Press, 1-19

Mansfield, Edward D./Milner, Helen V. (Hg., 1997), The Political Economy of Regionalism, New York: Columbia University Press

Manupipatpong, Worapat (2002), „The ASEAN Surveillance Process and the East Asian Monetary Fund", in: ASEAN Economic Bulletin, 19/1, 111-122

Manzano, George (2001), „Is There Any Value-Added in the ASEAN Surveillance Process?", in: ASEAN Economic Bulletin, 18/1, 94-102

Marshall, P.J. (1998a), „The English in Asia to 1700",", in N. Canny (Hg.), The Oxford History of the British Empire, Vol. I: The Origins of Empire, Oxford: Oxford University Press, 265-285

Ders. (1998b), „The British in Asia: Trade to Dominion, 1700-1765", in Ders. (Hg.), The Oxford History of the British Empire, Vol. II: The Eighteenth Century, Oxford: Oxford University Press, 487-507

Martin, Philip L./Mason, Andrew/Tsay, Ching-lung (Hg., 1995), Labour Migration in Asia, Special Vol. ASEAN Economic Bulletin, 12/2, Singapore: Institute of Southeast Asian Studies (ISEAS)

Marukatat, Saritdet (2003), „Being an Ally Can Be Divisive", in: Bangkok Post. 5.11.2003

Maswood, S. Javed (1994), „Japan and East Asian Regionalism", in: J.L.H. Tan/S. Sudo (Hg.), Japan and the Asia-Pacific, Special Vol. ASEAN Economic Bulletin, 11/1, Singapore: Institute of Southeast Asian Studies (ISEAS), 70-78

Masuyama, Seiichi (2000), „The Role of Japan's Direct Investment in Restoring East Asia's Dynamism: Focus on ASEAN", in: S. Masuyama/D. Vandenbrink/S.Y. Chia (Hg.), Restoring East Asia's Dynamism, Singapore: Institute of Southeast Asian Studies (ISEAS), 213-258

Masuyama, Seiichi/Vandenbrink, Donna/Chia, Siow Yue (Hg., 1997), Industrial Policies in East Asia, Singapore: Institute of Southeast Asian Studies (ISEAS)

Dies. (Hg., 2000), Restoring East Asia's Dynamism, Singapore: Institute of Southeast Asian Studies (ISEAS)

Dies. (Hg., 2001), Industrial Restructuring in East Asia: Towards the 21st Century, Singapore: Institute of Southeast Asian Studies (ISEAS)

Maswood, S. Javed (1994), „Japan and East Asian Regionalism", in: J.L.H. Tan/S. Sudo (Hg.), Japan and the Asia-Pacific, Special Vol. ASEAN Economic Bulletin, 11/1, Singapore: Institute of Southeast Asian Studies (ISEAS), 70-78

Matsuyama, Akira (2003), The Traditional Dietary Culture of South East Asia. Its Formation and Pedigree, London: Kegan Paul

Mattos, José Carlos S./Acosta, María José (2003), Maritime Transport Liberalization and the challenges to further its implementation in Chile, CEPAL Serie Comercio Internacional No. 43, Santiago, Chile: United Nations (www.eclac.cl)

Maull, Hanns W. (1996), „Von Europa lernen? Die Entwicklung einer neuen Sicherheitsarchitektur im ostasiatisch-pazifischen Raum", in: A. Kimmel (Hg.), Vor dem pazifischen Jahrhundert?, Veröffentlichungen der Deutschen Gesellschaft für Politikwissenschaft (DGfP), Bd. 14, Baden-Baden: Nomos

Ders. (2002), „APEC: Its Place in International Relations", in: J. Rüland/E. Manske/W. Draguhn (Hg.), Asia-Pacific Cooperation (APEC). The First Decade, London: RoutledgeCurzon, 16-39

Mayntz, Renate (2002), „Zur Theoriefähigkeit makro-sozialer Analysen", in: R. Mayntz (Hg.), Akteure – Mechanismen – Modelle. Zur Theoriefähigkeit makro-sozialer Analysen, Frankfurt/M.: Campus, 7-43

McCormack, Gavan (2005), „Community and Identity in Northeast Asia: 1930s and Today", in: Japan Focus, 13.4.2005 (japanfocus.org)

McKay, John (2002), „APEC: Successors, Weaknesses, and Future Prospects ", in: Southeast Asian Affairs 2002, Singapore: Institute of Southeast Asian Studies (ISEAS), 42-53

McKinnan, Ronald I./Pill, Huw (1996), „Credible Liberalization and International Capital Flows: The ‚Overborrowing Syndrome'", in: T. Ito/A.O. Krueger (Hg.), Financial Deregulation and Integration in East Asia, National Bureau of Economic Research (NBER), East Asia Seminar on Economics, Vol. 5, Chicago: University of Chicago Press, 7-42

McLeary, Rachel (2002), Religion and Political Economy in an International Panel, National Bureau of Economic Research (NBER) Working Paper No. 8931, Cambridge, MA: NBER

McLeod, Ross H./Garnaut, Ross (Hg., 1998), East Asia in Crisis. From Being a Miracle to Needing One?, London/New York: Routledge

McNeill, David/Selden, Mark (2005), „Asia battles over war history: The legacy of the Pacific War looms over Tokyo's plans for the future", in: Japan Focus, 13.4.2005 (japanfocus.org)

McNicoll, Geoffrey (2005), „Demographic Future of East Asian Regional Integration", in: T.J. Pempel (Hg.), Remapping East Asia: The Construction of a Region, Ithaca, NY: Cornell University Press, 54-74

Meconis, Charles A./Wallace, Michael D. (2000), East Asian Naval Weapons Acquisitions in the 1990s. Causes, Consequences, and Responses, Westport, CT: Praeger

Melko, Matthew (1995), „The Nature of Civilization", in: S.K. Sanderson (Hg.), Civilizations and World-Systems. Studying World-Historical Change, Walnut Creek, CA: Altamira Press, 25-45

Mendl, Wolf (1995), Japan's Asia Policy. Regional Security and Global Interests, London/New York: Routledge

Menkhoff, Thomas (1998), Singapur – ‚Asiatische' Weltstadt zwischen Globalisierung und Revitalisierung autochthoner Kulturmuster, Universität Bielefeld, Fakultät für Soziologie, Forschungsschwerpunkt Entwicklungssoziologie, Working Paper Nr. 300, Bielefeld

Ders. (2002), „Das Wirtschaftsimperium der ethnisch-chinesischen Unternehmen in Südostasien zwischen Kontinuität und Wandel", in: Asiatische Studien, LVI/1, 93-123

Menzel, Ulrich (1993), „Japan und der asiatisch-pazifische Wirtschaftsraum: Tendenzen wachsender Regionalisierung und Hierarchisierung", in: H. W. Maull (Hg.), Japan und Europa: Getrennte Welten?, Schriften des Forschungsinstituts der Deutschen Gesellschaft für Auswärtige Politik e.V., Bonn; Frankfurt/M./New York: Campus, 156-187

Menzel, Ulrich (Hg., 1989), Im Schatten des Siegers, Japan, 4 Bde.: Kultur und Gesellschaft; Staat und Gesellschaft; Ökonomie und Politik; Weltwirtschaft und Weltpolitik, Frankfurt/M.: Suhrkamp

Menzies, Gavin (2003), 1421: The Year China Discovered the World, London: Bantam

Metzger, Thomas A. (1983), „Max Webers Analyse der konfuzianistischen Tradition. Eine Kritik", in: W. Schluchter (Hg.), Max Webers Studie über Konfuzianismus und Taoismus. Interpretation und Kritik, Frankfurt/M.: Suhrkamp, 202-228

Mills, J.V.G. (1970), „Introduction", in: Ma Huan (1433), Ying-yai Sheng-lan (The Overall Survey of the Ocean's Shores), hgg. von Feng Ch'eng-Chün und J.V.G. Mills, Bangkok 1997: White Lotus, 1-66

Milner, Helen V. (1997), „Industries, Governments, and the Creation of Regional Trade Blocs", in: E. D. Mansfield/H. V. Milner (Hg.), The Political Economy of Regionalism, New York: Columbia University Press, 77-106

Dies. (1998), „Regional Economic Cooperation, Global Markets and Domestic Politics: A Comparison of NAFTA and the Maastricht Treaty", in: W.D. Coleman/G.R.D. Underhill (Hg.), Regionalism and Global Economic Integration. Europe, Asia and the Americas, London/New York: Routledge, 19-41

Mittelmann, James H. (1999), „Rethinking the ‚New Regionalism' in the Context of Globalization", in: B. Hettne/A. Inotai/O. Sunkel (Hg.), Globalism and the New Regionalism, London: Macmillan

Modelski, George (1961), „International Relations and Area Studies: The Case of South-East Asia", in: International Relations, 2, 143-155

Ders. (1990), „Review of *J. Abu-Lughod, Before European Hegemony: The World System, A.D. 1250-1350*", in: American Political Science Review, 84/2, 708-709

Möller, Kay (2002), Pacific Sunset. Vom vorzeitigen Ende des ostasiatischen Jahrhunderts, Studie der Stiftung Wissenschaft und Politik (SWP), Berlin: SWP

Mols, Manfred (1996a), Integration und Kooperation in zwei Kontinenten. Das Streben nach Einheit in Lateinamerika und in Südostasien, Stuttgart: Franz Steiner Verlag

Ders. (1996b), „Auf dem Weg zu einer Pazifischen Gemeinschaft? – Formen regionaler Zusammenarbeit", in: A. Kimmel (Hg.), Vor dem pazifischen Jahrhundert?, Veröffentlichungen der Deutschen Gesellschaft für Politikwissenschaft (DGfP), Bd. 14, Baden-Baden: Nomos

Ders. (2000a), „Die Asienkrise: Manifeste und latente Züge, internationale Auswirkungen und die Rolle von APEC und ASEAN, in: J. Dosch/J. Faust (Hg.), Die ökonomische Dynamik politischer Herrschaft: das pazifische Asien und Lateinamerika, Opladen: Leske + Budrich, 255-283

Ders. (2000b), „In the National Interest: Australian Foreign Policy at the Turn of the Century", in: J. Dosch/M. Mols (Hg.), International Relations in the Asia-Pacific. New Patterns of Power, Interest, and Cooperation, Münster/New York: Lit/St. Martin's Press, 243-263

Morris-Suzuki, Tessa (1989), A History of Japanese Economic Thought, London: Routledge/Nissan Institute for Japanese Studies

Morrison, Charles E. (1992), „Japan and the ASEAN Countries: The Evolution of Japan's Regional Role", in: T. Inoguchi/D. I. Okimoto (Hg.), The Political Economy of Japan, Vol. 2: The Changing International Context, Stanford, CA: Stanford University Press, 414-445

Ders. (1998), „Asia-Pacific Regionalism and US policy toward Regulatory Regime-building in the Region", in: J. v. Scherpenberg/E. Thiel (Hg.), Towards Rival Regionalism? US and EU Regional Regulatory Regime-building, Baden-Baden: Nomos, 123-145

Moulder, Frances (1979), Japan, China, and the Modern World- Economy, Cambridge: Cambridge University Press.

Müller, Hans-Peter (1996), „Kulturelle Gliederung der Entwicklungsländer", in: Ders. (Hg.), Weltsystem und kulturelles Erbe: Gliederung und Dynamik der Entwicklungsländer aus ethnologischer und soziologischer Sicht, Berlin: Reimer, 81-138

Müller, Hans-Peter/Kock, Claudia/von Ditfurth, Anna (1991), Kulturelles Erbe und Entwicklung: Indikatoren zur Bewertung des sozio-kulturellen Entwicklungsstandes. Forschungsberichte des Bundesministeriums für wirtschaftliche Zusammenarbeit, Bd. 98, München: Weltforum

Müller, Hans-Peter/Kock, Claudia/Seiler-Schiedt, Eva/Arpagaus, Brigitte (1999), Atlas vorkolonialer Gesellschaften. Sozialstrukturen und kulturelles Erbe der Staaten Afrikas, Asiens und Melanesiens, Berlin: Reimer

Mukundan, Pottengal (2004), „The Scourge of Piracy in Southeast Asia — Any Improvements in 2004?", in: Political and Security Outlook 2004: Maritime Terrorism and Piracy, Trends in Southeast Asia Series, 3, Singapore: Institute of Southeast Asian Studies (ISEAS), 9-18

Mulder, Niels (2003), Southeast Asian Images. Towards Civil Society?, Chiang Mai: Silkworm

Mulle, Michael C. (2003), „Business Involvment in APEC", in: R. E. Feinberg (Hg.), APEC as an Institution. Multilateral Governance in the Asia-Pacific, Singapore: Institute of Southeast Asian Studies (ISEAS), 199-214

Munakata, Naoko (2001), Evolution of Japan's Policy Toward Economic Integration, Paper – Preliminary Version, Tokyo: Research Institute of Economy, Trade and Industry (RIETI)

Dies. (2002a), Talking Regional, Acting Bilateral – Reality of ‚FTA Race' in East Asia, Tokyo: RIETI (www.rieti.go.jp) (Original in Japanisch erschien am 29.11.2002 in Jiji Top Confidential, Tokyo)

Dies. (2002b), Whither East Asian Economic Integration?, Research Institute of Economy, Trade and Industry (RIETI) Discussion Paper Series 02-E-007, Tokyo: RIETI (www.rieti.go.jp)

Dies. (2004), Regionalization and Regionalism: The Process of Mutual Interaction, Research Institute of Economy, Trade and Industry (RIETI) Discussion Paper Series 04-E-006, Tokyo: RIETI (www.rieti.go.jp)

Mundell, Robert A. (1997), „Forum on Asian Fund", in: Capital Trends, 2, 13

Murase, Tetsuji (2002), A Zone of Asian Monetary Stability, Canberra: Asia Pacific Press

Murray, Martin J. (1980), The Development of Capitalism in Colonial Indochina (1870-1940), Berkeley: University of California Press

Muscat, Robert (1994), The Fifth Tiger: A Study of Thai Development Policy, Armonk, NY: M.E. Sharpe

Myers, Ramon H./Peattie, Mark R. (1984), The Japanese Colonial Empire 1895 - 1945, Princeton, NJ: Princeton University Press

Myers, Ramon H./Wang, Yeh-chien (2002), „Economic Developments, 1644-1800", in: W.J. Peterson (Hg.), The Cambridge History of China, Vol. 9: The Ch'ing Empire to 1800, Part 1, Cambridge: Cambridge University Press, 563-645

Myoshi, Masao/Harootunian, Harry D. (Hg., 1993), Japan in the World, Durham/London: Duke University Press

Nabers, Dirk (2003), „The Social Construction of International Institutions: The Case of ASEAN + 3", in: International Relations of the Asia-Pacific, 3, 113–136

Nagai, Fumio (2001), Thailand's Attitude toward Trade Liberalization: In the Context of the ASEAN Free Trade Area (AFTA), Institute of Developing Economies (IDE) APEC Study Center Working Paper Series 00/01 – No. 3, Chiba: IDE, www.ide.go.jp

Dies. (2002), Thailand's Trade Policy: WTO Plus FTA?, Institute of Developing Economies (IDE) APEC Study Center Working Paper Series 01/02 – No. 6, Chiba: IDE, www.ide.go.jp

Najita, Tetsuo (1993), „Japan's Industrial Revolution in Historical Perspective", in: M. Myoshi/H. D. Harootunian (Hg.), Japan in the World, Durham/London: Duke University Press, 13-30

Nakai, Nobuhiko/McClain, James L. (1991), „Commercial Change and Urban Growth in Early Modern Japan", in: J.W. Hall (Hg.), The Cambridge History of Japan, Vol. 4: Early Modern Japan, Cambridge: Cambridge University Press, 519-595

Nam, Young-Sook/Lee, Chang-Soo/Jee, Mansoo/Cheong, Inkyo (2003), Economic Effects of Korea-China FTA, Korea Institute for International Economic Policy (KIEP), Seoul: KIEP (www.kiep.go.kr; in Koreanisch, mit englischem Executive Summary)

Narine, Shaun (1997), „ASEAN and the ARF: The Limits of the ‚ASEAN Way'‚", in: Asian Survey, 37/10, 961-978

Ders. (2004), Explaining ASEAN: Regionalism in Southeast Asia: Boulder, CO: Lynne Rienner

Ders. (2005), „State Sovereignty, Political Legitimacy and Regional Institutionalism in the Asia-Pacific", in: Pacific Review, 17/3, 423-450

Nasution, Anwar (2000), „The Meltdown of the Indonesian Economy. Causes, Responses and Lessons", in: ASEAN Economic Bulletin, 17/2, 148-162

Natalegawa, Marty M. (2005), ASEAN+3 versus the East Asia Summit (8.2.2005; www.home. indonesian-embassy.or.jp)

National Institute for Research Advancement (NIRA, 1998), Energy, Security, and the Future of Northeast Asia, NIRA Research Output 11/1, 1998, Tokyo: NIRA (www.nira.go.jp)

Dass. (2001), The Challenge to Establish a Northeast Asian Union for Energy and Environment Cooperation, Tokyo: NIRA (www.nira.go.jp)

Dass. (2003), Grand Design for Northeast Asia. Scenario for Development and Coexistence, Tokyo: NIRA (www.nira.go.jp)

Naughton, Barry (1999), „China: Domestic Restructuring and a New Role in Asia", in: T. J. Pempel (Hg.), The Politics of the Asian Economic Crisis, Ithaca, NY: Cornell University Press, 203-223

Naughton, Tony (1999), „The Role of Stock Markets in the Asia-Pacific Region", in: Asian-Pacific Economic Literature, 13/1, 22-35

Needham, Joseph (1954), Science and Civilisation in China, Vol. 1: Introductory Orientations, Cambridge: Cambridge University Press

Nesadurai, Helen (2003), „The Political Economy of the ASEAN Free Trade Area (AFTA): An Attempt at Developmental Regionalism", in: Third World Quarterly, 24/2, 235 – 253

Neven, Damien J./Röller, Lars-Hendrik (1991), „European Integration and Trade Flows", in: European Economic Review, 35/6

Nishijima, Sadao (1986), „The Economic and Social History of Former Han", in: D. Twitchett/M Loewe (Hg.), The Cambridge History of China, Vol. 1: The Ch'in and Han Empires, 221 BC– AD 220, Cambridge: Cambridge University Press, 545-607

Noordin, Sopiee (1996), EAEC: Fact and Fiction, Kuala Lumpur: Institute of Strategic and International Studies (ISIS)

Nothofer, Bernd (1999), „Die Sprachen Südostasiens", in: B. Dahm/R. Ptak (Hg.), Südostasien-Handbuch, München: Beck, 66-76

Nye, Joseph S. (1968), „Comparative Regional Integration: Concept and Measurement", in: International Organization, 22/4, 855-880

Ders. (1969), „United States Policy Toward Regional Organization", in: International Organization, 23/3, 719-740

Ders. (1971), „Comparing Common Markets: A Revised Neo-Functionalist Model", in: L.N. Lindberg/S.A. Scheingold (Hg., 1971), Regional Integration. Theory and Research, Cambridge, MA: Harvard University Press, 192-231

Oaku, Yuji (1998), „Der Begriff ‚Asien' aus japanischer Sicht", in: Japanstudien. Jahrbuch des Deutschen Instituts für Japanstudien der Philipp-Franz-von-Siebold-Stiftung, Tokyo, Band 10, München: Iudicium Verlag, 27-31

Obinger, Herbert (2001), „Demokratie und Wirtschaftswachstum. Theoretische Ansätze und empirische Befunde des quantitativen internationalen Vergleiches", in: Zeitschrift für internationale Beziehungen, 8/2, 312-344

Özden, Çaglar/Schiff, Maurice (Hg., 2006), International Migration, Remittances, and the Brain Drain, Washington, D.C./Basingstoke: World Bank/Palgrave Macmillan

Oga, Toru (2003), The Emergence of Asian Network Powers: The Japanese Firms Keiretsu and Oversea Chinese, Paper presented at the 3. International Convention of Asia Scholars (ICAS), 19-22 August 2003, National University Singapore; Singapore

Ders. (2004), „Rediscovering Asianness: The Role of Institutional Discourses in APEC, 1989-97", in: International Relations of the Asia-Pacific, 4, 287-317

Ohmae, Kenichi (1985), Triad Power. The Coming Shape of Global Competition, New York: Free Press (dt. 1985, Die Macht der Triade. Die neue Form des weltweiten Wettbewerbs, Wiesbaden)

Ohno, Kenichi (2002), The East Asian Experience of Economic Development and Cooperation, Paper Prepared for the Research Institute of Economy, Trade and Industry (RIETI) International Symposium „Asian Economic Integration: Current Status and Future Prospects", April 22-23, 2002, Tokyo, Japan (www.rieti.go.jp)

Okamoto, Jiro (2002), Seeking Multilateralism Friendly FTAs: The Research Agenda, Institute of Developing Economies (IDE) APEC Study Center Working Paper Series 01/02 – No. 1, Chiba: IDE (www.ide.go.jp)

Okazaki, Hisahiko (1992), „Japan's Role in East Asian Economic Cooperation", in: S. H. Park (1994), Japan's Economic Role in the Dynamic Growth of Asian Economies: A Summary of Issues, Papers in Japanese Studies No. 19, Department for Japanese Studies, National University of Singapore (NUS), Singapore: NUS, 45-51

Okazaki, Takashi (1993), „Japan and the Continent", in: D.M. Brown (Hg.), The Cambridge History of Japan, Vol. 1: Ancient Japan, Cambridge: Cambridge University Press, 268-316

Oman, Charles (1994), Globalisation and Regionalisation: The Challenge for Developing Countries, Paris: OECD Development Centre

Ong Keng Yong (2005), „Achieving Security: The ASEAN Way", in: Pointer. Journal of the Singapore Armed Forces, 31/1 , 1-15

Opitz, Peter J. (1986), „China und die Welt", in: Ostasien-Ploetz, Freiburg/Würzburg: Ploetz, 11-25

Osterhammel, Jürgen (1989), China und die Weltgesellschaft. Vom 18. Jahrhundert bis in unsere Zeit, München: Beck

Ders. (1999), „China", in J.M. Brown/W.R Louis (Hg.), The Oxford History of the British Empire, Vol. IV: The Twentieth Century, Oxford: Oxford University Press, 643-666

Otto, Carsten (2000), „,International Regimes' in the Asia-Pacific? The Case APEC", in: J. Dosch/M. Mols (Hg.), International Relations in the Asia-Pacific. New Patterns of Power, Interest, and Cooperation, Münster/New York: Lit/St. Martin's Press, 39-66

Owada, Hisashi (1994), „Japan and the Asia-Pacific Region", in: A. Clesse/R. Cooper/Y. Sakamoto (Hg.), The International System after the Collapse of the East-West Order, Dordrecht: Nijhoff, 570-587

Owen, Norman G. (1999), „Economic and Social Change", in: N. Tarling (Hg.), The Cambridge History of Southeast Asia, Vol. 2, Part 2: From World War II to the present, Cambridge: Cambridge University Press, 139-200

Owen, Norman G. (Hg., 2005), The Emergence of Modern Southeast Asia, Honolulu: University of Hawai'i Press

Ozeki, Erino (1994), „Ethnic Relations Between Chinese Employers and Filipina Maids in Hong Kong: On the Emergent Aspect of the Relationship and its Effects on Boundary Maintenance", in: Kyoto Journal of Sociology, 2 (www.socio.kyoto-u.ac.jp)

Paal, Dougal H. (2001), President Bush's Visit to APEC in China: A Changed Agenda After September 11, New York: Asia Society

Padelford, Norman J. (1954), „Regional Organisation and the United Nations", in: International Organization, 8/2, 203-216

Padoan, Pier Carlo (1997a), Technology Accumulation and Diffusion: Is There a Regional Dimension?, World Bank Policy Research Working Paper No. 1781 (www.worldbank.org)

Ders. (1997b), „Regional Agreements as Clubs", in: E. D. Mansfield/H. V. Milner (Hg.), The Political Economy of Regionalism, New York: Columbia University Press, 107-133

Palac-McMiken, Evanor D. (1997), „An Examination of ASEAN Stock Markets. A Cointegration Approach", in: ASEAN Economic Bulletin, 13/3, 299-311

Palat, Ravi Arvind (1993), „The Making and Unmaking of Pacific-Asia", in: R. A. Palat (Hg.), Pacific-Asia and the Future of the World-System, Westport/London: Greenwood Press, 3-20

Palat, Ravi Arvind (Hg., 1993), Pacific-Asia and the Future of the World-System, Westport/London: Greenwood Press

Palmujoki, Eero (2002), Regionalism and Globalism in Southeast Asia, Basingstoke/New York: Palgrave

Panagariya, Arvind (1994), „East Asia and the New Regionalism in World Trade", in: The World Economy, 17

Ders. (1999), „Should East Asia Go Regional?", in: A. Panagariya, Regionalism in Trade Policy. Essays on Preferential Trading, Singapore: World Scientific, 115-151

Pangestu, Mari E. (2003), „APEC Should Go Back to Basic Vision and Goals", in: Jakarta Post, 29.10.2003

Pangestu, Mari/Gooptu, Sudarshan (2003), „New Regionalism: Options for China and East Asia", in: East Asia Integrates: A Trade Policy for Shared Growth, Washington, D.C.: World Bank (www.worldbank.org/eaptrade), 79-99

Panitchpakdi, Supachai/Clifford, Mark L. (2002), China and the WTO. Changing China, Changing World Trade, Singapore: Wiley Asia

Paribatra, Sukhumbhand (2000), Keynote Address on „APEC: An Organization for Dynamic Cooperation" at a Seminar on „APEC Update 2000: The Role of Institutions in Support of APEC", organized by the APEC Study Center of Thailand, 1.9.2000, Bangkok (www.apec2003.org)

Park, Seong H. (1994), Japan's Economic Role in the Dynamic Growth of Asian Economies: A Summary of Issues, Papers in Japanese Studies No. 19, Department for Japanese Studies, National University of Singapore (NUS), Singapore: NUS

Park, Yung Chul/Urata, Shujiro/Cheong, Inkyo (2005), The Political Economy of the Proliferation of FTAs, Paper prepared for presentation at the PAFTAD 30 meeting in Honolulu, Hawaii, February 19-21, 2005

Parnwell, Michael J.G. (1999), „Naturraum und Geographie", in: B. Dahm/R. Ptak (Hg.), Südostasien-Handbuch, München: Beck, 23-33

Parrenas, Caesar (1989), ASEAN im Kräftefeld der Großmächte, Frankfurt/M.: Lang

Pascha, Werner (2000), „Financial Cooperation and Integration in Pacific Asia: The Role of Multilateral and Regional Organisations", in: V. Blechinger/J. Legewie (Hg.), Facing Asia – Japan's Role in the Political and Economic Dynamism of Regional Cooperation, München: Iudicium Verlag, 263-284

Ders. (2002), „Japan's Role in APEC: Wavering or Leading From Behind?", in: J. Rüland/E. Man-ske/W. Draguhn (Hg.), Asia-Pacific Cooperation (APEC). The First Decade, London: RoutledgeCurzon, 153-183

Pasuk, Phongpaichit/Baker, Chris (1995), Thailand. Economy and Politics, Oxford: Oxford University Press/Asia Books

Dies. (2004), Thaksin: The Business of Politics in Thailand, Chiang Mai: Silkworm

Pearson, Richard (2001), „Archaeological Perspectives on the Rise of the Okinawan State", in: Journal of Archaeological Research, 9/3, 243-285

Peitz, Martina (2005), Tigersprung des Elefanten: Rentseeking, Nation-Building und nachholende Entwicklung in Thailand, Dissertation Universität Zürich

Pempel, T. J. (1977), „Japanese Foreign Economic Policy: The Domestic Bases for International Behavior", in: International Organization, 31/4, 723-774

Ders. (1997), „Transpacific Torii: Japan and the Emerging Asian Regionalism", in: P. Katzenstein/T. Shiraishi (Hg.), Network Power. Japan and Asia, Ithaca, NY: Cornell University Press, 47-82

Ders. (1998), Regime Shift: Comparative Dynamics of the Japanese Political Economy, Ithaca, NY: Cornell University Press

Ders (1999), „Regional Ups, Regional Downs", in: T. J. Pempel (Hg.), The Politics of the Asian Economic Crisis, Ithaca, NY: Cornell University Press, 62-78

Ders. (2002), Rethinking the Models: Asian Political Economies Under Scrut, Paper presented to the International Conference „Discourses on Political Reform and Democratization in East and Southeast Asia in the Light of New Processes of Regional Community-Building", University of Duisburg, 22.-24. May 2002, Duisburg

Ders. (2003), „Macro-Economic Stasis, Micro-Economic Dynamism" – Japan's Economic Model under Challenge, Paper presented at the 3. International Convention of Asia Scholars (ICAS), 19-22 August 2003, Panel on *Corporate „Reforms" in Asia: Globalization, Regionalization or National Continuity* (Org. T.J. Pempel), National University Singapore; Singapore

Ders. (2005a), „Emerging Webs of Regional Connectedness", in: Ders. (Hg.), Remapping East Asia: The Construction of a Region, Ithaca, NY: Cornell University Press, 1-28

Ders. (2005b), „Tentativeness and Tensions in the Construction of the Asian Region", in: Ders. (Hg.), Remapping East Asia: The Construction of a Region, Ithaca, NY: Cornell University Press, 256-275

Pempel, T. J. (Hg., 1999), The Politics of the Asian Economic Crisis, Ithaca, NY: Cornell University Press

Ders. (Hg., 2005), Remapping East Asia: The Construction of a Region, Ithaca, NY: Cornell University Press

Pempel, T.J./Urata, Shujiro (2004), „Japan: A New Move Toward Bilateral Trade Agreements", erscheint in: V. Aggarwal (Hg.), Bilateral Trade Arrangements in the Asia-Pacific: Origins, Evolution, and Implications, London/New York: Routledge

Peng, Dajin (2002), „Invisible Linkages: A Regional Perspective of East Asia Political Economy", in: International Studies Quarterly, 46, 423-447

Peng, Shin-yi (2000), „The WTO Legalistic Approach and East Asia: From the Legal Culture Perspective", in: Asian-Pacific Law and Policy Journal, 13, 1-34

Pereira, Alexius A. (2003), State Collaboration and Development Strategies in China: The Case of the China-Singapore Suzhou Industrial Park (1992-2002), London: RoutledgeCurzon

Peterson, Charles A. (1983), „Old Illusions and New Realities: Sung Foreign Policy, 1217-1234", in: M. Rossabi (Hg.), China among Equals. The Middle Kingdom and its Neighbors, 10th – 14th Centuries, Berkeley: California University Press, 204-239

Peterson, William J. (2002), „Introduction: New Order for the Old Order", in: W.J. Peterson (Hg.), The Cambridge History of China, Vol. 9: The Ch'ing Empire to 1800, Part 1, Cambridge: Cambridge University Press, 1-8

Petri, Peter (1993), „The East Asian Trading Bloc: An Analytical History", in: J. A. Frankel/M. Kahler (Hg.), Regionalism and Rivalry: Japan and the U.S. in Pacific Asia, Chicago: University of Chicago Press, 21-52

Ders. (1997), „Measuring and Comparing Progress in APEC", in: ASEAN Economic Bulletin, 14/1, 1-13

Ders. (2000), „APEC and the Millennium Round", in: I. Yamazawa (Hg.), Asia Pacific Economic Cooperation (APEC). Challenges and Tasks for the Twenty-first Century, London/New York: Routledge, 98-116

Petrov, Leonid (2004), „Restoring the Glorious Past: North Korean Juche's Historiography and Koguryo", in: Review of Korean Studies, 7/3, 231-252

Pfennig, Werner (Hg.,1991), Contours of a New World. Changes in Asia and Europe since 1989, Manila: F. Naumann Foundation and National Institute for Policy Studies

Pham, Huy Thong (1990), Dong Son Drums in Vietnam, Hanoi: Vietnam Social Science Publishing House

Pierson, Paul (2000): Increasing Returns, Path Dependence, and the Study of Politics, in: American Political Science Review, 94/2, 251-267

Piper, Nicola/Ball, Rochelle (2001), „Globalisation of Asian Migrant Labour: The Philippine-Japan Connection", in: Journal of Contemporary Asia, 31/4, 533-554

Plummer, Michael G./Iboshi, Pearl Imada (1994), „Economic Implications of NAFTA for ASEAN Members", in: ASEAN Economic Bulletin, 11/2, 158-175

Pohlmann, Markus (2002), Der Kapitalismus in Ostasien. Südkoreas und Taiwans Wege ins Zentrum der Weltwirtschaft, Münster: Westfälisches Dampfboot

Pollard, Vincent K. (1970), „ASA and ASEAN, 1961-1967: Southeast Asian Regionalism", in: Asian Survey, 10/3, 244-255

Pomfret, Richard (2001), The Economics of Regional Trading Arrangements, Oxford: Oxford University Press

Pongsudhirak, Thitinan (2003a), „APEC – Forum in Search of a New Role", in: Bangkok Post, 18.10.2003

Ders. (2003b), „Hidden costs, lost opportunities", in: Bangkok Post, 31.10.2003

Poon, Jessie P.H. (1997), „The Cosmopolitanization of Trade Regions: Global Trends and Implications, 1965-1990", in: Economic Geography, 73, 390-404

Poon, Jessie P.H./Thompson, Edmund R./Kelly, Philip F. (2000), „Myth of the Triad? The Geography of Trade and Investment ,Blocs'", in: Transactions of the Institute of British Geographers, 25, 427-444

Pratt, Keith L. (1980), „Politics and Culture within the Sinic Zone: Chinese Influence on Medieval Korea", in: Korea Journal, 20/6, 15-29

Preston, Peter (1998), Pacific Asia in the Global System, Oxford: Blackwell

Ptak, Roderich (1999a), China's Seaborne Trade with South and Southeast Asia (1200–1750), Aldershot: Ashgate

Ders. (1999b), „Südostasiens allmähliche Einbindung in die Weltwirtschaft", in: B. Dahm/R. Ptak (Hg.), Südostasien-Handbuch, München: Beck, 112-140

Puchala, Donald J. (1970), „International Transaction and Regional Integration", in: International Organization, 24/4, 732-763

Pupphavesa, Wisarn (1995), „AFTA, APEC, and WTO: The Interlocking Pieces", in: M.E. Everett/M. A. Sommerville (Hg.), Multilateral Activities in South East Asia, Washington, D.C.: National Defense University Press

Pupphavesa, Wisarn/Grewe, Maureen (1994), „AFTA and NAFTA: Complementing or Competing?", in: S.Y. Chia (Hg.), APEC: Challenges and Opportunities, Singapore: Institute of Southeast Asian Studies (ISEAS), 175-194

Qin, Yaqing (2003), „Nation Identity, Strategic Culture and Security Interests: Three Hypotheses on the Interaction between China and International Society", in: Shanghai Institute for International Studies (SIIS) Journal, 2, SIIS (www.siis.org.cn)

Radelet, Steven/Sachs, Jeffrey D. (1997), „Asia's Reemergence", in: Foreign Affairs, 76/6, 44-59

Rahim, Lily Zubaidah (1997), „The Resurgence of Cultural Nationalism in Asia", in: International Institute for Asian Studies (IIAS) Newsletter 13, 1997

Rahusen-De Bruyn Kops, Henriette (2002), „Not Such an ‚Unpromising Beginning': The First Dutch Trade Embassy to China, 1655–1657", in: Modern Asian Studies, 36/3, 535-578

Rajan, Ramkishen S. (2000), Examining the Case for an Asian Monetary Fund, ISEAS Visiting Researchers Series No. 3, Singapore: ISEAS

Ders. (2005), „Trade Liberalization and the New Regionalism in the Asia-Pacific: Taking Stock of Recent Events", in: International Relations of the Asia-Pacific, 5/2, 217–233

Rajan, Ramkishen S./Sen, Rahul (2002), The Japan-Singapore „New Age" Economic Partnership Agreement: Background, Motivation and Implications, Institute of Policy Studies (IPS) Working Paper No. 13, Singapore: IPS

Rajan, Ramkishen S./Sen, Rahul/Siregar, Reza Yamora (2001), Singapore and Free Trade Agreements: Economic Relations with Japan and the United States, Singapore: ISEAS

Rallu, Jean Louis (2001), „Migration Trends in the Asia Pacific and the Asian Crisis", in: B. Edström (Hg.), Interdependence in Asia Pacific, Stockholm: Swedish Institute of International Affairs/Center for Pacific Asia Studies, Stockholm University, 1-26

Ramasami, Bala (1995), „Trade Diversion in an ASEAN Free Trade Area", in: ASEAN Economic Bulletin, 12/1, 10-17

Rauch, James E./Trindade, Vitor (1999), Ethnic Chinese Networks in International Trade, National Bureau of Economic Research (NBER) Working Paper No. W7189, Cambridge, MA: NBER (www.nber.org)

Ravenhill, John (1999a), „The Asia-Pacific", in: B. Hocking/S. McGuire (Hg.), Trade Politics. International, Domestic and Regional Perspectives, London/New York: Routledge, 261-274

Ders. (1999b), „APEC and the WTO: Which Way Forward for Trade Liberalization?", in: Contemporary Southeast Asia, 21/2, 220-237

Ders. (2000) „APEC Adrift: Implications for Economic Regionalism in Asia and the Pacific", in: The Pacific Review 13/2, 319-333

Ders. (2002a), APEC and the Construction of Pacific Rim Regionalism, Cambridge: Cambridge University Press

Ders. (2002b), Japan's Policies Towards the Asia-Pacific Region: Continuities Amidst Change?, Center for Japanese Research Paper, University of British Columbia, March 2002

Ders. (2002c), „A Three Bloc World? The New East Asian Regionalism", in: International Relations of the Asia-Pacific, 2, 167-195

Régnier, Philippe (2003), „Economic Cooperation in East Asia: Revisiting Regional Concepts and the Subregional Case of ASEAN", in: F. Liu/P. Régnier (Hg.) Regionalism in East Asia: Paradigm Shifting?, London: RoutledgeCurzon, 52-67

Reid, Anthony (1988), Southeast Asia in the Age of Commerce, 1450-1680, Vol. 1: The Lands Below the Winds, New Haven: Yale University Press/Chiang Mai: Silkworm

Ders. (1993), Southeast Asia in the Age of Commerce, 1450-1680, Vol. 2: Expansion and Crisis, New Haven: Yale University Press/Chiang Mai: Silkworm

Ders. (1999a), „Economic and Social Change, c. 1400-1800", in: N. Tarling (Hg.), The Cambridge History of Southeast Asia: From c. 1500 to c. 1800, Cambridge: Cambridge University Press, 116-163

Ders. (1999b), „The Islamization of Southeast Asia", in: ders., Charting the Shape of Modern Southeast Asia, Chiang Mai: Silkworm, 15-38

Ders. (1999c), „Chams in the Southeast Asian Maritime System", in: ders., Charting the Shape of Modern Southeast Asia, Chiang Mai: Silkworm, 39-55

Ders. (1999d), „The Rise and Fall of Sino-Javanese Shipping", in: ders., Charting the Shape of Modern Southeast Asia, Chiang Mai: Silkworm, 56-84

Ders. (1999e), „Documenting the Rise and Fall of Ayudhya as a Regional Trade Centre", in: ders., Charting the Shape of Modern Southeast Asia, Chiang Mai: Silkworm, 85-99

Ders. (1999f), „The Rise of Makasar", in: ders., Charting the Shape of Modern Southeast Asia, Chiang Mai: Silkworm, 100-125

Ders. (1999g), „Early Southeast Asian Categorization of Europeans", in: ders., Charting the Shape of Modern Southeast Asia, Chiang Mai: Silkworm, 155-180

Ders. (1999h), „Slavery and Bondage in Southeast Asian History", in: ders., Charting the Shape of Modern Southeast Asia, Chiang Mai: Silkworm, 181-216

Ders. (1999i), „The Origins of Southeast Asian Poverty", in: ders., Charting the Shape of Modern Southeast Asia, Chiang Mai: Silkworm, 217-234

Ders. (1999j), „Changing Perceptions of the ‚Hermit Kingdoms' of Asia", in: ders., Charting the Shape of Modern Southeast Asia, Chiang Mai: Silkworm, 235-245

Ders. (1999k), „‚Heaven's Will and Man's Fault': The Rise of the West as a Southeast Asian Dilemma", in: ders., Charting the Shape of Modern Southeast Asia, Chiang Mai: Silkworm, 246-271

Ders. (2006), Hybrid Identities in the Fifteenth-Century Straits of Malacca, Asia Research Institute Working Paper Series 67, Singapore: Asia Research Institute, National University of Singapore

Reid, Anthony/Marr, D. (Hg., 1970), Perceptions of the Past in Southeast Asia, Singapore: Heinemann

Reischauer, Edwin O./Fairbank, John K. (1960), East Asia: The Great Tradition, Boston: Houghton Mifflin Company

Rhee, Yeongseop (2004), „East Asian Monetary Integration: Destined to Fail?", in: Social Science Japan Journal, 7/1, 83-102

Rice, Condoleezza (2003), „America's Robust Engagement With Asia", in: International Herald Tribune, 24.10.2003

Richardson, Michael (2003), „Anxiety in Asia as Trade Protectionism Rises in the US", YaleGlobal Online, www.yaleglobal.yale.edu (9.10.2003)

Ders. (2004a), „Terrorism: The Maritime Dimension", in: Political and Security Outlook 2004: Maritime Terrorism and Piracy, Trends in Southeast Asia Series, 3, Singapore: Institute of Southeast Asian Studies (ISEAS), 1-7

Ders. (2004b), „As Asia Navies Grow, Fears of Broader Arms Race Mount", in: International Herald Tribune, 21.1.1994

Ders. (2005), „Australia-Southeast Asia Relations and the East Asian Summit", in: Australian Journal of International Affairs, 59/3, 351-365

Richter, Frank-Jürgen/Mar, Pamela (2002), „Prospects for an Asian Nafta", in: Far Eastern Economic Review, 18.4.2002 (www.feer.com)

Robles, Alfredo C. (2004), The Political Economy of Interregional Relations: ASEAN and the EU, Aldershot: Ashgate

Rodríguez, Ronald A. (2004), Understanding the Political Motivations Behind Japan's Pursuit of an EPA with the Philippines: Considerations for the Philippine Side, Philippine Institute for Development Studies (PIDS) Discussion Paper Series No. 2004-09, Makati City: PIDS (www.pids.gov.ph)

Rodrik, Dani (1994), King Kong Meets Godzilla: The World Bank and The East Asian Miracle", CEPR Discussion Paper No. 944, London

Ders. (1995), „Getting Interventions Right: How South Korea and Taiwan Grew Rich", in: Economic Policy, 10/20, 53-107

Rokkan, Stein (1975), „Dimensions of State Formation and Nation-Building: A Possible Paradigm for Research on Variations within Europe", in: C. Tilly (Hg.), The Formation of National States in Western Europe, Princeton/NJ: Princeton University Press, 562-600

Rosner, Erhard (1989), „Mongolen auf dem chinesischen Kaiserthron", in: A. Eggebrecht (Hg.), Die Mongolen und ihr Weltreich, Mainz: Zabern, 117-143

Ross, Robert S. (1999), „The Geography of Peace: East Asia in the Twenty-First Century", in: International Security, 23/4, 81-118

Rossabi, Morris (1983), „Introduction", in: M. Rossabi (Hg.), China among Equals. The Middle Kingdom and its Neighbors, 10th – 14th Centuries, Berkeley: California University Press, 1-13

Ders. (1994), „The Reign of Khubilai Khan", in: H. Franke/D. Twitchett (Hg.), The Cambridge History of China, Vol. 6: Alien Regimes and Border States, 907-1368, Cambridge: Cambridge University Press, 414-489

Ders. (1998), „The Ming and Inner Asia", in: D. Twitchett/F.W. Mote (Hg.), The Cambridge History of China, Vol. 8: The Ming-Dynasty, 1369-1644, Part 2, Cambridge: Cambridge University Press, 221-271

Roux, Jean-Paul (1993), Histoire de l'empire mongol, Paris: Fayard

Rozman, Gilbert (1991a), „The East Asian Region in Comparative Perspective", in: G. Rozman (Hg.), The East Asian Region: Confucian Heritage and its Modern Adaptation. Princeton, NJ: Princeton University, 3-42

Ders. (1991b), „Comparisons of Modern Confucian Values in China and Japan", in: G. Rozman (Hg.), The East Asian Region: Confucian Heritage and its Modern Adaptation. Princeton, NJ: Princeton University, 157-203

Ders. (1998), „Northeast China: Waiting for Regionalism", in: Problems of Post-Communism, 45/4, 3-14

Ders. (2004), Northeast Asia's Stunted Regionalism: Bilateral Distrust in the Shadow of Globalization, Cambridge: Cambridge University Press

Rozman, Gilbert (Hg., 1991), The East Asian Region: Confucian Heritage and its Modern Adaptation. Princeton, NJ: Princeton University

Rudner, Martin (1995), „APEC: The Challenges of Asia Pacific Economic Cooperation", in: Modern Asian Studies, 29/2, 403-437

Rüland, Jürgen (1998), Politische Systeme in Südostasien, Landsberg: Olzog

Des. (2000), „Thailand: Finanzkrise und politische Transformation", in: J. Dosch/J. Faust (Hg.), Die ökonomische Dynamik politischer Herrschaft: das pazifische Asien und Lateinamerika, Opladen: Leske + Budrich, 189-212

Ders. (2002), „APEC, ASEAN and EAEC – A Tale of Two Cultures", in: J. Rüland/E. Manske/W. Draguhn (Hg.), Asia-Pacific Cooperation (APEC). The First Decade, London: RoutledgeCurzon, 40-71

Rüland, Jürgen/Manske, Eva/Draguhn, Werner (Hg., 2002), Asia-Pacific Cooperation (APEC). The First Decade, London: RoutledgeCurzon

Rugman, Alan M./Boyd, Gavin (Hg., 1999), Deepening Integration in the Pacific Economies: Corporate Alliances, Contestable Markets and Free Trade, Cheltenham: Elgar

Saavedra-Rivano, Neantro/Hosono, Akio/Stalling, Barbara (Hg., 2001), Regional Integration and Economic Development, London: Palgrave

Sakai, Robert K. (1968), „The Ryukyu (Liu-ch'iu) Islands as a Fief of Satsuma", in: J.K. Fairbank (Hg.), The Chinese World Order: Traditional China's Foreign Relations, Cambridge, MA: Harvard University Press, 112-134

Sakamoto, Yoshikazu (1994), „The Role of Japan in the Future International System", in: A. Clesse/R. Cooper/Y. Sakamoto (Hg.), The International System after the Collapse of the East-West Order, Dordrecht: Nijhoff, 555-569

Sandholtz, Wayne (1993), „Choosing Union: Monetary Politics and Maastricht", in: International Organization, 47/1, 1-39

Santiago, Joseph Sedfrey S. (1995), „A Postscript to AFTA's False Start. The Loss of Sovereignty Issue", in: ASEAN Economic Bulletin, 12/1, 18-28

Sapir, André (1990), „Does 1992 Come Before or After 1990? On Regional versus Multilateral Integration", in: R. Jones/A.O. Krueger (Hg.), The Political Economy of International Trade. Essays in Honor of Richard Baldwin, Oxford: Blackwell

Ders. (1992), „Regional Integration in Europe", in: Economic Journal, 102

Ders. (1996), „The Effects of Europe's Internal Market Program on Production and Trade: A First Assessment", in: Weltwirtschaftliches Archiv, 132/3

Sassoon, Caroline (1978), Chinese Porcelain Marks from Coastal Sites in Kenya: Aspects of Trade in the Indian Ocean, 14th-19th centuries, Oxford: British Archaeological Reports

Sathirathai, Surakiart (2003), Opening & Keynote Speech at the APEC Study Center Conference, Phuket, Thailand, 26. 5. 2003 (www.apecthai.org, 10.10.2003)

Saxonhouse, Gary R. (1993), „Trading Blocs and East Asia", in: J. de Melo/A. Panagariya (Hg.), New Dimensions in Regional Integration, Cambridge: Cambridge University, 388-416

Scherrer, Christoph (2001), Jenseits von Pfadabhängigkeit und „natürlicher Auslese". Institutionentransfer aus diskursanalytischer Perspektive, Diskussionspapier des Wissenschaftszentrums Berlin für Sozialforschung (WZB) FS II 01-205, Berlin: WZB

Schiff, Maurice/Winters, L. Alan (2003), Regional Integration and Development, Oxford/New York: Oxford University Press/World Bank

Schluchter, Wolfgang (Hg., 1983), Max Webers Studie über Konfuzianismus und Taoismus. Interpretation und Kritik, Frankfurt/M.: Suhrkamp

Schmidt, Siegmar (1996), „Zusammenfassung der Diskussion", in: A. Kimmel (Hg.), Vor dem pazifischen Jahrhundert?, Veröffentlichungen der Deutschen Gesellschaft für Politikwissenschaft (DGfP), Bd. 14, Baden-Baden: Nomos

Schmitter, Philippe C. (1969), „Three Neo-Functional Hypotheses about International Integration", in: International Organization, 23/1, 161-166

Ders. (1971), „A Revised Theory of Regional Integration", in: L.N. Lindberg/S.A. Scheingold (Hg.), Regional Integration. Theory and Research, Cambridge, MA: Harvard University Press, 232-264

Ders. (1996), „Examining the Present Euro-Polity with the Help of Past Theories", in: G. Marks/F.W. Scharpf/P.C. Schmitter/W. Streeck (Hg.), Governance in the European Union, London: Sage, 1-14

Schnabl, Gunther (1998), „Die Rolle Japans für die internationale Arbeitsteilung in Ostasien", in: Japanstudien. Jahrbuch des Deutschen Instituts für Japanstudien der Philipp-Franz-von-Siebold-Stiftung, Tokyo, Band 10, München: Iudicium Verlag, 189-214

Schott, Jeffrey J. (2003), „Korea's FTA Conundrum", Institute for International Economics (IIE) Paper, Washington, D.C.: IIE (www.iie.com)

Schran, Peter (1994), „Japan's East Asia Market, 1870-1940", in: A. J. H. Latham/H. Kawakatsu (Hg.), Japanese Industrialization and the Asian Economy, New York: Routledge, 201-238

Schubert, James N. (1978), „Towards a ‚Working Peace System' in Asia: Organizational Growth and State Participation in Asian Regionalism", in: International Organization, 32/2, 425-462

Schwarz, Benjamin I. (1968), „The Chinese Perception of World Order", in: J.K. Fairbank (Hg.), The Chinese World Order: Traditional China's Foreign Relations, Cambridge, MA: Harvard University Press, 276-290

Schwarz, Jürgen/Herrmann, Wilfried A./Seller, Hanns-Franck (Hg., 2002), Maritime Strategies in Asia, Bangkok: White Lotus

Scott, Rosemary/Guy, John (1995), South East Asia and China: Art, Interaction and Commerce, London: School of Oriental and African Studies/Sun Tree

Scott, William Henry (1984), Prehispanic Source Materials for the Study of Philippine History, Quezon City: New Day

Seddon, David (1999), „Unequal partnership", in: J. Grugel/W. Hout (Hg.), Regionalism Across the North-South Divide: State Strategies and Globalization, London/New York: Routledge, 134-151

Seelmann, Hoo Nam (2005), „Wenn der Wind weht aus Korea – Eine Fernsehserie bringt die Japanerinnen ins Schwärmen", in: Neue Zürcher Zeitung, 7.2.2005

Segal, Gerald (1991), Rethinking the Pacific, Oxford: Oxford University Press

Ders. (1994), „Keeping East Asia Pacific", in: A. Clesse/R. Cooper/Y. Sakamoto (Hg.), The International System after the Collapse of the East-West Order, Dordrecht: Nijhoff, 637-649

Selden, Mark (1993), The Political Economy of Chinese Development, Armonk: M.E. Sharpe

Ders. (1997), „China, Japan, and the Regional Political Economy of East Asia, 1945-1995", in: P. Katzenstein/T. Shiraishi (Hg.), Network Power. Japan and Asia, Ithaca, NY: Cornell University Press, 306-340

Self, Benjamin (2002), „China and Japan: A Façade of Friendship", in: Washington Quarterly, Winter 2002-03, pp. 77-80

Selover, David D. (1999), „International Interdependence and Business Cycle Transmission in ASEAN", in: Journal of the Japanese and International Economies, 13/3, 230-253

Semmel, Bernard (1970), The Rise of Free Trade Imperialism. Classical Political Economy, the Empire of Free Trade, and Imperialism 1750-1850, Cambridge: Cambridge University Press

Sen, Rahul (2004), Free Trade Agreements in Southeast Asia, Singapore: Institute of Southeast Asian Studies (ISEAS)

Sen, Rahul/Rajan, Ramkishen S./Siregar, Reza Y. (2001), Singapore and the New Regionalism: Bilateral Economic Relations with Japan and the US, Centre for International Economic Studies (CIES) Discussion Paper No. 122, School of Economics, University of Adelaide, Australia (www.adelaide.edu.au/cies)

Senti, Richard (1996), NAFTA, die Nordamerikanische Freihandelszone. Entstehung, Vertragsinhalt, Auswirkungen, Zürich: Schulthess

Seth, Michael J. (2006), A Concise History of Korea. From the Neolithic Period through the Nineteenth Century, Lanham: Rowman & Littlefield

Severino, Rodolfo C. (1999), ASEAN Rises to the Challenges. A Selection of Speeches, Jakarta: ASEAN Secretariat

Ders. (2001), The ASEAN Way and the Rule of Law, Adress at the International Law Con-ference on ASEAN Legal System and Regional Integration, Kuala Lumpur, 3. September 2001

Ders. (2002a), Globalization's Challenge to Regional Economic Integration, Adress at the Symposium on Afta and Beyond, Manila, 30.5.2002, in: ASEAN Economic Bulletin, 19/2, 204-206

Ders. (2002b), The ASEAN Free Trade Area: Reaching Its Target, Opening Remarks at the AFTA 2002 Symposium, Jakarta, 31.1.2002, in: ASEAN Economic Bulletin, 19/2, 211-212

Shannon, Thomas R. (1996), An Introduction to the World-System Perspective, 2nd Edition, Boulder, CO: Westview Press

Shen, Hongfang (2001), Asian Financial Crisis: A Catalyst for the Transition of East Asian Economic Development Models? Case Studies of Thailand and the Philippines, Paper presented at First Annual Conference ASIA Fellows Program, „Asianizing Asia: Reflexivity, History and Identity", May 27-29, 2001, Bangkok, Thailand

Ders. (2003), A Comparative Study on East Asian Economic Development Models, Xiamen University, Center for Southeast Asian Studies, Southeast Asia & Overseas Chinese Studies Series No.4, Xiamen: Xiamen University Press

Ders. (2003), Impact of China's WTO Entry on Sino-Philippine Economic Relations and Philippine Economy, Paper presented at the 3. International Convention of Asia Scholars (ICAS), 19-22 August 2003, National University Singapore; Singapore

Sheridan, Greg (1998), „ASEAN: An Image Problem", in: Southeast Asian Affairs 1998, Singapore: Institute of Southeast Asian Studies (ISEAS), 37-44

Shiba, Yoshinobu (1983), „Sung Foreign Trade: Its Scope and Organization", in: M. Rossabi (Hg.), China among Equals. The Middle Kingdom and its Neighbors, 10th – 14th Centuries, Berkeley: California University Press, 89-115

Ders. (1986), „Max Webers Beitrag zur Geschichte nichteuropäischer Gesellschaften: China", in: J. Kocka, Jürgen (Hg.), Max Weber, der Historiker, Göttingen: Vandenhoeck & Ruprecht, 249-251

Shimizu, Hiroshi/Hirakawa, Hitoshi (1999), Japan and Singapore in the World Economy, Routledge Studies in the Modern History of Asia, London/New York: Routledge

Shirai, Sayuri (2004), „Critical Views on the Asian Regional Bond Market Proposal", in: Social Science Japan – Newsletter of the Institute of Social Science, University of Tokyo, 28, 16-18

Shiraishi, Takashi (1997), „Japan and Southeast Asia", in: P. Katzenstein/T. Shiraishi (Hg.), Network Power. Japan and Asia, Ithaca, NY: Cornell University Press, 169-196

Ders. (2000), „Thinking Japan in Asia", Speech at the 10th GISPRI Symposium ‚Beyond the Crisis – Rethinking Japan's Role in Asia' (www.gispri.or.jp)

Ders. (2005a), The Asian Crisis Reconsidered, Research Institute of Economy, Trade and Industry (RIETI) Discussion Paper Series 05-E-014, Tokyo: RIETI (www.rieti.go.jp)

Ders. (2005b), „Institutional Mix Key to Building East Asia Community", CEAC Commentary, 12.9.2005 (www.ceac.jp)

Shiraishi, Saya S. (1997), „Japan's Soft Power: Doraemon Goes Overseas", in: P. Katzenstein/T. Shiraishi (Hg.), Network Power. Japan and Asia, Ithaca, NY: Cornell University Press, 234-274

Shuto, Motoko (2000), „Non-Governmental Organizations (NGOs) in Southeast Asia and Japan: Organizing for Regional Democracy?", in: V. Blechinger/J. Legewie (Hg.), Facing Asia – Japan's Role in the Political and Economic Dynamism of Regional Cooperation, München: Iudicium Verlag, 113-128

Siems, Dorothea (1992), Japans außenwirtschafts- und entwicklungspolitische Strategien gegenüber China und ASEAN: Ein Beitrag zu den Regionalisierungstendenzen im pazifisch-asiatischen Raum, Frankfurt/M./Bern: Peter Lang

Singh, Bhubhindar (2002), „ASEAN's Perception of Japan. Change and Continuity", in: Asian Survey, 42/2, 276-296

Skully, Michael T. (1995), „Malaysia's International Offshore Financial Centre. An Exa-mination of Labuan's Development and Operations", in: ASEAN Economic Bulletin, 11/3, 335-349

Smitka, Michael (Hg., 1998), The Japanese Economy in the Tokugawa Era, 1600-1868, New York/London: Garland

Snitwongse, Kusuma (2002), „Southeast Asia in 2001: A Paradigm in Transition?", in: Southeast Asian Affairs 2002, Singapore: Institute of Southeast Asian Studies (ISEAS), 3-25

Ders. (2003), „A New World Order in East Asia?", in: Asia-Pacific Review, 10/2, 36-51

Snyder, Scott (1999a), „Constructing a Global Architecture with an American Blueprint: The Am-bivalent U.S. Attitude toward Asian Regional Cooperation", in: Global Economic Review, 28/3, 76-89

Ders. (1999b), „Patterns of Negotiation in a South Korean Cultural Context", in: Asian Survey, 39/3, 394-417

So, Alvin Y./Chiu, Stephen W. K. (1995), East Asia and the World-Economy, Newbury Park, CA: Sage

Dies. (2000), „Modern East Asia in World-Systems Analysis", in: T.D. Hall (Hg.), A World-Systems Reader: New Perspectives on Gender, Urbanism, Cultures, Indigenous Peoples, and Ecology, Boulder, CO: Rowman & Littlefield, 271-285

Soesastro, Hadi (1983), „ASEAN and the Political Economy of Pacific Cooperation", in: Asian Survey, 23/12, 1255-1270

Ders. (2000), „Indonesia's Crisis: Implications for the Region", in: Asian-Pacific Economic Litera-ture, 14/1, 23-35

Ders. (2001), „ASEAN in 2030: The Long View", in: S.S.C. Tay/J.P. Estanislao/H. Soesastro (Hg., 2001), Reinventing ASEAN, Singapore: Institute of Southeast Asian Studies (ISEAS), 273-310

Ders. (2003), ASEAN: Regional Economic Cooperation And Its Institutionalization, Centre for Stra-tegic and International Studies (CSIS) Working Paper 071, Jakarta: CSIS

Ders. (2004), „Indonesia and FTAs in East Asia", in: Japan Spotlight, 23/3, 16-17

Soesastro, Hadi (Hg., 1994), Indonesian Perspectives on APEC and Regional Cooperation in Asia Pacific, Jakarta: Centre for Strategic and International Studies

Soeya, Yoshihide (2004), Japan in East Asia: Changes in the 1990s and New Regional Strategy, Research Institute of Economy, Trade and Industry (RIETI) Discussion Paper Series 04-E-013, Tokyo: RIETI (www.rieti.go.jp)

Solidum, Estrella D. (1974), Towards a Southeast Asian Community, Quezon City: University of Philippines Press

Solingen, Etel (2005a), „East Asian Regional Institutions: Characteristics, Sources, Distinctiveness", in: T.J. Pempel (Hg.), Remapping East Asia: The Construction of a Region, Ithaca, NY: Cornell University Press, 31-53

Dies (2005b), „ASEAN Cooperation: The Legacy of the Economic Crisis", in: International Relations of the Asia-Pacific, 5, 1-29

Soloaga, Isidro/Winters, L. Alan (1999), How Has Regionalism in the 1990s Affected Trade? World Bank Working Paper No. 2156, Washington, D.C.: World Bank (econ.worldbank.org)

Spaan, Ernst/van Narssen, Ton (Hg., 2005), Contemporary Migrations in Asia and Europe: Exploring Transnationalism, Multiple Linkages and Development, Asian and Pacific Migration Journal, 14/1-2, Manila: Scalabrini Migration Center

Spence, Jonathan D. (1985), Das Tor des Himmlischen Friedens. Die Chinesen und ihre Revolution, 1895-1980, München: Beck

Ders. (1995), China Weg in die Moderne, München: Hanser

Spuler, Bertold (1968), Geschichte der Mongolen. Nach östlichen und europäischen Zeugnissen des 13. und 14. Jahrhunderts, Zürich/Stuttgart: Artemis

Stiglitz, Joseph E. (2002), Globalization and Its Discontents, New York/London: Norton

Ders. (2002), Integration in Asia, Paper Prepared for the Research Institute of Economy, Trade and Industry (RIETI) International Symposium „Asian Economic Integration: Current Status and Future Prospects", April 22-23, 2002, Tokyo, Japan (www.rieti.go.jp)

Stiglitz, Joseph E./Yusuf, Shahid (Hg., 2001), Rethinking the East Asian Miracle *(siehe oben unter World Bank)*

Stockwell, A.J. (1999a), „Southeast Asia in War and Peace: The End of European Colonial Empires", in: N. Tarling (Hg.), The Cambridge History of Southeast Asia, Vol. 2, Part 2: From World War II to the present, Cambridge: Cambridge University Press, 1-58

Ders. (1999b), „British Expansion and Rule in South-East Asia", in A. Porter (Hg.), The Oxford History of the British Empire, Vol. III: The Nineteenth Century, Oxford: Oxford University Press, 372-394

Ders. (1999c), „Imperialism and Nationalism in South-East Asia", in J.M. Brown/W.R Louis (Hg.), The Oxford History of the British Empire, Vol. IV: The Twentieth Century, Oxford: Oxford University Press, 465-489

Strang, David (1990), „From Dependency to Sovereignty: An Event History Analysis of Decolonization, 1870-1987", in: American Sociological Review, 55, 846-860

Strange, Susan (1985), „Protectionism and World Politics", in: International Organization, 39/2, 233-259

Streeck, Wolfgang (2001), „Explorations into the Origins of Nonliberal Capitalism", in: W. Streeck/K. Yamamura (Hg.), The Origins of Nonliberal Capitalism. Germany and Japan in Comparison, Ithaca, NY: Cornell University Press, 1-38

Streeck, Wolfgang/Yamamura, Kozo (Hg., 2001), The Origins of Nonliberal Capitalism. Germany and Japan in Comparison, Ithaca, NY: Cornell University Press

Struve, Lynn A. (1988), „The Southern Ming, 1644–1662", in: F. Mote/D. Twitchett (Hg.), The Cambridge History of China, Vol. 7: The Ming-Dynasty, 1369-1644, Part I, Cambridge: Cambridge University Press, 641-725

Stubbs, Richard (1989), Hearts and Minds in Guerilla Warfare: The Malayan Emergency 1948–1960, New York: Oxford University Press

Ders. (1992), „Subregional Security Cooperation in ASEAN: Military and Economic Imperatives and Political Obstacles", in: Asian Survey, 32/5, 397-410

Ders. (1994), „The Political Economy of the Asia-Pacific Region", in: R. Stubbs/G. R. D. Underhill (Hg.), Political Economy and the Changing Global Order, New York: St. Martin's Press, 366-377

Ders. (1995), „Asia-Pacific Regionalization and the Global Economy: A Third Form of Capitalism?", in: Asian Survey, 35/9, 785-797

Ders. (1998), „Asia-Pacific Regionalism Versus Globalization. Competing Forms of Capitalism", in: W.D. Coleman/G.R.D. Underhill (Hg.), Regionalism and Global Economic Integration. Europe, Asia and the Americas, London/New York. Routledge, 68-80

Ders. (2000), „Signing on to Liberalization: AFTA and the Politics of Regional Economic Cooperation", in: Pacific Review, 13/2, 297-318

Ders, (2002), „ASEAN Plus Three: Emerging East Asian Regionalism?", in: Asian Survey, 42/3, 440-455

Ders. (2004), „ASEAN: Building Regional Cooperation", in: M. Beeson (Hg.), Contemporary Southeast Asia. Regional Dynamics, National Differences, Basingstoke: Palgrave/Macmillan, 216-233

Stubbs, Richard/Underhill, Geoffrey R. D. (Hg., 2000), Political Economy and the Changing Global Order, Oxford: Oxford University Press

Studeman, Michael (1998), Calculating China's Advances in the South China Sea. Identifying the Triggers of „Expansionism" (www.globalsecurity.org)

Su, Tieting (2001), „World Trade Networks from 1928 to 1938", in: Journal of World-Systems Research, 7/1, 32-50

Sudo, Sueo (2005), Evolution of ASEAN-Japan Relations, Singapore: Institute of Southeast Asian Studies (ISEAS)

Suehiro, Akira (2004), „The Creation of an ‚East Asian Economic Community', or, Odd Japan Out", in: Social Science Japan – Newsletter of the Institute of Social Science, University of Tokyo, 28, 3-6

Sugden, Robert (1989), „Spontaneous Order", in: Journal of Economic Perspectives, 3/4, 85-97

Sugihara, Kaoru (1986), „Patterns of Asia's Integration into the World Economy, 1880-1913", in: W. Fischer/R.M. McInnis/J. Schneider (Hg.), The Emergence of a World Economy, Wiesbaden: Steiner, 709-728

Sukhumbhand, Paribatra (2000), Keynote Address on „APEC: An Organization for Dynamic Cooperation" at a Seminar on „APEC Update 2000: The Role of Institutions in Support of APEC", organized by the APEC Study Center of Thailand, 1.9.2000, Bangkok (www.apec2003.org, 10.10.2003)

Sum, Ngai-Ling (2001), „A Temporal-Spatial Approach on Cross-Border Subregions: Time-Space Envelopes and Governance", in: G. Drover/G. Johnson/J. Po-Wah (Hg.), Regionalism and Subregionalism in East Asia: The Dynamics of China, Huntington, NY: Nova Science, 29-44

Sumiya, Mikio (Hg., 2000), A History of Japanese Trade and Industry Policy, Oxford/New York: Oxford University Press

Sun, Joun Yung (1995), „Impact of APEC on the Asia Pacific Region", in: M.E. Everett/M.A. Sommerville (Hg.), Multilateral Activities in South East Asia, Washington, D.C.: National Defense University Press, 153-162

Sun, Laichen (2003), Chinese Military Technology and Dai Viet: c. 1390-1497, Asia Research Institute (ARI) Working Paper Series, No. 11, Singapore: ARI

Sutter, Karen M. (2002), „Business Dynamism Across the Taiwan Strait: The Implications for Cross-Strait Relations", in: Asian Survey, 42/3, 522-540

Suzuki, Sanae (2004a), Chairmanship in ASEAN+3: A Shared Rule of Behavior, Institute of Developing Economies (IDE) Discussion Paper No. 9, Chiba: IDE (www.ide.go.jp)

Dies. (2004b) East Asian Cooperation through Conference Diplomacy: Institutional Aspects of the ASEAN Plus Three (APT) Framework, IDE APEC Study Center Working Paper Series, 03/04 No.7, Chiba: IDE (www.ide.go.jp)

Symonds, Peter (2005), Australia and the East Asian Summit: Howard's diplomatic „success" turns sour, World Institute for Asian Studies, 6.5.2005 (www.asiantribune.com)

Tachiki, Dennis (2005), „Between Foreign Direct Investment and Regionalism: The Role of Japanese Production Networks", in: T.J. Pempel (Hg.), Remapping East Asia: The Construction of a Region, Ithaca, NY: Cornell University Press, 149-169

Tamaki, Taku (2004), „Taking the ‚Taken-for-Grantedness' Seriously. Problematizing Japan's Perception of Japan-South Korea Relations", in: International Relations of the Asia-Pacific, 4, 147-169

Tan, Joseph L.H./Sudo, Sueo (Hg., 1994), Japan and the Asia-Pacific, Special Vol. ASEAN Economic Bulletin, 11/1, Singapore: Institute of Southeast Asian Studies (ISEAS)

Tan, See Seng/Emmers, Ralf (Hg., 2005), An Agenda for the East Asia Summit. Thirty Recommendations for Regional Integration in East Asia, Institute of Defence and Strategic Studies (IDSS) Singapore (www.idss.edu.sg)

Tanaka, Akihiko (2004), „The Development of ASEAN+3", in: Social Science Japan – Newsletter of the Institute of Social Science, University of Tokyo, 28, 7-9

Tanaka, Kyoko (1989), On the Periphery of the World: Japan's Internationalisation in Historical Perspective, Papers in Japanese Studies No. 5, Department for Japanese Studies, National University of Singapore (NUS), Singapore: NUS

Tanaka, Soko (1998), „A Japanese View on US-EU Rival Regionalism and Regulatory Regime Building in the Asia-Pacific Region", in: J. v. Scherpenberg/E. Thiel (Hg.), Towards Rival Regionalism? US and EU Regional Regulatory Regime-building, Baden-Baden: Nomos, 229-247

Dies. (2004), An Empirical Consideration of Monetary Cooperation in East Asia – In View of Experience with the European Monetary Cooperation, Paper Prepared for the Research Institute of Economy, Trade and Industry (RIETI) International Symposium „Resolving New Global and Regional Imbalances in an Era of Asian Integration", June 17-18, 2004, Tokyo, Japan (www.rieti.go.jp)

Tang, Shiping (2006), „Leadership in Institution Building: The Case of ASEAN+3", in: B. Fort/D. Webber (Hg.), Regional Integration in East Asia and Europe: Convergence or Divergence?, London/New York: Routledge, 69-84

Tarling, Nicholas (1999), „The Establishment of the Colonial Régimes", in: N. Tarling (Hg.), The Cambridge History of Southeast Asia, Vol. 2, Part 1: From c. 1800 to the 1930s, Cambridge: Cambridge University Press, 1-74

Ders. (2001), A Sudden Rampage: The Japanese Occupation of Southeast Asia, 1941-1945. Honolulu: University of Hawaii Press

Ders. (2003), The Founding of SEATO, Paper presented at the 3. International Convention of Asia Scholars (ICAS), 19-22 August 2003, National University Singapore; Singapore

Tarling, Nicholas (Hg., 1999), The Cambridge History of Southeast Asia, Vol. 1, Part 1: From early times to c. 1500, Vol. 1, Part 2: From c. 1500 to c. 1800, Vol. 2, Part 1: From c. 1800 to the 1930s, Vol. 2, Part 2: From World War II to the present, Cambridge: Cambridge University Press

Tay, Simon (1998), „Towards a Singaporean Civil Society", in: Southeast Asian Affairs 1998, Singapore: Institute of Southeast Asian Studies (ISEAS), 244-261

Ders. (2003), „Making and Remaking Singapore's Foreign Policy", in: Heartland. Eurasian Review of Geopolitics, 9, The Value of Singapore, 47-53 (www.heartland.limesonline. com/)

Ders. (2005), „East Asian Community and the United States: An East Asian Perspective", in: The Emerging East Asian Community: Should Washington be Concerned?, Pacific Forum CSIS Issues & Insights, Vol. 5, No. 9, Honolulu, Hawaii: CSIS, August, 2005 (www.csis.org/pacfor/), 13-28

Tay, Simon S.C./Estanislao, Jesus P./Soesastro, Hadi (Hg., 2001), Reinventing ASEAN, Singapore: Institute of Southeast Asian Studies (ISEAS)

Taylor, Keith W. (1999), „The Early Kingdoms", in: N. Tarling (Hg.), The Cambridge History of Southeast Asia, Vol. 1, Part 1: From early times to c. 1500, Cambridge: Cambridge University Press, 137-182

Tejima, Shigeki (2000), „The Effects of the Asian Crisis on Japan's Manufacturing Foreign Direct Investment in Asia", in: V. Blechinger/J. Legewie (Hg.), Facing Asia – Japan's Role in the Political and Economic Dynamism of Regional Cooperation, München: Iudicium Verlag, 199-216

Teng, Ssu-Yü/Fairbank, John K. (Hg., 1954), China's Response to the West. A Documentary Survey, 1839 - 1923, Cambridge, MA: Harvard University Press

Teo, Eric (2001), „The Emerging East Asian Regionalism", in: Internationale Politik und Gesellschaft, 1, (www.fes.de)

Ders. (2003), „The Bridge of Singapore", in: Heartland. Eurasian Review of Geopolitics, 9, The Value of Singapore, 47-53 (www.heartland.limesonline.com/)

Eric Teo Chu Cheow (2002), „Towards an East Asian Model of Regional Cooperation", in: Internationale Politik und Gesellschaft, 4, 143-158

Terada, Takashi (2003), „Constructing an ‚East Asian' Concept and Growing Regional Identity: From EAEC to ASEAN+3", in: Pacific Review 16/2, 251-77

Ders. (2006), „The Birth and Growth of ASEAN+3", in: B. Fort/D. Webber (Hg.), Regional Integration in East Asia and Europe: Convergence or Divergence?, London/New York: Routledge, 218-236

Than, Mya/Abonyi, George (2001), „The Greater Mekong Subregion: Co-operation in Infrastructure and Finance", in: M. Than/C.L. Gates (Hg.), ASEAN Enlargement: Impacts and Implications, Singapore: Institute of Southeast Asian Studies (ISEAS), 128-163

Than, Mya/Gates, Carolyn L.(Hg., 2001), ASEAN Enlargement: Impacts and Implications, Singapore: Institute of Southeast Asian Studies (ISEAS)

Thant, Myo/Tang, Min/Kakazu, Hiroshi (Hg., 1994), Growth Triangles in Asia. A New Approach to Regional Economic Cooperation, Hong Kong: Oxford University Press

Thomas, Nick (2001) „ASEAN+3: Community building in East Asia?", in: Journal of International and Area Studies, 8/2, 1-19

Ders. (2002a), „Building an East Asian Community: Origins, Structure, and Limits", in: Asian Perspectives, 26/4, 83-112

Ders. (2002b), From ASEAN to an East Asian Community? The Role of Functional Cooperation, City University of Hong Kong Working Paper Series No 28, Hong Kong: City University

Ders. (2004), An East Asian Economic Community: Multilateralism Beyond APEC, Paper Presented at Asia Pacific Economies: Multilateral vs Bilateral Relationships Conference, City University Hong Kong, 19-21 May 2004

Thomson, R. Stanley (1945), „The Establishment of the French Protectorate Over Cambodia", in: Far Eastern Quarterly, 4/4, 313-340

Thompson, Edmund R./Poon, Jessie P.H. (2000), „ASEAN after the Financial Crisis. Links between Foreign Direct Investment and Regulatory Change", in: ASEAN Economic Bulletin, 17/1, 1-14

Thompson, William R. (1973), „The Regional Subsystem: A Conceptual Explication and a Propositional Inventory", in: International Studies Quarterly, 17/1, 89-117

Ders. (1981), „Delineating Regional Subsystems: Visit Networks and the Middle Eastern Case", in: International Journal of Middle East Studies, 13/2, 213-235

Tilly, Charles (1990), Coercion, Capital, and European States, AD 990-1990, Cambridge, MA: Basil Blackwell

Tinker, Hugh (1966), „Structure of the British Imperial Heritage", in: R. Braibanti (Hg.), Asian Bureaucratic Systems Emergent from the British Imperial Tradition, Durham, NC: Duke University Press, 23-86

Tokinoya, Atsushi (2004), Japan's FTA Policy, Address at the Board of Trade of Thailand, Bangkok 25.2.2004

Tokunaga, Shojiro (Hg., 1992), Japan's Foreign Investment and Asian Economic Interdependence: Production, Trade and Financial Systems, Tokyo: Tokyo University Press

Totman, Conrad (2000), A History of Japan, Oxford: Blackwell

Tow, William T./Thakur, Ramesh/Hyun, In Taek (Hg., 2000), Asia's Emerging Regional Order. Reconciling Traditional and Human Security, Tokyo: United Nations University (UNU)

Toyota, Mika (2003), The Role of Chinese Speaking ‚Thai' Migrant Workers among Southeast Asian Migrant Labours in Taiwan, Paper presented at the 3. International Convention of Asia Scholars (ICAS), 19-22 August 2003, National University Singapore; Singapore

Trauzettel, Rolf (1986), „Die Yüan-Dynastie", in: M. Weiers (Hg.), Die Mongolen. Beiträge zu ihrer Geschichte und Kultur, Darmstadt: Wissenschaftliche Buchgesellschaft, 217-282

Trocki, Carl A. (1999), „Political Structures in the Nineteenth and Early Twentieth Century", in: N. Tarling (Hg.), The Cambridge History of Southeast Asia, Vol. 2, Part 1: From c. 1800 to the 1930s, Cambridge: Cambridge University Press, 75-126

Tsay, Ching-Lung (2003), Labour Flows of Indonesian and Vietnamese Women to Taiwan, Paper presented at the 3. International Convention of Asia Scholars (ICAS), 19-22 August 2003, National University Singapore; Singapore

Tsunekawa, Keiichi (2005), „Why so Many Maps There? Japan and Regional Cooperation", in: T.J. Pempel (Hg.), Remapping East Asia: The Construction of a Region, Ithaca, NY: Cornell University Press, 101-148

Tsunoyama, Sakae (1994), „Sino-Japanese Trade and Japanese Industrialization", in: A. J. H. Latham/H. Kawakatsu (Hg.), Japanese Industrialization and the Asian Economy, New York: Routledge, 194-200

Tu, Wei-Ming (Hg., 1996), Confucian Traditions in East Asian Modernity: Moral Education and Economic Culture in Japan and the Four Mini-Dragons, Cambridge: Harvard University Press

Tung, Nguyen Vu (2002), „Vietnam-ASEAN Co-operation after the Cold War and the Continued Search for a Theoretical Framework", in: Contemporary Southeast Asia, 24/1, 106-120

Turnbull, C.M. (1999), „Regionalism and Nationalism", in: N. Tarling (Hg.), The Cambridge History of Southeast Asia, Vol. 2, Part 2: From World War II to the present, Cambridge: Cambridge University Press, 257-318

Turnbull, Stephen (2002), Samurai Invasion. Japan's Korea War, 1592-98, London: Cassell

Turner, Mark (2006), „Philippines: Relying on Remittances", in: Asian Analysis – January 2006, hgg. von der Asean Focus Group (www.aseanfocus.com/asiananalysis)

Twitchett, Denis C. (1979), „Introduction", in: D. Twitchett (Hg.), The Cambridge History of China, Vol. 3: Sui and T'ang China, 589-906, Part I, Cambridge: Cambridge University Press, 1-47

Twitchett, Denis/Tietze, Klaus-Peter (1994), „The Liao", in: H. Franke/D. Twitchett (Hg.), The Cambridge History of China, Vol. 6: Alien Regimes and Border States, 907-1368, Cambridge: Cambridge University Press, 43-153

Uhe, Patrick (1996), Eine KSZE für Asien? Die Genese einer Idee und aktuelle Ausformungen sicherheitspolitischer Zusammenarbeit in einer konfliktreichen Region, Münster: Lit

Umbach, Frank (2000), „Der Einfluss der Finanz- und Wirtschaftskrise auf das ostasiatische ‚Wettrüsten' und die regionalen Sicherheitskooperationen", in: E. Reiter et al. (Hg.), Jahrbuch für internationale Sicherheitspolitik 2000, Hamburg: Mittler, 859-882

Ders. (2004), „Aufrüstung und neue Sicherheitskooperationen in Asien-Pazifik", in: Internationale Politik, 9, 65-72

Underhill, Geoffrey R.D./Zhang, Xiaoke (2005), „The Changing State–Market Condominium in East Asia: Rethinking the Political Underpinnings of Development", in: New Political Economy, 10/1, 1-24

Urata, Shujiro (2001), „Regionalism, the New WTO Round and Japan's New Trade Policy", in: Journal of Japan Trade and Industry, 20/5, 18-21

Ders. (2002), A Shift from Market-led to Institution-led Regional Economic Integration in East Asia, Paper Prepared for the Research Institute of Economy, Trade and Industry (RIETI) International Symposium „Asian Economic Integration: Current Status and Future Prospects", April 22-23, 2002, Tokyo, Japan (www.rieti.go.jp)

Ders. (2003), „Formation of Economic Partnership Agreements – The Last Chance for Japan to Become a Regional Leader in East Asia", in: Journal of Japan Trade and Industry, 22/1, 21-24

Ders. (2004), Toward the Establishment of FTA in East Asia: The Japanese View, Paper presented at the Pacific Economic Cooperation Council (PECC) Trade Forum Seminar RTAs and the Future of Regional Integration in East Asia and the Asia Pacific, 16 April 2004, Beijing

Urata, Shujiro/Kiyota, Kozo (2003), Prospective Economic Impacts of Japan-Philippines Bilateral FTA, Paper submitted to the Joint Session on the Economic Impact Analysis of JPEPA, Ministry of Economy, Trade and Industry (METI) and the Philippine Institute for Development Studies (PIDS)

Valencia, Mark J. (1985), South-East Asian Seas: Oil under Troubled Waters, Oxford: Oxford University Press

Ders. (1996), „How to Carve Water", in: Far Eastern Economic Review (FEER), 6.6.1996, 32

Vallet, Odon (1997), La victoire des dragons. L'Asie va-t-elle dominer l'Europe?, Paris: Armand Collin

von Verschuer, Charlotte (1985), Les relations officielles du Japon avec la Chine au viiie et ixe siècles, Paris/Genève: Droz

Villacorta, Wilfrido V. (1994), „Japan's Asian Identity. Concerns for ASEAN-Japan Relations", in: J.L.H. Tan/S. Sudo (Hg.), Japan and the Asia-Pacific, Special Vol. ASEAN Economic Bulletin, 11/1, Singapore: Institute of Southeast Asian Studies (ISEAS), 79-92

Vogel, Ezra F. (1991), The Four Little Dragons. The Spread of Industrialization in East Asia, Cambridge, MA/London: Harvard University Press

Ders. (1994), „Japan as Number One in Asia", in: G. L. Curtis (Hg.), The United States, Japan, and Asia. Challenges for U.S. Policy, London/New York: W.W. Norton, 159-183

Ders. (2004), „The Rise of China and the Changing Face of East Asia", in: Asia-Pacific Review, 11/1, 46-57

Wada, Haruki (2004), „From a ‚Common House of Northeast Asia' to a ‚Greater East Asian Community'„, in: Social Science Japan – Newsletter of the Institute of Social Science, University of Tokyo, 28, 19-21

Wade, Robert (1990), Governing the Market: Economic Theory and the Role of Government in East Asia Industrialization, Princeton: Princeton University Press

Ders. (1992), „East Asian Economic Success: Conflicting Perspectives, Partial Insights, Shaky Evidence", in: World Politics, 44, 270-320

Ders. (1998), „From ‚Miracle' to ‚Cronyism': Explaining the Great Asian Slump", in: Cambridge Journal of Economics, 22/6, 693-706

Ders. (2000), „Wheels Within Wheels: Rethinking the Asian Crisis and the Asian Model", in: Annual Review of Political Science, 3, 85-115

Wade, Robert/Veneroso, Frank (1998), „The Asian Crisis: The High Debt Model vs. the Wall Street-Treasury-IMF Complex", in: New Left Review, 228

Wagner, Don (2003), „Aid and Trade – An Empirical Study", in: Journal of the Japanese and International Economies, 17/2, 153-173

Wah, Wong Heung (1999), Japanese Bosses, Chinese Workers. Power and Control in a Hongkong Megastore, Richmond: Curzon

Wakeman, Frederic (1978), „The Canton Trade and the Opium War", in: J.K. Fairbank (Hg.), The Cambridge History of China, Vol. 10: Late Ch'ing, 1800-1911, Part 1, Cambridge: Cambridge University Press, 163-212

Wallerstein, Immanuel (1986), Das moderne Weltsystem: Kapitalistische Landwirtschaft und die Entstehung der europäischen Weltwirtschaft im 16. Jahrhundert, Frankfurt/M.: Syndikat

Ders. (1991), Geopolitics and Geoculture. Essays on the Changing World-System, Cambridge: University Press

Ders. (1995), „Hold the Tiller Firm: On Method and the Unit of Analysis", in: S.K. Sanderson (Hg.), Civilizations and World Systems: Studying World-Historical Change, Walnut Creek, CA: Altamira Press: 239-248

Ders. (1997), The Rise of East Asia, or The World-System in the Twenty-First Century, Keynote Address at Symposium on Perspective of the Capitalist World-System in the Beginning of the Twenty-First Century, Institute of International Studies, Meiji Gakuin University, Jan. 23-24, 1997 (fbc.binghamton.edu)

Ders. (1998), The So-called Asian Crisis: Geopolitics in the Longue Durée, Paper given at International Studies Association meetings, Minneapolis, March 17-21, 1998; (fbc.binghamton.edu)

Wallraff, Wolfram (1995), „Does Theory Matter? Zur Leistungsfähigkeit integrationstheoretischer Ansätze bei der Untersuchung asiatisch-pazifischer Realität", in: WeltTrends, 7, 8-24

Wang, Gungwu (1968), „Early Ming Relations with Southeast Asia: A Background Essay", in: J.K. Fairbank (Hg.), The Chinese World Order: Traditional China's Foreign Relations, Cambridge, MA: Harvard University Press, 34-62

Ders. (1970), „‚Public' and ‚Private' Overseas Trade in Chinese History", in: M. Mollat (Hg.), Sociétés et companies de commerce en orient et dans l'Océan Indien, Paris: S.E.V.P.E.N., 215-225

Ders. (1983), „The Rhetoric of a Lesser Empire: Early Sung Relations with its Neighbors", in: M. Rossabi (Hg.), China among Equals. The Middle Kingdom and its Neighbors, 10th – 14th Centuries, Berkeley: California University Press, 47-65

Ders. (1998), „Ming Foreign Relations: South-East Asia“, in: D. Twitchett/F.W. Mote (Hg.), The Cambridge History of China, Vol. 8: The Ming-Dynasty, 1369-1644, Part 2, Cambridge: Cambridge University Press, 301-332

Wang, Hongying (2000), „Multilateralism in Chinese Foreign Policy: The Limits of Socialization?“, in: R.W. Hu/G. Chan/D. Zha (Hg), China's International Relations in the 21st Century: Dynamics of Paradigm Shifts, Lanham, MD: University Press of America, 71-91

Wang, Yunjong (2000), „The Asian Financial Crisis and Its Aftermath. Do We Need a Regional Financial Arrangement?“, in: ASEAN Economic Bulletin, 17/2, 205-217

Ders. (2002), „Prospects for Financial and Monetary Cooperation in East Asia“, in: H.G. Choo/Y. Wang (Hg.), Currency Union in East Asia, Korean Institute for International Economic Policy (KIEP) Policy Analyses 02-01, Seoul: KIEP, 221-241

Wang, Yunjong (2002), Monetary and Financial Cooperation in East Asia: Future Directions for Institutional Arrangements of Monitoring and Surveillance, Paper Prepared for the Research Institute of Economy, Trade and Industry (RIETI) International Symposium „Asian Economic Integration: Current Status and Future Prospects“, April 22-23, 2002, Tokyo, Japan (www.rieti. go.jp)

Wang, Yunjong/Yoon, Deok Ryong (2002), Searching for a Better Regional Surveillance Mechanism in East Asia, Korean Institute for International Economic Policy (KIEP) Discussion Paper 02-01, Seoul: KIEP, www.kiep.go.kr

Warren, James F. (2003), A Tale of Two Centuries: The Globalisation of Maritime Raiding and Piracy in Southeast Asia at the end of the Eighteenth and Twentieth Centuries, Asia Research Institute (ARI) Working Paper Series, No. 2, Singapore: ARI

Watanabe, Hinako (2004), Three Key Issues JTUC-RENGO Is Currently Facing: Issues After the Breakdown of WTO Cancun Summit, Paper presented to the International Industrial Relations Association (IIRA) 5th Asian Regional Congress, 23.-26 June 2004, Seoul, Korea (Website des Korean Labor Institute; www.kli.re.kr)

Watson Andaya, Barbara (1999), „Political Development between the Sixteenth and Eighteenth Centuries“, in: N. Tarling (Hg.), The Cambridge History of Southeast Asia. From c. 1500 to c. 1800, Cambridge: Cambridge University Press, 58-115

Watson Andaya, Barbara/Ishi, Yoneo (1999), „Religious Developments in Southeast Asia, c. 1500-1800“, in: N. Tarling (Hg.), The Cambridge History of Southeast Asia. From c. 1500 to c. 1800, Cambridge: Cambridge University Press, 164-227

Wattanapruttipaisan, Thitapha (2003), „ASEAN-China Free Trade Area: Advantages, Challenges, and Implications for the Newer ASEAN Member Countries“, in: ASEAN Economic Bulletin, 20/1, 31-48

Weatherford, Jack (2004), Genghis Khan and the Making of the Modern World, New York: Three Rivers Press

Webber, Douglas (2001), Two Funerals and a Wedding? The Ups and Downs of Regionalism in East Asia and Asia Pacific after the Asian Crisis, in: Pacific Review, 14/3, 339-375

Ders. (2006), „Regional Integration in Europe and Asia: a Historical Perspective“, in: B. Fort/D. Webber (Hg.), Regional Integration in East Asia and Europe: Convergence or Divergence?, London/New York: Routledge, 218-236

Weber, Max (1920a), „Die Wirtschaftsethik der Weltreligionen. Einleitung“, in: H. Schmidt-Glintzer (Hg., 1989), Max Weber Gesamtausgabe, Abt. I: Schriften und Reden, Bd. 19: Die Wirtschaftsethik der Weltreligionen. Konfuzianismus und Taoismus (Schriften 1915-1920), Tübingen: Mohr, 83-127

Ders. (1920b), „Konfuzianismus und Taoismus“, in: H. Schmidt-Glintzer (Hg., 1989), Max Weber Gesamtausgabe, Abt. I: Schriften und Reden, Bd. 19: Die Wirtschaftsethik der Weltreligionen. Konfuzianismus und Taoismus (Schriften 1915-1920), Tübingen: Mohr, 128-478

Weder, Beatrice (1999), Model, Myth, or Miracle? A Reassessment of the Asian Experience, Tokyo: United Nations University (UNU)

Weggel Oskar (1994), „Die Internationalisierung der chinesischen Mafia", in: Europa-Archiv, 11, 325-332

Ders. (1997), Die Asiaten. Gesellschaftsordnungen, Wirtschaftssysteme, Denkformen, Glaubensweisen, Alltagsleben, Verhaltensstile, München: DTV

Weiers, Michael (1986a), „Von Ögödei bis Möngke – Das mongolische Großreich", in: M. Weiers (Hg.), Die Mongolen. Beiträge zu ihrer Geschichte und Kultur, Darmstadt: Wissenschaftliche Buchgesellschaft, 192-216

Ders. (1986b), „Das Khanat Tschaghatai", in: M. Weiers (Hg.), Die Mongolen. Beiträge zu ihrer Geschichte und Kultur, Darmstadt: Wissenschaftliche Buchgesellschaft, 290-299

Ders. (1989), „Geschichte der Mongolen", in: A. Eggebrecht (Hg.), Die Mongolen und ihr Weltreich, Mainz: Zabern, 45-115

Weiers, Michael (Hg., 1986), Die Mongolen. Beiträge zu ihrer Geschichte und Kultur, Darmstadt: Wissenschaftliche Buchgesellschaft

Wesley, Michael (2003), „Mediating the Global Order: The Past and the Future of Asia-Pacific Regional Organizations", in: D.W. Lovell (Hg.), Asia-Pacific Security. Policy Challenges, Singapore: Institute of Southeast Asian Studies (ISEAS), 154-165

Wheatley, Paul (1959), „Geographical Notes on Some Commodities Involved in Sung Maritime Trade", in: Journal of the Malayan Branch of the Royal Asiatic Society, 32/2, 1-40

Ders. (1961), The Golden Khersonese. Studies in the Historical Geography of the Malay Peninsula Before A.D. 1500, Kuala Lumpur: University of Malaya Press

Wicks, Robert S. (1992), Money, Markets, and Trade in Early Southeast Asia. The Development of Indigenous Monetary Systems to AD 1400, Ithaca, NY: Cornell University

Wie, Thee Kian (1994), „Interactions of Japanese Aid and Direct Investment in Indonesia", in: J.L.H. Tan/S. Sudo (Hg.), Japan and the Asia-Pacific, Special Vol. ASEAN Economic Bulletin, 11/1, Singapore: Institute of Southeast Asian Studies (ISEAS), 25-35

Wightman, David (1963), Toward Economic Cooperation in Asia: The United Nations Economic Commission for Asia and the Far East, New Haven, CT: Yale University Press

Wilkinson, Endymion (1998), Chinese History – A Manual, Cambridge, MA: Harvard University Asia Center

Wills, John E. (1968), „Ch'ing Relations with the Dutch, 1662-1690", in: J.K. Fairbank (Hg.), The Chinese World Order: Traditional China's Foreign Relations, Cambridge, MA: Harvard University Press, 225-257

Ders. (1993), „Maritime Asia, 1500-1800: The Interactive Emergence of European Domination", in: American Historical Review, February, 83-105

Ders. (1998), „Relations with Maritime Europeans, 1514–1662", in: D. Twitchett/F.W. Mote (Hg.), The Cambridge History of China, Vol. 8: The Ming-Dynasty, 1369-1644, Part 2, Cambridge: Cambridge University Press, 333-375

Winzeler, Robert L. (1976), „Ecology, Culture, Social Organization, and State Formation in Southeast Asia", in: Current Anthropology, 17/4, 623-640

Wissemann Christie, Jan (1986), „Negara, Mandala, and Despotic State: Images of Early Java", in: D.G. Marr/A.C. Milner (Hg.), Southeast Asia in the 9th to 14th Centuries, Singapore: Institute of Southeast Asian Studies (ISEAS), 65-94

Wolters, Oliver William (1967), Early Indonesian Commerce. A Study of the Origins of Srivijaya, Ithaca, NY: Cornell University Press

Ders. (1970), The Fall of Srivijaya in Malay History, London: Asia Major

Ders. (1999), History, Culture, and Religion in Southeast Asian Perspectives, Singapore: Institute of Southeast Asian Studies (ISEAS)

Wong, John (1995), „China's Economic Reform and Open-Door Policy Viewed from Southeast Asia", in: ASEAN Economic Bulletin, 11/3, 269-279

Ders. (1997), „Why has Myanmar not Developed Like East Asia?", in: ASEAN Economic Bulletin, 13/3, 344-358

Woo, Yuen Pau (1999), APEC After 10 Years: What's Left of „Open Regionalism"? Paper presented at APEC Study Centre Consortium Conference, Auckland, New Zealand, 30 May - 2 June 1999

Woo-Cumings, Meredith (1997), „The Political Economy of Growth in East Asia: A Perspective on the State, Market, and Ideology", in: M. Aoki/H. Kim/M. Okuno-Fujiwara (Hg.), The Role of Government in East Asian Economic Development. Comparative Institutional Analysis, Oxford: Clarendon Press, 323-341

Dies. (1999), „Introduction: Chalmers Johnson and the Politics of Nationalism and Development", in: M. Woo-Cumings (Hg.), The Developmental State, Ithaca, NY: Cornell University Press, 1-31

Woo-Cumings, Meredith (Hg., 1999), The Developmental State, Ithaca, NY: Cornell University Press

Woods, Lawrence T. (1993), Asia-Pacific Diplomacy: Nongovernmental Organizations and International Relations, Vancouver: University of British Columbia Press

Woodside, Alexander Barton (1971), Vietnam and the Chinese Model. A Comparative Study of the Nguyen and Ching Civil Government in the First Half of the Nineteenth Century, Cambridge, MA: Harvard University Press

Worthy, Edmund H. (1983), „Diplomacy for Survival: Domestic and Foreign Relations of Wu Yüeh, 907-978", in: M. Rossabi (Hg.), China among Equals. The Middle Kingdom and its Neighbors, 10th – 14th Centuries, Berkeley: California University Press, 17-44

Xiao, Chengfeng (2004), „Revamping China's Multilateral Strategy in East-Asian Region: From A New Regionalism Approach", in: International Review, 34 (Spring 2004), Shanghai Institute for International Studies (SIIS, www.siis.org.cn)

Xiaosong, Gu/Womack, Brantly (2000), „Border Cooperation Between China and Vietnam in the 1990s", in: Asian Survey, 40/6, 1042-1058

Xie, Andy (2001), „Asia's Natural Partners", in: Financial Times, June 6

Xu, Mingqi (2003), East Asian Monetary Cooperation from the Perspective of China's Financial Sector Reform and Opening, Paper presented at the 3. International Convention of Asia Scholars (ICAS), 19-22 August 2003, National University Singapore; Singapore

Yahuda, Michael (2003), „Chinese Dilemmas in Thinking about Regional Security Architecture", in: Pacific Review, 16/2, 189-206

Yamada, Takio (2005), Toward a Principled Integration of East Asia: Concept of an East Asian Community, CEAC Commentary, 18.11.2005 (www.ceac.jp)

Yamakage, Susumu (1997), „Japan's National Security and Asia-Pacific's Regional Institutions", in: P. Katzenstein/T. Shiraishi (Hg.), Network Power. Japan and Asia, Ithaca, NY: Cornell University Press, 275-305

Ders. (2005), „The Construction of an East Asian Order and the Limitations of the ASEAN Model", in: Asia-Pacific Review, 12/2, 1-9

Yamamoto, Yoshinobu (1999), Globalism, Regionalism and Nationalism. Asia in Search of its Role in the Twenty-first Century, Oxford: Blackwell

Yamamura, Kozo (1990), „The Growth of Commerce in Medieval Japan", in: K. Yamamura (Hg.), The Cambridge History of Japan, Vol. 3: Medieval Japan, Cambridge: Cambridge University Press, 344-395

Yamamura, Kozo/Kamiki, Tetsuo (1983), „Silver Mines and Sung Coins: A Monetary History of Medieval and Modern Japan in International Perspektive", in: J.F. Richards (Hg.), Precious Metals in the Later Medieval and Early Modern World, Durham, NC: Carolina Academic Press, 329-362

Yamashita, Shoichi (2000), „The Role of Japanese Overseas Affiliates and Technology Transfer: Implications for Indonesia", in: V. Blechinger/J. Legewie (Hg.), Facing Asia – Japan's Role in the Political and Economic Dynamism of Regional Cooperation, München: Iudicium Verlag, 247-262

Yamazawa, Ippei (1992), „On Pacific Economic Integration", in: The Economic Journal, 102, 1519-1529

Ders. (1995), „Wirtschaftliche Integration im asiatisch-pazifischen Raum: Gegenwart und Zukunft", in: WeltTrends, 7, 33-41

Ders. (1997), „Recent Developments of APEC: Issues and Prospects of the Osaka Agenda", in: T. Ito/A.O. Krueger (Hg.), Regionalism versus Multilateral Trade Arrangements, National Bureau of Economic Research (NBER), East Asia Seminar on Economics, Vol. 6, Chicago: University of Chicago Press, 203-217

Ders. (2001), „Whither East Asian Regionalism?", in: Asia-Pacific Review, 8/2, 18-27

Ders. (2004), Japan and the East Asian Economies: Prospects and Retrospects in the Early Twenty-First Century, Institute of Developing Economies (IDE), APEC Study Center Working Paper Series 03/04 – No. 1, Chiba: IDE (www.ide.go.jp)

Yamazawa, Ippei (Hg., 2000), Asia Pacific Economic Cooperation (APEC). Challenges and Tasks for the Twenty-first Century, London/New York: Routledge

Yamazawa, Ippei/Drysdale, Peter/Soesastro, Hadi (2000), „Summary and Recommendations", in: I. Yamazawa (Hg.), Asia Pacific Economic Cooperation (APEC). Challenges and Tasks for the Twenty-first Century, London/New York: Routledge, 325-328

Yamazawa, Ippei/Hiratsuka, Daisuke (Hg., 2003), Toward ASEAN-Japan Comprehensive Economic Partnership, Chiba: Institute of Developing Economies (IDE)

Yamazawa, Ippei/Scollay, Robert (2003), „Towards an Assessment of APEC Trade Liberalization and Facilitation", in: R. E. Feinberg (Hg.), APEC as an Institution. Multilateral Governance in the Asia-Pacific, Singapore: Institute of Southeast Asian Studies (ISEAS), 111-129

Yamazawa, Ippei/Urata, Shujiro (2000), „Trade and Investment Liberalization and Facilitation", in: I. Yamazawa (Hg.), Asia Pacific Economic Cooperation (APEC). Challenges and Tasks for the Twenty-first Century, London/New York: Routledge, 57-97

Yang, Dean/Martinez, Claudia A. (2006), „Remittances and Poverty in Migrants' Home Areas: Evidence from the Philippines", in: Ç. Özden/M. Schiff (Hg.), International Migration, Remittances, and the Brain Drain, Washington, D.C./Basingstoke: World Bank/Palgrave Macmillan, 81-122

Yang, Lien-sheng (1968), „Historical Notes on the Chinese World Order", in: J.K. Fairbank (Hg.), The Chinese World Order: Traditional China's Foreign Relations, Cambridge, MA: Harvard University Press, 20-33

Yasuda, Nobuyuki (1993), „Law and Development in ASEAN Countries", in: ASEAN Economic Bulletin, 10/2, 144-154

Yasutumo, Dennis T. (2000), „Japan's Multilateral Assistance Leadership: Momentum or Malaise?", in: V. Blechinger/J. Legewie (Hg.), Facing Asia – Japan's Role in the Political and Economic Dynamism of Regional Cooperation, München: Iudicium Verlag, 129-146

Yawata, Yasusada (1999), „Japan: A Hegemonic Power? Reflections on Economic Success and Possible Political Futures", in: V. Bornschier/C. Chase-Dunn (Hg.), The Future of Global Conflict, London: Sage, 211-225

Yeoh, Brenda S.A./Chang, Tou Chuang (2001), „Globalising Singapore: Debating Transnational Flows in the City", in: Urban Studies, 38/7, 1025-1044

Yeung, Henry Wai-chung (1997), „Business Networks and Transnational Corporations: A Study of Hong Kong Firms in the ASEAN Region", in: Economic Geography, 73/1, 1-25

Yoo, Michael (2003), China Seen From Korea: Four Thousands Years of Close Relationship (www.rieti.go.jp)

Yoo, Won-dong/Shim, Sang-pil (1986), Histoire économique de la Corée – du temps ancien à nos jours, Seoul: Université Sook-Myung

Yoon, Hwy-Tak (2005), „China's Northeast Project and Korean History", in: Korea Journal, 45/2, 142-171

Yoshimatsu, Hidetaka (2000), Internationalization, Corporate Preferences and Commercial Policy in Japan, Basingstoke: Macmillan

Ders. (2002), „Preferences, Interests, and Regional Integration: The Development of the ASEAN Industrial Cooperation Scheme", in: Review of International Political Economy, 9/1, 123-149

Ders. (2003), Political Leadership, Common Value, and Regional Integration in East Asia, Paper presented at the 3. International Convention of Asia Scholars (ICAS), 19-22 August 2003, National University Singapore; Panels on *Regional Integration in East Asia: Theories, Trends and Perspectives* (Organizer: P. Ziltener), Singapore

Ders. (2004), „Japan's Keidanren and Free Trade Agreements: Societal Interests and Trade Policy", in: Asian Survey, 45/2, 258-278

Ders. (2005), „From Distrust to Mutual Interests? Emerging Cooperation in Northeast Asia", in: East Asia: An International Quarterly, 22/4, 18-38

Yu, Chwo-Ming Joseph/Zietlow, Dixie S. (1995), „The Determinants of Bilateral Trade Among Asia-Pacific Countries", in: ASEAN Economic Bulletin, 11/3, 298-305

Yu, Yongding (2000), „China's Deflation during the Asian Crisis, and Reform of the International Finance System", in: ASEAN Economic Bulletin, 17/2, 163-174

Yu-Jose, Lydia N. (2004), Philippines-Japan Economic Partnership: Where is the Philippines in Japan's Plan?, Philippine Institute for Development Studies (PIDS) Discussion Paper Series No. 2004-29, Makati City: PIDS (www.pids.gov.ph)

Yü, Ying-shih (1986), „Han Foreign Relations", in: D. Twitchett/M Loewe (Hg.), The Cambridge History of China, Vol. 1: The Ch'in and Han Empires, 221 BC–AD 220, Cambridge: Cambridge University Press, 377-462

Yuen, Hazel Phui Ling (2001), „Optimum Currency Areas in East Asia. A Structural VAR Approach", in: ASEAN Economic Bulletin, 18/2, 206-217

Yun, Gyong-woo (2005), „What might be expected of East Asia Summit?", in: Korea Herald, 12.12.2005

Zainal-Abidin, Mahani (2000), „Implications of the Malaysian Experience on Future International Arrangements", in: ASEAN Economic Bulletin, 17/2, 135-147

Zhang, Wei-Wei (2003), „The Concept of ‚Greater China' and East Asia", in: F. Liu/P. Régnier (Hg.) Regionalism in East Asia: Paradigm Shifting?, London: RoutledgeCurzon, 153-175

Zhang, Yunling (2002a), Toward an East Asian Community: Still a Long Way to Go, Paper Prepared for the Research Institute of Economy, Trade and Industry (RIETI) International Symposium „Asian Economic Integration: Current Status and Future Prospects", April 22-23, 2002, Tokyo, Japan (www.rieti.go.jp)

Ders. (2000b), East Asian Cooperation and China's Role, Paper Prepared for the Research Institute of Economy, Trade and Industry (RIETI) International Symposium „Asian Economic Integration: Current Status and Future Prospects", April 22-23, 2002, Tokyo, Japan (www.rieti.go.jp)

Ders. (2005), „Emerging New East Asian Regionalism", in: Asia-Pacific Review, 12/1, 55-63

Zhang, Zhaoyong (2001), „Trade Liberalization, Economic Growth and Convergence: Evidence from East Asian Economies", in: Journal of Economic Integration 16(2), 147-164

Ders. (2003), „Can the Rest of East Asia Catch Up with Japan: Some Empirical Evidence", in: Japan and the World Economy, 15/1, 91-110

Zhao, Suisheng (1997), Power Competition in East Asia. From the Old Chinese World Order to Post-Cold War Regional Multipolarity, New York: St. Martin's Press

Ziltener, Patrick (1999), Strukturwandel der europäischen Integration. Die Europäische Union und die Veränderung von Staatlichkeit, Münster: Westfälisches Dampfboot

Ders. (2000), „Tying up the Luxembourg Package – Prerequisites and Problems of its Constitution", in: V. Bornschier (Hg.), Statebuilding in Europe. The Revitalization of Western European Integration, Cambridge: Cambridge University Press, 39-72

Ders. (2001a), „Regionale Integration im Weltsystem – Die Relevanz exogener Faktoren für den europäischen Integrationsprozess", in M. Bach (Hg.), Die Europäisierung nationaler Gesellschaften, Sonderheft 40 der Kölner Zeitschrift für Soziologie und Sozialpsychologie (KZfSS), Opladen/Wiesbaden: Westdeutscher Verlag, 155-177

Ders. (2001b), Wirtschaftliche Effekte der europäischen Integration. Theoriebildung und empirische Forschung, Max-Planck-Institut für Gesellschaftsforschung (MPIfG) Working Paper Nr. 01/7, Köln: MPIfG (www.mpi-fg-koeln.mpg.de)

Ders. (2001c), „Europäische Integration: Hatte der Neofunktionalismus doch recht?", in: Schweizerische Zeitschrift für Soziologie, 27/3, 475-503

Ders. (2002), Ostasiatische oder pazifische Handelsdynamik? Eine Analyse von UNCTAD-Handelsdaten, 1970-2000, Max-Planck-Institut für Gesellschaftsforschung (MPIfG) Working Paper Nr. 02/9, Köln: MPIfG

Ders. (2003a), Gibt es einen regionalen Integrationsprozess in Ostasien? Max-Planck-Institut für Gesellschaftsforschung (MPIfG) Discussion Paper Nr. 03/2, Köln: MPIfG (www.mpi-fg-koeln.mpg.de)

Ders. (2003b), „Region Ostasien – Zum Zusammenhang von wirtschaftlicher und politischer Integration", in: Bochumer Jahrbuch zur Ostasienforschung (BJOAF), Bd. 27, Ruhr-Universität Bochum, 155-186

Ders. (2003c), The Puzzling Image of East Asia Integration, Paper presented at the 3. International Convention of Asia Scholars (ICAS), 19-22 August 2003, National University Singapore; Panels on *Regional Integration in East Asia: Theories, Trends and Perspectives* (Organizer: P. Ziltener), Singapore

Ders. (2004a), „Pazifische Drift – Die APEC zwischen Bi- und Multilateralismus", in: Blätter für deutsche und internationale Politik, 12, 1465-1474

Ders. (2004b), „*APEC 2003* und seine Bedeutung für Thailand", in: Südostasien, 1 (Schwerpunktthema „ASEM, APEC und andere Bündnisse"), Hg. Asienhaus Essen, 50-53

Ders. (2004c), „Asia Pacific Economic Cooperation (APEC): Vom ‚offenen Regionalismus' zum ‚neuen Bilateralismus'‚", in: Aussenwirtschaft. Schweizerische Zeitschrift für internationale Wirtschaftsbeziehungen, 59/2, 153-170

Ders. (2004d), „The Economic Effects of the European Single Market Project: Projections, Simulations, – and the Reality", in: Review of International Political Economy (RIPE), 11/5, 953-979

Ders. (2005a), „Die Verhandlungen über bilaterale Wirtschaftsabkommen zwischen Japan und ASEAN-Ländern, 2000-2005", in: Aussenwirtschaft. Schweizerische Zeitschrift für internationale Wirtschaftsbeziehungen, 60/3, 279-304

Ders. (2005b), „Die gesellschaftliche Heterogenität der Länder Ostasiens: Ein Vergleich der Werte neuer Datensätze", in: ASIEN – Zeitschrift der Deutschen Gesellschaft für Asienkunde, 95, 30-52

Ders. (2005c), „Japans Strategie bilateraler Wirtschaftsabkommen: Chronologie und Etappen der Herausbildung, 1998-2005", in: M. Pohl/I. Wieczorek (Hg.), Japan 2005 – Politik und Wirtschaft, Jahrbuch des Instituts für Asienkunde (IfA) Hamburg, Hamburg: IfA, 149-211

Ders. (2006a), „Die gesellschaftliche Heterogenität der Länder Afrikas und Asiens und ihre Entwicklungsrelevanz, 1960-2000", in: Zeitschrift für Soziologie, 35/4, 286-304

Ders. (2006b), „Die neuen Aussenwirtschaftspolitiken der Staaten Ostasiens und ihre Bedeutung für die Schweiz", in: Aussenwirtschaft. Schweizerische Zeitschrift für internationale Wirtschaftsbeziehungen, 61/1, 71-88

Ders. (2006c), „Gesellschaftliche Heterogenität, Staat und Demokratie in Ostasien: Ein statistischer Ländervergleich", in: ASIEN – Zeitschrift der Deutschen Gesellschaft für Asienkunde, 98, 9-44

Ders. (2006d), „Ostasien: Erweitern oder vertiefen?", in: Blätter für deutsche und internationale Politik, 2, 143-146

Ders. (2007), „Die maritime Integration Ostasiens", in: Internationales Asienforum, 38/1-2, 141-174

Ziltener, Patrick/Müller, Hans-Peter (2005), „Die Vergangenheit in der Gegenwart – Traditionelle Landwirtschaft und vorkoloniale soziopolitische Differenzierung als Entwicklungsfaktoren in Afrika und Asien: Ein statistischer Ländervergleich", in: B. Heintz/R. Münch/H. Tyrell (Hg.), Weltgesellschaft. Theoretische Zugänge und empirische Problemlagen, Sonderheft der Zeitschrift für Soziologie; Stuttgart: Lucius & Lucius, 442-478

Dies. (2007), „The Weight of the Past – Traditional Technology and Socio-political Differentiation in African and Asian Societies: A Quantitative Assessment of their Impact on Socio-economic Development", in: International Journal of Comparative Sociology (IJCS), 48/5, 371-415

Neu im Programm Politikwissenschaft

Jahn, Detlef

Vergleichende Politikwissenschaft

2011. 124 S. (Elemente der Politik) Br.
EUR 12,95
ISBN 978-3-531-15209-7

Die Vergleichende Politikwissenschaft ist eines der bedeutendsten und innovativsten Teilgebiete der Politikwissenschaft, das durch die Fokussierung auf die vergleichende Methode eine besonders ausgeprägte Analysekraft besitzt. Dieser Band führt auf knappen Raum und in verständlicher Form in alle wichtigen Aspekte der Vergleichenden Politikwissenschaft ein und weist auf die neuesten Entwicklungen der Disziplin hin.

Schmid, Josef

Wohlfahrtsstaaten im Vergleich

Soziale Sicherung in Europa: Organisation, Finanzierung, Leistungen und Probleme
3., überarb. u. akt. Aufl. 2011. 546 S. Br.
EUR 24,95
ISBN 978-3-531-17481-5

Ein Lehrtext zum Problemkreis: Wie funktioniert der Wohlfahrtsstaat in verschiedenen Ländern, mit welchen Problemen und Perspektiven? Untersucht werden unterschiedliche Fälle, Felder und Probleme der Sozialen Scherung, wobei eine enge Verbindung wissenschaftlicher Analyse mit politisch-praktischen Aspekten verfolgt wird. Die vorliegende 3. Auflage wurde umfassend aktualisiert und erweitert.

Theunert, Markus

Männerpolitik

Was Jungen, Männer und Väter stark macht

2012. 300 S. mit 20 Abb. Br. EUR 24,95
ISBN 978-3-531-18419-7

Die rechtliche Gleichstellung ist weit gehend verwirklicht. Bis zur gelebten Chancengleichheit bleibt ein langer Weg. Um ihn zu gehen, braucht es beide Geschlechter. Darin besteht Einigkeit. Doch was ist nun genau der gleichstellungspolitische Beitrag der Jungen, Männer und Väter? Welche Herausforderungen stellen sich ihnen? Welche Anliegen und Perspektiven haben sie? Mit dem vorliegenden Buch liegt erstmals für den deutschen Sprachraum ein Referenzwerk vor, das die Legitimation von Jungen-, Männer- und Väterpolitik(en) klärt; männerpolitische Konzeptionen, Ansätze und Anliegen fachlich fundiert und differenziert; die institutionellen Akteure und deren Politik(en) in Deutschland, Österreich und der Schweiz vorstellt; den Geschlechterdialog stärken und auf Männerseite Leidenschaft für das „Projekt Gleichstellung" entfachen will.

Erhältlich im Buchhandel oder beim Verlag.
Änderungen vorbehalten. Stand: Januar 2012.

Einfach bestellen:
SpringerDE-service@springer.com
tel +49 (0)6221 / 345–4301
springer-vs.de

 Springer VS

The manufacturer's authorised representative in the EU is Springer
Nature Customer Service Centre GmbH, Europaplatz 3, 69115 Heidelberg,
Germany. If you have any concerns regarding our products, please
contact ProductSafety@springernature.com

Printed and bound by CPI Group (UK) Ltd, Croydon, CR0 4YY

27/04/2026

02097640-0010